A PROJECT OF THE

Mesorah Heritage Foundation

תלמוד בבלי

BAVLI

THE SCHWARTZ FAMILY EDITION OF SEDER KODASHIM

מסכת מנחות

TRACTATE MENACHOS

Folios 94a-110a

Elucidated by
Rabbi Zev Meisels (chapter 11)
Rabbi Noson Boruch Herzka (chapter 12)
Rabbi Avrohom Neuberger (chapter 13)

under the General Editorship of
Rabbi Yisroel Simcha Schorr
and Rabbi Chaim Malinowitz
in collaboration with a team of Torah Scholars

R' Hersh Goldwurm זצ"ל
General Editor
תש"נ-תשנ"ג / 1990-1993

The Schottenstein Travel Edition

TALMUD

THE GEMARA: THE CLASSIC VILNA EDITION,
WITH AN ANNOTATED, INTERPRETIVE ELUCIDATION,
AS AN AID TO TALMUD STUDY

The Hebrew folios are reproduced from
the newly typeset and enhanced
Oz Vehadar Edition of the Classic Vilna Talmud

Published by
Mesorah Publications, ltd

We gratefully acknowledge the outstanding
Torah scholars who contributed to this volume:

Rabbi Yisroel Simcha Schorr, Rabbi Chaim Malinowitz,
Rabbi Mordechai Marcus, and **Rabbi Ephraim Zuravin**

who reviewed and commented on the manuscript,

Rabbis Yehezkel Danziger, Hillel Danziger, Nesanel Kasnett, Dovid Arye Kaufman,
Henoch Moshe Levin, Dovid Nachfolger, Feivel Wahl, Yosaif Asher Weiss,
Moshe Rosenblum, Eliyahu Cohen, and **Avrohom Shereshevsky**

who edited, contributed and assisted in the production of this volume.

Rabbi Yehezkel Danziger, Editorial Director

Rabbis Eliezer Herzka and **Hillel Danziger,** Associate Directors

We are also grateful to our proofreaders: Mrs. Judi Dick, Mrs. Mindy Stern, and Mrs. Faigie Weinbaum;
our typesetters: Moshe Deutsch, Mrs. Chumie Lipschitz, Mrs. Ruchie Reifer,
Mrs. Libby Brecher, Mrs. Estie Dicker, and Mrs. Esther Feierstein;
and to Eli Kroen, Hershy Feuerwerker, and Mrs. Leah Weiner of our graphics department.
We extend our appreciation as well to Mr. Howard S. Friedman for his beautifully detailed drawings that appear in this volume,

FULL-SIZE EDITION
First Impression . . . May 2003
DAF YOMI EDITION
Three Impressions . . . May 2003 — January 2010
TRAVEL EDITION
First Impression . . . March 2011

Published and Distributed by
MESORAH PUBLICATIONS, Ltd.
4401 Second Avenue
Brooklyn, New York 11232

Distributed in Europe by
LEHMANNS
Unit E, Viking Business Park
Rolling Mill Road
Jarrow, Tyne & Wear NE32 3DP
England

Distributed in Australia & New Zealand by
GOLDS WORLD OF JUDAICA
3-13 William Street
Balaclava, Melbourne 3183
Victoria Australia

Distributed in Israel by
SIFRIATI / A. GITLER — BOOKS
6 Hayarkon Street
Bnei Brak 51127

Distributed in South Africa by
KOLLEL BOOKSHOP
Ivy Common 105 William Road
Norwood 2192, Johannesburg, South Africa

THE ARTSCROLL SERIES® / SCHOTTENSTEIN TRAVEL EDITION
TALMUD BAVLI / TRACTATE MENACHOS (3B)

4401 Second Avenue / Brooklyn, N.Y. 11232 / (718) 921-9000 / FAX (718) 680-1875 / www.artscroll.com

ISBN 10: 1-4226-0491-8
ISBN 13: 978-1-4226-0491-5

Typography by CompuScribe at ArtScroll Studios, Ltd.
Custom bound by **Sefercraft, Inc.,** Brooklyn, N.Y.

THE SCHOTTENSTEIN EDITION

TALMUD BAVLI

is reverently dedicated to the memory of
the patron of this Talmud
and of countless other noble causes in Jewish life

יעקב מאיר חיים בן אפרים אליעזר הכהן ע״ה

נפטר ה׳ אדר ב׳ תשנ״ב

Jerome Schottenstein ע״ה

and to the memory of his parents

אפרים אליעזר בן יהושע הכהן ע״ה — **חנה בת צבי הירש ע״ה**

נפטר ב׳ אייר תשט״ז — נפטרה ט״ו מנחם אב תשט״ו

Ephraim and Anna Schottenstein ע״ה

by

Geraldine Schottenstein

Saul and Sonia Schottenstein

and

Jay and Jeanie Schottenstein
and their children
Joseph Aaron and Lindsay Brooke, Jonathan Richard, Jeffrey Adam

Ann and Ari Deshe
and their children
Elie Michael, David Scott, Dara Lauren, Daniel Matthew

Susan and Jon Diamond
and their children
Jillian Leigh, Joshua Louis, Jacob Meyer

and

Lori Schottenstein

Dedication of the

FULL SIZE EDITION

and the

DAF YOMI EDITION

This volume is dedicated by

The Terumah Foundation

PATRONS OF THE TALMUD ❖ FULL-SIZE EDITION

We express our appreciation to the distinguished patrons
who have dedicated volumes in

THE SCHOTTENSTEIN EDITION
TALMUD BAVLI

Dedicated by
JAY AND JEANIE SCHOTTENSTEIN
and their children
Joseph Aaron and Lindsay Brooke, Jonathan Richard, and Jeffrey Adam

SEDER ZERAIM: **Mr. and Mrs. Sam Forman**

SEDER MOED: **Dedicated to the memory of Moishe Horn ע״ה**

SEDER NASHIM: **Ellis A. and Altoon Safdeye**

SEDER NEZIKIN: **Dedicated to Rozi and Morty Davis-Davidowitz**

SEDER KODASHIM: **Avrohom Yeshaya and Sally Schwartz**

Reference/Introduction: **George and Vita Kolber**
BERACHOS I: **In memory of Jerome Schottenstein ע״ה**
יעקב מאיר חיים בן אפרים אליעזר הכהן ע״ה
BERACHOS II: **Zvi and Betty Ryzman** (Los Angeles)
SHABBOS I: **Nachshon and Bruria Minucha [Nuchi] Draiman and Family**
SHABBOS II: **David and Bonnie Anfang, Chaim and Ruthie Anfang**
SHABBOS III: **Stanley and Ellen Wasserman**
SHABBOS IV: **Louis and Morris Lowinger**
ERUVIN (2 vol.): **The Schottenstein Family** (Columbus, Ohio)
PESACHIM I: **Vera and Soli Spira**
PESACHIM II: **Vera and Soli Spira**
PESACHIM III: **Lorraine and Mordy Sohn, Ann and Pinky Sohn**
SHEKALIM: **In Memory of Maurice Lowinger ז״ל**
YOMA I: **A. Joseph and Rochelle Stern**
YOMA II: **A. Leibish and Edith Elbogen**
SUCCAH I: **Howard and Roslyn Zuckerman, Arthur and Randi Luxenberg**
SUCCAH II: **Thomas and Lea Schottenstein, William and Amy Schottenstein**
BEITZAH: **Paul and Suzanne Peyser, Irwin and Bea Peyser**
ROSH HASHANAH: **Steve and Genie Savitsky, David and Roslyn Savitsky**
TAANIS: **David and Jean Bernstein**
MEGILLAH: **Jerome Schottenstein ע״ה**
יעקב מאיר חיים בן אפרים אליעזר הכהן ע״ה
MOED KATAN: **Solomon T. and Leah Scharf**
CHAGIGAH: **The Alvin E. Schottenstein Family**
YEVAMOS (3 vol.): **Phillip and Ruth Wojdyslawski and Family**
KESUBOS I: **The Fishoff Families**
KESUBOS II: **Arthur A. and Carla Rand**
KESUBOS III: **ישימך אלהים כשרה רבקה רחל ולאה**
May God make you like Sarah, Rebecca, Rachel and Leah
NEDARIM I: **The Golombeck, Fruchthandler and Leifer Families**

PATRONS OF THE TALMUD ❖ FULL-SIZE EDITION

NEDARIM II: **The Warren Rothstein Family**
NAZIR I: **Albert and Gail Nassi, Daniel and Susan Kane**
NAZIR II: **Alan and Myrna Cohen**
SOTAH: **Motty and Malka Klein**
GITTIN I: **Elliot and Debra Tannenbaum and Family**
GITTIN II: **Richard and Bonnie Golding**
KIDDUSHIN I: **Ellis A. and Altoon Safdeye**
KIDDUSHIN II: **Mr. and Mrs. Ben Heller**
BAVA KAMMA I: **Yitzchok and Shoshana Ganger and Family**
BAVA KAMMA II: **William and Esther Bein**
BAVA KAMMA III: **Dedicated to Klal Yisrael, and particularly to the Six Million**
BAVA METZIA I: **Mrs. Milton Schulman, Drs. Robert and Susan Schulman,**
Howard and Tzila Schulman, Fred and Cindy Schulman
BAVA METZIA II: **Donald E. and Eydie R. Garlikov**
BAVA METZIA III: **The David H. Gluck Foundation**
BAVA BASRA I: **In memory of**
מנחם מענדל בן אלימלך יהושע העשל ע״ה
חיה בת יהושע הכהן ע״ה
BAVA BASRA II: **Paul and Beth Guez and Family**
BAVA BASRA III: **Irving and Frances Schottenstein**
SANHEDRIN I: **Mortimer and Barbara Klaus, Lester and Esther Klaus, Arthur and Vivan Klaus**
SANHEDRIN II: **Dedicated by a fellowship of people who revere the Talmud, its sanctity and wisdom**
SANHEDRIN III: **Joseph and Adina Russak**
MAKKOS: **Mr. and Mrs. Marcos Katz**
SHEVUOS: **Michael and Danielle Gross** (London)
AVODAH ZARAH I: **The Kuhl Family**
AVODAH ZARAH II: **In memory of Jerome Schottenstein ע״ה**
יעקב מאיר חיים בן אפרים אליעזר הכהן ע״ה
HORAYOS-EDUYOS: **Woli and Chaja Stern** (Sao Paulo, Brazil)
ZEVACHIM I: **Mr. and Mrs. Samson Bitensky**
ZEVACHIM II: **Victor Posner**
ZEVACHIM III: **Friends of Value City Department Stores**
MENACHOS (3 vol.): **Terumah Foundation**
CHULLIN I: **The Kassin Family**
CHULLIN II: **Marty Silverman**
CHULLIN III: **Harold and Ann Platt**
CHULLIN IV: **Terumah Foundation**
BECHOROS I: **Howard Tzvi and Chaya Friedman**
BECHOROS II: **Howard and Chaya Balter**
ARACHIN: **Chanoch and Hadassah Weisz and Family**
TEMURAH: **Dr. and Mrs. Walter Silver**
KEREISOS: **Mouki and Charlotte Landau** (Antwerp)
ME'ILAH, TAMID, MIDDOS, KINNIM: **Steven and Renee Adelsberg**
NIDDAH I: **In memory of Joseph and Eva Hurwitz ע״ה**
NIDDAH II: **In memory of Jerome Schottenstein ע״ה**

We express our appreciation to the distinguished patrons
who have dedicated volumes in

THE SCHOTTENSTEIN DAF YOMI EDITION
TALMUD BAVLI

Dedicated by

JAY AND JEANIE SCHOTTENSTEIN

and their children

Joseph Aaron and Lindsay Brooke, Jonathan Richard, and Jeffrey Adam

BERACHOS I: **Jay and Jeanie Schottenstein** (Columbus, Ohio)
BERACHOS II: **Zvi and Betty Ryzman** (Los Angeles)
SHABBOS I: **Dr. Paul and Esther Rosenstock** **Jake and Dr. Helaine Harman**
Mrs. Faigy Harman
SHABBOS II: **Stanley and Ellen Wasserman**
SHABBOS III: **Stanley and Ellen Wasserman**
SHABBOS IV: **Malkie and Nachum Silberman,**
Leonard and Cassia Friedlander, Elkie Friedlander
ERUVIN I: **Jerome and Geraldine Schottenstein**
ERUVIN II: **Jerome and Geraldine Schottenstein**
PESACHIM I: **Tommy and Judy Rosenthal**
PESACHIM II: **Yisroel and Rochi Zlotowitz**
PESACHIM III: **Lorraine and Mordy Sohn** **Ann and Pinky Sohn**
SHEKALIM: **Laibish and Tanya Kamenetsky**
BEITZAH: **Eric and Joyce Austein**
ROSH HASHANAH: **Steve and Genie Savitsky**
YOMA I: **Mrs. Ann Makovsky and Family** (Cleveland)
YOMA II: **Mr. and Mrs. David Justin**
SUCCAH II: **The Lowy and Fasman Families** (Los Angeles)
TAANIS: **David and Jean Bernstein**
MEGILLAH: **Jay and Jeanie Schottenstein** (Columbus, Ohio)
MOED KATAN: **Leon and Olga Klein** **Allen and Sylvia Klein** **Daniel and Esther Ollech**
CHAGIGAH: **Benzi and Esther Dunner**
YEVAMOS I: **Phillip and Ruth Wojdyslawski and Family**
YEVAMOS II: **Phillip and Ruth Wojdyslawski and Family**
YEVAMOS III: **Phillip and Ruth Wojdyslawski and Family**
KESUBOS I: **The Fishoff Families**
KESUBOS II: **Mrs. Moselle Hendeles** **Cecille** **Moise** **Hayim** (Los Angeles)
KESUBOS III: **Brenda and Isaac Gozdzik** (Los Angeles)
NEDARIM I: **Fradie Rapp and Children**
NEDARIM II: **In memory of Laurence A. Tisch**
NAZIR I: **Andrew and Nancy Neff**
NAZIR II: **Andrew and Nancy Neff**
SOTAH I: **Motty and Malka Klein and Family**
SOTAH II: **Motty and Malka Klein and Family**
GITTIN I: **Mrs. Kate Tannenbaum;**
Elliot and Debra Tannenbaum **Edward and Linda Zizmor**
GITTIN II: **Mrs. Kate Tannenbaum;**
Elliot and Debra Tannenbaum **Edward and Linda Zizmor**

PATRONS OF THE TALMUD ❖ DAF YOMI EDITION

KIDDUSHIN I: **Leslie and Shira Westreich** **Adam and Dayna, Rayna and Dina**
KIDDUSHIN II: **In honor of Berish and Hannah Fuchs**
BAVA KAMMA I: **Yitzchok and Shoshana Ganger and Family**
BAVA KAMMA II: **The Maggid Families** (Sao Paulo, Brazil)
BAVA KAMMA III: **Robert and Malka Friedlander** (Sao Paulo, Brazil)
BAVA METZIA I: **Fred and Cindy Schulman**
BAVA METZIA II: **Suzy and Yussie Ostreicher**
BAVA METZIA III: **Stephanie and George Saks**
BAVA BASRA I: **Nachum and Malkie Silberman**
BAVA BASRA II: **Roger and Caroline Markfield**
BAVA BASRA III: **Jaime and Marilyn Sohacheski**
SANHEDRIN I: **Martin and Rivka Rapaport**
SANHEDRIN II: **Martin and Rivka Rapaport**
SANHEDRIN III: **Marvin and Roz Samuels**
SHEVUOS: **Michael and Danielle Gross** (Herzlia and London)
MAKKOS: **David and Joan Tepper and Family**
AVODAH ZARAH I: **The Kuhl Family**
AVODAH ZARAH II: **In memory of Mr. Jerome Schottenstein ז״ל**
HORAYOS-EDUYOS: **Woli and Chaja Stern, Jacques and Ariane Stern** (Sao Paulo, Brazil)
ZEVACHIM I: **Robin and Warren Shimoff**
ZEVACHIM II: **Abbie Spetner** **Ari and Chaya** **Sara and Dovi Nussbaum** **Chanoch** **Moshe**
ZEVACHIM III: **Yaakov and Yona Spinner** **Dovi** **Elisheva** **Yitzy** **Shiri** **Leora** **Gavriel**
MENACHOS I: **Terumah Foundation**
MENACHOS II: **Terumah Foundation**
MENACHOS III: **Terumah Foundation**
CHULLIN I: **Rabbi Heshie and Rookie Billet**
CHULLIN II: **Elly and Brochie Kleinman**
CHULLIN IV: **Terumah Foundation**
BECHOROS I: **Jeff and Leslie Gould**
BECHOROS II: **Hilda and Yitz Applbaum**
ARACHIN: **The Brown Family**
TEMURAH: **Dr. Thomas and Anne Kohn** **Dr. Allan and Susan Seidenfeld**
KEREISOS: **In memory of Rabbi Meir Shapiro זצ״ל, the Lubliner Rav**
ME'ILAH, TAMID, MIDDOS KINNIM: **Steven and Renée Adelsberg**
NIDDAH I: **Martin and Geraldine Schottenstein Hoffman** **Marc and Rachel Hurwitz**
NIDDAH II: **In memory of Mr. Jerome Schottenstein ז״ל**

הסכמות ומכתבי ברכה

מרדכי גיפטער
ישיבת טלז
RABBI MORDECAI GIFTER
28570 NUTWOOD LANE
WICKLIFFE, OHIO 44092

בע״ה, ה׳ שבט תש״נ

מע״כ ידידי״ע הרב הנעלה ר׳ מאיר, נר״ו, ועמו יקירי הרב הנעלה, ר׳ נתן, נר״ו, וכל הצוות היקר ונעלה.

מה נכבד היום בהגלות נגלות, בהתחלת תרגום הש״ס לשפה האנגלית, בתרגום שיש בו ביאור לדברי חז״ל בתורה שבעל פה, לא רק תרגום מילים בלבד. והתועלת שבו היא לא רק לאלה שלא הורגלו בלמוד הגמרא, אלא שגם מי שמורגל בו ימצא בו רב תועלת כיון שלשון הש״ס לא הורגל בו בצעירותו, ולשון אנגלית שגורה בפיו. והרי בימינו מגידי שיעור בישיבות משתמשים בשפה האנגלית למען קרב המושגים לתלמידים.

ולכן יש לקדם בברכה זה התרגום היו״ל ע״י חברת ארטסקרול אשר המתרגמים הם יראי ה׳ העמלים בתורה רבות בשנים, ועוסקים בהפצת תורת ה׳ לעם ה׳ ולקרב לב ישראל לאבינו שבשמים בתורה ואמונה טהורה.

...במפעלם הנפלא.

אוהבו מלונ״ח

מרדכי

יוסף שלו׳ אלישיב
ירושלים

שמעון שוואב
רב דק״ק
קהל עדת ישרון
נוא־יארק, נ. י.

RABBI SIMON SCHWAB
736 WEST 186TH STREET
NEW YORK, N. Y. 10033
STUDY: 923.5936
RES: 927.0498

שלום רב להני תרי גברי רברבי ה״ה ידידי היקרים מהור״ר מאיר ומהור״ר ר׳ נתן יצו ד׳ ברכה עליהם עד עולם!

הנה ברך לקחתי וברך ולא אשיבנה. זה ימים ושנים שאתם עסוקים במלאכת הקודש להרביץ תורה ברבים ולהוציא לאור ספרים רבים המצוינים ביופי והידור ובהירות, עבודה תמה המעוררת יר״ש וחשקת התורה גם יחד. זכות גדולה זו תעמוד לכם עתה בגשתכם לבאר את הגמרא הק׳ של תלמוד בבלי בלשון המדוברת לשמש עזר לאותם שעדין אינם יכולים ללמוד בעצמם. וגם יהיה נחוץ למלמדים הצריכים לתרגם ולפרש בלעז ללועזים ...ת לשון הגמרא, עד עת אשר השלהבת של הבנת ...גנון הש״ס עולה מאליה בסעייתא דשמיא. ...שמחתי לראות איך אשר נזהרתם מאד מלהוציא ...אור סתם תרגום אנגלי לאלה אשר רוצים לקרות תלמוד בקוראים בספר קדום בעלמא ח״ו. כי כבר ...ע אשר אין רוח חכמי התורה נוחה מזה — אלא

אברהם פאם
RABBI ABRAHAM PAM
582 E. 7th STREET
BROOKLYN, N.Y. 11218

בס״ד י״א שבט תש״נ

לכבוד ידידי הרב ר׳ מאיר זלוטוביץ שליט״א, וכבוד ידידי הרב ר׳ נתן שערמאן שליט״א — שפע שלו׳ וברכה וכט״ס!

תשואות חן חן לכם על המשימה הגדולה שקבלתם עליכם, להוציא לאור מסכתות הש״ס עם תרגום אנגלי וביאור קצר ותמציתו להקל לימוד הגמרא לאלה הלומדים שנוח להם יותר להבין ולהשכיל סוגיות הגמרא בשפה המדוברת ו,,הטבעית״ להם.

חזקה על חברים שכמותכם שתוציאו דבר מתוקן ומדויק ובהידור נאה, כשאר ספרי ,,ארטסקרול״ הנודעים לתהלה. זהו שלב רב־ערך בהרבצת תורה שבע״פ, נוסף להוצאת המשניות בתרגום אנגלי מאר נעלה, ועכשיו אתם מעלים בקודש להגדיל

מאור ירושלים

ישיבת אור אלחנן
YESHIVA OHR ELCHONON

Rav Simcha Wasserman
Rosh HaYeshiva
Rav Moshe M. Chodosh
Rosh HaYeshiva

Rav Elchonon

בע״ה יום ד׳ לס׳ והייתם לי סגולה התש״נ

מעכ״ת ידידי הרבנים הנכבדים כ״מ הר״ר מאיר זלאטאוויץ שליט״א וכ״מ הר״ר נתן שערמאן שליט״א וכ״מ הר״ר יעקב יהושע בראנדער שליט״א עומדים בראש הו״ל מסורה שע״י חברת ארטסקראל, ה׳ עליהם יחיו.

אחדש״ת,

בדבר כוונתם ונכונותם להו״ל מסכתות מתלמוד בבלי בתרגום אנגלי וביאור מסביר למתחילים והנה כבר זיכו אתכם מן השמים להו״ל ספרים לאהב דברי תורה על הבריות וביחוד בתרגומי וביאורי ספרי תושב״כ ומסכתות המשנה וזכיתם להיות לאחיעזר ואחיסמך למי שהיו רחוקים ומתקרבים וצמאים לדבר ה׳.

וחביב המצוה בשעתה שעת ההתעוררות לתשובה המתפשטת היום ברחבי תבל מעין הבטחת תוה״ק בפרשת התשובה והגאולה (דברים ל׳) והשבות אל לבבך כו׳ ושבת עד ה׳ כו׳ ושמעת בקולו כו׳. שההתעוררות תביא לתשובה ע״י לימוד תוה״ק. אשריכם שזכיתם בשעה זו להיות דולים ממקור מים חיים ומשקים דברי תורה לעדרים ומקרבים אותם לאביהם שבשמים.

ויה״ר שתשרה שכינה במעשה ידיכם להרבות תורה בישראל להגדיל תורה ולהאדירה ולקרב יום עליו נאמר כי ישוב ה׳ לשוש עליך לטוב כאשר שש על אבותיך (דברים ל-ט).

והנני בזה ידידם מכבדם דוש״ת

אלעזר שמחה וסרמן
בלאאמו״ר הקדוש
הגרא״ב זצוקלה״ה הי״ד

יעקב פרלוב
ביהמ״ד עדת יעקב נאוואמינסק
ברוקלין, נ.י.

RABBI YAAKOV PERLOW
1569 - 47TH STREET
BROOKLYN, N.Y. 11219

בס״ד יום ג׳ ד׳ שבט תש״נ

מע״כ ידידי היקרים מזכי הרבים ומפיצי אורה של תורה בהוצאת ארטסקרול הרה״ג ר׳ מאיר יעקב זלוטוביץ שליט״א והרה״ג ר׳ נתן שערמאן שליט״א. שפעת שלומים וישע רב.

לזכות ולמצוה תיחשב לי לבוא בדברים אלה לעודד ולחזק את ידיכם לקראת המפעל הכביר שרחש לבכם דבר טוב, להוציא לאור ש״ס חדש עם תרגום וביאור בשפת המדינה. קורא אני על זה ,,חדשים גם ישנים דודי צפנתי לך,״ כי לא נשנית מהדורא זו של התלמוד אלא בשביל דברים שנתחדשו בה לכבוד התורה ולומדיה, להסמיך לצורת הדף המקובל מאז גם פירוש סוגיית הגמרא בשפה האנגלית ובהסברה קלה בטוב טעם, כדי להבין ולהשכיל אחב״י הצמאים ללימוד וצריכים עזר וסיוע בריהטא דשמעתתא. וכבר ראיתי הגליונות הראשונים ממס׳ מכות עם ההערות המאליפות בשולי העמוד להוסיף טעם והבנה בשמועה הנלמדת. ונוכחתי עד כמה חשוב ונחוץ הוא הדבר הגדול הזה אשר התכוננתם לעשות.

ובכן אמינא לפעלא טבא יישר ויצו ה׳ אתכם, ואת הרבנים והת״ח המובהקים אשר עמכם, ברכה והצלחה מרובה להוציא מתחת ידיכם דבר נאה ומתוקן לתועלת הרבים, ולהביא ברכה לבית ישראל. וכמעשיכם במשנה כן תזכו בגמרא להגדיל תורה ולהאדירה, ולהאיר עיניהם של המשתדלים לקיים דברי חכמינו ז״ל ,,התקן עצמך ללמוד תורה.״

ואחתום בידידות עוז ויקר, הדורש שלומכם בלונ״ח

יעקב פרלוב

RABBI ZELIK EPSTEIN
1150 EAST 9th STREET
BROOKLYN, NEW YORK 11230
TEL. 969-4611

בע״ה, יום ב׳ לסדר ,,כי תשא״ תש״נ

כבוד ידידי הדגולים, הרה״ג מוה״ר מאיר יעקב זלטוביץ והרה״ג מוה״ר נתן שרמן שליט״א.

הנני מקדם בזה בברכה את מפעלכם הכביר בעריכות הש״ס בבלי ביחד עם תרגום ופירוש משוכלל בשפה האנגלית על טהרת הקודש והמסורת הנאמנה. אלה הצמאים לדבר ה׳ וזקוקים לעזר בתלמודם יוכלו לרוות צמאונם מבארות נאמנים אשר מימיהם לא יכזבו.

כבר יצא שמכם בעולם התורה בשטח זה ביצירותיכם הברוכות על התורה שבכתב ועל המשניות וגדולי הדור נ״ע סמכו ידיהם על כך והעידו על נאמנות שליחותכם, אשריכם שזכיתם להיות ממצדיקי הרבים ועל כגון דא אמרו ומצדיקי הרבים ככוכבים לעולם ועד.

תהי׳ השכינה שרויה במעשי ידיכם ותזכו להמשיך עבודתכם הפוריה עד בוא היעוד המאחל ותמלא הארץ דעה כמים לים מכסים.

בעתירת ידידכם ומוקירכם

אהרן זליג הלוי עפשטיין

הסכמות ומכתבי ברכה

ישיבה דפילאדעלפיא
TALMUDICAL YESHIVA OF PHILADELPHIA

בס״ד א׳ אדר ״לעלם לא אשכח פקודיך״

למע״כ הני תרי גברי יקירי שזכו להמנות ממזכי הרבים הרב ר׳ מאיר יעקב זלאטאוויץ שליט״א והרב ר׳ נתן שערמאן שליט״א

אחדשה״ט בברכת חו״ש וכל טוב. הנני במכתב ברכה על זה שקבלתם על עצמכם לתרגם תלמוד בבלי בשפה המדוברת להקל על אותם שצריכים לזה. מתאים מאד לאחרי התרגום של משניות שהולך ונגמר ות״ל שהצלחתם, וכבר שיבח אבא מארי זצ״ל חשיבות ונחיצות התרגום, מובן שאתם מחויבים להמשיך בעבודתכם הפורי׳ ולהמשיך בתורה שבעל פה.

שמחתי שקבלתם הסכמות מגדולי התורה ומובן לכם גודל האחריות ובפרט מקושי העבודה שיצא דבר מתוקן ומבורר. כבר זכיתם לחזקה שלא יצא מידכם דבר שאינו מתוקן במלא המובן.

תחזקנה ידיכם במשימה גדולה כזו ותזכו שעל ידכם יתרבו הלומדים וירבה הדעת.

מנאי המברך אתכם מלונ״ח

שמואל קמנצקי

מתיבתא תפארת ירושלים
Mesivtha Tifereth Jerusalem of America
141-7 East Broadway / New York, N.Y. 10002
(212) 964-2830

באתי בתור ברא מזכא אבא כי ידוע לכל שאאמו״ר זצ״ל חיבב מה שעושין חברת ״ארטסקרול-מסורה״ במלאכת העתקה ופירושים לשפת אנגלית – ראה הסכמותיו לכמה ספרים שלהם – וגם היה נותן הסכמה על כל סדר חדש שהתחילו. ובטוח לי שהיה מסכים אף להמלאכה הגדולה והחשובה לתרגם ולפרש תלמוד בבלי. ואני יודע בבירור שיש תועלת גדולה בהחיבורים שבבר קרבו כמה מאחינו לתורה ולתשובה.

ולכן אני אומר תחזקנה ידיכם ותהיו בכלל כל המזכה את הרבים שאין נכשל ותמשיכו במלאכתכם מלאכת הקדש – ובפרט ידידי הרב מאיר יעקב זלאטאוויץ שליט״א – עד ביאת גואל צדק במהרה בימינו אמן.

ועל זה באתי על החתום בעשור לחדש ניסן תשנ״ג

דוד פיינשטיין

Rabbi Aaron M. Schechter
אהרן משה שכטר
Mesivta Yeshiva Rabbi Chaim Berlin
1593 Coney Island Avenue
Brooklyn, New York 11230

ב״ה ב׳ אדר תש״ן

TEL. (718) 261-6144
בס״ד
אלתר חנוך העניך בלאאמו״ר הגרה״ר הכהן לייבאוויטש
RABBI A. HENACH LEIBOWITZ
67-18 GROTON STREET
FOREST HILLS, N.Y. 11375
Rabbinical Seminary of America
Dean
ראש הישיבה
ישיבת רבנו ישראל מאיר הכהן
בעל ״חפץ חיים״ זצ״ל

יום ג׳ לסדר לך-לך תשנ״א

אלתר חנוך העניך הכהן לייבאוויטש

דוד קאהן

ביהמ״ד גבול יעבץ
ברוקלין, נוא יארק

״ויתיצבו בתחתית ההר״ אמר רב אבדימי בר חמא בר חסא מלמד שכפה הקב״ה עליהם את ההר כגיגית ואמר להם אם אתם מקבלים התורה מוטב ואם לאו שם תהא קבורתכם . . . אמר רבא הדר קבלוה בימי אחשורוש דכתיב ״קיימו וקבלו״ קיימו מה שקבלו כבר (שבת פח, א). ולא קבלו ישראל את התורה עד שכפה עליהם הקב״ה את ההר כגיגית שנאמר ויתיצבו בתחתית ההר (שמות י״ט) ואמר רב דימי בר חמא א״ל הקב״ה לישראל אם מקבלים אתם את התורה מוטב ואם לאו שם תהא קבורתכם. ואם תאמר על תורה שבכת[illegible] והלא משעה שאמר להן מקבלין אתם את התורה ענו בל[illegible] מפני שאין בה יגיעה וצער והיא מעט. אלא אמר להן על ה[illegible] דקדוקי מצות קלות וחמורות, והיא עזה כמות וקשה כשא[illegible] לומר אותה אלא מי שאוהב חקב״ה בכל לבו ובכל נפשו[illegible] ואהבת את ה׳ אלקיך בכל לבבך ובכל נפשך ובכל מאדך [illegible] למד שאין אהבה זו אלא לשון תלמוד. ראה מה כתיב אחרי[illegible] אשר אנכי מצוך היום על לבבך ואי זה זה תלמוד שהוא על ה[illegible] לבניך זו תלמוד שצריך שנון (מדרש תנחומא נח ג).

וכבר העירו שלפי המדרש יוצא שקבלו מרצונם תורה שבעל פה בפורים [illegible] תורה היתה על ידי כפייה.

והנה ידועה השוואה בין פורים ליום כיפור (יום כְּפורים – בכף שוואית). ונ[illegible] במה שבשניהם קבלו תורה, שהרי לוחות שניות נתנו ביום הכפורים אחר שנתכפ[illegible] כן, ב ברש״י ד״ה זה) ובפורים עשו תשובה על שהשתחוו לצלם (מגילה יב, [illegible] מרצונם. הרי שבשניהם קבלו תורה אחר תשובה.

תשובה מחטא עבודה זרה מוספת אהבת ה׳ (שהרי נפקא לן דיהרג ואל י[illegible] דואהבת), ובשעת לוחות שניות פעלה תוספת זו לסלק המניעה שגרמה לשבירת [illegible] נס פורים קבלו תורה שבעל פה מרצונם על ידי התעוררות באהבת ה׳ שהרי שאוהב הקב״ה בכל לבו וכו׳ לומר תורה שבעל פה.

בימינו אלו של עקבתא דמשיחא שאנו רואים התעוררות של תשובה בכל הת[illegible] אהבה גורמת לתוספת רצון מצד כלל ישראל להוסיף כח ועוז לעסוק בתורה שב[illegible] ארטסקרול לסייע לאלו שמצד אהבתם העזה להשי״ת הם מוכנים להתייגע [illegible] לישראל. חכמתה עמדה לה לחברה זו לפרש את השמלה באופן מלמד שמ[illegible] ולהשוות את התלמוד כשלחן ערוך.

ואומר חמרא למריה וטיבותא לשקייה תשואות חן חן לאלו שנשאו בְּעוּלָם ש[illegible] שבעל פה לתפוס הלוחות אִתָּם ולהובילם למקומם הראוי – ה׳ ישלם להם כפעל[illegible] החותם לכבוד המסייעים לעמלים בתורה

שושן פורים תש״ן

בס״ד

ה׳ חשון תש״נ

בברכת הוקרה להני גברי מזכי הרבים ה״ה מהור״ר מאיר ולוטוביץ ומהור״ר נתן שערמאן שליט״א

לראות במו עינינו בדור הזה תשוקה גדולה ומתגברת לשמוע את דבר ה׳ גם בקרב אחינו הרחוקים מאור תורה, אבל עדיין האור והחושך משתמשים בערבוביא. ולכן, כמה גדולה היא התועלת בעריכת שולחן החכמה בפני ישראל כפי השקפת חז״ל כדי שיקל למבקשי תורה למלאות צמאונם לדבר ה׳ ולא ישתו ממים הרעים ח״ו.

ואמינא יישר כוחכם של חברי מפעל ארטסקרול שנכנסו בעובי הקורה וגבהו לבם בה׳ לעשות את מלאכת שמים נאמנה ולתרגם דברי חכמינו ז״ל בש״ס בדיוק גדול מנופה בשבע נפות, וזכו בס״ד להרים מכשול מדרך עמי להשמיע ישראל דברי תורה בכל לשון שהם שומעים להרגילם בדרכי חז״ל עד שילמדו לעלות במסילה העולה בית אל ללמוד בכוחות עצמם בתוך הספר בלשון הגמרא עצמה.

שמואל יעקב וינברג

מסכת מנחות
TRACTATE MENACHOS

בחיים ^א^ ובשחוטין ובדבר שיש בו רוח חיים ובדבר ^ב^ שאין בו רוח חיים מה שא"כ בסמיכה: גמ' תנו רבנן ^א)^ קרבנו לרבות כל בעלי קרבן לסמיכה שיכול והלא דין הוא ומה תנופה שנתרבתה בשחוטין נתמעטה בחוברין סמיכה שלא נתרבתה בשחוטין אינו דין שתתמעט בחוברין ת"ל קרבנו לרבות כל בעלי קרבן לסמיכה ותתרבה תנופה בחוברין מקל וחומר ומה סמיכה שלא נתרבתה בשחוטין נתרבתה בחוברין תנופה שנתרבתה בשחוטין אינו דין שנתרבתה בחוברין משום דלא אפשר היכי ליעביד לינפו כולהו בהדי הדדי קא הויא חציצה ליניף ולידהדר וליניף ^ב)^ תנופה אמר רחמנא ולא תנופות וסמיכה בשחוטין ליתא והתנן^א)^ ^ג^ בזמן שכהן גדול רוצה להקטיר היה עולה בכבש והסגן בימינו הגיע למחצית הכבש אחז ^א)^ סגן בימינו והעלהו והושיט לו הראשון הראש והרגל ^ב)^ סומך עליהם וזורקן הושיט השני לראשון שתי ידים נותנו לכהן גדול סומך עליהם וזורקן נשמט השני והלך לו וכך היו מושיטין לו שאר כל האברים סומך עליהם וזורקן ובזמן שהוא רוצה הוא סומך ואחרים זורקין אמר אביי ^ד^ התם משום (א) ^ג)^ כבודו דכהן גדול:

הדרן עלך שתי מדות

שתי ^ה^ הלחם נילושות אחת אחת ונאפות אחת אחת ^ו^ לחם הפנים נילושות אחת אחת ונאפות שתים שתים ^ז^ ובדפוס היה עושה אותן כשהוא רודן נותנן לדפוס כדי שלא יתקלקלו: גמ' מנא הני מילי דתנו רבנן ^ג)^ שני עשרונים יהיה החלה האחת מלמד שנילושות אחת אחת מנין שאף שתי הלחם כך תלמוד לומר יהיה ומנין שאפייתן שתים שתים תלמוד לומר ^ד)^ ושמת אותם יכול אף שתי הלחם כן תלמוד לומר אותם האי אותם הא אפיקתיה אם כן לימא קרא ושמתם מאי ושמת אותם שמעת מיניה תרתי: תנו רבנן ושמת אותם בדפוס ^ח^ שלשה דפוסין הם נותנה לדפוס ועדיין היא בצק וכמין דפוס היה ^ד)^ לה בתנור וכשהוא רודה נותנה בדפוס כדי שלא תתקלקל ולהדרה לדפוס קמא כיון דאפי ^ה)^ לה נפחה: איתמר לחם הפני' כיצד עושין אותו

רבי

רש"י

מתני' בחיין ובשחוטין. ככבשי עלרת: ובדבר שאין בו רוח חיים. ^ו)^ לחם ומנחות: מה שאין כן בסמיכה. דאין נוהגין בשחוטין ואין נוהג אלא בדבר שיש בו רוח חיים: גמ' שיכול. שיהא האחד סומך לכל החבירים והלא דין הוא וכו': בחוברין. בחבירין: נתמעטה בחוברין. שאין כולם לריכין להניף אלא אחד מניף על יד כולם: ותתרבי תנופה בחוברין. שיהא כולם לריכין להניף: תנופה שנתרבית בשחוטין. בין בשלמי לבור בין בשלמי יחיד: קא הוי חציצה. דכי מניף זה ידו ע"י חבירו הויא ידו חוללת בין יד ^ז)^ חבירו לזבח: ליניף. חד והדר ליניף חבריה: תנופה. אחת כתיב אבל בסמיכה לא כתיב סמיכה ^ח)^ בהדיא אלא וסמך סתם ^ג)^ [יכול] לסמוך והדר לסמוך: והעלהו. לכהן גדול: הושיט הראשון. מאותן ^ג)^ י"ב שעסוקים בתמיד וסומך עליהם כהן גדול וזורקן על האישים ונשמט השני והלך לו ובא חבירו שלישי ומושיט לראשון והראשון לכהן גדול: משום יקרא דכהן גדול. שיהא נראה כמו שהקריב הוא את כולן היה סומך עליהן ולא שתהא סמיכתם נוהגת בשחוטין מן התורה:

הדרן עלך שתי מדות

רש"י כת"י

חיים ושחוטין. [מפרש בפ' כל] המנחות באות מלה: בדבר שיש בו רוח חיים. כגון קרבן בהמה: בדבר שאין בו רוח חיים. כגון לחמי תודה ונסכים: גמ' כל בעלי קרבן לסמיכה. כל החוברין סומכין: נתמעטה בחוברין. [שאחד] מניף כדמפרש משום דלא אפשר [משום] דהויא חלילה בין יד של זה לקרבן ואי קשיא הא אמרינן כהן מניח ידו תחת יד בעלים ומניף והוי ידו חלילה לא אקפיד משום דעיקר תנופה בבעלים כדכתיב על כפי הזיר: בזמן שכה"ג רוצה להקטיר. הקרבן דברשותו הוא דאמר במס' יומא כילד מקריב חלק בראש אומר עולה זו אני מקריב: והעלהו. מסעייהו לעלות: והושיט הראש והרגל דהן קרבין ראשון בתמיד כדאמרינן במס' יומא: וסומך עליהן. כה"ג וזורקן על המערכה: הושיט השני. די"ג כהנים [היו עסוקין] בתמיד: שתי הידים. קרבין אחר הראש והרגל והשני מושיט לראשון דרך כבוד הוא בכך שיהא אחד מושיט מכולם ונותן לו ומדקתני והושיט לו הראשון וסומך עליהם אלמא יש סמיכה בשחוטין: הא לאו סמיכה גמורה היא אלא משום יקרא דכה"ג שתהא הקטרתו מעולה משאר הקטרת:

(ע"כ מכ"י רבינו בצלאל אשכנזי ז"ל).

הדרן עלך שתי מדות

[הפירושים שנמלא בדפוס מכאן ואילך הוא פירוש רש"י ו"ל]

שתי הלחם: דפוס. פורמ"א בלע"ז ובגמ' מפרש היאך עשוי: וכשהוא רודה ^ט)^. מן התנור: נותנן בדפוס. כדי שלא יתקלקלו וישברו: גמ' החלה האחת. בלחם הפנים כתיב: ושמת אותם. שימה ראשונה שאתה עושה מהם דהיינו בתנור תהא בלשון אותם דמשמע שהיה נותן שתים בשני דפוסין יחד בתנור: ועדיין היא בצק. נותנה בדפוס שהדפוס עשוי ^י)^ כמין תיבה פרולה ולמר כמין ספינה רוקדת כדפליגי לקמן ומתקן הבלק בתוך הדפוס שיהא עשוי כעין הדפוס שהלחם היה לו דפנות ותוך: וכמין דפוס היה לה בתנור. והיו מסיקין אותו עם התנור ואופה את הלחם: ולידהדרה. לאחר שרדה לדפוס קמא שתקנה בו: נפחה. ^יא)^ ולריכה דפוס גדול מן הראשון:

כמין

תוספות

סמיכה שלא נתרבתה בשחוטין. תימה ותתרבה בשחוטין מקל וחומר מתנופה שנתמעטה בחוברין ונתרבתה בשחוטין:

קא הויא חציצה. והא דכהן מניח ידו תחת יד הבעלים ומניף פירשתי לעיל בפרק כל המנחות באות מלה (דף סא:^ד)^):

בזמן שכהן גדול רוצה להקטיר. משנה היא במסכת תמיד (דף לג:):

הדרן עלך שתי מדות

שתי הלחם. במשנה ובמקרא קרוי לשון זכר ולשון נקבה דהכא תנן שתי הלחם ובשמואל (א י) כתיב גבי שאול ונתנו לך שתי לחם ולקחת מידם ולעיל פ' ואלו מנחות (דף עה:) קרי ליה לשון זכר דקאמר בבא מלחם גדול וכתיב (ישעיה נא) ולא יחסר ^ה)^ לחמו: ובדפוס היה עושה אותן. אית דגרסי טפוס והכל אחד כמו גיטין (דף כו.) טופסי גיטין פורמ"א בלע"ז ואי אפשר לברר אם היה מתקן הלחם מחוץ לדפוס שהיה הדפוס בתוך הלחם או הלחם בפנים ומתוך הסברא נראה שהלחם בתוך הדפוס אבל מדקאמר בגמ' וליהדרה בדפוס קמא ומשני כיון דאפי לה נפחה משמע שהלחם חוץ לדפוס דאי בתוך הדפוס כיון דכמין דפוס היה לה בתנור היכי מינפחה הא אין הדפוס מניחה ועוד דבכל דוכתא משמע שהיו מדביקין את הפת בתנור ואם בתוך הדפוס נתונה אי אפשר להדביקה ומהא דקתני וכשהוא רודן נותנן בדפוס אין לדקדק דשייך רדיה ^ו)^ מפני הדפוס ולא מפני שהודבקה בתנור: וכשהוא רודן נותנן בדפוס. הן הקערות של שולחן כדאמר (לקמן דף צז.) קערותיו אלו דפוסין וכן פירש רש"י בפירושי חומש שהיה נותנו בקערות לאחר אפייה ותימה הא דפליגי לקמן (דף צה:) באפייתן אי דחיא שבת דלמאן דאמר תנור מקדש דחיא שבת משום דאי אפי לה מאתמול איפסלא בלינה ולמאן דאמר אין תנור מקדש לא דחיא הא בין למר ובין למר קערות נתקדשו כדכתיב בפ' נשא ומשחת בו את אהל מועד ואת ארון העדות את השולחן ואת כל כליו ושמא אע"ג דכתיב גבי שלחן ועשית קערותיו מ"מ כלי השולחן מיהא לא מיקרו אי נמי מאן דמפרש קערותיו אלו הדפוסים קסבר תנור מקדש אבל מאן דאמר אין תנור מקדש היה מפרש דקערותיו היינו קערות שהיו נותנים בהם את הלחם על שתי שולחנות שבאולם אחד מכסף ואחד מזהב על של כסף נותנים לחם הפנים בכניסתן ועל של זהב ביציאתן אבל אין לפרש דעל שולחן של משה שבהיכל היו סודרין בתוך הקערות דאם כן שולחן היה מקדש יותר מחמשה עשר טפחים:

ושמת אותם בדפוס. וא"ת והא אפיקתיה לומר שאפייתן שתים שתים ויש לומר דאם כן לכתוב ונתת אותם אבל ושמת משמע שימה בדפוס:

כמין

עין משפט נר מצוה

נט א ב מיי' פ"ט מהל' מעה"ק הל' ח ופ"ח מהלכות תמידין ומוספין הלכה יא:

ס ג ד מיי' פ"ה מהל' כלי המקדש הל' יג:

א ה מיי' פ"ח מהלכות תמידין ומוספין הל' ו:

ב ו מיי' פ"ה שם הל' ז:

ג ז ח מיי' שם הל' ח:

שיטה מקובצת

א] אחז הסגן: ב] והרגל וסומך: ג] משום יקרא: ד] תיבת לה נמחק: ה] לה נפחה רב: ו] חיים שתי לחם: ז] תיבת חבירו נמחק: ח] סמיכה אחת: ט] רודה אותן: י] עשוי למר: יא] נפחה רב:

תורה אור השלם

א) וְסָמַךְ אֶת יָדוֹ עַל רֹאשׁ קָרְבָּנוֹ וְשָׁחַט אֹתוֹ לִפְנֵי אֹהֶל מוֹעֵד וְזָרְקוּ בְּנֵי אַהֲרֹן אֶת דָּמוֹ עַל הַמִּזְבֵּחַ סָבִיב: [ויקרא ג, ח]

ב) יָדָיו תְּבִיאֶינָה אֵת אִשֵּׁי יְיָ אֶת הַחֵלֶב עַל הֶחָזֶה יְבִיאֶנּוּ אֵת הֶחָזֶה לְהָנִיף אֹתוֹ תְּנוּפָה לִפְנֵי יְיָ: [ויקרא ז, ל]

ג) וְלָקַחְתָּ סֹלֶת וְאָפִיתָ אֹתָהּ שְׁתֵּים עֶשְׂרֵה חַלּוֹת שְׁנֵי עֶשְׂרֹנִים יִהְיֶה הַחַלָּה הָאֶחָת: [ויקרא כד, ה]

ד) וְשַׂמְתָּ אוֹתָם שְׁתַּיִם מַעֲרָכוֹת שֵׁשׁ הַמַּעֲרָכֶת עַל הַשֻּׁלְחָן הַטָּהֹר לִפְנֵי יְיָ: [ויקרא כד, ו]

מסורת הש"ם

א) תמיד לג:, ב) ל"ק, ג) ל"ל י"א ל"ק, ד) [ד"ה כהן], ה) [ראיה זו לע"ג דהא ולא יחסר מוסב על האדם ומלאתי שגם המי"ע הניח זה בתימה], ו) נמי מן הדפוס ל"ק.

הגהות הב"ח

(א) גמ' משום (כבודו) תז"מ ונ"ב גי' רש"י יקרא:

רבינו גרשום

שיכול. שיהא א' סומך ע"י כולן. והלא דין כו': קא הויא חציצה. שידו של אחר חוצץ בין ידו של אחר: לינף חד והדר לינף חבריה תנופה אחת אמר כו'. אבל בסמיכה דלא כתב סמיכה אחת לסמוך והדר לסמוך: והושיט הראשון. מאותן י"ב כהנים שזוכין בתמיד: וסומך עליהן כ"ג וזורקן. על המערכה: נשמט השני והלך לו ובא חברו ומושיט לראשון והראשון לכ"ג: משום כבודו דכ"ג. היה סומך עליהן אבל בעלמא ליכא סמיכה בשחוטין:

סליק פירקא

שתי הלחם. ת"ל אותם. שתי הלחם למעט לחם הפני': הא אפיקתיה לגופיה דנאפות שתים ולא בא למעט אם כן וכו': וכמין דפוס היה לה בתנור. גדול מעט מן הדפוס הראשון: וכשהוא רודה. כשמוציאה מן התנור ונותנה בדפוס ג' שהוא גדול מדפוס שבתנור כדי שלא תקלקל תקונה לפי שהיא דקה ואם לא נותנה בדפוס היתה מתקלקלת: נפחה. גדילה ואינה נכנסת בדפוס הראשון:

רבי חנינא אמר א כמין תיבה פרוצה ר' יוחנן אמר כמין ספינה רוקדת בשלמא למאן דאמר כמין תיבה פרוצה היינו דהוו יתבי בזיכין אלא למאן דאמר כמין ספינה רוקדת היכי הוו יתבי בזיכין מקום עביד להו בשלמא למאן דאמר כמין תיבה פרוצה היינו דהוו יתבי קנים אלא למאן דאמר כמין ספינה רוקדת קנים היכי הוו יתבי מורשא עביד להו בשלמא למאן דאמר כמין תיבה פרוצה היינו דסמכי ליה סניפין ללחם אלא למאן דאמר כמין ספינה רוקדת היכי סמכי ליה סניפין ללחם דעגיל להו מיעגל בשלמא למאן דאמר כמין ספינה רוקדת היינו דבעינן סניפין אלא למאן דאמר כמין תיבה פרוצה סניפין למה לי אגב יוקרא דלחם א) תלח בשלמא למאן דאמר כמין ספינה רוקדת סניפין על גבי שלחן מונחין אלא למ"ד כמין תיבה פרוצה סניפין היכא מנח להו אארעא מנח להו אין דאמר רבי אבא בר ממל לדברי האומר כמין ספינה רוקדת סניפין על גבי שלחן מונחין לדברי האומר כמין תיבה פרוצה סניפין ע"ג קרקע מונחין כמאן אזלא הא דא"ר יהודה הלחם מעמיד את הסניפין והסניפין מעמידין את הלחם כמאן דאמר כמין ספינה רוקדת

מיתיבי

כמין תיבה פרוצה. שניטל כיסויה ושתי דופנותיה זו כנגד זו כך הלחם היו לו ב' דפנות ושוליים רחבים כזה: כמין ספינה רוקדת א). קוי"ש ואין לה שוליים אלא מלמעלה רחבה ומלמטה כלה והולכת עד כאצבע כזה וב' ראשיה חדין והולכין וגבוהין למעלה ואין נוגעין במים ולהכי קרי לה רוקדת שמרקדת והולכת מהר: היינו דיתבי בזיכין. של לבונה בתוך לחם העליון כדכתיב (ויקרא כד) על המערכת לבונה זכה דהואיל והשוליים רחבים היו יושבים הבזיכין עליהם יפה: אלא למאן דאמר כמין ספינה רוקדת היכי יתבי בזיכין. הא אין לו שוליים: מקום הוה עביד להו. בעובי אחד הדפנות היה מתקן להן בית מושב: בשלמא למ"ד כמין תיבה פרוצה. ב) היו הדפנות: היינו דיתבי קנים. דקתני מתניתין כ"ח קנים היו שם שהיה נותן ג' קנים של זהב על הלחם ג) הראשון ג) [האחד] ראשו של קנה על דופן זה וראשו ד) (של) אחר על דופן זה ועל הקנים היה מושיב לחם אחר עד שהם שש חלות זו על זו ומבדילין הקנים בין חלה לחבירתה כדי שלא יתעפשו: אלא למאן דאמר כספינה רוקדת היכי יתבי קנים. והלא ראשן חדים ואין יכול לישב שם אלא קנה אחד באמצעיתו: מורשא עביד להו. אצל הראש מכאן ומכאן ומדביק מעט בצק לקבל את הקנים: בשלמא למאן דאמר כמין תיבה פרוצה. שהיו הדפנות זקופות בשוה היינו דסמיכי סניפין ללחם דקתני מתני' ארבעה סניפין ה) היו שם מפוצלין בראשיהן שנים לסדר זה ושנים לסדר זה שהלחם ו) מונח ארכו לרוחבו של שולחן וקופל למעלה מיכן ומיכן מה שאורך הלחם יתר על רוחב השולחן והן הן דופני הלחם ולמאן דאמר כמין תיבה פרוצה ז) כפול שהדפנות זקופות בשוה: היינו דסמכי שני סניפין. שקורין פירק"ש העומדים בקרקע ח) ארוכות וגבוהות עד לחם העליון סומכין הלחם שלא ישברו דופנותיו ולהכי מפוצלין בראשיהם פיצולין הרבה כזה * שראשי הקנים שעל כל לחם ולחם מונחין ט) על אותם פיצולין: אלא למאן דאמר כמין ספינה רוקדת. עשויין הדפנות בשיפוע היכי סמכי סניפין ללחם והלא אין הסניפין נוגעין אלא מעט בראשו של לחם י) ואין יכול לסמוך ג) שאר דופנותיו שלא ישבר: דעגיל להו מיעגל. יא) אין הסניפין עומדין זקופין אלא עשויים כחצי מעגל שקורין צירקל"א כזה

ואותו עיגול תחת שיפועו של לחם וסומך את כל הלחם וראש הסניף סומך לראש הלחם מיעגל צירקל"א כדקרינן חוני המעגל על שם עוגה (תענית דף יט.): היינו דבעינן סניפין. שאין שולי הלחם רחבים ואינו יושב יב): אגב יוקרא דלחם. שזה מונח על זה מכבידו: תלח. נשבר כמו תילחי תילחי (חולין דף נג:): סניפין על גבי שלחן מונחים. ודעגיל להו כדאמרן: אלא למ"ד כמין תיבה פרוצה. והוו הדפנות שוות וזקופות תו לא מלו סניפין למיתב על השלחן: הלחם מעמיד את הסניפין. שקיפועו של לחם מונח על ד) קיפולו של סניף יג) כדאמר דעגיל מיעגל והסניף מעמיד הלחם שלא יפול:

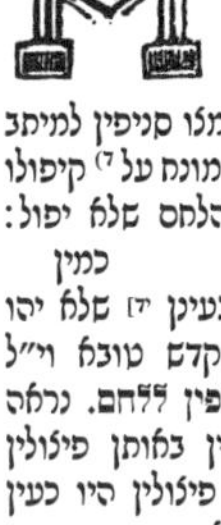

כמין תיבה פרוצה. דשולחן רחבו חמשה לרבי יהודה (לקמן דף צו.) וששה לרבי מאיר ולחם ארכו עשרה ורחבו חמשה ונותנין ארכו כנגד רחבו של שולחן וקופל לרבי יהודה טפחיים ומחצה מכאן וטפחיים ומחצה מכאן ולרבי מאיר טפחיים מכאן וטפחיים מכאן נמלא שהיה כמין תיבה פרוצה ב' דפנות זו כנגד זו ושוליים רחבין ופרוצה מלמעלה כמין ספינה רוקדת ואין לה שוליים אלא מלמעלה רחבה ומלמטה כלה והולכת עד כאצבע ושני ראשיה חדין והולכין וגבוהין מלמעלה ואין נוגעין במים כך פי' בקונטרס ומתוך פירושו נראה דפתוח הלחם ה) מלמטה ושני ראשין חדין כספינה החדה בראשה ובסופה כדי לרוץ מהרה כך הלחם חד בראשו ו) ובסופו (של חד) לצד אורך השולחן ולהכי פריך למאן דאמר כמין ספינה רוקדת היכי יתבי קנים הלא ראשן חדין ואין יכול לישב שם אלא קנה אחד באמצעיתו ואע"פ שהיו שם ד' סניפין של זהב מפוצלין בראשיהן כדי לקבל ראשי קנים מ"מ בעינן שיהא ז) לחם משאן חזק באמצען שלא יתקפלו מכובד הלחם ומה שצייר בקונטרס צורתו כזה 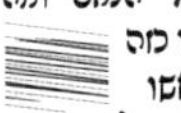 הם החידודין שבראשו ושבסופו של אורך השולחן ולצד רוחבן שהיו דופני הלחם מאריכין ומרחיבין בענין זה שכופפין לצד ראשו ולכך מפרש לקמן דסניפין עגיל להו מיעגל אבל גובה הלחם ח) מאמצעיתו לא היה הולך ומגביה בשיפוע מכאן ומכאן עד שהיה הולך ומרחיב עד ה' טפחים והם השוליים הממלאים רחבו של שולחן ט) ואחד כופל מכאן ומכאן כמו דופן זקוף לר' יהודה טפחיים ומחצה ולר' מאיר טפחיים כזה * אבל מה שפי' בקונטרס ושני ראשיה חדין והולכין וגבוהין למעלה ואין נוגעין במים אם רוצה לומר כעין ספינות שלנו שראשו וסופו משופע והולך ואינו נוגע במים נמלא דכי מסדר ליה ללחם על השולחן לא יתיב לחם אקנים המונחים בראש הלחם שתחתיו ובסופו דלא יתיב אלא אקנה אמצעי בלחודיה ויש מפרשים דהיינו הא דפריך אלא למאן דאמר כמין ספינה רוקדת קנים היכי הוו יתבי כלומר היאך היה יושב הלחם על הקנים פירוש היכי הוו יתבי קנים י) כמשפטו שישב הלחם עליהם ומשני מורשא עביד להו שהיה מדביק בצק בשולי הלחם מתחתיו בחודו שלמטה כדי שישען על הקנים ואין הלשון משמע כן כלל לפיכך נראה שהלחם בראשו ובסופו שכלפי אורך השולחן אין הולך ומשפע כלל אלא זקוף וא"ת למאן דאמר כמין ספינה רוקדת היכי מיפרשא מתני' דלחם הפנים ארכו עשרה ורוחבו חמשה וקופל לר' יהודה טפחיים ומחצה מכאן וטפחיים ומחצה מכאן ולרבי מאיר טפחיים טפחיים דכיון דלמטה כלה והולך עד כאצבע היכי תנן נמלא ארכו ממלא רחבו של שולחן הא חסר ליה מה ששוליו הולכין וגבוהין מאמצעיתו מכאן ומכאן דכי פשטת ליה קממלא ליה ותו לא וכי משפעת ליה חסר ליה פורתא ושמא ההוא פורתא לא חשיב ועוד קשה הא דאמר רבי יוחנן (לקמן ד' צו.) לדברי האומר טפחיים ומחצה קופל נמלא שולחן מקדש ט"ו טפחים למעלה הא גבוה טפי לרבי יוחנן גופיה כיון דאמר כמין ספינה רוקדת וצריך לומר דלא הוי טפח ואמרינן לקמן כיון דלא הוי טפח לא קחשיב ודוחק הוא שהרי ששה לחמים היו זה על גב זה ואי לכל חד וחד לא סליק שתות טפח מאי קא פריך למ"ד כמין ספינה רוקדת היכי יתבי בזיכין הא אין משפיעין השוליים אפילו שתות טפח וי"ל דאפילו הכי משמע ליה דלא יתבי בזיכין שפיר דבעינן יד) שלא יהו נוגעין כל עיקר וא"ת אכתי הרי לחם הפנים עוביו טפח כדאמרינן בפסחים בפרק כל שעה (דף לז.) נמלא שולחן מקדש טובא וי"ל דאותו עובי טפח היה בתוך הקיפול שהקיפול טפחיים ומחצה לרבי יהודה או טפחיים לרבי מאיר: דסמכי ליה סניפין ללחם. נראה דסניפין רחבין חמשה כרחבו של לחם ומפוצלין בראשיהן כ) דאמר פי' בקונטרס שראשי הקנים של כל לחם ולחם מונחין באותן פיצולין ולפי' זה היו הפיצולין זה למעלה מזה לר' יהודה טפחיים ומחצה ולרבי מאיר טפחיים במדת גובהו של לחם ואפשר דאותן פיצולין היו כעין פגימות לראשי הסניפין כמדת עובי הקנה ותימה דבמתני' תנן (לקמן דף צו.) ד' סניפין של זהב היו שם מפוצלין בראשיהן כדי שיהו סומכין בהן את הלחם וכן קתני לקמן בברייתא שבהם סומכין את הלחם ואין מזכיר בשום מקום כלל נתינת ראשי הקנים משמע דלא בעי העמדה אלא ללחם התחתון המונח על טהרו של שולחן ובתוספתא (פי"א) נמי תניא ד' סניפין היו שם שבהן סומכין את הלחם משמע חלה התחתונה דווקא ולא אפשר להיות כלל למאן דאמר כמין ספינה רוקדת: תלח. כמו נפל תילחי תילחי דפרק אלו טרפות (חולין דף נג:):

כמין

עין משפט
נר מצוה

ד א מיי' פ"ה מהלכות תמידין ומוספין הל' ט:

שיטה מקובצת

(חידושי רגמ"ה)

כמין תיבה פרוצה. שניטל הקיר העליון מהדפנות של ארכה [שמכאן] ומכאן ולא נשאר [כי אם] התחתונה [והדפנות] של רחבה וכך [לחם] הפנים מקפלין בראשו [מכאן] ומכאן: ספינה רוקדת. שהיא (חדא) [חדה] (מלמעלה) [מלמטה] וראשיה משפעין ועולין למעלה ובאמצע נמוכה: בשלמא למ"ד כמין תיבה פרוצה היינו דהוי יתבי הבזיכין. על גבי הלחם במה שהלחם שוה: אלא למ"ד כמין ספינה רוקדת שהיה לה בית קבול (וחדא) [וחדה] הוה [למטה] היכי הוו יתבין הבזיכין בתחתית הלחם. ונמצאו שלא היו נוגעין באמצען בתחתית הלחם: מקום עביד להו. שוה בתחתית כדי מקום ישיבת הבזיכין: בשלמא למ"ד כמין תיבה פרוצה היינו דהוו יתבי קנים שבין לחם ללחם בעובי מה שנקפל למעלה שהיה רוחב א) [השלחן] כרחבו של [הלחם]: אלא למ"ד כמין ספינה רוקדת. היכי הוו יתבי קנים על גבי ראשי הלחם שהן חדין: מורשא עביד להו. לסוף הראשין [היה] מדביק חתיכת בצק [שיהיה שוה] באמצע ועליהם הקנים שוכבין: בשלמא למ"ד כמין תיבה פרוצה היינו דסמיכין ליה סניפין ללחם שקפול הלחם עד קצה רוחב השלחן הוא והסניפין על הארץ הם עומדים ונוגעים בכל קפול הלחם עד למעלה וסומכין אותם: אלא למ"ד כמין ספינה רוקדת היכי סמכי הקנים את הלחם דאינם נוגעים על פני כל הקיפול אלא לקצות הלחם: דעגיל להו. לסניפין ב) כופין עד יגעו כמין סורקולא ואותו עגול קאי תחת שיפועו של לחם לכל קפול הלחם ועומדין הסניפין על השלחן הלחם מעמיד את הסניפין על השלחן והסניפין מעמידין קיפולי הלחם: היינו דבעינן סניפין. (כהלחם) [כי הלחם] אחד על חבירו שלא ידחוק ראשי חתוך הלחם לחוץ: סניפין למה לי. והלא קיפולו ישר ואינו משופע ולא ידחוק אחד את ראש חבירו לחוץ שקיפולו שוה: ודאי למ"ד כמין תיבה פרוצה לא היו צריכין סניפין למסמכינהו אלא משום הכי היו סניפין שהם מפוצלין שעל גבי פיצולין מכאן ומכאן מונחים הקנים ולא על גבי הלחם ממש כדי שלא יפרוס הלחם שאילו לא היו הסניפין הסומכין את הלחם והקנים: אגב יוקרא דלחם תלחי. היה נופל התחתונה תלחי תלחי: סניפין על גבי השלחן מונחים. שהיה כופף ראש הסניף תחת שיפוע הלחם שיעמדו סניפין בו: הלחם מעמיד את הסניף ששפועו מהדק רגליו על השלחן והסניף מעמיד את הלחם שלא יפרוס. (עכ"ל הרגמ"ה): א] רוקדת שקורין קוויש: ב] פרוצה ושהיו הדפנות ארוכות: ג] הלחם ראשו של קנה על: ד] תיבת של נמחק: ה] סניפין של זהב: ו] שהלחם נתון ארכו: ז] פרוצה שהדפנות: ח] בקרקע אצל השלחן: ט] באותם פיצולין: י] לחם ואיך יכולים: יא] מיעגל שאין: יב] יושב עליו: יג] סניף והסניף מעמיד את הלחם כדאמרן: יד] שלא יהו נוגעין ס"א נוטין כל כו' נ"א נוגעין כל עיקר בדופן:

מסורת הש"ם

א) [בערוך ערך תלח גרים תלח וכן גי' הילקוט פ' תרומה רמז שמטו], ב) ראשו האחד על דופן זה וראשו האחר על צ"ק, ג) נ"א פני, ד) צ"ל עיגולו, ה) צ"ל מלמעלה וגי' הצ"ק עד למעלה, ו) וחד בסופו לצד אורך כו' צ"ק, ז) משאן של לחם חזק צ"ק, ח) מאמצעית היה הולך צ"ק, ט) נ"א ואח"כ כופל וכו' צ"ק, י) כמשפטן צ"ק, כ) דאמרינן לקמן פי' בקונטרס דהיינו שראשי צ"ק.

רבינו גרשום

כמין תיבה פרוצה. שניטל הקיר העליון ושתי קירות רחבה כעין זה כך לחם הפנים מקפלין אותו מלמעלה בראשו מיכן ומיכן: ספינה רוקדת. שהיא חדה מלמטה וראשיה משופעין ועולין למעלה ובאמצע נמוכה: בשלמא למ"ד כמין תיבה פרוצה היינו דהוו יתבי בזיכין על גבי הלחם שהיה שוה הלחם באמצעיתו ויכולין לישב שם: אלא למאן דאמר כמין ספינה רוקדת שיש לה בית קבול וחדה למטה היכי הוו יתבי בזיכין בתחתית הלחם ונמצאו שלא היו נוגעין באמצען לתחתית הלחם: מקום עביד להו שוה בתחתית כדי מקום ישיבת הבזיכין: בשלמא למאן דאמר כמין תיבה פרוצה היינו דהוו יתבי קנים. שבין לחם ללחם על גבי מה שנקפל למעלה שהיה רוחב הקפול כרחבו של לחם: אלא למאן דאמר כמין ספינה רוקדת היכי הוו [יתבין] קנים על גבי ראשי הלחם שהן חדין: מורשא עביד להן. לסוף הראשין היה מדביק חתיכה בצק דקה באצבע ועליהן הקנים שוכבין: בשלמא למאן דאמר תיבה פרוצה היינו דסמכי ליה סניפין ללחם לקפול הלחם שקפול הלחם מקצה רוחב השלחן הוא והסניפין על הארץ הן עומדין ונוגעין בכל קפולי הלחם עד למעלה וסומכין אותן: אלא למאן דאמר כמין ספינה רוקדת היכי סמכי קנים ללחם. אינן נוגעין על פני כל הקפול אלא לקצות הלחם: דעגיל להו לסניפין (מפנין) [כופפן] כדי שיגעו לכל קפול הלחם ועומדין הסניפין על השלחן והלחם מעמיד הסניפין על השלחן והסניפין מעמידין קיפולי הלחם כעין זה: היינו דבעינן סניפין. כשהלחם אחד על גבי חברו שלא ידחוק ראשי החדין לחוץ: סניפין למה לי והלא קיפולו ישר ואינו משופע לא ידחוק אחד ראש חברו לחוץ שקיפולו שוה: ודאי למאן דאמר משום תיבה פרוצה לא הוו צריכי סניפין למסמכינהו אלא משום הכי הוו סניפין שהן מפוצלין שעל גבי פצולין מיכן ומיכן מונחין הקנים ולא על גבי הלחם ממש כדי שלא יפרוס הלחם שאילו לא היו הסניפין שסומכין הלחם והקנים: אגב יוקרא דלחם תלח הוה נפיל התחתונה תילחי תילחי: סניפין על גבי השלחן מונחין. שהיה כופף ראש הסניף תחת שפוע הלחם שיעמדו בו הסניפין: הלחם מעמיד את הסניף. ששפועו מהדק רגליו על השלחן והסניף מעמיד הלחם שלא יפרוס:

חשק שלמה על שיטה מקובצת א) אולי צ"ל הקיפול וכ"ה ברגמ"ה. ב) אולי צ"ל והיו כפופין כדי שיגעו ללחם ועשויין כמין צירקלא ואותו עיגול קאי וכו'.

מיתיבי כמין כוורת היה לה בתנור [א]ודומה כמין טבלא מרובעת אימא ופיה דומה כמין טבלא מרובעת תניא כמאן דאמר כמין ספינה רוקדת דתניא ארבעה סניפין של זהב היו שם מפוצלין מראשיהן כמין דקרנין היו שסומכין בהן את הלחם שהוא דומה כמין ספינה רוקדת איבעיא להו לחם הפנים נפסל במסעות או אינו נפסל במסעות רבי יוחנן ורבי יהושע בן לוי חד אמר נפסל וחד אמר אינו נפסל מאן דאמר נפסל דכתיב א) כאשר יחנו כן יסעו מה בחנייתו נפסל ביוצא אף בנסיעתו נפסל ביוצא מאן דאמר אינו נפסל דכתיב ב) ולחם התמיד עליו יהיה ואידך נמי הא כתיב כאשר יחנו כן יסעו לאידך גיסא מה בחנייתו כי לא יצא ממקומו לא מיפסיל אף בנסיעתו כי לא יצא ממקומו לא מיפסיל ואידך נמי הא כתיב ולחם התמיד עליו יהיה אלא כי אתא רב דימי אמר א] במסודר דכולי עלמא לא פליגי אלא כי פליגי במסולק מאן דאמר נפסל דכתיב כאשר יחנו כן יסעו מה בחנייתו נפסל ביוצא אף בנסיעתו מיפסל ביוצא למאן דאמר אינו נפסל דכתיב א) ונסע אהל מועד א] אע"פ שנסע אהל מועד הוא ואידך נמי הכתיב כאשר יחנו כן יסעו לאידך גיסא מה בחנייתו ב] כי לא מפיק ליה לא מיפסיל אף בנסיעתו כי לא מפיק ליה לא מיפסיל ואידך נמי הא כתיב ונסע אהל מועד ההוא לדגלים הוא דאתא ואידך א) ממחנה הלוים בתוך המחנות נפקא מיתיבי ג) בשעת סילוק מסעות קדשים נפסלין ביוצא וזבין ומצורעין משתלחין חוץ למחיצתן מאי לאו אפילו לחם הפנים לא בר מלחם הפנים מה נפשך אי אהל מועד דוקא הוא אפילו קדשים נמי אי אהל מועד לאו דוקא הוא אפילו לחם הפנים נמי אלא כי אתא רבין אמר מר אמר במסודר ומר אמר במסולק ולא פליגי אמר אביי ש"מ יש סילוק מסעות בלילה דאי סלקא דעתך אין סילוק מסעות בלילה אימת מדלי ג] לצפרא מאי איריא משום יוצא תיפוק לי דאיפסיל ליה בלינה פשיטא ג) ללכת יומם ולילה כתיב מהו דתימא הני מילי היכא דעקור ביממא אבל היכא דלא עקור ביממא בליליא לא מצו עקרי קא משמע לן ורמינהי ג) הוגללו הפרוכת הותרו הזבין ומצורעין ליכנס לשם אמר רב אשי לא קשיא הא ר' אליעזר הא רבנן דתניא רבי

כמין כוורת היה לה בתנור. וזה הדפוס שהוא נאפה בו מרובע והיינו כמין תיבה פרוצה שיש לה שוליים רחבים ומרובעים: אימא ופיה דומה כו'. ד] השוליים עשוין כספינה: כמין דוקרנין. כמין ה] קנים הדוקרנין קנים שיש בהן ענפים הרבה דהוו מפוצלין: נפסל במסעות. כשנוסעין ישראל במדבר ומפרקים המשכן ונושאים השלחן עם הלחם כדכתיב (במדבר ד) ועל שלחן הפנים יפרשו בגד תכלת מי נפסל לחם ביוצא או לא: בחנייתו נפסל ביוצא. אם ו] יוצא חוץ לקלעים כדכתיב והיתה לאהרן ולבניו ואכלוהו במקום קדוש (ויקרא כד): ולחם התמיד עליו יהיה. אלמא בקדושתיה קאי: ממקומו. ז] של שולחן: במסודר. על השלחן: ח] [במסולק]. שעדיין לא הגיע זמן לסלק את זה עד ט] שנסעו ומ"מ בתוך מחנה הלוים הוא שנושאין אותן י] עמהן עם המשכן ודגלי מחנה ישראל סביב להם: כי לא מפיק ליה. מעזרה והשתא נמי לא אפקיה ממחנה לויה: לדגלים. להורות איזה דגל יסע ראשון ואיזה אמצעי ואיזה אחרון: סילוק מסעות. יא] שהפרוכת נגללות: קדשים נפסלים ביוצא. שאין להם קלעים ואעפ"כ המחנה קדוש חבין ומצורעין משתלחין חוץ ממחיצתן מצורע חוץ למחנה ישראל והיו מהלכים בסוף מחנה כדאמר בברכות (דף נד.) את והב בסופה חבין חוץ למחנה לויה: אי אהל מועד דווקא הוא. אע"ג דהוגללו הפרוכת כדקתני לעיל: ה"ג אפילו קדשים נמי לא ליפסלו ביוצא ואי אהל מועד לאו דוקא הוא אפילו לחם הפנים נמי ליפסול: אלא כי אתא רבין אמר. אהל מועד לאו דווקא לדגלים הוא דאתא ומר דמכשיר במסודר דכתיב לחם תמיד עליו יהיה ומר דפסיל במסולק: ש"מ. מדקתני קדשים נפסלים משום פסול יוצא: יש סילוק מסעות בלילה. שאם היה נעלה הענן בלילה היו נוסעים מיד ולא היו ממתינין עד הבקר: אימת מידלו. קלעים: בלילה לא מצו עקרי. דכתיב יומם ברישא והדר לילה קמ"ל: ורמינהי. יב] דקתני זבין ומצורעין משתלחין: ד) בפסח הבא בטומאה. כגון שרוב ציבור טמאים כדאמר (פסחים דף סו:) איש נדחה לפסח שני ולא ציבור וטומאת מת הותרה להם כדכתיב (במדבר ט) טמא יג] נפש אבל לא זיבה וצרעת ורבי

כמין כוורת היה לה בתנור. כוורת עגולה היא כדמוכח בפ"ק דשבת (דף ח.) והכא קתני כמין טבלא מרובעת אלא מנוקב ככוורת של קנים שישלוט האור בכולו: מר אמר במסודר ומר אמר במסולק ולא פליגי. יד] מסקנא דשמעתא דלא אמרינן אע"פ שנסע אהל מועד הוא והא דמסיק ליה בפ' בתרא דזבחים (דף קטז:) ה) היינו לענין קדשים קלים דנאכלין בכל מחנה ישראל ולא בעו אהל מועד ומיהו ק' דבפרק קדשי קדשים (שם דף סא:) מסיק ליה גבי קדשי קדשים דמפרש בשני מקומות קדשים נאכלים קודם שיעמידו הלוים את המשכן ולאחר שיפרקו הלוים המשכן ולא מיפסלי ביוצא משום דאע"פ שנסע אהל מועד הוא ויש לומר דהתם מיירי טו] ו) (קודם) שנפרס אהל מועד והמזבח וקלעי החצר עומדים במקומן ז) וא"ת וכיון שנסתלק המזבח היכי מתאכלן הא א"ר אלעזר התם מזבח שנפגם אין אוכלין בגינו שירי מנחה ור' ישמעאל ברבי יוסי נמי קאמר כל הקדשים שנשחטו שם פסולין ואפילו קדשים קלים והתם מדמי סילוק מסעות לנפגם מזבח וי"ל דאתיא כתנא דפליג אר' ישמעאל בר' יוסי ובקונטרס פי' התם דשני מקומות לאו לאחר שנסעו ונסתלק המזבח קאמר אלא חד מינייהו כדאיתא בעוד שהמשכן נטוי כמשפטו וחד לאחר שפרקוהו קרשיו ויריעותיו ועדיין המזבח במקומו וקודם שיעמידו לוים המשכן דנקט לאו דווקא נקט חדא דלא משכחת לה שיהא המזבח מונח קודם העמדת המשכן שהרי קודם שיחנו בני קהת נושאי המזבחות היו חונין בני גרשון ובני מררי נושאי המשכן ומקימין אותו טז] ח) אבל בנסיעתן שהיו מורידין המשכן תחלה יז] ונושאין בני גרשון ובני מררי אחר דגל ראשון ובני קהת אחר דגל שני כדי שיהו קודמין בני גרשון בחנייתן ומעמידין את המשכן לפני בא בני קהת כדכתיב אחר מסע יח] בני יהודה (במדבר י) והורד המשכן ואחר שני דגלים כתיב (שם) ונסעו הקהתים נושאי המקדש דהיינו ארון ומזבחות וכלי שרת והקימו בני גרשון המשכן עד בואם של בני קהת ועוד אי בששינו את הסדר מוקמת לה היכי שחטו קרבנם קודם שיעמידו המשכן הא אמרן באיזהו מקומן (זבחים דף נה:) שלמים ששחטן קודם שיעמידו הלוים את המשכן פסולין ואי גרסינן לה מיתוקמא בששינו את הסדר והויא דאיזהו מקומן שלמים דווקא קאמר ומשום דכתיב בהו ושחטו פתח אהל מועד ולא יליף שאר קדשים מינייהו עכ"ל והא דתנן גבי תמיד (דף ל:) לא היה השוחט שוחט עד שישמע קול שער גדול שנפתח למצוה בעלמא וא"ת ולעיל אמאי איצטריך לשנויי ההוא לדגלים הוא דאתא לימא לקדשים קלים הוא דאתא כדמוכח בפרק בתרא דזבחים (דף קטז:) וי"ל דא"כ לא הוה ליה למתלייה באהל מועד ואם תאמר ולוקמה בקדשי קדשים וכגון שהמזבח והקלעים במקומן וי"ל דמשמע ליה ונסע אהל מועד שנסתלק הכל אפילו המזבח: שמע מינה יש סילוק מסעות בלילה. פי' בקונטרס מדקתני קדשים נפסלין דאי אין סילוק מסעות בלילה אימת מידלו קלעים בצפרא מאי איריא משום יוצא תיפוק לי דאיפסיל ליה בלינה תימה דלמא נפקא מינה היכא דנסעו באמצע היום דקדשים שנשחטו היום נפסלין משום יוצא ולא משום לינה ונראה לפרש דקאי אפלוגתא דרבי יוחנן ורבי יהושע בן לוי דאיירי בלחם הפנים ומסקינן דמסולק נפסל במסעות ועל כרחיך בשבת לא היו נוסעין דאפילו לא היו תחומין מדאורייתא לא היו יכולין ליסע משום איסור הוצאה ואיסור מחמר להכי דייק דאי אין סילוק מסעות בלילה יט] תיפסול הלחם בלינה ואי הוה אמרינן דבשום פעם לא היו נוסעין אלא או בתחלת היום או בתחלת הלילה הוה מצינו למימר דדייק מברייתא שפיר: אין

ה א מיי' פ"ה מהל' תמידין ומוספין הל' ט:

שיטה מקובצת

א] במסודר. גליון פ"ה במסודר על השלחן שעדיין לא הגיע כו' עד שסלקוהו בשבת כו'. וק"ק דהא ע"כ בשבת לא נסעו משום הוצאה ומחמר כמו שכתבו התוס' לקמן ושמא יש לומר כגון שאותו שבת היה יוה"כ שלחם הפנים נאכל לערב במוצאי שבת ולא הספיקו לאכול אותם עד שנסעו ויש סילוק מסעות בלילה כדמוכיח אביי וכן משמע לקמן במתני' חל יוה"כ להיות בשבת החלות מתחלקות לערב עכ"ל הגליון גמרא של קלף: ב] כי לא מפיק ליה. פ"ה כי לא מפיק ליה מעזרה וה"נ לא מפיק ליה ממחנה לויה וקשה דמה יש לנו לדמות עזרה למחנה לויה ונראה דה"פ אף נסיעתו כי לא מפיק ממחנה לויה לא מפסיל דמחנה לויה אקרי אהל מועד בשעת מסע דכתיב ונסע אהל מועד מחנה לוים אלמא דקרוי אהל מועד לפי שאהל מועד בתוכו: ג] מצפרא:

חדושי רגמ"ה

נפסל במסעות. כשהיו ישראל נוסעים ממקום למקום היו נושאים את השלחן וגם הלחם: חד אמר נפסל במסעות. דכיון שנסעו ממקומן הוא יוצא לחוץ ממחיצתו: וחד אמר אינו נפסל. הלחם אם הוא במקומו על השלחן: כי פליגי במסולק. [אם] סלקוהו מן השלחן [בשעת] נסיעה וכרכוהו [בבגד] תכלת שעליו בפרכת והוליכוהו: אע"פ שנסע אהל מועד הוא. כיון דעדיין הוא כרוך בין הפרוכת אהל מועד הוא ולא מפסל בלינה: ההוא לדגלים הוא דאתא. שיהא אהל מועד באמצע הדגלים בין דגל ראובן לדגל אפרים: סילוק מסעות. היינו סלוק אהל מועד: קדשים. שהיו [נשארים] נפסלים משום יוצא: זבים ומצורעים משתלחים חוץ למחנה. כלומר שלא היו ראוין ליכנס באותו מקום שהיה בו אהל מועד מפני שהוא קדוש: אימת מדלי מצפרא. כלומר אימת מסלקו מצפרא: תיפוק לי דאיפסול בלינה. דבצפרא אכתי לא עבדא בה קרבנות והני קרבנות הוי ביה מאתמול ואי לא מדלי אלא מצפרא הוה בהנהו קדשים נמי פסול לינה אלא מדלא איירי בפסול לינה ש"מ [יש] סילוק מסעות בלילה. (עכ"ל הרגמ"ה): ד] כו' אבל: ה] קנים שיש בהן ענפים הרבה דהיינו מפוצלין: ו] אם היה: ז] על השלחן תיבת של נמחק: ח] תיבת במסולק ל"ש ונמחק:

א) [זבחים סא: קטז:], ב) תוספתא דזבחים פי"ג זבחים ס:, ג) [תענית כא:], ד) שייך לע"ב, ה) נ"א דאמרינן אע"פ שנסע אהל מועד הוא היינו כו' נ"ק, ו) נ"ק מ"ז, ז) [ע' בתוס' דזבחים דף סא ע"א וע"ב באורך], ח) נ"ל ובנסיעתן היו מורידין כו' ונסעו בני.

רבינו גרשום

כמין כוורת היה לה בתנור. לחלה והיינו הדפוס ודומה כמין טבלא מרובעת. אלמא דהלחם נמי מרובע כמין תיבה: מהא לא תקשי אימא ופיה של דפוס דומה כמין טבלא. שהיה פיה מרובע מרוחב כדי שיכניס בו הלחם בריוח אבל למטה עשוי הדפוס כמין ספינה רוקדת: ארבע סניפין. ב' לסדר זה וב' לסדר זה: ומפוצלין מראשיהן. כדי לקבל הקנים: כמין דוקרנין. כעין קנין שמתפרדין מלמעלה: נפסל במסעות. כשהיו ישראל נוסעים ממקום למקום היו נושאין את השלחן עם הלחם שעליו: חד אמר נפסל. דכיון דנסעו ממקומן הוה ליה חוץ ממחיצתו: חד אמר אינו נפסל [אם] הוא (ו)במקומו (הוא) על השלחן: מה בחניית המשכן נפסל ביוצא. חוץ ממקומו: אף בנסיעתו [כי לא יצא] ממקומו לא מיפסיל ע"ג השלחן: במסודר. שעדיין ע"ג השלחן לא מיפסיל אע"ג דנסעו: כי פליגי במסולק. שאם סלקוהו מן השלחן בשעת נסיעה וכרכוהו בבגד תכלת שעליו ובפרוכת והוליכוהו: אע"ג שנסע כיון דעדיין הוא כרוך בין הפרכת אהל מועד [הוא] ולא מפסל ביוצא: מה חנייתו כי לא מפיק ליה חוץ לירי[עות] לא מפסיל: ואידך נמי הא כתיב ונסע אהל מועד דמשמע אף על גב דנסע אהל מועד הוא ההוא [ונסע] לדגלים הוא דאתא. שיהא אהל מועד באמצע הדגלים בין דגל ראובן לדגל אפרים: סילוק מסעות. היינו סילוק אהל מועד: קדשים שהיו נפסלין משום יוצא וזבין ומצורעין משתלחין חוץ למחיצה. כלומר שאין ראוין להכנס באותו מקום שהיה בו אהל מועד מפני שהיה קדוש: מה לאו מדאי קדשים נפסלין אפילו לחם הפנים קאמר: אי אהל מועד דוקא דאע"ג שנסע אהל מועד הוא ואפילו קדשים נמי לא ליפסלו: אלא כי אתא רבין אמר ר' יוחנן ור' יהושע בן לוי [לא פליגי] מאן דמכשר אמר במסודר ומאן דפסל אמר במסולק ולא פליגי והא ברייתא דאמרה דקדשים נפסלין דמשמע אפילו לחם נמי במסולק קאמר: אימת מדלי. כלומר אימת מסלקי: מצפרא תפוק לי דאיפסול בלינה. דבצפרא אכתי לא עבוד ביה קרבנות והני קדשים דהוו ביה מדאתמול הוו ואי לא מדלי אלא מצפרא הוה בהנהו קדשים נמי פסול לינה אלא מדלא איירי מפסול לינה ש"מ יש סילוק מסעות בלילה: פשיטא דכתיב ללכת יומם ולילה דבליליא נמי מסלקי: מהו דתימא הני מילי דאימתי אזלי בליליא כגון דעקור המסעות ביממא וכו': הוגללו הפרוכות. שנסעו ממקום למקום: הותרו זבין ומצורעין ליכנס לשם וקשיא ההוא דזבין ומצורעין משתלחין חוץ למחיצה:

ט] שנסעו כ"ע לא פליגי דלא איפסל דהא כתיב לחם הפנים תמיד כי פליגי במסולק שסלקוה בשבת וסדרו אחר ולא הספיקו לאכול אותם עד שנסעו: י] אותן כהנים עמהם על השלחן ודגלי: יא] שהפרוכת נגלל: יב] ורמינהי להא: יג] טמא לנפש: יד] פליגי ממסקנא דשמעתא [משמע]: טו] קודם שנפרק אהל מועד מכל וכל: טז] תיבת אבל נמחק: יז] תחלה ונוסעין תיבת ונושאין נמחק: יח] מסע דגל: יט] בלילה תיפוק ליה דאיפסל:

תורה אור השלם א) וְנָסַע אֹהֶל מוֹעֵד מַחֲנֵה הַלְוִיִּם בְּתוֹךְ הַמַּחֲנֹת כַּאֲשֶׁר יַחֲנוּ כֵּן יִסָּעוּ אִישׁ עַל יָדוֹ לְדִגְלֵיהֶם: [במדבר ב, יז] ב) וְעַל שֻׁלְחַן הַפָּנִים יִפְרְשׂוּ בֶּגֶד תְּכֵלֶת וְנָתְנוּ עָלָיו אֶת הַקְּעָרֹת וְאֶת הַכַּפֹּת וְאֶת הַמְּנַקִּיֹּת וְאֵת קְשׂוֹת הַנָּסֶךְ וְלֶחֶם הַתָּמִיד עָלָיו יִהְיֶה: [במדבר ד, ז] ג) וַיְיָ הֹלֵךְ לִפְנֵיהֶם יוֹמָם בְּעַמּוּד עָנָן לַנְחֹתָם הַדֶּרֶךְ וְלַיְלָה בְּעַמּוּד אֵשׁ לְהָאִיר לָהֶם לָלֶכֶת יוֹמָם וָלָיְלָה: [שמות יג, כא]

עין משפט נר מצוה

ו א מיי׳ פ״ד מהלכות ביאת מקדש הלכה יב וכלדרבנן:
ז ב מיי׳ פ״ח מהלכות תמידין ומוספין הל׳ ז:
ח ג מיי׳ פ״ה שם ה״ז:
ט ד מיי׳ שם הלכה י ופ״ח הלכה ח:

רבי אליעזר אומר יכול דחקו זבין ומצורעין ונכנסו לעזרה בפסח הבא בטומאה יכול יהו חייבין תלמוד לומר וישלחו מן המחנה כל צרוע וכל זב וכל טמא לנפש בשעה שטמאי מתים משתלחין זבין ומצורעין משתלחין אין טמאי מתים משתלחין אין זבין ומצורעין משתלחין: **מתני׳** אחת שתי הלחם ואחת לחם הפנים לישתן ועריכתן בחוץ ואפייתן בפנים ואינן דוחות את השבת רבי יהודה אומר כל מעשיהם בפנים רבי שמעון אומר לעולם הוי רגיל לומר שתי הלחם ולחם הפנים כשרות בעזרה וכשרות בבית פאגי: **גמ׳** הא גופא קשיא אמרת לישתן ועריכתן בחוץ אלמא מדת יבש לא נתקדשה ואפייתן בפנים אלמא מדת יבש נתקדשה אמר רבה הקשה אדם קשה שהוא קשה כברזל ומנו רב ששת מאי קשיא דלמא עשרון לא מקדש תנור מקדש אלא אי קשיא הא קשיא ואפייתן בפנים אלמא תנור מקדש ואין דוחות את השבת איפסלה בלינה (אלא) אמר רבא הקשה אדם קשה שהוא קשה כברזל ומנו רב ששת אמר רב אשי מאי קושיא דלמא מאי מבפנים במקום זריזין והא דרב אשי ברותא היא מה נפשך אי אפייה בעינן זריזין לישה ועריכה נמי [בעינן] זריזין ואי לישה [ועריכה] לא בעינן זריזין אפייה נמי לא בעינן זריזין אלא דרב אשי ברותא היא: ר׳ יהודה אומר כל מעשיהן בפנים [וכו׳]: אמר רבי אבהו בר כהנא ושניהן מקרא אחד דרשו והוא דרך חול אף כי היום יקדש בכלי רבי יהודה סבר בחול אשכחינהו דקא אפו ליה אמר להו דרך חול קא אפיתו ליה אף כי היום יקדש בכלי איפסיל ליה בלינה רבי שמעון סבר בשבת אשכחינהו דקא אפו ליה אמר להו לא דרך חול בעיתו למיעבדיה מידי תנור מקדש שלחן הוא דמקדש ומי מצית אמרת דבשעת אפייה אשכחינהו והכתיב ויתן לו הכהן קודש כי לא היה שם לחם כי אם לחם הפנים המוסרים מלפני ה׳ אלא מאי דרך חול דקא אמר להו הכי קא אמרו ליה ליכא לחם כי אם לחם הפנים המוסרים מלפני ה׳ אמר להו לא מיבעיא האי דכיון דנפק ליה ממעילה דרך חול הוא אלא אפילו האיך נמי דהיום יקדש בכלי הבו לי׳ דליכול

מסוכן

ורבי אליעזר דמיקל התם מיקל הכא דהשתא נמי אין טמאי מתים משתלחים חוץ למחנה שלהם דטמא מת אינו אסור אלא בעזרה בלבד ועכשיו כשהוגלל פרוכת אין מחילה לטמאי מתים להשתא דטמא מת מותר ליכנס במחנה לויה דכתיב ויקח משה את עצמות יוסף עמו במחילתו וכדאמר בפסחים (דף סז.) ובלבד שלא יכנס למחנה שכינה דהיינו עזרה והא רבנן דאמרו אע״פ שטמאי מתים אין משתלחין זבים ומצורעים משתלחין: **מתני׳** לישתן ועריכתן בחוץ ואפייתן בפנים. מפרש בגמ׳: ואינן דוחות את השבת. אפייתן: וכשרות בבית פאגי. בכל ירושלים דקא סבר אפייתן נמי בחוץ: **גמ׳** אלמא מדת יבש. כגון עשרון שנמדדו בו: נתקדשו. ואי נפקי מיפסלא ביוצא: הקשה. בתירוץ זה: אדם קשה. חכם ומחודד לחתך הלכה כברזל: איפסלו בלינה. דכל המנחות משנתקדשו בכלי נפסלים והאי כיון דאיקדיש מאתמול בתנור איפסיל בלינה קודם שיסדרנו על השולחן: במקום זריזים. ולא בעזרה ממש אלא בחוץ יאפוהו כהנים זריזים שלא יחמיץ: ושניהם. רבי יהודה ורבי שמעון: בחול. בערב שבת אשכחינהו דוד לכהנים דקאפו ליה: דרך חול קא אפיתו. כלומר בחול קאפיתו ליה בתמיה: אף כי היום יקדש בכלי. התנור ואיפסיל ליה למחר בלינה אלמא תנור מקדש ודוחה שבת: מידי תנור מקדש. דיראים אתם שלא יפסל בלינה ואף כי היום יקדש בכלי בתמיה קאמר להו וכי היום יקדש בתנור: דנפקא ליה ממעילה. דכיון שסילקו (בו) מותר לכהנים וכל שיש לו שעת היתר לכהנים אין בו מעילה ולא מיבעיא הך שכבר נסתלק אפילו זה אם היום יקדש בכלי שסידרתם על השלחן הבו ליה:

אין טמאי מתים משתלחים. כגון עכשיו שהוגללו הפרוכת דאין מחילה לטמאי מתים להשתא דטמא מת מותר ליכנס למחנה לויה כדאמרינן בסוטה פרק היה נוטל (דף כ:) ובפסחים בריש אלו דברים (דף סז.) לא טמא מת בלבד אמרו אלא אפילו מת עצמו שנאמר ויקח משה את עצמות יוסף עמו עמו במחילתו וא״ת והיכי ילפינן טמא מת ממת שאני מת דאין לו טהרה במקוה כדאי׳ בסוף עירובין (דף קד:) המכניס שרץ למקדש פטור ואע״פ שהיו נושאין ארונו של יוסף עמו במחילתו ומכל מקום קשה הא קא חשיב רבותא אפילו מת עצמו וי״ל דסבר כמאן דאמר חייב אי נמי חשיב במינו טהרה במקוה דיש לאדם חי טהרה: **לישתן** ועריכתו בחוץ. אלמא מדת יבש לא נתקדשה דאי נתקדשה מיגנייא מילתא אי אפיק להו אבראי ולא כפי׳ הקונטרס דמפרש מטעם פסול יוצא דמשום קידוש כלי לא מיפסיל ביוצא כדפרישית בפ״ק (דף ט.) והאי דכל המנחות נילושות בפושרין אפילו מנחת מאפה פירשתי בפ׳ כל המנחות באות מצה (לעיל נה.): **שהוא** קשה כברזל. שבח הוא לתלמידי חכמים כדאמר בפ״ק דתענית (דף ז.) כל תלמיד חכם שאינו קשה כברזל אינו תלמיד חכם: **ומאי** קושיא דילמא עשרון לא מקדש תנור מקדש. תימה אכתי קשיא סיפא דקתני חביתי כ״ג לישתן ועריכתן בפנים אלמא מדת יבש נתקדשה וי״ל דאע״ג דעשרון לא נמשח חצי עשרון נמשח משום דאמרינן בפ״ק (לעיל דף ח.) חביתי כהן גדול רבי יוחנן אמר אינה קדושה לחלאין ובההיא שמעתא א״ר חנינא אין מנחה קדושה בלא שמן ואם כן צריך להניח בביסא או בכלי שרת אחד עשרון שלם של חביתין ושלשת לוגין שמן כדי לקדשן בכלי שרת ובתוך הביסא עצמה היה נתון הסולת לצד אחד והשמן לצד אחר לפי שצריך אחר כך לחלק הסולת בפני עצמו בחצי עשרון והשמן בפני עצמו לוג ומחצה שחרית ולוג ומחצה בין הערבים וכיון דאתקדש בכלי שרת גנאי הוא להשימן אחר כך בכלי חול ולא מסתבר למימר שיוכל לחלוק הסולת והשמן קודם שיתקדש בביסא ויניח בתוך הביסא עצמה של שחרית לצד אחד ושל בין הערבים לצד אחר דהא דריש בפ״ק (ג״ז שם) אמר קרא מנחה מחציתה הבא מנחה ואחר כך חולהו ומיהו למאן דאמר בפ״ק (ג״ז שם) קדושה לחלאין ומחצה משלם דמביא לא נצרכא אלא להביאה שלם מביתו קשה מאי שנא חצי עשרון דנמשח ומאי שנא עשרון דלא נמשח ויש פירושים מרש״י שכתוב בהן בסוף התכלת (לעיל דף נ:) לפי שהיו צריכין לעשרון למדוד בו שאר מנחות כל יחיד המתנדב מנחה ופעמים מוציאו לחוץ אבל חצי עשרון היה מיוחד לכהן גדול ולא היה צריך למנחת נדבה של יחיד ולא יתכן טעם זה כלל דהא בפ׳ כל המנחות באות מצה (לעיל דף מ:) דדרשינן מקרא דמנחת יבש לא נתקדשה מדכתיב חמץ תאפינה ביכורים לה׳ אימתי הם לה׳ לאחר אפייה ואע״ג דההוא קרא גבי עשרון כתיב לא שנא ונראה לפרש דלישה ועריכה דלחם הפנים ושתי הלחם מדת יבש הוא דאין בהן שמן ולישתן ועריכתן לא היתה בכלי הלח אבל לישה ועריכה דחביתין היה בכלי הלח דיש בה שמן שנמדד בלוג ומדת הלח נמשחה לכולי עלמא ובין למאן דאמר בפ׳ ואלו מנחות (לעיל דף עה.) בוללן סולת בין למאן דאמר בוללן חלות מכל מקום בכלי שהיה לש ועורך היה בולל לפיכך צריך בכלי שרת והא דנקט במתני׳ חביתי כהן גדול לאו דוקא דהוא הדין שאר מנחות הטעונות שמן כדאיתא בתוספתא דקתני מנחה יש בה מעשה כלים בפנים טחינתו והרקדתו בחוץ ולישתו ועריכתו בפנים כל מעשיהן בפנים וזור כשרות עד שיבואו לבית הקמילה והא דלא תני במתניתין אלא חביתין י״ל משום דחביתין חלוקין משתי הלחם ולחם הפנים בשני דברים דאלו לישתן ועריכתן בחוץ ואינן דוחות את השבת ואלו לישתן ועריכתן בפנים ודוחות את השבת ועוד נראה דמתני׳ נמי קתני שאר מנחות דקתני בסיפא כל המנחות יש בהן מעשה כלי בפנים ופי׳ בקונטרס לישה ועריכה הכל בכלי שרת בפנים ולא בחוץ ואף על גב דמשמע פירוש הקונטרס שזו היא נמי פירושו של ואין בהן מעשה כלי בחוץ והכל חדא מילתא הוא נראה לפרש דאין בהן מעשה כלי בחוץ אטחינה והרקדה קאי דלא בעו כלי שרת כי ההיא דתוספתא: **אלא** דרב אשי ברותא היא. ותברה מי ששנה זו לא שנה זו: **דרך** חולין אפיתו להו אף כי היום יקדש בכלי איפסיל ליה בלינה. ואע״ג דאין כלי שרת מקדשין אלא בזמנן וזה אין זמנו בערב שבת לדבריהם קאמר להו כדפרישית בסוף התכלת (לעיל דף נא.) [ד״ה אפי׳ לה]:

כלל

שיטה מקובצת

א] וכשרות אבית: ב] אמר רבא: ג] מאי קושיא: ד] השבת איפסלו בלינה אמר רבא: ה] בחול אשכחינהו מע״ש דקא אפו ליה ואמר להו בחול קא אפיתו ליה כיון דקדיש בתנור הא איפסל ליה בלינה אלא למחר בעית למעבדיה מדאמר להו למחר בעיתו למעבדיה ודחי שבת. אלמא כל מעשיהם בפנים דאי בחוץ לא אמר להו למדחי שבת. הרגמ״ה: ו] הוא גבייכו: ז] כשהוגלל הפרוכת: ח] לא נתקדשו ואי נפקי לא: ט] כברזל כיון דאפייתו מע״ש דאינו דוחה השבת וסדור אינו אלא בשבת: י] הוא מותר לכהנים דכל שיש: יא] זה שהיום: יב] חשיב טהרה במקוה דיש במינו. תיבת במינו נמחק ותיבות לאדם חי ל״ש: יג] טהרה מה שאין כן בשרץ שאין במינו טהרה הס״ד:

תורה אור השלם

א) צַו אֶת בְּנֵי יִשְׂרָאֵל וִישַׁלְּחוּ מִן הַמַּחֲנֶה כָּל צָרוּעַ וְכָל זָב וְכֹל טָמֵא לָנָפֶשׁ: [במדבר ה, ב]

ב) וַיַּעַן דָּוִד אֶת הַכֹּהֵן וַיֹּאמֶר לוֹ כִּי אִם אִשָּׁה עֲצֻרָה לָנוּ כִּתְמוֹל שִׁלְשֹׁם בְּצֵאתִי וַיִּהְיוּ כְלֵי הַנְּעָרִים קֹדֶשׁ וְהוּא דֶּרֶךְ חֹל וְאַף כִּי הַיּוֹם יִקְדַּשׁ בַּכֶּלִי: [שמואל א׳ כא, ו]

ג) וַיִּתֶּן לוֹ הַכֹּהֵן קֹדֶשׁ כִּי לֹא הָיָה שָׁם לֶחֶם כִּי אִם לֶחֶם הַפָּנִים הַמּוּסָרִים מִלִּפְנֵי יְיָ לָשׂוּם לֶחֶם חֹם בְּיוֹם הִלָּקְחוֹ: [שמואל א׳ כא, ז]

מסורת הש״ס

א) [פסחים סז: לה:], ב) לעיל סג., ג) ל״ק מ״ז, ד) שנסתלק כבר מותר כו׳, ה) הך אפילו זה דהיום יקדש כו׳ ל״ק, ו) [בסוטה כ: ד״ה לא מירלו באופן אחר וע׳ תוס׳ נדה כח: ד״ה פרט], ז) ע׳ רש״ק שמהפך הגי׳ בכל אלו הדיבורים וגי׳ הל״ק בחוץ והאי דכל המנחות כו׳ באות מלה הס״ד אח״כ ד״ה אלמא מדת יבש כו׳ בפ״ק הס״ד, ח) [ד״ה ר״ל], ט) [ד״ה כל], י) [ד״ה בפנים וכו׳ ודע שכ״כ רש״י במשנה דסמוך לקמן לו. ד״ה חביתי], כ) דמדת יבש ל״ק, ל) [ע׳ תוס׳ לעיל נה. ד״ה כל המנחות].

רבינו גרשום

בפסח ראשון הבא בטומאה דנטמא רוב צבור. הא דתניא הותרו זבין ר׳ אליעזר היא. וההיא דזבין ומצור׳ משתלחין כרבנן דפליגי על דר׳ אליעזר: כל מעשיהן. לישתן ועריכתן ואפייתן: כשרות בעזרה וכשרות אבית פגי בכל העיר: אלמא מדעביד לה בחוץ מדת יבש. העשרון לא נתקדש. לא נמשח בפנים: דבר זה הוקשה לאדם גדול שהוא קשה להשיב. מאי קושיא דלמא עשרון לא מקדש. כלל והא דקתני ואפייתן בפנים דקסבר דתנור מקדש משום הכי צריך שתהא אפיה בפנים: אלא אי קשיא וכו׳. אין דוחין את השבת אלמא דמע״ש אפי להו ואינן סודרין על השלחן עד למחר בשש שעות הא איפסילו בלינה בלילי שבת: אלא אמר רבא היינו דהוקשה אדם קשה הא קושיא דאמרן. מאי קשיא דלמא מאי בפנים לאו בעזרה קאמר אלא האי אפייתן בפנים בחוץ הוא והאי בפנים דקאמר במקום זריזין. כלומר במעמד זריזין שיהו כהנים עומדין על גביו בשעת אפייתן: ממה נפשך אי בפנים דקאמרת חוץ הוא אלא במקום זריזין. מאי שנא אפיה דבעי זריזין טפי מלישה (וצריכה בחול) [ועריכה]: אשכחינהו מע״ש דקא אפי ליה ואמר להו בחול קא אפיתו ליה כיון דקדיש בתנור הא איפסיל ליה בלינה אלא למחר בעיתו למעבדיה מדאמר להו למחר בעיתו למעבדיה ודחי שבת אלמא כל מעשיהן בפנים דאי בחוץ לא אמר להו דדחי שבת: ר׳ שמעון סבר מידי תנור מקדש אמר להו. אלמא בחוץ מעשיהן משום הכי אמר להו לא דחי שבת: דנפק להו ממעילה. דהיתה להן שעת היתר לכהנים לאוכלן דרך חול הוא: מסוכן הוא. שאחזו בולמוס חולי

מסוכן הוא וד' יהודה ור' שמעון בגמרא פליגי דיקא נמי דקתני ר' שמעון אומר לעולם הוי רגיל לומר שתי הלחם ולחם הפנים כשרות בעזרה וכשרות אבית פאגי שמע מינה:

מתני' (א) חביתי (ב) א כהן גדול לישתן ועריכתן ואפייתן בפנים ודוחות את השבת ב טחינתן והרקדתן אינו דוחה את השבת (ג) כלל אמר רבי עקיבא ג כל מלאכה שאפשר לעשותה מערב שבת אינה דוחה את השבת ושאי אפשר לה לעשותה מע"ש דוחה את השבת ד כל המנחות יש בהן מעשה כלי בפנים ואין בהן מעשה כלי בחוץ ה שתי הלחם (א) ארכן שבעה טפחים ורחבן ד' טפחים וקרנותי' ארבע אצבעות לחם ו הפנים (ב) ארכן י' טפחים ורחבן ה' טפחים וקרנותיו שבע אצבעות ר' יהודה אומר שלא (ד) תטעה זד"ד יה"ז בן זומא אומר א) ונתתה על השלחן לחם פנים לפני תמיד לחם פנים שיהו לו (ה) פנים השולחן ארכו י' ורחבו חמשה לחם הפנים ארכו י' ורחבו ה' נותן ארכו כנגד רחבו של שולחן וכופל טפחיים ומחצה מכאן וטפחיים ומחצה מכאן נמצא ארכו ממלא (ג) רחבו של שולחן דברי רבי יהודה ר' מאיר אומר ז השלחן ארכו י"ב ורחבו ו' לחם הפנים ארכו י' ורחבו ה' נותן ארכו כנגד רחבו של שולחן כופל טפחיים מכאן וטפחיים מכאן וטפחיים ריוח באמצע כדי שתהא הרוח מנשבת בהם אבא שאול אומר ח שם היו נותנין שני בזיכי לבונה של לחם הפנים אמרו לו והרי כבר נאמר ב) ונתת על המערכת לבונה זכה אמר להם הרי כבר נאמר ג) ועליו מטה מנשה וארבעה [חח] סניפין של זהב היו שם מפוצלין מראשיהן שהיו סומכין בהם שנים לסדר זה ושנים לסדר זה ט וכ"ח קנים כחצי קנה חלול ארבעה עשר לסדר זה וי"ד לסדר זה (ו) י לא סידור (ד) קנים ולא נטילתם דוחה את השבת אלא נכנס מערב שבת (ז) ושומטו ונותנו לארכו של שלחן כ כל הכלים שהיו במקדש ארכן לארכו של בית:

גמ' כל המנחות יש בהן מעשה כלי מבפנים: שאלו את רבי זו מנין אמר להם הרי הוא אומר ד) ויאמר אלי זה המקום אשר יבשלו שם הכהנים (ח) (את החטאת ואת האשם) אשר יאפו את המנחה לבלתי הוציא אל החצר החיצונה מנחה דומיא דאשם וחטאת מה אשם וחטאת טעונין כלי אף מנחה נמי טעונה כלי: השולחן ארכו עשרה: א"ר (ט) יוחנן לדברי האומר טפחיים ומחצה כופל נמצא שלחן מקדש חמשה עשר טפחים למעלה לדברי האומר טפחיים כופל נמצא שלחן מקדש י"ב טפחים למעלה והאיכא קנים קנים שקועי משקע להו מאי טעמא משום איעפושי לחם סוף סוף קא מיעפש לחם דמגבה ליה פורתא והאיכא ההוא פורתא כיון דלא הוי טפח לא חשיב ליה והאיכא בזיכין ל בגוויה דלחם הוו יתבי ולבהדי לחם הוו קיימי והאיכא קרנות קרנות לגוויה דלחם כייף להו ולחם עלייהו נח ליה

והאיכא

רש"י

מסוכן הוא. שאחזו בולמוס ותנן מי שאחזו בולמוס מאכילין אותו עד שיאורו עיניו אפילו ביום הכפורים ביומא בפרק בתרא (דף פג.): בגמ' פליגי. מר גמיר ליה מרביה דתנור מקדש ומר גמיר דלא מקדש: דיקא נמי. דבגמרא פליגי ולא בקראי מדנקט האי לישנא לעולם הוי רגיל לומר כו': **מתני'** חביתי כהן גדול לישתן ועריכתן בפנים. (י) ולדברי הכל אותו חצי עשרון שהיה חולק בו עשרונו של כהן גדול נמשח והאי דלא משחו עשרון שלם מפני שכל אדם מודד בו מנחתו (ה) דפעמים שמוציאו לחוץ אבל זה אינו מסור אלא לכהנים לחצות בו עשרונים: ושא"א. אפייתן אי אפשר לעשות מאתמול ולא לישה ועריכה דכיון דקדשה בכלי מיפסל בלינה: מעשה כלי. לישה ועריכה הכל בכלי שרת בפנים ולא בחוץ (ו): וקרנותיה. שהיה מדביק בצק לכל זוית כעין קרנים ואורך הקרן ד' אצבעות: שלא תטעה. בין שתי הלחם ללחם הפנים בין בשיעור (ז) רוחב בין בשיעור אורך וקרנות: זד"ד יה"ז. זד"ד שתי הלחם אורכה ז' ורחבה ד' וקרנותיה ד' (ח) (כ) יה"ז לחם הפנים ארכו י' ורחבו ה' וקרנותיו ז': שיהא לו פנים. (ל) דפנות. [ל"א] שיהא לו פנים זויות והן הן הקרנות: ארכו י' ורחבו ה'. כדכתיב אמתים ארכו ואמה רחבו ור' יהודה לטעמיה דאמר (ט) אמת כלים באמת בת ה' ונותן אורכו של לחם כנגד רוחבו של שלחן: וכופל. הלחם: טפחיים ומחצה. למעלה מיכן ומיכן (מ) והן הן הקרנות ונמצאו זקופות בשוה לשפת השלחן ולמ"ד כמין ספינה רוקדת הוו הנך דפנות הולכות וזוקפות בשיפוע: ונמצא ארכו ממלא רחבו של שלחן. (י) ורחבו מחזיק חצי אורך השלחן וכשהיה סודר האחר אצלו נמצא שלחן כולו מלא: ארכו י"ב. ר' מאיר לטעמיה דאמר כל האמות היו בינונית והלחם (יא) עשרה דבהא לא פליג: וטפחיים ריוח באמצע. בין שתי הסדרים (יב) דרוחב הלחם אינו אלא ה' ושני הסדרים מחזיקים י' טפחים כאורך השלחן פשו להו טפחיים והם ריוח בין סדר לסדר שתהא רוח מנשבת בהם שלא יתעפשו: אבא שאול אומר שם. באותו ריוח שבין סדר לסדר (יג) בו נותנין בזיכים: על המערכת. על ממש: ועליו מטה. הוי (יד) אותו על בסמוך: המפוצלים. לתת ראשי הקנים באותן פיצולין והרבה פיצולין יש בהן למנין הקנים: כ"ח קנים. בגמרא מפרש כמה קנים ללחם: לא סידור הקנים. במערכת החדשה ולא נטילתן מעל הישנה דוחה שבת: שומטן. מבין כל לחם ולחם ומניחן לאורכו של שלחן ולמחר מסדר הלחם ולמוצאי שבת נותן הקנים בין כל לחם ולחם כמשפטן: כל הכלים. כגון שולחנות אורכן לאורכו של בית ממזרח למערב: **גמ'** זו מנין. שהמנחות טעונות כלי: מה חטאת ואשם טעונין כלי. דכתיב אשר יבשלו ואין בישול בלא כלי ובפנים משתעי קרא דכתיב (טו) (יחזקאל מו) לבלתי הוציא (א) אל (טו) החיצונות: ט"ו טפחים. ב' טפחים ומחצה לכל לחם והם שש חלות זו על גב זו נמצא שלחן מקדש (י) כו' ונפקא מינה דאי יהיב באויר השלחן מידי בתוך ט"ו טפחים מקדש ליה ליפסל בלינה: והאיכא קנים. שבין כל לחם ולחם ואיכא טפי: משקע להו. פגימות עושה בלחם בעוד שהיה בצק והקנים היו משוקעים בהם ואינו מגביה הלחם: וקא פריך מאי טעמא. כלומר מכדי קנים מאי טעמא היו בין כל לחם: משום איעפושי. שיהא אויר ביניהם שלא יתעפשו: סוף סוף. כיון דמשקע להו ליכא אוירא ומיעפש הלחם: פורתא. שלא יהא משוקע כל כך: והאיכא בזיכין. קשיא לי אמאי פריך הכי דהא שלחן לא מקדש להו לבזיכין: והאיכא קרנות. שבולטין ועשויין בראשי הדופן (יז):

והאיכא

תוספות

כלל א"ר עקיבא כו'. בפ' ר"א אומר אם לא הביא (שבת דף קלג. ושם) ובפ' אלו דברים (פסחים דף סט:) פסק כר' עקיבא משום דאיכא לריכותא גבי פסח ומילה אבל הכא ליכא לריכותא ומיהו אמילתיה דר"ע לא בעי לריכותא דאשמעינן בכל דוכתא מאי דדחי שבת: **כל** הכלים שהיו במקדש אורכן לאורכו של בית. בגמ' תניא חוץ מארון שאורכו לרוחבו של בית ובשולחן ומנורה פליגי רבי ור' אלעזר בר' שמעון ומתני' כרבי דאמר מזרח ומערב מונחין: **שאלו** את רבי זו מנין. אמתני' קאי וקאמר מנין שכל המנחות יש בהן מעשה כלי בפנים ולא לענין קמילה מכלי שרת וקידוש קומץ בכלי שרת איירי דבהאי קרא דמייתי איירי בבישול חטאת ואשם ואפיית מנחה ולא מיירי בקידוש קומץ כלל ומהיקשא דזאת התורה נפקא לן לעיל בסוף פ' התודה (דף פב:) מה עולה טעונה כלי דכתיב ויקח את המאכלת אף כל טעון כלי וקמילה כנגד שחיטה וקידוש קומץ כנגד קבלה כדאמר לעיל בפ' שני (דף יג:) אלא הכא בלישה ועריכה ואפיה של מנחה מיירי דאיתקש אפיה דמנחה לבישול דחטאת ואשם מה הם טעונין כלי דכתיב וכלי חרש אשר תבושל בו ישבר ואם בכלי נחושת בושלה ומיהו מזה אין ראיה דלאו למירמי חובה קאמר אלא כדפירש בקונטרס דכתיב אשר תבושל בו ואין בישול בלא כלי ובפנים משתעי קרא דאי בחוץ הרי חטאת ואשם נפסל ביוצא ועוד כתיב ביה לבלתי הוציא אל [החצר] החיצונה אף אפיה דמנחה טעונין כלי שרת והוא הדין לישה ועריכה וצריך לדקדק לאיזו מנחה איצטריך קרא אי למנחת מחבת ומרחשת ומאפה תנור הא כתיב בהו כלי ואילו למנחת סלת אין בה אפיה קודם קמילה: **והאיכא** בזיכין. הקשה בקונטרס אמאי פריך הכי דהא שולחן לא מקדש להו לבזיכין ונראה דלא קשה (ליה) מידי דהא אמרינן בפ"ק (לעיל דף ז.) דקומץ מנחה מכלי שעל גבי קרקע שכן מלינו בסילוק בזיכין משמע דהוי כקומץ מע"ג השלחן:

לא

מסורת הש"ס

א) לעיל ג, ב) [ע' תוס' לעיל לה: סוף ד"ה ומאי קושיא], ג) לעיל עב. יבמות יד. שבת קל. פסחי' סט. [לקמן נג, ז], ד) דרכו של ר"י לתת סימנים כמו דל"ך וכו' לשון הרב מברטנורה], ה) גי' מי"ט פיניס, ו) שבת קכג., ז) במשנה שבמשניות איתא הגי' ושומטן ונותנן], ח) [את החטאת ואת האשם], ט) [לעיל פז:], י) ר"א ל"ה שאותו חלי וכו', כ) לאצבעות יה"ז בלשם [ע"ש], ל) דפנות ושיהא לו פינים זוית כו' ל"ק [גי' מו"ט לפי פרש"י ל"ל במשנה שיהו לו פינים ושיהא לו פינים], מ) [כן גי' מו"ט וגי' ל"ק וכן הן הדפנות], נ) ט"ו ונ"מ ל"ק.

רבינו גרשום

שמרעיב: ור' יהודה ור' שמעון לאו בקרא פליגי אלא בגמרא פליגי בסברא: דיקא נמי דקתני וכו': **מתני'** יש בהן מעשה כלי שרת בפנים כגון לישה ואפייה: אורכה שבעה. הל"מ: וקרנותיהן ד' אצבעות כל קרן וקרן עושה בצק דק ומדביק לקרן: וארכו ד' אצבעות. א) ואורך בצק של קרנותיו (ז') [ד'] אצבעות לכל קרן וקרן: סימן של שתי הלחם זד"ד ושל לחם הפנים יה"ז: שיהו לו פינים קרנות ב): מה אשם וחטאת טעונין כלי שרת לבשלם ובפנים אף מנחה נמי: שלחן ארכו י"ב. דכתיב אמתים ארכו ואמה רחבו וקסבר ר' מאיר באמה בת ששה: וטפחיים ריוח באמצע. בין סדר לסדר. ולר' יהודה לא היה כלל ריוח ביניהן: ועליו מטה מנשה לאו עליו ממש אלא על בסמוך לו: והא איכא קנים. בין לחם ללחם והן היו מרבין הגובה: שקועי משקע להו לקנים בתוך הלחם ולא היו מרבים הגובה: ועיקרן של קנים מ"ט משום איעפושי. כדי שלא יגע הלחם אחד בחברו והשתא כשהוא משקע בתוכו יגע הלחם בסופו אחד בחברו ומיעפש בתוכו: דמגבה להו לקנים פורתא. כדי שלא יגע הלחם זה בזה: והא איכא ההוא פורתא דמגבה דהוו טפי מט"ו טפחים: והאיכא בזיכין. [בזיכי] לבונה שהיה מניח ע"ג הלחם ומקדש למעלה מט"ו טפחים: בגויה דלחם. באמצעו בין ב' קיפולן:

חשק שלמה על רבינו גרשום

א) נראה דל"ל אורך בלק וכו' או דל"ל וקרנותיו שבע אלבעות [והוא ליון על המשנה] ופי' ע"ז ואורך בלק של קרנותיו ז' אלבעות וכו'. ב) דבור זה על מנחה נמי מקומה להלן קודם ד"ה והא איכא קנים.

עין משפט נר מצוה

י א מיי' פ"ג מהלכות תמידין ומוספין הל' יח: יא ב מיי' שם הל' יט: יב ג מיי' פ"ב מהלכות שבת הל' ז טוש"ע א"ח סימן שלג סעיף ו וטוש"ע יו"ד סימן רסו סעיף ב: יג ד מיי' פי"ג מהלכות מעשה קרבנות הל' כב: יד ה מיי' פ"ה מהל' תמידין ומוספין הלכה ט: טו ו ז מיי' פ"ה מהל' תמידין ומוספין הלכה ט: טז ח מיי' פ"ג מהלכות בית הבחירה הל' יג: טז [חח] מיי' שם הל' טו ופ"ה מהלכות תמידין ומוספין הל' ב: יז ט מיי' שם הל' יד: יח י מיי' פ"ה מהלכות תמידין ומוספין הלכה יא: יט כ מיי' פ"ג מהלכות בית הבחירה הל' יג: כ ל מיי' שם הלכה טו ופ"ה מהלכות תמידין ומוספין הלכה ג:

שיטה מקובצת

א] הלחם ארכם: ב] ארכו: ג] ממלא את: ד] הקנים: ה] מנחתו ופעמים: ו] בחוץ בכלי לאפוקי מעל הטבלא: ז] בשיעור אורך בין בשיעור רוחב וקרנות: ח] יה"ז דרכו של ר' יהודה לתת סימן כמו דצ"ך עד"ש באח"ב: ט] אמות: י] שלחן ורחבו: יא] הלחם ארכו: יב] הסדרים ורוחב: יג] לסדר נותנין הבזיכין ביה: יד] הוי אומר: טו] אל החצר החיצונה: יז] הדופן לכל זוית:

הגהות הב"ח

(א) רש"י ד"ה מה חטאת וכו' הוציא אל החצר החיצונה:

תורה אור השלם

א) וְנָתַתָּ עַל הַשֻּׁלְחָן לֶחֶם פָּנִים לְפָנַי תָּמִיד: [שמות כה, ל]

ב) וְנָתַתָּ עַל הַמַּעֲרֶכֶת לְבֹנָה זַכָּה וְהָיְתָה לַלֶּחֶם לְאַזְכָּרָה אִשֶּׁה לַיְיָ: [ויקרא כד, ז]

ג) וְעָלָיו מַטֵּה מְנַשֶּׁה וְנָשִׂיא לִבְנֵי מְנַשֶּׁה גַּמְלִיאֵל בֶּן פְּדָהצוּר: [במדבר ב, כ]

ד) וַיֹּאמֶר אֵלַי זֶה הַמָּקוֹם אֲשֶׁר יְבַשְּׁלוּ שָׁם הַכֹּהֲנִים אֶת הָאָשָׁם וְאֶת הַחַטָּאת אֲשֶׁר יֹאפוּ אֶת הַמִּנְחָה לְבִלְתִּי הוֹצִיא אֶל הֶחָצֵר הַחִיצוֹנָה לְקַדֵּשׁ אֶת הָעָם: [יחזקאל מו, כ]

עין משפט
נר מצוה

כא א ב מיי' פ"ג מהל' כלים הלכה א:
כב ג מיי' פ"ו שם הלכה ט:

רבינו גרשום

והאיכא מסגרתו. דשלחן והלחם מונח עליו הויא ט"ז טפחים: כמאן דאמר מסגרתו למטה היתה. בקרקעיתו של שלחן סמוך לארץ: פרקודי הוה מיפרקדא. מוטה לחוץ בשלחן: לדברי האומר מסגרתו למטה סמוך לארץ א"כ טבלא המתהפכת טמאה היא. משום דקים לן דשלחן הוה מקבל טומאה והיה סתום מכל עבריו כעין שידה שיש לה ד' דפנות דופן לכל צד עשוי כשלחן פשוט שאין לו בית קבול חוץ מלמטה: ואית דאמרי אפילו מלמטה [לא הוה לה בית קיבול] שהיה מונח ע"ג מסגרתו ולא היה המסגרת מחובר לשלחן: ולדברי האומר מסגרתו למעלה היתה. שהיה לו בית קבול ולא תפשוט מיניה טבלא המתהפכת: מכלל לדברי ר' יוחנן דשלחן בר קבולי טומאה: טהור מכלל שהוא מקבל טומאה. והאיך מקבל טומאה כלי עץ העשוי לנחת הוא אלא מלמד שמגביהין אותו ומיטלטל מלא וריקן הוא הילכך מקבל טומאה: אמאי איצטריך למימר האי נמי מיטלטל מלא וריקן משום הכי מטמא ותיפוק ליה דמטמא משום צפויו וליטמא מי לא תנן דהעץ בטל לגבי צפוי אם הצפוי טהור הוי טהור (והם הכי) וה"ה אם טמא טמא: דולבקי. כעין שקורין פלדשקורו בלע"ז ואוכלין עליו: שנפחתו. ולא נפחתו בו כמוציא רמון: או שחיפן כולן בשיש. כלי גללים שאינן מקבלין טומאה: ושייר בהן. שלא חיפן כולן: במקום הנחת הכוסות טמאין. שהרי אותו מקום אינו מחופה: ר' יהודה אומר אם שייר מקום הנחת חתיכות בשר או לחם הוי שיור חשוב מטמא א) שאין לו שיור לא מטמא משום דבטל העץ לגבי הצפוי: וכי תימא כאן בצפוי עומד הכא בשלחן והדולבקי צפוי עומד שלא שייר וקבוע במסמרים וכאן בשלחן של מקדש צפוי שאינו עומד הוא שאינו מסומר משום הכי לא בטל: והא בעא מיניה

חשק שלמה על רבינו גרשום

א) נ"ל שייר אין לא שייר לא מטמא וכו'.

לא היה שם סניפין. תימה לרבי יוסי מה הן קשותיו דקרא דלקמן (דף צז.) אמרינן קשותיו אלו הסניפין ומנקיותיו אלו הקנים ורש"י פירש בפי' חומש שנחלקו בהן חכמי ישראל ואית דאמרי איפכא ואונקלוס שתרגם מנקיותיו מכילתיה כמאן דאמר מנקיות אלו סניפין ולא מצינו מחלוקת זה בש"ס שלנו ומכילתיה נמי יש ליישב אקנים נמי שגם ס) הם היו יג) סונפין את הלחם ועוד דאי אסניפין הא כתיב (שמות כה) ומנקיותיו אשר יוסך בהן שמסככין בהן את הלחם שעל הלחם מסככין הקנים בין לחם לחברתה והא דכתיב (במדבר ד) את קשות הנסך הכי קאמר סניפין של קנים המסככין את הלחם וכדפרישית לעיל שהסניפין מעמידין את הקנים: מסגרתו [של שלחן] מעמדת את הלחם. משמע שא"צ העמדה אלא חלה התחתונה ולעיל פירשנו (דף לד: ג)): לדברי האומר מסגרתו למטה היתה. ברגלים אבל הדף העליון חלק היה משני צדדין ואין לו בית קיבול טבלא המתהפכת שיכולין להשתמש בצד זה כמו בצד זה שחלקה היא משני צדדין טמאה כשולחן של מקדש שהיה מקבל טומאה כדמפרש לקמן ואין טבלא זו כשאר פשוטי כלי עץ משום דרחבה היא בית קיבולה ולדברי האומר למעלה היתה האי דמקבל טומאה משום דאית לה בית קבול ואינה מתהפכת וטבלא המתהפכת תיבעי לך כך פירש בקונטרס והאי דלא משכח בפרק אלו מומין (בכורות דף לח.) טומאה מדאורייתא מ) ואין לו תוך בכלי שטף אלא בהנך דחזו למדרסות י) דלא איתקש לשק היינו כמאן דאמר מסגרתו למעלה היתה דטבלא המתהפכת תיבעי לך אי נמי טבלא המתהפכת פ) ביש לה תוך חשיבא מחמת שהיא רחבה ולא מיקריא אין לו תוך כך פי' בקונטרס והא דאמר בפרק המוכר את הבית (ב"ב דף סו.) גבי דף של נחתומין דפשוטי כלי עץ ע) מדרבנן היינו כמאן דאמר מסגרתו למעלה היתה דמדרבנן טמאה ומדאורייתא תיבעי ולכל הפחות אפילו תמצי לומר דמדאורייתא טהורה מדרבנן מיהא טמאה ומיקל שם ר' אליעזר משום דשמא מדאורייתא טהורה אי נמי ההיא שינויא

והאיכא מסגרתו כמאן דאמר מסגרתו למטה היתה ולמאן דאמר מסגרתו למעלה היתה פרקודי הוה מפרקדא ולחם בגויה דשלחן הוה יתיב כדתניא ר' יוסי אומר לא היה שם סניפין אלא מסגרתו של שלחן מעמדת את הלחם אמרו לו א) מסגרתו למטה היתה אמר ר' יוחנן לדברי האומר א) מסגרתו למטה היתה טבלא המתהפכת טמאה לדברי האומר מסגרתו למעלה היתה טבלא המתהפכת תיבעי לך מכלל דשלחן בר קבולי טומאה הוא כלי עץ העשוי לנחת הוא וכל ג) א כלי עץ העשוי לנחת אין מקבל טומאה מאי טעמא ג) דומיא דשק בעינן מה ב שק מטלטל מלא וריקן אף כל מטלטל מלא וריקן ב) שלחן נמי מטלטל מלא וריקן כדריש לקיש ד) דאמר ר"ל מאי דכתיב א) על השלחן הטהור טהור מכלל ג) דאיכא טמא אלא מלמד שמגביהין אותו לעולי רגלים ומראין בו לחם ואומרי' להם ראו חיבתכם לפני המקום כדברי רבי יהושע בן לוי ה) דאמר רבי יהושע בן לוי נס גדול נעשה בלחם הפנים סילוקו כסידורו שנאמר ב) לשום לחם חם ביום הלקחו ותיפוק לי משום ציפוי מי לא ו) תנן ג השלחן והדולבקי ד) שנפחתו או שחיפן בשייש ושייר בהן מקום הנחת כוסות טמאין רבי יהודה אומר ה) מקום הנחת חתיכות שייר אין לא שייר לא וכי תימא כאן בציפוי עומד כאן בציפוי שאינו עומד והא בעא מיניה ריש לקיש מרבי יוחנן בציפוי עומד או בציפוי שאינו עומד בשחיפה את

לבזבזין

והאיכא מסגרתו. דגובה טפח דכי מסדר לחם עלה הוי ט"ז טפחים: למטה היתה. ד' דפין רחבין טפח קבועים על לידיהן ולא על רחבן ו) כגובה ד' רגליו של שלחן לד' רוחות והיה דף השלחן העליון מונח על אותן דפין כעין כסוי כשרולה נוטלו משם שלא היה קבוע עליהם: פרקודי מפרקדא. כעין פרקדן שלא היתה זקופה בשוה אלא משופעת ונוטה כלפי חוץ ואין הלחם סדור עליה: כדתניא. דאיכא למאן דאמר דמסגרתו למטה היתה קבוע ברגלים אבל דף העליון היה חלוק משני לידיו ואין לו בית קיבול: טבלא המתהפכת. שיכולים להשתמש בצד זו כמו בצד זו שחלקה היא משני צדדיה: טמאה. כשלחן של מקדש שהיה מקבל טומאה כדמפרש לקמן ואין ז) טבלא [זו] כשאר פשוטי ח) [כלי] עץ דרחבה היא בית קיבולה ח) ט) כל פשוטי כלי עץ הראויין למדרס מקבלין טומאה כדמפרש בהדיא בבכורות בפ' על אלו מומין (דף לח.) דפרכינן התם וכלי שטף דלית ליה תוך מדאורייתא מי הוי בר קבולי טומאה והא דומיא דשק בעינן ומשנינן בהנך דחזו למדרסות: לדברי האומר למעלה היתה. האי דמקבל טומאה משום דאית ליה בית קיבול ואינה מתהפכת טבלא המתהפכת תיבעי לך: טהור מכלל שהוא טמא. והא עשוי לנחת ט) שאין י) מגביהין אותו ואינו דומיא דשק: ביום הלקחו. הוי חום: ותיפוק לי. דאפילו אין מגביהין אותו מקבל טומאה: משום ציפוי. דהוי מתכת יא) ולא איתקש לשק אפילו עשוי לנחת מקבל טומאה: מי לא תנן. דאזלינן בתר ליפוי: הדולבקי. פלדשטו"ר של עור ואוכלין עליו: בשייש. דהוה ליה ליפוי של אבנים וכלי אבנים לא מקבלי טומאה: שייר אין. דכיון דאישתייר ביה כולי האי דחזי יב) למלאכתן ראשונה מקבל טומאה: לא שייר לא. אלמא אזלינן בתר ליפוי: וכי תימא. הא דאזלינן בתר ליפוי בליפוי עומד קבוע במסמרות ושלחן י) של קדש לאו עומד הוא: והא בעא מיניה כו'. הא דשלחן ודולבקי דאזלינן בתר ליפוי בליפוי עומד או אפילו שאינו עומד:

לבזבזין

פ) דלא כר' יוחנן ובמסקנא לא קאי אי נמי הא דמיבעי לן הכא בטבלא המתהפכת היינו משום דטבלא משמשת את האדם ומשמשת משמשי אדם כדתניא בת"כ בפרשה ויהי ביום השמיני וכלי עץ יכול אף הסולם ל) והקולב והאנחות והמנורה ת"ל מכל כלי עץ יד) יכול שאני מוציא את השולחן ואת הטבלא והדולבקי ת"ל כל כלי ריבה ומה ראית לרבות אלו ולהוציא את אלו אחר שריבה הכתוב ומיעט ת"ל שק מה שק מיוחד שמשמש אדם ומשמש תשמישי אדם אף אני ארבה את השולחן ואת הטבלא והדולבקי שמשמש אדם ואת משמשי אדם ומוציא אני את הסולם שמשמש אדם ואינו משמש את משמשי אדם הקולב והנחותה והמנורה שמשמש את משמשי אדם ואינו משמש אדם ועל כרחך בשאין ראויין למדרס מיירי מדלא נקט מטה כסא וספסל והוה ליה לרבויינהו נמי ממשכב ק) ובשאין להם בית קיבול טו) מדלא קאמר מה שק מיטלטל מלא וריקן ומיבעיא לן הכא אי דרשא גמורה היא לו או אסמכתא בעלמא משום דעל כרחין אפילו למ"ד מסגרתו למטה אע"פ שכל הדרשות צריכות ההיא דת"כ לרבויי משמשי אדם ומשמש משמשי אדם והשולחן הטהור איצטריך ללמד שמגביהין אותו לעולי רגלים מ"מ לענין טבלא לאו דרשא גמורה היא דטבלא המתהפכת נפקא לן משולחן הטהור והשתא דף של נחתומין דפשיטא לן דהויא דרבנן אינה משמשת אדם ומשמשי אדם והא דמשמע בכל דוכתא דפשוטי כלי עץ אפילו טומאה דרבנן אין בהן כדמשמע בריש חולין (דף ג.) דקאמר טמא במוקדשין שבדק קרומית של קנה ושחט בה ועל כרחך בשעשאה כלי דעולה טעונה כלי ובפ' בכל מערבין (עירובין דף לא.) דקאמר דשקיל לה בפשוטי כלי עץ ובפרק כל הכלים (שבת קכג.) גבי קנה של זיתים דפריך בגמרא פשוטי כלי עץ הוא ובפ"ק דשבת (דף טז.) כלי עץ כלי זכוכית פשוטיהן טהורין אפילו מדרבנן דומיא דכלי זכוכית וסיככה בחילין זכרים כשרה בפ"ק דסוכה (דף יג:) ואי מקבלי טומאה אפילו מדרבנן הוו פסולי לסיכוך דאמר מר אפילו מטלניות שאין בהן שלש ואילי פשתן פסולין אע"ג דלא הוו מקבלי טומאה כל הני לא דמו לדף של נחתומין דחשיב רחבה כבית קיבול כדפירש בקונטרס הכא דמהאי טעמא טמאה טבלא המתהפכת מדאורייתא למ"ד מסגרתו למטה ואי הוה מצי למימר דדף של נחתומין הוי כטבלא דמשמשת אדם ומשמשי אדם כ"ש דניחא טפי דלא דמי לכל הני דטהורין אפילו מדרבנן ורבינו שמואל פי' שם דההיא מסקנא לא קיימא ור"ת פי' דהיינו טעמא דטבלא המתהפכת לפי שיש לה בית קיבול למטה כמו שולחן למאן דאמר מסגרתו למטה ועדיף טפי משאר פשוטי כלי עץ שאין להם בית קיבול כלל ואי אפשר להיות כן דלפירושו למ"ד מסגרתו למטה היתה המסגרת קבועה בשולחן ובפ"ק דסוכה (דף ה.) מוכח דברגלים היתה המסגרת ולא בשולחן דפריך ונילף מזר דאמר מר זר כל שהוא ומשני דנין כלי מכלי ואין דנין כלי מהכשר כלי ופריך מסגרת נמי הכשר כלי הוא ומשני מסגרתו למטה היתה: כלי עץ העשוי לנחת הוא. דמה שמסלקים אותו בסילוק מסעות אין זה טלטול כיון דמקומו קבוע: סילוקו כסידורו. טו) היינו למאן דאמר אפייתו דוחה שבת דתנור מקדש דלמ"ד אין אפייתו דוחה שבת לא היה חם בשעת סידור: כאן בציפוי שאינו עומד. הוה מצי לאקשויי משלחן דמשה דציפוי דעומד הוא ל) אי נמי (לא היה) מחובר בעץ אלא כעין מעשה ארון דאמר בפרק בתרא דברכות ש) (דף נו) שלש ארונות עשה בצלאל אחד של עץ ושנים של זהב ועוד יש לפרש יז) דעומד קרי כשהציפוי עב וחזק וראוי להשתמש עליו בפני עצמו אפילו כי שקלת ליה לעץ:

כלי

מסורת הש"ס

א) סוכה ה., ב) [חגיגה כו: יומא כא: מגילה כו:], ג) חגיגה כו: [שבת פג: קכג: בכורות לח.], ד) [יומא כא.] חגיגה כו:, לעיל כט., ה) גז"ש, ו) כלים פרק כ"ב מ"א [חגיגה כו:], ז) גי' צ"ק אלא בגובה כו', ח) צ"ק, ט) וכל צ"ק, י) צ"ל של מקדש, כ) עליהם היו מניחים את הלחם צ"ק, ל) [ד"ה דסמכי], מ) בשאין לו צ"ק, נ) משום דלא צ"ק, ס) כיש לה צ"ק, ע) טמאה מדרבנן צ"ק, פ) דהתם דלא כר"י דבמסקנא צ"ק, צ) והקולב והנחותה צ"ק, ק) ומושב כו' בית קיבול איירי מדלא צ"ק, ר) מ"מ לא היה מחובר בעץ אלא כעין מעשה ארון כמו שעשה בצלאל כדאמרינן בפ"ב דברכות צ"ק, ש) [צ"ל יומא עב:].

שיטה מקובצת

א) למ"ד מסגרתו למטה [בשפת] של שלחן [ברגליו סמוכין] לארץ א"כ טבלא המתהפכת טמאה היא משום [דהוי כשלחן] והשלחן היה מקבל טומאה והיה [צדדין] כעין שידה שיש לה ארבע דפנות [דופן] לכל צד עשוי כשלחן פשוט שאין לו בית קיבול חוץ מלמטה וא"ד אפי' מלמטה שהיה מונח ע"ג מסגרתו [ולא היה] מחובר לשלחן. רגמ"ה: ב) תיבות שלחן נמי מטלטל מלא וריקן ס"א אינו: ג) מכלל שהוא טמא כלי עץ העשוי לנחת הוא: ד) שנפחתו ולא נפחתו כמוציא רמון: או שחיפן בשיש. כלי גללים שאין מקבלין טומאה. רגמ"ה: ה) מקום הנחת חתיכות בשראו לחם הוי שיעור חשוב. רגמ"ה: ו) בגובה ד' כו' והיה השלחן: ז) ואין דין: ח) וכל. מכאן עד סוף הדבור ס"א אינו: ט) לנחת הס"ד ותיבת שאין ל"ש: י) שמגביהין אותו. על תיבת ואינה כתוב הגהה נ"ל והיינו: יא) מתכת וכלי מתכת לא אתקש: יב) דחזי למלאכתו: יג) היו סובלין: יד) מכל כלי עץ ולא כל כלי עץ: טו) קיבול נמי מיירי: טז) כסידורו לענין שהיה רך ומה שאמר הפסוק חם ביום הלקחו לאו דוקא דלמ"ד אין אפייתו: יז) דעומד עיין תוס' חגיגה (דף כ"ו):

תורה אור השלם

א) וְשַׂמְתָּ אוֹתָם שְׁתַּיִם מַעֲרָכוֹת שֵׁשׁ הַמַּעֲרָכֶת עַל הַשֻּׁלְחָן הַטָּהֹר לִפְנֵי יְיָ: [ויקרא כד, ו]

ב) וַיִּתֶּן לוֹ הַכֹּהֵן קֹדֶשׁ כִּי לֹא הָיָה שָׁם לֶחֶם כִּי אִם לֶחֶם הַפָּנִים הַמּוּסָרִים מִלִּפְנֵי יְיָ לָשׂוּם לֶחֶם חֹם בְּיוֹם הִלָּקְחוֹ: [שמואל א' כא, ז]

א] לבזבזין או בשלא חיפה את לבזבזין ואמר ליה א) לא שנא ציפוי עומד ולא שנא ציפוי שאינו עומד לא שנא חיפה את לבזבזין ולא שנא לא חיפה לבזבזין וכי תימא עצי שיטים חשיבי ולא בטלי הניחא לריש לקיש דאמר לא שנו אלא בכלי אכסלגום הבאים ממדינת הים אבל כלי מסמס חשיבי ולא בטלי שפיר אלא לרבי יוחנן ב) דאמר כלי מסמס נמי בטלי מאי איכא למימר שאני שולחן דרחמנא קרייה עץ שנאמר א) המזבח עץ שלש אמות גבוה וארכו שתים אמות א) ומקצעות לו וארכו וקירותיו עץ וידבר אלי זה השולחן אשר לפני ה' ג) פתח במזבח וסיים בשולחן ר' יוחנן ור' אלעזר דאמרי תרוייהו בזמן שבית המקדש קיים מזבח מכפר על אדם ועכשיו שאין בית המקדש קיים שולחנו ב) של אדם מכפר עליו: ארבע סניפין של זהב היו שם [וכו']: מנא הני מילי אמר רב קטינא אמר קרא ב) ועשית קערותיו וכפותיו וקשותיו ומנקיותיו ג) קערותיו אלו דפוסין כפותיו אלו בזיכין קשותיו אלו סניפין ומנקיותיו אלו קנים ב) אשר יסך בהן שמסככין בהן את הלחם מותיב רבא לא סידור הקנים ולא נטילתן דוחות את השבת ואי סלקא דעתך דאורייתא אמאי אין דוחות את השבת ג) הדר אמר רבא לאו מילתא הוא דאמרי ד) דתנן כלל אמר רבי עקיבא כל מלאכה שאפשר לה לעשותה מערב שבת אינו דוחה את השבת והני נמי אפשר דלא דחי ג) שבת עלייהו טעמא מאי דלא ליעפש לחם ד) בכי האי שיעורא לא מיעפש כדתניא ד) כיצד ה) נכנס מערב שבת ושמטן ומניחן לארכו של שולחן ו) ומוצאי שבת נכנס מגביה ראשיה של חלה ומכנים קנה תחתיה וחוזר ומגביה ראשיה של חלה ומכנים קנה תחתיה ה) ארבעה חלות צריכות שלשה קנים העליונה אינה צריכה אלא שנים לפי שאין עליה משאוי התחתונה אינה צריכה כל עיקר לפי שמונחת על טהרו ז) של שולחן ה) תנן התם רבי מאיר אומר כל אמות שהיו במקדש בינוניות חוץ ממזבח הזהב והקרן והסובב והיסוד רבי יהודה אומר ו) אמת בנין ששה טפחים ושל כלים חמשה אמר רבי יוחנן ושניהם מקרא אחד דרשו ג) ואלה מדות המזבח באמות אמה אמה וטופח וחיק

רש"י

ח] לבזבזין. שפה סביב לשולחן והיא מסגרת: וכי תימא. עצי שיטין דשולחן חשיבי ולא בטלי ולא מקבלי טומאה אגב ציפוי אי לאו דמגביהין אותן: לא שנו. דגבי חיפן בשיש דאזלינן בתר ציפוי אלא בכלי עץ אכסלגום דלא חשיב כמסמס: מקצעותיו לו. שהיה מרובע: שולחנו של אדם מכפר עליו. דנותן פרוסה ט] לאורחים: מנא הני מילי. דעבדינן סניפין י]: דפוסין. שנערך ונילוש ונאפה בהן כדאמר בריש פירקין: קשותיו אלו סניפין. מריבוייא דקרא לישנא אחרינא שמקשה הלחם ומחזקו שלא ישבר ולא מפי השמועה (א): מנקיות אלו הקנים. שמנקין הלחם מעיפוש: שמסככין בהן את הלחם. שעל הלחם מסככין הקנים בין חלה לחבירתה: לא סידור הקנים כו'. ואי ס"ד סידור קנים דאורייתא כדמפקת לעיל: אמאי לא דחי שבת. יא] דאף על גב דאין שבות במקדש האי טלטול לאו משום שבות הוא אלא דמיחזי כבונה וסותר: אפשר. דלא דחי עלייהו שבת: דטעמא מאי. משוי להו לקנים משום עיפוש: בכי האי שיעורא. שנוטלן מערב שבת ערבית ולמחר בחצי היום מסלקו ומסדר אחרים בלא קנים ולמוצאי שבת מסדר הקנים בכי האי שיעורא דהוי חצי יום לזו וחצי יום י) לזו לא מיעפשה: כדתניא. דלמוצאי שבת מסדר קנים ומגביה ראשה של חלה השניה ונותן שלשה קנים על התחתונה אחת מכאן ואחת מכאן ואחת באמצע וכן על השנית בין לחם ללחם: ארבעה חלות. אמצעיות לכל סדר צריכות שלשה קנים תחת כל אחת ואחת הרי י"ב קנים והעליונה אין צריך אלא שני קנים לפי שאין משוי עליה שיכבידנה על שלמטה הימנה: על טהרו של שלחן. יב] ולא מיעפש: בבינוניות. של ששה טפחים ולקמן מפרש לה אמאי קרי לה בינונית משום דאיכא דגדולה ואיכא דטפיא: חוץ ממזבח הזהב. שהיה אמה על אמה והקרן של מזבח העולה שהיו לו לארבע פינותיו ארבע אבנים של אמה גובה ואמה על אמה עובי ואותה אמה היתה באמה בת חמש טפחים ולקמן מפרש אי דגובה אי לאורך ורוחב (ב): יג] היסוד והסובב. של מזבח העולה וכולהו מפרש לקמן: אמת בנין. כגון חומת הבית ומזבח העולה: אמת כלים. ארון ושולחן ומזבח ז) הזהב: (ג) יד] (אמה וטופח. על אותה אמה תהא צריך להוסיף טפח טו] דהוה בת חמש שחסירה טפח מאמה בינונית): מדות המזבח. מזבח העולה: באמות אמה אמה וטופח. באמות בינוניות יהא אמה אמה וטפח דאמותיו טז] והן בשל חמש דהויא לה של ששה אמה וטפח באלו:

תוספות

כלי אכסלגום. שם מקום דבפרק דם חטאת (זבחים דף לד.) מייתי לה גבי עורות ח): שאני שולחן דרחמנא קרייה עץ. תימה דבסוף חומר בקודש (חגיגה דף כו:) תנן כל הכלים שהיו במקדש טעונין טבילה חוץ ממזבח הזהב והמזבח הנחושת מפני שהן כקרקע דברי רבי אליעזר וחכמים אומרים מפני שהן מצופין ומפרש בגמרא וחכמים מטמאין מפני שהן מצופין והשתא מה בכך הא רחמנא קרייה נמי למזבח עץ דכתיב והמזבח עץ שלש אמות ועוד קשה דהכא משמע דציפוי לא בטל גבי שולחן ודולבקי היכא דלא שייר כלום ולאידך לישנא קאמר התם דחכמים לדברי רבי אליעזר קאמרי ליה מאי דעתיך דמטהרת להו מטעם קרקע ולא מטעם עץ משום דמצופין מבטל בטיל ציפויין גבייהו ויש לך לטהר מטעם עץ וי"ל דהא דכתיב המזבח עץ לאו אמזבח קאי אלא כדמתרגם יונתן פתורא דלקבל מדבחא ואידך לישנא סבר דאפילו לא קאי ט) אשולחן מ"מ מדאפקיה לשולחן בלשון מזבח שמע מינה דמזבח נמי בטל ציפויו כציפוי השולחן אי נמי היינו טעמא דבטל ציפוי גבייהו כדמפרש התם טעמא דמתניתין דלא בעי טבילה מזבח הנחשת דכתיב מזבח אדמה מזבח הזהב דכתיב המנורה והמזבחות מדאיתקיש מזבחות זו לזו:

המזבח עץ שלש אמות. אין שיעור זה לא למזבח ולא לשולחן ושמא זה היה גובהן של סניפין י): שלחנו מכפר עליו. דגדולה לגימא (סנהדרין דף קג:): כ) לאורכו של שולחן. על הרצפה היה מניחו לאורך השולחן דעל השולחן לא היה מקום פנוי ל) למדוד הקנים לאורכן: קשותיו אלו סניפין. לר' יוסי קשה מה ידרוש כדפרישית לעיל (דף צו: ושם ד"ה אל): לא סידור הקנים כו'. ואף על גב דאין שבות במקדש האי טלטול לאו משום שבות הוא אלא משום דמיחזי כבונה וסותר כך פירש בקונטרס ולא משמע כן בריש כל הכלים (שבת דף קכג: ושם) דאמר קנים קודם התרת כלים נשנו משמע דליכא אלא איסור בעלמא ואשכחן נמי שבות דאסרו במקדש כגון ציר העליון שמא יתקע נגר המונח בפ' בתרא דעירובין (דף קב. ושם): תנן התם ר' מאיר אומר כו'. משנה היא במסכת כלים פרק כל [כלי] בעלי בתים:

באמות אמה וטופח. פירוש מ) מדת המזבח יהיה באותן אמות שאמה בינונית תחזיק מהן אמה וטפח: וגבולה וחיק

מסורת הש"ס

א) צ"ל ומקצעותיו, ב) ברכות נה. ע"ש חגיגה כז., ג) [שבת קג: וש"נ], ד) לעיל עב. וש"נ, ה) [כלים פי"ז מ"י ערובין ד: סוכה ה: ו:], ו) לזו הס"ד אח"כ ד"ה לא כו' קנים הס"ד אח"כ ד"ה ומגביה. צ"ק, ז) הזהב הס"ד אח"כ ד"ה מדות המזבח מזבח העולה הס"ד אח"כ ד"ה באמות אמה אמה וטופח על אותה אמה תהא צריך להוסיף טפח דהוה בת חמש שחסירה טפח מאמה בינונית דהוי של ששה אמה וטפח מאלו הס"ד וכצ"ל ועי' בעירובין ד"ד ע"א צ"ק, ח) [ועי' תוס' חגיגה כו: ד"ה בכלי ולע"ק], ט) אלא אשולחן צ"ק, י) נ"ב קשה אפילו למ"ד בדף פ"ז: שלחן מקדש י"ב טפחים למעלה וגבהו אמה וחצי ונהי דאמה בת ששה פש לה חצי אמה וק"ו למ"ד ט"ו טפחים י"ל היינו אליבא דמ"ד דף לד ע"ב ע"ג שולחן מונחים ולמ"ד ט"ו טפחים באמה בת ה' וקצת קשה דא"כ הל"ל גובה המערכה דלחם ומ"ש סניפין דנקט ע"כ. ועיין רש"ק, כ) ד"ז שייך לקמן קודם ד"ה תנן התם צ"ק, ל) להניח צ"ק, מ) [כל פי' זה אי' להדיא בתוספתא דכלים ב"מ פ"ו].

הגהות הב"ח

(א) רש"י ד"ה קשותיו וכו' ולא מפי השמועה נ"ב אלא מגופיה דקרא וק"ל: (ב) ד"ה חוץ וכו' ורוחב הס"ד ואח"כ מ"ה הסובב והיסוד של: (ג) ד"ה אמה וטופח צ"ל אחר ד"ה באמות אמה:

תורה אור השלם

א) הַמִּזְבֵּחַ עֵץ שָׁלוֹשׁ אַמּוֹת גָּבֹהַּ וְאָרְכּוֹ שְׁתַּיִם אַמּוֹת וּמִקְצֹעוֹתָיו לוֹ וְאָרְכּוֹ וְקִירֹתָיו עֵץ וַיְדַבֵּר אֵלַי זֶה הַשֻּׁלְחָן אֲשֶׁר לִפְנֵי יְיָ: [יחזקאל מא, כב]

ב) וְעָשִׂיתָ קְעָרֹתָיו וְכַפֹּתָיו וּקְשׂוֹתָיו וּמְנַקִּיֹּתָיו אֲשֶׁר יֻסַּךְ בָּהֵן זָהָב טָהוֹר תַּעֲשֶׂה אֹתָם: [שמות כה, כט]

ג) וְאֵלֶּה מִדּוֹת הַמִּזְבֵּחַ בָּאַמּוֹת אַמָּה אַמָּה וָטֹפַח וְחֵיק הָאַמָּה וְאַמָּה רֹחַב וּגְבוּלָהּ אֶל שְׂפָתָהּ סָבִיב זֶרֶת הָאֶחָד וְזֶה גַּב הַמִּזְבֵּחַ: [יחזקאל מג, יג]

עין משפט נר מצוה

כג א ב מיי' פ"ו מהל' כלים הלכה טו:
כד ג מיי' פ"ג מהלכות בית הבחירה הלכה טו:
כה ד מיי' פ"ה מהלכות תמידין ומוספין הלכה יא:
כו ה מיי' פ"ג מהלכות בית הבחירה הל' טו:
כז ו מיי' פ"ב מהלכות בית הבחירה הל' ו:

שיטה מקובצת

א] לבזבזיו וכצ"ל לקמן: ב] שלחנו מכפר בהכנסת אורחים. הרגמ"ה: ג] דחי עלייהו שבת: ד] בכי האי שיעורא בלילה וחצי יום שלא יהיו הקנים לא מיעפש. הרגמ"ה: ה] כיצד הוא עושה: ו] שלחן ובמוצאי: ז] טהרו גב השלחן שבמקדש היה של זהב ולא מעפש. הרגמ"ה: ח] לבזבזיו: ט] פרוסה לעני הס"ד: י] סניפין וקנים הס"ד: יא] שבת ואע"ג: יב] שלחן דקריר: יג] והיסוד: יד] מתיבת אמה עד תיבת מדות בס"א הכל נמחק: טו] טפח דהיינו: טז] דאמותיו אמה וטפח:

רבינו גרשום

ריש לקיש מר' יוחנן האי חיפן בשיש בצפוי עומד במסמר בטל העץ או אפילו בצפוי שאינו עומד נמי בטל: בשחיפה הצפוי לבזבזי השלחן בטל העץ. וא"ל לא שנא צפוי כו' והכא נמי האי שלחן דמקדש אע"ג דצפוי אינו קבוע ליבטל עצו ולטמא משום צפוי: בכלי עץ ששמו אבטולגוס שאין דמיו יקרין כ"כ אבל כלי מסומס עץ יקר הרבה חשיב ולא בטיל אף עצי שטים נמי לא בטלי: מאי איכא למימר. א) ונימא ותיפוק לי משום צפוי שאני שלחן אע"ג דמצופה רחמנא קרייה עץ ולא בטיל עצו דכתיב המזבח עץ וכו': שלחנו מכפר. להכנסת אורחין: מפוצלין מראשיהן. בראש כל לחם ולחם כדי שיהו סומכין בהן את הלחם והקנים מונחין ראשיהן על גבי אותן הפצולין: וכ"ח קנים היו. לב' הסדרים: ומפרש בגמרא מ"ט י"ד [לסדר זה]. ארבע חלות צריכין שלשה שלשה קנים והעליונה ב' בלבד כו'. וכל קנה היה כחצי קנה מבוקע וחלול כדי שלא יהא לו כובד מפני שהוא של זהב. ונותן לארכו של שלחן על גבי הרצפה מפני שכל הכלים שהיו במקדש על גבי הארץ ארכן לארכו של בית:

ב) נותנין לחם הפנים בכניסתו. בשעה שהוציאום מן התנור עד שיקטירו המוספין או עד שיביאו הבזיכין כדאמר מוספין בו' בזיכין בז' ואחר כך ד' כהנים נכנסין ב' נוטלין אותו הלחם מן השלחן של שיש ומוליכין אותו לפנים וכו': וביציאתו. בשעת סלוקו נוטלין אותו ומניחין אותו על אותו של זהב עד שיקטירו את הבזיכין: ואי ס"ד דאורייתא כיון דנפקי מקראי אמאי אין דוחין את השבת: דקנים טעמא דלא מיעפש לחם בכי הא שיעורא בלילה וחצי יום שלא יהיו שם הקנים לא מיעפש לא את החדש ולא את הישן ואינו דוחה את השבת: ארבעה חלות. משניה קא חשיב מלבד התחתונה: העליונה. (הששית תחתיה) [שהששית מונחת עליה] אינה צריכה אלא ב' קנים לפי שאין עליה משוי חלה אחת: טהרו. על גבי השלחן עצמו על של זהב ולא מיעפשא: בבינונית. באמה בת ששה משום הכי קא קרי לה בינונית לפי שיש קטנה ממנה ויתירה ממנה: הקרן והסובב והיסוד. של מזבח החיצון: רבי יהודה אומר אמת הבנין. הקורות: של כלים. רבי יהודה מרבה כל הכלים באמה בת חמשה: אמה וטפח. אמה בת חמשה כלומר אמה שצריך להוסיף לה טפח קודם שתהא כאותה של בת ששה:

חשק שלמה על רבינו גרשום א) אולי צ"ל וקשיא דמיפוק לי כו'. ב) מתיבת נותנין עד תיבת את הבזיכין שייך למתני' דלקמן (דף צ"ט ע"ב).

וגבולה אל שפתה סביב זרת האחד. זרת חלי האמה וכשתמדוד מאמלע הקרן זרת סביב עד השפה אישתכח דהוי אמה: **ותנן** חוט של סיקרא כו'. משנה היא במסכת מדות (פ"ג מ"א): **אל** חיק האמה בגובהה. מכאן יש לקיים גירסת הספרים בזבחים פ' קדשי קדשים (דף סג. ושם ד"ה חוץ) דאמרינן התם כל כבשים שהיו במקדש שלש אמות לאמה חוץ מכבשו של מזבח שהיה שלש ומחלה וחלי טפח ואצבע ושליש אצבע ח) בזכרות' ומחק שם בקונטרס חלי טפח דאז החשבון מכוון לט' אמות של מזבח ולדברי רבותיו שגורסין חלי טפח פי' בקונטרס שם דלאותו חשבון לא היה ראש הכבש שוה לראש המזבח אלא נמוך ממנו רביע אמה ולא דק בקונטרס דאינו נמוך אלא חומש אמה חסר משהו והקשה בקונטרס שהרי אמרה תורה לא תעלה במעלות על מזבחי ותירץ רבי נתן [ה] [מדודא] דאמה של יסוד באמה בת ה' כדאסיקנא הכא ולפירוש הקונטרס קשה דנמלא ראש הכבש גבוה מראשו של מזבח ומיהו אין לחוש בזה אי נמי לגירסת הקונטרס אמות של כבש לפי האמות של מזבח וכגירסתו גריס רבינו חננאל בעירובין בפ' חלון (דף עו.): שלא

וחיק האמה ואמה רוחב וגבולה אל שפתה סביב זרת האחד וזה גב המזבח א) חיק האמה זה יסוד אמה רוחב א) זה סובב וגבולה אל שפתה סביב זרת האחד אלו ב) קרנות זה גב המזבח ג) זה מזבח הזהב ר' מאיר סבר ד) זהו באמה בת חמשה הא כל אמות כלים באמה בת שש ורבי יהודה סבר כזה יהו כל אמות ה) כלים קא סלקא ו) דעתך מיסוד ועד סובב באמה בת ה' בגובה ומאי חיק האמה ואמה רוחב הכי קא אמר מחיק האמה ועד ז) רוחב באמה בת חמשה גובה א המזבח כמה הוי עשר אמות ב שית בני חמשה חמשה וארבעי בני שיתא שיתא מזבח כמה הוי חמשין וארבעה פלגיה דמזבח כמה הוי עשרים ושבעה מקרנות ועד סובב כמה הוי עשרים וארבעה כמה בציר לפלגיה דמזבח תלתא ג) ותנן ג חוט של סקרא חוגרו באמצע כדי להבדיל בין דמים העליונים לדמים התחתונים אלא הא (א) ג) דתניא גבי עולת העוף ד היה עולה בכבש ופנה לסובב ובא לו לקרן דרומית ח) [מזרחית] ומולק את ראשה ממול ערפה ומבדיל ט) ומוצה את דמה על קיר המזבח ה ואם עשאה למטה מרגליו אפילו אמה אחת כשירה הא קא יהיב י) עליונה למטה משני טפחים אלא חיק האמה כניסה אמה רוחב כניסה גבולה אל שפתה סביב כניסה (ב) מזבח כמה הוה ליה שיתין פלגיה דמזבח כמה הוי תלתין מקרנות ועד סובב כמה הוי כ"ד כמה בציר לפלגיה דמזבח ששה ותנן אם עשאה למטה מרגליו אפילו אמה אחת כשרה במאי אוקימתא בכניסה ומי מצית מוקמת לה בכניסה ז) והא תנן יא) ו מזבח היה שלשים ושתים על שלשים ושתים ט) עלה אמה וכנס אמה זהו יסוד נמצא שלשים על שלשים ושני (ג) טפחים הוי ותו עלה חמש וכנס אמה זהו סובב נמצא עשרים ושמונה על עשרים ושמונה ועשרים ושמונה וארבע טפחים הוי וכי תימא כיון דלא הוי אמה לא חשיב ליה מקום יב) קרנות אמה מזה ואמה מזה נמצא עשרים ושש על עשרים ושש ועשרין ושבע הוו לא דק מקום הילוך רגלי הכהנים אמה מזה ואמה מזה נמצא עשרים וארבע על עשרים וארבע מקום המערכה עשרים וחמשה הואי וכי תימא הכא נמי לא דק והא כתיב ז) א) והאריאל שתים עשרה אורך בשתים עשרה רוחב רבוע יכול שאינו אלא שתים עשרה על שתים עשרה כשהוא אומר א) אל ארבעת רבעיו מלמד שבאמצע הוא מודד שתים עשרה אמה לכל רוח ורוח וכי תימא שית מינייהו מעיקרא באמה בת חמשה מייתי להו אם כן רווחא לה עזרה ח) דתנן כל העזרה היתה ז אורך מאה ושמונים ושבע על רוחב מאה ושלשים וחמש ממזרח למערב מאה שמונים ושבע מקום דריסת רגלי ישראל אחת עשרה אמה ומקום דריסת רגלי הכהנים אחת עשרה אמה המזבח שלשים ושתים בין אולם ולמזבח עשרים ושתים אמה ח ההיכל מאה אמה אחת עשרה אמה אחורי בית הכפורת אלא חיק האמה בגובהה אמה רוחב כניסה גבולה אל שפתה סביב יג)
לא

מסורת הש"ם

א) כלים פי"ז מ"ט בכורות מ. פסחים פו., ב) מדות לד. פ"א מ"ג, ג) זבחים דף קב., ד) [סנהדרין ק. ע"ש], ה) [בסנהדרין ק. איתא איתמר נמי חזקיה וכו'], ו) [לעיל סב. סוטה לז.], ז) תוספתא דיומא פ"ב [יומא נד. ע"ש], ח) ל"ק, ט) נ"ל שתים למערכות של שלש וכ"י של שתים עשרה ור"ל בין שניהם דהיינו כל אחד של שש והג' אם ירצה להוסיף יהיה אף של ג' והדיוק יהיה שתים מערכות שש הא הג' א"ל שש ודי בהאי מהם., י) עיין למתני' דף לו., כ) מדבדיו כך היו מונחים ל"ק, ל) עיין רש"ק.

הגהות הב"ח

(א) רש"י ד"ה חמשין וכו' משתי אמותיו דהיינו מן הרלפה: (ב) ד"ה וירץ וכו' אליהו רץ לפני: (ג) ד"ה ועלהו לתרופה וכו' ועל הנחל יעלה על שפתו מזה: (ד) ד"ה בפרוכת וכו' ליכא למימר הכי דבמקדש:

רבינו גרשום

לא שנא הכי ולא שנא הכי לא שנא בגובהה ולא שנא בכניסה הויא בת ה' ונשתיירו בהכניסה ב' טפחים טפח מיכן וטפח מיכן וכיון דהני ד' דיסוד ודקרנות לא הויא אמתא לא קא חשיב ליה (לא) במתני' דהמזבח היה וכו' (ולא קרא הארון וגו'): כמה הוי גבוה המזבח חמשין ותמניא דאמה התחתונה בגובהה ואמה דקרנות נמי בגובהה באמה בת ה' כדאמר: מקרנות ועד סובב. כ"ג טפחים דאמה דקרנות גובהה ה'. ומסובב ועד החוט שיתא דהוו אמתא היינו דתנן אם עשאה לעולת העוף למטה מכ"ג אפי' אמה אחת כשירה: דיקא נמי כדאמרן (דאמר) דאמה רוחב כניסה (ולא) וחיק האמה (אלא) בגובהה קאמר כדאמרן: אף אנן נמי תנינא דר' מאיר דאמר כל האמות היו בינונית חוץ מדמזבח דתנן ר' מאיר אמר השלחן וכו': מדקאמר בינונית מכלל דאיכא נפישא מינה. ב' מדות של אמות. ב' קנים: היו בשושן הבירה. זה שער מזרחי שעליו שושן הבירה מצויירת: אחת היתה זקופה באותה לשכה על קרן מזרחית צפונית ואחת על קרן וכו': א) בשמתנין עמהן לעשות המלאכה מתנין כך וכך אמות במדה קטנה של ו' והן מחזרין מלאכתן במדה גדולה: ותרתי. יתירות עליה למה לי: חדא. יתירה הקטנה למלאכת כסף וזהב. ויתירה הגדולה של אצבע לבנינא של חומות: כדי שידעו מהיכן באו. שיכירו בניסין שעשה להן הקב"ה שמשם עלו כשנתן להן כורש רשות לעלות ולבנות הבית: שתהא אימת מלכות. שיזכרו שהן משועבדין: חזקיה ובר קפרא מפרשי דרב חסדא ורב יצחק: אילו נאמר שתים מערכות שש המערכת ולא נאמר שתים עשרה הייתי אומר שלש מערכות של שש שש. שתים מערכות שש המערכת זו מערכה שלישית ג) שלשה לכך נאמר היינו שלש מקראות: והא בעינן על המערכת ממש שלא יהא דבר חוצץ בין הבזיכין ללחם גמור: על בסמוך ע"ג השלחן עצמו באותן שתי טפחי' ואויר שבין הסדרים: מדכך היו בדיו מונחים לאורכו של בית מזרח ומערב ש"מ דארון לרוחבו של בית היה אורכו: ולא היו נוגעין בפרוכת.

לא שנא הכי ולא שנא הכי. כלומר כניסתן דקרנות אי בעי למימר נמי באמה בת חמש לא איכפת לן כיון דכניסת יסוד באמה בת שש לא פש ליה בין קרן לקרן אלא כ"ו וארבעה טפחים שתים מכניסה דסובב ושתים מכניסה דקרנות וכיון דלא הוי אמה לא חשיב לה: חמשין ותמניא. דכולן אמותיו היו בנות ו' חוץ משתי אמותיו (א) מן הרלפה ועד היסוד ואמה גובה של קרן: דיקא נמי. דחיק האמה גובהה ואמה רוחב כניסה מדקרי להאי חיק האמה ולהאי אמה רוחב ושני בדיבוריה: השולחן ארכו י"ב. שמעינן ליה לר' מאיר דאמר לעיל כל האמות היו בבינוניות אלמא בינונית היינו בת ששה: ומדקרי ליה בינוניות מכלל דאיכא דנפישא מינה. בתמיה: שתי אמות. מקלות היו שם שבהן מודדין האמות והן ס) [ארכן] אמה: בשושן הבירה. חדר אחד היה בנוי על שער המזרחי של עזרה ומצוייר כתבנית שושן הבירה: של משה. בת ששה: כדי שיהו אומנין נוטלין בקטנה. שהיה גוזבר מתנה עם האומנין כך וכך אמות בנין תבנו לבדק הבית בכך וכך דמים באמה של משה ומחזירין לו למדת אמה גדולה שיתירה עליה אצבע כדי שיוסיפו על תנאם משלהם שלא יפחתו ונמצאו נהנים מן ההקדש יותר ממה שעשו ובאין לידי מעילה: וחדא לדהבא ולכספא. כשמתנין ו) צורפי זהב לעשות טבלא בת חמש או בת עשר באמה של משה עושין אותה למדת האמה היתרה עליה חצי אצבע ולא באותה שיתירה עליה אצבע לפי שאומנות יקרה היא ואין טוב להפסידן כל כך: צורה. מצויירת: כדי שידעו. ויראו מהיכן באו ויתנו הודאה למלכות שהוציאם משם: שתהא אימת מלכות. פרס עליהם ולא ימרדו בהם: ואילו לדידיה לא אמר ליה. ותרד אלי והשתחוית לי ואע"ג דמסקנא הכי הוה ויקם פרעה לילה: וירץ לפני אחאב. אליהו (ב) ז) לפני אחאב שהיה רוכב על סוסו משום כבודו שאין דרך מלכים ללכת יחידי: ועלהו לתרופה. גבי מעיין שעתיד לצאת מבית קדשי הקדשים קאי ועל (ג) שפת הנחל יעלה מזה ומזה כל [עץ] (עלה) מאכל והיה פריו למאכל ועלהו לתרופה ואיידי דאיירי בפלוגתא דרב חסדא ורב יצחק נקט לה הכא וקדריש נוטריקון לתרופה: להתיר פה שלמעלה. פה אלמים שכל אלם האוכל ממנו נרפא: פה שלמטה. פה רחם של עקרות: חזקיה ובר קפרא. ח) מפרשא מילתייהו טפי והיא היא: ואילו נאמר שתים מערכות שש המערכת. ולא נאמר שתים עשרה: הייתי אומר שלש של שש. דשתים מערכות הרי תרין שש המערכת הוי מערכת שלישית ובספרים דכתב בהו שלש של שלש הכי משמע אילו לא נאמר שתים עשרה אלא שתים מערכות שש הוי משמע שתים ט) מערכות של ט) שלש ואם תרצה להוסיף שלישית סגי בג' חלות: לכך נאמר שתים עשרה. דמשמע ותו לא: ואילו נאמר שתים עשרה. ולא נאמר שתים ושש אלא ונתת אותם מערכות המערכת על השולחן הייתי אומר שלש של ד' ד': והא בעינן ונתת על המערכת לבונה. וכי יהיב לה על השביעית איכא חלילה: פרוכת מחילה הוא וקרי ליה על: י) (כל הכלים. כגון שלחנות אורכן י) לאורכן של בית ממזרח למערב): כך היה מונח. מנ"ל כ) מדכך היו בדיו מונחים ממזרח למערב כדאמר בהך ברייתא לקמן מכלל דאורך הארון מלפון לדרום ורוחבו ממזרח למערב דבדים בפותיא דארון קיימי כדאמרינן לקמן: ובדיו מנלן. דממזרח למערב: יא) בפרוכת. פרוכת היתה פרוסה בפתח בית קדשי קדשים לצניעות בעלמא ולא משום מחילה דהא אמה טרקסין הואי במקדש ראשון ל) וכ"ת לוקמה במקדש ב' דהוי פרוכת יב) ליכא למימר (ד) דבמקדש שני לא הוה ארון ובדים דיאשיהו גנזו במס' יומא (דף נג:) ועוד דקרא במקדש ראשון כתיב: דוחקין ובולטין בפרוכת. לפי שהיה הארון כנגד הפתח כדאמרי' במגילה (דף י:) ארון שעשה משה כשמונח בדביר היה לו עשר אמות ריוח ממנו לכותל לכל צד והדביר היה עשרים על עשרים ומקום ארון אינו ממעט בדביר דבנס היה עומד אלמא באמצע הדביר קאי והפתח נמי היה באמצע בכותל מזרחי והיו הבדים בולטין בפרוכת שבפתח:

כמין

לא שנא הכי ולא שנא הכי מזבח כמה הוי חמשין ותמניא פלגיה דמזבח כמה הוי עשרין ותשעה מקרנות ועד סובב כמה הוו עשרין ותלתא כמה בציר לפלגיה דמזבח שיתא ותנן אם עשאה למטה מרגליו אפילו אמה אחת כשירה דיקא נמי דכתיב א) חיק האמה ואמה רוחב שמע מינה וכמה אמה בינונית אמר ר' יוחנן ששה טפחים אמר רבי יוסי בר אבין אף אנן נמי תנינא רבי מאיר אומר השלחן ארכו שנים עשר ורחבו ששה מכלל א) דהויא אמה דנפישא מינה אין ב) והא תנן א) שתי אמות היו בשושן הבירה אחת על קרן מזרחית צפונית ואחת על קרן מזרחית דרומית שעל קרן מזרחית צפונית יתירה על של משה חצי אצבע שעל קרן מזרחית דרומית היתה יתירה עליה חצי אצבע נמצאת יתירה על של משה אצבע ולמה אמרו אחת גדולה ואחת קטנה א) כדי שיהו האומנין נוטלין בקטנה ומחזירין בגדולה כדי שלא יבואו לידי מעילה ותרתי למה לי חדא לכספא ודהבא וחדא לבניינא תנן התם ב) שער המזרח עליו שושן הבירה צורה מאי טעמא רב חסדא ורב יצחק בר אבדימי חד אמר כדי שידעו מהיכן באו וחד אמר כדי שתהא אימת מלכות עליהן ג) א"ר ינאי לעולם תהא אימת מלכות עליך שנא' ב) וירדו כל עבדיך אלה אלי והשתחוו לי לאמר ואילו לדידיה לא קא"ל ר' יוחנן אמר מהכא שנאמר ג) ויד ה' היתה אל אליהו וישנס מתניו וירץ לפני אחאב עד באכה יזרעאלה: ד) ועלהו ד) לתרופה רב חסדא ורב יצחק בר אבדימי חד אמר להתיר פה שלמעלה וחד אמר להתיר פה שלמטה ה) איתמר חזקיה אמר להתיר פה אלמים בר קפרא אמר להתיר פה עקרות תנו רבנן אילו נאמר ה) ולקחת סלת ואפית אותה שתים עשרה חלות ו) ושמת אותם שתים מערכות ולא נאמר שש הייתי אומר אחת של ארבע ואחת של שמונה לכך נאמר ו) שש ואילו נאמר שתים מערכות שש המערכת ולא נאמר שתים עשרה הייתי אומר שלש של שש שש לכך נאמר שתים עשרה ואילו נאמר שתים עשרה חלות ומערכות ולא נאמר שתים ושש הייתי אומר שלשה של ארבע ארבע ג) לכך נאמר שתים ושש הא עד שלא יאמרו ג' מקראות הללו לא למדנו הא ב כיצד נותן שתים מערכות של שש שש ואם נתן אחת של ארבע ואחת של שמונה לא יצא שתים של שבע שבע רבי אומר רואין את העליונה כאילו אינה והא בעינן ז) ונתת על אמר ליה רב חסדא לרב המנונא ואמרי לה רב המנונא לרב חסדא י) רבי לטעמיה דאמר על בסמוך דתניא רבי אומר ונתת על המערכת לבונה זכה על ג בסמוך אתה אומר על בסמוך או אינו אלא על ממש כשהוא אומר ח) וסכות על הארון את הפרוכת הוי אומר על בסמוך: כל הכלים שבמקדש וכו': תנו רבנן ד כל הכלים שבמקדש ארכן לארכו של בית חוץ מארון שארכו לרחבו של בית וכך היה מונח וכך היה בדיו מונחין מאי קאמר הכי קאמר כך היה מונח ד) מדבדיו כך היה מונחין ובדיו מנלן י) דתניא ט) ויאריכו הבדים יכול לא היו נוגעין בפרוכת תלמוד לומר ט) ויראו אי ויראו יכול יהו מקרעין בפרוכת ויוצאין ס) תלמוד לומר ט) לא יראו החוצה הא כיצד

דוחקין

שלא יבואו לידי מעילה. לאו דוקא דהקדש שוה מנה שחיללו על שוה פרוטה מחולל אלא שלא היו רוצים ליהנות משל הקדש: חדא לכספא ודהבא. אותה של קרן מזרחית צפונית וסימנך (איוב לז) מצפון זהב יאתה: אחת של ארבע ואחת של שמונה. חדא נקט והוא הדין בענין אחר: רואין אותו כאילו אינו. תימה הא אין שולחן מקדש יותר מי"ב טפחים ונמצא בזיכין למעלה מי"ב וי"ל כגון דמשקע ליה לשביעי עד שהוא בתוך הששי ומיירי שעשאו באותו ענין שיכול לשקע בתוכו:

עין משפט נר מצוה

לז א מיי' פ"ח מהל' מעילה הל"ה:
לז ב ג מיי' פ"ה מהל' תמידין ומוספין הל"ב ופ"ג מהל' בית הבחירה הל' טו:
לח ד מיי' פ"ג מהלכות בית הבחירה הלי"ג:

שיטה מקובצת

א] מכלל. דאיכא: ב] אין. דתנן: ג] לכך נאמר שתים ושש. גליון תימה לכתוב שתים עשרה חלות שש המערכת וי"ל דהוי אמינא מערכה אחת של שש ושתים של שלש שלש עכ"ל הגליון: ד] מדכך היו בדיו מונחים ובדיו: ה] ויוצאין. לחוץ: ו] כשמתנין. עם צורפי זהב: ז] אליהו. רץ: ח] מפרשי: ט] של. שש עשה ואם: י] אורכן. לאורכו: יא] למערב: הא בעינן: יב] פרוכת. הא ליכא:

תורה אור השלם

א) וְאֵלֶּה מִדּוֹת הַמִּזְבֵּחַ בָּאַמּוֹת אַמָּה אַמָּה וָטֹפַח וְחֵיק הָאַמָּה וְאַמָּה רֹחַב וּגְבוּלָהּ אֶל שְׂפָתָהּ סָבִיב זֶרֶת הָאֶחָד וְזֶה גַּב הַמִּזְבֵּחַ: [יחזקאל מג, יג]

ב) וְיָרְדוּ כָל עֲבָדֶיךָ אֵלֶּה אֵלַי וְהִשְׁתַּחֲווּ לִי לֵאמֹר צֵא אַתָּה וְכָל הָעָם אֲשֶׁר בְּרַגְלֶיךָ וְאַחֲרֵי כֵן אֵצֵא וַיֵּצֵא מֵעִם פַּרְעֹה בָּחֳרִי אָף: [שמות יא, ח]

ג) וְיַד יְיָ הָיְתָה אֶל אֵלִיָּהוּ וַיְשַׁנֵּס מָתְנָיו וַיָּרָץ לִפְנֵי אַחְאָב עַד בֹּאֲכָה יִזְרְעֶאלָה: [מלכים א' יח, מו]

ד) וְעַל הַנַּחַל יַעֲלֶה עַל שְׂפָתוֹ מִזֶּה וּמִזֶּה כָּל עֵץ מַאֲכָל לֹא יִבּוֹל עָלֵהוּ וְלֹא יִתֹּם פִּרְיוֹ לָחֳדָשָׁיו יְבַכֵּר כִּי מֵימָיו מִן הַמִּקְדָּשׁ הֵמָּה יוֹצְאִים וְהָיָה פִרְיוֹ לְמַאֲכָל וְעָלֵהוּ לִתְרוּפָה: [יחזקאל מז, יב]

ה) וְלָקַחְתָּ סֹלֶת וְאָפִיתָ אֹתָהּ שְׁתֵּים עֶשְׂרֵה חַלּוֹת שְׁנֵי עֶשְׂרֹנִים יִהְיֶה הַחַלָּה הָאֶחָת: [ויקרא כד, ה]

ו) וְשַׂמְתָּ אוֹתָם שְׁתַּיִם מַעֲרָכוֹת שֵׁשׁ הַמַּעֲרָכֶת עַל הַשֻּׁלְחָן הַטָּהֹר לִפְנֵי יְיָ: [ויקרא כד, ו]

ז) וְנָתַתָּ עַל הַמַּעֲרֶכֶת לְבֹנָה זַכָּה וְהָיְתָה לַלֶּחֶם לְאַזְכָּרָה אִשֶּׁה לַייָ: [ויקרא כד, ז]

ח) וְשַׂמְתָּ שָׁם אֵת אֲרוֹן הָעֵדוּת וְסַכֹּתָ עַל הָאָרֹן אֶת הַפָּרֹכֶת: [שמות מ, ג]

ט) וַיַּאֲרִכוּ הַבַּדִּים וַיֵּרָאוּ רָאשֵׁי הַבַּדִּים מִן הַקֹּדֶשׁ עַל פְּנֵי הַדְּבִיר וְלֹא יֵרָאוּ הַחוּצָה וַיִּהְיוּ שָׁם עַד הַיּוֹם הַזֶּה: [מלכים א' ח, ח]

חשק שלמה על רבינו גרשום א) נראה דצ"ל כדי שיהו האומנין נוטלין בקטנה כשמתנין עמהם וכו'. ב) של ששה לכך נאמר שתים עשרה ולפיכך צריך שלשה כצ"ל.

דוחקין ובולטין בפרוכת ודומין כמין שני דדי אשה שנאמר א) צרור המור דודי לי בין שדי ילין ומנלן דבדיו לפותיא דארון הוו יתבי דילמא לארכו דארון הוו יתבי אמר ר' יהודה תרי גברי באמתא ופלגא לא מסתגי להו ומנא לן דבארבעה הוו דרו להו דכתיב א] ב) ונסעו הקהתים ב] תרי נושאי המקדש נמי תרי תנו רבנן עשרה שולחנות עשה שלמה המלך שנאמר ג) ויעש שולחנות עשרה וינח בהיכל חמשה מימין וחמשה משמאל ואם תאמר חמשה מימין הפתח וחמשה משמאל הפתח אם כן מצינו ששולחן בדרום והתורה אמרה ד) והשולחן תתן על צלע צפון אלא של משה באמצע חמשה מימינו וחמשה משמאלו תנו רבנן עשר מנורות עשה שלמה שנאמר ה) ויעש את המנורות הזהב עשר כמשפט ויתן בהיכל חמשה מימין וחמשה משמאל ואם תאמר חמשה מימין הפתח וחמשה משמאל הפתח אם כן מצינו מנורה בצפון והתורה אמרה ד) ואת המנורה נכח השולחן ג] אלא של משה באמצע חמשה מימינה וחמשה משמאלה תני חדא ד] מחצי בית ולפנים היו מונחין ותני חדא משליש הבית ולפנים היו מונחין ולא קשיא מר קא חשיב בית קדשי הקדשים בהדי היכל מר לא קא חשיב בית קדשי הקדשים בהדי היכל א) תנו רבנן מזרח ומערב היו מונחין דברי רבי רבי אלעזר בר' שמעון אומר ב) צפון ודרום מ"ט דרבי גמר ממנורה מה מנורה מזרח ומערב אף הני נמי מזרח ומערב ומנורה גופה מנלן מדכתיב בנר מערבי ו) יערוך אותו [אהרן וגו'] לפני ה' מכלל דכולהו לאו לפני ה' ואי סלקא דעתך צפון ודרום כולהו נמי לפני ה' נינהו ור' אלעזר בר' שמעון מאי טעמא גמר מארון מה [א] ארון צפון ודרום אף הני נמי צפון ודרום ורבי נמי ליגמר מארון דנין חוץ מחוץ ואין דנין חוץ מבפנים ור' אלעזר בר' שמעון ליגמר ממנורה אמר לך [ג] מנורה גופה צפון ודרום הוה מנחה (א) אלא הכתיב יערוך אותו אהרן ובניו דמצדד להו אצדודי ג) דתניא ז) אל מול פני המנורה יאירו שבעת הנרות מלמד שהיו מצדדין [ג] פניהם כלפי נר אמצעי אמר רבי ד) נתן מכאן שאמצעי משובח בשלמא למ"ד מזרח ומערב היינו דהוו יתיבי עשרה בעשרים אלא למ"ד צפון ודרום י' בכ' היכי הוו יתבי ותו כהנים היכי הוו עיילי ותו מצינו ה' שלחנות בדרום ותו שלחן דמשה היכא מנח לי' ה) וליטעמיך למ"ד מזרח ומערב נמי שלחן דמשה היכא הוה מנח ליה אלא מי סברת חד דרא הוה תרי דרי נינהו

בשלמא

כמין שני דדי אשה. אלמא בדים ממזרח למערב קיימי ראשן אחד למערב וראשן אחד למזרח בתוך הפתח ושמע מינה רוחבו של ארון ממזרח למערב ו] שהיה אורכו של בית: תרי גברי באמתא ופלגא. אי הוו בדים לאורכו ז] לא היה בין בד לבד אלא ח] אמה ומחצה: הקהתים שנים נושאי ארון המקדש שנים. והקימו הלוים את המשכן כשהיו רוצים לחנות עד בואם אלו נושאי הארון: וא"ת. האי מימין ומשמאל דפתח קאמר: אם כן מצינו חמש שולחנות בדרום. שהפתח היה באמצע ההיכל בכותל מזרחי ונמצאו חמשה שבשמאל ט] דרך כניסה כולם בדרום: אלא של משה באמצע חמשה מימינו. בדרומו וחמשה משמאלו בצפונו וכולן בצפון ההיכל ולקמן מפרש היכי י] מנחי: תני חדא מחצי הבית ולפנים. מונחין כל השולחנות ואין אחד מהן בחצי מן החיצון לצד הפתח: למר קא חשיב כו'. שההיכל ששים אמה ארכו כדכתיב (מלכים א ו) והבית אשר בנה המלך שלמה לה' וגו' ומאותן ששים היו עשרים בדביר כדכתיב (שם) ולפני הדביר עשרים אמה וגו' וההיכל ארבעים כדכתיב (שם) ארבעים באמה היה הבית הוא ההיכל לפני והשולחנות יושבים בעשרים אמה של היכל של צד הדביר מאן דתני משליש הבית חשיב כל הששים אמה של דביר ושל היכל ומאן דתני מחצי הבית ולפנים לא חשיב אלא היכל לחודיה: מזרח ומערב מונחים. השולחנות ראשן אחד למזרח וראשן אחד למערב דהיינו י] אורכו לאורכו של בית: מה מנורה מזרח ומערב. השלשה קנים במזרח והשלשה במערב: מדכתיב בנר מערבי לפני ה'. דכתיב (ויקרא כד) יערוך אותו אהרן וגו' לפני ה' דמשמע אותו לפני ה' ואין אחר לפני ה' אלמא חד הוא דהוי כלפי מערב לצד בית קדשי הקדשים אלמא מזרח ומערב מונחים והחיצון של צד מערב קרי ליה נר מערבי דאי בצפון יא] (ב) אישתכח דכולהו פי הפתילות שוות למערב: מה ארון צפון ודרום. אורכו לרוחבו של בית כדאמרינן לעיל וכך היה מונח וכך היו בדיו מונחין: חוץ מחוץ. מנורה ושולחן שניהם בהיכל: והכתיב אותו. דמשמע אחד לפני ה' ותו לא: מצדד להו אצדודי. לעולם לצפון ודרום מנחי ואפי' הכי ליכא אלא חד כלפי מערב והיינו אמצעי שפי הפתילה כלפי מערב ושאר הפתילות מצודדות פיהן כלפי האמצעי שג' של צד צפון מצודדות כלפי דרום וג' של צד דרום מצודדות כלפי צפון: אל מול פני המנורה. אמצעי עומד על גופה של מנורה והשאר על הקנים ומשמע (ג) יב] קרא יג] אותן שעל הקנים מצודדות כלפי יג] אותה של מערב: מכאן שאמצעי משובח. לגבי שלש שקורין בספר תורה בשני ובחמישי ואמרינן במסכת מגילה (דף כא:) אין פותחין מעשרה פסוקים וקאמר רבי נתן דאמצעי משובח וקורא ארבעה והשאר ג' ג': היינו דיתבי י'. עשר שולחנות בעשרים כדאמרן לעיל מחצי הבית ולפנים מונחים וקסלקא דעתך ראשו של זה בצד ראשו של זה קיימי יד] ואיכא למימר אע"ג דאי אפשר שישבו עשר שולחנות של עשרים אמה בעשרים אמה מצומצמות שלא יצאו קצת חוץ לעשרים אמות הפנימיות איכא למימר לא דק כולי האי הא דקתני לעיל מחצי הבית ולפנים: אלא למאן דאמר צפון ודרום. דהיינו לרוחבו של היכל והלא רוחבו אינו אלא עשרים ועשרה שולחנות של עשרים אמה בעשרים אמה היכי יתבי הא אי אפשר לצמצם שלא יהא ריוח מועט בין שולחן לשולחן: ותו. אי נמי מלו יתבי נמצא שמילאו את כל רוחב ההיכל והכהנים ביוה"כ היכי עיילי לפני ולפנים אי נמי בכל שבת נכנסין ז) ארבעה כהנים כדקתני במתניתין שנים ליטול שני סדרים הישנים ושנים לסדר שני הסדרים החדשים ועומדים אלו כנגד אלו טפחו של נוטל בצד טפחו של מסדר ואי כל רוחב ההיכל מלא היכי אזלי כהנים הנוטלין באידך גיסא דשולחנות: ותו מצינו חמשה שולחנות בדרום. וקרא כתיב (שמות כו) על צלע צפון: ותו שולחן דמשה. דאמרן לעיל באמצע מונח טו] היכי מונח: ולמאן דאמר נמי מזרח ומערב שולחן דמשה היכא מנח. אישתכח דיתיב הך שלחן כולו בעשרים אמות חיצוניות והשתא מתרץ לכולהו פירכי: מי סברת בחד דרא הוו יתבי. כולהו עשר ראשה של זו בצד ראשה של זו: בתרי דרי הוו יתבי. חמשה מינייהו ראשה של זו בצד ראשה של זו ושל משה אצלן לפניהם ולא בשורתן ושורה אחרת של חמשה אצל אותה של משה ולא בשורתה ואותם ה' ראשה של זו בצד ראשה של זו:

למ"ד

דוחקין ובולטין בפרוכת ודומין כמין שני דדי אשה. מעשה נס היה דארון באמצע קדשי הקדשים היה ולכל צד היה עשר אמות ומקום ארון אינו מן המדה כדאיתא בפרק קמא דמגילה (דף י:) ואם כן אפילו למאן דאמר שהבדים נשמטים לצד אחד היאך מגיעים עד הפרוכת הא לא היה אורכן עשר אלא ע"י נס האריכו הבדים עד שהיו דוחקין ובולטין ונראין כשני דדי אשה ° לחיבתן של ישראל:

ח) מזרח ומערב מונחין. ומתני' דתנן אורכן לאורכו של בית כרבי: מדכתיב בנר מערבי לפני ה'. נר שני של שתי מזרחיות קרי נר מערבי כדפרישית בפרק כל קרבנות (לעיל ד' פו: ד"ה ממנה) ומתניתין דתמיד (פ"ג מ"ט) דמלא שתי מזרחיות דולקות כרבי דאמר מזרח ומערב מונחין דלמאן דאמר צפון ודרום מונחין אין שייך מזרחיות: שאמצעי משובח. פי' בקונט' לענין שלשה שקוראין בתורה דאין פותחין מעשרה פסוקים ואמצעי שקורא ארבעה משובח ועל זה מייתי הך ברייתא התם בפ"ג דמגילה (דף כא:) אבל ט) [קשה] דמייתי ט) [נמי] שאר ברייתות דראשון ואחרון משובחים לכך נראה דהך ט) [דהכא] מיתני' לגבי שלשה המהלכים בדרך דגדול באמצע כדאמר בפרק אמר להם הממונה (יומא דף לז.) ובמגילה (דף כא:) מייתי לה משום דכיון דמשובח לשאר דברים טוב שיקרא ד' פסוקים: תרי דרי הוו. ומיתרצי השתא כולהו פירכי דלמאן דאמר צפון ודרום אף על גב דכי יהבינן

חמשה

עין משפט נר מצוה

לט א ב מיי' פ"ג מהל' בית הבחירה הלי"ב:
מ ג מיי' שם הל"ח:

שיטה מקובצת

א] ונסעו הקהתים. תרי נושאי תרי הא ארבעה דמצי למימר ונשאו נושאי המשכן והקימו את המשכן עד בוא נושאי הארון הרגמ"ה: ב] תיבות תרי נמי תרי נמחק: ג] השלחן. על (ירך) [צלע] המשכן תימנה: ד] מחצי בית. עי' תוס' לעיל (דף פו ע"ב): ה] ליה ולמ"ד נמי מזרח ומערב שלחן: ו] למערב. שהוא: ז] לאורכו. של ארון: ח] אלא. כשיעור רוחב הארון והיינו אמתא ופלגא ותרי גברי הנושאים בשני הבדים לא הוי מצי ליכנס הנך שני אנשים בין בד לבד אלא ודאי לאורכו נותנים הבדים והוי אורך הארון בין בד לבד והיינו שתי אמות: ט] שבשמאל. הפתח: י] דהיינו אורכן: יא] בצפון ודרום אישתכח דכולהו נרות דהיינו פי: יב] דאותן שעל: יג] כלפי אותה: יד] קיימי כולהו: טו] היכא מונח:

הגהות הב"ח

(א) גמ' הוה מנחה והכתיב יערוך כצ"ל ותיבת אלא נמחק: (ב) רש"י ד"ה מדכתיב בנר וכו' דאי בצפון ודרום אישתכח: (ג) ד"ה אל מול וכו' ומשמע מקרא:

גליון הש"ס

תוס' ד"ה דוחקין וכו' לחיבתן של ישראל. עיין תוי"ט פ"ב מ"ט דב"ב ד"ה מון:

תורה אור השלם

א) צְרוֹר הַמֹּר דּוֹדִי לִי בֵּין שָׁדַי יָלִין: [שיר השירים א, יג]

ב) וְנָסְעוּ הַקְּהָתִים נֹשְׂאֵי הַמִּקְדָּשׁ וְהֵקִימוּ אֶת הַמִּשְׁכָּן עַד בֹּאָם: [במדבר י, כא]

ג) וַיַּעַשׂ שֻׁלְחָנוֹת עֲשָׂרָה וַיַּנַּח בַּהֵיכָל חֲמִשָּׁה מִיָּמִין וַחֲמִשָּׁה מִשְּׂמֹאול וַיַּעַשׂ מִזְרְקֵי זָהָב מֵאָה: [דברי הימים ב' ד, ח]

ד) וְשַׂמְתָּ אֶת הַשֻּׁלְחָן מִחוּץ לַפָּרֹכֶת וְאֶת הַמְּנֹרָה נֹכַח הַשֻּׁלְחָן עַל צֶלַע הַמִּשְׁכָּן תֵּימָנָה וְהַשֻּׁלְחָן תִּתֵּן עַל צֶלַע צָפוֹן: [שמות כו, לה]

ה) וַיַּעַשׂ אֶת מְנֹרוֹת הַזָּהָב עֶשֶׂר כְּמִשְׁפָּטָם וַיִּתֵּן בַּהֵיכָל חָמֵשׁ מִיָּמִין וְחָמֵשׁ מִשְּׂמֹאול: [דברי הימים ב' ד, ז]

ו) מִחוּץ לְפָרֹכֶת הָעֵדֻת בְּאֹהֶל מוֹעֵד יַעֲרֹךְ אֹתוֹ אַהֲרֹן מֵעֶרֶב עַד בֹּקֶר לִפְנֵי יְיָ תָּמִיד חֻקַּת עוֹלָם לְדֹרֹתֵיכֶם: [ויקרא כד, ג]

ז) דַּבֵּר אֶל אַהֲרֹן וְאָמַרְתָּ אֵלָיו בְּהַעֲלֹתְךָ אֶת הַנֵּרֹת אֶל מוּל פְּנֵי הַמְּנוֹרָה יָאִירוּ שִׁבְעַת הַנֵּרוֹת: [במדבר ח, ב]

מסורת הש"ס

א) [שקלים יא ע"א פ"ו], ב) [יומא נד:], ג) [מגילה כא: ע"ש], ד) [שם איתא ר' יוחנן], ה) מנח הס"ד אח"כ ד"ה מחצי הבית. ל"ק, ו) מקרא דאותן שעל. ל"ק, ז) נ"א ח' כהנים כו' החדשים וב' ליטול ב' בזיכין וב' לסדר ב' בזיכין, ח) גי' הל"ק בכאן קודם ד"ה זה ד"ה ונסעו הקהתים תרי נושאי המקדש כו' ואין דבר מקודש יותר מן הארון וש"מ דבארון מיירי הס"ד וכל"ל ורש"ק מוחק כל זה הדיבור וקשה לשבש כל הספרים, ט) ל"ק.

רבינו גרשום

שמבדיל בין הקדש ובין קודש הקדשים שתלוין ע"ג אמה טרקסין: דילמא לארכו דארון הוי יתבי. וממאי (דאורכו) [דרוחבו] דארון לארכו של בית: [אמר רב יהודה] ליכא למימר הכי דלאורכו של ארון [היו] דרחבו של ארון היה אמה וחצי ואי הוו בדיו לאורכו תרי גברי שנושאין הבדים באמתא ופלגא לא מסתגי להו הילכך אורך הבדים לרוחבו של ארון: ומנא לן דד' גברי דרו. דלא מסתגי להו אימא חד גברא מצד זה ושני בדיו א' על כתף ימין ואחד על כתף שמאל וכן לצד אחר: לא ס"ד הקהתים תרי נושאי תרי הא ד' דמצי למימר ונסעו נושאי המקדש והקימו שנים את המשכן עד בואם נושאי הארון: אלא של משה באמצע וכולן מן שמאל הפתח בצפון: כמשפט תבנית מנורה של משה. גביעים קנים וכפתורים: מאן דאמר משליש בית ולפנים קא חשיב בית קדשי הקדשים והיכל (בהדי) [בהדדי דהוין] שתין אמה ומעשרים ולפנים מפתח ההיכל היו מונחים היינו משליש הבית ולפנים: ומר לא קא חשיב בית קדשי הקדשים בהדי היכל משום הכי אמר מחצי בית ולפנים דהיינו מעשרים אמה ולפנים: מזרח ומערב היו מונחין. אורכן לאורכו של בית: מדכתב בנר מערבי לפני ה' דכתיב יערוך אותו לפני ה': מה ארון צפון ודרום. כדאמרן: ואין דנין חוץ מפנים. מנורות דחוץ מארון דהוי בפנים: דמצדד להו אצדודי לשאר נרות כולן מחזירין ראשיהו כלפי נר מערבי והוא לחודיה מכוין לפני ה' ומוטה קמעא לפני ה' והוא באמצעיתן: בשלמא למאן דאמר מזרח ומערב שארכן לאורך הבית היינו דיתבי עשר שלחנות בעשרים אמה דהוה להו רוחא לאורכא דביתא דהוה מ' אמה. אלא למאן דאמר מצפון לדרום דאורכן לרחבו של בית הא ליכא מצפון לדרום אלא עשרים ועשרים בעשרים היכי יתבי: ותו כהנים היכי עיילי לבית קדשי הקדשים הא מפסקי שלחנות: שלחן דמשה היכי מנח ליה. באמצע: ולמאן דאמר מזרח ומערב שלחן דמשה היכי מנח ליה אי מנח ליה באמצע הרי יגעו בשליש החיצון: מי סברת חד דרא הוה מנח להו לשלחנות תרי שורי נינהו

בשלמא למאן דאמר צפון ודרום שפיר אלא למאן דאמר מזרח ומערב מכדי שלחן כמה [א] משוך מן הכותל שתי אמות ומחצה ואמה דידיה ושתי אמות ומחצה דביני ביני ואמה (א) ושתי אמות ומחצה דביני ביני ואמה דידיה אישתכח דקאכיל שולחן פלגא דאמתא בדרום מי סברת שלחן דמשה בהדייהו הוה יתיב לא דמידלי ליה ומנח ליה ומיתתי להו לדידהו פורתא כתלמיד היושב לפני רבו ת"ר עשרה שלחנות עשה שלמה ולא היו מסדרין אלא על של משה שנאמר [א] ואת השלחן אשר עליו לחם הפנים זהב עשר מנורות עשה שלמה ולא היו מדליקין אלא בשל משה שנא' [ב] (את) מנורת הזהב ונרותיה לבער בערב רבי אלעזר בן שמוע אומר על כולם היו מסדרין שנאמר [ג] את השולחנות ועליהם לחם הפנים ובכולן היו מדליקין שנאמר [ד] את המנורות ונרותיהם לבערם כמשפט לפני הדביר זהב סגור ר' יוסי בר' יהודה אומר לא היו מסדרין אלא על של משה אלא מה אני מקיים ואת השלחנות (ב) אשר עליהם לחם הפנים זהב אלו שלשה שלחנות שהיו במקדש [ב] שנים שהיו באולם מבפנים [ג] לפתח הבית אחד של כסף ואחד של זהב על של כסף נותן לחם הפנים בכניסתו ועל של זהב ביציאתו [ד] שמעלין בקודש ולא מורידין אחד של זהב בפנים שעליו לחם הפנים תמיד [ה] ומנא לן דאין מורידין אמר רבי דאמר קרא [ה] ויקם משה את המשכן ויתן את אדניו וישם את קרשיו ויתן את בריחיו ויקם את עמודיו ומנלן דמעלין אמר רבי אחא בר יעקב דאמר קרא [ו] את מחתות החטאים האלה בנפשותם ועשו אותם רקועי פחים ציפוי למזבח כי הקריבום לפני ה' ויקדשו ויהיו לאות לבני ישראל בתחילה תשמישי מזבח ועכשיו גופו של מזבח [ז] אשר שברת ושמתם בארון [ו] תני רב יוסף מלמד שהלוחות ושברי לוחות מונחין בארון מכאן לתלמיד חכם ששכח תלמודו מחמת אונסו שאין נוהגין בו מנהג בזיון (סימן ביט"ל סר"ח ושכ"ח) אמר ריש לקיש פעמים שביטולה

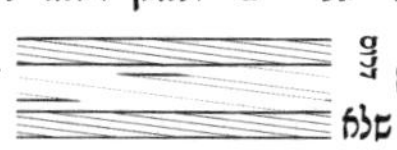

למ"ד מזרח ומערב [א] הכי יתבי ולמאן דאמר צפון ודרום יתבי הכי:  **בשלמא למ"ד צפון ודרום שפיר** [ב]. דאע"ג דלא אפשר שלא יהא מקלת מן השולחן בדרום דאי אפשר לנמלס [ג] שולחנות של עשר אמות בעשר אמות (ג) אפ"ה [ד] [ז] דמאי דטפי טפח לא הוי לא חשיב ליה: **אלא למ"ד מזרח ומערב.** [ה] הוא האורך והרוחב מצפון לדרום מכדי שורה הצפונית כמה מרוחקת מכותל צפוני שתי אמות ומחצה שיהו [ו] כהנים הנושאים שני סדרים יכולים להלך זה בצד זה כדאמרינן במתני' דשנים היו מסדרין בבת אחת ולהילוך שני בני אדם בעינן שתי אמות ומחצה כדאמרינן לעיל גבי בדי ארון (ד) ושלחן רוחב אמה ושתי אמות ומחצה בין שורה צפונית לשלחן של משה ואמה דידיה ושתי אמות ומחצה בינו לשורה דרומית ואמה רוחב השולחנות הרי עשר אמות ומחצה אישתכח דקאכיל פלגא באמתא [ח] דדרום. אכל תפס ולמ"ד צפון ודרום ליכא למיפרך הכי דלדידיה הוי רוחבו ממזרח למערב ושורה מערבית משוכה מכותל מערבי שתי אמות ומחצה ואמה רוחב דשולחן ושתי אמות ומחצה בינו ובין השלחן של משה כו': [ו] **דמשה בהדייהו הוה יתיב.** באמצע ממש דליבעי שתי [ח] [ט] (אמות) הפרשות של שתי אמות ומחצה: 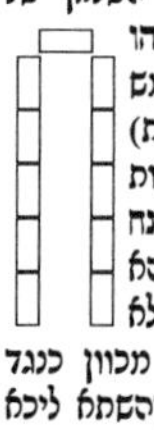 **לא דמידלו ליה ומנח ליה כו'.** שלא [ט] [י] יהא מונח ביניהם ממש אלא משוך לצד מערב וראשו מכוון כנגד אויר שבין שתי השורות דהשתא ליכא אלא חדא הפרשה: **כתלמיד היושב לפני רבו.** נמוך הימנו כך אותם של שלמה נמוכין משל משה דבית המקדש היה משופע ולצד מערב [י] מגביה יותר: **ומיתתי** [יא] **ליה פורתא.** מושיבם לצד מזרח במקום נמוך: **את השלחן.** לשון יחיד: **על כולן היו מסדרין.** פעמים בזה פעמים בזה: **שנים שהיו באולם מבפנים.** אצל פתח ההיכל אחד של כסף ואחד של זהב והאי דקרי הכא כסף ובמתניתין שיש משום דשיש לבן ככסף: **בכניסתו.** כשמגיעין לפתח מניחין אותו עליו ועומדין לפוש: **ועל של זהב ביציאתו.** ושם היה מונח עד שיוקטרו הבזיכין כדקתני מתני': **שמעלין בקודש.** כגון בכניסתו מניחו על של כסף וכשמגיע להיכל מסדר על של משה שמצופה זהב הרי עלייה ולא מורידין לכך ביציאתו מניחו על של זהב: **ויקם משה את המשכן וגו'.** מדרשיה וסיפיה דקרא בלשון הקמה דאפי' בלחות הלשון לא הורד שמע מיניה אין מורידין ואי נמי דלא סייעוהו אחיו הכהנים בהקמת העמודים והאדנים ש"מ אין מורידין לפיכך לא נתעסקו בו אחרים ל"א מעיקרא ויקם משה את המשכן (שמות מ) דהיינו יריעות שבתחילה פורס היריעות ולא הורידן בהקמת העמודים והאדנים אלא אחז היריעות בידו עד שהקים כולן: **אשר שברת ושמתם בארון.** שישים השברים בארון:

חמשה ראשה של זו בצד ראשה של זו אי אפשר לנמלס חמש שולחנות של עשר אמות בעשר אמות אפ"ה [כ] כיון דטפי ליה טפח לא הוי לא חשיב והא דתניא בפ' אמר להן הממונה (יומא דף לג:) שולחן בצפון משוך מן הכותל שתי אמות ומחצה ומנורה בדרום משוכה מן הכותל שתי אמות ומחצה ומזבח ממוצע ועומד באמצע ומשוך קימעא כלפי חוץ משום דכתיב ואת המנורה נכח השולחן דבעינן דחזו אהדדי יש לישבו אפי' כמ"ד לצפון ודרום מונחין ואשולחן דמשה קאי אבל שולחנות דשלמה סמוכות לכותל [ל] והא דתניא בפרק הוציאו לו (שם דף נא:) בין המזבח למנורה היה מהלך דברי רבי יהודה רבי מאיר אומר בין שולחן למזבח אע"ג דרבי מאיר סבירא ליה לצפון ודרום מונחים כדמסיק התם ניחא דיכול להלך בין שולחן למזבח דשולחנות שלמה קיימי בתרי דרי ושולחן דמשה בין שתי השורות שתי אמות ומחצה ממנו לשורה החיצונה ושתי אמות ומחצה ממנו לשורה הפנימית ומשוך מכותל צפוני שתי אמות ומחצה והמזבח היה בין שולחן דמשה למנורה דמשה אלא שמשוך קימעא כלפי חוץ ומזבח הזהב היה אמה על אמה נמצא מקום פנוי הרבה שהיה יכול להלך בין המזבח לשולחנות וצריך ליישב הסוגיא דשקלים (דף יא.) דמייתי התם בפרק שלש עשרה שופרות פלוגתא דרבי ור' אלעזר בר שמעון דהכא ומתנייא התם [מ] איפכא לרבי אלעזר בר שמעון מזרח ומערב ולרבי לצפון ודרום והדר קא אמר מ"ד מזרח ומערב כולן ראוין לשירות ונראה דהיינו כר' אלעזר בן שמוע דבסמוך דאמר על כולם היו מסדרים ומאן דאמר לצפון ודרום נמצא שולחן בצפון ומנורה בדרום [נ] דוקא על של משה מסדרן פי' כרבי יוסי בר יהודה דבסמוך דעל של שלמה אין יכול לסדר כיון שראש השורה סמוכה לכותל צפוני בדוחק והדר קתני השולחן היה נתון מחצי הבית ולפנים משוך מן [ס] הקרן שתי אמות ומנורה בדרום ומזבח הזהב היה נתון בתוך הבית חולק את הבית מחצי הבית ולפנים משוך קימעא כלפי חוץ וכולהו משליש הבית ולפנים אי אפשר ליישב אותה ברייתא אלא כמ"ד מזרח ומערב מונחים משוך מן הקרן היינו מן הכותל שתים ומחצה היה משוך אלא שדילג הסופר ומחצה והא דקאמר ברישא דברייתא מחצי הבית וסיפא משליש כדשנינן לעיל דברישא לא חשיב בית קדשי הקדשים בהדי היכל וסיפא קא חשיב בית קדשי הקדשים בהדי היכל: **כמה** משוך מן הכותל **שתי אמות ומחצה.** כדתניא ביומא פרק אמר להן הממונה (דף לג:) ובקונטרס פירש הטעם שיהיו שני הכהנים הנושאים שני הסדרין יכולין להלך זה בצד זה: **מלמד** שהלוחות ושברי לוחות מונחין **בארון.** בפרק קמא דבבא בתרא (דף יד.) אמרינן והלוחות ארכן ששה ורחבן ששה ועוביין ג' ואם כל אחת בפני עצמה היתה ששה על ששה אי אפשר ליישבן בארון זו אצל זו כ"ד טפחים לארבעתן וארכו של ארון לר"מ חמש עשרה טפחים באמת בת ששה ולר' יהודה י"ב טפחים ומחצה דאמרינן באמה בת חמשה דאמתים וחצי ארכו וצ"ל שהיו שברי לוחות תחת השלימות [ע] ובירושלמי דשקלים בפ' י"ג שופרות (ה"א) משמע דאורכן ששה ורוחבן שלשה ומונחות [פ] אורכן לארכו של ארון ויכול ליישב ארבעתן זו אצל זו ברחבן והכי נמי איתא בפרק בתרא דתענית ירושלמי והש"ס שלנו נמי דקאמר בב"ב (דף יד.) ארכן ששה ורחבן ששה מצית למימר דמיירי בין שתיהן כשהיו זו אצל זו לרחבן והא דקאמר כמה לוחות אוכלות בארון י"ב טפחים היינו בין לוחות ושברי לוחות כשהיו מונחות זו אצל זו [צ] ארכן לארכו של ארון:

יכול

מסורת הש"ס

א) [יומא לג:], ב) [לקמן ע"ב במשנה עי' שקלים פ"ו מ"ד תמיד לא:], ג) צ"ל על פתח, ד) [לקמן ע"ב במשנה לעיל לט. ברכות כח. שבת כא: יומא יב: עג. מגילה ט: כא: הוריות יב: תמיד לא:], ה) [עמ"ש רש"י במגילה כו. בשם תוספתא דאין מורידין מדכתיב את מחתות וגו' ומעלין יליף מדכתיב ויקם משה וכו' וקל"ע], ו) ב"ב יד: ברכות ח:, ז) נ"א דכיון דטפי מטפח לא כו'. צ"ק, ח) בדרום. צ"ק, ט) צ"ק מ"ז, י) היה צ"ק, כ) נ"א כיון דטפי מטפח כו', ל) היו והא. צ"ק, מ) [בדפוס שלפני וכן בירושלמי ד' אמשט' עם פי' ר' אליהו איתא כמו בסוגיא דהכא], נ) פי' ודוקא על של משה היו מסדרין כר"י. צ"ק, ס) הכותל שתי אמות כלפי צפון ומנורה כנגדו בדרום ומזבח הזהב היה נתון באמצע הבית. צ"ק, ע) נ"ב בירושלמי דשקלים ליתא וע"ש דאמר ארכן ששה ורחבן ששה ועיין בספר יפה מראה שם סי' ז' רש"ק ועיין צ"ק שהביא בשם ירושלמי דתענית פ"ב כנוסחא שלפנינו, פ) ס"א רוחבן לארכו של ארון. צ"ק, צ) רחבן לארכו. צ"ק.

שיטה מקובצת

א] ומערב יתבי הכי: ב] שפיר יתבי: ג] לצמצם דחמש [שולחנות]: ד] אפ"ה כיון (דאפילו) [דטפין]: ה] ומערב הוי תיבת הוא נמחק: ו] שיהו שני: ז] כו' הס"ד ומה"ד מי סברת שלחן דמשה: ח] תיבת אמות נמחק: ט] שלא היה: י] מערב. גבוה: יא] ומיתתי. להו:

תורה אור השלם

א) ויעש שלמה את כל הכלים אשר בית יי את מזבח הזהב ואת השלחן אשר עליו לחם הפנים זהב: [מלכים א' ז, מח]

ב) ומקטרים ליי עלות בבקר בבקר ובערב בערב וקטרת סמים ומערכת לחם על השלחן הטהור ומנורת הזהב ונרתיה לבער בערב בערב כי שמרים אנחנו את משמרת יי אלהינו ואתם עזבתם אתו: [דברי הימים ב' יג, יא]

ג) ויעש שלמה את כל הכלים אשר בית האלהים ואת מזבח הזהב ואת השלחנות ועליהם לחם הפנים: [דברי הימים ב' ד, יט]

ד) ואת המנרות ונרתיהם לבערם כמשפט לפני הדביר זהב סגור: [דברי הימים ב' ד, כ]

ה) ויקם משה את המשכן ויתן את אדניו וישם את קרשיו ויתן את בריחיו ויקם את עמודיו: [שמות מ, יח]

ו) את מחתות החטאים האלה בנפשתם ועשו אתם רקעי פחים צפוי למזבח כי הקריבם לפני יי ויקדשו ויהיו לאות לבני ישראל: [במדבר יז, ג] ז) ואכתב על הלחת את הדברים אשר היו על הלחת הראשנים אשר שברת ושמתם בארון: [דברים י, ב]

רבינו גרשום

חמש כנגד חמש ושל משה בין שתי השורות: בשלמא למאן דאמר אורכו כלפי צפון מדרום הפתח קיימי והוו תרי דרי שפיר דאית להו רווחא סגיא אלא למאן דאמר מזרח ומערב שאורכן לרחבו של בית ורחבן מצפון לדרום מכדי שלחן כמה משוך מן הכותל השורה הסמוכה לכותל צפון שתי אמות ומחצה. לכך משוך כך כדי מקום הילוך שני כהנים זה בצד זה המכניסין עומדין בצפון ופניהם בדרום והמוצ' וכו' ותרי גברי לא מסתגי להו ברווחא אלא בתרי ופלגא. ואמה דידיה. דרחבו של שלחן: ושתי אמות ומחצה שבין שורה הראשונה לשלחן של משה. ואמה דידיה דרחבו של שלחן משה הרי ז' אמות: ושתי אמות ומחצה שבינו לשורה השנית ואמה דידיה. של רחב השלחנות של שורה שני' הרי י' אמות ומחצה: אשתכח דקא אכיל דרא השנית פלגא דאמתא ממחציתו של היכל של צד דרום והוי שלחן בדרום: ומשום הכי קא בעי ב' אמות ומחצה בין כל שורה ושורה כדי שיכול לסדר הלחם באיזה שלחן שירצה: מי סברת דשלחן דמשה בהדיהו בין ב' השורות הוה קאי דקא חשבת דאכיל פלגא דאמה בדרום. לא דמדלי ליה השלחן של משה חוץ מב' השורות למעלה לצד מערבי שכלפי בית קדשי הקדשים היה גבוה הקרקע יותר מן ההיכל ומיתתי להו לדידהו. לב' השורות כלפי מזרח פורתא ומקרבן זו אצל זו שלא יהא ביניהן אלא שתי אמות ומחצה ולא יהו אוכלות בדרום כלל והוי ב' השורות למטה ושלחן של משה למעלה כתלמיד היושב לפני רבו: ועל כולן היו מסדרין. על איזה שירצה: דאמר קרא ויקם משה את המשכן. אית דמתפרשי שהוא עצמו התחילו להקימו והוא הקימו כלו ולא אחר:

הגהות הב"ח

(א) גמ' ואמה דידיה וב' אמות ומחצה דביני ביני ואמה דידה וב' אמות ומחצה דביני ביני ואמה דידיה אשתכח: (ב) שם מה אני מקיים את השלחנות ועליהם לחם הפנים אלו כצ"ל ותיבת אשר ותיבת זהב נמחק: (ג) רש"י ד"ה בשלמא למ"ד צפון וכו' בעשר אמות מ"מ י"ל אפי' טפח: (ד) ד"ה אלא למ"ד מזרח וכו' גבי בדי ארון ואמה דידיה שהיה רוחב אמה ושתי אמות:

שביטולה של תורה זהו יסודה דכתיב א) אשר שברת א) אמר לו הקב"ה למשה יישר כחך ששברת ואמר ב) ריש לקיש תלמיד חכם שסרח אין מבזין אותו בפרהסיא שנאמר ב) וכשלת היום וכשל גם נביא עמך לילה כסהו כלילה ואמר ריש לקיש כל א) המשכח דבר אחד מתלמודו עובר בלאו שנאמ' ג) השמר לך ושמור נפשך מאד פן תשכח את הדברים וכדר' אבין אמר ר' אילעא ג) דאמר רבי אבין אמר ר' אילעא כל מקום שנאמר השמר פן ואל אינו אלא לא תעשה רבינא אמר ב) השמר ופן שני לאוין נינהו רב נחמן בר יצחק אמר בשלשה לאוין שנאמר השמר לך ושמור נפשך מאוד פן תשכח את הדברים ד) יכול אפי' מחמת אונסו ת"ל ג) ופן יסורו מלבבך במסירם מלבו הכתוב מדבר רבי דוסתאי ה) בר' ינאי אמר יכול אפילו תקפה עליו משנתו ת"ל ג) רק ר' יוחנן ור' אלעזר דאמרי תרוייהו תורה ניתנה בארבעים ונשמה נוצרה בארבעים כל המשמר תורתו נשמתו משתמרת וכל שאינו משמר את התורה אין נשמתו משתמרת תנא דבי רבי ישמעאל משל ו) לאדם שמסר צפור דרור לעבדו אמר כמדומה אתה שאם אתה מאבדה שאני נוטל ממך איסר בדמיה נשמתך אני נוטל ממך: **מתני'** א שני ז) שולחנות היו באולם מבפנים על פתח הבית אחד של שייש ואחד של זהב על של שייש נותנים לחם הפנים בכניסתו ועל של זהב ביציאתו ח) שמעלין בקודש ולא מורידין ואחד של ב זהב מבפנים שעליו לחם הפנים תמיד ט) וארבעה ג כהנים נכנסין שנים בידם שני סדרים ושנים בידם שני בזיכין וארבעה מקדימין לפניהם שנים ליטול שני סדרים ושנים ליטול שני בזיכין המכניסים עומדים בצפון ופניהם לדרום והמוציאין עומדים בדרום ופניהם ג) בצפון אלו מושכין ואלו מניחין וטפחו של זה ד) י) כנגד טפחו של זה שנאמר ד) לפני תמיד ר' יוסי אומר אפי' אלו נוטלין ואלו מניחין אף ה) היא היתה תמיד ו) ד יצאו ונתנום על שלחן הזהב שהיה באולם הקטירו הבזיכין ז) והחלות מתחלקות לכהנים ה חל יום כיפורים להיות בשבת החלות מתחלקות לערב חל להיות בערב שבת ו שעיר של יום הכפורים נאכל לערב והבבליים אוכלין אותו כשהוא חי מפני שדעתן יפה: **גמ'** כ) תניא רבי יוסי אומר אפי' סילק את הישנה שחרית וסידר את החדשה ערבית אין בכך כלום אלא מה אני מקיים לפני תמיד שלא ילין שלחן בלא לחם א"ר אמי מדבריו של ר' יוסי נלמוד אפילו לא שנה אדם אלא פרק אחד שחרית ופרק אחד ערבית קיים מצות ה) לא ימוש (את) ספר התורה הזה מפיך • אמר רבי יוחנן משום ר"ש בן יוחי ל) אפי' לא קרא אדם אלא קרית שמע שחרית וערבית קיים לא ימוש ודבר זה אסור לאומרו בפני עמי הארץ ורבא אמר מצוה לאומרו בפני עמי הארץ מ) שאל בן דמה בן אחותו של ר' ישמעאל את ר' ישמעאל כגון אני שלמדתי כל התורה כולה מהו ללמוד חכמת יונית קרא עליו המקרא הזה לא ימוש ספר התורה הזה מפיך והגית בו יומם ולילה צא ובדוק שעה שאינה לא מן היום ולא מן הלילה ולמוד בה חכמת יונית ופליגא דר' שמואל בר נחמני דאמר ר' שמואל בר נחמני א"ר יונתן פסוק זה אינו לא חובה ולא מצוה אלא ברכה ראה הקב"ה את יהושע שדברי תורה חביבים עליו ביותר שנאמר ו) ומשרתו יהושע בן נון נער לא ימיש מתוך האהל אמר לו הקדוש ברוך הוא יהושע כל כך חביבין עליך דברי תורה לא ימוש ספר התורה הזה מפיך תנא דבי ר' ישמעאל דברי תורה לא יהו עליך חובה ואי אתה רשאי לפטור עצמך מהן אמר חזקיה מאי דכתיב ז) ואף הסיתך מפי צר רחב לא מוצק תחתיה בוא וראה שלא כמדת הקדוש ברוך הוא מדת בשר ודם נ) אדם מסית את חבירו מדרכי חיים לדרכי מיתה והקדוש ברוך הוא מסית את האדם מדרכי מיתה לדרכי חיים שנאמר ואף הסיתך מפי צר מגיהנם שפיה צר ס) שעשנה צבור

בתוכה

שביטולה של תורה. כגון שמבטל תורה להוצאת המת ולהכנסת כלה זהו יסודה כלומר מקבל שכר כאילו יושב ומייסדה ועוסק בה שנאמר אשר שברת ולא אמר ליה בלשון כעס שמע מינה הסכימה עמו דעת השכינה כשביטל תורה ושיברן כיון דנתכוין לטובה י): תקפה. שלא יכול להעמיד גירסתו: רק. מיעוט הוא: נוצרה בארבעים. צורת הולד לארבעים יום במסכת נדה (דף ל.): **מתני'** על פתח הבית. אצל פתח ההיכל בכניסתו (א) ולא היו מניחים אותו שם אלא להראותו שמעלין בקדש דעכשיו מניחו על של שייש ומיד נושאו בהיכל ומסדרו על של זהב של משה ועל של זהב ביציאתו עד שיוקטרו בזיכין כדקתני לקמן יא): (מתני') המכניסין עומדין בצפון. דהכי שפיר יב) דאותן מסדרין העבודה יהו בצפון דקדושת צפון חמירא: ופניהם לדרום. וסתמא כמאן דאמר שולחנות מזרח ומערב מונחין ורוחבן לפון ודרום: אלו מושכין. ועד שלא יגביהו הן מן השלחן אלו מניחין: אפילו אלו נוטלין. לעצמן: ואלו מניחין. אחר שסילקו אף זה היה תמיד כדמפרש טעמא בגמ' דאין תמיד אלא שלא ילין שולחן לילה אחד בלא לחם: חל יו"כ להיות בשבת. ואין יכולין לאוכלו היום: החלות מתחלקות לערב. ולא למחר דנפסל בלינה לאחר זמנו שנסתלק: השעיר. של מוסף שהוא חטאת והוא שעיר הנעשה בחוץ ונאכל לכהנים נאכל לערב בלילי יג) שבתות אע"פ שאין יכולין לבשלו בשבת: הבבליים. כהנים אוכלין אותו חי כשחל יום הכפורים בערב שבת: **גמ'** הישנה. מערכות שעמדו שם בשבת זו: ילין. בלילה: מדבריו של רבי יוסי. דאמר משום דעמד הישן שחרית מעט בשלחן והחדש ערבית מעט קרי ליה תמיד שמע מינה אפי' לא שנה אדם אלא פרק אחד וכו': אסור לאומרו. שלא יאמר בקרית שמע סגי ולא ירגיל בניו לתלמוד תורה: מצוה לאומרו כו'. דסבר משום קרית שמע נוטל שכר גדול כזה כי אז תצליח את דרכיך אם היה עוסק כל היום כ"ש שכרו גדול ומרגיל את בניו לתלמוד תורה. ל"א סברי הנך רבנן דמצי פטרי נפשייהו בקרית שמע ויתבי כולי יומא וגרסי שמע מינה שכר גדול יש: צא ובדוק כו'. (ב) דבר שלא יהא בעולם: ופליגא. הא דר' ישמעאל דאמר חובה ללמוד כל היום: כל כך חביבין כו' לא ימוש. הבטיחו שלא תשתכח תורתו ממנו: לא יהיו עליך חובה. כאדם שיש יד) לו חוב ואומר מתי אפרענו ואיפטר כך לא יאמר אדם אשנה פרק אחד ואיפטר שאי אתה רשאי לפטור עצמך מהן: הסתת אדם אינה אלא לרעה כמו (דברים יג) כי יסיתך אחיך בן אמך וגו': ואף הסיתך. הקב"ה ללמוד תורה כדי לינצל מגיהנם: שפיה צר. ולמה פיה צר שיהא עשנה צבור בתוכה ולא יצא חוץ כדי שידונו רשעים באש ובעשן: ט) העמיק. הרחיב כיון שבא לעומק מיד מרחיב ובגיהנם משתעי דרישיה דקרא כי ערוך מאתמול תפתה:

למלך

יכול אפילו מחמת אונסו. משנה היא במסכת אבות (פ"ג מ"ח):

אחד של כסף. ברוב ספרים גרסינן של שייש וכן מוכח במסכת שקלים פרק י"ג שופרות (דף ט:) דתנן י"ג שולחנות היו במקדש ח' של שייש בבית המטבחיים ושנים במערבו של כבש אחד של שייש ואחד של כסף ושנים באולם אחד של שייש ואחד של זהב ואמר בגמ' ס) תני של כסף ע) [היו] ר' אחא ור' מיישא ומטו בה משום רב שמואל בר רב יצחק לית כאן של כסף מפני שהוא מרתיח לא פ) כדין תני זה אחד מן הנסים שהיו במקדש שכשם שהיו מניחין אותו חם כך מוליאין אותו חם שנאמר (שמואל א כא) לשום לחם חם ביום הלקחו ריב"ל אמר אין מזכירין מעשה נסים משמע דכולה סוגיא אשולחנות של אולם קיימא דמיוחדים ללחם צ) ולא אשולחנות דבית המטבחיים ובמערבו של כבש דמיוחדים לאברים ומיהו בכל הספרים כתוב שם במשנה ובמסכת תמיד מייתי לה בפרק לא היו כופתים (דף לא:) אחד של כסף ואחד של זהב בשולחנות של אולם ואין לדחות דרולה לומר דכי היכי דאיכא נס אלחם ה"נ אאברים דאם כן הוה ליה לאיתויי מתני' דמסכת אבות (פ"ה מ"ה) לא הסריח בשר הקודש מעולם ובקונט' משמע כגירסא במתני' דהכא של שייש ק) ובגמ' בברייתא של כסף ר) ופי' שם בקונטרס בגמרא דהאי דקרי לה בברייתא כסף היא ברייתא דשקלים ופלוגתא דתנאי היא והא דפריך במסכת תמיד (דף לא:) מכדי אין עניות במקום עשירות אמאי עבדי דשייש ניעבדו דכספא ודהבא ומשני ר' שמואל בר רב יצחק מפני שמרתיח אכולהו פריך ור' שמואל בר רב יצחק לטעמיה דחייש להכי במסכת שקלים (דף יא:): **מהו** ללמוד חכמת יונית. תימה וכי לא היה יודע דגזרו עליה ולעיל פירשתי בריש רבי ישמעאל (דף סד: ד"ה ארור):

לא יהו עליך חובה. כאדם שיש לו חוב ואומר מתי אפרענו ואפטר כך לא יאמר אשנה פרק אחד ואפטר שאי אתה רשאי לפטור את עצמך מהן כך פירש בקונטרס עוד יש לפרש לא יהו עליך חובה שלא תעסוק אלא בהן ואי אתה רשאי לפטור עצמך מהן שלא תעסוק בהן כלל אלא יפה תלמוד תורה עם דרך ארץ אי נמי לא יהו עליך חוב ללמוד כל התורה כדתנן במסכת אבות (פ"ב מט"ז) לא עליך המלאכה לגמור ולא אתה בן חורין ליבטל:

שסונאין

עין משפט
נר מצוה

מא א מיי' פ"ג מהל' בית הבחירה הלט"ז:
מב ב מיי' שם הל"ב:
מג ג מיי' פ"ה מהל' תמידין ומוספין הל"ד:
מד ד ה מיי' שם הל"ה:
מה ו מיי' פ"א מהל' יוה"כ הל"א:

שיטה מקובצת

א] כל ת"ח ששכח: ב] אמר עובר בשני לאוין השמר ופן ותיבות שני לאוין [נינהו] נמחק: ג] ופניהם. לצפון: ד] של זה. בצד טפחו: ה] אף זה: ו] (הולכים. ותיבת יצאו נמחק): ז] הבזיכין החלות: ח] תיבת אדם נמחק: ט] צר כדי שיהא עשנה: י] לטובה [שעשה] משה קו"ח בעצמו מה פסח שאינו אלא מצוה אחת אמרה תורה כל בן נכר לא יאכל בו כל התורה כולה וכל ישראל מומרים על אחת כמה וכמה כדאמרי' בפ' הבא על יבמתו [ד' סב ע"א]: יא] במתני' והס"ד ואח"כ מה"ד המכניסין: יב] שפיר. מלתא דאותן המסדרין יהו בצפון: יג] בלילי. שבת: יד] שיש. עליו חוב:

תורה אור השלם

א) וַיֹּאמֶר יְיָ אֶל מֹשֶׁה פְּסָל לְךָ שְׁנֵי לֻחֹת אֲבָנִים כָּרִאשֹׁנִים וְכָתַבְתִּי עַל הַלֻּחֹת אֶת הַדְּבָרִים אֲשֶׁר הָיוּ עַל הַלֻּחֹת הָרִאשֹׁנִים אֲשֶׁר שִׁבַּרְתָּ: [שמות לד, א]

ב) וְכָשַׁלְתָּ הַיּוֹם וְכָשַׁל גַּם נָבִיא עִמְּךָ לָיְלָה וְדָמִיתִי אִמֶּךָ: [הושע ד, ה]

ג) רַק הִשָּׁמֶר לְךָ וּשְׁמֹר נַפְשְׁךָ מְאֹד פֶּן תִּשְׁכַּח אֶת הַדְּבָרִים אֲשֶׁר רָאוּ עֵינֶיךָ וּפֶן יָסוּרוּ מִלְּבָבְךָ כֹּל יְמֵי חַיֶּיךָ וְהוֹדַעְתָּם לְבָנֶיךָ וְלִבְנֵי בָנֶיךָ: [דברים ד, ט]

ד) וְנָתַתָּ עַל הַשֻּׁלְחָן לֶחֶם פָּנִים לְפָנַי תָּמִיד: [שמות כה, ל]

ה) לֹא יָמוּשׁ סֵפֶר הַתּוֹרָה הַזֶּה מִפִּיךָ וְהָגִיתָ בּוֹ יוֹמָם וָלַיְלָה לְמַעַן תִּשְׁמֹר לַעֲשׂוֹת כְּכָל הַכָּתוּב בּוֹ כִּי אָז תַּצְלִיחַ אֶת דְּרָכֶךָ וְאָז תַּשְׂכִּיל: [יהושע א, ח]

ו) וְדִבֶּר יְיָ אֶל מֹשֶׁה פָּנִים אֶל פָּנִים כַּאֲשֶׁר יְדַבֵּר אִישׁ אֶל רֵעֵהוּ וְשָׁב אֶל הַמַּחֲנֶה וּמְשָׁרְתוֹ יְהוֹשֻׁעַ בִּן נוּן נַעַר לֹא יָמִישׁ מִתּוֹךְ הָאֹהֶל: [שמות לג, יא]

ז) וְאַף הֲסִיתְךָ מִפִּי צָר רַחַב לֹא מוּצָק תַּחְתֶּיהָ וְנַחַת שֻׁלְחָנְךָ מָלֵא דָשֶׁן: [איוב לו, טז]

מסורת הש"ס

א) שבת פז. יבמות סב. ב"ב יד:, ב) [מ"ק יז. ע"ש], ג) לעיל לו: זבחים קו. מכות יג: סוטה ה. עירובין לו. שבועות ד. לו. ע"ז נא., ד) אבות דר"נ פ"ג, ה) [אבות פ"ג מ"ח ע"ש לע"ק], ו) [אבות דר"נ פכ"ד], ז) שקלים פ"ו מ"ד [תמיד לא.], ח) [לעיל עמוד א וש"נ], ט) לעיל ז. שבת קלג:, י) [שם ושם א' בצד], כ) מגילה כא. [תוספתא פי"א], ל) [נדרים ח.], מ) תוספתא דמס' ע"ז פ"א ע"ש, נ) שייך לקמן, ס) [שם יא ע"א], ע) ל"ק, פ) בדין תני. ל"ק, צ) ולא אשלחן דבמערבו של כבש שהיה מיוחד ל"ק, ק) ובתמיד בברייתא ד"ה של כסף פי' שם בקונטרס דהאי דקרי. ל"ק, ר) ל"ע מע"ל פירש"י להיפך.

הגהות הב"ח

(א) רש"י ד"ה על פתח וכו' ולא היו מניחין. נ"ב ובתמיד דף לא ע"ב פירש המפרש דמניחין לפום עלמן וכן נראה מדמשני שם מפני שהוא מרתיח ומתעפש הלחם א"כ בע"כ דמניחין שם לפום עלמן ומונח מעט על השלחן וק"ל: (ב) ד"ה לא וכו' ודבר זה לא יהא:

גליון הש"ס

גמ' א"ר יוחנן משום רשב"י. בש"ך יו"ד סי' רמו ס"ק א' אי' משום ר"ש בן יהולדק:

רבינו גרשום

ואית דאמר ואין מורידין דהאי קרא פתח בריקם וסיים בריקם: שביטולה של תורה זה הוא יסודה. קיומה כדאמר מבטלין ת"ת להוצאת המת ולהכנסת כלה: א"ל הקב"ה יישר כחך ששיברת. דדרש משה ק"ו כדמפרש ביבמות: וכשלת היום וכשל גם הנביא. היינו ת"ח: כסהו כלילה. שיהא כבודו חביב עליך ככבודך: יכול אפילו תקפה. לשון תקפה שקשה עליו הרבה משנתו שאינו יכול להבינה וסרה מלבו בעל כרחו שאינו מבינה: ת"ל רק מעוט זה: שלא ילין לילה אחד בלא לחם: דבר זה אסור לומר בפני עם הארץ. כדי שלא יפטור עצמו בכך וימנע מללמוד תורה: מצוה לאומרו. כדי שיחשוב בלבו מה בדבר זה קיים לא ימוש ויש לו קיבול שכר אילו למד יותר כ"ש וכ"ש: ואיכא דמפרשי מצוה לאומרו בפני עם הארץ כי היכי דמחבבו ת"ח דהא מצו למפטר נפשייהו בק"ש שחרית וערבית ועסקי כולי יומא: פסוק זה לא ימוש. לא קאמר ליה לא משום חובה ולא משום מצוה אלא משום ברכה נאמר דברכו הקב"ה ליהושע ואמר לא ימוש: דברי תורה לא יהו בעיניך חובה. שלא תאמר כיון שלמדתי הרי עשיתי חובתי ושוב אני פטור אלא כל שעה תעסוק בהן:

בתוכה ושמא תאמר כשם שפיה צר כך כולה צרה תלמוד לומר א) העמיק הרחיב ושמא תאמר למלך לא הוכנה ת"ל א) גם היא למלך הוכן ושמא תאמר אין בה עצים ת"ל א) מדורתה אש ועצים הרבה ושמא תאמר זה הוא שכרה תלמוד לומר ב) ונחת שולחנך מלא דשן: חל יום הכיפורים להיות בשבת [וכו']: [א] אמר רבה בר בר חנה אמר ר' יוחנן לא בבליים הם אלא אלכסנדריים הם ומתוך ששונאין את [א] בבליים קורין אותם על שם בבליים תניא נמי הכי ר' יוסי אומר לא בבליים הם אלא אלכסנדריים הם ומתוך ששונאין את [ב] בבליים קוראין אותן על שם בבליים אמר לו ר' יהודה [ג] תנוח דעתך שהנחת דעתי:

מתני' א סידר את הלחם בשבת ואת הבזיכין לאחר השבת והקטיר את הבזיכין בשבת פסול [ג] אין חייבין עליהן משום פיגול נותר וטמא ב סידר את הלחם ואת הבזיכין בשבת והקטיר את הבזיכין לאחר השבת פסולה ואין חייבין [ד] עליהן משום פיגול נותר וטמא [ג] ג סידר את הלחם ואת הבזיכין לאחר השבת והקטיר את הבזיכין בשבת [ד] פסולה כיצד ד יעשה יניחנה לשבת הבאה [ה] שאפילו היא על השולחן ימים רבים אין בכך כלום:

גמ' [ו] תנן התם אמר להם הממונה צאו וראו אם הגיע זמן [ה] שחיטה אם הגיע הרואה אומר ברקאי מתתיא בן שמואל אומר האיר פני כל המזרח עד [ו] שבחברון והוא אומר הן ולמה הוצרכו לכך שפעם אחת עלה מאור הלבנה ודימו שהאיר מזרח שחטו את התמיד והוציאוהו לבית השריפה והורידו כהן גדול לבית הטבילה זה הכלל היה במקדש כל [ז] המסיך ה את רגליו טעון טבילה וכל המטיל מים טעון קדוש ידים ורגלים [ח] תני אבוה דר' אבין לא זו בלבד אלא אפילו עולת העוף שנמלקה בלילה ומנחה שנקמצה בלילה תצא לבית השריפה בשלמא עולת העוף משום דלא אפשר לאהדורה אלא מנחה אפשר דמהדר קומץ לדוכתיה וקמיץ ביממא הוא תני לה והוא אמר לה כלי שרת מקדשין שלא בזמנן מיתיבי [ט] כל הקרב ו ביום קדוש ביום [ז] בלילה קדוש בלילה בין ביום ובין בלילה קדוש בין ביום ובין בלילה כל הקרב ביום קדוש ביום ביום אין בלילה לא אינו קדוש ליקרב אבל ז קדוש ליפסל מותיב ר' זירא סידר את הלחם ואת הבזיכין אחר שבת והקטיר את הבזיכין בשבת פסולה כיצד יעשה יניחנה לשבת הבאה שאפילו היא על השלחן ימים רבים אין בכך כלום ואי סלקא דעתך כלי שרת מקדשין שלא בזמנן [א] (ליפסל) ליקדוש וליפסול אמר רבה מאן דקא מותיב שפיר קא מותיב אבוה דר' אבין נמי מתניתא קאמר קסבר [י] לילה אין מחוסר זמן הא ימים מחוסרין זמן [כ] סוף סוף כי

רש"י

למלך לא הוכנה. לתלמיד שפירש מן התורה לא הוכנה גיהנם שלא יהא נידון בה. מלך קרי לתלמיד חכם דכתיב (משלי ח) בי מלכים ימלוכו: שמא תאמר זהו שכרה של תורה. שמצלת מגיהנם אבל שכר אחר אין לה: ומתוך ששונאין חכמי ארץ ישראל את הבבליים. קורין את האלכסנדריים שעושין מנהג רעבתנות על שם בבליים: [ט] אלכסנדריים. של מצרים: (א) [ב] משפחת רבי יהודה מבבל היתה לפיכך שמח בדברי ר' יוסי:

מתני' פסול. דמחוסר זמן הוא שלא היה על השלחן אלא ששה ימים והכא אי אפשר לתקן ולומר יניחנו עד שבת הבאה דכיון דלחם נסדר כדינו בשבת קידשו שלחן ושוב אין יכול [י] להשהותן אלא עד שבת ראשונה [ג] דמיפסיל בלינה [יא] (ב) הואיל ולן הלחם (ג) בלא בזיכין): משום פיגול. אם הקטירן על מנת לאכול מן הלחם למחר אינו פיגול שלא קרב המתיר כמצותו: ולא משום נותר. שאין נותר חל על הלחם שהרי אין ראוי לאכילה: וטמא. האוכלו בטומאת הגוף אינו בכרת כדאמר בהקומץ [רבה] (לעיל דף כה:) הניתר לטהורים חייבין עליו משום טומאה וזה לא ניתר לטהורים מעולם דבזיכין הוו מתירין דידיה ולא קרבו כהילכתן: לאחר שבת. למחר: יניחנו לשבת הבאה. ויעמוד שבועיים על השולחן דכיון דלא נסדר בשבת אין שולחן מקדשו עד [יב] השבת הילכך לא מיפסל בלינה [יג] למוצאי שבת:

גמ' זמן השחיטה. אם האיר היום לשחוט את התמיד: ברקאי. האיר היום כמו (תהלים לז) האירו ברקיו תבל: מתתיא בן שמואל. היה ממונה על כך כדאמר בשקלים (דף ז:) שהיה ממונה על הפייסות והיינו פייסות שמפייסין כשהאיר היום מי שוחט ומי זורק וכשהוא שואל אם הגיע זמן שחיטה אומר לאותו [יד] שעל הגג אמור אם האיר פני כל המזרח [טו] והוא אומר לו הן ובתלמוד ירושלמי נמצא שלפיכך היה אומר עד שבחברון ביום הכפורים כדי להזכיר ישיני חברון: ולמה הוצרכו לכך. לעלות לגג ולראות אם האיר היום: ודימו. סבורים היו: והוציאו לבית השריפה. שפסול היה לפי שנשחט בלילה דכתיב (ויקרא יט) ביום זבחכם ביום בעי לזבוח: והורידו כ"ג כו'. מפרש בסדר יומא בפרק שלישי (דף כט.) היכא קאי: מיסך רגליו. גדולים שהלך לבית הכסא: לא זו בלבד. תמיד שנשחט בלילה יוצא לבית השריפה: אלא אפילו עולת העוף ומנחה. דלאו קרבן חשוב הוא דאין באין בציבור אם נעשו בלילה יצאו לבית השריפה: מקדשין. וזה שקמץ ונתן קומץ בכלי אע"ג דלילה לאו זמן קידוש [טז] הוא מקדש ליה כלי ושוב אי אפשר לערבו בשיריים ולחזור ולקמוץ שכבר נתקדש זה לשם קומץ: כל הקרב ביום. כגון סתם קרבנות: קדוש ביום. שאם נתנו בכלי שרת ביום כלי שרת מקדשו: בלילה. כגון [יז] מנחת נסכים: וקומץ קרב [יח] ביממא. מביום צוותו: ליפסל. כגון בלינה [יט] ומחוסר כפורים וכגון הכא דתו לא אפשר לאהדורי ונפסל במחוסר זמן: ליקדוש. מאחד בשבת וכי מטי אידך דחד בשבת ליפסל בלינה למוצאי אחד בשבת שהרי שהה יותר משמנה ימים: ואבוה דרבי [כ] [ל] אבא נמי מתני' קאמר. ולאו מדעתיה דנפשיה הילכך ליכא למימר בדותא היא ומבעיא לן לתרוצינהו: קסבר. תנא דר' אבין לילה אין מחוסר זמן דהלילה הולך אחר היום הילכך מקדש ליה [כא] כלי שרת לקומץ דזמנו הוא אלא שאין עבודת [ד] לילה כשירה: [אבל ימים] מחוסר זמן. דימים הוי מחוסר זמן הילכך לחם הנסדר באחד בשבת לא מקדש ליה לאיפסולי דאכתי כמה ימים יש עד זמנו: כי

תוספות

ששונאין את הבבליים. כדאשכחנא בפ"ק דיומא (דף ט:) דאמר א"ל ר"ש בן לקיש [ה] לרבי אלעזר אלהא דישראל סנינא לכו לפי שלא עלו בימי עזרא ומה שמזכירין אותם לגנאי על שאוכלין את השעירים חיים אע"ג דמלוה קעבדי שלא יבואו לידי נותר לפי שהרגילו עצמם כמו כן לאוכלם חיים אף בכל השנים דמיחזי כרעבתנותא:

אמר להם הממונה. ביומא (דף כח.) פירש בקונטרס דממונה הוא הסגן [מ] וקשה דאם כן הוה ליה למיחשביה בהדי דברים דחשיב בירושלמי דיומא שהסגן משמש אומר לו אישי כ"ג הגבה שמאלך הסגן בימינו וראש בית אב בשמאלו והניף הסגן בסודרים ואחז הסגן בימינו והעלהו לא היה מתמנה להיות כהן גדול עד שנעשה סגן אלא ממונה אחר היה ושמא היה ממונה על הפייסות דמיקרי ממונה סתם כדתנן פרק שני דיומא (דף כב.) אומר להם הצביעו [נ]:

מתתיא בן שמואל אומר (אם) האיר פני המזרח. מתתיא בן שמואל היה ממונה על כך כדאמר בשקלים (דף ז:) מתתיא בן שמואל היה ממונה על הפייסות והיינו הפייסות שכשהאיר היום היו מפייסין מי שוחט מי זורק וכשהוא שואל אם הגיע זמן אומר לאותו שעולה על הגג אמור אם האיר פני כל המזרח עד שבחברון והוא אומר לו הן ובתלמוד ירושלמי נמצא שלפיכך אומר לו ביום הכפורים עד שבחברון כדי להזכיר ישיני חברון [ו] כך פי' בקונטר' ומה שכתוב בספרים בפ' אמר להן הממונה (יומא דף כח:) מתתיא בן שמואל אומר ממונה על הפייסות אומר כו' ליתא אלא אומר ה"ר מאיר דה"ג מתתיא בן שמואל ממונה על הפייסות אומר שהוא עצמו ממונה על כך והתם מפרש מי אומר כן:

אלא אפי' עולת העוף שנמלקה ומנחה שנקמצה. רבותא היא [כב] מהני אע"ג דלאו בכלל ביום זבחכם נינהו קמ"ל דנפקי מביום צוותו כדמפרש במגילה (דף כ:) ומשום קודם התמיד לא מיפסלא דהיינו למצוה בעלמא כדאמרי' בפ' התכלת (לעיל דף מט:) ומשום פסול לינה נמי לא דלאלתר שרפו אפי' קודם עמוד השחר ומיהו אי אפשר לומר כן דהא פריך ניהדר קומץ לדוכתיה ולקמציה ביממא ומשני כלי שרת מקדשין שלא בזמנן ומיפסיל משום לינה אלמא לא מיפסיל קמיצה ואי אפשר לשרוף עד אחר עמוד השחר שיפסל בלינה ונקמצה לאו דוקא אלא אפילו לא נקמצה נמי כדתנן בפרק שני דמעילה (דף ט.):

בלילה. פי' בקונטרס כגון מנחת נסכים ויש מפרשים הטבת נרות [כג] [ז] לא שייך על זה לשון קרב [ס]: כמי

מסורת הש"ס

א) יומא סו:, ב) [לעיל מה. וש"נ], ג) יומא כט: לעיל ל., ד) [עיין רש"י ביומא כט: דמוחק זה והעיד כך בשם ר"ח דלא גרסי' פסולה], ה) [זבחים פז.], ו) יומא כז: כח. תמיד ל., ז) יומא כח. זבחים כ:, ח) [יומא כט.], ט) תמורה יד. [יומא כט:], י) [חגיגה ט: וש"נ], כ) נ"א מה"ד פסול הואיל, ל) צ"ל אבין, מ) [וכ"ה בסנהדרין יט. ע"ש ועיין תוס' סוטה מב. ד"ה סגן], נ) [וע' תוס' יומא טו: ד"ה אמר ותוס' סוטה מב. ד"ה סגן], ס) [וע"ע תוס' תמורה יד. ד"ה וכלן].

רבינו גרשום

ושמא תאמר למלך לא הוכנה. כלומר לת"ח שסרח ולא יראה גיהנם: ת"ל גם היא למלך הוכן. משום הכי קרי לת"ח מלך דעוסק בתורה דכתיב בה בי מלכים ימלוכו: ושמא תאמר זו היא שכרה. של תורה שמסיתין אותו מפי צר שמצילין אותו מגיהנם אבל שכר טוב אין לו. ת"ל ונחת שלחנך מלא דשן: חל יוה"כ להיות ע"ש שעיר של יוה"כ של מוסף נאכל לערב כשהוא חי. שאי אפשר לבשלו בשבת והכהנים הבבליים אוכלין אותו חי שדעתן יפה שאינן איניני הדעת: לא בבליים הן. שאוכלין אותו חי שדעתן יפה שאינן איניני הדעת אלא אלכסנדריים היו ומתוך שכהני ארץ ישראל שונאין את הבבליים תולין את הגנאי של אכילת חי בבבליים: א"ל ר' יהודה. לפי שהיה מבבל תנוח דעתך: סידר את הלחם בשבת ואת הבזיכין לאחר השבת והקטיר את הבזיכין בשבת הבאה פסולה. שהרי לא היו הבזיכין על השלחן משבת לשבת מעת לעת. ואין חייבין עליהם. על הלחם: לא משום פגול. שאם חשב בשעת הקטרת בזיכין לאוכלן חוץ לזמן אין בהן משום פגול: ולא משום נותר ולא משום טומאה. אם אכלן בטומאה משום דלא קרב המתיר במצותו. וכן אם הקטיר את הבזיכין לאחר השבת שלא היו על השלחן אלא יום א' פסול ואין חייבין וכו'. סידר את הלחם ואת הבזיכין לאחר השבת והקטיר את הבזיכין בשבת פסולה. דלא היה על השלחן ח' ימים: כיצד יעשה. ויהיה כשרה: יניח הבזיכין והלחם עד לשבת אחרת. הבאה כדי שיהו ח' ימים שלמים על השלחן מן השבת לשבת שאפי' הן על השלחן הלחם והבזיכין י"ג ימים אין בכך כלום ולא נפסלין: בורקי. כלומר עלה ברק השחר: מתיא בן שמואל אמר כך היה אומר הרואה האיר פני כל המזרח וקאמר ליה האי דקאי ארעא עד שבחברון כלומר יכול אתה לראות חברון כאור היום והוא אומר הין: הורידו כ"ג לבית הטבילה. פעם אחרת משום דזה הכלל היה במקדש שכל המסיך רגליו טעון טבילה ואי אפשר דאינו מסיך בלילה ואותה טבילה א) שטבל אח"כ קודם עמוד השחר לא היה טבילה (הואיל ועשה עבודה פסולה לפי שנראה כאילו עשאה לשום עבודה פסולה) לפיכך הצריכוהו טבילה אחרת: לא זו בלבד [illegible]

עין משפט נר מצוה

מו א מיי' פ"ה מהל' תמידין ומוספין הל' יב:
מז ב מיי' פ"ה מהל' תמידין ומוספין הל' יד ועיין בכ"מ:
מח ג מיי' שם הל' כ:
מט ד מיי' שם הל' ג:
נ ה מיי' פ"ה מהל' ביאת מקדש הל' ה:
נא ו ז מיי' פ"ג מהל' פסה"מ הל' כא:

שיטה מקובצת

א] את. הבבליים: ב] הבבליים: ג] פסול ואין [חייבין עליה]: ד] פסול ואין חייבין עליה: ה] זמן. השחיטה: ו] עד. שהוא בחברון: ז] תיבות בלילה קדוש בלילה בין ביום ובין נמחק: ח] תיבות סוף סוף נמחק: ט] מה"ד. אלכסנדריים. אלכסנדרי': י] להשהותו: יא] תיבות הואיל ולן הלחם בלא בזיכין נמחק: יב] עד שתגיע שבת הבאה ומאותו שבת יכול להשהות שבעה ימים: הס"ד ומה"ד שאפי' היא על השולחן ימים רבים קודם לשבת אין בכך כלום שאין השולחן מקדשו עד: יג] בלינה עד למוצאי שבת שני: יד] לאותו. שעלה על: טו] המזרח עד שבחברון: טז] קידוש. קומץ: יז] כגון. שמן לנרות קדוש בין ביום ובין בלילה קתני מיהא הקרב ביום אינו קדוש בלילה הס"ד [ותיבות מנחת נסכים נמחק]: יח] וקומץ קרב ביום כדכתיב ביום: יט] בלינה. ובמחוסר: כ] דר'. אבין: כא] ליה. שולחן: כב] היא. בהני: כג] נרות. ולא:

הגהות הב"ח

(א) רש"י ד"ה אלכסנדריים של מצרים הס"ד ואח"כ מ"ה אמר לו ר' יהודה כו' משפחתו: (ב) ד"ה פסול וכו' ולן הלחם בשבת אף בלא בזיכין:

הגהות צ"ק

[א] תיבת זו נמחק: [ב] תנוח דעתך משפחתו ר"י כו' כל"ל: [ג] ומיפסל בלינה הואיל ולן כו': [ד] [illegible]: [ה] צ"ל לזעירי: [ו] צ"ל וכך פי': [ז] צ"ל ולא שייך כו':

תורה אור השלם

א) כִּי עָרוּךְ מֵאֶתְמוּל תָּפְתֶּה גַּם הִיא לַמֶּלֶךְ הוּכָן הֶעְמִיק הִרְחִב מְדֻרָתָהּ אֵשׁ וְעֵצִים הַרְבֵּה נִשְׁמַת יְיָ כְּנַחַל גָּפְרִית בֹּעֲרָה בָּהּ: [ישעיה ל, לג]

ב) וְאַף הֲסִיתְךָ מִפִּי צָר רַחַב לֹא מוּצָק תַּחְתֶּיהָ וְנַחַת שֻׁלְחָנְךָ מָלֵא דָשֶׁן: [איוב לו, טז]

חשק שלמה על רבינו גרשום

א) ע' יומא (דף כט) [illegible]

גמרא

כי מטי ליליא דבי שימשי ליקדוש וליפסול אמר [א] רבא בשקדם וסילק מר זוטרא ואיתימא רב אשי אמר אפילו תימא בשלא קדם וסילק כיון דסידרו שלא כמצותו נעשה כמי שסדרו הקוף: **מתני'** שתי הלחם (א) נאכלות [ב] אין פחות משנים ולא יותר על שלשה א כיצד נאפות מערב יו"ט נאכלות ביו"ט לשנים חל יום טוב להיות אחר השבת נאכלות לשלשה ג לחם ב הפנים (א) נאכל [ג] אין פחות מתשעה ולא יותר על אחד עשר כיצד נאפה מערב שבת ונאכל בשבת לתשעה חל יו"ט להיות ערב שבת נאכל לעשרה שני ימים ט [טובים] של ראש השנה נאכל לאחד עשר ג ואינו דוחה לא את השבת ולא את יו"ט רבן שמעון בן גמליאל אומר משום רבי שמעון בן הסגן דוחה את יו"ט ואינו דוחה את יום צום: **גמ'** ד אמר רבינא לדברי ד האומר נדרים ונדבות אין קריבין ביו"ט לא תימא מדאורייתא מיחזא חזו ורבנן הוא דגזרו [ד] שלא ישהא אלא מדאורייתא נמי לא חזו דהא שתי הלחם דחובת היום הוא וליכא למימר שמא ישהא וקתני אינו דוחה לא את השבת ולא את יו"ט:

הדרן עלך שתי הלחם

המנחות ה והנסכים שנטמאו עד שלא קדשו בכלי יש להם פדיון משקידשו בכלי אין להם פדיון ו העופות והעצים והלבונה וכלי שרת [ה] משנטמאו אין להן פדיון שלא נאמר [ו] פדיון אלא בבהמה: **גמ'** אמר שמואל ואפילו הן טהורין נפדין מאי טעמא כמה דלא קדשי בכלי קדושת דמים נינהו וקדושת דמים נפדין והא נטמאו תנן הוא הדין דאע"ג דלא נטמאו ואיידי דקא בעי מיתנא סיפא משקידשו בכלי אין להן פדיון [ז] דאפילו נטמאו נמי לא תנא נמי רישא שנטמאו [ח] עד שלא קדשו בכלי (ג) ה פשיטא קדושת הגוף נינהו איצטריך סלקא דעתך אמינא הואיל ובעל מום איקרי טמא טמא נמי כבעל מום דמי [ט] ואע"ג דקדוש קדושת הגוף כי נפיל ביה מום מיפריק הני נמי ליפרוק קמשמע לן דלאו כי האי טמא קרייה רחמנא לבעל מום

דמכלי

רש"י

כי מטי ליליא דבי שימשי. של שבת ראשונה ליקדוש דהא אמרת לילה אין מחוסר זמן וליפסול י בליל [י] ששי [של שבת שני] בלינה שהרי עומד שם שמונה ימים שלימים: בשקדם וסילקו. קודם בין השמשות של שבת ראשונה וסידר למחר: שלא כמצותו. דסידרו בעודו מחוסר זמן: נעשה כמי שסידרו הקוף. ואין שולחן מקדשו אפילו בזמנו אבל קומץ כמלותו חשיבא ליה דלילה אין מחוסר זמן:

מתני' לא פחות משני ימים. משנאפו: לג'. שאפאוס בערב שבת שאין אפייתן דוחה לא שבת ולא יו"ט: לתשעה. לשבת שניה: נאכלות לעשרה. שנאפה בחמישי בשבת: שני ימים טובים של ר"ה. קודם לשבת נאפה [יא] י ברביעי ונאכלת לשבת שניה לאחד עשר ואי קשיא י"ב נינהו דהא אין נאכלות עד מוצאי שבת דאותו שבת הוי יום הכפורים הא לא קשיא דלענין אכילת קדשים לילה הולך אחר היום שעבר כדאמר באותו ואת בנו (חולין דף פג.) הילכך מיתקרי י"א: ואין דוחה. אפייתן: את יום צום. חל יום הכפורים בערב שבת אין לחם הפנים נאפה בו: **גמ'** לדברי האומר. במסכת בילה (דף יט.) מחלוקת: (ג) שמא ישהא. קרבנות כל השנה שיהא נודר ונודב ולא יקריבם עד הרגל ונמלא מכוין וממתין [יב] מלאכה עד המועד ועוד שמא יעבור בבל תאחר: ח וליכא [יג] שמא ישהא. שהרי אין יכול להקריבם אלא בו ביום:

הדרן עלך שתי הלחם

המנחות והנסכים עד שלא קדשו בכלי. לא קדשו קדושת הגוף אלא קדושת דמים שצריך לפדותן והדמים קדושים: [יד] והעופות והעצים והלבונה וכלי שרת שנטמאו אין להם פדיון. שלא נאמר פדיון בקדושת הגוף אלא בבהמה בעלת מום כדמפרש בגמרא: **גמ'** ואפילו (ד) טהורים נפדין. מנחות ונסכים: בעל מום איקרי טמא. מפרש לקמן:

דמכלי

תוספות

כמי שסידרו הקוף. הא דאמרינן בסוף לולב וערבה (סוכה דף נ.) דלא היה ממלא במקודשת משום פסול לינה ולא אמרינן דנעשה כמי שמלאהו הקוף שאני התם דלא בעי כהן בבגדי כהונה במילוי: ט **שני** ימים טובים של ראש השנה קודם לשבת נאפה ברביעי ונאכל לשבת שניה לאחד עשר. ואי קשיא שנים עשר נינהו דהא אין נאכלות עד מוצאי שבת דבאותה שבת הוי יום הכפורים הא לא קשיא דלענין אכילת קדשים לילה הולכת אחר היום שעבר כדאמר באותו ואת בנו (חולין דף פג.) הילכך מיקרי אחד עשר כך פירש בקונטרס ונראה דלא קשיא מידי דאם באו עדים מן המנחה ולמעלה דנוהגין אותו היום קודש ולמחר קודש (ר"ה דף ל:) יום שני עיקר ומנינן מיניה יוה"כ ויחול אחר השבת ודנוהגין אותו היום קודש חומרא בעלמא דלא ליזלזלו ביה לשנה הבאה ואם קודם מנחה באו עדים לא עבדינן אלא חד יומא ומחרתו דהוא ערב שבת חול אע"פ שכבר אפו לחם הפנים מערב יו"ט חוזרין ועושין אחרים לקיים לחם חום כמו שנוכל יותר וראשון נאכל בפדיון ואע"פ דאמר בפרק המנחות והנסכים (לקמן דף קא.) כל הראוי למזבח אינו יוצא מידי מזבח לעולם היכא דאיכא תקנה לא אמר משום לחם חום ביום הלקחו כדאמרי' בפרק התכלת (לעיל דף מז:) גבי שני כבשים ששחטן על ארבע חלות ותודה ששחטה על שמונים חלות ומיהו קשה היכי חייל יום הכפורים באחד בשבת הא משמע בפרק החליל (סוכה דף נד:) דלא מיקלע באחד בשבת אלא לאחרים שעושין לעולם אחד מלא ואחד חסר ומשנה זו שנויה בפ"ב דערכין (דף ח:) וקתני רישא אין פוחתין י משמנה חדשים המעוברין בשנה ולא נראה לעבר יותר על שמנה ומשמע התם דאתיא דלא כאחרים: **ואינו** דוחה את יום צום. בפרק אלו עוברין (פסחים דף מז.) פריך מהכא דשתי הלחם למאן דאמר מדאורייתא צורכי שבת נעשין ביו"ט כ דהכא קתני ואפילו דיו"ט ביו"ט לא עבדי ומשני שאני התם דאמר קרא לכם ולא לגבוה ולרשב"ג דאמר משום ר"ש בן הסגן דוחה את יו"ט ואינו דוחה את יום צום מא"ל ס"ל כאבא שאול ומוחק שם בקונטרס יום צום (משמע) [משום] דלא שייך יום צום גבי שתי הלחם ובחנם מחקו דמילתא דרשב"ג מיתניא בתר הנך תרתי בבי דשתי הלחם ולחם הפנים ואתרוייהו פליג רשב"ג ונקט יום צום משום לחם הפנים: הדרן עלך שתי הלחם

המנחות והנסכים שנטמאו. בגמרא פליגי אי נטמאו דוקא או אפילו טהורין: **העופות.** בשקדש הקדישן למומן מיירי אבל קדש מומן להקדישן נפדין כדתניא בתוספתא ובפרק בתרא דתמורה (דף לג.) דתני לוי הכל היו בכלל העמדה והערכה ואפילו בעל מום מעיקרו וכן תני לוי במתניתיה אפילו חיה ואפילו עופות: **וכלי** שרת. לרבי נחמיה דאמר פרק הנהנה (מעילה דף יט:) דיש מועל אחר מועל דאם אחרים מביאין לידי מעילה הוא עצמו לא כל שכן ניחא דאין להם פדיון ואשכחן לרבנן נמי דאין מועל אחר מועל דמדרבנן אין נפדין ובגמרא משמע נמי דהוי דרבנן בעלמא דמפרש כלי שרת ולבונה משום דלא שכיחי:

אף

עין משפט נר מצוה

נב א מיי' פ"ח מהל' תמידין ומוספין הל"ט:

נג ב ג מיי' שם פ"ה הל' י:

נד ד מיי' פ"א מהל' חגיגה הל"ח והל' י:

א ה מיי' פ"ו מהל' איסורי מזבח הל"ה (ופ"ג מהל' פסה"מ הלי"ח):

ב ו מיי' פ"ו מהל' איסורי מזבח הל"ד ועיין רש"ק:

שיטה מקובצת

א] אמר רבינא בשקדם: ב] נאכלות לא פחות: ג] נאכל. לא פחות: ד] שמא ישהה נדרים ונדבות של כל השנה עד יו"ט ולא היו מספיקין הכהנים להקריבן ולאוכלן ונמצאו קדשים באין לבית הפסול ועוד כיון שלא הקריבן ועבר עליהן הרגל קאי בבל תאחר: הרגמ"ה: ה] תיבת משנטמאו נמחק: ו] פדיון. ס"א אינו: ז] פדיון דהתם אפי' נטמאו: ח] שנטמאו משקידשו בכלי אין להם פדיון ותיבות עד שלא קדשו נמחק: ט] דמי דאע"ג: י] בליל שבת שניה בלינה: יא] נאפה ברביעי: יב] וממתין מלאכתו: יג] וליכא למימר: יד] העופות:

מסורת הש"ס

א) ערכין ח: פסחים מז., ב) [ערכין ח. פסחים מז. ע"ש], ג) גי' לי"ק, ד) [בבילה כ: איתא רב הונא], ה) גי' לי"ק ל"ל משקידשו בכלי אין להם פדיון פשיטא כו' ע' תוי"ט, ו) בליל ששי משום סידור לילה ולשחרית נפסל בלינה שהרי עומד שם שבעה כו' כצ"ל לי"ק, ז) ל"ל ברביעי לי"ק, ח) ל"ל וליכא למימר שמא כו'. לי"ק, ט) עיין רש"ק, י) מארבעה חדשים כצ"ל לי"ק, כ) ל"ל והכא קתני כו' לי"ק.

הגהות הב"ח

(א) במשנה לחם הפנים אין נאכל פחות: (ב) גמ' עד שלא קדשו בכלי הא נמי פשיטא: (ג) רש"י ד"ה שלא ישהא: (ד) ד"ה ואפי' הן טהורין:

רבינו גרשום

השבת מחוסרין זמן הן שאין השלחן מקדש באותן הימים כלל אפי' לאיפסולי דכל מוקדם מחוסר זמן הוא: וכיון דאמרת דלילה אין מחוסר זמן כי מטי יומא דבי שמשי קמא הואיל ומחר בשבת בשש שעות ולמעלה בזמן סדור מתקדש הלחם ליקדש נמי מאורתא לאיפסולי דהא ליליא שסידרו ויומא חד יומא הוא: אמר רבא בשקדם בין השמשות וסילקו עד למחר כדי שלא יקדשו ליפסל: אפי' תימא בשלא קדם. הואיל ותחלת סידורו מעיקרא שלא כמצותו היה וכד מונח ועומד נעשה כמי שסידרו הקוף ולא הוי כלום אותו סדור וחשיב כמה דלא הוי מסודר מעיקרא אלא השתא בשבת בזמנו הילכך לא מקדיש ליה בי שמשי למיפסליה אבל גבי מנחה שקמצה בלילה דקסבר דיום הוא לא אמרינן נעשה כמי שקמצה הקוף אלא מקדשה ליפסל: ואינו דוחה אפייתן את יום צום הכפורים דחמור כשבת: שמא [ישהה] כל נדרים של כל השנה עד יו"ט ולא היו מספיקין הכהנים להקריבן ולאוכלן ונמצאו קדשים באין לבית הפסול. ועוד כיון דלא הקריבו ועבר עליהן רגל וקאי בבל תאחר: וליכא למימר שמא ישהה לרגל. דהא אינן קרבין אלא בעצרת וקתני אין אפייתן דוחין יו"ט כ"ש נדרים ונדבות:

הדרן עלך שתי הלחם

המנחות והנסכים שנטמאו עד שלא קדשו בכלי שרת יש להן פדיון. דכיון דלא קדשו בכלי לית בהו קדושת הגוף אלא קדושת דמים דלא נפקי לחולין אלא בפדיה: העופות והעצים והלבונה וכלי שרת אע"ג דניטמאו לית טומאה [בהו] וכטהורין דמו כדמפרש בגמרא. דלא נאמר פדיון אלא בבהמה: אמר שמואל מתני' דקתני שניטמאו לאו דוקא אפי' הן טהורין נפדין: דהתם כי ניטמו נמי אין להן פדיון: קמ"ל. דהאי

דמכלי שרת לא אשכחן דמיפריק ובעל מום היכא איקרי טמא דתניא[א] א) ואם כל בהמה טמאה [א] אשר לא יקריבו ממנה קרבן לה' בבעלי מומין שנפדין הכתוב מדבר אתה אומר בבעלי מומין שנפדו או אינו אלא בבהמה טמאה ממש כשהוא אומר ב) ואם בבהמה הטמאה ופדה בערכך הרי בהמה טמאה אמורה הא מה אני מקיים ואם כל בהמה טמאה בבעלי מומין שנפדו הכתוב מדבר יכול יפדו על מום עובר ת"ל אשר לא יקריבו ממנה קרבן לה' מי שאינה קריבה לה' כל עיקר יצתה זו שאינה קריבה היום וקריבה למחר מותיב רב הונא בר מנוח א העופות והעצים והלבונה וכלי שרת [ב] שנטמאו אין להן פדיון שלא נאמר פדיון אלא בבהמה בשלמא עופות קדושת הגוף נינהו ולא נאמר אלא בבהמה אלא עצים ולבונה וכלי שרת ליפרקו אלא לאו משום [ג] דטהורין בעלמא אין נפדין והני נמי אע"ג דנטמאו כטהורים דמו [ד] דעצים ולבונה [א] לאו בני אשויי אוכלא נינהו אלא חיבת הקודש משוה להו אוכלא דעצים כמה דלא משפי להו לגזירין לא מיתכשרי לבונה נמי כמה דלא קידשה בכלי שרת לא מיתכשרה כלי שרת נמי הואיל ואית להו טהרה במקוה לא לעולם אימא לך טהורין בעלמא נפדין והני משום דלא שכיחי הוא בשלמא לבונה וכלי שרת לא שכיחי אלא עצים מישכח שכיחי עצים נמי כיון [ו] דאמר מר כל עץ שנמצא בו תולעת פסול לגבי מזבח הילכך לא שכיחי אמר רב פפא אי שמיעא ליה לשמואל הא [ג] דתניא ב המתפיס תמימים לבדק הבית אין פודין אותן אלא למזבח שכל הראוי למזבח אינו יוצא מידי מזבח לעולם [ה] ואע"ג דקדושת דמים נינהו אין נפדין הואיל וטהורים הם הוה הדר ביה ולא היא שמיעא ליה ולא הדר ביה לאו אמרת התם כיון דלא שכיחי לא מיפרקי הכא נמי כיון דשכיחי מומין דפסלי בבהמה דאפי' בדוקין שבעין נמי פסלי הילכך לא שכיחי רב כהנא אמר טמאין נפדין טהורין אין נפדין וכן א"ר אושעיא טמאין נפדין טהורין אין נפדין איכא דאמרי [ו] א"ר אושעיא אפי' טהורין נפדין רבי אלעזר אומר ג כולן טמאין נפדין טהורין אין נפדין ד חוץ מעשירית האיפה של מנחת חוטא שהרי אמרה תורה [ג] מחטאתו [ד] על חטאתו אמר רבי אושעיא שמעתי פיגל במנחה לרבי שמעון אינו מטמא טומאת אוכלין [ו] דתנן הערלה וכלאי הכרם ושור

רש"י

דמכלי שרת לא אשכחן [ז] דבר דמיפריק. לאחר שקדש בכלי שרת ואפי' בהמה [ח] בעלת מום שנאמר בה פדיון לאחר שקידשה בכלי שרת כגון ששחט לא אשכחן בה פדיון: ואם (א) [ג] [ט] בבהמה הטמאה וגו'. וכתיב בתריה והעריך אותה וגו' אלמא נפדין: טמאה ממש. כגון סוס וגמל וחמור: כשהוא אומר. למטה מאותה פרשה ואם בבהמה הטמאה ופדה וגו': מומין קבועין ועוברין מפרש בבכורות (דף לז:): מותיב רב הונא. לשמואל: עופות קדושת הגוף נינהו. דהן עצמן קרבין ואין צריכין קדושת כלי: אלא עצים ולבונה. שלא קידשם בכלי וכלי שרת כי נטמאו ליפרקו דהא לאו קדושת הגוף נינהו אלא מכשירי קרבן הם אלא לאו משום דמנחות ונסכים טהורים אין נפדים והני אע"ג דנטמאו כו': ועצים לאו בני קבולי טומאה נינהו אלא משום חיבת הקודש. דכתיב והבשר לרבות עצים ולבונה וה"מ כי משפי להו [י] ונסרן ומייפן לגזירים לבקעיות יפות דחזו למערכה: לעולם אימא לך טהורים בעלמא נפדין. והני כטהורים דמו והיינו טעמא דלא מיפרקי: משום דלא שכיחי. ואי הוו [יא] להו פדיון טהורין פריק להו לחולין ותו לא משכחי גזברין מידי אחרינא לצורך העבודה: תמימים. בהמה [יב] [ה] טהורה: אלא למזבח. שימכרו לצרכי קרבנות: הוה הדר ביה. ממאי דאמר [יג] [ג] (עופות) מנחות ונסכים נפדין טהורים אע"ג דראויין למזבח: בדוקין. טייל"א: כולן. כל המנחות: חוץ ממנחת חוטא. שאפילו טהורה נפדית שהרי אמרה תורה בקרבן עולה ויורד (ויקרא ה) מחטאתו על חטאתו בכבשה או שעירה ובתורים כתיב (שם) מחטאתו ובמנחה כתיב על חטאתו [ד] ודרשינן [י] (בפרק בתרא [יד]) דלהכי כתיב מחטאתו בכבשה דמשמע מקצת חטאתו שאם היה עשיר כשטימא מקדש והפריש מעות לכבשה או שעירה והעני יביא ממקצת דמי תורים או מנחה והשאר חולין ולהכי כתיב (שם) גבי עשירית האיפה על חטאתו דמשמע יוסיף שאם היה עני והפריש עשירית האיפה והעשיר יפדנה ויוסיף עליה מעות ויביא כבשה או שעירה: לרבי שמעון. דאמר לקמן כל האסור בהנאה אינו מטמא טומאת אוכלין: הערלה. [טו] וכל הנך איסורי הנאה נינהו:

תוספות

אע"ג דנטמאו כטהורים דמו. מדלא קאמר טהורים נינהו משמע דמקבלי טומאה אלא דלא חשיבא טומאה ותימה דבפ' כל הפסולין (זבחים דף לד.) אמרינן והאמר מר והבשר לרבות עצים ולבונה הכא במאי עסקינן כגון שקדשו בכלי ואע"ג דאליבא דרבא מסיק הכי אביי נמי לא פליג בהא וי"ל דהתם מדאורייתא והכא מדרבנן והכא נמי הא קאמר עצים כמה דלא משפי להו לגזירין דלא מיתכשרי משמע דאז מקבלי טומאה מדאורייתא וקדושת כלי דהתם היינו שיפוי גזירין דהכא ובקונטרס פי' התם דמיירי בעלים שחתה במחתת כלי שרת מעל המזבח עם גחלים ולפיכך צ"ל דהכשר של שיפוי גזירין דהכא דרבנן ולא יתכן פירוש זה דבמסכת תמיד (דף כח:) משמע שהיה חותה מן המאוכלות הפנימיות וגם אין לפרש דמיירי אליבא דרבי דבהקומץ רבה (לעיל דף כ:) במתנדב עצים דעלים קרבן נינהו ובעו כלי שרת דהא מסיק התם דנעשה כמי שקרבו מתירין דתנן כל שאין לו מתירין משיקדש בכלי ולרבי הא אמרי' עצים טעונין קמיצה אלמא יש להן מתירין אע"ג דבפרק הקומץ רבה (שם) אמר שהקומץ והשירים הכל למזבח אלמא קדושת כלי דהתם היינו שיפוי גזירין דהכא ובעלי המערכה ומתוך לשון הקונטרס משמע דכמה דלא משפי להו לגזירין טהורין לגמרי וכטהורין דמו לאו דוקא אלא טהורין ממש וא"ת וכי משפי להו לגזירין בקורדום היכי מקדשי והא קורדום אינו כלי שרת כדמשמע בתוספתא דתניא השואל קורדום של הקדש [ה] מחבירו ביקע בו ובא חבירו וביקע בו כולן מעלו נתנה לחבירו וחבירו לחבירו הראשון מעל והשני לא מעל ובעולה אינו כן נתנה לחבירו וחבירו לחבירו כולן מעלו ואמר בפ' השואל (ב"מ דף נט.) המשאיל קורדום של הקדש מעל לפי טובת הנאה שבו וחבירו מותר לבקע בו [ו] בתחילה ויש לפרש דקורדום דהתם לא במיוחד לעצי מערכה מיירי אבל כלי שרת היה להם מיוחד לעצים שמשפן ומנסרן ומייפן לעשות בקיעות יפות דחזו למערכה ואם תאמר [טו] וכיון דקורדום דתוספתא לאו כלי שרת הוא אמאי מעל השני הא מכיון דבקע הראשון ומעל בו יצא לחולין כדתנן במסכת מעילה (דף יט:) אין מועל אחר מועל במוקדשין אלא בהמה וכלי שרת בלבד כיצד רכב על גבי בהמה ובא חבירו ורכב ובא חבירו ורכב כולן מעלו שתה בכוס של זהב ובא חבירו ושתה ובא חבירו ושתה כולן מעלו מה שאין כן בקדושת דמים וי"ל דהיא דתוספתא מיירי בקורדום [ז] המסור ליד גזבר דומיא דנטל אבן או קורה של הקדש לא מעל דקתני התם בתר ההיא דקורדום וקתני בה נתנה לחבירו הוא מעל וחבירו לא מעל [ח] עד שידור תחתיה שוה פרוטה ופריך עלה הש"ס בפרק בתרא דמעילה (דף כ.) ובפרק קמא דחגיגה (דף י:) מכדי מיגזל גזלה מה לי הוא מה לי חבירו ומשני בגזבר המסורות לו אבני בנין עסקינן [ט] ולכך יוצא הקורדום כולו לחולין כשנותנו לחבירו שהרי מוציאו כולו מרשות הקדש אבל כשמבקע בו והוא סבור שהוא שלו אינו מוציאו מרשות הקדש אלא הנאת הביקוע כיון דגזבר הוא ועדיין בידו אינו יוצא מרשות הקדש ולכך מועלין כולן שאין הקורדום מתחלל על ידי הביקוע אבל איירי בעלמא שאינו סבור שהוא שלו כי מבקע ביה מיגזל גזליה ומפיק ליה מרשות הקדש ומתחללת הקדושת דמים בכך ואפי' אין מתכוין לגזול אלא דעתו להחזיר לרשות בעלים לאחר ביקוע הא קיימא לן (ב"ב דף פח.) שואל שלא מדעת גזלן הוי לרבנן וקם ליה כוליה ברשותיה דאפילו נתכוון להיות שואל כאילו נתכוון לגזול דמי והא דאמר בהשואל (ב"מ דף נט.) המשאיל קורדום של הקדש מעל לפי טובת הנאה שבו וחבירו מותר לבקע בו [י] בתחלה וכתם משאיל סבור שהוא שלו מדלא מעל אלא לפי טובת הנאה שבו [כ] שחבירו מותר לבקע בו בתחלה דילא לחולין ומיהו נראה שעדיין הקדש מעורב בו כיון שהוא סבור שהוא שלו ואינו מתכוין להוציא הקורדום מרשותו מ"מ שרי לבקע בו שהרי הנאת הביקוע כבר יצתה לחולין כיון שאינה מסורה לו והא דאמרינן גבי בית בפרק האומר משקלי (ערכין דף כח.) הקדישו משכיר הדר בו מעלה שכר להקדש ופריך כיון דמעל נפיק לחולין לאו כולי בית קאמר דאפי' קורדום כה"ג לא היה יוצא כולו לחולין אם השכיר לחבירו קורדום של הקדש מידי דהוה אמשאיל אלא השכר לבדו הוא דילא לחולין וברוב ספרים נמי כתוב נפיק שכר לחולין: פיגל במנחה לרבי שמעון אינו מטמא טומאת אוכלין. ומפרש טעמא משום דאוכל שאי אתה יכול להאכילו לאחרים אין קרוי אוכל ומוקי לה במסקנא דאקדשה במחובר שלא היה לה שעת הכושר דטהורין אין נפדין וא"ת א"כ עולה

א) [תמורה לג: בכורות לז:], ב) מדות לה. לעיל דף פה., ג) תוספתא דתמורה פ"א תמורה לג., ד) תוספתא דעוקלין פ"ג בכורות ט:, ה) נ"א תמימה, ו) נ"א בפ"ב דכריתות כז ע"ב.

הגהות הב"ח

(א) רש"י ד"ה ואם כל בהמה טמאה:

רבינו גרשום

דמדמינן טמא לבעל מום לפדייה הני מילי קודם דקדשו בכלי אבל מאחר דקדשו בכלי אין להן פדייה דמכלי שרת לא אשכחן דמיפריק: הרי בהמה טמאה אמור. דמקדישין בהמה טמאה כגון פרד סוס גמל חמור: הא מה אני מקיים אם כל בהמה טמאה וכו'. א) וקי"ל ר' כל היכא דכתיב בגמ' ירעו עד שיסתאבו היינו עד שיוממו דנפקא לן מהכא דבעל מום איקרי טמא: אלא עצים ולבונה וכלי שרת. אם איתא דטהורין בעלמא נפדין כדקאמר שמואל הני נמי ליפרקו דהני אין בהן קדושת הגוף כל כך דאין באין בגלל עצמן כמו העופות אלא לאו ש"מ דמשום הכי אין להו פדיון דטהורין בעלמא מנחות ונסכים טהורין אין נפדין: והני נמי אע"ג דנטמאו כטהורין דמו דעצים ולבונה לא אשכחן להו טומאה בפירוש אלא דקא מרבינן להו מן והבשר לרבות עצים ולבונה משום חיבת הקדש ועצים כמה דלא משפי להו (כגון) [כמו] משפה. לא מתכשרי בחיבת הקדש וכטהורין בעלמא [הוי]. וקשיא לשמואל: לא לעולם אימא לך דטהורין בעלמא נפדין והני עצים ולבונה וכלי שרת אמאי אין נפדין משום דלא שכיחי מפנייהו הרבה כמו סולת ויין דמנחות ונסכין הילכך אין נפדין: אין פודין אותן. להוציאן לחולין: אלא למזבח וכו': הוה הדר ביה. מהא דאמר דטהורין נפדין: הילכך לא שכיחי תמימין ואינו פודין אלא למזבח אבל מנחות ונסכים דשכיחי טהורין נפדין. רב כהנא אמר [טהורין] אין נפדין המנחות והנסכים: שהרי כתיב במנחת חוטא על חטאתו ואפשר למכתב מחטאתו מאי על חטאתו דאית ליה דין חטאת דאינה נפדית אפילו טמאה כדתנן בתמורה ושאבדה ונמצאת בעלת מום תמות ובעלת מום היינו טמאה כדאמר: פיגל במנחה. כגון שקמץ על מנת להקטיר קומצה למחר או לאכול שיריה למחר: לר' שמעון. דהאי מתניתין דערלה: אין מטמאין טומאת אוכלין. הני שירים משום דלא הוה להו שעת הכושר כדמוקמינן לקמן בגון דאקדשינהו לחיטין דמנחות במחובר:

חשק שלמה על רבינו גרשום

א) אולי צ"ל ושמעינן מיניה דכל היכא דאיתמר בגמרא וכו'.

עין משפט נר מצוה

ג א מיי' פ"ו מהל' איסורי מזבח הל"ב:
ד ב מיי' פ"ה מהל' ערכין וחרמין הל"ה:
ה ג ד מיי' פ"ו מהל' איסורי מזבח הל"ה:

שיטה מקובצת

א] טמאה וגו' בבעלי מומין כו' והשאר נמחק: ב] תיבת שנטמאו נמחק: ג] משום דבטהורין: ד] מתיבות דעצים ולבונה עד משוה להו אוכלא נמחק: ה] מתיבות ואע"ג דקדושת דמים כו' עד וטהורים הם נמחק: ו] דאמרי. ר' אושעיא אמר:

חדושי הרגמ"ה

דבטהורים בעלמא. מנחות ונסכים טהורים אין נפדין: והני נמי אע"פ שנטמאו כטהורים נינהו דעצים ולבונה לא אשכחן להו טומאה בפירוש אלא דקרא מרבי להו מן והבשר לרבות עצים ולבונה משום חיבת הקודש. (אמר) רב (פפא) [כהנא] [אמר] (סבר) טהורין אין נפדין המנחות והנסכים: שהרי כתיב. במנחת חוטא על חטאתו [ואפשר למכתב מחטאתו מאי על חטאתו] דאית ליה דין חטאת דאינה נפדית אפילו טמאה כדתנן בתמורה [דף כא ע"א] ושאבדה ונמצאת בעלת מום תמות ובעלת מום היינו טמאה כדאמר: פיגל במנחה. כגון שקמץ ע"מ להקטיר קומצה או לאכול שיריה למחר: לר"ש. דהאי מתני' דערלה לא מטמא טומאת אוכלין הני שירים משום דלא הוה להו שעת הכושר כדמוקמינן לקמן כגון דאקדשינהו לחטים דמנחות במחובר:

הגהות צ"ק

[א] לאו בני אוכלא נינהו: [ב] אם כל בהמה טמאה: [ג] וממאי דאמר מנחות ונסכים ותיבת עופות יש למחוק דשמואל לא קאי אלא אמנחות ונסכים: [ד] ודרשינן בה"ק להכי: [ה] מחבירו ובקע בו: [ו] לכתחלה: [ז] התמורה ליד גזברין דומיא: [ח] בנאה כתוך ביתו הרי זה לא מעל עד שידור: [ט] עסקינן ולכך שכותנו לחבירו יוצא הקודרום כולו לחולין שהרי מוציאו: [י] לכתחלה: מותר לבקע בו לכתחלה משמע דילא לחולין מיהו נראה דאע"פ שעדיין הקדש:

תורה אור השלם

א) וְאִם כָּל בְּהֵמָה טְמֵאָה אֲשֶׁר לֹא יַקְרִיבוּ מִמֶּנָּה קָרְבָּן לַייָ וְהֶעֱמִיד אֶת הַבְּהֵמָה לִפְנֵי הַכֹּהֵן: [ויקרא כז, יא] ב) וְאִם בַּבְּהֵמָה הַטְּמֵאָה וּפָדָה בְעֶרְכֶּךָ וְיָסַף חֲמִשִׁתוֹ עָלָיו וְאִם לֹא יִגָּאֵל וְנִמְכַּר בְּעֶרְכֶּךָ: [ויקרא כז, כז] ג) וְהֵבִיא אֶת אֲשָׁמוֹ לַייָ עַל חַטָּאתוֹ אֲשֶׁר חָטָא נְקֵבָה מִן הַצֹּאן כִּשְׂבָּה אוֹ שְׂעִירַת עִזִּים לְחַטָּאת וְכִפֶּר עָלָיו הַכֹּהֵן מֵחַטָּאתוֹ: [ויקרא ה, ו] וְאֶת הַשֵּׁנִי יַעֲשֶׂה עֹלָה כַּמִּשְׁפָּט וְכִפֶּר עָלָיו הַכֹּהֵן מֵחַטָּאתוֹ אֲשֶׁר חָטָא וְנִסְלַח לוֹ: [ויקרא ה, י] ד) וְכִפֶּר עָלָיו הַכֹּהֵן עַל חַטָּאתוֹ אֲשֶׁר חָטָא מֵאַחַת מֵאֵלֶּה וְנִסְלַח לוֹ וְהָיְתָה לַכֹּהֵן כַּמִּנְחָה: [ויקרא ה, יג]

ושור הנסקל ועגלה ערופה וצפורי מצורע ופטר חמור ובשר בחלב א כולם מטמאין טומאת אוכלין ר"ש אומר כולן אין מטמאין טומאת אוכלין ומודה ר' שמעון בבשר בחלב שמטמא טומאת אוכלין הואיל והיתה לו שעת הכושר ואמר רב אסי אמר ר' יוחנן מאי טעמא דר"ש א) מכל האוכל אשר יאכל (א) אוכל שאתה יכול להאכילו לאחרים קרוי אוכל אוכל שאי אתה יכול להאכילו לאחרים אינו קרוי אוכל והא פיגל במנחה נמי אוכל שאי אתה יכול להאכילו לאחרים הוא אי הכי בשר בחלב נמי תיפוק ליה דאוכל שאתה יכול להאכילו לאחרים הוא דתניא ג) ר"ש בן יהודה אומר משום ר"ש בשר בחלב אסור באכילה ומותר בהנאה שנאמר ב) כי עם קדוש אתה לה' אלהיך לא תבשל גדי בחלב אמו ולהלן הוא אומר ג) ואנשי קודש תהיון לי ובשר בשדה טריפה לא תאכלו מה להלן אסור באכילה ומותר בהנאה אף כאן אסור באכילה ומותר בהנאה חדא ועוד קאמר חדא דאוכל שאתה יכול להאכילו לאחרים הוא ועוד לדידיה נמי היתה לו שעת הכושר מיתיבי ג) ר"ש אומר יש נותר ב שהוא מטמא טומאת אוכלין ויש נותר שאינו מטמא טומאת אוכלין כיצד לן לפני זריקה אינו מטמא טומאת אוכלין לאחר זריקה מטמא טומאת אוכלין (א) ד) (והא) ופיגול בין בקדשי קדשים בין בקדשים קלים אינו מטמא טומאת אוכלין פיגל במנחה מטמא טומאת אוכלין לא קשיא כאן שהיתה לה שעת הכושר כאן שלא היתה לה שעת הכושר היכי דמי דלא היתה לה שעת הכושר דאקדשינהו במחובר וליפרקינהו הניחא להך לישנא דאמר רבי אושעיא טמאין נפדין טהורין אין נפדין שפיר אלא להך לישנא דאמר אפילו טהורין נפדין לפרקינהו השתא מיהא לא פריק וכיון דאי בעי פריק ליה ב) (א) שמעי' ליה לרבי שמעון דאמר כל העומד לפדות כפדוי דמי דתניא רבי שמעון אומר ה) ג פרה מטמאה טומאת אוכלין הואיל והיתה לה שעת הכושר ואמר ריש לקיש אומר היה ר' שמעון ד פרה נפדית על גב מערכתה הכי השתא בשלמא פרה עומדת לפדות היא ה שאם מצא אחרת נאה הימנה מצוה לפדותה אלא הני מנחות מצוה לפדותן והא לן לפני זריקה דמצוה למיזרקיה ואי בעי זרק וקתני דאין מטמא טומאת אוכלין הכא במאי עסקינן שלא היתה שהות ביום למיזרקיה אבל היתה לו שהות ביום מאי מטמא טומאת אוכלין אדתני לן לאחר זריקה מטמא טומאת אוכלין ליפלוג בדידה במה דברים אמורים שלא היתה לו שהות ביום אבל היתה לו שהות ביום מטמא טומאת אוכלין הכי נמי קאמר לן קודם שיראה לזריקה אינו מטמא טומאת אוכלין לאחר שיראה לזריקה מטמא טומאת אוכלין ו והא פיגל בין בקדשי קדשים בין בקדשים קלים ג) מצוה למיזרקיה

ואי

ושור הנסקל. ששחטו לאחר שנגמר דינו דאי נסקל ממש מטמא טומאה חמורה דנבילה היא: ועגלה ערופה. ששחטה לאחר ירידתה לנחל איתן ד) דאוסרתה: וצפורי מצורע. ששחטן: ופטר חמור. ששחטו לעובד כוכבים ולא בא עדיין לטומאת נבילות כגון בעודו מפרכס דאמרינן בהעור והרוטב (חולין דף קיז:) השוחט בהמה טמאה לעובד כוכבים ומפרכסת מטמאה טומאת אוכלין אבל לא טומאת נבילות ו): ה) פטר חמור. אסור בהנאה כל זמן שלא נפדה דקדוש בבכורה הוא ל"א ואפי' היו נבילות מטמא טומאת אוכלין וכגון דאיכא פחות מכזית דלא חזי לטומאת נבילות מצטרף לפחות מכביצה אוכלין להשלימו לכביצה: בשר בחלב. איכא תנא דאסר ליה בהנאה בפרק כל הבשר (שם דף קיד:): הואיל והיתה לו שעת הכושר. דאי תרו ליה כולי יומא בחלבא לא מיתסר עד שיבשלנו: שאי אתה יכול להאכילו לאחרים. עובדי כוכבים שאסורים בהנאה: והאי דפיגל במנחה נמי אי אתה יכול להאכילו לאחרים. דבת שריפה היא ולקמן מוקי לה בשלא היתה לו שעת הכושר מעולם: אי הכי. דטעמא דר"ש משום אוכל שאתה יכול להאכילו הוא: מה להלן מותר בהנאה. כדכתיב לכלב תשליכון אותו והא הנאתו הוא מה שכלבו אוכל ו) ז) דמחשבתו עליו: ועוד לדידיה נמי. לצורך ישראל עצמו הוה ליה שעת הכושר אבל אינך לא הוה להו שעת הכושר לקבל טומאה ולא הותרו מעולם ואפילו שור הנסקל קודם שנגמר דבהמה בחייה בחזקת איסור עומדת ולטומאה נמי לא חזיא מחיים: לן לפני זריקה. לא היתה לו שעת הכושר: פיגל במנחה מטמאה טומאת אוכלין. וקשיא לרבי אושעיא: ליפרקינהו. כלומר והא קודם שקדשו בכלי יכול לפדותן ולאוכלן ואישתכח דהוה ליה שעת הכושר: פרה. אדומה אע"ג דאסורה בהנאה מודה ר"ש דמטמאה טומאת אוכלין: ואמר ריש לקיש. מאי שעת הכושר הוה לה: אומר היה ר' שמעון פרה נפדית על גב מערכתה. אפילו נשחטה כתיקונה אלמא אע"ג דלא פרקה הא חשיב ליה שעת הכושר הואיל ומצי למיפרקה: מצוה לפדותה. בתמיה: אבל היה לו שהות ביום כו'. וממילא הוה ידענא כ"ש לאחר זריקה: קודם שיראה לזריקה. דלא הוה ליה שהות: והא פיגל בין בקדשי קדשים כו' דמצוה למזרקיה. בלא (ב) מחשבה דאסור לשנות בקדשים:

ואי

עולה לרבי שמעון לא תטמא טומאת אוכלין דאוכל שאי אתה יכול להאכילו לאחרים הוא כמו מנחה שפיגל דלא מקבלת טומאה אם הקדישה במחובר וזה נמי לא היתה לה שעת הכושר וי"ל דאכילת מזבח שמה אכילה ח) כדאשכחן באותו ואת בנו (חולין דף פא.) לענין אוכל שאתה יכול להאכילו לאחרים בהיא חולין ובנה עולה דחשיב עולה שחיטה הראויה ואפילו לרבא דלא חשיב ליה שחיטה הראויה ופטר משום אותו ואת בנו לר"ש ט) לענין אוכל שאתה יכול להאכילו לאחרים מודה דשמה אכילה מידי דהוה אטריפה שנשחטה דשחיטה שאינה ראויה והויא אוכל שאתה יכול י) להאכילו ותדע דהא עצים ולבונה מקבלין טומאה לר"ש על כרחך משום אכילת מזבח דאי משום חיבת הקודש לחודיה ז) הא לא מהניא חיבת הקודש לשוייה אוכל שאתה יכול להאכילו לאחרים כ) דאי לא פיגל במנחה יטמא לר"ש טומאת אוכלין הואיל והיתה לה שעת הכושר קודם פיגול מיד כשנתקדש בכלי דחיבת הקודש מכשרתה ועוד ל) כמו שמדקדק מפרה ח) מ):

ועגלה ערופה. לאו כשנערפה דא"כ תיפוק ליה משום נבילה אלא בששחטה וקא סבר ירידתה לנחל איתן אוסרתה ולמאן דאמר עריפתה אוסרתה נמי מצינן למימר דקא סבר ר"ש עגלה בשחיטה כשירה כדאמרינן בפ"ב דכריתות (דף כה.) אי נמי משערפה ועריפתה מטהרתה מידי נבילה כדמוכח בסוף חטאת העוף (זבחים דף ע:):

אוכל שאתה יכול להאכילו לאחרים. הקשה ה"ר אליעזר ממיץ דהכא לא ממעט ר"ש מדכתיב אשר יאכל אלא איסור הנאה ובפרק כיסוי הדם (חולין דף פה. ושם) ממעט ר' שמעון אף טריפה מכיסוי משום דכתיב אשר יאכל ולא אמרי' איסורי הנאה דווקא וי"ל דהכא כתיב מכל האוכל דמשמע כל לרבויי אפילו אסור באכילה הילכך לא ממעט אלא איסור הנאה אבל התם אשר יצוד ציד חיה או עוף אשר יאכל כתיב ולא כתיב כל הילכך אמרינן ההיא דווקא דשרי באכילה:

בשר בחלב אסור באכילה ומותר בהנאה. בסוף כל הבשר (חולין דף קטו:) יליף איסי איסור אכילה מהך ג"ש ואיסור הנאה מק"ו ונראה דהיינו טעמייהו דר"ש סבר אין ג"ש למחצה וילפינן מינה אף היתר הנאה ואיסי סבר אהני ג"ש ואהני ק"ו אי נמי משום דבההוא קרא דטריפה איירי נמי בקדשים שיצאו חוץ למחיצתן כדאמר בפרק בהמה המקשה (שם דף סח:) דאסירי אף בהנאה וגלי קל וחומר דילפינן מינייהו ורבי שמעון דהכא סבר דפשטיה דקרא בטריפה מיירי:

נאמר כאן אנשי קודש. וא"ת ונילף מבקודש באש תשרף דמיירי בפסול קודש כדאמר בפרק כל שעה (פסחים דף כד.) ואסירי בהנאה ויש לומר דילפינן עם קודש מאנשי קודש:

פיגל במנחה מטמא טומאת אוכלין. וקשיא לרבי אושעיא תימה למאי דס"ד השתא דאיירי רבי אושעיא אפי' בהיה לו שעת הכושר תיקשי ליה מההיא דלעיל דמודה רבי שמעון בבשר בחלב הואיל והיתה לה שעת הכושר ויש לומר דהוה אמינא שעת הכושר דבשר בחלב כגון שנתערבה קודם בישול כגון דתרי ליה כולי יומא בחלבא ואח"כ בישל וכי האי גוונא לא היתה למנחה שעת הכושר י) קודם שהוקדשה: **ההיא** דפרה מטמאה טומאת אוכלין. מפורש בבבא קמא (דף עז.) יפה: **והא** לן לפני זריקה דמצוה למיזרקיה. אי לאו הנך שינויי דאסיקנא לרבי אושעיא ברייתא גופא לא קשיא ליה מאי שנא פיגל במנחה דמטמא טומאת אוכלין ומאי שנא לן לפני זריקה דאין מטמא דמנחה היתה לה שעת הכושר קודם שהוקדשה:

דקומץ

עין משפט נר מצוה

ו א מיי' פ"א מהל' טומאת אוכלין הל' כה:
ז ב מיי' שם וכרבנן ועיין בכ"מ:
ח ג מיי' שם:
ט ד מיי' פ"א מהל' פרה אדומה הל"ט:
י ה מיי' שם הל"י:
יא ו מיי' פט"ו מהל' פסה"מ הל"ג:

שיטה מקובצת

א] אוכלין ופיגול תיבת והא ל"ש: ב] ליה הא: ג] קלים דמצוה:

חדושי הרגמ"ה

והיתה לו שעת הכושר. פי' קודם שנתערב ונתבשל: פיגל במנחה מטמא טומאת אוכלין. וקשיא לר' אושעיא: לא קשיא. הא דאמר ר"ש אינו מטמא טומאת אוכלין דלא היתה לו שעת הכושר דאקדשה במחובר: והא לן לפני זריקה כו'. מקשים עוד לר"ש דאמר משום דפרה מצוה לפדותה משום הכי מטמאה (דאפדייה) [דכפדויה] דמיא והרי לן דמצוה למזרקיה קודם שילין ואי בעי למזרקיה קודם שלן היה יכול וקתני דאין מטמא טומאת אוכלין אלמא לא אמרינן כזרוק דמי: הא לא קשיא כגון שלא היתה לו שהות למזרקיה כגון ששחטו סמוך לשקיעת החמה משום הכי לא מטמא דלא עמד ליזרק: ה"נ קאמר קודם שיראה לזריקה. היינו שלא היה שהות ביום למזרקיה: לאחר שיראה. שהיה לו שהות ביום למזרקיה מטמא טומאת אוכלין: ותו פריך לר"ש והא פיגול דמצוה למזרקיה בלא מחשבת פיגול כו' עכ"ל הרגמ"ה: ד] איתן. דקיי"ל ירידתה לנחל איתן אוסרתה: ה] ופטר: ו] אוכל. דמזונותיו עליו: ז] לחודיה. עיין תוס' ב"ק דף ע"ז ע"א: ח] מפרה. עיין תוס' חולין דף פ"א ע"ב:

תורה אור השלם

א) מִכָּל הָאֹכֶל אֲשֶׁר יֵאָכֵל אֲשֶׁר יָבוֹא עָלָיו מַיִם יִטְמָא וְכָל מַשְׁקֶה אֲשֶׁר יִשָּׁתֶה בְּכָל כְּלִי יִטְמָא: [ויקרא יא, לד]
ב) לֹא תֹאכְלוּ כָל נְבֵלָה לַגֵּר אֲשֶׁר בִּשְׁעָרֶיךָ תִּתְּנֶנָּה וַאֲכָלָהּ אוֹ מָכֹר לְנָכְרִי כִּי עַם קָדוֹשׁ אַתָּה לַיהוָה אֱלֹהֶיךָ לֹא תְבַשֵּׁל גְּדִי בַּחֲלֵב אִמּוֹ: [דברים יד, כא]
ג) וְאַנְשֵׁי קֹדֶשׁ תִּהְיוּן לִי וּבָשָׂר בַּשָּׂדֶה טְרֵפָה לֹא תֹאכֵלוּ לַכֶּלֶב תַּשְׁלִכוּן אֹתוֹ: [שמות כב, ל]

מסורת הש"ס

א) בכורות ט: חולין קכט:, ב) חולין קטז. קדושין נז: בכורות ו: י', ג) ב"ק עז: [תוספתא דעוקצין פ"ג], ד) ל"ק מ"ז, ה) חולין פא. ב"ק עז. שבועות יא: תוספתא דפרה פ"ו, ו) עיין ל"ק שמהפך הגי' בשם רש"י דבכורות, ז) ל"ל למזונותיו. ל"ק, ח) ל"ל והוי אוכל שאתה יכול להאכילו לאחרים כדאשכחן באותו ואת בנו בהיא חולין כו'. ל"ק, ט) ל"ל לענין טומאה מודה דשמה אכילה והוי אוכל שאתה יכול להאכילו לאחרים מידי דהוה כו'. ל"ק, י) ל"ל להאכילו לאחרים. ל"ק, כ) ל"ל דאי מהניא פיגל במנחה כו'. ל"ק, ל) ל"ל כמו שדקדקתי מפרה ל"ק, מ) עי' ברש"ק, נ) ל"ל אלא קודם כו' ל"ק.

הגהות הב"ח

(א) גמ' וסמעינן ליה: (ב) רש"י ד"ה והא פיגל וכו' מחשבת איסור דאסור:

רבינו גרשום

ושור הנסקל. ששחטו לאחר שנגמר דינו. דאי נסקל הוה מטמא טומאה חמורה בכזית: ועגלה ערופה. ששחטה לאחר ירידתה לנחל איתן: ופטר חמור. כגון ששחטו ועדיין הוא מפרכס דלאחר שמת מטמא טומאה חמורה בכזית כדין נבילת בהמה טמאה שמתה: כולן מטמאין טומאת אוכלין כדאמרן אע"ג דאיסורי הנאה נינהו: ר' שמעון אומר כולן אין מטמאין טומאת אוכלין. דאסור בהנאה ולא היתה להן שעת הכושר לעולם דשור ועגלה וציפרים אמרינן בהמה בחייה בחזקת איסור עומדת עד שיודע לך במה נשחטה: חרץ מבשר בחלב. אע"ג דאסור בהנאה מטמא טומאת אוכלין: הואיל והיתה לו שעת הכושר קודם שנתערב ונתבשל: מ"ט דר' שמעון. דאמר כולן אין מטמאין טומאת אוכלין: דאוכל שאי אתה יכול להאכילו לאחרים. אפי' לנכרים דאסור בהנאה אין קרוי אוכל: שאי אתה יכול להאכילו לאחרים הוא. דאסור בהנאה: מה להלן אסור באכילה ומותר בהנאה. דכתיב לא תאכלו כל נבלה לגר אשר בשעריך תתננה ואכלה או מכור לנכרי: ועוד לדידיה נמי. לישראל נמי: היתה לו שעת הכושר. קודם שנתערב: לן לפני זריקה אין מטמא טומאת אוכלין. דלא היתה לו שעת הכושר לעולם לא בחיי הבהמה ולא לאחר שנשחטה דהא לן לפני זריקה דלא היה לו שעת היתר לכהנים. ופיגול בזבחים בין בקדשי קדשים בין בקדשים קלים אינו מטמא טומאת אוכלין דלא הוה ליה שעת הכושר. דפיגול לא הוי אלא בד' עבודות מכיון דפיגל אפילו באחרונה בזריקה לא היתה לו שעת היתר. פיגל במנחה מטמא טומאת אוכלין קשיא דר' שמעון אדר"ש: לא קשיא. האי דאמר ר' שמעון דאין מטמא טומאת אוכלין: דלא היתה לה שעת הכושר דאקדשה במחובר: וליפרקינהו. וליהוי להו שעת הכושר: השתא מיהא הא לא פריק. וכיון דלא פריק לא הוה להו שעה"כ: פרה מטמא טומאת אוכלין. אע"ג דלא פדאה: הואיל ובידו לפדותה. כדריש לקיש ואכתי קשיא דר' שמעון אדר' שמעון: הכי השתא. בשלמא. (השתא) [פרה] היינו טעמא דכפדויה דמיא דמצוה לפדותה אם מצא נאה הימנה. אלא הני מנחות מצוה לפדותן. בתמיה קאמר דהא מעיקרא לא אתו אלא ממובחר הילכך לא אמרי' כדפריקא דמו ולא מטמא טומאת אוכלין: והא לן לפני זריקה וכו' מקשי עוד לר' שמעון דאמר משום דפרה מצוה לפדותה משום הכי מטמא דכפדויה דמי. והא לן דמצוה לזרוק קודם שילין ואיבעי למיזרקיה קודם שלן הוה יכול למיזרקיה וקתני דאין מטמא טומאת אוכלין אלמא לא אמרי' כזרוק דמי: הא לא קשיא הכא במאי עסקינן שלא היה שהות ביום למיזרקיה. כגון ששחטו סמוך לשקיעת החמה משום הכי אין מטמא דלא עמד ליזרק: הכי נמי קאמר לן קודם שיראה לזריקה. היינו דלא הוה ליה שהות ביום למיזרקיה: לאחר שיראה לזריקה. דהיה שהות ביום למזרקיה מטמא טומאת אוכלין: ותו פריך לר' שמעון דפרה. והא פיגול דמצוה למזרקיה בלא מחשבת פיגול וקתני דאינו מטמא מאי לאו בזריקה

מסורת הש"ס

א) מעילה ב., ב) ל"ק מ"ז, ג) ל"ק מ"ז, ד) גי' ל"ק, ה) כריתות כג:, ו) ל"ק מ"ז, ז) ל"ק מ"ז, ח) ל"ק מ"ז, ט) ל"ק מ"ז, י) עיין רש"ק.

עין משפט נר מצוה

יב א ב מיי' פ"ג מהל' מעילה הלכה א:

ואי בעי זריק וקתני דאינו מטמא טומאת אוכלין מאי לאו דפיגל בזריקה לא דפיגל בשחיטה [א] אבל פיגל בזריקה מאי הכי נמי דמטמא טומאת אוכלין אדתני פיגל במנחה מטמא טומאת אוכלין ליפלוג בדידה במה דברים אמורים דפיגל בשחיטה אבל פיגל בזריקה מטמא טומאת אוכלין פיגל במנחה איצטריכא ליה דאע"ג דפיגל בקמיצה דקומץ במנחה כשחיטה דמי אפי' הכי מטמא טומאת אוכלין הואיל והיתה לו שעת הכושר מעיקרו אמר רב אשי אמריתה לשמעתא קמיה דרב נחמן אפילו תימא לן ממש ואפילו תימא דפיגל בזריקה דאי בעי פריק אמר אי בעי [ב] הוה זריק לא אמרינן מיתיבי כלל [א] אמר רבי יהושע א כל שהיתה [ג] לו שעת היתר לכהנים אין מועלין בה וכל שלא היתה [ד] לו שעת היתר לכהנים מועלין בה [ה] ואיזהו שעת היתר לכהנים שלנה ושנטמאת ושיצאה ואיזו היא שלא היתה לו שעת היתר לכהנים שנשחטה חוץ לזמנה וחוץ למקומה ושקבלו פסולין וזרקו את דמה קתני מיהא רישא שלנה ושנטמאת ושיצאה מאי לאו לנה ממש [ו] והכא דאי בעי הוה זריק הוא וקתני דאין מועלין לא ראויה לצאת וראויה לטמא [ז] וראויה ללין אבל לינה ממש מאי הכי נמי דמועלין האי כל [ח] שהיה לו שעת היתר לכהנים וכל שלא היתה [ט] לו שעת היתר לכהנים כל שיש [ט] לו שעת היתר לכהנים אין מועלין בה וכל שאין לה שעת היתר לכהנים מועלין בה מיבעי ליה אלא אמר רב אשי מעילה אטומאה קא רמית מעילה משום קדושה ולאו קדושה היא לבתר דפקעה לה קדושתיה במאי הדרא רכבא לה טומאה משום אוכלא ולאו [י] ג) (משום) אוכלא היא כל היכא (א) דאי בעי זריק מצי זריק לי' משוי ליה אוכלא ומטמא טומאת אוכלין היכא דאי [יא] בעי ג) (מצי) זריק לא מצי זריק לא משוי ליה אוכלא ד) [ולא] מטמא טומאת אוכלין מיתיבי ה) המביא אשם ב תלוי ונודע שלא חטא אם עד שלא נשחט נודע לו יצא וירעה בעדר דברי רבי מאיר וחכמים אומרים ירעה

רש"י

ואי בעי זריק ליה. בלא פיגול: מאי לאו דפיגל בזריקה. דהוה ליה שעת הכושר קודם לכן דאי בעי זריק ליה בהכשר: ליפלוג בדידה. בזבח גופיה: דקומץ במנחה כשחיטה. בזבח ארבעה עבודות המנחה כנגד ארבעה עבודות בזבח בהקומץ זוטא (לעיל יג:) מפרש להו: לן ממש. האי לן לפני זריקה ולאחר זריקה דקתני לעיל לפני זריקה ממש דהיה שהות ביום ולאחר זריקה ממש קאמר [יב] ו) (דהוה שהות) והא פירכא נמי [יג] פיגול בין בקדשי קדשים וכו' דפיגל בזריקה ודקא קשיא לך [יד] [א] דר' שמעון הכא לא בעי למימר כל העומד לזרוק כזרוק דמי אדר' שמעון דפרה דאמר כל העומד לפדות כפדוי (ב) דמי לא קשיא דאי בעי פריק אמר דמחוסר פדייה לאו [טו] כמעשה דמי דברים בעלמא ניניהו דאי בעי זריק לא [טז] אמרינן [ב] בהו: אין [יז] מועלין בו. דלא קדשי ה' הם ואע"ג דהשתא אין לה שעת היתר: חוץ לזמנה כו'. על מנת לאוכלה חוץ לזמנה או חוץ למקומה: מאי לאו לנה ממש. הבשר והדם [יח] וקתני היתה לה שעת היתר והיכא הוה ליה שעת היתר לאו משום דאמר כיון דאי בעי זריק שעת היתר קרינא ביה ואין מועלין [יט] דאמרי' כיון דאי בעי זריק כזרוק דמי וקשיא לרב נחמן ורב אשי: ה"ג לא ראויה לצאת וראויה לטמא. ול"ג וראויה ללון לא (ג) כגון [ג] שלנה בשעה שראויה ליפסל ביוצא וטומאה והיינו לאחר שנזרק הדם [ד] דאין בו פסול [כ] אחר ומעתה ראויה ליפסל ביוצא וטומאה [ה] שלא יהא בו שום פסול אלא היא דעדיין אינה פסולה [כא] אבל ראויה ליפסל דאי לן הדם תו לא קרו ליה ראויה ליפסל דהא פסולה ממש היא ולעולם אי בעי זריק לא אמרינן [כב]: אבל לנה ממש. הבשר והדם מאי הכי נמי דמועלין דאי בעי זריק לא אמרינן: [כג] שהיה לו שעת היתר. משמע שהיתה לו שעה שראויה להתירה ולזרוק דמה ולא הותרה: כל שיש שעת היתר מבעי ליה. דכיון שנזרק הדם מיד יש לה שעת היתר. ל"א ה"ג ראויה לצאת וראויה לטמא ז) (וראויה ללון) וראויה ללון. כלומר דנזרק הדם וכשרה בלא פסול. וראויה ליפסל באיזה פסול שיארע בה שלא יהא בה ח) (אלא) אותו פסול לבדו ראויה ליפסל היינו כשרה (ד) דאי כבר פסולה היא כגון בלא זריקת דם תו לא קרי לה ראויה ליפסל אי הכי דבכשרה מיירי כל שיש לה מיבעי ליה דכל שהיתה משמע [כד] שנראה ליזרק ולא נזרק וקרי ליה שעת [כה] הכושר משום דאי בעי זריק: מעילה משום קדושה. מועלין בה ומשום לאו קדושה פקעה מעילתו ולבתר [כו] דפקעה קדושתן שנראה ליזרק ולהיות מותרת לכהנים וקיימא לן (ב"ק דף עו:) כל העומד לזרוק כזרוק דמי במאי הדרא קדושה [כז] אבל טומאה משום אוכלא ולאו אוכלא הוא כלומר כי הוי אוכלא מקבל טומאה וכל כמה דלא הוי אוכלא אף על גב דחזי למיהוי אוכלא לא מקבל טומאה הלכך לא אמרינן בה אי בעי זריק: אשם תלוי. בא על מי שהיו לפניו שתי חתיכות אחת של חלב ואחת של שומן ואכל האחת ואינו יודע איזו היא: יוצא וירעה בעדר. עם שאר בהמותיו דחולין הוא הואיל ולא חטא:

ירעה

תוספות

דקומץ מנחה כשחיטה דמי. תימה הוא שחושב חידוש הא דלא חשבינן ליה כשחיטה לענין טומאת אוכלין:

אמר רב אשי אמריתה לשמעתא קמיה דרב כהנא גרסינן. והוא רב כהנא אחרון שהיה בימי רב אשי כדאשכחן בכמה דוכתי אבל רב נחמן לא גרסינן דרבו של רבא היה ונפטר מקמי רבא כדאיתא במועד קטן (דף כח.) וביום שמת רבא נולד רב אשי (קידושין דף עב:) ואי גרסי' רב נחמן בר יצחק ניחא:

דאי בעי זריק לא אמר. ולית ליה הא דאמרן לעיל בפ' התודה (דף עט:) ובפרק קמא דפסחים (דף יג:) לרבי אלעזר בר' שמעון היכא דנתקבל הדם בכוס ונשפך אמרינן כזרוק דמי והא דתנן במרובה (ב"ק עד:) קדשים שחייבין באחריותן משלם ארבעה וחמשה ופריך בגמ' (שם עו.) והרי חוזה קרן לבעלים ומשני רבי יוחנן בשוחט תמימים בפנים שלא לשם בעליהן והוי שחיטה הראויה משום כל העומד ליזרק כזרוק דמי ההוא שינויא לא יתכן לרב אשי אלא סבר לה כר"ש בן לקיש דמשני שוחט בעלי מומין בחוץ אי נמי היכא דנזרק ט) (בחוץ) מודה רב אשי דאמר מעיקרא כזרוק דמי וכן נ"ל דלא תיקשי לר' יוחנן דשמעא ליה בפרק קמא דמעילה (דף ה.) היתר אכילה שנינו אבל היתר זריקה לא מהני ואין לחלק בין מעילה לשאר דברים דאדרבה בסמוך משמע דאמרי' במעילה (ג"ז שם) כזרוק טפי מבטומאה ובמרובה (ב"ק עו:) מייתי ראייה מטומאה:

ה"ג **לא** ראויה לצאת וראויה ליטמא. ולא גרסינן וראויה ללון לא כגון שלנה בשעה שראויה ליפסל ביוצא ובטומאה והיינו לאחר שנזרק הדם שאין בה פסול ומעתה ראויה ליפסל ביוצא ובטומאה שלא יהא בה דבר פסול אלא הוא דעדיין אינה פסולה אבל ראויה ליפסל דאי לן הדם תו לא מיקרי ראויה ליפסל דהא פסולה ממש היא ולעולם אי בעי זריק לא אמר כך פירש בקונטרס וקשה מאי פריך כל שיש לה היתר מיבעי ליה הא כיון דלנה אין לה עכשיו היתר ועוד מאי קאמר מעילה משום קדושה הוא לבתר דפקעה במאי הדרא היכי פקעה כיון דלנה ממש י) ונראה לפרש ראויה ללון ראויה לצאת וראויה לטמא כלומר שעדיין לא נארע בה שום פסול קאמר דאין מועלין משום דהשתא הוא עומד ליזרק כזרוק דמי ולבסוף נמי כשהיה בה פסול לינה או יוצא או טומאה אין מועלין כדמפרש טעמא בסמוך דכיון דפקעה קדושה תו לא הדרא רכבא והשתא הא דנקט שלנה ושנטמאת רבותא נקט דכ"ש קודם לכן ולכך פריך כל שיש לו היתר מיבעי ליה שהטעם משום דקודם שיפסל אמר כל העומד לזרוק כזרוק דמי ומשני רב אשי במעילה כיון דפקעה קודם פסול תו לא רכבא לאחר פסול אבל טומאה מידי דחזי השתא לאכילה לא אשכחן ומתבטל ראוי דידה והא דמשני במעילה (דף ה.) דלן בשר היינו למ"ד היתר אכילה אבל למאן דאמר היתר זריקה הוי לן דם:

כי

הגהות הב"ח

(א) גמ' משום אוכלא ולאו משום אוכלא היא כל היכא דלא משוי ליה אוכלא אינה מטמא' טומאת אוכלין כצ"ל ותיבות דאי בעי זריק מצי זריק משוי ליה אוכלא ומטמא טומאת אוכלין היכא דאי בעי מצי זריק לא מצי זריק נמחק ונ"ב כן נ"ל להגיה ע"פ פרש"י וק"ל: (ב) רש"י ד"ה לן ממש וכו' כפדוי דמי הס"ד ואח"כ מ"ה לא קשיא וכו' דדברים בעלמא ניניהו הס"ד ואח"כ מ"ה דאי וכו' בהו מקדשי ה' הס"ד ואחר כך מ"ה שהיתה לו שעת היתר ואף על גב דהשתא: (ג) ד"ה ה"ג לא וכו' לא כגון. נ"ב ר"ל ה"פ: (ד) ד"ה כל שיש וכו' היינו כשרה דהיכא דכבר:

הגהות צ"ק

[א] דר"ש דהכא כצ"ל: [ב] דמחוסר בהו מעשה כצ"ל: [ג] נ"ל שלנה הבשר בשעה כו': [ד] נ"ל ואין בו: [ה] נ"ל אם לא היה בו שום פסול אלא דעדיין כו':

רבינו גרשום

הוא דפיגל אף על גב דהוה ליה שעת הכושר דאי בעי זרקיה בלא פגול ולא אמרינן כזרוק בלא פגול דמי אלא אינו מטמא טומאת אוכלין: לא דפיגל בשחיטה. דלא היתה לו שעת הכושר דמנחה קודם הקדישה היתה לו שעת הכושר אבל קדשים אי פגיל בשחיטה לא היתה לו שעת הכושר דמחיים לא חזיא למיכל: דקומץ דמנחה כשחיטה דמי זו היא תחלת עבודה קמ"ל דאפ"ה מטמא טומאת אוכלין: אמריתה קמיה דרב נחמן ותריצתה ליה הכי אפילו תימא לן ממש לאחר (שיראה לזריקה) [זריקה] ואפילו תימא דפיגל בזריקה אפ"ה לא היתה לו שעת הכושר דאע"ג דאמרינן לענין פרה כל העומד לפדות כפדוי דמי לענין זריקה לאו כזרוק דמי: כל שהיתה לו שעת היתר לכהנים אין מועלין בה דלאו מקדשי ה' קרינן בהו דהיינו לאחר זריקה. לפני זריקה מועלין דקדשי ה' הוא: שלנה לאחר שיראה לזריקה או שנטמא או שיצתה דהא היתה לה שעת היתר דאי בעי זריק מאי לאו לנה ממש לאחר שנראה לזריקה וקתני דאין מועלין ואמאי אין מועלין משום דאי בעי זריק אלמא אמרינן נמי דאי בעי זריק: לא תימא לנה לפני זריקה לאחר שנראה לזריקה אימא לנה בשעה שראויה לצאת וראויה ליטמא היינו לאחר זריקה (והכי משמע מהכא לן לאחר זריקה) כלומר שלן בשעה שאם היה יוצא לא היה בו איסור אחר אלא איסור א) לן היינו לאחר זריקה ומשום הכי אין מועלין דנזרק הדם והותר הבשר לכהנים אבל לן לפני זריקה ואח"כ זרק הוה ביה איסור לן ואיסור זריקה וכן אם (לן) [יצא] קודם זריקה הוה איסור יוצא ואיסור זריקה אלא לאו ש"מ שלנה לאחר זריקה עסקינן דאין בה אלא איסור לן לחודיה דכבר נזרק הדם והוה ביה שעת היתר הלכך אין מועלין אבל לנה ממש שלנה לאחר שנראה לזריקה מועלין דאי בעי זריק לא אמרינן ולא היה לו שעת היתר לכהנים: ואם איתא דלאחר זריקה קיימא הא ברייתא ליתני כל שיש לה היתר לכהנים דהיינו [לן] לאחר זריקה וכל שאין לה היתר לכהנים היינו לן לפני זריקה אלא מדקתני כל שהיתה ש"מ דכולה לפני זריקה היא והאי שהיתה היינו שלן לאחר שנראה לזריקה דכל שהיתה משמע כל שיכול להיות לה וקתני דאין מועלין אלמא משום דאי בעי זריק אמרינן כזרוק דמי. לישנא אחרינא כתוב בספר אחר האי כל שהיתה שעת היתר לכהנים אין מועלין בו כל שאין לו שעת היתר לכהנים (אין) מועלין בה מבעיא ליה והכי פירושו כלומר אם איתא דלנה לאחר זריקה הוי כדקאמרת א"כ שאין לה שעת היתר לכהנים עכשיו דלנה (אע"ג) [ומשום] דהיה קודם לכן אין מועלין בו אלא מדקתני כל שהיה משמע שיכול להיות לה והיינו לן לפני זריקה כו'. אמר רב אשי לרב נחמן מעילה קא רמית מעילה משום קדושה כו' ואי הוה בהו שעת היתר לאו קדשי ה' נינהו ואין מועלין בהן ולבתר דפקעה לה קדושתה דקיימא לזריקה ואי בעי זריק במאי הדרא ורכבא לה קדושה הלכך אין מועלין בהן: שאין לה שעת היתר עכשיו [כגון] שלנה (אף על גב) שהיה לו קודם שלן אין מועלין ב) בו אלא מדקתני כל שהיה משמע כל שיכול להיות לה והיינו לן לפני זריקה וכו': [אלא] אמר רב אשי לרב נחמן מעילה אטומאה קא רמית מעילה משום קדושה ולאו קדושה היא כיון דלא הוה בהו שעת היתר קרינא בהו קדשי ה' ומועלין בהן ואי הוה בהו שעת היתר לאו קדשי ה' נינהו ואין מועלין בהן ולבתר דפקעה לה קדושה דקיימא לזריקה דאי בעי זריק במאי הדרא ורכבא לה תו קדושה הלכך אין מועלין בהן אבל טומאת אוכלין משום אוכל ולאו אוכל הוא היכא דזריק ממש משוי ליה אוכלא ואי לא לא: יצא וירעה בעדר. כלומר דהוי חולין גמורין:

שיטה מקובצת

א] אבל פיגל. עיין תוס' (לעיל דף מז ע"א): ב] בעי זריק: ג] שהיתה לה: ד] היתה לה: ה] בה ואיזה היא שהיתה לה שעת: ו] ממש והא הכא: ז] תיבות וראויה ללין נמחק: ח] כל שהיתה לה: ט] לה: י] ולאו אוכלא היא היכא דאי זריק משוי ליה: יא] דאי לא זריק לא משוי ליה אוכלא ואינו תיבות ולא ל"ש:

חידושי הרגמ"ה א)

מאי לאו [דפיגל בזריקה] לאחר שנראה [לזריקה] וקתני דאין [מטמא טומאת אוכלין] ואמאי אין מטמאין: דאי בעי זריק [לא] אמרינן [דאי בעי פריק] אמרינן לא תימא לפני זריקה [לן] לאחר שנראה [לזריקה] אלא אימא [לן בשעה] שראויה לצאת [שראויה] ליטמא היינו [לאחר זריקה] (והכי משמע [מה דאמר] לאחר זריקה) [כלומר] [שלן] שאם [היה] יוצא לא היה אסור אחר אלא יוצא או שאם נטמא (לא היה איסור אחר אלא יוצא או שאם נטמא לא היה איסור אלא יוצא שאם נטמא) לא היה בו איסור אחר אלא טומאה וכן כשלן לא היה בו איסור אחר אלא לן והיינו לאחר זריקה ומשום הכי אין מועלין דהא נזרק הדם והותר הבשר לכהנים אבל לן לפני זריקה ואח"כ נזרק דאית ליה איסור לן ואיסור זריקה או איסור יוצא ואיסור זריקה (אלא ש"מ דלנה לאחר זריקה עסקינן דאין בה אלא איסור לן לחודיה ומקודם נזרק הדם והוה ביה שעת היתר לכהנים הלכך אין מועלין אבל לנה ממש שלנה לאחר שנראה לזריקה) מועלין דאי בעי זריק לא אמרינן ולא היה בו שעת היתר לכהנים: ואם איתא דלאחר זריקה קיימא הך ברייתא לתני כל שיש לה היתר לכהנים דהיינו [לן] לאחר זריקה וכל שאין לה היתר לכהנים היינו לן לפני זריקה אלא מדקתני כל שהיתה ש"מ דלפני זריקה היא והאי שהיתה היינו שלן לאחר שנראה לזריקה דכל שהיתה משמע כל שיכול להיות לה וקתני דאין מועלין אלמא משום דאי בעי זריק אמרינן כזרוק דמי ל"א כתוב בספרים אחרים האי כל שהיה לו שעת היתר לכהנים אין מועלין בו כל שאין לו שעת היתר לכהנים (אין) מועלין בו מבעיא ליה והכי פירושא כלומר אם איתא דלנה לאחר זריקה הוי כדקאמרת א"כ שאין לה שעת היתר לכהנים עכשיו דלנה (אע"ג) [ומשום] דהיה קודם לכן אין מועלין בו אלא מדקתני כל שהיה משמע שיכול להיות לה והיינו לן לפני זריקה כו'. אמר רב אשי לרב נחמן מעילה קא רמית מעילה משום קדושה כו' ואי הוה בהו שעת היתר לאו קדשי ה' נינהו ואין מועלין בהן ולבתר דפקעה לה קדושתה דקיימא לזריקה ואי בעי זריק במאי הדרא ורכבא לה קדושה הלכך אין מועלין בהן: יג] קאמר והא: יג] נמי פיגל: יד] דר' שמעון דהכא: טו] לאו כמחוסר מעשה דמי דדברים: טז] אמרינן דמחוסר מעשה הוא דהשתא מיהא לא זריק [בהו]: יז] מועלין בה דלא קרינן [בהן] מקדשי ה' ואע"ג: יח] והדם קודם זריקה: יט] מועלין בהו אלמא: כ] תיבת אחר נמחק: כא] פסולה אלא ראויה: כב] אמרינן דליהוי שעת היתר הס"ד: כג] כל שהיתה לה תיבות שהיה לו נמחק: כד] משמע דעכשיו אין לה אלא כבר היתה לה אלא מדנקט כל שהיתה משמע: כה] שעת היתר: כו] דפקעה קדושתה: כז] קדושה ורכבא לה:

חשק שלמה על שיטה מקובצת א) הטוספות במרובעות הם מהמעתיק הכ"י.

חשק שלמה על רבינו גרשום א) נ"ל אלא איסור יוצא או שאם נטמא לא היה איסור אחר אלא טומאה או אם לן לא היה איסור אחר אלא לן. ב) נראה דצ"ל אין מועלין בה מבעי ליה ומשום שהיה לו קודם לכן אלא מדקתני וכו'.

עין משפט
נר מצוה

יג א מיי' פ"ד מהלכות פסה"מ הלכה יט:
יד ב מיי' פ"ח מהלכות אבות הטומאה הל' ג ופי"ב הלכה יד ועיין בכ"מ:
טו ג ד מיי' פי"ז מהל' מעשה קרבנות הל' ב:
טז ה מיי' שם הלכה ג:
יז ו מיי' שם הלכה ד:

שיטה מקובצת

א] יאכל רבי: ב] חיבת מדאמר נמחק לר' שמעון מדכל: ג] לשרוף כשרוף דמי: ד] לפסולה: ה] ושני נמי מי מהניא ליה: ו] כי קא מבעיא: ז] אלו להביא: ח] שני עשרונין: ט] שני עשרונין: י] פליג לה: יא] בכריתות מפרש: יב] נוקפו על חטא: יג] ישפך: יד] לה והכי: טו] דהתירא: טז] לענין שיוריא: יז] דמי הוא: יח] מעיקרא דרבי: יט] צריד של מנחות קצת מן הסולת לא נגע בשמן: כ] יובש כדאמרי' לענין שופר היה קולו צרור ואותו צרור היינו יבש שאין הקול נשמע ובלעז ראקו: כא] מה שהביא הביא: כב] אלו להביא: כג] אחד שהיו מונחים לפניו הס"ד ומה"ד הרי אלו פסולין דהיכא דנדר בכלי אחד [והביא]: כד] שנתערבו דאמרינן: כה] אבל הכא: כו] ושהביא בו: כז] פי' בקונטרס גליון פ"ה דחוק ור"י פירש דלעיל שנדר בשני כלים שנתחייב בשני לוגין וכשתביא בכלי אחד בוללן מלוג כר' אליעזר דאמר אפילו מנחה של ששים עשרון אין לה אלא לוג ופסולה דעשה מבלולה חריבה והכא איירי שבללן בשני כלים ואח"כ נתנן בכלי אחד לקמוץ ולכך הם כשני מנחות שנתערבו ע"כ:

הגהות צ"ק

[א] צ"ל שויי: [ב] צ"ל מדאמר ר"ש כל העומד כו': [ג] מרחשת אידי ואידי כלי שנדר ושהביא אימא ידי נדרו נמי יצא והס"ד כצ"ל: [ד] צ"ל וב"ש: [ה] צ"ל להקדש כדתנן כו':

[א] ירעה עד שיסתאב וימכר ויפלו דמיו לנדבה ר' אליעזר אומר יקריב שאם אינו בא על חטא זה הרי הוא בא על חטא אחר משנשחט נודע לו הדם ישפך והבשר ישרף נזרק הדם הבשר יאכל [א] ורבי יוסי אומר אפי' הדם בכוס יזרק והבשר יאכל ואמר רבא רבי יוסי בשיטת ר"ש אמר דאמר [א] כל העומד לזרוק כזרוק דמי מידי הוא טעמא אמרי במערבא משמיה דרבי יוסי בר חנינא היינו טעמא דר' יוסי דקסבר כלי שרת מקדשין את הפסולין לכתחילה ליקרב אמר ליה רב אשי לרב כהנא [ב] [ג] מדאמר רבי שמעון כל העומד לזרוק כזרוק דמי כל העומד לשרוף [ג] נמי כשרוף דמי נותר ופרה אמאי מטמאין טומאת אוכלין עפרא בעלמא נינהו א"ל [ו] חיבת הקודש מכשרתן אמר ליה רבינא לרב אשי נהי דמהניא להו חיבת הקודש [ד] לאיפסולי דגופיה ליקרויי טמא נמי למימני ביה ראשון ושני [ה] תפשוט [ו] דבעי ריש לקיש צריד של מנחות [ב] מונין בו ראשון ושני או אין מונין בו ראשון ושני כי [ו] מיבעיא ליה לריש לקיש דאורייתא כי קאמרינן דרבנן: **מתני'** [ג] האומר [ז] הרי עלי במחבת והביא במרחשת במרחשת והביא במחבת מה שהביא הביא וידי חובתו לא יצא זו להביא במחבת והביא במרחשת במרחשת והביא במחבת הרי זו פסולה [ד] האומר הרי עלי שני עשרונות להביא בכלי אחד והביא בשני כלים בשני כלים והביא בכלי אחד מה שהביא הביא וידי חובתו לא יצא [ה] אלו [ז] בכלי אחד והביא בשני כלים בשני כלים והביא בכלי אחד הרי אלו פסולין הרי עלי שני [ח] עשרונות להביא בכלי אחד והביא בשני כלים אמרו לו בכלי אחד נדרת הקריבן בשני כלים פסולין בכלי אחד כשרין [ו] הרי עלי שני [ט] עשרונות להביא בשני כלים והביא בכלי אחד אמרו לו בשני כלים נדרת הקריבן בשני כלים כשרין נתנו לכלי אחד כשתי מנחות שנתערבו: **גמ'** וצריכא דאי אשמעינן הך קמייתא משום דאמר במחבת וקא מייתי במרחשת אבל הכא דאידי ואידי במחבת ואידי ואידי במרחשת אימא ידי נדרו נמי יצא ואי אשמעינן הך משום דקא פליג להו אבל התם דלא פליג [י] ביה אימא לא צריכא ת"ר מה שהביא הביא וידי נדרו לא יצא ר"ש אומר אף ידי נדרו נמי יצא: זו להביא במחבת: והא תניא לא קידשום כלי שרת אמר אביי לא קידשום ליקרב אבל קידשום ליפסל ואמר אביי לא שנו
אלא

כי קאמרינן דרבנן. תימה בפרק אור לי"ד (פסחים כ.) דקאמר האי בשר דאיתכשר במאי כו' אלא בחיבת הקודש תפשוט דבעי ר"ש [בן לקיש] אמאי לא משני כי הכא דר"ש בן לקיש מיבעי לי' דאוריית' כי קאמר הכא דרבנן וי"ל דרוצה לתרץ שם אפי' לרב יוסף דאמר בפ"ב דחולין (דף לו:) לר"ש בן לקיש נמי עשאוהו כהכשר מים דרבנן משמע דקסבר דמיבעי' ליה דרבנן ולדידיה ה"נ דתיפשוט מהכא כי היכי דפשיט לי' התם: **כשתי** מנחות שנתערבו. ואמרינן בהקומץ רבה (לעיל כג.) אם יכול לקמוץ מזו בפני עצמה ומזו בפני עצמה כשרות ואם לאו פסולות והא דקתני נמי לעיל אלו להביא בשני כלים והביא בכלי אחד פסולה כגון דלא יכול לקמוץ מכל אחת בפני עצמה כך [ח] פי' בקו' ועוד י"ל דהכא מיירי כגון שאמרו לו בשתי כלים נדרת והקריבן בשתי כלים וחזר ונתנן בכלי אחד וקמ"ל דאף ע"פ שמתחילה הביא בכלי אחד מ"מ הויא לה השתא כשתי מנחות שנתערבו:

[י] **הא** מני בית שמאי היא דאמרי תפוס לשון ראשון דתנן כו'. בפ' שני דנזיר (דף ט.) מפרש טעמיה דב"ש דסבר לה כר"מ דאמר אין אדם מוציא דבריו לבטלה וכיון דאמר הריני נזיר הוה נזיר כי קאמר מן הגרוגרות לאיתשולי קאתי [ד] ב"ש לטעמייהו דאמרי אין שאלה בהקדש וכיון דאין שאלה בהקדש אין שאלה בנזירות פי' כיון דאין אדם מולי' דבריו לבטלה לא תימא מעיקרא כי אמר הריני נזיר היה בדעתו [י] לגמור מן הגרוגרות ומן הדבלה אלא אמר דנמלך הוא והיינו לאיתשולי שרוצה לחזור בו וכיון דסברי אין שאלה [ה] כדתנן (שם ל:) בית שמאי אומרים הקדש טעות הקדש הכי נמי לא מצי מהדר אף בתוך כדי דיבור אע"ג דבעלמא כדיבור דמי ובית הלל אומרים אינו נזיר דסברי לה כר"ש דתנן ר' שמעון פוטר שלא התנדב כדרך המתנדבין פי' בקונט' גבי הרי עלי מנחה מן השעורים דקאמר תנא קמא יביא מן החיטין דתפוס לשון ראשון ור"ש פוטר דאין זה כדרך המתנדבין דאין מנחה באה שעורין אלא מנחת העומר ומנחת קנאות והכי נמי בנזירות לא הוי נזיר דמעיקרא היה בדעתו [ח] לגמור מן הגרוגרות ואין זה כדרך הנודרים ואם תאמר ולימא טעמא דבית הלל משום דיש שאלה להקדש ובית הלל לטעמייהו דאמרי הקדש טעות לא הוי
הקדש

ירעה עד שיסתאב. בכריתות (דף כג:) [יא] בגמ' מפרש טעמא דרבנן מתוך שלבו נוקפו [יב] גמר ומקדיש לה: רבי אליעזר אומר יקריב. ואזיל לטעמיה דאמר בכריתות (דף כה.) מתנדב אדם אשם תלוי בכל יום: [יג] ישפוך לארץ והבשר ישרף. דחולין שנשחטו בעזרה היא: נזרק הדם. ואחר כך נודע לו הבשר יאכל לכהנים שעל הספק באה מתחילתה ובשעת כפרתה דהיינו זריקה אכתי ספק היה וכיפרה ספיקה והלכה לה [יד] הכי מפרש בכריתות: כזרוק דמי. וקשיא לרב אשי ורב נחמן דהא הכא אף על גב דלא זריק שרי ליה למזרקיה ולמיכליה דאוכלא [טו] היתירא חשיב ליה משנראה לזריקה אלמא לענין [טז] [א] שינוי אוכלא אמרינן אי בעי זריק: [יז] מידי הוא טעמא. כלומר וכי טעמא דרבי יוסי משום דכזרוק דמי: כלי שרת. כגון האי כוס שנתקבל בו הדם מקדשין את הפסולין שאינן פסולין לגמרי אלא כה"ג ליקרב: [ב] כל העומד ליזרק וכו'. למאי דס"ד מעיקרא [יח] רבי יוסי בשיטת רבי שמעון אמרה נקיט לה: צריד של מנחות. [יט] כדאמרינן לענין שופר (ר"ה דף כז:) צריד או עבה קלת מן הסולת שלא נגע בשמן ולא הוכשר ונגע בו שרץ מונין בו ראשון ושני וכו' צריד לשון יובש [כ]: כי קמבעי' ליה דאורייתא. אי מונין בו ראשון ושני דאוריי' שישרפו את השני או לא והכי קמיבעיא ליה דקיימא לן (זבחים דף לד.) והבשר לרבות עצים ולבונה דלאו בני טומאה נינהו אלא משום חיבת הקדש אלמא חיבת הקדש דאורייתא: מונין ראשון ושני. לשרוף גם את השני או אין מונין בו מדאורייתא: כי קאמרי'. לעיל דמטמא טומאת אוכלין דמשמע אפילו למנות ראשון ושני מדרבנן דתולין את השני אם קדש הוא דאין שורפין קדשים על טומאה דרבנן: **מתני'** מה שהביא. [כא] דאימר לא לשם נדרו הביאה אלא נדבה אחרת היא: זו להביא במחבת. שהיה עשרון סלת מונח לפניו ואמר זו להביא במחבת כו' הרי זו פסולה דקבעה כלי שהזכיר בה ואין יכול לשנותה לכלי אחר: אלו [כב] להביאם בכלי אחד [כג] והביא בשני כלים. והפריש שני קמצים והוא לא נדר אלא קומץ אחד ועוד שמנחה חסירה היא בכל כלי וכלי והיכא דנדר בשני כלים והביא בכלי אחד הויא מנחה יתירה ומיעט בקמצים שהוא נדר לשם שתי קמיצות ולא קמץ אלא אחד: אמרו לו בכלי אחד נדרת. ולא חש לדבריהם והקריבן בשני כלים פסולים אע"ג דלא אמר אלו להביא בכלי אחד דהשתא ליכא למימר לשם נדבה אחרת מייתי לה דכיון דאמרו ליה בכלי אחד נדרת הוה ליה למימר להו אנא לשם נדר אחרינא מייתינא לה: כשתי מנחות שנתערבו. [כד] כדאמרינן בהקומץ [רבה] (לעיל דף כג.) אם יכול לקמוץ מזו בפני עצמה ומזו בפני עצמה כשרות ואם לאו פסולות והא דקתני נמי לעיל אלו להביא בשני כלים והביא בכלי אחד פסול כגון שאין יכול לקמוץ מכל אחת בפני עצמה: **גמ'** וצריכא דאי אשמעינן קמייתא. הרי עלי במחבת והביא במרחשת דלא יצא ידי נדרו: אבל. [כה] בשני כלים והביא בכלי אחד דבאותו כלי שנדר הביא אם מחבת מחבת ואם מרחשת [ג] מרחשת אימא ידי נדרו נמי יצא: אידי ואידי. כלי שנדר ושהביא [כו]: משום דקא פליג לה. שחולק מנחה גדולה לשתי מנחות קטנות שנדר בכלי אחד והביא בשני כלים: ר"ש. אכולה מתניתין פליג דקסבר קביעותא דמנא לאו [ו] כלי הוא: והא תניא לא קידשום. אותן כלי שרת שהביאן בו וכיון דלא קידשום אמאי פסולות הא מצי לאהדורינהו ולאיתויי באותן כלים שנדר: לא שנו. דזו להביא במחבת והביא במרחשת פסולה:
אלא

מסורת הש"ס

א) [לעיל עט: פסחים יג: כריתות כד: תמורה כג.], ב) ב"ק עו:, ג) פסחים כ. חולין לו., ד) [לעיל ג.], ה) [צ"ל כלום], ו) שייך לדף קג ע"א, ז) לנזור. יעב"ץ, ח) לנזור. יעב"ץ.

גליון הש"ס

גמרא חיבת הקודש מכשרתן. עיין יומא דף מח ע"א תוספות ד"ה במנחות ובט"א חגיגה דף כא ד"ה לא ישא:

רבינו גרשום

שאם אינו בא על חטא זה הרי הוא בא על ספק חטא אחר דהכי סבירא ליה לר' אליעזר דמביא אדם אשם תלוי בכל יום: הדם ישפך הכל והבשר ישרף שלא ע"ג המזבח שהרי אין להן תקנה: נזרק הדם ואח"כ נודע לו שלא חטא הבשר יאכל הואיל וכבר נזרק הדם: ר' יוסי אומר אפי' הדם בכוס במזרק. ונודע לו קודם שנזרק אפילו הכי זורק והבשר יאכל דכל העומד ליזרק כזרוק דמי וקשיא למאן דאמר דאי בעי זריק לא אמרינן: מידי הוא טעמא. כלומר מי סברת דמשום האי טעמא דכל העומד ליזרק כזרוק דמי קאמר רבי יוסי וקשיא למאן דאמר דאי בעי [זריק לא אמרינן] לאו היינו טעמא דר' יוסי א) דכלי שרת מקדשין את הפסול: למימני ביה ראשון ושני נמי. כגון שנטמאו האוכלין בשרץ למימני ביה ראשון ושני נמי: צריד. דבר יבש של מנחות כגון סלת ולבונה כמו היה קולו עבה או צרוד בלעז רוקו מחמת שיבש הוא השופר: כי קאמרינן הכא בנותר ופרה דמטמאה משום חיבת הקדש מדרבנן קאמרינן: מה שהביא כשר. וידי נדרו לא יצא וצריך עוד להביא כמו שנדר אבל נדר מנחה זו שהיתה לפניו להביא במחבת ושינה בה פסולה: אלו להביא בכלי שרת אחד. לקמוץ מהן קומץ אחד בלבד ושינה פסולין: נתנן לכלי אחד יש להן דין ב' מנחות שנתערבו שאם יכול לקמוץ מזו בפני עצמו ומזו בפני עצמו כשרין: אבל הכא בהאומר הרי עלי ב' עשרונין דאידי ואידי במחבת או אידי ואידי במרחשת שלא שינה אלא בכלים אימא ידי נדרו נמי יצא: משום דקא פליג ביה בכלי משום הכי לא יצא: והתניא לא קידשום כלי שרת דמשמע דאפילו

חשק שלמה
על רבינו גרשום

א) נראה דחסר כאן איזה תיבות.

אלא שקבען בשעת נדר ^אאבל בשעת הפרשה לא ^{א)} כאשר נדרת ולא כאשר הפרשת איתמר נמי אמר רבי אחא בר חנינא אמר ר' אסי אמר רבי יוחנן לא שנו אלא שקבען בשעת נדר אבל בשעת הפרשה לא כאשר נדרת ולא כאשר הפרשת: **מתני'** ^{א)} האומר הרי עלי מנחה מן השעורים יביא מן החטים קמח יביא סולת בלא שמן ובלא לבונה יביא שמן ולבונה חצי עשרון יביא עשרון שלם עשרון ומחצה יביא שנים ^{ב)} רבי שמעון פוטר ^בשלא התנדב כדרך המתנדבין: **גמ'** ^{ג)} אמאי נדר ופתחו עמו הוא אמר חזקיה הא מני בית שמאי היא דאמרי תפוס לשון ראשון דתנן ^{ד)} הריני נזיר מן הגרוגרות ומן הדבילה ב"ש אומרים נזיר ובית הלל אומרים ^גאינו נזיר ר' יוחנן אמר אפי' תימא בית הלל ^דבאומר אילו הייתי יודע שאין נודרין כך לא הייתי נודר כך אלא כך אמר חזקיה לא שנו אלא דאמר מנחה מן השעורים אבל אמר מנחה מן העדשים לא מכדי חזקיה כמאן אמר לשמעתיה כבית שמאי ובית שמאי משום תפוס לשון ראשון הוא מה לי מן השעורין מה לי מן העדשים הדר ביה ומאי טעמא הדר ביה אמר רבא מתני' קשיתי' מאי איריא דתני מנחה מן השעורים ליתני מן העדשים אלא שמע מינה משום דטעי הוא ^הבשעורים טעי בעדשים לא טעי ורבי יוחנן אמר אפילו מן העדשים מכדי ר' יוחנן כמאן אמרה לשמעתיה כבית הלל וב"ה משום דטעי הוא בשעורין טעי בעדשים לא טעי לדבריו דחזקיה קאמר ליה את מאי טעמא הדרת בך משום דלא קתני מן העדשים דלמא לא מיבעיא קאמר לא מיבעיא מן העדשים דאיכא למימר מהדר הוא דהדר ביה ותפוס לשון ראשון אלא אפי' מן השעורין נמי דאיכא למימר מיטעא הוא דקא טעי אפי' הכי תפוס לשון ראשון

אמר

רש"י

אלא שקבען בשעת נדר. הרי עלי להביא את זו במחבת: **אבל בשעת הפרשה.** דבשעת נדר אמר הרי עלי מנחה סתם ובשעת הפרשה קבעה ואמר זו אביא לשם נדר ^{ה)} במחבת: ^{א]} **לא אמר כלום.** לא מיפסלא: **מאי טעמא כאשר נדרת.** כתיב כמו שאמרת בשעת נדר קיים דבריך ולא כאשר הפרשת דבשעת הפרשה לא קבעה: **אמאי.** מחוייב לאתויי מן החטים: **נדר ופתחו עמו הוא.** עם הנדר אמר פתח שמתחרט בו דכיון דאמר מן ^{ו)} השעורים אמרי' דאין בדעתו להביא כלום דאדם יודע שאין מנחה מן השעורים: **תפוס לשון ראשון.** וכיון דאמר הרי עלי מנחה איחייב במנחה הוגנת: **גרוגרות ודבילה.** לא שייכא בהו נזירות: **הרי זה נזיר.** מן היין דתפוס לשון ראשון: **הדר ביה חזקיה משמעתא.** דלעיל ^{ב]} ומודה דטעמא במתני' באומר ^{ג]} לא הייתי יודע כו': **בשעורין איכא למימר דטעי.** משום דיחיד מביא מנחת קנאות מן השעורים אבל בעדשים ליכא למימר דטעי הלכך פתחו עמו הוא דלא נתכוין להביא כלום: **כמאן אמרה לשמעתיה.** כלומר כמאן אוקמא למתניתין לעיל כבית הלל: **בעדשים לא טעי.** וליכא למימר אילו הייתי יודע דהא ודאי ידע שאין מנחה של עדשים ולאו למידי איכוין: **לדבריו דחזקיה.** דאוקמא מעיקרא כבית שמאי קאמר ליה רבי יוחנן דאפילו מן העדשים תפוס לשון ראשון וליה לא סבירא ליה משום דר' יוחנן אוקי טעמא דמתני' משום דטעי דאיכא למימר אילו הייתי יודע כו' אבל בעדשים לא טעי (א) ^{ד]} דמעיקרא לאו למידי איכוין: **את מאי טעמא הדרת בך.** לדידך איכא לתרוצי דלא מיבעיא קאמר לא מיבעיא עדשים דכיון דקי"ל תפוס לשון ראשון דחייב דכיון דלא טעו בהו אינשי איכא למימר מעיקרא כי אמר ^{ה]} למנחה גמורה איכוין ובעא למיהדר ביה וסבר אימא מידי דלא חזי להקרבה ונקט עדשים הלכך חייב דלא מצי מהדר ביה אבל שעורים דאיכא למימר כיון דטעו בהו אינשי אימא מעיקרא לאו למנחה איכוין אלא למנחת שעורים ממש כדפריש וכיון דאין מנחה באה שעורים ליפטר דודאי מצי אמר אילו הייתי יודע דסופי להביא חטים לא הייתי נודר כל עיקר קמשמע לן:

לא

תוספות

הקדש [*] ולכך מצי למיהדר תוך כדי דיבור וי"ל דלמ"ד אין פותחין בחרטה נקט טעמא דב"ה דסבר כר"ש וטעמא דב"ש נקט לשנויי אפי' למ"ד פותחין דלמ"ד אין פותחין לא הוי צריך לפרושי טעמא דב"ש משום דאין שאלה להקדש ועוד יש לפרש דניחא ליה לפרושי טעמא דבית הלל כר"ש משום דהיינו נמי טעמא דב"ש לר' יהודה דקתני סיפא אמר רבי יהודה אף כשאמרו ב"ש לא אמרו אלא באומר הרי הן עלי קרבן פירוש כשבדקנוהו אח"כ למאי נתכוון אמר להיות מן הגרוגרות ^{ז)} עלי נתכוונתי אז הוא נדור מן הגרוגרות כאילו אמר גרוגרות ודבילה עלי קרבן ואין זה דברים שבלב שלבו אינו משונה ממה שבפיו דהוצאת פיו לא משמע נזירות ^{ח)} אבל לרבנן כי אמר הכי הוי נזיר דהוצאת פיו משמע להו לשון נזירות כדמפרש להו בגמ' דגרוגרות ודבילה לא פתח נדרו הוא ונזיר הוי ולא נדור הוי אפי' נתכוין לומר קרבן עלי דהא לרבי מאיר ^{ט)} לא הוי נדור לבית שמאי וכי פליגי ר' יהודה ותנא קמא אליבא דב"ש פליגי ולא לבית הלל והשתא לבית שמאי כיון דאמרי אין שאלה בהקדש אמאי לא הוי נזיר אלא סבירא ליה לרבי יהודה ^{י)} כרבי שמעון דלא נדר כדרך הנודרים ולהכי אמר טעמא דבית הלל ^{כ)} בהכי דהוי השתא חד טעמא לתרוייהו ומיהו קשה לפי' זה דשמעי' ליה לרבי יהודה בסוף פ"ב דזבחים (דף ל.) דאית ליה תפוס לשון ראשון ולקמן מפרש טעמא דר' שמעון משום דבשיטת ר' יוסי אמרה דאף בגמר דבריו אדם נתפס ובמקום שנהגו ^{ל)} נמי אמר ר"ש סבר לה כר' יוסי ואם תאמר דהשתא אמר לבית שמאי דאין שאלה בהקדש וכן מוכח בפ' נערה המאורסה (נדרים דף עח.) ובפרק יש נוחלין (ב"ב דף קכ:) ואילו בפ' בית שמאי (נזיר דף לא:) תנן מי שנדר בנזיר ונשאל לחכם ואסרו מונה משעה שנדר נשאל לחכם והתירו ^{מ)} (מונה משעה שנדר ואם) היתה לו בהמה ^{נ)} [מופרשת] תלא ותרעה אמרו להם ב"ה לב"ש ואי אתם מודים [בזה] שהוא הקדש טעות שתלא ותרעה בעדר משמע שגם ב"ש מודים לב"ה דיכול חכם להתיר וי"ל דנשאל לחכם דהתם היינו לידע אם בלשון נזירות נדר או לא ולהכי נקט לשון ואסרו שאמרו לו יש בלשון הזה לשון נזירות ולהכי איצטריך לי' למימר כשאסרו דמונה משעה שנדר ^{ס)} דלא תימא עד שידע שהוא נזיר לא יתחיל למנות ומיהו אין מזה ראיה דאיצטריך ליה לאשמועינן אע"פ שעבר ושתה יין בימי נזירותו אפילו הכי עולין לימי המנין כדמוכח התם בגמ' וא"ת מאחר דמפרשי טעמא דב"ש משום דאין אדם מוציא דבריו לבטלה וכי אמר הריני נזיר היה בדעתו לגמור ולפרש מן היין אם כן קשה אמאי איצטריך למימר טעמא דב"ה משום דסברי כרבי שמעון לימא דקסברי אדם מוציא דבריו לבטלה ועוד קשה אטו רבנן דר"ש דאמרי יביא מן החטין מי סברי לה כב"ש דאמרי מן הגרוגרות הוי נזיר וכי תימא ב"ש תנו לה כדקאמר חזקיה ב"ש היא אכתי קשה מר' יוסי בפ' מקום שנהגו (פסחים נג.) דאמרי' לא סבר לה כר"ש מי קאי רבי יוסי כב"ש וי"ל דרוצה ליישב דברי ב"ה ככולי עלמא אפי' כמאן דאמר אין אדם מוציא דבריו לבטלה והא דקאמר סברי לה כרבי שמעון לאו משום דפליג ארבנן דר' שמעון לענין מנחה אלא כלומר גבי נזיר הוי מסקי טעמייהו כר' שמעון גבי מנחות ומיהו רבנן גופייהו מודו גבי גרוגרות דלא הוי נזיר דדוקא גבי מנחה יביא מן החטין משום דשעורין שייכי גבי מנחה כדאשכחן מנחת העומר ומנחת קנאות דבאות שעורין ולמנחה מעליא איכוין אבל גרוגרות לא שייכי לנזירות ומעיקרא כי אמר הריני נזיר לא היה בדעתו לנזירות כלל ולחזקיה דמדמי מנחה ונזירות אהדדי ההיא דמקום שנהגו דרבי יוסי לא סבר לה כרבי שמעון לאו ארבי שמעון דפירקין קאמר אלא אההוא דלקמן בפרק הרי עלי עשרון (דף קט.) דתנן הרי עלי עולה שאקריבנה בבית חוניו יצא רבי שמעון אומר אין זו עולה דטעמא משום דלא התנדב כדרך המתנדבים וההיא דתודוס איש רומי דפרק מקום שנהגו (שם דף נג:) דמיא לה אבל גבי מנחה מן השעורים מודה דפטור כרבי שמעון דהיינו טעמא משום דגבי עולה כי אמר הרי עלי עולה שייך בקדושתה וכי אמר אחר כך להקריב בבית חוניו מכל מקום קדושה היא וכיון דחל עליה הקדש תו לא פקע אבל מנחה מן השעורים לא קיבל עליו מנחה מן החטין ומודה רבי יוסי דפטור: **הריני** נזיר מן הגרוגרות. בתוספתא (רפ"ב דנזירות) תניא ^{ע)} [כינויי] כינויים בית שמאי אומרים נזיר ובית הלל אומרים אינו נזיר ואיזו כינויי כינויים האומר הריני נזיר מן הגרוגרות ומן הדבילה ותימה מה שייכא הכא ורבינו תם פירש דבירושלמי מפרש דקרו אינשי לגרוגרות תירוש פי' כששואלין אותו אומר כך היה בלבי לשון רבינו תם:

לא

א) [נזיר ט:], ב) [פסחים נג: נזיר ט: ערכין כ:], ג) [לעיל פא:], ד) נזיר ט. [לעיל פא:], ה) גי' צ"ק וכמחבת, ו) צ"ל השעורים אין בדעתו כו' צ"ק, ז) צ"ל עלי קרבן צ"ק, ח) צ"ל אבל לת"ק צ"ק, ט) צ"ל נמי לא הוי צ"ק, י) צ"ל טעמא דב"ש כר"ש צ"ק, כ) צ"ל נמי בהכי כו' צ"ק, ל) [פסחים דף נג:], מ) צ"ק מ"ז, נ) גי' צ"ק, ס) צ"ל דלא תימא דלא יתחיל למנות עד שידע שהוא נזיר ומיהו כו' צ"ק, ע) גי' צ"ק.

הגהות הב"ח

(א) רש"י ד"ה לדבריו וכו' ומעיקרא לאו איכוין:

רבינו גרשום

פסול ליכא: אמר אביי וכו' לא שנו כי אמר זו להביא במחבת דפסול אלא שקבען בשעת נדר כשנדר תחלה אמר זו אבל קבען בשעת הפרשה כגון שבשעת נדר אמר הרי עלי ובשעת הפרשה כשהפריש אמר זו להביא במחבת אם הביא במרחשת יצא דתשמור ועשית כאשר נדרת כתיב ולא כאשר פרשת: הרי עלי מנחה אע"ג דאמר מן השעורים נתחייב להביא מן החיטין דאין מביאין מן השעורין אלא עומר ומנחת קנאות וכן אם אמר קמח יביא סולת: אמאי יביא מן החיטין נדר ופתחו עמו כדפרשי' לעיל בפרק התודה: ב"ש אומרים נזיר. דקסברי אין שאלה לנזירות ואין שאלה להקדש: אפילו תימא בית הלל ואמאי יביא מן החיטין באומר אילו הייתי יודע שאין נודרין כך מן השעורים לא הייתי נודר כך אלא כך מן החיטין דלא היה דעתי אלא על מנחה ראויה: אבל אמר הרי עלי מנחה מן העדשים לא יביא מן החיטין. שהרי אמר עדשין שאין ממינן מנחה בעולם: הדר ביה חזקיה מההיא דאמר דמשום תפוס לשון ראשון הוא אלא קסבר כבית הלל דמשום הכי יביא מן החיטין באומר אילו הייתי יודע ואי אמרת אי הכי אפי' כי אמר מן העדשים נמי יביא באומר אילו היתי יודע ההיא לא מצית אמרת דבעדשין לא טעי איניש דמידע ידע דאין מנחה מן העדשין ופתחו עמו הוי. ומ"ט הדר ביה חזקיה מן טעם דתפוס [לשון ראשון]: בשעורין טעי. יכול למימר אילו הייתי יודע שהרי יש מנחה מן השעורין וההיא חובה ואיהו טעי וסבר דאפילו מנחת נדבה נמי מן השעורין ונתכוון לשום מנחה אבל בעדשים לא טעי דאין מנחה מעדשין: לדבריו דחזקיה קאמר אפילו מן העדשין: דלמא לא מבעי קאמר בית שמאי דתפוס [לשון ראשון] דלא מיבעיא (קאמר) כי אמר מן העדשים דאיכא למימר דלמא מיהדר הדר ביה שהרי א) נתכוון לומר דבר שא"א ואפ"ה תפוס לשון ראשון דלא מצי הדר אלא אפי' כי אמר מן השעורים נמי דאיכא למימר מטעא הוא דטעי שכשנדר ודאי לשעורין נתכוין שהיה סבור שיש מנחת נדבה משעורין ולא נתכוון לחיטין כלל וכיון דלא אפשר משעורין סד"א ליפטר קמ"ל דאפ"ה אמרינן תפוס לשון ראשון דכי אמר מנחה אע"ג דאמר שעורים יביא חיטין ולא איצטריך

יח א מיי' פי"ז מהלכו' מעשה הקרבנות הל' ג:
יט ב מיי' שם הל' ט:
כ ג מיי' פ"א מהלכות נזיר הלכה י:
כא ד ה מיי' פי"ז מהלכות מעה"ק הלכה ט:

שיטה מקובצת

א] תיבות לא אמר כלום נמחק: ב] דלעיל ומוקי דטעמא: ג] באומר אילו: ד] טעי ומעיקרא לא: ה] אמר מנחה למנחה:

גליון הש"ס

תוס' ד"ה (בעמוד הקודם) הא וכו' ולכך מצי למיהדר תכ"ד. עיין לעיל דף פא ע"ב תוספות ד"ה תודה:

תורה אור השלם

א) מוֹצָא שְׂפָתֶיךָ תִּשְׁמֹר וְעָשִׂיתָ כַּאֲשֶׁר נָדַרְתָּ לַייָ אֱלֹהֶיךָ נְדָבָה אֲשֶׁר דִּבַּרְתָּ בְּפִיךָ: [דברים כג, כד]

חשק שלמה על רבינו גרשום

א) נראה דצ"ל שהרי בודאי לא נתכוון מתחילה לומר דבר שא"א ולכך אמרינן דתפוס לשון ראשון וכו'.

אמר זעירי לא שנו אלא דאמר מנחה אבל לא אמר מנחה לא יתיב רב נחמן וקאמר לה להא שמעתא איתיביה רבא לרב נחמן קמח יביא סולת לאו דלא אמר מנחה לא דאמר מנחה בלא שמן ולבונה יביא שמן ולבונה מאי לאו דלא אמר מנחה לא דאמר מנחה חצי עשרון יביא עשרון שלם מאי לאו דלא אמר מנחה לא דאמר מנחה אי הכי אימא סיפא עשרון ומחצה יביא שנים כיון דאמר מנחה איחייב ליה בעשרון כי אמר חצי עשרון לא כלום קאמר הוא לא צריכא דאמר הרי עלי מנחה חצי עשרון ועשרון דכיון דאמר מנחה איחייב ליה בעשרון כי אמר חצי עשרון ולא כלום קאמר כי הדר אמר עשרון מייתי עשרון אחרינא אי הכי רבי שמעון פוטר שלא התנדב כדרך המתנדבין אמאי אמר רבא ר' שמעון בשיטת ר' יוסי אמרה דאמר [אף] בגמר דבריו אדם מתפיס: **מתני'** מתנדב אדם מנחה של ששים עשרון ומביא בכלי אחד (אם אמר הרי עלי ששים עשרון מביא בכלי אחד) אם אמר הרי עלי ס"א מביא ששים בכלי אחד ואחד בכלי אחד שכן הציבור מביא ביום טוב הראשון של חג שחל להיות בשבת ששים ואחד דיו ליחיד שהוא פחות מן הציבור אחד אמר ר"ש והלא אלו לפרים ואלו לכבשים ואינם נבללים זה עם זה אלא עד ששים יכולין ליבלל אמרו לו ששים נבללין וששים ואחד אין נבללין אמר להם כל מדות חכמים כן בארבעים סאה הוא טובל ובארבעים סאה חסר קרטוב אינו יכול לטבול בהן: **גמ'** שאיל שאילה למעלה מרבי יהודה בר אילעאי מנין לאומר הרי עלי ששים ואחד מביא ששים בכלי אחד ואחד בכלי אחד פתח רבי יהודה בר אילעאי ראש המדברים בכל מקום ואמר שכן מצינו ציבור מביאין ביום טוב הראשון של חג שחל להיות בשבת ששים ואחד דיו ליחיד שיפחות מן הציבור אחד א"ל ר"ש והלא אלו פרים ואילים ואלו כבשים אלו בלילתן עבה ואלו בלילתן רכה אלו בלילתן שחרית ואלו בלילתן בין הערבים ואין נבללין מזה על זה אמרו לו אמור אתה אמר להם הרי הוא אומר וכל מנחה בלולה בשמן וחרבה כבר אמרה תורה הבא מנחה שיכולה להיבלל א"ל בששים נבללין בששים ואחד אין נבללין אמר לו כל מדת חכמים כן הוא בארבעים סאה הוא טובל בארבעים סאה חסר קרטוב אינו יכול לטבול כביצה מטמא טומאת אוכלין כביצה חסר שומשום אין מטמא טומאת אוכלין שלשה על שלשה מטמא מדרס שלשה על שלשה חסר נימא אחת אינו מטמא מדרס וכי אין נבללין מאי הוי והא תנן אם לא בלל כשר אמר רבי זירא כל הראוי לבילה אין בילה מעכבת בו וכל שאינו ראוי לבילה בילה מעכבת בו אמר רבי ביבי אמר רבי יהושע בן לוי מעשה בפרדה אחת של בית רבי שמתה ושיערו חכמים את דמה ברביעית מתיב רבי יצחק בר ביסנא העיד רבי יהושע ורבי יהושע בן בתירא על דם נבילות שהוא טהור ואמר רבי יהושע בן בתירא מעשה והיו נוחרין ערודיאות לאריות באיסטריא של מלך והיו עולי רגלים שוקעין עד רכובותיהן בדם ולא אמרו להם דבר אישתיק אמר ליה ר' זריקא מאי טעמא לא קא מהדר מר אמר ליה היכי אהדר ליה דאמר רבי חנין והיו חייך תלואים לך מנגד זה הלוקח תבואה משנה לשנה ופחדת לילה ויומם זה הלוקח תבואה מערב שבת לערב שבת ואל תאמן בחייך זה הסומך על הפלטר

וההוא

לא שנו. דתפוס לשון ראשון אלא דאמר מנחה מן השעורים דאיכא למימר כיון דאמר מנחה למנחה גמורה קמכוין אבל אמר מנחת שעורים מנחה אשעורים קאי ופטור דליכא למימר תפוס לשון ראשון. ל"א אבל לא אמר מנחה לא אלא הרי עלי שעורים פטור דודאי לשעורים איכוון: מאי לאו דלא אמר מנחה. אלא הרי עלי קמח אפי' הכי חייב דאין אדם מוציא דבריו לבטלה: כי אמר חצי עשרון לא אמר כלום. ולייתי חד עשרון ותו לא: אי הכי רבי שמעון פוטר כו'. כיון דתפוס לשון ראשון ואיהו אמר מנחה הרי התנדב כדרך המתנדבים: ה"ג אף בגמר דבריו אדם נתפס. דלא אזלינן בתר לשון ראשון לחודיה ולא בתר אחרון לחודיה אלא בתר כולהו וזה שאמר מנחה חצי עשרון ועשרון פירושי קמפרש מנחה של חצי עשרון ועשרון והיינו שלא כדרך המתנדבים (א) ובשיטת רבי יוסי אמרו: **מתני'** ה"ג שכן מצינו שהציבור מביא וכו'. לי"ג פרים ל"ט עשרונים שלשה עשרונים לפר ולי"ד כבשים י"ד עשרונים הרי נ"ג ולשני אילים ד' עשרונים הרי נ"ז ולשני תמידין שנים ולשני כבשי מוסף דשבת שנים הרי ס"א: אמר ליה ר' שמעון. וכי אותן ס"א עשרונים בכלי אחד היו: והלא אלו לפרים ואלו לכבשים. ואי מערב להו מיפסלי שמנחת פרים בלילתה עבה שני לוגין לעשרון חצי הין לג' עשרונים ומנחת כבשים בלילתה רכה רביעית ההין לעשרון דהיינו שלשה לוגין והן בולעות זו מזו ונמצאת זו חסירה וזו יתירה: אלא. מפני מה אין מביא יחיד ששים וא' עשרון בכלי אחד דעד ששים יכולין ליבלל בכלי אחד בלוג אחד ואליבא דרבי אליעזר בן יעקב נקט לה בפ' שתי מדות (לעיל פח.) (ב) אפי' מנחה של ששים עשרון אין לה אלא לוגה: בששים ואחד אין נבללין. בתמיה: **גמ'** ראש המדברים בכל מקום. קרי ליה הכי משום מעשה דמערה במסכת שבת (דף לג:): כל הראוי לבילה. כגון ששים עשרונים ראוים ליבלל מלוג: אין בילה מעכבת. דאפי' לא בלל כשר: בילה מעכבת בו. דבעינן שיהא ראוי ליבלל: ושיערו חכמים את דמה. שילא ממנה: ברביעית. לידע אם יש בו רביעית יפרשו ממנה כנבילה ואיידי דאיירי לעיל בשיעורים כל מדת חכמים כך הם נקט נמי להאי דשיעורא דרבנן היא רביעית דם יכול לקרוש ולעמוד על כזית: והיו נוחרין ערודיאות לאריות. ערודי היער היו נוחרין לצורך האריות: הלוקח תבואה משנה לשנה. שאין לו קרקע לזרוע והיינו חייו תלואים שאינו יודע אם יהיו לו מעות לשנה הבאה: הפלטר. נחתום:

לא שנו אלא דאמר מנחה אבל לא אמר מנחה לא. ואית דגרסי אבל אמר מנחת פירוש משום דמנחת דבוק לשעורין ולא שייך כלל גבי בלא שמן ולבונה: **מאי** לאו דלא אמר מנחה. וכגון דאמר אילו הייתי יודע שאין נודרין כך כו': **אי** הכי אימא סיפא עשרון ומחצה כו'. בשלמא אי לא אמר מנחה מייתי תרי באומר אילו הייתי יודע אלא כיון דאמר מנחת עשרון ומחצה אמאי מביא תרי הא אמרת דהיכא דלא אמר מנחה אין כלום ואם כן משום אותו חצי עשרון לא לייתי כלום: **אי** הכי רבי שמעון פוטר כו'. כיון דתפוס לשון ראשון ואיהו אמר מנחה הרי התנדב כדרך המתנדבים כך פירש בקונטרס וקשה הא אוקימנא לעיל רבנן כבית שמאי דתפוס לשון ראשון אם כן ר' שמעון דקאי כבית הלל לית ליה תפוס לשון ראשון וי"ל הא אסיקנא לעיל דחזקיה הדר ביה ועוד יש לפרש דקאי אהא דאמרן לא צריכא דאמר הרי עלי מנחה חצי עשרון ועשרון דבשלמא אי אמר עשרון וחצי עשרון אין זה כדרך המתנדבין אבל חצי עשרון ועשרון משמע תרי מילי ולכל הפחות עשרון דקאמר בסוף לייתי ומשני דסבר כר' יוסי דאמר [אף] בגמר דבריו אדם נתפס בתמורת עולה תמורת שלמים דמשוינן לה חדא דיבורא אע"ג דמשמע תרי דיבורי מדקאמר תמורת עולה תמורת שלמים ולא קאמר תמורת עולה ושלמים ולא חשבינן ליה כנמלך ה"נ אע"ג דמשמע תרי דיבורי משום דאמר חצי עשרון ברישא מכל מקום חשבינן ליה חד דיבורא: **והא** תנן לא בלל כשר. פירשתי בהקומץ רבה (לעיל יח: ד"ה כי): **מעשה** בפרדה אחת של בית רבי. איידי דאיירי בר' יהודה ראש המדברים על ידי קיסר כדאיתא בפ' במה מדליקין (שבת דף לג:) מייתי האי עובדא דרבי יהודה מוריינא דבי נשיאה דשמא מינהו קיסר ראש על בית נשיא ובקונט' פירש משום דאיירי בשיעורין: מוריינא

מסורת הש"ס

א) [פסחים נג:], ב) לעיל יח:, ג) [ברכות סג: שבת לג:], ד) כתובות קד. ר"ה יג., ה) ב"ב פא: חולין פג: קדושין כה. יבמות קד: נדה סו: לעיל יח: מכות יח: נדרים עג., ו) עדיות [פ"ח מ"א] [לא נזכר שם ר' יהושע וכו' התי"ט דהכא ברייתא היא וגם הך ואמר ר"י ב"ב מעשה והיו וכו' ליתא במשנה דעדיות], ז) [ולעיל יח: פירש"י דאפי' לרבנן דאמרי ס' לוגים נמי קים להו דאין נבללים יפה וצ"ע ועיין בתוי"ט].

הגהות הב"ח

(א) רש"י ד"ה ה"ג אף וכו' המתנדבים ולא גרסי' בשיטת ר' יוסי אמרו: (ב) ד"ה אלא מפני וכו' בפרק שתי מדות דאמר אפילו:

רבינו גרשום

למיהדר ביה: לא שנו דאמר יביא מן החיטין אלא דאמר מנחה אבל לא אמר מנחה לא: לישנא אחרינא אבל אמר מנחת שעורים גליא דעתיה דלשעורים נתכוין: כי אמר חצי עשרון לא כלום אמר דהא אמר מנחת עשרון ואמאי מביא שנים: אי הכי כדקאמרת דאמר מנחה אמאי ר' שמעון פוטר בכולן: בשיטת ר' יוסי אמרה: ביו"ט הראשון של חג שחל להיות בשבת ששים ואחד עשרונות כיצד לי"ג פרים ל"ט לשני אלים ד' לי"ד כבשים י"ד וב' לב' תמידין וב' לב' כבשים [של מוסף שבת] הרי ס"א: ואין נבללין מזה על זה היינו זה עם זה דהללו בלילתן רכה והללו בלילתן עבה: אלא היינו טעמא דעד ס' יכולין לבלול בלוג אחד טפי לא: אמרו לו בס' נבללין בס"א אין נבללין בתמיהא: קורטוב שמיני שבשמינית הלוג (לפני ב'): [ר' זירא] אמר כל הראוי לבילה שיכול לבלול בלוג אע"ג שלא בלל אין בילה מתעכב בו וכשר וכל שאינו ראוי לבילה כגון ס"א או יותר בילה מעכבת בו שהרי אינו ראוי ליבלול ופסול: ושיערו חכמים את דמה שלא היה בה פחות מרביעית דליטמא משום נבלות האויל ולכשיקרש לא יהא פחות מכזית ואגב דאיירי בשיעורין נקט האי: עדיראות עדרים של בהמות: והיו עולי רגלים וכהנים אוכלי תרומה:

עין משפט נר מצוה

כב א ב מיי' פי"ז מהל' מעה"ק הלכה י:
כג ג ד מיי' שם הל' ו ז:
כד ה מיי' פ"י מהלכות תמידין ומוספין הל' יד:
כה ו מיי' פ"ד מהלכות מקואות הלכה א טור ש"ע י"ד סימן רא סעיף א:
כו ז מיי' פ"ד מהל' טומאת אוכלין הלכה א:
כז ח מיי' פי"ג וכ"ב מהלכות כלים הל' א:
כח ט מיי' פי"ג מהל' מעה"ק הלכה יא:
כט י מיי' פי"ז שם הלכה ו:
ל כ מיי' פ"א מהלכות שאר אבות הטומאה הלכה ד:

שיטה מקובצת

א] סולת מאי לאו: ב] קאמר ל"צ: ג] תיבות אם אמר כו' עד בכלי אחד נמחק: ד] שכן מצינו שהצבור: ה] לכבשים ואינן: ו] ואחד שמביא: ז] זה אמר לו: ח] אמר לו: ט] בו עי' תוס' (יבמות דף קד): י] תיבת אחת נמחק: יא] נוחרין ערודאות ס"א עדיראות עדרים של בהמה והיו עולי רגלים וכהנים אוכלי תרומה. הרגמ"ה: יב] אלא אמר הרי עלי מן השעורים: יג] המתנדבים הס"ד ומה"ד בשיטת רבי יוסי אמרה דאמר במסכת תמורה בפרק כיצד מערימין (דף כו ע"ב) ותיבת ה"ג נמחק: יד] לה דאמר: טו] לה להיות: טז] וששים: יז] מעכבת בו: יח] היא דרביעית: יט] נוחרין מבשר:

תורה אור השלם

א) וְכָל מִנְחָה בְלוּלָה בַשֶּׁמֶן וַחֲרֵבָה לְכָל בְּנֵי אַהֲרֹן תִּהְיֶה אִישׁ כְּאָחִיו: [ויקרא ז, י]
ב) וְהָיוּ חַיֶּיךָ תְּלֻאִים לְךָ מִנֶּגֶד וּפָחַדְתָּ לַיְלָה וְיוֹמָם וְלֹא תַאֲמִין בְּחַיֶּיךָ: [דברים כח, סו]

ההוא גברא על פלטר סמיך מאי הוי עלה אמר רב יוסף רבי יהודה מוריינא דבי נשיאה הוה ואורי ליה כשמעתיה [א] דתנן רבי יהודה אומר ששה דברים מקולי בית שמאי ומחומרי בית הלל דם נבילות בית שמאי מטהרין ובית הלל מטמאין אמר רבי יוסי בר' יהודה אף כשטמאו בית הלל לא טמאו אלא ברביעית הואיל ויכול לקרוש ולעמוד על כזית: **מתני'** [א] אין מתנדבין לוג שנים וחמשה אבל מתנדבין שלשה וארבעה וששה ומששה ולמעלה: **גמ'** איבעיא להו [ב] יש קבע לנסכים או אין קבע לנסכים היכי דמי כגון דאייתי חמשה אי אמרת אין קבע לנסכים משיך ומקריב ארבעה מינייהו דחזו לאיל ואידך הוי נדבה ואי אמרת יש קבע לנסכים עד דממלי להו לא קרבי מאי אמר אביי תא שמע [ג] ששה לנדבה ואמרינן כנגד מי כנגד מותר חטאת ומותר אשמות ומותר אשם נזיר ומותר אשם מצורע [א] ומותר קינין ומותר מנחת חוטא ואם איתא ליתקין שופר אחרינא כנגד מותר נסכים הנך לנדבת צבור אזלי הני שכיחי אפשר דמצטרפי דמר ודמר בהדי הדדי וקרבי אמר רבא תא שמע [א] אזרח [ד] מלמד שמתנדבין נסכים וכמה שלשת לוגין ומנין שאם רצה להוסיף יוסיף תלמוד לומר [ב] יהיה יכול יפחות ת"ל [א] ככה מאי יוסיף אילימא ארבעה וששה מאי שנא שלשה דחזו לכבש ארבעה וששה נמי חזו לאיל ולפר אלא לאו חמשה ושמע מינה אין קבע לנסכים שמע מינה אמר רב אשי והא אנן לא תנן הכי אין מתנדבין לוג שנים וחמשה קתני חמשה דומיא דשנים מה שנים דלא חזו כלל אף חמשה נמי דלא חזו כלל מידי איריא הא כדאיתא והא כדאיתא אמר אביי אם תמצא לומר אין קבע לנסכים אם תמצא לומר יש קבע לנסכים [ה] עד עשרה פשיטא לי אחד עשר מיבעיא

רש"י

וההוא (א) **גברא.** אדידיה קאמר דהא אפלטר סמכינא ואין דעתי מיושב להשיב לו: **מאי הוי עלה.** דהאי שיעורא: **רבי יהודה בר אילעאי מוריינא דבי נשיאה הוה.** [ב] והיה להם לבית רבי מורה הוראות ועל פיו היו עושין כל דבריהם והוא לוה להם לשערה: **כשמעתא דידיה.** דאמר בית הלל מטמאין בדם נבילות: **ששה דברים.** במסכת עדיות קא חשיב להו: **על כזית.** ושיעור טומאת נבילה בכזית: **מתני' אין מתנדבין לוג.** יין לנסכו שלא מצינו מנחת נסכים של לוג ולא שנים ולא חמשה אבל מתנדבין שלשה דחזו לכבש וארבעה לאיל דהיא שלישית ההין וששה דחזו לפר ומששה ולמעלה דשבע חזו ג' מינייהו לכבש וד' לאיל ושמנה חזו לשני אילים תשעה חזו לפר וכבש עשרה חזו לפר ואיל י"א חזו לשני אילים וכבש וכן לעולם: **גמ' יש קבע לנסכים.** [ג] אמר הרי עלי כך וכך לוגין [ד] מי הוי קבע דאין יכול להקריבם אלא הכל ביחד דהוו קרבי בקרבן א' או אין קבע ויכול להקריבם [ה] [ז] [מה] דחזו באפי [ו] נפשייהו: **היכי דמי.** למאי נפקא מינה: **ואידך הוי נדבה.** נדבת ציבור וימכר ויפלו דמיו לשופרות או יקרב הוא עצמו ויצטרף עם השני לוגין אחרים ויקרב לנסכי תמיד דהוו נמי לציבור: **ואי אמרת יש קבע עד דממלא להו.** ויביא לוג הששי כי היכי דליתחזי לפר לא קרבי דהא אין יכול להקריב [ז] בפני עצמו: **ששה לנדבה.** גבי י"ג שופרות שהיו במקדש קאי די"ג שופרות הוו בשבעה מהם היו נותנין הנך מעות דמפרש במסכת יומא (דף נה:) ובמסכת שקלים (דף ט:) תקלין חדתין ועתיקין קינין גוזלי עולה עצים ולבונה וזהב לכפורת וששה מהם היו לנדבה ליתן בהן מעות ההולכות [ח] לנדבת צבור: **ואמרינן.** לקמן בפרק בתרא (דף קז:): **כנגד מי כנגד מותר חטאת** [ט]. כגון הפריש מעות לחטאת והוזלו הכבשים ונתותרו לו מעות: **ואחד למותר אשם.** סתם כגון גזלות ומעילות: **ואחד למותר אשם נזיר.** דאותו מותר לא היה מעורב עם מותר אשם סתם לפי שזה לכפר * וזה להתירו ביין: **ואחד למותר אשם מצורע.** דלא דמו להנך שבא להתירו במחנה ואינך [י] מפרש בפרק בתרא (לקמן קז:) וכל הנך מותרות אזלי לנדבת צבור כשהמזבח בטל לוקחין באותם מעות עולות הבשר לשם ועורות לכהנים דזהו מדרשו של יהוידע במסכת תמורה (דף כג:): **ואם איתא.** דהמביא חמשה לוגין [א] קרבי ארבע מהם ואחד יהא נדבה: **ליתקין לו שופר.** להפיל בו הדמים: **הנך.** מותרות לנדבת ציבור אזלי: **הנך.** נסכים למה להו שופר הואיל ושכיח כל יומא שהרי רוב קרבנות טעונין נסכים: **אפשר דמצטרפי דמר ודמר.** אם נדר ה' יקריב ד' ויניח לוג הנשאר ויצטרף עם מותר נסכים אחרים עד שיהו ד' או ג': **אזרח.** גבי נסכים כתיב כל האזרח יעשה ככה את אלה וקרא יתירא הוא דהא לעיל מיניה כתיבי כל דין נסכים מלמד שמתנדבין נסכים בלא קרבן וכמה שלשת לוגין דבציר מהכי לא חזי למידי: **יהיה.** חצי ההין יהיה לפר משמע [יא] [ה] [ג] דמנחה דהויא אחריתי לישנא אחרינא בפרשת נסכים כתיב ככם כגר יהיה: **ככה.** עיכובא: **אילימא ארבעה וששה.** פשיטא [יב] מי צריך קרא לרבויי: **מאי שנא שלש.** דפשיטא לן דחזו לכבש כו': **אלא לאו.** מידי דלא חזו [יג] ליה אתי לרבויי ולמשמע דמתנדבין [יד] ויקריבו ארבעה והחמישי יהא מותר: **מה שנים לא חזו כלל.** דליכא למימר משיך חדא מינייהו ומקריב לה: **הא כדאיתא** [טו]. שנים אין מתנדבין לגמרי חמשה לכתחילה הוא דלא שאין מפרישין תחילה למותרות אבל דיעבד מקריב ארבע וחמישי יהא מותר לנדבה: **הא אין קבע לנסכים.** וכמה דבעי משנים ולמעלה מייתי וכי מייתי חמשה מקריב ארבעה מינייהו ואידך מותר [טז] וכל מה דבעי מייתי ומאי דחזי מקריב ואידך מותר [ג] לנדבה והכא ליכא למיבעי ולא מידי: **עד עשרה פשיטא לי.** דלוג ושנים וה' [יז] לגמרי [י] [לא קרבי] עד דממלי להו שלש לכבש חזו וד' לאיל וששה לפר ושבעה לכבש ואיל ח' לשני אילים ט' לפר וכבש י' לפר ואיל: **אחד עשר מיבעיא**

תוספות

מוריינא דבי נשיאה. של בית רבי ואפשר שהיה בימיו דאפי' רבי מאיר דנפטר קודם רבי יהודה כדמוכח בפרק שני דקידושין (דף נב:) היה קיים עדיין בהלולא דרבי שמעון בר רבי כדמוכח בירושלמי דבילה דעבר קמי פתחא ושמע שהיו מטפחין ואמר מחללין את השבת ואף בימי רב היה כדמשמע בפרק קמא דעירובין (דף יג:) דאמר רב האי דמחדדנא מחבראי דחמיתיה לרבי מאיר מאחוריה ויש גורסין שם רבי משום עובדא דירושלמי: **הואיל ויכול לקרוש ולעמוד על כזית.** משמע דדם טמא מחמת דחשיב כבשר ותימה דבמעילה [יח] בפרק קדשי מזבח (דף יז.) אמר מנין לדם שרצים שהוא טמא שנאמר וזה לכם הטמא תיפוק לי דחשיב כבשר ויש לומר דאיצטריך קרא לרבויי דם גלול דמטמא בכעדשה דס"ד עד שיהא בו כדי שיוכל לקרוש ולעמוד על כעדשה ולהכי תנן דם השרץ ובשרו מצטרפין דשיעורן שוה אבל דם נבילה ובשרה לא דאין שיעורן שוה וכן מוכח בירושלמי דאמר דם נבילה טמא [ד] והדתנן דם השרץ ובשרו מצטרפין ואין לנו כיוצא בו וא"ת ולמה לי קרא בפרק בהמה המקשה (חולין עב.) לרביעית דם מן המת הרי יכול לקרוש ולעמוד על כזית ויש לומר דשאני מת דהוה ממעיטנן דם משום דגזעו מחליף כדדרשינן בריש דם הנדה (נדה נה.) מה עצם שנברא עמו ואין גזעו מחליף יצאו שינים שלא נבראו עמו יצאו שער וצפורן שאע"פ שנבראו עמו גזען מחליף ופריך והרי בשר דגזעו מחליף וטמא ומשני מקומו נעשה צלקת ועוד קשה בפרק כל שעה (פסחים דף כב.) דלא משני אקושיא דדם כשהותרה נבילה היא וחלבה וגידה ודמה הותרה כדמשני אקושיא דחלב וגיד משמע דלא חשיב כבשר לפיכך צריך לומר שיש שום ריבוי דמרבינן ביה דם נבילות ולבתר דמרבה ביה מסתבר לאוקומי רבויא ברביעית שיכול לקרוש ולעמוד על כזית [ז]: **אין מתנדבין לוג שנים וחמשה.** תימה כי היכי דאמרי' (לעיל דף קג.) גבי מנחות דאם אמר חצי עשרון יביא עשרון שלם עשרון ומחצה יביא שנים הכא נמי נימא כי אמר לוג או שנים יביא שלשה שהם נסכי כבש וכי אמר חמשה יביא ששה שהם נסכי פר ושמא הכי נמי היכא דאמר הרי עלי אבל הכא מיירי בנדבה דיש לוג אחד או שנים לפניו ואמר הרי אלו לנסכים ובגמרא גבי יש קבע לנסכים פירש בקונטרס כגון דאמר הרי עלי כך וכך לוגין [ח] למדה: **ששה לנדבה.** בפרק בתרא (דף קז:) מייתי לה לקמן ופליגי אמוראי כנגד מי: **אמר אביי** אם תמצא לומר כו'. מספקא ליה לאביי משום קושיא דרב אשי: **עד** עשרה פשיטא לי אחד עשר מיבעיא לי. ואם תאמר שבעה נמי תיבעי אי לשני [ט] כלים איכוין עד דממלא להו לא קרבי או לאיל וכבש איכוין וי"ל דלא מיבעיא ליה אלא בתרי מחד מינא וחד מחד מינא אי אמר או לא אבל פשיטא דחד מחד מינא וחד מחד מינא אמרינן:

עין משפט נר מצוה

לא א מיי' פי"ז מהלכות מעשה"ק הלכה יב:
לב ב מיי' שם הלכה יד:
לג ג מיי' פ"ב מהלכות שקלים הלכה ב:
לד ד מיי' פי"ד מהל' מעשה"ק הלכה א:
לה ה מיי' פי"ז מהל' מעשה"ק הלכה יג:

תורה אור השלם

א) כָּל הָאֶזְרָח יַעֲשֶׂה כָּכָה אֶת אֵלֶּה לְהַקְרִיב אִשֵּׁה רֵיחַ נִיחֹחַ לַיְיָ: [במדבר טו, יג]
ב) וְנִסְכֵּיהֶם חֲצִי הַהִין יִהְיֶה לַפָּר וּשְׁלִישִׁת הַהִין לָאַיִל וּרְבִיעִת הַהִין לַכֶּבֶשׂ יָיִן זֹאת עֹלַת חֹדֶשׁ בְּחָדְשׁוֹ לְחָדְשֵׁי הַשָּׁנָה: [במדבר כח, יד]
ג) הַקָּהָל חֻקָּה אַחַת לָכֶם וְלַגֵּר הַגָּר חֻקַּת עוֹלָם לְדֹרֹתֵיכֶם כָּכֶם כַּגֵּר יִהְיֶה לִפְנֵי יְיָ: [במדבר טו, טו]

הגהות צ"ק

[א] קריבין ארבע: [ב] דמוסיף הויא אחריתי כו' עי' ברש"י דף עא: [ג] לנדבה וליכא למיבעי כו' כצ"ל: [ד] והדתנן דם השרץ כבשרו מטמאה ואין לנו כיוצא בו כשיעור טומאתו אבל דמו מטמא וא"ת כו':

רבינו גרשום

[וההוא גברא כו'.] כלומר לא ידע למיהדר שטרוד מפני מחשבת מזונות: ר' יהודה מוריינא דבי נשיאה הוה שהוא היה מורה איסור והיתר לפני ר' ודקאמר שיעורו חכמים את דמיה ר' יהודה מוריינא הוה וכשמעתיה אורי לפני ר': דתניא ר' יהודה אומר וכו'. ור' יוסי בר יהודה מפרש (ברייתא) [מלתא] דאבוה: אין מתנדבין יין לוג שנים ולא חמשה. שלא מצינו נסכים של ב' לוגין ולא של ה': אבל מתנדב ג'. שכך ראוי לכבש: וד'. שכך צריך לאיל שיש בו ב' עשרונים: וששה. שכך ראוי לפר שיש בו שלשה עשרונים: ומששה ולמעלה. שכן ראוין ליחלק. כיצד אם נדר ז' ראוין לשני נסכים לכבש ואיל. ואם נדר ח' ראוי לשני אילים. ואם ט' ראוי לפר וכבש. ואם י"א ראוי לשני אילים וכבש וכן עד מאה כולן ראויין ליחלק: יש קבע לנסכים. כלומר שאם נדר כשיעור שראוי לנסכים קדש ואם נדר יותר לא קדש: אי אין קבע. כלומר יביא כמה שירצה ויקח מהן כמו שראוי לנסכים והמותר יהיה נדבה וכולן קדש. והיינו כדמפרש היכי דמי כגון וכו': ואי אמרת יש קבע עד דממלי להו. כלומר הואיל והביא חמשה עד שיביא עוד לוג ששית לא קרבי דהשתא חזו או לשני כבשים או לפר מאי: ת"ש דתנן בשקלים י"ג שופרות היו במקדש וכתוב עליהן תקלין חדתין וכו' עד וששה לנדבה ואמרי' הני ששה דנדבה כנגד מי כנגד מותר חטאות ומותר אשם נזיר ומותר אשם מצורע וכולהו שית דמפרש שמואל בפירקין דלקמן הרי עלי עשרון. ואשם גזילות ומעילות לא נקט משום דלית להו נסכים. ומה היו עושין מהן היו לוקחין מהן עולות לקיץ המזבח והבשר לשם והעורות לכהנים. ואם איתא דאין קבע לנסכים ומשיך מאי דחזי לנסכים ואידך לנדבה אזיל ליתקין ליה שופר [illegible]

מסורת הש"ס

א) שבת עז. עדיות פ"ה מ"א [בשנת שם איתא דתניא וכן נכון משום דדברי ר"י ב"ר יהודה אף כשטמאו וכו' לא נזכר במשנה דעדיות], ב) לקמן קז: [וש"נ], ג) לעיל עג:, ד) לקמן קז:, ה) ל"א דמנחה הויא כו', ו) [רש"ק], ז) [וע"ע תוספות פסחים כב. ד"ה והרי], ט) צ"ל אלים.

הגהות הב"ח

(א) רש"י ד"ה וההוא גברא לאו מדידיה:

גליון הש"ס

רש"י ד"ה ואחד למותר אשם נזיר. וזה להתירו ביין. נלע"ד דצ"ל וזה להכשירו למזרות טהרה וכ"ה ברש"י לקמן דף קז ע"א:

שיטה מקובצת

א) תיבות ומותר קינין ומותר מנחת חוטא נמחק:

חידושי הרגמ"ה רבי יהודה מוריינא. היה מורה [הוראות] לפני רבי [ופרידה של בית רבי שמחה] שישיערו חכמים את דמה רבי יהודה הוה וכשמעתא [דידיה הורה] לפני רבי: רבי יהודה כו' רבי יוסי מפרש [מלתא] דאבוהי: יש קבע לנסכים. כלומר שאם נדר [כמו] שראוי לנסכים [יקריב] ואם נדר יותר [לא יקריב] או אין קבע. כלומר [יוכל לדור] כמו שירצה ויקח כמו שראוי לנסכים [והמותר] יהיה נדבה וכולן [קרבין] והיינו כדמפרש היכי דמי כו': ואי אמרת יש קבע לנסכים עד דממלי להו לא קרבי. הואיל והביא חמשה עד שיביא עוד אחד שהם שש לא קרבי [דאז] חזו או לשני כבשים או לפר מאי: ואמרינן. ששה דנדבה כנגד מי כנגד מותר חטאת ומותר אשם נזיר ומותר אשם מצורע ואשם מעילה לא נקט משום דלית ליה נסכים והנך איתו להו כו': הנך שיתא לא [שכיחי] ואמת חוטא אין [אדם] חוטא בכל יום ולא מצי [לאצטרופי] בכל יום והנך מותרות לנדבת צבור לקיץ המזבח הלכך חזו למידי אחרינא אבל הני מותרות דנסכים שכיחי כדאמרינן לקמן מתנדב אדם נסכים בכל יום הואיל דשכיחי ושכיחי מותרות כגון דאייתי חמשה ופש להו חד ואי הוי תלת דאייתי כל חד חמשה ופרשו לכל חד חד וחזו הנך תלת לוגין לאצטרופי לנסכי כבש וקרבי בכל יום הלכך לא תיקנו להו שופר דהא מצו הנך מותרות למיקרביה ליה: (עכ"ל הרגמ"ה):
ב) הוה מורה להם:
ג) לנסכים אי אמר:
ד] לוגין לנסכים: ה] להקריבם מאי: ו] באפי נפשיה: ז] להקריב הארבעה בפני עצמו: ח] ההולכות לצורך נדבת: ט] חטאת באחד מהם מותר חטאת: י] ואינך שנים: יא] תיבת דמנחה נמחק: יב] פשיטא אמאי: יג] תיבת ליה נמחק: יד] ל"ש ונמחק: טו] כדאיתא והא כדאיתא: טז] תיבות וכל מה דבעי מייתי ואידך מותר נמחק: יז] לגמרי לא ער: יח] במעילה.

מיבעיא לי מאי גברא לשני פרים איכוין ועד דממלי להו. לי"ב לוגין לא קרבי דהא יש קבע לנסכים ולא אמרינן ליקרבו שמנה לוגין לשני אילים ושלשה לוגין לכבש אחד או דלמא למנחה הראויה לשני אילים וכבש איכוין: ה"ג תרי מחד מינא וחד מחד מינא אמרינן או לא. כלומר מי הוי אורחא ו] לאינדובי או לא: מתני' מתנדבין יין. בלא שמן וסלת ומנסכו לשיתין בפני עצמו ואין מתנדבין שמן בלא סלת ויין: מתנדבין שמן. וקומצו ומקטיר הקומץ ושיריו נאכלין: מה מצינו כו'. דאמרן לעיל אזרח מלמד שמתנדבין נסכין ורבי עקיבא מוקי לה ביין ז] ה) (כדחזינן) כדקתני מתנדבין יין ולא שמן: אף שמן שהוא בא חובה. במנחת נסכים בא נדבה (ב) בפני עצמה: עם חובתו בפני עצמו. אע"פ שהוא בא חובה עם המנחה אינו מעורב במנחה תאמר בשמן כו' וכיון דלא אשכחן ליה דליתי בכלי בפני עצמו השתא נמי לא לייתי: אפילו פרידה. אפי' גוזל א' מתנדבין ח]: גמ' מדברי שניהם נלמד מתנדב אדם מנחת נסכים. סלת שמן ויין בלא קרבן בכל יום דעד כאן לא פליגי אלא בפני עצמו אבל במעורב עם המנחה לא פליגי: חמשה מנחות. סלת ומחבת ומרחשת וחלות ורקיקין אבל רבוכה לא חשיב דאינה באה נדבה אלא בתודה עם הזבח ולאו מנחה היא: קמ"ל. ט] הא דהני חשיב ותו לא היכא דאמר מנחה סתם יביא אחת מחמש הללו: אבל היכא דפריש. לנסכים פריש: מאי טעמא. אין שנים מתנדבין עשרון: תקריב. לשון יחיד: עולותיכם. לשון רבים: עני. דרכו להביא מנחה שאין לו בהמות: חמשה מיני טיגון. סלת מחבת ומרחשת וחלות ורקיקין דמנחת מאפה כל מידי דאית ביה שמן קרי טיגון: שאהנה ממך. כלומר שתקובל לפני בהן:

מיבעיא לי מאי גברא לשני פרים קא מכוין ועד דממלי להו לא קרבי או א דלמא לשני אילים וכבש אחד קמכווין תרי מחד מינא וחד מחד מינא אמרינן או לא מאי תיקו: מתני' ב מתנדבין יין א) ואין מתנדבין שמן דברי רבי עקיבא רבי טרפון אומר מתנדבין שמן אמר רבי טרפון מה מצינו א] ביין שהוא בא חובה ובא נדבה אף שמן שהוא בא חובה בא נדבה אמר לו רבי עקיבא לא אם אמרת ביין שכן קרב עם חובתו בפני עצמו תאמר בשמן שאינו קרב עם חובתו בפני עצמו ג אין שנים מתנדבין עשרון אחד ד אבל מתנדבין עולה ושלמים ב] ועוף אפי' פרידה אחת: גמ' אמר ג] רבא מדברי שניהם נלמוד מתנדב אדם מנחת נסכים בכל יום פשיטא מהו דתימא מנחת נדבה גלי בה רחמנא הני חמשה מנחות אין טפי לא קמ"ל הני מילי בסתמא אבל היכא דפריש פריש: אין שנים מתנדבין: מאי טעמא אילימא משום דכתיב א) תקריב עולה נמי הא כתיב ב) יקריב אלא עולה מאי טעמא דכתיב ג) לעולותיכם מנחה נמי הא כתיב ג) למנחותיכם אלא משום דכתיב בה ג) א) נפש תניא נמי הכי רבי אומר ד) אשר יקריב קרבנו לכל נדריהם ולכל נדבותם אשר יקריבו לה' הכל באין בשותפות לא סילק הכתוב ° אלא מנחה שנאמר נפש אמר ר' יצחק מפני מה נשתנית מנחה שנאמר בה נפש אמר הקדוש ברוך הוא מי דרכו להביא מנחה עני מעלה אני עליו כאילו הקריב נפשו לפני א"ר יצחק מה נשתנית מנחה שנאמר בה חמשה מיני טיגון הללו משל למלך בשר ודם שעשה לו אוהבו סעודה ויודע בו שהוא עני אמר לו עשה לי מן חמשה מיני טיגון כדי שאהנה ממך:

מה נשתנית שנאמר בה נפש. דאי משום דאין באה בשותפות הוה ליה למיכתב איש או לשון אחר דמשמע יחיד דוקא: חמשה מיני טיגון. לא היה מטגן מנחת סולת מאפה תנור אלא מנחת מחבת ומרחשת לחודייהו אלא קורא טיגון מה שיש בכולו שמן:

הדרן עלך המנחות והנסכים

הרי עלי מנחה יביא איזו שירצה. פירוש מחמשת מנחות אבל במנחת נסכים לא איכוין אע"ג דמתנדב אדם מנחת נסכים בכל יום דסתמא דעתו אמנחות המפורשות ורגילות לבא בפני עצמן ולא בגלל זבח: מנחה מין המנחה. פירוש או אמר מין המנחה: סימנא

הדרן עלך המנחות והנסכים

הרי ה עלי עשרון יביא ג] אחד עשרונות יביא ד] שנים פירשתי ואיני יודע מה פירשתי יביא ששים עשרון ו הרי עלי מנחה יביא איזו שירצה רבי יהודה אומר יביא מנחת הסולת שהיא מיוחדת שבמנחות ז מנחה או מין המנחה יביא אחת מנחות או מין מנחות יביא שתים פירשתי ואיני יודע איזה מהן פירשתי יביא חמשתן ח פירשתי מנחה של עשרונים ואיני יודע כמה פירשתי יביא ששים עשרון רבי אומר יביא מנחות של עשרונות מאחד ה] ועד ששים: גמ' פשיטא עשרונות יביא שתים איצטריכא ליה הא נמי פשיטא מיעוט עשרונות שתים ד] איצטריכא ליה: פירשתי ואיני יודע מה פירשתי יביא ששים עשרון: מאן תנא אמר חזקיה דלא כרבי דאי רבי האמר יביא מנחות של עשרונות מאחד ועד ששים ורבי יוחנן אמר אפילו תימא רבי באומר פירשתי עשרונות אבל לא קבעתים בכלי (א) דמייתי שיתין עשרונות בשיתין מאני: הרי עלי מנחה יביא איזהו שירצה [וכו']: תנא הואיל ופתח בו הכתוב תחלה אלא מעתה האומר הרי עלי עולה יביא בן בקר הואיל ופתח בו הכתוב תחלה

הרי עלי עשרון: פירשתי. כמה עשרונים אביא: ואיני יודע מה פירשתי יביא ששים עשרונים. דאי בציר מהכי נדר לא איכפת ליה דמתני י] ואמר כמה שנדרתי יהיו לנדרי והשאר יהא נדבה ובטפי יא] ליכא לספוקי דאין מנחה יחידית יתירה על ששים עשרונים: הרי עלי מנחה. סתם: יביא איזו שירצה. מחמשה מנחות: יב] מיוחדות. מפרש בגמרא: יג] מין המנחה. כלומר הרי עלי מנחה או שאמר הרי עלי מין המנחה יביא אחת יד]: מנחות. עלי או שאמר מין מנחות עלי יביא שתי מנחות ממין אחד: פירשתי. אחת מן המנחות שכתובים בפרשה ואיני יודע אי זה מהן פירשתי כו': פירשתי מנחה. בכלי אחד של עשרונים: ואיני יודע כמה. עשרונים קבעתי בה: יביא ששים עשרון. דבטפי מהכי ליכא לספוקי ואי בציר נדר לא איכפת לן דמתני ואמר כמה שפירשתי יהא לנדרי והשאר יהא לנדבה: רבי אומר. כיון דאמר מנחה משמע חדא אלמא בכלי אחד קבעה ואם יביא ששים בכלי אחד שמא בציר מהכי נדר והויא מנחה יתירה ואית ליה לרבי קביעותא דמנא מילתא טו] הלכך יביא ששים מנחות מאחד ועד ששים חדא של עשרון וחדא של שתים וחדא של שלש וחדא של ארבע וכן עד ששים דודאי חדא מינייהו נדר ואינך נדבה: גמ' אבל לא קבעתים בכלי אחד. הלכך יביא ששים עשרונות בששים כלים כל אחד ואחד בפני עצמו טז] והא דקאמר יביא מנחות של עשרונות מאחד ועד ששים היינו היכא דקבעה בכלי אחד דלא מצי לאיתויי בכלי אחד לא בציר מהכי ולא טפי מהכי הלכך יביא מנחות של עשרונים מאחד ועד ששים דודאי חדא מינייהו נדר: תנא. מה טעם יביא מנחת סלת לפי שפתח בה הכתוב תחלה: מן

א) וְנֶפֶשׁ כִּי תַקְרִיב קָרְבַּן מִנְחָה לַיְיָ סֹלֶת יִהְיֶה קָרְבָּנוֹ וְיָצַק עָלֶיהָ שֶׁמֶן וְנָתַן עָלֶיהָ לְבֹנָה: [ויקרא ב, א] ב) אִם עֹלָה קָרְבָּנוֹ מִן הַבָּקָר זָכָר תָּמִים יַקְרִיבֶנּוּ אֶל פֶּתַח אֹהֶל מוֹעֵד יַקְרִיב אֹתוֹ לִרְצֹנוֹ לִפְנֵי יְיָ: [ויקרא א, ג] ג) אֵלֶּה תַּעֲשׂוּ לַייָ בְּמוֹעֲדֵיכֶם לְבַד מִנִּדְרֵיכֶם וְנִדְבֹתֵיכֶם לְעֹלֹתֵיכֶם וּלְמִנְחֹתֵיכֶם וּלְנִסְכֵּיכֶם וּלְשַׁלְמֵיכֶם: [במדבר כט, לט] ד) דַּבֵּר אֶל אַהֲרֹן וְאֶל בָּנָיו וְאֶל כָּל בְּנֵי יִשְׂרָאֵל וְאָמַרְתָּ אֲלֵהֶם אִישׁ אִישׁ מִבֵּית יִשְׂרָאֵל וּמִן הַגֵּר בְּיִשְׂרָאֵל אֲשֶׁר יַקְרִיב קָרְבָּנוֹ לְכָל נִדְרֵיהֶם וּלְכָל נִדְבוֹתָם אֲשֶׁר יַקְרִיבוּ לַייָ לְעֹלָה: [ויקרא כב, יח]

עין משפט נר מצוה

לו א מיי' פי"ז מהלכות מעה"ק הלכה יט יג:
לז ב מיי' פי"ד מהלכות מעה"ק הלכה א ופי"ז הלכה יג:
לח ג מיי' פי"ד מהל' מעה"ק הלכה ב:
לט ד מיי' פ"ג מהלכות מעה"ק הלכה א ופי"ד הלכה ב:
א ה מיי' פי"ז מהל' מעה"ק הלכה ז:
ב ו ז מיי' שם הלכה ה:
ג ח מיי' שם הלכה ז:

שיטה מקובצת

א] ביין עיין תוס' זבחים (דף צ"א ע"ב): ב] ושלמים ובעוף: ג] יביא אחת: ד] יביא שתים: ה] ועד ששים היינו אלף ושמנה מאות ושלשים כיצד מאלף עד יוד נ"ה א"ט עשר ב"ח עשר ג"ז עשר ד"ו עשר ה"י חמש עשרה עוד מי"א עד עשרים קנ"ה כיצד י"א וי"ט הרי שלשים י"ב וי"ח הרי שלשים י"ג וי"ז הרי שלשים י"ד וט"ז הרי שלשים ט"ו וכ' הרי חמשה ושלשים הכל קנ"ה מכ"א עד שלשים רנ"ה כיצד כ"א וכ"ט הרי חמשים כ"ב וכ"ח הרי חמשים כ"ג וכ"ז הרי חמשים כ"ד וכ"ו הרי חמשים כ"ה ושלשים הרי חמשה וחמשים הכל רנ"ה משלשים ועד ארבעים שנ"ה כיצד ל"א ול"ט הרי שבעים ל"ב ול"ח הרי שבעים ל"ג ול"ז הרי שבעים ל"ד ול"ו הרי שבעים ל"ה ומ' הרי ע"ה הרי שנ"ה ומאחד וארבעים עד נ' תנ"ה מ"א ומ"ט הרי תשעים מ"ב ומ"ח הרי תשעים מ"ג ומ"ז הרי תשעים מ"ד ומ"ו הרי תשעים מ"ה ונ' הרי תשעים וחמשה הכל תנ"ה ומנ"א ועד ס' תקנ"ה נ"א ונ"ט הרי ק"י נ"ב ונ"ח הרי ק"י נ"ג ונ"ז הרי ק"י נ"ד ונ"ו הרי ק"י נ"ה וס' הרי קט"ו הכל תקנ"ה וסימנך נ"ה קנ"ה רנ"ה שנ"ה תנ"ה תקנ"ה ס"ה אלף [ושמונה מאות] ושלשים ועיין בתוס' (דף קו): ו] אורחא לאיתנדובי הכי: ז] כדחזינן דקתני: ח] מתנדבין בין שנים: ט] קמ"ל דהני מילי דחמש ותו: י] דמתני ואומר: יא] ובטפי מהני: יב] מיוחדת: יג] מנחה מין: יד] אחת מהמנחות האמורות בתורה: טו] מילתא היא: טז] עצמו דהאי דקאמר רבי יביא:

תורה אור השלם

מסורת הש"ס

א) זבחים עז. לא., ב) [זבחים פד. לקמן קו.], ג) [עי' תוס' זבחים ה: ד"ה נפשן], ד) ל"ל פירשתי איצטריכא כו' ל"ק, ה) ל"ק מ"ז.

הגהות הב"ח

(א) גמ' בכלי אחד דמייתי שיתין: (ב) רש"י ד"ה אף שמן וכו' בא נדבה הס"ד ואח"כ מ"ה בפני עצמה עם חובתן בא בפני:

גליון הש"ס

גמ' אלא מנחה שנאמר נפש. עי' זבחים דף ה ע"ב תוס' ד"ה נפש:

רבינו גרשום

ליחלק כדמפרש במתני': אחד עשר מיבעי לי מאי גברא לב' פרים קא מיכוין לי"ב לוגין ועד דמלי להו לא קרבי או דלמא וכו' תרי מחד מינא. כגון ב' אילים וחד מחד מינא כגון כבש אמרי' דדעתיה אהכי או דלמא לחד מינא לב' פרים ותו לא וצריך למלינהו: מתנדבין יין. נסך בפני עצמו ואין מתנדבין שמן בפני עצמו: ובא נדבה. כדאמרי' אזרח מלמד שמתנדב נסכים: שכן קרב עם חובתו בפני (או אינו) [דאינו] מערבו אלא מניחו בפני עצמו בספלים הנקובים הלכך מתנדבין יין בפני עצמו: אין שנים מתנדבין עשרון אחד. משום דכתיב כי תקריב קרבן מנחה תקריב אחד ולא שנים: מדברי שניהם נלמד [מתנדב אדם] מנחת נסכים. מנחה בפני עצמה בלא זבח וקרב עמה נסכים דהא בהא לא פליגי אלא בשמן בפני עצמו. אבל עם המנחה מודי ר' עקיבא: מהו דתימא מנחת נדבה גלי רחמנא. בחמש מנחות דהני ה' מנחות לחודייהו מייתי נדבה טפי לא: הני מילי בסתמא. כי נדר מנחה בסתם ודאי אינו מביא אלא אחת מחמש אבל אי פירש מנחת נסכים יביא מנחת נסכים: חמשה מיני טיגון. סולת מחבת מרחשת חלות ורקיקין וכל דבר שעשוי בשמן וסולת קרי טיגון:

סליק פירקא

פירשתי בשעת נדר כמה עשרונים הייתי רוצה להביא ואיני יודע מה פירשתי יביא ס' עשרונים שיחיד מתנדב מנחה גדולה של ס' עשרון ובכלל הגדולה יש אותה שנדר: ולא כר' דאמר לקמן קטן והביא גדול לא יצא דלא סבירא ליה דיש בכלל הגדול קטן: דאי ר' האמר במתניתין יביא (קטן) מנחה של עשרונים מאחד ועד ששים דכיון דאינו יודע מה פירש שמא אמר מנחה של עשרון אחד ויביא אחת בכלי אחד ושמא מנחה של שני עשרונים או של ג' או של ד' ואיכא לספוקיה עד ששים מנחות וצריך ששים כלים. אחד של ס' ואחד של נ"ט ואחד של נ"ח עד אחד של אחד בא': פירשתי עשרונים ואיני יודע כמה אבל ברי לי שלא קבעתים בכלי שלא אמרתי כך וכך בכלי אחד שלא הזכיר כלי וליכא למימר קטן והביא גדול הכא. ואינו צריך להביא אלא ס' עשרון בס' כלים ותו לא ממה נפשך דאם אמ' ס' הרי הביא ס' וכן מס' ועד א' הרי הביא מה שפירש:

תחלה מן הצאן יביא כבש הואיל ופתח בו הכתוב תחלה מן העוף יביא תורים הואיל ופתח בו הכתוב תחלה אלמה א) תנן הרי עלי עולה יביא כבש רבי אלעזר בן עזריה אומר תור או בן יונה ולא פליג רבי יהודה אלא מאי מיוחדת שבמנחות דלית ליה שם לווי והא תנא הואיל ופתח בו הכתוב תחלה קאמר הכי קאמר איזהו מנחה מיוחדת שבמנחות דלית ליה שם לווי זו שפתח בו הכתוב תחלה פשיטא מנחת הסולת קאמר סימנא בעלמא: מנחה מין המנחה [וכו']: בעי רב פפא מיני מנחה מהו כיון דאמר מיני תרתי קאמר ומאי מנחה דכולה מנחות נמי מנחה מיקריין דכתיב א) וזאת תורת המנחה או דלמא כיון דאמר מנחה חדא מנחה קאמר ומאי מיני מנחה הכי קאמר ממיני מנחה חדא מנחה עלי תא שמע מנחה מין מנחה יביא אחת הא מיני מנחה שתים אימא סיפא מנחות מין מנחות יביא שתים הא מיני מנחה חדא ג) אלא מהא ליכא למשמע מינה: תא שמע מין מנחות עלי יביא שתי מנחות ממין אחד הא ממיני מנחה חדא דלמא ב) הא מיני מנחה מביא שתי מנחות משני מינין והא לא תני הכי מין מנחות עלי מביא שתי מנחות ממין אחד מיני מנחות עלי מביא שתי מנחות משני מינין הא מיני מנחה חדא דלמא הא מני רבי שמעון היא ג) דאמר מחצה חלות ומחצה רקיקין יביא ומאי מיני מנחה מנחה דאית בה תרי מיני אבל רבנן דאמרי מחצה חלות ומחצה רקיקין לא יביא מביא שתי מנחות משני מינין: פירשתי ואיני יודע מה פירשתי יביא חמשתן: מאן תנא אמר רבי ירמיה דלא כרבי שמעון דאי רבי שמעון כיון דאמר מחצה חלות ומחצה רקיקין יביא אי נמי א] ד) סבר לה כר' יהודה דאמר כל המנחות באות עשר איכא לספוקה בארבע עשרה מנחות ה) אביי אמר אפילו תימא רבי שמעון שמעינן ליה לרבי שמעון דאמר מייתי ומתני ו) דתניא רבי שמעון אומר ג) למחרת מביא אשמו ולוגו עמו

רש"י

י) מן הצאן יביא כבש. אמר הרי עלי עולה מן הצאן יביא כבש ולא עז הואיל ופתח בו וכו': דלית ליה שם לווי. שנקראת מנחה סתם דשאר מנחות יש להם שם לווי מנחת מחבת ומנחת מרחשת ומנחת מאפה: איזו היא מנחה דקרי לה ר' יהודה מיוחדת. משום דלית ליה שם לווי זה שפתח בה הכתוב תחלה והיינו מנחת סלת: פשיטא דמנחת סלת קאמר. ר' יהודה דהא בהדיא קתני לה: סימנא בעלמא. לגירסא שלא תטעה ותשכח איזו מנחה קאמר ר' יהודה דיביא סימן זה יהא בידך זו שפתח בה הכתוב תחלה: וזאת תורת המנחה. בלו את אהרן ואכולהו מנחות קאי: ת"ש. ממתני': מנחה מין המנחה. פירשתי לעיל: יביא אחת. משום דמין חד משמע ומנחה נמי חדא משמע: הא מיני מנחה שתים. יביא שתים: ממין אחד. ב) [א] דמוקים לתרוייהו [לישני]: דלמא הא מיני מנחה יביא שתי מנחות משתי מינין. דמיני (א) ג) [ב] (מנחה) משמע תרין [ומנחה נמי משמע תרין] כדאמר לעיל וזאת תורת המנחה: ודילמא. הא דדייקינן מינה הא מיני מנחה חדא ר' שמעון היא דלדידיה איכא לקיומי תרוייהו ו) [לישני] שני מינין במנחה אחת אבל לרבנן דלית להו מנחה משני מינים לעולם חדא מנחה ד) ממין ח) אחד ט) (לא) מייתי: מאן תנא. דלא מספקא ליה אלא בחמשה מנחות: כיון דאמר מחצה חלות ומחצה רקיקין יביא. ולאו דוקא קאמר דה"ה לתשע חלות וחד רקיק או לתשעה רקיקין וחדא חלה: אי נמי סבר לה כרבי יהודה דאמר. בפרק ואלו מנחות (לעיל עו.) כל המנחות באות עשר עשר: איכא לספוקי להאי בארבע עשרה מנחות. סלת ומחבת ומרחשת הרי ה) ג' ומנחת מאפה איכא אחד עשר ספיקות דלמא כולה חלות נדר ושמא תשעה חלות וחד רקיק ושמא שמנה חלות ושני רקיקין [ג] וכן גרועי לחלות ואוסופי לרקיקין עד שמא כולה רקיקין (ב) י) [הוי י"א]: מייתי. שתי מנחות חדא של עשר חלות וחדא של עשר רקיקין ואומר אם כולה חלות או כולה רקיקין נדרתי אותה שנדרתי תהא לנדרי והאחרת תהא נדבה ואם מחלה י) של חלות ורקיקין נדרתי יצטרפו חלות מזו לפי מה שנדרתי כ) ורקיקין מזו לפי מה שנדרתי לנדרי והאחרת תהא נדבה: למחרת מביא אשמו ולוגו עמו. בתוספת' דנזירות קתני לה מי שהיה ספק נזיר טמא וספק טהור ספק מצורע מוחלט טמא ספק טהור אוכל בקדשים אחר ס' יום כו'

רבי

תוספות

סימנא בעלמא. לגירסא שלא תטעה ושלא תשכח באיזה מנחה א"ר יהודה כי על ידי טעם זה אתו לאדכורי גמרא: למחרת מביא אשמו ולוגו. פירש בקונטרס למחרת יום ששים ובזבחים (דף עו.) פירש למחרת יום שמיני והכל אחד דאספק נזיר טמא ואספק מצורע טמא קאי כדמוכח בתוספתא דנזיר פרק בתרא והכי איתא התם ספק נזיר טמא וספק נזיר טהור אבל נזיר ודאי היה ספק מצורע טמא פי' מוחלט ספק מצורע טהור פי' ז) שטהור כבר אבל מצורע ודאי היה פי' בחד גברא איירי שיש בו ספיקות הללו אוכל בקדשים לאחר ששים יום ושותה יין ומיטמא למתים לאחר ק"כ יום כילד אמרו לו נזיר טמא אתה ל) [ואין נזיר טמא מגלח אלא עד שבעה] לא ומנה שבעה הזה ושנה וגלח והבא קרבן מנה שבעה ומבקש לגלח אמרו לו נזיר טהור אתה ואין טהור מגלח פחות מל' יום לא ומנה כ"ג להשלים ח] מ) לז' מנה ל' ומבקש לגלח א"ל נזיר טהור אתה ואין ט] טהור מגלח אלא על הדמים נ) פירוש שלש בהמות חייב להביא חטאת עולה ושלמים ועל אחד מהם יכול לגלח וחטאת בהמה אינה באה על הספק ושלמי נזיר נמי טעון תנופה וזה אין יכול להניף מפני שהוא ספק מצורע טמא אבל עולה יכול להביא על תנאי והיינו דקתני כילד הוא עושה מביא עולת בהמה ומתנה עליה ואומר אם טהור אני הרי זו חובה ואם לאו הרי זו נדבה כילד הוא עושה להחמיר עליו מביא פיילי של חרס חדשה ונותנין לתוכה רביעית מים חיים ומביא שני ציפורי דרור פירוש כדין כל מצורעין ביום תגלחתם וחטאת העוף פי' כדין נזיר טמא דשמא טמא הוא ותגלחת זו של טומאה ואינו מתחיל נזירות טהרה עד שיביא חטאתו של טומאה שחטאתו מעכבתו מלמנות נזירות טהרה אבל אשמו אינו מעכבו ומשיגלח תגלחת טומאה הוא אסור לגלח עד שימנה נזירות טהרה ולהכי צריך להביא חטאת נזירות טומאה למנות נזירות טהרה ולגלח בסופה לטהרת צרעתו ואם ישהה עד תגלחת הטומאה שיעשה אחרי טהרתו בודאי מן הצרעת שאותה תעלה לו ודאי לטומאת נזרו כמו שמפרש בסוף הברייתא דימי צרעתו אין עולין לו לימי נזרו ותגלחת צרעתו אינה עולה לתגלחת נזרו כדאמר בפרק מי שאמר הריני נזיר מגלח (נזיר יז:) ובפרק שני נזירים (שם סט:) ומה שמביא חטאתו ביום תגלחתו היינו כרבי עקיבא דאמר במסכת נזיר (דף מד:) אם גילח בשמיני מביא קרבנותיו בו ביום והכי נמי הוי כגילח בשמיני שהרי שיהה תגלחתו ומתנה על חטאתו ואומר אם טמא אני חטאת מחובתי ועולה נדבה פי' עולה שאמרנו למעלה ואם טהור אני עולה מחובתי וחטאת העוף ספק מגלח ראשו וזקנו וגבות עיניו כדרך שהמצורעים מגלחין [ד] ומביא עולת בהמה י) [ומתנה עליה כו' וסופר שלשים יום ומביא עולת בהמה כו'] שהרי ספק נזירות טהרה הוא מונה ואינו יכול לגלח תגלחת שניה לצרעתו עד שיזרוק עליו אחד מן הדמים ומביא עולה וחטאת [ה] ושלמים יא) (ודאי עולת בהמה) וישהה עד סוף נזירות טהרה שאחר טהרת צרעתו שעולה בודאי ואומר אם טמא אני פירוש אם טמא הייתי בתגלחת ראשונה העולה ראשונה נדבה היתה וזו תהיה חובה וחטאת העוף שהבאתי בתגלחת ראשונה מחובתי ואם טהור אני עולה ראשונה חובה וזו נדבה שתגלחת זו של עכשיו אינה כלום וחטאת העוף ספק ומגלח ראשו וזקנו וגבות עיניו כדרך מצורעים ותגלחת זו היתה ראויה לעשות בסוף ז' ימי ספירה תגלחתו ראשונה אבל לא היה יכול משום דגילוח ספק מצורע אינו דוחה איסור גילוח דנזיר

רבי

מסורת הש"ס

א) לקמן קז. ב"ק עח: תמורה כ., ב) [ברכות כה. וש"נ], ג) [לעיל נט. ס. סג: עב:], ד) פי' ומכ"ש אי ס"ל כר"מ דבאות י"ב חלות דאיכא ספיקות טפי, ה) זבחים עו. נדה ע. נזיר ס., ו) עיין ל"ק, ז) ל"ק, ח) נ"א אחד מייתי לדידהו אם אמר מיני מנחה מביא שתי מנחות מב' מינים, ט) ל"ק מ"ז, י) ל"ק, כ) נ"ל ומחלה של רקיקין כו', ל) ל"ק, מ) נ"ל שלשים ל"ק, נ) נ"ל פי' עד שיזרוק עליו הדם דשלש בהמות כו' ל"ק.

הגהות הב"ח

(א) רש"י ד"ה דילמא וכו' דמיני ומנחה משמע תרין: (ב) ד"ה איכא וכו' רקיקין הס"ד ואח"כ מ"ה מייתי ומתני מייתי שתי:

גליון הש"ס

גמ' אביי אמר אפי' תימא ר"ש. עי' לעיל ג ע"א תוס' ד"ה אימא:

רבינו גרשום

מאי מיוחדת הואיל ופתח [בה] הכתוב תחילה: פשיטא דמנחת הסולת קאמר מתני' דקתני יביא מנחת הסלת

...

אמר חלות או סלת אמר או מחבת אמר או מרחשת אמר הרי י"ד. וכ"ש אי סבר לה כר' מאיר דאמר כל המנחות באות י"ב איכא לספוקי בשש עשרה. מוסיף שנים על הני דאמרן דאיכא גרועי ואוסופי עד לחלה אחת וי"א רקיקין: אביי אמר אפי' תימא ר' שמעון ואינו צריך אלא חמשתן דשמעינן ליה לר' שמעון דאמר מייתי ומתני. הכא נמי מייתי ומתני שהרי הביא עשר חלות ועשר רקיקין ומתני דאי אמר תשע חלות וחד רקיק ליהוו הני עשר לחובתי ואידך עשר ליהוו נדבה ואי אמר ח' חלות וחד רקיק ואפילו עד חלה אחת וט' רקיקין יכול למימר הני עשר לחובתי ואידך י' לנדבה ואי אמר כולהו חלות או כולהו רקיקין הרי הביא. וכן נמי אי סבירא ליה כר' מאיר לייתי מכולהו י"ב וליתני ולימא אי מחצה רקיקין אמרתי יהו י"א חלות וחד רקיק לחובה והשאר יהא לנדבה הרי י"א מנחות ושמא חלות לחודייהו נדר או שמא רקיקין לחוד נדר או מחבת או מרחשת או מנחת סלת והכי מצי מתני ואזיל וממה נפשך לא יהא צריך אלא חמש מנחות: ומנא תימרא דר' שמעון אית ליה מתני דתניא ר' שמעון אומר למחרת מביא אשמו ולוגו עמו וכו'. התם קאי בנזירות דתנן מי שהיה נזיר טמא בספק ומצורע מוחלט בספק לאחר ס' יום אוכל בקדשים ולאחר ק"כ יום מותר לשתות ביין וליטמא למתים ומגלח ד' תגלחיות שהנזיר טמא מגלח ב' ומצורע מוחלט ב' ומונה ל' יום לנזירות טהרה של (יום) סתם נזירות ומגלח לסוף ל' כדכתיב וגלח הנזיר פתח אוהל מועד וגו' וכשרוצה להביא קרבנו לסוף אותן ל' יום אומרין לו שמא נזיר טמא הייתה ואותו גילוח שגלחת עולה לך בשביל תגלחת נזירות טומאה שהיית חייב לגלח בסוף ז' יום דכתיב וכי ימות מת עליו בפתע פתאום וטמא ראש נזרו וגילח ראשו ביום טהרתו ביום השביעי יגלחנו ועדיין צריך אתה למנות ל' יום לנזירות טהרתך ומונה ל' יום ומגלח לסוף ל' יום וכשרוצה להביא קרבן לנזירותו אומרין שמא מצורע מוחלט הייתה ואותן ב' גילוחין שגילחת לצרעתך עלו לך ולא לנזירותך שאילו הייתה מצורע מוחלט ודאי ונזיר טמא ודאי מ"מ היה דינך למנות קודם לצרעתך ולגלח ב' תגלחיות ואח"כ לנזירותך אף עכשיו כן. דגילוח ראשון הרי ההוא דחייב לגלח לכשנתרפא מצרעתו דכתיב וכבס המטהר את בגדיו וגלח את כל שערו. וגילוח שני שחייב לגלח לאחר ז' יום לטהרתו כדכתיב וישב מחוץ לאהלו שבעת ימים וכתיב והיה ביום השביעי יגלח את כל בשרו. ועכשיו ראשי לוכל בקדשים לאחר ס' יום דהשתא ודאי טהור הוא שהרי נטהר מצרעתו ואיכא למימר נטהר נמי מספק טומאת נזירותו. וכיון דאמרינן ליה לצרעתך עלו ולא לנזירותך צריך למנות עוד ל' יום לנזירותו ומגלח לסוף ל' כדין נזיר טהור וכשרוצה להביא קרבנו אומרין לו שמא נזיר טמא הייתה ואותו גילוח שגילחת עולה לגילוח טומאה למה שהייתה חייב לגלח לסוף ז' ועדיין צריך אתה למנות ל' יום לנזירות טהרתך מיום גילוח טומאתך כדכתיב והימים הראשונים יפלו ולגלח לסוף ל' יום כדין נזיר טהור והיינו ק"כ יום ומכן ואילך מותר לשתות ביין ולטמא למתים שהרי כבר עשה ד' תגלחיות דמוחלט ודנזיר טמא כדפרשינן להו וקאמר ר' שמעון למחרת דסוף ס' יום דמנה ס' וגילח ב' תגלחיות דחשבינן לצרעתו למחר מביא אשמו ולוגו וכו'. ולהכי קאמר למחרת דקרבן מצורע אין מביאין אותו באותו יום שמטהר בו וגילח בו עד למחרת דכתיב וביום השמיני יקח שני כבשים וגו' ולהכי קאמר למחרת מביא אשמו דספק מוחלט הוה ומתני

עין משפט נר מצוה

ד א ב מיי' פי"ד מהל' מעה"ק הלכה ה:
ה ג מיי' פ"י מהלכות נזירות הלכה ז:

הגהות צ"ק

[א] נ"ל דמקיים: [ב] דמיני ומנחה משמע תרין כדאמרינן לעיל כו': [ג] וכי ל"ק: [ד] וסופר שלשים יום ומביא עולת בהמה ומתנה עליה כו' שהרי וכו' כצ"ל: [ה] נ"ל ושלמים ודאי ומשהא עד כו':

תורה אור השלם

א) וְזֹאת תּוֹרַת הַמִּנְחָה הַקְרֵב אֹתָהּ בְּנֵי אַהֲרֹן לִפְנֵי יְיָ אֶל פְּנֵי הַמִּזְבֵּחַ: [ויקרא ו, ז]

שיטה מקובצת

א] סבר לה כר' יהודה גליון וכ"ש אי סבר לה כר"מ דאמר שתים עשרה איכא לספוקי בשש עשרה ספיקות ע"כ:

...

אומר למחרת מביא אשמו ולוגו. [בתוספתא] דנזירות [קתני מי שהיה ספק נזירות] טמא [וספק טהור] ומצורע [מוחלט] בספק לאחר [ששים יום] אוכל בקדשים [ולאחר] ק"כ יום מותר [לטמא] [וכו' וקאמר [ר' שמעון] דסוף [ששים יום] יגלח ב' [תגלחות] לצרעתו [למחרת] מביא אשמו כו' ולהכי קאמר למחרת דקרבן ומצורע [אין] מביאין אותו [ביום] שנטהר בו [מצרעתו] עד למחרת דכתיב וביום השמיני יקח שני כבשים ולהכי קאמר למחרתו מביא אשמו דספק מוחלט הוא ומתני: ב] (ממקום) דמקיים ותיבת דמוקים נמחק: ג] תיבת מנחה נמחק: ד] מנחה אחת: ה] ג' ובמנחת: ו] תיבת של נמחק: ז] שטיהר: ח] להשלים שלשים תיבת לז' נמחק: ט] ואין נזיר: י] בהמה. ומתנה עליה כו' נראה שחסר מן התוס' וסופר שלשים יום כו' א] וגרסי' וסופר שלשים יום ומביא עולת בהמה ומתנה כו': יא] תיבות ודאי עולת בהמה ל"ש:

חשק שלמה על שיטה מקובצת א) לפני רבינו לא היה נדפס עדיין תיבות אלו וסופר ל' וכו' בתוך דברי התוס' מוקף במרובעים ולפיכך הולרך להגיה.

עמו ואומר אם מצורע הוא זהו אשמו וזה לוגו ואם לאו אשם זה יהא שלמי נדבה ואותו אשם טעון שחיטה בצפון ומתן בהונות וסמיכה ונסכים ותנופת חזה ושוק ונאכל לזכרי כהונה ליום ולילה ואף על גב [א] דקא מפריק מר בשחיטת קדשים אימר דאמר רבי שמעון מייתי ומתני לכתחילה לתקוני גברא אבל בעלמא דיעבד אין לכתחילה לא הני מילי גבי שלמים דקא ממעט באכילתן דהוו להו קדשים לבית הפסול אבל מנחות אפילו לכתחילה אמר ליה רב פפא לאביי (א) רבי שמעון דאמר [א] מחצה חלות ומחצה רקיקין יביא הא קא מייתי עשרון אחד משני [ב] עשרון ולוג אחד משני [ג] לוגין שמעינן ליה לר"ש דאמר אם הביא עשרון אחד משני עשרונות ולוג אחד משני לוגין יצא ומיקמץ היכי קמיץ דמתני ואמר אי חלות לחודייהו ורקיקין לחודייהו אמרי דקא קמיצנא מחלות ליהוי אחלות דקא קמיצנא מרקיקין ליהוי ארקיקין אי מחצה רקיקין ומחצה חלות אמרי דקא קמיצנא מחלות ליהוי אמחצה חלות ומחצה רקיקין ודקא קמיצנא מרקיקין ליהוו אמחצה רקיקין ומחצה חלות והא בעי מיקמץ חד קומץ מחלות ומרקיקין

רבי שמעון אומר למחרת של יום ששים מביא אשמו כו': ושחיטתו בצפון. כשאר אשמות: ומתן בהונות. כדין אשם מצורע: וסמיכה ונסכים ותנופת חזה ושוק. כחומר שלמים: ונאכל לזכרי כהונה ליום ולילה [ד]. שמא אשם הוא: ואע"ג (ב) דאמר מר. בשחיטת קדשים בפרק כל הזבחים שנתערבו בחטאות המתות (דף עו:): אימר דאמר ר"ש מייתי ומתני לכתחילה לתקוני גברא. כגון האי דבלאו הכי אסור למיכל בקדשים דשמא מצורע הוא: אבל בעלמא. כגון התם בזבחים דמיירי באשם שנתערב בשלמים דקאמר ר"ש התם כולן יאכלו כחומר שבהן שיהו כולן נאכלין ליום ולילה כאשם וכולן טעונים סמיכה ונסכים דיעבד אין לכתחילה לא: דקא ממעט באכילתן. דשמא שלמים הן וזמן אכילתן שני ימים ולילה אחד וכיון דאשם אינו נאכל אלא ליום ולילה והנותר שורף נמצא מביא קדשים לבית הפסול שלא כדין אבל מנחות הללו זמן אכילתן שוה אפילו לכתחילה נמי: ולרבי שמעון דאמר מחצה חלות כו'. ומוקמא מתניתין אליביה וכגון דמייתי ומתני שילטרפו חלות מעשרון זה לפי מה שנדר ורקיקין מעשרון זה לפי מה שנדר: הא קא מייתי. השתא עשרון [ה] מזה קלת ומזה קלת וקא מערב שתי מנחות בהדדי ואיהו לא נדר אלא חדא מנחה לאיתויי חד עשרון וחד לוג ומיפלגיה לחלות ורקיקים: שמעינן ליה לר"ש. דאמר המביא מנחה והביא שני עשרונים ושני לוגין ואמר חציו של זה וחציו של זה לחובתי והשאר נדבה יצא ולא אתפריש לן היכא: ומיקמיץ היכי קמיץ. לאותה מנחה שהוא מצטרף שתי מנחות למנחה אחת [ו]: והא בעי מיקמיץ כו'. דאי חדא מנחה של חלות ורקיקין אמר הוי בעי איתויי חלות ורקיקין ולפותתן בכלי אחד ולקמוץ משניהם קומץ אחד:
שמעינן

רבי שמעון אומר למחרת מביא אשמו ולוגו עמו בידו כדין מצורע בשמיני שלו והוא יום אחד וששים ומתנה עליו לפי שהוא ספק מצורע וחטאת מצורע שמעכבת טהרתו אינו יכול להביא מבהמה שאין חטאת בהמה באה על הספק לפיכך יביא חטאת העוף ואם הוא עשיר יכתוב נכסיו לאחר ויהא עני ויביא קרבן עני דהיינו עוף ור"ש לטעמיה דאמר במסכת ערכין (דף יז:) אפי' היה עשיר בשעה שהביא ציפוריו או בשעת הבאת אשם והעני הכל הולך אחר החטאת ואפילו לתנאי דפליגי עליה איכא לאוקומה להא דהכא ולפרושי יכתוב נכסיו לאחר מעיקרו ומתנה על חטאת העוף ואומר אם טמא הוא פירוש אם מצורע הוא הרי זו חובתו ואם לאו הרי זו ספיקו ואוכל בקדשים מיד אבל לשתות יין וליטמא למתים אינו יכול שאין ימי נזרו עולין לו לימי לרעתו כילד יעשה פירוש לדברי בן זומא שאין מצריך לבקש אחד מן השוק לידור כנגדו בנזיר כמו שמצריך רבי יהושע בפרק שני נזירין (נזיר נט:) סופר שלשים ומביא עולת בהמה ומגלח פי' ספק תגלחת טומאה וספק תגלחת טהרה דשמא מצורע היה ונזיר טמא ולא עלו לו אחת מתגלחותיו לנזירותיו רק מלרעתו שאין ימי נזרו עולין מתוך ימי לרעתו ולסוף שבעה אחר ימי טהרת לרעתו אינו יכול לגלח דשמא נזיר טהור הוא אבל הזאה לא בעי שכבר הזה ושנה ואפילו לסוף ל' אינו יכול לגלח עד שיזרוק עליו אחד מן הדמים ומביא חטאת העוף משום ספק תגלחת טומאה שאינו יכול להתחיל מנין נזירות טהרה עד שיביא חטאתו כדפרישית ומתנה עליו כתנאי שלמעלה בתגלחת ראשונה והוא הדין שיש להתנות שאם אינו נזיר עכשיו כלל שכלתה נזירותיו מתגלחת שלמעלה העולה נדבה וחטאת העוף ספיקו אך התנא לא חש לפרש כל זה וסופר שלשים יום ומביא קרבנותיו שלמים ודאי ועולת בהמה ספק ומתנה עליה ואומר אם טמא הייתי בתגלחת שלישית העולה ראשונה נדבה וזו חובה וחטאת העוף מחובתי ואם טהור אני העולה ראשונה חובה וזו נדבה וחטאת העוף ספק והוא הדין נמי דמתנה אם כלתה נזירות מתגלחת שניה שתיהן עולת נדבה וחטאת העוף ספק אך לא חשש לפרש כך ושותה יין ומיטמא למתים תימה למה לא הזכיר בקרבנות תגלחת רביעית זו חטאת [בהמה] שהרי ודאי נזיר היה ועדיין לא הביא חטאת הבהמה בשום פעם ואם באנו לפרש רישא דברייתא ספק נזיר [ז] וספק אינו נזיר כלל עכשיו (אבל נזיר ודאי היה) ולכך לא יביא חטאת בהמה שהרי אינה באה על הספק לא משתמע הכי דא"כ הוה ליה לפרושי בהדיא ועוד א"כ בשלמים הוה ליה למיתני תנאי או למיהוי [ח] [א] עולת נדבה או שלמי נזיר [ט] לענין [המורס מהם] דבהאי חזה ושוק ובהאי זרוע בשילה במה דברים אמורים בזמן שנדר שלשים אבל נדר שנים עשר חדש אוכל בקדשים לאחר שתי שנים ושותה יין ומיטמא למתים לאחר ארבעה שנים [ב] באותו ענין ובאותה שיטה שאמרנו מגלח לסוף שנה [ג] באותה של סוף שלשים ובאותו תנאי ולסוף שתי שנים [ד] בשניה ולבסוף ג' שנים בשלישית ולבסוף ארבעה שנים ברביעית טמא בספק ומוחלט בודאי אוכל בקדשים לאחר שמונה ימים דתגלחת מצורע ודאי דוחה איסור גילוח דנזיר ומיד כשיבא לפינו מגלח ראשונה ובשביעי תגלחת שניה ובשמיני מכניס ידיו לבהונות ושותה יין ומיטמא למתים לאחר ל"ז כך כתוב בתוספתא ונראה דגרסינן ששים ושבעה לפי שיטה שפירשנו טמא בודאי ומוחלט בספק אוכל בקדשים [י] לאחר שלשים ושבעה יום ושותה ביין ומיטמא למתים לאחר ע"ד יום טמא בודאי ומוחלט בודאי אוכל בקדשים לאחר שמונה ימים ושותה יין ומטמא למתים לאחר ארבעה וארבעים יום: **אשם** זה יהא שלמי נדבה. וא"ת והא אמרינן בפרק איזהו מקומן (זבחים דף מז:) דאשם מצורע שני כהנים מקבלין את הדם אחד ביד ואחד בכלי ושלמים אמרינן דצריך שיקבל כל דמו של פר ויש לומר דתקוני גברא שאני כדאמרינן בפרק התערובות (זבחים דף עו:): **וסמיכה.** למ"ד אשם מצורע לאו דאורייתא הוי באקפויי ידיו ואע"ג דשלמים בעו סמיכה גמורה ואשכחן בפסחים בפרק האשה (דף פט:) גבי חמשה שנתערבו עורות פסחיהן דנמנעין מלעשות פסח שני מחמת סמיכה משום תקוני גברא התירו ולמ"ד דאורייתא הזכיר בתנס סמיכה וכן נסכים דבין שלמים בין אשם מצורע טעונין סמיכה ונסכים ומיהו נסכים מצינו למימר דנקט משום שאר אשמות דלא בעו נסכים: **ותנופת** חזה ושוק. תימה דלא תני תנופה מחיים דבעי אשם מצורע כדתנן בפרק כל המנחות באות מצה (לעיל סא.): **ונאכל** ליום ולילה. ובתודה דאין נאכלת אלא ליום ולילה אין יכול להתנות משום דבעיא לחם ובלחם אי אפשר לעשות תקנה כדמוכח בפרק התודה (לעיל פ.): **שמעינן** ליה לרבי שמעון דאמר אם הביא עשרון אחד משני עשרונות ולוג אחד משני לוגין יצא. פי' בקונטרס לא איתפריש ויש לדקדק מדקסבר מדת יבש לא נתקדשה דמכשר שתי הלחם ולחם הפנים אבית פאגי שמעת מינה דלא חייש בעשרון משתי עשרונות ומיהו לוג אחד מב' לוגין לא שמעינן מינה דכולהו מודו במדת הלח דנתקדשה:
כרכי

שיטה מקובצת

[א] ואע"ג דקאמר מר אימר דאמר. מתיבת ואע"ג עד תיבת אמר ליה רב פפא זהו פי' מרבנן סבוראי: [ב] משני עשרונין: [ג] לוגין. פי' דהוי בעי חד עשרון וחד לוג ומפלגינן לחלות ולרקיקין וקא מצרף מעשרון ולוג דחלות ומעשרון ולוג דרקיקין. זהו מרבנן סבוראי:

חידושי הרגמ"ה

ואומר אם מצורע הוא (הכי [נמי]) ואותו אשם טעון שחיטה בצפון ומתן בהונות וסמיכה ונסכים ותנופת חזה ושוק כחומר שלמים דרמינן עליה חומר תרוייהו וה"נ מתני בקרבן נזירותו כשמביא לסוף ק"כ יום אלמא ר"ש אית ליה מתני: (האי פירושא דספרים [מאע"ג] אע"ג דקא מפרק מר בשחיטת קדשים אימר דאמר ר"ש לכתחילה תקוני גברי אבל בעלמא כו'): לר"ש דאמר מחצה חלות ומחצה רקיקין יביא הא קא מייתי כו' האי פירושא דבספרים הכי הוא. דהוי בעי עשרון וחד לוג דמאן דנדר מנחה סתם בעי להביא מחצה חלות ומחצה רקיקין דחד מנחה הוא חשיב ובעי לאתויי עשרון אחד ולעביד מההוא עשרון חלות ורקיקין והכי נמי חד (עשרון) [לוג] לחלות ורקיקין דחד עשרון אינהו והשתא [דבעי] לאתויי שני עשרונות ושני לוגין נמי וקא מצטרף לחובתו מעשרון ולוג דחלות ומעשרון ולוג דרקיקין ובין תרוייהו הוי חד עשרון לחובתו: א"ל ודאי מצי עביד הכי לצרף חובתו משני עשרונים דשמעינן לר"ש בברייתא דאמר שאם הביא עשרון אחד משני עשרונים כגון אם נדר עשרון אחד ולוג אחד והקדיש שני עשרונים וב' לוגין והביא אותן עשרונים בשני כלים והפריש מהן חצי עשרון מכלי זה וחצי עשרון מכלי זה (משני עשרונים כגון) דמהני ב' עשרונות הפריש חד עשרון לחובתו וה"נ עביד בשני לוגין יצא: ומיקמץ היכי קמיץ. הא קא מייתי עשרון לחלות ועשרון לרקיקין הא אימא (אימר) מחצה חלות ומחצה רקיקין אמר היינו חד עשרון ולא בעי אלא חד קומץ לתרוייהו: לעולם (דבעי למיקמץ) דקמיץ ב' קמצים חד דחלות וחד דרקיקין ומתני ואמר [אי] חלות לחוד כו' אי מחצה חלות ומחצה רקיקין ליהוי ההוא קומץ דחלות ורקיקין בהדדי דהך תנאי [מהני] דדמי כאילו קמץ חד קומץ לחוד מתרוייהו: הך תנאי מאי אהני ליה הא בעי למיקמץ חד קומץ [וקא קמיץ] ב' קומצין: א"ל ודאי מצי למיקמץ מחלות [שיהו] ארקיקין דשמעינן לר"ש בברייתא דאמר [דהיכא] דנדר מחצה חלות ומחצה רקיקין ומייתי להו בחד מנא וכי קמץ ועלה בידו מאחת על שניהם יצא דיכול לקמוץ מחלות ארקיקין ומרקיקין אחלות: [ד] ולילה עד חצות: [ה] עשרון אחד משתי עשרונות: [ו] אחת ובעי שני קמצים חדא לחובה וחדא לנדבה כדאמר בסוף שמעתין: [ז] ספק נזיר טמא: [ח] למיהוי שלמי: [ט] דלענין מורם מהם: [י] לאחר שבעה ושלשים שותה ביין ומטמא למתים לאחר שבעים וארבעה ימים טמא בודאי ומוחלט בודאי אוכל בקדשים לאחר:

[א"ה מכאן ועד סוף המסכתא נקרעו הדפין ונאבדו וחבל על דאבדין]

מסורת הש"ס

א) [לעיל סג: וש"נ].

הגהות הב"ח

(א) גמ' ולר"ש דאמר: (ב) רש"י ד"ה ואע"ג דקמפריק מר בשחיטת:

הגהות צ"ק

[א] ל"ל שלמי נדבה: [ב] כאותו כו' וכאותה כו': [ג] ל"ל כאותה כו' וכאותו כו': [ד] ל"ל בשנייה וכן בשלישית וכן ברביעית:

רבינו גרשום

ואומר אם מצורע הוא כו': ה"ג ואותו אשם טעון שחיטה בצפון ומתן בהונות וסמיכה ונסכים ותנופת חזה ושוק ונאכל לזכרי כהונה ליום ולילה כלומר ואותו אשם טעון שחיטה בצפון כדין [אשם] דאשם מצורע גמור דשחיטתו בצפון דאפי' יהא שלמים שלמים לא נאסר (שחיטתן) [אם נשחטו] בצפון ומתן בהונות כחומר דאשם וסמיכה ונסכים ותנופת חזה ושוק כחומר דשלמים דרמינן עליה חומרא דתרוייהו. וה"ה הכי נמי מתני לקרבן נזירותו כשמביאו לסוף ק"כ יום אלמא דר' שמעון אית ליה מתני: האי פירוש דספר' הכי גרסינן אף על גב דקא מפרק מר בשחיטת קדשים אימור דאמר ר' שמעון מייתי ומתני לכתחלה לתקוני גברא אבל בעלמא כו'. דהכי תנן בשחיטת קדשים היינו במסכת זבחים בפרק כל הזבחים אשם שנתערב בשלמים ר' שמעון אומר שניהן ישחטו בצפון ויאכלו כחמור שבהן ליום ולילה. אמרו לו אין מביאין קדשים לבית הפסול ואמרינן בגמרא אפי' תימא ר' שמעון כי אמר שמעון דאיעבד אבל לכתחלה אסור לערבן לפי שאין מביאין קדשים לבית הפסול דהא שנתערבו תנן וקתני בתר הכי איתיביה ר' שמעון אומר למחרת מביא וכו' דמשמע דאפי' לכתחלה קאמר וקא מפרק ליה שאני התם דאמי מביא לכתחלה ומתני לתקוני גברא הוא שמכשיר האי מצורע להאכיל בקדשים דאי אפשר דלא לייתי קרבן להכי מתני אבל בעלמא דלית ביה משום תקוני גברא כגון שלמי' שנתערבו בזבח אחר לא מצי (מתני) [לערב ולהתנות] לכתחלה: משום דקא ממעט באכילת שלמים. דשלמים נאכלין לב' ימים ולילה א' אחר כי נתערבו ויאכלו כחמור שבהן הנותר למחר ישרפנו ועדיין יש להן זמן לאכילתו ומביא קדשים לבית הפסול אבל מנחות שלא ידע מה פירש אפי' לכתחלה מצי מתני דהכא ליכא למימר דממעט באכילתן דכולהו מנחות אין נאכלות אלא ליום ולילה והלכך גבי מנחות כדפרשינן לעיל: לר' שמעון דאמר מחצה חלות ומחצה רקיקים יביא וקא מתני ט' חלות ורקיק אחד לחובתי ונמצא דקא מייתי עשרון אחד מב' עשרונין דבעינן דקא מייתי עשרון א' לחלות ועביד מיניה חלה אחת וט' רקיקין. והשתא כי מתני הכי נמצא דמצטרף מעשרון דחלות ומעשרון דרקיקין חד עשרון לחובתו. ולוג א' מב' לוגין דהא בעשרון דחלות איכא חד לוג ובעשרון דרקיקין חד לוג וכי מתני הכי הוי בעי חד לוג בין החלות ורקיקין לחובתו. והאי פירוש שכתוב בספרים הכי הוא דהוה בעי חד עשרון וחד לוג דמאן דנדר מנחה סתם ובעי להביא מחצה חלות ומחצה רקיקין דהדא מנחה הוא חייב לאתויי עשרון אחד ולעביד מההוא עשרון חלות ורקיקים והכי נמי חד לוג בין החלות ורקיקים והשתא מייתי ב' עשרונות וב' לוגין וקא מצרף לחובתו מעשרון ולוג דחלות ומעשרון ולוג דרקיקין ובין תרוייהו הוי חד עשרון לחובתו: א"ל ודאי מצי עביד הכי לצרף חובתו מב' עשרונות דשמעינן לר"ש בברייתא דאמר אם הביא עשרון אחד מב' עשרונים יצא כגון שהקדיש ב' עשרונים בב' כלים והפריש מהן חצי עשרון מכלי זה וחצי עשרון מכלי אחר הכי נמי עביד עשרון לחלות ועשרון לרקיקין הא איכא למימר דהאי מחצה חלות ומחצה רקיקין אמר דהיינו חד עשרון ולא בעי אלא חד קומץ מתרווייהו: לעולם דקמיץ ב' קמצים חד מחלות וחד מרקיקין ומתני ואמר אי חלות לחוד ורקיקין לחוד אמרי אי מחצה חלות ומחצה רקיקין אמרי ההוא קומץ דקמיצנא קומץ מחלות לחודייהו ליהוי כאילו קמצתי מחלות ורקיקין בהדדי דהך תנאי מהני דמי כאילו קמץ חד קומץ לחוד מתרווייהו: (א') [ופרכינן] והך תנאי מאי אהני ליה הא בעי למקמץ חד קומץ בין חלות ורקיקין והשתא קמיץ קומץ מחלות

ומרקיקין וקא קמיץ מחלות ארקיקין ומרקיקין אחלות שמעינן ליה לרבי שמעון דאמר א) אם קמץ ועלה בידו מאחד על שניהם יצא והא איכא מותר שמן דאי מחצה חלות ומחצה רקיקין אמר מותר השמן מחזירו לחלות אי כולהו רקיקין אמר מותר השמן נאכל לכהנים כרבי שמעון בן יהודה דתניא רבי שמעון בן יהודה אומר משום ר' שמעון ב) מושחן כמין כי ומותר השמן נאכל לכהנים אמר ליה רב כהנא לרב אשי והא איכא לספוקה במנחת נסכים דאמר רבא ג) א מתנדב אדם מנחת נסכים בכל יום כי קא מסתפקא ליה (סימן יחי"ד בגל"ל לבונ"ה בלו"ג מקמצ"ה) באה בגלל יחיד באה בגלל ציבור לא מסתפקא ליה כי קא מסתפקא ליה באה בגלל עצמה באה בגלל זבח לא מסתפקא ליה כי קא מסתפקא ליה טעונה לבונה שאינה טעונה לבונה לא מסתפקא ליה כי קא מסתפקא ליה באה בלוג באה בשלשה לוגין לא מסתפקא ליה כי קא מסתפקא ליה טעונה קמיצה שאינה טעונה קמיצה לא קא מסתפקא ליה: פירשתי מנחה של עשרונים: תנו רבנן פירשתי מנחה (א) וקבעתי בכלי אחד של עשרונים ואיני יודע מה פירשתי יביא מנחה של ששים עשרונים דברי חכמים רבי אומר ב יביא מנחות של עשרונים מאחד ועד ששים שהן אלף ושמונה מאות ושלשים פירשתי ד) ואיני יודע מה פירשתי ואי זו מהן פירשתי ואיני יודע כמה פירשתי יביא חמש מנחות של ששים ששים עשרונים שהן שלש מאות דברי חכמים רבי אומר יביא חמש מנחות של ששים עשרונים מאחד ועד ששים שהן תשעה אלפים ומאה וחמשים במאי קא מיפלגי אמר רב חסדא במותר להכנים חולין לעזרה קא מיפלגי רבי סבר ה) אסור להכנים חולין לעזרה ורבנן סברי מותר להכנים חולין לעזרה רבא אמר דכולי עלמא ג אסור להכנים חולין לעזרה והכא במותר לערב חובה בנדבה קא מיפלגי רבנן סברי מותר לערב חובה בנדבה ורבי סבר אסור לערב חובה בנדבה אמר ליה אביי לרבא לרבנן דאמרי מותר לערב חובה בנדבה הא בעינן שני קמצים דקמיץ והדר קמיץ והא קא קמיץ מחובה אנדבה ומנדבה אחובה דתלי ליה ו) בדעת כהן דאמר כל היכא דמטיא ידא דכהן השתא חובה ולבסוף נדבה ואקטורי היכי מקטר ליקטר נדבה ברישא דחובה היכי מקטר לה דלמא כולה חובה היא וחסרו להו שירים ז) ואמר מר שירים שחסרו בין קמיצה להקטרה אין מקטיר קומץ עליהן ליקטר חובה ברישא דנדבה היכי מקטר לה ודלמא

רש"י

שמעינן ליה לר"ש. בפ' כל המנחות באות מצה (לעיל סג:): מותר השמן. אמרי' בפ' ואלו מנחות (לעיל עה.) מנחה הבאה מחצה חלות ומחצה רקיקין מביא לוג שמן וחולקו לחלות ורקיקין וחלות בוללן ומושח הרקיקין על פני כולן ושאר השמן מחזירו לחלות וגבי כולה רקיקין תניא לעיל מההיא מושחן כמין כי ושאר השמן נאכל לכהנים: רבי שמעון בן יהודה. גבי מחצה חלות ומחצה רקיקין קאי: מותר השמן נאכל לכהנים. כדין רקיקין הבאים בפני עצמן הלכך ממה נפשך מותר של רקיקין נאכל לכהנים: כי קא מספקא ליה. לנדר ממנחת יחיד שאינה באה בצבור דהיינו הנך חמש מנחות הנדבה דאינן באות בצבור כדאמר לעיל (דף קד:) אין שנים מתנדבים עשרון אחד שהרי כתיב בה נפש אבל מנחת נסכים הבאה בצבור לא מספקא ליה דודאי (ב) ידע שלא נדרה: ח) של עשרוני' מאחד ועד ששים. שיביא ששים מנחות בששים כלים באחד כלי חד עשרון ובאידך שנים ובאידך שלשה ובאידך ט) [ארבעה וכן עד] ששים: שהם אלף ושמנה מאות ושלשים עשרונות. ובכל כלי יאמר אם כזו נדרתי זו לנדרי ואם לאו תהא נדבה דממה נפשך חדא מינייהו נדר: פירשתי. עשרונות י) ופירשתי מאיזה מנחה מן החמש המנחות ואיני יודע מאיזה מנחה פירשתי וכמה עשרונים פירשתי בה יביא חמש מנחות של ששים עשרונות: במותר להכנים חולין לעזרה. ודכולי עלמא אסור לערב חובה בנדבה: רבנן סברי מותר להכנים חולין לעזרה. הלכך יביא ששים עשרון בכלי אחד ויתנה אם כולן נדרתי כולן לחובתי ואם לאו מה שנדרתי יהא לחובתי והשאר חולין אבל השאר לנדבה לא מצי לאיתויי דאסור לערב חובה בנדבה ואי קשיא הכא נמי היכי קריב קומץ הא הוי קצת מן הקומץ חולין ועוד מנחה היכי מישתרי והא לא איקמצ' קומץ שלם דקצת מן הקומץ הוי חולין תריץ כדתלינן בהקומץ רבה (לעיל כד:) קומץ בדעתא דכהן תליא מילתא וכהן דעתו אקודש ולא אחולין: ורבי סבר אסור להכנים חולין לעזרה. הלכך לא מצי איתויי בכלי אחד ומתנה אבל יביא ששים מנחות מאחד ועד ששים בששים כלים ויאמר אותם שנדרתי יהו לחובתי והשאר נדבה ואי קשיא לייתי ששים עשרונות בששים כלים ויאמר לפי חשבון שנדרתי יהא לנדרי והשאר נדבה הא לא קשיא דקביעות כ) המנחה מילתא היא ולא מצי לאיתויי בכלי אחד פחות ממה שקבע בו: מותר לערב חובה בנדבה. הלכך מייתי ס' עשרונות ויאמר כפי מה שנדרתי יהו לחובתי והשאר לנדבה: שני קמצים. חד לחובה וחד לנדבה: ומשני דקמיץ. שני קמצים: כל היכא דמטי ידיה דכהן השתא. בקומץ ראשון יהא חובה וכל היכא דמטו ידיה בקומץ אחרון תהא נדבה: דלמא

תוספות

כרבי שמעון בן יהודה. ואם תאמר מאי סלקא דעתך דמקשה דקאמרינן דאי מחצה חלות ומחצה רקיקין מותר השמן מחזירו לחלות הא לא אשכחן בפ' ואלו מנחות (לעיל עה.) רבי שמעון דאית ליה האי סברא ומנא ידע בכולה רקיקין דשאר השמן נאכל לכהנים וי"ל משום דרבנן דפליגי ארבי שמעון בן יהודה התם סבירא להו במותר השמן מחזירו לחלות ואליבא דרבי שמעון קאמרי דהא קתני מנחה הבאה מחצה חלות ומחצה רקיקים ומאן שמעת ליה דאית ליה האי סברא רבי שמעון:

שהן אלף ושמונה מאות ושלשים. כיצד קח בידך מאחד ועד ששים וצרף תחילתן לסופן עד האמצע כגון אחד וששים הם ס"א שנים ונ"ט הם ס"א ושלש ונ"ח הם ס"א כן תמנה עד שלשים דשלשים ושלשים ואחד נמי הם ס"א ויעלה לך שלשים פעמים ס"א וכן נוכל למנות פרים דחג דעולין לשבעים כיצד ז' וי"ג הם עשרים וכן ח' וי"ב הם עשרים וכן ט' וי"א הם כ' וי' הרי שבעים:

במותר להכנים חולין לעזרה קמיפלגי. ולא מיתוקמא אלא כרבנן דאמרי למנחה של ששים עשרון ששים לוגין דאי כרבי אליעזר בן יעקב דאמר אין לה אלא לוגה היכי מיתכשרה כיון דאיערב חולין בהדה הא אינה ראויה לבללן משום דהוה ליה חיסר שמנה:

רבה אמר דכולי עלמא וכו'. רבה גרסינן אף על פי שהוא אחר רב חסדא דרבא משני לקמן שינויא אחרינא:

דתלי לה בדעת כהן. ואף על גב דבהקומץ רבה (לעיל דף כד:) לית ליה לאביי בדעתא דכהן תליא מילתא הכא מודה:

אפשר

עין משפט נר מצוה

ו א מיי' פי"ד מהלכות מעה"ק הלכה א:
ז ב מיי' שם פי"ז הלכה ח וע"ש בכ"מ:
ח ג מיי' פ"ב מהלכות שחיטה הלכה ג ופ"א מהלכות מחוסרי כפרה הלכה ז:

רבינו גרשום

על רקיקין ומרקיקין אחלות דהא קמיץ ב' קמצין: א"ל ודאי מצי למקמץ מחלות לחודיהו ארקיקין דשמעי' ליה לר' שמעון בברייתא דאמר ודאי היכא דנדר מחצה חלות ומחצה רקיקין ומייתי להו בחד מנא וכי קמץ ועלה בידו מאחד על שניהן יצא אלמא דיכול לקמוץ מחלות ארקיקין ומרקיקין אחלות: והא איכא מותר שמן דאמרי' בפירקא דלעיל דכשמביא חלות ורקיקין נותן חצי לוג לחלות וחצי לוג לרקיקין וחלות טעונין בלילה ורקיקין אין טעונין אלא משיחה כדאמרי' מושחן כמין כי יווני ומותר השמן שנשתייר מחצי לוג של רקיקין אותו מותר מחזירו לחלות והשתא כי מספקא ליה אי כולן רקיקין אמר אי מחצה חלות ומחצה רקיקין אמר היכי עביד מאותו מותר שמן דבעי להחזיר לחלות לאחר משיחת רקיקין דאי מחצה חלות ומחצה רקיקין אמר צריך להחזיר המותר לחלות. אי כולהו רקיקין אמר מותר השמן נאכל לכהנים דלאחר שמושחן השירים נאכל לכהנים. והשתא אי אכלי כהנים לשירים שמא מחצה חלות ומחצה רקיקין אמר וצריך להחזירו לחלות ולא למיכליה כהנים: א"ל (קי"ל) [ס"ל] כר"ש בן יהודה. דאמר דהיכא דאמר מחצה חלות ומחצה רקיקין אין מחזיר המותר לחלות אלא נאכל לכהנים הילכך ממה נפשך נאכל לכהנים: והא איכא לספוקא במנחת נסכים דאיכא למימר במנחת נסכים נדר ולייתי מנחת נסכים ואמאי לא קא חשיב נמי הא וליתני ו' מיני מנחות ואמאי קא אמר חמשתן ותו לא: דאמר רבא מתנדב אדם. דיכול להביא מנחת נסכים לחודיה בלא זבח והואיל דמצי למיתי איכא למיחש דהא נדר: א"ל להא ודאי ליכא לספוקי כי קא מספקא ליה דידע דמידי דבאה יחיד ולא באה צבור נדר דהיינו אחד מה' מנחות אבל נסכין דבאין נמי בצבור פשיטא ליה דלא נדר: ופשיטא ליה נמי דלא נדר מידי דבא בגלל זבח ולא מידי דלא טעון לבונה ולא מידי דבעיא ג' לוגין שמן ולא מידי דלא טעון קמיצה דהיינו מנחת נסכים דכולה כליל ואית בה כל הני: פירשתי מנחה של עשרונים. דיודע איזו מנחה נדר אבל מספקא ליה כמה עשרונים נדר במנחה: יביא ס' עשרון בכלי אחד. ויש בכלל המרובה המועט וסבירא ליה לתנא קמא קטן והביא גדול יצא ור' סבירא ליה דלא יצא ואיירי כגון דקבעם בכלי הילכך קאמר יביא מנחה של עשרונים בס' כלים מאחד ועד ס'. בכלי אחד חד עשרון ובאחד שנים ובשלישי ג' וכן עד ס' דהשתא איזה שנדר הא איתיה לחוד בכליו. פירשתי ואיני יודע איזה מהם פירשתי דאינו יודע מאיזה מין של חמש מנחות ואינו יודע כמה עשרונים במנחה יביא מכל מין ס' בכלי אחד שהן עולין ג' מאות: ר"א מכל מין צריך להביא מאחד ועד ס'. ומין אחד מאחד ועד ס' עולין לאלף ושמנה מאות ושלשים אם תרצה לחשבם קח זה סימן בידך מכל חשבון שתרצה לחלקו כך. כגון אלו מאחד ועד ששים אמור ס' פעמים ס' ואל תחשוב אלא המחצית ל' פעמים ס' וכן חשוב מא' עד עשרה א' וב' הרי ג' הוסיף ג' הרי ו' הוסיף ד' הרי י"ד הוסיף ה' הרי ט"ו. וכן עד עשרה יעלה החשבון נ"ה הרי הותירו ה' על חשבון העשרה. ועכשיו ראה ל' פעמים ס' הרי י"ח מאות וששים הם ו' פעמים עשרה ולכל עשרה מותירים חמשה הרי שלשים וזהו אלף ושמנה מאות ושלשים: רבנן סברי מותר להכניס חולין לעזרה. וקא מייתי ס' לחוד בחד מנא ומתני ואמר הכי אם עשר נדרתי יהו העשר לחובתי והשאר יהיו חולין וקומץ קומץ אחד ואותו קומץ הוי לחובתו ואי מכניס כולהו ס' בעזרה לית לן בה. דמותר (לערב) [להכניס חולין] בעזרה ומה דמתערבי חובה בחולין לית לן בה דאי חולין כהנים אכלי להו כקדשים: ור' סבר אסור להכניס חולין בעזרה. והילכך מתני ואמר הכי אי עשר נדרתי יהו העשר שבכלי אחד לחובתי והשאר יהיו נדבה ואותן עשר הא הוו בכלי אחד בפני עצמו דאם נדר קטן איכא קטן ואי גדול איכא גדול: רבנן סברי מותר לערב חובה בנדבה. והכי מתני אי עשר נדרתי יהו עשר שבתוך אלו ס' לחובתי והשאר נדבה. ואי מתערבי כולהו ס' דהשתא אתערב חובה בנדבה לית לן בה דמותר לערב: ור' סבר דאסור לערב. ומשום הכי יביא מא' ועד ס' בס' כלים שלא יתערב חובה בנדבה: הא בעינן ב' קמצין. חד לחובתו וחד לנדבתו: דקמיץ והדר קמיץ ב' פעמים: והא קא קמיץ מחובה אנדבה כו'. דהא מתערבי אהדדי: דמטא ידא דכהן השתא. כלומר הקומץ שיקמוץ תחלה יהא חובה והאחד נדבה: דילמא כולה מנחה של ס' עשרון חובה דחיישינן דס' נדר וחסרו להו שירים דכיון דקא קמיץ לשום חובה הך דקא קמיץ לבסוף לשם נדבה לא צריך דדילמא כולה חובה היא וחסרו להו שירים בין קמיצת חובה להקטרת חובה דקודם שהקטיר לשום חובה הקטיר קודם של נדבה ואשתכח דקא חסרו שירים שהרי חסרו אותו קומץ דמקטיר לשום נדבה והלכך היאך מצי הדר מקטיר לקומץ דחובה דאמר מר וכו': ליקטר דחובה ברישא ההוא קומץ דנדבה היכי מקטיר ליה א) דילמא כולה חובה היא. וכל שממנו לאישים השאר הרי הוא בבל תקטירו. והשתא ליכא למימר שירים שחסרו בין קמיצה להקטרה כיון דקמץ לשום חובה הקטיר מיד לשום חובה קודם דקמץ לשם נדבה ולא חסרו בין קמיצה להקטרה. וקא ס"ד דאפי' קמץ אותו קומץ דנדבה מקמי דלקטר קומץ דחובה ליכא למימר דחסרו להו שירים. דהואיל דאמרי' דאותו חובה מקטיר ברישא כיון דאכתי קומץ לנדבה קאי בעיניה בשעת הקטרת קומץ דחובה אע"ג דמקמץ לא חשבינן כמאן דחסרי שירים: א"ל לעולם מקטר דחובה ברישא והכי אפשר ליה בתקנה כגון דמסיק אותו קומץ דנדבה לשום עצים ולא לשום קומץ דהשתא אי אמרת דשירים נינהו לא עבר בבל תקטירו כדר' אליעזר כו': רבנן אית להו דר' אליעזר דאפשר לאסוקי לשום עצים ור' לית ליה דר' אליעזר ולהכי אמר דליתי מא' ועד ס' דקסבר ר' דהא דלא מייתי ס' לחודיהו בחד מנא לאו משום דלא יהא מותר לערב אלא משום דלא מצי מסיק השירים לשום עצים. ורבנן סברי דמסיק ומתני הכי אי כולה חובה הוי הך קומץ שני דנדבה ליהוי כעצים דעלמא ואי לא ליהוי לשום נדבה: אמר אי ס"ד כו'. א"כ דסבירא ליה לר' דמותר לערב אמאי קא מחייב לאיתויי מא' ועד ס' בבציר מהכי סגיא דאפשר דמייתי שיתין עשרונים בחד מנא וחד עשרון בחד מנא זוטא ומגע להו כופף הכלי הגדול שבו ס' והכלי הקטן שבו האחד כדי שיהיו נוגעין סולתן במעט וקמיץ מן הגדול חד קומץ ומן הקטן חד קומץ ומתני ואמר הכי אי ס' נדרתי יהו אלו ס' לחובתי ואידך קומץ דקטן ושיריו יהיו לנדבה ואי עשר לחוד נדרתי יהו עשר מן ס' לחובתי והשאר יהו לנדבה והקומץ של כלי קטן שהוא פוטר נמי על השאר דנדבה דיש בכלי גדול דהא נגעי פורתא אהדדי ולהא ליכא למיחש

מסורת הש"ס

א) [לעיל סג:], ב) לעיל עה., ג) [לעיל קד: זבחים פד.], ד) ל"ל ואיני יודע מאיזו מהן וכו' ל"ק, ה) [לעיל מח. פ: וש"נ], ו) [לעיל כד:], ז) לעיל ח. ט. [יומא מז:], ח) ל"ל של ס' עשרונים, ט) גי' ל"ק, י) ל"ל ופירשתי מנחה מן החמש כו' ל"ק, כ) [ל"ל מנא].

הגהות הב"ח

(א) גמרא ת"ר פירשתי מנחה של עשרונים וקבעתי בכלי אחד ואיני יודע: (ב) רש"י ד"ה כי קא מספקא וכו' דודאי נודע שלא:

שיטה מקובצת

גמ' ת"ר פירשתי מנחה של עשרונים וקבעתי: שם שהן אלף וכו' נ"ב אש"ל סימן: שם שהם תשעת אלפים וכו' נ"ב תמ"ח סימן: שם רבי סבר אסור להכניס נ"ב עי' תוס' לעיל דף פ ע"ב: רש"י ד"ה ר"ש בן יהודה כו' קאי דמותר השמן והד"א: ד"ה כי קא מספקא כו' לנודר ממנחת יחיד: בא"ד דהיינו הנך חמש מנחות דנדבה דאינן: ד"ה של עשרונים מאחד כו' ובאידך שלשה ובאידך וכו' וכן עד ששים: ד"ה פירשתי עשרונות כו' של ששים ששים עשרונות: ד"ה רבנן סברי כו' היכי משתריא דהא: ד"ה מותר לערב כו' הלכך מייתי ששים עשרונות בחד מנא ויאמר כפי מה שנדרתי יהא לחובתי: תד"ה כר"ש בן יהודה כו' ומנא ידע דלמא הוי בכולה רקיקין דשאר השמן נאכל לכהנים:

חשק שלמה על רבינו גרשום

א) שייך לע"ב.

אפשר דמייתי שיתין בחד מנא ומגע להו וקמיץ. תימה והא תניא בהקומץ רבה (לעיל כד.) והרים ממנו בקומצו מן המחובר שלא יביא עשרון בשני כלים ויקמוץ ומשמע התם כגון דחקק קפיזא בקבא אע"ג דעריב מעילאי ואין לחלק בין עשרון אחד לכמה עשרונות דהא על כרחיך הא דקאמרי' הכא ומגע להו וקמיץ למה לי דמגע להו אי לאו משום דכתיב ממנו כדדריש להו התם וכיון דמדכתיב ממנו נפקא יש לנו למעט שני עשרונות בשני כלים כיון דחדא מנחה נינהו וחד קומץ לתרווייהו אע"ג דנגעי כמו עשרון אחד בשני כלים וצריך לפרש שני כלים דהכא כעריבה של תרנגולים דהתם ואע"ג דמפסקן מחילתה הא נוגע וא"ת דבכולה שמעתא משמע דלא אסרינן אלא לערב חובה בנדבה אבל חובה בחובה משמע דשרי וא"כ לרבי יאמר אם ששים עשרונים נדרתי הרי עלי עדיין עשרון א' ואם פחות מס' נדרתי הרי עלי עדיין כל מה שחיסרתי מס' ועוד עשרון אחד יותר ומייתי שיתין בחד מנא וחד בחד מנא ומגע להו וקמיץ מהאי וקמיץ מהאי דכיון שהכל חובה יכול לערב ויש לומר כדשנינן לעיל בפרק התודה (דף פא.) התורה אמרה טוב אשר לא תדור ואת אמרת ליקו ולינדר לכתחילה ואין לנו לעשות כאן תקנה ע"י הרי עלי אבל בהרי זו שרי דהוי ת) נדבה ורבי כר' אליעזר בן יעקב ואין לומר דלייתי שיתין בחד מנא וחד בחד מנא ומגע להו וקמיץ להו מעשרון אנדבה דבששים דהא ת) כי כלל חובה מערב' בנדבה הוה ליה חיסר שמנה וריבה שמנה: **לא** יפחות משני גזירין. ודווקא כי אמר עצים אבל כי אמר עץ מייתי גזיר אחד כדאיתא בשקלים (דף יא): **לא** יפחות מן הקומץ. במסכת שקלים בפרק שלשה עשר שופרות (דף יא) פליגי אי לשיעור יד בעלים אי לשיעור יד כהן: **המעלה** את הקומץ בחוץ חייב. והא כללא הוי מעלה קומץ בפנים דהקטרה מעלייתא היא והלכך לא חשיב להו בשיטא כך פירש בקונטרס וא"ת ומי סתם לן תנא כר' אליעזר דבפרק בתרא דזבחים (דף ק.) ומייתי ליה לעיל בסוף פרק קמא (דף יג:) דרבנן מחייבי בכזית בחוץ וי"ל דקומץ דנקט לאו לאפוקי כזית אלא לאפוקי מאידך דרבי אליעזר דאמר בשני בזיכי לבונה עד שיקריב שני קמצים ולפירוש זה לא איירי בקומץ דסולת: **והא** איכא עולה. וא"ת והא איכא שמן למ"ד בפרק כל התדיר (זבחים צא:) דכליל וי"ל כיון דאיכא שמן דאכלי כהנים לא פסיקא ליה ועוד קשיא והא איכא עצים דאפי' לרבי דאמר טעון קמיצה הכל קרב כמפורש בהקומץ רבה (לעיל כ:): ודילמא

ודלמא כולה חובה היא וכל א) שהוא ממנו לאישים הרי הוא א) בבל תקטירו אמר ר' יהודה בריה דרבי שמעון בן פזי דמסיק להו לשום עצים וכרבי אליעזר ב) דתניא רבי אליעזר אומר (א) ב) לריח ניחוח אי אתה מעלה * אבל אתה מעלה לשום עצים אמר ליה רב אחא בריה דרבא לרב אשי ודלמא דכולי עלמא מותר לערב חובה בנדבה והכא בדרבי אליעזר קא מיפלגי דרבנן אית להו דרבי אליעזר ורבי לית ליה דרבי אליעזר אמר ליה אי סלקא דעתך לרבי מותר לערב חובה בנדבה ודרבי אליעזר לית ליה אפשר דמייתי שיתין בחד מנא וחד בחד מנא ומגע להו וקמיץ רבא אמר דכולי עלמא מותר לערב חובה בנדבה ודכולי עלמא אית להו דרבי אליעזר והכא בפלוגתא דרבי אליעזר בן יעקב ורבנן קא מיפלגי ג) דתנן אפי' מנחה של ס' עשרון נותן לה ס' לוג רבי אליעזר בן יעקב אומר אפילו מנחה של ששים עשרון אין לה אלא לוגה שנאמר ג) למנחה ולוג שמן רבנן סברי (ב) ד) [כרבנן] דאמרי ס' לוג וכל חד וחד עשרון לוגה קא שקיל ורבי סבר כר' אליעזר בן יעקב דאמר אין לה אלא לוגה ולא ידעינן אי חדא מנחה היא דסגי לה בחד לוג אי שתי מנחות נינהו דבעינן שני לוגין רב אשי אמר בקטן והביא גדול קמיפלגי רבנן סברי קטן והביא גדול יצא ורבי סבר לא יצא והא איפלגו בה חדא זמנא ה) דתנן ב) קטן והביא גדול יצא רבי אומר לא יצא צריכא דאי איתמר בהא בהא קא אמרי רבנן משום דאידי ואידי קומץ הוא אבל התם דקא נפישי אימורין אימא מודו ליה לרבי ואי איתמר בההיא בההיא קאמר רבי אבל בהא אימא מודי להו לרבנן צריכא ו) (סימן עצי"ם זה"ב יי"ן עול"ה תוד"ה שו"ר): **מתני'** ג) הרי עלי ז) עצים לא יפחות משני גזירין לבונה לא יפחות מקומץ ח) חמשה קמצים הם ד) האומר עלי לבונה לא יפחות מקומץ המנדב מנחה יביא עמה קומץ לבונה המעלה ה) את הקומץ בחוץ חייב שני בזיכין ו) טעונין שני קמצים הרי עלי זהב לא יפחות מדינר זהב כסף לא יפחות מדינר ט) כסף נחשת לא יפחות ממעה כסף ז) פירשתי ואיני יודע מה פירשתי יהא מביא עד שיאמר לא לכך נתכוונתי: **גמ'** י) תנו רבנן ד) קרבן מלמד שמתנדבין עצים וכמה שני גזירין וכן הוא אומר ה) והגורלות הפלנו על קרבן העצים רבי אומר עצים קרבן הם טעונין מלח וטעונין הגשה אמר רבא ולדברי כ) רבי עצים טעונין קמיצה אמר רב פפא לדברי רבי עצים צריכין עצים: לבונה לא יפחות מן הקומץ: מנלן דכתיב ו) והרים ממנו בקומצו מסלת המנחה ומשמנה ואת כל הלבונה מקיש לבונה להרמה דמנחה מה הרמה דמנחה קומץ אף לבונה נמי קומץ: ת"ר ח) הרי עלי למזבח יביא לבונה שאין לך דבר שקרב לגבי מזבח אלא לבונה פירשתי ואיני יודע מה פירשתי יביא מכל דבר שקרב למזבח ותו ליכא והא איכא ל) עולה איכא עורה לכהנים והא איכא עולת העוף איכא מוראה

דלמא כולה חובה היא. ומכי שקיל קומץ קמא הוה ליה כל מה שבכלים שיריים וכי קמיץ דנדבה ומקטר לה הוו להו [כמקטיר] שיריים (שחסרו): **דמסיק** להו לשם עצים. לעולם דחובה מקטיר ברישא ודקאמר דילמא מ) אינו שיריים נינהו וקמו להו בבל תקטירו דמקטר ליה לקומץ דנדבה לשם עצים: **ואל** המזבח לא יעלו. בתריה דההוא קרא דבל תקטירו כתיב: **אית** להו דר' אליעזר. הלכך כי מקטר לקומץ דנדבה מתנה ואומר אם איכא נדבה בההוא כלי תהוי הקטרה מעליא ואי כולה לחובה היא הקטרה קמייתא תהא הקטרה והך לשם עצים: **ורבי** לית ליה דר' אליעזר. הילכך לא מצי לאיתויי בחד מנא דתו לא (ג) מקטר לקומץ נ) קמא דלמא כוליה חובה וקם ליה בבל תקטירו: **אפשר** דמייתי ששים בחד מנא וחד בחד מנא. וקמיץ מגדול ברישא ומתנה אי כולה חובה שפיר ואי לא הא דקמילנא ליהוי מחובה ומאי דקמילנא ס) מכלי א' ליהוי אההוא עשרון ולאותה נדבה דפש בכלי (ד) אחר ומגע מגען לראש הכלים זה בצד זה כדי שיגעו ראשי הקלתות זו לזו כי היכי דלישתרי נדבה דבכלי גדול הקומץ דבכלי קטן ע) ומקטיר חובה והדר דנדר דאי נמי הויא קמייתא כל כלי גדול חובה לא הוו להו שיריים שחסרו דמהנהו שיתין דבחד מנא לא שקיל ולא מידי מכי שקיל קומץ קמא: **ששים** לוג לששים עשרון. שבאותו כלי ומתנה כמה שנדרתי תהא לחובתי והשאר תהא נדבה וכל חד עשרון לוג שקיל ודחובה לחובה ונדבה לנדבה: **אין** לה (מנחה) אלא לוגה. לוג לכל המנחות ואי עריב שתים מנחות זו של שלשים וזו של שלשים בכלי אחד בעי להו ב' לוגין ואי חדא היא פ) בעי חד לוג: **קטן** והביא גדול. וזה אי נמי לא נדר אלא שלשה עשרונות ומייתי חמשה לנדרו יצא ולא בעי אתנויי מידי: **קטן** והביא גדול. שור קטן עלי והביא גדול: **אידי** ואידי. בין מנחה גדולה ובין מנחה קטנה חד קומץ מקריב: **אימורין** דגדול נפישי מדקטן. ואיכא למימר לא הכי נדר בההוא קאמר לא יצא דנפישי אימורין דידיה: **מתני'** שני גזירין. שני בקעיות גדולות: **והמעלה** את הקומץ בחוץ חייב. כרת דהעלאה היא ובהאי כללא הוי מעלה קומץ בפנים דהקטרה מעלייתא היא הלכך לא חשיב להו בשיטא: **שני** בזיכין. של לחם הפנים: **נחשת** לא יפחות ממעה כסף. לא יפחות משוה מעה כסף דמייתי [נחושת] שוה מעה כסף: **פירשתי**. כך וכך זהב ואיני יודע כמה פירשתי: **יביא**. כל כך עד שיודע בעצמו שלעולם לא לכך נתכוון: **גמ'** קרבן. נפש כי תקריב קרבן מנחה (ויקרא ב): **וכן** הוא אומר. דעצים איקרו קרבן: **וטעונין** הגשה. בקרן דרומית מערבית כמנחה: **עצים** טעונים קמיצה. שמרסקן לעצים דקין עד שנוטל מהם מלא קומצו: **עצים**. שהתנדב אדם טעונים עצים להסיקן בעצי הקדש כשאר קרבנות: **מנלן**. דסתם הקטרה הוי קומץ: **פירשתי**. אחד מאותן הקריבין כולם למזבח ואיני יודע איזה מהם פירשתי וקא (ה) סלקא דעתך דודאי מדנכית למניינא דעתיה [נמי] אמידי צ) דלית ביה היתר שיריים לכהנים ואע"ג דאינו נקטר כולו ק) כמין עולת העוף ומנחת נסכים והילכך יביא מכולן אבל היכא דאמר הרי עלי למזבח סתם משמע דבר שנקטר ר) היינו לבונה: **ותו** ליכא. ואמילתא קמייתא קאי דאין לך דבר הקרב כולו למזבח אלא לבונה: מוראה

עין משפט נר מצוה

ט א מיי' פ"ה מהל' איסורי מזבח הל' ג:
י ב מיי' פי"ז מהלכות מעה"ק הלכה א:
יא ג ד מיי' שם הלכה יג:
יב ה מיי' פי"ט מהל' מעה"ק הלכה ג:
יג ו מיי' פי"א מהלכות פסה"מ הלכה יז:
יד ז מיי' פ"ב מהלכות ערכין הלכה י:
טו ח מיי' פט"ז מהל' מעה"ק הלכה יא:

שיטה מקובצת

גמ' דתנן ראב"י אומר אפי' מנחה של ששים: **שם** ולוג שמן רבנן סברי לה כרבנן דאמרי ס' לוג: **שם** חמשה קמצים הם האומר הרי עלי לבונה: **שם** שאין לך דבר שקרב כולו למזבח אלא לבונה: **שם** מכל דבר שקרב כולו למזבח ותו ליכא: **רש"י** ד"ה דלמא כו' הוה ליה כל מה שבכלי שיריים וכי קמיץ: **ד"ה** אית ליה כו' ואי כולה חובה: **ד"ה** ורבי לית ליה כו' דתו לא מקטר לקומץ בתרא דלמא כוליה חובה היא וקם ליה: **ד"ה** אפשר כו' ואי לא הא דקמיצנא להוי אחובה ומאי כו' ולאותה נדבה דפש בכלי גדול ומגע להו מגיע שני ראשי הכלים זה בצד זה: **בא"ד** נדבה דבכלי הגדול אקומץ דכלי קטן ומקטר: **בא"ד** קמייתא של כלי גדול חובה: **ד"ה** אין לה למנחה אלא לוגה לוג לכל המנחה ואי עריב: **בא"ד** בכלי אחד סגי להו בשני לוגין ואי חדא: **ד"ה** קטן והביא גדול וזה כו' אלא ג' עשרונות ומייתי ששים עשרונות יצא ולא בעי: **ד"ה** אימורין דגדול כו' ואיכא למימר דלאו הכי נדר בההוא קאמר לא יצא משום דנפישין אימורים דידיה: **ד"ה** נחשת כו' לא יפחות משוה מעה כסף דמייתי נחשת השוה מעה כסף: **ד"ה** יביא כו' שיודע בעצמו שמעולם לא נתכוון לכל כך הס"ד: **ד"ה** מנלן דסתם הקטרת לבונה הוי קומץ: **תד"ה** אפשר כו' כגון דחקק קפיזא בקבא אע"ג: **בא"ד** דהוי נדבה הס"ד ומה"ד ורבי כראב"י: **ד"ה** המעלה כו' וא"ת ומי סתם לן תנא כר' אליעזר דפי"ג דזבחים. ונ"ב דף קט ע"ב:

תורה אור השלם

א) כָּל הַמִּנְחָה אֲשֶׁר תַּקְרִיבוּ לַייָ לֹא תֵעָשֶׂה חָמֵץ כִּי כָל שְׂאֹר וְכָל דְּבַשׁ לֹא תַקְטִירוּ מִמֶּנּוּ אִשֶּׁה לַייָ: [ויקרא ב, יא]

ב) קָרְבַּן רֵאשִׁית תַּקְרִיבוּ אֹתָם לַייָ וְאֶל הַמִּזְבֵּחַ לֹא יַעֲלוּ לְרֵיחַ נִיחֹחַ: [ויקרא ב, יב]

ג) וְאִם דַּל הוּא וְאֵין יָדוֹ מַשֶּׂגֶת וְלָקַח כֶּבֶשׂ אֶחָד אָשָׁם לִתְנוּפָה לְכַפֵּר עָלָיו וְעִשָּׂרוֹן סֹלֶת אֶחָד בָּלוּל בַּשֶּׁמֶן לְמִנְחָה וְלֹג שָׁמֶן: [ויקרא יד, כא]

ד) וְנֶפֶשׁ כִּי תַקְרִיב קָרְבַּן מִנְחָה לַייָ סֹלֶת יִהְיֶה קָרְבָּנוֹ וְיָצַק עָלֶיהָ שֶׁמֶן וְנָתַן עָלֶיהָ לְבֹנָה: [ויקרא ב, א]

ה) וְהַגּוֹרָלוֹת הִפַּלְנוּ עַל קֻרְבַּן הָעֵצִים הַכֹּהֲנִים הַלְוִיִּם וְהָעָם לְהָבִיא לְבֵית אֱלֹהֵינוּ לְבֵית אֲבֹתֵינוּ לְעִתִּים מְזֻמָּנִים שָׁנָה בְשָׁנָה לְבַעֵר עַל מִזְבַּח יְיָ אֱלֹהֵינוּ כַּכָּתוּב בַּתּוֹרָה: [נחמיה י, לה] ו) וְהֵרִים מִמֶּנּוּ בְּקֻמְצוֹ מִסֹּלֶת הַמִּנְחָה וּמִשַּׁמְנָהּ וְאֵת כָּל הַלְּבֹנָה אֲשֶׁר עַל הַמִּנְחָה וְהִקְטִיר הַמִּזְבֵּחַ רֵיחַ נִיחֹחַ אַזְכָּרָתָהּ לַייָ: [ויקרא ו, ח]

מסורת הש"ס

א) [זבחים עו: וש"נ], ב) שם עו: יומא מח: סוטה כג. יבמות ק., ג) לעיל פח., ד) ל"ק, ה) לקמן קז:, ו) סימן לראשי משניות וכולן הרי עלי, ז) שקלים פ"ו מ"ו מעילה יט:, ח) [לעיל נג:], ט) [עיין תוס' שבת ל. ד"ה לא יפחות], י) לעיל כ:, כ) [מעילה יט: ע"ש תיבות רבא ור"פ הן מהופך], ל) [לעיל עד:], מ) ל"ל איכך ל"ק, נ) ל"ל בתרא ל"ק, ס) ל"ל מכלי ב' ליהוי כו' ולאותה דפש בכלי לאשון נדבה ומגע כו' ל"ק, ע) ל"ל ומקטיר נדבה והדר לחובה דלאי נמי כו', פ) ל"ל בעי חד לוג ל"ק, צ) ג"ל דאית, ק) ל"ל כמו עולת עוף ל"ק, ר) כן ל"ל, ש) ג' הל"ק נדבה הס"ד ולאח"כ ד"ה ורבי, ת) ל"ל כי כלל חובה ומערבה בנדבה ל"ק.

הגהות הב"ח

(א) גמרא ר' אליעזר אומר ואל המזבח לא יעלו לריח ניחוח אי אתה מעלה: (ב) שם רבנן סברי לה דאמרי ס' לוג לס' עשרון וכו' וכל חד וחד: (ג) רש"י ד"ה ורבי לית ליה כו' דתו לא מקטר כיון שמקטר לקומץ קמא דדלמא כוליה: (ד) ד"ה אפשר וכו' בכלי אחד גדול הס"ד ואח"כ מ"ה ומגע להו מגען לראש: (ה) ד"ה פירשתי וכו' וקא סלקא דעתך נ"ב וכן בדף שמ"ז ע"ב:

רבינו גרשום

דכולה חובה וחסרו להו שירים דהא קומץ אחרינא מאידך כלי קטן הוא דלא קא איערוב סולתן ממש אהדדי. והכי אפשר למעבד אלא ש"מ מדלא אמר הכי דבמותר לערב חובה בנדבה קמפלגי דר' סבר אסור לערב הילכך לא מצי עביד הכי דהא י' דחובה נינהו בשארא דהוו להו נדבה בכלי אחד ולאו בדר' אליעזר קא מפלגי: רבנן אמרי דמייתין שיתין בחד מנא קרבנן דאמרי לס' עשרונים ס' לוגין וכל חד וחד עשרון לוגא דהנך ס' לוגין קא שקיל וכתנאי העשרונות יהא תנאי הלוגין: [ורבי] סבר כולהו ס' אין להו אלא חד לוג. ולהכי לא מצי מייתי ס' בחד מנא דלא ידעינן אי חדא מנחה היא בכל הני ס' דאמרי' נדר וסגי בחד לוג ושמא שתי מנחות נינהו דהיא הוי חובה והשאר הוו נדבה וצריכי ב' לוגין חד למנחת חובה וחד למנחת נדבה הילכך אי אפשר בתקנה אלא א"כ מייתי ס' לחודייהו ויהיב בהו לוג וכן מא' ועד ס' דמכל חד וחד איכא למימר מנחה באפי נפשה הוא וחדא מנחה יש לה חד לוג בין גדולה בין קטנה: רב אשי אלא מהדר לתרוצי אי מותר קא מיפלגי ולא איירי בכלל הני דאמרן אלא פסיק ואמר דבהא פליגי. רבנן סברי קטן והביא גדול יצא. ואם נדר י' והביא י"א יצא: הא איפליגו דתנן קטן: דאידי ואידי קומץ הוא. בין שהביא מנחה קטנה בין מנחה גדולה אין מעלה ממנה לגבוה אלא חד קומץ להכי קאמרי רבנן דיצא: אבל התם בהמה דקא נפישי אימורין. דכי נתנדב עגל והביא פר דאימורין דפר נפישי מדעגל דהוי לגבוה טפי ממה ... לר' דלא יצא צריכא: ה' קמצין הן דבה' ענינין הוו חשיבי קמצין. האומר הרי עלי לבונה סתם מ... ב' קמצין. ליתן בכל א' קומץ לבונה: לא יפחות ממעה כסף. נחשת שיהא שוה מעה כסף ולהכי ...

ודילמא נסכא. נראה דנסכא פחות מדינר דמטפי לא קשיא ליה דאזלינן בתר הפחות כדקאמר (לעיל דף קד:) הרי עלי עשרונות יביא שנים אבל טפי לא הרי עלי עולה יביא תור או בן יונה וכן כולם [פ] ובפ' בתרא דכתובות (ד) (דף קי:) ובבבא בתרא (דף קסה:) אמר כתוב בו כסף מגביהו דינר ופריך ואימא נסכא ובכל דוכתא קיי"ל דיד בעל השטר על התחתונה ובמס' שקלים (דף יא) אמרינן הרי עלי זהב יביא דינר זהב אמר ר' אלעזר והוא שהזכיר צורה אבל לא הזכיר צורה מביא אפילו לינורא משמע דלינורא פחותה מדינר והיינו נסכא כדי לעשות לינורא וקשיא מהא דאמרי' בהגוזל [ע] בתרא (ב"ק דף צו:) נסכא ועבדינהו זוזי משמע דזוזא פחות מנסכא וי"ל דהתם (ה) בזוזי פשיטי דהוא שמיני שבלורי ואע"ג דנקט זוזי סתם הכי נמי תנן בפ' אע"פ (כתובות דף סה:) כליס של חמשים זוז ומפרש בגמ' חמשין זוזי פשיטי ובפרק הישן (סוכה דף כב:) אמר כוזא מלעיל כאיסתירא מלתחת וקים לן איסתירא פלגא דזוזא אלא ההוא זוזא הוא זוזי פשיטי דארבע מנייהו קיימי [פ] באיסתירא באתרא דלא סגי פריטי דכספא הכא ובגט פשוט (ב"ב קסה:) משני הכי ותימה דבפ' בתרא דכתובות (דף קי:) אמרי' פריטי דכספא לא עבדי אינשי ועוד קשיא דבגט פשוט (ב"ב שם.) אמרי' מגביהו דינר ובכתובות (דף קי:) קתני מגביהו לוה כל מה שירצה וי"ל דפריטי דהכא ובגט פשוט [צ] לאו דווקא והכי פריך ואימא פריטי כלומר פונדיונים או מעות איסרים כי התם בכתובות ומשני באתרא דלא סגי ובכתובו' פריך ואימא פרוטות ממש ואע"ג דקתני מגביהו לוה כל מה שירצה לא משמע ליה שיוכל להגבותו פרוטות מדלא קתני מגביהו פרוטות שהוא הגרוע שבכל המטבעות:

שמוחטין בה את הפתילות. לאו של מנורה דמלקחיים אית להן אלא [ק] [של] שאר נרות שהיו במקדש כדתנן בתמיד (דף ל) ובפ"ק דסנהדרין (דף יד:) דאמרי' אפי' לינורא קטנה של הקדש צריכה עשרה בני אדם לפדותה לא כמו שפי' שם בקונטרס שטווין בה זהב אלא כי הכא שמוחטין בה את הפתילות [ר] אשכחן לינורא כדתנן (כלים פ"ט מ"ו) כוש שבלע את הלינורא [ש]:

כליה עורב. פירש בקונטרס מסמרות חדין תוחבין בראש גג ההיכל לכלות העורבים שלא ישבו עליו ובמקום אחר פירש כמין טבלא חדה זקופה על לידה וחדודה לחתוך כמו סכין ובערוך ערך כל פי' שעשו צורה להבריח בה העופות מגג ההיכל כדרך שעושין עכשיו שומרי זרעים וקראו אותה כליה עורב ועוד פירש בערוך מקדש ראשון ששכינה שרוייה בו לא היו צריכין כליה עורב שלא היו עופות פורחין עליו אבל במקדש שני שלא היתה קדושתו כקדושת ראשון הוצרכו לכליה עורב ובפ' (ו) שני דמועד קטן (דף ט.) לא משמע כן גבי בית שעשה שלמה דאכלו ביוה"כ דקאמר איבעי לשיורי בבנין פורתא ומשני שיורי בנין לא משיירי איבעי ליה לשיורי באמת כליה עורב משמע שהיה שם כליה עורב ושמא תחלה עשה כליה עורב שלא היה יודע אחרי כן כשראה קדושתו שמתו:

אי תניא תניא. ולעולם כאן בדון מינה פליגי וה"נ אית ליה לרב פפא בפ' כל התדיר (זבחים דף צא.) [ס] ובפ' כל שעה (פסחים דף לג.) והא דלא קאמר הכי בפ' כל המנחות באות מצה (מנחות סג:) דיחויא בעלמא הוא:

רבי אלעזר בן עזריה אומר יביא תור או בן יונה. בגמ' אמרי' דל"פ דמר כי אתריה ואע"פ שהיו רגילין לקנות קרבנות בירושלים כדאמרי' (ב"מ כו.) מעות שנמצאו לפני סוחרי בהמה ואמרו (כריתות ח:) מעשה ועמדו קינים ברבעתיים מ"מ דעת הנודר לפי מה שרואה בעיר:

פירשתי מן הבהמה כו'. ה"ג יביא פר עגל ואיל שעיר גדי וטלה ויש ספרים דלא כתיב שעיר ועל כרחין גרסי' ליה כדקתני גבי שלמים שעירה:

מוראה ונוצה והאיכא נסכים לשיתין אזלי והאיכא מנחת נסכים כיון דאיכא מנחה דאכלי כהנים מינה לא פסיקא ליה: הרי עלי זהב לא יפחות מדינר זהב: ודלמא [א] נסכא [א] אמר ר' אלעזר [ב] דאמר מטבע ודלמא פריטי אמר רב פפא פריטי דדהבא לא עבדי אינשי: כסף לא יפחות מדינר: ודלמא [ג] נסכא א"ר אלעזר [ד] דאמר מטבע [ב] ודלמא פריטי אמר רב ששת באתרא דלא סגו פריטי דכספא: נחושת לא יפחות ממעה כסף: [ג] תניא רבי אליעזר בן יעקב אומר לא יפחות מצינורא קטנה של נחשת למאי חזיא אמר אביי שמחטטין בה (א) פתילות ומקנחין בה נרות: [ד] ברזל תניא אחרים אומרים (ב) לא יפחות מכליה עורב וכמה אמר רב יוסף אמה על אמה איכא דאמרי [ה] לא יפחות מאמה על אמה למאי חזיא אמר רב יוסף [ו] לכליה עורב: **מתני'** [ז] הרי עלי יין לא יפחות משלשה לוגין [ה] שמן לא יפחות מלוג רבי אומר שלשה לוגין [ח] פירשתי ואיני יודע מה פירשתי יביא כיום מרובה: **גמ'** ת"ר [ו] [א] אזרח מלמד שמתנדבין יין וכמה שלשה לוגין ומנין שאם רצה להוסיף יוסיף תלמוד לומר [ב] יהיה יכול יפחות תלמוד לומר [א] ככה: שמן לא יפחות מן הלוג רבי אומר שלשה לוגין: [ז] במאי קא מיפלגי אמרוה רבנן קמיה דרב פפא בדון מינה ומינה בדון מינה ואוקים באתרה קא מיפלגי [ח] רבנן סברי דון מינה ומינה מה מנחה מתנדבין אף שמן נמי מתנדבין ומינה מה מנחה בלוג אף שמן בלוג ורבי סבר [ט] דון מינה ואוקי באתרה מה מנחה מתנדבין אף שמן נמי מתנדבין ואוקי באתרה כנסכים מה נסכים שלשת לוגין אף שמן נמי שלשת לוגין אמר [י] להו רב פפא אי ממנחה גמר לה רבי דכולי עלמא לא פליגי דון מינה ומינה אלא רבי מאזרח גמיר לה אמר ליה רב הונא בריה דרב נתן לרב פפא ומי מצית אמרת הכי והתניא [ג] קרבן מלמד שמתנדבין שמן וכמה שלשת לוגין מאן שמעת ליה דאמר שלשת לוגין רבי וקא מייתי לה מקרבן א"ל [ס] אי תניא תניא: פירשתי ואיני יודע מה פירשתי יביא כיום מרובה: תנא [ט] כיום טוב הראשון של חג שחל להיות בשבת: **מתני'** [ל] [י] הרי עלי עולה יביא כבש ר' אלעזר בן עזריה אומר או תור או בן יונה [כ] פירשתי מן הבקר ואיני יודע מה פירשתי [ס] יביא פר ועגל מן הבהמה ואיני יודע מה פירשתי יביא פר ועגל איל שעיר גדי וטלה פירשתי ואיני יודע מה פירשתי

מוסיף

מוראה ונוצה. נזרקין אצל מזבח [מ] (הפנימי) ונבלעין במקומן כדאמרי' במס' יומא בפ' קמא (דף כא.): **לא פסיקא** ליה. דלימא דבר הקרב כולו למזבח משום מנחת נסכים הואיל ואיכא מנחת נדבה דאינה כולה למזבח: **נסכא**. חתיכה אחת של זהב שקורין פלט"א: **מצינורא** קטנה. מזלג קטן: **מחטטין**. מפילין ראש הפתילה כשהוא שרוף ובלע"ז ממוקי"ר: **ומקנחין בה נרות**. של מנורה מאפרה שבתוכה: **כליה עורב**. מסמרות חדין תוחבין בראש גג ההיכל לכלות העורבין שלא ישבו עליו: **מתני'** הרי עלי יין. לנסכים לא יפחות משלשה לוגין שהן פחותין שבנסכים: **שמן לא יפחות מן הלוג**. דחזי למנחת נדבה ואע"ג דהוא מתכוין להקריבו בפני עצמו כנסכים והך סתמא כר' טרפון דאמר בפירקין לעיל (דף קד.) אף מתנדבין שמן: **כיום מרובה**. מפ' בגמ': **גמ' אזרח**. בפרשת נסכים כתיב (במדבר טו) כל האזרח יעשה ככה וגו' קרא יתירא הוא: **שלשה לוגין**. דבציר מהכי לא חזו: **יהיה**. התם כתיב ככם כגר כאזרח יהיה משמע יהיה לכם עוד נסכים אחריני: **דון מינה**. דשמן דבא נדבה גמרינן ממנחת נדבה כדאמר לקמן קרבן מלמד שמתנדבין שמן והאי גבי מנחת נדבה כתיב (ויקרא ב) כי תקריב קרבן מנחה: **ואוקי באתרה**. בנסכים דשמן הבא בפני עצמו הוי כנסכים דומיא דיין: **מאזרח גמר לה**. כי היכי דגמרינן לעיל יין הכי נמי גמר רבי אזרח מלמד שמתנדבין שמן ודון מינה כל הנסכים שלשה לוגין: **קרבן מנחה מלמד כו'**. אלמא ממנחת נדבה גמר לה: **מתני' יביא כבש**. פחות שבעולות (ג) עולה ליכא לספוקי אלא בזכרים: **פירשתי**. אחד מקרבנות הבהמה ואיני יודע איזה מהם פירשתי: **יביא**. מכל מיני בהמה הזכרים [י] גדולים דהיינו פר ועגל ואיל ושעיר גדי וטלה: **פירשתי**. את המין ואיני יודע אם מן הבהמה ואם מן העוף:

תודה

רבינו גרשום

משום דנחשת שוה מעה כסף נפיש שיעוריה מכולהו: ואיני יודע מה פירשתי. אי זה מין או כמה מכל מין ומין: יביא מכל מין עד שיאמר לא לכך נתכונתי. כלומר דיביא מן הזהב עד שיאמר מעולם לא הייתי עשיר כל כך שיוכל לידור כל כך מזהב וכן יביא מכסף וכן מנחשת עד שיאמר לא לכך נתכוונתי: קרבן. אדם כי יקריב מכם קרבן: שמתנדב עצים. דאיקרו נמי קרבן וקסבר תנא קמא דאותן גזירין קריבין להכשר הקרבנות על המערכה. ור' לא אמר ב' גזירין וקאמר דנקטרין בפני עצמן ולא להכשיר האברים שעל המערכה ולא קא יהיב בהו שיעורא כמה לייתי אבל מלא קומצו יקטיר וטעונה הגשה ומלח כשאר קרבנות. ושירי אותן עצים לכהנים: להרמה. היינו קומץ: יש לישנא אחרת בקצת ספרים: ת"ר הרי עלי למזבח כו'. שסתם הקדש למזבח: לבונה. כלומר אם אמר סתם הרי עלי מידי דקרב למזבח יביא לבונה שסתמא למזבח דמי שנתנדב ומקדיש סתם דבר הקרב למזבח יביא לבונה דזהו דבר שכולו קרב למזבח ואין ממנו לכהנים: פירשתי. יודע אני שפירשתי להביא דבר שקרב כולו למזבח שאין בו שירים לכהנים דאין ממנו נאכל לכהנים אבל איני יודע מאיזה דבר יביא מכל דבר שקרב כולו למזבח. דאין כהנים אוכלין ממנו כגון עולה ולבונה ומנחת נסכים דכולו למזבח. ומכל הני אין כהנים אוכלים הימנו. והאי כולו דהכא לא דמי להאי כולו דלעיל דהאי כולו דלעיל לא איירי אלא בלבונה לחודה והאי כולו דהכא היינו לבונה ועולה ונסכים: ומותבינן אמילתא קמא דקתני שאין לך דבר שקרב כולו למזבח אלא לבונה ותו ליכא מידי דקרב למזבח כולו: והא איכא עולה. אית מינה עורה לכהנים: (א) לשיתים אזלי. ובעינן מידי דליהוי קרב על המזבח ממש. והא דאמרן בפירקין דלעיל מביא יין ומזלפו על גבי המזבח שמואל אמרה: מנחת נסכים. דאותה מנחה כולה כליל: כיון דאיכא שאר מנחות דאכלי כהנים מינייהו השירים: הלכך לא פסיקא ליה. לא פסיק ואמר מנחת נסכים דלא אמר שום מידי דאיכא באותה מין שנאכל לכהנים ולהכי ליכא לספוקא במנחת נסכים: ודלמא פריטי מטבע קטנה של זהב. פריטי כעין טריסות: צינורא פלך של נחשת שראשו כפוף ועשוי לשוות בו זהב: מוחטין. מקנח הדשן של פתילה כשהוא עמום: ומקנחין בו נרות כשהשמן והפתילה כולה כלה: מכולי עורב. לוח של ברזל שהוא אמה על אמה ומלא כולו מסמרין ומשימין אותו בראש גג המקדש והגג משופע למעלה כעין כובע ושם בראשו היה עושה כליא עורב שמכלה העורב שלא ינוח שם שלא יטנף הגג: שמן סתם לא יפחות מן הלוג. ודלא כר' עקיבא בפירקין דלעיל: פירשתי ואיני יודע מה פירשתי או יין או שמן ואיני יודע נמי כמה לוגין: כיום מרובה. מכל אחד ואחד משמן ומיין. מפרש בגמ' האי כיום מרובה: הרי עולה סתם יביא כבש. דזהו פחות שבכל הקרבנות. ומפרש בגמרא דלא פליגי: יביא פר ועגל דאיכא למימר עגל נדר ואיכא למימר פר נדר ומוקמינן לה כר': מן הבהמה. דיודע אני שפרשתי אחד מקרבנות בהמה. וגדיא. טליא. דאיכא לספוקי אי זכר אי נקבה נדר מבהמה: הרי עלי שור סתם יביא פר שהוא שוה בין פר ונסכיו מנה: בחמש. סלעים: שור במנה. אם פירש להביא שור שוה מנה יביא שור שהוא עצמו יהא שוה מנה כמו שאמר וכן כולהו במפרש קאמר: שור במנה. היכא דנדר להביא שור במנה והביא שנים במנה לא יצא. והוא הדין נמי לכל הני אם הביא שני עגלים לא יצא. וקא ס"ד דהיכא דאמר שור סתם דאמרי' דחייב להביא הוא ונסכיו במנה אם הביא שנים במנה יצא אבל לכתחילה לא ליעביד: אזרח. יעשה ככה דכתיב בסוף פרשת נסכים אחר דפירש כולהו נסכים: מלמד שמתנדבין יין לחוד. ולהכי ילפינן מיניה יין ולא שמן דבההיא פרשת נסכים משתעי בנסכים דיין לחוד בלא שום מנחה. אבל בשמן לחוד בלא מנחה לא משתעי כלל: שמן סתם דון מינה דמנחה מה מנחה שמתנדבין אותה בפני עצמה בלא זבח אף שמן נמי מתנדב בפני עצמו בלא שום מנחה: מה מנחה בלוג. דמנחה סגי לה בחד לוג שמן. שמן הבא בפ"ע נמי סגי בלוג: בנסכים דשמן דומיא בנסכים דיין: אלא ר' דאמר ג' לוגין מאזרח גמר לה מיין דקא מייתינן ליה מאזרח מהתם גמר ר' דכי היכי דמתנדבין יין הכי נמי שמן וכי היכי דיין ג' לוגין אף שמן ג' לוגין: ומי מצית אמרת דמאזרח גמר והתניא כי יקריב מכם קרבן דמקרבן גמר. תניא: כיום טוב הראשון של חג שחל בשבת. דהוו י"ג פרים וי"ד כבשים וב' אלים (ושעיר) וב' תמידין וב' מוספין של שבת. וכשיעור נסכים של כל אלו יביא:

חשק שלמה על רבינו גרשום (א) ע"כ שייך לדף קו ע"ב.

מסורת הש"ס

א) ב"ב דף קסה: כתובות קי:, ב) עי' רש"ק שהאריך מאד בפשט הקושיא זו, ג) [שבת לו.], ד) שבת לו. ע"ש, ה) [זבחים לא:], ו) לעיל עג: קד. ע"ש, ז) זבחים לא: ע"ש, ח) ועיין רש"ק ול"ק, ט) [יבמות עח: וש"נ], י) [בזבחים איתא א"ל רב פפא לאביי], כ) [שבת קטו: וש"נ], ל) [לעיל קה. ב"ק עח: תמורה כ.], מ) ל"ק מ"ז, נ) צ"ל גדולים וקטנים דהיינו כו' ל"ק, ס) כתב רש"ק לפוס ריהטא כתבו כן דהא התם תנינא בברייתא מגביהו כל מה שירצה ואפ"ה פריך ואימא נסכא ע"ש, ע) [צ"ל קמא], פ) גי' ל"ק באסתירא הס"ד ואח"כ מה"ד באתרא, צ) צ"ל לאו דוקא כי התם בכתובות וה"פ ואימא פריטי כלומר פונדיונים או מעות או איסרים ומשני וכו' ל"ק, ק) ל"ק, ר) ואשכחן נמי לינורא כדפי' בקונטרס כדתנן כוש כו' כצ"ל ל"ק, ש) [ועי' תוס' סנהדרין יד ע"ב ד"ה לינורא].

הגהות הב"ח

(א) גמ' שמחטטין בה את הפתילות ומקנחין בה הנרות: (ב) שם תניא אחרים אומרים האומר עלי ברזל לא יפחות: (ג) רש"י ד"ה יביא כו' דעולה ליכא: (ד) תד"ה ודלמא כו' ובפ' בתרא דכתובות נמי אמר כתוב בו כסף כל מה שירצה לוה מגביהו ובב"ב פ' גט פשוט דף קסה ע"ב אמר כסף אין פחות מדינר כסף ופריך ואימא נסכא: (ה) בא"ד וי"ל דהתם איירי בזוזי: (ו) ד"ה כליה כו'. ובפ"ק דמו"ק:

גליון הש"ס

גמ' ואיני יודע מה פירשתי יביא פר. עי' בטורי אבן ר"ה י ע"א ד"ה בן בקר: תוס' ד"ה אי וכו' ובפ' כל שעה. ע"ש דפריך ר"פ כן לר' וא"כ אדרבה אינו כדס"ל לר"פ הכא ועי' בתוס' בפסחים שם ולעיל קד ע"א ול"ע:

עין משפט נר מצוה

טז א מיי' פ"ב מהל' ערכין הלכה י:
יז ב מיי' שם הלכה ט:
יח ג מיי' שם הלכה י:
יט ד ה ו מיי' שם הל"ט:
כ ז ח ט מיי' פי"ז מהל' מעה"ק הל' טו:
כא י מיי' פט"ז שם הלכה ג:
כב כ מיי' שם הל' ט:

שיטה מקובצת

גמ' והאיכא נסכים נסכים לשיתין אזלי: **שם** למאי חזיא אמר אביי שמוחטין בה פתילות ומקנחין בה נרות: **שם** מאן שמעת כו' לוגין רבי וקא מייתי לה מקרבן וכו'. ונ"ב עי' בתוס' לקמן דף קז ע"ב בסוף הדף: **שם** במשנה פירשתי מן הבקר. נ"ב עי' תוס' בכורות דף ס ע"ב ותו' זבחים דף עה ע"א: **רש"י** ד"ה נסכא חתיכה גדולה של זהב: **ד"ה** מחטטין צ"ל מוחטין. מפילין: **בא"ד** ובלע"ז מוקאר הס"ד: **ד"ה** דון מינה שמן דבא: **ד"ה** ואוקי כו' הבא בפני עצמו הוי כנסכים דומיא דיין וכל המתנדב סתם שמן לנסכים מכוון דומיא דיין הס"ד: **ד"ה** מאזרח כו' ודון מינה ומינה דכל הנסכים ג' לוגין: **ד"ה** קרבן כו' לה הס"ד ומה"ד שחל להיות בשבת דהוו י"ג פרים וי"ד כבשים וב' תמידין וב' דמוסף שבת וב' אלים (ושעיר א') הס"ד ואח"כ מה"ד (גמ') יביא כבש וכו': **ד"ה** יביא כו' הזכרים גדולים וקטנים דהיינו פר ועגל: **תד"ה** ודלמא כו'. ובבבא בתרא אמרינן וכו'. נ"ב עיין תוס' שם דף קס"ה ע"ב: **בא"ד** באיסתירא הס"ד ואח"כ מה"ד באתרא דלא סגי: **שם** קתני מגבהו לוה מה שירצה: **ד"ה** שמוחטין כו' דמלקחיים היה להן אלא שאר נרות: **בא"ד** את הפתילות ואשכחן צנורא כדפי' הקונטרס דתנן כוש שבלע את הצנורא: **ד"ה** כליה עורב כו':

תורה אור השלם

א) כָּל הָאֶזְרָח יַעֲשֶׂה כָּכָה אֶת אֵלֶּה לְהַקְרִיב אִשֵּׁה רֵיחַ נִיחֹחַ לַייָ: [במדבר טו, יג]

ב) הַקָּהָל חֻקָּה אַחַת לָכֶם וְלַגֵּר הַגָּר חֻקַּת עוֹלָם לְדֹרֹתֵיכֶם כָּכֶם כַּגֵּר יִהְיֶה לִפְנֵי יְיָ: [במדבר טו, טו]

ג) וְנֶפֶשׁ כִּי תַקְרִיב קָרְבַּן מִנְחָה לַייָ סֹלֶת יִהְיֶה קָרְבָּנוֹ וְיָצַק עָלֶיהָ שֶׁמֶן וְנָתַן עָלֶיהָ לְבֹנָה: [ויקרא ב, א]

מוסיף עליהן תור ובן יונה הרי עלי תודה ושלמים יביא כבש [א] פירשתי מן בקר ואיני יודע מה פירשתי יביא פר ופרה עגל ועגלה מן הבהמה ואיני יודע מה פירשתי יביא פר ופרה עגל ועגלה איל ורחלה שעיר ושעירה גדי וגדייה טלה וטלייה הרי [ב] עלי שור יביא הוא ונסכיו במנה עגל יביא הוא ונסכיו בחמש איל יביא הוא ונסכיו בשתים כבש יביא הוא ונסכיו בסלע [ג] שור במנה יביא במנה חוץ מנסכיו עגל בחמש יביא בחמש חוץ מנסכיו איל בשתים יביא בשתים חוץ מנסכיו כבש בסלע יביא בסלע חוץ מנסכיו [ד] שור במנה והביא שנים במנה לא יצא ואפילו זה במנה חסר דינר וזה במנה חסר דינר [ה] שחור והביא לבן לבן והביא שחור [ו] גדול והביא קטן לא יצא [א] קטן והביא גדול יצא רבי אומר לא יצא: **גמ'** [ז] ולא פליגי [ג] מר כי אתריה ומר כי אתריה:

תנו רבנן [ח] הרי עלי עולה בסלע למזבח יביא כבש שאין לך דבר שקרב בסלע לגבי מזבח אלא כבש שקרב בסלע פירשתי ואיני יודע מה פירשתי יביא מכל דבר שקרב בסלע לגבי מזבח: פירשתי מן הבקר ואיני יודע מה פירשתי יביא פר ועגל: אמאי וליתי פר ממה נפשך הא מני רבי היא דאמר קטן והביא גדול לא יצא אי רבי אימא סיפא שור במנה והביא שנים במנה לא יצא ואפי' זה במנה חסר דינר וזה במנה חסר דינר שחור והביא לבן לבן והביא שחור גדול והביא קטן לא יצא קטן והביא גדול יצא רבי אומר לא יצא רישא וסיפא רבי ומציעתא רבנן אין רישא וסיפא רבי מציעתא רבנן והכי קאמר דבר זה מחלוקת רבי ורבנן: תנן התם [ט] ששה [ג] לנדבה כנגד מי (סימן קמ"ף ש"ע) אמר חזקיה כנגד ששה בתי אבות הכהנים שתקנו להם חכמים (א) שיהא שלום זה עם זה ר' יוחנן אמר מתוך שהנדבה מרובה תיקנו להם שופרות מרובין כדי שלא יתעפשו המעות וזעירי אמר כנגד פר ועגל איל וכבש גדי ושעיר ורבי היא דאמר קטן והביא גדול לא יצא ובר פדא אמר כנגד הפרים והאילים והכבשים

רש"י

תודה ושלמים. או זה או זה: יביא כבש. פחות שבתודה ושלמים: [ד] פירשתי כו'. (ב) תודה ושלמים איכא לספוקי בזכרים ונקבות: רחל. בת שתי שנים [ה] (טלה וטלייה) כבש בן שנתו: יביא הוא ונסכיו עמו במנה. כך נתפרש דינו בתורה שבע"פ: בחמש. סלעים: אמר הרי עלי שור במנה יביאנו במנה חוץ מנסכיו. שהרי כך קבעו: שור במנה והביא שנים במנה לא יצא. שהרי קבע שור א' במנה: **גמ'** מר כי אתריה ומר כי אתריה. באתריה דת"ק גריע כבש מעוף ובאתריה דרבי אליעזר גריע עוף מכבש: פירשתי. איזה קרבן אביא ואקנו בסלע (ג) מדנחת לפרושי איכא לספוקי נמי באחריני הלכך יביא מכל דבר הקרב למזבח שוה סלע מכל אחד ובלבד שיוכל לקנות דבר שלם מסלע: ממה נפשך. דאי נמי עגל נדר הא יש בכלל מרובה מועט: דבר זה. ששנינו יביא פר ועגל לאו דברי הכל היא אלא מחלוקת דרבי ורבנן דלגבי קטן והביא גדול [י] [לרבי] לא יצא משום הכי נקט תנא פלוגתא בסיפא לפרושי רישא דלאו דברי הכל היא: תנן התם. במס' שקלים (דף ט:): ששה לנדבה. י"ג שופרות היו במקדש שבעה מהן מפורשים מה נותנין בהם תיקלים חדתין ותיקלים עתיקין קינים וגוזלי עולה ועצים ולבונה וזהב לכפורת הרי שבעה וששה מהן לנדבה בהן היו נותנין המותרות ההולכות לנדבת צבור דהוא קיץ המזבח והוי הבשר לעולה ועורות לכהנים: כנגד ששה בתי אבות. שכל משמר חלוק לששה בתי אבות כנגד ששה ימי שבוע זה עובד יומו וזה עובד יומו ובשבת כולן שוין: כדי שיהא להן שלום זה עם זה. שעורות של בהמות הנקחות מן השופרות היו לכהנים שמקריבין העולות וכל זמן שאין המזבח בטל לא היו לוקחין מן השופרות ואם לא היה להם אלא שופר אחד אתו לאינצויי דשמא באותו יום של בית אב ראשון או של בית אב שני יביאו נדרים ונדבות הרבה לא יטול הבית אב מן השופר כלום ובשאר ימות השבוע של אלו בתי אבות לא מייתו נדרים ונדבות כ"כ ונמצא אותן בתי אבות מקריבות מן השופר שלא יהא המזבח בטל והוו עורות שלהם ומגלי הנך קמאי בהדי הנך ואמרי יש לכם עורות ואנו אין לנו כלום ואי משום הנך עולות שהביאו יחידים במשמרות שלנו משום מזלינו הוא הלכך תקינו ששה שלא יטול זה משופרו של זה וכשהמעות באות נותנין אותן לששה שופרות: כנגד פר ועגל ואיל כבש וגדי ושעיר. שהמתנדב פר לעולה [ז] מביא (ד) ונותן לשופר ששמו פר במנה אחד כדאמר יביא במנה דפר [ח] (נקבה) במנה והמתנדב עגל מביא חמשה סלעים ונותן לשופר ששמו עגל וכן כולם והכהנים לוקחין ממעות שופר ששמו פר ויקריבו מאותו שופר פרים עד שיכלו כל המעות: [ט] דר' היא דאמר קטן והביא גדול לא יצא. ולהכי הוו ששה שאין עולה באה אלא מהנך ששה בהמות: כנגד פרים. של חטאת ציבור שאבדו והפריש אחרים תחתיהן ואח"כ נמצאו הראשונים ונתקו לרעייה [י] [דמיהן נופלין (ה) לשופר הראשון והאילים אשם גזילות ואשם מעילות שאבדו והפריש אחרים תחתיהן ואח"כ נמצאו הראשונים ונתקו לרעייה דמיהן נופלין] לשופר השני וכאיס לנדבת ציבור:

תוספות

מוסיף עליהם תור ובן יונה. ולא גרסינן ובני יונה: **הרי** עלי תודה או שלמים גרסי' ולא כספרים דגרסי תודה ושלמים:

כבש יביא הוא ונסכיו בסלע. תימה הא דאמר בפ' שני דכריתות (דף י:) גבי עולה ויורד מכאן אתה למד לעשירית האיפה בפרוטה דתניא הרי עלי בסלע למזבח יביא כבש דמדאמר רחמנא איל אשם בכסף שקלים דבן שתי שנים מכלל דבן שנה בסלע ומדחס רחמנא עליה דדלות למהוי חד משיתסר בעשירות דמטמא מקדש עשיר מביא כבש לחטאת בסלע ועני שני פרידים ברובע כדתנן (כריתות דף ח.) ועמדו קינין ברבעתיים פירוש רובע דינר שהוא אחד מט"ז בסלע אלמא דכבש בלא נסכים הוי בסלע דחטאת אינה טעונה נסכים וי"ל [ט] דכך ה"ה דכבש בין יש עמו נסכים [כ] [בין אין עמו נסכים] בסלע כדקתני באיל הוא ונסכיו בשתים והיינו לפי שמצינו באיל האשם שהוא בכסף שקלים אע"פ שאין נסכים באשם וא"ת והא משמע בריש איזהו מקומן (זבחים מח.) דחטאת בת דנקא פירוש שתות דינר דהיינו מעה ובריש חגיגה (דף ו.) אמרי' דחגיגה מעה כסף ושה של פדיון פטר חמור אמרי' בפ"ק דבכורות (דף יא.) בפטרוזא בת דנקא וי"ל דודאי מה"ת יכול להביא אפי' בפרוטה כדאמרינן בפ' [ל] [בתרא] דכריתות (דף כח.) שלא נתנה תורה קצבה במחוסרי כפרה שמא יוזלו טלאים ואין להן תקנה לאכול בקדשים ושמא עין יפה בסלע עין רעה בדנקא ואם יוזלו טלאים אפי' בפחות [מ] [מדנקא] אם הוא טוב ומובחר [מתכפר בהם [נ]] וא"ת והא אמרינן בפ' הוציאו לו (יומא דף נה:) גבי לא היו שופרות לקיני חובה מפני התערובות [ס] שמא ימות א' מן הבעלים ופריך ונשקול ארבע זוזי מינייהו ונשדי בנהרא והנך לישתרו משמע שזהו שיעור דמי הקן ופי' שם בקונטרס ארבע זוזי מדינה והיינו חלי דינר צורי דאיסתירא דהוי סלע מדינה הוי פלגא זוזא כדאמר בפרק אע"פ (כתובות דף סד.) וקשיא להניא דכריתות דמשמע שהוא רובע דינר וי"ל דהש"ם נקט שיעור שהיו עומדים בימיהם ושמא אח"כ נתייקרו אי נמי אורחיה דהש"ם בכל דוכתא ד' זוזי ולאו דווקא כדאשכחן בפ' איזהו נשך (ב"מ דף סט:) שקול ארבע זוזי ואימא ליה לפלניא דלוחפן זוזי ובפ' קמא דגיטין (דף יג.) דאי בעי שקיל ארבע זוזי מישראל ופסיל ליה ובפ' המקדיש שדהו (ערכין דף כט.) שקיל ארבע זוזי ושדי בנהרא ובפ' בתרא דר"ה (דף לא:) גבי גר שנתגייר מפריש רובע לקינו [ט] פי' רש"י רובע סלע ולא יתכן אלא רובע דינר כדפרישית כדמוכח בפ"ק דכריתות (דף י:) דחד משיתסר הוי ועוד קשיא דבפ' הזהב (ב"מ דף נג.) אשכחן רובע סתם דהוא רובע שקל דהיינו חצי דינר צורי גבי עד כמה תחסר ויהא רשאי לקיימה בסלע עד שקל בדינר עד רובע ומפרש התם רובע שקל וי"ל דאדרבה משם ראיה דסתם רובע לאו רובע שקל מדהוה בעי למימר מעיקרא רובע דינר ומסיק רובע שקל ודייק לה מדקתני עד רובע ולא קתני עד רביע ועוד דומיא דסלע: **שחור** והביא לבן. חלוקים קצת כדאמר פ"ה דנזיר (דף לא:) [ע] ופ"ק (דף ג) אוכמא למשכיה סומקא לבישריה חיורא לרידיא: **שיהא** שלום זה עם זה. ואע"פ שבערב השבת מחלקין העורות משום בעלי זרוע [כדאמרי'] בפרק מקום שנהגו (פסחים דף נז.) כאן יש תקנה לבעלי זרוע אע"פ שכל בית אב נוטל מספר שלו הואיל וכל המשמרה ביחד: **ורבי** היא דאמר קטן והביא גדול לא יצא. לרבנן לא חיישינן אע"ג דזמנין דשני ליה דההוא נתכן לשם אילים והוא מביא פר מתמיהם והמעה

והכבשים והשעירים והמותרות והמעה כולהו כחזקיה לא אמרי לאנצויי לא חיישינן דכל חד וחד יומיה קא עביד כר' יוחנן לא אמרי לאיעפושי לא חיישי' כזעירי לא אמרי כיחידאה לא מוקמי כבר פדא נמי לא אמרי מותרות כולהו נמי מותרות מעה נמי לשקלים אזלא דתניא א) להיכן קלבון זה הולך לשקלים דברי ר"מ ר' ב) אליעזר א אומר לנדבה ושמואל אמר ג) כנגד מותר חטאת ומותר אשם ומותר אשם נזיר ומותר אשם מצורע ומותר מנחת חוטא ומותר עשירית האיפה של כה"ג ור' אושעיא אמר כנגד מותר חטאת ומותר אשם ומותר אשם נזיר ומותר אשם מצורע ומותר קינין ומותר מנחת חוטא ושמואל מ"ט לא אמר כרבי אושעיא קינין תנא ליה רישא ור' אושעיא תני ולא תני (א) קינין והתני רבי אושעיא ותני קינין חד לקינין וחד למותר קינין ורבי אושעיא מאי טעמא לא אמר כשמואל סבר לה כמאן דאמר מותר של עשירית האיפה של כהן גדול ירקב דתניא מותר מנחת נדבה מותר מנחה ירקב מאי קאמר א"ר חסדא הכי קאמר ב מותר מנחת חוטא נדבה מותר עשירית האיפה של כהן גדול ירקב רבה אמר אפי' מותר עשירית האיפה של כהן גדול נמי נדבה אלא ג מותר לחמי תודה ירקב בפלוגתא מותר עשירית האיפה של כהן גדול רבי יוחנן אמר נדבה רבי אלעזר אמר ירקב מיתיבי ד) ד מותר שקלים חולין ומותר עשירית האיפה ה ומותר קיני זבין וקיני זבות וקיני יולדות וחטאות ואשמות מותריהן נדבה מאי לאו מותר עשירית האיפה של כהן גדול לא מותר מנחת חוטא אמר רב נחמן בר רב יצחק מסתברא כמאן דאמר ו מותר עשירית האיפה של כהן גדול ירקב דתניא א) לא ישים עליה שמן ולא יתן עליה לבונה כי חטאת היא אמר רבי יהודה היא קרויה חטאת ואין אחרת קרויה חטאת לימד על עשירית האיפה של כהן גדול שאינה קרויה חטאת וטעונה לבונה ומדאינה קרויה חטאת מותרה ירקב: **מתני'** ז שור זה עולה ונסתאב אם רצה יביא בדמיו שנים שני שוורים אלו עולה ונסתאבו רצה יביא בדמיהן אחד ורבי אוסר ח איל זה עולה ונסתאב אם רצה יביא בדמיו כבש כבש זה עולה ונסתאב אם רצה יביא בדמיו איל ורבי אוסר: גמ'

רש"י

והכבשים. אשם נזיר ואשם מצורע הבאים בני שנה שנאמר בהן כבש ינתקו לרעייה דמיהן לשופר השלישי ואהכי לא מערב מותריהן עם מותר גזילות ומעילות משום דלא דמו דאלו בני שנה ואלו בני שתי שנים אלו באין לכפר ואלו להכשיר: **והשעירים.** שעירי חטאת של ציבור של רגלים מכפרים על טומאת מקדש וקדשיו בשאין בה ידיעה כדאמרינן בשבועות (דף ג.) ולא מפי השמועה. ואין לנו בהמה ניתקת לרעייה אלא אלו דכבשה ושעירה הבאין לחטאת ה) יחיד אין ניתקות לרעייה אלא מתות: **והמותרות.** כגון מי שמקריב אחד מכל אלו והפריש מעות לשם כך והוזלו בהמות וניתותרו המעות נותן לשופר החמישי: **והמעה.** קולבון שכל יחיד מביא מחצית השקל בהכרעה באדר ואם נתנו בין שניהם שקל שלם נותנין קולבון אחד מעה קטנה מפני הכרעה שעכשיו לא נתנו בין שניהם אלא הכרע אחד ואילו הביאום כמשפטן היו שם שתי הכרעות לפיכך נותנין קולבון: **כל חד וחד יומיה עביד.** ואם באו לו קרבנות הרבה שלא צריך לשופר אין לו ליטול כלום בעורות שנקנו מן המעות שניתנו בשופר: **כיחידאה לא מוקמינן.** דלא חיישינן להא דרבי דאמר קטן והביא גדול לא יצא אלא המתנדב עגל נותן המעות לשופר של פר והכהנים מקריבין פרים מהם עד שיכלו כל המעות שיש שם: **מותרות.** בתמיה כלומר איהו חשיב חד שופר (ב) למותרות כולהו קמאי נמי דחשיב מן הניתקין לרעייה מותרות נינהו שניתותרו ו) מכדי קרבן: **לשקלים אזלו.** לתרומת הלשכה עם שאר השקלים: **לנדבה.** לשופרות: **הכי גרסינן כנגד מותר חטאת** ז) **מותר אשם נזיר ומותר אשם מצורע** כו'. שהפריש מעות לאחד מכל אלו וניתותרו נותנן לשופרות ואשם סתם היינו אשם גזילות ומעילות ח) לא מיערב מותר דידיה בהדי חטאת ואשם נזיר ומצורע לא מיערב בהדי אשם סתם דזה בן שתי שנים ואיל בן שנה ואשם מצורע לא מיערב בהדי אשם נזיר דאשם נזיר בא להכשירו לנזירות טהרה ואין נותנין מדמו לבהונות ואין טעונים נסכים ואשם מצורע נותנין מדמו לבהונות וטעון נסכים ובא להתירו במחנה: **ומותר דמנחת חוטא.** הואיל ואיקרי חטאת אזיל מותרה לנדבת צבור דהכי אמרינן במסכת תמורה (דף כג:) זה מדרש דרש יהוידע הכהן כל הבא ממותר חטאת וממותר אשם ילקח בהם עולות הבשר לשם ועורות לכהנים אבל מותר מעות שאר מנחות לא אזלי לנדבת צבור אלא הוא יוסיף משלו ומביא מנחה אחרת: **ומותר עשירית האיפה.** של כ"ג שמקריב בכל יום ויום ואם הפריש מעות לעשירית האיפה של היום וניתותרו שוב אין יכול לצרפן לשם מחר אלא תפול לנדבת צבור שגם היא נקראת חטאת בפרק ואלו מגלחין במועד קטן (דף טז.) יקריב חטאתו זו עשירית האיפה של כהן גדול: **ומותר קינין.** המפריש מעות לקינו ט) וניתותרו מקינין: **תנא ליה רישא.** בשבעה שופרות קמאי חשיב חד דשמיה קינין: ור' אושעיא תני במתניתין שלש עשרה שופרות ולא תנא קינין בקמאי: **חד לקינין.** מחוסר כפרה מביא מעות לקינו ונותן בשופר ואוכל בקדשים לערב כדקיימא לן (עירובין דף לב.) אין ב"ד של כהנים עומדים משם עד שיכלו כל המעות שבאותו שופר ולא חיישינן שמא לא יקריבו הואיל ואין באה על חטאת (ג) י) (ולי איהו גופיה לא מצי לאקרוביניהו): **מנחת חוטא.** שהרי לשם חובה הפריש: **נדבה.** לשופרות: **מותר לחמי תודה ירקב.** דלאו חטאת איקרו ונדבת יחיד לא (ד) קרבי דבפני עצמו אי אפשר להקריבו שלא מצינו לחם קרב בפני עצמו ועם תודה אחרת אי אפשר להקריבו שהרי אין תודה קריבה בלא לחמה והכי מפרש בשקלים בפרק שני: **מותר שקלים.** הכניס מעות מרובים לשקלים ושקלן וניתותרו מהן: **ואין אחרת.** ואע"פ שהיא חובה אינה קרויה חטאת שיהא לה דין חטאת שלא יהא טעון לבונה: ומדלגבי לבונה לית ליה דין חטאת לגבי מותר נמי לית ליה דין חטאת ואע"ג דאיקרי חטאת לאו דין חטאת אית לה דאימעטא לה מהאי קרא: **מתני' אם רצה יביא בדמיו שנים.** כ) ואע"ג דהוי גדול והביא קטן וגמ' מפרש טעמא: **ורבי אוסר.** לכתחילה אבל אם הביא יצא דכיון דאמר זה אינו חייב באחריותו:

תוספות

והמעה. קולבון שכל יחיד מביא מחצית השקל בהכרע באדר ואם נתנו בין שניהם שקל שלם נותנין קולבון א' מעה קטנה מפני הכרע שעכשיו לא נתנו שניהם אלא הכרע אחד ואילו הביאו כמשפטו היה שם שתי הכרעות לפיכך נותנין קולבון אחד כך פירש בקונט' וקשיא דאם הכרע עולה יותר ממעה היאך יוצאין בהכרע אחד במעה והלא חייבין שתי הכרעות ואם זה שיעור הכרע למה דחק בקונטרס לפרש כן לפיכך נראה דבכל הכרעות מיירי ופלוגתא היא בתוספ' דשקלים דתניא כמה הוא נותן קולבון מעה כסף אחד מכ"ד כסף לסלע וחכמים אומרים חצי מעה של ארבע איסרות וקולבונות אלו מה היו עושין מהן נופלין לשקלים דברי ר"מ ר' אלעזר אומר לנדבה:

ושמואל מאי טעמא לא אמר כרבי אושעיא. והוא הדין כל הני אמוראי דלעיל ורבי אושעיא מאי טעמא לא אמר כשמואל דבשלמא אמוראי דלעיל סברי דמותר מנחה לאו לנדבה אזלי אלא לרבי אושעיא דחשיב מותר מנחת חוטא כל שכן מותר עשירית האיפה:

היא קרויה חטאת. בפרק קמא (לעיל ד.) דרשינן לה ותרתי שמעת מינה ל):

ומדאינה קרויה חטאת ירקבו. לא דמי למותר מנחה דלא תירקב ואינה קרויה חטאת ועשירית האיפה דווקא דקרויה חטאת ביחזקאל (מו) אתא האי קרא לאפוקי דאין מותר קרויה חטאת ותירקב: לפי

רבינו גרשום

בהו קינין: ור' אושעיא באותן י"ג שופרות ותני קינין ברישא. א"ל תרי קינין קתני חד לקינין עצמן. היכא דאייתי מעות ליקח בהן קינין. וחד למותר קינין. היכא דהפריש מעות לקינין וניתותרו: מאי קאמר כו': מותר מנחת חוטא נדבה דדומיא דחטאת היא מה חטאת מותרה נדבה אף מנחת חוטא מותרה נדבה דהא איקרייה חטאת כדבעינן למימר בסמוך: מותר עשירית האיפה של כ"ג ירקב. דהא לא מדמי לה קרא לחטאת: אלא מותר לחמי תודה. הואיל ויש להן קצבה ירקב אבל שאר מותרי מנחות דאין להן קצבה מותרה קרב דומיא דידיה דמותר עולה קרב עולה ומותר מנחת נסכים לנסכים וכן כולהו דומיא דקרבן עצמו: מותר שקלים. דהפריש פרוטות או גרוטאות ליקח בהן שקלים אותו מותר שעל השקל הוי חולין: מאי לאו היא קרויה חטאת מנחת חוטא דמותרה נדבה כחטאת ואינה טעונה לבונה כחטאת ולא עשירית האיפה דכ"ג שהיא טעונה לבונה ואינה קרויה חטאת הלכך מותרה ירקב: שור זה עולה ונסתאב. שהומם אם רצה וכו': א) והא מותבינן היכי מצינן למימר דיביא בדמיו שנים דהא תנינן שור במנה והביא שנים במנה לא יצא: זה ונסתאב שאני. דהואיל דאמר שור זה עולה ולא אמר עלי לא נתחייב באחריותו: ועוד שהרי נסתאב דהשתא הוו ביה תרתי לריעותא הלכך יביא בדמיו שנים: מ"ט קאסר ר' משום דהוה ליה גדול והביא קטן דנתחייב בשנים דהיינו גדול והביא א' היינו קטן ואע"ג דנסתאב לכתחילה לא שרי ר' דלכתחילה אין מביא בדמיהן אחד אע"ג דאמר אלו ונסתאבו דמדקתני ור' אוסר משמע דאוסר לכתחלה והואיל דאע"ג דמסתאב לא שרי ר' להביא קטן ליפלוג נמי ברישא דקתני שור זה עולה ונסתאב יביא בדמיו שנים דהיינו גדול והביא קטן וליתני נמי ור' אוסר הואיל דלא שני ליה בין נסתאב לשלא נסתאב דהא בקטן והביא גדול קא אסר נמי: ר' אכולה מילתא פליג דודאי פליג נמי ארישא והאי דלא קא מיירי ר' ברישא משום דנטר להו כו': תדע דודאי פליג נמי ברישא דקתני בכבש זה עולה ונסתאב רצה יביא בדמיו איל דהיינו קטן והביא גדול ואע"ג דנסתאב קאמר ר' מינה למינא. אם הביא שור אם יכול להביא בדמיו ממין אחר או כבש או איל: אבל מביא בדמיו ב' אלים. אלמא מביא ממנו מין אחר: אלמא מותר הביא ב' אלים לפי שאין בילה. שלא יכול לבלול זה עם זה דלכתחלה אסור לערב מכלל זה איל אע"ג דזה וזה בלילתן עבה ש"מ דממינא למינא שרי: אי הכי מינא אחר דמי אירא מינא תרי. דמי אירא דקאמר דמביא בדמיו ב' אלים אבל חד איל לא דהא בנסתאב לא שני להו בין קטן לגדול וגדול והביא קטן סבירא להו דינא דהא קאמרי נסתאב שאני הלכך היכא דהביא שור גדול ונסתאב אמאי לא מצי לאייתויי בדמיה חד איל דהיינו קטן דהא אמרי נסתאב שאני דלא שנא גדול והביא קטן דינא: תרי תנאי ואליבא דרבנן. דהכן תנא דקאמר לא יביא בדמיו איל אבל מביא בדמיו ב' אלים איהו סבר אליבא דרבנן דאע"ג דנסתאב אם נדר גדול לא יביא קטן הלכך אין מביא איל אבל ב' אלים יביא דהיינו נמי גדול דומיא דשור: ג) דכיון דהוו להו שנים. ב' אלים לא קאמר מערבה סלת בהדי הדדי דאין

לוקחין לו ממעות פר: ובר פדא אמר כנגד פרים ואלים והכבשים והשעירים והמותר והמעה. שאם הפריש מעות לפרים או לאילים או לכבשים או לשעירים והותירו. והמותר שאם הפריש חטאת ואבדה והפריש אחרת תחתיה ונמצאת הראשונה תרעה עד שתסתאב ותמכר וזהו מותר. והמעה זהו קולבון. שב' בני אדם שהיו שוקלין שקל היו מוסיפין עליו קולבון מעה כסף משום ששני חצאי שקל מכריעים יותר ממי ששוקל שקל ביחד: ולאותו קולבון היה לו שופר: לאינצויי לא חיישינן. ולא הוה צריך לכולהו בתי אבות אלא חד שופר: דכל חד וחד בית אב יומיה קא עביד. המותרות שיזדמנו לו ביומו נותנן בשופר ובו ביום מקריבן ואינו משייר לא עבר כדאמרי' חזקה שאין הכהנים מתעצלין עד שיכלו כל המעות שבשופר: כבר פדא נמי לא אמרי מותרות. לשון תמיהא. דקאמר בר פדא והמותרות כולהו נמי מותרות נינהו דהפרים והאלים במותריהן קא מיירינן והיינו הך: לשקלים אזלא לקופות ולא לשופר: לנדבה. לנדבת צבור לקיץ: ושמואל אמר כנגד מותר חטאת כו' וחשיב נמי המעה היינו ו'. וכן ר' הושעיא חשיב ה' וחשיב נמי המעה: קינין תנא ליה רישא. דקתני תיקלין חדתין ועתיקין קינין היינו תורין וגוזלי עולה מכלל דהנך ששה לית

מסורת הש"ס

א) [שקלים ו:], ב) נ"ל אליעזר, ג) [לעיל קד.], ד) [שקלים פ"ב מ"ה], ה) נ"ל לצבור ושל יחיד אין כו', ו) נ"ל מכדי, ז) נ"ל ומותר אשם ומותר כו', ח) ולא ג"ק, ט) ויתחלו הקינין וניתותרו המעות לא"ק, י) רש"ק מ"ו והש"ק גרס לא יקריבו הס"ד אח"כ ד"ה ירקב הואיל ואין באה על חטא ואיהו גופיה לא מצי לאקרוביניהו הס"ד, כ) הני ואע"ג קאי על יביא בדמיהן א' וכן מוכח בסמוך וגי' הש"ק יביא בדמיהן אחד ואע"ג כו', ל) [ועיין תוס' לעיל נט: ד"ה כן].

הגהות הב"ח

(א) גמ' ולא תני קינין נ"ב בתמיה: (ב) רש"י ד"ה מותרות וכו' למותרות הס"ד ואח"כ מ"ה כולהו קמאי דחשיב כל"ל ותיבת נמי נמחק: (ג) ד"ה חד לקינין וכו' על חטאת ואיהו גופיה כל"ל ותיבת ולי נמחק: (ד) ד"ה מותר לחמי וכו' לא קרב בפני עצמו וא"כ אי אפשר:

עין משפט נר מצוה

לא א מיי' פ"ג מהל' שקלים הלכה ז:
לב ב ג ד מיי' פ"ה מהל' פסה"מ הלכה ט:
לג ה מיי' פ"ג מהל' שקלים (ופ"ד מהל' שקלים הל' יא):
לד ו מיי' פ"ה מהל' פסה"מ הלכה ט:
לה ז ח מיי' פט"ז מהל' מעה"ק הלכה ו:

שיטה מקובצת

גמ' דברי ר"מ ור' אלעזר אומר: רש"י ד"ה והמותרות כגון מי שמחויב אחד: בא"ד וניתותרו המעות נותנם לשופר חמישי הס"ד: ד"ה כל כו' קרבנות הרבה שלא נצרך לשופר: ד"ה מותרות כו' שניתותרו מכח קרבן הס"ד: ד"ה הי"ג כנגד מותר חטאת ומותר אשם נזיר: בא"ד ואשם סתם דהיינו אשם גזלות ומעילות כו' לא מערבי בהדי אשם כו' ואלו בני שנה ואשם: בסה"ד ובא להתירו לבא במחנה: ד"ה ומותר מנחת חוטא דהואיל ואקרי: ד"ה חד לקינין כו' אין ב"ד של כהנים עומדין משם עד שיכלו כל המעות שבאותו שופר שמא לא יקרבו ונמצא מחוסר כפרה אוכל בקדשים הס"ד ומה"ד ירקב דלאו חטאת ממש קרייה רחמנא שיהיו מותריו לנדבת צבור הואיל ואין באה על חטא ואיהו גופיה לא מצי לאקרובי בהו מנחת נדבה שהרי לשם חובה הפרישה הס"ד: ד"ה מותר כו' דבפני עצמן אי אפשר להקריבן שהרי כו' להקריבן שהרי כו': ד"ה אם רצה יביא בדמיו שנים דהוי קטן והביא גדול דשנים חשובין מאחד הס"ד ומה"ד יביא בדמיהן אחד ואע"ג דהוי גדול כו'. תד"ה ושמואל כו'. ור' אושעיא מ"ט התה"ד:

תורה אור השלם

א) וְאִם לֹא תַשִּׂיג יָדוֹ לִשְׁתֵּי תֹרִים אוֹ לִשְׁנֵי בְנֵי יוֹנָה וְהֵבִיא אֶת קָרְבָּנוֹ אֲשֶׁר חָטָא עֲשִׂירִת הָאֵפָה סֹלֶת לְחַטָּאת לֹא יָשִׂים עָלֶיהָ שֶׁמֶן וְלֹא יִתֵּן עָלֶיהָ לְבֹנָה כִּי חַטָּאת הִוא: [ויקרא ה, יא]

חשק שלמה על רבינו גרשום

א) שייך לע"ב. ב) עי' שיטה מקובצת ד"ה טעמא דאין בילה.

עין משפט
נר מצוה

לו א מיי' פט"ז מהל' מעה"ק הלכה ו:
לז ב מיי' שם הל' ז:
לח ג מיי' שם הלכה ח:
לט ד מיי' שם הל' ט:
מ ה ו מיי' שם הל' ח:
מא ז מיי' פכ"א מהל' מכירה הלכה יט טוש"ע ח"מ סימן ריד סעיף יב:
מב ח מיי' פ"ו מהל' פסה"מ הלכה ד:
מג ט מיי' פכ"א מהל' מכירה הלכה יט טוש"ע ח"מ סימן ריד סעיף יב:

גמ' והא אמרת רישא. אפילו לרבנן: שור במנה כו'. ואמאי יביא בדמיו שנים: זה ונסתאב שאני. דכיון דאמר זה אקריב עולה ונסתאב אזל ליה נדריה דזה לא מצי (ה) למיקרב אבל התם דאמר הרי עלי שור במנה חייב עד שיביאנו: גדול והביא קטן. שבכל מקום שנים חשובים מאחד ואפילו שניהם שוין: ואף על גב דנסתאב. (ו) איכא למימר חלף ליה נדריה ובאחריות נמי לא ליחייב דהא אמר אלו אפילו הכי לכתחילה לא שרו: ליפלוג נמי ברישא. שור זה עולה ונסתאב יביא בדמיו שנים דהוי קטן והביא גדול (ז) נמי ליפלוג ולימא ורבי אוסר דלא שני ליה בין קטן והביא גדול לגדול והביא קטן: תדע. דארישא דנדר קטן והביא גדול נמי פליג (א): ורבי אוסר. אלמא בכבש אסר נמי רבי להביא בדמיו איל דהוי קטן והביא גדול דומיא דשור זה ונסתאב דלא יביא בדמיו שנים: ממינא למינא מאי. שור זה עולה ונסתאב מהו שיביא בדמיו שני אילים: לא יביא בדמיו איל. דקטן הוא יותר מדאי אבל יביא בדמיו שני אילים אלמא ממינא למינא שרי: לפי שאין בילה. שצריך להביא עמהם שתי מנחות בשני כלים ואין יכול לערבן בכלי אחד (ח) הלכך לא מיחזי כי ההוא דנדרו דנדר מידי דבאה מנחתו בכלי אחד וקא מייתי בשני כלים וקס"ד דאי לאו משום המנחות לא איכפת לן אקרבנות אי נדר חד ומייתי תרין הואיל ומכח קמא אתו אבל מנחות דמביא מביתו בעינא דומיא דנדרו: אי הכי. דממינא למינא שרי מאי איריא כו': תרי תנאי. דאיכא דסבירא ליה דאפילו בנסתאב אסרי רבנן בגדול והביא קטן לכתחילה: הא יש בילה שרי. לאיתויי ממינא למינא: ורבי אוסר. אע"ג דבכלי אחד אתיא מנחתו אפילו הכי לא מייתי מדמיו אלא דומיא (ב) דידיה: תרי תנאי כו'. דאיכא דקפיד אמנחות ואיכא דקפיד אקרבן גופיה: ובטהורים. סיפא דברייתא דשור זה עולה ונסתאב לא יביא בדמיו איל ובטהורים דלא נפל בהן מום: הוקבע. אחריותו עליו להביאו עולה אחת ולא לשתי עולות: ודלמא עלי להביא. לזה עולה קאמר וכיון דנסתאב אזל ליה (ט) נדריה שור זה לדמיו אם נסתאב הוקבע לעולה אחד דאי מייתי ב' עולות לא יצא אבל אי לא אמר עלי יצא כי היכי דעביד ליה דאינו חייב באחריותו: מתני'

לפי שאין בילה. שצריך להביא שני מנחות עמהן בב' כלים ואין יכול לערבן יחד בכלי אחד הלכך לא מיחזי כי ההוא דנדרו ומן הדם לא חיישינן אם נתערב ולכל הפחות אם נתערב סולתן יכול לערב לכתחילה כדאמרן לעיל גבי יין: שאקריבנה

גמ' והא אמרת רישא שור במנה והביא שנים במנה לא יצא שור זה ונסתאב שאני: שני שוורין אלו עולה ונסתאבו רצה יביא בדמיהן אחד ורבי אוסר: מאי טעמא משום דהוה ליה גדול והביא קטן ואף על גב דנסתאב לכתחילה לא שרי רבי ולפלוג נמי ברישא רבי אכולה מילתא פליג ונטר להו לרבנן עד דמסקי מילתייהו והדר מיפליג עלייהו תדע דקתני איל זה עולה ונסתאב רצה יביא בדמיו כבש כבש זה לעולה ונסתאב רצה יביא בדמיו איל ורבי אוסר שמע מינה: איבעיא להו ממינא למינא מאי תא שמע שור זה עולה ונסתאב לא יביא בדמיו איל אבל מביא בדמיו ב' אילים ורבי אוסר לפי שאין בילה [א]שמע מינה אי הכי מאי איריא תרי אפילו חד נמי דהא בנסתאב לרבנן לא שני להו בין גדול לקטן תרי תנאי ואליבא דרבנן: רבי אוסר לפי שאין בילה: טעמא דאין בילה הא יש בילה שרי והתנן איל זה עולה ונסתאב רצה יביא בדמיו כבש כבש זה עולה ונסתאב יביא בדמיו איל ורבי אוסר תרי תנאי ואליבא דרבי ובטהורים עגל והביא פר כבש והביא איל יצא סתמא כרבנן: רצה יביא בדמיו ב' [כו']: אמר רב מנשיא בר זביד אמר רב לא שנו אלא דאמר שור זה עולה אבל אמר שור זה עלי עולה הוקבע ודלמא עלי להביאו קאמר אלא אי איתמר הכי איתמר אמר רב מנשיא בר זביד אמר רב לא שנו אלא דאמר שור זה עולה אי נמי אמר שור זה עלי עולה [ב]אבל אמר שור זה ודמיו עלי עולה הוקבע:

מתני' [ג]האומר אחד מכבשי הקדש [א]ואחד משורי הקדש והיו לו שנים הגדול שבהן הקדש שלשה בינוני שבהם הקדש [ד]פירשתי ואיני יודע מה שפירשתי או שאמר לי אבא ואיני יודע מה הגדול שבהן הקדש: גמ' אלמא [ב]מקדיש בעין יפה מקדיש אימא סיפא בינוני שבהן הקדש אלמא מקדיש בעין רעה מקדיש אמר שמואל חוששין אף לבינוני דלגבי קטן עין יפה הוא היכי עביד אמר רבי חייא בר רב [ה]ממתין לו עד שיומם ומחיל ליה לקדושתיה בגדול אמר רב נחמן אמר רבה בר אבוה לא שנו אלא דאמר אחד משוורי הקדש אבל [ו]אמר שור בשוורי הקדש הגדול שבהן הקדש תורא בתוראי קאמר איני [ג]והאמר רב הונא [ד]א"ר חייא משמיה דעולא [ז]האומר לחבירו בית בביתי אני מוכר לך מראהו עלייה לאו משום דגריע לא מעולה שבבתים: מיתיבי [ח]שור בשוורי הקדש וכן שור של הקדש שנתערב באחרים הגדול שבהן הקדש וכולם ימכרו לצרכי עולות ודמיהן חולין תרגומא אשור של הקדש שנתערב באחרים והא וכן קאמר תרגומא אגדול: מיתיבי [ט]בית בביתי אני מוכר לך ונפל מראהו נפול עבד בעבדיי אני מוכר לך ומת מראהו מת ואמאי

אחד מכבשי הקדש. למזבח: בינוני שבהן הקדש. מפרש בגמ': פירשתי. איזה מהן ולא ידעתי איזה: או שאמר לי אבא. בשעת מיתתו אחד משוורי הפרשתי להקדש: ואיני יודע. לאיזהו מהן: הגדול שבהן הקדש. דמסתמא מוטב שבהן הקדיש דכתיב מבחר נדריכם (דברים יב): גמ' חוששין אף לבינוני. דכיון דאמר אחד מהן הקדש לא ידענא אהי מינייהו חייל הקדש אי אגדול או אבינוני דהוי עין יפה לגבי קטן הלכך אתרווייהו חייל ומיהו לא קרב למזבח אלא חד מינייהו אבל היכא דאמר פירשתי ליכא לספוקי דודאי גדול פירש: היכי עביד. דמישתרי ליה חד מינייהו: ומחיל לקדושתיה בגדול. דממה נפשך אי אבינוני חל ולאו אגדול הרי זה נסתאב ואיללו בגדול ואי אגדול חל מעיקרא נמצא בינוני חולין מעיקרא: לא שנו. דחוששין אף לבינוני: תורא בתוראי. שור החשוב בשוורי: מראהו עלייה. שמראהו לעלייתו ואומר לו זו מכרתי לך קא סלקא דעתך עלייה ממש קאמר דגריעא דירתה משל בית אלמא בית בביתי לאו החשובה בביתי קאמר והוא הדין לתורא בתוראי: שור בשוורי הקדש. הגדול שבהן הקדש. עולה וכל האחרים ימכרו לצרכי עולות שמא אכל חד איכא למימר זה עולה: ודמיהן חולין. דקדש אינו תופס דמיו אלא בעל מום שיצא לחולין דנתפסין דמיו בקדושתו אבל האי דלא נפיק לחולין (ג) ולצורך קדשים נמכר אין דמיו קדושים ולהקדש נמי לא גזיל מידי דהא יהיב ליה הגדול שבהן קתני מיהא וכולן ימכרו כו' דחוששין לכולן אף על גב דאמר שור בשוורי וקשיא לרב נחמן: תרגומא. הא דקתני וכולן ימכרו לצרכי עולות: אשור של הקדש שנתערב באחרים. אבל אשור בשוורי ליכא לספוקי דגדול משמע: והא וכן קתני. דמשמע דין שניהם שוה: תרגומא. הא דקתני וכן אגדול [י]דכן דינו שוה דנותן הגדול להקדש אבל לגבי ספיקא ליכא בשור בשוורי: ונפל. אחד מביתו מראהו ואומר זהו שמכרתי לך (ד): ואמאי

שיטה מקובצת

גמ' טעמא דאין בילה. נ"ב בספרים כ"י כתוב כאן זה הלשון פירוש דכיון דה"ל שנים לא קא מערב סלת בהדי הדדי טעמא וכו' ונראה שהוא פי' נוסף מרבנן סבוראי: שם כבש זה עולה ונסתאב רצה יביא איל: שם ואליבא דרבי ובטהורין. נ"ב בספרים כ"י שבידי כתוב כאן זה הלשון פירוש ואע"ג דחדא מנחה ניהי ואיכא בילה ובטהורים וכו' וגם זה הוא פי' מרבנן סבוראי וז"ל הרגמ"ה ז"ל תרי תנאי ואליבא דרבי כדמפרש בפירוש דאיכא בספרים ע"כ: שם במשנה ואיני יודע מה פירשתי או שאמר אמר לי אבא: שם בגמ' אימא סיפא שלשה בינוני שבהן: שם והאמר רב הונא בר חייא: רש"י ד"ה זה כו' אזל ליה נדריה דתו לא מצי לקומיה אבל התם: ד"ה גדול כו' שבכל מקום שנים חשובים מאחד ואפי' דמיהן שוים: ד"ה ואע"ג כו' ובאחריות נמי מיחייב דהא אמר אלו אפ"ה לכתחלה לא שרי רבי הס"ד: ד"ה לפלוג כו' דהוי קטן והביא גדול לימא נמי ור' אוסר דהא לא שאני ליה בין קטן והביא: ד"ה תדע דארישא דהוי קטן והביא גדול נמי פליגי ורבי אוסר אלמא בכבש נמי אוסר רבי והד"א: ד"ה לפי כו' ואין יכול לערבן בכלי אחד הלכך לא מיחזי כי ההוא דנדר דההוא דנדר מידי דבאה מנחתו: בא"ד תרין הואיל ומכח דמי קמא אתי אבל מנחות דמביא מביתו בעינן דומיא דנדרו. נ"ב ברש"י כ"י כתוב כאן אין יכול לבלול סלתן ושמנן יחד ואע"פ ששנינו בפ' שתי מדות מערבין נסכי פרים בנסכי אלים אם נתערבו קאמר והכי מוקמינן בגמ' דהתם אבל לכתחלה אין מערבין דילפינן מוהקטירו שלא יערב חלבים זה בזה: ד"ה ור' אוסר אלמא אע"ג דבכלי אחד כו': ד"ה ובטהורים כו' איל הוא ובטהורים כו': ד"ה הוקבע כו' ולא שתי עולות: ד"ה ודלמא כו' שור זה ודמיו: בא"ד דאי מייתי כשתי עולות לא יצא: במשנה ד"ה פירשתי איזה מהן ואיני יודע איזהו: ד"ה או כו' משוורי הפרשתי להקדש ואיני יודע על איזו מהן אמר לי הס"ד ומה"ד הגדול וכו': ד"ה גמ' חוששין כו' חייל הקדש אי אגדול דהוי עין יפה אי אבינוני דהוי עין יפה לגבי קטן הלכך אתרוייהו: ד"ה היכי עביד דלישתרי ליה חד מינייהו: ד"ה תורא בתוראי שור החשוב בשוורי קדש הס"ד ומה"ד מראהו עליה שמראה לו עלייתו ואומר לו: ד"ה הגדול כו' וכל האחרים ימכרו לצרכי עולות דשמא אכל חדא איכא למימר: ד"ה ודמיהן כו' אבל האי דלא נפיק לחולין לצורך נמכר נ"ב נ"א לצורך עולות נמכר וכו': ד"ה תרגומא כו' אבל לגבי ספקא ליכא ספיקא בשור בשוורי: ד"ה ונפל כו' מראהו נפול ואומר זהו שמכרתי לך:

מסורת הש"ס

א) מעילה כא:, ב) [ב"ב עב. ערכין יד.], ג) [נדרים נו. ע"ש וכר"ן], ד) [נ"ל בר חייא וכ"ה בנדרים נו.], ה) ס"א למקיימה, ו) ואיכא נ"ק, ז) לפלוג נמי ולימני ורבי נ"ק, ח) הלכך מיחזי כי ההוא דנדר מידי נ"ק, ט) נדריה הס"ד אח"כ ד"ה שור זה ודמיו אם נ"ק, י) דבכך דינו נ"ק.

הגהות הב"ח

(א) רש"י ד"ה תדע וכו' נמי פליג רבי ואוסר הס"ד ואח"כ מ"ה דקתני איל כו' אלמא בכבש: (ב) ד"ה ורבי אוסר וכו' דומיא דנדר הס"ד: (ג) ד"ה ודמיהן חולין וכו' דלא נפיק לחולין דלצורך עולה נמכר אין: (ד) ד"ה ונפל וכו' לך נפל הס"ד:

רבינו גרשום

יכול לערב מנחה דהאי איל למנחה דאידך איל לכתחלה הלכך לא דומיא דקרבן ראשון הוא דמנחת שור נתערבת היא עצמה אבל בשני אלים לא: ומותבינן אליבא דר' טעמא דאין בילה. לפיכך אין מביא בדמי השור ב' אלים. אע"ג דגדול והביא גדול הוא: הא יש בילה. הא אי הוה מצי למיבלל הני מנחות בהדי הדדי שרי לאיתויי ממינא למינא: והתנן איל זה עולה כו' ור' אוסר: תרי תנאי ואליבא דר'. כדמפרש בפירוש דאיכא בספרים: ובטהורים שלא נסתאבו. עגל אם נדר עגל והביא פר דהיינו קטן והביא גדול: סתמא. הך סתמא דקתני הכא דיצא כרבנן היא. דאמרי קטן והביא גדול יצא דמיעוט בכלל מרובה: הוקבע. דקבע להביא שור אחד שיהא שוה כשור זה דהואיל דאמר עלי נתחייב באחריותו: ודלמא עלי להביאו קאמר דממאי דמשום דאמר עלי דהכי קאמר עלי להביא שור שוה כזה דלמא הכי קאמר שור זה עלי להביאו דודאי דעתו להביאו: אבל אמר שור ודמיו עלי עולה. כלומר שור אחד שיהו דמיו כזה עלי: הוקבע להביא שור א' בדמי אותו שור ואין יכול להביא ב' שיהו דמיהן כדמי אותו שור הא': אחד מכיסיי הקדש ויש לו ב' כיסין לישנא אחרינא האומר אחד מכבשי הקדש ויש לו ב' כבשים. א' משוורי הקדש. והיו לו ב' מכל הני דאמרן: הגדול שבהן הקדש. דאם יש לו בכיס א' ליטרא זהב ובכיס אחר ליטרא כסף אותו של זהב הוי הקדש. וכן השור הגדול הוי הקדש: ואם יש לו ג' ואמר א' מהן הקדש הבינוני הוי הקדש כדמפרש בגמרא: פירשתי להביא א' מן הג' ואיני יודע איזה מהם הקדשתי: או שאמר לי אבא. א"נ אמר דאמר לי אבא בדייתיקי א' מן ג' שוורים הוי הקדש (דהוא הקדישו) [ואינו יודע לאיזה שור הקדיש]. אמר שמואל ל"ק דהכא נמי גדול שבהן הקדש והכי קתני דחוששין אף לבינוני דאיכא למיחש דהבינוני הקדיש והשתא היכי עביד ממתין לבינוני עד שיומם: ומיחל. מחלל קדושה דבינוני בגדול ולימא הכי אי הקדשתי להך בינוני יהא מחולל על הגדול והוי הגדול הקדש והשתא הוי בינוני מחולל דממ"נ א' הוי הקדש ותו לא דהא קאמר אחד משווריי או מכיסיי: לא שנו דחוששין לבינוני: אבל אמר שור בשווריי ודאי הגדול הקדש דתורא בתוראי קאמר. כלומר המובחר שבשווריי דהיינו גדול: בית בביתי מראהו עלייה. כלומר מראה לו דירה קטנה כל שהו כעין עלייה ואמר לו זו מכרתי לך: לאו משום דגריע. דכי א"ל בית בביתי גריעותא הוא דגרוע שבבתיו קאמר דהא דאמר מראהו עלייה היינו דירה גרועה הכא נמי שור בשווריי הגרוע קאמר וקשיא למאן דאמר תורא בתוראי קאמר: מעולה שבבתיו. הא דאמרן מראהו עלייה הא עלייה היינו מעולה שבבתיו ולא בית גרועה כל שהוא קאמר: וכולן האחרים ימכרו לצרכי עולות ודמיהן חולין. אבל הן עצמן קדישי. והא הכא דכי אמר שור בשווריי דמיהן של אחרים הוי חולין אבל הן עצמן קדישי. ותיובתא דמאן דאמר הגדול שבהן הקדש דמסתברא דסבירא ליה דאחריני הוו הן עצמן חולין: תרגומא הא דקתני דמיהן חולין אבל הן עצמן לא אשור הקדש שנתערב באחרים קאי. אבל היכא דאמר שור בשוורי הגדול הקדש והאחריני לא מיקדשי: והא וכן קאמר דמשמע כל הנהו מילי דאמרינן בשור של הקדש שנתערב באחרים אמרינן נמי באמר שור בשווריי הקדש: תרגומא אגדול. האי דקתני וכן אגדול קאמר דהכי קאמר בין היכא דאמר שור בשווריי ובין היכא דנתערב שור של הקדש בשל חולין הגדול שבכולן הקדש דלהך מילתא שוו ולא אכולהו: ונפל אחד מבתיו מראהו נפול ואמר לו זה שנפל מכרתי לך: א) ואמאי אמרינן מראהו נפול ומת ליחזי הי נפל והי מית. כלומר אי מעולה שבבתיו נפל יכול לומר לו זו מכרתי לך ואי מובחר שבעבדיו מת יכול לומר לו זה מכרתי לך הואיל דאמר תורא בתוראי קאמר אלא ש"מ לא אמרינן תורא בתוראי: לעולם גבי שורים אמרי' תורא בתוראי קאמר וגבי לוקח ודאי אמרי' גרוע זבן ליה דיד בעל השטר על התחתונה דבכל דוכתא אמרינן דידו של בעל השטר על התחתונה: השתא דאתית להכי דאמרי' יד בעל השטר על התחתונה. אפי' תימא עלייה דגריעותא דעלייה כל דהוא קאמר. ואפי' הכי גבי שור אמרי' תורא בתוראי קאמר. ולוקח שאני דידו על

חשק שלמה על רבינו גרשום א) שייך לדף קט ע"א.

ואמאי ליחזי היידן נפל היידן מת לוקח קא אמרת שאני לוקח דיד בעל השטר על התחתונה השתא דאתית להכי אפי' תימא עלייה דגריעה יד בעל השטר על התחתונה: **מתני'** א הרי עלי עולה יקריבנה במקדש ואם הקריבה בבית חוניו לא יצא הרי עלי עולה שאקריבנה בבית חוניו יקריבנה במקדש ואם הקריבה בבית חוניו יצא רבי שמעון אומר אין זו עולה הריני נזיר יגלח במקדש ואם גלח בבית חוניו לא יצא הריני נזיר שאגלח בבית חוניו יגלח במקדש ואם גלח בבית חוניו יצא ר' שמעון אומר אין זה נזיר: **גמ'** יצא הא מקטל קטלה אמר רב המנונא נעשה ב כאומר הרי עלי עולה ע"מ שלא אתחייב באחריותה אמר ליה רבא אלא מעתה סיפא דקתני הריני נזיר שאגלח בבית חוניו יגלח במקדש ואם גילח בבית חוניו יצא הכי נמי דנעשה כאומר הריני נזיר על מנת שלא אתחייב באחריות קרבנותיו נזיר כמה דלא מייתי קרבנותיו לא מתכשר אלא אמר רבא אדם זה לדורון נתכוין אמר אי סגיא בבית חוניו טרחנא טפי לא מצינא לאיצטעורי נזיר נמי האי גברא לצעורי נפשיה קא מיכוין אמר ו) אי סגיא בבית חוניו טרחנא טפי לא מצינא לאיצטעורי ורב המנונא אמר לך נזיר כדקאמרת עולה על מנת שלא אתחייב באחריותה קאמר ואף רבי יוחנן סבר לה להא דרב המנונא דאמר רבה בר בר חנה אמר רבי יוחנן הרי עלי עולה שאקריבנה בבית חוניו והקריבה בארץ ישראל יצא ג וענוש כרת תניא נמי הכי הרי עלי עולה שאקריבנה במדבר והקריבה בעבר הירדן יצא וענוש כרת: **מתני'** ג) הכהנים ד ששמשו בבית חוניו לא ישמשו במקדש שבירושלים ה ואין צריך לומר לדבר אחר שנאמר א) אך לא יעלו כהני הבמות אל מזבח ה' בירושלים כי אם אכלו מצות ג) (בקרב) אחיהם הרי אלו כבעלי מומין חולקין ואוכלין ולא מקריבין: **גמ'** אמר רב יהודה כהן ו ששחט לעבודת כוכבים קרבנו ריח ניחוח אמר רב יצחק בר אבדימי מאי קראה ב) יען אשר ישרתו אותם לפני גילוליהם והיו לבית ישראל למכשול עון על כן נשאתי ידי עליהם נאום ה' אלהים ונשאו עונם וכתיב בתריה ג) ולא יגשו אלי לכהן לי אי עבד שירות אין שחיטה לאו שירות הוא: איתמר שגג בזריקה רב נחמן אמר קרבנו ריח ניחוח רב ששת אמר ז אין קרבנו ריח ניחוח אמר רב ששת מנא אמינא לה דכתיב ב) והיו לבית ישראל למכשול עון ד) [מאי] לאו או מכשול או עון ומכשול שוגג ועון מזיד ורב נחמן מכשול דעון: אמר רב נחמן מנא אמינא לה ח דתניא ד) וכפר הכהן על הנפש השוגגת בחטאה בשגגה מלמד שכהן מתכפר על ידי עצמו במאי אילימא בשחיטה מאי איריא שוגג אפילו מזיד נמי אלא לאו בזריקה ורב ששת אמר לך לעולם בשחיטה ובמזיד לא נעשה משרת לעבודת כוכבים ואזדו לטעמייהו דאתמר הזיד בשחיטה רב נחמן אמר קרבנו ריח ניחוח ורב ששת אמר אין קרבנו ריח ניחוח רב נחמן אמר קרבנו ריח ניחוח דלא עבד שירות רב ששת אמר אין קרבנו ריח ניחוח נעשה

רש"י

ואמאי ניחזי הי נפיל. אי גדול נפל הפסיד לוקח דהא גדול שבבתים משמע ואי קטן נפל לית ליה פסידא: **בעל השטר.** כגון האי לוקח שבא בשטר מכירה ידו על התחתונה דהוי מוציא מחבירו עליו הראיה שהמוכר מוחזק בבתים הלכך ראיה על הלוקח אבל גבי הקדש גדול משמע: **מתני' שאקריבנה בבית חוניו יקריבנה במקדש.** דכיון דאמר הרי עלי עולה איחייב ליה בעולה: **אם הקריבה בבית חוניו יצא.** מפרש טעמא בגמ': **יגלח במקדש.** מביא קרבנותיו: **גמ' והא מקטל קטלה.** דשוחט חוץ הוא ואיהו ה) איחייב בעולה מכי אמר הרי עלי עולה: **אמר רב המנונא.** כיון דאמר על מנת שאקריבנה בבית חוניו הוי כאילו אמר על מנת שאהרגנה ולא איתחייב באחריותה ומשום הכי יצא אבל חייב כרת משום שחוטי חוץ שהרי קרא עליה שם עולה: **נזיר** לא מצי לאתנויי על מנת שלא אתחייב באחריות דקרבנותיו דכיון דחלה עליו נזירות לא פקעא מיניה עד דמייתי קרבנותיו: **לדורון בעלמא קא מיכוין.** ולא חל עליה שם עולה: **טפי לא מצינא לאיצטעורי.** ברחוק מארץ ישראל עומד וקרוב לחוניו ואליבא דרבא לא מחייב משום שחוטי חוץ: **ואמר ליה רב המנונא** נזיר הוי ודאי טעמא כדקאמרת דלא חל עליה שם נזירות אבל עולה היינו טעמא נעשה כאומר וכו' ושם עולה עליה וחייב כרת: **והקריבה בארץ ישראל.** שלא בירושלים ולהכי נקט בא"י דאף על גב דלא קיים נדרו יצא דקביעותא דבית חוניו לאו קביעות הוא י) (אלא היינו טעמא) דהוי כאומר על מנת שאהרגנה ועל מנת שלא אתחייב באחריותה דמה לי קטלה התם מה לי קטלה הכא וענוש כרת משום שחוטי חוץ אלמא שם עולה חל עלה כדרב המנונא: **במדבר.** קסבר משום משכן שהיה שם יהא עדיין המדבר קדוש: **והקריבה בעבר הירדן.** בארץ ישראל שלא בירושלים אפי' הכי יצא דעל מנת שלא אתחייב באחריות קאמר: **מתני' ואין צריך לומר לדבר אחר.** אם שמשו לעבודת כוכבים לא ישמשו עוד בירושלים: **הרי אלו כבעלי מומין.** שחולקין ואוכלין בקדשים כדאמר באלו מנחות (לעיל עג.) איש חולק ואפי' בעל מום: **גמ' כהן ששחט בהמתו לעבודת כוכבים.** לפני עבודת כוכבים ושב קרבנו שהוא מקריב במקדש אחרי כן ריח ניחוח הוא: **אי עביד שירות.** בעבודת כוכבים מיתסר במקדש ושחיטה לא איקרי שירות דהא במקדש כשרה בזר: **שגג בזריקה.** זרק דם לעבודת כוכבים בשוגג דהשתא עבד ליה שירות אלא שוגג היה: **מאי לאו או מכשול או עון.** כלומר או שוגג או מזיד עשו שירות לעבודת כוכבים וכתיב לא יגשו אלי לכהן לי: **עון מזיד.** כדאמרי' במסכת יומא (דף לו:) עונות אלו הזדונות וכן הוא אומר הכרת תכרת עונה בה: **בחטאה בשגגה.** משמע אפי' נפש כהן בחטאה בשגגה יכול להקריב קרבנו ולהקריב על עצמו וההיא פרשתא בעבודת כוכבים מישתעי כדכתיב (במדבר טו) וכי תשגו ולא תעשו וגו' זו עבודת כוכבים ששקולה כנגד כל התורה כולה: **במאי.** פלח לעבודת כוכבים דאיצטריך קרא לאכשורי לעבוד במקדש כי שגג:

נעשה

תוספות

שאקריבנה בבית חוניו. אין שייך כאן תפוס לשון ראשון ואחרון דהוי כאומר עד בית חוניו מלינא לאטרח כדאיתא בגמ': ז) **אפילו** תימא עלייה דגריעה יד בעל השטר על התחתונה. תימה דבפ' הנודר מן הירק (נדרים נו.) מסיק מאי עלייה מעולה שבנכסיו ושמא דיחויא הוא אבל קשיא דמסיק יד בעל השטר על העליונה ושמא לאפוקי ח) יליע דווקא קאמר: **לא ישמשו במקדש בירושלים.** בספר הזהיר כתוב כהן שהמיר דתו לא ישא את כפיו ולא יקרא ראשון דכתיב וקדשתו והוא אחליה לקדושתיה ועבדו ליה רבנן מעלה מפני דרכי שלום והאי כיון דאידחי אידחי כדתנן הכהנים ששמשו בבית חוניו לא ישמשו במקדש שבירושלים ורש"י ט) פירש דכשר וזה לשונו הרי אלו כבעלי מומין כו' מהכא נפקא לן דכהן שהמיר דתו וחזר בתשובה כשר לדוכן שהרי לא מצינו כהן בעל מום שיהא פסול לדוכן אלא אם היה לו מום בידיו כדאמרינן במגילה (דף כד:) מפני שהעם מסתכלין בו ותו הא דקתני לא ישמשו במקדש בירושלים ולהכי איצטריך בירושלים לאשמועינן דבנוב וגבעון היו מותרין לשמש כל שכן בזמן הזה שאין שירות ואין מקדש דודאי כשר לדוכן ולקרות בתורה תחילה ותו אמרינן (תענית דף כז.) אי מה משרת בעל מום לא אף מברך בעל מום לא י) ת"ל לעמוד לשרת לעמידה הקשתיו ולא לדבר אחר עד כאן לשונו: **כהן** ששחט לעבודת כוכבים קרבנו ריח ניחוח. ולרב ששת בשוגג ולרב נחמן אפי' במזיד:

נזדמן

עין משפט נר מצוה

מד א ב ג מיי' פי"ד מהלכות מעה"ק הלכה ז:
מה ד מיי' פ"ט מהל' ביאת מקדש הל' יד:
מו ה ו ז מיי' שם הל' יג:

שיטה מקובצת

גמ' ואמאי ליחזי הי נפל הי מת לוקח: **שם** רש"א אין זו עולה. נ"ב עי' תוס' לעיל דף קג ע"א: **שם** מתני' כי אם אכלו מצות בתוך אחיהם הרי אלו: **שם** בגמ' אי עבד שירות אין אי לא עבד שירות לא ושחיטה לאו שירות הוא: **שם** מלמד שהכהן מתכפר: **שם** ובמזיד לא דנעשה כומר לעבודת כוכבים: **רש"י** ד"ה בעל כו' אבל לגבי הקדש: **ד"ה** יגלח במקדש ויביא קרבנותיו: **ד"ה** וא"ל רב המנונא נזיר הוי ודאי כדקאמרת דלאו שם נזירות עליה אבל עולה היינו טעמא: **ד"ה** במדבר דסבור משום: **ד"ה** והקריבה כו' שלא אתחייב באחריותה קאמר: **במשנה** ד"ה ואין כו' אם לעבודת כוכבים שלא ישמשו: **שם** ד"ה אי עביד שירות לעבודת כוכבים: **ד"ה** מאי לאו כו' לעבודת כוכבים וכתי' בתריה לא יגשו אלי: **ד"ה** עון כו' הכרת תכרת הנפש ההיא עונה בה: **ד"ה** בחטאה כו' אפי' נפש כהן חטאה בשגגה יכול להקריב קרבנו ולכפר על עצמו: **בא"ד** ולא תעשו את כל המצות זו עבודת כוכבים:

גליון הש"ס

גמ' **דתניא וכפר.** לעיל עד ע"א:

תורה אור השלם

א) אַךְ לֹא יַעֲלוּ כֹּהֲנֵי הַבָּמוֹת אֶל מִזְבַּח יְיָ בִּירוּשָׁלָיִם כִּי אִם אָכְלוּ מַצּוֹת בְּתוֹךְ אֲחֵיהֶם: [מלכים ב' כג, ט]

ב) יַעַן אֲשֶׁר יְשָׁרְתוּ אוֹתָם לִפְנֵי גִלּוּלֵיהֶם וְהָיוּ לְבֵית יִשְׂרָאֵל לְמִכְשׁוֹל עָוֹן עַל כֵּן נָשָׂאתִי יָדִי עֲלֵיהֶם נְאֻם אֲדֹנָי אֱלֹהִים וְנָשְׂאוּ עֲוֹנָם: [יחזקאל מד, יב]

ג) וְלֹא יִגְּשׁוּ אֵלַי לְכַהֵן לִי וְלָגֶשֶׁת עַל כָּל קָדָשַׁי אֶל קָדְשֵׁי הַקְּדָשִׁים וְנָשְׂאוּ כְּלִמָּתָם וְתוֹעֲבוֹתָם אֲשֶׁר עָשׂוּ: [יחזקאל מד, יג]

ד) וְכִפֶּר הַכֹּהֵן עַל הַנֶּפֶשׁ הַשֹּׁגֶגֶת בְּחֶטְאָה בִשְׁגָגָה לִפְנֵי יְיָ לְכַפֵּר עָלָיו וְנִסְלַח לוֹ: [במדבר טו, כח]

מסורת הש"ס

א) [עיין תוספות כתובות נו. ד"ה הרי זו], ב) ע"ז נב:, ג) [בתוך], ד) ל"ק, ה) איתחייב ל"ק, ו) ל"ק מ"ז וגרס והוי כאומר, ז) שייך לעיל, ח) גי' ל"ק עליה ועיין שם בהרא"ש ותבין כוונת התוספות ע"פ גירסא זו ע"ש, ט) היינו בתשובה שלו כ"כ והובא בטוא"ח בב"י סי' קכ"ח ל"ק [ועי' בתוס' סוטה לט. ד"ה כי מהדר ותוספות תענית כז. ד"ה אי מה], י) תירוץ זה לא מצאתי במסכת סוטה ולא במס' תענית ואף לפי גי' ס"י שהיה גרסם סוטה לח: לא נמצא כלל קושיא ולא תירוץ רק במס' תענית משני הא איתקש לנזיר ע"ש וצ"ע ל"ק.

רבינו גרשום

התחתונה: ואם הקריבה בבית חוניו לא יצא. דדמי כמי שהקריבה בבמה: ואם אמר הרי עלי עולה שאקריבנהו בבית חוניו אפי' הכי חייב להקריב במקדש. ואם הקריבו בבית חוניו יצא ידי נדרו: הא מקטל קטליה. דהואיל דחוץ למקדש שחיט ליה דמי כאילו נוחרה דלאו הקרבה היא ואמאי יצא ידי נדרו: אמר רב המנונא לפיכך יצא דדמי כמאן דאמר הרי עלי עולה על מנת שלא אתחייב באחריותה והואיל דלא נתחייב באחרי' כי הקריבה בבית חוניו אינו חייב להביא במקדש אחריתי אבל חייב עליה משום שחוטי חוץ שהרי קרא לה שם עולה: נזיר. בתמיהא קאמר. כמה דלא מייתי קרבנותיו לא מתכשר ביין וליטמא למתים: אלא אמר רבא לא תימא על מנת שלא אתחייב באחריותה משום דקשיא נזיר אלא להכי יצא דאדם זה דאמר הרי עלי עולה להקריבו בבית חוניו לדורון נתכוין והכי קאמר אי סגיא כו'. כגון שרחוק מארץ ישראל הוא: ורב המנונא אמר נזיר משום הכי יצא כדקאמר טפי לא מצינא לאיצטעורי וגבי עולה משום הכי יצא דנעשה כאומר על מנת שלא אתחייב באחריותה: והקריבה בארץ ישראל. בגבולין דא"י שלא במקדש יצא וענוש כרת דמדקאמר יצא ידי נדרו ש"מ [דנעשה כאומר] ע"מ שלא אתחייב באחריותה דמשום דאין חייבין באחריותה יצא דלא איתחייב לאייתויי אחרינא וענוש כרת משום שחוטי חוץ הואיל דקרא לה שם זבח. דאי לדורון ולא לשום זבח לא הוה ענוש כרת: שאקריבה במדבר. שלא בזמן משכן דומיא דבית חוניו והקריב בעבר הירדן יצא וכו'. כדאוקימנא ע"מ שלא אתחייב באחריותה: ואין צורך לומר דבר אחר. דאם שמשו לעבודת כוכבים לא ישמשו במקדש. ותנא דמתני' סבר לה כר' יהודה דגמרא דבית חוניו לאו בית עבודת כוכבים: כהני הבמות. זו עבודת כוכבים: הרי אלו כבעלי מומין. דכהנים ששמשו בעבודת כוכבים ככהנים בעלי מומין דמו דחולקין ואוכלין במתנות כהונה ובחלק של שאר כהנים אבל אין מקריבין על גבי המזבח: קרבנו. קרבן אחד שהקריב למזבח הוי לריח ניחוח דהורצה קרבנו אע"ג ששחט לעבודת כוכבים. דלא חשיב שחיטה שירות דהא כשרה בזר: שגג בזריקה. דזרק לעבודת כוכבים בשוגג. קרבן אחד שמקריב לשום שמים ע"ג המזבח הוי ריח ניחוח: או מכשול או עון. דבין ששימשו לעבודת כוכבים במכשול דהיינו שוגג. ובין בעון דהיינו מזיד לא יגש לכהן: לר"נ מכשול דעון. כלומר אם נכשל במזיד לא הוי קרבנו תו ריח ניחוח אבל בשוגג הוי ריח ניחוח: שכהן מתכפר ע"י עצמו. דאם חוטא יכול להקריב הוא עצמו קרבנו להתכפר בו דאפשר לומר וכפר הכהן על הנפש השוגגת מה ת"ל בחטאה בשגגה אלא הכי משמע וכפר הכהן בחטאה בשגגה בחטא שעשה בשוגג מכפר על נפשו של עצמו: ובמאי. על איזה חטא מכפר על עצמו: אילימא בשחיטה. דשגג בשחיטה לעבודת כוכבים אפי' שחט במזיד יכול להקריב קרבן דהא אמרן אין זה שירות: אלא לאו דשגג בזריקה. וקאמר דמכפר ע"י עצמו. אלמא קרבנו ריח ניחוח: לעולם היכא דשגג בשחיטה קא משתעי קרא ודקא אמרת אפי' מזיד נמי במזיד נמי ודאי אין קרבנו ריח ניחוח דנעשה כומר לעבודת כוכבים דאע"ג דלאו שירות הוא מ"מ עבודה חשובה היא דבכלל ד' עבודות היא: א) במאי עביד לעבודת כוכבים אילימא דעבד בשוגג. מאי ושב דקאמר כי לא עבד במזיד שב ועומד הוא שלבו היה לעולם לשמים: אלא מדאמר ושב פשיטא דבמזיד עבד: אלא לאו בשחיטה. דשחט במזיד ושב קרבנו ריח ניחוח וכרב נחמן: ורב ששת אמר לעולם בשחיטה ובשוגג והאי ושב דקאמר הכי קאמר אם שב מעיקרא הוא. דבשוגג עבד קרבנו ריח ניחוח: והודה לעבודת כוכבים. דקבלו עליו לאלוה: הך קמייתא. דשגג בזריקה: דעביד ליה עבודה. דבכלל עבודה חשבינן לה. וכולהו נקיט אליבא דרב ששת: מלברך בשם שלא בכנוי לפי שהיו יראים להזכיר השם כתיקונו שלא היו בוטחין בעצמן: חוני בני ישמש תחתי בכהונה גדולה. דניחא ליה ביה משמעי: אמר לו שמעי לחוניו: אונקלי. מלבוש של אשה: צלצול. אזור: לאהובתו. לאשתו: מה זה שלא ירד לה. שמעי שלא ירד לגדולה דמעולם לא היה כ"ג כך בא לתקלה זו דבנה חוניו עבודת כוכבים על ידו לפי שנתקנא שמעי בגדולה: היורד לה. מי שיורד לגדולה עאכו"כ דלאחר שעלה אין מורידין אותו שלא יבא לידי תקלה: לא קבל עליו חוניו להיות כ"ג. ואע"ג שרצה חוניו שיהא אחיו הגדול כ"ג נתקנא בו: א"ל לשמעי. דחוניו היה חכם יותר משמעי: בקשו להורגו שזילזל בכהונה: כל המאורע. שאחיו לימדו כן: כל הרואה אותו. כל מי שהיה פוגע בחוניו כשהיה בורח מראה באצבעו לאותן שהיו רצין אחריו ואמר עליו זהו: יהיה מזבח לה'. דזהו מזבח שבנה חוניו לש"ש: ומה זה שברח ממנה. דברח מן הגדולה שהרי לא רצה לקבל עליו הכהונה גדולה לפי שהיה אחיו גדול הימנו: כך. דבא לפורענות כל כך דנתקנא בו לאחר שרצה שיהא כ"ג עאכ"ו דאין מורידין אותו לאחר שעלה שלא יבא כמו כן לידי תקלה: הכי גרסינן בתחי' כל האומר

חשק שלמה על רבינו גרשום א) שייך לע"ב.

נעשה משרת לעבודת כוכבים אמר רב נחמן מנא אמינא לה דתניא כהן שעבד עבודת כוכבים ושב קרבנו ריח ניחוח במאי אילימא בשוגג מאי ושב שב ועומד הוא אלא פשיטא במזיד ואי בזריקה כי שב מאי הוי הא עבד לה שירות אלא לאו בשחיטה ורב ששת אמר לך לעולם בשוגג והכי קאמר אם שב מעיקרו דכי עבד בשוגג עבד קרבנו ריח ניחוח ואם לאו אין קרבנו ריח ניחוח השתחוה לעבודת כוכבים רב נחמן אמר קרבנו ריח ניחוח ורב ששת אמר א אין קרבנו ריח ניחוח הודה לעבודת כוכבים רב נחמן אמר קרבנו ריח ניחוח ורב ששת אמר ב אין קרבנו ריח ניחוח וצריכא דאי אשמעינן הך קמייתא בההיא קאמר רב ששת משום דעבד ליה שירות אבל שחיטה דלא עבד ליה שירות אימא מודה ליה לרב נחמן ואי אשמעינן שחיטה משום דעבד ליה עבודה אבל השתחוה דלא עבד ליה עבודה אימא לא צריכא ואי אשמעינן השתחואה משום דעביד ליה מעשה אבל הודה דדיבורא בעלמא אימא לא צריכא:

ואין צריך לומר דבר אחר [וכו']: מדקאמר אין צריך לומר דבר אחר א) מכלל דבית חוניו לאו עבודת כוכבים הוא תניא כמאן דאמר בית חוניו לאו עבודת כוכבים הוא ג) דתניא אותה שנה שמת שמעון הצדיק אמר להן שנה זו הוא מת אמרו לו מנין אתה יודע אמר להן כל יום הכפורים נזדמן לי זקן אחד לבוש לבנים ונתעטף לבנים ונכנס עמי ויצא עמי שנה זו נזדמן לי זקן אחד לבוש שחורים ונתעטף שחורים ונכנס עמי ולא יצא עמי לאחר הרגל חלה שבעת ימים ומת ונמנעו אחיו הכהנים מלברך בשם בשעת פטירתו אמר להם חוניו בני ישמש תחתי נתקנא בו שמעי אחיו שהיה גדול ממנו שתי שנים ומחצה אמר לו בא ואלמדך סדר עבודה הלבישו באונקלי וחגרו בצילצול העמידו אצל המזבח אמר להם לאחיו הכהנים ראו מה נדר זה וקיים לאהובתו אותו היום שאשתמש בכהונה גדולה אלבוש באונקלי שליכי ואחגור בצילצול שליכי בקשו אחיו הכהנים להרגו רץ מפניהם ורצו אחריו הלך לאלכסנדריא של מצרים ובנה שם מזבח והעלה עליו לשום עבודת כוכבים וכששמעו חכמים בדבר אמרו מה זה שלא ירד לה כך היורד לה על אחת כמה וכמה דברי רבי מאיר אמר לו רבי יהודה לא כך היה מעשה אלא לא קיבל עליו חוניו שהיה שמעי אחיו גדול ממנו שתי שנים ומחצה ואף על פי כן נתקנא בו חוניו בשמעי אחיו אמר לו בא ואלמדך סדר עבודה והלבישו באונקלי וחגרו בצילצול והעמידו אצל המזבח אמר להם לאחיו הכהנים ראו מה נדר זה וקיים לאהובתו אותו היום (א) שישתמש בכהונה גדולה אלבוש באונקלי שליכי ואחגור בצילצול שליכי בקשו אחיו הכהנים להרגו סח להם כל המאורע בקשו להרוג את חוניו רץ מפניהם ורצו אחריו רץ לבית המלך ורצו אחריו כל הרואה אותו אומר זה הוא זה הוא הלך לאלכסנדריא של מצרים ובנה שם מזבח והעלה עליו ג) לשם שמים שנאמר א) (והיה) ביום ההוא יהיה מזבח לה' בתוך ארץ מצרים ומצבה אצל גבולה לה' וכששמעו חכמים בדבר אמרו ומה זה שברח ממנה כך המבקש לירד לה על אחת כמה וכמה: תניא אמר ר' יהושע בן פרחיה ד) בתחלה כל האומר ה) עלה לה אני כופתו ונותנו לפני הארי עתה כל האומר לי לירד ממנה אני מטיל עליו קומקום של חמין שהרי שאול ברח ממנה וכשעלה בקש להרוג את דוד אמר ליה מר קשישא בריה דרב חסדא לאביי ר' מאיר האי קרא דרבי יהודה מאי עביד ליה לכדתניא לאחר מפלתו של סנחריב יצא חזקיה ומצא בני מלכים שהיו יושבין בקרונות של זהב הדירן שלא לעבוד עבודת כוכבים שנאמר ב) ביום ההוא יהיו חמש ערים בארץ מצרים מדברות שפת כנען ונשבעות

רש"י

נעשה משרת. והא דאמרינן לעיל בשחיטה לא מיפסלא מוקי לה רב ששת בשוגג: הודה לעבודת כוכבים. אמר לה אלי אתה: קמייתא. שגג בזריקה: אבל שחיטה אימא מודה ליה לרב נחמן. ואפילו הזיד: נכנס עמי. לפני ולפנים: אמר ליה. שמעי לחוניו בא ואלמדך סדר עבודה: אונקלי. מלבוש של עור: צילצול. אזור: לאהובתו. לאשתו: זה שלא ירד לה. שמעי שלא ירד לה לגדולה כך נתקנא באחיו: היורד לה על אחת כמה וכמה. שאין מורידין אותו שלא יקלקל עצמו: בא ואלמדך. חוניו היה חכם משמעי: שברח ממנה. שלא רצה לקבלה מתחילה: (ב) כל האומר עולה ו) [או] מנחה בתחילה קודם שיפריש קרבנו ואמר ז) עלי עולה או מנחה אני מטיל עליו כו' משום דאין טוב לומר עלי שמא לא יקיים וכתיב (דברים כג) וכי תחדל לנדור לשון אחר בתחילה כל האומר עלה אני כופתו ומניחו לפני ארי ועכשיו כל האומר לירד הימנה אני מטיל עליו קומקום של חמין בתחילה הייתי שונא את הרבנות וכל האומר לי עלה לגדולה וכו' ועכשיו שעליתי לגדולה וכו' רבי יהושע בן פרחיה נשיא היה במסכת חגיגה (דף טז.): מדברות שפת כנען. שפת ישראל היושבים בארץ כנען וסיפא דקרא נשבעים

תוספות

נזדמן לי זקן אחד לבוש לבנים. ° בירושלמי פריך והכתיב וכל אדם לא יהיה באהל מועד ואפי' מלאכים דכתיב ודמות פניהם פני אדם ומשני דשמא שכינה היתה:

חוניו בני ישמש תחתי. תימה הא דרשינן בת"כ תחת אביו בזמן שהוא ממלא מקום אביו וזה לא היה יודע סדר עבודה דהא קאמר ליה בא ואלמדך סדר ט) [עבודה] ויש לומר דיראת חטא היה ממלא מקום אבותיו ואם תאמר וכי לא ראה כהן גדול משמש מעולם שהיה לובש באונקלי וחגור בצילצול ועוד הא אינו נעשה כהן גדול עד שיעשה סגן ויש לומר דלא היה יודע י) ובא ליכנס בכהונה גדולה תחילה:

והעלה עליו עולה לשם שמים. תימה הרי יש כאן איסור שחוטי חוץ כ) ונראה דלבני נח היה מעלה ° (ל) לעובדי כוכבים) הנודרים נדרים ונדבות:

בתחילה כל האומר עולה מ) [או] מנחה. בתחלה קודם שיפריש קרבנו ואומר הרי עלי עולה ומנחה אני מטיל עליו כו' משום דאין טוב לומר עלי שמא לא יקיים וכתיב (דברים כג) וכי תחדל לנדור וגו' כך פירש הקונטרס עוד פירש בקונט' פירוש אחר גרסינן בתחילה כל האומר עלה אני כופתו ומניחו לפני ארי עכשיו כל האומר לירד ממנה אני מטיל עליו קומקום של חמין בתחילה הייתי שונא הרבנות וכל האומר לי עלה לגדולה כו' ועכשיו שעליתי לגדולה רבי יהושע בן פרחיה נשיא היה במסכ' חגיגה (דף טז.) עד כאן לשונו ואותו לשון ראשון היה כתוב בספר ולעיל הוה ליה לאיתויי גבי הרי עלי עולה ורבינו קלונימוס אביו של רבי משולם הגיה כלשון נ) שני בשעת פטירתו והסופר טעה בין עלה לעולה ושלשה דברים הגיה כמפי נבואה בשעת פטירתו זאת ועוד אחרת שהיה כתוב בספרים בפרק בית שמאי בזבחים (דף מה:) דברים שאין חייבין עליהם משום פיגול חייבין עליהם משום נותר וטמא חוץ מן הדם ונומי רבי שמעון מחייב בדבר שדרכו להיאכל פי' אמר רבי שמעון ועוד הגיה בשבועות (דף יג:) שהיה כתוב בספרים קרבנות ציבור סכין מושכתן למשהו ולא היו יודעין מהו ואמר דגרסינן למה שהן: הלומד

עין משפט נר מצוה

מז א ב מיי' פ"ט מהל' ביאת מקדש הלכה יג:

תורה אור השלם

א) בַּיּוֹם הַהוּא יִהְיֶה מִזְבֵּחַ לַייָ בְּתוֹךְ אֶרֶץ מִצְרָיִם וּמַצֵּבָה אֵצֶל גְּבוּלָהּ לַייָ: [ישעיה יט, יט]

ב) בַּיּוֹם הַהוּא יִהְיוּ חָמֵשׁ עָרִים בְּאֶרֶץ מִצְרַיִם מְדַבְּרוֹת שְׂפַת כְּנַעַן וְנִשְׁבָּעוֹת לַייָ צְבָאוֹת עִיר הַהֶרֶס יֵאָמֵר לְאֶחָת: [ישעיה יט, יח]

שיטה מקובצת

גמ' ואין צריך לומר לדבר אחר מדקאמר אין צריך לומר לדבר אחר: שם כל יה"כ היה מזדמן לי זקן א' לבוש לבנים ומעוטף לבנים: שם ויוצא עמי שנה זו נזדמן לי: שם לבוש שחורים ומעוטף: שם ראו מה נדר זה לאהובתו וקיים אותו היום שאשמש בכהונה גדולה: שם ורצה אחריו והלך: שם אותו היום שישמש בכהונה גדולה: שם כל האומר עלה אני כופתו: שם עתה כל האומר לירד ממנה: שם שהרי שאול ברח ממנה וכשעלה בקש להרוג את דוד כל זה נמחק: שם בריה דרב חסדא לרב אשי ר"מ כו': רש"י ד"ה נכנס כו' ולפנים הס"ד ומה"ד ונמנעו אחיו הכהנים מלברך את העם בשם המפורש שלא היו יודעין לאומרו בקדושה ובטהרה א"ל וכו' כן מצאתי ברש"י כ"י אחד: ד"ה בא ואלמדך דחוניו היה חכם: ד"ה שברח כו' שלא רצה לקבלה כך חזר ונתקנא הס"ד ומה"ד בתחלה כל האומר: ד"ה מדברות כו' וסיפיה דקרא ונשבעות לה' צבאות הס"ד: תד"ה בתחלה כו' כל האומר עולה מנחה: א) גמ' ומאי משמע דעיר ההרס לישנא: שם הביאי בני מרחוק ובנותי מקצה הארץ הביאי בני מרחוק אמר: שם אמר רב חסדא אמר רב ואמרי לה אמר רב יהודה: שם דקרו ליה אלהא דאלהי ובכל מקום מוקטר מוגש לשמי ומנחה טהורה בכל מקום ס"ד: שם מנחה טהורה א"ר נחוניא זה הלומד תורה בטהרה: שם זה מזבח בנוי וכו' נ"ב נ"א בקצת ספרים (יד) מיכאל השר הגדול עומד ומקריב קרבן על מזבח שהוא בנוי למעלה: שם כל העוסק בתורה כאילו בנה מזבח והקריב עליו עולה מנחה וכו': שם האי לעולה ולמנחה עולה ומנחה מיבעי ליה: שם ובלבד שיכוין לבו לשמים נ"ב נ"א בכל הספרי יד שבידי שיכוין אדם את דעתו לשמים: שם ומה כשרון לבעליה כי אם ראות עיניו: שם ובלבד שיכוין דעתו לשמים: שם לא אמרתי לכם זבוחו: שם לרצונכם זבוחו לדעתכם זבוחו: רש"י מכירין כו' הראשון ואין מכבידין עולם: ד"ה ואת כו' שמאמינים בהקב"ה ואין עובדין עבודת כוכבים: ד"ה שימי את בתמיה ונ"ב בכורות דף מב ע"ב ונדה דף כד ע"א: ד"ה לעולם כו' בדברי הימים בשלמה ובקרבנות: ד"ה מאי כו' ולא כתיב זאת החוקה: ד"ה אין צריך לא לעולה: בא"ד כגון ילחם לכם בשבילכם: ד"ה לרצונכם כו' לקיים מצותי שתהא כפרה לכם (בחג) [בכך] הס"ד:

סליק פרקא וסליקא מס' מנחות בעזרת אל אלהי הרוחות

בכל הגמרות כ"י שבידי מסודר פרק ר' ישמעאל אחר פרק שתי מדות וכן בפי' המשניות להרמב"ם ז"ל וסימן פרקי המסכתא: כל דקמיץ: מקמץ: בתכלתא: דכל מנחתא: אילין תודתא: וכל קרבניא: תרתין: ר' ישמעאל אומר: תרתין: מנחתא: הרי עלי:

חשק שלמה על שיטה מקובצת א) שייך לדף שאחר זה.

מסורת הש"ס

א) [מגילה י.], ב) יומא לט: [תוספ' דסוטה פי"ג], ג) עולה לש"ס ל"ק, ד) [אבות דר"נ פ"י], ה) לי עלה ל"ק, ו) ל"ק, ז) הרי עלי ל"ק, ח) ל"ק, ט) סדר הבא ליכנס כו' ל"ק, י) עי' רש"ק ול"ק, כ) [אולי הוא מיותר], ל) ל"ק, מ) [והכי מפורש בהדיא באבות דר"נ ספ"י ע"ש].

הגהות הב"ח

(א) גמרא אותו היום שאשתמש בכהונה: (ב) רש"י ד"ה כל האומר נ"ב רבינו קלונימוס מחק גירסא זו בגמ' ועיין בתוספות:

גליון הש"ס

תוס' ד"ה נזדמן כו' בירושלמי. יומא פ"ה ה"ב בסופו: ד"ה והעלה כו' לעכו"ם הנודרים נדרים ונדבות. עי' זבחים מה ע"א וסס קטו ע"ב תוס' ד"ה אסור:

רבינו גרשום

עלי עולה מנחה. דכל המתנדב מתחילה להביא או עולה או מנחה אני מטיל עליו קומקמוס של חמין. כלומר הייתי דן אותו ברותחין דאסור לידור לכתחלה כדי שלא יבא לידי תקלה דשמא יקריבנו בבית חוניו ויהא ענוש כרת אלא בשתיקה יביא קרבנותיו ולא יהא נודר לכתחילה קודם שיקריבם. הוא הדין נמי לשאר קרבנות. לישנא אחרינא בתחי' כל האומר לי עלה בה אני כופתו לפני ארי. דר' יהושע בן פרחיה הוה נשיא וה"ק דקודם שעליתי לגדולה מי שהיה אומר לי עלה בה והיה נשיא הייתי כופתו לפני ארי עכשיו שעליתי כל האומר לירד ממנה אני מטיל עליו קומקום של חמין כלומר שהייתי מאבדו בידים: ר"מ דאמר דבית חוניו הוה לשום עבודת כוכבים האי קרא דר' יהודה מאי עביד לה דמשמע דלש"ש בנה מזבח לה': ומצא בני מלכים. חמשה בני מלכים מצא בתוך החיל. הדירן דהשביען שלא יעבדו עבודת כוכבים והניחן חיים ואותן ה' מלכים בנו אותו מזבח לש"ש: יהיו חמש ערים [בארץ מצרים] דאותן ה' מלכים וממלכות מצרים הן: א) ונשבעות בה' צבאות. שלא היו מזכירין שם עבודת כוכבים. והיינו דכתי' יהיה מזבח לה'. אבל אותו בית חוניו הוה לשם עבודת כוכבים: כדמתרגם רב יוסף כו'. דהאי הרס משמע חרבה לשון הריסות והוי נמי כמו חרס שמש כדכתי' האומר לחרס ולא יזרח וכו': איתאמר דהיא חדא מנהון. דקאמר נביא דאחת מאותן ערים שהיא נקראת בית שמש תהא נהרסת. כבנים דחכמים הן: כבנות דנשים דעתן קלות עליהן וכן דעתן קל: מצור ועד קרטיגני. מקומות. מכירין את ישראל. דיודעין בשבחן של ישראל שהיו חשובין ואין משתעבדים בהן כ"כ: ואת אביהן שבשמים. שיש להן יראת שמים לכל אותן אומות ואותן אומות דמקרטיגני כלפי מזרח אין מכירין ומשעבדין בישראל ואינן יראי שמים: גדול שמי בגוים. אלמא דכל אומות יש להן יראת שמים: א"ל רב לרב שימי. שימי את. אתה הוא זה שימי. לפי שלא היה רואהו משום דהוי ביה ברב מילי דחסידות שלא היה מגביה עיניו מן הארץ ולפניו היה מביט מרוב ענוה וזו אחת היתה ממדותיו. ורצו לנהוג במדה זו רב יוסף ורב ששת תלמידיו ונעשו סגי נהורין: דקרו ליה אלהא דאלהא. היינו גדול שמי בגוים אבל אין יריאין אותו: א"ר נחום האי מנחה טהורה זה הלומד תורה בטהרה בלא הרהור: ב) דאותן שעומדין בבית ה' בלילות הוו כעובדי עבודה: מזבח בנוי. והכי קאמר לעולם לא תיפסוק זאת מישראל שלא יהא מזבח בנוי או למעלה או למטה: כאילו הקריב עולה כו': א"כ הכי איבעי ליה למכתב זאת התורה עולה ומנחה חטאת ואשם. דמשמע דדמי כאילו הקריב עולה ומנחה כו': לא צריך. היינו ל' דלעולה דתורתו מכפרת עליו: מאי דכתיב זאת תורת החטאת הרי כבר נאמר זאת התורה לעולה למנחה לחטאת ולאשם וכו' בתורת חטאת בסדר עבודת חטאת: מאי קראה דאחד המרבה כו'. מתוקה שנת העובד אם מעט ואם הרבה יאכל. כלומר בשכר העבודה שעובד עבודה תמתיק שנתו עליו אם מעט ואם הרבה בין עבודה גדולה בין עבודה קטנה שכרו שוה: ברבות הטובה רבו אוכליה מה כשרון לבעליה זהו הקב"ה שהוא חושב המרובה יותר מן המועט שאין נהנה לא מזה ולא מזה כדכתיב אם ארעב לא אומר לך. וחשוב לפניו הממעיט כמרבה ובלבד שיכוין לבו לשמים. וא"ת הרי כתוב אשה ריח ניחוח לה' הכל מפרש ליה [בזבחים ד' מו ע"ב] לשום אישים לשום ריח לשום ניחוח לשום מי שאמר והיה העולם: בכל הקרבנות לא נאמר בהן ריח ניחוח לאל ולא לאלהים אלא לה'. שלא ליתן פתחון פה לבעל דין למינין לחלוק מדכתיב בהו בחד קרא לה' ובאידך לאלהים ש"מ ב' רשויות. אלא הכל לה': לא אמרתי לכם זבוחו כדי שתאמר אעשה רצונו של מקום ויעשה רצוני כדי שיהא יעשה רצוני. שלא לרצוני אתם זובחים להנאתי אלא להנאתכם כדי שתתכפרו בהם: לרצונכם זבוחו וקא מפרש האי לרצונכם זבוחו היינו לדעתכם זבוחו לאפוקי מתעסק: מנין למתעסק בקדשים. כגון שנתעסק לחתוך את התלוש וחתך מחובר אף האי כשרצה לחתוך דבר אחר ושחט הזבח מנין שהוא פסול: בידינו הוא. דודאי מצוה היא: לרצונכם מפרש לרצונכם היינו לדעתכם:

סליק פרקא וסליקא מסכת מנחות

חשק שלמה על רבינו גרשום א) שייך לדף קי ע"א. ב) נ"ל אר"י אלו ת"ח וכו' דאותן ת"ח שעוסקין בתורה בלילה הוי כעומדין בבית ה' בלילות ועובדי עבודה.

נשבעים בשם ה' צבאות: (א) דעת זכרים מיושבת עליהם יותר משל נקבות: בני בבל אין להם עול מלכות כשאר גליות שבכל ארצות: מכירין את ישראל. בכבודן הראשון מכירין ואין מכבידין עולם: ואת אביהם שבשמים. (ב) שמאמינים בהקדוש ברוך הוא ואין מאמינים בעבודת כוכבים: שימי את. בתמיה אתה הוא שימי חכם גדול ומקשה לי דבר זה ויש אומרים רב לא היה זוקף עיניו אלא כובשן כל שעה משום צניעות: זה הלומד תורה בטהרה. עליו הוא אומר לשמי ומנחה טהורה: לעולם זאת על ישראל. מקרא הוא בדברי הימים (ב ב ג) בשלמים ובקרבנות משמעי לעולם הם עומדים והיכי דמי מזבח בנוי בשמים ומיכאל עומד ומקטיר עליו: מאי דכתיב זאת התורה. ° ולא כתיב בה חוקה: עולה ומנחה מיבעי ליה. דליהוי משמע זאת התורה היא עולה ומנחה כו': אין צריך לא עולה וכו'. דהכי משמע זאת התורה לעולה כלומר במקום העולה למנחה בשביל המנחה כגון לכם בשבילכם כלומר התלמוד תורה מכפר על עונותינו: בתורת חטאת. כגון סדר קדשים דמיירי בהלכות עבודה: שנת העובד. עבודת קרבנות ומביאו למזבח מתוקה שנתו שהוא ישן ולא ירא: אם מעט ואם הרבה יאכל. מתן שכרו: ברבות הטובה. קרבנות: רבו אוכליה. כהנים: ומה כשרון לבעליו. להקדוש ברוך הוא כי אם ראות עיניו שזה מתכוין לטובה: לבעל הדין. לאומרים רשויות הרבה הן והדבר מוכיח שזה ששמו כך ליום להקריב לו מנחה [וזה] ששמו כך ליום להקריב לו פרים וזה אילים לכך נאמר בכולם ריח ניחוח לה': אחד המרבה. להביא קרבנות: כדי שתאמר אעשה רצונו. להקריב לו קרבן ויעשה רצוני (ג) לפי שהוא צריך לכך ואשחדנו: לא לרצוני אתם זובחים. כלומר לא ° להנאותי שאיני רוצה להטריח אתכם לעשות על כרחכם: לרצונכם. לצורך עצמכם לקיים מצוותי שתהא כפרה לכם בכך: לרצונכם זבוחו. שתהא כוונתכם לשחוט פרט למתעסק בסכין לחתוך דבר אחר ושחט בהמת קדשים שפסולה: מנין למתעסק. בדבר אחר ושחט בהמת קדשים שהוא פסול: זו בידינו הוא. דמצוה לכוין דעתו: לרצונכם תזבחהו. שנה עליו הכתוב לעכב:

הדרן עלך הרי עלי עשרון וסליקא לה מסכת מנחות

ונשבעות לה' צבאות הלכו לאלכסנדריא של מצרים ובנו מזבח והעלו עליו לשם שמים שנאמר א) ביום ההוא יהיה מזבח לה' בתוך ארץ מצרים ב) עיר ההרס יאמר לאחת מאי עיר ההרס יאמר לאחת כדמתרגם רב יוסף קרתא דבית שמש דעתיד למיחרב איתאמר דהיא חדא מנהון וממאי דעיר ההרס לישנא דשימשא היא דכתיב ג) האומר לחרס ולא יזרח ד) הביאי בני מרחוק ובנותי מקצה הארץ הביאי בני מרחוק אמר רב הונא אלו גליות של בבל שדעתן מיושבת עליהן כבנים ובנותי מקצה הארץ אלו גליות של שאר ארצות שאין דעתן מיושבת עליהן כבנות אמר רבי אבא בר רב יצחק אמר רב חסדא ואמרי לה אמר רב יהודה אמר רב מצור ועד קרטיגני מכירין את ישראל ואת אביהם שבשמים ומצור כלפי מערב ומקרטיגני כלפי מזרח אין מכירין את ישראל ולא את אביהן שבשמים איתיביה רב שימי בר חייא לרב ה) ממזרח שמש ועד מבואו גדול שמי בגוים ובכל מקום מוקטר מוגש לשמי ומנחה טהורה אמר ליה א) שימי את דקרו ליה אלהא ב) דאלהא בכל מקום מוקטר מוגש לשמי בכל מקום סלקא דעתך אמר רבי שמואל בר נחמני אמר ר' יונתן אלו תלמידי חכמים העוסקים בתורה בכל מקום מעלה אני עליהן כאילו מקטירין ומגישין לשמי ומנחה טהורה זה ג) א הלומד תורה בטהרה נושא אשה ואחר כך לומד תורה ו) שיר המעלות הנה ברכו את ה' כל עבדי ה' העומדים בבית ה' בלילות מאי בלילות א"ר יוחנן אלו ת"ח העוסקים בתורה בלילה מעלה עליהן הכתוב כאילו עסוקים בעבודה ז) לעולם זאת על ישראל א"ר גידל אמר רב זה מזבח ד) בנוי ומיכאל שר הגדול עומד ומקריב עליו קרבן ורבי יוחנן אמר אלו תלמידי חכמים העסוקין בהלכות עבודה מעלה עליהם הכתוב כאילו נבנה מקדש בימיהם אמר ריש לקיש מאי דכתיב ח) זאת התורה לעולה למנחה ולחטאת ולאשם כל העוסק בתורה כאילו הקריב עולה מנחה חטאת ואשם אמר רבא האי לעולה למנחה עולה ומנחה מיבעי ליה אלא אמר רבא כל העוסק בתורה אינו צריך לא עולה (ולא חטאת) ולא מנחה ה) ולא אשם אמר רבי יצחק מאי דכתיב ט) זאת תורת החטאת י) וזאת תורת האשם כל העוסק בתורת חטאת כאילו הקריב חטאת וכל העוסק בתורת אשם כאילו הקריב אשם:

מתני' ו) נאמר בעולת בהמה כ) אשה ריח ניחוח ובעולת עוף ל) אשה ריח ניחוח ובמנחה מ) אשה ריח ניחוח לומר לך ז) אחד המרבה ואחד הממעיט ובלבד שיכוין לבו לשמים:

גמ' אמר ר' זירא מאי קראה נ) מתוקה שנת העובד אם מעט ואם הרבה יאכל רב אדא בר אהבה אמר מהכא ס) ברבות הטובה רבו אוכליה ומה כשרון לבעליו: תניא אמר רבי שמעון בן עזאי בוא וראה מה כתיב בפרשת קרבנות שלא נאמר בהן לא אל ולא אלהים אלא ה' שלא ליתן פתחון פה לבעל דין לחלוק ונאמר בשור הגס כ) אשה ריח ניחוח ובעוף הדק ל) אשה ריח ניחוח ובמנחה מ) אשה ריח ניחוח לומר לך אחד המרבה ואחד הממעיט ובלבד שיכוין את לבו לשמים ושמא תאמר לאכילה הוא צריך ת"ל ע) אם ארעב לא אומר לך כי לי תבל ומלואה ונאמר פ) כי לי כל חיתו יער בהמות בהררי אלף ידעתי כל עוף הרים וזיז שדי עמדי צ) האוכל בשר אבירים ודם עתודים אשתה לא אמרתי אליכם זבחו כדי שתאמר אעשה רצונו ויעשה רצוני לא לרצוני אתם זובחים אלא לרצונכם אתם זובחים שנאמר ק) לרצונכם תזבחהו דבר אחר לרצונכם תזבחהו לרצונכם זבחו לדעתכם זבחו כדבעא מיניה שמואל מרב הונא ח) מנין ב למתעסק בקדשים שהוא פסול שנאמר ר) ושחט את בן הבקר שתהא שחיטה לשם בן בקר אמר לו זו בידינו הוא לעכב מנין ט) ת"ל לרצונכם תזבחהו לדעתכם זבחו:

הלומד תורה בטהרה נושא אשה ואחר כך לומד תורה. בפרק קמא דקידושין (דף כט:) איכא למאן דאמר איפכא ואמרינן לא פליגי הא לן והא להו:

ומיכאל שר הגדול עומד ומקריב עליו קרבן. מדרשות חלוקין יש מי שאומר נשמותיהן של צדיקים ל) ויש מי שאומר כבשים של אש והיינו דאמרינן בשמונה עשרה בעבודה ואשי ישראל ותפלתם מהרה באהבה תקבל ברצון ויש אומרים דקאי אדלעיל והשב את העבודה לדביר ביתך ואשי מ) ישראל. לא מצאתי יותר:

הדרן עלך הרי עלי עשרון וסליקא לה מסכת מנחות

הדרן עלך הרי עלי עשרון וסליקא לה מסכת מנחות

מסורת הש"ס
א) [לעיל כט. ע"ש פירש"י נדה כד. וע"ש ברש"י בכורות מג: וע"ש ברש"י], ב) [עמ"ש בדרשות הר"ן דרשה ט דף סא:], ג) [יומא עב: קדושין כט:], ד) [חגיגה יב:], ה) [ולא חטאת כצ"ל וכ"א בילקוט], ו) שבועות טו., ז) [ברכות ה: יז. שבת לו. יומא מב. שבועות טו.], ח) זבחים מז. חולין יג. לא., ט) [יתכן להיות אמר ליה וכ"א בזבחים מז.], י) [צ"ל בשלמה], כ) להנאתי שאני רוצה צ"ק, ל) [וכ"ה בגמ' ובעין יעקב ריש פ' ב' דחגיגה ע"ש], מ) [ועי' ט"ז א"ח סימן קך].

הגהות הב"ח
(א) רש"י ד"ה כבנים דעת זכרים וכו': (ב) ד"ה ואת אביהם שבשמים שמאמינים בהקב"ה ואין מאמיני' בעבודת כוכבים: (ג) ד"ה כדי שתאמר וכו' ויעשה רצוני ולא שהוא צריך:

גליון הש"ס
רש"י ד"ה מאי דכתיב כו' ולא כתיב בה חוקה. עיין לעיל דף יט ע"א ועיין בתוספות אליהו רבה לטוא"ח סימן א' ס"ק ט':

עין משפט נר מצוה
מח א מיי' פ"א מהל' ת"ת הלכה ה טור ש"ע י"ד סימן רמו סעיף ב:
מט ב מיי' פ"א מהל' פסה"מ הלכה ג:

תורה אור השלם
א) ביום ההוא יהיה מזבח לה' בתוך ארץ מצרים ומצבה אצל גבולה לה': [ישעיה יט, יט]
ב) ביום ההוא יהיו חמש ערים בארץ מצרים מדברות שפת כנען ונשבעות לה' צבאות עיר ההרס יאמר לאחת: [ישעיה יט, יח]
ג) האמר לחרס ולא יזרח ובעד כוכבים יחתם: [איוב ט, ז]
ד) אמר לצפון תני ולתימן אל תכלאי הביאי בני מרחוק ובנותי מקצה הארץ: [ישעיה מג, ו]
ה) כי ממזרח שמש ועד מבואו גדול שמי בגוים ובכל מקום מקטר מגש לשמי ומנחה טהורה כי גדול שמי בגוים אמר ה' צבאות: [מלאכי א, יא]
ו) שיר המעלות הנה ברכו את ה' כל עבדי ה' העמדים בבית ה' בלילות: [תהלים קלד, א]
ז) הנה אני בונה בית לשם ה' אלהי להקדיש לו להקטיר לפניו קטרת סמים ומערכת תמיד ועלות לבקר ולערב לשבתות ולחדשים ולמועדי ה' אלהינו לעולם זאת על ישראל: [דברי הימים ב ב, ג]
ח) זאת התורה לעלה למנחה ולחטאת ולאשם ולמלואים ולזבח השלמים: [ויקרא ז, לז]
ט) דבר אל אהרן ואל בניו לאמר זאת תורת החטאת במקום אשר תשחט העלה תשחט החטאת לפני ה' קדש קדשים הוא: [ויקרא ו, יח]
י) וזאת תורת האשם קדש קדשים הוא: [ויקרא ז, א]
כ) וקרבו וכרעיו ירחץ במים והקטיר הכהן את הכל המזבחה עלה אשה ריח ניחוח לה': [ויקרא א, ט]
ל) ושסע אתו בכנפיו לא יבדיל והקטיר אתו הכהן המזבחה על העצים אשר על האש עלה הוא אשה ריח ניחח לה': [ויקרא א, יז]
מ) והביאה אל בני אהרן הכהנים וקמץ משם מלא קמצו מסלתה ומשמנה על כל לבנתה והקטיר הכהן את אזכרתה המזבחה אשה ריח ניחח לה': [ויקרא ב, ב] נ) מתוקה שנת העבד אם מעט ואם הרבה יאכל והשבע לעשיר איננו מניח לו לישון: [קהלת ה, יא] ס) ברבות הטובה רבו אוכליה ומה כשרון לבעליה כי אם ראות עיניו: [קהלת ה, י] ע) אם ארעב לא אמר לך כי לי תבל ומלאה: [תהלים נ, יב] פ) כי לי כל חיתו יער בהמות בהררי אלף: ידעתי כל עוף הרים וזיז שדי עמדי: [תהלים נ, י-יא] צ) האוכל בשר אבירים ודם עתודים אשתה: [תהלים נ, יג] ק) וכי תזבחו זבח שלמים לה' לרצנכם תזבחהו: [ויקרא יט, ה] ר) ושחט את בן הבקר לפני ה' והקריבו בני אהרן הכהנים את הדם וזרקו את הדם על המזבח סביב אשר פתח אהל מועד: [ויקרא א, ה]

דף עב ע"ב

שבת זו. [כלומר] אקטור בשבת [לעיל סה.]. **וידבר משה וכו'.** בתורת כהנים הוא גבי עומר ושתי הלחם. **שלא למדנו כו'.** שנאמר בהן מועד לדחות שבת וטומאה. **במועדו.** משמע לא יעבור זמנו ואפילו הן טמאין ואפילו הוא שבת. **אלה תעשו וגו'.** בפרשת פינחס כתיב גבי מוספים. **מנין לרבות עומר והקרב עמו.** ועשיתם ביום הניפכם וגו' (ויקרא כג). **שתי הלחם.** והכבשים הקרבין עמהן האמור בתורת כהנים ואינם אמורים בפרשת פינחס. **ת"ל.** בשילהי ההיא פרשתא דשור או כשב או עז וידבר משה וגו'. כל הני למה לי - לכתוב חד וליתי הנך מיניה [פסחים עז.]. **כבשי עצרת אין מקדשין את הלחם אלא בשחיטה.** דכתיב (ויקרא כג) ושני כבשים בני שנה לזבח השלמים והניף הכהן אותם על לחם הבכורים תנופה לפני ה' וגמרינן להו מלחמי תודה שאין קדושים אלא בזביחתה במנחות בפרק התכלת [פסחים יג:]. להיות קדוש קדושת הגוף ליפסל ביוצא ולינה אלא בשחיטה ואע"פ שהן טעונין תנופה חיין עם הלחם אין תנופתן מקדשן אלא שחיטתן דגמר מאיל נזיר דכתיב (במדבר ו) ואת האיל יעשה זבח שלמים לה' על סל המצות תלה הכתוב עשיית סל המצות בזביחת האיל בפ' התכלת [יבמות קד:]. טעמא מפ' לקמיה. **קדש הלחם.** מותר באכילה. **לא קדש הלחם.** ולא תפיס פדיונו בקדושת שתי הלחם אלא בקדושת שאר קדושת הלשכה ובת"כ יליף לה מקרבנו על זבח [תודת שלמיו] מגיד שאם נזבח שלא לשם תודה לא קדש לחמו וכבשי עצרת דמקדשי לחם מתודה ואיל נזיר [גמרי]. **קדוש ואינו קדוש.** מפרש לקמן [לעיל מז.]. **ואלו מנחות נקמצות וכו'.** מנחת ישראל, נקמצת ושיריה נאכלים כדכתיב (ויקרא ב) וקמץ (הכהן) והנותרת ממנה יאכלו אהרן ובניו (ויקרא ו) ומנחת כהן אין נקמצת לפי שכולה כליל שנא' (שם ו) כל מנחת כהן כליל תהיה [יבמות ק.]. **מנחת הסלת.** האומר הרי עלי מנחה סתם מביא מנחת סלת שהיא הראשונה שבמנחות ונקמצת כשהיא סלת כמו שמפורש בענין לפי שנאמרו כאן חמשה מיני מנחות וכולן באות אפויות קודם קמילה חוץ מזו לכך קרויה מנחת סלת. סלת, אין סלת אלא מן החטין שנאמר (שמות כט ב) סלת חטים ואין מנחה פחותה מעשרון שנאמר (ויקרא יד כא) ועשרון סלת למנחה עשרון לכל מנחה [ויקרא ב, א]. **והמחבת.** שאמר הרי עלי מנחת מחבת וכלי הוא שהיה במקדש שאופין בו מנחה על האור בשמן והכלי אינו עמוק אלא צף ומעשה המנחה שבתוכו קשין שמתוך שהיא צפה האור שורף את השמן [שם שם, ה]. **והמרחשת.** כלי הוא שהיה במקדש עמוק ומתוך שהיא עמוקה שמנה צבור ואין האור שורפו לפיכך מעשה מנחה העשויין לתוכה רוחשין כל דבר רך על ידי משקה נראה כרוחש ומנענע [שם שם, ז]. **והחלות והרקיקין.** אמר הרי עלי מנחת מאפה תנור ולימד הכתוב שיביא או חלות או רקיקין החלות בלולות והרקיקין משוחין [שם שם, ד]. **ומנחת חוטא.** הבאה על חטא דמטמא מקדש ושבועת העדות ושבועת ביטוי דכתיב התם ואם לא תשיג ידו לשתי תורים וגו' (ויקרא ה) [סוטה טו.]. **ומנחת קנאות.** מנחת סוטה [לעיל ב.]. **כל היכא דתנן.** הנך מנחות במתניתין [דמנחות] עשר תנן כלומר כולן באות עשר עשר חלות כדאמרי' באלו מנחות (לקמן עו.) [לעיל נט.]. דאמרינן בפרק אלו מנחות (לקמן עו.) כל המנחות באות עשר וזה לא יביא ה' חלות וה' רקיקין אלא הכל חלות או הכל רקיקין [לעיל סג.]. **לאפוקי מדרבי שמעון וכו'.** דאמר לקמן בהאי פירקין (דף סג.) האומר הרי עלי מנחת מאפה אם רצה יביא מחצה חלות מחצה רקיקין. **קא משמע לן.** רב פפא דכל מנחות דמתניתין עשר (הוא) נינהו דהך חלות עשר חלות והך דרקיקין עשר רקיקין דהנך תרתי דומיא דאינך. ל"א, כל היכא דתנן עוד בבא אחרת דמתני' ובפ' אלו מנחות שתנו האי סידרי מנחות דמתניתין דדינן שוה עשר תנן ממנחת הסלת עד מנחת העומר לאפוקי מדר' שמעון דאמר כו' דלדידיה איכא י"א דבמנחת מאפה איכא ביה ג' מנחות אי בעי כוליה מצות ואי בעי כוליה רקיקין ואי בעי ה' חלות וה' רקיקין ומתני' מדין שאר מנחות [לעיל נט.]. **בלולה בשמן.** זו מנחת נדבה. **וחרבה.** זו מנחת חוטא ומנחת קנאות שאין בהן שמן [ויקרא ז, י]. **שאין חולקין מנחות כנגד זבחים.** כפי דמים לומר טול אתה מנחה ואני חזה ושוק או בשר חטאת ואשם [קידושין נג.].

דף עג ע"א

וכל (ה)מנחה. משמע שבמנחה עצמה יחלקו כל בני אהרן. **יכול.** לא הוציא הכתוב אלא שלא יחלקו מנחות כנגד זבחים והדין נותן שהרי לא קמו בכל מקום מנחות תחת זבחים בדלות דקרבן עולה ויורד מביא עני עופות תחת בהמה. **זבחים.** היינו בהמה הטעונה זביחה בסכין. **אבל יחלקו מנחות.** כנגד חטאת העוף. **שהרי קמו תחתיהן בדלות.** דכתיב במטמא מקדש ובשמיעת קול (ויקרא ה) ואם לא תשיג ידו לשתי תורים והביא את קרבנו אשר חטא עשירית האיפה. **וכל נעשה במרחשת לכל בני אהרן תהיה.** דכולהו קראי יתירי נינהו דמאי למיכתב כל מנחה לכל בני אהרן תהיה למה ליה לפרושי כל מיני מנחות. **תלמוד לומר ועל מחבת וגו'.** אם אינו ענין למנחות כנגד זבחים שאינן מינן תניהו ענין לזבחים ועופות. **יכול.** לא מיעט הכתוב אלא שלא יחלקו עופות כנגד זבחים והדין נותן שהעופות מעשיהן ביד מליקה בצפורן והזבחים מעשיהן בכלי בסכין. **מחבת ומרחשת.** כלים היו במקדש וכל המנחות הנקמצות טעונות לוג שמן ומחבת צפה ואינה עמוקה ומתוך שהיא רחבה וצפה הסולת מתפשט בכולו והאור שורף את שמנה לפיכך מעשיהן קשים ומרחשת עמוקה ואין האור שורף את השמן לפי שנבלע בעובי החלות לפיכך מעשיהן רכין. **אבל יחלקו מחבת כנגד מחבת.** טול אתה חלקי במנחת ראובן ואני אטול חלקך במנחת שמעון. **יכול לא יחלקו.** קרבן כנגד חבירו. **בקדשי קדשים.** כמו מנחה. **אבל יחלקו.** קרבן כנגד חבירו. **בקדשים קלים.** דאית להו זכייה בגוייהו ויכול למכור חלקו בקרבן זה בשביל זה. **איש כאחיו.** למעוטי קטן. **ואפילו בעל מום.** שאף הם היו מתליעים בעצים ומפשיטים ומנתחים ושוחטים [קידושין נג.]. **דתני לוי.** לוי סידר ברייתא ששה סדרים כר' חייא וכרבי אושעיא [כתובות נג:]. **לכל קרבנם.** גבי סדר מתנות כהונה שנאמר לאהרן על הסדר בפרשת קרח וזה יהיה לך מקדש הקדשים מן האש וגו' וכתיב בתריה בקדש הקדשים תאכלנו וקדריש להו הכא כל כל דכולהו. **לרבות לוג שמן.** שאף הוא נאכל שהרי קרוי קרבן דכתיב (ויקרא יד) והקריב אותו לאשם ואת לוג השמן אלמא הוא נמי בכלל והקריב והיינו קרבן. כ"ש במנחות (דף עג.). **סלקא דעתך אמינא.** כלומר האי דאיצטריך כל (קרא) לרבויי ולא נפקא ליה [מקרבנם]. **מן האש.** [דמשמע] הנותר מן [האשים] ומזה לא עלה לאשים [כלום]. **ואכלו אותם אשר כופר בהם.** דבר שיש בו כפרה נאכל ושאין בו כפרה אינו נאכל [זבחים מד:]. **ואכלו אותם.** אהרן ובניו לפי שהם בעליהם. **אשר כופר בהם.** להם כל זרות ותעוב [שמות כט, לג]. **להתיר קא אתיא.** חדש במדינה. **נבילה היא.** לפי שנמלקה. **לרבות אשם נזיר.** נזיר שנטמא במת מביא אשם כשטהר מטומאתו ומכשירו להתחיל ולמנות נזירות טהרה והימים הראשונים יפלו [ואתי לרבות] שיהא נאכל דאי לא [הוה] כתיב לכל לא [הוה] מרבינן להו דכתיב אשר כופר בהם והני להכשיר אתו זה להכשירו בקדשים וזה להתחיל נזירות טהרה. **אשם מצורע בהדיא כתיב ביה.** דנאכל [דכתיב] כי כחטאת האשם הוא (ויקרא יד) ומיהו נהי דאשמם כתיב הכא לסדר בפרשה כל עשרים וארבע מתנות כהונה אלא כל למה [לי] [זבחים שם]. **כי כחטאת.** כי ככל החטאות. **האשם.** הזה. **הוא לכהן.** בכל עבודות התלויות בכהן השוה אשם זה לחטאת שלא תאמר הואיל ויצא דמו מכלל שאר אשמות ליתן על תנוך ובהונות לא יהא טעון מתן דמים ואימורים לגבי מזבח לכך נאמר כי כחטאת האשם הוא לכהן יכול יהא דמו ניתן למעלה כחטאת תלמוד לומר וכו' בתורת כהנים [ויקרא יד, יג]. **אשר ישיבו זה גזל הגר.** דכתיב (במדבר ה) האשם המושב לה' לכהן ותניא (ב"ק דף קי.) אשם זה קרן המושב זה חומש או אינו אלא זה אשם ממש כשהוא אומר מלבד איל הכפורים (הרי אמור אלא) [הוי אומר] אשם זה קרן שהגוזל את חבירו ונשבע לו ואח"כ הודה משלם קרן וחומש לבעלים ואשם למזבח כדכתיב בפרשת ויקרא והיה כי יחטא ואשם וגו' ואם מת נותן ליורשיו ואם גר היה ומת ואין לו יורשין להחזירו להם נתנן הכתוב לכהן ופרשת גזל הגר אמורה בפרשת נשא אם אין לאיש גואל להשיב האשם וגו' וכי יש לך אדם בישראל שאין לו גואל אלא זה (גזל) הגר. גזל הגר בהדיא כתיב ביה לא גרסינן דהא חטאות ואשמות ושאר האמורים בפרשה בהדיא כתיב כל אחד ואחד במקומו וסידרן לו הכתוב לאהרן כאן מפני מחלוקתו של קרח שערער עליו על הכהונה משל הדיוט אמר [לטובתי] נשברה רגל [פרתי]. **לך היא ולבניך.** שיהו כנכסים של חולין שאין בו שום קדושה דממון בעלים הוא ואגזל לחודיה קאי האי לך הוא והאי דכתיב בתריה בקדש הקדשים תאכלנו אשארא קאי דהוו מידי דאכילה [זבחים שם].

דף עג ע"ב

איש איש. מבית ישראל ומן הגר הגר בישראל אשר יקריב קרבנו וגו' [חולין יג:]. **כי יפליא.** יפריש. **נדר נזיר.** אין נזירה בכל מקום אלא פרישה אף כאן שפירש מן היין. **להזיר לה'.** להבדיל עצמו מן היין לשם שמים [במדבר ו, ב]. **שבעה דברים.** במסכת שקלים בפרק מעות שנמצאו. **וזה אחד מהן.** התם קאי דקתני לעיל בהמה שנמצאת מירושלים למגדל עדר וכמדתה לכל רוח זכרים עולות נקבות שלמים בראשונה [היו] ממשכנין את מוצאה להביא נסכי' עד שהיו מניחין אותה ובורחין התקינו ב"ד שיהיו נסכיה קריבין משל צבור וקאמר ר"ש ז' דברים התקינו ב"ד וזה שאמרנו אחד מהם והדר מפרש לאינך שם עובד כוכבים ששלח כו' דעובד כוכבים משלח קרבנותיו כדאמר בפרק אלו מנחות (לקמן דף עג:) איש מה ת"ל איש איש לרבות את העובדי כוכבים שנודרים [נדרים ו]נדבות כישראל. **וישלח עמה נסכיה.** דמי נסכיה [לעיל נא:]. **אזרח.** בפרשת נסכים כתיב בשלח לך כל האזרח יעשה ככה ומינה ילפינן לקמן בפרק כל התדיר (דף צא:) אזרח מלמד שמתנדבים נסכים [בכל יום ודוקא אזרח ולא עכו"ם]. **מביא נסכים.** בפני עצמן נדבה [זבחים מה.]. זהו ישראל ולא העובד כוכבים מביא נסכים כלל. **יכול לא תהא עולתו טעונה נסכים.** אפילו משל צבור [תמורה ג.]. **ת"ל ככה.** יעשה לשור שאחר שחובה תלויה בקרבן ל"ש ישראל ול"ש עובד כוכבים הלכך שלח דמי נסכיה יקרבו משלו ואם לאו מקריבים משל ציבור שתנאי ב"ד הוא במסכת שקלים (דף יא:) [זבחים שם]. דככה עיכובא הוא דודאי טעונין נסכים ומשל צבור (וללי"א דכתיב בספרים) ול"ג עליהן [ומשמע] הכי אזרח כגון ישראל מביא נסכים אפי' בפני עצמן ואין העובד כוכבים מביא נסכים בפני עצמן יכול לא תהא עולתו טעונה נסכים ת"ל ככה והוי עיכובא דודאי קרבנו טעון נסכים אפי' משלו דמקבלים מיניה דמי נסכים [תמורה שם]. **סמי [מכאן].** הסר מכאן [שבת יד:]. **והיתה לכהן כמנחה.** ללמד על מנחת חוטא שיהיו שיריה נאכלין זהו לפי פשוטו. ור"ד והיתה לכהן ואם חוטא זה כהן הוא תהא כשאר מנחת נדבת כהן שהיא בכליל תהיה לא תאכל (ת"כ) [ויקרא ה, יג].

דף עד ע"א

ת"ל והיתה לכהן כמנחה. לכהן כמנחה לענין עבודת כהן שטעונה קמיצה ולא לאישים כמנחה הא כיצד הקומץ קרב לעצמו והשיריים קריבין לעצמם ולית ליה כל שממנו לאישים כלל [סוטה כג.]. **מנין לכהן שבא ומקריב.** אם נדר קרבן או שהיה מוטל עליו חטאת ואשם חובה מקריב אף במשמר שאינו שלו [ב"ק קט:]. **ושרת.** למד על הכהן שבא ומקריב קרבנות נדבתו או חובתו ואפילו במשמר שאינו שלו. ד"א עוד למד על הכהנים הבאים לרגל שמקריבין במשמר ועובדין בקרבנות הבאות מחמת הרגל כגון מוספי הרגל ואע"פ שאין המשמר שלהם [דברים יח, ז]. **בחטאה בשגגה וכו'.** משמע אפי' נפש כהן במטאה בשגגה יכול להקריב קרבנו ולהקריב על עצמו [לקמן קט.]. **ר"א בר"ש אומר הקומץ קרב בעצמו והשירים מתפזרין על בית הדשן.** למטה מקום שנותנים שם תרומת הדשן והנולה והיינו אצל המזבח [יבמות ק.]. **בית הדשן.** ששם זורקין מוראה ונוצה כדכתיב (ויקרא א) והשליך אותה אצל המזבח וגו'. ובית הדשן היה אצל הכבש במזרחה סמוך לה בשלשה טפחים ורחוק מן המזבח כ' אמה כדתנן במסכת תמיד (פ"א מ"ד) גבי תורם את הדשן [סוכה מח:]. מקום שנותנין שם בכל בקר תרומת הדשן שכתב בה ושמו אצל המזבח והוא במזרחו של כבש וכתיב גבי מוראה ונוצה (ויקרא א) והשליך אותה אצל המזבח קדמה אל מקום הדשן ולקמן מייתי משנה ממסכת תמיד דבמזרחו של כבש הוה והיינו [סמוך] לקרן דרומית מזרחית [זבחים סד.]. **מפסקא קראי.** שאתה מפרש המיבות לעשות [וכו'] המוקדם מאוחר והקרוב אליו שהוא מאוחר אתה עושה מוקדם [רשב"ם ב"ב קיא:].

דף עד ע"ב

מנחת כהנים. שהיא כליל ואינה נקמצת. **ומנחת כהן משיח.** חביתי כהן גדול שבכל יום מקריבה בבוקר ומחציתה בערב. **ומנחת נסכים.** הבאה עם הבהמה שלשה עשרונים לפר ושני עשרונים לאיל ועשרון לכבש והן כולן כליל [שבועות יא.]. **מוראה ונוצה.** של עולת העוף [יומא כא.]. נזרקין אצל מזבח [הפנימי] ונבלעין במקומן כדאמרי' במס' יומא בפ' קמא (דף כא.) [לקמן קז.]. **שיתין.** חלל שתחת המזבח כנגד מקום הנסכים [סוכה מט.]. **על גבי אישים.** על האש [סוטה יד:]. **הבאות בפני עצמן.** אליבא דרבי עקיבא דאמר כבשים אין מעכבין את הלחם [לעיל מו:].

דף עה ע"א

כמין כי יווני. שהיא עשויה כנו"ן שלנו [שמות כט, ב. ועי' הוריות יב. ולהלן]. אות יוונית ועשוי כזה X [כריתות ה:]. **מאי תלמודא.** היכי שמעינן מהאי קרא [קידושין סט.]. כלומר מאיזה מקרא אנו לומדים [חולין כב:].

דף עה ע"ב

חביצא. כעין שלנייקו"ק שמפררין בתוך האלפס לחם. **מנא אמינא לה.** דאפרורין כזית מברכין המוציא. **היה. ישראל עומד ומקריב מנחות.** ונתנה לכהן להקריבה. **אומר (ברוך) שהחיינו.** אם לא הביא מנחות זה ימים רבים. **נטלן לאכלן.** הכהן. **ותנן.** על המנחות מנחת מחבת ומנחת מרחשת הקריבות כשהן אפויות. **וכולן פתיתי'.** כלומר בוצען קודם קמיצה ועושה אותן פתיתין כזיתים כדכתיב פתות אותה פתים (ויקרא ב) אלמא פתיתין כזיתים מברך עליהן המוציא [ברכות לז:]. **תנא דבי רבי ישמעאל.** מתניתין דבי רבי ישמעאל היא שנשנית ונסדרה בבית מדרשו של ר' ישמעאל וסידרו בה תנאים הרבה כמו שסידרו רבי חייא ור' אושעיא [זבחים מא:]. **מפרכן.** למנחות האפויות על המחבת ועל המרחשת קודם קמילה עד שמחזירן לסלתן. **הכי נמי.** דפליג אהא דקתני מברך המוציא. **והתניא ליקט מכולן.** פתיתי המנחות. **כזית כו'.** ומדקאמר יוצא בו ידי חובתו בפסח משום אכילת מצה דמצות עשה היא דכתיב בערב תאכלו מצות והתם לחם בעינן דכתיב בה לחם עוני אלמא לחם הוי ומברך המוציא והא מתניתין על כרחך רבי ישמעאל היא דהא קתני לקט מכולן כזית אלמא בפתיתין פתותין מכזית קאי. **בשעירסן.** כשחזר וגבלן יחד וחזר ואפאן. **עירסן.** לשון עריסותיכם. **והוא שאכלן בכדי אכילת פרס.** שלא ישהה משהתחיל לאכול שיעור כזית עד שגמר אכילת השיעור יותר מכדי אכילת חצי ככר של שמנה ביצים דהוי חציו ארבעה ביצים שזהו לירוף שיעור אכילה ואם שהה יותר אין האכילה מצטרפת והוה ליה כאוכל חצי זית היום וחצי זית למחר ואין בו חיוב כרת אם חמץ הוא. **ואי בשעירסן שאכלו.** לשון יחיד מיבעי ליה. **הכא במאי עסקינן.** ובשלא ערסן היא וכדקאמרת והא דקתני דחשיב למיהוי לחם. **בבא מלחם גדול.** ונשאר מן הלחם שלא נפרס כולו אבל אם נפרס כולו לא חשיבי פתיתין הפתותים מכזית ולא מברכינן המוציא ואין יוצא בהן ידי חובת מצה בפסח. **תוריתא דנהמא.** תואר מראית הלחם [ברכות שם].

דף עו ע"א

בעיטה. באגרוף [ביצה כב:]. **דשף.** דשייף מישף, שמגרר עצמו לצד המזבח שייף משפשף בקרקע שייף מגרר כמו שייף ליה מישחא (שבת דף י:) שף אחת ובועט שתים (מנחות דף עו) פדיי"ר [זבחים יד:]. **שלמיו לרבות שלמי נזיר.** על זבח תודת שלמיו לרבות שלמי נזיר לעשרה קבין ירושלמיות ולרביעית שמן [בפרק התודה] [לעיל יט.]. **ליו"ד** קבין ירושלמיות סלת ולרביעית שמן [שבתודה] בפ' התודה (לקמן עח.) [לעיל כז.]. על זבח תודת שלמיו דלא הוה צריך שהרי כבר נאמר זאת תורת זבח שלמיו ואם על תודה. **לרבות שלמי נזיר.** לי' קבין ירושלמיות, שהן ג' ידות של מנה שבתודה שלא היה בנזיר אלא חלות ורקיקין [לקמן עח.]. **שאפאן ארבע חלות.** עשר עשרונים של חמץ אפאן כולן בחלה אחת וג' עשרונות ושליש שבחלות מצה אפאן בחלה אחת וכן של רקיקין וכן של רבוכה. **והא בעינן ארבעים.** במנחות ילפינן לה בפרק התודה (דף עו.) ואמאי יצא [נדה ו:]. **דארבעים חלות מיבעי ליה למיפי עשרה מכל מין** [נדרים יב:]. **למצוה.** אבל עיכובא ליכא [נדה שם]. דמצותו שיהו ארבעים אבל אי אפאן בארבע חלות גדולות מכל מין אחת יצא [נדרים שם]. **והא בעי אפרושי תרומה.** אחת מכל מין דהיינו א' מעשר וכיון דליכא עשר היאך יפריש [נדה שם]. מן חד וחד מכל מין אחד מעשרה. **דאפרשינהו בלישה.** דמכל מין ומין הפריש

קודם אפייה לתרומה ואח"כ אפה לשיריס דהשתא שקיל תרומה שלימה מכל קרבן דאופה חלה ממה שנוטל מכל מין ומין [נדרים שם].

דף עו ע"ב

נפה. שקורין וו"ן בלע"ז [ירמיה טו, ז]. **סובין.** כשטוחנין גסין ולא הדק נשאר בנפה והוא סובין [רשב"ם ב"ב צג:]. **מפני החיסחון.** שחיסך הכתוב, חסך [על עונותיהם] ולא דקדק אחריהם לפי שחס על ממונם וחבירו במסכת מנחות (דף עו:) מפני החיסחון ומפרש מאי מפני החיסחון התורה חסה על ממונם של ישראל [זבחים ו:]. **התורה חסה.** דכתיב (ויקרא יד) וצוה הכהן ופנו את הבית שלא יטמאו כלי חרש שבתוכו שאין להם טהרה במקוה [ר"ה כז.]. שנאמר (ויקרא יד) וצוה הכהן ופנו את הבית וגו' על מה חסה תורה על פכין של כלי חרש שאין להם טהרה במקוה א"כ חסה על ממון קל כ"ש על ממון חשוב א"כ חסה על ממונו של (צירועין) [צרי עין] קל וחומר על ממונו של צדיקים [יומא לט.]. בתורת כהנים נפקא לן מוצוה הכהן ופנו את הבית בטרם יבא הכהן לראות את הנגע ולא יטמא וגו' א"ר מאיר וכי מה מטמא לן שאמרה תורה להמתין שלא יראה הכהן את הנגע ולא יאמר טמא עד שיהו הכלים נפנין וא"ת כלי עציו בגדיו ומתכת מטבילן והם טהורים ועל מה חסה תורה על כלי חרש ופכו שאין להן טהרה אלא שבירה וכל כך חסה תורה על ממונו של צרי עין ק"ו על ממונו של צדיקים [חולין מט:]. **ירושלמיות שהן שש מדבריות.** כשבאו לירושלים הוסיפו על המדות [יומא מד:]. שהוסיפו על המדות שתות מלבר שהכניסו שש חלקים ראשוני' בחמש והוסיפו חלק ששי מבחוץ [שבועות טו.].

דף עז ע"א

ורבוכה. לחם חלוט ברותחין כל צרכו [ויקרא, יב]. שהיה מרבה בה שמן כנגד החלות והרקיקין כך מפורש במנחות (דף עח.) [שם ח, כו]. חלות מבושלות במים תחילה שבתודה שבאה סולת ולא קמח [זבחים נ.]. **האיפה והבת.** לשון מדה חומר וכור מוי"י בלע"ז. **תוכן אחד.** לשון מניין כמו ותוכן לבנים תתנו (שמות ה') מדה אחת זו עשירית לחומר של יבש שהוא שלשים סאין וזו עשירית לחומר הלח. **לשאת.** כמו לקחת וכן ת"י למוסב לשאת מעשר החומר תהיה הבת וכן עשירית לחומר יבש [יחזקאל מה, יא]. **וחק השמן.** למעשר. **הבת השמן** וגו'. הבת שהיא מדת השמן זו היא מעשר הבת יהי מן הכור. מצאתי העישור שהבת מעשרת מן הכור יהיה כילד (מעשר הבת מן הכור עשירית של בת על הכור הודי"ץ מזור"ש בלע"ז תיבה זו משמשת על עצמה ועל אחרים כמו עבודת הקודש ועבודת בני מררי סא"א). **עשרת הבתים.** יהיה לכם החומר ואז יתכן ליטול הימנו בת אחת למעשר. **כי עשרת הבתים חומר.** לפי שהחומר יהיה לכם עשר בתים וכן תרגם יונתן חד מן עסרא הויא ביתא בכורא ארי עסר בתין כורא [שם שם, יד]. **אין מוסיפין על המדות כו'.** אם באו אנשי העיר להוסיף על כל המדות בין גדולות בין קטנות לפי חשבון אחד מכור עד רביעית ולשבר מדות הראשונות דלא ליתי למיטעי אין מגדילין כי אם שתות יותר שמי שהחזיק ה' ביצים יחזיק עתה ו' וטעמא מפרש לקמיה [רשב"ם ב"ב צ.]. **והמשתכר.** בדברים שיש בהם חיי נפש [ב"מ מ:]. כגון חנוני הקונה יין ופירות מן הסיטון הרבה ביחד כדי למכור מעט מעט. **אל ישתכר יותר משתות.** [וכגון שלא הוקר השער אבל אם לקח בשעת הגורן ועכשיו הוקיר ישתכר אפילו כפליים כפי שהשער הולך ותקנת חכמים היא זו שלא ישתכר יותר]. **משום אפקועי תרעא.** שמביאים תבואה לכאן כשיראו שהוסיפו המדות יוקירו ומשכנם היוקר מוקירין יותר מכדי תוספת. **שתות נמי לא.** משום האי טעמא גופיה. **אלא.** להכי אין מוסיפין יותר משתות משום דאותו מכר דהוי עכשיו אונאה אין שניהם חוזרין כשאין מוסיפין אלא שתות. **ליהוי ביטול מקח.** אם נוסיף יתר על שתות ולא נכון לעשות תקנה שיבטלו על ידה המכירות והיכי דמי כגון החמרים שמביאין תבואה לכאן רגילים ליתן ה' קבין בה' [דינר] וכשהוסיפו המדות שתות והן לא ידעו יתנו כמו כן ה' קבין בה' דינר ונמצא שנתאנה שתות דו' קבין יש בהני ה' ויחזור לו פשוט ויהיה המכר קיים אבל אם הוסיפו על החמשה קבין קב וחצי הרי נתאנה יתר משתות ובטל המקח. **והא אמר רבא כו'.** ואפילו אם יוסיפו על המדות פחות משתות ליהוי ביטול מקח. **כל דבר**

שבמדה. שהוטעה במדה. **אפי' פחות מכדי אונאה.** דהיינו פחות משתות דהוי מחילה בחפץ הנמכר באומד הכא חוזר. משום דטעות גמור הוא ושניהן נמי חוזרין אלא משום דפחות מכדי אונאה הוי מחילה לגמרי לא נתכוין רבא אלא לאפוקי ממחילה ומיהו מקח טעות הוי לחזור שניהן דהא לרבא לית ליה חזרה במי שנתאנה טפי מן המאנה דפסק רבא בפרק הזהב (ב"מ דף נ.) הלכתא שתות קנה ומחזיר אונאה אבל בפחות משתות הוי מחילה וביותר משתות שניהן חוזרין [רשב"ם ב"ב שם]. **כיון** דקפיד לא מחיל ואפילו בפחות משתות ולא שייכא בה דין אונאה שיהא מקח קיים ויחזיר אונאה אלא כל המקח בטל וחוזר [לעיל סט.]. דמקח טעות הוא דהא בהדיא פי' בחזקת כן ואינו כן וכיון שהמקח טעות הוא אפי' בטיל להו אגב ארעא חוזר דנהי דאימעיט קרקעות מדין אונאה מדין מקח טעות לא אימעיט שהרי אין זה מכר דאדעתא דהכי לא זבן [ב"מ נו:]. שאין זה כשאר אונאות דקי"ל בהזהב (ב"מ דף מט:) פחות משתות מחיל אינש דהתם אין כל אדם יכול לצמצם הדמים אבל טועה במדה טעות הוא ואדעתא דהכי לא עביד [קידושין מב:]. **דלא [למטייה פסידא].** שבא מעיר אחרת ואמרן דמשתכר שתות ובשלא הוסיפו כי אם שתות והוא לא ידע ומכר כמו שהיה רגיל עד עכשיו לא איבד כי אם שתות שהיה לו להרויח ולא הפסיד מקרן שלו כלום אבל אם הוסיפו יותר משתות אית ליה פסידא מקרן שלו. **[פסידא] הוא דלא לימטייה.** כלומר להכי חשו דלא יפסיד מקרן שלו כלום אבל לריוח שלו לא חשו חכמים אם לא ירויח. **זבן וזבין תגרא איקרי.** בתמיה משל הוא וכי לכך קנה התבואה רחוק מכאן שיתננה כאן באותן דמים כדי שיקרא תגר ולהרויח אינו חושש הא ודאי אין לך פסידא גדולה מזו שטורח ואוכל ואינו מרויח והכי הוי להו למימר אין מוסיפין על המדות שתות כי אם פחות משתות כדי שירויח התגר פורתא. **קרא אשכח.** דאמר מוסיפין שתות והלכך מותר להוסיף שתות דלא חייש קרא אתגר אם יטעה בתוספת ולא ירויח ומיהו יותר משתות אין מוסיפין משום פסידא דתגרא שהרי לא התיר הכתוב [כן נראה הטעם בעיני]. **השקל.** סלע [רשב"ם ב"ב שם]. **עשרים גרה.** עשרים מעין [יחזקאל שם, יב]. **פסוק** הוא ביחזקאל עשרים שקלים וגו' המנה יהיה לכם אלמא המנה [ס'] סלעים [בכורות ה.]. מעות קטנות שיש מהן ה' בדינר [רשב"ם שם]. **עשרים שקלים חמשה ועשרים שקלים עשרה וחמשה שקל.** הרי ששים שקלים [יחזקאל שם]. שלש חשבונות ההלו ביחד [רשב"ם שם]. **המנה יהיה לכם.** לוצו"ט בלע"ז ומנחם חברו לשון מניין והרי יש כאן מאתים וארבעים וזו מכאן שהיה מנה של קודש כפול והוסיפו עליו בימי יחזקאל שתות הרי מאתים וארבעים וכשחלקו הכתוב לשלשה ולא כתב סתם ששים שקלים יהיה לכם המנה לוה לעשות ממנו משקל שלישיתו ומשקל רביעיתו ומשקל מנה של חול שהיה מתחילה וכן ת"י תלתות מניא עסרין סלעין מני כספא עסרין וחמש סלעין רבעות מניא חמש עסרי סלעין כולהון שיתין מנין ומנא רבא קודשא יהא לכון [יחזקאל שם]. ויש לומר דיש מקומות שהמנה חמשה עשר סלעים ויש עשרים סלעים ויש חמשה ועשרים לכך נאמר שלשת המנים הללו המנה של קודש יהיה לכם. **מנה מאתן וארבעין הוו.** בתמיה וכי הוי המנה ששים שקלים דהיינו מאתן וארבעין דינר שהשקל ד' דינר והא קי"ל מנה כ"ה סלעים דהיינו מאה זוזי כדאמרינן (כתובות דף י.) לבתולה מאתים ולאלמנה מנה [רשב"ם ב"ב שם]. **כפול.** היה ובמנה דקודש הוו מאתן והנך ארבעים דטפו עלייהו זהו שהוסיפו בימי יחזקאל והוסיפו עליהן שתות דארבעין הוו שתותא מלבר דבמאתן איכא ה' פעמים מ' והביאו פעם מ' ששית מבחוץ והוסיפו עליהן ולא אמרי' שתות מלגיו שיחלקו [מאתן] לששה ויוסיפו על המשקל אחד מאותן חלקים [בכורות שם:]. חמשים שקלים וחמשה שקלים המיותרין הן תוספת שתות שהוסיפו על מנה של חול חמשה סלעים על כ"ה דהיינו ל' סלעים וכשאתה כופל את של קודש הוי ששים שקלים. **ושמע מינה מוסיפין על המדות.** ועל המטבעות וליכא איסורא משום רווחא דתגר דלא מרויח מידי דאקראי בעלמא הוא שלא ישמע התגר ובמידי דלא שכיח לא חשו שהרי הכל ידעו שהוסיפו שתות ולא יבאו לטעות ומיהו אין מוסיפין יותר משתות דאיכא פסידא דתגר והכתוב לא התיר והאי ואין מוסיפין פי' בעלמא ואינו מחשבון שמע מינה תלת אלא פירוש הוא דאע"ג דש"מ דמוסיפין אסור להוסיף יותר משתות כדמפרש לקמיה דהאי תוספת שתותא מלבר הוא על חמשה שקלים הוסיפו שש

מעלמא כגון על נ' שקלים דהיינו ה' פעמים עשרה הוסיפו עוד עשרה והיו ששים אבל שתותא מלגיו זהו שמחלוק את החמשים בששה חלקים ומגיע לכל חלק שמנה שקלים ודינר [ושליש דינר] הוסיף אחד מששה חלקים שבתוך הנ' על החמשים והוי נ"ח סלעים ודינר [ושליש דינר]. **ושמע מינה שתותא מלבר.** מוסיפין וכל שכן פחות ובלבד שישברו מדות הראשונות אבל טפי אין מוסיפין משום פסידא דתגר [רשב"ם ב"ב שם:].

דף עז ע"ב

אחד שלא יטול פרוס. ואחד שלם משמע שלא יטול פרוס [לעיל עו. מכת"י]. ארבעה מינין היו בה של עשר עשר חלות וכל מין ומין היה נותן אחד לכהן והשאר לבעלים וכתיב אחד שלא יתן לו פרוסה [פסחים לז:]. **שלא יטול מקרבן על חבירו.** דמכל מין ומין בעי למישקל חדא חדא מחמץ חדא ומחלות חדא ומרקיקין חדא ומרבוכה חדא אבל לא שקיל מחד מין בלבד על תלתא [נדרים יב:]. **שאין תלמוד לומר תביאו.** מקרא יתירא דתביאו ילפי' לה דלא איצטריך דכתיב והקרבתם מנחה חדשה ממושבותיכם תביאו לחם תנופה ולא איצטריך תביאו. **ומה תלמוד לומר תביאו** וכו'. כל חמץ שאתה מביא ממקום אחר יהא כזה עשרון לחלה כדכתיב שתים שני עשרונים. **אי מה להלן.** אלו שני עשרונים [ומו לא] אף [כאן] כל י' חלות שבה שני עשרונים. **למדנו עשרה.** עשרונות לחמץ דהא י' חלות למודות בה בג"ש מתרומת מעשר מה תרומת מעשר אחד מעשר אף תרומת תודה והקריב ממנו אחד מכל קרבן מכל מין תרומה לה' אחד מעשר הרי י' חלות ובהיקש [דתביאו] למדנו שהחלה עשרון הרי למדנו י' עשרונות לחמץ [בהימנו] ודבר אחר י' חלות למדנו בהן כבר ובהיקש הן למידות עשרון לחלה. **עשרה.** עשרון לשלשת מינין שבמלה מניין. **תלמוד לומר על חלות לחם חמץ.** מנה הכתוב מינין שבמלה וכתב אחריהן על חלת לחם חמץ [זבחים נז:]. **אם על תודה יקריבנו.** אם על דבר הודאה על נס שנעשה לו כגון יורדי הים והולכי מדברות וחבושי בית האסורים וחולה שנתרפא שהם צריכין להודות שכתוב בהן (תהלים קז) יודו לה' חסדו ונפלאותיו לבני אדם ויזבחו זבחי תודה אם על אחת מאלה נדר שלמים הללו שלמי תודה הן וטעונות לחם האמור בענין ואינן נאכלין אלא ליום ולילה כמו שמפורש כאן. **והקריב על זבח התודה.** ד' מיני לחם חלות ורקיקין ורבוכה ג' מיני מלה וכתיב (פסוק יג) על חלת לחם חמץ וגו' וכל מין ומין י' חלות כך מפורש במנחות (דף עז.) ושעורן חמש סאין ירושלמיות שהן שש מדבריות עשרים עשרון. **מרבכת.** לחם חלוט ברותחין כל צרכו [ויקרא ז, יב]. **תנא דבי רבי ישמעאל.** מתניתין דבי רבי ישמעאל היא שנשנית ונסדרה בבית מדרשו של ר' ישמעאל וסידרו בה תנאים הרבה כמו שסידרו רבי חייא ור' אושעיא [זבחים מא:].

דף עח ע"א

למדנו עשרה. עשרונות לחמץ דהא י' חלות למודות בה בג"ש מתרומת מעשר מה תרומת מעשר אחד מעשר אף תרומת תודה והקריב ממנו אחד מכל קרבן מכל מין תרומה לה' אחד מעשר הרי י' חלות ובהיקש [דתביאו] למדנו שהחלה עשרון הרי למדנו י' עשרונות לחמץ [בהימנו] ודבר אחר [המניין של חלות למידין שלא בהיקש והוי בהימנו דקיי"ל דבר הלמד בג"ש חוזר ומלמד בהיקש ומידת החלות הוי דבר אחר שלמדנוס בהיקש משתי הלחם] (י' חלות למדנו בהן כבר ובהיקש הן למידות עשרון לחלה). **עשרה.** עשרון לשלשת מינין שבמלה מניין. **ת"ל על חלת לחם חמץ.** מנה הכתוב מינין שבמלה וכתב אחריהן על חלת לחם חמץ הרי היקש אלמא חמץ שלמדנו בו עשרה עשרונות בהימנו ודבר אחר חוזר ומלמד על המלה בהיקש עשרה עשרונות [זבחים נז:]. **הניחא למאן דאמר** וכו'. פלוגתא בזבחים בפרק איזהו מקומן (דף נז.) [יומא נז.]. **תביאו רבויא הוא.** לרבות חמץ שבתודה שכל שתים [שבה יהו שני] עשרונים והוי כמאן דכתיב בגופיה בלחמי תודה ולאו משתי הלחם גמרי [דהא בההוא קרא גופיה דכתיב עשרון לחלה כתיב ריבויא דתודה] והיכי דמי ליהוי הימנו ודבר אחר כגון אי איתקוש חמץ דתודה לשתי הלחם בקרא אחרינא דלא מפרש [ביה] עשרון לחלה וילפינן תודה משתי הלחם בהיקש לעשרון לחלה ובדידיה כתיבי עשר חלות [זבחים שם]. **מאי תלמודא.** היכי שמעינן מהאי קרא [קידושין סט.]. כלומר מאיזה מקרא אנו לומדים [חולין כב:].

דבי רבי ישמעאל תנא. מתניתין דבי רבי ישמעאל היא שנשנית ונסדרה בבית מדרשו של ר' ישמעאל וסידרו בה תנאים הרבה כמו שסידרו רבי חייא ור' אושעיא [זבחים מא:]. **כלל ופרט אין בפרט** וכו'. פרט הבא אחר כלל פירושו של כלל הלכך כלל ופרט אין בכלל אלא מה שבפרט ואפילו דברים הדומין לפרט אין נדונין עמו לפי שהוא פירושו מהו כלל הכלול למעלה זה שאני אומר לך עכשיו ולא יותר [סוכה נ:].

דף עח ע"ב

[בפנים]. בעזרה. **ולחמה חוץ לחומה.** לחמי תודה משהוקדשו בפה קדשו קדושת דמים ליאסר באכילה ובהנאה אבל לא קדשו קדושת הגוף ואם נטמאו נפדין ויוצאין לחולין ושחיטת הזבח מקדשתן לגופן להיות נפסלין בטבול יום ובמגע מחוסר כפורים ובלינה ואם נטמאו ישרפו כדכתיב על זבח התודה חלות ואמר מר במנחות קרבנו על זבח מלמד שאין הלחם קרוי קרבן אלא בזביחה. **לא קדש הלחם.** קדושת הגוף [פסחים סג:]. דכתיב על זבח התודה חלות (ויקרא ז) ובעינן על בסמוך. **ואפילו קרמו כולן חוץ מאחד מהן לא קדש הלחם.** דבעינן בשעת זביחה שיהא כל הלחם ראוי [מעילה ג:]. **חוץ לחומת בית פאגי.** היינו מקום חילון שבירושלים התם הוא דחוץ לחומת בית פאגי חוץ לירושלים הוא ואינו מקום אכילת קדשים קלים ואם יצאו שם נפסלין התם ודאי לא מקדשא ליה שחיטה אבל אי חוץ לחומת עזרה קאי אע"ג דלאו גבי זבח קאי בשעת זביחה הואיל ובמקום הכשירו היה עומד שפיר דמי ולא בעינן על בסמוך [פסחים שם]. **בית פאגי.** כל שהוא בתוך היקף החילון של ירושלים קרוי בי פאגי ולי נראה שהוא לשון חבישה כמו שקורין ליגל"א של עיר כמו חמור ובית פאגי (ב"מ דף ט.) בשטדידור"א בית ראש של אפסר קורין כן [סוטה מה.]. היקף חילון של ירושלים שהוסיפו עליו קרוי בית פאגי ונראה לי שהוא לשון כבישה של עיר שוגל"א בלע"ז כדאמרינן פרק קמא (דף ט.) זה קנה חמור ובית פגיה [ב"מ צ.]. מקום לפנים מן חומת העיר ונדון כירושלים לכל דבריו [סנהדרין יד:]. **על בסמוך.** כל היכא דכתיב על משמע בסמוך [וכו'] כמו ועליו מטה מנשה (במדבר ב) [פסחים סג:]. ולא צריך למיסמך ממש [סנהדרין יג:]. דדרשינן לקמן (דף לו.) על בסמוך כדכתיב ועליו מטה מנשה [לעיל י.]. בפרק שתי הלחם (לקמן דף לו.) במשנה פליגי [לעיל כז.]. **השוחט את הפסח על החמץ עובר בלא תעשה.** דלא תשחט על חמץ וגו'. **אף התמיד.** של בין הערבים דערב הפסח ששחטו על החמץ וטעמא יליף בגמרא. **עד שיהא.** החמץ. **לשוחט כו'.** ואע"ג דכתיב על חמץ סתמא אם היה חמץ לאחד שאינו מבני החבורה ואפילו ישנו עמו בעזרה ואלו השוחטין פסחיהן רואין אותו והתרו בהן אין עוברין כדמפרש לקמיה מדכתיב לא תשחט ולא ילין כל שישנו בהלנה ישנו בשחיטה ואם יש לאחד מהן כולן עוברין. **לזורק.** הדם דזריקה נמי איתרביא במכילתא מדם [זבחי] [פסחים שם.]. **קרבנו על זבח.** מגיד שאין הלחם קדוש קדושת הגוף להפסל ביוצא וטבול יום ומלצאת לחולין בפדיון עד שישחט הזבח [ויקרא ז, יג]. **שאין הלחם קדוש אלא בשחיטת הזבח.** והאי קדוש קדושת הגוף קאמר דהא משעה שאמר הרי (עלי) [אלו] לתודתי חל עליהם שם הקדש אבל אין קדושות ליפסל בלינה ובטבול יום ואם נטמאו נפדין ויוצאין לחולין עד שישחט הזבח עליהן [שם יג.]. **אין מקדשין שתי הלחם,** להיות קדוש קדושת הגוף ליפסל ביוצא ולינה אלא בשחיטה ואע"פ שהן טעונין תנופה חיין עם הלחם אין תנופתן מקדשן אלא שחיטתן דגמר מאיל נזיר דכתיב (במדבר ו) ואת האיל יעשה זבח שלמים לה' על סל המצות תלה הכתוב עשיית סל המצות בזביחת האיל בפ' התכלת [יבמות קד:]. **דהאי קרבנו** בלחם משתעי דכתיב על חלות לחם חמץ יקריב קרבנו וגו' [קידושין נא.]. **על זבח** תודת שלמיו מלמד שאין הלחם קדוש לקרותו קרבן אלא על ידי זביחת התודה [שבועות טו:]. **במצה נא.** אינה אפויה כל צורכה לשון אל תאכלו ממנו נא (שמות יב). **העשויה באילפס.** ואע"ג דלחם בעינן כדכתיב לחם עוני (דברים טז). **מאי מצה נא.** כלומר כמה תאפה ויהא יוצא בה. **שפורסה.** שמשברה לשון פרוסה. **וכן לענין לחמי תודה.** אם שחט הזבח עליהן מאחר שנאפת כענין הזה קידש הלחם והתודה כשירה דהואיל וקרמו פניה דתנן במנחות כי האי גוונא בעינן [פסחים לז.]. **אחד.** מכל קרבן, תרומה לה' לכהן הזורק וגו' ארבעת מינין היו בה

של עשר עשר חלות ומכל מין ומין נותן אחד לכהן והשאר לבעלים וכתיב אחד שלא יתן לו פרוסה [שם:]. **תודה ששחטה וכו'.** שהתודה טעונה ארבעים חלות כדאמרינן במנחות (דף עו) ושחיטת הזבח מקדשתן קדושת הגוף כדאמרינן התם (דף עח:) קרבנו על זבח מלמד שאין הלחם קדוש אלא בזביחה דהאי קרבנו בלחם משתעי דכתיב על חלות לחם חמץ יקריב קרבנו וגו'. **על שמונים חלות.** הביא אלא לעזרה שמונים. קדשו **ארבעים מתוך שמונים.** ויוצא ידי תודתו והתם מפרש היכי מתאכלים [קידושין נא.]. **הכל מודים וכו'.** ואע"ג דלא [ידעי] הי מינייהו [קדוש] [לעיל מח.]. **היכא דאמר** וכו'. כלומר היכא דלא נתכוון שיקדשו אלא ארבעים ואת השאר הביא לאחריות שאם יאבדו או יטמאו אלו יהו אלו תחתיהן. **ליקדשו ארבעים מתוך שמונים קדשו.** כלומר היכא דלא נתכוון שיקדשו אלא ארבעים ואת השאר הביא לאחריות שאם יאבדו או יטמאו אלו יהו אלו תחתיהן. **לא קדשו.** כלומר לא נתכוון שיקדשו ארבעים בלא שמנים שבדקוהו ואמר (לכולכם) [לכולם] נתכוונתי. **בסתמא.** ששחט סתם והלך לו [קידושין שם]. **לאחריות קא מיכוין.** שאם יאבדו או יטמאו חליין יפטור בחליין והוה ליה כאומר יקדשו ארבעים מתוך שמונים [עירובין ג.]. ולא היה בלבו אלא על ארבעים [קידושין שם]. **לקרבן גדול.** והא לא אפשר וארבעין מינייהו לא אמרינן דלקדשו [עירובין שם:]. ועל כולם היה לבו [קידושין שם]. **אין מקדשין שלא מדעת.** שהטומו בהן צריך שיתננו לשם כך [סוטה יד:]. **שחטה חוץ לזמנה.** דחישב עליה בשעת שחיטה לאוכלה חוץ לזמנה או חוץ למקומה [מעילה שם].

דף עט ע"א

אם עלו לא ירדו. אם עלו למזבח אימוריהן להקטיר לא ירדו [פסחים עג.]. **אין הנסכים.** הבאין עם הזבח. **מתקדשין אלא בשחיטת הזבח.** דכל זמן שלא נשחט הזבח אע"פ שהפרישן לשם זבח זה יכול לשנותן לשם זבח אחר אבל לאחר שחיטה אינו יכול לשנותן לשם זבח אחר [לעיל מד:].

דף עט ע"ב

העומד לזרוק. שאינו מחוסר אלא זריקה. **כזרוק דמי.** לחול עליו כל שם פסול קדשי קדשים אבל לאישתרויי לא מישתרי עד דזריק [פסחים יג:]. **לב בית דין.** (הטם) העוסקין בצרכי ציבור [זבחים ו:]. **מתנה עליהם.** כל מידי דציבור נותנין ב"ד לב [שבועות יא.]. **לדברי רבי שמעון אין נפדין תמימים.** דהכי גמר לה רבי יוחנן מרביה דפליגי בה רבי שמעון ורבנן לרבי שמעון לית ליה לב ב"ד מתנה עליהן להכשירן לתמידי שנה הבאה [לומר] אם הוצרכו הוצרכו ואם לאו יהא קדושים לדמיהן שיפדו אותן ממעות חולין בלא מום ויוציאם [לחולין] ויפלו דמיהם למותר תרומה ואחר כך יחזרו ויקחו אותם מתרומה חדשה ויוכשרו לתמידין [זה לא נאמר אלא יעשו קיץ למזבח] ולדברי חכמים נפדין תמימים דאית להו לב בית דין מתנה עליהן תנאי זה אלמא לית ליה לרבי שמעון לב בית דין מתנה עליהן (בהן) דאי אית ליה יוכשרו לתמידין ולא יקיימו אלא לית [ליה לב ב"ד מתנה] [(גירסת ש"מ), לא יקיימו בהן אלא בדמיהן כך שמעתי וכו'] כך שמעתי בשבועות [זבחים ז.]. **דאית להו תקנתא ברעייה.** תמידין דאית להו תקנתא ברעייה ולכשימותו יפדם לא קיימי בית דין ומתנו [שבועות שם:]. **ולד תודה ותמורתה.** כולן קריבין כדאמרי' בבכורות (דף יד:) רק קדשיך אלו התמורות אשר [יהיו] לך אלו הוולדות בכולן אני קורא בהן תשא ובאת וגו' [זבחים לו.]. **מהו אומר תודה יקריב.** אם על תודה יקריבנו והקריב וגו' דהוה [ליה] למכתב (אם על תודה) והקריב על זבח התודה. **תלמוד לומר התודה יקריב.** מ"מ. **יכול שתהא שניה טעונה לחם.** אם יקריבנו לאחר שהקריב הראשונה. **יקריבנו.** אחד ולא שנים ומלחם הוא דקא ממעט דאילו מהקרבה לא [קא] ממעט [לשניה כדמרבי] להו מאם על תודה דקרבה. **וחליפות.** כגון אבדה והפריש אחרת תחתיה [והרי שתיהן עומדות יקריב אחד מהן ולחמה עמה כדמרבינן מתודה יקריב דאיזו שירצה יקריב לחמה עמה אבל תרווייהו בלא לחם לא נפקא לן מינה]. [תמורה יח:]. **מפריש תודתו ואבדה** והפריש אחרת תחתיה ונמצאת הראשונה הויא שניה חליפי תודה וקריבה [זבחים לו.]. **יכול יהו טעונות לחם.** [ולדות ותמורות וחליפות] [תמורה שם לגירסת ש"מ, ועיי"ש אות לה שנוסף עוד דיבור]. **לא שנו.** דולד

אינו טעון לחם. **אלא לאחר כפרה.** שכבר הקריב את אמו ויצא ידי נדרו. **אבל לפני כפרה.** יקריב זה במקום אמו לחובת נדרו וטעון לחם [כריתות כז.]. **אהייא.** קאי [שבת קנ: ועוד].

דף פ ע"א

כל שבחטאת מתה. חמש חטאות מתות הלכה למשה מסיני כונסן לכיפה והן מתות ולד חטאת ותמורת חטאת וחטאת שמתו בעליה וחטאת שנתכפרו בעליה על ידי האחרת שאבדה זאת ואחר כך נמצאת ושעברה שנתה. **אין חטאת מתה.** משום כיפרו בעליה אלא האבודה בשעת כפרה ונמצאת אחר שנתכפרו הבעלים הא נמצאת קודם כפרה כיון דאמרי רבנן לא מתה. הויא לה מותר חטאת ורועה ודמיה לשופרות. **אבודה בשעת הפרשה.** חטאת שאבדה עד שהפריש אחרת תחתיה ונמצאת קודם הקרבת השניה [פסחים צז.]. **מתה.** [חטאת] שכיפרו בעליה דקיימא לן (תמורה דף כא:) דאזלא למיתה אפילו לא היתה ראשונה אבודה בשעה שמתכפר בשניה אלא בשעת הפרשה ומשהפריש זו תחתיה נמצאת קיימא לן בה דאם נתכפר באחת מהן שניה מתה [זבחים קיב.]. **שתי חטאות לאחריות.** שאם יאבד אחד מהן יקריב את חבירו [יומא סה.]. **מתכפר באיזה מהן שירצה והשניה תרעה.** והשיא קריבה לאחר מיתת בעלים שהרי נתכפר בחבירתה בחייו ואין זו חטאת שמתו בעליה [זבחים ה:]. **מעיקרא** שאם תאבד האחת יתכפר בחבירתה [שם קיב.]. **אינו מביא תודה אחרת.** על אותו לחם ופודין אותו ויוצא לחולין דלחם גלל תודה וכיון דהוקבע לזו פסול לאחרת אבל בדמים יקח תודה או לחם תודה אחרת [פסחים יג:]. **לחם גלל תודה.** תודה עיקר ולחם טפל דשחיטת תודה [מקדש] ללחם כדאמרינן בפ' התודה (לקמן עח:) [על חלות לחם חמץ] יקריב קרבנו מלמד שאין הלחם קדוש אלא בשחיטת הזבח וכן לחם גלל כבשים דשחיטת כבשים מקדשים ללחם בפ' התכלת (לקמן מו.) [לעיל טו.]. **ואין תודה לגלל לחם.** שהיא עיקר [פסחים יג:].

דף פ ע"ב

והקריב. מדהוה ליה למיכתב והקריב חלות על זבח התודה וכתיב והקריב על זבח התודה חלות [הא קמ"ל דתודה נמי היינו חלות] [לעיל טו.]. **תודה שנתערבה** וכו'. וקיימא לן על זבח התודה חלות התודה טעונה לחם ולא חליפתה ולא תמורתה טעונין לחם. **ומתה אחת מהן.** שאם היו שתיהן קיימות מביאן ומביא ארבעים חלות כמשפט התודה ואומר הרי הלחם הזה לשם אותה שהיא תודה ושחיטת התודה מקדש ארבעים כמשפטה אבל מתה אין לחברתה תקנה [ר"הה:]. **חולין לעזרה.** דרשינן בסיפרי כי ירחק ממך המקום וזבחת (דברים יב) בריחוק מקום אתה זובח ואי אתה זובח בקירוב מקום חולין שלך והוא הדין לכל הבאת חולין בעזרה שאסור אי נמי מדרבנן דלמא איכא דחזי ליה דנוהג בהן מנהג חולין כדינן וסבור קדשים הן הואיל ואייתינהו בעזרה ואתי לזלזולי בקדשים [רשב"ם ב"ב פא:]. מידי דלא איתעביד ביה צורך גבוה [חולין קל:].

דף פא ע"א

עני מרי. ענני אדוני [לעיל יז.]. **רצה בה מתכפר.** והולד ירעה. **רצה בוולדה מתכפר.** והיא תרעה [יבמות עח.]. **דכי אמרינן וולד חטאת למיתה אזיל** היינו היכא דמפריש חטאתו ונתעברה וילדה דהלכה למשה מסיני ד[חמש חטאות מתות נינהו] [ובהכי] גמירי לה דמתה אבל אי אפרשה מעוברת חשוב עובר כבהמה אחרת ואיילא עליה קדושה באנפי נפשיה והויא ליה כמפריש שתי חטאות לאחריות דמתכפר באיזו שירצה והשניה תרעה אלמא קדושה חלה על העוברין [תמורה י.]. **דכי אמרינן ולד חטאת** למיתה אזיל הני מילי בהקדישה ולבסוף נתעברה אבל הקדישה מעוברת חשיב עובר לקבולי קדושה באנפי נפשיה [ולא] מכח אמו והוי כמפריש שתי חטאות לאחריות דמתכפר באיזו שירצה [שם כה.]. **טוב אשר לא תדור.** לעיל מיניה כתיב את אשר תדור שלם ואפילו הכי טוב אשר לא תדור שמא תדור ולא תשלם [חולין ב.].

דף פא ע"ב

נדר ופתחו עמו. עם הנדר אמר פתח שמתחרט בו. **מן הגרוגרות ומן הדבילה.** לא שייכא בהו נזירות [לקמן קג.]. **ב"ש אומרים נזיר.** דכיון דאמר הריני נזיר חל עליה נזירות וכי הדר ואמר מן הגרוגרות ומן הדבילה לא אמר כלום [נזיר ט.]. **מן** היין דתפוס לשון ראשון [לקמן שם]. **ובית הלל אומרים אינו נזיר.** דכיון דאמר מן הגרוגרות לא שייך שום נזירות בגרוגרות ודבילה [נזיר שם].

דף פב ע"א

שם שם. בשלמים כתיב (דברים כז) וזבחת שלמים ואכלת שם ובמעשר כתיב (שם יד) ואכלת לפני ה' אלהיך במקום אשר יבחר לשכן שמו שם מעשר דגנך תירושך ויצהרך ובכורות [זבחים נ.]. **אליבא דר' מאיר דאמר.** בקדושין (דף נג:) מעשר שני ממון גבוה הוא ואינו נכסי הדיוט לקדש בו אשה [סוכה לה.]. **מן החולין.** ולא ממעות מעשר שני ולא מנדרים ונדבות שהוא מחויב ועומד בהן [ביצה יט:]. כלומר משלו ולא ממה שהוא מחויב ועומד [פסחים ע.]. **מה פסח וכו' אלא מן החולין.** ולא מדמי מעשר שני דלאכתי מעשר שני לא הוה. **לא בא אלא מן החולין.** למעוטי מדמי מעשר שני ה"ג במנחות בהתודה (דף פג.). **משאי אפשר.** מפסח מצרים דהאי דלא בא מן המעשר דאי אפשר הוא דלאכתי מעשר לא הוה [יבמות מו.].

דף פב ע"ב

שיהיו כל עבודות של חדש הזה כזה. כל פסחי דורות הוקשו זה לזה [פסחים צו.]. **זאת התורה.** הוקשו כולן זה לזה ללמוד זה על זה. **לעולה.** [לכך] הוקשו כולן לעולה דמה עולה טעונה כו'. **אילימא מזרק.** לקבלת דם ויליף מעולת סיני דכתיב וישלח את נערי בני ישראל וכתיב [התם וישם באגנות]. **שלמי ציבור נמי וכו'.** וכיון דהדור איתקוש כולהו לשלמים דכתיב ביה בהאי קרא וילפינן מינה לקמן בשמעתין (דף לח.) מה שלמים מפגלין ומתפגלין הא נמי תילף משלמים דהתם [בשיני שלמים נמי] הוו [זבחים צז:]. **אלא סכין.** לשחיטה לאפוקי צור וקנה דכלי שרת בעינן. **אף כל אין נאכלין אלא לזכרי כהונה.** ושלמים דהאי קרא בכבשי עצרת קאי דקדשי קדשים נינהו ככל הכתובים במקרא זה. **מאי [היא].** הי מינייהו יליף לאכול לזכרי כהונה ממנחה [שם צח.].

דף פג ע"א

בקדש הקדשים תאכלנו. בויקרא קרא כתיב [ואע"ג דזבחי שלמי ציבור לא כתיב התם אפ"ה] וקדש יהיה לך דכתיב בסיפיה דקרא יתירא הוא למילף שלמי ציבור [דהיינו כבשי] עצרת דכתיב בהו קדש יהיו לה' לכהן. **מה חטאת מקדשה בבלוע** כו'. ואף על גב דבמנחה נמי כתיב (ויקרא ו) כל אשר יגע בה יקדש דמקדשת בבלוע אצטריך לאקושינהו לחטאת דממנחה לא מצי ילפי דאיכא למימר לא איתקיש למנחה אלא לענין זכרי כהונה אבל לענין בלוע [מנחה] דוקא דרכיכא [מיבלע] אבל שאר קדשים לא. **מה אשם אין שפיר ושליא קדוש בו.** דהא זכר הוא ואין לך לומר בחלב ושתי כליות שלו שאף של [שליל] שבמעיו משמע אף הבאים נקבות כגון חטאת ושלמים אין שפיר ושליא קדוש בהן ואין חלב ושתי הכליות של שליל שבמעיהן קריבין ומעולה לא ה"ל למילף דכליל היא [ולא מלינן למימר אף כל שאין שפיר ושליא קדוש בו] דלאו לעולה מדמית להו שהרי אף שאר הבשר אינו קרב ואכילת זכרי כהונה לא יליף מחטאת ואשם כדיליף ממנחה דתקשה לך אמאי אקשינהו למנחה לילפו זבחי שלמי ציבור מאשם וחטאת משום דכתיב בתרוייהו גבי אכילת זכרים הוא [קדש] קדשים הוא [אבל שלמים קדשים קלים היא] הלכך מהתם לא מצי ילפי אי לא מהיקשא דמנחה [זבחים צח.]. **שפיר.** הוא עור הולד שהעצמות והגידים והבשר נצורים בתוכו [ברכות ד.]. היינו עור הולד מרוקם שיש בתוך השפיר צורת איברים קטנים ובמס' נדה מפרש לה בהמפלת [כריתות ז:]. **ושליא.** דתנן (נדה דף כו.) אין שליא בלא ולד והוא כמין כוס שהולד שוכב בתוכה וקורין ושטי"דור בלע"ז ותניא (נדה דף כו.) אין שליא פחותה מטפח ותחלתה כחוט של ערב וסופה כתורמוס [ברכות שם]. **וולדות קדשים בהוייתן הן קדושים.** כשנולדים הן קדושים ולא במעי אמן [וגמרינן] מאשם [זבחים שם]. בלידתן מתקדשות. לשון הוייה נקט בהו משום דמאשר יהיו לך נפקי לן וולדות קדשים ליקרב [דכתיב] רק קדשיך אלו התמורות אשר יהיו לך אלו הוולדות במסכת תמורה (דף יז:) [שם קיד.]. והויא לישנא דקרא דאיתרבי מיניה וולדות קדשים [כריתות כג:]. **ודנין אפשר משאי אפשר.** נקבות מזכרים ולגמרי לא

מצי למעוטינהו [מקדושה והקריבה] דכתיב רק קדשיך אשר יהיו לך ואמר מר בכורות (דף יד:) רק קדשיך אלו התמורות אשר יהיו לך אלו הוולדות ומאשם גמרינן דבמעי אמן מיהא לא קדשי אלא בהוייתן כדכתיב אשר יהיו. **מה מלואים מותריהן בשריפה.** ולא היו בעלי חיים במותריהן דמלואים שהרי קרבן לדור היו ולא הופרשו שנים לאחריות וגם לא אבד אחד מהם והפריש אחר תחתיו ונמצא הראשון. **אף כל מותריהן בשריפה ואין [מותריהן בעלי חיים].** שאם היו בעלי חיים במותריהן כגון יחיד שהפריש שני קרבנות לאחריות שאם יאבד האחד יתכפר בשני או אם הפריש קרבן ואבד והפריש אחר תחתיו ונמצא הראשון והקריב [אחד מהן והשני] נותר אין נותר זה בשריפה כדין נותר של מילואים. **מפגלין.** את הנסכים שאם חישב בזבח אף הנסכים מפוגלין ומש"ה יליף משלמים דעיקר פיגול [בהו כתיב]. [(נוסחת ש"מ), ס"א, מפגלים את הלחם דהא בכבשי עצרת כתיב שאם חשב בזבח אף הלחם מפוגל אף כל שבא דבר אחר עמו הזבח מפגלו כגון איל נזיר שהוא טעון לחם וכן תודה ומשום הכי יליף משלמים משום דעיקר פיגול בהו כתיב] [זבחים צח.]. **מפגלין ומתפגלין.** שהדם הוא המפגל והבשר והאימורין המתפגלין. **אף כל.** שיש בו מפגלין ומתפגלין פיגול נוהג בו יצאו מנחת כהנים ומנחת כהן משיח ומנחת נסכים שהם מתירים את עצמם ואין בהם שירים להתפגל מחמת עבודת מתיריהם שאין פיגול נוהג בהם [שם כח:]. **קדיר.** טריסטטרי"ט בלע"ז מתוך שהבשר עב נכנס בתוכו השומן בעומקו. **חטאת.** באה ביום דכתיב (ביום) בפר יוה"כ (ויקרא טז) כי ביום הזה יכפר עליכם. **ובידו הימנית.** דכתיב [ביה] אצבע וכהונה ואמר מר לעיל (דף כד:) כ"מ שנאמר אצבע וכהונה אינו אלא ימין [שם צח.]. **משלו ולא משל [ציבור].** מתרומת הלשכה. **[ולא משל] מעשר.** דהרי אשר לו כתובים בפרשה ואפילו לרבי יהודה דאמר מעשר ממון הדיוט הוא להכי אתא אשר לו לממעטיה וביום ובידו הימנית נמי בפר יום הכפורים כתיב כי ביום הזה יכפר וכתיב ביה אצבע וכהונה והזה באצבעו אל פני וגו'. **מביום צוותו נפקא.** למה ליה למילפא מחטאת בהמה הא בכולהו קרבנות כתיב ביום צוותו להקריב דמשמע ביום ולא בלילה וכל הקרבנות במשמע [חולין כב.]. **כדי נסבה.** שלא לצורך [סוטה יט:]. כדי כלומר בולא כלום באין ספר כמו כדי נסבה (ר"ה דף ה.) [גיטין פה:]. **מדרבה בר בר חנה נפקא** כו'. וקס"ד או אצבע או כהונה ואין לך בכל אלו שלא נאמר כהן בהקרבתן [זבחים שם]. **כל מקום שנאמר אצבע וכהונה.** ומוקמינן בפ"ק דמנחות (דף י.) או אצבע או כהונה וגמר ממצורע עני דכתיב ביה וטבל הכהן אצבעו הימנית ומיניה ילפינן לכל היכא דכתיב כהן או אצבע שתהא עבודה בימין ובעולת נדבה כתיב כהן והקריב הכהן [חולין שם]. **מה אשם עצמותיו מותרין.** לעשות מהן כלים אני שמעתי שהרי נאכל לכהנים ונותר בעצמות לא שייך אלא בדבר הנאכל [זבחים שם]. שהרי אף בשרו מותר ואי משום נותר דבשריפה לא שייך נותר אלא במידי דבר אכילה כדכתיב (ויקרא ז) והנותר מבשר הזבח וגו' [שם פו.]. **אף כל.** ואפי' עולה ומיבעי [לן] הא [מחטאת נמי] הוה מצי יליף ונראה בעיני דמלו יהיה יתירא נפקא ליה באשם דכתיב ביה (שם ז) לכהן [אשר יכפר בו] לו יהיה [שם צח.].

דף פג ע"ב

למותר הפסח. בין שהפריש פסחו ואבד ונתכפר באחר ואח"כ נמצא זה בין שהפריש מעות לפסחו ותלה קדושת פסח על כולן והוזלו טלאים וניתותרו מן המעות [פסחים ע:]. **שאבד ונתכפר באחר** [נ"א, וקרב אחר] ונמצא הראשון [זבחים ז:]. **שקרב שלמים.** במועד או לאחר הרגל. **לדבר הבא מן הצאן ומן הבקר.** היינו שלמים שכשירין לבא מכל צאן ומכל בקר זכר ונקבה [פסחים שם]. היינו שלמים שהן באין מכל צאן ומכל בקר בין זכרים בין נקבות מה שאין כן בשאר זבחים שהוקבעו או בזכר או בנקבה עולה ואשם הוקבעו בזכרים חטאת הוקבע בנקבות והוקבע בזכרים כגון שעיר נשיא אינו בא בנקבה [זבחים שם]. **אבוה דשמואל.** אבא בר אבא, אבוה דשמואל הוה וחסיד גדול היה [חולין קיא:]. **כבש.** הוא מקריב גבי שלמים כתיב אם יתירא הוא דמצי למיכתב כשב הוא מקריב א"נ כשב קדריש דהא כתיב לעיל מיניה אם מן הצאן קרבנו ובפרשה תחתונה אמור ואם עז קרבנו מכלל דעד השתא בכשב איירי דאין לך עוד בצאן אלא כשב. כשב, קרא יתירא כדפרישית מדכתיב בתריה ואם עז מכלל דעד

השתא בכבש איירי [פסחים צו:]. קרא יתירא הוא דכיון דכתיב [מעיקרא ואם מן הצאן וכתיב] בתריה ואם עז מכלל דעד השתא בכבש איירי דאין לך מן הצאן אלא שני מינין [זבחים ט.]. **לאליה.** דבכל קרבנות כשב אליה כתיבא עם האימורין בשלמים חלבו האליה (ויקרא ג) ובאשם כתיב (שם ז) את כל חלבו ירים ממנו את האליה וגו' וחטאת כאשם אבל פסח אימורין גופייהו לא כתיבי בהדיא אלא כדנפקא לן (לעיל דף סד:) מאת דמם תזרוק ואת חלבם תקטיר הלכך אצטריך לריבויי להתרבות בקרבנות שבשור לא הוזכרה אליה באימוריו [פסחים שם]. שהאליה קריבה עם אימורין כנגד הכליות ולמטה דכתיב לעומת העצה יסירנה מקום שהכליות יועצות [זבחים שם]. **ושלמים הבאים מחמת פסח.** מותר פסח כגון תמורתו ופסח שנתכפרו בעליו באחר כך שמעתי [פסחים שם]. חגיגת ארבעה עשר כדאמרי' בפסחים (דף סט:) [זבחים שם]. **לכל מצות.** מלות שלמים גרסינן שיהא דין כל חומר שלמים עליהן לשון אחר הבאין מחמת פסח חגיגת ארבעה עשר וזו שמעתי [וכך קבל רבי]. **ואם.** הפסק הוא להפסיק בין כשב לעז שבכשב נתפרשה אליה כדכתיב האליה תמימה לעומת העצה ממקום שהכליות יועצות ובא הכתוב והפסיק ולמד על העז שאינה טעונה אליה להקריב אליה שלה למזבח יש מפרשין עז אין לו אליה וטעות הוא בידם שהרי ממקום שהכליות יועצות היא ניטלית ועוד מה לימד הכתוב הואיל ואין לו [פסחים שם]. **עברה זמנו.** זמן שחיטת הפסח. **לא עברה זמנו ולא עברה שנתו.** [אם] שחטו קודם הפסח לשם שלמים כשר ואע"ג דחזי לפסח ראשון [זבחים שם:].

דף פד ע"א

שומרי ספיחין. של שעורין לצורך מנחת העומר או של חטין לצורך שתי הלחם [ב"מ קיח.]. **מתרומת הלשכה.** כסף שבקופות [כתובות קו:]. **לאכלה.** למימרא דאין מותר ליהנות מפירות שביעית אלא הנאה הדומה לאכילה [סוכה מ.]. **כרמל.** בעוד הכר מלא שהתבואה לחה ומלאה בקשין שלה ועל כן נקראים המלילות כרמל וכן כרמל בצקלונו (מלכים ב ד) [ויקרא ב, יד]. לשון כרמל רך ומל רך שנמלל [כריתות ד:]. **דאשתקד.** שנה שעברה [ברכות כז:]. שנה המוקדמת לזו שאנו עומדים בה [רשב"ם ב"ב צח.].

דף פד ע"ב

מתמרים. משבעת המינין הם דכתיב ודבש דהיינו דבש תמרים. **מפירות שבעמקים.** תבואת דגן שבעמקים שהמים לנים שם ותבואתן כמושה [נ"א, כמושה] ומרקבת [פסחים נג.]. **בכורי קציר חטים.** שתי הלחם שהם ראשונים למנחת חטים הבאים מן החדש [במדבר כח, כו]. **בכורי.** שהיא מנחה ראשונה הבאה מן החדש של חטים למקדש כי מנחת העומר הבאה בפסח מן השעורים היא [שמות לד, כב]. **באספך את מעשיך.** שכל ימות החמה התבואה מתייבשת בשדות ובחג אוספים אותה אל הבית מפני הגשמים [שמות כג, טז]. **רבי יוחנן חזאי [בחלמא].** הלילה נראה לי ר"י בחלום והואיל ונראה לי יודע אני בי שאומר היום דבר טעם [בכורות נג.]. **מראשית ולא כל ראשית.** שאין כל הפירות חייבין בבכורים אלא שבעת המינין בלבד [דברים כו, ב].

דף פה ע"א

אין מביאין. סולת למנחה. **לא מבית הזבלים ולא וכו'.** מפני שתבואה שלהן אינה מן המובחר [פסחים יא.]. **מבית השלחים.** ארץ יבשה קרויה בית השלחין וצריך להשקותה תמיד ושדה בית הבעל יפה הימנה [שיר השירים ד, יג]. שדה שהיא עומדת בהר וצריך להשקותה תמיד [מו"ק ב.]. קרקע יבשה דלא דייה במי הגשמים וממעיין שבה משקה אותה [ב"מ קג:]. **נרה.** ניר היא חרישה שחורשין בימי הקיץ ואין זורעין בו עד ימות החורף כדי שימותו שרשי הקוצים והעשבים כדכתיב נירו לכם ניר ואל תזרעו אל קוצים (ירמיה ד) [ב"ב כד:]. חרישה כדכתיב נירו לכם ניר (הושע י) [רשב"ם שם לו.].

דף פה ע"ב

תקוע אלפא לשמן. שמן זית מצוי לשם שממנו מדליקין הנרות [שמואל ב כ, כו]. **וטובל בשמן רגלו.** שיהיו זיתים מרובים בחלקו [בראשית מט, כ].

פולמוסטום. שוטר ורבינו חננאל פי' פולמוסטום לוחם מלחמות בלשון יון [רשב"ם ב"ב קמד:].

דף פו ע"א

עשירים מקמצין. רבי שמעון בן רבי בנו של נשיא היה ומקמץ לשון עלרן [חולין מו.]. **סטכתא.** לא איתפרש [פסחים מג.]. **שלא הביא שליש.** שלא בישלו שליש [מו"ק ט:]. **ומעדן.** מלהיב [מגילה יג.]. **הקדישו.** לצורך מנחות. **מהו שילקה עליו משום בעל מום.** מקדיש בעל מום דהכי אמר רבי במסכת תמורה (דף ו:) שהמקדיש בעלי מומין [עובר בחמשה לאוין] [לעיל פה:]. **עוטנו בבית הבד.** צוברים הזיתי' יחד ושומנן מתעגל ומתאסף לתוכו כדי שיהא מוכן כשעוצרו בבית הבד ואותו כלי שצוברין אותו כדי להאסף שמנו לתוכו נקרא מעטן [איובכא,כד]. מעטן, כלי גדול שצוברין בו את הזיתים כדי שיתחממו ויתבשל שמנן בתוכן ויהא נוח להוציאו בבית הבד [ביצה לה. ועי' שבת קמד:].

דף פו ע"ב

מפני החיסכון. שחיסך הכתוב, חסך [על עונותיהם] ולא דקדק אחריהם לפי שחס על ממונם וחבירו במסכת מנחות (דף עו:) מפני החיסחון ומפרש מאי מפני החיסחון התורה חסה על ממונם של ישראל [זבחים ו:]. **התורה חסה.** דכתיב (ויקרא יד) וצוה הכהן ופנו את הבית שלא יטמאו כלי חרס שבתוכו שאין להם טהרה במקוה [ר"ה כז.]. שנאמר (ויקרא יד) וצוה הכהן ופנו את הבית וגו' על מה חסה תורה על פכין של כלי חרס שאין להם טהרה במקוה א"כ חסה על ממון קל כ"ש על ממון חשוב א"כ חסה על ממונן של (צירועין) [צרי עין] קל וחומר על ממונן של צדיקים [יומא לט.]. בתורת כהנים נפקא לן מוצוה הכהן ופנו את הבית בטרם יבא הכהן לראות את הנגע ולא יטמא וגו' א"ר מאיר וכי מה מטמא לן שאמרה תורה להמתין שלא יראה הכהן את הנגע ולא יאמר טמא עד שיהו הכלים נפנין וא"ת כלי עליו בגדיו ומתכת מטבילן והם טהורים ועל מה חסה תורה על כלי חרס ופכו שאין להן טהרה אלא שבירה וכל כך חסה תורה על ממונן של צרי עין ק"ו על ממונן של צדיקים [חולין מט:]. **שקופים אטומים.** רבותינו פירשו שקופים לשון ראייה ופתיחה והשקפה פתוחים מבחוץ ואטומים מבפנים קצרים מבפנים שלא כדרך שאר חלונות אחרות העשויות למאור להראות שאינו צריך לאורה [מלכים א ו, ד]. **לא לאורה אני צריך.** שכל חלונות העשויות להכנים אורה קצרות מבחוץ ומרחיבות מבפני' [יחזקאל מ, כה]. **נר מערבי.** למ"ד במנחות מזרח ומערב מונחין סדר הקנים קרי מערבי נר שני שבצד החיצון שהוא במזרח ולמאן דאמר צפון ודרום מונחים אמצעי קרי מערבי על שם שהיה פיו כנגד מערב וכל שאר הנרות כלפי האמצעית דכתיב אל מול פני המנורה דהיינו אמצעי יאירו וגו' של צפון היו פונות לדרום ושבדרום פונות לצפון. נרות, לוצ"ש של זהב שנותנין לתוכן שמן ופתילה. **כמדת חברותיה.** חצי לוג שיערו בה ללילי תקופת טבת הגדולים ואם ידלק ביום (ובלילה) בלילות הקצרים ידלק אבל פחות לא שלא יכבה בטבת בלילה והתורה אמרה מערב עד בקר. **וממנה היה מדליק.** הנרות בין הערבים. **ובה היה מסיים.** הטבת הנרות שדלק כל היום ואינו מטיבו עד הערב ומשנה זו בת"כ שנויה וסבירא ליה למזרח ומערב מונחין והכי תניא לעיל מיניה להעלות נר תמיד שתהא נר מערבי תמיד שממנו יהא מתחיל ובו יהא מסיים ומדלא כתיב להעלות נרות ש"מ הוקבע נר אחד להתחיל בו בכל יום וזהו נר מערבי השני של מזרח והכי תנן (תמיד דף לג.) נכנס ומצא נרות מזרחים דולקות מדשן המזרחי ומניח את המערבי דולק שממנו מדליק את המנורה בין הערבים מצאו שכבה כגון משמת שמעון הצדיק מדליקו ממזבח העולה ונראה בעיני דאמור רבנן קביעותא בנר שני משום דאין מעבירין על המצות וכי עייל בהיכל בקמא פגע ברישא וביה לא מצי לאתחולי דכתיב יערוך אותו לפני ה' צריך שיהא אחד חוצה לו דאי לא לא קרינן ביה לפני ה' והכי אמרינן במנחות (דף צח:) דכתיב בנר מערבי לפני ה' מכלל דכולהו לאו לפני ה' כו' ובה היה מסיים ההטבה לפי שהשאר היה מטיב שחרית וזו מטיב בין הערבים ואוחז הישנה בידו או מניחה בכלי עד שנותן [לתוך מערבית] שמן ופתילה ומדליקה ומדליק ממנה את השאר והא דאמרינן בסדר יומא (דף לג:) הטבת חמשה נרות קודם להטבת שני נרות משמע כולהו הוה מטיב שחרית ויליף לה מקראי היינו בשלא היה הנס מתקיים והיה מוצאו שכבה דלא סמך קרא אניסא וכל זמן שהיו ישראל חביבין היה דולק כל היום והיינו עדותה [שבת כב:]. **הדליות.** לציציו, ל' ענפים הנטוים לאורך לכל צד כמין לציות הכרם שישטרוי"לאש בלע"ז [יחזקאל א, ז].

דף פז ע"א

זרק הגיר. של שמרים. **הקיש בקנה.** שהגזבר מקיש בקנה למוציא היין ורומז לו (ובלא דבור) שרע הוא לנסכים ולא היה מדבר בפיו שהדבור רע ליין [כריתות ו:]. **תמימים יהיו לכם ונסכיהם.** אף הנסכים יהיו תמימים [במדבר כח, לא]. **ברוך ותני.** לכולהו בחדא בבא [ברכות נט.]. שני הדברים בברך אחד בתורה אחת [שבת לד:]. **חוליא.** מתיקא [מגילה ז:]. **אל תרא יין.** לשתותו. **כי יתאדם.** שמשכר יותר מדאי אלמא יין אדום קודם לנסכים דשכר כתיב בהו [רשב"ם ב"ב צז:]. **קרנא.** חתיכה [עי' לעיל פה:]. **רפיק.** עודר [תענית כג.]. **דדרי.** שטוען [שבת סו:]. **שהדיבור יפה לבשמים.** כדאמרי' בכריתות (דף ו:) השוחק אומר היטב הדק הדק היטב שהקול יפה לבשמים [ערכין י:]. **הקדישו.** לצורך מנחות. **מהו שילקה עליו משום בעל מום.** מקדיש בעל מום דהכי אמר רבי במסכת תמורה (דף ו:) שהמקדיש בעלי מומין [עובר בחמשה לאוין] [לעיל פה:]. **כבשים מחברון.** ארץ מרעה היתה [סוטה לד:]. **עגלים משרון.** שם מחוז מרעה בהמות כמו ששנינו אילים ממואב עגלים משרון [ישעיה לג, ט]. שרון, שם מחוז שהיה בארץ ישראל [שם סה, י]. **כר נרחב.** עד שיהיו הכרים שמנים ורחבים. כר, כבש ל"א מישור נרחב כמו (בראשי' יג) ככר הירדן וכמו (ויקרא כג) כרמל כר שהוא מלא תבואה [ישעיה ל, כג]. **על חומותיך ירושלים.** רבותינו דרשוהו כמשמעו מלאכי' המזכירים את ה' על חורבנה לבנותה מאי אמרי אתה תקום תרחם ציון (תהלים קב) כי בחר ה' בציון (שם קלב) כדאיתא במסכת מנחות וי"ת חומותיך אבות הראשונים המגינים עלינו כחומה. **הפקדתי שומרים.** לכתוב ספר זכרונות שלא ישתכח זכותם מלפני. **לא יחשו.** מלהזכיר זכותם לפני. **המזכירים את ה'.** את זכות האבות. **אל דמי לכם.** אל תחרישו [שם סב, ו]. **חביתי כהן גדול.** עשירית האיפה [שמקריב] בכל יום [מחציתה בבקר ומחציתה בערב] ועל שם מחבת קרי לה חביתים דכתיב (ויקרא ו) על מחבת בשמן תעשה [לעיל ז:].

דף פז ע"ב

חביתי. היינו [מנחת] מחבת כ"ג שמביא בכל יום כדכתיב בנו את אהרן מחציתה בבקר על שם מחבת קרו [לה] חביתים דכתיב (ויקרא ו) על מחבת בשמן תעשה. **לא היו באין חצאין.** שלא יביא חצי עשרון בבקר מביתו וחצי עשרון בערב ואע"פ שקריבה לחצאין כדכתיב מחציתה בבקר מחציתה משמע מחציתה של שלימה (מחצה משלמה) מחצה מתוך שלם הוא מביא שמביא עשרון שלם וחוצהו [מנחות נ:]. **טורטני יבנים.** מאזנים יכנים לשם לשקול [שבת פא.]. **חמשה עשר טפח.** ב' טפחים ומחצה לכל לחם והם שש חלות זו על גב זו נמצא שלחן מקדש כו' ונפקא מינה דאי יהיב באויר השלחן מידי בתוך ט"ו טפחים מקדש ליה ליפסל בלינה [לקמן צו.]. **הין.** שנים עשר לוגין [שמות ל, כד]. **שנתות.** סימנים. **עד כאן לפר.** חצי ההין. **עד כאן לאיל.** שלישית ההין. **עד כאן לכבש.** רביעית ההין דכתיב חצי ההין יהיה לפר וגו' [שבת פ:].

דף פח ע"א

בירוצי מדות. מה שצף על שפת הכלי. **לא נתקדשו.** ותוך כלי בעינן [זבחים קיא.]. **גמירי.** מסיני. **שתי סמיכות בציבור.** פר העלם דבר של צבור דכתיב (ויקרא ד) וסמכו זקני העדה ושעיר המשתלח דכתיב (שם טז) וסמך אהרן את שתי ידיו וגו' [מלבור] הוא ותו ליכא שום סמיכה בצבור [לעיל סב:]. **אין לה אלא לוגה.** לוג לכל המנחות [לקמן קו:]. **מים קדושים.** ואין קדושים אלא שנתקדשו בכלי הכי תניא בסיפרי [סוטה טו: ועי' רש"י ורש"י כת"י]. **נר ישראל.** שאתה מאיר עיני חכמים [ערכין י.]. **על דבר אמת.** להורות כדת ולהתנהג בענות לדק [תהילים מה, ה]. **מקשה.** שלא יעשנה חוליות ולא יעשה קניה ונרותיה איברים איברים ואחר כך ידביקם כדרך הצורפין שקורין שולדי"ר בלע"ז אלא כולה באה מחתיכה אחת ומקיש בקורנס וחותך בכלי האומנות ומפריד הקנים אילך ואילך. מקשה, תרגומו נגיד לשון המשכה שממשיך את האיברים מן העשת לכאן ולכאן בהקשת הקורנס ולשון מקשה מכת קורנס בטידי"ץ בלע"ז כמו (דניאל ה) דא לדא נקשן [שמות כה, לא]. **נרותיה.** לוצ"ש בלע"ז שנותנים בהן השמן והפתילות [במדבר ד, ט]. **מלקחיה.** הם הצבתים העשויין ליקח בהם הפתילה מתוך השמן לישבן ולמושכן בפי הנרות ועל שם שלוקחים בהם קרויים מלקחים וצביתא שתרגם אונקלוס לשון צבת טינליי"א בלע"ז [שמות שם, לח]. כמין צבת שמושך בה את הפתילה לכל צד שירצה [במדבר שם]. **ומחתותיה.** הם כמין בזיכין קטנים שחותה בהן את האפר שבנר בבקר בבקר כשהוא מטיב את הנרות מאפר הפתילות שדלקו הלילה וכבו ולשון מחתה פושידוי"א בלע"ז (ישעיה ל) לחתות אש מיקוד [שמות שם, לח]. כמין כף קטנה ושוליה פשוטין ולא סגלגלים ואין לה מחילה לפניה אלא מצדיה וחותה בה את דשן הנרות כשמטיבן [במדבר שם]. **ככר זהב טהור.** שלא יהיה משקלה עם כל כליה אלא ככר לא פחות ולא יותר והככר של חול ששים מנה ושל קדש היה כפול ק"ך והמנה הוא ליטרא ששוקלין בה כסף למשקל קולוני"א והם ק' זהובים כ"ה סלעים והסלע ארבעה זהובים [שמות שם, לט]. **התורה חסה.** דכתיב (ויקרא יד) וצוה הכהן ופנו את הבית שלא יטמאו כלי חרס שבתוכו שאין להם טהרה במקוה [ר"ה כז.]. שנאמר (ויקרא יד) וצוה הכהן ופנו את הבית וגו' על מה חסה תורה על פכין של כלי חרס שאין להם טהרה במקוה א"כ חסה על ממון קל כ"ש על ממון חשוב א"כ חסה על ממונן של (צירועין) [צרי עין] קל וחומר על ממונן של צדיקים [יומא לט.]. בתורת כהנים נפקא לן מוצוה הכהן ופנו את הבית בטרם יבא הכהן לראות את הנגע ולא יטמא וגו' א"ר מאיר וכי מה מטמא לן שאמרה תורה להמתין שלא יראה הכהן את הנגע ולא יאמר טמא עד שיהו הכלים נפנין וא"ת כלי עליו בגדיו ומתכת מטבילן והם טהורים ועל מה חסה תורה על כלי חרס ופכו שאין להן טהרה אלא שבירה וכל כך חסה תורה על ממונן של צרי עין ק"ו על ממונן של צדיקים [חולין מט:].

דף פט ע"א

איני שומע לך. ללמד דבר זה מן המקרא שהלכה למשה מסיני על פה הוא. **ואחד עשר יום שבין נדה לנדה.** בין סוף נדה לתחילת נדה משכלו ימי נדה אינה חוזרת להיות נדה לישב לראייה אחת ששה והוא עד שיכלו י"א יום [נדה עב:]. תחלת נדה (ו)זו היא דינה שאם תראה כל ז' ימים הללו או אם לא תראה כי אם ראייה ראשונה טובלת בליל שמיני ומשמשת עם בעלה ואחר ז' ימים הללו באין י"א יום של ימי זיבה שאם תראה בתחלתן או באמצעיתן או בסופן שלשה ימים רצופין הויא זבה גדולה וצריכה ז' נקיים וקרבן ולעולם לא תחזור לקדמותה להיות תחלת נדה עד אחר ז' נקיים ואם לא ראתה בכל י"א יום הללו עד י"ב הרי היא תחלת נדה בכל המשפט אשר פירשתי ולכך נקראו י"א יום שבין נדה לנדה [רשב"ם ב"ב קכז.]. קיימא לן י"א יום שבין נדה לנדה הלכה למשה מסיני משעברו ז' ימי הנדה אינה חוזרת להיות נדה עד שיעברו י"א יום דכל דמים שרואה בהם דם זיבה הם ואם ראתה בהם יום או יומים רצופים שומרת יום ג' ואם פסקה ולא ראתה בו טובלת בו ביום וטהורה ואם ראתה ג' ימים רצופים הויא זבה לקרבן ולטבילת מים חיים [סנהדרין פז.]. **מערב עד בקר תן לה מדתה.** שתהא דולקת מערב עד בקר ושיערו חכמים חצי לוג ללילי טבת הארוכין וכן לכל הלילות ואם יותר אין בכך כלום [שמות כז, כא]. תן לה, למנורה מדת שמן כדי שתהא דולקת כל הלילה ושיערו חכמים חצי לוג לכל נר ונר ויש בו כדי להדליק כל הלילה של תקופת טבת ואם יותיר בקצרה יותיר [יומא טו.]. חצי לוג לכל נר דאין לך ליל ארוך שלא יהא לך בה כשיעור [פסחים נט.]. חצי לוג לכל נר ונר כך שיערו חכמים [ללילי] תקופת טבת שלא תכבה כל הלילה ובתמוז ובניסן ובתשרי אם תדליק שליש היום לא איכפת לן [זבחים יא:]. **אין לך עבודה כשרה.** כלומר אין לך עבודת יום כשירה אחר הדלקתן דדריש הכי אותו מערב ועד בקר ולא אחר מערב עד בקר [יומא שם]. מעבודות שהן אמורות ביום כגון עבודות הדם [ס"א, עבודות היום] [וקמילה] וקטרת שכשרין מהדלקת נרות ואילך שזו מאוחרת לכולן [זבחים שם]. **אין עניות במקום עשירות.** לא עשו דבר בצמצום אלא הכל מתחלתן דיים והותר [שבת קב:].

דף פט ע"ב

והקטירו. משמע לבדן שלא יערב חלבים של קרבן זה בחלבים של קרבן אחר [פסחים סד:]. **ומנחתו.** מנחת נסכיו [ויקרא כג, יג].

ליקוטי רש"י על מסכת מנחות

דף צ ע"א

אשם מצורע ששחטו שלא לשמו. כגון לשם עולה או לשם שלמים ואמר מר (זבחים דף ב.) כל הזבחים שנשחטו שלא לשמן כשרים אלא שלא עלו לבעלים לשם חובה. **להתירו.** למצורע זה לטהרו לאכול בקדשים [יומא סא: ועי' לעיל ה. גירסת רש"י ופירושו]. **בירוציהן.** מה שצף על שפת הכלי [זבחים קיא.]. **היינו טעמא דלח נעקר ומגווה דמנא קא אתי והיבש אינו נעקר.** שכשאדם מערה לח בכלי אותו היורד תחלה בכלי עולה למעלה אבל בירוצי מדות יבש כגון סלתות אינו קדוש דיבש אינו עובר ואותן בירוצי מדות הלא מוכרין אותן ולוקחין בהן לבונה הבאה בבזיכין וכלי שרת [רש"י מה"ק כתובות קו:]. **אין מקדשין אלא מדעת.** שהנותנו בהן צריך שיתננו לשם כך [סוטה יד:]. **פסולה.** שלא נסדרה בשבת לעמוד שם שבעת ימים כמשפטם והרי היא מחוסרת זמן [ול"נ דלא גרסינן פסולה דהא מסקנא דשמעתין לא חשיב סידור יום ראשון סידור אלא כסידרו הקוף וכמונח בקופסא דמי ולמה יפסול הלחם בהקטרת הבזיכין והלא לא קידש השלחן ללחם כלל אא"כ פירקו בשבת הבאה ויחזור ויסדרנו והכי מוכח נמי מדקתני כילד יעשה אלמא יש תקנה לדבר והכי נמי גרים בפירוש ר"ח איש רומי מתיב רבי זירא כו' והקטיר הבזיכין בשבת כילד יעשה וכו' ורבותא הוא דנקיט אע"ג דהקטיר הבזיכין בשבת כמו שרגילין לעשות יביא בזיכין אחרים ויסדר עם הלחם] [יומא כט:]. **לפי** שמחוסרים בשבת זמן שצריכין לעמוד עליו שבעת ימים [זבחים פז.]. **בירוצי מדות.** שהמספקין סלתות שקבלו מעות הקדש לספק סלתות כל ימות השנה מודדין להקדש במדה מבורצת טפופה ולא מחוקה והמקריבן מוחק המדה והם מותר נסכים ומוכרים אותן [כתובות שם]. כגון מדות לח יין ושמן שאם מדד מוכר לגזבר יינות או שמנים דנסכים בכלי שרת ועודף יין ושמן על מדות כלי שרת אותו בירוץ הוי קדש שהרי קדש בכלי [רש"י מה"ק שם]. **המקבל עליו לספק סלתות וכו'.** הדיוט שקיבל מעות מן הלשכה מן הגזבר לספק סלתות כל השנה למנחות של צבור ארבע סאין בסלעת והוקרו ועמדו משלש סאין בסלע [ב"מ נז:]. [כל ימות השנה להקדש] סלתות מארבע סאין בסלע ועמדו משלש שנתייקרו מספק מארבע והמקבל לספק משלש והוזלו ועמדו מד' מספק ד' [כתובות שם].

דף צ ע"ב

ועשיתם אשה. אין זה צווי אלא כשתבאו שם ותעלה על לבבכם לעשות אשה לה'. **לפלא נדר או בנדבה וגו'.** או שתעשו האשה בשביל חובת מועדיכם שחייבתי אתכם לעשות במועד [במדבר טו, ג]. **עד שיפרוט לך הכתוב יחדו.** כמו שפרט לך הכתוב (דברים כב) בחורש שור וחמור דמדאיצטריך למיכתב יחדיו שמעינן דאי לא כתביה הוה משמע שלא יחרוש לא בשור ולא בחמור ואביו ואמו קלל דריש לה בסנהדרין (דף פה:) להביא את המקלל לאחר מיתה [ב"מ צה.].

דף צא ע"א

חזר וכלל כלל ופרט וכלל וכו' אלא כעין הפרט. פרט הבא אחר כלל פירושו של כלל הלכך כלל ופרט אין בכלל אלא מה שבפרט ואפילו דברים הדומין לפרט אין נדונין עמו לפי שהוא פירושו מהו כלל הכלול למעלה זה שאני אומר לך עכשיו ולא יותר וכי אתי כלל שני אחר הפרט בא להוסיף עליו ודייך אם תוסיף עליו את הדומים לו הלכך אי אתה דן על ידי כלל האחרון אלא דברים הדומין לפרט שלא נתרבו מתחילה [סוכה נ:]. מקום שכולל ופורט דורש שהפרט פירוש של כלל ואין בכלל אלא מה שבפרט וכי חזר וכלל לא הוסיף לך בכלל האחרון אלא הדומה לפרט [קידושין כא:]. דפרט לשון פירוש הלכך כלל ופרט וכלל אי אתה דן להביא על ידי הכלל האחרון אלא כעין הפרט שאילמלא לא בא כלל האחרון הייתי אומר הפרט הוא פירושו של כלל ואין בכלל אלא מה שבפרט ואפילו הדומה לו לא תלמוד ממנו אלא סתם ואח"כ פירש ובא ללמדך שאין בסתם אלא הפירוש הלכך כי אתא כללא בתרא אהני לרבויי כעין הפרט ותו לא [סנהדרין מו.]. כלומר דן אתה להוסיף על הפרט ע"י כלל האחרון אבל אי אתה דן להוסיף עליו אלא הדומה לו [שבועות ד:]. **ועולה הבאה מן המותרות.** [דמי] אשמות של רעייה כגון תמורת אשם ואשם שמתו בעליו ושכיפרו בעליו באחר דקיימא לן [בכולן] ירעו וימכרו ויפלו דמיהן לנדבה והוא עולת קיץ המזבח [זבחים קג.]. **ואשם שניתק לרעייה.** שמתו בעליו או נתכפרו באחר וחטאת ואשם אינן באין נדבה ומשנתכפרו באחר אין תקנה לזה וגבי חטאת הילכתא גמירי לה (תמורה דף כא:) דמתה ובאשם גמירי הילכתא (שם דף יח.) כל שבחטאת מתה באשם רועה ואם ניתקו מעליו והשליכו לאפר לרעות שיסתאב ויפול בו מום שיוכל לפדותו ולהוציאו לחולין וכל הרועים דמיהם נופלים לנדבה ומה היא נדבה ששה שופרות היו במקדש וכתוב עליהן נדבה ושם היו נותנין כל מותר דמי חטאת ואשם ומביאין משם קיץ המזבח עולות בשר לשם ועורות לכהנים שזהו מדרשו של יהוידע הכהן במסכת תמורה (דף כג:) [פסחים עג.]. כגון תמורת אשם או שעברה שנתו או שנתכפרו בעליו או שמתו וניתק לרעייה שילא וירעה עד שיסתאב וימכר ויפלו דמיו לנדבה [נזיר כה:]. שמתו בעליו או שנתכפרו באחר וניתק מדין אשם לרעייה שאמרו לו ב"ד [הוליאוהו] וירעה [זבחים ה:]. כגון תמורת אשם ואשם שמתו בעליו או נתכפרו באחר וקיימא לן (תמורה דף יח.) כל שבחטאת מתה באשם רועה ונמלך בב"ד ואמרו לו ירעה [שם קיב:]. שניתק מדין הקרבה ומסרוהו לרועה עד שיסתאב דקי"ל (תמורה דף יח.) כל שבחטאת מתה באשם רועה [שם קטו:]. **וכל הזבחים שנזבחו שלא לשמן.** שנשחט עולה לשם שלמים [שם ב.]. **ושלשה עשרונים.** לנסכי שלשה כבשים הללו שחטאתו ואשמו של מצורע טעונין נסכים [ויקרא יד, י]. **הבאה עם הזבח.** כלומר בגלל זבח [זבחים פד.]. **ואת המנחה.** מנחת נסכים של בהמה [ויקרא שם, כ].

דף צא ע"ב

ומנחתם ונסכיהם. של עולה ושלמים לפי שהיו בכלל ויצאו לידון בדבר חדש שיטעינו לחם החזירן לכללן שיטעינו נסכים כדין עולה ושלמים [במדבר ו, טו]. **פלגס.** כבש בן שנה בתוך שנתו קרוי כבש ואיל משעברו י"ג חדשים שנכנס חדש שלש בתוך שנה שניה קרוי איל עד עולם פלגס בתוך חדש ראשון של שנה שניה. **הקריבו.** משנה היא במסכת פרה (פ"א מ"ג) ובפלגס קא מיירי. **ואין עולה לו מזבחו.** אם היה מחוייב איל לבדו או כבש לבדו וטעמא לא מפרש תנא אי משום ספיקא אי משום בריה. **וא"ר יוחנן.** מנא לן דמביא עליו נסכי איל של שני עשרונים ושלישית ההין יין דכתיב בפרשת נסכים בשלח לך אנשים או לאיל האחד וגו' [בשיטמ"ק כתוב וז"ל, כן כתוב בקצת ס"י, ובקצת ספרים אחרים כתיב או לאיל תעשה מנחה, והכי מוכח בפ' שתי מדות ע"ש] או לרבות את הפלגס בנסכים הללו ומדאיצטריך קרא לרבויי ש"מ קסבר רבי יוחנן דת"ק דאמר אין עולה לו מזבחו משום דבריה הוא ולענין נסכים רחמנא רבייה דאי ספיקא הוא לא מרבייה קרא דכיון דשמא איל הוא פשיטא דבעי אתויי נסכי איל ואתנויי דאי איל הוא ליהוי דידיה ואי כבש הוא יהא היתר נדבה שהרי מתנדבין נסכים בלא קרבן כדאמרינן במנחות בפרק בתרא (דף קז.) [דאע"ג] דתני אין מתנדבין לוג אחד ולא ב' וה' אלא שלשה כדי שיהו קרויין נסכי כבש או ארבעה שיהו קרויין נסכי איל או ששה הראוין לפר הכא כי האי גוונא בהדי אחריני קרבי [חולין כג.]. **בדיק לן.** מנסה אותנו [עירובין נא.]. אי ידעינן לתרולי [מו"ק יג.].

דף צב ע"א

פר הבא על כל המצות. דהיינו פר העלם דבר של ציבור [הוריות יב:]. **והיורש סומך.** על קרבן אביו שהפרישו אביו בחייו ולא הספיק להקריבו עד שמת [תמורה ב.]. **גמירי.** מסיני. **שתי סמיכות בציבור.** פר העלם דבר של צבור דכתיב (ויקרא ד) וסמכו זקני העדה ושעיר המשתלח דכתיב (שם טז) וסמך אהרן את שתי ידיו וגו' [מלבור] הוא ותו ליכא שום סמיכה בלבור [לעיל סב:]. **וכפר את מקדש הקדש.** בעבודת פר ושעיר של יום הכפורים כתיב המכפרת על טומאת מקדש וקדשיו [שבועות יג:]. **זה לפני ולפנים.** כפר בדמים הללו על טומאה שאירעה לפני ולפנים אם נכנס אדם שם בטומאה ואין בה ידיעה בסוף אבל הוה [ליה] ידיעה בתחילה וילפינן מקראי בפרק קמא דשבועות (דף ז:) שעיר זה תולה עליה להגין מן היסורין עד שיודע לו ויביא בעולה ויורד [יומא סא.]. **על טומאה** שאירעה לפני ולפנים כגון נטמא לפני ולפנים ושהה כדי השתחואה דמחייבת ליה על שהייתו כדמפרש בפ' שני (לקמן דף טז:) [שבועות שם]. **מכפרת** עבודה זו על הטומאה שאירעה בפנים דפר ושעיר של יוה"כ מכפרים על טומאת מקדש וקדשיו כדאמרינן בשבועות (דף ב.) [חולין קלא:]. **זה היכל.** על טומאה שאירעה בהיכל [יומא שם]. **אם נטמא** בהיכל [שבועות שם]. **מזבח כמשמעו.** על טומאה שאירעה לאדם במזבח ושהה כדי השתחויה שזהו שיעור שהייה למי שנטמא בעזרה [יומא שם]. מזבח הזהב אם הקטיר קטורת בטומאה ובשהייה [שבועות שם]. על מי שעבד בטומאה במזבח בלא חיוב מקדש כגון נטמא במקדש דעבד בלא שהייה דאין כאן טומאת מקדש דהיכא דנטמא בעזרה קי"ל בשבועות (דף טז.) הלכה למשה מסיני דלא מחייב עד שישהה כדי השתחואה [חולין שם]. **אלו העזרות.** נכנס לעזרה בטומאה [שבועות שם]. על טומאה שאירעה בעזרה על הכהנים ששגגו ונכנסו טמאים לעזרה וכן לוים וישראלים ועבדים קראי יתירי קדרים [חולין שם]. **הושוו כולן.** בהאי יכפר בתרא כהנים לוים וישראלים ובטומאת מקדש וקדשיו אי אפשר להשוותן שהרי הפר מכפר על הכהנים והשעיר הנעשה בפנים על ישראל ובאיזה כפרה הושוו מלמד שכולם מתכפרים בוידוי של שעיר המשתלח בשאר עבירות דברי רבי יהודה [יומא שם]. בהא יכפר בתרא השוה כהנים לוים וישראלים מלמד שכולן מתכפרין בשעיר המשלח בשאר עבירות דאילו בטומאת מקדש וקדשיו ליכא למימר דהושוו שהרי הפר מכפר על הכהנים ושעיר הפנימי על ישראל [שבועות שם]. **רבי שמעון אומר כשם שדם שעיר הנעשה בפנים מכפר על ישראל על טומאת מקדש וקדשיו.** ואין עמו וידוי [יומא שם]. לבדו מכפר על ישראל בטומאת מקדש בלא שום וידוי שהרי אין שום וידוי בשעיר הפנימי. **כך דם הפר.** לבדו בלא וידוי. **מכפר על הכהנים על טומאת מקדש.** ואייתר ליה וידוי הפר לשאר עבירות. **הא ודאי הושוו.** בכפרה אחת ואי בשאר עבירות לא הושוו במאי הושוו. **אין הושוו דבני כפרה נינהו.** לכך הושוו ללמדך שיש לכולם כפרה בין בטומאת מקדש בין בשאר עבירות. **מיהו כל חד וחד מכפר בדנפשיה.** אלו בפר ואלו בשעיר [שבועות שם]. **בפר של אהרן.** פר של יום הכיפורים [הוריות ו.].

דף צב ע"ב

גמירי. מסיני. **שתי סמיכות בציבור.** פר העלם דבר של צבור דכתיב (ויקרא ד) וסמכו זקני העדה ושעיר המשתלח דכתיב (שם טז) וסמך אהרן את שתי ידיו וגו' [מלבור] הוא ותו ליכא שום סמיכה בלבור [לעיל סב:]. **מדתניא.** דאיתרבי לסמיכה וס"ד לרבויי נמי לשחיטה בצפון להכי כתיב אותו למעוטי. **על ראש השעיר.** בשעיר נשיא כתיב והוה ליה למכתב על ראשו [זבחים מח:]. בנשיא כתיב ומלי למכתב וסמך ידו על ראשו. **שעיר נחשון.** שהקריבו הנשיאים שעירי חטאות בחנוכת המזבח ולהכי נקט נחשון דהוא הראשון והנהו ממעט דאין טעונין צפון דלא באו על חטא כשאר חטאת [לעיל נה:]. שעירי חנוכת הנשיאים שלא באו על חטא [זבחים שם]. **לרבות שעירי עבודת כוכבים לסמיכה.** משום דמעטינהו ר' יהודה [מסמיכה] במס' מנחות (דף לב.) מהאי [נ"א, מהתם] דשעיר המשתלח דכתיב וסמך אהרן את שתי ידיו על ראש השעיר החי (ויקרא טז) החי טעון סמיכה ואין שעירי עבודת כוכבים טעונין סמיכה ור"ש דרש החי טעון סמיכה באהרן ואין שעיר עבודת כוכבים טעון סמיכה באהרן אלא בזקני העדה ומרבי ליה מהכא [זבחים שם]. **זבחי שלמי ציבור.** כבשי עצרת שאין שלמים אחרים לציבור [פסחים עו:].

דף צג ע"א

יורש סומך. אדם שהפריש אביו קרבן ולא הספיק להקריבו עד שמת [ערכין ב.]. על קרבן אביו שהפרישו אביו בחייו ולא הספיק להקריבו עד שמת. **מאי טעמא דר' יהודה.** דאמר יורש אינו ממיר [תמורה ב.]. **קרבנו.** [דגבי] סמיכה כתיבי תלתא קרבנו גבי שלמים בויקרא ודריש ר' יהודה לחד מינייהו קרבנו ולא קרבן אביו [ערכין שם]. **ויליף תחילת הקדש.** גמר התחלת הקדש כגון תמורה [תמורה שם]. תמורה שהיא תחלת הקדישה של בהמה זו [ערכין שם]. **מסוף הקדש.** דהיינו סמיכה דהויא סמוך לשחיטה [ואהכי] קרי לה לתמורה סוף הקדש במסכת נזיר (דף לא.) משום דלא איירי התם בסמיכה כלל והויא לה תמורה סוף הקדש לגבי קרבן שהמירו בו דאותו קרבן הוי ראשון וחילופיו הוי שני אבל הכא דקא משתעין בסמיכה הויא לה תמורה תחילת הקדש לגבי סמיכה שהיא לבסוף [שתיכף לסמיכה שחיטה] [תמורה שם]. סמיכה שהוא סמוך לשחיטה [ערכין שם]. **ורבנן האי קרבנו.** דמשמע על קרבן עצמו הוא סומך ולא על קרבן אביו. **לרבות כל בעלי קרבן לסמיכה.** שאם נשתתפו ב' או ג' על קרבן אחד קרינא אכל חד וחד קרבנו וכולן סומכין בו [תמורה שם]. חמשה שהביאו קרבן אחד בשותפות כולן צריכין לסמוך עליו ואין אחד סומך עליו [וע"כ לרבות אתא דאי למעוטי לישתוק מיניה וממילא ידעינן דאין סומכין כמו שאין שותפין ממירין] [ערכין שם, ושם וכן בתמורה הגירסא "בעלי חוברין"]. **ורבי יהודה וכו' לית ליה.** דודאי אינו טעון סמיכה כיון דלא מייחד קרבן דידהו כלומר כיון דלא הוי חלוט [לכל] אחד ואחד וכי כתיב קרא לקרבנו ולא [קרבן] אביו [תמורה שם]. דס"ל אחד סומך לכולם ולא הוי כסומך על קרבן חבירו הואיל והוא שייך ביה [ערכין שם]. **דמשמע** קרבנו ולא שליח בין של ישראל בין של עובד כוכבים דלמעוטי עובד כוכבים עלמו שלא יסמוך לא צריך דאמרינן במנחות (דף לג.) ובתורת כהנים בני ישראל וסמך בני ישראל סומכין ואין העובדי כוכבים סומכין [תמורה שם]. **לרבות את האשה.** שתמורתה תמורה ולקיא משום לאו דלא ימיר. **אלא בלשון זכר.** דכתיב לא יחליפנו דהיינו לשון זכר ולא כתיב לא תחליפנו דהוי לשון נקבה. **מה סופנו לרבות כו'.** כלומר מהיכן נלמוד שסופנו לרבות את האשה [שם:]. [כלומר מה] סופינו לרבות את האשה (בקרבנה) [לגירסתינו התיבה מוסגרת, וכ"ה בשיטמ"ק, אולם לגי' צ"ק שהוספנו ותוקן על פיה בריש הדיבור, גרסינן לה] שאם המירה בקרבנה יהא מומר [ערכין שם]. **תלמוד לומר המר ימיר.** [מדשנייה] קרא תרי זימני. **דרשי מואם.** מדמלי למכתב אם המר ימיר וכתיב ואם [תמורה שם:]. **שירי מצוה.** מלוה שהיא שירים שאינה עיקר לעכב כפרה [סוכה לח.]. **ותכף לסמיכה שחיטה.** כדכתיב וסמך ושחט [ביצה כ.]. **מעולת ראייה.** היא חובת רגל כדכתיב (שמות כג) לא יראו פני ריקם [מגילה ה.].

דף צג ע"ב

ויקרב את העולה. עולת יום שמיני של מלואים שהטיל הכתוב על אהרן חובה ליום קח לך עגל בן בקר לחטאת ואיל לעולה תמימים (ויקרא ט). **ויעשה כמשפט.** מה משפט האמור בעולת חובה על כרחיך כמשפט המפורש בעולת נדבה בויקרא קאמר שכל משפטי עולה ושלמים שם נאמרו ובשל נדבה דבר הכתוב דכתיב אדם כי יקריב מכם משמע לכשירלה יקריב וכתיב התם וסמך ידו ואתא האי כמשפט דכתיב בעולת חובה ללמד עליה שתטען סמיכה [ושאר] משפטי נדבה [ביצה כ.]. **שירי מצוה.** כלומר שלא חש לחשוב אותה מלוה ולא סמך [יומא ה:]. מלוה שהיא שירים שאינה עיקר לעכב כפרה [סוכה לח.]. שלא נחשבה בעיניו ולא עשאה [זבחים ו.]. **כאילו לא כיפר.** מן המובחר [יומא שם]. **וכיפר.** (דאין כפרה אלא בדם) כדאמרינן בזבחים (דף ו.) כיפר לגברא דעיקר כפרה בדם אבל לא כיפר נמי (שלא קיים) [שמקיים] מלות קונו מן המובחר [יומא ה.]. כלומר אף על פי כן כיפר [זבחים שם]. **שאם עשאה לתנופה שירי מצוה.** ששיירה ולא עשאה. **מעלה עליו הכתוב כאילו לא כיפר.** לא עשה מן המובחר. **וכיפר.** כלומר אעפ"כ כיפר שאין צריך להביא קרבן אחר [סוכה לח.]. **ביראה.** דמן בירי [מגילה ד.].

דף צד ע"א

לרבות כל בעלי קרבן לסמיכה. מי שיש לו חלק בקרבן סומך עליו [לעיל צג.]. שאם נשתתפו ב' או ג' על קרבן אחד קרינא אכל חד וחד קרבנו וכולן סומכין בו [תמורה ב.]. חמשה שהביאו קרבן אחד בשותפות כולן צריכין לסמוך עליו ואין אחד סומך עליו [ערכין ב.]. **שתי הלחם.** הבאין בעצרת [פסחים מז.]. **לחם הפנים.** לכך קרוי לחם הפנים שיש לו פנים רואין לכאן ולכאן לצדי הבית מזה ומזה ונותן ארכו לרחבו של שולחן וכתליו זקופים כנגד שפת השלחן והיה עשוי לו דפוס זהב ודפוס ברזל בשל ברזל הוא נאפה וכשמוציאו מן התנור נותנו בשל זהב עד למחר בשבת שמסדרו על השלחן ואותו הדפוס קרוי קערה [שמות כה, כט].

דף צד ע"ב

בזיכין. שנותנים בהם לבונה ושתים היו לשני קומצי לבונה שנותנין על שתי המערכות שנאמר (ויקרא כד) ונתת על המערכת לבונה זכה [שמות כה, כט]. שתי כפות מלאות לבונה כדכתיב (ויקרא כד) ונתת על המערכת לבונה זכה [שבת קלג:]. **סניפין.** ומנקיתיו, תרגומו ומכילתיה הן סניפים כמין יתדות זהב עומדין בארץ וגבוהים עד למעלה מן השולחן

הרבה כנגד גובה מערכת הלחם ומפוצלים ששה פצולים זה למעלה מזה וראשי הקנים שבין לחם ללחם סמוכין על אותן פצולין כדי שלא יכבד משא הלחם העליונים על התחתונים וישברו ולשון מכילתיה סובלותיו כמו (ירמיהו ו) נלאיתי הכיל אבל לשון מנקיות איני יודע איך נופל על סניפין ויש מחכמי ישראל אומרים קשותיו אלו סניפין שמקשין אותו ומחזיקין אותו שלא ישבר ומנקיותיו אלו הקנים שמנקין אותו שלא יתעפש אבל אונקלוס שתרגם ומכילתיה היה שונה כדברי האומר מנקיות הן סניפין [שמות כה, כט].

דף צה ע"א

בשעת סילוק מסעות. כשמורידין את המשכן ומסלקין את המזבחות בעת המסעות במדבר. **קדשים נפסלין.** בשר קדשי קדשים וקא סלקא דעתך מפני סילוק המזבח הוא מדקתני. **וזבין ומצורעין משתלחין.** שאין מצורע נכנס לדגלי השבטים ולא זב למחנה לויים נושאי הארון כדאמרינן לקמן (דף סא:) אע"פ שנסע אהל מועד הוא [זבחים ס:]. **הוגללו הפרוכת.** שהיו נגללין בשעת נסיעתן היו נוסעין כולן ובאין זבים ומצורעים ונכנסין במחנה [שכינה] [תענית כא:].

דף צה ע"ב

אין טמאי מתים משתלחין. כגון פסח הבא בטומאה דאישתרו (טמאי מתים לכתחלה כשרוב הציבור טמאי מתים כדכתיב איש וכו') כדלעיל בשמעתין. **אין זבין ומצורעין משתלחין.** שילוחן הראשון בכרת ומיהו לכתחלה לא אישתרו דהא טמא לנפש גלי רחמנא דאין ציבור נדחין הא בשאר טומאות נדחין מיהו אהני היקישא לפוטרן מן הסיכרת [פסחים סז:]. **[אבית] פאגי.** היינו מקום חילון שבירושלים [פסחים סג:]. כל שהוא בתוך היקף החילון של ירושלים קרוי בי פאגי ולי נראה שהוא לשון חבישה כמו שקורין ליגל"א של עיר כמו חמור ובית פאגי (ב"מ דף ט.) בשטדידור"א בית ראש של אספר קורין כן [סוטה מה.]. היקף חילון של ירושלים שהוסיפו עליו קרוי בית פאגי ונראה לי שהוא לשון כבישתה של עירת שונגל"א בלע"ז כדאמרינן פרק קמא (דף ט.) זה קנה חמור ובית פגיה [ב"מ צ.]. מקום לפנים מן חומת העיר ונדון כירושלים לכל דבריו [סנהדרין יד:]. חוץ לחומת העזרה חומה אחת וכן שמה [לעיל סג.]. **והוא דרך חול.** והלחם משנסתלק מעל השולחן והקטירו הבזיכין קרוב הוא להיות חולין שלא מידי מעילה משיהיה לו שעת היתר לכהנים. **אף כי היום יקדש בכלי.** ואפי' אם היום היתה מחלת קדושתו על השלחן הייתי זקוק ליטלו משם ולהאכילנו שאחז בולמוס ומסוכן הוא כך מפורש במנחות [שמואל א כא, ח].

דף צו ע"א

חביתי כהן גדול. אותן שנים עשר חלות שעושה ששה בבקר וששה בערב [לעיל פז:]. עשירית האיפה שמקריבין בכל יום ועל שם מחבת קרי לה חביתים דכתיב (ויקרא ו) על מחבת בשמן תעשה [לעיל ז:]. חצי עשרונו של כהן גדול שקרב עם התמידין בכל יום שנאמר (ויקרא ו) מחציתה בבקר ומחציתה בערב וסמיך ליה על מחבת בשמן תעשה לכך קרוי חביתין [יומא כה.]. היינו [מנחת] מחבת כ"ג שמביא בכל יום כדכתיב בלו את אהרן ומחציתה בבקר. על שם מחבת קרו [לה] חביתים דכתיב דכתיב (ויקרא ו) על מחבת בשמן תעשה. **עריכתן.** תקון החלות שקורין [אנטישטי"ר] ובלשון ארפת [טורני"ר]. **בפנים.** בעזרה דתנור של מתכת היה בעזרה (ולישה ועריכה) ואע"ג דקודם מתן שמן היא והאי תנא אית ליה מדת יבש לא נתקדשה מדלא מצריך לישה שאר מנחות בפנים [והא] בעינן [בפנים] דקסבר חצי עשרון שבו היה חולק חביתי כ"ג נמשח והאי דלא משחו את העשרון השלם מפני שכל אדם מודד בו מנחתו ופעמים שמוציאו לחוץ אבל זה אינו מסור אלא לכהנים [לעיל:]. **כלל אמר ר' עקיבא.** נחלק על ר' אליעזר במכשירי מצוה שאין דוחין הואיל ואפשר לעשותן מערב שבת [שבת קל.]. לגבי מילה באיסור שבת [יבמות יד.]. **בזיכי לבונה.** שנותנים בהם לבונה ושתים היו לשני קומצי לבונה שנותנין על שתי המערכות שנאמר (ויקרא כד) ונתת על המערכת לבונה זכה [שמות כה, כט]. שתי כפות מלאות לבונה כדכתיב (ויקרא כד) ונתת על המערכת לבונה זכה [שבת קלג:]. **ועליו.** כתרגומו ודסמיכין עלוהי [במדבר ב, כ]. **סניפין.** ומנקיותיו, תרגומו ומכילתיה הן סניפים כמין יתדות זהב עומדין בארץ וגבוהים עד למעלה מן השולחן הרבה כנגד גובה מערכת הלחם ומפוצלים ששה פצולים זה למעלה מזה וראשי הקנים שבין לחם ללחם סמוכין על אותן פצולין כדי שלא יכבד משא הלחם העליונים על התחתונים וישברו ולשון מכילתיה סובלותיו כמו (ירמיהו ו) נלאיתי הכיל אבל לשון מנקיות איני יודע איך נופל על סניפין ויש מחכמי ישראל אומרים קשותיו אלו סניפין שמקשין אותו ומחזיקין אותו שלא ישבר ומנקיותיו אלו הקנים שמנקין אותו שלא יתעפש אבל אונקלוס שתרגם ומכילתיה היה שונה כדברי האומר מנקיות הן סניפין [שמות כה, כט]. **לא סידור [הקנים].** שהיו נותנין במערכת לחם הפנים בין חלה לחלה להפרידן ליכנס הרוח ביניהן שלא יתעפשו. **ולא נטילתם.** מן המערכה ישנה. **דוחה את השבת.** אלא נכנס בע"ש ונוטל הקנים ולמחר מסלק המערכה ישנה ומסדר החדשה בלא קנים ולמוצאי שבת נכנס ונותן הקנים ביניהן [שבת קכב:]. **לדברי האומר.** לחם הפנים טפחיים ומחצה באמה בת חמשה טפחים [לעיל פז: מכת"י]. **טפחיים ומחצה כופל.** נותן ארכו של כל לחם שהוא עשרה טפחים כנגד רחבו של שולחן שהוא חמשה טפחים נמצא ארכו של לחם יותר מרחבו של שולחן חמשה טפחים נמצא קופל כל לחם ולחם טפחיים ומחצה מכאן וטפחיים ומחצה מכאן נמצא ששה קיפולין של טפחיים ומחצה שכל מערכה של ששה לחם גבוה חמש עשרה טפחים [לעיל פז:]. **שדופן הלחם היה** כפול טפחיים ומחצה לפי שאורך הלחם היה עשרה טפחים ורוחב השלחן אמה בת ה' טפחים ואורך הלחם מונח ברוחב השלחן נמצא שהוא כופל טפחיים ומחצה מכאן וטפחיים ומחצה מכאן כלפי מעלה שהיה עשוי כמין תיבה פרוצה כדאמרינן בפרק שתי הלחם [שם מכת"י]. **נמצא שלחן מקדש חמש עשר טפחים למעלה.** כלומר דקידושו של שלחן היה עולה חמשה עשר טפחים והיה מקדש כל דבר בין לחם בין קמצים בחמש עשרה טפחים דהיינו גודש שלו [לעיל שם]. דשש חלות היו במערכה זו על גבי זו לכל אחת שני טפחים ומחצה הוי להו ט"ו טפחים עולה למעלה מהשלחן ומקדש השלחן את העליון כתחתון [שם מכת"י].

דף צו ע"ב

מסגרת. שפה כעין לבזבזין סביב השלחן. **למטה היתה.** מרגל לרגל היתה נתונה בראשם ודף השלחן מונח עליו [סוכה ה.]. **כלי עץ העשוי לנחת וכו' דומיא דשק וכו'.** שאינו מטלטל כלי עץ העשוי לנחת אינו מקבל טומאה דכתיב גבי שרצים מכל כלי עץ או עור או שק (ויקרא יא) מה שק מיטלטל מלא וריקם [לעיל כט.]. שאינו מיטלטל וכלי עץ לענין טומאה הוקש לשק שנאמר (ויקרא פרק יא) מכל כלי עץ או בגד או עור או שק וגו' מה שק מיטלטל מלא וריקן אף כלי עץ מיטלטל מלא וריקן ואע"ג דשלחן מלופה בזהב בטל ליפוי לגביה כדאמרינן בשילהי חגיגה שאני שלחן דקרייא רחמנא עץ [יומא כא:]. במקום אחד אינו מקבל טומאה דאיתקש כלי עץ לשק לענין טומאה דכתיב וכל כלי עץ או בגד או עור או שק (ויקרא יא) מה שק המיטלטל אף כלי עץ המיטלטל [מגילה כו:]. לענין טומאה הוקשו כלי עץ לשק דכתיב כל אשר יפול עליו מהם במותם יטמא מכל כלי עץ או בגד או עור או שק (ויקרא יא). מה שק מיטלטל מלא וריקם, יצא העשוי לנחת דאינו מיטלטל מלא וריקן יצא כלי עץ המחזיק מ' סאה בלח שהן כוריים ביבש אע"פ שמיטלטל ריקן אינו מיטלטל מלא שאם יטלטלו מלא ישבר [חגיגה כו:]. **השלחן הטהור.** שאמרתי שיהא טהור מכלל שהוא ראוי לטומאה והלא כלי עץ העשוי לנחת הוא [חגיגה שם]. **שמגביהין אותו.** הלכך מיטלטל מלא וריקם הוא [לעיל שם]. ומראין אותו לחוץ [יומא כא:]. **סילוקו כסידורו.** כשמסלקין אותו עדיין הוא חם [שם.]. שסילוקו לשבת הבאה חם כיום סידורו [חגיגה שם]. **חם ביום הלקחו.** משמע כשמסלקים היה חום [לעיל שם]. שהוא חם ביום שנלקח משם והאי קרא בלחם הפנים כתיב בספר שמואל שיהא חם [יומא שם]. ביום הלקחו מעל השלחן. **ותיפוק לי.** דמקבל טומאה ואפילו הוא עשוי לנחת. **משום ציפוי.** שהוא מתכת דכלי מתכת לא איתקש לשק. **מי לא תנן.** דבתר ציפוי אזלינן. **והדולבקי.** כסא המתקפל ומכוסה עור [חגיגה שם]. שאוכלין עליו וכעין שולחן הוא [ב"ק סו:]. **שחיפן בשייש.** דשוב הוי ככלי אבנים שאין מקבלין טומאה. **ושייר בהן.** מן הספיתה או מן החיפוי כדי הנחת כוסות. **טמאין.** שעדיין ראוי למלאכתו ראשונה. **רבי יהודה אומר.** צריך אף הנחת חתיכות לחם ובשר ואי לא לאו שלחן הוא אלמא ציפויו מבטלו אפילו להקל וכל שכן להחמיר. **ציפוי שאינו עומד.** שאינו מחוזק במסמרים יפה ותאמר דההוא דמקדש לאו עומד הוא [חגיגה שם].

דף צו ע"א

לבזבזין. שפה לשלחן סביב. **לא שנו.** הך דקתני ליפויו מבטלו. **אלא בכלי אכסלגום.** שאינו חשוב כ"כ [חגיגה כו:]. **דרחמנא קרייה עץ.** אף כשהוא מצופה [שם כז.]. **המזבח עץ.** ת"י לקבל מדבחא פתורא ר"ל השלחן קורא מזבח שמכפר בזמן הזה כמזבח כך שמעתי. **[ומקצעותיו].** (רגליו גגו וארכו כתוב במקרא גגו והוא ורגליו וארכו הכתוב במקרא הוא גגו כצ"ל נו"ה) גוף השלחן. **וקירותיו.** מסגרותיו [יחזקאל מא, כב]. **שולחנו של אדם מכפר עליו.** בהכנסת אורחין [חגיגה שם]. **ועשית קערותיו וכפותיו.** קערותיו זה הדפוס שהיה עשוי כדפוס הלחם והלחם היה עשוי כמין תיבה פרוצה משתי רוחותיה שולים לו למטה וקופל מכאן ומכאן כלפי מעלה כמין כתלים ולכך קרוי לחם הפנים שיש לו פנים רואין לכאן ולכאן לצדי הבית מזה ומזה ונותן ארכו לרחבו של שולחן וכתליו זקופים כנגד שפת השלחן והיה עשוי לו דפוס זהב ודפוס ברזל בשל ברזל הוא נאפה וכשמוציאו מן התנור נותנו בשל זהב עד למחר בשבת שמסדרו על השלחן ואותו הדפוס קרוי קערה. **וכפותיו.** בזיכין שנותנים בהם לבונה ושתים היו לשני קומצי לבונה שנותנין על שתי המערכות שנאמר (ויקרא כד) ונתת על המערכת לבונה זכה. **וקשותיו.** הן כמין חצאי קנים חלולים הנסדקין לארכן דוגמתן עשה של זהב ומסדר שלשה על ראש כל לחם שישב לחם האחד על גבי אותן הקנים ומבדילין בין לחם ללחם כדי שתכנס הרוח ביניהם ולא יתעפשו ובלשון ערבי כל דבר חלול קרוי קסו"ה. **ומנקיותיו.** תרגומו ומכילתיה הן סניפים כמין יתדות זהב עומדין בארץ וגבוהים עד למעלה מן השולחן הרבה כנגד גובה מערכת הלחם ומפוצלים ששה פצולים זה למעלה מזה וראשי הקנים שבין לחם ללחם סמוכין על אותן פצולין כדי שלא יכבד משא הלחם העליונים על התחתונים וישברו ולשון מכילתיה סובלותיו כמו (ירמיהו ו) נלאיתי הכיל אבל לשון מנקיות איני יודע איך נופל על סניפין. ויש מחכמי ישראל אומרים קשותיו אלו סניפין שמקשין אותו ומחזיקין אותו שלא ישבר ומנקיותיו אלו הקנים שמנקין אותו שלא יתעפש אבל אונקלוס שתרגם ומכילתיה היה שונה כדברי האומר מנקיות הן סניפין. **אשר יסך בהן.** אשר יכוסה בהן ועל קשותיו הוא אומר אשר יוסך שהיו עליו כמין סכך וכסוי וכן במקום אחר הוא אומר (במדבר ד) ואת קשות הנסך וזה וזה יוסך והנסך לשון סכך וכסוי הם [שמות כה, כט]. **כלל אמר ר' עקיבא.** נחלק על ר' אליעזר במכשירי מצוה שאין דוחין הואיל ואפשר לעשותן מערב שבת [שבת קל.]. לגבי מילה באיסור שבת [יבמות יד.]. **כל האמות.** שבמשכן בין של כלים בין של בנין היו נמדדות. **בבינונית.** שהיא אמה בת ששה טפחים. והיא קרויה בינונית מפני שיש בת חמשה קטנה הימנה והיא אמת יסוד וסובב ואמת הקרנות ואמת ריבוע של מזבח הפנימי כדאמר במנחות (דף לז.) מהאי קרא (יחזקאל מג) ואלה מדות המזבח באמות אמה אמה וטופח וגו' ויש גדולה הימנה חצי אצבע כדתניא בפסחים (דף פו.) שתי אמות היו בשושן הבירה אחת יתירה על של משה חצי אצבע שתי אמות ב' מקלות עשויין למדוד בהן האמות. שושן הבירה מקום הוא על חומת שער מזרחי של הר הבית ושושן הבירה מצויירת בו [סוכה ה:]. באמה בת ו' בינונית לכל אדם ויש גדולה ממנה כדאמר בכילד צולין (פסחים דף פו.) שתי אמות היו בשושן הבירה אחת יתירה על של משה חצי אצבע ואחת יתירה עליה חצי אצבע נמצאת יתירה על של משה אצבע. **אמת בנין.** כגון אמות הקרשים והיריעות. **אמת כלים.** כגון אמות הארון והמזבחות והשלחן [עירובין ד:]. **ואלה מדות המזבח.** שמפרש למטה ארבע עשרה אורך בארבע עשרה רחב. **באמות אמה אמה וטופח.** באמה בת ששה שהיא אמה וטופח באמה בת חמשה [יחזקאל מג, יג]. באמות קטנות בת חמשה שיש באמה בת ו' בינונית אמה וטפח מאלו [עירובין שם.].

דף צו ע"ב

וחיק האמה. אבל היסוד שלא נמדד באמה של חול שהיא בת ה' חיק לשון חיקוי קביעות והיא היסוד האמה אמת חול ולא אמה וטופח שהיא אמה בת ששה וכן שנינו במנחות שהיסוד והסובב והקרנות נמדדין באמה בת חמשה [יחזקאל מג, יג]. נמדד באמות קטנות וכן אמה רוחב וכן גבולו על שפתו זרת האחד וזה גב המזבח כולן באמות קטנות הללו. **חיק האמה זה יסוד.** חיק על שם שהוא חיקויו ותיקונו של מזבח מלמטה [עירובין ד.]. **אלו [הקרנות].** זרת אחד מאמצעיתו מדדו זרת לכל רוח הרי אמה על אמה [יחזקאל שם]. שהן אמה על אמה והאי דכתיב זרת האחד מאמצעית רחבו של קרן מודד זרת שהוא חצי אמה לכל רוח דהוי אמה על אמה [עירובין שם]. **זה גב המזבח.** ובאמה זו היה נמדד גב מזבח הזהב אמה ארכו ואמה רחבו רבוע כך מפורש בעירובין ובמנחות (דף לז) מפורש יותר לפי החשבון חיק האמה בגובהה עלה אמה ואמה רחב כנסה כניסת הסובב אמה בת חמשה אבל עלייתו ששנינו עלה ה' וכנס אמה אינו באמה בת חמשה [יחזקאל שם]. כלומר באמה קטנה זו נמדדה האמה של מזבח הזהב דכתיב ביה אמה ארכו ואמה רחבו (שמות ל) ובמסכת מנחות בפרק שתי הלחם (דף לז:) מפרש ליה להאי קרא דאמה יסוד דקאמרי בקטנה לאו ברוחב כניסת היסוד אלא בגובה עלייתו דאמר מר עלה אמה וכנס אמה זהו יסוד אבל רוחב הכניסה באמ בת ששה ואמה סובב כניסה דילה באמה קטנה ולא ה' אמות של עליית גובהה באמה קטנה כדתנן עלה חמש וכנס אמה זה הסובב וקרנות לא שנא גובהן ולא שנא רוחבן באמה קטנה: הג"ה כאשר מפורש בקונטרס שמע רבינו מר' יעקב בר יקר ועתה חזר בו דקשיא ליה מה שתרגם יונתן אמה אמה וטפח אמתא דהיא אמתא ופשך ונמצא דבאמה גדולה מיירי ועוד אם כדברי הזקן לא היה לו לכתוב וחיק כי אם חיק האמה ופירש לנו רבינו הכי למעלה הזכיר מדות המזבח והאריאל שתים עשרה אמה ושאר מדותיו ועתה כך אמר הכתוב אלה מדות המזבח שאמרתי לך הכל נמדדו באמה שהיא אמה וטפח וחיק שהוא יסוד אינו נמדד אלא באמה שהיא אמה קטנה ולא באמה שהיא אמה וטפח ועתה דברי יונתן בן עוזיאל קיימין כך שמעתי ועיקר, עד כאן הג"ה [עירובין ד.]. **חוגרו.** למזבח. **באמצע.** גובהו הוא [בכורות יז:]. **להבדיל בין דמים עליונים לדמים התחתונים.** ויליף לקמן (דף נג.) מן והיתה הרשת עד חצי המזבח התורה נתנה מחילה להבדיל וחטאת בהמה נעשית למעלה דכתיב בה (ויקרא ד) על קרנות וכן עולת העוף כדלקמן (דף סד:) ושאר זבחים שלא פירש בהן נעשין למטה דכתיב בהו מזבח ולא כתיב בהו קרנות וכוליה מזבח ליכא למימר [דהוי] מקומן שהרי תורה נתנה מחילה [זבחים י.]. **היה עולה בכבש.** לפי שנעשית למעלה כדילפינן בגמרא. **בא לו לקרן דרומית [מזרחית].** כדאמרן שקרובה לבית הדשן. **ממול ערפה.** גובה הראש מול ערפה למטה לצד האגפים מול הרואה את העורף. **ומבדיל.** בשני סימנין כדיליף בהכל שוחטין (חולין דף כא:) [זבחים סד:]. **[ומיצה] את דמה.** לשון מיץ אפים (משלי ל) כי אפס המץ (ישעיה טז) כובש בית השחיטה על קיר המזבח והדם מתמצה ויורד [ויקרא א, טו]. (ומקיף מחבר כמו אין מקיפין שתי חביות (ביצה דף לג:)) דוחק בית מליקתו לקיר והוא מתמצה ע"י דוחקו בקיר [זבחים נד.]. **עלה אמה.** מן הארץ ברוחב שלשים ושתים על שלשים ושתים שמתחילה הביאו מלבן מרובע שלשים ושתים על שלשים ושתים והושיבוהו על הארץ כעין אייסטר"א וגובהו אמה ומילאוהו סיד וקוניא וזפת נמצא שעלה אמה וחזרו והביאו מלבן שהוא שלשים על שלשים וגובהו חמש אמות והושיבוהו על זה משוך אמה מכל צד ומילאוהו סיד וקוניא וזפת הרי שנכנס אמה ועל אותה כניסה היו שופכין הדמים ומשם יורדין לרצפה דרך שני נקבים שהיו באחת הזויות וכשנתמלא מלבן זה נמצא שעלה חמש מן היסוד ומעלה הרי שש מן הארץ חזרו והביאו מלבן שהוא כ"ח על כ"ח והושיבו על זה משוך אמה מכל צד וגבהו שלש אמות ומילאוהו סיד וקוניא וזפת נמצא גבוה תשע אמות והוא גג המזבח וכניסה זו של סוף שש הוא הסובב שבה מקום הילוך לכהנים סביב למזבח כשבאין להקטיר ולמתן דמים והיינו דקאמר עלה אמה וכנס אמה זה היסוד עלה חמש וכנס אמה זה הסובב עלה שלש זה מקום הקרנות ולא גרסינן וכנס אמה שלא היו משוכין הקרנות כלום לפנים אלא הביא מלבן שהוא אמה על אמה ברום אמה ונתנו לקרן ומילאוהו חלקי אבנים וסיד וקוניא וזפת וכן לכל קרן [סוכה מה.]. **והאריאל.** מקום מערכה של מזבח [זבחים נט:]. **שתים עשרה אורך.** מקום המערכה היה עשרים וארבע על עשרים וארבע וזהו י"ב בי"ב. **אל ארבעת רבעיו.** שמאמצעיתו הוא מודד י"ב לכל רוח הרי כ"ד על כ"ד כך מפורש בזבחים [יחזקאל מג, טז]. **אחת עשרה**

אמה אחורי בית הכפורת. היה מקום פנוי אחורי בית הכפורת בין כותל הקדש לכותל עזרה [יומא טז:].

דף צח ע"א

שתי אמות. קני מדה [פסחים פו.]. ב' מקלות עשויין למדוד בהן האמות [סוכה ה:]. שני מקלות שאורכן אמה [בכורות לט:]. **היו בשושן הבירה.** והוא בית הבנוי על גובה השער כדתנן במסכת מדות (פ"א מ"ג) שער המזרחי ועליו שושן הבירה צורה מצויירת ומפרשינן במנחות כדי שידעו מהיכן באו ולהכי הוא דקדשי גגין לכל דדמין לשתי אמות דלא הוי צורך המזבח אבל למילתא אחריתי לא קדשו [פסחים שם]. שושן הבירה מקום הוא על חומת שער מזרחי של הר הבית ושושן הבירה מצויירת בו [סוכה שם]. יליף שעשוי על שער מזרח ומקרי שושן הבירה במנחות בפרק שתי הלחם (דף לח.) [בכורות מ.]. **של משה.** ששה טפחים. **ולמה אמרו אחת גדולה ואחת קטנה.** תיקני להו בשל משה. **כדי שיהו האומנין.** שסכרן לבנות כך וכך אמות נוטלין למדת הקטנה של משה ומחזירין הבנין לגזברין למדה האחת מאלו הגדולות כדי שיוותרו משלהן להקדש ולא בגלגול [פסחים שם]. כשהיו מתנין עם האומנין לעשות כך וכך אמות מלאכה לבדק הבית היו מתנין בשל משה והן עושין [במדה] הגדולה למדת אחת [מאותן ש]בשושן הבירה [בכורות שם]. **כדי שלא יבואו לידי מעילה.** שמא יהנו מן ההקדש בחנם ויבואו לידי מעילה [פסחים שם]. שלא יהנו מן ההקדש דאם היו עושין באותה מדה שמתנין שמא יפחתו דא"א לצמצם הילכך מחזירין בגדולה [בכורות שם]. **ותרתי.** גדולות. **למה לי.** תיקני בשל משה ובחדא מהנך [פסחים שם]. בחד סגי (באותה) [לבד מאותה] (גי' ב"ח, ובאותה של משה) של משה שהיא ו' טפחים [בכורות שם]. **חדא לכספא ודהבא.** בזו שאין יתירה על של משה אלא חצי אצבע היו לאומנות זהב וכסף כמין טבלאות ושולחנות שהן אומנות כבידה [פסחים שם]. שמלאכת טורח היא מתנין בשל משה ומחזירין לאותה שגדולה הימנה חצי אצבע [בכורות שם]. **וחדא לבניינא.** וכזו שיתירה עליהן אצבע היו מחזירין בנין אבנים ומוסיפין על תנאן אצבע לכל אמה [פסחים שם]. דחומה נוטלין בשל משה ומחזירין באותה שיתירה עליה אצבע [בכורות שם]. **וירדו כל עבדיך.** חלק כבוד למלכות שהרי בסוף ירד פרעה בעצמו אליו בלילה ואמר קומו צאו מתוך עמי ולא אמר לו משה מתחילה וירדת אלי והשתחוית לי [שמות יא, ח]. **ואילו לדידיה לא קא"ל.** וירדת אלי והשתחוית לי לאמר וגו' ואע"ג דמסקנא הכי הוה דכתיב (שמות יב) ויקרא למשה ולאהרן לילה ויאמר קומו וגו' [זבחים קב.]. **ויד ה'.** רוח גבורה מן קדם ה' נתלבש כח לרוץ לפני המרכבה ברגליו. **וישנס מתניו.** כמו ויאזור ואין לו דמיון ואף הוא לא בא אלא ללמד לשון זירוז נזדרז כגיבור [מלכים א, יח, מו]. **וירץ לפני אחאב.** אחאב רוכב והוא רץ לפניו שהיה אחאב יחידי ולאו אורח ארעא [זבחים שם]. **לתרופה.** פירשו רבותינו ז"ל להתיר פה אלמים ופה עקרות ומשמעו ל' רפואה כמו (ירמיה ו) וירפאו את שבר עמי על נקלה וכן חברו מנחם [יחזקאל מז, יב]. **להתיר פה שלמעלה.** להתיר פה אלמים שיהו מדברים. **להתיר פה שלמטה.** רחם של העקרות האוכלות מן העלין נפקדות. **איתמר חזקיה אמר וכו'.** והיינו הך דלעיל לתרופה [סנהדרין ק.]. **שש המערכת.** שש חלות המערכת האחת [ויקרא כד, ו]. **על בסמוך.** שיתן הבזיכין של לבונה אצל הסדרים [לעיל סב.]. כל היכא דכתיב על משמע בסמוך [וכו'] כמו ועליו מטה מנשה (במדבר ב) [פסחים סג:]. ולא צריך למיסמך ממש [סנהדרין יג:]. בפרק שתי הלחם (לקמן דף נו.) במשנה פליגי [לעיל כז.]. **וסכות על הארון.** לשון הגנה שהרי מחילה היא [שמות מ, ג]. על כרחך לאו על ממש דהאי מחילה הואי פרוכת ולא היה סכך [סוטה שם]. דליכא למימר על ממש דהא פרוכת מחילה היא להבדיל בין הקדש ובין קדש הקדשים [לעיל שם].

דף צח ע"ב

ובולטין בפרוכת. הפרוכה כנגד פתח שבתחילת אמה טרקסין והפתח באמצע אמה טרקסין היה במקדש ראשון. **כמין שני דדי אשה.** שבולטין מתחת תלוקה [יומא נד.]. **צרור המור דודי לי.** דודי נעשה לי כמו שיש לו צרור המור בחיקו ואמר לו הרי לך צרור זה שיתן ריח טוב מן הראשון שאבדת כך הקדוש ב"ה נתרצה לישראל על מעשה העגל ומצא להם כפרה על עונם ואמר התנדבו למשכן ויבא זהב המשכן ויכפר על זהב העגל. **בין שדי ילין.** אף על פי שמעלתי בו אמר לשכון שם. בין שדי, בין שני בדי הארון [שיר השירים א, יג]. **לפותיא.** רוחב [סנהדרין ז.]. **ויעש את המנורות הזהב עשר כמשפט.** למה נאמר במנורות כמשפט לפי שמודיענו למה עשה עשרה מנורות והכל דרש מן התורה פרחים כפתורים גביעים משוקדים נאמרו בפ' שבעים הרי לכל עשרה מנורות שבעה נרות (כן פי' אחי אמי דודי ר' קלונימוס ב"ר יהודה ומדרש הוא) ושבעה נרותיה כנגד ז' כוכבים מנכ"ל שצ"ם. **ויתן בהיכל חמש מימין.** למנורה של משה. **וחמש משמאל.** וכולם בדרום [דברי הימים ב ד, ז]. **צפון ודרום.** ראשי שולחנות מן הצפון לדרום היות ממש בשורה אחת פונות ראשה של זו לראשה של זו [יומא נא:]. **אל מול פני המנורה.** אל מול נר אמצעי שאינו בקנים אלא בגוף של מנורה. **יאירו שבעת הנרות.** ששה שעל ששת הקנים שלשה המזרחיים פונים למול האמצעי הפתילות שבהן וכן שלשה המערביים ראשי הפתילות למול האמצעי ולמה כדי שלא יאמרו לאורה הוא צריך [במדבר ח, ב]. דהיינו אמצעי יאירו וגו' של צפון היו פונות לדרום ושבדרום פונות לצפון [שבת כב:]. למול פני נר שבגוף המנורה שהוא אמצעית מלבד פני ששה הנרות [מגילה כא:].

דף צט ע"א

משוך מן הכותל. מרוחק מן הכותל לפנוי. **שתי אמות ומחצה.** שיעור דרך שני כהנים זה אצל זה המסדרין שתי מערכות של לחם הפנים בשבת ומצוותו לסדרן ולסלקן יחד וארבעה נכנסין שנים מצד זה של שלחן לסלק את המערכה הישנה של לחם הפנים ושנים מצד זה לסדר החדשה [יומא לג:]. **את המנורות ונרותיהם.** להוציא מלבן של מפרשין נרות היו עושין מגופה של מנורה ולדוקין בה שהרי כתיב ואת המנורה ונרותיהם מה שהזכיר את הנרות בפני עצמן ולא שאר מעשה המנורה בפני עצמן גביעים כפתורי' ופרחים מכלל שלא היו הנרות אדוקין והואיל ואין אדוקין בה נראה כמעשה אחר וצריך להזכיר נרותיהם אבל שאר מלאכות שהיו אדוקין בה אינו מזכירם שנקראים על שם המנורה ומה שעשה עשר מנורות ועשר שלחנות ועשר כיורים והכרובים וכל אשר עשה מפורש בברייתא דר' פנחס בן יאיר [דברי הימים ד, כ]. **זהב סגור.** פירשו בו רבותינו בשעה שנפתח לימכר כל חניות אחרות נסגרות וי"מ דהב טב ר"ל מי שיש לו ממנו סוגרו לעצמו [מלכים א ו, כ]. **בכניסתו.** כשמגיעין לפתח מניחין אותם עליו ועומדין בו לפוש. **ועל של זהב ביציאתו.** ושם היה מונח עד שיקטירו הבזיכין כך מפרש במנחות בפרק שתי הלחם (דף לט:). **שמעלין בקדש ולא מורידין.** כגון בכניסתם מניחין על של [שיש] וכשמגיע בהיכל [מניחין] על [שולחן] של משה שהיה מצופה זהב הרי עלייה ולא מורידין לפיכך ביציאתו מניחו על כלי של זהב ועשר שולחנות היו עדיין בהיכל שעשה שלמה והא דלא משבינהו הכא דלא חשיב אלא אותן שמניחים עליהם ובאותן של שלמה לא היו מסדרים כדאמרינן במנחות פרק שתי הלחם (דף לט.) עשר שולחנות עשה שלמה ולא היו מסדרים אלא על של משה כו' [תמיד לא:]. תוספתא מעלין בקדש דכתיב ויקם משה את המשכן (שמות מ) בצלאל עשה ומשה שהיה גדול ממנו הקימו ולא מורידים דכתיב את מחתות החטאים האלה בנפשותם ועשו אותם רקועי פחים צפוי למזבח כי הקריבום לפני ה' ויקדשו וגו' (במדבר יז) כיון שהוקדשו הוקדשו עד כאן [מגילה כו. וע"ש מ"ש בגליון מרש"י שבת כא: ומסוגיין]. **החטאים האלה בנפשותם.** שנעשו פושעים בנפשותם שנחלקו על הקב"ה. **רקועי.** רדידין. **פחים.** טסין מרודדין טינבי"ש בלע"ז. **ציפוי למזבח.** למזבח הנחושת. **ויהיו לאות.** לזכרון שיאמרו אלו היו מאותן שנחלקו על הכהונה ונשרפו [במדבר יז, ג]. **אשר שברת ושמתם בארון.** אף השברים מונחים בארון [ברכות ח:]. קרא יתירא הוא למסמכיה ושמתם לדרשה. **מונחין בארון.** תחת הלוחות [ב"ב יד:].

דף צט ע"ב

אשר. אישור שאישרו ושיבחו על שבירתן [שבת פז.]. לשון יישר [יבמות סב.]. **יישר כחך.** ללמדך שהוא מן הדברים שעשה משה רבינו ע"ה מדעתו והסכימה דעתו לדעת המקום [ב"ב יד:]. **כסהו.** אל תבזה אותו בפרהסיא. **בלילה.** שחשיכה ואין אדם רואה [מו"ק יז.]. **השמר לך וגו' פן תשכח את הדברים.** אז כשלא תשכחו אותם ותעשום על אמתתם תחשבו חכמים ונבונים ואם תעוותו אותם מתוך שכחה תחשבו שוטים [דברים ד, ט]. **תנא דבי רבי ישמעאל.** מתניתין דבי רבי ישמעאל היא שנשנית ונסדרה בבית מדרשו של ר' ישמעאל וסידרו בה תנאים הרבה כמו שסידרו רבי חייא ור' אושעיא [זבחים מא:]. **בכניסתו.** כשמגיעין לפתח מניחין אותם עליו ועומדין בו לפוש. **ועל של זהב ביציאתו.** ושם היה מונח עד שיקטירו הבזיכין כך מפרש במנחות בפרק שתי הלחם (דף לט:). **שמעלין בקדש ולא מורידין.** כגון בכניסתם מניחין על של [שיש] וכשמגיע בהיכל [מניחין] על [שולחן] של משה שהיה מצופה זהב הרי עלייה ולא מורידין לפיכך ביציאתו מניחו על כלי של זהב ועשר שולחנות היו עדיין בהיכל שעשה שלמה והא דלא משבינהו הכא דלא חשיב אלא אותן שמניחים עליהם ובאותן של שלמה לא היו מסדרים כדאמרינן במנחות פרק שתי הלחם (דף לט.) עשר שולחנות עשה שלמה ולא היו מסדרים אלא על של משה כו' [תמיד לא:]. תוספתא מעלין בקדש דכתיב ויקם משה את המשכן (שמות מ) בצלאל עשה ומשה שהיה גדול ממנו הקימו ולא מורידים דכתיב את מחתות החטאים האלה בנפשותם ועשו אותם רקועי פחים צפוי למזבח כי הקריבום לפני ה' ויקדשו וגו' (במדבר יז) כיון שהוקדשו הוקדשו עד כאן [מגילה כו. וע"ש מ"ש בגליון מרש"י שבת כא: ומסוגיין]. **וארבעה כהנים נכנסין.** להיכל בשבת לסדר לחם הפנים. **ב' סדרים.** שתים מערכות של לחם [שבת קלג:]. של לחם הפנים שתים המערכות שש המערכת [לעיל ז.]. **שני בזיכין.** שתי כפות מלאות לבונה כדכתיב (ויקרא כד) ונתת על המערכת לבונה זכה. **מקדימין לפניהם שנים ליטול.** מן השלחן. **שני סדרים.** הישנים. **ושנים ליטול שני בזיכין.** והשלחן היה נתון ארכו ממזרח למערב ואלו עומדין מזה לרוחב השלחן בצפון ואלו עומדין לנגדו לדרום ודווקא מכניסין לצפון דכל צפון ענין חשיבות היא כדאמרינן במסכת סוכה (דף נו.) גבי חילוק לחם הפנים למשמרה הנכנסת והיוצאת הנכנסין חולקין בצפון כדי שיראו [שהן] נכנסין [שבת שם]. **וטפחו של זה.** מסלק. **כנגד טפחו של זה.** מסלק [מגילה כא.]. **ספר התורה הזה.** ספר משנה תורה היה לפניו [יהושע א, ח]. **ואף.** זאת עוד גדולה עשה לך ביסורין הללו הסיתך והדיחך מגיהנם שפיה צר ותחתיה רחב. **לא מוצק.** כדי שיהא עשנה נצור לתוכה ולא עוד אלא שתזכה לעולם הבא ונחת שלחנך מלא דשן [איוב לו, טז].

דף ק ע"א

למלך הוכן. לצורך סנחריב וחילו. **מדורתה.** לשון אש נסקת מערכת עצים על האש קרויה מדורה [ישעיה ל, לג]. **ומתוך ששונאין.** בני ארץ ישראל את הבבליים היו קורין כל קלי הראש ועושי דבר שלא כהוגן על שמם. **תנוח דעתך.** משפחתו היתה מבבל והיה קשה לו הדבר [יומא סו:]. **פסולה.** לפי שצריך שיהא הלחם על השולחן ב' שבתות [לעיל צ.]. דמחוסרת זמן היא דמשפטה לעמוד על השלחן שבעה ימים ולא עמדה אלא ששה [שם מכת"י]. שלא נסדרה בשבת לעמוד שם שבעת ימים כמשפטם והרי היא מחוסרת זמן [ול"נ דלא גרסינן פסולה דהא מסקנא דשמעתין לא חשיב סידור יום ראשון סידור אלא כסידרו הקוף וכמונח בקופסא דמי ולמה יפסול הלחם בהקטרת הבזיכין והלא לא קידש השלחן ללחם כלל אא"כ פירקו בשבת הבאה ויחזור ויסדרנו והכי מוכח נמי מדקתני כיצד יעשה אלמא יש תקנה לדבר והכי נמי גרים בפירוש ר"ח איש רומי מתיב רבי זירא כו' והקטיר הבזיכין בשבת כיצד יעשה וכו' ורבותא הוא דנקיט אע"ג דהקטיר הבזיכין בשבת כמו שרגילין לעשות יביא בזיכין אחרים ויסדר עם הלחם] [יומא כט:]. לפי שמחוסרים בשבת זמן שצריכין לעמוד עליו שבעת ימים [זבחים פז.]. **כיצד יעשה.** שיהיו כשירין הלחם והבזיכין. **יניחנה לשבת הבאה.** שלא יקטיר הבזיכין ולא יסלק הלחם עד לשבת שניה הבאה ונמצא הלחם והבזיכין על השולחן [י"ד] ימים ושני ימי שבת [לעיל שם]. **י"ג ימים** [שם מכת"י]. **שאפילו היא על השולחן ימים רבים.** אותן ז' ימים שעד לשבת יותר מדינו אין בכך כלום [לעיל שם]. כגון ששה ימים שעמד על השלחן קודם שבת הבאה [שם מכת"י]. **אמר להם הממונה.** הוא הסגן. **צאו וראו.** על החומה או על הגג. **זמן [ה]שחיטה.** שחיטת התמיד כלומר אם האיר המזרח שהשחיטה פסולה בלילה כדכתיב (ויקרא יט) ביום זבחכם [יומא כח.]. שהאיר להם היום דאין שוחט תמיד אלא ביום [תמיד ל.]. **הרואה.** זה שעלה לגג. **ברקאי.** לשון זוהר כמו למען [היה] לה ברק (יחזקאל כא) האירו ברקים (תהלים עז) [יומא שם]. **מתתיא בן שמואל אומר וכו'.** פי' מ"כ במנחות בשלהי שתי הלחם הוא היה ממונה על כך כדאמר בשקלים (דף ז:) מתיא בן שמואל ממונה על הפייסות והיינו פייסות שמפיסין כשהאיר היום מי שוחט מי זורק וכשהוא היה שואל אם הגיע זמן שחיטה היה אומר לאותן שעל הגג אמרו אם האיר פני כל המזרח עד שהוא בחברון והן אומרין הן ואין נראה לרבי דמה ענין פייסות לכאן הא פייס ראשון בלילה הוה וזה כבר היה ועוד מתיא בן שמואל לא היה אומר כל הטענה דהאיר כל פני המזרח עד שהוא בחברון כדמוכח ביומא (דף כח:) דאמר דאותו שעל הגג אומר האיר כל פני המזרח ואמר לו אידך עד שבחברון ואומר לו הן ומפרש התם לפי שטעו פעם אחת באור הלבנה הוצרכו לומר כל כך ונ"ל לפרש הכי דמתיא בן שמואל הממונה על פייס פליג את"ק ואיהו סבר דלא היה אומר אותו שעל הגג ברקאי אלא בזה הלשון היה אומר האיר על כל פני המזרח וא"ל אידך עד שבחברון עד שנראה הזהר עד חברון שיכולין לראות חברון משם וזה השיעור גדול מברקאי דת"ק וראיה לדבר דתניא בסדר יומא ר"ש אומר ברק ברקאי ר"ע אומר עלה ברקאי נחוניא בן אפקשיין אומר ברקאי בחברון מתיא בן שמואל [אומר] הממונה על הפייסות אומר האיר כל פני המזרח עד שהוא בחברון ר' יהודה בן בתירא אומר האיר כל פני המזרח ויצאו כל העם איש איש למלאכתו והתם פרכינן אי הכי נגהא להו א"ל אימא לשכור פועלים אלמא כולהו פליגי ואיכא למימר דהאי שיעורא נפיש מחברון [תמיד שם]. **עד [שהוא] בחברון.** עד שנראה הזוהר עד חברון [יומא שם]. מצינו בתלמוד ירושלמי (פ"ג ה"א) כדי להזכיר זכות אבות מזכירין חברון [שם:]. **והוא אומר הן.** מפרש בגמרא. **ולמה הוצרכו לכך.** לעלות לגג ולראות. **עלה מאור הלבנה.** נמח אור הלבנה סמוך לשחרית. **ודימו.** וחשבו. **והוציאוהו לבית השריפה.** כשהכינו שנשחט בלילה. **והורידו כהן גדול כו'.** מפרש לה בגמרא. **המסיך את רגליו.** נקבים הגדולים ולשון מיסך כמו אילן המיסך על הארץ (נזיר דף נד:) לפי שהצריך לנקבים גדולים כורע על ברכיו ומכסה גופו את רגליו וכן בשאול כתיב (שמואל א כד) ושם מערה ויבא שאול להסך את רגליו. **קדוש ידים ורגלים.** מן הכיור [שם.]. **לא זו בלבד.** לא זבח לבדו שנשחט בלילה אמרו ישרף. **אלא אפילו עולת העוף שנמלקה ומנחה שנקמצה בלילה תצא לבית השריפה.** דגמרי להו משחיטה דמליקת העוף וקמיצת מנחה במקום שחיטת הזבחים הם [שם כט.]. **הוא תני לה.** להא [מתניתא]. **והוא אמר לה.** האי מירולא מדעתו. **כלי שרת מקדשין שלא בזמנן.** והקומץ טעון מתן כלי וכיון שקידש הקומץ בכלי לשם קומץ אינו חוזר להיות טבל כמנחה שלא נקמצה ועל כרחיה מאחר שזה קרוי קומץ אינך הוו שירים. **כל הקרב ביום.** כגון המנחות והלבונה והדם והקטורת. **קדוש.** בכלי שרת ביום ויקדש קדושת הגוף. **בלילה קדוש בלילה.** כגון מנחת נסכים דאמר מר (מנחות דף מד:) ומנחתם ונסכיהם אפילו בלילה. **קדוש.** בכלי שרת קדושת הגוף אם נתנו בהן בלילה. **ביום אין בלילה לא.** אינו קדוש. **אינו קדוש ליקרב.** להיות כשר ליקרב. **אבל קדוש.** להיות מוכשר באותה קדושה. **ליפסל.** בטבול יום ובמחוסר כפורים אם נגע בו וביוצא אם יצא ובלינה אם לן וזו גם היא נפסלת בלינה דקיימא לן בזבחים (דף פז.) עמוד השחר עושה לינה ונפסלת קמילת לילה שאין חוזרת עוד לטבלה. **ליקדוש וליפסול.** כיון דכלי שרת מקדשין שלא בזמנו ליפסל ויקדש השלחן את הלחם מאחר בשבת ליפסול בסידור שלא בזמנו. **אמר רבה מאן דקא מותיב שפיר קא מותיב אבוה דרבי אבין וכו'.** דמותבי ליה מיניה לאו שמעתתא דאמוראי אמר דנימא דאיתותב אלא מתניתא תנא וצריכין אנו ליישב דלא ליקשו מתניתא אהדדי ותרלינהו הכי קסבר תנא דאבוה דרבי אבין. **לילה אין מחוסר זמן.** הואיל והיתה ראויה ליקדש בכלי שרת שחרית הלכך כלי שרת מקדשין הקומץ בלילה [שם:]. אין חסרון זמן במי שהגיע לילו להקריב קרבנותיו מחר [חגיגה ט:]. **הא ימים מחוסרין זמן.** דבר שאין זמנו היום עד מחר והרי הוא מחוסר זמן יום שלם הוי חסרון זמן וכל שכן זה שאינו זמנו לקדש עד יום השבת [יומא שם].

דף ק ע"ב

כי מטי לילא דבי שימשי. דלילי שבת שהיא ראויה לקדש מחר. **ליקדוש וליפסול.** תקדש על

השלחן דקאמרת לילה אין מחוסר זמן ותיפסל משום סידור לילה ולשחרית נפסל בלינה [יומא כט:]. **דבי שימשי.** לילי שבת קרי בי שמשא בכל דוכתא מפני שבין השמשות שלו חלוק מכל ימים והולרך להזכירו בכמה מקומות [שבת פו:]. **היינו ערב שבת** לא שמעתי טעם [תעניתכה.]. **ערב שבת** ונראה בעיני לפי שבין השמשות שלו סגור בפי כל והכל חרידים אליו לגמור מלאכתן עד שלא תחשך קרו ליה בי שמשי [כתובות קג.]. **בשקדם וסילק.** סמוך לחשיכה ערב שבת. **שלא כמצותו.** בחסרון זמן. **נעשה כמי שסדרו הקוף.** שלא מדעתו שהרי נסדר קודם ליל שבת על השלחן בשעה שהוא מחוסר זמן [ועתה בשבת כשמגיע זמנו אין השלחן מקדשו עד שיסלקנו ממנו ויחזור ויסדרנו והכהן יכנס בשבת שחרית ויסלקנו ויסדרנו דלא דמי לקומץ שנקמץ בלילה ולחם שנסדר בליל שבת דלאו מחוסר זמן הוא וקדוש ליפסל] (ועתה בשבת כשמגיע זמן עריכת לחם הפנים הכהן יכנס שחרית ויסלק ויסדר שנית וכשמגיע זמנו אין השלחן מקדשו עד שיסלקנו ממנו ויחזור ויסדרנו) [יומא שם]. **אין פחות משנים.** ליום שני לאפייתן. **ולא יותר על שלשה.** ליום שלש לאפייתן נאכלין ומה לא [כילד] חל יום טוב של עלרת להיות באחד בשבת נאפות בערב שבת שאין אפייתן דוחה לא שבת ולא י"ט ונאכלות בי"ט לאחר תנופתן דהיינו ליום שלישי וכשחל עלרת באחד משאר ימי השבת נאפות ערב י"ט ונאכלות בי"ט שהוא שני לאפייתן [ערכין ח:]. **לחם הפנים.** כל שבת ושבת [פסחים מו:]. **[לא] פחות מתשעה.** ליום תשיעי לאפייתו. **נאפה מערב שבת.** זו מסדרין אותן למחר ולשבת הבאה מסלקים אותן הרי הוא נאכל לשבת הבאה ליום תשיעי לאפייתו. **חל יו"ט להיות ערב שבת.** ולא היו יכולין לאפות דבר שלא לנורך י"ט ואפאוהו מערב י"ט שהוא חמישי בשבת נאכל לשבת שניה דהיינו בעשרה. **שני ימים [טובים] של ראש השנה.** חלו בחמישי וששי כגון שבאו עדים מן המנחה ולמעלה דתנן (ר"ה ל:)נוהגים אותו היום קודש ולמחר קודש נאפה ברביעי בשבת ונאכל בשבת שניה לאחד עשר והשוא שבת לאו יום טוב הוא דכשהיו באים עדים לאחר המנחה היו עושין אלול מעובר ומונין מיום שני כדאמרינן שלא היו מקבלין את העדים לקדש בו ביום אא"כ באים קודם המנחה וא"נ הוי יום טוב מאי אכיל ליה לאורתא דהוי נאכל ליום ולילה ובקדשים לילה הולכת אחר היום ושני ימים טובים של ר"ה דוקא נקט דבזמן לחם הפנים לא היו שני ימים טובים של גליות [שם מז.]. חלו להיות חמישי בשבת וששי בשבת נאפה לחם הפנים ברביעי בשבת ונסדר בשבת ונאכל בשבת שניה שהוא אחד עשר לאפייתו [ערכין שם]. **לא תימא מדאורייתא מיחזא חזו.** דלה' משמע כל דלה' אפילו נדרים ונדבות. **[שמא ישהה].** עד המועד שיהא לו בשר מלוי ברגל ושמא כשיבא המועד יארע לו אונס ונמלא מאחר נדרו. **מדאורייתא נמי.** סבירא ליה לאסור דכי כתיב לה' דומיא דחגותם קאמר עולות הדומות לחגיגה זמן קבוע ברגל כמותה. **דהא שתי הלחם.** דעלרת. **דחובת היום הוא.** ואינן ראויין לבא קודם לכן דלגזור בהו שמא ישהה הואיל ויכול לאפותן מערב י"ט אמור רבנן במסכת מנחות (דף לה:) דאין דוחין לא שבת כו' באפייתן דלאו דומיא דחגיגה הוא שזמן שחיטתה קבוע ברגל ואינו יכול להקדים ולאחר [ביצה כ:].

דף קא ע"א

ואם כל בהמה טמאה. בבעלת מום הכתוב מדבר שהיא טמאה להקרבה ולמדך הכתוב שאין קדשים תמימים יוצאין לחולין בפדיון אא"כ הוממו [ויקרא כז, יא]. **ואם בבהמה הטמאה וגו'.** אין המקרא הזה מוסב על הבכור שאין לומר בבכור בהמה טמאה ופדה בערכך וחמור אין זה שהרי אין פדיון פטר חמור אלא טלה והוא מתנה לכהן ואינו להקדש אלא הכתוב מוסב על ההקדש שהכתוב שלמעלה (פסוק יא) דבר בפדיון בהמה טהורה שהוממה וכאן דבר במקדיש בהמה טמאה לבדק הבית [שם שם, כז]. **דוקין שבעין.** טיל"א לשון הנוטה כדוק שמים (ישעיה מ) והוא לשון דק או תבלול בעינו (ויקרא כא) [זבחים פה:]. טליי"א כגון הנוטה כדוק שמים (ישעיה מ) וגבי קרבן מום הוא כדכתיב (ויקרא כא) או דק או תבלול בעינו [פסחים עג.]. דהוי מום עובר ואינו ניכר דלא הוי פסולו קודם שחיטה [לעיל עט.]. טולא כגון (ישעיהו מ) הנוטה כדוק שמים ולהכי לא ירדו דאין מומן ניכר כל כך הכי תנן בזבחים בפ' המזבח מקדש הראוי לו (דף פד.) ר' עקיבא מכשיר בבעלי מומין כלומר דאם עלו לא ירדו ואמר רבי יוחנן בגמ' לא הכשיר רבי עקיבא אלא בדוקין שבעין הואיל וכשירין בעופות והוא שקדם הקדישן את מומן לי"א [בדוקין] שיש לו מום בעפעפים ולהכי קרי לעפעפים דוק [שהן] על העין כרקיע דהכי אמרינן בספרי [אגדות] העין דומה לעולם קטן העפעפים [העליון] כנגד הרקיע והתחתון כנגד הארץ והלבן שמקיף את העין כנגד ים אוקיינוס שסובב את העולם והשחור שבו שהוא עגול דומה לגלגל חמה [בכורות טז.].

דף קא ע"ב

ושור הנסקל. ששחטו לאחר שנגמר דינו דלא ירדה בו טומאת נבילות. **ועגלה ערופה.** ששחטה לאחר ירידתה לנחל איתן דקי"ל דהיא אוסרתה. **וצפורי מצורע.** אסורין בהנאה במסכת קדושין (דף נז.). **ופטר חמור.** ששחטו [לעובד כוכבים] ועדיין מפרכס שלא ירד לטומאת [נבלות] אבל אם נגע בו שרץ מטמא טומאת אוכלים שאם חזר ונגע באוכלים אחרים [מטמא] אע"פ שמפרכס דאמר בהעור והרוטב (חולין קיז:) השוחט בהמה טמאה לעובד כוכבים ומפרכסת מטמא טומאת אוכלים דמהניא לה שחיטת ישראל למהוי מחשבה הואיל ושחיטה דכוותה חזיא לה בבהמה טהורה אי נמי אפילו ערפו ממש דנבילה היא [איכא] למימר בהם טומאת אוכלים כגון דאיכא פחות מכזית מינייהו דלא חזי לטומאת נבילות מילטרף בהדי פחות מכביצה אוכלין ומשלימו לכביצה [בכורות ט:]. **ובשר בחלב.** חתיכת בשר שנתבשלה בחלב ונאסרה בנותן טעם [ע"ז עד.]. **כולם מטמאין טומאת אוכלין.** אם נגע בהו טומאה ואע"ג דלאינהו גופייהו אסירי [מהניא בהו טומאה] להכי שאם נגעו באוכלין אחרים מטמאין אותן. **ר"ש אומר כולן אין מטמאין.** הואיל ואסורין בהנאה. **שעת הכושר.** קודם בישול [ס"א, דאי תרו כולי יומיה לא מיתסר]. **לאחרים.** לעובדי כוכבים דאינו אסור בהנאה [בכורות שם]. **יש נותר שהוא מטמא כו'.** לרבי שמעון איסורי הנאה אין מטמאין טומאת אוכלין דדריש מכל האוכל אשר יאכל אוכל שאתה יכול להאכילו לאחרים או לנכרי או לישראל קרוי אוכל בפרק קמא דבכורות (ד' ט.) ואם היתה לה שעת היתר הנאה משנשחטה ירדה עליו דין קבלת טומאה ואפילו נאסר לאחר כן מקבלת טומאה. **לן לפני זריקה.** קדשים הנפסלין להיות נותר בלילה אחת כגון תודה וקדשי קדשים כולן אם לא נזרק דמן ולא ניתר באכילה ואין מטמא טומאת אוכלין [ב"ק עו:]. **פרה.** אדומה [שם עז.]. **מטמאה טומאת אוכלין.** דאע"ג דאמר רבי שמעון בפרק קמא דבכורות (דף ט:) דאיסורי הנאה כגון שור הנסקל ופטר חמור אין מטמאין טומאת אוכלין ונפקא ליה מכל האוכל אשר יאכל אוכל שאתה יכול להאכילו לאחרים קרוי אוכל מודה הוא דפרה אדומה מקבלת טומאת אוכלין לטמא אחרים [חולין פא:]. אע"ג דאית ליה לר"ש איסורי הנאה אין מטמאין טומאת אוכלין ויליף ליה מכל האוכל אשר יאכל אוכל שאתה יכול להאכילו לאחרים קרוי אוכל ושאין אתה יכול להאכילו לאחרים אין קרוי אוכל במסכת מנחות בפרק המנחות והנסכים (דף קא:) ופרה איסורי הנאה היא. מטמאה טומאת אוכלין, אם נגע שרץ בבשרה וחזר ונגע בשרה באוכלין טימאתן [שבועות יא:]. **הואיל והיתה לה שעת הכושר.** לאכול משנשחטה וירדה לה תורת אוכל [ב"ק שם]. להאכילה אף לעצמו משנשחטה [חולין שם]. **ואמר ריש לקיש.** איזו שעת הכושר היתה לה [ב"ק עז:]. מהו שעת הכושר שלה [שבועות שם]. **אומר היה ר' שמעון פרה נפדית.** אם מצא נאה הימנה [חולין פב.]. **על גב מערכתה.** נהכשר בהר המשחה ובמקום הבדוק לה מקבר התהום כדאמר בפרק בתרא דזבחים (דף קיג.) [שבועות שם]. **אפילו שחטה** כהלכתה על מערכת של עצים שהיא נשחטת עליה כדאמרי' במס' פרה (פ"ג מ"ט) וקסבר ר"ש כל העומד לפדות כפדוי דמי וקרינא ביה שאתה יכול להאכילו ואי קשיא למה לי קבלת טומאה היא גופה מטמאה אדם ובגדים מפרשינן כה"ג בכריתות בפרק דם שחיטה (דף כא.) כגון בשר שחפהו בפחות מכביצה בצק אי משוית ליה אוכל מלטרף בהדי בצק ומקבל האי בצק טומאה אם יגע בטומאה ומטמא שאר אוכלין ואי לאו אוכל הוא לא מקבל האי בצק טומאה דלית ביה שיעורא וכי נגעו ביה אוכלין אחריני טהורים הן שאינם נוגעין בנבלה אלא בבצק [חולין שם]. **אפילו נשחטה על המערכה** כמשפט אם מצא אחרת יפה ממנה וזהו שעת הכושר שלה ואע"פ דלא נפדית אפילו הכי משוי לה אוכלא הואיל וראויה לפדות [ב"ק שם]. וסבירא ליה לר"ש העומד לפדות כפדוי דמי והויא ליה אוכל שאתה יכול להאכילו לאחרים [שבועות שם]. **שלא היתה שהות ביום.** דלאו עומד לזרוק ביום הוה דליכא למימר כזרוק דמי לשוייה אוכלא [שם עו:].

דף קב ע"א

כלל אמר רבי יהושע כל שהיתה [לה] שעה היתר לכהנים. [אע"ג דשוב] נפסלה מהם. **אין מועלין בה.** דלא קרינא בה מקדשי ה' (ויקרא ה) הואיל וכבר היתה ראויה לכהנים. **שלנה.** הבשר לאחר זריקה או שנטמאה או שיצאה חוץ לקלעים לאחר זריקה דאף על גב דהשתא אינה ראויה לכהנים הואיל והיתה לה שעת הכושר קודם [שלנה]. דהואיל ושחיטה וזריקה הוו כראוי דהיתה ראויה לכהנים אע"ג דשוב נפסלה בלינה או ביוצא דהשתא לית בה היתר לכהנים אין מועלין בה. **ושקבלו פסולין וזרקו את דמה.** בטמאין מיירי ובקרבנות יחיד דלא הותרה בהן טומאה. **ושקבלו פסולין,** בעלי מומין [מעילה ב. וע"ש במפרשים לענין הנוסחאות]. **אשם תלוי.** מי שבא ספק כרת לידו ולא ידע אם עבר עליו אם לאו כגון חלב ושומן לפניו וכסבור ששניהן היתר ואכל את האחת אמרו לו אחת של חלב היתה ולא ידע אם זו של חלב אכל הרי זה מביא אשם תלוי ומגין עליו כל זמן שלא נודע לו שודאי חטאת ואם נודע לו לאחר זמן יביא חטאת [ויקרא ה, יז]. בא על ספק חיוב כרת כגון ב' חתיכות לפניו ואכל אחת מהן ובאו עדים ואמרו אחת מהן של חלב היתה ואין ידוע איזו אכל אשתו ואחותו עמו בבית כסבור שבא על אשתו ונחלף ולא ידע למחר על איזו מהם בא שהיו שתיהן במטה והוא לא היה יודע מביא אשם תלוי להגין מן היסורין עד שיודע לו אם חטא ודאי מביא חטאת [חולין מא:]. **וירעה בעדר.** עם שאר לאנו כחולין גמורין [כריתות כג:].

דף קב ע"ב

הדם ישפך. לאמה. **והבשר ישרף.** דאף על גב דחולין שנשחטו בעזרה בקבורה בעלמא סגי בשריפה דהוי כזבח פסול. **נזרק הדם.** קודם שנודע לו. **הבשר יאכל.** שהרי גמר כל הכפרה והוה ליה אשם תלוי כשר שהרי על הספק בא מתחלה וכפר הספק והלך. **יזרק.** הדם שכל העומד ליזרק כזרוק דמי וה"ל כנודע לו לאחר זריקת דם [כריתות כג:]. **העומד לזרוק.** שאינו מחוסר אלא זריקה. **כזרוק דמי.** לחול עליו כל שם פסול קדשי קדשים אבל לאישתרויי לא מישתרי עד דזריק [פסחים יג:]. **במערבא.** בארץ ישראל [שבת סה:]. **חיבת הקדש מכשרתן.** דקיימא לן בפרק שני דשחיטת חולין חיבת הקודש משויא לה אוכל לקבולי טומאה [פסחים כ.]. למיהוי אוכלא ולקבולי טומאה [חולין לג.]. **צריד של מנחות.** יבש של מנחות מקום שלא נגע לשם שמן. צריד, לשון יבש ודומה לו גבי שופר (ר"ה דף כז:) היה קולו דק או עבה או צריד [פסחים שם]. קורטי קמח הצבור במנחה ואין שמן נכנס לתוכו צריד לשון יבש ודוגמתו בראש השנה (דף כז:) היה קולו דק או עב או צרוד. **מונין בו ראשון ושני.** כלומר אם נטמא מטמא אחרים או לא [חולין לו.].

דף קג ע"א

יביא מן החטים. דכיון דאמר הרי עלי מנחה תפוס לשון ראשון ומנחה אינה באה מן השעורין נדבה הלכך יביא מן החיטין. **רבי שמעון פוטר.** דאמר אף בגמר דבריו אדם נתפס ונדבק ודעתו לכל מה שמוליא בפיו ולמנחת שעורין נתכוין וסבור שאדם יכול להתנדב ולהביא כן ולפיכך אין בדבריו כלום [פסחים נג:]. **אמאי נדר ופתחו עמו.** עם הנדר פתח בחרטה [לעיל פא: מכת"י]. **הא מני בית שמאי היא.** מי לא אמרי ב"ש, דאע"ג דלא קביל להיות נזיר אלא מן הגרוגרות הוי נזיר מן היין הכא נמי כי אמר מן השעורין מייתי לה מסולת של חיטים כהלכתה [נזיר ט:]. **הריני נזיר מן הגרוגרות ומן הדבילה.** ואין נזירות אלא מן היין [שם.]. **מן הגרוגרות.** תאנים יבשים [עירובין נא:]. **הדבילה.** תאנים דרוסות וכבושות בכלי [שמואל א כה, יח]. כשהם לחין קרויין תאנים וכשנדרסים בעיגול קרוין דבלה [מלכים ב כ, ז]. **ב"ש אומרים נזיר.** דכיון דאמר הריני נזיר חל עליה נזירות וכי הדר ואמר מן הגרוגרות ומן הדבילה לא אמר כלום [נזיר שם]. אע"פ שאמר ענין שאינו בנזירות כיון דאמר הרי אני נזיר תפוס לשון ראשון והוי נזיר [לעיל פא:]. דתפוס לשון ראשון וכיון דאמר הריני [נזיר] סתם נזירות מיין משמע [לעיל שם מכת"י]. **וב"ה אומרים אינו נזיר.** דכיון דאמר מן הגרוגרות לא שייך שום נזירות בגרוגרות ודבילה [נזיר שם]. דנדר ופתחו עמו הוא [לעיל שם מכת"י]. **ור' יוחנן אמר אפילו תימא בית הלל.** דאפי' ב"ה מודו בהא דיביא מן החיטים אע"פ שלא התנדב אלא מן השעורים. **באומר אילו הייתי יודע.** כגון שאמר לכך התנדבתי שעורין שהייתי סבור שמביאין מנחה מהן אבל אילו הייתי יודע שאין נודרין אלא חיטין לא נדרתי שעורין הלכך [כיון דגמר נפשיה] לאיתויי מידי דבר חיובא להכי יביא מן החיטין [נזיר שם]. דהשתא ליכא למימר דלשום חרטה קאמר [לעיל פא: מכת"י]. **לא שנו אלא דאמר מנחה מן השעורין.** דהתם הוא הואיל ומנחת סוטה ומנחת העומר מן השעורים קמייתי להו דממינו קרב לגבי מזבח להכי הוא דאמר דחל עליה נדבת מנחה ויביא מן החיטים. **אבל אמר מנחה מן העדשים.** שאין במינו קרב לגבי מזבח לא מייתי ולא כלום. **מכדי חזקיה כמאן אמר וכו' תפוס לשון ראשון.** וכי היכי דהתם אמרי בית שמאי דהוי נזיר הכא נמי כי אמר מן העדשים יביא מן החיטין. **הדר ביה.** דאמר לעיל ב"ש היא דלא אמרי ב"ש מן הגרוגרות הוי נזיר [דלית ליה לחזקיה האי סברא דהוי נזיר] אלא טעמא דמוקי לה כב"ש דסבר לה כרבי נתן כלישנא בתרא דאית להו לב"ש דנדור ואינו נזיר כר' יהודה דאמר באומר הרי הן עלי כקרבן דגרוגרות ודבילה כולהו בני נדר ניניהו וכי היכי דלהלן אמרי ב"ש דהוי נדור משום דבני נדר ניניהו הכא נמי כי אמר מן השעורין הואיל דבני הקרבה ניניהו במנחת העומר ובמנחת סוטה להכי הוא דאמרינן דמביא מן החיטין. **ומאי טעמא הדר ביה.** חזקיה מהסיא לוקמא כמעיקרא כת"ק דאמר האומר מן הגרוגרות הוי נזיר גמור אע"ג דנזיר אין אסור בגרוגרות ולוקמא למתניתין דמנחות באומר הרי עלי עדשים [דמביא] מן החיטין אע"ג דעדשים אינן ראויים לגבי מזבח מידי דהוי אגרוגרות לגבי נזיר דהוי נזיר גמור. **מתני' קשיתי'.** [דאם] איתא דלית להו לב"ש נדור ואינו נזיר דלא סבירא להו כר' יהודה דאמר באומר הרי הן עלי קרבן דגרוגרות ודבילה בני נדר ניניהו אלא נזיר הוי וכי היכי דלהלן אמרי ב"ש דכי אמר הריני נזיר מן הגרוגרות הוי נזיר מן היין גבי מנחות [נמי כי אמר מן העדשים מייתי מן החיטים] מאי איריא [דתני] מן השעורין דהוי דבר הראוי לגבי מזבח ליתני מן העדשים דהא עדשים לגבי מזבח כגרוגרות לגבי נזיר דמי אלא מתני' דמנחות כב"ש ולא תני בה מן העדשים אלמא דלא הוי טעמא דיביא מן החיטין אלא משום דהתנדב מן השעורין דבני הקרבה ניניהו ודכוותה נמי גבי נזיר כי אמר הריני נזיר מן הגרוגרות לא הוי נזיר אלא נדור משום דבני נדר ניניהו [לב"ש דאית] להו כר' יהודה ומתני' דמנחות כב"ש ולא כב"ה כלל (כלל) דאי כב"ה הא אמרי דאפילו נדור לא הוי משום דבלשון נזירות קא נדר הכא נמי כי אמר מן השעורים לא יביא מן החיטין שלא התנדב כדרך המתנדבין. **ורבי יוחנן אמר אפילו מן העדשים.** יביא מן החטין. **מכדי ר' יוחנן כו'.** וכדמוקים לה בכגון דקא טעי אלמא דבמידי דטעי בה כגון שעורין משום דבני הקרבה ניניהו [קתני למתני'] דמנחות אבל לא בעדשים דאע"ג דאמר אילו הייתי יודע שאין נודרין כך לא משגחינן ביה דסתמא דמילתא דבשעורין הוא דקא טעי אבל לא בעדשים. **לדבריו דחזקיה קאמר ליה.** ר' יוחנן והכי קא"ל מ"ט הדרת בך משום דלא קתני ביה עדשים. **דלמא לא מיבעיא קאמר.** [דלא מיבעיא כי] אמר מן העדשים דמייתי מנחה מעלייתא משום דאיכא למימר דכי אמר הרי עלי מנחה מנחה מעלייתא קבל עילויה והא דאמר בתר הכי מן העדשים משום דקא בעי למיהדר ביה קאמר דמידע ידע דמן העדשים אין מביאים כלום והרי לפטור עצמו קאמר ותפוס לשון ראשון ויביא מן החיטין. **אלא אפי' מן השעורין נמי.** (ודאי) דלית לך למימר הכי [הואיל] ובמינו קריבין [ודאי] להקריב קאמר והכי קאמר אם אפשר דקדשה כמנחת העומר וכמנחת סוטה תקדוש ומייתינן לה מן השעורין ואי לא לא מייתינן כלל [נזיר שם:]. **אפי' הכי וכו'.** יביא מן החיטין ולעולם לא מלית למידק מתני' דכי אמר מן העדשים לא מייתי ולא כלום [שם:].

דף קג ע"ב

בשיטת ר' יוסי אמרה דאמר. במסכת תמורה (דף כה:). **[אף] בגמר דבריו אדם מתפיס.** כלומר תופס הוא את גמר דבריו דתנן הרי זו תמורת עולה תמורת שלמים הרי זו תמורת עולה דברי ר"מ דאמר תפוס לשון ראשון ר' יוסי אומר

אם לכך נתכוין תחלה הואיל ולא הוה אפשר ליה להוציא שני שמות כאחד ועל כרחו הוציא זה אחר זה דבריו קיימין ותרעה עד שתסתאב ותמכר ויביא בדמי חציה עולה ובדמי חציה שלמים [פסחים נג:]. **שאיל שאילה.** שאלו שאלה. **למעלה וכו'.** לפניו וכן לשון התלמוד והמקרא שרפים עומדים ממעל לו (ישעיה ו) ועל שם שיראים להתקרב לפניו עומדין מרחוק [שבת ל.]. **ששים.** עשרונים. **נבללין.** בלוג אחד. **וששים ואחד אין נבללין.** בלוג אחד הילכך לא יביא ס"א עשרונים בכלי אחד לפי שאין רשאי לתת שם שני לוגין וכר' אליעזר בן יעקב דאמר בפרק שתי מדות (לקמן דף פח.) אפילו למנחה של ששים עשרון אין לה אלא לוגה ולי נראה דאפילו לרבנן דאמרי ששים לוג קים להו דאין נבללים יפה בכלי אחד [לעיל יח:]. **ראש המדברים.** במצות המלך שצוה עליו לדבר תחלה בכל מקום כדלקמן [שבת לג:]. **כל מדות חכמים כן.** מצומצמת [ר"ה יג.]. העמידוה יתד בל תמוט [כתובות קד.]. **חסר קרטוב.** מדה קטנה מאד אחד מח' בשמינית בלוג. **שלשה.** טפחים. **על שלשה.** טפחים. **מטמא מדרס.** שיערו חכמים שכשיעור הזה ראוי לישיבה [ר"ה שם]. **כל הראוי לבילה וכו'.** ששים עשרונים שראויין לבלל בלוג. ושאין ראוי לבילה, ששים ואחד מעכב בו מצות בילה ופסולה [לעיל יח:]. דאפילו לא בלל כשר ושאין ראוי לבילה בילה מעכבת בו דראוי לבילה בעינן דאפשר להתקיים בה מצות מנחה [יבמות קד:]. כגון ששים עשרון אם לא בלל כשר אבל ששים ואחד שאין ראוי לבילה בילה מעכבת בו כלומר מה שאי אפשר להבלל מעכבת בו דכיון דכתיב ויצק עליה שמן וצוה לבלול דכתיב בלולה ש"מ שצוה הקב"ה להביא מנחה שיכול לקיים בהן מצות בלילה וכשהוא מביא ששים ואחד מנחה כזו לא צוה להביא והרי הוא כמביא מנחה מן הקטניות דאינה כלום שכל דבר שצוה הקב"ה להביא יש עיכוב בעיקר הבאתו להביא באותו ענין שצוה הכתוב ולא בענין אחר אבל מצות האמורות באותה מצוה כגון תנופה בקרבן בלילה במנחה יש שמעכבין אם גילה הכתוב לשנות עליו ולעכב ויש שאין מעכבין [רשב"ם ב"ב פא:]. כי אמרינן דבלילה [אין] מעכבת בראוי לבילה כגון ששים עשרונים הראוי לבילה אם לא בלל כשר וכל שאין ראוי לבילה כגון ששים ואחד בילה מעכבת ומאחר דאין נבללין אין מביאין [נדרים עג.]. ופסולה הואיל ואי בעי לבלול לא מצי למבלל [נדה סו:]. **נוחרין.** הנוחר, קורעו מנחיריו עד לבו [ב"ק עח:]. לשון נחירה שקורעה לאורכה מנחיריה ועד החזה [חולין יז.]. **רכובותיהן.** ארכובה ינוי"ל מקום חיבור השוק והירך [חולין מב:]. **תלואים לך.** על הספק כל ספק קרוי תלוי שמא אמות היום בחרב הבאה עלינו ורבותינו דרשו זה הלוקח תבואה מן השוק [דברים כח, סו]. **הפלטר.** שאופה את הפת [ע"ז נה:].

דף קד ע"א

רבי יהודה אומר ששה דברים מקולי כו'. לאו דאיכא הני ותו לא דאכתי טובא איכא אלא כשנכנסו לכרם ביבנה והעידו כל אחד ואחד על אותו שבידו במס' עדיות העיד ר' יהודה על אלו. **בית שמאי מטהרין.** דאינו כבשר לטמא בנבלה בכזית ולא תורת משקין לטומאה קלה. לי נראה דהאי דב"ש מטהרין מטומאת נבלות לחודא קאמר שלא יטמא אדם אבל טומאה קלה יש בו. **על כזית.** שהוא שיעור נבלה לטמא אדם והיינו אמרו דבר אחד שכזית היבש כשנימוח הוי רביעית [שבת עז.]. **ששה לנדבה.** לקיץ המזבח לתת לתוכן מעות שלוקחין מכל הרועות של מותר אשמות וחטאת ששינו בהן ירעה וימכר ויפלו דמיו לנדבה ובפרק בתרא דמנחות (דף קז:) ששה שופרות כנגד ששה בתי אבות שבכל משמר ומשמר וכל אחד ואחד מכיר את של יומו ואם היה מזבח בטל ביומו שאין איש מביא קרבנות לוקחין בני בית אב מעות שופר שלהן ולוקחין מהן עולות והוא קיץ המזבח [יומא נה:]. בי"ג שופרות שהיו במקדש קמיירי דכתוב עליהן תקלין חדתין [ותקלין עתיקין] קינין וגוזלי עולה עצים ולבונה וזהב לכפרת וששה לנדבה [זבחים קג.]. ששה שופרות היו לנדבת צבור, הבאה מן המותרות דחטאות ואשמות וכל הנך דאמרינן יפלו דמיו לנדבה ובפרק בתרא דמנחות (דף קז:) מפרש הני ששה כנגד מי [תמורה כג:]. **מותר חטאת וכו' ומותר אשם נזיר ומותר אשם מצורע כו'.** שהפריש מעות לאחד מכל אלו וניתותרו נותנן לשופרות ואשם סתם היינו אשם גזילות ומעילות לא מיעריב מותר דידיה בהדי חטאת ואשם נזיר ומצורע [ולא] מיעריב בהדי אשם סתם דזה בין שתי שנים ואיל בן שנה ואשם מצורע לא מיערב בהדי אשם נזיר דאשם נזיר בא להכשירו לנזירות טהרה ואין נותנין מדמו לבהונות ואין טעונים נסכים ואשם מצורע נותנין מדמו לבהונות וטעון נסכים ובא להתירו במחנה. (**ומותר קינין.** המפריש מעות לקינו וניתותרו מקינין. **ומותר מנחת חוטא.** הואיל ואיקרי חטאת אזיל מותרה לנדבת צבור דהכי אמרינן במסכת תמורה (דף כג:) זה מדרש דרש יהוידע הכהן כל הבא ממותר חטאת וממותר אשם ילקח בהם עולות הבשר לשם ועורות לכהנים אבל מותר מעות שאר מנחות לא אזלי לנדבת צבור אלא הוא יוסיף משלו ומביא מנחה אחרת [לקמן קח.]). **אזרח.** בפרשת נסכים כתיב (במדבר טו) כל האזרח יעשה ככה וגו' קרא יתירא הוא. **שלשת לוגין.** דבציר מהכי לא חזו. **יהיה.** התם כתיב ככם כגר כאזרח יהיה משמע יהיה לכם עוד נסכים אחריני [לקמן קז.].

דף קד ע"ב

מתנדב אדם מנחת נסכים. בלא זבח ואף על גב שלא אמרה תורה מנחת כליל (הבאה) אלא הבאה בגלל זבח היכא דפריש פריש [זבחים פד.]. **נפש.** לא נאמר נפש בכל קרבנות נדבה אלא במנחה [ויקרא ב,א].

דף קה ע"א

אלמה. כמו למה [ברכות יא.]. **יביא כבש.** פחות שבעולות עולה ליכא לספוקי אלא בזכרים [לקמן קז.]. **אלא מהכא ליכא למשמע מינה.** דודאי מתניתין לאו כולה דוקא אלא חדא מינייהו דוקא או רישא או סיפא ותנא אידך אטו ההיא ולא ידעינן הי מינייהו דוקא דנגמר מיניה [שבת קכא.]. **למחרת.** בספק מצורע קאי וקאמר למחר של טבילתו שהוא יום הבאת קרבנותיו מביא את אשמו כו' [נדה ע.].

דף קה ע"ב

שחיטה בצפון ומתן בהונות. כחומר אשם ותנופה וסמיכה וחזה ושוק כחומר שלמים דבאשם ליכא סמיכה כדאמרינן במנחות בפ' שתי מדות. **דקא ממעט באכילתן.** ששורף את הנותר ליום ולילה והיה לו לאוכלו בשני ימים [נדה ע:].

דף קו ע"א

מושחן. שלימים [לעיל עד: מכת"י]. **כמין כי.** יונית שהיא עשויה כנו"ן שלנו [שמות כט, ב]. יווני שבלשונינו קורין לכ"ף שלהן כי שהיה נוטל מן השמן באצבעו כמין כי יווני [לעיל עד:]. אות יוונית ועשויה כמין טית כהפרשת גודל מאצבע [שם מכת"י]. אות יוונית ועשוי כזה □ [כריתות ה:]. **מתנדב אדם מנחת נסכים.** סלת שמן ויין בלא קרבן [לעיל קד:]. בלא זבח ואף על גב שלא אמרה תורה מנחת כליל (הבאה) אלא הבאה בגלל זבח היכא דפריש פריש [זבחים פד.]. **בגלל עצמה.** כגון המתנדב מנחת נסכים בלא זבח דאפשר לעשות כן כדלקמן (דף לא:) [זבחים פד.]. **חולין לעזרה.** ודרשינן ובסיפרי כי ירחק ממך המקום וזבחת (דברים יב) בריחוק מקום אתה זובח ואי אתה זובח בקירוב מקום חולין שלך והוא הדין לכל הבאת חולין בעזרה שאסור אי נמי מדרבנן דלמא איכא דחזי ליה דנוהג בהן מנהג חולין כדינן וסבור קדשים הן הואיל ואייתינהו בעזרה ואתי לזלזולי בקדשים [רשב"ם ב"ב פא:]. מידי דלא איתעביד ביה צורך גבוה [חולין קל:]. **שירים שחסרו.** שנתפזרו מהן. **אין מקטיר כו'.** דתניא (מנחות דף ט.) מן המנחה פרט לשחסרה היא או שחסר קומצה [יומא מז:].

דף קו ע"ב

כל שממנו לאישים. מאחר שנתן לאש כל משפטו הרי השיריים בבל תקטירו דכתיב (ויקרא ב) לא תקטירו ממנו אשה לה' לא תקטירו דבר שניתן ממנו לאש [יומא מז:]. שנקטר הימנו דבר הראוי להקטיר הרי השירים בבל תקטירו [יבמות ק.]. כי כל שאור וכל דבש לא [תקטירו] לה' (ויקרא ב) הוה ליה למכתב למה ליה למכתב ממנו אלא למדרשיה נמי באנפי נפשיה לא תקטירו כל שממנו עולה כבר אשה לה' ויש בכלל לאו זה בשר כל קרבנות חוץ מעולה ויש בכלל זה שירי מנחות [סוטה כג.]. כל שממנו אשה לה' יש בכלל הזה קדשים ושירי מנחה ולחם הפנים שקרב מהן כבר לאישים האימורים וכן הקומץ וכן הבזיכין קיימי שירים בבל תקטירו [זבחים עו:]. **וכרבי אליעזר.** דפליג במס' זבחים (דף עז:) באיברי חטאת שהן שיריים מאחר שהוקטרו אימורים ונתערבו איברי חטאת באיברי עולה שהן כליל ר' אליעזר אומר יתן הכל למעלה ורואה אני את בשר חטאת למעלה כאילו הן עצים ויליף טעמא מהאי קרא ואל המזבח לא יעלו וגו' בתריה דהאי קרא לא תקטירו ממנו כתיב [יומא שם]. מילתיה דר' אלעזר בזבחים בפ' התערובות (דף עז.) גבי אברי חטאת שנתערבו באברי עולה רבי אלעזר אומר ינתנו כולם למעלה ורואה אני את בשר החטאת שהן שירים ובבל תקטירו כאילו הן עצים דכיון דלא מכוין לאקטורי לאו הקטרה היא ומותר לעשות כן מפני תקנת עולה וחכמים אומרים תעובר צורתם ויצאו לבית השרפה [יבמות שם]. פלוגתייהו בזבחים אברי חטאת שנתערבו באברי עולה ר"א אומר ינתנו למעלה ורואה אני את בשר חטאת על המזבח כאילו הן עצים וחכ"א תעובר צורתן ויצאו לבית השריפה שאסור להקטיר אברי חטאת משום לאו דכל שממנו לאישים ור"א סבר בתריה דההוא קרא כתיב קרבן ראשית תקריבו אותם לה' שאור ודבש בכורים אתה מביא מן התמרים ומנחת שתי הלחם שהוא ראשית מן השאור ואל המזבח לא יעלו לריח ניחוח קאי נמי אממנו אשה לה' דאוקמיה בבל תקטירו ואשמעינן דלא אסר הקטרתו אלא כשמתכוין לריח ניחוח [סוטה שם]. **לריח ניחוח.** בתריה דהאי קרא דלא תקטירו כתיב [יבמות שם]. בתריה דההוא קרא דכל שממנו לאישים כתיב קרבן ראשית תקריבו אותם ואל המזבח לא יעלו לריח ניחוח קרבן ראשית אשאור ודבש הכתוב בראש המקרא העליון קאי וקאמר יש לך להביא מהן ביכורים מן הדבש ושתי הלחם מהשאור ואל המזבח לא יעלו אכוליה קרא קאי ואדרשה דבל תקטירו [דשיריים] [זבחים עז.]. **לשום עצים.** דמתנה ואומר אי שיריים ניהו הרי הן כשאר עצים [יומא שם]. **אפילו מנחה של ששים עשרון.** והא דנקט ס' עשרון דס' עשרון מתנדב אדם בכלי אחד וטפי מהכי לא כדמפרש בפ' המנחות והנסכים [לעיל פח. מכת"י]. **משני גזירין.** ולהכי נקט שני גזרין כדילפינן מקראי פרק שלישי דמסכת יומא (דף לג.) [לעיל כ:]. **ממעה כסף.** נחשת שוה מעה כסף [שבת צ.]. **הפלגו.** כמה יביא כל אחד. **קרבן העצים.** תקרובת של עצי המערכה למזבח [נחמיה י, לה]. **ולדברי רבי וכו'.** דמקיש עצים למליחה ולהגשה כמנחה טעונין קמיצה כמנחה והמתנדב שני גזרין יביא עצים אחרים להסיקן [לעיל שם]. דקרי להו קרבן אותן עצים טעונין עצים אחרים להקטירן עליהן כמו שאר קרבן. וצריכין קמיצה, שיקח מן העצים מעט בקומצו ויקטיר תחלה דהואיל ומקיש להו למנחה שטעונין מלח והגשה טעונין נמי קמיצה [מעילה יט:]. **ותו ליכא.** דליהוי כולה למזבח. **והא איכא עולה.** דהויא כולה למזבח. **עורה לכהנים.** ולא חשיב כולה למזבח [לעיל עד:].

דף קז ע"א

מוראה ונוצה. של עולת העוף [יומא כא.]. **דלא קריבי במזבח** [לעיל עד:]. שאין ניתנין על המזבח אלא אצל המזבח [שם מכת"י]. **לשיתין אזלי.** ולא לאשים והאי לא חשיב למזבח [לעיל שם]. שהיה לול קטן במזבח ובו יורד היין לשיתין במס' סוכה בפ' החליל [שם מכת"י]. **שיתין.** נקב שבבנין המזבח שניסוך היין של ספלים יורד לתוכו כל השנה כדאמרינן בלולב וערבה (סוכה דף מט.) [עירובין יט.]. חלל שתחת המזבח כנגד מקום הנסכים [סוכה מט.]. **נסכא.** חתיכת כסף או זהב [רשב"ם ב"ב קכח.]. חתיכת כסף מותך לשון (ישעיהו מ) הפסל נסך חרש [שבועות לב:]. **מצינורא.** מזלג קטן [כעין] שטוין בו זהב. **למאי חזיא.** ולבדק הבית למאי חזי. **שמחטטין בה [את ה]פתילות.** ומנקבין ראשיהן לעדויי חושכן מוקיי"ר בלע"ז [שבת צ. עי' הג' הב"ח שם]. **ברזל.** לבדק הבית. **מכליה עורב.** טבלאות של אמה היו עושין והן חדין כסכין סביבותיהם ומסמרין חדין בכולן ומחפין בהן גגו של היכל למנוע את העורבים מלישב [שבת שם]. הגג כלה ומקצר למעלה עד כאמה ומחפין אותו שם בברזל ובמסמרים כדי שלא ישבו העורבים עליו [מו"ק ט.]. שהיו מביאין טבלאות של ברזל אמה על אמה ובהן מסמרות גבוהין אמה קבועין ומחפין בהן ראש הגג של היכל לגרש את העורבים שלא ישכנו שם כליא לשון [מגרש] שמגרש את העורבין כמו [באלי דידבי באלי] פרוחי דאמר במסכת נדה (דף יז. ע"ש) שהיה מגרש זבובין ממטתו בשעת תשמיש משום צניעות דאסור לשמש מטתו בפני כל חי. ל"א כליא עורב מונע העורבים כמו (תהלים מ) לא תכלא רחמיך [ערכין ו.]. **אזרח.** גבי נסכים כתיב כל האזרח יעשה ככה את אלה וקרא יתירא הוא דהא לעיל מיניה כתיבי כל דין נסכים מלמד שמתנדבין נסכים בלא קרבן. **ובכמה שלשה לוגין.** דבציר מהכי לא חזי למידי. **יהיה.** חצי ההין יהיה לפר משמע דמנחה דהויא אחריתי לישנא אחרינא בפרשת נסכים כתיב ככם כגר יהיה. **ככה.** עיכובא [לעיל קד.]. **בדון מינה ומינה.** פלוגתא דר' אליעזר ור' יהושע בהעור והרוטב (חולין דף קכ:). דון מינה ומינה, כי גמרינן מילתא ממילתא בג"ש גמרינן לה כולה מילתא מינה [יבמות עח:]. דמילתא דילפינן ליה ממילתא אחריתי לכל מילי דיינינן ליה מינה [ב"ק כה:]. לכל דבריה נלמוד ממנה מאחר שעיקרו של דבר למדתי מחבירו אף לכל דבריה נלמוד ממנה [סנהדרין עה:]. פרשה שלמדה דבר מחבירתה בגזירה שוה אם תעמיד אותו דבר בזו בתורת מה שהיה עומד במקום שלמדתו משם דהואיל ולמדתו ממנו על כרחך ממנו תחזור ותלמדנו לכל משפטו [שבועות לא.]. כל דבר שאתה למד מחבירו בג"ש או בהיקש הוי [למד] ממנו בכל דבריו [זבחים צא:]. בכל גזירות שוות ובנין אב שבתורה שאנו למדים דבר מחבירו אי דיינינן ליה וגמרינן ליה לכל מילי [חולין קכ:]. **בדון מינה ואוקים באתרה.** למאי דצריכי גמרינן למאי דלא צריכין מוקמינן באתרא [יבמות שם]. דון עיקר הדבר ללמדו מחבירו אבל לשאר דבריו שאתה מוצא דינו מפורש בו ואתה יכול ללמוד מיניה וביה דבר מדבר ואינך צריך ללמד מחבירו העמידנו במקומו ואל תשווהו לחבירו [סנהדרין שם]. כלומר לאחר שלמדתו משם והבאתו לכאן העמידהו כאן בתורת שאר דברים המפורשים כאן [שבועות שם]. מה שהדבר צריך ללמוד מחבירו שאין יכול ללמוד מגופו ילמד מחבירו ולשאר דברים שיכול [ללמוד] מגופו העמידהו על מקומו [זבחים שם]. דון מינה מה שאנו צריכין לו ואוקי באתרה למילי אחרנייתא דמיפרשי בגופיה קמיפלגי [חולין שם]. **מה מנחה מתנדבין כו'.** דעיקר נדבת שמן מקרבן מנחה נפקא לן וסתם מנחה צריכה לוג שמן דכתיב (ויקרא יד) למנחה ולוג שמן. **רבי מאזרח גמיר לה.** לנדבת שמן וכי נמי דיינת מינה ומינה שלשת לוגין הן שהוא פחות שבנסכים דנסכים של כבש רביעית ההין (יין) [שמן] כתיב בהו (במדבר טו)[והין י"ב לוגין]. **ומי מצית אמרת הכי.** דרבי מאזרח גמר לה [זבחים שם].

דף קז ע"ב

קטן והביא גדול. שור קטן עלי והביא גדול [לעיל קו:]. **ששה לנדבה.** גבי י"ג שופרות שהיו במקדש קאי די"ג שופרות הוו בשבעה מהם היו נותנין הנך מעות דמפרש במסכת יומא (דף נה:) ובמסכת שקלים (דף ט:) תקלין חדתין ועתיקין קינין גוזלי עולה עצים ולבונה וזהב לכפורת וששה מהם היו לנדבה ליתן בהן מעות ההולכות [לצורך נדבה] [לעיל קד.]. לקיץ המזבח לתת לתוכן מעות שלוקחין מכל הרועות של מותר אשמות וחטאת ששינו בהן ירעה וימכר ויפלו דמיו לנדבה ובפרק בתרא דמנחות (דף קז:) ששה שופרות כנגד ששה בתי אבות שבכל משמר ומשמר וכל אחד ואחד מכיר את של יומו ואם היה מזבח בטל ביומו שאין איש מביא קרבנות לוקחין בני בית אב מעות שופר שלהן ולוקחין מהן עולות והוא קיץ המזבח [יומא נה:]. בי"ג שופרות שהיו במקדש קמיירי דכתוב עליהן תקלין חדתין [ותקלין עתיקין] קינין וגוזלי עולה עצים ולבונה וזהב לכפרת וששה לנדבה [זבחים קג.]. ששה שופרות היו לנדבת צבור, הבאה מן המותרות דחטאות ואשמות וכל הנך דאמרינן יפלו דמיו לנדבה ובפרק בתרא דמנחות (דף קז:) מפרש הני ששה כנגד מי [תמורה כג:].

דף קח ע"א

קלבון. כל ישראל הוזקקו לתת מחצית השקל לקרבנות צבור והטילו חכמים עליהם להוסיף מעה קטנה להיות קלבון לפרוטרוט מפני שהן חצאי שקלים חתיכות דקות ונוחין לאבד ופעמים שמחליפין אותן (במנים) [במעות] ונותנין הקלבון בחלוף ואף כשמצטרפין שנים לתת שקל שלם הטילו עליהם שני קלבונים שלא לפחות מחבריהם ולמעט את ההקדש [ביצה לט:]. הוא לשון הכרע שחייבין להכריע שקליהן ואם נתנו בין שניהם שקל שלם נותנין שתי קלבונות שהיה להן לשקול לחצאין [חולין כה:]. **כנגד מותר חטאת.** [באחד מהן היו נותנין מותר חטאת] כגון הפריש מעות לחטאת והוזלו הכבשים ונותרו לו מעות. **ומותר אשם.** סתם כגון גזלות ומעילות. **ומותר אשם נזיר.** דאותו מותר לא היה מעורב עם מותר אשם סתם לפי שזה לכפר וזה להתירו ביין. **ומותר אשם**

מצורע. דלא דמו להנך שבא להתירו במחנה ואינך מפרש בפרק בתרא (לקמן קז:) וכל הנך מותרות אלי לנדבת צבור כשהמזבח בטל לוקחין באותם מעות עולות הבשר לשם ועורות לכהנים דזהו מדרשו של יהוידע במסכת תמורה (דף כג:) [לעיל קד.]. **עשירית האיפה.** האיפה שלש סאין והסאה ששה קבין והקב ארבעה לוגין והלוג שש ביצים נמצא עשירית האיפה ארבעים ושלש ביצים וחומש ביצה [שמות טז, לו]. **כי חטאת היא.** ואין בדין שיהא קרבנו מהודר [ויקרא ה, יא].

דף קח ע"ב

ונטר להו. הממתין להם [יבמות יח:]. **מראהו עלייה.** משום דאמר בית בביתי משמע עלייה בתוך ביתי. לאו משום דגריע לא מעולה שבבתים. הבית המשובח שבבתיו צריך ליתן לו היכא דקאמר בית בביתי אבל אי הוה אמר בית סתם היה יכול להראות לו עלייה ממש דעלייה בכלל בית [נדרים נו.]. **תרגומא.** פרש אותה [סוטה ח:].

דף קט ע"א

בית חוניו. מפרש בשמעתין בתרייתא דמנחות חוניו בנו של שמעון הצדיק שברח למצרים מפני אחיו ובנה שם מזבח ופליגי התם איכא למ"ד לשם עבודת כוכבים ואיכא למ"ד לש"ש. **ואין צריך לומר לדבר אחר.** כהנים ששימשו לעבודת כוכבים אין צ"ל שלא ישמשו עוד למקדש כדכתיב ביחזקאל (מד) יען אשר ישרתו אותם לפני גלוליהם וגו' וכתיב בתריה לא יגשו אלי לכהן לי [ע"ז נב:]. **לא יעלו.** הכהני' שקטרו בבמות לעכו"ס לא יעלו עוד לשרת על מזבח ה'. **כי אם אכלו מצות.** כלומר כי אם בדבר זה לא יצאו מכהונתם שמותרין לאכול בקדשים הרי הם כבעלי מומין חולקין ואוכלי' אבל לא מקריבין. **אכלו מצות.** מנחות וה"ה לכל הקדשים [מלכים ב כג, ט]. **ריח ניחוח.** לנחת רוח למי שאמר ונעשה רצונו [שמות כט, כה]. **למכשול עון.** כומרים לעכו"ס להמשיכם לכך [יחזקאל מד, יב]. **בחטאה בשגגה.** דהכי משמע וכפר הכהן על הנפש השוגגת אפי' על נפשו של עצמו וקאמר על חטאת אע"ג דאתי על חטא [לעיל עד.]. **דמדכתיב** על הנפש השוגגת למה לי בחטאה בשגגה אלא הכי קאמר אפי' חטא נפשו של [כהן] יכפר על נפשו [שם מכת"י].

דף קט ע"ב

מלברך בשם. מלברך ברכת כהנים את העם בשם המפורש שלא היו כדאי [יומא לט:]. **צילצול.** בנדי"ל לחגור [פסחים נה.]. **ביום ההוא יהיו חמש ערים וגו'.** שנינו בסדר עולם אחר מפלתו של סנחרב עמד חזקיהו ופטר את האוכלוסין שהביא עמו ממצרים ומכוש בקולרין לפני ירושלים וקבלו עליהם מלכות שמים וחזרו למקומן שנאמר ביום ההוא יהיו חמש ערים וגו' והלכו ובנו מזבח לה' בארץ מצרים ומקריבין עליו קרבן לשמים לקיים מה שנאמר ביום ההוא יהיה מזבח לה' בארץ מצרים ויש מרבותינו שדרשוהו במסכת מנחות על מזבח בית חוניו בנו של שמעון הצדיק שברח לו למצרים ועשה שם מזבח. **מדברות שפת כנען.** כישראל שבארץ כנען [ישעיה יט, יח].

דף קי ע"א

עיר ההרס יאמר לאחת. (ת"י קרתא דבית שמש דעתידא למיחרב יתאמר היא חדא מנהון) ההרס ת"י לשני פנים לשון האומר לחרס ולא יזרח (איוב ט) ולשון הריסה וחורבן ומהיכן למדה יונתן מנבואתו של ירמיה שנבא בתחפנחס ושבר את מצבות בית השמש אשר בארץ מצרים (ירמיה מג) למדנו שבית שמש שבארץ מצרים ומצבה עתידה ליחרב ומצבות האמורות שם היא מצבה אצל גבולה לה' האמורה כאן ויש לומר שהיתה בית שמש יושבת בגבול מצרים על הספר לכך נאמר אצלה גבולה [ישעיה יט, יח]. **כדמתרגם רב יוסף.** דהוה בקי בתרגום נביאים שתרגם יונתן בן עוזיאל [קידושין יג.]. **האומר לחרס.** לשמש דוס והוא שמר אמרת מלך ולא יזרח [איוב ט, ז]. **שימי את.** אתה הוא המקשה לי בתמיה [משיטמ"ק ס"א, לפי שהיה חביב בעיניו זה המקשה היה רגיל לומר כן וי"א לפי שרב עניו היה ולא היה מסתכל חוץ לד' אמות ולא היה רואהו היה רגיל לומר לו כן ולא נהירא דמאי לשימי יותר מכל שאר תלמידים][לעיל כט.]. חכם גדול כמותך אינו יודע לתרץ [בכורות מג:]. בכמה דוכתין אשכחן דמהדר ליה רב הכי שימי את ונראה בעיני משום דבר בריה הוה וקאמר ליה הכי משום חביבותיה כלומר אתה יודע להשיבני ואני שמעתי שמדת צניעות היה בו ברב שלא היה זוקף עיניו למעלה הלכך לא היה מכירו ולא נהירא לי שהרי לא מצינו שאמר רב כך לשום אדם אלא לזה אמר כן בכמה מקומות כאן ובמנחות (דף קי.) ועוד שמעתי משום דחריף הוה ודחיק ליה כי ההיא דאמר (בתענית ט:) רחמנא ליशזבא מכיסופיה דרב שימי ולא היא דהתם רב שימי בר אשי הוה דדחיק ליה לרב פפא [נדה כד.]. **דקרו ליה אלהא דאלהא.** אפילו מי שיש לו עכו"ס יודע (שיש אלוה) שהוא על כולם. **בכל מקום וכו'.** מתנדבים לשמי אף העכו"ס ורבותינו פירשו אלו תלמידי חכמים העוסקים בהלכות עבודה בכל מקום וכן כל תפלות ישראל שמתפללין בכ"מ הרי הן לי כמנחה טהורה וכן ת"י וכל עידן דאתון עבדין רעותי אני מקבל צלותכון ושמי רבא מתקדש על ידיכון וצלותכן כקרבן דכי קדמי וכן פירש המקרא ולמה אתם מחללין שמי והלא גדול הוא בגוים ואני אהבתי וחיבתי עליכם שבכל מקום שאתם מתפללין לפני ואף בגולה מוקטר ומוגש הוא לשמי. **ומנחה טהורה.** הוא לי כי על ידכם שמי נורא בגוים ואתם מחללין אותי ואת שמי [מלאכי א, יא]. **נושא אשה.** ניצול מהרהור עבירה [יומא עב:]. **דהוה** בלא הרהור ואח"כ הולך ולומד תורה [קידושין כט:]. **אחד המרבה ואחד הממעיט.** שיש לו שכר לממעיט כמו למרבה [ברכות יז.]. **ברבות הטובה.** כשישראל מטיבין מעשיהם. **רבו אוכליה.** מתן שכר המצות. **ומה כשרון לבעליו.** להקב"ה בכל הטבת מעשיהם. כי אם ראות עיניו, שרואה שהם כפופים לו ונחת רוח לפניו שאמר ונעשה רצונו וכן לענין הקרבנות. ברבות הטובה רבו אוכליה, שמביאים נדבות הרבה רבו הכהנים אוכליה. ומה כשרון לבעליו לפני הקב"ה. כי אם ראות עיניו, שאמר ונעשה רצונו [קהלת ה, י]. **בהמות בהררי אלף.** הוא (שור) שהוא רועה אלף הרים ליום וכל יום ויום הם נומחיסת י"מ אלף הרים או אלף פרסאו' או שם אלף פרים וי"מ שהוא כמו שגר אלפיך כלומר הרים מלאים בקר בעבור שהזכיר לא אקח מביתך פר. **וזיז שדי עמדי.** רמש השדה זיז על שהם זזים ממקום למקום אישמוביימנ"ט בלע"ז. **עמדי.** אני יודע את כלם. **האוכל בשר אבירים.** לא אמרתי לך להביא זבח שאני צריך לאכילה אלא נחת רוח לפני שאמרתי ונעשה רצוני [תהילים נ, י-יג]. **לרצונכם תזבחהו.** תחילת זביחתו תהא על מנת נחת רוח שיהא לכם לרצון שאם תחשבו עליו מחשבת פסול לא ירצה עליכם לפני. **לרצונכם.** אנפייזימנט"ו זהו לפי פשוטו. ורבותינו למדו מכאן למתעסק בקדשים שפסול שצריך שיתכוין לשחוט לשם זבח [ויקרא יט, ה]. **מנין למתעסק בקדשים שהוא פסול.** כלומר מנין למתעסק שפסול בקדשים כגון מתעסק בסכין להגביהו או לזורקו ושחט בקדשים שלא נתכוין לשום שחיטה אבל נתכוין לשום שחיטה בעלמא כשר אלא שלא עלה לבעלים לשם חובה [חולין יג.]. **שוחט** קדשים ולא בכוונה אלא כמתעסק בדברים אחרים [זבחים מז.]. **זו בידינו היא.** מקרא זה הייתי יודע ומכאן אנו למדים שמצוה להתכוין ואני שאלתי לעכב מנין שאם לא נתכוין יהא פסול [חולין שם]. ראיה זאת כבר ידענו אותה ומיהו מצוה הוא דנפקא לן [מינה] ולא עיכוב [זבחים שם].

מסכת מנחות
TRACTATE MENACHOS

וּבְדָבָר שֶׁיֵּשׁ בּוֹ רוּחַ חַיִּים וּבְדָבָר שֶׁאֵין בּוֹ רוּחַ חַיִּים — and with regard to living matter and nonliving matter[2] — בַּחַיִּים וּבִשְׁחוּטִין — with regard to live animals and slaughtered ones,[1] מַה שֶּׁאֵין כֵּן בִּסְמִיכָה — which is not the case with leaning.[3]

Gemara The Mishnah stated that *semichah's* stringency is that one partner may not perform it for all the others. The Gemara identifies the source of this ruling:

תָּנוּ רַבָּנַן — **The Rabbis taught** in a Baraisa: ,,קָרְבָּנוֹ" — The Torah states *HIS SACRIFICE*[4] לְרַבּוֹת כָּל בַּעֲלֵי קָרְבָּן לִסְמִיכָה — TO INCLUDE ALL OWNERS OF A SACRIFICE FOR the LEANING obligation,[5] שֶׁיָּכוֹל — BECAUSE otherwise IT COULD BE thought: וַהֲלֹא דִּין הוּא — BUT IS IT NOT derivable from A LOGICAL ARGUMENT [i.e. a *kal vachomer*] that only one partner performs the *semichah*? For we can reason as follows: וּמַה תְּנוּפָה — IF the obligation of WAVING, שֶׁנִּתְרַבְּתָה בִּשְׁחוּטִין — WHICH IS EXPANDED WITH REGARD TO SLAUGHTERED [ANIMALS],[6] נִתְמַעֲטָה בְּחוֹבְרִין — IS nonetheless REDUCED WITH REGARD TO PARTNERS,[7] סְמִיכָה — then the obligation of LEANING, שֶׁלֹּא נִתְרַבְּתָה בִּשְׁחוּטִין — WHICH IS NOT EXPANDED WITH REGARD TO SLAUGHTERED [ANIMALS][8] — אֵינוֹ דִּין שֶׁתִּתְמַעֵט בְּחוֹבְרִין — IS IT NOT LOGICAL THAT IT too IS REDUCED WITH REGARD TO PARTNERS?! תַּלְמוּד לוֹמַר ,,קָרְבָּנוֹ" — [THE TORAH] therefore STATES *HIS SACRIFICE* לְרַבּוֹת כָּל בַּעֲלֵי קָרְבָּן לִסְמִיכָה — TO INCLUDE ALL OWNERS OF A SACRIFICE FOR the LEANING obligation.

The Gemara asks:

וְתִתְרַבֶּה תְּנוּפָה בְּחוֹבְרִין — **But** indeed **let the waving** obligation **be expanded with regard to partners**[9] מִקַּל וָחוֹמֶר — **from** the following ***kal vachomer*** argument: וּמַה סְמִיכָה — **If** the obligation of **leaning,** שֶׁלֹּא נִתְרַבְּתָה בִּשְׁחוּטִין — **which is not expanded with regard to slaughtered [animals],** נִתְרַבְּתָה בְּחוֹבְרִין — **is expanded with regard to partners,**[10] תְּנוּפָה — then the obligation of **waving,** שֶׁנִּתְרַבְּתָה בִּשְׁחוּטִין — **which *is* expanded with regard to slaughtered [animals]** — אֵינוֹ דִּין שֶׁנִּתְרַבְּתָה בְּחוֹבְרִין — **is it not logical that it** too **is expanded with regard to partners?!**

The Gemara explains why this argument, while cogent, is not determinative:

מִשּׁוּם דְּלָא אֶפְשָׁר — **Because it is** simply **not possible** for all the partners to wave the offering. הֵיכִי לִיעֲבִיד — **How should it be done?** לִינְפוּ כּוּלְּהוּ בַּהֲדֵי הֲדָדֵי — **Let them all wave** it **together?** קָא הָוְיָא חֲצִיצָה — **[That arrangement] constitutes an interposition!**[11] לֵינִיף וְלֶיהְדַר וְלֵינִיף — **Let** one partner **wave, and then let** another **wave?** ,,תְּנוּפָה" אָמַר רַחֲמָנָא — Why, **the Merciful One said** to perform ***a*** (single) ***waving,*** וְלֹא תְּנוּפוֹת — **and not** multiple **wavings.**[12] Hence, only one of the partners waves the joint offering.[13]

NOTES

1. The Mishnah refers to the communal *shelamim* of Shavuos (*Rashi comm.;* see Mishnah above, 61a). *Tenufah* is performed on them twice — once when the two live lambs are waved together with the *shtei halechem* (Two Loaves), and again when the breast and thigh parts are waved after the lambs have been slaughtered (see above, 62b). Also, *tenufah* is performed on the sacrificial parts of an offering (the אֵימוּרִין), on the breast and thigh of a private *shelamim* after slaughter and on a *metzora's asham* while it is yet living (see Mishnah ibid.).

2. *Tenufah* is performed on animals, as well as on inanimate offerings such as the loaves accompanying the *todah* and *nazir's* sacrifices (*Rashi* in *Shitah Mekubetzes ms.* and *Rav;* our printed version of *Rashi ms.,* which states "libations," is obviously incorrect). Also, the *omer minchah,* a *sotah's minchah,* the *shtei halechem* and a *metzora's log* of oil are all waved (see Mishnah ibid.).

3. The Mishnah is implying that leaning is less stringent than waving because it is not performed on communal offerings, slaughtered animals and nonliving matter. It is certainly true that *semichah* is never performed on slaughtered and inanimate offerings. However, the Mishnah's first distinction is perplexing, for we learned above (Mishnah 92a) that *semichah* is performed on both private *and* communal offerings. Why, then, does the Mishnah characterize waving as more stringent in *that* respect? *Korban Aharon* (to *Toras Kohanim, Tzav, Parshah* 11 §1) answers that since *semichah* is performed on only *two* communal offerings, the Tanna has license to imply that the *semichah* requirement applies to private offerings but not to communal ones. [This seems to be the intent also of the Mishnah on 92a, which states: *All communal offerings do not require semichah except for. . .*] However, see *Rashash* (end of 93b ד״ה במשנה) and *Yashar V'Tov* for a different explanation of our Mishnah.

4. The Torah states in the *shelamim* passage (*Leviticus* 3:2): *He shall lean his hand on the head of his sacrifice* (קָרְבָּנוֹ.)

5. The word קָרְבָּנוֹ (*his sacrifice*) is extraneous (the Torah could have stated simply, "He shall lean his hand on its head"), and is therefore free for exegesis (see *Nesivos HaKodesh*).

6. I.e. waving is required for various animal parts, and after slaughter (see note 1 above).

7. The Gemara will soon explain that, for technical reasons, *tenufah* cannot be performed by more than one person. Therefore, if an offering is brought by partners, only one of them waves it (*Rashi ms.*).

8. An owner leans on his animal offering only while it is alive. [See *Tosafos,* who ask that — by reversing the *kal vachomer* — the leaning obligation should be expanded to encompass slaughtered animals.]

9. So that *all* partners must wave the offering.

10. In that *all* partners must lean.

11. That is, the hands of the one actually grasping the sacrifice will interpose between his partners' hands and the animal (*Rashi ms.*).

Rashi ms. asks: We learned above (61b) that in the waving of a private *shelamim,* a Kohen places his hands under the hands of the owner, and we are not concerned about the owner's hands interposing between the hands of the Kohen and the offering. Why, then, does our Gemara object to one owner's hands interposing between the other owners' hands and the animal? *Rashi ms.* answers that the primary requirement of this mitzvah is that *the owner* wave the *shelamim;* hence, we are not concerned that the Kohen's hands do not come into direct contact with it. However, where multiple owners are involved, each one must touch the offering, and so the hands of one create an interposition for the other partners (cf. *Tosafos* above, 61b ד״ה כהן, and to *Kiddushin* 36b ד״ה מכניס).

12. The Torah states regarding the *tenufah* (waving) of a *shelamim* (*Leviticus* 7:30): לְהָנִיף אֹתוֹ תְּנוּפָה לִפְנֵי ה׳, *to wave it as a waving before Hashem.* Since it would have sufficed for the Torah to state ,,לְהָנִיף אֹתוֹ", *to wave it,* it is apparent that the word ,,תְּנוּפָה", (*a waving*) is extraneous — and thus free for exegesis (*Nesivos HaKodesh;* see *Rashi* above, 61a ד״ה ת״ל תנופה). Hence, from the appearance of the word in the singular form (תְּנוּפָה) as opposed to the plural (תְּנוּפוֹת), we can derive that only a single waving per offering is performed. Perforce precluded are individual wavings by partners (*Rashi comm.*).

Although regarding *semichah* (leaning) the Torah writes וְסָמַךְ, *he shall lean,* that singular form does not imply that only one partner may lean, for סָמַךְ is a verb and thus can be separately applied to multiple commanded parties. תְּנוּפָה (*a waving*), on the other hand, is a noun, and how a noun is written — whether as a singular or plural — determines how many actions represented by that noun are intended. Since תְּנוּפָה is written in the singular, only one act of waving per offering is permitted — and so only one partner may wave the offering (*Rashi comm.,* as explained by *Tos. Yom Tov* and *Yashar V'Tov;* see also *Nesivos HaKodesh*).

13. According to the Gemara's conclusion, we can suggest that the requirement of *tenufah* differs fundamentally from that of *semichah.* The fact that all partners must lean indicates that *semichah* is incumbent upon *the person* bringing the sacrifice; it is therefore necessary for each owner to perform the act. On the other hand, from the fact that only one partner waves a joint offering, we glean that *tenufah* is required for *the offering.* Hence, once this service has been performed, there is no need to repeat it (*Chazon Yechezkel* to *Tosefta* 10:4). [*Chazon Yechezkel* uses this reasoning to explain why no *semichah* is performed on a woman's offering (i.e. since *she* personally is exempt from leaning; see Mishnah 93a), whereas *tenufah is* performed on a woman's offering by a Kohen (i.e. since *the sacrifice* requires it; see above, 62b).]

The Gemara challenges one of the teachings of our Mishnah: וּסְמִיכָה בִּשְׁחוּטִין לֵיתָא – **And is there no leaning** performed **on slaughtered [animals]?** וְהָתְנַן – **But we have learned in** another **Mishnah** to the contrary:[14] בִּזְמַן שֶׁכֹּהֵן גָּדוֹל רוֹצֶה לְהַקְטִיר – WHEN THE KOHEN GADOL WISHES TO BURN an offering,[15] הָיָה עוֹלֶה בַּכֶּבֶשׁ – HE WOULD ASCEND THE RAMP of the Altar וְהַסְּגָן בִּימִינוֹ – WITH THE DEPUTY Kohen Gadol ON HIS RIGHT.[16] הִגִּיעַ לְמַחֲצִית הַכֶּבֶשׁ – When HE REACHED THE MIDPOINT OF THE RAMP,[17] אָחַז סְגָן בִּימִינוֹ – the DEPUTY HELD ONTO HIS RIGHT [ARM] וְהֶעֱלָהוּ – AND HELPED HIM ASCEND to the top. וְהוֹשִׁיט לוֹ הָרִאשׁוֹן הָרֹאשׁ וְהָרֶגֶל – THE FIRST Kohen working on the offering HANDED UP TO [THE KOHEN GADOL] THE HEAD AND THE right HIND LEG of the sacrifice,[18] סוֹמֵךְ עֲלֵיהֶם וְזוֹרְקָן – and [THE KOHEN GADOL] WOULD LEAN ON THEM AND THROW THEM on the pyre. הוֹשִׁיט הַשֵּׁנִי לָרִאשׁוֹן שְׁתֵּי יָדַיִם – THE SECOND Kohen then HANDED TO THE FIRST one THE TWO FORELEGS,[19] נוֹתְנוֹ[20] לְכֹהֵן גָּדוֹל – and HE WOULD GIVE THEM TO THE KOHEN GADOL, סוֹמֵךְ עֲלֵיהֶם וְזוֹרְקָן – who WOULD LEAN ON THEM AND THROW THEM on the pyre. נִשְׁמַט הַשֵּׁנִי וְהָלַךְ לוֹ – THE SECOND Kohen then SLIPPED AWAY AND DEPARTED, וְכָךְ הָיוּ מוֹשִׁיטִין לוֹ שְׁאָר כָּל הָאֵבָרִים – AND IN THIS MANNER THEY WOULD HAND TO [THE KOHEN GADOL] ALL THE OTHER LIMBS.[21] סוֹמֵךְ עֲלֵיהֶם וְזוֹרְקָן – [THE KOHEN GADOL] WOULD LEAN ON THEM AND THROW THEM on the pyre; וּבִזְמַן שֶׁהוּא רוֹצֶה הוּא סוֹמֵךְ וַאֲחֵרִים זוֹרְקִין – AND WHEN HE WISHES, HE WOULD LEAN on them AND OTHERS WOULD THROW them on the pyre. In any event, we see that the Kohen Gadol performs *semichah* on slaughtered offerings. – ? –

The Gemara defends the Mishnah's teaching:

אָמַר אַבָּיֵי – **Abaye said:** הָתָם מִשּׁוּם כְּבוֹדוֹ דְּכֹהֵן גָּדוֹל – **There it is because of the Kohen Gadol's honor** that he leans on the sacrificial parts.[22]

הדרן עלך שתי מדות
WE SHALL RETURN TO YOU, SHTEI MIDDOS

NOTES

14. *Tamid* 33b.

15. The Kohen Gadol has the right to offer any sacrifice in the Temple (see Mishnah to *Yoma* 14a and Gemara there 17b). This Mishnah describes the procedure in such a case (*Rashi ms.*).

16. The deputy Kohen Gadol holds the second-highest rank in the Temple. His duties are to stand to the right of the Kohen Gadol constantly, which is an honor for the Kohen Gadol, and to supervise and relay the Kohen Gadol's instructions to the other Kohanim (*Rambam, Hil. Klei HaMikdash* 4:16). He also assists the Kohen Gadol in his ritual duties, and serves as his substitute when necessary.

17. By then the Kohen Gadol would be somewhat fatigued (*Rav* there).

18. These were the first parts of the *tamid* to be offered, as the Gemara in *Yoma* (25b) teaches (*Rashi ms.*).

19. Thirteen Kohanim would participate in the offering of the *tamid* (see Mishnah *Yoma* 25a). The Kohen who was in charge of the *tamid's* second portion – its forelegs – would hand it over to the first Kohen, who would then hand it to the Kohen Gadol. The second Kohen would not hand the forelegs directly to the Kohen Gadol, because it is more respectful to allow only a single Kohen to deal directly with the Kohen Gadol, while the other Kohanim must operate on a lower level, handing the portions to him (see *Rashi ms.* and *Tos. Yom Tov* to *Tamid* 7:3).

20. The text of Mishnayos states נוֹתְנָם, *give them.* We translate accordingly.

21. That is, the eleven other Kohanim would each hand over one sacrificial portion to the first Kohen, who remained at his post throughout, and he handed it to the Kohen Gadol (*Rav* ibid. ד״ה נשמט).

22. His is not fully a ritual act of leaning, since leaning is not prescribed for slaughtered animals. Rather, it is an act that confers honor upon the Kohen Gadol, for the leaning renders his burnt offering superior to any other (*Rashi ms.*).

Chapter Eleven

Mishnah The teachings of this chapter center on the laws of the *shtei halechem* and the *panim* bread. This Mishnah discusses the procedure followed in kneading and baking these loaves:

שְׁתֵּי הַלֶּחֶם – **The *shtei halechem*** (Two Loaves) נִילוֹשׁוֹת אַחַת אַחַת – **are kneaded one by one** וְנֶאֱפוֹת אַחַת אַחַת – **and are baked one by one.**[1]

לֶחֶם הַפָּנִים – **The *panim* loaves** נִילוֹשׁוֹת אַחַת אַחַת – **are kneaded one by one,** וְנֶאֱפוֹת שְׁתַּיִם שְׁתַּיִם – **but are baked two by two.**[2]

וּבִדְפוּס הָיָה עוֹשֶׂה אוֹתָן – **[The Kohen] would make [the loaves] in a mold.**[3] כְּשֶׁהוּא רוֹדָן – **When he would remove them** from the oven, נוֹתְנָן לִדְפוּס – **he would put them into** another **mold,** כְּדֵי שֶׁלֹּא יִתְקַלְקְלוּ – **so that they would not become ruined** and broken.

Gemara The Mishnah stated that the *shtei halechem* and the *panim* loaves are kneaded one at a time. The Gemara gives the source of this ruling:

מְנָא הָנֵי מִילֵּי – **From where are these words** known? דְּתָנוּ רַבָּנָן – **For the Rabbis have taught in a Baraisa:** The verse states regarding the *panim* bread: "שְׁנֵי עֶשְׂרֹנִים יִהְיֶה הַחַלָּה הָאֶחָת" – ***THE ONE LOAF SHALL BE TWO ISSARONS.***[4] מְלַמֵּד שֶׁנִּילוֹשׁוֹת אַחַת אַחַת – **THIS TEACHES THAT [THE LOAVES]** of *panim* bread **ARE KNEADED ONE BY ONE.**[5] מִנַּיִן שֶׁאַף שְׁתֵּי הַלֶּחֶם כָּךְ – **FROM WHERE** do we know **THAT THE *SHTEI HALECHEM* ARE ALSO LIKE THIS?** תַּלְמוּד לוֹמַר – **[THE TORAH]** therefore **STATES** the superfluous phrase: "יִהְיֶה" – ***SHALL BE.***[6] וּמִנַּיִן שֶׁאֲפִיָּיתָן שְׁתַּיִם שְׁתַּיִם – **AND FROM WHERE** do we know **THAT THE BAKING [OF THE *PANIM* BREAD] IS** done **TWO BY TWO?** תַּלְמוּד לוֹמַר – **[THE TORAH]** therefore **STATES:** "וְשַׂמְתָּ אוֹתָם" – ***AND YOU SHALL PLACE THEM.***[7] The plural "them" indicates that the *panim* loaves must be placed in the oven two at a time.[8] יָכוֹל אַף שְׁתֵּי הַלֶּחֶם כֵּן – **IT COULD BE** thought that **THE *SHTEI HALECHEM* ARE LIKE THIS AS WELL** – i.e. they too must be placed into the oven two at a time.[9] תַּלְמוּד לוֹמַר – **[THE TORAH]** therefore **STATES** the exclusionary term "אוֹתָם" ***THEM,*** which implies that only they (i.e. the *panim* loaves) are baked two at a time, but not the *shtei halechem*.

The Gemara questions this final teaching:

הַאי "אוֹתָם" הָא אַפִּיקְתֵּיהּ – **You have** already **used this** word

NOTES

1. The *shtei halechem* were the two loaves of leavened wheat bread that were brought in the Temple on Shavuos. They were accompanied by several offerings, among which were the כִּבְשֵׂי עֲצֶרֶת, the two *lambs of Shavuos*. The bringing of the *shtei halechem* permitted new grain for Temple use.

The Mishnah rules that the *shtei halechem* loaves must be kneaded one at a time and placed in the oven one at a time. The Gemara will cite the source for this ruling.

2. The *panim* bread (or *lechem hapanim*) are the twelve loaves that were arranged every Sabbath on the Sanctuary Table. Each Sabbath, the Kohanim would place new bread upon the Table and eat the *panim* bread of the previous Sabbath. The loaves of the *panim* bread were arranged on the Table in two columns, and were accompanied by two spoons filled with *levonah* (frankincense).

The Mishnah rules that the *panim* loaves are kneaded one at a time but are baked two at a time.

[*Chazon Ish* (*Menachos* 26:4) suggests that the requirement to knead the *shtei halechem* and *panim* loaves one at a time is meant to ensure that each loaf will receive the requisite measure of flour. In the case of the *shtei halechem,* each loaf must contain exactly one *issaron* of flour. If the loaves are kneaded separately, we are assured that each will contain precisely this measure. If, however, the dough for both is kneaded together and is later separated, it is possible that one will receive slightly more than an *issaron* of flour and the other slightly less (as would occur if the kneading were not uniform). To prevent this from happening, the Torah demands that each loaf be kneaded separately. The same applies with regard to the two-*issaron* measure of the *panim* bread.]

3. These rulings concern the *panim* bread; the *shtei halechem,* however, were not made in a mold (see *Taharas HaKodesh;* see, however, *Rambam, Commentary* to Mishnah 96a).

The *panim* loaves were formed and baked in a complex shape (see 94b), and had protrusions (or "horns") at their corners (see 96a). It was therefore necessary to prepare and bake these loaves in a mold, so that they would not become ruined (*Rash MiShantz* and *Raavad* to *Toras Kohanim* to *Leviticus* 24:6). The Gemara will discuss the shape of the mold (*Rashi*).

4. *Leviticus* 24:5.

5. The verse reads: וְלָקַחְתָּ סֹלֶת וְאָפִיתָ אֹתָהּ שְׁתֵּים עֶשְׂרֵה חַלּוֹת שְׁנֵי עֶשְׂרֹנִים יִהְיֶה הַחַלָּה הָאֶחָת, *And you shall take fine flour and you shall bake it into twelve loaves; the one loaf shall be two issarons.* (An *issaron* is "a tenth"; specifically, a tenth of the dry measure called "an *ephah.*") The verse could have stated simply: שְׁנֵי עֶשְׂרֹנִים יִהְיֶה הַחַלָּה, *the loaf shall be two issarons.* Instead, it states: הַחַלָּה הָאֶחָת, *the one loaf.* This teaches that the *panim* loaves must be kneaded one at a time (*Rabbeinu Hillel* to *Toras Kohanim* ad loc.; *Piskei Rid* here).

Hence, we may not make a dough of twenty-four *issarons* and then divide it into twelve loaves. Rather, we must knead two *issarons* into a loaf, and then do the same with another two *issarons,* and so on (*Piskei Rid*).

6. Ibid.

The verse could have stated simply: שְׁנֵי עֶשְׂרֹנִים הַחַלָּה הָאֶחָת, *two issarons, the one loaf.* Instead, it states: שְׁנֵי עֶשְׂרֹנִים יִהְיֶה הַחַלָּה הָאֶחָת, *the one loaf shall be two issarons.* The Baraisa expounds the superfluous phrase to teach that this law applies also to another sort of bread – namely, the *shtei halechem,* which must also be kneaded one at a time (*Piskei Rid;* cf. *Malbim* ad loc.).

7. Ibid. v. 6. These words concern the placing of the bread into the oven. The verse speaks of the bread in the plural – *and you shall place* ***them.*** This tells us that two loaves are placed into the oven at the same time, each inside its own mold (*Rashi*).

[The full verse reads: וְשַׂמְתָּ אוֹתָם שְׁתַּיִם מַעֲרָכוֹת שֵׁשׁ הַמַּעֲרָכֶת עַל הַשֻּׁלְחָן הַטָּהוֹר לִפְנֵי ה׳, *And you shall place them in two stacks, six in each stack, upon the pure Table, before Hashem.* In its plain meaning, the phrase *and you shall place them* refers to the placing of the bread upon the Table. *Malbim* (ad loc.) explains that had the Torah wished simply to convey this idea, it would have employed the term וְעָרַכְתָּ, *and you shall arrange,* as it does in describing this process elsewhere (*Exodus* 40:4). Instead, the verse states: וְשַׂמְתָּ, *and you shall place.*] The Baraisa therefore expounds this phrase with regard to the *first* placing of the loaves – i.e. into the oven (see *Rashi*).

8. This requirement is not entirely clear. Some understand this to be a Biblical decree (גְּזֵרַת הַכָּתוּב) requiring the baking to be performed with exactly two loaves at a time – no more, no less (*Rash MiShantz* ibid., first explanation). Others maintain that the verse means only to prohibit baking *more* than two loaves at a time; it is permitted, however, to bake one loaf at a time. They reason that the intricately formed *panim* bread requires special care; it is difficult to provide such care while baking more than two loaves at a time (*Rash MiShantz* ibid., second explanation; see also *Chazon Ish, Menachos* 26:5). A third possibility is that the Torah is requiring us to bake *at least* two *panim* loaves at a time. Thus, we are forbidden to bake a *single* loaf by itself, but are permitted to bake two or more loaves together (*Sfas Emes; Minchas Chinuch* 97:8). See further, *Chazon Ish* ibid.; see also *Taharas HaKodesh* to the Mishnah.

9. [The Baraisa is suggesting that since the law of the *shtei halechem* is equivalent to that of the *panim* bread with regard to the kneading, it is equivalent with regard to the baking as well.]

them to teach that the *panim* loaves are baked two at a time. How can you now employ it to exclude the *shtei halechem?*

The Gemara explains:

אִם כֵּן – If it were **so,** that this phrase is limited to teaching the law of the *panim* loaves, **לֵימָא קְרָא וְשַׂמְתָּם – let the verse state** the contraction ***ve'samtam*** (וְשַׂמְתָּם).[10] This would suffice to teach that we bake the loaves two at a time. **מַאי ,,וְשַׂמְתָּ אוֹתָם" – For what** reason does the verse employ the expanded form of ***ve'samta osam*** (וְשַׂמְתָּ אוֹתָם)? **שָׁמְעַתְּ מִינָּהּ תַּרְתֵּי – So you may learn two [matters] from [this verse]** – that the *panim* loaves are baked two at a time, and that the *shtei halechem* are not.

The Mishnah states that the *panim* bread was made in a mold. The Gemara cites a Baraisa that teaches the source of this law:

תָּנוּ רַבָּנָן – The Rabbis taught in a Baraisa: The verse states regarding the *panim* loaves: **,,וְשַׂמְתָּ אוֹתָם" –** ***AND YOU SHALL PLACE THEM.*** **בִּדְפוּס** – This teaches that they are placed **IN A MOLD.**[11]

The Baraisa continues:

שְׁלֹשָׁה דְּפוּסִין הֵם – THERE ARE THREE MOLDS used in preparing the *panim* bread. **נוֹתְנָהּ לִדְפוּס וַעֲדַיִין הִיא בָּצֵק – [THE KOHEN] PLACES [THE LOAF] INTO A MOLD WHILE IT IS STILL DOUGH.**[12] **וּכְמִין דְּפוּס הָיָה לָהּ בַּתַּנּוּר – AND [THE LOAF] HAD A SORT OF MOLD** that contained it while it was **IN THE OVEN.**[13] **וּכְשֶׁהוּא רוֹדָהּ נוֹתְנָהּ בִּדְפוּס כְּדֵי שֶׁלֹּא תִתְקַלְקֵל – AND WHEN [THE KOHEN] WOULD REMOVE [THE LOAF]** from the oven, **HE WOULD PLACE IT INTO A MOLD SO THAT IT WOULD NOT BECOME RUINED.**[14]

The Gemara asks:

וְלַהְדְּרָהּ לִדְפוּס קַמָּא – But after taking the loaf from the oven, **let it be returned to the first mold!**[15] Why was a third mold necessary?

The Gemara explains:

כֵּיוָן דְּאָפֵי לָהּ נָפְחָה – Because **once they baked it, it expanded,** and therefore required a larger mold.[16]

The Gemara discusses the shape of the *panim* bread:

אִיתְּמַר – It was stated: לֶחֶם הַפָּנִים – The ***panim*** **bread, כֵּיצַד עוֹשִׂין אוֹתוֹ – how did they make it?** I.e. how was it shaped?

NOTES

10. The word וְשַׂמְתָּם is a contraction of the phrase וְשַׂמְתָּ אוֹתָם. Like the expanded phrase, it translates as, "and you shall place them."

11. The verse does not simply state וְנָתַתָּ אוֹתָם, *and you shall put them,* but וְשַׂמְתָּ אוֹתָם, *and you shall place them.* This implies an act of precision and skill – namely, the placing of these intricate loaves into their molds (*Rash MiShantz* ibid.; *Tosafos* here; see also *Raavad* and *Malbim* ibid.).

12. The *panim* bread had walls and a hollow center – it received this shape in the mold. According to one opinion below (94b), the bread was shaped like an open box; according to another, like a fast ship. The mold was in one of these shapes; the dough was pressed into the mold (*Rashi;* see *Rashi, Succah* 36a ד״ה גידלו בדפוס).

13. This mold was inside the oven. They would preheat the mold in the oven and then bake the bread on it (*Rashi*).

[Why does the Baraisa refers to this mold as "a *sort* of mold?" Also, why does the Mishnah not mention this second mold? Some explain that this was not a true mold, but was part of the structure of the oven. Therefore, the Mishnah does not mention it, while the Baraisa refers to it only as "a sort of mold" (see *Taharas HaKodesh; Tiferes Yisrael* to the Mishnah, *Boaz* §1; see also *Chasam Sofer* to *Rama, Orach Chaim* 254:5).]

14. This final mold was made of gold. It is this mold to which Scripture (*Exodus* 25:29) refers with the phrase קְעָרֹתָיו, *the dishes [of the Table]* (*Tosafos; Rashi* to *Exodus* ibid.; see below, 97a).

[*Rambam* (*Temidin U'Mussafin* 5:8) writes that all three molds were made of gold. However, *Rashi* (to *Exodus* ibid.) states that although the final mold was gold, the mold used in the oven was made of iron. Interestingly, *Rashi* (there) makes no mention of the first of the three molds. See *Taharas HaKodesh* for discussion; see also *Minchas Chinuch* 97:6; *Mizrachi* to *Exodus* ibid.]

15. I.e. the mold in which the dough was shaped (*Rashi*).

16. *Tosafos* point out that although the bread does expand in baking, it is free to expand only upward, where the mold does not inhibit its expansion. It cannot, however, expand downward and outward, for the mold blocks its expansion in these directions. It follows that even after it is baked, the bread should still fit the original mold!

Tosafos answer that in the oven, the dough was not placed *inside* the mold, but was plastered to it from the outside. [It was common in those days to bake bread by sticking it onto the top and sides of the oven.] Hence, it expanded downward and outward during baking, and therefore could not be replaced in the original mold.

However, it appears from *Rashi* and *Rabbeinu Gershom* (top of 95a) that in the oven too, the dough was placed inside the mold. For alternative solutions to *Tosafos'* difficulty, see *Taharas HaKodesh; Sfas Emes.* For further discussion, see *Tiferes Yisrael* to the Mishnah, *Boaz* §1.

The Gemara cites two opinions:

רַבִּי חֲנִינָא אָמַר – **R' Chanina said:** כְּמִין תֵּיבָה פְּרוּצָה – It was shaped **like an open box.**[1] רַבִּי יוֹחָנָן אָמַר – **R' Yochanan said:** כְּמִין סְפִינָה רוֹקֶדֶת – It was shaped **like a fast ship.**[2]

The Gemara questions R' Yochanan's view:

בִּשְׁלָמָא לְמַאן דְּאָמַר כְּמִין תֵּיבָה פְּרוּצָה – **According to the one who said** that the *panim* bread was shaped **like an open box, all is well,** הַיְינוּ דַּהֲוּוּ יָתְבֵי בְּזִיכִין – for **this is where the spoons** of frankincense **rested,** i.e. on the flat bottom of the loaf. אֶלָּא לְמַאן דְּאָמַר כְּמִין סְפִינָה רוֹקֶדֶת – **But according to the one who said** it was shaped **like a fast ship,** הֵיכִי הֲווּ יָתְבֵי בְּזִיכִין – **where did the spoons rest?** The bread has no level area upon which to place the spoons![3] – ? –

The Gemara answers:

מָקוֹם עָבִיד לְהוּ – When the Kohen would form the loaves, **he would create a** flat **place in their** walls.[4] These would serve as resting places for the spoons.

The Gemara again questions R' Yochanan's view:

בִּשְׁלָמָא לְמַאן דְּאָמַר כְּמִין תֵּיבָה פְּרוּצָה – **According to the one who said** that the *panim* bread was shaped **like an open box, all is well,** הַיְינוּ דַּהֲווּ יָתְבֵי קָנִים – for **this is where the rods rested.** אֶלָּא לְמַאן דְּאָמַר כְּמִין סְפִינָה רוֹקֶדֶת – **But according to the one who said** it was shaped **like a fast ship,** קָנִים הֵיכִי הֲווּ יָתְבֵי – **where did the rods rest?**[5] – ? –

The Gemara answers:

מוֹרְשָׁא עָבִיד לְהוּ – **They would make protrusions on** the ends of **[the loaves],** upon which they would place the rods.[6]

A final objection to R' Yochanan's view:

בִּשְׁלָמָא לְמַאן דְּאָמַר כְּמִין תֵּיבָה פְּרוּצָה – **According to the one who said** it was shaped **like an open box, all is well,** הַיְינוּ דְּסָמְכֵי לֵיהּ סְנִיפִין לְלֶחֶם – for **this is how the props support the bread.** אֶלָּא לְמַאן דְּאָמַר כְּמִין סְפִינָה רוֹקֶדֶת – **But according to the one who said** it is shaped **like a fast ship,** הֵיכִי סָמְכֵי לֵיהּ סְנִיפִין לְלֶחֶם – **how do the props support the bread?**[7] – ? –

NOTES

FIGURE 1

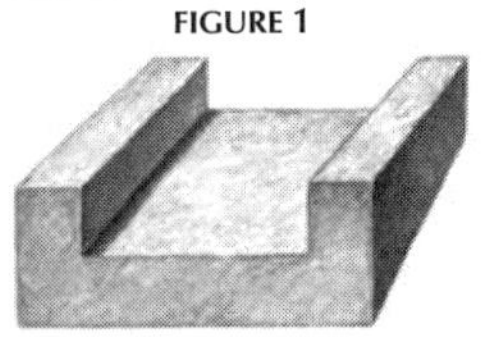

1. This is a wide-bottomed box without a cover, and with two opposing walls.

According to R' Chanina, the *panim* bread had a flat bottom and two walls (*Rashi*). See figure 1.

2. This is a ship whose hull is wide at the deck, but which tapers to no more than a fingerbreadth at the keel, and whose bow and stern are narrow and rise above the water. It is called a סְפִינָה רוֹקֶדֶת, literally: a dancing ship, because of its speed. Its streamlined shape allows it to "dance" speedily upon the water.

FIGURE 2

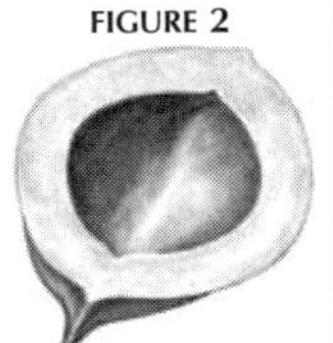

R' Yochanan maintains that the *panim* bread tapered down to a thin edge at the bottom (describing a "v"-shape), while the two sides were pinched together at the front and back, causing the loaf to taper from its widest point at the center to a thin edge at front and back. Thus, its general form was that of a ship's hull (see figure 2) (see *Rashi* here and to 96a ד״ה טפחיים ומחצה; see *Chazon Ish, Menachos* 42:28; cf. *Tosafos* here; see *Sfas Emes* here).

[However, the bread differed from the ship in this detail: In the case of the ship, the bow and stern rise up above the water, jutting out in front of the ship. But in the case of the bread, although its front and back are pinched together, causing the loaf to taper both fore and aft, the front and back of the loaf do not curve upward, but describe a straight vertical edge (see figure 3) (see *Tosafos;* see also *Yashar V'Tov;* see *Chemdas Daniel* at length).]

FIGURE 3

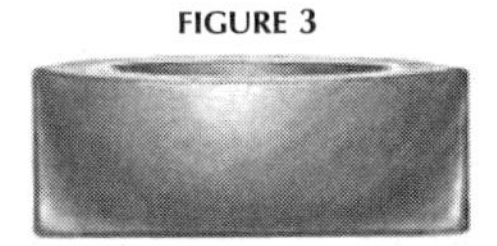

3. The *panim* bread was accompanied by two spoons of *levonah* (frankincense). As the verse states (*Leviticus* 24:7): וְנָתַתָּ עַל־הַמַּעֲרֶכֶת לְבֹנָה זַכָּה, *and you shall put onto the stack [of panim bread] pure frankincense.* This teaches that the *levonah* must be placed upon the bread. According to R' Chanina, the bread had a wide, flat bottom; therefore, the spoons of *levonah* rested nicely upon the bread. According to R' Yochanan, however, the bread had no bottom, but tapered down in a v-shape. Hence, it was impossible to rest the frankincense upon the bread (*Rashi;* cf. *Rabbeinu Gershom; Tosafos*).

[Our Gemara assumes that the *levonah* was placed directly onto the topmost loaf of each stack of bread. This, however, is actually a matter of dispute in the Mishnah on 96a, which cites one Tanna who holds that the *levonah* was placed on the Table between the stacks of bread.]

4. [Before the loaf was baked], he would hollow out a resting place for the spoon in one of the walls of the loaf (*Rashi;* cf. *Rabbeinu Gershom*).

5. When the *panim* loaves were arranged in their stacks, thin golden half-rods were placed between the loaves, to allow air to flow between them, so that they would not become moldy. Three rods would be inserted between the first and second loaves – one rod in the middle and one at each end. Another three rods would then be inserted between the second loaf and the third one, and so on until the top of the stack [with the exception of the two topmost loaves, which had only two rods inserted between them] (see 96a).

FIGURE 4

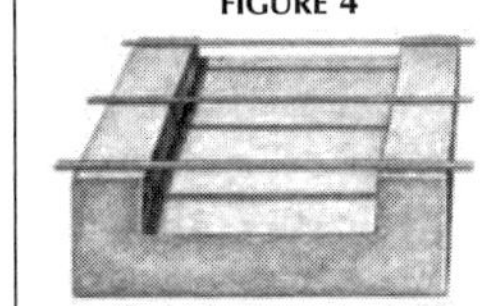

According to R' Chanina, there was a place for all three rods. Since the walls of the loaf ran parallel to each other along the entire length of the loaf, they could place rods at each end of the loaf and in the middle. Because the walls remained far apart throughout the length of the loaf, the tips of all three rods were able to rest on the walls (see figure 4). According to R' Yochanan, however, the front and back of the loaf tapered to a thin edge. Thus, although both ends of the middle rod rested on the walls, which at the center of the loaf were far apart, the two outer rods had nothing to rest upon [for they could not balance properly upon the thin edge at the end of the loaf] (see figure 5) (*Rashi;* cf. *Tosafos*).

FIGURE 5

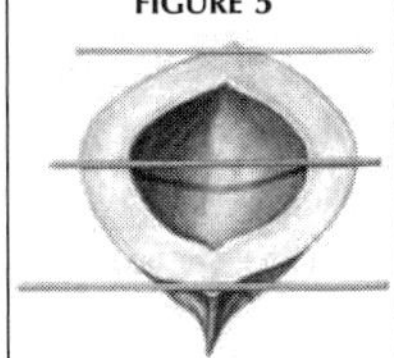

[*Tosafos* ask: We will soon see that the tips of the rods rested upon the pegs that protruded from the four props (see note 7). It follows that even according to R' Yochanan, the outer rods did have somewhere to rest – namely, upon the pegs that projected from the props. *Tosafos* answer that the pegs did not suffice, for the rods were not strong; without proper support from the bread underneath, they would have bent under the weight of the bread that pressed down on them from above (which would have caused them to slip from the pegs, again unbalancing them).]

6. The Gemara answers that they would take bits of dough and attach them to each side of the loaf at the front and back. The outer rods would rest upon these protrusions (*Rashi;* cf. *Tosafos*).

7. The Mishnah on 96a states that the Table had four סְנִיפִין, or *props* (literally: adjuncts), two for each stack of *panim* bread. The bread was placed on the Table with its walls along the outside of the Table. The props (whose width matched that of the bread – *Tosafos*) were placed against the Table to support the bread. From the props protruded pegs, upon which were placed the half-rods that lay between the loaves (*Rashi;* cf. *Shitah Mekubetzes* §9; see 96a note 26).

According to R' Chanina, the manner in which the props achieve their purpose is clear. Since the walls of the loaves are flush with the side of the Table, the props press against the walls of the loaves and keep them from breaking.

FIGURE 6

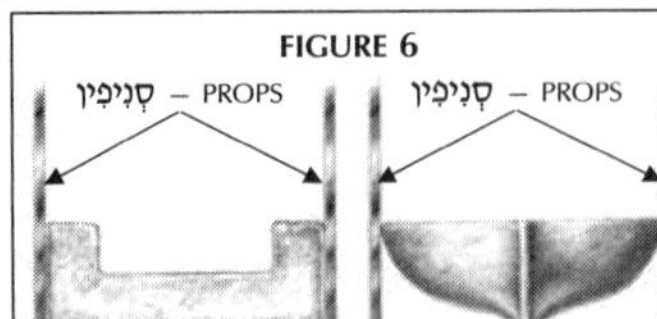

R' CHANINA'S VIEW R' YOCHANAN'S VIEW

But according to R' Yochanan, since the wall of the loaf curves downward and inward away from the prop, the prop presses only against a small section of the top edge of the wall, but offers no support to the entire curved face of the wall

The Gemara answers:

דְּעָגִיל לְהוּ מְיַעֲגַל – According to this view, **[the props] were shaped in a semicircle,** and extended *beneath* the loaves.[8]

The Gemara now questions R' Chanina's view:

בִּשְׁלָמָא לְמַאן דְּאָמַר כְּמִין סְפִינָה רוֹקֶדֶת – **According to the one who said** the *panim* bread was shaped **like a fast ship, all is well,** הַיְינוּ דִּבְעִינַן סְנִיפִין – for **this is why they needed props.** אֶלָּא לְמַאן דְּאָמַר כְּמִין תֵּיבָה פְּרוּצָה – **But according to the one who said** it was shaped **like an open box,** סְנִיפִין לָמָּה לִי – **why do I need the props?**[9] – ? –

The Gemara explains:

אַגַּב יוֹקְרָא דְּלֶחֶם תִּלַּח – **Because of the weight of the bread** pressing down from above, **[the walls]** could **break.** Therefore, the props are needed to support the walls.[10]

The Gemara again questions R' Chanina's view:

בִּשְׁלָמָא לְמַאן דְּאָמַר כְּמִין סְפִינָה רוֹקֶדֶת – **According to the one who said** the *panim* bread was shaped **like a fast ship, all is well,** סְנִיפִין עַל גַּבֵּי שֻׁלְחָן מוּנָּחִין – for **the props are** then **placed upon the Table,** extending beneath the loaves. אֶלָּא לְמַאן דְּאָמַר כְּמִין תֵּיבָה פְּרוּצָה – **But according to the one who said** it was shaped **like an open box,** סְנִיפִין הֵיכָא מַנַּח לְהוּ – **where did they place the props?**[11] אַאַרְעָא מַנַּח לְהוּ – **Did they** then **place them upon the ground?**

The Gemara answers:

אִין – **Yes,** they placed them upon the ground. דְּאָמַר רַבִּי אַבָּא בַּר מַמָּל – **For R' Abba bar Mammal stated:** לְדִבְרֵי הָאוֹמֵר כְּמִין סְפִינָה רוֹקֶדֶת – **According to the words of the one who says** the bread was shaped **like a fast ship,** סְנִיפִין עַל גַּבֵּי שֻׁלְחָן מוּנָּחִין – **the props were placed upon the Table.** לְדִבְרֵי הָאוֹמֵר כְּמִין תֵּיבָה פְּרוּצָה – **According to the words of the one who says** it was shaped **like an open box,** סְנִיפִין עַל גַּבֵּי קַרְקַע מוּנָּחִין – **the props were placed upon the ground.**

Based on the above, the Gemara elucidates a related teaching: כְּמַאן אַזְלָא הָא דְּאָמַר רַב יְהוּדָה – **In accordance with whom is** stated **this** following **statement of Rav Yehudah:** הַלֶּחֶם מַעֲמִיד אֶת הַסְּנִיפִין – **"The bread supports the props,** וְהַסְּנִיפִין מַעֲמִידִין אֶת הַלֶּחֶם – **and the props support the bread."** Does this statement follow R' Chanina or R' Yochanan?

The Gemara answers:

כְּמַאן דְּאָמַר כְּמִין סְפִינָה רוֹקֶדֶת – **It is** stated **in accordance with the one who said** the bread is shaped **like a fast ship** (i.e. R' Yochanan). According to this view, the bread secures the prop from above, while the prop supports the bread from below.[12]

NOTES

(*Rashi;* see *Olas Shlomo*). See figure 6.

[It was vital to keep the breads from breaking, for if one of the *panim* bread breaks, it is invalidated (see above, 9b).]

FIGURE 7

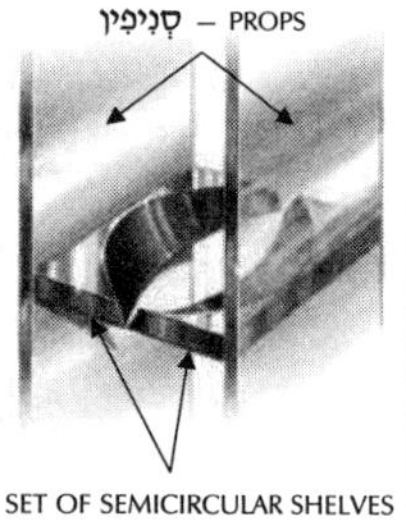

8. The Gemara answers that according to R' Yochanan, the prop extended beneath the loaves in a semicircle that curved around the loaves. The lower part of the semicircular shelf supported the entire wall of the loaf, while its top supported the loaf's top edge (*Rashi*). See figure 7.

[If we assume that the props supported all six loaves, and not just the bottommost loaf in the stack (see *Tosafos*), we must say that the prop consisted of a series of semicircular shelves, one above the next, each supporting the wall of a loaf. Presumably, this was constructed as an upright board with shelves protruding. See *Olas Shlomo.*]

9. According to R' Yochanan, since the loaves are not flat bottomed, but taper to a narrow edge, they cannot sit upright on the Table without support. Therefore, the props are needed to keep the loaves from toppling over.

But according to R' Chanina, the bottoms of the loaves are flat; therefore, they can rest securely upon the Table without support. What purpose, then, is served by the props? (*Rashi;* see *Tosefta* 11:3; cf. *Rabbeinu Gershom*).

[There is a seeming discrepancy between the Gemara here and above. The Gemara earlier assumed that the purpose of the props is to keep the bread from breaking, and wondered how this is accomplished if the bread is shaped like a ship. Here, however, the Gemara assumes that the props are intended to keep the loaf from toppling over, and wonders why this is necessary if the loaf is shaped like a box. See *Olas Shlomo* for discussion.]

10. The Gemara answers that the weight of the upper loaves could cause the walls of the ones below to break (*Rashi;* cf. *Rabbeinu Gershom*). The props pressed against the sides of the walls and kept them from crumbling.

[The half-rods would not keep the walls from crumbling, for, as we stated above (note 5), these were not especially strong, and could not themselves support the weight of the bread.]

11. According to R' Yochanan, since the loaves were narrow at bottom, they took up almost no space on the tabletop. Therefore, there was room on the Table for the props.

But according to R' Chanina, the walls of the loaves were flush with the sides of the Table, leaving no room upon which to set down the props. Where then did they place the props? (*Rashi*). See figure 8.

12. The curved wall of the loaf presses down upon the semicircle of the prop (which is on the Table beneath the bread), thereby holding it in place, while the prop keeps the bread from toppling over [and its walls from breaking] (*Rashi*). See figure 8.

FIGURE 8

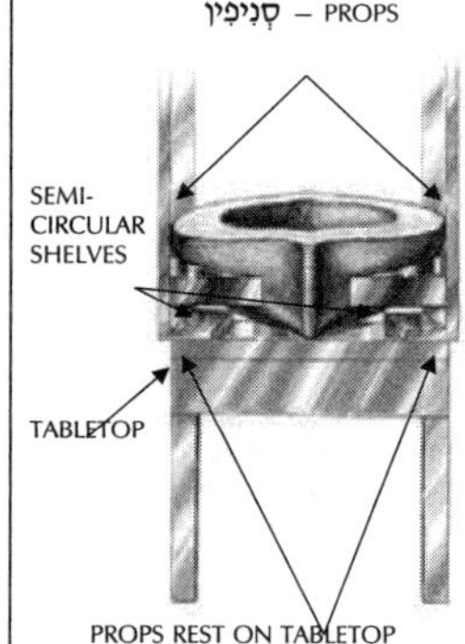

The Gemara challenges the view of R' Yochanan:

מֵיתִיבֵי – **They challenged it on the basis of a Baraisa:** כְּמִין כְּוֶורֶת הָיָה לָהּ בַּתַּנּוּר – **THERE WAS A SORT OF BASKET FOR [THE BREAD] IN THE OVEN** (this was the mold in which it was baked), וְדוֹמָה כְּמִין טַבְלָא מְרוּבַּעַת – **AND IT WAS SIMILAR** in shape **TO A SQUARE TABLET.**[1] By stating that the mold was shaped like a square tablet, the Baraisa implies that the bread resembled a square, wide-bottomed box, not a narrow-bottomed, curved ship. This contradicts the view of R' Yochanan. – ? –

The Gemara answers by slightly revising the text of the Baraisa:

אֵימָא – Rather, **teach** the Baraisa in this manner: ופיה דומה כְּמִין טַבְלָא מְרוּבַּעַת – **AND ITS *OPENING* WAS SIMILAR TO A SQUARE TABLET.** It was only the opening at the top of the mold that was square; the bottom of the mold, however, was shaped like a ship.[2]

The Gemara cites a proof to R' Yochanan:

תַּנְיָא כְּמַאן דְּאָמַר כְּמִין סְפִינָה רוֹקֶדֶת – **A Baraisa has been taught in accordance with the one who said** the bread was shaped **like a fast ship.** דְּתַנְיָא – **For it has been taught in a Baraisa:** אַרְבָּעָה סְנִיפִין שֶׁל זָהָב הָיוּ שָׁם – **THERE WERE FOUR PROPS OF GOLD THERE** – מְפוּצָּלִין מֵרָאשֵׁיהֶן כְּמִין דְּקָרְנִין הָיוּ – **WITH PROJECTIONS AT THEIR TOPS LIKE BRANCHED REEDS**[3] – שֶׁסּוֹמְכִין בָּהֶן אֶת הַלֶּחֶם – **WITH WHICH [THE KOHANIM] SUPPORTED THE BREAD,**[4] שֶׁהוּא דּוֹמֶה כְּמִין סְפִינָה רוֹקֶדֶת – **WHICH WAS SIMILAR** in shape **TO A FAST SHIP.**

The Baraisa states that the bread resembled a ship. This accords with the view of R' Yochanan.[5]

The Gemara cites an inquiry concerning the *panim* bread:

אִיבַּעְיָא לְהוּ – **They inquired:** לֶחֶם הַפָּנִים נִפְסָל בְּמַסָּעוֹת – **Did the *panim* bread become invalidated** (with the invalidation of "leaving") **during the** Israelites' **journeys** in the wilderness, אוֹ אֵינוֹ נִפְסָל בְּמַסָּעוֹת – **or did it not become invalidated during their journeys?**[6]

The Gemara cites conflicting views regarding this matter:

רַבִּי יוֹחָנָן וְרַבִּי יְהוֹשֻׁעַ בֶּן לֵוִי – **R' Yochanan and R' Yehoshua ben Levi:** חַד אָמַר נִפְסָל – **One said [the bread] did become invalidated** during the journeys, וְחַד אָמַר אֵינוֹ נִפְסָל – **and the other said it did not become invalidated** during the journeys.

The Gemara assumes that these Amoraim are discussing bread that was still upon the Table during the journey. It elucidates their dispute accordingly:

מַאן דְּאָמַר נִפְסָל – **The one who said** that **[the *panim* bread] did become invalidated** bases his ruling on the following verse. דִּכְתִיב – **For it is written:** "כַּאֲשֶׁר יַחֲנוּ כֵּן יִסָּעוּ" – ***as they encamp so shall they journey.***[7] By comparing encampment and journeying, the verse teaches the following analogy: מַה בַּחֲנָיָיתוֹ נִפְסָל בְּיוֹצֵא – **Just as during the encampment of [the *panim* bread] it becomes invalidated with** the invalidation of **leaving** (i.e. upon being removed from the Tabernacle Courtyard),[8] אַף בִּנְסִיעָתוֹ נִפְסָל בְּיוֹצֵא – **so too during its journeying it becomes invalidated with** the invalidation of **leaving** (since it is no longer in the Courtyard).[9]

מַאן דְּאָמַר אֵינוֹ נִפְסָל – **The one who said** that **[the *panim* bread] did not become invalidated** during the wilderness journeys bases his ruling on another verse. דִּכְתִיב – **For it is written:**[10] "וְלֶחֶם הַתָּמִיד עָלָיו יִהְיֶה" – ***and the constant bread shall remain upon it*** (i.e. upon the Table while journeying). This tells us that even during the wilderness journeys, the bread remained valid as before.

The Gemara asks:

וְאִידָךְ נַמִּי – **But** according to **this other one too** (who holds that

---

NOTES

1. I.e. it was in the shape of an open, wide-bottomed, square box (*Rashi*).

[A כְּוֶורֶת, *basket,* is round, not square (as is evident from *Shabbos* 8a). The Baraisa refers to this mold as "a basket" because it was full of holes, like a reed basket. The holes allowed an even distribution of heat (*Tosafos;* cf. *Tiferes Yisrael* to our Mishnah, *Boaz* §1).]

2. The opening at the top of the mold was made especially wide, so that there would be no difficulty in placing therein the [intricately shaped] dough (*Rabbeinu Gershom*). However, the bottom of the mold [in which the bread was actually baked] was in the shape of a ship (*Rashi; Rabbeinu Gershom*).

3. See *Succah* 13a with *Rashi.*

Onto these projections, or pegs, were placed the ends of the rods that lay between the loaves (see *Rashi* 94b ד״ה היינו דסמכי, 96a ד״ה המפוצלים; *Rabbeinu Gershom* 94b ודאי למאן דאמר; *Rabbeinu Hillel* and *Rash* to *Toras Kohanim* to *Leviticus* 24:6; cf. *Tosafos* 94b ד״ה דסמכי).

[The Baraisa states that the projections were at the top of the prop. This is difficult to understand, for if the rods between the loaves rested upon these pegs, there had to have been pegs up and down the entire length of the props (see *Rashi* and *Tosafos* ibid.). *Tos. Yom Tov* (to the Mishnah on 96a) explains that "the top" refers to the section of the prop that extends above the tabletop. *Rabbeinu Hillel* (ibid.) explains that "at their tops" refers not to the props, but to the loaves. The props had pegs protruding at the top edge of each loaf; the rods lay upon the pegs. *Rash* (ibid.) maintains that only the top layer of rods lay upon pegs; all other rods rested upon the bread alone. Accordingly, the pegs were found only at the very top of the props. For yet another approach, see *Yashar V'Tov* to *Tosafos* ibid.]

4. [I.e. the props supported the bread. Alternatively, the pegs protruding from the props supported the rods, which in turn supported the bread. See *Tosafos* ibid.]

5. *Rambam* (*Temidin U'Mussafin* 5:9) rules in accordance with R' Chanina that the *panim* loaves were shaped like open boxes. This is difficult to understand in light of our Baraisa's support of R' Yochanan. For various approaches to resolving this difficulty, see *Kesef Mishneh* and *Lechem Mishneh* ad loc.; *Keren Orah* to 94b; *Zevach Todah; Sfas Emes* here and to 96b; *Chazon Ish, Menachos* 42:28; *Yad Eliyahu* here.

[*Chazon Ish* (ibid.) suggests that there is actually no requirement concerning a specific shape for the *panim* bread. R' Chanina and R' Yochanan disagree only regarding actual practice; neither is saying that his shape is mandatory.]

6. When the Israelites would break camp in the wilderness, they would dismantle the Tabernacle, and carry it to the next encampment. The Table was carried fully laden with *panim* bread. As the verse states (*Numbers* 4:7): וְעַל שֻׁלְחַן הַפָּנִים יִפְרְשׂוּ בֶּגֶד תְּכֵלֶת... וְלֶחֶם הַתָּמִיד עָלָיו יִהְיֶה, *And upon the Table of panim [bread] they shall spread a cloth of techeiles wool . . . and the constant bread shall remain on it.*

[It is a rule that *panim* bread which leaves the Tabernacle Courtyard becomes invalidated under the invalidation of יוצא, *leaving* (see note 8). Since during the wilderness journeys there was no Courtyard, the bread was effectively outside its bounds.] The Gemara therefore inquires as to whether the bread became invalidated with "leaving" during these journeys (*Rashi*). The precise circumstances of the inquiry will be elucidated in the course of the Gemara.

7. *Numbers* 2:17.

8. The Torah states regarding the *panim* bread (*Leviticus* 24:9): וְהָיְתָה לְאַהֲרֹן וּלְבָנָיו וַאֲכָלֻהוּ בְּמָקוֹם קָדֹשׁ, *It shall belong to Aaron and his sons, and they shall eat it in a holy place.* ["A holy place" is the Courtyard of the Tabernacle or Temple.] We see that the bread may not leave the Courtyard (*Rashi*).

9. [As we explained, the Gemara at this point assumes that this view calls for the invalidation of bread that is still upon the Table. *Taharas HaKodesh* accordingly asks: If the bread on the Table was invalid, why was it left there? It should have been burned, as are all invalid *kodashim*! He answers that the *panim* loaves are *kodshei kodashim,* and the rule is that invalid *kodshei kodashim* are burned in the place they are normally eaten – namely, in the Tabernacle or Temple Courtyard (see *Pesachim* 24a). Since during the time of journeying there was no Courtyard, there was no choice but to leave the invalid bread upon the Table until the re-erection of the Tabernacle at the next encampment.]

10. *Numbers* 4:7.

the bread did not become invalidated), הָא כְּתִיב ,,כַּאֲשֶׁר יַחֲנוּ כֵּן יִסָּעוּ'' – **it is written, *as they encamp so shall they journey.*** How does he deal with the implied analogy between encampment and journeying?

The Gemara explains:

לְאִידָךְ גִּיסָא – He employs the analogy **in the other direction,** i.e. to support his view that the bread does *not* become invalidated, as follows: **מַה בַּחֲנָיָיתוֹ – Just as during the encampment of [the *panim* bread], כִּי לֹא יָצָא מִמְּקוֹמוֹ – if it did not leave its place** (i.e. the Courtyard), **לֹא מִיפְּסִיל – it did not become invalidated, אַף בִּנְסִיעָתוֹ – so too during its journeying, כִּי לֹא יָצָא מִמְּקוֹמוֹ – if it did not leave its place** (i.e. the Table), **לֹא מִיפְּסִיל – it did not become invalidated.**[11]

The Gemara turns its attention to the opposing view:

וְאִידָךְ נַמִּי – But according to **the other one too** (who holds that the bread *did* become invalidated), **הָא כְּתִיב – it is written: ,,וְלֶחֶם הַתָּמִיד עָלָיו יִהְיֶה'' – *and the constant bread shall remain upon it.*** This verse implies that the bread upon the Table remains valid even while journeying! – ? –

The verse *and the constant bread shall remain upon it* is accepted as definitive proof that the *panim* bread on the Table did *not* become invalidated during the journeys. It follows that this dispute does not concern bread that remained on the Table. The Gemara must therefore revise its view of the dispute:

אֶלָּא כִּי אָתָא רַב דִּימִי אָמַר – Rather, when Rav Dimi came from Eretz Yisrael to Babylonia, **he said: בִּמְסוּדָּר – Where [the bread] was** still **arranged** upon the Table while journeying, **דְּכוּלֵּי עָלְמָא לֹא פְּלִיגֵי – both** R' Yochanan and R' Yehoshua ben Levi **agree** that it was not invalidated.[12] **אֶלָּא כִּי פְּלִיגֵי – Rather, when do they disagree? בִּמְסוּלָּק – Where [the bread] was removed** from the Table before the journey began, and was then carried with the Tabernacle utensils in the Camp of the Leviim.[13] One Amora holds that in this case the bread was invalidated; the other holds that it was not. **מַאן דְּאָמַר נִפְסָל – The one who said it became invalidated** bases his ruling on the following verse. **דִּכְתִיב – For it is written: ,,כַּאֲשֶׁר יַחֲנוּ כֵּן יִסָּעוּ'' – *as they encamp so shall they journey.*** This teaches an analogy: **מַה בַּחֲנָיָיתוֹ נִפְסָל בְּיוֹצֵא – Just as during the encampment of [the *panim* bread] it becomes invalidated with leaving** (i.e. upon being removed from the Courtyard), **אַף בִּנְסִיעָתוֹ מִיפְּסַל בְּיוֹצֵא – so too during its journeying it becomes invalidated with leaving** (i.e. since it is no longer in the Courtyard).

לְמַאן דְּאָמַר אֵינוֹ נִפְסָל – As for the one who said that **[the bread] did not become invalidated,** he expounds another verse. **דִּכְתִיב – For it is written: ,,וְנָסַע אֹהֶל-מוֹעֵד'' – *And the Tent of Meeting shall journey.***[14] This tells us that **אַף עַל פִּי שֶׁנָּסַע – even while [the Tabernacle] journeyed, אֹהֶל מוֹעֵד הוּא – it was still** considered to be **the Tent of Meeting.**[15] It follows that even if the *panim* bread was removed from the Table before the journey began, it was not considered to have left the Tabernacle Courtyard. Therefore, it was not subject to the invalidation of leaving.

The Gemara asks:

וְאִידָךְ נַמִּי – And according to **this other one too** (who holds that the bread did not become invalidated), **הָכְתִיב ,,כַּאֲשֶׁר יַחֲנוּ כֵּן יִסָּעוּ'' – it is written, *as they encamp so shall they journey.*** How does this Amora deal with the invalidation implied by the analogy between encampment and journeying?

The Gemara explains:

לְאִידָךְ גִּיסָא – He employs the analogy **in the other direction,** i.e. to support his view that the bread that was removed from the Table is not invalidated, as follows: **מַה בַּחֲנָיָיתוֹ – Just as during the encampment of [the *panim* bread], כִּי לֹא מַפִּיק לֵיהּ לֹא מִיפְּסִיל – if one does not remove it** from the Courtyard **it does not become invalidated, אַף בִּנְסִיעָתוֹ – so too during its journeying, כִּי לֹא מַפִּיק לֵיהּ לֹא מִיפְּסִיל – if one does not remove it** from the Levite camp **it does not become invalidated.**[16]

The Gemara turns its attention to the opposing view:

וְאִידָךְ נַמִּי – And according to **the other one too** (who holds that the bread *did* become invalidated), **הָא כְּתִיב ,,וְנָסַע אֹהֶל-מוֹעֵד'' – it is written, *And the Tent of Meeting shall journey,*** which implies that the Tabernacle retained its exalted status while journeying, so that even if the bread was removed from the Table, it was not considered to have left the Tabernacle. How does this Amora deal with this proof?

The Gemara answers:

הַהוּא לִדְגָלִים הוּא דְּאָתָא – He holds that **this [verse] comes to** teach the Tabernacle's place among **the** tribal **banners.**[17]

NOTES

11. [This Amora admits to the analogy between encampment and journeying; however, he holds that the focus of the analogy is not whether the bread is inside the Courtyard, but whether it is in its proper place. During the time of encampment, the "place" of the bread is the Courtyard. Therefore, if it leaves the Courtyard, it is invalidated. During the time of journeying, its "place" is not the Courtyard – which is not presently in existence – but the Table itself. Therefore, as long as the bread does not leave the Table, it does not become invalidated.]

12. This refers to a case in which they broke camp before it was time to remove the bread from the Table. In that case, both R' Yochanan and R' Yehoshua ben Levi agree that the bread does not become invalidated, for the verse states: וְלֶחֶם הַתָּמִיד עָלָיו יִהְיֶה, *and the constant bread shall remain upon it* (*Rashi,* as emended by *Shitah Mekubetzes* §9).

13. In this case, the bread was removed from the Table on the Sabbath; however, before the Kohanim had an opportunity to eat it, they were ordered to break camp and begin traveling, whereupon they immediately dismantled the Tabernacle. The bread was then carried (along with the Tabernacle components) within the Camp of the Leviim, surrounded by the formations and banners of the tribes of Israel (see note 15) (*Rashi,* as emended by *Shitah Mekubetzes* ibid.; cf. *Rabbeinu Gershom;* cf. *Yashar V'Tov; Chemdas Daniel*).

[*Shitah Mekubetzes* (§1) points out that the Jews certainly would not have begun a journey on the Sabbath, as this would have entailed violating various Sabbath prohibitions. Since they could not begin traveling until Sabbath was over, there was ample time to eat the bread between when it was removed from the Table and when the actual journeying began! *Shitah* answers that the dispute concerns a case in which the order to break camp came on a Yom Kippur that fell on the Sabbath. In that case, it is forbidden because of the fast to consume the *panim* bread until nightfall. Once night arrives, the Tabernacle is dismantled, leaving no opportunity to consume the bread before the journey begins.]

14. *Numbers* 2:17.

15. That is to say, during the time of journeying, the Camp of the Leviim in which the Tabernacle components were carried has status as the Tent of Meeting (see *Rashi* ד"ה במסולק וד"ה כי לא מפיק ליה, with *Shitah Mekubetzes* §2,9; see *Yashar V'Tov;* see note 13; cf. *Chemdas Daniel*).

16. For at times of journeying, the Camp of the Leviim was accorded Tabernacle status in this regard (see previous note).

[We stated above that this is known from the verse *And the Tent of Meeting shall journey.* It is not clear why another verse would be needed. See *Taharas HaKodesh,* who addresses this difficulty.]

17. [This verse is one of a series (see throughout *Numbers* Ch. 2) that delineates the sequence in which the tribal banners moved out;] which banner traveled first, which came in middle and which came last. This verse informs us of the Tabernacle's place in this sequence – namely, between the second and third banners (see *Rashi; Rabbeinu Gershom*).

["The banners" are the pennants that marked the formations in which the Israelites were encamped during the years of their sojourn in the wilderness. There were four banners, with three tribes to each

The Gemara asks:

וְאִידָךְ – **And the other one** (who employs this verse to teach that the Tabernacle retains its status while journeying), from where does he derive the Tabernacle's place among the banners? מ,,מַחֲנֵה הַלְוִיִּם בְּתוֹךְ הַמַּחֲנֹת" נָפְקָא – **He derives** this law **from** the continuation of this verse – ***the Levite encampment in middle of the encampments.***[18]

Rav Dimi has explained that the dispute between R' Yochanan and R' Yehoshua ben Levi concerns *panim* bread that was removed from the Table before the journey began. One of the disputants holds that the journey renders this bread invalid; the other holds that it does not. The Gemara challenges the latter view:

מֵיתִיבֵי – **They challenged it on the basis of a Baraisa:** בִּשְׁעַת סִילּוּק מַסָּעוֹת – AT THE TIME OF REMOVAL of the Tabernacle in preparation FOR THE wilderness JOURNEYS,[19] קָדָשִׁים נִפְסָלִין בְּיוֹצֵא – SACRIFICIAL OFFERINGS BECAME INVALIDATED WITH the invalidation of LEAVING; וְזָבִין וּמְצוֹרָעִין מִשְׁתַּלְּחִין חוּץ לִמְחִיצָתָן – YET, *ZAVIM* AND *METZORAIM* WERE SENT OUT OF THEIR PARTITIONS.[20] מַאי לָאו אֲפִילוּ לֶחֶם הַפָּנִים – **Does this not** concern **even the *panim* bread?** Presumably, it does. We see that during the journeys, the *panim* bread *was* in fact subject to the invalidation of leaving![21] – ? –

The Gemara answers:

לֹא – **No,** בַּר מִלֶּחֶם הַפָּנִים – the Baraisa means ***except* for the *panim* bread.**

The Gemara objects to this differentiation between other sacrificial offerings and the *panim* bread:

מַה נַּפְשָׁךְ – **Whatever** possibility **you consider,** you confront a difficulty: אִי ,,אֹהֶל-מוֹעֵד" דַּוְקָא הוּא – **If** the verse ***the Tent of Meeting** shall journey* **is meant precisely,** it teaches that even while journeying the Tabernacle retained its status as the Tent of Meeting; אֲפִילוּ קָדָשִׁים נַמִּי – accordingly, **even sacrificial offerings too** should not have become invalidated at the time of removal.[22] אִי ,,אֹהֶל-מוֹעֵד" לָאו דַּוְקָא הוּא – And **if** the verse ***the Tent of Meeting*** *shall journey* **is not meant precisely,**[23] in which case the Tabernacle did not retain its status during the journeys, אֲפִילוּ לֶחֶם הַפָּנִים נַמִּי – then **even the *panim* bread too** should have become invalidated at the time of removal.[24] There are no grounds to differentiate between the *panim* loaf and other sacrificial offerings.

It follows that the Baraisa concerns the *panim* bread too. Thus, it demonstrates that the journeying did cause the bread removed from the Table to become invalid. – ? –

Faced by this difficulty, the Gemara again revises its understanding of the views of R' Yochanan and R' Yehoshua ben Levi:

אֶלָּא כִּי אֲתָא רָבִין אָמַר – **Rather, when Ravin came** from Eretz Yisrael to Babylonia, **he said:** מַר אָמַר בִּמְסוּדָּר – **The** one **master stated** his ruling in a case **where** the bread was **arranged** upon the Table while journeying, וּמַר אָמַר בִּמְסוּלָּק – **and the** other **master stated** his ruling in a case **where** the bread was **removed** from the Table before the journey began, וְלָא פְּלִיגֵי – **and they are not in disagreement.** If the bread remained upon the Table, both agree that it was not invalidated. If it was removed from the Table, both agree that it was invalidated.[25]

NOTES

banner; the banners were located to the north, south, east and west of the Tabernacle.]

18. [This Amora holds that the verse could simply have stated: וְנָסַע מַחֲנֵה הַלְוִיִּם בְּתוֹךְ הַמַּחֲנֹת, *and the Levite encampment shall journey in middle of the encampments.* This would have sufficed to teach the place of the Tabernacle in the sequence of the banners. Instead, it states: וְנָסַע אֹהֶל-מוֹעֵד, *and the Tent of Meeting shall journey.* This tells us that the Tabernacle retains its Tent of Meeting status even while journeying.]

19. I.e. when the curtains [surrounding the Tabernacle Courtyard] were rolled up [in preparation for leaving] (*Rashi;* see Baraisa of הוּגְלְלוּ הַפָּרוֹכֶת cited below, with *Rashi, Taanis* 21b ד"ה הוגללו הפרוכת and *Rabbeinu Gershom* below; see also *Dikdukei Sofrim* §80; cf. *Shitah Mekubetzes* §11; see below, note 30).

20. The sacrificial offerings became subject to the invalidation of leaving because the curtains that demarcated the Courtyard had been taken down. Because the Courtyard for the moment did not exist, the meats were invalidated. Nevertheless, the wilderness encampment as a whole retained its sanctity – therefore, *zavim* and *metzoraim* were banished from their respective areas (*Rashi;* see *Tosafos*).

To explain: The Tabernacle and its environs are known as the מַחֲנֵה שְׁכִינָה, *the Camp of the Shechinah.* The Baraisa tells us that although this area was dismantled during the time of traveling, the other sections of the Israel's wilderness camp – namely, the מַחֲנֵה לְוִיָּה, the *Camp of the Leviim,* and מַחֲנֵה יִשְׂרָאֵל, *Israelite Camp* – retained their special sanctity. Therefore, the prohibitions forbidding contaminated individuals to enter these camps remained in effect even during the wilderness journeys. Thus, *metzoraim* were barred from entering even the Israelite area [and were therefore compelled to follow in the wake of the entire procession (see *Berachos* 54a)], while *zavim* were barred from the Camp of the Leviim, but not from the Israelite Camp (*Rashi; Chidushei HaRashba*).

[The center of the Israelites' wilderness encampment was occupied by the מַחֲנֵה שְׁכִינָה, *the Camp of the Shechinah* (where the Tabernacle stood). This was surrounded by the מַחֲנֵה לְוִיָּה, *the Camp of the Leviim,* which was in turn surrounded by the מַחֲנֵה יִשְׂרָאֵל, *the Israelite Camp.* In Jerusalem, the Temple and its Courtyard corresponded to the Camp of the *Shechinah,* the Temple Mount to the Camp of the Leviim, and the city of Jerusalem to the Israelite Camp (see *Zevachim* 116b; *Tosefta, Keilim, Bava Kamma* 1:10).

[A *metzora* (pl. *metzoraim*) is a person rendered *tamei* by the skin condition known as *tzaraas* (described in *Leviticus* Ch. 13). A *zav* (pl. *zavim*) is a male rendered *tamei* by a particular sort of urethral emission (described in *Niddah* 35b). The requirement to send those who are contaminated from the camp is known from a verse in *Numbers* (5:2): וִישַׁלְּחוּ מִן-הַמַּחֲנֶה כָּל-צָרוּעַ וְכָל-זָב וְכֹל טָמֵא לָנָפֶשׁ, *And they must send from the camp any metzora, any zav and anyone contaminated by a corpse.* The different degrees of banishment are Scripturally derived in *Pesachim* (67a-b).]

21. [By stating that the sacrificial offerings became invalidated with "leaving" upon removal of the Tabernacle, the Baraisa is in effect saying that the Tabernacle did *not* retain its status during the journeys. This stands in direct contradiction to the view that states that the bread removed from the Table was not invalidated during the journeys.]

22. If the Scriptural phrase "the Tent of Meeting" is meant to teach that the Tent was considered to be in existence even after the curtains were taken down, then the sacrificial offerings were still within the boundaries of the Tabernacle even after it was dismantled, and so should not have been subject to the invalidation of leaving (*Rashi*).

23. I.e. if the verse does not actually mean that the Tabernacle retains its Tent of Meeting status even after being dismantled.

24. Since it was no longer within the bounds of the Tabernacle Courtyard, it too should have become subject to the invalidation of leaving (*Rashi*).

25. According to Ravin, the verse uses the term "the Tent of Meeting" imprecisely; [it is not teaching that the dismantled Tabernacle retains Tent of Meeting status,] but only that the Tabernacle moves out between the second and third banners. It follows that if the *panim* bread was removed from the Table before the journey began, it, like other sacrificial foods, is subject to the invalidation of leaving. If, however, the bread remained upon the Table during the journey, it remains valid, in accordance with the verse that states, *and the constant bread shall remain upon it.* As for R' Yochanan and R' Yehoshua ben Levi, they are not in disagreement at all! Rather, the one who states that the bread was invalidated discusses bread that was removed before the journey, while the one who states that it was not invalidated discusses bread that remained upon the Table during the journey (*Rashi*).

[The Gemara has now ruled that if the bread was removed from the Table before journeying, the journey would cause it to be invalidated. It

The Baraisa ruled that upon removal of the Tabernacle, sacrificial foods become subject to the invalidation of leaving. The Gemara draws an inference from this ruling:

אָמַר אַבַּיֵי – **Abaye said:** שְׁמַע מִינָּהּ יֵשׁ סִילּוּק מַסָּעוֹת בַּלַּיְלָה – **From [the Baraisa's ruling] we learn** that **removal** of the Tabernacle in preparation **for the journeys was** able to begin **at night.** That is to say, if the order to break camp came at night, they would dismantle the Tabernacle and begin journeying immediately; there was no need to wait until morning. דְּאִי סָלְקָא דַּעְתָּךְ אֵין סִילּוּק מַסָּעוֹת בַּלַּיְלָה – **For if it will enter your mind that removal** of the Tabernacle **for the journeys was not** able to begin **at night,** consider the following: אֵימַת מְדַלֵּי – **When are [the curtains]** that demarcate the Tabernacle Courtyard **carried away?**[26] לְצַפְרָא – **In the morning.** מַאי אִירְיָא מִשּׁוּם יוֹצֵא – But then **why must [the Baraisa] teach** that the sacrificial foods became invalidated **with leaving?** תֵּיפּוּק לִי דְּאִיפְּסִיל לֵיהּ בְּלִינָה – **Let it** rather **emerge that [the food] was invalidated with** the invalidation of ***linah,*** which affects sacrificial food that was left overnight. Since the Baraisa finds it necessary to speak of leaving, it evidently holds that the *linah* invalidation did not necessarily apply. It follows that the journeys, and the consequent dismantling of the Tabernacle, were able to begin at night.[27]

Thus, we may deduce from the Baraisa that if necessary, the Israelites would dismantle the Tabernacle and begin a wilderness journey even at night.

The Gemara questions the need for this teaching:

פְּשִׁיטָא – **This is obvious!** ,,לָלֶכֶת יוֹמָם וָלָיְלָה" כְּתִיב – **For it is written** regarding the pillars of fire and smoke that went before the Israelites: ***to journey by day and by night.***[28] If the verse states explicitly that they traveled by night, why must Abaye deduce it from the Baraisa?

The Gemara explains why Abaye's teaching is necessary:

מַהוּ דְּתֵימָא – **What might you say?** הָנֵי מִילֵּי הֵיכָא דְּעָקוּר בִּימָמָא – That **these words** (*by day and by night*) **are** stated **where [the Tabernacle] was uprooted by day.** If they began journeying by day, they would continue at night. אֲבָל הֵיכָא דְּלֹא עָקוּר בִּימָמָא – **However, where [the Tabernacle] was not uprooted by day,** בְּלֵילְיָא לֹא מָצוּ עָקְרֵי – perhaps **they were not able to uproot it by night.**[29] קָא מַשְׁמַע לָן – **[Abaye] informs us** that, in fact, they would uproot the Tabernacle and begin the journey even at night.

The Gemara notes an apparent contradiction between Baraisos:

וּרְמִינְהִי – **But contrast this [ruling]** with the ruling of the following Baraisa: הוּגְלְלוּ הַפָּרוֹכֹת – Once THE CURTAINS surrounding the Courtyard WERE ROLLED UP,[30] הוּתְּרוּ הַזָּבִין וּמְצוֹרָעִין לִיכָּנֵס לְשָׁם – THE *ZAVIM* AND *METZORAIM* BECAME PERMITTED TO ENTER THERE.[31] However, the Baraisa cited earlier states that at the time of removal, the *zavim* and *metzoraim* were sent out of the encampments. The two Baraisos are in conflict! – ? –

The Gemara resolves the contradiction:

אָמַר רַב אַשִׁי – **Rav Ashi said:** לֹא קַשְׁיָא – **It is not a difficulty.** הָא רַבִּי אֱלִיעֶזֶר – **This [Baraisa]** (which permits the *zavim* and *metzoraim* to enter the Camp of the Leviim) **is in accord with the** ruling of **R' Eliezer;** הָא רַבָּנָן – **this** other **[Baraisa]** (which does not permit them to enter) **is in accord with** the ruling of **the Rabbis.**

The Gemara cites the relevant ruling of R' Eliezer:

דְּתַנְיָא – **For it has been taught in a Baraisa:**

NOTES

follows that the Gemara no longer expounds *and the Tent of Meeting shall journey* to teach that the Tabernacle retains its status even while journeying. However, *Tosafos* point out that elsewhere (*Zevachim* 61b,116b) the Gemara *does* expound the verse in this manner. See *Tosafos* for an explanation.]

26. *Rashi; Rabbeinu Gershom.*

27. Abaye's statement operates on the assumption that there were only two possible starting times for the wilderness journeys — the beginning of the night and the beginning of the day. What Abaye is attempting to prove is that the journeys began not only at the start of the day, but also at the start of the night (*Rashi,* as elucidated by *Tosafos;* see end of note).

Abaye's proof runs thus: If the wilderness journeys never began at night, then in the event the Jews were commanded at night to break camp, they would not dismantle the Tabernacle until morning. Now, the only sacrificial foods that are extant first thing in the morning are those that were offered on the previous day. These, however, are invalid on account of *linah* (literally: left overnight), since they have been left overnight. [We are discussing *kodshei kodashim,* whose period of validity is one day and a night. Although some *kodashim kalim* do remain valid for two days and a night, these are not invalidated by the dismantling of the Tabernacle, for *kodashim kalim* may be eaten throughout the Israelite camp (see *Tosafos* ד״ה מר אמר).] Abaye argues that if these sacrificial foods are in any case invalidated with *linah* at the time the Tabernacle is removed, then the Baraisa need not state that they become invalidated then with leaving. Yet, the Baraisa does say this. Abaye therefore concludes that the wilderness journeys would sometimes begin at night; in those cases, the sacrificial foods were invalidated only with leaving, but not with *linah* (*Rashi; Rabbeinu Gershom;* cf. *Tosafos*).

[As we stated above, *Rashi's* explanation assumes that the wilderness journeys began only at the start of the day or night, but never in the middle of these periods. Were it otherwise, Abaye's proof from the Baraisa would disappear. For one could then argue that, in fact, the Tabernacle *cannot* be dismantled by night. As for the argument that if so, the sacrificial foods have already become invalidated with *linah,* one could answer that the Baraisa is discussing a case in which the command to break camp came in the middle of the day, at which time the offerings of that day were still perfectly valid! We see that Abaye's proof holds true *only* if we assume that these journeys never began in the middle of the day (*Tosafos,* in explanation of *Rashi*).]

28. *Exodus* 13:21.

29. One might assume that this is the reason the verse mentions "day" before "night" — to teach that they journeyed by night *only* if they had already begun the journey by day (*Rashi*).

30. We have vowelized הפרוכת as the plural הַפָּרוֹכֹת, which refers to *the curtains* of the Courtyard, and not as the singular הַפָּרוֹכֶת, which would refer to *the Curtain* of the Holy of Holies. This is based on *Rabbeinu Gershom* here (ד״ה הוגללו הפרוכות), as well as on *Rashi* to *Taanis* 21b (ד״ה הוגללו הפרוכת). See also *Rashi* above ד״ה סילוק מסעות וד״ה קדשים נפסלים וד״ה אימת מידלו. See above, note 19. See further in the Venice edition [and other printed editions] both here and in *Taanis* 21b [and *Rashi* there], where the word appears in its expanded form הַפָּרוֹכוֹת; see also *Yerushalmi Yoma,* at the end of Chapter IV, with שנויי נוסחאות.

31. I.e. into the place that formerly held the Tabernacle, which is now, without the demarcating curtains, simply a part of the Camp of the Leviim.

רַבִּי אֱלִיעֶזֶר אוֹמֵר – R' ELIEZER SAID: יָכוֹל דָּחֲקוּ זָבִין וּמְצוֹרָעִין – IT COULD BE thought that if *ZAVIM* AND *METZORAIM* PUSHED their way in, וְנִכְנְסוּ לָעֲזָרָה בְּפֶסַח הַבָּא בְּטוּמְאָה – AND ENTERED THE TEMPLE COURTYARD UPON the occasion of A *PESACH* OFFERING BROUGHT IN A STATE OF corpse *TUMAH*,[1] יָכוֹל יְהוּ חַיָּיבִין – IT COULD BE thought that THEY WILL BE LIABLE to *kares,* which is the usual penalty for a *tamei* person who enters the Temple.[2] תַּלְמוּד לוֹמַר – [THE TORAH] therefore STATES: "וִישַׁלְּחוּ מִן־הַמַּחֲנֶה כָּל־צָרוּעַ וְכָל־זָב וְכֹל טָמֵא לָנָפֶשׁ" – *AND THEY MUST SEND FROM THE CAMP ANY METZORA, ANY ZAV AND ANYONE CONTAMINATED BY A CORPSE.*[3] By juxtaposing the law of those contaminated by a corpse with that of *zavim* and *metzoraim,* this verse teaches בְּשָׁעָה שֶׁטְּמֵאֵי מֵתִים מִשְׁתַּלְּחִין – that AT A TIME WHEN THOSE CONTAMINATED WITH CORPSE *TUMAH* ARE SENT OUT of the Temple or Tabernacle, זָבִין וּמְצוֹרָעִין מִשְׁתַּלְּחִין – *ZAVIM* AND *METZORAIM* ARE SENT OUT as well. אֵין טְמֵאֵי מֵתִים מִשְׁתַּלְּחִין – But when THOSE CONTAMINATED WITH CORPSE *TUMAH* ARE NOT SENT OUT,[4] אֵין זָבִין וּמְצוֹרָעִין מִשְׁתַּלְּחִין – *ZAVIM* AND *METZORAIM* ARE NOT SENT OUT either.[5]

We see from this Baraisa that according to R' Eliezer, the banishment of *zavim* and *metzoraim* is contingent upon the banishment of those who have contracted corpse *tumah.* Now, during the wilderness journeys, people contaminated with corpse *tumah* were not subject to the law of banishment. The reason is that a person contaminated with corpse *tumah* is barred only from the Tabernacle Courtyard, and during wilderness journeys, there *was* no Courtyard.[6] It follows that according to R' Eliezer, *zavim* and *metzoraim* too were not sent out of *their* encampments during these journeys.

Thus, the Baraisa that permits *zavim* and *metzoraim* to enter the Camp of the Leviim during the journeys is in accord with R' Eliezer's view.[7] As for the Baraisa that forbids them entry – it follows the view of R' Eliezer's disputants, the Rabbis, who maintain that the banishment of *zavim* and *metzoraim* is *not* contingent upon the banishment of those who are contaminated with corpse *tumah.*[8]

Mishnah

The Mishnah discusses the preparation of the *shtei halechem* and *panim* bread:

אַחַת שְׁתֵּי הַלֶּחֶם וְאַחַת לֶחֶם הַפָּנִים – **Both the *shtei halechem* and the *panim* bread:** לִישָׁתָן וַעֲרִיכָתָן בַּחוּץ – **Their kneading and their shaping**[9] **may be** performed **outside** the Temple Courtyard,[10] וַאֲפִיָּיתָן בִּפְנִים – **but their baking must be** performed **inside** the Courtyard.[11] וְאֵינָן דּוֹחוֹת אֶת הַשַּׁבָּת – **And their**

NOTES

1. Ordinarily, the *pesach* offering may not be brought for those who are *tamei* (see *Numbers* 9:11,12; *Rambam, Korban Pesach* Chs. 5,6) nor may those who are *tamei* enter the Tabernacle or Temple Courtyard (i.e. the Camp of the *Shechinah*). If, however, a *majority* of Israel becomes *tamei,* the *pesach* is brought in a state of *tumah,* and those who are contaminated are permitted to enter the Camp of the *Shechinah.* This permit is derived in *Pesachim* (66b) from the verse (*Numbers* 9:10): אִישׁ אִישׁ כִּי־יִהְיֶה טָמֵא לָנֶפֶשׁ, *Any man who will be contaminated from a corpse.* This special permit applies only to those contaminated with corpse *tumah,* but *not* to *zavim* and *metzoraim;* people contaminated with these *tumos* may not participate in a *pesach* brought in a state of *tumah,* and so may not enter the Courtyard when it is brought [see *Pesachim* 67a] (*Rashi* to 95a). R' Eliezer discusses the law of *zavim* and *metzoraim* who push their way into the Courtyard on such an occasion.

2. One who enters the Temple while *tamei* is liable to the penalty of *kares,* excision. As the Torah states (*Numbers* 19:13): אֶת־מִשְׁכַּן ה' טִמֵּא וְנִכְרְתָה הַנֶּפֶשׁ הַהִוא מִיִּשְׂרָאֵל, *he has contaminated the Tabernacle of Hashem, and this person shall be excised from Israel* (see *Makkos* 14b).

3. *Numbers* 5:2. This verse discusses the requirement to send those who are contaminated with *tumah* out of the encampments (see 95a note 20).

4. I.e. on the occasion of a *pesach* offering brought in a state of *tumah.*

5. [Thus, the *zavim* and *metzoraim* who push their way into the Courtyard at this time are not liable to the penalty of *kares.*]

6. People contaminated with corpse *tumah* are banished only from the Camp of the *Shechinah* (the Courtyard), but are permitted to enter the Camp of the Leviim. This is derived (in *Pesachim* 67a) from a verse that states that Moses brought the bones of Joseph into the Camp of the Leviim; the Gemara reasons that if an actual corpse is permitted, a person contaminated by a corpse is certainly permitted. Since during the wilderness journeys there was no Courtyard, people contaminated with corpse *tumah* were not subject to the law of banishment for the duration of the journey (*Rashi*).

7. The commentators note a difficulty: R' Eliezer did not say that *zavim* and *metzoraim* are *permitted* to enter the Courtyard upon the occasion of a *pesach* brought in *tumah* – even he agrees that they should not enter. All R' Eliezer said was that *zavim* and *metzoraim* who wrongfully enter at this time are exempt from the penalty of *kares* (*Rashi, Pesachim* 67b ד"ה ההוא וד"ה אין זבין ומצורעין משתלחין). Our Gemara, however, employs R' Eliezer's ruling to explain why *zavim* and *metzoraim* are *permitted* to enter the Camp of the Leviim during the wilderness journeying. Seemingly, this goes beyond R' Eliezer's mandate. For discussion, see *Keren Orah; Olas Shlomo.*

8. The Rabbis hold that *zavim* and *metzoraim* are sent out of the Courtyard even when those contaminated with corpse *tumah* are *not* sent out (*Rashi*). As for the verse expounded by R' Eliezer, the Rabbis employ it to teach the different degrees of banishment that apply to a *metzora,* a *zav* and one contaminated with corpse *tumah,* as taught in *Pesachim* 67a (*Rashi, Pesachim* 95b ד"ה וישלחו מן המחנה).

9. *Rashi* to 50b ד"ה עריכתן.

10. The kneading and shaping may be performed outside the Courtyard because at that point the dough has not yet been consecrated. Although the flour has been measured in the Temple measuring vessel (i.e. the *issaron* measure), this Tanna holds that Temple measures designated for solids were not sanctified, and so do not consecrate their contents. Because the dough is not consecrated, being outside the Courtyard does not cause it to become invalidated with "leaving"; therefore, it may be kneaded and shaped outside (see below, note 15). [Although measures designated for liquid (e.g. the *log*) *were* sanctified, the *shtei halechem* and *panim* bread were made without oil, and so contained nothing that was consecrated in a liquid measure. Therefore, the dough remained unconsecrated (see *Rashi, Zevachim* 96a ד"ה וקדושתן בתנור; see below, 96a note 4). True, these offerings did contain water; however, the water was not placed into a *kli shareis,* and therefore did not become consecrated at this early stage (see *Mikdash David* 8:1 ד"ה והנה יש לחקור).]

[Temple service vessels (*klei shareis*) that are sanctified with קְדֻשַּׁת הַגּוּף, *physical sanctity,* are able to consecrate the sacrificial items that they contain (see *Shevuos* 15a with *Rashi* ד"ה משיחתן; see also *Rashi* to *Exodus* 30:29). However, the question of *which* vessels are so sanctified is a matter of Tannaic dispute (on 90a). All agree that vessels designated for liquids are sanctified as *klei shareis.* They disagree regarding vessels designated for solids. See 57b for the Scriptural basis of this dispute.]

[*Tosafos* dispute *Rashi's* interpretation of the Mishnah. They contend that consecration in a *kli shareis* is in any case not sufficient to cause a substance to be susceptible to the invalidation of "leaving." *Tosafos* therefore explain that *had* the *issaron* measure been consecrated, the Mishnah would have required the kneading and shaping to take place in the Courtyard because it is *unbecoming* to remove from the Courtyard something that has already been consecrated with physical sanctity. But since the measures are *not* consecrated, there is no impediment to performing these activities outside the Courtyard. See also *Tosafos* above, 9a ד"ה ריש and to *Zevachim* 20b ד"ה יציאה.]

11. The baking must be performed within the Courtyard confines because the oven in which the bread is baked is a sanctified vessel that consecrates the loaves. Such a vessel must be used inside the Courtyard (see below, note 16).

[We have explained that the basis for the rulings of "inside" and "outside" are whether the various measures designated for solids were sanctified. This is based upon the discussion of our Gemara. See, however, *Toras Kohanim* (to *Leviticus* 24:9), which provides a Scrip-

[baking] does not override the Sabbath prohibitions.[12]

Another view:

רַבִּי יְהוּדָה אוֹמֵר – **R' Yehudah says:** כָּל מַעֲשֵׂיהֶם בִּפְנִים – **All the** preparatory **procedures of [these breads] must be** performed **inside** the Courtyard.[13]

A third view:

רַבִּי שִׁמְעוֹן אוֹמֵר – **R' Shimon says:** לְעוֹלָם הֱוֵי רָגִיל לוֹמַר – **One should always be accustomed to say:** שְׁתֵּי הַלֶּחֶם וְלֶחֶם הַפָּנִים – The preparations of **the *shtei halechem* and the *panim* bread** כְּשֵׁרוֹת בָּעֲזָרָה – **are valid in the Courtyard,** וּכְשֵׁרוֹת בְּבֵית פָּאגֵי – **and are valid in Beis Pagi.**[14]

Gemara The Gemara points out a difficulty with the Mishnah's first ruling:

הָא גוּפָא קַשְׁיָא – **[The Mishnah] itself is difficult.** אָמְרַתְּ – On the one hand, **you stated:** לִישָׁתָן וַעֲרִיכָתָן בַּחוּץ – **THEIR KNEADING AND THEIR SHAPING MAY BE** performed **OUTSIDE** the Courtyard. אַלְמָא מִדַּת יָבֵשׁ לֹא נִתְקַדְּשָׁה – **This implies that a measure designated for solids** (in this case, the vessel used to measure the flour for the bread) **is not sanctified,** and therefore does not consecrate its contents.[15] The Mishnah then states: וַאֲפִיָּיתָן בִּפְנִים – **BUT THEIR BAKING MUST BE** performed **INSIDE** the Courtyard. אַלְמָא מִדַּת יָבֵשׁ נִתְקַדְּשָׁה – **This implies that a measure designated for solids** (i.e. the oven) ***is* sanctified,** and *does* consecrate its contents.[16] The Mishnah's two clauses contradict one another! – ? –

The Gemara comments:

אָמַר (רבה) [רָבָא] – **Rava said:**[17] הַקָּשָׁה אָדָם קָשֶׁה שֶׁהוּא קָשֶׁה כַּבַּרְזֶל – This question **was found to be hard** (to answer) **by a hard man who is hard as iron.**[18] וּמַנּוּ – **And who is this?** רַב שֵׁשֶׁת – It is **Rav Sheishess.**

The Gemara resolves the contradiction:

מַאי קַשְׁיָא – **What is the difficulty?** דִּלְמָא עִשָּׂרוֹן לֹא מְקַדֵּשׁ – **Perhaps the *issaron*** (i.e. the vessel used to measure the flour) **does not consecrate** its contents, תַּנּוּר מְקַדֵּשׁ – but **the oven does consecrate** its contents.[19] There is no contradiction!

The Gemara raises another difficulty:

אֶלָּא אִי קַשְׁיָא הָא קַשְׁיָא – **Rather, if there is a difficulty, this is the difficulty.** The Mishnah states: וַאֲפִיָּיתָן בִּפְנִים – **BUT THEIR BAKING MUST BE** performed **INSIDE** the Courtyard. אַלְמָא תַּנּוּר מְקַדֵּשׁ – **This implies** that **the oven consecrates** the loaves. The Mishnah then states: וְאֵין דּוֹחוֹת אֶת הַשַּׁבָּת – **AND THEIR** baking **DOES NOT OVERRIDE THE SABBATH** prohibitions, which means that the *panim* bread must be baked the day before the Sabbath. But if the oven consecrates the bread on Friday, אִיפַּסְלָה בְּלִינָה – **it will be invalidated with *linah*** on the Sabbath day![20] – ? –

NOTES

tural source for the obligation to bake these offerings inside the Courtyard. See *Rabbeinu Hillel* and *Hagahos HaGra* there.]

12. We are commanded to place the *panim* bread upon the Table on the Sabbath; therefore, performing this command should override any relevant Sabbath prohibitions. This is true with regard to the *shtei halechem* as well – if the festival of Shavuos (when this offering is brought) falls on the Sabbath, the bringing of the *shtei halechem* overrides the Sabbath prohibitions (see 72b; 51a). The Mishnah tells us that notwithstanding this permit, the *baking* of the *shtei halechem* and *panim* bread does not override Sabbath law. This is because the offerings can be baked before the Sabbath; any labor that can be performed before the Sabbath does not override the Sabbath (see Gemara below; Mishnah on 96a).

13. R' Yehudah holds that *all* Temple measures designated for solids were sanctified as *klei shareis.* Hence, when the flour for the *shtei halechem* or *panim* bread is measured in the *issaron* vessel, it is consecrated; when the loaves are baked in the oven, they (i.e. their other ingredients) are consecrated. It follows that all activities associated with these offerings (measuring, kneading, shaping, baking) must be performed inside the Courtyard, so that the offering will not become subject to the invalidation of "leaving" (see Gemara).

[Here too, see *Toras Kohanim* (ibid.), which provides a Scriptural source for R' Yehudah's ruling.]

14. I.e. throughout the city of Jerusalem. R' Shimon holds that neither the measuring cup nor the oven consecrates the bread (for neither is sanctified in his view). Therefore, the dough may be kneaded, shaped and even baked outside the Courtyard (*Rashi*). [Also, according to R' Shimon, the baking does not override the Sabbath (*Taharas HaKodesh*).]

[בֵּית פָּאגֵי literally means "the encircling band." Similarly, the headstall of an animal is called בֵּית פַּגְיָה (*Rashi, Bava Metzia* 90a ד"ה בית פאגי). Beis Pagi was the outermost area of Jerusalem. Originally, it was outside the wall surrounding Jerusalem; later, it was annexed to the city and surrounded by another wall (*Rashi, Bava Metzia* ibid.; see *Rashi, Sanhedrin* 14b ד"ה בית פגי). Others maintain that בֵּית פָּאגֵי was a place near the Temple Mount where *menachos* were baked. The name is an acronym of the phrase פַּת בַּג, which connotes "bread" or "food" (*Rav,* citing *Rambam, Commentary;* see *Tos. Yom Tov;* see also *Rashi* 78b ד"ה חוץ לחומת; see *Daniel* 1:5 with *Rashi*). For variations on these interpretations, see *Rashi* 63a ד"ה כשרות בעזרה with *Shitah Mekubetzes* §26; *Rashi ms.* 78b ד"ה חוץ לחומת בית פאגי; *Rashi, Pesachim* 63b and 91a.]

[R' Shimon should have stated simply that all the preparations of the *shtei halechem* and *panim* bread may be performed outside, or in Beis Pagi. Instead, he states that they are valid *both* inside *and* outside. See *Chazon Ish* (*Menachos* 25:4), who addresses this choice of wording.]

15. If the measure would be sanctified, it would consecrate the flour, which would in turn become subject to the invalidation of יוֹצֵא, *leaving* [the Courtyard], which affects consecrated sacrificial items that find themselves outside the Temple Courtyard. By stating that the kneading *may* be performed outside, the Mishnah indicates that the dough is not consecrated, and cannot become invalidated with "leaving." This tells us that the measure is not sanctified (*Rashi;* see *Shitah Mekubetzes* §8; cf. *Tosafos*). [One cannot argue that the Mishnah simply means that it is permissible to measure the flour in a non-Temple vessel. For the Torah demands that the flour be measured in the Temple *issaron* measure (see 57b); if that measure is a *kli shareis,* it consecrates the flour (*Taharas HaKodesh; Olas Shlomo; Chazon Ish, Menachos* 24:11).]

16. Because the Temple oven is sanctified and has the power to consecrate the bread, we are obligated to bake the bread in this oven [and not in an unconsecrated, non-Temple oven] (see 57b). The rule is that sanctified vessels effect consecration only while inside the Courtyard (see Mishnah, *Zevachim* 88a with *Rashi* ד"ה אלא בקדש). It follows that the baking must be performed inside the Courtyard (*Rashi,* as explained by *Mishneh LaMelech* to *Temidin U'Mussafin* 5:7). See also *Taharas HaKodesh; Olas Shlomo.*

[Although an oven is not actually "a measure," it is common Talmudic practice to refer in this manner to vessels designated for solids.]

17. Emendation follows *Shitah Mekubetzes* §2 et al.; see *Dikdukei Soferim* §1; see Gemara below.

18. I.e. a man who is wise and sharp, who cleaves through halachic doubts like [an] iron [blade] (*Rashi*). *Tosafos* explain that the description קָשֶׁה כַּבַּרְזֶל echoes the Gemara (*Taanis* 4a) that states that "any Torah scholar who is not hard as iron is not a [true] Torah scholar."

19. Indeed, this is the view of R' Akiva in the Mishnah on 90a and of R' Yonasan, cited in the Gemara on 57b.

20. If a *minchah* that has been consecrated in a sanctified vessel is left until the next morning, it becomes subject to the invalidation of *linah* (literally: left overnight). It follows that if the loaves of the *shtei halechem* and *panim* bread are consecrated before the Sabbath, they will be invalidated at dawn on the Sabbath morning, and so will be unfit to be placed on the Table on the Sabbath afternoon! (*Rashi*).

[Thus, the Mishnah's two clauses contradict one another. The first clause, by ruling that these offerings must be baked inside the Court-

The Gemara again comments:

(אלא) אָמַר רָבָא – **Rava said:** הַקְשֵׁה אָדָם קָשֶׁה שֶׁהוּא קָשֶׁה כַּבַּרְזֶל – This question **was found to be hard by a hard man who is hard as iron.** וּמַנּוּ – **And who is this?** רַב שֵׁשֶׁת – It is **Rav Sheishess.**

The Gemara attempts to resolve the difficulty:

אָמַר רַב אַשִׁי – **Rav Ashi said:** מַאי קוּשְׁיָא – **What is the difficulty?** דִּלְמָא מַאי מִבִּפְנִים – **Perhaps, what is** meant by the word **"inside"?** בִּמְקוֹם זְרִיזִין – That the bread must be baked **in the place of the diligent ones,** i.e. it must be baked by Kohanim. The Mishnah is not, however, demanding that it be baked inside the Courtyard.[21]

The Gemara dismisses Rav Ashi's explanation:

וְהָא דְּרַב אַשִׁי בְּרוּתָא הִיא – **And this [answer] of Rav Ashi is an error.**

The Gemara explains:

מַה נַּפְשָׁךְ – **However you approach** the matter, you are faced with a difficulty: אִי אֲפִיָּה בְּעִינַן זְרִיזִין – **If baking requires the diligent ones,** i.e. the Kohanim, לִישָׁה וַעֲרִיכָה נַמִּי [בְּעִינַן] זְרִיזִין – **kneading and shaping should also require the diligent ones.**[22] וְאִי לִישָׁה [וַעֲרִיכָה] לֹא בְּעִינַן זְרִיזִין – **And if kneading and shaping do not require the diligent ones,** אֲפִיָּה נַמִּי לֹא בְּעִינַן זְרִיזִין – **baking should also not require the diligent ones.** According to Rav Ashi, there is no reason to differentiate between the kneading and shaping and the baking. Yet, the Mishnah does differentiate between them. אֶלָּא דְּרַב אַשִׁי בְּרוּתָא הִיא – **Perforce, Rav Ashi's [statement] is an error.**[23]

The Mishnah stated:

רַבִּי יְהוּדָה אוֹמֵר – **R' YEHUDAH SAYS:** כָּל מַעֲשֵׂיהֶן בִּפְנִים [וכו'] – **ALL THE** preparatory **PROCEDURES OF [THESE BREADS] MUST BE** performed **INSIDE** the Courtyard. [R' Shimon says: One should always be accustomed to say: The preparations of the *shtei halechem* and the *panim* bread are valid in the Courtyard and are valid in Beis Pagi.]

The Gemara comments on the dispute:

אָמַר רַבִּי אַבָּהוּ בַּר כַּהֲנָא – **R' Abahu bar Kahana said:** וּשְׁנֵיהֶן מִקְרָא אֶחָד דָּרְשׁוּ – **And both of them** (i.e. R' Yehudah and R' Shimon) **expounded a single verse.** The verse quotes David's words to the Kohanim of Nov regarding the *panim* bread: "וְהוּא דֶּרֶךְ חֹל [וְ]אַף כִּי הַיּוֹם יִקְדַּשׁ בַּכֶּלִי" – ***and it*** [the bread] ***is in a way of nonsacredness, and even though today it will be consecrated in a vessel.***[24] רַבִּי יְהוּדָה סָבַר בְּחוֹל אַשְׁכְּחִינְהוּ דְּקָא אָפוּ לֵיהּ – **R' Yehudah holds that [David] found [the Kohanim] baking [the *panim* bread] on a weekday** (i.e. on Friday). אָמַר לְהוּ – **He said to them:** "דֶּרֶךְ חוֹל" קָא אָפִיתוּ לֵיהּ – **Are you then baking it *in a way of nonsacredness*** – i.e. on a weekday – "אַף כִּי הַיּוֹם יִקְדַּשׁ בַּכֶּלִי" – ***even though today it will be consecrated in a vessel,*** i.e. the oven? אִיפְּסִיל לֵיהּ בְּלִינָה – But **it will be invalidated with *linah*** on Sabbath morning![25] According to R' Yehudah's understanding, David argued that the *panim* bread becomes sanctified in the oven, and therefore must be baked on the Sabbath, not on Friday. This is the source of R' Yehudah's ruling in the Mishnah.[26]

רַבִּי שִׁמְעוֹן סָבַר בְּשַׁבָּת אַשְׁכְּחִינְהוּ דְּקָא אָפוּ לֵיהּ – But **R' Shimon holds that [David] found them baking [the *panim* bread] on the Sabbath.** אָמַר לְהוּ – **He said to them:** לֹא דֶּרֶךְ חוֹל בְּעִיתוּ לְמֵיעְבְּדֵיהּ – **Should you not do this in a nonsacred manner,** i.e. on a weekday? מִידֵי תַּנּוּר מְקַדֵּשׁ – **Does the oven then consecrate** the bread, that you fear it will be invalidated with *linah?*

NOTES

yard, is saying that the oven consecrates the bread. The second, by ruling that their baking does not override the Sabbath, is saying that the oven does not consecrate the bread.]

21. Rav Ashi answers that when the Mishnah states that these offerings must be baked "inside," it does not actually mean that they must be baked in the Courtyard. Rather, it means that they must be baked by Kohanim. It uses the term "inside" because that is the Kohanim's place. The reason the Mishnah requires Kohanim is that they work quickly and diligently, and will take care to bake the bread quickly so that it will not become *chametz* (leavened). However, they need not bake it inside, but may bake it outside as well (*Rashi*).

Numerous commentators (see, for example, *Noda BiYehudah, Kamma, Orach Chaim* §15 and *Chok Nasan* here) deal with the following question: It is true that the *panim* loaves, which are made as unleavened matzah, require diligence to protect them from becoming *chametz.* The *shtei halechem,* however, are made as *chametz*! (see Mishnah 52b). What diligence is required in their preparation? *Chasam Sofer* (*Orach Chaim* §125) answers that the *shtei halechem* need diligence for precisely the opposite reason – to ensure that they will truly become *chametz* (see also *Yad David;* see 52b, 54a). For other approaches to this difficulty, see *Chasam Sofer* ibid.; *Taharas HaKodesh; Olas Shlomo; Yashar V'Tov; Or Same'ach, Maaseh HaKorbanos* 7:3; *Teshuvos Maharsham* vol. II end of §149; *Chidushei R' Y.F. Perla* to *Sefer HaMitzvos L'Rasag* vol. 1, p. 715.

22. The kneading and shaping should require no less diligence than the baking, for the bread can become *chametz* during these processes too (*Mishneh LaMelech* to *Temidin U'Mussafin* 5:7).

23. It emerges that when the Mishnah states that these offerings must be baked "inside," it actually does mean inside the Courtyard. This implies that the oven consecrates the bread. Yet, in the next clause the Mishnah states that the baking does not override the Sabbath, and must be performed on Friday. Thus, the difficulty returns; namely, that the consecrated bread will become invalidated with *linah!* (*Birkas HaZevach;* cf. *Tzon Kodashim*).

The Gemara does not resolve the difficulty. However, *Tosafos* maintain that the two clauses of the Mishnah were taught by two different Tannaim. The one who taught (in the first clause) that the baking must be performed inside the Courtyard takes the view that the oven was sanctified. The one who taught (in the second clause) that the baking does not override the Sabbath evidently holds that the oven was not sanctified; otherwise, it would become invalidated with *linah* on Sabbath morning. Cf. *Rambam,* as explained by *Tos. Yom Tov* to our Mishnah. Cf. also *Tosefta* 11:1.

24. *I Samuel* 21:6.

The chapter recounts David's flight from King Saul. Starving, he arrived in the city of Nov, place of the communal altar, and asked for bread. The Kohanim replied that they had only *panim* bread. This verse quotes David's rejoinder. R' Yehudah and R' Shimon disagree as to its interpretation.

25. According to R' Yehudah, David witnessed the Kohanim baking the bread on Friday. He protested that since the oven sanctifies the bread, baking it on Friday would cause it to become invalidated with *linah* on Sabbath morning (see note 20). He therefore demanded that they override the Sabbath prohibitions by baking it on the Sabbath itself. R' Yehudah deduced from David's protest that the Temple oven sanctifies the bread (*Rashi*).

[*Tosafos* argue that there was actually no danger of *linah.* For the rule is that a sanctified vessel can consecrate an offering *only* at the offering's proper time (see below, 100a-b). Since the proper time for baking the *panim* bread is not Friday but Sabbath (as David argued), the oven could not consecrate the bread in any case! *Tosafos* answer that David did not mean to say that the bread would in truth become invalidated with *linah.* He was simply arguing that according to the Kohanim's *own* view – that Friday is the proper time for baking – it would become consecrated in the oven on Friday, and invalidated with *linah* on the Sabbath (see *Taharas HaKodesh* to *Rashi* ד"ה דרך חול). Cf. *Keren Orah* to 100a; *Chazon Ish, Menachos,* end of 24:12.]

26. Many commentators note that this verse merely proves that the oven is sanctified and consecrates the bread; however, it does *not* demonstrate that the same is true of the measure designated for solids. But R' Yehudah holds that even *this* measure is sanctified, as is evident from his ruling that the kneading and shaping must be performed inside the Courtyard! See *Keren Orah; Taharas HaKodesh; Olas Shlomo; Yashar V'Tov.*

שֻׁלְחָן הוּא דִּמְקַדֵּשׁ – It is the Table that consecrates the bread, not the oven![27] According to R' Shimon's understanding, David argued that the *panim* bread does not become sanctified in the oven, and therefore does not override the Sabbath prohibitions.

We see that both R' Yehudah and R' Shimon derive their opposing views from a single source.

R' Abahu bar Kahana's explanation of the dispute rests on his contention that David found the Kohanim baking the bread. The Gemara rejects this view:

וּמִי מָצִית אָמְרַתְּ דִּבְשַׁעַת אֲפִיָּיה אַשְׁכְּחִינְהוּ – And can you possibly say that he came upon them at the time of baking the *panim* bread? **וְהָכְתִיב – But it is written:**[28] **,,וַיִּתֶּן־לוֹ הַכֹּהֵן קֹדֶשׁ כִּי לֹא־הָיָה שָׁם לֶחֶם כִּי־אִם־לֶחֶם הַפָּנִים הַמּוּסָרִים מִלִּפְנֵי ה׳ ״ – *And the Kohen gave him holy [bread], for there was no bread there but the panim bread that was removed from before Hashem.*** From this verse we see that David arrived when the old *panim* bread had already been removed from the Table and the new bread placed upon it. He did not arrive when the new bread was being baked. **אֶלָּא מַאי ,,דֶּרֶךְ חֹל״ דְּקָא אָמַר לְהוּ – What, then, was** meant by the phrase ***in a way of nonsacredness* that he told them?** It was stated in the following context: **הָכִי קָא אָמְרוּ לֵיהּ – This is what they told him: לֵיכָּא לֶחֶם ,,כִּי־אִם־לֶחֶם הַפָּנִים הַמּוּסָרִים מִלִּפְנֵי ה׳ ״ – There is no bread** available ***but the panim bread that was removed from before Hashem.*** **אָמַר לְהוּ – He** then **said to them: לֹא מִיבַּעְיָא הַאי – It is not** even **necessary** to speak of the permissibility of **this [bread]** that has been removed, **דְּכֵיוָן דְּנָפַק לֵיהּ מִמְּעִילָה דֶּרֶךְ חוֹל הוּא – which, since it has left** the state of ***me'ilah*** liability, **is** considered to be ***in a way of nonsacredness.*** **אֶלָּא אֲפִילוּ הָאִיךְ נַמִּי – For even this** other bread **too, ,,הַיּוֹם יִקְדַּשׁ בַּכֶּלִי״ – which *today is consecrated in a vessel,*** **הָבוּ לֵיהּ דְּלֵיכוּל – you may give me to eat,**[29]

NOTES

27. R' Shimon understood David to have argued that there was no reason to override the Sabbath prohibitions by baking the bread on the Sabbath. For even if the bread would be baked on Friday, it would not become invalidated with *linah* on the Sabbath, for it is not the oven [or the *issaron* measure] that consecrates the bread but the Table (*Rashi*).

[According to R' Shimon, the phrase *and it is in a way of nonsacredness* represents David's argument that the baking should be performed on a weekday (i.e. in a nonsacred manner), while the phrase *and even though today it will be consecrated in a vessel* refers to its consecration upon the Table on the Sabbath day.]

28. *I Samuel* 21:7.

29. The Gemara explains that the verse *and it is in a way of non-sacredness, and even though today it will be consecrated in a vessel* represents David's explanation of why the Kohanim were permitted to give him *panim* bread to eat. He argued that not only was he permitted to eat bread that had already lost a degree of its sanctity by being removed from the Table, he was even permitted to eat bread that was on the Table at that moment, notwithstanding that *this* bread retained its full measure of sanctity (*Rashi*).

[*Me'ilah* is the sin of deriving unlawful personal benefit from consecrated property. The Torah states that *me'ilah* applies to those consecrated objects that are קָדְשֵׁי ה׳, *the consecrated things of Hashem* (*Leviticus* 5:15). This tells us that once sacrificial items are no longer exclusively "of Hashem," but become permitted to man, they are no longer subject to the laws of *me'ilah.* Since *panim* bread that was removed from the Table is permitted to Kohanim, it is no longer regarded as "of Hashem"; therefore, although it is still forbidden to non-Kohanim (like David), a non-Kohen who eats it at that point is not liable to the *me'ilah* penalties (see *Me'ilah* 2a with *Rashi* אין מועלין בה; see also *Me'ilah* 7b).]

מְסוּכָּן הוּא – for [my eating] is a matter **of mortal danger.**[1]

Having determined that David's words were not spoken regarding the baking of the bread, the Gemara must provide an accounting of the dispute between R' Yehudah and R' Shimon: וְרַבִּי יְהוּדָה וְרַבִּי שִׁמְעוֹן – **As for R' Yehudah and R' Shimon,** בְּגְמָרָא פְּלִיגִי – **their disagreement lies in** their different versions of the **oral tradition.** The tradition R' Yehudah received from his teacher states that the oven consecrates the bread; the tradition of R' Shimon states that it does not.[2]

The Gemara supports this explanation of the dispute:

דַּיְקָא נַמִּי – **This is also** indicated by **a precise [reading]** of the Mishnah. דְּקָתָנֵי – **For [the Mishnah] stated:** רַבִּי שִׁמְעוֹן אוֹמֵר – R' SHIMON SAYS: לְעוֹלָם הֱוֵי רָגִיל לוֹמַר – ONE SHOULD ALWAYS BE ACCUSTOMED TO SAY: שְׁתֵּי הַלֶּחֶם וְלֶחֶם הַפָּנִים – THE *SHTEI HALECHEM* AND THE *PANIM* BREAD כְּשֵׁרוֹת בָּעֲזָרָה – ARE VALID IN THE COURTYARD וּכְשֵׁרוֹת אֲבֵית פַּאגֵי – AND ARE VALID IN BEIS PAGI. The phrase "one should always be accustomed to say" indicates that the issue at hand is one of tradition.[3]

The Gemara concludes:

שְׁמַע מִינָּהּ – Indeed, **we may learn from this** that the dispute centers on oral tradition.

Mishnah

The Mishnah discusses the laws surrounding the preparation of the *chavitin* of the Kohen Gadol:

חֲבִיתֵּי כֹּהֵן גָּדוֹל – In the case of **the *chavitin* of the Kohen Gadol,** לִישָׁתָן וַעֲרִיכָתָן וַאֲפִיָּיתָן בִּפְנִים – **their kneading, their shaping and their baking must be** performed **inside** the Courtyard,[4] וְדוֹחוֹת אֶת הַשַּׁבָּת – **and [these procedures] override the Sabbath** prohibitions. טְחִינָתָן וְהַרְקָדָתָן – However, **the grinding and sifting of their [flour]** אֵינוֹ דוֹחֶה אֶת הַשַּׁבָּת – **do not override the Sabbath** prohibitions.[5]

The Mishnah explains why certain procedures override the Sabbath, while others do not:

כְּלָל אָמַר רַבִּי עֲקִיבָא – **R' Akiva stated a rule:** כָּל מְלָאכָה שֶׁאֶפְשָׁר לַעֲשׂוֹתָהּ מֵעֶרֶב שַׁבָּת – **Any labor that can be performed on the day before the Sabbath** (Erev Shabbos) אֵינָהּ דּוֹחָה אֶת הַשַּׁבָּת – **does not override the Sabbath** prohibitions. וְשֶׁאִי אֶפְשָׁר לָהּ לַעֲשׂוֹתָהּ מֵעֶרֶב שַׁבָּת – **But** any labor **that cannot be performed on the day before the Sabbath** (Erev Shabbos) דּוֹחָה אֶת הַשַּׁבָּת – **does override the Sabbath** prohibitions.[6]

The Mishnah discusses the preparation of ordinary *menachos:*

כָּל הַמְּנָחוֹת – Concerning **all** other ***minchah* offerings:** יֵשׁ בָּהֶן מַעֲשֶׂה כְּלִי בִּפְנִים – **They must have** their

NOTES

1. David was seized with *bulmos,* which is a life-threatening weakness induced by extreme hunger. [*Bulmos* derives from the Greek word *boulimia,* which means "great hunger" – *Aruch* ע׳ בולמוס.] One suffering from *bulmos* may be fed even forbidden food, and even on Yom Kippur, until his vision is restored [dimming of the vision is a symptom of *bulmos* – see *Yoma* 83a] (*Rashi*). David argued that since his life was in danger, the Kohanim were permitted to feed him not only *panim* bread that had already been removed from the Table, but even bread that was still upon the Table, whose consumption is both forbidden *and* a violation of the sin of *me'ilah.*

[David's hunger was such that he alone consumed all twelve loaves of *panim* bread that had been removed from the Table (see *Yerushalmi, Yoma* 8:5).]

2. *Rashi.*

[*Tos. Yom Tov* points out that although *Rashi* focuses on the law of the oven, R' Yehudah actually holds that the bread is sanctified even *before* it reaches the oven, when the flour is measured in the *issaron,* as is evident from his ruling that requires even the kneading and shaping to be performed inside the Courtyard.]

3. Thus, the dispute between R' Yehudah and R' Shimon centers not on their differing interpretations of a particular Scriptural verse, but on their different oral traditions (*Rashi*).

4. The "*chavitin* of the Kohen Gadol" are the twelve loaves that are brought by the Kohen Gadol each day, six in the morning, six in the afternoon. Each group of six contains one-half of an *issaron* of flour. Every morning, the Kohen Gadol would consecrate a full *issaron* of flour and divide it in half for use in the *chavitin* (see above, 50b).

All the Tannaim cited in the previous Mishnah agree that the *chavitin* must be kneaded, shaped and baked inside the Courtyard and that these activities do override the Sabbath. Even those who hold that the *issaron* measure was not consecrated agree that the half-*issaron* measure used for the *chavitin* was consecrated. The difference is that the *issaron* measure was needed for most *menachos* and was therefore used freely by anyone bringing a *minchah.* It was feared that some careless person would inadvertently take a vessel full of *minchah* flour out of the Courtyard, thereby rendering its contents invalid. To protect against this possibility, the *issaron* measure was left unconsecrated. By contrast, the half-*issaron* measure was used *only* for the *chavitin;* thus, it came only into the hands of Kohanim. There was no danger that Kohanim would take the measure outside the Courtyard; therefore, it was consecrated (*Rashi*). Because this measure is sanctified, it sanctifies its contents; because the contents are sanctified, they must remain inside the Temple Courtyard, or they will become invalidated with "leaving." It follows that the kneading and shaping of these offerings could not be performed outside the Courtyard (see note 6).

[*Tosafos* (95b ד״ה ומאי) offer a different rationale for the distinction the Mishnah draws between the *chavitin* on the one hand and the *shtei halechem* and *panim* bread on the other. *Tosafos* explain that the *chavitin,* unlike these other offerings, are made with oil, which is measured in a vessel designated for liquid, which all agree sanctifies its contents. Thus, one ingredient of the *chavitin* – the oil – becomes consecrated before kneading. It is inappropriate to place consecrated oil into a nonconsecrated vessel; therefore, the *chavitin* must be kneaded, shaped and baked in a consecrated vessel inside the Temple Courtyard. See also *Piskei Rid.* See *Rashi, Zevachim* 96a ד״ה וקדושתן בתנור; see 95b note 10.]

5. The *chavitin* of the Kohen Gadol are offered upon the Altar every day, including the Sabbath. This is derived either from the verse of תֵּעָשֶׂה, *it should be made* (*Leviticus* 6:14), which is expounded (on 50b) to teach that the *chavitin* are offered on the Sabbath, or from a verse (*Leviticus* 6:13) that refers to the *chavitin* obligation as *tamid,* continually. This reference is expounded (50a-51b) as expressing an analogy between the *chavitin* and the *tamid* offering – hence, just as the *tamid* is brought on the Sabbath, so too are the *chavitin* brought on the Sabbath (see *Tosafos* to 51a ד״ה אפי לה; see note 3 there).

Our Mishnah, however, deals not with the *burning* of the *chavitin* upon the Altar, but with the preparations for this offering. The Mishnah rules that while certain preparations (kneading, shaping) do override the Sabbath, others (grinding, sifting) do not. The Mishnah will now explain the difference.

6. This rule tells us that even where the Torah allows us to override Sabbath law for the sake of a mitzvah [as in the case of the *chavitin*], the permit is limited to those portions of the mitzvah that cannot be performed before the Sabbath. If, however, a given act can just as well be performed before the Sabbath, it does not override the Sabbath prohibitions (see *Shabbos* 130a and *Pesachim* 66a for other applications of this principle; see also above, 72a; see *Tosafos* here).

In the case of the *chavitin,* the kneading, shaping and baking cannot take place before the Sabbath. For these acts are performed after the flour is consecrated in the half-*issaron* measure; if they are performed before the Sabbath, the bread will be invalidated with *linah* on Sabbath morning. Because there is no choice, these acts, ordinarily forbidden under Sabbath law, may be performed on the Sabbath (*Rashi,* from Gemara 51a; see 50b for other reasons). By contrast, the grinding and sifting of the flour take place *before* it is consecrated. Therefore, they can be performed before the Sabbath without causing the bread to be invalidated with *linah.* Because the flour can be ground and sifted before the Sabbath, these acts do not override the Sabbath.

preparatory **procedures** (i.e. kneading and shaping)[7] performed **in a vessel inside** the Temple Courtyard; **וְאֵין בָּהֶן מַעֲשֵׂה כְּלִי בַּחוּץ – they may not have these procedures** peformed **in a vessel outside** the Courtyard.[8]

The Mishnah sets forth the dimensions of the *shtei halechem* and *panim* bread:

שְׁתֵּי הַלֶּחֶם – The *shtei halechem,* אָרְכָּן שִׁבְעָה טְפָחִים – their length was seven *tefachim,* וְרָחְבָּן אַרְבָּעָה טְפָחִים – and their width was four *tefachim*[9] **וְקַרְנוֹתֶיהָ אַרְבַּע אֶצְבָּעוֹת – and their horns** were **four fingerbreadths** in length.[10]

לֶחֶם הַפָּנִים – The *panim* loaves, אָרְכָּן עֲשָׂרָה טְפָחִים – their length was ten *tefachim,* וְרָחְבָּן חֲמִשָּׁה טְפָחִים – and their width was five *tefachim* וְקַרְנוֹתָיו שֶׁבַע אֶצְבָּעוֹת – and their horns were **seven fingerbreadths** in length.[11]

The Mishnah offers a mnemonic:

רַבִּי יְהוּדָה אוֹמֵר – R' Yehudah says: שֶׁלֹּא תִטְעֶה – So that you will not confuse the two types of bread, here is a mnemonic for their dimensions: **זד״ד יה״ז – *ZaDaD YeHaZ.*** Each of these acrostics is formed of the letters whose numerical values correspond to the dimensions of one of these two breads.[12]

The Mishnah comments on the name "*panim* bread":

בֶּן זוֹמָא אוֹמֵר – Ben Zoma says: The verse states: **"וְנָתַתָּ עַל־הַשֻּׁלְחָן לֶחֶם פָּנִים לְפָנַי תָּמִיד" – *And you shall place on the Table panim bread, before Me, continuously.*** [13] **"לֶחֶם פָּנִים"** – The words **panim bread,** which translate literally as "bread of faces," **שֶׁיְּהוּ לוֹ פָּנִים –** teach that **the bread must have "faces"** (i.e. surfaces).[14]

The Mishnah explains:

הַשּׁוּלְחָן – The Table, אָרְכּוֹ עֲשָׂרָה וְרָחְבּוֹ חֲמִשָּׁה – its length was ten *tefachim* **and its width was five** *tefachim.*[15] **לֶחֶם הַפָּנִים – The *panim* bread, אָרְכּוֹ עֲשָׂרָה וְרָחְבּוֹ חֲמִשָּׁה – its length was ten** *tefachim* **and its width was five** *tefachim.* **נוֹתֵן אָרְכּוֹ כְּנֶגֶד רָחְבּוֹ שֶׁל שׁוּלְחָן – [The Kohen] places** the bread with **its length across the width of the Table, וְכוֹפֵל טְפָחַיִים וּמֶחֱצָה מִכָּאן – and he bends** upward the **two-and-one-half *tefachim*** of the overlap **from this [side],**[16] **וּטְפָחַיִים וּמֶחֱצָה מִכָּאן – and** the **two-and-one-half *tefachim* from this [side].**[17] **נִמְצָא אָרְכּוֹ מְמַלֵּא רָחְבּוֹ**

NOTES

7. *Rashi.*

8. The Mishnah teaches that ordinary *menachos* must be kneaded and shaped in a consecrated service vessel (a *kli shareis*) inside the Temple Courtyard (*Rashi;* cf. *Tosafos* 95b ד״ה ומאי; cf. *Shitah Mekubetzes* here §6; see *Tos. Yom Tov*).

The reason ordinary *menachos* must be kneaded inside the Courtyard is *not* that the flour was previously consecrated in the *issaron* measure. For our Mishnah holds that the *issaron* does not consecrate the flour, as is evident from its ruling on 95b regarding the *shtei halechem* and *panim* bread (see also *Rashi* 50b ד״ה בפנים). Rather, this requirement represents an obligation to consecrate the *minchah* in a *kli shareis* at the time of kneading. This obligation is derived from a special Scriptural exposition, which will be detailed in the Gemara below (*Rashi* to 59a ד״ה כלי; see below, note 35). [However, *Tosafos* (95b ד״ה ומאי) maintain that the reason ordinary *menachos* must be kneaded and shaped inside the Courtyard is that they, like the *chavitin,* are made with oil (see Mishnah 59a), which, as a liquid, becomes consecrated in its measuring vessel (see above, note 4).]

9. The dimensions of the *shtei halechem* (and presumably of the *panim* bread as well) are known through a הֲלָכָה לְמֹשֶׁה מִסִּינַי, *an Oral Law taught to Moses at Sinai* (*Rabbeinu Gershom*).

10. They would create "horns" by attaching strips of dough to the corners of the loaf (*Rashi; Rabbeinu Gershom*; see below, notes 42-43). [*Rambam* (*Temidin U'Mussafin* 8:10 and 5:9) seems to define "horns" differently; see *Kesef Mishneh* and *Lechem Mishneh* there; *Tos. Yom Tov* and *Rashash* here; *Teshuvos Tashbatz* 1:134; *Tiferes Yisrael's* introduction to *Kodashim* 2:51; *Minchas Chinuch* 97:10; *Aruch HaShulchan HeAsid, Kodashim* 110:23-25.]

11. We will see below that the edges of the *panim* loaves were folded upward. The dimensions given in the Mishnah are for the unfolded loaves.

Generally, when a measure is given in fingerbreadths, the intended "finger" is the thumb (see *Rambam, Shabbos* 17:36; *Beis Yosef, Yoreh Deah* §283 ד״ה ומ״ש שיעור הגליון; *Shulchan Aruch HaRav, Orach Chaim* 32:63; cf. *Bach, Yoreh Deah* ibid.; but see *Teshuvos Meishiv Davar, Orach Chaim* §24). There are four thumb-breadths to the *tefach* (see above, 41b). Thus, the horns of the *shtei halechem* were a *tefach* in length, while those of the *panim* bread were $1^3/_4$ *tefachim* in length (see *Minchas Chinuch* 97:10; see below, illustration to note 43).

[From *Pesachim* 37a it appears that the *panim* loaf was one *tefach* thick. See, however, *Rambam* (*Temidin U'Mussafin* 8:10 and 5:9), as well as the other commentators cited in the previous note.]

12. זד״ד, *ZaDaD,* represents the dimensions of the *shtei halechem,* length, width and horns (ז=7,ד=4). יה״ז, *YeHaZ,* represents the length, width and horns of the *panim* bread (י=10,ה=5,ז=7) (*Rashi*). [For suggestions as to how each of the acrostics alludes to its particular type of bread, see *Tiferes Yisrael, Boaz* §2 and *Hon Ashir,* cited in *Yalkut HaMeiri.*]

[R' Yehudah would customarily craft acrostics as mnemonics for various teachings. Another example of this occurs in the Passover Haggadah, which quotes R' Yehudah's famous mnemonic for the Ten Plagues: דצ״ך עד״ש באח״ב, *D'TZaCH ADaSH B'ACHaV* (*Shitah Mekubtezes* §8; *Rav; Piskei Tosafos* §234; see also *Hagahos Maimoniyos, Chametz U'Matzah* Ch. 8 נוסח ההגדה §2).]

13. *Exodus* 25:30.

14. Ben Zoma expounds the Torah's name for the bread – *panim* – to teach that the bread must have several faces, or surfaces. The Mishnah goes on to explain that they would create walls by folding the bread upward at each end. These walls are the "faces" of the bread (*Rashi,* first explanation).

Another explanation vowelizes the word not as פָּנִים, *panim,* but as פִּנִּים, *pinim.* Thus, Ben Zoma stated שֶׁיְּהוּ לוֹ פִּנִּים, that the bread must have *pinim,* or "corners." He is providing the Scriptural source for the horns that were attached at the corners of the bread (*Rashi,* second explanation; *Piskei Rid;* see *Tos. Yom Tov; Tzon Kodashim*).

[For another exposition of the term "bread of faces," see *Pesachim* 37a with *Rashi* ד״ה שכן מצינו בלחם הפנים; see *Tos. Yom Tov* here.]

15. The Torah states (in *Exodus* 25:23) that the Table was two *amos* in length and one *amah* in width. R' Yehudah holds that the *amos* given in the measurements of the Temple vessels were *amos* of five *tefachim* (see 97a-b). Accordingly, the Table measured ten by five *tefachim* (*Rashi*).

16. Since the length of the bread is ten *tefachim* and the width of the Table is five, there remain two-and-one-half *tefachim* overlapping each side of the Table. This overlap is bent upward.

[The word כופל is of the root כפל, which generally connotes doubling. Here, however, כופל means to bend or fold. Many versions of this Mishnah replace כופל with קופל, of the root קפל, which does indeed denote bending or folding (*Shinuyei Nuschaos*). This is also the reading found in *Baraisa D'Meleches HaMishkan* (8:1).]

17. By folding two-and-one-half *tefachim* upward from each side of the ten-*tefach* loaf, one creates walls that are flush with the sides of the five-*tefach* Table (see figure 1). The horns were located on the corners of these walls (*Rashi,* as emended by *Tos. Yom Tov;* cf. *Tzon Kodashim*).

This follows R' Chanina, who holds that the *panim* bread was shaped like an open box. According to R' Yochanan, who holds that it was shaped like a fast ship, the two-and-a-half-*tefach* folds began not at the edges of the Table, but at the middle of the loaf. They were not vertical, but curved upward and outward

FIGURE 1

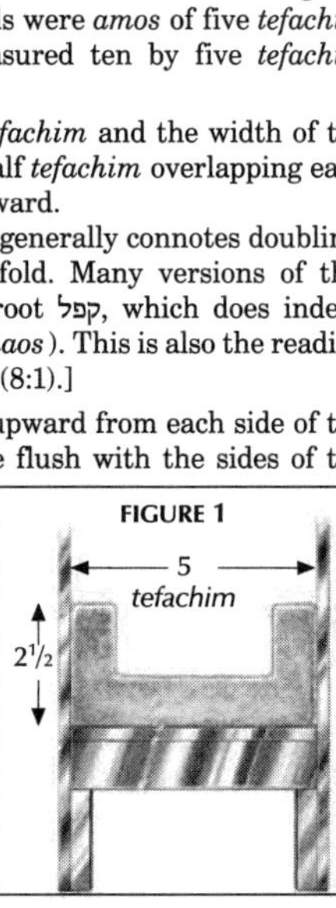

שֶׁל שׁוּלְחָן – Thus **we find that the length [of the bread] fills the width of the Table.**[18] דִּבְרֵי רַבִּי יְהוּדָה – These **are the words of R' Yehudah.**

רַבִּי מֵאִיר אוֹמֵר – **R' Meir says:** הַשֻּׁלְחָן – **The Table,** אָרְכּוֹ שְׁנֵים עָשָׂר וְרָחְבּוֹ שִׁשָּׁה – **its length was twelve** *tefachim* **and its width was six** *tefachim.* לֶחֶם הַפָּנִים – **The** ***panim*** **bread,** אָרְכּוֹ עֲשָׂרָה וְרָחְבּוֹ חֲמִשָּׁה – **its length was ten** *tefachim* **and its width was five** *tefachim.*[19] נוֹתֵן אָרְכּוֹ כְּנֶגֶד רָחְבּוֹ שֶׁל שׁוּלְחָן – **[The Kohen] places** the bread with **its length across the width of the Table,** כּוֹפֵל טְפָחַיִים מִכָּאן – **and he bends** upward the **two** ***tefachim*** of the overlap **from this [side],** וּטְפָחַיִים מִכָּאן – **and** the **two** ***tefachim*** **from this [side].**[20] He then does the same with the second stack of loaves; וּטְפָחַיִים רֵיוַח בָּאֶמְצַע – **thus,** he leaves **two** ***tefachim*** **of open space in the middle** of the Table, כְּדֵי שֶׁתְּהֵא הָרוּחַ מְנַשֶּׁבֶת בָּהֶם – **so that the air will flow around [the loaves]** and keep them from becoming moldy.[21]

The Mishnah records a comment concerning the two *tefachim* of open space:

אַבָּא שָׁאוּל אוֹמֵר – **Abba Shaul says:** שָׁם הָיוּ נוֹתְנִין שְׁנֵי בָּזִיכֵי לְבוֹנָה שֶׁל לֶחֶם הַפָּנִים – **There** (i.e. in the open space) **they would place the two spoons of frankincense of the** *panim* **bread.**[22]

A dissent:

אָמְרוּ לוֹ – **They said to him:** וַהֲרֵי כְּבָר נֶאֱמַר – **But it has already been stated:** ,,וְנָתַתָּ עַל־הַמַּעֲרֶכֶת לְבֹנָה זַכָּה" – ***And you shall put upon the stack pure frankincense.***[23] The word "upon" tells us that the frankincense was placed directly onto the bread, and not on the Table next to the bread!

Abba Shaul replies:

אָמַר לָהֶם – **He said to them:** הֲרֵי כְּבָר נֶאֱמַר – **But it has already been stated,** regarding the formations of the Israelites in the wilderness encampments: ,,וְעָלָיו מַטֵּה מְנַשֶּׁה" – ***and upon [the tribe of Ephraim] was the tribe of Menasheh.***[24] We see that the word "upon" can mean "near." So too with regard to the spoons of frankincense.[25]

NOTES

FIGURE 2

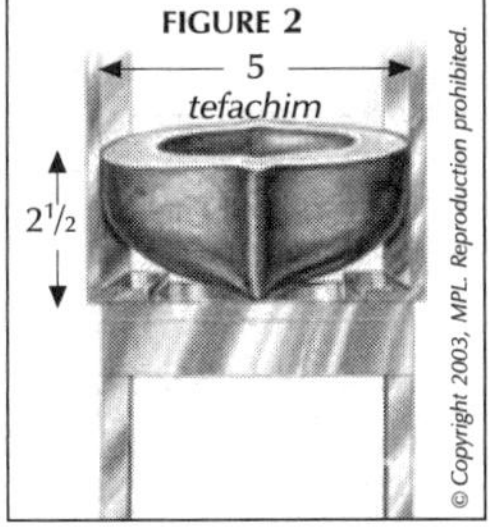

in the shape of a ship's hull [until they reached the edge of the Table] (see figure 2) (*Rashi*). According to R' Yochanan's understanding, the two-and-a-half *tefachim* do not represent the size of the fold itself, which is a full five *tefachim* (i.e. half the length of the loaf). Rather, the two-and-a-half *tefachim* represent the vertical space that the loaf occupies upon the Table (however, cf. *Tosafos* 94b ד"ה כמין). [There is a technical difficulty here – to wit, that the wall of the loaf is, in essence, the hypotenuse of a right triangle formed by (a) the 2½ *tefachim* from the Table's midpoint to its edge, (b) the 2½ vertical *tefachim* at the edge of the Table and (c) the wall of the loaf. The rule is that the diagonal of a square is (approximately) 1.4 times the length of one of its sides – accordingly, the hypotenuse of a right triangle whose sides measure 2½ *tefachim* apiece measures no more than 3½ *tefachim.* The wall of the *panim* loaf, however, measures a full *five tefachim* (one-half of its ten- *tefach* length). Clearly, the wall of the loaf did not travel in a straight line, but described a semicircle from the Table's midpoint to a point 2½ *tefachim* above its edge. However, it is difficult to envision a semicircle broad enough to limit the height of the wall to 2½ *tefachim* while still preserving the tapered shape discussed in the Gemara on 94b. For further discussion of this difficulty, see *Tosafos* to 94b סד"ה כמין.]

The text of the Mishnah indicates that the bread was folded after it was already baked, when it lay upon the Table. However, various commentators make it clear that the molds for forming the dough and baking the bread (see 94a) were in the complex shape described in our Mishnah (see *Rashi* to 94a ד"ה ועדיין היא בצק, and to *Exodus* 25:29; *Rash MiShantz* and *Raavad* to *Toras Kohanim* to *Leviticus* 24:6; see also *Meleches Shlomo* to the Mishnah). It would seem that when the bread was placed upon the Table it was already in its folded form. However, *Rambam* (*Commentary* here) seems to hold that despite being baked in the molds, the bread was folded after being placed upon the Table – see also *Rambam, Commentary* to *Yoma* 38a, and *Temidin U'Mussafin* 5:9. It would seem that according to *Rambam,* the purpose of the molds was not to cast the loaves into a rigid shape, but simply to ensure that they could later be folded into their shapes without breaking – that is to say, the molds "trained" the bread to assume their final shape (see *Rambam,* commentary to Mishnah *Yoma* 38a).

18. For the ten *tefachim* of length are folded in such a way that they extend to the edges of the Table, as described above.

According to R' Yehudah, the five *tefachim* of width cover half the length of the ten-*tefach* Table. Since there are two stacks of bread, the entire surface of the Table is covered with bread (*Rashi*). See figure 3.

FIGURE 3

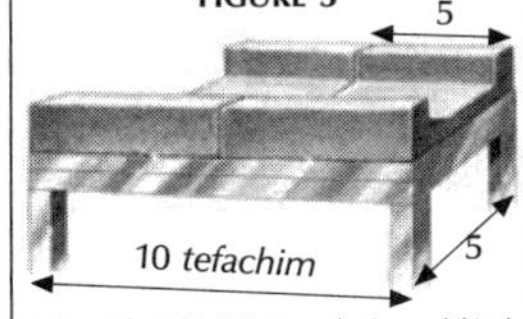

[*Tosafos* (ibid.) point out that according to R' Yochanan (who holds that the bread was shaped like a ship), the bread does not actually cover the entire Table, since it tapers to a point fore and aft. See *Tosafos* for discussion.]

19. R' Meir agrees that the bread measured five by ten *tefachim.* However, he disputes R' Yehudah regarding the dimensions of the Table. R' Meir maintains that when Scripture gave the dimensions of the Temple vessels in *amos,* it was speaking of *amos* measuring six *tefachim* (see 97a-b). Accordingly, the one-by-two-*amah* Table measured six by twelve *tefachim* (*Rashi*).

20. Since according to R' Meir the width of the Table was six *tefachim,* the bread (which measured ten *tefachim* in length) overlapped by only two *tefachim* on each side. These two *tefachim* were bent upward.

[The Mishnah states that the *panim* bread was bent upward; it does not say the same regarding the *shtei halechem.* In *Rambam's Commentary* to our Mishnah, he implies that the *shtei halechem* too were bent in this manner (see *Tos. Yom Tov*). However, when he codifies the law of the *shtei halechem* in *Mishneh Torah* (*Temidin U'Mussafin* Chs. 7-8), he says nothing regarding bending their walls upward (*Tos. Yom Tov*).]

21. The width of the bread was five *tefachim;* the two stacks of bread together measured ten *tefachim* in width. The length of the Table was twelve *tefachim;* thus, when the two stacks were placed upon the Table, two *tefachim* remained (*Rashi*). See figure 4.

FIGURE 4

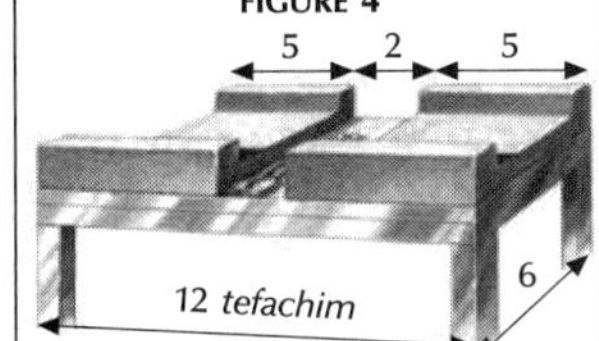

22. [Each new arrangement of *panim* bread was accompanied by two spoons filled with *levonah* (frankincense). When the bread was removed from the Table, the *levonah* was offered upon the Altar.]

23. *Leviticus* 24:7.

24. *Numbers* 2:20. The verse is part of a passage that describes the encampment of Ephraim. One of the tribes in this encampment was Menasheh. The verse states that the tribe of Menasheh was "upon" (על) the tribe of Ephraim. We see that in Scriptural usage, "upon" can mean "near." Likewise in the case of the frankincense. See *Tosafos, Pesachim* 63b ד"ה לא אמרינן על בסמוך.

25. [Abba Shaul's view regarding the placement of the spoons is possible only according to R' Meir. According to R' Yehudah, however, who holds that the loaves fill the tabletop, the spoons *must* be placed upon the

The Mishnah describes some of the components of the Table:
וְאַרְבָּעָה סְנִיפִין שֶׁל זָהָב הָיוּ שָׁם – And there were four props of gold there, **מְפוּצָּלִין מֵרָאשֵׁיהֶן – with projections at their tops,**[26] **שֶׁהָיוּ סוֹמְכִין בָּהֶם – with which [the Kohanim] would support** the bread[27] – **שְׁנַיִם לְסֵדֶר זֶה – two** props **for this arrangement** of bread, **וּשְׁנַיִם לְסֵדֶר זֶה – and two for that arrangement** of bread. **וְעֶשְׂרִים וּשְׁמוֹנָה קָנִים – And** there were **twenty-eight rods,** **כַּחֲצִי קָנֶה חָלוּל –** each **like half a hollow reed,**[28] **אַרְבָּעָה עָשָׂר לְסֵדֶר זֶה – fourteen for this arrangement** of bread, **וְאַרְבָּעָה עָשָׂר לְסֵדֶר זֶה – and fourteen for that arrangement** of bread.[29]

The Mishnah teaches a law concerning the rods:
לֹא סִידּוּר קָנִים – Neither the arrangement of the rods on the Table **וְלֹא נְטִילָתָם – nor their removal** from the Table **דּוֹחָה אֶת הַשַּׁבָּת – override the Sabbath** laws. Therefore, the rods could not be removed or replaced on the Sabbath.[30] **אֶלָּא נִכְנָס מֵעֶרֶב שַׁבָּת – Rather, [the Kohen] enters** the Sanctuary **on the day before the Sabbath,** **וְשׁוֹמְטוֹ – and he removes [the rods],** **וְנוֹתְנוֹ לְאָרְכּוֹ שֶׁל שֻׁלְחָן – and he places them along the length of the Table.**[31]

A ruling regarding the placement of various Temple articles:
כָּל הַכֵּלִים שֶׁהָיוּ בַּמִּקְדָּשׁ – All the utensils that were in the Temple **אָרְכָּן לְאָרְכּוֹ שֶׁל בַּיִת –** were placed with **their length following the length of the Sanctuary,** i.e. on an east-west axis.[32]

Gemara

The Mishnah stated:
כָּל הַמְּנָחוֹת – Concerning **ALL *MINCHAH* OFFERINGS:** **יֵשׁ בָּהֶן מַעֲשֶׂה כְּלִי מִבִּפְנִים – THEY MUST HAVE** their preparatory **PROCEDURES** (i.e. kneading and shaping) performed **IN A VESSEL INSIDE** the Temple Courtyard.

The Gemara relates:
שָׁאֲלוּ אֶת רַבִּי – They asked Rebbi: **זוּ מִנַּיִן – From where is this known,** i.e. that the kneading and shaping of a *minchah* must be performed in a consecrated service vessel inside the Courtyard?[33] **אָמַר לָהֶם – He said to them:** **הֲרֵי הוּא אוֹמֵר –**

NOTES

FIGURE 5

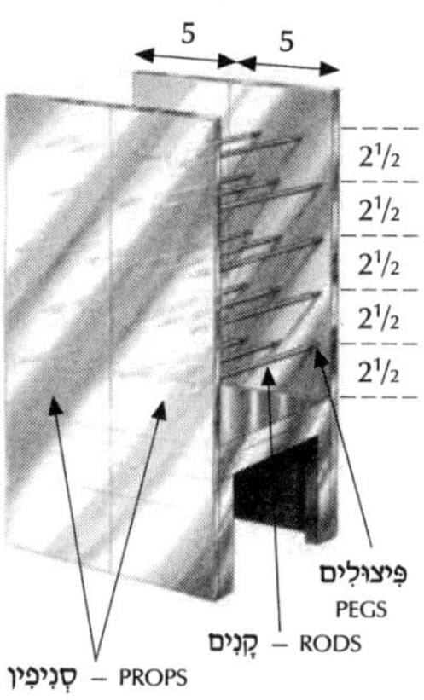

topmost loaves, for there is no room for them on the Table itself.]

26. The ends of the rods rested on these projections, or pegs. The props contained numerous projections, enough for all twenty-eight rods (*Rashi*). See figure 5.

"Their tops" refers to the upper sections of the props. Since the pegs protruded only from the section of the prop that extends above the tabletop, the Mishnah describes these projections as being at the top of the prop (*Tos. Yom Tov; Tiferes Yisrael* §34).

Others maintain that "their tops" refers to the tops of the loaves. The props had pegs protruding at the top, or edge, of each loaf. The rods lay upon the pegs (*Rabbeinu Hillel* to *Toras Kohanim* to *Leviticus* 24:6).

For yet another explanation, see 95a note 3.

27. I.e. the props supported the bread, as was explained on 94b; however, see *Tosafos* there (ד״ה דסמכי) for another understanding.

The props were upright posts that stood on the floor alongside the Table (see figure 5) or on the Table itself (see 94b). Their width was equal to that of the bread – five *tefachim* (*Tosafos* ibid.).

For further discussion of the purpose and configuration of the props, see 94b and below, note 29.

28. The rods were semicircular, rather than circular, to allow more air to flow among the loaves (*Olas Shlomo*).

29. The Gemara (97a) will explain how the rods were apportioned among the breads (*Rashi*). It will also provide the Scriptural source for props and rods.

§ The props and rods of the Sanctuary Table:

The Rishonim take various positions concerning the configuration of the props and their relationship to the rods. We will briefly present several of the major views.

❑ The Mishnah states that the props had *pitzulim* (מְפוּצָּלִים). The Gemara (95a) describes these *pitzulim* as resembling "the branches of reeds" (דִּקְרָנִין). We have accordingly translated מְפוּצָּלִים as "with projections." This translation is supported by the many Rishonim who describe the props as upright posts from which there protrude branches, or pegs, like the branches that project from a Menorah (see *Rash MiShantz* and *Raavad* to *Toras Kohanim* to *Leviticus* 24:6; *Rabbeinu Hillel* there; *Rabbeinu Gershom* to 94b (ד״ה ודאי למאן דאמר); *Rashbam* to *Exodus* 25:29). It is further supported by *Rashi* to 94b (ד״ה היינו דסמכי), who states that the rods were placed על, *upon,* the *pitzulim.* This implies that the *pitzulim* projected from the props, and the rods were placed upon them (see also *Rashi* 95a ד״ה כמין דוקרנין). However, *Tosafos* to 94b (ד״ה דסמכי ליה) understand *Rashi* to be saying that the *pitzulim* were notches, into which were inserted the ends of the rods (see also *Rashi* here and *Shitah Mekubetzes* there §9). (It is difficult to reconcile this understanding with the description "like branches of reeds.")

❑ *Rashi* (here and ibid.) states that the props contained numerous pegs (*pitzulim*), enough to allow each and every rod to rest upon a peg. Thus, each pair of props contained twenty-eight pegs, fourteen to each prop. This view is shared by many of the Rishonim cited in the previous paragraph. However, *Rash MiShantz* (ibid.) holds that only *two* pegs protruded from each prop. He maintains that only the two uppermost rods on each stack (i.e. the ones between the fifth and sixth loaves) rested upon the protruding pegs; the others rested upon the loaves themselves, and required no pegs.

❑ *Tosafos* (ibid.) state that the props were equal in width to the loaves – that is, they measured five *tefachim* across (see also *Mizrachi* to *Rashi, Exodus* 25:29). But *Rabbeinu Hillel* describes the props as "narrow posts," which implies that they were narrower than the bread.

30. The removal and replacement of the rods is prohibited on the Sabbath by Rabbinic decree. The Rabbis prohibited these acts because they resemble the construction and demolishment of structures, which is forbidden on the Sabbath (*Rashi* to 97a ד״ה אמאי; cf. *Tosafos* there; *Rashi* to *Shabbos* 123b ד״ה; see 97a note 12).

The columns of *panim* bread were replaced every Sabbath. The Mishnah will now explain how this was accomplished if it is forbidden to remove or replace the rods.

31. I.e. the Kohen would enter the Temple before the Sabbath, remove the rods from between the loaves, and place them on the floor along the length of the Table. On the Sabbath day, he would remove the old loaves and arrange the new ones in two columns. After the Sabbath, he would return to insert the rods between the stacked loaves (*Rashi; Tosafos* 97a ד״ה לאורכו; cf. *Tos. Yom Tov; Chidushei HaRashba* here). The rods were placed along the length of the Table – i.e. on an east-west axis – to comply with the Mishnah's forthcoming directive that all Temple utensils be given this orientation (*Rabbeinu Gershom* to 97a; *Tos. Yom Tov*).

32. For example, the Sanctuary Tables (i.e. the Table of Moses, as well as the ten Tables constructed by Solomon – see 98b) were placed lengthwise from east to west (*Rashi*). The same was true of the Menorahs (the one of Moses; the ten of Solomon). The Ark, however, ran from north to south, as will be explained in the Gemara below.

33. See *Rashi; Tosafos;* see above, note 8; see *Kesef Mishneh* and *Lechem Mishneh* to *Rambam, Maaseh HaKorbanos* 12:22.

Behold, it is stated: ,,וַיֹּאמֶר אֵלַי זֶה הַמָּקוֹם אֲשֶׁר יְבַשְּׁלוּ־שָׁם הַכֹּהֲנִים (את החטאת ואת האשם) [אֶת־הָאָשָׁם וְאֶת־הַחַטָּאת] אֲשֶׁר יֹאפוּ אֶת־הַמִּנְחָה לְבִלְתִּי הוֹצִיא אֶל־הֶחָצֵר הַחִיצוֹנָה'' – ***And he said to me: This is the place where the Kohanim shall cook the asham offering and the chatas offering, and where they shall bake the minchah offering, so as not to bring [them] into the Outer Courtyard.***[34] מִנְחָה דּוּמְיָא דְּאָשָׁם וְחַטָּאת – This tells us that **a *minchah* is analogous to an *asham* and a *chatas.*** מָה אָשָׁם וְחַטָּאת טְעוּנִין כְּלִי – **Just as an *asham* and a *chatas* require a vessel** (i.e. for cooking), אַף מִנְחָה נַמִּי טְעוּנָה כְּלִי – **so too does a *minchah* require a vessel** (i.e. for kneading and shaping).[35]

The Mishnah stated:

הַשּׁוּלְחָן אָרְכּוֹ עֶשֶׂר – THE TABLE, ITS LENGTH IS TEN *tefachim.*

The Mishnah then goes on to say that the overlapping edge of each *panim* loaf was bent upward, to a height of either two or two-and-one-half *tefachim.* The Gemara comments:

אָמַר רַבִּי יוֹחָנָן – **R' Yochanan said:** לְדִבְרֵי הָאוֹמֵר טְפָחַיִים וּמֶחֱצָה כּוֹפֵל – **According to the one who says that [the Kohen] would bend [the bread]** upward **two-and-one-half *tefachim*** (i.e. R' Yehudah), נִמְצָא שֻׁלְחָן מְקַדֵּשׁ חֲמִשָּׁה עָשָׂר טְפָחִים לְמַעְלָה – **we find that the Table consecrates to a height of fifteen *tefachim.***[36] לְדִבְרֵי הָאוֹמֵר טְפָחַיִים כּוֹפֵל – **According to the one who says he would bend it** upward **two *tefachim*** (i.e. R' Meir), נִמְצָא שֻׁלְחָן מְקַדֵּשׁ שְׁנֵים עָשָׂר טְפָחִים לְמַעְלָה – **we find that the Table consecrates to a height of twelve *tefachim.***[37]

The Gemara questions these figures:

וְהָאִיכָּא קָנִים – **But there are the rods,** which add further height to the stack of loaves! – ? –

The Gemara answers:

קָנִים שְׁקוּעֵי מִשְׁקַע לְהוּ – **The rods are sunk into the bread** upon which they rest. They therefore add no extra height to the stack.[38]

The Gemara protests:

מַאי טַעְמָא – **What is the reason** that rods are placed between the loaves? מִשּׁוּם אִיעַפּוּשֵׁי לֶחֶם – They are placed there **because** of the danger that **the bread will become moldy.** The rods ensure freshness by allowing air to flow between the loaves. But if the rods are sunk into the bread, סוֹף סוֹף קָא מִיעַפֵּשׁ לֶחֶם – then **in the end, the bread will become moldy** despite the rods, since the loaves are in contact with one another![39] – ? –

The Gemara answers:

דְּמַגְבַּהּ לֵיהּ פּוּרְתָּא – It is not a difficulty, **for [the Kohen] raises [the rods] a bit,** to allow air to flow between the loaves.[40]

The Gemara asks further:

וְהָאִיכָּא הַהוּא פּוּרְתָּא – **But there is this small amount** that the rods are raised up! This too adds height to the stack. – ? –

The Gemara answers:

כֵּיוָן דְּלָא הָוֵי טֶפַח – **Since it does not equal a *tefach,*** לָא חָשִׁיב לֵיהּ – **[R' Yochanan] did not count it** in his measure.

The Gemara asks further:

וְהָאִיכָּא בְּזִיכִין – **But there are the spoons** of frankincense, which are placed on top of the bread, and thus add height to the stacks.[41]

NOTES

34. *Ezekiel* 46:20.

This verse is part of the lengthy passage (beginning in Ch. 40) that details the prophet Ezekiel's vision of an angelic apparition that guided and instructed him regarding the Third Temple. Here the guide showed him the place in which the Kohanim will cook and bake various offerings.

35. We know that the *asham* and *chatas* require a vessel because the verse states: *where the Kohanim shall cook,* and cooking can be accomplished only with a vessel. We know that these offerings must be cooked inside the Courtyard because the verse states: *so as not to bring them into the Outer Courtyard* (*Rashi*).

This verse teaches an analogy between the cooking of *asham* and *chatas* offerings and the baking of a *minchah* – hence, a *minchah* must be baked in a vessel, inside the Temple Courtyard. The fact that it must be baked inside the Courtyard indicates that the vessel in question is a sanctified Temple service vessel (a *kli shareis*), one that is able to consecrate the *minchah* and render it subject to the invalidation of "leaving."

Although the verse does not speak explicitly about kneading and shaping the *minchah,* the analogy to *asham* and *chatas* includes these activities as well. Thus, just as in the case of the *asham* and *chatas,* the activities that *precede* the cooking – i.e. receiving and throwing the blood – must be performed in a *kli shareis* inside the Courtyard, so too in the case of the *minchah,* the activities that *precede* the baking – namely, kneading and shaping the dough – must be performed in a *kli shareis* inside the Courtyard. It emerges that this verse teaches an obligation to consecrate the *minchah* in a *kli shareis* at the time of kneading (*Raavad* to *Toras Kohanim* to *Leviticus* 2:5; *Rashi* to 59a ד״ה כלי, as explained by *Chidushei R' Y.F. Perla* to *Sefer HaMitzvos L'Rasag* vol. 1, p. 708; cf. *Tosafos* here).

[The Gemara in *Pesachim* (63a) gives an entirely different reason for why we are required to knead ordinary *menachos* inside the Courtyard. See *Rashi* and *Tosafos* there; *Maharsha* to *Tosafos, Succah* 50a ד״ה ואי. See also *Chidushei HaGriz* above, 55a; see *Pri Avraham Eliezer* §124.]

36. There were two columns of six loaves each. The walls of each loaf reached a height of two-and-one-half *tefachim.* Thus, the total height of each column was fifteen *tefachim.* See figure 6.

FIGURE 6

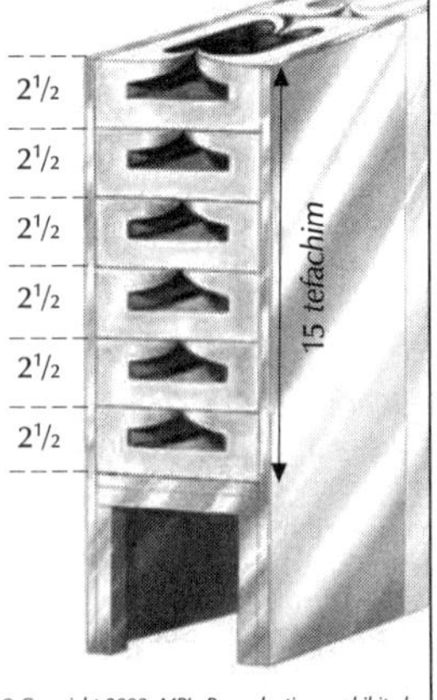

37. According to R' Meir, the walls of each loaf rose to a height of two *tefachim.* Therefore, the six loaves in each column had a combined height of twelve *tefachim.*

R' Yochanan's objective with this ruling is *not* to inform us that the Table consecrates the *panim* bread, for this is obvious (*Rashi ms.* to 87b ד״ה נמצא השלחן). Rather, he is informing us that if some other sacrificial object (e.g. a *kometz*) is placed upon the Table, within these fifteen *tefachim,* the Table consecrates the object with regard to its being subject to the various invalidations that affect sanctified things – for example, the invalidation of *linah* (*Rashi;* see above, 87b).

38. [The Kohen] would make indentations in [the top of] the loaves before they were baked. The rods would lie in these indentations. Therefore, they added no height to the stack of loaves (*Rashi*).

39. *Rashi; Rabbeinu Gershom.*

40. I.e. he makes the indentations in the dough shallow, so that the rods are raised a bit above the top of the loaves. This ensures a small amount of space between the loaves (*Rashi; Rabbeinu Gershom*).

41. *Rashi* has difficulty with this question. The question assumes that the spoons of frankincense (*levonah*) were consecrated by the Table; the Gemara points out that they are located above the fifteen *tefachim.* But [protests *Rashi*] the frankincense is in fact *not* consecrated by the Table [but by the spoons themselves, which are service vessels]! Thus, its position on the stack is irrelevant.

Tosafos explain that the Gemara's question is valid even if the Table does not consecrate the *levonah.* For the taking of the *levonah* from the Table on the Sabbath constitutes an act of *kemitzah;* as such, it must be taken from upon the Table itself (see above, 87b; see *Mikdash David* 22:3 ד״ה במנחות). R' Yochanan, by limiting the Table's consecratory range to fifteen *tefachim,* is in effect saying that anything located above that height is not really "upon" the Table. The Gemara therefore questions his ruling from the case of the frankincense, which is above fifteen *tefachim,* but whose *kemitzah* is nevertheless considered to be from "upon" the Table. [For a somewhat different understanding of *Tosafos,* see *Keren Orah* here and to 100a.]

[Note that the Gemara's question follows those who hold that the spoons of frankincense were placed on the bread itself.]

The Gemara answers:

בְּגַוֵּויהּ דְּלֶחֶם הֲוו יָתְבֵי – **[The spoons] rested inside the bread;** ולְבַהֲדֵי לֶחֶם הֲוו קַיְימֵי – **therefore, their** height **was included within** the height of **the bread.**

The Gemara asks again:

וְהָאִיכָּא קְרָנוֹת – **But there are the horns,** which add further height to the stack.[42] – ? –

The Gemara answers:

קְרָנוֹת לְגַוֵּויהּ דְּלֶחֶם כָּיֵיף לְהוּ – **The horns were folded into the** lower **bread,** וְלֶחֶם עֲלַוְייהוּ נָח לֵיהּ – **and the** upper **bread rested upon them.** Therefore, the horns added nothing to the height of the stack.[43]

NOTES

42. On each corner of the wall of the bread, a horn projected upward (*Rashi; Shitah Mekubetzes* §17). This added to the height of the column.

43. The Gemara answers that the horns in fact did not project upward, but were folded into the hollow at the center of the loaf. See figure 7.

[Our illustration portrays the horns of the *panim* loaf as curving inward. We depicted the horns in this manner because perfectly straight horns would not have fit inside the loaf. Consider: The folded loaf filled the five-*tefach* width of the Table. Each of the walls of the loaf measured a *tefach* in width (see note 11). This left a three-*tefach* span across the center of the loaf from wall to wall. Each horn was $1^3/_4$ *tefachim* in length (see note 11); since their combined length was $3^1/_2$ *tefachim,* they would not have fit into the three-*tefach* center area had they been pointed straight ahead. Perforce, they were not straight but curved. (This is true only according to R' Yehudah, who holds that the Table was five *tefachim* wide. According to R' Meir, who holds that it was six *tefachim* wide, even perfectly straight horns would have fit inside the loaf. The illustration follows the view of R' Yehudah.)]

FIGURE 7

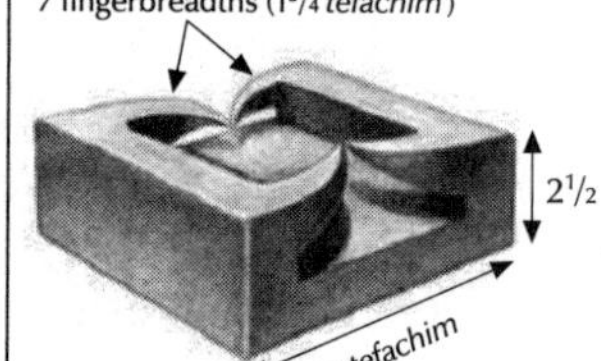

The Gemara persists:

וְהָאִיכָּא מִסְגַּרְתּוֹ – **But there is the frame [of the Table],** which adds further height to the stack![1] – ? –

The Gemara answers:

כְּמַאן דְּאָמַר מִסְגַּרְתּוֹ לְמַטָּה הָיְתָה – R' Yochanan is **in accordance with the one who said** that **the frame [of the Table] was below** the tabletop. Consequently, it adds nothing to the height of the loaves.[2] וּלְמַאן דְּאָמַר מִסְגַּרְתּוֹ לְמַעְלָה הָיְתָה – **And** even **according to the one who said** that **its frame was above** the tabletop, it did not lie upon the tabletop, פַּרְקוּדֵי הֲוָה מִפַּרְקְדָא – rather, **it bent upward** outside the tabletop, וְלֶחֶם בְּגַוֵּיהּ דְּשֻׁלְחָן הֲוָה יָתִיב – **so that the bread rested upon the Table itself,** and not upon the frame. Thus, the frame did not add to the height of the stack.[3]

The Gemara demonstrates that even those who hold that the frame was above the tabletop agree that the bread did not rest upon it:

כִּדְתַנְיָא – **As it has been taught in a Baraisa:** רַבִּי יוֹסֵי אוֹמֵר – **R' YOSE SAYS:** לֹא הָיָה שָׁם סְנִיפִין – **THERE WERE NO PROPS THERE** (i.e. on the Table).[4] אֶלָּא מִסְגַּרְתּוֹ שֶׁל שֻׁלְחָן מַעֲמֶדֶת אֶת הַלֶּחֶם – **RATHER, THE FRAME OF THE TABLE SUPPORTED THE BREAD.**[5] אָמְרוּ לוֹ – **THEY SAID TO HIM:** מִסְגַּרְתּוֹ לְמַטָּה הָיְתָה – **ITS FRAME WAS BELOW** the tabletop, and so could not have supported the bread.

In this Baraisa, R' Yose, who holds that the frame is above the tabletop, states that the frame took the place of the props in supporting the bread. Clearly, he holds that the bread lay within the frame, not upon it.

Having raised the issue of whether the frame is above or below the Table, the Gemara now cites an Amoraic statement in connection with this matter:

אָמַר רַבִּי יוֹחָנָן – **R' Yochanan said:** לְדִבְרֵי הָאוֹמֵר מִסְגַּרְתּוֹ לְמַטָּה הָיְתָה – **According to the words of the one who says** that **the frame [of the Table] was below** the tabletop, טַבְלָא הַמִּתְהַפֶּכֶת טְמֵאָה – you may infer that **a** wooden **slab that can be used on either side** (i.e. because it is flat on both sides) **is susceptible to contamination** with contact-generated *tumah* even though it lacks a receptacle. According to this Tanna, the slab of the Table has no receptacle; yet, it acquires *tumah* through contact; evidently, a flat wooden slab is susceptible to contact-generated *tumah.*[6] לְדִבְרֵי הָאוֹמֵר מִסְגַּרְתּוֹ לְמַעְלָה הָיְתָה – But **according to**

NOTES

FIGURE 1

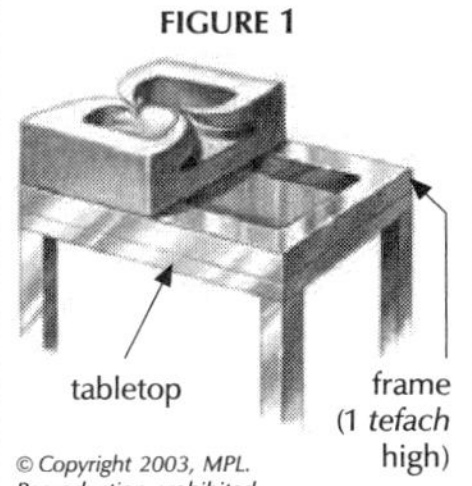

1. The Torah states (*Exodus* 25:25): וְעָשִׂיתָ לּוֹ מִסְגֶּרֶת טֹפַח סָבִיב, *And you shall make for [the Table] a frame of a tefach all around.* The Gemara now assumes that this frame was constructed of boards a *tefach* thick that were laid flat along the edges of the tabletop (see *Rashi* ד״ה למטה היתה). See figure 1. The Gemara accordingly asks that if the *panim* bread rests upon this frame, another *tefach* has been added to the height of the column. Thus, it measures not fifteen, but sixteen *tefachim* (*Rashi*).

2. According to this view, the boards that comprised the frame were not a *tefach* thick, but a *tefach* wide. They were not laid flat upon the tabletop but were turned edge downward and affixed to the upper part of the Table's legs. They ran from leg to leg, with their flat ends laid flush against the side of each leg. The slab of the tabletop was placed on top of this frame. The tabletop was not affixed to the frame, but could be removed at will (*Rashi;* cf. *Rabbeinu Gershom*). See figure 2.

FIGURE 2

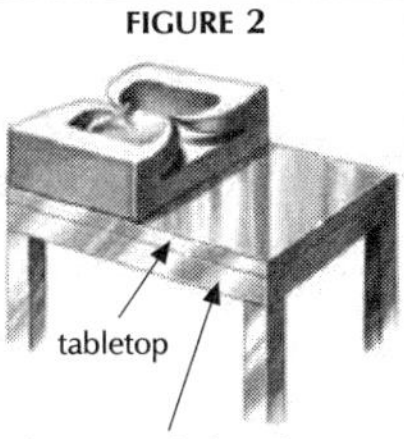

Since the bread did not lie upon the frame, the frame added nothing to the height of the stack.

FIGURE 3

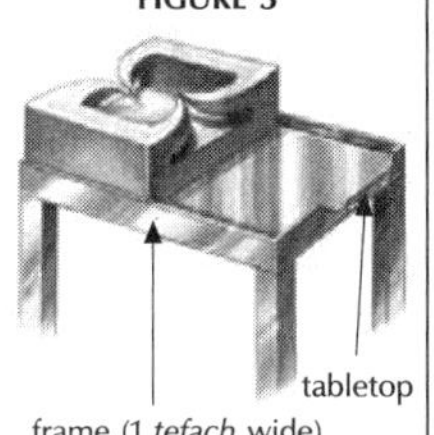

3. The Gemara now states that even the one who says that the frame was above the tabletop does not mean that it lay flat upon the tabletop, but that it was affixed to, and rose above, its outside edge. The bread did not lie upon the frame; rather, it was enclosed by it (see *Rashi; Rabbeinu Gershom*). See figure 3.

4. This Baraisa is found in *Tosefta* (11:3). It begins by stating that the Table has four props that support the bread. R' Yose replies that in fact, the Table has no props.

5. The frame was only a *tefach* high, and so could not have supported more than a single loaf. Evidently, R' Yose holds that only the bottom loaf needed support, not any of the upper loaves (*Tosafos;* see also *Tosafos* to 94b ד״ה דסמכי). It is also worth noting that according to R' Yose, since there were no props into which to insert the rods, the rods simply rested between the loaves (see *Tosafos* ibid.).

Chazon Ish (*Menachos* 42:28) points out that according to R' Yose, the *panim* bread was certainly shaped like a box, not a ship. For the frame rises straight up at the side of the Table, and supports the bread by pressing against its walls. Since it does not curve over the tabletop, it cannot support a loaf in the shape of a ship (see 94b). The dispute between R' Chanina and R' Yochanan is relevant only in the context of our Mishnah, which holds that there were four props supporting the bread. See also *Sfas Emes.*

6. Those who say that the frame was below the Table hold that the tabletop was laid on top of the frame, but was not affixed to it. Thus, the tabletop was nothing more than a wide, flat slab of wood. R' Yochanan describes this as "a slab that can be used on either side," by which he means that since neither side possesses a receptacle, there is no difference between them. Either side can be used with equal facility.

Now, it is an accepted fact that the Temple Table was subject to contamination with *tumah* transmitted through contact, as will be demonstrated in the Gemara below. R' Yochanan deduces from this that according to those who hold that the frame was below the Table, a wooden board that is flat on both sides – like the top of the Temple Table – is susceptible to contact-generated *tumah.* Although wooden utensils that lack receptacles (פְּשׁוּטֵי כְּלֵי עֵץ) are generally *not* susceptible to this form of *tumah,* a slab as large as a tabletop is different. For the width and breadth of its working area are the equivalent of a receptacle (*Rashi;* cf. *Rabbeinu Tam,* cited in *Tosafos;* see *Rabbeinu Gershom,* first and second explanations; see also *Tosafos* to *Succah* 5a ד״ה מסגרתו).

The source to exclude wooden utensils without receptacles from susceptibility to contact-generated *tumah* is a verse in *Leviticus* (11:32) that compares a wooden utensil to a sack. The analogy teaches that just as a sack has a receptacle in which items are carried, so too must a wooden utensil have such a receptacle if it is to be susceptible to *tumah* (see further below, note 9). R' Yochanan is saying that according to some, a wide flat board is an exception to this rule.

[*Rashi* cites a Gemara in *Bechoros* (38a) that states that even a wooden utensil that lacks a receptacle can acquire contact-generated *tumah provided* that it is a utensil susceptible to *midras tumah* (see *Niddah* 49a-b) [literally: "treading *tumah,*" generated when a *zav, zavah* or *niddah* rests his or her weight upon an article intended for such use]. It is not entirely clear why *Rashi* cites this Gemara, and indeed, *Shitah Mekubetzes* (§8) omits the reference from *Rashi,* as does *Olas Shlomo.* However, *Tosafos* have another reading in *Rashi,* in which *Rashi* notes a contradiction between our Gemara and the Gemara in *Bechoros.* To wit, the Gemara there implies that the *only* case in which a wooden utensil without a receptacle is susceptible to contact *tumah* by Biblical law is where the utensil is also subject to *midras tumah. Rashi* points out that according to R' Yochanan, there is another such case – namely, that of a flat, wide, wooden slab. To this *Rashi* offers two answers: (a) that the Gemara in *Bechoros* follows the view of the one who holds that the frame was above the Table, and (b) that since the breadth of the slab is regarded as a receptacle, R' Yochanan is actually discussing a utensil *with* a receptacle; hence, his ruling in no way contradicts the Gemara in *Bechoros.* See *Chemdas Daniel,* who argues that the reading found in the printed *Rashi* should be emended to conform with that of *Tosafos;* see *Taharas HaKodesh* for another approach to explaining this segment of *Rashi.*]

the words of the one who says that the frame [of the Table] was above the tabletop, טַבְלָא הַמִּתְהַפֶּכֶת תִּיבָּעֵי לָךְ – the *tumah* susceptibility of **a** wooden **slab that can be used on either side remains for you a matter of inquiry.** Its law cannot be deduced from the law of the Table.[7]

The Gemara draws an inference from R' Yochanan's statement, on the basis of which it questions his statement:

מִכְּלָל דְּשֻׁלְחָן בַּר קִבּוּלֵי טוּמְאָה הוּא – **This implies that the Table can acquire *tumah*** through contact. כְּלִי עֵץ הֶעָשׂוּי לְנַחַת הוּא – **But it is a wooden utensil made to remain stationary,**[8] וְכָל כְּלִי עֵץ הֶעָשׂוּי לְנַחַת אֵין מְקַבֵּל טוּמְאָה – **and** the rule is that **any wooden utensil made to remain stationary does not acquire *tumah*** through contact! מַאי טַעְמָא – **What is the reason?** דּוּמְיָא דְּשַׂק בְּעִינַן – It is that [**a utensil subject to this form of *tumah***] **must be similar to a sack.** מַה שַּׂק מִטַּלְטֵל מָלֵא וְרֵיקָן – **Just as a sack,** in its normal use, **is carried** both **laden** with other objects **and empty,** אַף כֹּל מִטַּלְטֵל מָלֵא וְרֵיקָן – **so too must any [vessel] be carried** both **laden and empty** in order to be subject to contact-generated *tumah*.[9] Utensils that are not made to be carried cannot acquire this form of *tumah*. Now, the Table is a utensil made to remain stationary. Why then does R' Yochanan state that it is susceptible to this sort of contamination? – **?** –

The Gemara answers:

שֻׁלְחָן נַמִּי מִטַּלְטֵל מָלֵא וְרֵיקָן – **The Table too is** made to be **carried** both **laden and empty,** כִּדְרֵישׁ לָקִישׁ – **in accordance with** the words **of Reish Lakish.** דְּאָמַר רֵישׁ לָקִישׁ – **For Reish Lakish said:** מַאי דִּכְתִיב ,,עַל הַשֻּׁלְחָן הַטָּהֹר" – Concerning **that which is written,**[10] *And you shall place [the panim breads] . . . **on the uncontaminated Table:*** ,,טָהֹר" מִכְּלָל דְּאִיכָּא טָמֵא – By commanding that the Table be kept ***uncontaminated,*** the verse **implies that it can be contaminated.**[11] But how is this possible? The Table is a wooden utensil made to remain stationary![12] אֶלָּא מְלַמֵּד שֶׁמַּגְבִּיהִין אוֹתוֹ לְעוֹלֵי רְגָלִים – **Perforce, this** verse **teaches that they would lift the Table before the festival pilgrims,** וּמַרְאִין בּוֹ לֶחֶם – **and display the** *panim* **bread upon it,**[13] וְאוֹמְרִין לָהֶם – **and they would say to them:** רְאוּ חִיבַּתְכֶם לִפְנֵי הַמָּקוֹם – **"See your belovedness before the Omnipresent."**[14] כְּדִבְרֵי רַבִּי יְהוֹשֻׁעַ בֶּן לֵוִי – And this **accords with the words of R' Yehoshua ben Levi.** דְּאָמַר רַבִּי יְהוֹשֻׁעַ בֶּן לֵוִי – **For R' Yehoshua ben Levi said:** נֵס גָּדוֹל נַעֲשָׂה בְּלֶחֶם הַפָּנִים – **A great miracle was performed with the *panim* bread:** סִילּוּקוֹ כְּסִידּוּרוֹ – It was, at the time of **its removal, as** hot and fresh as it had been at the time of **its arrangement** on the previous Sabbath. שֶׁנֶּאֱמַר – **As it is stated** regarding this bread: ,,לָשׂוּם לֶחֶם חֹם בְּיוֹם הִלָּקְחוֹ" – ***to place bread that is hot on the day it is taken off.***[15] They displayed the bread before the pilgrims so they would witness this miracle. We see that one of the functions of the Table was to lift it with the bread upon it. Hence, it is regarded as a utensil made to be carried while laden, and therefore can be rendered *tamei,* as is implied in the verse of *on the*

NOTES

7. Those who say that the frame was above the tabletop hold that it was affixed to its outside edge, forming a raised lip at the edges of the tabletop. According to this view, the top of the Temple Table was shaped like a shallow box (see figure 3); the reason it is susceptible to contact-generated *tumah* is that it does indeed have a receptacle! Therefore, we cannot derive from its law that a wooden slab that *lacks* a receptacle is susceptible to this *tumah* as well (*Rashi*).

8. Although the Table is not too large or heavy to be moved, it is a utensil made to remain stationary. It was created to be used in one place – the Temple Sanctuary. It was not intended to be moved from place to place (*Mirkeves HaMishneh* to *Rambam, Keilim* 3:1; *Zecher L'Chagigah* to *Chagigah* 26b).

Alternatively, the reason the Table is regarded as a utensil made to remain stationary is that there is a Biblical prohibition against moving the Table (see *Rishon LeTzion* and *Siach Yitzchak* to *Chagigah* ibid.; see also *Hasagos HaRaavad* to *Rambam* ibid.; cf. *Turei Even, Chagigah* ibid.). This prohibition is known from a verse that states (*Exodus* 25:30): וְנָתַתָּ עַל־הַשֻּׁלְחָן לֶחֶם פָּנִים לְפָנַי תָּמִיד, *And you shall place on the Table panim bread, before Me, continuously.* The word *continuously* teaches that the Table, laden with *panim* bread, must remain constantly in its place (*Rashi, Chagigah* 26a ד״ה הזהרו).

For another explanation of why the Table is viewed as a utensil made to remain stationary, see *Sidrei Taharos* to *Keilim* 142a.

[*Tosafos* (here and to *Chagigah* 26b) point out that during the Jews' years of wandering in the wilderness, the Table was carried from place to place while laden with *panim* bread. See *Tosafos* for why this does not remove it from the class of utensils made to remain stationary (see also *Yashar V'Tov*). See *Tzon Kodashim* and *Sidrei Tohoros* (ibid.) for another approach.]

9. The analogy between a wooden utensil and a sack is taught in a verse that enumerates the items susceptible to *tumas sheretz.* The verse states (*Leviticus* 11:32): מִכָּל־כְּלִי־עֵץ אוֹ בֶגֶד אוֹ־עוֹר אוֹ שָׂק, *whether it is a wooden utensil, or a cloth, or a hide or a sack.* By equating a wooden utensil with a sack, the verse teaches that just as a sack is carried laden as well as empty, so too must wooden utensils [as well as vessels made of the other materials mentioned] be of a sort that are carried laden as well as empty if they are to be susceptible to *tumas sheretz* [or to any other contact-generated *tumah*]. This excludes utensils made to remain stationary, which are carried neither laden nor empty, and vessels of great size, which, although carried while empty, are not carried while laden, since their weight is such that they will break if moved (*Rashi, Chagigah* 26b ד״ה דומיא לשק וד״ה מה שק; see *Toras Kohanim* to *Leviticus* ibid.).

10. *Leviticus* 24:6.

11. *Rashi, Chagigah* ibid. ד״ה השלחן הטהור.

12. *Rashi* here and to *Chagigah* ibid.

13. I.e. they would lift the Table, and [without taking it out of the *Heichal,*] would display the bread to all those standing in the Courtyard (*Rashi* to *Yoma* 21b ד״ה שמגביהין אותו). They could not take the Table from the *Heichal* and carry it into the Courtyard because of the prohibition against moving the Table [see note 8] (see *Aruch HaShulchan HeAsid, Mishkav U'Moshav* 121:10). They could not bring the *panim* bread into the Courtyard because it is forbidden to take the bread from the Table during the weekdays, and most festivals fall on a weekday (*Ritva, Yoma* ibid.; see *Tzon Kodashim* to *Tosafos* 29a; *Chok Nasan* there).

[According to other versions of *Rashi* in *Yoma,* they would lift the Table and carry it out of the *Heichal,* into the Courtyard. For discussion, see *Mishneh LaMelech, Metam'ei Mishkav U'Moshav* 11:11; *Siach Yitzchak* to *Tosafos, Chagigah* 26b ד״ה שלא תגעו; *Chidushei R' Y.F. Perla* to *Sefer HaMitzvos L'Rasag* vol. 2, pp. 475,476; *Aruch HaShulchan HeAsid* ibid.]

14. They would show them that the week-old bread was still as hot as it had been when it was arranged upon the Table on the previous Sabbath (*Rashi, Chagigah* ibid. ד״ה סילוקו כסידורו; cf. *Tosafos* there ד״ה סילוקו כסידורו). Although the onlookers could not *feel* the bread, they witnessed the steam rising from it (see *Ritva, Yoma* 21a; see *Radvaz, Responsa* §2178 for another suggestion). [This accords with the view that the *panim* bread was baked on the Sabbath (see 95b), for if it was baked on Friday, it would no longer be hot when placed on the Table on the Sabbath (*Tosafos;* see *Tzon Kodashim* to *Tosafos* 29a). Alternatively, this accords even with those who hold that the bread was baked on Friday. The Kohanim would leave the bread in the oven to remain hot until it was time to place it on the Table (see *Tosafos, Chagigah* ibid.; see *Or HaYashar* here).]

[For an understanding of why this was shown specifically to the festival pilgrims, and what it signified for them, see *Chidushei R' Eliyahu Gutmacher* to *Chagigah* ibid., cited above, 29a, end of note 30.]

15. *I Samuel* 21:7. Understood simply, the verse means that on the day the week-old *panim* bread was removed from the Table, hot bread was placed upon it. However, the exposition of our Gemara connects the words חֹם בְּיוֹם הִלָּקְחוֹ; hence, the verse describes the bread that is placed upon the Table as bread that will be *hot on the day it is taken off* (see *Rashi* here, to *Chagigah* ibid., and to the verse).

uncontaminated Table.[16]

Reish Lakish derives from the verse that the Table was lifted and carried, since it would otherwise not have been susceptible to contact-generated *tumah.* The Gemara challenges his proof: וְתִיפּוּק לִי מִשּׁוּם צִיפּוּי – **But let it emerge** that the reason the Table is susceptible to *tumah* is **because of** its **plating.**[17] מִי לֹא תְנַן – **Have we not learned in a Mishnah:**[18] הַשֻּׁלְחָן וְהַדּוּלְבְּקִי שֶׁנִּפְחֲתוּ אוֹ שֶׁחִיפָּן בְּשַׁיִישׁ – Concerning A wooden TABLE OR A wooden CHAIR THAT BECOMES REDUCED[19] OR THAT ONE COVERS WITH MARBLE: וְשִׁיֵּיר בָּהֶן מְקוֹם הֲנָחַת כּוֹסוֹת – IF THEY REMAIN afterward WITH ROOM FOR PLACING GOBLETS, טְמֵאִין – THEY CAN still BE RENDERED *TAMEI.*[20] רַבִּי יְהוּדָה אוֹמֵר – R' YEHUDAH SAYS: מְקוֹם הֲנָחַת חֲתִיכוֹת – They must remain with ROOM FOR PLACING PIECES of meat and bread also; room for goblets alone does not suffice.[21] שִׁיֵּיר אֵין – This implies that **if [room] remains – yes,** these objects can become *tamei;* לֹא שִׁיֵּיר לֹא – but **if no [room] remains – no,** these objects cannot become *tamei.*[22] This Mishnah rules that if the marble plating is so extensive that there remains no wooden surface large enough for goblets (and pieces of bread and meat), the table loses its status as a wooden utensil, and assumes a new identity as a stone utensil.[23] It therefore cannot become *tamei,* for utensils of stone are impervious to *tumah* contamination.

We see from this Mishnah that a plated utensil is identified by its plating. Accordingly, the Table, which is plated with gold, must be regarded as a metal utensil,[24] which acquires *tumah* even if it remains stationary. If so, there is no proof from this verse to Reish Lakish's teaching that the Table was lifted and carried![25]

The Gemara forestalls a possible response:

וְכִי תֵּימָא – **And if you will say** כָּאן בְּצִיפּוּי עוֹמֵד כָּאן בְּצִיפּוּי שֶׁאֵינוֹ עוֹמֵד – that **here** (i.e. in *Keilim*) we are dealing **with plating that is anchored,** whereas **here** (regarding the Temple Table) we are dealing **with plating that is not anchored** – but this is not a reason for the Table to retain its identity as a wooden utensil![26] וְהָא בְּעָא מִינֵּיהּ רֵישׁ לָקִישׁ מֵרַבִּי יוֹחָנָן – **For Reish Lakish inquired of R' Yochanan:** Does the law that a table becomes subordinate to its plating apply only בְּצִיפּוּי עוֹמֵד אוֹ בְּצִיפּוּי שֶׁאֵינוֹ עוֹמֵד – **in the case of plating that is anchored or** also **in the case of plating that is not anchored?** בְּשֶׁחִיפָּה אֶת – Does it apply only **when [the plating] covers**

NOTES

16. The Table is carried *only* while laden but *not* while empty. Nevertheless, it is susceptible to contact-generated *tumah* (*Mei Neftoach* to *Rambam's Introduction to Seder Tohoros* פרפר 35:2, cited in *Tos. Anshei Shem, Keilim* 12:4; cf. *Chazon Ish, Keilim* 23:19; *Mikdash David,* end of 22:6).

17. The Sanctuary Table, although crafted of wood, is plated with gold, a metal. The Gemara now suggests that this causes it to be regarded as a metal utensil. The rule is that metal utensils can acquire *tumah* through contact *even* if they are intended to remain stationary [and even if they have no receptacles], since they are not mentioned in the verse that equates utensils of other materials with a sack (*Rashi*). According to this reasoning, the Table is susceptible to *tumah* not as a wooden vessel, but as a metal one. How then can R' Yochanan cite its law as proof that a wide, flat *wooden* slab is susceptible to contact-generated *tumah?*

[*Rambam* (*Keilim* 4:4) understands the Gemara differently – as suggesting that the metal plating should *prevent* the Table from acquiring *tumah.* For discussion, see *Hasagos HaRaavad* and *Kesef Mishneh* there; see also *Rambam, Keilim* 6:15 with *Mishneh LaMelech;* see *Chazon Ish, Keilim* 14:7-8; *Chemdas Daniel* and *Yad Eliyahu* here.]

18. *Keilim* 22:1.

19. [I.e. pieces break off it, thereby reducing its usable area.]

A דּוּלְבְּקִי was a sort of folding chair upon which people would place the food they were eating. It was normally covered with leather (*Rashi* here and to *Chagigah* ibid. ד״ה הדולפקי; see *Rav* to *Keilim* ad loc.).

20. I.e. if the table is not yet completely reduced, and room remains for the placing of goblets, the table is still a usable utensil, and so remains vulnerable to *tumah.*

Similarly, if the marble plating does not yet fully cover the wood, and there remains a wooden surface large enough for goblets, the table retains its original identity as a *wooden* utensil, and therefore remains susceptible to *tumah* (see *Rashi*).

21. *Rashi, Chagigah* ibid. ד״ה רבי יהודה אומר.

22. I.e. if enough of the wooden surface remains that the table can be used as it was originally, then it retains its original identity as a wooden utensil, and therefore remains susceptible to *tumah.* If, however, the wooden surface that remains cannot even accommodate goblets (and, according to R' Yehudah, pieces of bread and meat), the table is considered a stone utensil, which is not susceptible to *tumah.* We see from this Mishnah that if a utensil made of one material is fully plated with another material, the utensil assumes the identity of its plating (*Rashi*).

23. And similarly in the case of a table that has been reduced – if the reduction is so complete that there is not enough room for goblets, it is no longer regarded as a table, and it is no longer susceptible to *tumah* (see *Rashi, Chagigah* ibid.).

24. Although the Mishnah in *Keilim* teaches this rule with regard to stone plating, it is clearly true with regard to metal plating as well. For if a utensil's plating can endow it with a more lenient law – i.e. the insusceptibility of a stone vessel – then it certainly can endow it with a more stringent law – i.e. the susceptibility of a metal vessel (*Rashi, Chagigah* ibid.).

25. *Rashi.* Actually, this question poses a challenge to R' Yochanan as well. R' Yochanan deduced from this verse that those who locate the frame of the Table below the tabletop must hold that a wide, flat wooden slab is susceptible to *tumah.* [R' Yochanan's ruling was based on the fact that the Table is a wooden utensil. If, however, the Table is subordinate to its metal plating, then it is actually a metal utensil, whose *tumah* susceptibility arises from its status as such. (Metal utensils are susceptible to contact-generated *tumah* even if they lack receptacles, and no matter what their size.) But if so, the fact that it is susceptible to *tumah* cannot serve as proof that flat *wooden* slabs are also susceptible.]

26. What the Gemara now suggests (and immediately rejects) is that a wooden utensil assumes the identity of its plating *only* if its plating is firmly affixed to it with nails. This allows us to differentiate between the table discussed in *Keilim* and the Table of the Temple. In the case of *Keilim,* the marble plating is attached to the table with nails. Therefore, the table is regarded as a stone utensil. In the case of the Temple, however, the plating is not affixed with nails, but is a mere covering shaped to the dimensions of the Table. Since the plating can easily be removed, it does not cause the Table to be regarded as a metal utensil (*Rashi* here and to *Chagigah* ibid. ד״ה ציפוי שאינו עומד; *Tosafos,* first explanation).

לִבְזְבְּזִין אוֹ בְּשֶׁלֹּא חִיפָּה אֶת לִבְזְבְּזִין – **the rim** of the table **or** even **when it does not cover the rim?** וְאָמַר לֵיהּ – **And [R' Yochanan] said to him:** לֹא שְׁנָא צִיפּוּי עוֹמֵד וְלֹא שְׁנָא צִיפּוּי שֶׁאֵינוֹ עוֹמֵד – **Whether it is plating that is anchored or whether it is plating that is not anchored,** לֹא שְׁנָא חִיפָּה אֶת לִבְזְבְּזִין וְלֹא שְׁנָא לֹא חִיפָּה לִבְזְבְּזִין – **whether it covers the rim** of the table **or whether it does not cover the rim,** the table assumes the identity of the plating.

We see that whether or not its plating is anchored, a wooden utensil covered with metal is regarded as a utensil of metal. It follows that the Temple Table, which is plated with gold, is actually a metal utensil. How then can Reish Lakish derive from the law of the Table that it was lifted and carried?

The Gemara forestalls another possible response:

וְכִי תֵּימָא עֲצֵי שִׁיטִים חֲשִׁיבֵי וְלָא בָּטְלֵי – **And if you will say** that ***shittim*** **wood** (of which the Table is constructed) **is valuable, and** therefore **does not become subordinate** to its plating,[1] הָנִיחָא לְרֵישׁ לָקִישׁ דְּאָמַר – **this is well according to Reish Lakish, who said:** לֹא שָׁנוּ אֶלָּא בִּכְלֵי אַכְסַלְגּוּס הַבָּאִים מִמְּדִינַת הַיָּם – **[The Rabbis] did not teach**[2] that wood is subordinate to its plating **except with regard to utensils of** ***achsilgus*** **wood that come from overseas,** which are not very valuable. אֲבָל כְּלֵי מַסְמַס חֲשִׁיבֵי וְלָא בָּטְלֵי – **But utensils made of** ***mismas*** **wood are valuable; therefore, they do not become subordinate** to their plating.[3] שַׁפִּיר – According to Reish Lakish's opinion, **all is well,** for the Table, being of valuable *shittim* wood, does not assume the identity of its plating. אֶלָּא לְרַבִּי יוֹחָנָן – **But according to R' Yochanan,** דְּאָמַר כְּלֵי מַסְמַס נַמִּי בָּטְלֵי – **who said** that **utensils of** valuable ***mismas*** **wood also become subordinate** to their plating, מַאי אִיכָּא לְמֵימַר – **what is there to say?** According to R' Yochanan, the Table acquires *tumah* because it is subordinate to its gold plating.[3a] If so, how can we derive from the verse of the Table's susceptibility to *tumah* that it was lifted and carried?

The Gemara answers:

שָׁאנֵי שׁוּלְחָן – **The Table is different** than other plated utensils, דְּרַחֲמָנָא קַרְיֵיהּ עֵץ – **for the Merciful One has described it** as being **"of wood."** שֶׁנֶּאֱמַר – **For it is stated:**[4] ,,הַמִּזְבֵּחַ עֵץ שָׁלוֹשׁ אַמּוֹת גָּבֹהַּ [וְ]אָרְכּוֹ שְׁתַּיִם אַמּוֹת וּמִקְצְעוֹתָ[יו] לוֹ וְאָרְכּוֹ וְקִירֹתָיו עֵץ וַיְדַבֵּר אֵלַי זֶה הַשֻּׁלְחָן אֲשֶׁר לִפְנֵי ה׳" – ***The Altar was of wood, three amos high, and its length two amos, and its corners and its length and its walls of wood. And he*** (i.e. the angel) ***said to me: "This is the Table that is before Hashem."*** Because Scripture refers to the Table as being "of wood," it retains its status as a wooden utensil despite being plated with metal.[5] Thus, Reish Lakish is justified in deriving from this verse that the Table was lifted and carried.[5a]

Having cited the above verse, the Gemara analyzes it:

פָּתַח בְּ,,מִזְבֵּחַ" וְסַיֵּים בְּ,,שֻׁלְחָן" – The verse **began with** a reference to **"the Altar" but ended with** a reference to **the Table.** Why does it call the Table "the Altar"? רַבִּי יוֹחָנָן וְרַבִּי אֶלְעָזָר דְּאָמְרֵי תַּרְוַיְיהוּ – **R' Yochanan and R' Elazar both said:** It is to teach the following lesson. בִּזְמַן שֶׁבֵּית הַמִּקְדָּשׁ קַיָּים – **During the period in which the Holy Temple stood,** מִזְבֵּחַ מְכַפֵּר עַל אָדָם – **the Altar would atone for a person.** וְעַכְשָׁיו שֶׁאֵין בֵּית הַמִּקְדָּשׁ קַיָּים – **But now that the Holy Temple is not standing,** שׁוּלְחָנוֹ שֶׁל אָדָם מְכַפֵּר עָלָיו – **a person's table atones for him.**[6]

The Mishnah stated:

אַרְבַּע סְנִיפִין שֶׁל זָהָב הָיוּ שָׁם [וכו׳] – AND THERE WERE FOUR PROPS OF GOLD THERE etc. [And there were twenty-eight rods, each like half a hollow reed.]

The Gemara seeks a source for the requirement of props and rods:

מְנָא הָנֵי מִילֵּי – **From where are these words** known, i.e. that the Table requires props and rods? אָמַר רַב קְטִינָא – **Rav Ketina said:** אָמַר קְרָא – **A verse states** regarding the Table:[7] ,,וְעָשִׂיתָ קְעָרֹתָיו וְכַפֹּתָיו וּקְשׂוֹתָיו וּמְנַקִּיֹּתָיו" – ***And you shall make its ke'aros, its kappos, its kasos and its menakiyos.*** ,,קְעָרֹתָיו" אֵלּוּ דְּפוּסִין – ***Its ke'aros*** – **these are the molds.**[8] ,,כַּפֹּתָיו" אֵלּוּ בָּזִיכִין – ***Its kappos*** – **these are the spoons** that contained the frankincense. ,,קְשׂוֹתָיו" אֵלּוּ סְנִיפִין – ***Its kasos*** – **these are the props.**[9] ,,וּמְנַקִּיֹּתָיו" אֵלּוּ קָנִים – ***And its menakiyos*** – **these are the rods.**[10] ,,אֲשֶׁר יֻסַּךְ בָּהֵן" – The verse continues: ***with which***

NOTES

1. This would explain why its *tumah* susceptibility is *not* due to its being a metal utensil, but to its being raised up before the festival pilgrims (*Rashi*).

2. In the Mishnah in *Keilim* regarding wooden tables and chairs.

3. Reish Lakish limits the Mishnah's ruling to tables and folding chairs made of cheap, common wood like *achsilgus.* Rare and valuable wood like *mismas,* however, does not become subordinate to its plating (*Rashi*).

[Our explanation of *achsilgus* as a type of wood follows *Rashi* and *Rabbeinu Chananel* to *Chagigah* 26b and *Rabbeinu Gershom* here. Cf. *Tosafos* here and there.]

3a. [The Gemara could seemingly have answered that it was Reish Lakish himself who derived that the Table was lifted and carried, and his proof is valid according to his own view. However, this would mean that R' Yochanan did not accept that the Table was lifted and carried. If so, Reish Lakish's teaching cannot be used to answer the original challenge to *R' Yochanan's* derivation from the law of the Temple Table, that a wide, flat wooden slab is susceptible to *tumah* (see 96b note 25).]

4. *Ezekiel* 41:22. This verse is part of a lengthy passage (beginning in Chapter 40) that details Ezekiel's vision of an angel who guides and instructs him regarding the arrangement and laws of the Third Temple. Here the angel describes the Table.

Our translation follows *Rashi* and *Radak* ad loc.; see *Targum Yonasan ben Uziel* for a somewhat different understanding.

5. The words "the Altar was of wood" refer to the Table (*Rashi* and *Radak* ibid.). We see that Scripture describes the Table as being of wood. The Gemara will soon explain why the verse calls the Table "the Altar."

[The verse states that the Table (which it refers to as "the Altar") is three *amos* high. *Tosafos* point out that this description is at odds with the true height of both the Table *and* Golden Altar, which is given in Scripture (*Exodus* 25:10,23) as one-and-a-half *amos* (see *Taharas HaKodesh*). *Tosafos* therefore suggest that the three *amos* refers to the height of the props at the side of the Table. Many commentators argue that the props did not actually measure three *amos.* For discussion, see *Mesoras HaShas; Birkas HaZevach; Chok Nasan; Yashar V'Tov.*]

5a. [By the same token, R' Yochanan is entirely justified in deriving the law of flat wooden slabs from that of the Temple table.]

6. Through his performance of the mitzvah of feeding guests (*hachnasas orchim*) (*Rashi*) or feeding the poor (*Shitah Mekubetzes* §9). As the Gemara states in *Sanhedrin* (103b): גְּדוֹלָה לְגִימָה, *Great is* [the providing of] *food* [to travelers and guests] (*Tosafos*). *Maharsha* cites a Gemara in *Berachos* (55a), which employs our verse to teach that one should not eat quickly, but should linger over his meal, in the hope that a poor person will come as he sits there and he will merit to feed him.

For an esoteric understanding of the teaching of our Gemara, see *Nefesh HaChaim,* gloss to 2:9.

7. *Exodus* 25:29.

8. In which the bread was formed and kneaded and baked, as is stated in the beginning of the chapter (*Rashi;* see *Taharas HaKodesh* here and to 94a; see 94a note 14).

[קְעָרוֹת (*ke'aros*) translates literally as "dishes"; Rav Katina explains that these are the molds.]

9. [The word קְשׂוֹת does not, from a lexical standpoint, connote "props."] Rather, because קְשׂוֹת is a superfluous phrase, the Gemara assigned it to teach the law of props (*Rashi,* first explanation).

Alternatively, the word קְשׂוֹת derives from the root קָשֶׁה, which means "hard" or "strong." The props are given this name because they support the loaves and strengthen them so that they will not break (*Rashi,* second explanation).

10. מְנַקִּיּוֹת is related to the word נָקִי, *clean.* The rods are given this name because they keep the bread "clean" of mold [by allowing air to flow between the loaves] (*Rashi;* cf. *Rashi* to the verse; see *Tosafos* 96b ד״ה לא היה שם; *Mizrachi* there).

it shall be covered. **שֶׁמְּסַכְּכִין בָּהֶן אֶת הַלֶּחֶם** – This teaches **that with [the rods] we cover the bread.**[11]

The Gemara questions Rav Ketina's source:

מוֹתִיב רָבָא – Rava challenged it on the basis of our Mishnah: לֹא סִידּוּר הַקָּנִים וְלֹא נְטִילָתָן דּוֹחוֹת אֶת הַשַּׁבָּת – NEITHER THE ARRANGEMENT OF THE RODS on the Table NOR THEIR REMOVAL OVERRIDES THE SABBATH laws.[12] **וְאִי סָלְקָא דַּעְתָּךְ דְּאוֹרַיְיתָא – But if it will enter your mind** that the rods are **a Biblical requirement, אַמַּאי אֵין דּוֹחוֹת אֶת הַשַּׁבָּת – why does their** arrangement and removal **not override the Sabbath?**[13]

The Gemara withdraws the question:

הֲדַר אָמַר רָבָא – Rava later said: לָאו מִילְּתָא הוּא דְּאָמְרִי – That which I have said is of no consequence. דִּתְנַן – For we have learned in our Mishnah: כְּלָל אָמַר רַבִּי עֲקִיבָא – R' AKIVA STATED A RULE: **כָּל מְלָאכָה שֶׁאֶפְשָׁר לָהּ לַעֲשׂוֹתָהּ מֵעֶרֶב שַׁבָּת** – ANY LABOR THAT CAN BE PERFORMED ON THE DAY BEFORE THE SABBATH (Erev Shabbos) **אֵינוֹ דּוֹחָה אֶת הַשַּׁבָּת** – DOES NOT OVERRIDE THE SABBATH. **וְהָנֵי נַמִּי אֶפְשָׁר דְּלָא דָּחֵי שַׁבָּת עֲלַיְיהוּ – And these too** (i.e. the rods) **can be** dealt with in such a way **that their** placement **need not override the Sabbath;** namely, by removing them from between the old loaves before the Sabbath and placing them between the new loaves after the Sabbath.

Rava explains:

טַעְמָא מַאי – What is the reason rods are needed? **דְּלָא לִיעַפֵּשׁ לֶחֶם – So that the bread will not become moldy.**[14] **בְּכִי הַאי שִׁיעוּרָא לָא מִיעַפֵּשׁ – In this** short **amount [of time] it will not become moldy.**

The Gemara demonstrates that the loaves spend only a short time without rods:

כִּדְתַנְיָא – As it has been taught in a Baraisa: כֵּיצַד – HOW are the rods arranged? **נִכְנָס מֵעֶרֶב שַׁבָּת** – [THE KOHEN] ENTERS the Sanctuary ON THE DAY BEFORE THE SABBATH, **וְשׁוֹמְטָן** – AND HE REMOVES [THE RODS], **וּמַנִּיחָן לְאָרְכּוֹ שֶׁל שׁוּלְחָן** – AND HE PLACES THEM on the floor ALONG THE LENGTH OF THE TABLE.[15] **וּמוֹצָאֵי שַׁבָּת** – AND ON THE NIGHT FOLLOWING THE SABBATH, **נִכְנָס** – HE again ENTERS the Sanctuary, **מַגְבִּיהַּ רָאשֶׁיהָ שֶׁל חַלָּה** – and LIFTS THE EDGES OF A LOAF **וּמַכְנִיס קָנֶה תַּחְתֶּיהָ** – AND INSERTS THE ROD BENEATH IT. **וְחוֹזֵר וּמַגְבִּיהַּ רָאשֶׁיהָ שֶׁל חַלָּה** – AND HE AGAIN LIFTS THE EDGES OF A LOAF **וּמַכְנִיס קָנֶה תַּחְתֶּיהָ** – AND INSERTS THE ROD BENEATH IT. He continues thus until he has inserted all twenty-eight rods. We see that the old bread is without rods only from late Friday afternoon until midday on the Sabbath, while the new bread is without rods only from midday on the Sabbath until the Sabbath ends that evening. This is not enough time for the bread to become moldy.

The Baraisa continues:

אַרְבָּעָה חַלּוֹת צְרִיכוֹת שְׁלֹשָׁה שְׁלֹשָׁה קָנִים – THE FOUR middle LOAVES in each column of six REQUIRE THREE RODS APIECE. **הָעֶלְיוֹנָה אֵינָהּ צְרִיכָה אֶלָּא שְׁנַיִם** – THE TOP LOAF in each column REQUIRES ONLY TWO [RODS], **לְפִי שֶׁאֵין עָלֶיהָ מַשּׂאוֹי** – FOR UPON [THE TOP LOAF] THERE IS NO WEIGHT of extra loaves.[16] **הַתַּחְתּוֹנָה אֵינָהּ צְרִיכָה כָּל עִיקָּר** – THE BOTTOM LOAF NEEDS NO [RODS] AT ALL, **לְפִי שֶׁמּוּנַּחַת עַל טָהֳרוֹ שֶׁל שׁוּלְחָן** – FOR IT RESTS UPON THE PURITY OF THE TABLE.[17]

Our Mishnah recorded a dispute between R' Meir and R' Yehudah regarding the dimensions of the Temple Table. The Gemara now cites another dispute that parallels this one:

תְּנַן הָתָם – We have learned in a Mishnah there:[18] **רַבִּי מֵאִיר**

NOTES

11. The rods between the loaves cover the loaves beneath them (*Rashi*).

12. Why is arranging and removing the rods forbidden by Sabbath law? *Rashi* first assumes that handling the rods is forbidden under the Rabbinic decree of *muktzeh* (literally: set aside). *Rashi* then asks that there is a Talmudic rule (cited in *Pesachim* 65a) that states that Rabbinic decrees pertaining to the Sabbath do not apply in the Holy Temple. *Rashi* therefore explains that arranging and removing the rods is forbidden not because of *muktzeh,* but because these acts resemble the construction and demolishment of structures, which is forbidden on the Sabbath. [This too is a Rabbinic prohibition; however, it is of a more stringent variety than *muktzeh,* and so is prohibited even in the Temple – see *Rashash; Yad David* 96a.]

There are several difficulties with *Rashi's* statement. One is raised by *Tosafos,* who point out that the Gemara in *Shabbos* (123b) states clearly that arranging and removing the rods is forbidden on account of *muktzeh.* Indeed, *Rashi* there (ד״ה דוחה את השבת) says as much himself! *Tosafos* therefore assert that the reason the rods may not be arranged is that they are *muktzeh* (see also *Rash MiShantz* to *Toras Kohanim* to *Leviticus* 24:8). As for the rule that states that Rabbinic decrees do not apply in the Temple, *Tosafos* maintain that this rule is not absolute. Others answer that the rule applies only where performance of the forbidden act on the Sabbath is a necessary part of the Temple service. Where, however, this is not necessary, the Rabbinic decree applies even in the Temple. The Gemara will soon demonstrate that the rods need not be arranged on the Sabbath; therefore, the decree stands (*Rash MiShantz* ibid.; see *Pesachim* 65a). [It must be emphasized that the *muktzeh* prohibition discussed here was an early, stringent version of the decree, under which it was forbidden to handle even utensils of permitted use. Later, the decree was revised to permit the handling of such utensils. It then became permissible to arrange and remove the rods on the Sabbath (see *Shabbos* 123a-b; see, however, *Tosafos* to *Succah* 42b ד״ה טלטול; see *Yad David* 96a).]

Another difficulty with *Rashi's* explanation concerns a Mishnah in *Eruvin* (102a) that prohibits the general use of a certain type of bolt on the Sabbath, but permits its use in the Temple. *Rashi* there explains that the Rabbis prohibited this use because it resembles an act of construction. Nevertheless, the bolt may be used in the Temple, for Rabbinic decrees pertaining to the Sabbath do not apply in the Holy Temple. We see that even decrees based on resemblance to construction do not apply in the Temple. This contradicts *Rashi's* statement here (see *Rashash*).

Olas Shlomo deals with these two difficulties by explaining that where a single act violates more than one decree, it may not be performed in the Temple (see *Teshuvos R' Akiva Eiger* §159; *Karnei Re'eim* to *Maharsha, Beitzah* 11b). Arranging the rods does indeed run afoul of two decrees – the decree of *muktzeh* and the decree that forbids acts that resemble building. This, argues *Olas Shlomo,* is the true meaning of *Rashi's* statement – that arranging rods is prohibited in the Temple because *in addition* to violating the decree of *muktzeh,* it *also* violates the decree of building, and the Temple permit does not extend to cover two decrees. For further discussion of this matter, see *Mikdash David* 22:5.

[Several commentators point out that *Toras Kohanim* (ibid.) derives the prohibition to arrange the rods on the Sabbath from a Scriptural verse. This seems to contradict both *Rashi* and *Tosafos,* both of whom maintain that the prohibition is not Biblical but Rabbinic! For discussion, see *Malbim* there; *Or HaYashar* and *Yad David* here; *Torah Sheleimah, Miluim to Parashas Terumah* §10; *Rosh HaMizbe'ach* to *Zevachim* 60a.]

13. [The Torah commands that the old *panim* loaves be removed from the Table and the new ones placed there in their stead on the Sabbath. It follows that this must be done even if it violates normative Sabbath law. The Gemara accordingly asks: If Torah law demands rods between the *panim* loaves, why should their arrangement and removal not override the Sabbath prohibitions?]

14. [By allowing air to flow between the loaves, the rods ensure that they will remain fresh.]

15. See *Tosafos; Rabbeinu Gershom;* see 96a note 31.

16. The middle four loaves require three rods apiece. This is because each of these loaves has several other loaves pressing down upon it [their weight is such that three rods are needed to keep the loaves apart, so that mold will not form]. The second-from-top loaf, however, has only a single loaf above it; since the weight of a single loaf is negligible, only two rods are needed to keep the two apart (see *Rashi*). It emerges that each column receives fourteen rods, for a total of twenty-eight rods.

17. The bottom loaves rest upon the cold [metal] of the Table; this keeps them from becoming moldy (*Rashi* with *Shitah Mekubetzes* §12; see *Rabbeinu Gershom*).

18. *Keilim* 17:10.

רַבִּי מֵאִיר אוֹמֵר – R' MEIR SAYS: **כָּל אַמּוֹת שֶׁהָיוּ בַּמִּקְדָּשׁ בֵּינוֹנִיּוֹת** – ALL THE *AMOS* (cubits) THAT WERE IN THE TEMPLE – whether of the structure or of the utensils – WERE MEDIUM *amos* of exactly six *tefachim* (handbreadths),[19] **חוּץ מִמִּזְבַּח הַזָּהָב** – EXCEPT FOR THE *amos* of the GOLDEN ALTAR **וְהַקֶּרֶן וְהַסּוֹבֵב וְהַיְסוֹד** – AND of THE HORN, LEDGE AND BASE of the *Olah* Altar. These *amos* were of five *tefachim* only.[20]

A dissent:

רַבִּי יְהוּדָה אוֹמֵר – But R' YEHUDAH SAYS: **אַמַּת בִּנְיָן שִׁשָּׁה טְפָחִים** – THE *AMAH* OF THE Temple STRUCTURE[21] measured SIX *TEFACHIM,* **וְשֶׁל כֵּלִים חֲמִשָּׁה** – WHILE that OF THE UTENSILS[22] measured FIVE *tefachim.*[23]

The Gemara gives the source of their rulings:

אָמַר רַבִּי יוֹחָנָן – **R' Yochanan said: וּשְׁנֵיהֶם מִקְרָא אֶחָד דָּרְשׁוּ** – **And both of them** (i.e. R' Meir and R' Yehudah) **expounded a single verse** in *Ezekiel:*[24] **,,וְאֵלֶּה מִדּוֹת הַמִּזְבֵּחַ בָּאַמּוֹת אַמָּה אַמָּה וָטֹפַח"** – ***And these are the dimensions of the [Olah] Altar in amos, each amah being an amah and a tefach*** (i.e. each six-*tefach amah* being one five-*tefach amah* plus one *tefach*),[25]

NOTES

19. The six-*tefach amah* is called the medium *amah* because there is an *amah* smaller than six *tefachim* and one larger than six *tefachim.* [The small *amah* is that of five *tefachim;* it is mentioned in the Mishnah's next clause.] The Gemara on 98a will identify the large *amah* (*Rashi*).

[An *amah* is a linear measure, based on the length of the human arm from elbow to fingertip. (One meaning of the Hebrew word *amah* is "arm" – see *Sotah* 12b; *Exodus* 2:5.) The six-*tefach amah* was also known as אַמַּת מֹשֶׁה, "the *amah* of Moses" (see 98a), for it was Moses who established it for the measurements of the Tabernacle (see *Rashi, Bechoros* 44a ד״ה באמה של קדש; *Rambam, Commentary* to *Keilim* 17:9). Elsewhere, this *amah* is referred to as אַמַּת קֹדֶשׁ, "the *amah* of the Holy" (see *Eruvin* 48a with *Rashi* ד״ה של קדש).]

20. The top of the Golden, or Inner, Altar measured an *amah* square (see *Exodus* 30:2), in *amos* of five *tefachim* each.

The "horns" were stone blocks placed on top of the *Olah* Altar, one at each of the four corners. These blocks measured one *amah* in height, and their tops were one *amah* square. The Mishnah teaches that the *amos* used in measuring the horns were five-*tefach amos.* The Gemara (97b) will discuss whether this refers to the *amah* of height or to the *amos* of width and length.

The base and ledge were indentations in the wall of the *Olah* Altar, the base at the bottom, the ledge six *amos* up. [The base was an *amah* in height; both it and the ledge were an *amah* in width.] The Gemara (ibid.) will deal at length with the dimensions of these two features (*Rashi*).

21. I.e. the Temple building and the *Olah* Altar (*Rashi*).

22. I.e. the Ark, the Table and the Golden Altar (*Rashi*).

23. R' Yehudah agrees with R' Meir that the *amos* of the Altar, like those of the Temple structure, are of six *tefachim,* excepting only the *amos* of base, ledge and horns. They disagree only with regard to the *amos* of utensils. R' Meir holds that with the exception of the Golden Altar, all Temple utensils were measured with the six-*tefach amah.* R' Yehudah holds that the other utensils as well were measured with the five-*tefach amah.*

In our Mishnah, R' Meir and R' Yehudah disagree as to the size of the Temple Table. R' Meir holds that it was six *tefachim* wide and twelve long, while R' Yehudah maintains that it was five *tefachim* wide and ten long. Their views regarding this matter emerge from their views regarding the *amos* of utensils. For the Table measures one by two *amos* (see *Exodus* 25:23). Hence, according to R' Meir, who holds that the *amah* of utensils is the six-*tefach amah,* the Table measures six by twelve *tefachim;* according to R' Yehudah, who holds that the *amah* of utensils is the five-*tefach amah,* the Table measures five by ten *tefachim.*

24. *Ezekiel* 43:13.

25. The verse is saying that the *amos* of the *Olah* Altar are "medium" *amos* of six *tefachim* each. It therefore states that each *amah* – meaning, each six-*tefach amah* – equals an *amah* and a *tefach* – meaning, one five-*tefach amah* plus one *tefach* (*Rashi,* as emended by *Shitah Mekubetzes* §14,16; *Rashi* and *Metzudas David* to the verse; see also *Targum Yonasan ben Uziel* there; cf. *Rashi, Eruvin* 4a ד״ה באמות אמה אמה וטופח; *Tosafos* here; *Rashi* here, as emended by *Tzon Kodashim*).

וְחֵיק הָאַמָּה וְאַמָּה־רֹחַב וּגְבוּלָהּ אֶל־שְׂפָתָהּ סָבִיב זֶרֶת הָאֶחָד וְזֶה גַּב הַמִּזְבֵּחַ״ – ***and the base is the*** (five-*tefach*) ***amah,***[1] ***and [so too] the amah of the width, and its border to its edge one half-amah all around and this*** (i.e. the five-*tefach amah*) ***is the top of the Altar.***

R' Yochanan explains the verse:

,,וְחֵיק הָאַמָּה" זֶה יְסוֹד – ***And the base is the amah*** – **this is the base** of the Altar;[2] ,,אַמָּה־רֹחַב" זֶה סוֹבֵב – ***and the amah of the width*** – **this is the ledge** of the Altar;[3] ,,וּגְבוּלָהּ אֶל־שְׂפָתָהּ סָבִיב זֶרֶת הָאֶחָד" אֵלּוּ קְרָנוֹת – ***and its border to its edge one half-amah all around*** – **these are the horns** of the Altar;[4] ,,וְזֶה גַּב הַמִּזְבֵּחַ" זֶה מִזְבַּח הַזָּהָב – ***and this is the top of the Altar*** – **this is the Golden Altar.** Although most of the *Olah* Altar was measured in six-*tefach amos* (i.e. medium *amos*), these parts of the Altar, as well as the Golden Altar, were measured in ordinary, five-*tefach amos.*[5]

R' Yochanan explains that the dispute between R' Meir and R' Yehudah centers on the verse's statement regarding the Golden Altar:

רַבִּי מֵאִיר סָבַר – **R' Meir holds** that the verse *this is the top of the Altar* וְזֶהוּ בְּאַמָּה בַּת חֲמִשָּׁה – means that **this** utensil (i.e. the Golden Altar) **was made with the** ***amah*** **of five** *tefachim,* הָא כָּל אַמּוֹת כֵּלִים בְּאַמָּה בַּת שֵׁשׁ – **but all** ***amos*** **of** other **utensils were** measured **with the** ***amah*** **of six** *tefachim.* R' Meir limits the five-*tefach amah* to the one utensil stated explicitly in the verse – the Golden Altar. וְרַבִּי יְהוּדָה סָבַר – **But R' Yehudah holds** that the verse *this is the top of the Altar* כָּזֶה יְהוּ כָּל אַמּוֹת כֵּלִים – means that **like this** utensil (the Golden Altar) **shall be all** ***amos*** **of utensils.** According to R' Yehudah, this teaching concerns not only the Golden Altar, but *all* Temple utensils. Thus, the five-*tefach amah* was used for all utensils.[6]

The Gemara examines the verse's teaching regarding the dimensions of the *Olah* Altar:

קָא סָלְקָא דַּעְתָּךְ מִיסוֹד וְעַד סוֹבֵב בְּאַמָּה בַּת חֲמִשָּׁה בְּגוֹבַהּ – **It might enter your mind** to say that the verse means that **the height** of the *Olah* Altar **from the base until the ledge is** measured **in the** ***amah*** **of five** *tefachim.* וּמַאי ,,חֵיק הָאַמָּה וְאַמָּה־רֹחַב" – **And what is** meant by ***and the base is the [five-tefach] amah, and [so too] the amah of the width?***[7] הָכִי קָא אָמַר – **This is what it is**

NOTES

1. The verse refers to the *amah* of the base as הָאַמָּה, *the amah.* Its use of the definite article (ה, *the*) indicates that it is speaking of the common *amah* (אַמַּת חוֹל) of five *tefachim* (see *Rashi* and *Malbim* to the verse). The verse declares that all the dimensions that follow are given in this five-*tefach amah* (*Rashi;* see *Hagahos Tzon Kodashim* §1).

2. ["The base" refers to the protrusion at the bottom of the Altar. It extended outward one *amah* and was an *amah* in height (see below, note 5 for further elaboration).] The verse tells us that the *amah* of the base was the five-*tefach amah.* The Gemara will discuss whether it refers to the height of the base or to its width (*Rashi*).

3. ["The ledge" is the one-*amah* shelf located five *amos* above the base (see note 5).]

4. The horns were on the border, or edge, of the Altar's top; thus, when the verse speaks of "its border," it refers to the horns (*Metzudas David* to the verse). From the middle of each horn "to its edge" measured "one half-*amah*" in every direction (*all around*). It is obvious that if from the middle to the edge was a half-*amah,* then the top of the horn was one *amah* square (*Rashi*). The verse tells us that the horns were measured with the five-*tefach amah.*

5. The forthcoming Gemara will expound extensively on the dimensions of the base, ledge and horns of the *Olah* Altar. To facilitate understanding, we will elaborate on the construction of the various Altar components, as detailed in *Zevachim* 54a. First, a wooden form is brought, measuring 32x32 *amos,* with a height of one *amah.* It is filled with smooth stones and a mixture of lime, molten lead and tar. When the mixture hardens, the form is removed; a square block measuring one *amah* high remains. Technically speaking, this entire block is the יְסוֹד, or *base.* It is so named because it is the base upon which the other sections of the Altar rest. However, in Talmudic parlance, "the base" refers to the outermost *amah* of the block's width and to the *amah* of its height, which are all that are visible after the Altar is completed. [This bottommost block is not really a full 32x32 *amos.* Along most of its southern and eastern sides, the outermost *amah* is missing, as explained in *Zevachim* ibid.]

Once the base is completed, a second form is brought, measuring 30 by 30 *amos* square and five *amos* in height. It is centered upon the first block, and is filled with stones and the aforementioned mixture. When this form is removed, what remains is a 30x30x5-*amah* block. This second block is the סוֹבֵב. This translates literally as *that which encircles,* but is generally rendered as *the ledge,* because the outer *amah* of its width forms an encircling ledge around the uppermost section of the Altar. The סוֹבֵב is narrower than the block beneath it by an *amah* on all sides; the exposed one-*amah* strip of the bottom block (B) is "the base."

Upon the second block a third form is placed, narrower by yet another *amah,* and measuring three *amos* in height. The block that emerges from this third form is 28x28 *amos* in size; the block beneath it protrudes an *amah* on all sides, forming the shelf known as "the ledge" (D). The top of this third block is the roof of the Altar. The combined height of the three blocks was nine *amos* (1+5+3).

At the corners of the uppermost block were placed cubic forms of 1x1x1 *amos,* into which were placed the stones and the mixture, to form the blocks known as the קְרָנוֹת, or *horns,* of the Altar. When the height of the horns is included, the Altar stands at ten *amos.* See diagram.

6. *Taharas HaKodesh* explains the dispute: The verse could have stated simply: וְגַב הַמִּזְבֵּחַ, *and the top of the Altar.* The phrase וְזֶה, *and this is,* is superfluous. According to R' Meir, it is an exclusionary phrase; it teaches that only "this" – i.e. the Golden Altar – is included in the five-*tefach* measure; all other utensils are excluded. But R' Yehudah expounds the superfluous phrase as inclusionary; it tells us that all other utensils are also like "this." [For a similar dispute, see Tractate *Eruvin,* bottom of 51a.]

7. This phrase implies that only these two *amos* – of the base and the ledge – are of five *tefachim,* but not the *amos* of height from the ground until the ledge (*Rabbeinu Gershom*).

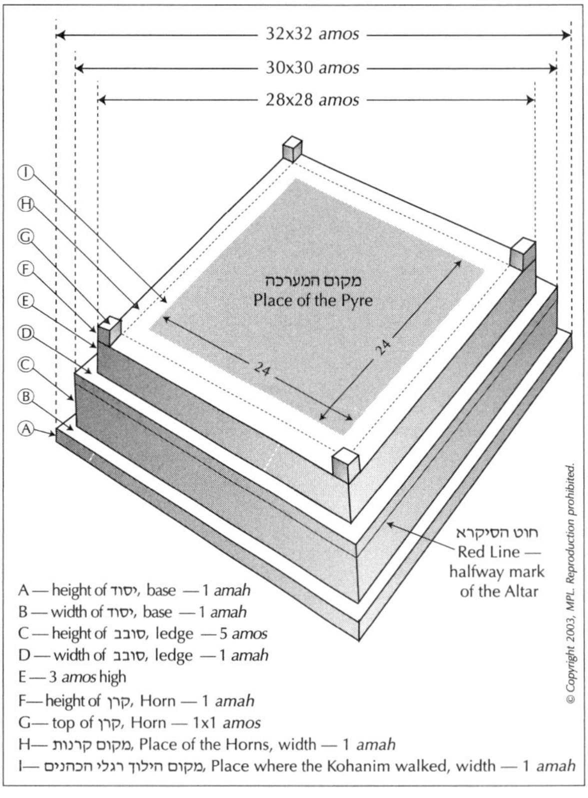

saying: מֵחִיק הָאַמָּה וְעַד רוֹחַב – **From "the base of the *amah*" until "the *amah* of the width"** בְּאַמָּה בַּת חֲמִשָּׁה – **is** measured **in the *amah* of five** *tefachim.*[8]

The Gemara lays the groundwork for rejecting this tentative understanding of the verse in *Ezekiel:*

גּוֹבַהּ הַמִּזְבֵּחַ כַּמָּה הָוֵי – According to this understanding (that the first six *amos* of the Altar's height were of five *tefachim*), **what was the height of the Altar?** עֶשֶׂר אַמּוֹת – **Ten *amos,*** שִׁית וְאַרְבְּעֵי בְּנֵי שִׁיתָא – **six of five** *tefachim* **each,** בְּנֵי חֲמִשָּׁה חֲמִשָּׁה וְאַרְבְּעֵי בְּנֵי שִׁיתָא – **and four of six** *tefachim* **each.** מִזְבֵּחַ כַּמָּה הָוֵי – **What** then **was the** height of the **Altar** in *tefachim?* חַמְשִׁין וְאַרְבְּעָה – **Fifty-four** *tefachim.*[9] פַּלְגֵּיהּ דְּמִזְבֵּחַ כַּמָּה הָוֵי – And **what was** the height of **half the Altar** in *tefachim?* עֶשְׂרִים וְשִׁבְעָה – **Twenty-seven** *tefachim.* מִקַּרְנוֹת וְעַד סוֹבֵב כַּמָּה הָוֵי – And **what was** the distance **from the** top of the **horns until the ledge?** עֶשְׂרִים וְאַרְבְּעָה – **Twenty-four** *tefachim.* כַּמָּה בְּצִיר לְפַלְגֵּיהּ דְּמִזְבֵּחַ – **How much,** then, **remains** from the ledge **to the halfway mark of the Altar?**[10] תְּלָתָא – **Three** *tefachim.* Thus, one standing upon the ledge is located precisely three *tefachim* above the center line of the Altar.

The Gemara cites a Mishnah that bears upon its argument:

וּתְנַן – **And we have learned in a Mishnah:**[11] חוּט שֶׁל סִקְרָא חוֹגְרוֹ בְּאֶמְצַע – A LINE OF RED ENCIRCLES [THE ALTAR] AT THE HALFWAY POINT in its height כְּדֵי לְהַבְדִּיל בֵּין דָּמִים הָעֶלְיוֹנִים לְדָמִים הַתַּחְתּוֹנִים – TO SEPARATE BETWEEN THE UPPER BLOODS AND THE LOWER BLOODS.[12]

The Gemara concludes its argument:

אֶלָּא הָא דְּתַנְיָא גַּבֵּי עוֹלַת הָעוֹף – Now consider **that which has been taught in a Baraisa regarding a bird *olah:*** הָיָה עוֹלֶה בַּכֶּבֶשׁ – In offering a bird *olah,* [THE KOHEN] ASCENDS THE RAMP of the Altar[13] וּפָנָה לַסּוֹבֵב – AND TURNS right ONTO THE LEDGE,[14] וּבָא לוֹ לְקֶרֶן דְּרוֹמִית [מִזְרָחִית] – AND HE COMES TO THE SOUTHEAST CORNER of the Altar.[15] וּמוֹלֵק אֶת רֹאשָׁהּ מִמּוּל עָרְפָּהּ – AND there HE PERFORMS *MELIKAH* ON [THE BIRD'S] HEAD AT THE BACK OF ITS NECK,[16] וּמַבְדִּיל – AND HE SEPARATES the head from the body,[17] וּמוֹצֶה אֶת דָּמָהּ עַל קִיר הַמִּזְבֵּחַ – AND HE SQUEEZES OUT ITS BLOOD UPON THE WALL OF THE ALTAR, above the halfway mark.[18] וְאִם עֲשָׂאָהּ לְמַטָּה מֵרַגְלָיו אֲפִילוּ אַמָּה אַחַת כְּשֵׁירָה – AND IF HE reached down and PERFORMED THIS [ACT] of squeezing out the blood EVEN as much as ONE *AMAH* BENEATH where HIS LEGS are located on the ledge, IT IS VALID, for this is still above the Altar's halfway mark. הָא קָא יָהֵיב עֶלְיוֹנָה לְמַטָּה מִשְּׁנֵי טְפָחִים – **But** according to our present interpretation of the verse in *Ezekiel,* **he is applying** blood that must be placed **above** the red line at least **two *tefachim* below** the red line![19] – ? –

Because of this difficulty, the Gemara suggests a new interpretation of the verse in *Ezekiel:*

אֶלָּא ,,חֵיק הָאַמָּה" כְּנִיסָה – **Rather, *the base is the amah*** is stated regarding **the indentation** of the base, i.e. regarding its width. ,,אַמָּה־רֹחַב" כְּנִיסָה – ***The amah of the width*** is stated regarding **the indentation,** or width, of the ledge. ,,גְּבוּלָהּ אֶל־שְׂפָתָהּ סָבִיב" כְּנִיסָה – ***And its border to its edge one half-amah all around*** is stated regarding **the indentation,** or width, of the

NOTES

8. The Gemara is suggesting that the focus of the verse is the Altar's *vertical* dimension; hence, the verse teaches that the *amah* of the base's height and all the *amos* of height between the base and the ledge (A and C in the diagram) are measured in *amos* of five *tefachim.* Although the verse speaks only of the base and the ledge, these delineate the beginning and end of the span of five-*tefach amos.* The verse is saying that the height of the wall, from the base until the ledge, is measured in these *amos* (*Rashi*).

[The Gemara at this point does not discuss the height of the horns. Presumably, this is because the Gemara's present suggestion was never intended to remain as the final interpretation of the verse; it was raised only in order to be disproved. Since this suggestion stands to be rejected regardless of whether the horns are measured five- or six-*tefach amos,* the Gemara does not bother to mention the horns at all (see *Olas Shlomo;* see following note).]

9. The total height of the Altar, including the horns, was ten *amos* (as is derived on *Zevachim* 59b from *Numbers* 4:26). Although there is a verse (*Exodus* 27:1) that states that the Altar was only three *amos* high, the Gemara (ibid. 60a) explains that this refers to the height of the Altar's topmost section (E), from the ledge until the top of the Altar (not including the horns) (*Rashi;* see *Rashash*).

Of these ten *amos,* the six from the ground to the ledge (A and C) were five-*tefach amos* (according to the Gemara's present understanding), while the four from the ledge to the top of the horns (E and F) were six-*tefach amos* (*Rashi*). Six five-*tefach amos* contain thirty *tefachim;* four six-*tefach amos* contain twenty-four *tefachim;* thus, the total number of *tefachim* are fifty-four.

[The Gemara states that the four upper *amos* are six-*tefach amos.* As we stated in the previous note, the Gemara's challenge would be valid even if the *amah* of the horns was one of five *tefachim* (*Olas Shlomo*).]

10. I.e. how far below the ledge was the halfway mark of the Altar? (*Rashi*).

11. *Middos* 3:1.

12. The upper bloods are those of offerings whose blood must be applied to the upper part of the Altar, above the red line – namely, the animal *chatas* and the bird *olah.* The lower bloods are those of all other outer offerings – e.g. the bird *chatas* – whose blood is applied to the lower part of the Altar.

13. The Kohen ascends the ramp before slaughtering the bird *olah* so that he will be able to apply its blood to the upper part of the Altar (*Rashi, Zevachim* 64b ד״ה עלה בכבש).

14. See *Zevachim* 62b for how one reached the ledge from the ramp.

15. The blood *avodah* of the bird *olah* is performed at the southeast corner of the Altar because of the requirement that the Kohen throw the bird's crop, together with the feathers and skin that cover it, to the מְקוֹם הַדֶּשֶׁן, *ash place* [i.e. the place used for depositing the small portion of ash removed each morning from the Altar (see *Leviticus* 6:3)], which was located three *tefachim* from the east side of the ramp, ten *amos* north of the ramp's lower end (*Tamid* 1:4, quoted in *Zevachim* 64a). Since the southeast corner is the one most accessible to the "ash place," it is here that the Kohen performs the blood *avodah* of the bird *olah* (*Rashi, Zevachim* 64b ד״ה בא לו).

16. Bird offerings are not slaughtered with a knife as are animal offerings, but are pierced through the back of their necks with the right thumbnail of the Kohen. This type of bird slaughter is known as מְלִיקָה, *melikah.* This form of slaughter is valid only for sacrificial birds, not for *chullin* birds.

[The phrase מִמּוּל עָרְפָּהּ, *opposite the oref,* is that of *Leviticus* 5:8. The *oref* is the back of the head; the back of the neck is *opposite* (in the sense of "facing") the back of the head. Therefore, *melikah* is performed at the back of the neck (*Rashi, Zevachim* 64b ד״ה ערפה; *Radak Shorashim* שרש ערף; see also *Chullin* 19b with *Rashi*).]

17. This means that he uses his nail to completely sever the esophagus and trachea. [It was not necessary to actually detach the head from the body at this point] (*Rashi, Zevachim* 64b ד״ה ומבדיל; see *Chullin* 21b).

18. I.e. he grasps the bird at the slaughtering incision and, holding it away from the Altar, squeezes the veins, causing the blood to *squirt* out onto the Altar (*Rashi* here and above, 2b ד״ה הואה). Elsewhere, *Rashi* explains that he presses the open incision to the wall of the Altar and squeezes the blood out against the wall (*Rashi* to *Zevachim* 64b ד״ה היה מתמצה and to *Leviticus* 1:15).

19. According to our present understanding, the ledge is located three *tefachim* above the red line of the Altar. Hence, when the Kohen standing on the ledge stretches his arm downward an *amah* – even the smaller five-*tefach amah* – to squeeze the bird *olah's* blood onto the wall of the Altar, he has squeezed it out two *tefachim* below the red line (*Rashi*). Yet, the Baraisa states that one standing on the ledge may reach down an *amah* to squeeze out the blood! Clearly, the verse in *Ezekiel* cannot mean that the first six *amos* of the Altar's height are five-*tefach amos.*

horns.[20] According to this understanding, all ten *amos* of the height of the *Olah* Altar were measured with the *amah* of six *tefachim.* The five-*tefach amah* was used strictly for the width of the base, ledge and horns.[21]

The Gemara demonstrates that *this* interpretation is in consonance with the Baraisa that discusses the bird *olah:*

מִזְבֵּחַ כַּמָּה הָוֵה לֵיהּ – According to this understanding of the verse, **what was** the height of **the Altar?** שִׁיתִּין – It was **sixty** *tefachim,* for each of the ten vertical *amos* was an *amah* of six *tefachim.* פַּלְגֵיהּ דְמִזְבֵּחַ כַּמָּה הָוֵי – And **what was** the height of **half the Altar?** תְּלָתִין – **Thirty** *tefachim.* מִקַּרְנוֹת וְעַד סוֹבֵב כַּמָּה הָוֵי – And **what was** the distance **from** the top of **the horns until the ledge?** עֶשְׂרִין וְאַרְבַּע – **Twenty-four** *tefachim.* כַּמָּה בְּצִיר לְפַלְגֵיהּ דְמִזְבֵּחַ – **How much,** then, **remains** from the ledge **to the halfway mark of the Altar?** שִׁשָּׁה – **Six** *tefachim.* Thus, one standing upon the ledge is located precisely six *tefachim* above the center line of the Altar. וּתְנַן – **Thus, it has been taught in a Baraisa:** אִם עֲשָׂאָהּ לְמַטָּה מֵרַגְלָיו אֲפִילּוּ אַמָּה אַחַת כְּשֵׁרָה – IF HE reached down and PERFORMED THIS [ACT] of squeezing out the blood EVEN as much as ONE *AMAH* BENEATH where HIS LEGS are located on the ledge, IT IS VALID, for it has been performed above the Altar's halfway mark.

According to this understanding of the verse, the red line is located six *tefachim* below the ledge. Hence, even if the Kohen reaches down and applies the blood a full five-*tefach amah* below the ledge, he is still one *tefach* above the line.

The Gemara rejects this interpretation of the verse as well:

בְּמַאי אוֹקִימְתָּא – **With regard to what have you established** this verse? בִּכְנִיסָה – **With regard to the indentations** of the base, ledge and horns. וּמִי מָצִית מוֹקְמַתְּ לַהּ בִּכְנִיסָה – **But are you then able to establish [this verse]** as speaking **of the indentations?** וְהָא תְּנַן – **But we have learned in a Mishnah:** מִזְבֵּחַ הָיָה שְׁלֹשִׁים וּשְׁתַּיִם עַל שְׁלֹשִׁים וּשְׁתַּיִם – The bottom of THE ALTAR WAS THIRTY-TWO BY THIRTY-TWO six-*tefach amos.*[22] עָלָה אַמָּה וְכָנַס אַמָּה – Starting at the ground, [THE SIDE OF THE ALTAR] ASCENDED ONE *AMAH* AND WENT INWARD ONE *AMAH,* forming a protrusion. זֶהוּ יְסוֹד – THIS protrusion WAS THE BASE. נִמְצָא שְׁלֹשִׁים עַל שְׁלֹשִׁים – Thus, WE FIND that above the base, the Altar was THIRTY BY THIRTY *amos.*[23] But if the width of the base was measured with the five-*tefach amah,* שְׁלֹשִׁים וּשְׁנֵי טְפָחִים הָוֵי – then **[the Altar]** above the base **is** actually **thirty** *amos* **and two *tefachim*** on each side![24] By stating that this section measures thirty by thirty, without mentioning the two extra *tefachim,* the Mishnah indicates that the *amah* used to measure the width of the base was that of six *tefachim,* not five! – ? –

The Gemara asks further:

וְתוּ – **And furthermore,** the Mishnah states: עָלָה חָמֵשׁ וְכָנַס אַמָּה – From the base, [THE ALTAR] ASCENDED FIVE *amos* AND WENT INWARD ONE *AMAH,* forming another protrusion. זֶהוּ סוֹבֵב – THIS protrusion WAS THE LEDGE. נִמְצָא עֶשְׂרִים וּשְׁמוֹנֶה עַל עֶשְׂרִים וּשְׁמוֹנֶה – Thus, WE FIND that above the ledge, the Altar measures TWENTY-EIGHT BY TWENTY-EIGHT *amos.* But if the five-*tefach amah* was used for the widths of base and ledge, עֶשְׂרִים וּשְׁמוֹנֶה וְאַרְבַּע טְפָחִים הָוֵי – then **[the Altar]** above the ledge **is** actually **twenty-eight** *amos* **and four *tefachim*** on each side![25] – ? –

The Gemara forestalls a possible response to these challenges:

וְכִי תֵּימָא כֵּיוָן דְּלָא הָוֵי אַמָּה לָא חָשֵׁיב לֵיהּ – **And if you will say** that **since [the extra length] does not equal an *amah,* [the Mishnah] does not** bother to **count it,** then consider the Mishnah's next clause: מְקוֹם קַרְנוֹת אַמָּה מִזֶּה וְאַמָּה מִזֶּה – THE PLACE OF the Altar's HORNS measures AN *AMAH* ON THIS [SIDE] AND AN *AMAH* ON THIS [SIDE]. נִמְצָא עֶשְׂרִים וָשֵׁשׁ עַל עֶשְׂרִים וָשֵׁשׁ – Thus, WE FIND that the area inside the horns measures TWENTY-SIX BY TWENTY-SIX *amos.* But if the five-*tefach amah* was used for the width of the base, ledge and horns, עֶשְׂרִין וְשִׁבְעָ הָווּ – then **the [*amos*]** of this area **are** not twenty-six, but **twenty-seven!**[26] At this point, the extra length totals a full six-*tefach amah;* yet, the Mishnah fails to mention it. Clearly, the widths of the base, ledge and horns were *not* measured with the five-*tefach amah,* contrary to the Gemara's present understanding of the verse in *Ezekiel.* – ? –

Faced with these difficulties, the Gemara concedes that the dimensions of the Altar at each level were indeed greater than indicated in the Mishnah – by two *tefachim* above the base, four *tefachim* above the ledge and a full *amah* inside the horns. As for the discrepancy between the true dimensions and those given in the Mishnah, the Gemara answers:

לָא דַּק – **The Mishnah was not** being **precise** with its figures. It did not trouble itself to combine all the extra *tefachim* into an *amah.*[27]

The Gemara raises a further objection:

מְקוֹם הִילּוּךְ רַגְלֵי הַכֹּהֲנִים אַמָּה מִזֶּה וְאַמָּה מִזֶּה – The Mishnah continues: THE PLACE WHERE THE FEET OF THE KOHANIM WALKED measures AN *AMAH* ON THIS [SIDE] AND AN *AMAH* ON THIS [SIDE].[28] נִמְצָא עֶשְׂרִים וְאַרְבַּע עַל עֶשְׂרִים וְאַרְבַּע – Thus, WE FIND that the roof of the Altar remains with TWENTY-FOUR BY TWENTY-FOUR *amos.* This area was the place of the Altar pyre. But if the indentations of the base, ledge and horns were in five-*tefach amos,* מְקוֹם הַמַּעֲרָכָה עֶשְׂרִים וַחֲמִשָּׁה הֲוַאי – **the place of the pyre was** not twenty-four *amos* square, but **twenty-five!**[29] – ? –

NOTES

20. Strictly speaking, the horns are not "indentations." However, because the horns extend inward upon the Altar, the Gemara employs this term to refer to their horizontal dimensions – i.e. their length and width (*Rashi*).

21. That is, B, D and G in the above diagram.

22. The Gemara below will demonstrate that all thirty-two of these *amos* were six-*tefach amos.*

23. After ascending one *amah,* the Altar moved inward one *amah* on all four sides; after losing two *amos* of its width and two of its length, it remains at thirty *amos* square (*Rashi*).

24. The thirty-two *amos* were *amos* of six *tefachim.* The *amah* of the base, however, [meaning, the *amah* left exposed by the Altar's 30x30 middle section (B)] is presently understood to be only a five-*tefach amah.* When two five-*tefach amos* are subtracted from thirty-two six-*tefach amos,* what remains is not thirty *amos,* but thirty *amos* and two *tefachim.*

25. By moving inward a second time to form the ledge, the Altar loses another *amah* on each side, for a total of four *amos* in each direction. Thus, the section of the Altar above the ledge measures only twenty-eight *amos* square. However, the thirty-two *amos* are six-*tefach amos,* while those that were lost were five-*tefach amos.* The Gemara points out that when four five-*tefach amos* are subtracted from thirty-two six-*tefach amos,* what remains is not twenty-eight six-*tefach amos,* but twenty-eight *amos* and four *tefachim.*

26. The six *amos* that were lost were all *amos* of five *tefachim.* Six five-*tefach amos* are the same as five six-*tefach amos.* Hence, the number of six-*tefach amos* that remain on the Altar's roof is not twenty-six, but twenty-seven (*Rashi*).

27. *Rashi,* as cited in *Shitah Mekubetzes* §29; *Rabbeinu Gershom.*

28. The place where the Kohanim walked was an *amah*-wide band that circled the Altar, just inside the place of the horns. The area enclosed by this walkway contained the Altar pyre. The purpose of the walkway was to allow the Kohanim free access to the pyre, to properly arrange the wood and sacrificial parts upon the fire (*Rashi*).

29. The *amah* of the walkway was definitely a six-*tefach amah,* for its measure was not one of those enumerated in the verse in *Ezekiel.* Therefore, its subtraction does not leave the pyre area with *more* than twenty-five square *amos.* It does, however, leave it with exactly

The Gemara anticipates the response that will be offered:

וְכִי תֵּימָא הָכָא נַמִּי לֹא דָּק – **And if you will say that here too, the Mishnah was not precise** with its figures, this cannot be! וְהָא כְּתִיב – **For it is written:**[30] ,,וְהָאֲרִיאֵל שְׁתֵּים עֶשְׂרֵה אֹרֶךְ בִּשְׁתֵּים עֶשְׂרֵה רֹחַב רָבוּעַ'' – ***And the Ariel*** (i.e. the pyre area) ***is twelve amos long by twelve wide, square.*** יָכוֹל שֶׁאֵינוֹ אֶלָּא שְׁתֵּים עֶשְׂרֵה עַל שְׁתֵּים עֶשְׂרֵה – **It could be** thought **that [the pyre area] is only twelve by twelve** *amos.* כְּשֶׁהוּא אוֹמֵר ,,אֶל אַרְבַּעַת רְבָעָיו'' – **When [the verse] then states: *to its four quadrants,*** מְלַמֵּד שֶׁבָּאֶמְצַע הוּא מוֹדֵד שְׁתֵּים עֶשְׂרֵה אַמָּה לְכָל רוּחַ וְרוּחַ – **it teaches that from the center** of the Altar, **one measures twelve** *amos* **to each and every side.** Thus, the pyre area is actually twenty-four by twenty-four *amos* square.[31] Now, Scriptural verses are always written precisely[32] – hence, if the pyre area actually measured twenty-five by twenty-five *amos,* the verse would have said so.[33] Instead, the verse gives the dimensions of the *Ariel* as twenty-four by twenty-four *amos.* This indicates that the indentations of base, ledge and horns were measured not with the five-*tefach amah,* but with the six-*tefach amah.* – ? –

The Gemara anticipates yet another response:

וְכִי תֵּימָא שִׁית מִינַּיְיהוּ מֵעִיקָּרָא בְּאַמָּה בַּת חֲמִשָּׁה מַיְיתֵי לְהוּ – **And if you will say** that **six of the** thirty-two *amos* of the Altar **were originally measured with the *amah* of five** *tefachim,* in which case the Mishnah's figures are correct[34] – this cannot be! אִם כֵּן רַוְוחָא לָהּ עֲזָרָה – For **if so, the Temple Courtyard is** actually **larger** than has been taught in another Mishnah. דִּתְנַן – **For we have learned in a Mishnah:**[35] כָּל הָעֲזָרָה הָיְתָה אוֹרֶךְ מֵאָה וּשְׁמוֹנִים וָשֶׁבַע – THE ENTIRE TEMPLE COURTYARD WAS ONE HUNDRED AND EIGHTY-SEVEN *AMOS* IN LENGTH עַל רוֹחַב מֵאָה וּשְׁלֹשִׁים וְחָמֵשׁ – BY ONE HUNDRED AND THIRTY-FIVE *AMOS* IN WIDTH.[36] מִמִּזְרָח לְמַעֲרָב מֵאָה שְׁמוֹנִים וָשֶׁבַע – FROM EAST TO WEST, the Courtyard measured ONE HUNDRED EIGHTY-SEVEN six-*tefach amos,* and consisted of the following sectors: מְקוֹם דְּרִיסַת רַגְלֵי יִשְׂרָאֵל אַחַת עֶשְׂרֵה אַמָּה – THE AREA IN WHICH ISRAELITES WALKED measured ELEVEN *AMOS;*[37] וּמְקוֹם דְּרִיסַת רַגְלֵי הַכֹּהֲנִים אַחַת עֶשְׂרֵה אַמָּה – THE AREA IN WHICH KOHANIM WALKED, another ELEVEN *AMOS;*[38] הַמִּזְבֵּחַ שְׁלֹשִׁים וּשְׁתַּיִם – THE ALTAR occupied THIRTY-TWO *amos;* בֵּין אוּלָם וְלַמִּזְבֵּחַ עֶשְׂרִים וּשְׁתַּיִם אַמָּה – the area BETWEEN THE ANTECHAMBER AND THE ALTAR measured TWENTY-TWO *AMOS;*[39] הַהֵיכָל מֵאָה אַמָּה – THE SANCTUARY was ONE HUNDRED *AMOS* long;[40] אַחַת עֶשְׂרֵה אַמָּה אֲחוֹרֵי בֵּית הַכַּפּוֹרֶת – AND there was a space of ELEVEN *AMOS* BEHIND THE CHAMBER OF THE ARK-COVER, i.e. behind the Holy of Holies.[41]

Now, if the true dimensions of the Altar are not thirty-two by thirty-two six-*tefach amos,* but thirty-one by thirty-one of these *amos,* then one of the other Courtyard sectors must be assigned an extra *amah.*[42] By failing to do so, the Mishnah indicates that *all* thirty-two *amos* of the Altar are six-*tefach amos.*

Thus, the question remains: If the width of the Altar's base, ledge and horns is measured with an *amah* of five *tefachim,* then the horizontal measurements given for the Altar are incorrect. – ? –

On account of these difficulties, the Gemara offers a new, and final, interpretation of the verse in *Ezekiel:*

אֶלָּא ,,חֵיק הָאַמָּה'' בְּגוֹבְהָהּ – **Rather, *the base is the amah*** is stated **with regard to the height [of the base].**[43] ,,אַמָּה־רֹחַב''

NOTES

twenty-five *amos,* on account of the *amos* of the base, ledge and horns measuring five *tefachim* rather than six. Thus, the place of the pyre was not twenty-four square *amos* but twenty-five (*Rashi*).

30. *Ezekiel* 43:16.

31. I.e. since each of the four quadrants is twelve by twelve, the whole is twenty-four by twenty-four.

[This teaching concerning the pyre is actually a Mishnah in *Middos* 3:1. We have not presented it as such because the Gemara does not preface it with one of the terms generally used to denote a Mishnah, such as דתנן or דתניא.]

32. *Rashi;* see *Rabbeinu Gershom;* see *Mishneh LaMelech* to *Rambam, Beis HaBechirah* 2:7.

33. I.e. it would have stated that each quadrant measured twelve-and-a-half by twelve-and-a-half *amos* (*Mishneh LaMelech* ibid.).

34. The Gemara is suggesting that when the Altar was originally built, only twenty-six of its thirty-two *amos* were six-*tefach amos.* The other six were five-*tefach amos.* The six smaller *amos* accounted for the six five-*tefach amos* that were used in measuring the base, ledge and horns. When these six *amos* were subtracted, the Altar remained with precisely twenty-six *amos* of six *tefachim* each (*Rashi*). According to this suggestion, the dimensions given in the Mishnah are correct.

35. *Middos* 5:1.

36. "The entire Temple Courtyard" encompasses the Courtyard area that lay before the Antechamber, as well as the Antechamber itself, the Sanctuary, the Holy of Holies [and the Courtyard area behind the Holy of Holies] (*Rashi* with *Shitah Mekubetzes* §35). See diagram.

37. These eleven *amos* were known as the עֶזְרַת יִשְׂרָאֵל, *the Israelite Courtyard,* into which Israelites were permitted to enter as they wished (see *Keilim* 1:8).

38. These eleven *amos* were known as the עֶזְרַת כֹּהֲנִים, *the Kohanim's Courtyard.* Israelites were generally barred from this area. They were permitted to enter it only for the needs of their offerings (see *Keilim* ibid.). All Kohanim, however, were permitted here – even those who were unfit to do the *avodah* (e.g. those who were physically blemished) (see *Keilim* 1:9).

39. Only Kohanim who were fit to perform the *avodah* were allowed in this area (ibid.).

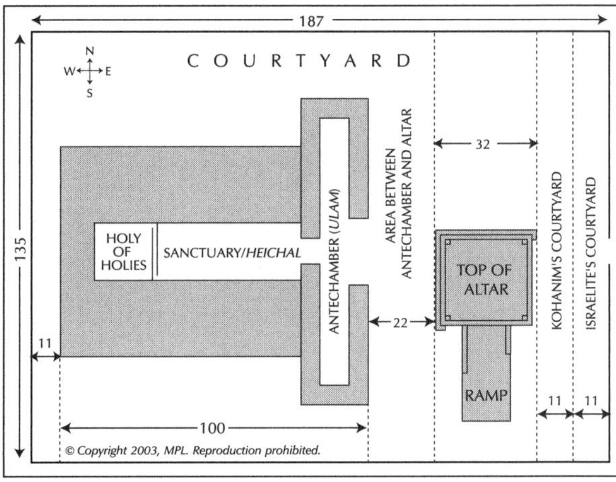

40. [This included the Antechamber (*Ulam*), the Sanctuary (*Heichal*) and the Holy of Holies.]

41. These eleven *amos* were generally unoccupied; however, during pilgrimage festivals, when all Israel traveled to Jerusalem, the volume of people was such that Israelites, who were usually confined to the eleven easternmost *amos* of the Courtyard, spilled from their own area into the spaces north and south of the Sanctuary building, and even filled the eleven-*amah* space behind the Sanctuary (*Rashi,* from *Yoma* 21a).

42. I.e. either the Courtyards of the Israelites and Kohanim *or* the area between the Altar and the Antechamber would receive twenty-three *amos* instead of twenty-two (*Rashi;* but see *Shitah Mekubetzes* §35).

43. Thus, the height of the base (A) is measured with the five-*tefach amah;* its indentation, however, (B) is measured with the six-*tefach amah* (*Rashi;* cf. *Rambam, Beis HaBechirah* 2:7 with *Kesef Mishneh* and *Mishneh LaMelech;* see *Rambam, Commentary* to *Middos* 3:1; see *Chok Nasan; Keren Orah*).

בְּנִיסָה – ***The amah of the width*** is stated with regard to **the indentation,** or width, of the ledge.[44] ,,גְּבוּלָהּ אֶל־שְׂפָתָהּ סָבִיב'' – ***And its border to its edge one half-amah all around*** is stated with regard to the height of the horns.[45]

NOTES

44. Thus, the width of the ledge (D) is measured with the five-*tefach amah.*

This throws off the calculations of the Mishnah cited above, for the section on top of the ledge now measures twenty-eight *amos* and two *tefachim* on each side. However, since the extra *tefachim* do not total an *amah,* the Mishnah does not deign to mention them (see *Rashi* to 98a ד״ה לא שנא; see note 1 there).

45. The *amah* of the height of the horns (F) is measured with the five-*tefach amah* (see *Rashi* with *Shitah Mekubetzes* §13,39).

לֹא שְׁנָא הָכִי וְלֹא שְׁנָא הָכִי – As for the width of the horns, **it makes no difference either way.** Whether the *amah* of their width is the five-*tefach amah* or the six-*tefach amah,* all is well.[1]

The Gemara now demonstrates that this interpretation of the verse does not contradict the Baraisa concerning the bird *olah:* מִזְבֵּחַ כַּמָּה הָוֵי – According to this understanding of the verse, **what was** the height of **the Altar?** חַמְשִׁין וּתְמַנְיָא – **Fifty-eight** *tefachim.*[2] פַּלְגֵיהּ דְּמִזְבֵּחַ כַּמָּה הָוֵי – And **what was** the height of **half the Altar?** עֶשְׂרִין וְתִשְׁעָה – **Twenty-nine** *tefachim.* מִקְּרָנוֹת וְעַד סוֹבֵב כַּמָּה הָוו – And **what was** the distance **from the** top of **the horns until the ledge?** עֶשְׂרִין וּתְלָתָא – **Twenty-three** *tefachim.*[3] כַּמָּה בְּצִיר לְפַלְגֵיהּ דְּמִזְבֵּחַ – **How much,** then, **remains** from the ledge **to the halfway mark of the Altar?** שִׁיתָּא – **Six** *tefachim.* וּתְנַן – **Thus, it has been taught in a Baraisa:** אִם עֲשָׂאָהּ לְמַטָּה מֵרַגְלָיו אֲפִילּוּ אַמָּה אַחַת כְּשֵׁירָה – IF HE reached down and PERFORMED THIS [ACT] of squeezing out the blood EVEN as far as ONE *AMAH* BENEATH where HIS LEGS are located on the ledge, IT IS VALID, for it has been performed above the Altar's halfway mark.

According to this understanding of the verse, the halfway mark is located six *tefachim* below the ledge. Accordingly, even if one applies the blood a full five-*tefach amah* below the ledge, he is still a *tefach* above the halfway mark.

The Gemara cites the wording of the verse in support of this interpretation:

דַּיְקָא נַמִּי – **This is also** supported by **a precise [reading]** of the verse. דִּכְתִיב – **For it is written:** ,,חֵיק הָאַמָּה וְאַמָּה רֹחַב" – ***the base is the amah and the amah of width.*** The different wording employed for base and ledge indicates that the verse refers in one case to the height and in the other to the width.[4]

The Gemara concludes:

שְׁמַע מִינָּה – Indeed, **we may learn from this.**

R' Meir rules that most of the *amos* of the Temple were "medium" *amos.*[5] The Gemara inquires after their size:

וְכַמָּה אַמָּה בֵּינוֹנִית – **And how much is a medium *amah*?** אָמַר רַבִּי יוֹחָנָן – **R' Yochanan said:** שִׁשָּׁה טְפָחִים – It is **six *tefachim.***

The Gemara cites our Mishnah in support:

אַף אֲנַן נַמִּי – **R' Yose bar Avin said:** אָמַר רַבִּי יוֹסֵי בַּר אָבִין תְּנֵינָא – **We too have learned this in our Mishnah:** רַבִּי מֵאִיר אוֹמֵר – R' MEIR SAYS: הַשֻּׁלְחָן אָרְכּוֹ שְׁנֵים עָשָׂר וְרָחְבּוֹ שִׁשָּׁה – THE TABLE, ITS LENGTH IS TWELVE *tefachim* AND ITS WIDTH IS SIX. Now, we know that the dimensions of the Table are one *amah* by two *amos,*[6] and R' Meir has stated that the *amos* of the Temple utensils are medium *amos.* It follows that a medium *amah* measures six *tefachim.*

The Gemara draws an inference from the term "medium *amah*":

מִכְּלָל דְּהָוְיָא אַמָּה דִּנְפִישָׁא מִינָּהּ – **This implies that there is an *amah* that is greater in size than this one.**[7]

The Gemara concurs:

אִין – **Yes.** וְהָא תְּנַן – **For we have learned in a Mishnah:**[8] שְׁתֵּי אַמּוֹת הָיוּ בְּשׁוּשַׁן הַבִּירָה – TWO ONE-*AMAH* MEASURING STICKS WERE kept IN the chamber called *SHUSHAN HABIRAH,*[9] אַחַת עַל קֶרֶן מִזְרָחִית צְפוֹנִית – ONE AT THE NORTHEASTERN CORNER of the chamber, וְאַחַת עַל קֶרֶן מִזְרָחִית דְּרוֹמִית – AND ONE AT THE SOUTHEASTERN CORNER. שֶׁעַל קֶרֶן מִזְרָחִית צְפוֹנִית יְתֵירָה עַל שֶׁל מֹשֶׁה חֲצִי אֶצְבַּע – [THE ONE] AT THE NORTHEASTERN CORNER WAS LONGER THAN the six-*tefach amah* OF MOSES BY HALF A FINGERBREADTH. שֶׁעַל קֶרֶן מִזְרָחִית דְּרוֹמִית הָיְתָה יְתֵירָה עָלֶיהָ חֲצִי אֶצְבַּע – [THE ONE] AT THE SOUTHEASTERN CORNER WAS LONGER THAN THAT ONE BY another HALF-FINGERBREADTH; נִמְצֵאת יְתֵירָה עַל שֶׁל מֹשֶׁה אֶצְבַּע – THUS, IT WAS LONGER THAN [THE *AMAH*] OF MOSES BY A full FINGERBREADTH.[10] וְלָמָּה אָמְרוּ אַחַת גְּדוֹלָה וְאַחַת קְטַנָּה – AND WHY DID THEY SAY that there must be ONE LARGE *amah* measure (i.e. the *amah* of *Shushan HaBirah*) AND ONE SMALL *amah* measure (i.e. the six-*tefach amah* of Moses)?[11] כְּדֵי שֶׁיְּהוּ הָאוּמָּנִין נוֹטְלִין בִּקְטַנָּה וּמַחֲזִירִין בִּגְדוֹלָה – SO THAT THE CRAFTSMEN hired for Temple construction WOULD TAKE contracts from the Temple officers ACCORDING TO THE SMALL measure of Moses AND RETURN the finished products ACCORDING TO THE

NOTES

1. The Gemara is saying that with regard to coordinating our interpretation of the verse with the Mishnah that calculates the size of the Altar, it makes no difference whether the width of the horns is measured with the five- or six-*tefach amah.* Consider: The Mishnah states that the area inside "the place of the horns" measures 26x26 *amos.* If the width of the horns is measured with the five-*tefach amah,* the true size of the area is twenty-six *amos* and four *tefachim,* on account of the two five-*tefach amos* – of ledge and horns – that add two *tefachim* apiece to the Mishnah's measure. If, on the other hand, the width of the horns is measured with the six-*tefach amah,* the true size of the area enclosed by the place of the horns is twenty-six *amos* and two *tefachim* – the two extra *tefachim* coming on account of the ledge being measured with a five-*tefach amah.*

Either way, the Mishnah will not bother to count the extra *tefachim,* since they do not equal a full *amah.* It emerges that no matter which *amah* is used for the horns, our interpretation of the verse does not contradict the calculations of the Mishnah (*Rashi;* see *Yashar V'Tov;* cf. *Rabbeinu Gershom;* see *Chidushei HaRashba; Keren Orah* to 97b; cf. *Rambam, Commentary* to *Middos* 3:1; see *Mishneh LaMelech* to *Rambam, Beis HaBechirah* 2:7; see 97b note 44).

2. According to this final understanding, all 10 *amos* of the Altar's height measured 6 *tefachim,* with the exception of these two – the *amah* of the base and the *amah* of the horns (A and F in the diagram on 97b) – each of which measured 5 *tefachim.* Eight 6-*tefach amos* contain 48 *tefachim;* when the two 5-*tefach amos* are added, the Altar's height totals 58 *tefachim* (*Rashi*).

3. These are the 5 *tefachim* of the 5-*tefach amah* of the horns (F in the diagram above, 97b), and the 18 *tefachim* of the three 6-*tefach amos* of the Altar's upper section (E in the diagram above, 97b).

4. *Ezekiel* 43:13. *Rashi.* With regard to the ledge, the verse speaks explicitly of the width (*and the amah of width*). We may therefore assume that if in the case of the base it also intends the width, it would have used similar terminology there. Instead, the verse simply states: *the base is the amah,* without mentioning the width. This indicates that it is referring to the height of the base, not to its width (see *Rabbeinu Gershom;* see also *Chok Nasan* to 97b).

5. R' Meir's view is recorded in the Mishnah cited on 97a.

6. As is stated in *Exodus* 25:23.

7. Calling the six-*tefach amah* "medium" implies that there is both a smaller *amah* and a larger *amah.* The smaller *amah* is that of five *tefachim.* The Gemara will now identify the larger *amah.*

8. *Keilim* 17:9.

9. In the Second Temple, there was a turret built on top of the eastern gateway to the Temple Mount. The exterior of this turret was decorated with a picture of the city of Shushan, capital of Persia. The chamber was therefore called *Shushan HaBirah,* i.e. Shushan the capital city (*Rashi;* see *Middos* 1:3).

10. The standard *amah* that was established by Moses equals six *tefachim* (*Rashi*). Each *tefach* measures four fingerbreadths (actually, thumb-breadths – see above, 41b). Thus, the *amah* of Moses measures 24 fingerbreadths. The special one-*amah* measuring stick that was stored at the northeastern corner of *Shushan HaBirah* measured 24½ fingerbreadths. The one at the southeastern corner measured 25 fingerbreadths (see *Bechoros* 39b-40a). The Gemara will explain why these measuring sticks were longer than the standard one.

11. They should have sufficed with the "small" six-*tefach amah* of Moses (*Rashi, Pesachim* 86a).

LARGE measure of the Temple,[12] כְּדֵי שֶׁלֹּא יָבוֹאוּ לִידֵי מְעִילָה – IN ORDER THAT THEY SHOULD NOT COME TO transgress the sin of *ME'ILAH.*[13] The Gemara adds: וְתַרְתֵּי לָמָּה לִי – **And why were two** separate "large" measures **needed?**[14] חֲדָא לְכַסְפָּא וְדַהֲבָא – **One** was used **for** measuring articles of **gold and silver,** וַחֲדָא לְבִנְיָינָא – **and one for** measuring **construction.**[15]

We see from this Mishnah that there were indeed *amos* that were greater in size than the "medium" six-*tefach amah.*

Having mentioned the *Shushan HaBirah* chamber, the Gemara discusses it further:

תְּנַן הָתָם – **We have learned in a Mishnah there:** שַׁעַר הַמִּזְרָח עָלָיו שׁוּשַׁן הַבִּירָה צוּרָה – THE EASTERN GATE of the Temple, UPON IT WAS DRAWN an image of *SHUSHAN HABIRAH,* that is, Shushan the capital of Persia.

The Gemara inquires:

מַאי טַעְמָא – **What was the reason?**

The Gemara explains:

רַב חִסְדָּא וְרַב יִצְחָק בַּר אַבְדִּימִי – **Rav Chisda and Rav Yitzchak bar Avdimi** offered different explanations. חַד אָמַר כְּדֵי שֶׁיֵּדְעוּ מֵהֵיכָן בָּאוּ – **One said** it was **so that they would bear in mind from whence they came,** i.e. from exile in Babylon and Persia.[16] וְחַד אָמַר כְּדֵי שֶׁתְּהֵא אֵימַת מַלְכוּת עֲלֵיהֶן – **And one said** it was **so that the awe of the** Persian **royalty would be upon them.**[17]

A related teaching:

אָמַר רַבִּי יַנַּאי – **R' Yannai said:** לְעוֹלָם תְּהֵא אֵימַת מַלְכוּת עָלֶיךָ – **The awe of royalty should always be upon you,** שֶׁנֶּאֱמַר – **for it is stated:** "וְיָרְדוּ כָל־עֲבָדֶיךָ אֵלֶּה אֵלַי וְהִשְׁתַּחֲווּ־לִי לֵאמֹר", – ***Then all these servants of yours will come down to me*** *and bow down to me* etc.[18] Moses said this regarding Pharaoh's servants, וְאִילּוּ לְדִידֵיהּ לֹא קָאָמַר לֵיהּ – **but he did not say** it **regarding [Pharaoh] himself,** out of respect for royalty.

The Gemara cites a different source for this rule:

רַבִּי יוֹחָנָן אָמַר – **R' Yochanan said:** מֵהָכָא – It is derived **from here.** שֶׁנֶּאֱמַר – **For it is stated:** "וְיַד־ה' הָיְתָה אֶל־אֵלִיָּהוּ וַיְשַׁנֵּס מָתְנָיו וַיָּרָץ לִפְנֵי אַחְאָב עַד־בֹּאֲכָה יִזְרְעֶאלָה", – ***And the hand of Hashem came upon Elijah, and he girded his loins and ran in front of Ahab*** (king of the Ten Tribes).[19] He did this out of respect for royalty.

Having mentioned one debate between Rav Chisda and Rav Yitzchak bar Avdimi, the Gemara cites another,[20] this one concerning the trees that will sprout on the banks of the river that will issue from the Holy of Holies in the Future Time:

"וְעָלֵהוּ לִתְרוּפָה", – The verse states, regarding these trees: ***its leaf shall be for healing.***[21] רַב חִסְדָּא וְרַב יִצְחָק בַּר אַבְדִּימִי – **Rav Chisda and Rav Yitzchak bar Avdimi** offered different interpretations: חַד אָמַר לְהַתִּיר פֶּה שֶׁלְּמַעְלָה – **One said** that when eaten the leaf will have the power **to open the upper mouth,** i.e. to cure the mute and allow them to speak. וְחַד אָמַר לְהַתִּיר פֶּה שֶׁלְּמַטָּה – **And one said** that the leaf will have the power **to open the lower mouth,**[22] i.e. to cure barren women so they may conceive.[23]

NOTES

12. When a craftsman was hired to build something measuring a certain number of *amos,* the price would be fixed based on the standard *amah* measure. However, the work he produced had to conform to the measure of one of the special, large *amah* sticks that were kept in *Shushan HaBirah.* The result was that the craftsmen were compelled to charge the Temple treasury slightly less than the true value of their services and products (*Rashi* here, to *Pesachim* 86a and to *Bechoros* 40a).

13. *Me'ilah* is unlawful benefit derived from Temple property. If the craftsmen would work for the Temple according to the standard measure, they could easily come to commit *me'ilah* by unwittingly producing a fraction less than the agreed-upon measure. If this would occur, a part of their payment from the Temple treasury will have been gained unlawfully, in which case they will have transgressed the sin of *me'ilah.* As a hedge against this danger, they were required to produce a bit more than the amount for which they were paid (*Rashi*).

[*Tosafos* point out that even if the craftsmen would inadvertently produce a bit less than they were supposed to, they still would not transgress the sin of *me'ilah.* For the rule is that Temple property can be redeemed (and thereby deconsecrated) for less than its actual value (see *Temurah* 27b) – accordingly, even if the contractors do receive extra, it is redeemed by the work and materials they provide. *Tosafos* explain that the Mishnah uses the term *me'ilah* euphemistically; what it really means is that these measuring sticks ensured that the craftsmen would not derive benefit from Temple property. See *Tos. Yom Tov* to this Mishnah; *Chemdas Daniel* here.]

14. I.e. why was it necessary to have one measuring stick that was half a fingerbreadth longer than the *amah* of Moses and one that was yet another half-fingerbreadth longer than that? Why was it not enough to have the *amah* of Moses and only *one* of these larger ones? (*Rashi, Pesachim* ד"ה תרתי).

15. Golden and silver utensils produced by hired craftsmen were measured with the smaller of the two "large" measuring sticks. Since the labor is difficult and the materials expensive, it was deemed unfair to add more than a half-finger per *amah* [i.e. $^1/_{48}$th] to their contracts. By contrast, stone buildings erected by hired contractors were measured with the larger of the "large" measuring sticks, since it was not an undue burden on them to absorb the additional cost of a full fingerbreadth per *amah* [i.e. $^1/_{24}$th] (*Rashi* here and to *Pesachim* and *Bechoros* ibid.; cf. *Rambam, Me'ilah* 8:5; see *Kesef Mishneh* there; see *Chok Nasan; Zevach Todah* ד"ה ולמה אמרו; *Sidrei Tohoros, Keilim* pp. 325-326).

[*Tosafos* write that the *amah* for gold and silver was placed in the northeast corner because of the verse (*Job* 37:22) מִצָּפוֹן זָהָב יֶאֱתֶה, *from the north will come gold,* which links the north with gold. Placing the stick in the northeast called to mind this verse, which in turn served as a reminder that this was the stick for gold. For another explanation of why this particular stick was placed at the northeast corner, see *Tiferes Yisrael* to *Keilim* 17:19, *Boaz* §5.]

16. And give appropriate thanks to the king of Persia, who freed them from there (*Rashi;* see *Yashar V'Tov*).

Alternatively, the point of remembering the exile was to appreciate the miracle God performed for them in raising up Cyrus to the kingship of Persia. For it was Cyrus who allowed the Jews to return to Eretz Yisrael and rebuild the Holy Temple (see *Maharsha, Chidushei Aggados*).

17. This ensured that they would not rebel against their Persian masters (*Rashi; Rabbeinu Gershom*).

18. *Exodus* 11:8. Moses prophesied to Pharaoh that after the slaying of the firstborn, Pharaoh's servants would come to Moses and beg the Jews to leave Egypt. Moses did not say to Pharaoh, "You yourself will come to me etc.," even though this is exactly what transpired, as related in *Exodus* 12:30-32 (*Rashi*). This was because Moses did not wish to speak disrespectfully to royalty.

19. *I Kings* 18:46. Ahab was a wicked king of Israel. Once, when Ahab was traveling alone, the prophet Elijah ran a great distance in front of Ahab's steed, for it is not befitting for a king to travel unescorted (*Rashi;* see *Maharsha* to *Zevachim* 102a).

20. *Rashi.*

21. *Ezekiel* 47:12. This phrase is part of a verse detailing Ezekiel's prophetic vision regarding a river that will emanate from the Holy of Holies. Ezekiel prophesied that on the banks of this river there will grow all manner of trees, whose fruit will be for food and whose leaves for healing (*Rashi*).

22. A euphemism for the womb (*Rashi*).

23. Both R' Yitzchak bar Avdimi and Rav Chisda interpret the word לִתְרוּפָה as an acrostic for לְהַתִּיר פֶּה, *to loosen* (or open) *the mouth.* According to one view this concerns the mouths of those who are mute, who will eat of this leaf and be cured. According to the other view it concerns the wombs of barren women, who will eat of the leaf and become able to conceive (*Rashi;* cf. *Aruch,* cited in *Taklin Chadatin* to *Shekalim* 17a ד"ה פה של מעלה).

A more explicit rendering:

אִיתְּמַר – **It was stated:** חִזְקִיָּה אָמַר – **Chizkiyah said:** לְהַתִּיר פֶּה אִלְּמִים – The leaf will have the power **to open the mouths of the mute ones.** בַּר קַפָּרָא אָמַר – **Bar Kappara said:** לְהַתִּיר פֶּה עֲקָרוֹת – **To open the "mouths"** (i.e. the wombs) **of the barren ones.**[24]

The verses that discuss the number and arrangement of the *panim* loaves read as follows: *And you shall take fine flour and you shall bake it into twelve loaves . . . And you shall place them in two stacks, six to the stack, upon the pure Table . . .*[25] The Gemara cites a Baraisa that expounds these verses:

תָּנוּ רַבָּנָן – **Our Rabbis have taught in a Baraisa:** אִילּוּ נֶאֱמַר ,,וְלָקַחְתָּ סֹלֶת וְאָפִיתָ אֹתָהּ שְׁתֵּים עֶשְׂרֵה חַלּוֹת . . . וְשַׂמְתָּ אוֹתָם שְׁתַּיִם מַעֲרָכוֹת" – **IF [THE VERSE] HAD STATED:** ***AND YOU SHALL TAKE FINE FLOUR AND YOU SHALL BAKE IT INTO TWELVE LOAVES . . . AND YOU SHALL PLACE THEM IN TWO STACKS,*** וְלֹא נֶאֱמַר ,,שֵׁשׁ" – **AND IT HAD NOT STATED:** ***SIX*** *to the stack,* הָיִיתִי אוֹמֵר אַחַת שֶׁל אַרְבַּע וְאַחַת שֶׁל שְׁמוֹנֶה – **I WOULD HAVE SAID** that the obligation is fulfilled with **ONE** stack **OF FOUR** loaves **AND ONE** stack **OF EIGHT** loaves.[26] לְכָךְ נֶאֱמַר ,,שֵׁשׁ" – **THEREFORE, IT IS STATED:** ***SIX*** *to the stack.* This tells us that each stack must have six loaves. וְאִילּוּ נֶאֱמַר ,,שְׁתַּיִם מַעֲרָכוֹת שֵׁשׁ הַמַּעֲרֶכֶת" – **AND IF [THE VERSE] HAD STATED:** ***TWO STACKS, SIX TO THE STACK,*** וְלֹא נֶאֱמַר ,,שְׁתֵּים עֶשְׂרֵה" – **AND IT HAD NOT STATED:** ***TWELVE*** *loaves,* הָיִיתִי אוֹמֵר שָׁלֹשׁ שֶׁל שֵׁשׁ שֵׁשׁ – **I WOULD HAVE SAID** that they must arrange **THREE** stacks **OF SIX** loaves **EACH,** for a total of eighteen loaves.[27] לְכָךְ נֶאֱמַר ,,שְׁתֵּים עֶשְׂרֵה" – **THEREFORE, IT IS STATED:** ***TWELVE*** *loaves,* to tell us that there are only twelve loaves in total – two stacks of six each.

וְאִילּוּ נֶאֱמַר ,,שְׁתֵּים עֶשְׂרֵה חַלּוֹת" וּ,,מַעֲרָכוֹת" – **AND IF [THE VERSE] HAD STATED:** ***TWELVE LOAVES,*** **AND** ***STACKS,*** and *the stack,* וְלֹא נֶאֱמַר ,,שְׁתַּיִם" וְ,,שֵׁשׁ" – **AND IT HAD NOT STATED:** ***TWO*** **AND** ***SIX,*** הָיִיתִי אוֹמֵר שְׁלֹשָׁה שֶׁל אַרְבַּע אַרְבַּע – **I WOULD HAVE SAID** that he must arrange **THREE** stacks **OF FOUR** loaves **EACH.**[28] לְכָךְ נֶאֱמַר ,,שְׁתַּיִם" וְ,,שֵׁשׁ" – **THEREFORE, IT IS STATED:** *in* ***TWO*** *stacks* **AND** ***SIX*** *to the stack.* הָא עַד שֶׁלֹּא יֵאָמְרוּ שְׁלֹשָׁה מִקְרָאוֹת הַלָּלוּ לֹא לָמַדְנוּ – **THUS, HAD** all **THESE THREE VERSES NOT BEEN STATED** – *twelve loaves; two stacks; six to the stack* – **WE COULD NOT HAVE LEARNED** the correct number and arrangement of the *panim* loaves.[29]

The Baraisa continues:

הָא כֵּיצַד – **HOW, THEN,** are the loaves arranged? נוֹתֵן שְׁתַּיִם מַעֲרָכוֹת שֶׁל שֵׁשׁ שֵׁשׁ – **[THE KOHEN] PLACES** upon the Table **TWO STACKS OF SIX** loaves **EACH.** וְאִם נָתַן אַחַת שֶׁל אַרְבַּע וְאַחַת שֶׁל שְׁמוֹנֶה – **BUT IF HE PLACES ONE** stack **OF FOUR** loaves **AND ONE OF EIGHT** loaves, לֹא יָצָא – **HE HAS NOT FULFILLED** the obligation. שְׁתַּיִם שֶׁל שֶׁבַע שֶׁבַע – What about **TWO** stacks **OF SEVEN** loaves **EACH?** רַבִּי אוֹמֵר – **REBBI SAYS:** רוֹאִין אֶת הָעֶלְיוֹנָה כְּאִילּוּ אֵינָהּ – **WE VIEW THE TOP** loaf of each stack **AS IF IT IS NOT** present. Thus, each stack is considered to have only six loaves; hence, the obligation is fulfilled.[30]

The Gemara questions Rebbi's ruling:

וְהָא בְּעִינַן ,,וְנָתַתָּ עַל" – **But we need** to fulfill the verse ***and you shall place upon*** *the stack pure frankincense.*[31] If the top loaf is not a part of the stack, this requirement cannot be fulfilled, for the seventh loaf interposes between the frankincense and the top loaf of the stack![32] – ? –

The Gemara answers:

אֲמַר לֵיהּ רַב חִסְדָּא לְרַב הַמְנוּנָא – **Rav Chisda said to Rav**

NOTES

24. The expositions of Chizkiyah and Bar Kappara are identical to those of R' Yitzchak bar Avdimi and Rav Chisda, but are stated explicitly, without euphemism (*Rashi; Rabbeinu Gershom;* cf. *Taklin Chadatin* ibid.).

25. *Leviticus* 24:5,6. Here are the two verses in their entirety: וְלָקַחְתָּ סֹלֶת וְאָפִיתָ אֹתָהּ שְׁתֵּים עֶשְׂרֵה חַלּוֹת שְׁנֵי עֶשְׂרֹנִים יִהְיֶה הַחַלָּה הָאֶחָת, *And you shall take fine flour and you shall bake it into twelve loaves, each loaf shall be two issarons.* וְשַׂמְתָּ אוֹתָם שְׁתַּיִם מַעֲרָכוֹת שֵׁשׁ הַמַּעֲרָכֶת עַל הַשֻּׁלְחָן הַטָּהֹר לִפְנֵי ה׳, *And you shall place them in two stacks, six to the stack, upon the pure Table before Hashem.* These verses teach that the *panim* loaves number twelve, and are divided into two stacks of six loaves each.

26. The Baraisa's purpose is to demonstrate that all the elements in these verses are needed for the final teaching. It begins by observing that if the phrase *six to the stack* were to be omitted, there would be no command as to an absolute number of loaves in each stack. One could place four loaves in one stack and eight in the other, or create whatever other combination might please him (see *Tosafos*).

27. If the verse would not have limited the number of loaves to twelve, one might think that the phrase *six to the stack* refers to a *third* stack, added to the two mentioned in the phrase *two stacks.* Thus, there would be three stacks of six loaves each, for a total of eighteen loaves (*Rashi;* see *Chidushei HaRashba*).

[*Rashi* cites another reading in the Gemara that states that omitting the phrase *twelve loaves* would cause one to think that they arrange three stacks of *three* loaves each, for a total of *nine* loaves. *Rashi* explains that one could read the verse in this manner: שְׁתַּיִם מַעֲרָכוֹת שֵׁשׁ, *two stacks, six.* This would tell us that the two stacks contain six loaves in total, so that each stack has three. The verse then states: הַמַּעֲרָכֶת, *the stack.* This would be interpreted as requiring yet another stack; hence, there would be three stacks in total, each containing three loaves (cf. *Shitah Mekubetzes* §9). See *Yashar V'Tov.*]

28. The Gemara now imagines the result had the verse stated that there are twelve loaves, but omitted that they are divided into two stacks of six. Had this been done, the first verse would be unchanged; the second verse, however, would read: וְשַׂמְתָּ אוֹתָם מַעֲרָכוֹת הַמַּעֲרָכֶת עַל הַשֻּׁלְחָן הַטָּהֹר, *and you shall place them in stacks, the stack upon the pure Table.* "In stacks" would imply two stacks; "the stack" would imply a third. Thus, there would be twelve loaves divided between three stacks. If they are divided evenly, this comes to three stacks of four loaves each (*Rashi;* see *Chok Nasan*).

29. One might ask: But let the verse state simply: *twelve loaves . . . six to the stack,* without stating explicitly that they are divided into two stacks. After all, if there are only twelve loaves in total and a stack must have six loaves, it is *obvious* that there can be only two stacks! The answer is that one might then have assumed that the singular "stack" requires only *one* stack of six loaves; the other six loaves, however, are perhaps apportioned among two or more stacks. The verse forestalls this notion by stating that there are *two stacks* (see *Shitah Mekubetzes* §3, quoting *Gilyon; Chok Nasan*).

30. Rebbi rules that the extra loaves are ignored; they do not invalidate the stack. However, it must be emphasized that this holds true *only* if the two added loaves do not come from the twenty-four *issarons* of flour designated for the *panim* bread. If, however, the extra loaves *would* be made from the twenty-four designated *issarons,* even Rebbi would agree that the *panim* bread is disqualified. For the rule is that loaves that contain less than two *issarons* apiece are not valid; if some of the twenty-four *issarons* would be used for extra loaves, the twelve regular loaves would possess less than the requisite measure. Perforce, the Baraisa is discussing a case in which the twenty-four *issarons* are used only for the six bottom loaves in each stack; the extra two loaves are made from other flour altogether (*Likkutei Halachos;* see *Or HaYashar*).

The Baraisa cites no one who disputes Rebbi. However, the words "Rebbi says" imply that his ruling is in fact a matter of dispute (*Likkutei Halachos*).

[Rebbi's ruling focuses on the validity of the *panim* bread. He rules that the bread remains valid despite the extra loaves. However, Rebbi certainly agrees that it is *prohibited* to add extra loaves to the arrangement of *panim* bread, under the Biblical prohibition of בַּל תּוֹסִיף, *not to add [to the mitzvos of the Torah]* (*Zevach Todah* ד״ה רבי אומר).]

31. *Leviticus* 24:7.

32. The verse teaches that a spoon filled with frankincense (*levonah*), is placed upon each stack of bread. The Gemara points out that if there is a seventh loaf, the *levonah* does not actually rest upon the stack, for the seventh loaf, which is not truly a part of the stack, interposes (*Rashi; Rabbeinu Gershom;* see *Tosafos; Tzon Kodashim*).

[*Olas Shlomo* wonders why the frankincense cannot be placed *beneath* the seventh loaf, so that it rests upon the sixth, and uppermost, loaf in the stack. See there for discussion.]

Hamnuna, וְאָמְרֵי לָהּ רַב הַמְנוּנָא לְרַב חִסְדָּא – **and others say,** it was **Rav Hamnuna to Rav Chisda:** רַבִּי לְטַעְמֵיהּ – **Rebbi follows his reasoning** stated elsewhere, דְּאָמַר – **for [Rebbi] said:** ,,עַל'' בְּסָמוּךְ – ***Upon*** actually means **"near."** The frankincense need not be placed on top of the stack, but only near the stack; therefore, the requirement of the verse can be fulfilled even if the stack contains seven loaves.[33]

The Gemara cites the Baraisa in which Rebbi stated his view: דְּתַנְיָא – **For it has been taught in a Baraisa:** רַבִּי אוֹמֵר – REBBI SAYS: ,,וְנָתַתָּ עַל־הַמַּעֲרֶכֶת לְבֹנָה זַכָּה'' – The verse states: ***AND YOU SHALL PLACE UPON THE STACK PURE FRANKINCENSE.*** ,,עַל'' בְּסָמוּךְ – ***UPON*** means NEAR; therefore, the frankincense need not be placed directly onto the bread. אַתָּה אוֹמֵר ,,עַל'' בְּסָמוּךְ – YOU SAY *UPON* means NEAR, אוֹ אֵינוֹ אֶלָּא ,,עַל'' מַמָּשׁ – BUT PERHAPS IT ACTUALLY means "UPON." כְּשֶׁהוּא אוֹמֵר ,,וְסַכֹּתָ עַל־הָאָרֹן אֶת־הַפָּרֹכֶת'' – WHEN [ANOTHER VERSE] STATES: ***AND YOU SHALL PLACE THE CURTAIN AS A SCREEN UPON THE ARK,***[34] הֱוֵי אוֹמֵר – YOU MUST SAY, ,,עַל'' בְּסָמוּךְ – ***UPON*** means "NEAR."[35] Likewise here, regarding the frankincense, "upon" means "near."

The Mishnah stated:

כָּל הַכֵּלִים שֶׁבַּמִּקְדָּשׁ וכו' – ALL THE UTENSILS THAT WERE IN THE TEMPLE **etc.** [were placed with their length following the length of the Sanctuary].

The Gemara cites a related Baraisa:

תָּנוּ רַבָּנָן – **Our Rabbis have taught in a Baraisa:** כָּל הַכֵּלִים שֶׁבַּמִּקְדָּשׁ אָרְכָּן לְאָרְכּוֹ שֶׁל בַּיִת – ALL THE UTENSILS THAT WERE IN THE TEMPLE were placed with THEIR LENGTH FOLLOWING THE LENGTH OF THE SANCTUARY, i.e. on an east-west axis, חוּץ מֵאָרוֹן – EXCEPT FOR THE ARK, שֶׁאָרְכּוֹ לְרָחְבּוֹ שֶׁל בַּיִת – WHICH was placed with ITS LENGTH FOLLOWING THE WIDTH OF THE SANCTUARY, i.e. on a north-south axis. וְכָךְ הָיָה מוּנָּח – AND SO [THE ARK] WAS PLACED, וְכָךְ הָיָה בַּדָּיו מוּנָּחִין – AND SO WERE ITS POLES PLACED.

The Baraisa's final clause implies that the poles paralleled the length of the Ark.[36] The Gemara questions this:

מַאי קָאָמַר – **What is [the Baraisa] saying?** The fact is that the poles were attached along the width of the Ark; obviously, then, they did not run parallel to its length![37] – ? –

The Gemara explains:

הָכִי קָאָמַר – **This is what [the Baraisa] means to say:** כָּךְ הָיָה מוּנָּח מִדְּבַדָּיו כָּךְ הָיָה מוּנָּחִין – And SO [THE ARK] WAS PLACED *BECAUSE* ITS POLES WERE SO PLACED. The Baraisa is teaching that the direction in which they placed the Ark was determined by the direction in which they were required to place the poles. Since the poles must run from east to west, the length of the Ark must perforce run from north to south.

The Gemara asks:

וּבַדָּיו מְנָלָן – **And from where** do we know that **its poles** must run from east to west?

The Gemara answers:

דְּתַנְיָא – **For it has been taught in a Baraisa:** ,,וַיַּאֲרִכוּ הַבַּדִּים'' – A verse states: ***AND THEY EXTENDED THE POLES,***[38] meaning, they pulled them out toward the Curtain that separated the Holy of Holies from the Sanctuary.[39] יָכוֹל לֹא הָיוּ נוֹגְעִין בַּפָּרוֹכֶת – IT COULD BE thought that [THE POLES] DID NOT actually REACH THE CURTAIN.[40] תַּלְמוּד לוֹמַר – [THE VERSE] therefore STATES: ,,וַיֵּרָאוּ'' – ***AND THEY*** [i.e. the tips of the poles] ***WERE SEEN . . . from the Holy.*** This implies that the poles did reach the Curtain. אִי ,,וַיֵּרָאוּ'' – IF the verse would state only ***AND THEY WERE SEEN,*** יָכוֹל יְהוּ מְקָרְעִין בַּפָּרוֹכֶת וְיוֹצְאִין – IT COULD BE thought that THE POLES SHOULD TEAR THROUGH THE CURTAIN AND EMERGE on the other side. תַּלְמוּד לוֹמַר – [THE VERSE] therefore STATES: ,,לֹא יֵרָאוּ הַחוּצָה'' – ***THEY WERE NOT SHOWING ON THE OUTSIDE.*** הָא כֵּיצַד – HOW IS THIS possible? How can the poles be seen from the Sanctuary, yet not be showing outside the Curtain?

NOTES

33. According to Rebbi, the *levonah* was placed not upon the stack of bread, but upon the Table, between the two stacks of bread. Thus, the *levonah* was near the *panim* bread (see *Rashi, Sotah* 37a ד״ה על בסמוך and above, 62a ד״ה על בסמוך; *Rabbeinu Gershom* here; *Olas Shlomo*). [Our Mishnah (96a) cites a dispute regarding this matter. Rebbi adopts the view of Abba Shaul.]

Alternatively, Rebbi holds that ideally, the *levonah* should be placed directly onto the stacks of bread (contrary to the view of Abba Shaul). If, however, this was not done – for example, the *levonah* was placed upon a seventh loaf that is not a part of the stack – it is valid. For the commandment of "upon" could also be fulfilled by placing it *near* the stack (see *Ri,* cited in *Tosafos, Sotah* ibid. ד״ה מאי על; see *Sfas Emes* to *Tosafos* here).

34. *Exodus* 40:3. The verse refers to the Curtain that separated the Sanctuary and the Holy of Holies.

35. The Curtain was not a covering, but a screen placed before the Ark. Still, the verse states that it was placed "upon" (על) the Ark. We see that "upon" can mean "near" (*Rashi*; see Mishnah, 96a). [See *Tos. Yom Tov* to our Mishnah for why Rebbi and Abba Shaul derive this rule from different verses; see *Tos. Chadashim* there.]

36. By stating that as the Ark was placed, so were its poles placed, the Baraisa implies that the poles were attached along the length of the Ark, so that they too ran on a north-south axis.

37. The Gemara points out that the poles were actually placed at right angles to the length of the Ark. That is to say, they were attached along its width.

38. *I Kings* 8:8. This verse describes the installation of the Ark in the First Holy Temple.

39. The poles were contained by rings attached to the side of the Ark. The verse tells us that when the Kohanim installed the Ark, they slid the poles forward within the rings.

40. Actually, in the First Temple it was not the Curtain that separated the Sanctuary from the Holy of Holies, but a stone wall known as the *amah traksin.* In the center of this wall there was an opening; the Curtain was placed in this opening. Its purpose was to insure privacy; it was not intended to serve as a divider.

In the Second Temple, where there was no stone wall, these two areas were actually divided by two curtains that extended across the entire width of the Temple. However, our Baraisa is discussing the First Temple. The proof is (a) that there was no Ark in the Second Temple, and (b) that this verse is written with regard to the Temple of Solomon, which was the First Temple (*Rashi;* see *Birkas HaZevach; Chok Nasan*).

דוחקין ובולטין בפרוכת – [THE POLES] PUSHED AGAINST AND PROTRUDED INTO THE CURTAIN, but did not tear through;[1] **ודומין כמין שני דדי אשה** – THUS, THEY APPEARED from the Sanctuary AS A WOMAN'S TWO BREASTS which push out beneath her garment. **שנאמר** – AS IT IS STATED: **"צרור המר דודי לי בין שדי ילין"** – *A BUNDLE OF MYRRH IS MY BELOVED TO ME, LODGED BETWEEN MY BREASTS.*[2]

We see that the tips of the poles pushed against the Curtain, which was on the east wall of the Holy of Holies. Evidently, the poles ran from east to west. Since the poles were attached along the width of the Ark, it follows that the length of the Ark ran from north to south.

The Gemara asks:

ומנלן דבדיו לפותיא דארון הוו יתבי – **And from where** do we know **that the poles [of the Ark] rested along the width of the Ark?** **דילמא לארכו דארון הוו יתבי** – **Perhaps they** actually **rested along the length of the Ark,** which would mean that the length of the Ark too had an east-west orientation. – ? –

The Gemara answers:

אמר רבי יהודה – **R' Yehudah said:** **תרי גברי באמתא ופלגא לא מסתגי להו** – This cannot be, for **there is not enough [room]** for **two men** to stand **in one and one-half *amos*!**

The four men who bore the Holy Ark during the Wilderness journeys stood between the poles, two in front and two in back.[3] If the poles were placed along the length of the Ark, the space between them would be only one and one-half *amos* (the width of the Ark). This would not suffice to allow two men to stand abreast. Perforce, the poles ran along the width of the Ark, leaving two and one-half *amos* for the bearers.[4]

The Gemara questions this proof:

ומנא לן דבארבעה הוו דרו להו – **And from where** do we know **that they carried** the Ark **with four** men? Perhaps they used only two men to carry it![5]

The Gemara answers:

דכתיב – **For it is written,** regarding those who carried the Ark: **"ונסעו הקהתים"** – ***The Kehathites then journeyed.***[6] **תרי** – The plural "Kehathites" implies **two.** The verse continues: **"נשאי המקדש"** – ***bearers of the Holy.*** **נמי תרי** – The plural "bearers" implies **another two.**[7] We see that the Ark was carried by four men.

The Gemara cites a Baraisa:

תנו רבנן – **Our Rabbis have taught in a Baraisa:** **עשרה שולחנות עשה שלמה המלך** – KING SOLOMON MADE TEN TABLES for the Holy Temple. **שנאמר** – FOR IT IS STATED:[8] **"ויעש שלחנות עשרה וינח בהיכל חמשה מימין וחמשה משמאול"** – *AND HE MADE TEN TABLES, AND HE SET THEM IN THE SANCTUARY, FIVE TO THE RIGHT AND FIVE TO THE LEFT.* **ואם תאמר חמשה מימין הפתח** – NOW, IF YOU WILL SAY this means that there were FIVE Tables TO THE RIGHT OF THE Sanctuary DOORWAY **וחמשה משמאל הפתח** – AND FIVE TO THE LEFT OF THE DOORWAY – **אם כן** – IF SO, **מצינו ששולחן בדרום** – WE WILL HAVE FOUND THAT A TABLE IS IN THE SOUTH of the Sanctuary.[9] **והתורה אמרה** – BUT THE TORAH SAID:[10] **"והשלחן תתן על־צלע צפון"** – *AND THE TABLE YOU SHALL PLACE ON THE NORTH SIDE of the Tabernacle,* but not on its south side! **אלא של משה באמצע** – RATHER, the Table OF MOSES WAS IN MIDDLE of the ten of Solomon; **חמשה מימינו וחמשה משמאלו** – the verse is saying that FIVE of the ten were ON ITS

NOTES

1. The Holy Ark was situated exactly opposite the opening in the stone wall that separated the Sanctuary from the Holy of Holies. This is known from a Gemara in *Megillah* (10b), which derives from Scripture that on each side of the Ark, there were ten *amos* of space between the Ark and the walls of the Holy of Holies. The Holy of Holies measured twenty *amos* square; it follows that the Ark rested in the exact center of this chamber. The opening too was at the center of the stone wall. Thus, the Ark was precisely aligned with the opening. Therefore, if its poles were long enough, they would push against the Curtain that hung in the opening (*Rashi* to 98a; *Tosafos* here).

[One might ask: The Ark itself surely occupied some of the area of the Holy of Holies. How, then, if the Ark rested in the middle of a room measuring twenty-by-twenty *amos,* could there possibly have been ten *amos* between the Ark and the wall on each side? The answer is that the Ark stood miraculously without taking up any room (*Rashi* ibid., from *Megillah* ibid.; *Tosafos* here; cf. *Tosafos, Bava Basra* 25a ד״ה וצבא; *Rambam, Beis HaBechirah* 4:1; see *Tos. Yom Tov* to *Yoma* 5:2 and *Bava Basra* 2:9 ד״ה חוץ; see *Minchas Chinuch* 95:13). *Tosafos* point out that the poles of the Ark were not long enough to span the ten *amos* between the Ark and the Curtain and push out into the Sanctuary. *Tosafos* therefore state that [when the First Temple was built] the poles miraculously became longer, in order to press against the Curtain and thereby demonstrate God's love for Israel (see following note). *Tosafos'* comment is supported by a Midrash (*Tanchuma,* end of *Terumah,* §13): *The Holy One, Blessed is He, said to Moses, "The poles you made for the Ark are destined to become longer after four hundred and eighty-seven years* (i.e. when the Ark will be installed in Solomon's Temple), *as it is stated: And they extended the poles and the tips of the poles were seen from the Holy.* See *Igros Moshe,* vol. 1, *Kodashim* §2.]

2. *Song of Songs* 1:13. The bundle of myrrh worn close to the heart symbolizes the love God holds for the Jewish people. As the Midrash says: *There is nothing more beloved to a woman than her sachet of fragrances, and she therefore wears it close to her heart* (*Shir HaShirim Rabbah* 1:59). Similarly, the bundle of myrrh refers to the incense [which contains myrrh] (*Shir HaShirim Rabbah* 1:58 with *Eitz Yosef;* see *Remazei HaRoke'ach* to *Song of Songs* ibid.; *Gra* to *Song of Songs* 5:1), which was burned between the poles of the Ark [on Yom Kippur], and is the most beloved of all the offerings (see *Tanchuma, Tetzaveh* §15).

3. The Gemara assumes as a given that the bearers stood between the poles and not outside of them. The commentators are unsure of the Gemara's source for this assumption. See *Minchah Tehorah; Chemdas Daniel; Sfas Emes.*

4. *Rashi; Shitah Mekubetzes* §8.

5. I.e. perhaps one man stood between the poles in front of the Ark with one pole on each shoulder, while another man did the same in back of the Ark (*Rabbeinu Gershom*).

6. *Numbers* 10:21. The Levites of the family of Kehath were charged with carrying the holy utensils of the Tabernacle during the Wilderness journeys – to wit, the Ark, the Table, the Menorah and the Inner Altar.

7. The verse could have stated simply: ונסעו נשאי המקדש, *The bearers of the Holy then journeyed.* Instead, it adds the word הקהתים, *the Kehathites.* This implies that there are two bearers *in addition* to the two denoted by the phrase *the bearers of the Holy* (*Rabbeinu Gershom*). We know that this verse discusses the Ark because it refers to the burden, without elaboration, as "the Holy." This can only mean the Ark, for there was nothing in the Tabernacle that was more holy (*Tosafos,* cited by *Mesoras HaShas;* cf. *Tzon Kodashim*).

[The verse closes: והקימו את־המשכן עד־באם, *and they would erect the Tabernacle before their arrival.* The words "they" and "their" might be taken as implying yet additional bearers. The Rishonim therefore explain that the phrase *they would erect the Tabernacle* refers to the other families of Levites who carried the beams, curtains and covers of the Tabernacle. When the time came to encamp, these other Levites would make the Tabernacle ready for *their arrival,* meaning for the arrival of the aforementioned Kehathites carrying the Ark, who, upon arriving, would place the Ark and other utensils in the newly erected structure (see *Rashi; Rabbeinu Gershom*).

8. *II Chronicles* 4:8.

9. The Sanctuary doorway was in the eastern wall; if one stood in the doorway, facing into the Sanctuary, everything to his left was in the southern half of the Sanctuary, while everything to his right was in the northern half. Thus, the five tables to the left of the Sanctuary doorway were located on the south side of the Sanctuary (*Rashi*).

10. *Exodus* 26:35.

RIGHT AND FIVE were **ON ITS LEFT.** All of them, however, were on the north side of the Sanctuary.[11]

A related Baraisa:

תָּנוּ רַבָּנָן – Our Rabbis have taught in a Baraisa: עֶשֶׂר מְנוֹרוֹת עָשָׂה שְׁלֹמֹה – **SOLOMON MADE TEN MENORAHS** for the Holy Temple. שֶׁנֶּאֱמַר – **FOR IT IS STATED:**[12] "וַיַּעַשׂ אֶת־(ה)מְנֹרוֹת הַזָּהָב עֶשֶׂר כְּמִשְׁפָּטָם] וַיִּתֵּן בַּהֵיכָל חָמֵשׁ(ה) מִיָּמִין וְחָמֵשׁ(ה) מִשְּׂמֹאול" – ***AND HE MADE TEN GOLDEN MENORAHS ACCORDING TO THEIR SPECIFICATIONS,***[13] ***AND HE SET [THEM] IN THE SANCTUARY, FIVE TO THE RIGHT AND FIVE TO THE LEFT.*** וְאִם תֹּאמַר חֲמִשָּׁה מִימִין הַפֶּתַח – **NOW, IF YOU WILL SAY** this means that there were **FIVE** Menorahs **TO THE RIGHT OF THE** Sanctuary **DOORWAY** וַחֲמִשָּׁה מִשְּׂמֹאל הַפֶּתַח – **AND FIVE TO THE LEFT OF THE DOORWAY** – אִם כֵּן – **IF SO,** מָצִינוּ מְנוֹרָה בַּצָּפוֹן – **WE WILL HAVE FOUND** that **A MENORAH** is **IN THE NORTH** of the Sanctuary.[14] וְהַתּוֹרָה אָמְרָה – **BUT THE TORAH SAID:**[15] "וְאֶת־הַמְּנֹרָה נֹכַח הַשֻּׁלְחָן" – ***AND*** [you shall place] ***THE MENORAH OPPOSITE THE TABLE*** *on the south side of the Tabernacle,* but not on the north side! אֶלָּא שֶׁל מֹשֶׁה בָּאֶמְצַע – **RATHER,** the Menorah **OF MOSES WAS IN MIDDLE** of the ten of Solomon; חֲמִשָּׁה מִימִינָהּ וַחֲמִשָּׁה מִשְּׂמֹאלָהּ – the verse is saying that **FIVE** of the ten were **ON ITS RIGHT AND FIVE** were **ON ITS LEFT.** All of them, however, were on the south side of the Sanctuary.

The Gemara further discusses the location of the Tables:

תָּנֵי חֲדָא מֵחֲצִי בַּיִת וְלִפְנִים הָיוּ מוּנָּחִין – **One Baraisa taught** that **[the Tables] were placed from** the **halfway** point **of the Sanctuary** and **inward,** וְתָנֵי חֲדָא מִשְּׁלִישׁ הַבַּיִת וְלִפְנִים הָיוּ מוּנָּחִין – **and one Baraisa taught** that **they were placed from** the **one-third** point **of the Sanctuary** and **inward.** וְלֹא קַשְׁיָא – **And it is not a difficulty.** מַר קָא חָשֵׁיב בֵּית קָדְשֵׁי הַקֳּדָשִׁים בַּהֲדֵי הֵיכָל – **The** one **master reckoned the place of the Holy of Holies together with the Sanctuary;** he therefore gave the location of the Tables as inside the one-third mark. מַר לֹא קָא חָשֵׁיב בֵּית קָדְשֵׁי הַקֳּדָשִׁים בַּהֲדֵי הֵיכָל – But **the** other **master did not reckon the place of the Holy of Holies together with the Sanctuary;** he therefore gave the location of the Tables as inside the halfway mark.[16]

The Gemara discusses the direction in which the Tables were placed:

תָּנוּ רַבָּנָן – **Our Rabbis have taught in a Baraisa:** מִזְרָח וּמַעֲרָב הָיוּ מוּנָּחִין – **[THE TABLES] WERE PLACED** lengthwise **FROM EAST TO WEST.**[17] דִּבְרֵי רַבִּי – These are **THE WORDS OF REBBI.** רַבִּי אֶלְעָזָר בְּרַבִּי שִׁמְעוֹן אוֹמֵר – **R' ELAZAR THE SON OF R' SHIMON SAYS:** צָפוֹן וְדָרוֹם – They were placed lengthwise **FROM NORTH TO SOUTH.**[18]

The Gemara inquires after the source of Rebbi's ruling:

מַאי טַעְמָא דְּרַבִּי – **What is Rebbi's reasoning?** גָּמַר מִמְּנוֹרָה – **He derives** the placement of the Tables **from** the placement of **the Menorah.** מַה מְּנוֹרָה מִזְרָח וּמַעֲרָב – **Just as the Menorah** is placed **east to west,**[19] אַף הָנֵי נַמִּי מִזְרָח וּמַעֲרָב – **so too are these** (i.e. the Tables) placed **east to west.**

The Gemara asks:

וּמְנוֹרָה גּוּפָהּ מְנָלַן – **And the Menorah itself – from where** do we know that it is placed from east to west? מִדִּכְתִיב בְּנֵר מַעֲרָבִי – **Because it is written regarding the westernmost lamp:**[20] "יַעֲרֹךְ אֹתוֹ [אַהֲרֹן וגו'] לִפְנֵי ה'" – ***And Aaron shall arrange it . . . before Hashem,*** i.e. in front of the Holy of Holies. מִכְּלָל דְּכוּלְּהוּ לָאו לִפְנֵי ה' – **This implies that all the other [lamps] are not "before Hashem,"** meaning that they are farther from the Holy of Holies than the one that is "before Hashem."[21] וְאִי סָלְקָא דַּעְתָּךְ צָפוֹן וְדָרוֹם – **But if it will enter your mind** that the

NOTES

11. The Baraisa explains that when the verse states that the Tables of Solomon were "to the right" and "to the left," its point of reference is not the doorway, but the Table of Moses, which was located in the northern half of the Sanctuary. Thus, five of Solomon's Tables were to the right of the Table of Moses, while five were to its left. All, however, were in the north (*Rashi*).

12. *II Chronicles* 4:7.

See *Meshech Chochmah* (*Exodus* 27:20) for an explanation of why Solomon made the ten Menorahs and ten Tables. See *Daas Zekeinim MiBaalei HaTosafos* to *Exodus* 25:31 for a Biblical allusion to the ten Menorahs of Solomon.

13. I.e. the Menorahs of Solomon followed the specifications of the Menorah of Moses with respect to goblets, knobs, [flowers] and branches [see *Exodus* 25:31-38] (*Rabbeinu Gershom* here; *Radak* to *II Chronicles* ibid.).

14. Anything to the right of the Sanctuary doorway is in the northern half of the Sanctuary. Hence, if the verse's point of reference is the Sanctuary doorway, then *to the right* denotes a row of five Menorahs in the north.

15. *Exodus* 26:35.

16. The entire Sanctuary structure – i.e. the Sanctuary *and* the Holy of Holies – measured sixty *amos* in length, from east to west. As it is stated (*I Kings* 6:2): וְהַבַּיִת אֲשֶׁר בָּנָה הַמֶּלֶךְ שְׁלֹמֹה לַה' שִׁשִּׁים־אַמָּה אָרְכּוֹ, *And the Temple that King Solomon built for Hashem – its length was sixty amos.* Of these sixty *amos,* the westernmost twenty constituted the area of the Holy of Holies, while the easternmost forty constituted the area of the Sanctuary. The halfway point of the forty-*amah* Sanctuary was at the twenty-*amah* mark. It emerges that the halfway point of the Sanctuary (twenty of forty) is identical to the one-third mark of the entire structure (twenty of sixty).

The Gemara explains that these two Tannaim are in full agreement as to the location of the Tables. Both hold that they must be placed inward of the Sanctuary's twenty-*amah* line. However, one speaks of the twenty *amos* in the context of the entire sixty-*amah* structure; therefore, he places them inward of the one-third mark. The other speaks of the twenty *amos* in the context of the forty-*amah* Sanctuary; therefore, he places the Tables inward of the halfway mark (*Rashi*).

[The source that the Holy of Holies was twenty *amos* long is known from this verse (ibid. v. 20): וְלִפְנֵי הַדְּבִיר עֶשְׂרִים אַמָּה אֹרֶךְ, *And within the Holy of Holies, twenty amos in length.* The source that the Sanctuary was forty *amos* long is known from this one (ibid. v. 17): וְאַרְבָּעִים בָּאַמָּה הָיָה הַבָּיִת הוּא הַהֵיכָל לִפְנָי, *And forty amos was the Temple – this is the Sanctuary in front* (*Rashi*).]

17. I.e. with one end to the east and the other to the west. This is in accordance with our Mishnah's dictum of "all the utensils . . . were placed with their length following the length of the Sanctuary" (*Rashi*). [This ruling concerns all eleven Tables – the one of Moses and the ten of Solomon.]

18. R' Elazar the son of R' Shimon disputes the ruling of our Mishnah.

19. I.e. [its seven lamps were in an east-west line,] with three of the six branches toward the east and three toward the west (*Rashi*).

20. *Exodus* 27:21; see also *Leviticus* 24:3.

Here is the full verse in its context. The preceding verse states: וְאַתָּה תְּצַוֶּה אֶת־בְּנֵי יִשְׂרָאֵל וְיִקְחוּ אֵלֶיךָ שֶׁמֶן זַיִת זָךְ כָּתִית לַמָּאוֹר לְהַעֲלֹת נֵר תָּמִיד, *Now you shall command the Children of Israel, and they shall take to you clear olive oil, pressed for lighting, to kindle a continual lamp.* Our verse continues: בְּאֹהֶל מוֹעֵד מִחוּץ לַפָּרֹכֶת אֲשֶׁר עַל־הָעֵדֻת יַעֲרֹךְ אֹתוֹ אַהֲרֹן וּבָנָיו מֵעֶרֶב עַד־בֹּקֶר לִפְנֵי ה' חֻקַּת עוֹלָם לְדֹרֹתָם . . ., *In the Tent of Meeting, outside the Curtain of the Testimony, Aaron and his sons shall arrange it from evening to morning, before Hashem, an eternal decree for your generations . . .*

21. The word *it* implies that only one lamp is considered to be "before Hashem" – i.e. toward the west, before the Holy of Holies. Evidently, the Menorah was positioned east to west; the lamp in question is the outermost lamp on the western side, the one closest to the Holy of Holies. It is this lamp that is known as the נֵר מַעֲרָבִי, *the westernmost lamp* (*Rashi*).

[*Tosafos* define נֵר מַעֲרָבִי differently – as the lamp adjacent to, or just west of, the easternmost lamp. This follows the combined teachings of *Tamid* 33a and the Gemara above, 86b, as explained by *Rashi* there; see *Shitah Mekubetzes* there §5. See also *Rashi, Shabbos* 22b ד"ה ובה היה מסיים; *Tzon Kodashim* and *Olas Shlomo* here. See, however, *Rambam, Commentary* to *Tamid,* Ch. 3 and ibid., who defines this term as does *Rashi* here; see also *Rabbeinu Tam,* cited in *Tosafos* 34b ד"ה והקורא and *Rosh, Hil. Tefillin* §5; see *Birkas HaZevach; Chok Nasan; Taharas HaKodesh; Chemdas Daniel* here.]

Menorah is placed from **north to south,** כּוּלְּהוּ נַמִּי לִפְנֵי ה׳ נִינְהוּ – then **all the other lamps are also "before Hashem,"** for all are an equal distance from the Holy of Holies. Perforce, the Menorah is placed along an east-west axis.

The Gemara turns to R' Elazar the son of R' Shimon:

וְרַבִּי אֶלְעָזָר בְּרַבִּי שִׁמְעוֹן מַאי טַעְמָא – **And R' Elazar the son of R' Shimon, what is his reasoning** in stating that the Tables are placed lengthwise from north to south? גָּמַר מֵאָרוֹן – **He derives** the placement of the Tables **from** the placement of **the Ark.** מָה אָרוֹן צָפוֹן וְדָרוֹם – **Just as** the **the Ark** runs **north to south,**[22] אַף הָנֵי נַמִּי צָפוֹן וְדָרוֹם – **so too** do **these** (i.e. the Tables) run **north to south.**

The Gemara wonders why Rebbi does not agree with R' Elazar the son of R' Shimon:

וְרַבִּי נַמִּי לִיגְמַר מֵאָרוֹן – **And Rebbi too, let him derive** the placement of the Tables **from** the placement of **the Ark!** – ? –

The Gemara explains:

דָּנִין חוּץ מֵחוּץ – Rebbi holds that **we derive** the law of **outside** utensils **from** the law of other **outside** utensils, וְאֵין דָּנִין חוּץ מִבִּפְנִים – **but we do not derive** the law of **outside** utensils **from** the law of **inside** utensils. Accordingly, he compares the Tables to the Menorah, not to the Ark.[23]

The Gemara wonders why R' Elazar the son of R' Shimon does not agree with Rebbi:

וְרַבִּי אֶלְעָזָר בְּרַבִּי שִׁמְעוֹן לִיגְמַר מִמְּנוֹרָה – **And R' Elazar the son of R' Shimon, let him derive** the placement of the Tables **from** the placement of **the Menorah!** – ? –

The Gemara answers:

אָמַר לָךְ – **[R' Elazar the son of R' Shimon] will tell you:** מְנוֹרָה גּוּפָהּ צָפוֹן וְדָרוֹם הֲוָה מַנְּחָה – **The Menorah itself was placed north to south!** Obviously, then, it cannot serve as a source to place the Tables east to west.

The Gemara questions this:

אֶלָּא הָכְתִיב ,,יַעֲרֹךְ אֹתוֹ אַהֲרֹן וּבָנָיו" – **But it is written** regarding the westernmost lamp: ***Aaron and his sons shall arrange it . . . before Hashem.*** This verse implies that only one lamp was "before Hashem." Perforce, the Menorah was positioned from east to west. – ? –

The Gemara answers that in fact the Menorah was positioned from north to south; nevertheless, only one of its lamps was considered to be "before Hashem":

דִּמְצַדֵּד לְהוּ אַצְדּוּדֵי – According to R' Elazar the son of R' Shimon, **the [wicks of the outer lamps] were turned** toward the center lamp, while that of the center lamp was turned toward the Holy of Holies. When the verse implies that only one lamp was "before Hashem," it refers to the turning of the center wick toward the Holy of Holies.[24]

The Gemara cites a Baraisa in support of this contention:

דְּתַנְיָא – **For it has been taught in a Baraisa:** ,,אֶל־מוּל פְּנֵי הַמְּנוֹרָה יָאִירוּ שִׁבְעַת הַנֵּרוֹת" – ***TOWARD THE FACE OF THE MENORAH SHALL THE SEVEN LAMPS CAST LIGHT.***[25] מְלַמֵּד שֶׁהָיוּ מְצַדְּדִין פְּנֵיהֶם כְּלַפֵּי נֵר אֶמְצָעִי – **THIS TEACHES THAT THEY WOULD TURN THE FRONTS [OF THE OUTER SIX LAMPS] TOWARD THE CENTER LAMP.**[26] The center lamp, however, was turned toward the Holy of Holies.

The Gemara interjects:

אָמַר רַבִּי נָתָן – **R' Nassan said:** מִכָּאן שֶׁאֶמְצָעִי מְשׁוּבָּח – **From here** we see **that the middle one is praiseworthy.**[27]

NOTES

22. As was stated in the Baraisa cited on 98a, the Ark was placed with its length following the width of the Temple (*Rashi*).

23. ["Inside" refers to the Holy of Holies, or Inner Sanctum. "Outside" refers to the Sanctuary.] The Tables and the Menorah are both located in the Sanctuary; therefore, they are comparable (*Rashi*). The Ark, however, is located in the Holy of Holies.

24. The Gemara explains that although the Menorah was placed north to south according to R' Elazar the son of R' Shimon, there was still only one lamp that was deemed to be "before Hashem." This was the center lamp, which rested upon the central stem of the Menorah. Although the center lamp was no further west than the others (given the Menorah's north-south orientation), and thus no closer to the Holy of Holies, the mouth of the center lamp, from whence issued its wick, was turned westward, toward the Holy of Holies. The mouths of the other lamps, by contrast, were turned toward the center lamp – thus, the wicks of the Menorah's three southern branches faced north, while the wicks of its three northern branches faced south. When the verse states *And Aaron shall arrange it . . . before Hashem,* it refers to the westward-facing wick of the center lamp (*Rashi*). See diagram.

ACCORDING TO R' ELAZAR THE SON OF R' SHIMON

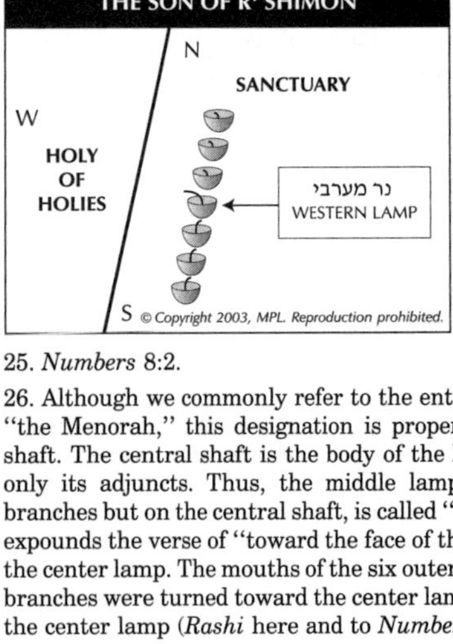

25. *Numbers* 8:2.

26. Although we commonly refer to the entire Temple candelabrum as "the Menorah," this designation is properly reserved for its central shaft. The central shaft is the body of the Menorah; the branches are only its adjuncts. Thus, the middle lamp, which rests not on the branches but on the central shaft, is called "the Menorah." The Baraisa expounds the verse of "toward the face of the Menorah" as referring to the center lamp. The mouths of the six outer lamps that rested upon the branches were turned toward the center lamp, so that their wicks faced the center lamp (*Rashi* here and to *Numbers* ibid.).

ACCORDING TO REBBI

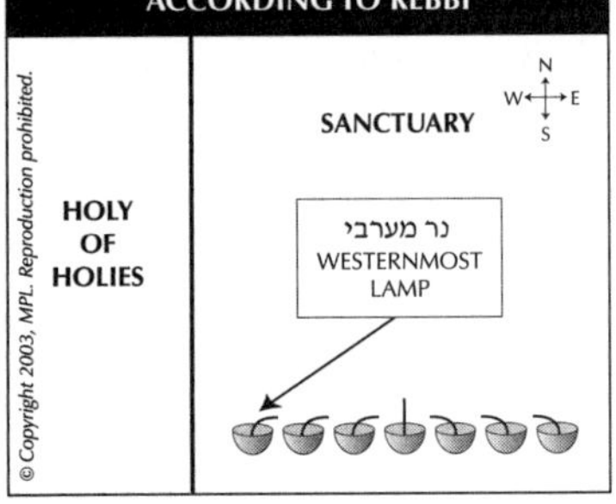

Rebbi does not dispute the teaching of this verse; he agrees that the wicks of the six outer branches faced the center lamp. He and R' Elazar the son of R' Shimon disagree only as to what is deemed the "western" lamp (נֵר מַעֲרָבִי). Rebbi holds it is the lamp farthest west, which, notwithstanding the direction in which its wick is turned, is the lamp closest to the Holy of Holies. Perforce, the Menorah is positioned from east to west. See diagram. R' Elazar the son of R' Shimon holds that this designation can be applied to a lamp whose wick is turned toward the west. He therefore maintains that the "western" lamp is the center one, whose wick is turned toward the Holy of Holies. The Menorah, however, is positioned from north to south (*Rashi, Numbers* ibid. with *Mizrachi;* see *Teshuvos Chasam Sofer, Orach Chaim* §186).

Alternatively, Rebbi gives this verse an entirely different interpretation, as follows: אֶל־מוּל פְּנֵי הַמְּנוֹרָה יָאִירוּ שִׁבְעַת הַנֵּרוֹת, "toward that which is *opposite* the face of the Menorah shall the seven lamps cast light." (This is actually the verse's simple understanding – see *Daas Zekeinim MiBaalei HaTosafos* to *Exodus* 25:37; *Teshuvos Rivash* §410.) According to this rendering, the verse commands that the wicks of the Menorah be turned to cast their light toward the Table, whose place in the Sanctuary is directly opposite that of the Menorah [see *Yoma* 33b] (*Daas Zekeinim MiBaalei HaTosafos* ibid.; see also *Rashbam* to *Exodus* ibid. and *Numbers* ibid.; see *Kesef Mishneh* to *Hil. Beis HaBechirah* 3:12; *Likkutei Halachos* here; see *Birkas HaZevach* and *Chok Nasan* at length). See *Teshuvos Rivash* §110.

27. R' Nassan's interjection concerns the Rabbinic obligation (taught in *Megillah* 21b) to call up three people to read a total of ten verses from a Torah scroll on Mondays and Thursdays. R' Nassan divides the verses among the readers as follows: Three to the first reader, four to the middle

The Gemara raises a series of questions concerning the ruling of R' Elazar the son of R' Shimon, who holds that the Tables were placed lengthwise from north to south. The questions assume that all ten of Solomon's Tables were placed end to end, in a straight line:

בִּשְׁלָמָא לְמַאן דְּאָמַר מִזְרָח וּמַעֲרָב – All is well according to the one who said that the Tables were positioned from **east to west** (i.e. Rebbi), **הַיְינוּ דַּהֲווּ יָתְבִי עֲשָׂרָה בְּעֶשְׂרִים – for this is how ten** two-*amah* Tables **can rest in twenty** *amos* of space.[28] **אֶלָּא לְמַאן דְּאָמַר צָפוֹן וְדָרוֹם – But according to the one who said** that the Tables were positioned from **north to south** (i.e. R' Elazar the son of R' Shimon), the Tables run from wall to wall of the twenty-*amah* Sanctuary. **עֲשָׂרָה בְּעֶשְׂרִים הֵיכִי הָווּ יָתְבֵי – How can ten** two-*amah* Tables **rest in** precisely **twenty** *amos* of space?[29] – ? –

וְתוּ – And furthermore, כֹּהֲנִים הֵיכִי הָווּ עָיְילֵי – how did the Kohanim pass through the line of Tables? If the Tables were placed north to south, they ran from wall to wall, leaving no room for passage![30] – ? –

וְתוּ – And furthermore, מָצִינוּ חֲמִשָּׁה שֻׁלְחָנוֹת בְּדָרוֹם – according to this view, we find Tables in the south of the Sanctuary, which is not allowed.[31] – ? –

וְתוּ – And furthermore, שֻׁלְחָן דְּמֹשֶׁה הֵיכָא מַנַּח לֵיהּ – where did they place the Table of Moses? If the Tables were placed north to south, the ten Tables of Solomon took up all twenty *amos* of the Sanctuary's width. There was no room for the Table of Moses![32] – ? –

The Gemara points out that the final question applies as much to the view of Rebbi as to that of R' Elazar the son of R' Shimon:

וְלִיטַעְמֵיךְ – But according to your reasoning, that the Tables were placed in a straight line, **לְמַאן דְּאָמַר מִזְרָח וּמַעֲרָב נַמִּי – this** difficulty applies **also according to the one who said** that they were placed from **east to west** – to wit: **שֻׁלְחָן דְּמֹשֶׁה הֵיכָא הֲוָה מַנַּח לֵיהּ – Where did they place the Table of Moses?** The row of ten Tables uses the entire twenty-*amah* area from the wall of the Holy of Holies to the halfway mark of the Sanctuary. No room remains for the Table of Moses.[33] – ? –

Because of this difficulty, the Gemara revises its view of the placement of the Tables, thereby resolving all the difficulties posed above:

NOTES

one and three to the final one. Thus, he gives primacy to the middle reader. He proves his case from our Baraisa, which gives primacy to the middle lamp of the Menorah (*Rashi;* cf. *Tosafos*). [This proof appears also in Tractate *Megillah* (ibid.), where it is attributed to R' Yochanan.]

[From the foregoing Gemara we see that both according to Rebbi and R' Elazar the son of R' Shimon, the position of the Table is the same as that of the Menorah. According to Rebbi, both are placed east to west; according to R' Elazar the son of R' Shimon, both are placed from north to south. This gives rise to a difficulty concerning the ruling of *Rambam,* who states (*Beis HaBechirah* 3:12) that the Table runs from east to west, while the Menorah runs from north to south. Seemingly, his ruling conforms to neither the view of Rebbi *nor* to that of R' Elazar the son of R' Shimon! For discussion, see *Lechem Mishneh* to *Temidin U'Mussafin* 5:4; *Teshuvos Noda BiYehudah, Tinyana, Orach Chaim* §122; *Beur HaGra* to *Orach Chaim* 671:7; *Pri Chadash, Orach Chaim* ibid.; *Teshuvos Radbaz* vol. 3 §945; *Teshuvos Chasam Sofer, Orach Chaim* §186; *Zevach Todah* ד״ה אית דפסקו.]

28. As we explained earlier, the Tables were placed inward of the Sanctuary's halfway mark, in the western twenty *amos* of the Sanctuary. Since the Tables measured two *amos* each, and (as the Gemara now assumes) were placed end to end, a row of ten Tables placed east to west took up every bit of that twenty-*amah* span. According to Rebbi, the first of the ten Tables of Solomon was placed with its end touching the western wall of the Sanctuary, the second Table was placed in line with the first and so on with all ten Tables. The result was a line of Tables measuring twenty *amos* extending from the western wall to the halfway mark of the Sanctuary.

Now, it is impossible to fit ten Tables together so tightly that there will not be even a minute amount of space between them; hence, the row of Tables actually extended a bit further than twenty *amos,* with the tenth Table reaching slightly beyond the halfway mark. Although the Baraisa cited above states that the Tables must be inward of this mark, it is not concerned with a discrepancy as insignificant as this (*Rashi*).

At any rate, because the eastern edge of this row (at the halfway mark of the Sanctuary) is not bounded by a wall, we have a bit of leeway to accommodate the small amount of extra space. This makes it possible to create a row of ten Tables from east to west *despite* the small spaces that inevitably remain between the Tables.

29. If the Tables are placed north to south (as per the view of R' Elazar the son of R' Shimon), their length follows the width of the Sanctuary. The width of this chamber, however, is only twenty *amos.* As we explained in the previous note, it is impossible to avoid leaving a small amount of space between the Tables. But in this case, since there is a wall at each end of the row of Tables, there is not the slightest leeway at all to accommodate the extra space. We must squeeze a row of ten two-*amah* Tables into *precisely* twenty *amos* of space. This cannot be done! (*Rashi*).

30. The Gemara is asking that even if it is somehow possible to fit all ten Tables in the twenty-*amah* space, still, the Tables stretch from wall to wall, and effectively bar anyone from passing beyond them. But the Kohen Gadol must pass through at least once a year, when he enters the Holy of Holies on Yom Kippur! (*Rashi; Rabbeinu Gershom*). Furthermore, the weekly procedure of replacing *panim* bread on the Table requires the Kohanim to stand on both sides of the Table (see Mishnah, 99b). But if the Tables span the width of the Sanctuary, the Kohanim have no access to the other side! (*Rashi*).

[From *Rashi* (as well as from the Gemara's next question) it appears that they would sometimes arrange the *panim* bread upon the Tables of Solomon. This, however, is a matter of dispute on 99a. See, however, 99a note 2.]

31. If the Tables span the width of the Sanctuary from north to south, five of them will be located in the south. But this is forbidden, as is taught in the verse: *And the Table you shall place on the north side of the Tabernacle* (see above) (*Rashi*).

32. The Gemara above explained that five of the Tables of Solomon were to the right of the Table of Moses, while five were to its left. Since the Tables are placed in a straight row, this means that the Table of Moses must occupy the central position in the row, with five Tables to its right and five to its left. The problem is that the ten Tables of Solomon alone take up the full twenty *amos,* leaving no room for the Table of Moses (see *Rashi; Rabbeinu Gershom*).

[It should be noted that all of the above questions, with the exception of the one concerning the Tables being in the south, are valid only according to R' Meir, who holds that the *amos* of *both* the Tables and the Sanctuary were six-*tefach amos* (see 96a; 97a-b). R' Yehudah, however, holds that the *amos* of the Tables were five-*tefach amos,* while those of the Sanctuary were six-*tefach amos.* According to his view, the twenty *amos* of the Table total a full twenty *tefachim less* than the twenty *amos* of the Sanctuary (100 vs. 120). Hence, there was sufficient room to accommodate both the Table of Moses *and* the extra space between Tables; there was also enough room for the Kohanim to pass through. The questions are meaningful *only* if the *amos* of the Tables and the Sanctuary are the same size, as per the view of R' Meir. The fact that the Gemara does pose these questions is evidence that it follows the view of R' Meir. See *Taharas HaKodesh* and *Olas Shlomo* for discussion; see *Yoma* 51b; see 99a note 5.]

33. A straight line of ten Tables running west to east reaches from the wall of the Holy of Holies until a bit beyond the halfway mark of the Sanctuary (see note 28). If an eleventh Table is added, it will be located *entirely* east of the halfway mark. But the Tables must be situated *west* of the halfway point! We see that even according to Rebbi, if the Tables are placed in a straight line, the available space cannot accommodate all ten Tables of Solomon along with the Table of Moses (*Rashi; Rabbeinu Gershom*).

אֶלָּא מִי סָבְרַתְּ חַד דָּרָא הֲוָה – **But do you then hold** that **there was** only **one row** of Tables placed end to end? **תְּרֵי דָּרֵי נִינְהוּ** – **There were** actually **two rows** of Tables![34] Thus, all the difficulties are resolved.

NOTES

34. I.e. the ten Tables of Solomon were formed into two rows. The arrangement was as follows: Five Tables placed end to end formed the first row. The Table of Moses was not of the row, but was adjacent to it, its length paralleling that of the five Tables. Next to the Table of Moses was placed a second row of five Tables placed end to end. Thus, the Table of Moses was between the two rows of Solomon's Tables (*Rashi; Rabbeinu Gershom*). See diagram.

Thus, all the difficulties are resolved: (1) There was sufficient room for the Table of Moses, (2) it was not necessary to fit ten two-*amah* Tables into precisely twenty *amos* of space, (3) there was room for the Kohanim to pass through and (4) there were no Tables in the southern part of the Sanctuary.

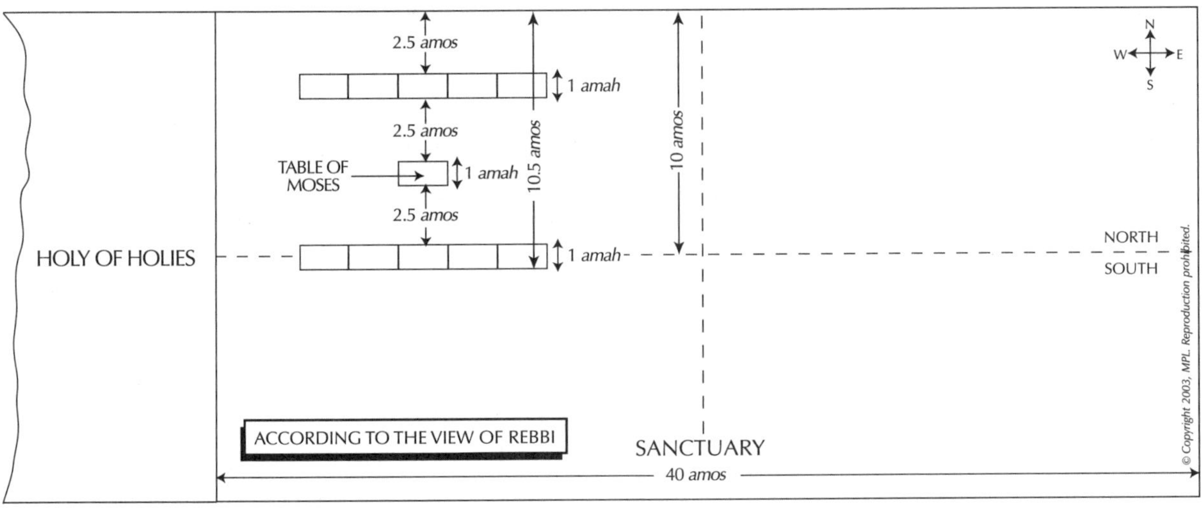

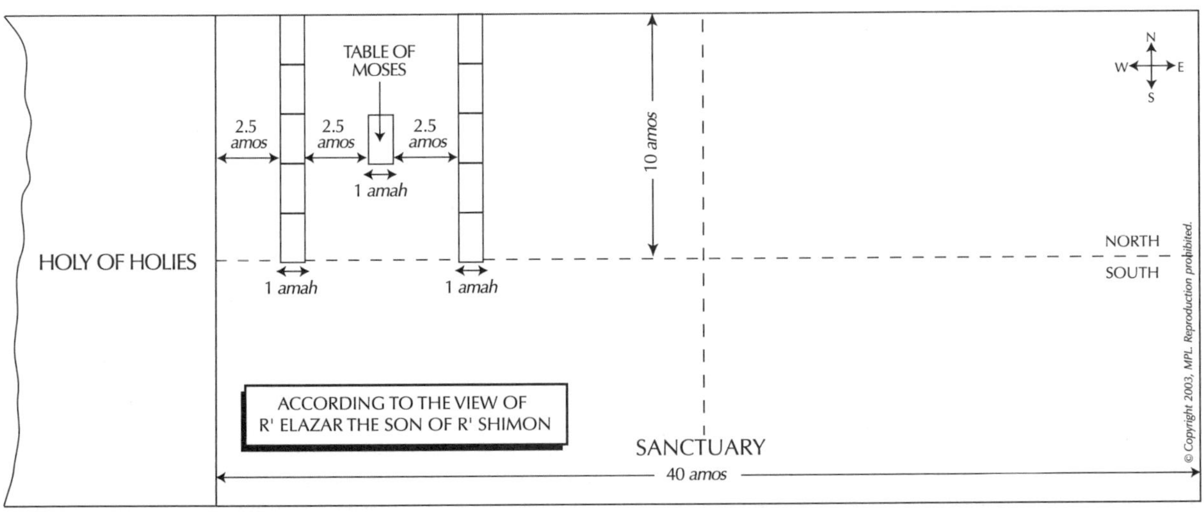

The Gemara questions the view of Rebbi, that the Tables were positioned east to west:

בִּשְׁלָמָא לְמַאן דְּאָמַר צָפוֹן וְדָרוֹם – **All is well according to the one who said** that the Tables were positioned lengthwise from **north to south** (i.e. R' Elazar the son of R' Shimon); שַׁפִּיר – according to his view, the rows fit **nicely** into the northern half of the Sanctuary.[1] אֶלָּא לְמַאן דְּאָמַר מִזְרָח וּמַעֲרָב – **But according to the one who said** that they were positioned from **east to west** (i.e. Rebbi), did the rows of Tables fit into this area? מִכְּדִי – **Let us see:** שֻׁלְחָן כַּמָּה מָשׁוּךְ מִן הַכּוֹתֶל – **How much is the Table** (i.e. the first row of Tables) **set back from the** northern wall? שְׁתֵּי אַמּוֹת וּמֶחֱצָה – **Two and one-half *amos*.**[2] וְאַמָּה דִּידֵיהּ – **And** then there is **its own** width of an ***amah*,**[3] וּשְׁתֵּי אַמּוֹת וּמֶחֱצָה דְּבֵינֵי בֵּינֵי – **and** the **two and one-half *amos* between** the first row and the Table of Moses,[4] וְאַמָּה – **and the *amah*** of the width of the Table of Moses, וּשְׁתֵּי אַמּוֹת וּמֶחֱצָה דְּבֵינֵי בֵּינֵי – **and** the **two and one-half *amos* between** the Table of Moses and the second row, וְאַמָּה דִּידֵיהּ – **and,** finally, **[the second row's] own** width of an ***amah*.** אִישְׁתְּכַח דְּקָאָכִיל שׁוּלְחָן פַּלְגָּא דְּאַמְּתָא בְּדָרוֹם – After totaling all these, **we find that the Table** (i.e. the southernmost row of Tables) **protrudes a half-*amah* into the southern** section of the Sanctuary, which is forbidden![5] – ? –

The Gemara resolves the difficulty:

מִי סָבְרַתְּ שֻׁלְחָן דְּמֹשֶׁה בְּהַדַּיְיהוּ הֲוָה יָתִיב – **Do you then hold** that **the Table of Moses was sitting between the others,** so that it required its own two-and-a-half-*amah* space on each side? לֹא דְּמִידְלֵי לֵיהּ וּמַנַּח לֵיהּ – **No, they raised [the Table of Moses] up** toward the west **and placed it** opposite the space between the rows, וּמִיתַּתֵּי לְהוּ לְדִידְהוּ פּוּרְתָּא – **and they brought down [the other Tables]** toward the east **a bit,** to make room for the Table of Moses in the west.[6] Thus, the other Tables, in relation to the

NOTES

1. According to R' Elazar the son of R' Shimon, the five-Table rows began at the Sanctuary's northern wall and proceeded southward until they reached the midway point between north and south. Five Tables measured ten *amos* in total; thus, the rows spanned all of the northern half of the Sanctuary (ten out of twenty *amos*) (see diagram, end of 98b). Although there was inevitably some overlap into the southern half of the Sanctuary (since it is impossible to avoid at least a bit of space between the Tables) the extra length – less than a *tefach* – is insignificant (*Rashi*).

2. As is stated in a Baraisa cited in *Yoma* 33b (*Tosafos*).

We learned above (98b), regarding the bearers of the Ark, that two and one-half *amos* are needed to allow two men to walk abreast. The Mishnah states below (99b) that the procedure of replacing the *panim* bread required a pair of Kohanim to walk side by side along the north side of the Table while carrying the new stacks of bread. To accommodate them, the Table had to be set back from the northern wall at least two and one-half *amos* (*Rashi* here and to *Yoma* ibid. ד״ה משוך מן הכותל; see *Yashar V'Tov*).

[The Gemara below will cite a dispute regarding whether the Tables of Solomon were sometimes used for *panim* bread, or whether the bread was always placed on the Table of Moses. By stating that the first row of Tables were set back two and one-half *amos* from the northern wall to accommodate the Kohanim bearing the new bread, our Gemara seems to be following those who hold that the bread *was* occasionally placed upon Solomon's Tables (*Teshuvos Noda BiYehudah, Tinyana, Orach Chaim* end of §122; see also *Rabbeinu Gershom*). However, others maintain that the Gemara can easily be in accord even with those who hold that Solomon's Tables were *never* used for *panim* bread. They explain that the Tables had to be *fit* for *panim*- bread use, and were therefore set back from the northern wall. However, they were never actually put to such use (*Tos. Yeshanim,* cited in *Taharas HaKodesh;* see also *Chemdas Daniel*).]

3. I.e. the Tables themselves measured an *amah* in width (*Rashi*).

4. Which were needed to allow the Kohanim to walk abreast between these Tables, as was explained in note 2.

5. When the Gemara's figures are totaled, they equal ten and one-half *amos.* The northern half of the Sanctuary, however, measured only ten *amos.* Thus, a half-*amah* of the width of the southernmost row of Tables protrudes into the southern half of the Sanctuary (see diagram, end of 98b). We see that if the rows of Tables are placed from east to west – as per the view of Rebbi – they will be partly located in the south (*Rashi*). This is forbidden under the verse: *And the Table you shall place on the north side of the Tabernacle* (*Exodus* 26:34; see 98b). [Here too, the Gemara's question is valid only according to R' Meir, who holds that both the Table and the Sanctuary were measured in six-*tefach amos.* But according to R' Yehudah, the three *amos* of the width of the Tables are five-*tefach amos.* This reduces the area needed for the arrangement of Tables by three *tefachim,* placing them squarely within the northern half of the Sanctuary. See *Keren Orah* for further discussion; see 98b note 32.]

According to R' Elazar the son of R' Shimon, who holds that the rows run north to south, there is no difficulty. According to his scheme, we begin measuring the arrangement at the western wall, and continue from west to east (i.e. the first row is set back two and one-half *amos* from the western wall, and so on). The total available area in this direction is a full twenty *amos* – from the western wall until the halfway mark of the Sanctuary. This is more than ample for the ten and one-half *amos* required for the width of the Tables [see diagram, end of 98b] (*Rashi*).

6. The Gemara answers that the Table of Moses was not situated *between* the two rows of Solomon's Tables. Rather, the two rows of Tables were moved closer together, and the Table of Moses was placed at the head of the two rows, opposite the two-and-a-half *amah* space between them. This spares three and one-half *amos* from the total width – namely, the *amah* of the width of the Table of Moses, and the extra two-and-one-half-*amah* space that allowed the Table of Moses to be placed between the rows. In the present configuration, the total width required for the Tables according to Rebbi was seven *amos* ($2\frac{1}{2}+1+2\frac{1}{2}+1$), for which the northern half of the Sanctuary was entirely sufficient (*Rashi*). See diagram.

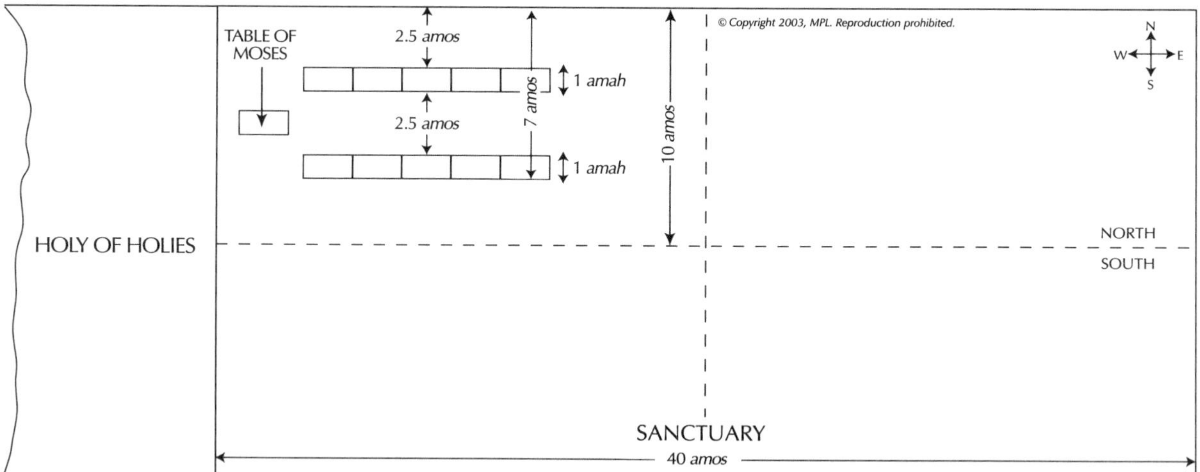

Table of Moses, כְּתַלְמִיד הַיּוֹשֵׁב לִפְנֵי רַבּוֹ – **were like a disciple sitting before his teacher.**[7]

The Gemara cites a Baraisa concerning the ten Tables of Solomon:

תָּנוּ רַבָּנָן – **Our Rabbis have taught in a Baraisa:** עֲשָׂרָה שֻׁלְחָנוֹת עָשָׂה שְׁלֹמֹה – SOLOMON MADE TEN TABLES, וְלֹא הָיוּ מְסַדְּרִין אֶלָּא עַל שֶׁל מֹשֶׁה – BUT [THE KOHANIM] ARRANGED the *panim* bread ONLY UPON [THE TABLE] OF MOSES. שֶׁנֶּאֱמַר – AS IT IS STATED:[8] "וְאֶת־הַשֻּׁלְחָן אֲשֶׁר עָלָיו לֶחֶם הַפָּנִים זָהָב" – ***AND THE TABLE UPON WHICH WAS THE PANIM BREAD, OF GOLD.*** The singular form tells us that only one Table was used for the *panim* bread. עֶשֶׂר מְנוֹרוֹת עָשָׂה שְׁלֹמֹה – SOLOMON MADE TEN MENORAHS, וְלֹא הָיוּ מַדְלִיקִין אֶלָּא בְּשֶׁל מֹשֶׁה – BUT [THE KOHANIM] KINDLED ONLY UPON [THE MENORAH] OF MOSES. שֶׁנֶּאֱמַר – AS IT IS STATED:[9] "(את) מְנֹרַת הַזָּהָב וְנֵרֹתֶיהָ לְבָעֵר בָּעֶרֶב" – ***A GOLDEN MENORAH AND ITS LAMPS, TO KINDLE IN THE EVENING.*** Here too, the singular form indicates that they kindled only one Menorah.

A dissent:

רַבִּי אֶלְעָזָר בֶּן שַׁמּוּעַ אוֹמֵר – R' ELAZAR BEN SHAMUA SAYS: עַל כּוּלָּם הָיוּ מְסַדְּרִין – THEY ARRANGED the *panim* bread UPON ALL [THE TABLES].[10] שֶׁנֶּאֱמַר – AS IT IS STATED:[11] "אֶת־הַשֻּׁלְחָנוֹת וַעֲלֵיהֶם לֶחֶם הַפָּנִים" – ***THE TABLES WITH THE PANIM BREAD UPON THEM.*** The plural form indicates that *all* the Tables were used for the *panim* bread. וּבְכוּלָּן הָיוּ מַדְלִיקִין – AND THEY KINDLED UPON ALL [THE MENORAHS]. שֶׁנֶּאֱמַר – AS IT IS STATED:[12] "אֶת־הַמְּנֹרוֹת וְנֵרֹתֵיהֶם לְבַעֲרָם כַּמִּשְׁפָּט לִפְנֵי הַדְּבִיר זָהָב סָגוּר" – ***AND THE MENORAHS AND THEIR LAMPS, TO KINDLE THEM AS REQUIRED BEFORE THE INNER SANCTUM . . . THE FINEST GOLD.*** Here too, the plural form indicates that they kindled *all* the Menorahs.[13]

The Baraisa explains how the Tanna Kamma interprets the verse that speaks in the plural form:

רַבִּי יוֹסֵי בְּרַבִּי יְהוּדָה אוֹמֵר – R' YOSE THE SON OF R' YEHUDAH SAYS: לֹא הָיוּ מְסַדְּרִין אֶלָּא עַל שֶׁל מֹשֶׁה – In fact, THEY ARRANGED the *panim* bread ONLY UPON [THE TABLE] OF MOSES. אֶלָּא מָה אֲנִי מְקַיֵּים "וְאֶת־הַשֻּׁלְחָנוֹת (אשר) [וַ]עֲלֵיהֶם לֶחֶם הַפָּנִים (זהב)" – HOW THEN DO I UPHOLD the verse: ***AND THE TABLES WITH THE PANIM BREAD UPON THEM,*** which speaks of more than one Table? אֵלּוּ שְׁלֹשָׁה שֻׁלְחָנוֹת שֶׁהָיוּ בַּמִּקְדָּשׁ – THESE ARE THE THREE TABLES THAT WERE IN THE TEMPLE. To wit: שְׁנַיִם שֶׁהָיוּ בָּאוּלָם – THE TWO THAT WERE IN THE ANTECHAMBER, מִבִּפְנִים – WITHIN, (לפתח) [עַל פֶּתַח] הַבַּיִת – NEXT TO THE DOORWAY OF THE TEMPLE,[14] אֶחָד שֶׁל כֶּסֶף וְאֶחָד שֶׁל זָהָב – ONE OF SILVER[15] AND ONE OF GOLD. These were used in the following manner: עַל שֶׁל כֶּסֶף נוֹתֵן לֶחֶם הַפָּנִים בִּכְנִיסָתוֹ – [THE KOHEN] WOULD PLACE THE new *PANIM* BREAD ON THE SILVER ONE WHEN ENTERING,[16] וְעַל שֶׁל זָהָב בִּיצִיאָתוֹ – AND the old *panim* bread ON THE GOLDEN ONE WHEN EXITING.[17] Thus, the bread goes from silver table to gold, and then back to gold again.[18] שֶׁמַּעֲלִין בַּקּוֹדֶשׁ וְלֹא מוֹרִידִין – FOR IN SACRED MATTERS, WE ASCEND BUT DO NOT DESCEND.[19] אֶחָד שֶׁל זָהָב בִּפְנִים – And ONE table OF GOLD was INSIDE the Sanctuary (this was the Table of Moses), שֶׁעָלָיו לֶחֶם הַפָּנִים תָּמִיד – UPON WHICH THE *PANIM* BREAD rested CONTINUOUSLY. When the verse speaks of "the Tables," it refers not to the ten Tables of Solomon, but to the Table of Moses and the two Tables that were located in the Temple Antechamber.[20]

The Baraisa stated that in sacred matters, we ascend but do not descend. The Gemara seeks the source of this rule:

וּמְנָא לָן דְּאֵין מוֹרִידִין – **And from where do we know that** in sacred matters, **we do not descend?** אָמַר רַבִּי – **Rebbi said:** דְּאָמַר קְרָא – **For a verse stated:**[21] "וַיָּקֶם מֹשֶׁה אֶת־הַמִּשְׁכָּן וַיִּתֵּן אֶת־אֲדָנָיו וַיָּשֶׂם אֶת־קְרָשָׁיו וַיִּתֵּן אֶת־בְּרִיחָיו וַיָּקֶם אֶת־עַמּוּדָיו" – ***And Moses***

NOTES

[This was the configuration only according to the one who says that the Tables were placed from east to west. But according to the one who says that they ran from north to south, the Table of Moses remains *between* the tables of Solomon (see *Rashi* cited at end of previous note; see *Noda BiYehudah, Tinyana, Orach Chaim* §122).]

7. The floor of the Sanctuary was pitched upward toward the west. Thus, the Tables of Solomon, which were in the east, sat lower than the Table of Moses in the west, like a disciple who sits at a lower level than his teacher (*Rashi*). This is what the Gemara means when it states that they "raised up" the Table of Moses by moving it west, and "brought down" the other Tables by moving them east (see *Rabbeinu Gershom*). Cf. *Rashash; Sfas Emes.*

8. *I Kings* 7:48.

9. *II Chronicles* 13:11.

10. I.e. they would arrange the bread on whichever of the Tables they chose (*Rabbeinu Gershom*), sometimes on one, sometimes on another (*Rashi*). However, they would never place bread on more than one Table at a time, for this would violate the Biblical prohibition against adding to the laws of the Torah [*Deuteronomy* 13:1] (*Keren Orah;* see also *Chemdas Daniel*).

However, in *Yalkut Shimoni* (*I Kings* §125) it is taught that after placing *panim* loaves upon the Table of Moses, the Kohanim would then place other *panim* loaves upon the other Tables. Similarly, they would first kindle the Menorah of Moses and then kindle the other ten Menorahs. *Yalkut Shimoni* accounts in this way for the contradictory verses. See *Chok Nasan;* see also *Meshech Chochmah* to *Exodus* 27:20; *Yad David* here.

11. *II Chronicles* 4:19.

12. Ibid. v. 20.

13. How does R' Elazar ben Shamua deal with the verse: *and the Table upon which was the panim bread,* which employs the singular form? Perhaps he understands this verse to be using the singular form to represent many identical objects (*Radak, I Kings* 7:48). This usage is sometimes found in Scripture; see, for example, *Genesis* 32:6 with *Rashi.*

14. I.e. they were placed at the back of the Antechamber (*within*), next to the Sanctuary entrance (*Rashi*).

15. According to the Mishnah on 99b, this table was made of marble, not silver. *Rashi* explains that there is no dispute; the Baraisa refers to the marble table as "silver" because marble is white, like silver (*Rashi*).

[However, others maintain that this Baraisa disputes the Mishnah – see *Shekalim* 17b, as emended by *Taklin Chaditin* there and *Hagahos HaGra* §1; but cf. *Korban HaEdah* and *Gilyon HaShas* there. See also *Tamid* 31b with *Mefareish* ד״ה מפני שמרתיח; *Shitah Mekubetzes* there §9; *Peirush HaRosh* there ד״ה מפני שמרתיח. See further *Tosafos* 99b ד״ה אחד. See also *Be'er Sheva* to *Tamid* ibid.]

16. The Kohanim carrying the stacks of new *panim* bread into the Sanctuary on the Sabbath would rest from their exertions by setting the stacks down for a moment on this table (*Rashi;* but see 99b note 19).

17. And there the bread would remain until the spoons full of frankincense were offered upon the Altar, as is taught in the Mishnah on 99b (*Rashi*).

18. On the day the bread is arranged, it goes from the silver table in the Antechamber to the golden Table of Moses in the Sanctuary. On the day it is removed, it goes from the golden Table of Moses to the gold Table in the Antechamber.

19. Gold is more valuable than silver (or marble). Thus, moving the bread from the silver Antechamber Table to the golden Sanctuary Table represents an elevation for the bread. This illustrates the first half of the rule: "In sacred matters, we ascend." Once the bread was placed on a golden Table, the rule of "but we do not descend" demands that it be moved to a Table of equal or greater value. Therefore, the second Table in the Antechamber, to which the previous week's bread was moved, was made of gold (*Rashi;* see *Rashash*). [*Minchas Chinuch* (97:6) wonders why they were permitted to move the *panim* bread from the golden molds to the silver Table. See there at length.]

20. R' Yose the son of R' Yehudah has explained the verse that speaks in plural form regarding *panim* bread upon the Tables. But what about the verse that speaks in this manner about the Menorahs? *Chok Nasan* suggests that R' Yose the son of R' Yehudah holds that the phrase "to kindle *them*" refers only to the several lamps of a single Menorah, but not to all the Menorahs (*and the Menorahs and their lamps, to kindle them*). See also *Yad David.*

21. *Exodus* 40:18.

raised up the Tabernacle and he put down its sockets and he emplaced its beams and he inserted its bars, and he raised up its pillars.[22] וּמִנָּלָן דְּמַעֲלִין – **And from where do we know that** in sacred matters, **we ascend?** אָמַר רַבִּי אַחָא בַּר יַעֲקֹב – **R' Acha bar Yaakov said:** דְּאָמַר קְרָא – **For a verse stated,** regarding the followers of Korach who offered incense before God:[23] ,,אֶת מַחְתּוֹת הַחַטָּאִים הָאֵלֶּה בְּנַפְשֹׁתָם וְעָשׂוּ אֹתָם רִקֻּעֵי פַחִים צִפּוּי לַמִּזְבֵּחַ כִּי־הִקְרִיבֻם לִפְנֵי־ה׳ וַיִּקְדָּשׁוּ וְיִהְיוּ לְאוֹת לִבְנֵי יִשְׂרָאֵל'' – ***The shovels of these sinners against their souls – they shall make them hammered-out sheets as a covering for the Altar, for they offered them before Hashem, so they became holy, and they shall be for a sign to the Children of Israel.*** בַּתְּחִילָּה תַּשְׁמִישֵׁי מִזְבֵּחַ – **At first [the shovels] were** mere **accessories to the Altar,** וְעַכְשָׁיו גּוּפוֹ שֶׁל מִזְבֵּחַ – **but now they are** part of **the Altar itself.**[24] We see that the incense shovels were elevated in the degree of their sanctity; so too it is with regard to all sacred things.

A similar teaching, regarding the Tablets of the Law that Moses broke:[25]

,,אֲשֶׁר שִׁבַּרְתָּ וְשַׂמְתָּם בָּאָרוֹן'' – The verse states: *the first Tablets* ***that you broke, and you shall place them in the Ark.***[26] תָּנֵי רַב יוֹסֵף – **Rav Yosef taught a Baraisa:** מְלַמֵּד שֶׁהַלּוּחוֹת וְשִׁבְרֵי לוּחוֹת מוּנָּחִין בָּאָרוֹן – THIS TEACHES THAT both THE second TABLETS AND THE BROKEN PIECES OF THE first TABLETS ARE PLACED INTO THE ARK.[27]

Rav Yosef infers:

מִכָּאן לְתַלְמִיד חָכָם שֶׁשָּׁכַח תַּלְמוּדוֹ מֵחֲמַת אוֹנְסוֹ – **From here** we learn **regarding a Torah scholar who involuntarily forgot his learning,**[28] שֶׁאֵין נוֹהֲגִין בּוֹ מִנְהַג בִּזָּיוֹן – **that we should not act toward him in a demeaning manner.**[29]

The Gemara now cites three teachings from Reish Lakish regarding Torah and Torah scholars. The first is derived from the breaking of the Tablets; the third concerns the forgetting of Torah. The Gemara begins with a mnemonic:

(סִימָ״ן בִּיטֵ״ל סָרַ״ח וְשָׁכַ״ח) – **A mnemonic: he ceased; he sinned; he forgot.** These three phrases allude to Reish Lakish's three teachings.)

The first teaching:

אָמַר רֵישׁ לָקִישׁ – **Reish Lakish said:** פְּעָמִים – **There are times**

NOTES

22. This verse illustrates the principle of "In sacred matters, we do not descend" through a refinement in its wording. To wit, because the verse begins with the [inspiring] term וַיָּקֶם, *and he raised up,* it takes care to end with this term as well [rather than with a mundane technical term]. We see that even with respect to a choice of words, in sacred matters, we do not descend.

Alternatively, the principle is illustrated by the fact that from first to last, the Tabernacle was erected by Moses alone. He received no aid from the Kohanim. Once the work of the Tabernacle was begun by this great and holy personage, its completion by another would have represented a descent.

Alternatively, the phrase *and Moses raised up the Tabernacle* refers to the goat's-hair covering of the Tabernacle [as well as to the Tabernacle's other coverings]. The verse tells us that Moses began his work by lifting up the coverings. He held the coverings high as he assembled the other components of the Tabernacle, and did not lower them throughout the process. We see that once a sacred item has been uplifted, it may not be lowered (*Rashi;* see *Rabbeinu Gershom* here and on 99b; see *Taharas HaKodesh; Yashar V'Tov*).

[In *Megillah* 26a, *Rashi* (ד״ה אבל מכרו), citing *Tosefta,* explains this Scriptural source differently. See *Pnei Yehoshua* there; *Taharas HaKodesh* here. *Or HaYashar* points out that in *Berachos* 28a, the Gemara ascribes the rule of "we ascend but do not descend" not to a Scriptural verse but to an oral tradition. See *Or HaYashar* for sources that discuss the apparent contradiction.]

23. *Numbers* 17:3.

This verse speaks of the incident in which two hundred and fifty followers of Korach were burned to death with Divine fire after offering incense in the Tabernacle. After they died, God commanded that the copper shovels they used in their service be made into a covering for the Altar. *Rashi* (*Numbers* 17:2) explains that since the shovels had been consecrated, they were reserved for sacrificial service. Our Gemara takes note of their elevation in degree.

24. *Sfas Emes* points out that the incense was burned in the shovels themselves. He accordingly wonders why they are described as "accessories to the Altar." See there for discussion; see also *Yalkut HaMeiri.*

25. The forthcoming teaching is similar to the previous one in that it demonstrates that the treatment accorded the broken pieces of the first Tablets conformed to the stricture of "In sacred matters . . . we do not descend" (*Yashar V'Tov*).

26. *Deuteronomy* 10:2.

27. The full verse reads: וְאֶכְתֹּב עַל־הַלֻּחֹת אֶת־הַדְּבָרִים אֲשֶׁר הָיוּ עַל הַלֻּחֹת הָרִאשֹׁנִים אֲשֶׁר שִׁבַּרְתָּ וְשַׂמְתָּם בָּאָרוֹן, *And I will write on the* [second] *Tablets the words that were on the first Tablets that you broke, and you shall place them in the Ark.* According to its plain meaning, the verse instructs Moses to place the *second* set of Tablets in the Ark. However, the verse contains a superfluous phrase. It could have stated simply: עַל־הַלֻּחֹת הָרִאשֹׁנִים, *on the first Tablets,* and omitted the phrase אֲשֶׁר שִׁבַּרְתָּ, *that you broke* (*Ritva* and *Yad Ramah* to *Bava Basra* 14b). Rav Yosef expounds this superfluous phrase as part of the succeeding one, וְשַׂמְתָּם בָּאָרוֹן. The combined clause constitutes a command to place the broken pieces of the first Tablets into the Ark (see *Rashi; Maharsha*). [See *Tosafos* for discussion of how the two sets of Tablets were arranged in the Ark.]

28. E.g. due to illness or because he was distracted by the hardship of earning a living (*Rashi, Berachos* 8b ד״ה מחמת אונסו).

29. *Maharal* (*Chidushei Aggados*) explains that these shards were placed into the Ark to testify to the inherent greatness of Israel, which had once been deemed worthy of receiving the First Tablets, sublime handiwork of the Almighty Himself. With the sin of the Golden Calf, Israel surrendered that exalted plane; the presence of the broken Tablets in the Ark testified that their potential for greatness remained. The same is true of a Torah scholar who has forgotten his learning by mischance: Although he no longer occupies his prior station, he retains his intrinsic worth. Therefore, he is treated with honor.

The comparison between the scholar and the broken Tablets resonates with the tradition that states that the writing on the first Tablets flew off when they were broken (see *Pesachim* 87b). Nevertheless, these Tablets were accorded the honor of being housed in the Ark. A scholar who has forgotten his learning is analogous to the blank fragments of the first Tablets. He too should be honored as he was previously (*Or HaYashar; HaRif* in *Ein Yaakov*). See *Tzon Kodashim* here for a further connection between the scholar and the Tablets.

[It is noteworthy that this teaching is propounded by Rav Yosef, who himself forgot his learning due to illness, as is recounted in *Nedarim* 41a (*Iyun Yaakov*).]

שֶׁבִּיטוּלָהּ שֶׁל תּוֹרָה זֶהוּ יְסוֹדָהּ – **that the cessation of Torah is itself its establishment.**[1] דִּכְתִיב – **For it is written** regarding the Tablets:[2] ״אֲשֶׁר שִׁבַּרְתָּ״ – ***that (asher) you broke.*** אָמַר לוֹ הַקָּדוֹשׁ בָּרוּךְ הוּא לְמֹשֶׁה – **The Holy One, Blessed is He, said to Moses,** יִישַׁר כֹּחֲךָ שֶׁשִּׁבַּרְתָּ – **"May your strength run true** (*yeshar*), **for you broke** the Tablets."[3]

The second teaching:

וְאָמַר רֵישׁ לָקִישׁ – **And Reish Lakish said:** תַּלְמִיד חָכָם שֶׁסָּרַח – **If a Torah scholar has sinned,** אֵין מְבַזִּין אוֹתוֹ בְּפַרְהֶסְיָא – **we do not shame him publicly.**[4] שֶׁנֶּאֱמַר – **As it is stated:**[5] ״וְכָשַׁלְתָּ הַיּוֹם וְכָשַׁל גַּם נָבִיא עִמְּךָ לָיְלָה״ – ***You will stumble by day, and also the prophet who is with you will stumble by night.*** כַּסֵּהוּ כַּלַּיְלָה – The latter part of the verse teaches that **you must conceal [the sin of the prophet] as night.**[6]

The third teaching:

וְאָמַר רֵישׁ לָקִישׁ – **And Reish Lakish said:** כָּל הַמְשַׁכֵּחַ דָּבָר אֶחָד מִתַּלְמוּדוֹ עוֹבֵר בְּלָאו – **Anyone who causes** even **one word of his** Torah **learning to be forgotten has transgressed a prohibition.** שֶׁנֶּאֱמַר – **For it is stated:**[7] ״הִשָּׁמֶר לְךָ וּשְׁמֹר נַפְשְׁךָ מְאֹד פֶּן־תִּשְׁכַּח אֶת־הַדְּבָרִים״ – ***Beware for yourself, and greatly beware for your soul, lest you forget the things*** [that you have seen at Mount Sinai]. וּכְדְרַבִּי אָבִין אָמַר רַבִּי אִילְעָא – **And** this is **in accordance with [the rule]** stated **by R' Avin in the name of R' Il'a.** דְּאָמַר רַבִּי אָבִין אָמַר רַבִּי אִילְעָא – **For R' Avin said in the name of R' Il'a:** כָּל מָקוֹם שֶׁנֶּאֱמַר ״הִשָּׁמֶר״ ״פֶּן״ ״וְאַל״ – **Wherever it is stated** in the Torah: ***beware, lest,*** **or** ***do not,*** אֵינוֹ אֶלָּא לֹא תַעֲשֶׂה – **it is nothing other than a prohibition.** Thus, the Torah's injunction against forgetting the teachings of Sinai constitutes a prohibition.[8]

Ravina derives yet another prohibition from the verse:

רָבִינָא אָמַר – **Ravina said:** ״הִשָּׁמֶר״ וּ״פֶּן״ שְׁנֵי לָאוִין נִינְהוּ – ***Beware*** **and** ***lest*** (*Beware for yourself . . . lest you forget the things*) **are two prohibitions!** Thus, one who forgets his Torah has actually transgressed not one but two prohibitions.

Rav Nachman bar Yitzchak adds a third prohibition:

רַב נַחְמָן בַּר יִצְחָק אָמַר – **Rav Nachman bar Yitzchak said:** בִּשְׁלֹשָׁה לָאוִין – One who forgets Torah has transgressed **three prohibitions.** שֶׁנֶּאֱמַר – **For it is stated:** ״הִשָּׁמֶר לְךָ וּשְׁמֹר נַפְשְׁךָ מְאֹד פֶּן־תִּשְׁכַּח אֶת־הַדְּבָרִים״ – ***Beware for yourself, and greatly beware for your soul, lest you forget the things.*** The two iterations of "beware" represent two prohibitions; "lest" represents a third.[9]

The Gemara qualifies these rulings:

יָכוֹל אֲפִילוּ מֵחֲמַת אוֹנְסוֹ – **It could be** thought that **even** if one forgot his learning **involuntarily,** he has still transgressed these prohibitions.[10] תַּלְמוּד לוֹמַר – **[The verse]** therefore

NOTES

1. For example, if one interrupts the study of Torah in order to attend a funeral or accompany a bride to her wedding (as one is sometimes obligated to do – see *Kesubos* 17a-b), his temporary cessation of Torah study is itself deemed a fulfillment of his Torah obligation. That is to say, the time he spends in these other activities is reckoned as time spent in studying Torah and establishing its laws. This is derived from God's response to Moses' breaking of the first Tablets [see note 3] (*Rashi; Rabbeinu Gershom;* cf. *Maharal, Chidushei Aggados*). [Other commentators interpret "the cessation of Torah" as the breaking of the first Tablets, and "its establishment" as the granting of the second Tablets – see *Maharsha; Maharal; Tzon Kodashim; Sfas Emes.*]

2. *Exodus* 34:1.

3. Thus, God actually blessed Moses for having broken the Tablets.

Reish Lakish relates the word אֲשֶׁר, *that,* to יישר, which expresses the idea of running straight and true to the mark (*Rashi, Yevamos* 62a ד״ה אשר; *Gilyon HaShas, Shabbos* 87a; cf. *Rashi, Shabbos* ibid. ד״ה אשר). Of course, not every אֲשֶׁר in the Torah carries this meaning. Here, however, Divine acquiescence is evident from the fact that God refers to the breaking of the Tablets without any expression of anger. This prompted Reish Lakish to interpret אֲשֶׁר as signifying approval. Because Moses' intentions were proper, God treated his seemingly destructive act as a positive one. Likewise with regard to one who interrupts Torah for a righteous purpose – his cessation of Torah is viewed as a positive act (*Rashi;* see also *Sefer Chasidim* §138; cf. *Ramban* and *Ritva* to *Shabbos* ibid.; see *Taharas HaKodesh*).

4. I.e. we do not shame him by excommunicating him publicly (*Maharsha,* from *Moed Katan* 17a; see *Rashi* there ד״ה כסהו), for public disclosure of his sin would inevitably result in *chillul Hashem,* desecration of God's Name. Alternatively, since a Torah scholar who sinned will certainly repent (see *Berachos* 19a) he does not deserve to have his transgression made public (*Iyun Yaakov*).

5. *Hosea* 4:5.

6. The Gemara expounds the phrase *the prophet* as a reference to a Torah scholar (*Rabbeinu Gershom*). Just as the darkness of night conceals all things from view, so too must you conceal the shame of a Torah scholar who has sinned (see *Rashi, Moed Katan* ibid. ד״ה הלילה).

Rabbeinu Gershom writes that the verse teaches that the honor of a Torah scholar must be as dear to a person as his own honor. Presumably, this is derived from the phrase *the prophet who is with you,* which indicates that with respect to his sin, the Torah scholar must be "with you" – just as you conceal *your* sin from others, so too must you conceal his sin (see *Rabbeinu Gershom*).

7. *Deuteronomy* 4:9. The verse in its entirety reads: רַק הִשָּׁמֶר לְךָ וּשְׁמֹר נַפְשְׁךָ מְאֹד פֶּן־תִּשְׁכַּח אֶת־הַדְּבָרִים אֲשֶׁר־רָאוּ עֵינֶיךָ וּפֶן־יָסוּרוּ מִלְּבָבְךָ כֹּל יְמֵי חַיֶּיךָ וְהוֹדַעְתָּם לְבָנֶיךָ וְלִבְנֵי בָנֶיךָ, *Only beware for yourself, and greatly beware for your soul, lest you forget the things that your eyes have seen, and lest you remove them from your heart all the days of your life, and you shall make them known to your sons and to your grandsons.* The next verse continues: יוֹם אֲשֶׁר עָמַדְתָּ לִפְנֵי ה׳ אֱלֹהֶיךָ בְּחֹרֵב, *The day that you stood before Hashem your God at Horeb* (Mount Sinai).

Simply understood, our verse speaks of the Ten Commandments of Sinai; however, the tradition of the Rabbis tells us that it refers also to all the rest of the Torah. Thus, it constitutes a prohibition against forgetting Torah learning, as will be explained (*Shulchan Aruch HaRav, Yoreh Deah, Hil. Talmud Torah* 2:4).

8. Of course, one can ask his teacher to remind him of what he has forgotten. Similarly, now that the Oral Torah has been transcribed, one can easily search for the forgotten lore. Neverthless, at the moment one forgets his Torah, he has violated this prohibition (*Shulchan Aruch HaRav* ibid.).

9. The Gemara has given us three views as to the number of prohibitions contained in this verse. *R' Yitzchak Isaac Chaver,* in his *Or Torah* (p. 289 in the Keser Torah edition, Jerusalem, 5731), explains the dispute:

Reish Lakish holds that the phrase הִשָּׁמֶר לְךָ, *beware for yourself,* is connected to the phrase פֶּן־תִּשְׁכַּח אֶת־הַדְּבָרִים, *lest you forget the things.* Thus, it represents a prohibition against forgetting. However, the phrase וּשְׁמֹר נַפְשְׁךָ מְאֹד, *and greatly beware for your soul,* is an independent clause that teaches a separate positive commandment to guard one's soul by constantly reviewing one's learning (see below). [The Gemara in *Eruvin* (96a) teaches that the term "beware" can sometimes denote a positive commandment.] As for the phrase *lest you forget the things,* it is a part of the prohibition of *beware for yourself,* as we have explained.

Ravina agrees that *and greatly beware for your soul* represents a positive commandment to review one's learning. However, he maintains that the phrase פֶּן־תִּשְׁכַּח אֶת־הַדְּבָרִים, *lest you forget the things,* is not merely the continuation of הִשָּׁמֶר לְךָ, *beware for yourself,* but is actually a separate prohibition. Thus, there are two prohibitions against forgetting Torah.

Rav Nachman bar Yitzchak holds that since the purpose of the review demanded by the verse וּשְׁמֹר נַפְשְׁךָ מְאֹד, *and greatly beware for your soul,* is to ensure that one will not forget, it too represents a prohibition against forgetting. Thus, there are three prohibitions in total. [For further discussion of this dispute, see *Yad Malachi* §298; *Hagahos Maharsham* to *Yoma* 81a; *Yad David* here.]

[The verse actually contains another mention of "lest" (*and lest you remove them from your heart*). See *Chok Nasan; Keren Orah; Mitzpeh Eisan* for why this is not reckoned a fourth prohibition.]

10. This refers to one who forgets due to illness or because he was distracted by the hardship of earning a living (see *Rashi, Berachos* 8b

states: "וּפֶן־יָסוּרוּ מִלְּבָבְךָ" – *and lest you remove them from your heart.* בְּמְסִירָם מִלִּבּוֹ הַכָּתוּב מְדַבֵּר – **Scripture is speaking where one** actively **removes [the teachings] from his heart.**[11]

The Gemara qualifies the rulings further:

רַבִּי דוֹסְתָּאי בְּרַבִּי יַנַּאי אָמַר – **R' Dostai the son of R' Yannai said:**[12] יָכוֹל אֲפִילּוּ תָּקְפָה עָלָיו מִשְׁנָתוֹ – **It could be** thought that **even** if he forgot because **his learning overwhelmed him,**[13] he has still transgressed the prohibition. תַּלְמוּד לוֹמַר – **[The verse]** therefore **states:** "רַק" – ***Only*** *beware for yourself . . .* "Only" is an exclusionary term; it excludes from the prohibition one who was incapable of remembering all he had learned.

The Gemara discusses the importance of safeguarding one's Torah learning:

רַבִּי יוֹחָנָן וְרַבִּי אֶלְעָזָר דְּאָמְרֵי תַּרְוַיְיהוּ – **R' Yochanan and R' Elazar both say:** תּוֹרָה נִיתְּנָה בְּאַרְבָּעִים – **Torah was given in forty** days, וּנְשָׁמָה נוֹצְרָה בְּאַרְבָּעִים – **and the soul is created in forty** days.[14] כָּל הַמְשַׁמֵּר תּוֹרָתוֹ נִשְׁמָתוֹ מִשְׁתַּמֶּרֶת – Thus, **anyone who safeguards his Torah, his soul is safeguarded,** וְכֹל שֶׁאֵינוֹ מְשַׁמֵּר אֶת הַתּוֹרָה אֵין נִשְׁמָתוֹ מִשְׁתַּמֶּרֶת – **and anyone who does not safeguard the Torah, his soul is not safeguarded.**[15]

A further elucidation of this teaching:

תָּנָא דְּבֵי רַבִּי יִשְׁמָעֵאל – **A Baraisa was taught in the academy of R' Yishmael:** מָשָׁל לְאָדָם שֶׁמָּסַר צִפּוֹר דְּרוֹר לְעַבְדּוֹ – AN ANALOGY can be drawn TO A PERSON WHO GAVE A SWALLOW (a type of bird)[16] TO HIS SERVANT for safekeeping. אָמַר – HE SAID: כִּמְדוּמֶּה אַתָּה שֶׁאִם אַתָּה מְאַבְּדָהּ – YOU IMAGINE THAT IF YOU CAUSE IT TO BE LOST, שֶׁאֲנִי נוֹטֵל מִמְּךָ אִיסָר בְּדָמֶיהָ – I WILL TAKE FROM YOU only AN *ISSAR* (a certain small coin) AGAINST ITS VALUE. נִשְׁמָתְךָ אֲנִי נוֹטֵל מִמְּךָ – In truth, YOUR SOUL I WILL TAKE FROM YOU.[17]

Mishnah

This Mishnah details the procedure followed in arranging the *panim* bread upon the Table:

שְׁנֵי שׁוּלְחָנוֹת הָיוּ בָּאוּלָם – **There were two Tables in the** Temple **Antechamber,** מִבִּפְנִים – **within,** עַל פֶּתַח הַבַּיִת – **next to the doorway of the Temple,**[18] אֶחָד שֶׁל שַׁיִשׁ וְאֶחָד שֶׁל זָהָב – **one of marble and one of gold.** עַל שֶׁל שַׁיִשׁ נוֹתְנִים לֶחֶם הַפָּנִים בִּכְנִיסָתוֹ – **[The Kohanim] would place the** ***panim*** **bread on the marble one when entering,**[19] וְעַל שֶׁל זָהָב בִּיצִיאָתוֹ – **and on the golden one when**

NOTES

ד״ה מחמת אונסו). One might assume that a person is held liable even in these circumstances, for had he made a supreme effort he would have overcome even these difficulties. The verse must therefore teach otherwise (*Iyun Yaakov*).

11. I.e. by failing to review them properly out of indolence and sloth (*Shulchan Aruch HaRav* ibid. 2:6; see also *Rabbeinu Yonah* to *Avos* 3:8; *Shulchan Aruch, Yoreh Deah* 246:3, with *Beur HaGra*).

Even one who has a poor memory is included in this prohibition. He, too, must institute a program of review, so that he will remember as much Torah as possible (*Shulchan Aruch HaRav* ibid. 2:8).

[*Tosafos* identify the Gemara's teaching as a Mishnah in *Avos* (ibid.). *Maharsha* points out that the Mishnah in *Avos* speaks of a somewhat different case (תָּקְפָה עָלָיו מִשְׁנָתוֹ, *one who is overwhelmed by his learning*). For discussion of this matter, see *Maharsha* further; see also *Yashar V'Tov* and *Yad David;* see also *Maharsha* to Yoma 38b ד״ה כל השוכח, and *Nitzotzei Or* here.]

[In *Horayos* 13b, the Sages list various activities that cause a person to become forgetful. With regard to whether one who engages in these activities violates the prohibition against causing himself to forget Torah, see *Sefer Chasidim* §1008 (MHK ed.); see also *Sefer Zikaron,* cited in Schottenstein edition note 1 to *Horayos* ibid.; see, however, *Or HaYashar* here.]

12. R' Dostai the son of R' Yannai was a Tanna; *Mesoras HaShas* notes that his ruling here closely parallels, but does not precisely match, the one cited in his name in a Mishnah in Tractate *Avos* (ibid.). *Or HaYashar* points out that in the version of our Gemara that appears in *Yalkut Shimoni* (*Deuteronomy* §825), בְּרַבִּי יַנַּאי, *the son of R' Yannai,* is replaced with בְּרַבִּי יְהוּדָה, *the son of R' Yehudah.*

13. I.e. his memory could not encompass all he had learned (*Rashi*); for example, because of the difficulty and complexity of the issues (*Shulchan Aruch HaRav* ibid. 2:7).

14. From conception, forty days are needed for the basic form of the embryo to take shape (*Rashi,* from *Niddah* 30a; see *Bechoros* 21b; *Yevamos* 69b).

15. The Torah is like water to the soul; the soul cannot survive without Torah. Therefore, if one does not safeguard the Torah, God withdraws from him also his soul (*Maharal, Chidushei Aggados*).

This is derived from the verse under discussion. The verse's first clause, *Only beware for yourself,* warns against forgetting Torah. Its second clause, *and greatly beware for your soul,* tells us that by guarding against forgetfulness, one safeguards his soul (*Maharsha*). [See *Avodah Zarah* 19a for another teaching equating a failure to review Torah with a shortened life span.]

This teaching echoes a Mishnah in Tractate *Avos* (ibid.), which states: כָּל הַשּׁוֹכֵחַ דָּבָר אֶחָד מִמִּשְׁנָתוֹ מַעֲלֶה עָלָיו הַכָּתוּב כְּאִלּוּ מִתְחַיֵּב בְּנַפְשׁוֹ, *Anyone who forgets even one word of his learning, the Torah considers him as having forfeited his life.* שֶׁנֶּאֱמַר רַק הִשָּׁמֶר לְךָ וּשְׁמֹר נַפְשְׁךָ מְאֹד, *For it is stated: Only beware for yourself and greatly beware for your soul, lest you forget . . .*

Rabbeinu Yonah (there) explains that a Torah scholar who forgets his learning is bound to wreak havoc by issuing erroneous halachic rulings. The fault is his, since he neglected to review his studies. Therefore, he is punished severely. [*Rabbeinu Yonah's* explanation implies that the obligation to safeguard one's Torah learning applies only to a Torah scholar, who might rule erroneously. See also *Shitah Mekubetzes* (§1), who emends our Gemara to read כָּל תַּלְמִיד חָכָם שֶׁשָּׁכַח תַּלְמוּדוֹ, *any Torah scholar who forgets his learning.* However, the wording of the Mishnah in *Avos* (כָּל הַשּׁוֹכֵחַ, ***anyone*** *who forgets*) and the standard reading of our Gemara (כָּל הַמְשַׁכֵּחַ, ***anyone*** *who causes . . . to be forgotten*) indicate that the obligation not to forget applies equally to each and every Jew. This is also the ruling of *Shulchan Aruch* (*Yoreh Deah* 246:1-3).]

Sfas Emes takes note of a difference between the teaching's two clauses – "*his* Torah" vs. "*the* Torah." He explains that one who safeguards the Torah he learns takes possession of it and makes it his own. It is therefore described as "his Torah." See also *Kiddushin* 32b.

16. The דְּרוֹר, *deror,* is a bird that can live freely anywhere, both in the house or in the field (see *Beitzah* 24a; *Shabbos* 106b). We have identified it as the swallow (*hierondella*) in accordance with the view of *Radak* (in *Shorashim* שרש דרר). This seems also to be the view of *Rashi* to *Proverbs* 26:2 and to *Gittin* 56b (see *Targum HaLaaz* §1641). However, *Ramban,* in his commentary to the Torah (*Leviticus* 14:4), asserts that the term צִפּוֹר דְּרוֹר, *deror bird,* refers not to a specific species, but to any small species of kosher bird that lives freely anywhere. See further, *Ibn Ezra* to *Psalms* 84:4; *Tos. Yom Tov* to *Negaim* 14:1.

17. The king warns his servant that the bird is beyond price; if he fails to guard it, he will pay with his life. So too with Torah: Its value is such that its loss cannot be offset with mere money. Therefore, one who fails to safeguard his Torah must pay with his life (see *Maharaol, Chidushei Aggados*).

Sfas Emes explains the analogy in this manner: The bird is actually worth only an *issar;* although the damage the servant causes the master is negligible, he is liable to death, for he has not heeded his master's command. Similarly, although one who fails to safeguard the Torah has not harmed God, Who is unaffected by human actions, the person is liable to death, for he has not heeded God's command. See *Hagahos Yavetz* for another interpretation of the analogy.

[See *Ben Yehoyada* for a detailed explanation of why the coin chosen for this illustration was the *issar.*]

18. I.e. they were placed at the back of the Antechamber (*within*), next to the Sanctuary entrance (*Rashi*).

19. *Rashi* explains that the sole purpose in placing the bread upon the marble Table when entering was to demonstrate the rule of "In sacred matters, we ascend" – i.e. by afterward moving the bread to the golden Sanctuary Table. Therefore, immediately after placing the loaves onto the marble Table, the Kohanim would carry them into the Sanctuary,

exiting.[20] שֶׁמַּעֲלִין בַּקּוֹדֶשׁ וְלֹא מוֹרִידִין – **For in sacred matters, we ascend but do not descend.**[21] וְאֶחָד שֶׁל זָהָב מִבִּפְנִים – **And** there was **one Table of gold inside** the Sanctuary, שֶׁעָלָיו לֶחֶם הַפָּנִים תָּמִיד – **upon which the *panim* bread** rested **continuously.** וְאַרְבָּעָה כֹּהֲנִים נִכְנָסִין – **And four Kohanim would enter,** שְׁנַיִם בְּיָדָם שְׁנֵי סְדָרִים – **two** of whom held **in their hands** the **two stacks** of bread, וּשְׁנַיִם בְּיָדָם שְׁנֵי בָזִיכִין – **and two** of whom held **in their hands** the **two spoons** filled with frankincense.[22] וְאַרְבָּעָה מַקְדִּימִין לִפְנֵיהֶם – **And four** other Kohanim **would precede them,** שְׁנַיִם לִיטּוֹל שְׁנֵי סְדָרִים – **two to remove the two stacks** of bread from the previous Sabbath, וּשְׁנַיִם לִיטּוֹל שְׁנֵי בָזִיכִין – **and two to remove the two spoons** of frankincense from the previous Sabbath.[23] הַמַּכְנִיסִים עוֹמְדִים בְּצָפוֹן וּפְנֵיהֶם לְדָרוֹם – **Those bringing in** the new bread and spoons **would stand to the north** of the Table, **with their faces toward the south,**[24] וְהַמּוֹצִיאִין עוֹמְדִים בְּדָרוֹם וּפְנֵיהֶם בְּצָפוֹן – **and those removing** the old bread and spoons **would stand to the south** of the Table, **with their faces toward the north.**[25] אֵלּוּ מוֹשְׁכִין וְאֵלּוּ מַנִּיחִין – **As these** Kohanim **are pulling** the previous week's bread from the Table, **these** others **are placing** the new bread on the Table,[26] וְטִפְחוֹ שֶׁל זֶה כְּנֶגֶד טִפְחוֹ שֶׁל זֶה – **and the handbreadth of this one takes the place of the handbreadth of this one.**[27] שֶׁנֶּאֱמַר – **For it is stated:** "לְפָנַי תָּמִיד" – ***before Me, continuously.***[28] The word *continuously* teaches that the Table may not be left even a moment without bread.

The Mishnah interrupts its recounting of the *panim*-bread service to record a dissent:

רַבִּי יוֹסֵי אוֹמֵר – **R' Yose says:** אֲפִילוּ אֵלּוּ נוֹטְלִין וְאֵלּוּ מַנִּיחִין – **Even if these** Kohanim completely **remove** the old bread from the Table **and these** other Kohanim only then **place** the new bread on the Table, אַף הִיא הָיְתָה תָּמִיד – **this too is** a fulfillment of ***continuously.***[29]

The Mishnah returns to the arrangement of the *panim* bread:

יָצְאוּ – **They exited** the Sanctuary, וְנָתְנוּם עַל שֻׁלְחָן הַזָּהָב שֶׁהָיָה בָּאוּלָם – **and they placed** the old *panim* bread **upon the Golden Table that was in the Antechamber.** הִקְטִירוּ הַבָּזִיכִין – **They burned the spoons** of frankincense on the Altar, וְהַחַלּוֹת מִתְחַלְּקוֹת לַכֹּהֲנִים – **and the loaves were** then **apportioned among the Kohanim,** who consumed them.

The Mishnah addresses a scenario in which the apportionment of the loaves is delayed:

חָל יוֹם כִּיפּוּרִים לִהְיוֹת בְּשַׁבָּת – If **Yom Kippur falls on the Sabbath,** in which case the fast does not allow the Kohanim to consume the bread on that day, הַחַלּוֹת מִתְחַלְּקוֹת לָעֶרֶב – **the loaves are apportioned in the evening.**[30]

A related ruling:

חָל לִהְיוֹת בְּעֶרֶב שַׁבָּת – If **[Yom Kippur] falls on the day before the Sabbath** (i.e. Erev Shabbos), שָׂעִיר שֶׁל יוֹם הַכִּפּוּרִים נֶאֱכָל לָעֶרֶב – **the goat of Yom Kippur is eaten that evening** (i.e. on Friday night). וְהַבַּבְלִיִּים אוֹכְלִין אוֹתוֹ כְּשֶׁהוּא חַי – **The Babylonians would eat it raw,** מִפְּנֵי שֶׁדַּעְתָּן יָפָה – **for they are not fastidious.**[31]

NOTES

and arrange them upon the golden Table of Moses (cf. *Peirush HaRosh* to *Tamid* 31b ד״ה על של כסף נותנין; see *Sfas Emes* and *Taharas HaKodesh* here). [This seems to contradict *Rashi's* statement on 99a, that they placed the bread upon the "silver" Table in order to rest from their exertions (see also *Hagahos HaBach* §1). See *Yashar V'Tov* and *Taharas HaKodesh* for discussion.]

20. Where it remained until the spoons full of frankincense were offered upon the Altar, as the Mishnah will soon teach (*Rashi*).

21. This is explained in note 19 on 99a.

22. The Table contained two stacks of six loaves each and two spoons filled with frankincense (*levonah*).

23. Two Kohanim were needed to carry the *panim* bread because of its weight. Consider: Each loaf was made with two *issarons* of flour. Each *issaron* is a tenth of an *ephah;* thus, the twelve loaves together contained two and two-fifths (2.4) *ephahs* of flour. An *ephah* is 18 *kabim;* thus, the twelve loaves contained 43.2 *kabim* of flour. The Gemara in *Bava Metzia* (see 80a-b) calculates the normal load for an average man as thirty *kabim.* Hence [without even taking into account the weight of the water that was added to the flour], the two stacks of twelve loaves weighed far more than the average man could bear. Therefore, two men were needed (*Mikdash David* 22:2).

The reason two Kohanim were needed to remove the spoons of frankincense is that the taking of the frankincense from the Table constitutes an act of *kemitzah;* as such, it must be performed with the right hand (see above, 10a-b); therefore, two Kohanim are needed to remove two spoons. Likewise with the placing of the new spoons upon the Table — since the placing of each spoon is an *avodah* (see *Yoma* 24b), it must be performed with the right hand; hence, it requires two Kohanim (*Mikdash David* ibid.).

[See *Sfas Emes* for discussion regarding whether these Kohanim belonged to the incoming or the outgoing *mishmar.* See also *Or Same'ach* to *Temidin U'Mussafin* 5:4.]

24. They stand to the north because north is holier than south (*Rashi*), as is evident from the fact that *kodshei kodashim* are slaughtered to the north of the Altar only (*Tos. Yom Tov*). See *Rashash.*

25. The Mishnah is following those who hold that the Tables were placed with their lengths from east to west and their widths from north to south (*Rashi*).

26. I.e. before the Kohanim to the south finish removing the previous week's loaves from the Table, those to the north are already sliding the new loaves onto the Table (*Rashi*).

27. As each handbreadth of space on the Table was cleared of the bread of the previous week, it was immediately filled with that of the new week (see *Tosefta* 11:7).

28. *Exodus* 25:30.

29. The Gemara will explain that R' Yose holds that the verse *continuously* does not mean that there must be *panim* bread upon the Table every single moment of the night and day. It simply means that at some point on every night and day, there must be bread upon the Table. No *full* night or day may pass without *panim* bread on the Table (*Rashi*).

[According to R' Yose's understanding, the term תָּמִיד mandates not a constant presence, but a *regular* one, in which *every* day and night sees bread upon the Table at some point. Scripture employs the term תָּמִיד in a like manner with regard to the daily *tamid* offerings and the *chavitin* of the Kohen Gadol (*Leviticus* 6:13; *Numbers* 28:6), which are brought each morning and afternoon, and with regard to the Menorah (*Exodus* 27:20; *Leviticus* 24:2-4), which is kindled every evening. See *Malbim* to *Leviticus* 6:6.]

30. That is, the apportionment of the loaves can take place only that evening. It cannot wait until the next morning, for the loaves are invalidated with *linah* at dawn (*Rashi*). It may not be performed on Yom Kippur by day because of the danger that someone will inadvertently partake of the loaves on the fast day (*Yerushalmi, Pesachim* 4:4; see *Magen Avraham* 612:6 with *Dagul MeRevavah;* see also *Sfas Emes* and *Taharas HaKodesh* here).

The loaves were divided evenly between the outgoing *mishmar* (watch) of Kohanim and the incoming *mishmar* (*Rav; Tos. Yom Tov;* see *Succah* 56a-b).

31. I.e. in the years that Yom Kippur would fall on Erev Shabbos, the Babylonians would eat the goat offering raw (*Rashi;* cf. *Tosafos* to 100a ד״ה ששונאין; see note 9 there).

[This goat offering is not the one whose blood is sprinkled inside the

Gemara R' Yose ruled that the verse of *continuously* is fulfilled even if the previous week's bread is removed from the Table before the new bread is placed upon it. The Gemara now cites a Baraisa in which R' Yose elaborates his view:

תַּנְיָא – It has been taught in a Baraisa: רַבִּי יוֹסֵי אוֹמֵר – R' YOSE SAYS: אֲפִילּוּ סִילֵּק אֶת הַיְשָׁנָה שַׁחֲרִית – EVEN IF HE REMOVES THE OLD bread[32] **IN THE MORNING, וְסִידֵּר אֶת הַחֲדָשָׁה עַרְבִית – AND ARRANGES THE NEW** bread **IN THE EVENING, אֵין בְּכָךְ כְּלוּם – IT IS OF NO CONSEQUENCE. אֶלָּא מָה אֲנִי מְקַיֵּים ,,לְפָנַי תָּמִיד'' – HOW THEN DO I UPHOLD** the verse: ***BEFORE ME, CONTINUOUSLY?* שֶׁלֹּא יָלִין שֻׁלְחָן בְּלֹא לֶחֶם** – It is simply saying **THAT THE TABLE MAY NOT BE LEFT OVERNIGHT** (or over an entire day) **WITHOUT BREAD.**[33]

The Gemara employs R' Yose's teaching to teach an unrelated law:

אָמַר רַבִּי אַמִּי – R' Ami said: מִדְּבָרָיו שֶׁל רַבִּי יוֹסֵי נִלְמוֹד – From the words of R' Yose we may learn אֲפִילּוּ לֹא שָׁנָה אָדָם אֶלָּא פֶּרֶק אֶחָד שַׁחֲרִית וּפֶרֶק אֶחָד עַרְבִית – that **even if a person studies only one chapter** of Torah **in the morning and one chapter in the afternoon, קִיֵּים מִצְוַת ,,לֹא־יָמוּשׁ (את) סֵפֶר הַתּוֹרָה הַזֶּה מִפִּיךָ'' – he has fulfilled the obligation of *this Book of the Torah shall not depart from your mouth;*** *rather, you shall contemplate it day and night.*[34] Just as one may fulfill the command of *continuously* by ensuring that no full day or night passes without *panim* bread on the Table, so too may a person fulfill the command of *you shall contemplate it day and night* by ensuring that no full day or night passes without the study of Torah.[35]

The Gemara presents an even less-demanding standard for fulfillment of this obligation:

אָמַר רַבִּי יוֹחָנָן מִשּׁוּם רַבִּי שִׁמְעוֹן בֶּן יוֹחַי – R' Yochanan said in the name of R' Shimon ben Yochai: אֲפִילּוּ לֹא קָרָא אָדָם אֶלָּא קְרִיַּת שְׁמַע שַׁחֲרִית וְעַרְבִית – Even if a person merely recited the *Shema* morning and evening, קִיֵּים ,,לֹא־יָמוּשׁ'' – he has fulfilled the obligation of *this Book of the Torah* ***shall not depart*** *from your mouth; rather, you shall contemplate it day and night.*[36]

NOTES

Sanctuary on Yom Kippur. The flesh of that goat was burned; it was not eaten by the Kohanim.] The goat discussed here was an ordinary *chatas,* one of the Yom Kippur *mussaf* offerings, whose blood was sprinkled *outside* the Sanctuary, on the *Olah* Altar. Like all outside *chataos,* its flesh was consumed by the Kohanim. Ordinarily, the Kohanim would cook this meat and eat it after Yom Kippur. However, when Yom Kipppur would fall on Friday, the goat could not be cooked after the fast, because of the prohibition against cooking on the Sabbath. [It also could not be left until after the Sabbath, because it would then become invalidated as *nossar.*] Therefore, it was eaten raw, by the Kohanim of Babylonian extraction, who were not too fastidious to eat raw meat (*Rashi; Rabbeinu Gershom* to 100a). [מִפְּנֵי שֶׁדַּעְתָּן יָפָה translates literally as: for they are of refined sensibilities. Some understand this to be a euphemism, for one who eats raw meat is anything but refined. Indeed, in the version of this Mishnah cited by *Yerushalmi* (*Pe'ah* 8:4), מִפְּנֵי שֶׁדַּעְתָּן יָפָה is replaced with מִפְּנֵי שֶׁדַּעְתָּן מְקוּלְקֶלֶת, *for they are of perverse sensibilities* (*Or HaYashar*). However, others render יָפָה as "healthy" or "strong" – meaning, one who is of a strong constitution and can endure without ill-effect items that are normally repulsive (*Teshuvos Tashbatz* vol. 1 §136; see *Rashbam, Bava Basra* 145b ד״ה יפה).]

[The fixed calendar we use today has been so arranged that Yom Kippur never falls on a Friday (see *Succah* 54b). In earlier times, however, each new month was consecrated by the Sanhedrin, and the question of whether they would allow Yom Kippur to fall on a Friday is a matter of Tannaic dispute (see *Succah* ibid.; *Rosh Hashanah* 20a). *Rambam* (*Commentary* here) claims that the teaching of our Mishnah is clear proof that the Sanhedrin *would* allow Yom Kippur to fall on a Friday. Cf., however, *Tos. Yom Tov* here and *Rabbeinu Chananel* to *Shabbos* 115a. See further, *Rashash; Teshuvos Tashbatz* vol. 1 §135; *Yad David* to 100b; see *Encyclopedia Talmudis* vol. 22 cols. 425-426.]

[According to some, the Babylonians ate the meat entirely raw, without even salting it to remove the blood absorbed in the limbs. This follows the view that blood that naturally exists in uncooked meat is permitted for consumption (see *Tosafos, Chullin* 14a ד״ה ונסבין). Others maintain that raw meat must be salted before it is eaten (*Rambam, Maachalos Asuros* 6:12); according to this view, the Kohanim salted this meat before eating it (*Tos. Yom Tov*). [For why this does not violate the *melachah* of "salting" (*Shabbos* 73a), see *Tos. Yom Tov;* see also *Olas Shlomo; Yad David* to 100a.]

32. I.e. the bread of the previous Sabbath (*Rashi*).

33. R' Yose holds that as long as the *panim* bread of the previous week remained on the Table for part of the day, and the bread of the new week was placed upon it at some point during the night, the verse of "continuously" has been fulfilled (*Rashi* here and to the Mishnah).

[*Keren Orah* points out that the Torah explicitly demands that the *panim* bread be arranged on the Table on the Sabbath day (see *Leviticus* 24:8). How then can R' Yose say that it may be arranged in the evening *following* the Sabbath? *Keren Orah* therefore asserts that when the Baraisa speaks of "the evening," it really means Sabbath afternoon (בֵּין הָעַרְבַּיִים). (Indeed, *Tosefta* (11:7) reads בֵּין הָעַרְבַּיִים, *afternoon,* in place of עַרְבִית, *evening.*) When it states that "the Table may not be left overnight without bread," it means that the Table may not begin the night following the Sabbath without the bread *already* on it. See *Zevach Todah* (ד״ה תניא ר׳ יוסי), who argues in a similar vein; see there for another proof as well.]

34. *Joshua* 1:8. These words were part of a prophecy received by Joshua prior to Israel's entry into the Land of Israel.

35. According to R' Yose, the presence of the previous week's loaves upon the Table for part of the Sabbath day, and of the new loaves for part of the following night, fulfills the requirement of *continuously.* So too with Torah – a small amount of study at night and a small amount by day suffice to fulfill the requirement of *this Book of the Torah shall not depart ... you shall contemplate it day and night* (*Rashi;* see *Maharsha; Sfas Emes;* cf. *Keren Orah*).

By inferring this ruling from the words of R' Yose, R' Ami implies that according to the Rabbis (i.e. the Tanna Kamma), who hold that *continuously* demands that the bread be *constantly* upon the Table, the verse *this Book of the Torah shall not depart . . . you shall contemplate it day and night* obligates a person to spend *every single moment* of his life engaged in Torah study.

However, *Lechem Mishneh* (to *Rambam, Talmud Torah* 1:8) proves from *Rambam* that the Rabbis too agree that the verse requires only a minimal amount of study by day and by night. He explains that the Rabbis draw a distinction between the word *continuously* and the phrases *shall not depart* and *day and night. Continuously* connotes a greater level of constancy; it therefore demands the constant presence of bread on the Table. The other terms, however, connote a lesser level of constancy – one that is fulfilled by merely setting aside a time for study by day and by night. As for why R' Ami attributed this ruling to R' Yose, *Lechem Mishneh* explains that R' Ami was simply arguing that R' Yose, who interprets the term *continuously* in a lenient manner, will certainly extend this interpretation to the lesser terms of *shall not depart* and *day and night* as well. However, R' Ami is in no way implying that the Rabbis dispute this ruling. [See *Zevach Todah* (ד״ה מדבריו של ר׳ יוסי) for another approach toward R' Ami's differentiation between R' Yose and the Rabbis.]

36. [The *Shema* is a compilation of several Biblical passages.] The twice-daily recitation of the *Shema* is an independent obligation, unrelated to that of Torah study; R' Yochanan teaches that nevertheless, one who recites the *Shema* fulfills his Torah obligation as well (*Maharsha*).

It must be emphasized that reciting the *Shema* fulfills one's Torah-study obligation *only* in an emergency situation, where one's circumstances are such that he is simply unable to engage in study. Normally, however, one is obligated, at the very least, to set aside regular periods each day and night for Torah study (*Hagahos Maimoniyos* §7 to *Rambam, Talmud Torah* 1:8; *Shulchan Aruch, Yoreh Deah* 246:1, with *Beur HaGra* §6; see *Ritva, Nedarim* 8a).

[*Or Same'ach* (*Talmud Torah* 1:2) rules that one who fulfills his Torah-study obligation by reciting the *Shema* must be aware at the time of recitation that these are words of Torah and that his recitation of them fulfills his obligation to study Torah. He rules further that although one may fulfill his *Shema* obligation by reciting the first verse of the passage (according to many), one's Torah-study obligation is fulfilled only through the recitation of the entire first paragraph of the *Shema.*]

R' Yochanan adds:

וְדָבָר זֶה אָסוּר לְאוֹמְרוֹ בִּפְנֵי עַמֵּי הָאָרֶץ – However, it is forbidden to say this [ruling] before *amei haaretz.*[37]

Rava disagrees:

וְרָבָא אָמַר – But Rava said: מִצְוָה לְאוֹמְרוֹ בִּפְנֵי עַמֵּי הָאָרֶץ – It is a mitzvah to say it before *amei haaretz.*[38]

The Gemara cites a different opinion regarding the obligation of *this Book of the Torah shall not depart:*

שָׁאַל בֶּן דָּמָה בֶּן אֲחוֹתוֹ שֶׁל רַבִּי יִשְׁמָעֵאל אֶת רַבִּי יִשְׁמָעֵאל – Ben Damah, son of R' Yishmael's sister, once **asked R' Yishmael** the following question: **כְּגוֹן אֲנִי שֶׁלָּמַדְתִּי כָּל הַתּוֹרָה כּוּלָּהּ – One such as I, who has studied all of the Torah, מַהוּ לִלְמוֹד חָכְמַת יְוָנִית –** what is [the law] with regard **to my studying Greek wisdom?**[39] **קָרָא עָלָיו הַמִּקְרָא הַזֶּה – R' Yishmael recited this verse regarding [Ben Damah]: ,,לֹא־יָמוּשׁ סֵפֶר הַתּוֹרָה הַזֶּה מִפִּיךָ וְהָגִיתָ בּוֹ יוֹמָם וָלַיְלָה" – *This Book of the Torah shall not depart from your mouth; rather, you shall contemplate it day and night.* צֵא וּבְדוֹק שָׁעָה שֶׁאֵינָהּ לֹא מִן הַיּוֹם וְלֹא מִן הַלַּיְלָה – Go out and seek a moment which is neither of the day nor of the night, וּלְמוֹד בָּהּ חָכְמַת יְוָנִית – and study in it Greek wisdom!**[40]

This verse demands constant Torah study. Thus, even one who has already studied all of the Torah may not turn his attention to other disciplines.

The Gemara cites one who disagrees with the above rulings:[41]

וּפְלִיגָא דְּרַבִּי שְׁמוּאֵל בַּר נַחְמָנִי – And this (i.e. R' Yishmael's ruling to his nephew) **is at odds with [the statement] of R' Shmuel bar Nachmani: דְּאָמַר רַבִּי שְׁמוּאֵל בַּר נַחְמָנִי אָמַר רַבִּי יוֹנָתָן – For R' Shmuel bar Nachmani said in the name of R' Yonasan: פָּסוּק זֶה אֵינוֹ לֹא חוֹבָה וְלֹא מִצְוָה אֶלָּא בְּרָכָה – This verse is neither an obligation nor an elective mitzvah, but a blessing. רָאָה הַקָּדוֹשׁ בָּרוּךְ הוּא אֶת יְהוֹשֻׁעַ – The Holy One, Blessed is He, saw regarding Joshua שֶׁדִּבְרֵי תוֹרָה חֲבִיבִים עָלָיו בְּיוֹתֵר – that the words of Torah were exceedingly dear to him, שֶׁנֶּאֱמַר – as it is stated:**[42] **,,וּמְשָׁרְתוֹ יְהוֹשֻׁעַ בִּן־נוּן נַעַר לֹא יָמִישׁ מִתּוֹךְ הָאֹהֶל" – *and his servant, Joshua son of Nun, a lad, would not depart from within the tent.* אָמַר לוֹ הַקָּדוֹשׁ בָּרוּךְ הוּא – The Holy One, Blessed is He, said to [Joshua]: יְהוֹשֻׁעַ כָּל כָּךְ חֲבִיבִין עָלֶיךָ דִּבְרֵי תוֹרָה – "Joshua,** because **the words of Torah are so dear to you,** I bless you that **,,לֹא־יָמוּשׁ סֵפֶר הַתּוֹרָה הַזֶּה מִפִּיךָ" – *this Book of the Torah shall not depart from your mouth.*[43]**

According to R' Shmuel bar Nachmani, this verse represents no obligation at all.[44]

NOTES

37. [*Amei haaretz* (sing. *am haaretz*) are the common folk, who are generally ignorant of Torah and are less-than-zealous in fulfilling certain of its commandments.] R' Yochanan feared that *amei haaretz,* upon hearing that the obligation to study Torah can be fulfilled by simply reciting the *Shema,* would not encourage their sons to engage in Torah study (*Rashi*).

Others maintain that the concern is that the *amei haaretz* themselves will rely upon the *Shema* to fulfill their *own* obligations and will not engage in true Torah study (*Rabbeinu Gershom; Piskei Rid*).

38. The verse *this Book of the Torah shall not depart from your mouth* continues with the words כִּי־אָז תַּצְלִיחַ אֶת־דְּרָכֶךָ, *for then you will make your way successful.* Rava holds that the *amei haaretz* will reason as follows: If one who merely recites the *Shema* morning and evening merits such a reward, how much greater must be the reward of one who studies Torah night and day! Thus, knowledge of this teaching will actually *impel* the *amei haaretz* to encourage their sons to study.

Alternatively, Rava holds that the *amei haaretz* will observe that the very sages who teach that it is enough to recite the *Shema* spend all their time studying, and will deduce that the study of Torah brings with it great reward. This will cause them to send their sons to study Torah (*Rashi*).

Rabbeinu Gershom explains that this ruling will cause the *amei haaretz* to appreciate the self-sacrifice of Torah scholars, who can fulfill their obligations by simply reciting the *Shema* twice daily, yet choose to spend their days and nights immersed in Torah study (*Rabbeinu Gershom,* second explanation).

Maharsha maintains that the benefit in imparting this teaching to *amei haaretz* is that it will cause them to be more diligent in the *Shema* obligation. Once they know that recitation of the *Shema* fulfills not one but *two* commandments, they will be more likely to perform it.

Sfas Emes explains that if the *amei haaretz* would think that they are obligated to study day and night, they would despair of fulfilling the obligation, and would not study at all! Once they are taught that they can fulfill the requirement by studying part of each day and night, they are encouraged to study.

See *Or Same'ach* (ibid.) for yet another interpretation of Rava's ruling.

39. This was a subtle system of communication through gestures that was understood only among the [Greco-Roman] aristocracy (*Rashi* above, 64b; see *Rashi* to *Sotah* 49b ד״ה חכמת יוונית and to *Bava Kamma* 83a ד״ה חכמת יונית).

40. Of course, there is no such thing as a moment that is neither of the day nor of the night (*Rashi*). R' Yishmael was telling his nephew that the constant obligation to study Torah barred him from the study of Greek wisdom.

[It would seem from this exchange that absent the obligation to study Torah constantly, it would be permitted to study Greek wisdom. This contradicts a Gemara above (64b), which states that the Rabbis banned this study! *Tosafos* (there) explain (based on *Sotah* 49b) that where there is a communal need (e.g. for a person who can intercede with government officials), it is permitted to study Greek wisdom. This was Ben Damah's intention as well. However, R' Yishmael felt that in this case, the communal need was not urgent enough to override Ben Damah's personal obligation to study Torah.]

41. See *Rashi; Maharsha.*

42. *Exodus* 33:11. "The tent" refers to Moses' tent, in which he studied Torah with his disciples. Joshua's love for Torah was such that he would not stir from the tent.

43. I.e. you will not forget your Torah learning (*Rashi*).

44. **The obligation to study Torah:** The Gemara has enumerated three basic views regarding the verse: *you shall contemplate it day or night:* one, that it obligates a person to engage in Torah study at some point of every day and every night; two, that it obligates one to engage in constant study; three, that it does not teach an obligation at all, but was merely a blessing given to Joshua (see *Maharsha*).

One might assume that this dispute concerns the *basic* obligation of Torah study, with some maintaining that it is a constant obligation, and others arguing that it is a limited, twice-daily obligation. However, the Talmud is replete with teachings that indicate an all-encompassing obligation of Torah study, one that requires a person to study day and night to the full extent of his capability, to become fully versed in every area of Torah law, and to refrain from non-essential activities that distract him from his Torah obligation. Accordingly, the Gemara in *Kiddushin* (end of 30a) expounds the verse of וְשִׁנַּנְתָּם, *And you shall teach them thoroughly* (*Deuteronomy* 6:7), as an obligation to become thoroughly knowledgeable in the *entire* Torah (see *Rashi* there ד״ה יהו מחודדין בפיך and *Dibros Moshe* 11:43), which is a standard that clearly cannot be achieved through the mere recitation of the *Shema* (see *Ran, Nedarim* 8a ד״ה הא קמ״ל). The Gemara in *Yoma* (19b) teaches that one who engages in trivial conversation transgresses the positive commandment of *and you shall speak of them* [i.e. words of Torah] (*Deuteronomy* 6:7), which implies that it is forbidden to speak of other (non-essential) matters. A Gemara in *Sanhedrin* (99a) teaches that one who is able to engage in Torah and does not do so is excoriated in Scripture as one who has *despised the word of Hashem* (*Numbers* 15:31). These and other sources indicate that a person is required to devote every available moment to Torah study. Clearly, a twice-daily period of study does not suffice.

Furthermore, if our Gemara's dispute concerns the general obligation of Torah study, the views of the disputants expressly contradict their views elsewhere – specifically, in *Berachos* 35b, where R' Yishmael rules that Torah study should be combined with earning a livelihood and R' Shimon ben Yochai rules that ideally, one should devote his life *entirely* to study, while relying for sustenance upon Divine Providence. The Gemara there concludes that R' Yishmael's method is correct for

The Gemara cites a Baraisa regarding the obligation to study Torah:

תָּנָא דְּבֵי רַבִּי יִשְׁמָעֵאל – A Baraisa was taught in the academy of R' Yishmael: דִּבְרֵי תוֹרָה לֹא יְהוּ עָלֶיךָ חוֹבָה – **THE WORDS OF THE TORAH SHOULD NOT BE TO YOU LIKE A** monetary **OBLIGATION,** which can be repaid with a fixed sum of money, וְאִי אַתָּה רַשַּׁאי לִפְטוֹר עַצְמְךָ מֵהֶן – **FOR YOU CANNOT FREE YOURSELF OF THEM.**[45]

The Gemara cites a teaching regarding the reward for studying Torah and the penalty for abandoning it:

אָמַר חִזְקִיָּה – **Chizkiyah said:** מַאי דִּכְתִיב – Concerning **that which is written,** ,,וְאַף הֱסִיתְךָ מִפִּי־צָר רַחַב לֹא־מוּצָק תַּחְתֶּיהָ" – ***and he has even enticed you from a narrow entrance, a broad place without constriction at its bottom:***[46] בּוֹא וּרְאֵה שֶׁלֹּא כְּמִדַּת הַקָּדוֹשׁ בָּרוּךְ הוּא מִדַּת בָּשָׂר וָדָם – **Come and see how unlike the characteristics of the Holy One, Blessed is He, are the characteristics of flesh and blood.** מִדַּת בָּשָׂר וָדָם – **The characteristics of flesh and blood** are אָדָם מֵסִית אֶת חֲבֵירוֹ מִדַּרְכֵי חַיִּים לְדַרְכֵי מִיתָה – that **a person entices his fellow from the ways of life to the ways of death.**[47] וְהַקָּדוֹשׁ בָּרוּךְ הוּא – **But the Holy One, Blessed is He,** מֵסִית אֶת הָאָדָם מִדַּרְכֵי מִיתָה לְדַרְכֵי חַיִּים – **entices a person from the ways of death to the ways of life.**[48] שֶׁנֶּאֱמַר – **As it is stated:** ,,וְאַף הֱסִיתְךָ מִפִּי־צָר" – ***and he has even enticed you from a narrow entrance,*** מִגֵּיהִנֹּם שֶׁפִּיהָ צַר – i.e. **from Gehinnom** (Hell), **whose entrance is narrow,** שֶׁעֲשָׁנָהּ צָבוּר – so **that its smoke will gather**

NOTES

most people, while R' Shimon ben Yochai's is fit only for certain exalted individuals. Here, however, R' Yishmael rules that one must study constantly, while R' Shimon ben Yochai is quoted by R' Yochanan as obligating a person to do no more than recite the *Shema* twice daily!

R' Yitzchak Isaac Chaver (*Or Torah,* pp. 292-294 in the Keser Torah edition, Jerusalem, 5731) explains that, in fact, the various teachings of our Gemara do not represent a dispute regarding the general obligation to study Torah. All the Tannaim and Amoraim of our Gemara agree that optimally, one should study constantly, interrupting only for such necessities as earning a livelihood. R' Yishmael's ruling to his nephew expressed this optimal requirement, as did his ruling in *Berachos* 35b. As for R' Shimon ben Yochai's ruling here regarding reciting the *Shema* twice daily (and R' Ami's ruling concerning learning for a brief period by day and by night), it concerns a person who is *not* fulfilling his full obligation. R' Shimon ben Yochai teaches that although this person is liable to punishment for failing to study sufficiently, the Torah he *does* study, and the chapters of the *Shema* that he recites, represent an unambiguous fulfillment of the commandment to study Torah. Without his teaching, one might have assumed that the Torah study of one who has not fulfilled his obligation is regarded as an incomplete mitzvah act (comparable, say, to consuming less than an olive-size of matzah on Pesach). The verse *you shall contemplate it day and night* tells us otherwise: that any amount of Torah at all – even if it is only a twice-daily recitation of the *Shema* – is reckoned a true fulfillment of the obligation to learn. As for R' Shmuel bar Nachmani, he too does not dispute the obligation to be constantly involved in Torah study. He is simply saying that this requirement is not derived from the verse: *this Book of the Torah shall not depart.* This verse is merely a blessing, not a command. [See *Keren Orah* for a similar explanation.]

Others understand R' Shimon ben Yochai to be discussing one who is preoccupied with eking out a living, who can do nothing more than recite the *Shema* twice a day. In these circumstances, this minimal amount of study suffices to fulfill the obligation (see *Ritva, Nedarim* 8a; *Hagahos Maimoniyos* §7 to *Rambam, Talmud Torah* 1:8; *Yoreh Deah* 246:1, with *Beur HaGra* there §6; see also *Zevach Todah*).

For further discussion, see *Chok Nasan; Sfas Emes; Yad David.* See also at length *Shulchan Aruch HaRav, Hil. Talmud Torah, Kuntres Acharon* to 3:1. See also *Nitzotzei Or.*

45. One who owes a monetary debt to another waits impatiently for the moment that he will be able to repay it and be free of obligation. One's Torah obligation is otherwise. One cannot say, "I will study a chapter, and thereby become free of my debt" – for the obligation to study Torah is a constant one (*Rashi*).

Alternatively, when the Baraisa states that one should not view the study of Torah as an obligation, it means that this should not be one's *sole* occupation; rather, one must pursue a livelihood as well. Yet, the Baraisa teaches, one cannot free himself from the obligation to study. Rather, one must do both – pursue a livelihood *and* study Torah. As the Mishnah teaches in *Avos* (2:2): יָפֶה תַלְמוּד תּוֹרָה עִם דֶּרֶךְ אֶרֶץ, *Torah study is good with an occupation* (*Tosafos;* see *Berachos* 35b).

Alternatively, the Baraisa means that a person is not obligated to complete the *entire* Torah in his lifetime. Nevertheless, he cannot free himself of the obligation to study. As the Mishnah in *Avos* (2:16) states: לֹא עָלֶיךָ הַמְּלָאכָה לִגְמוֹר, *You are not required to complete the task,* וְלֹא אַתָּה בֶן חוֹרִין לְהִבָּטֵל מִמֶּנָּה, *but you are not free to withdraw from it* (*Tosafos*).

Maharal (*Chidushei Aggados*) explains differently: One should not view the study of Torah as an onerous obligation; rather, one should approach its study with love and desire, for only in this way can he cleave fully to the One Who gave the Torah. At the same time, one should not imagine that he is free to abandon its study, for it is indeed a Divine obligation.

For other interpretations of this teaching, see *Maharsha.*

46. *Job* 36:16. The verse refers to Gehinnom, which, as the Gemara will demonstrate, is narrow at the top and wide at the bottom (see *Rashi* and *Metzudas David* ad loc.).

47. The term הֲסָתָה, *enticement,* as used in Scripture, generally denotes the enticement of a person to wickedness. For example, a verse in *Deuteronomy* (13:7) states: כִּי יְסִיתְךָ אָחִיךָ בֶן־אִמֶּךָ . . . בַּסֵּתֶר לֵאמֹר נֵלְכָה וְנַעַבְדָה אֱלֹהִים אֲחֵרִים, *If your brother, the son of your mother, will entice you . . . secretly, saying, "Let us go and worship alien gods"* (*Rashi*).

48. I.e. God entices a person to study Torah, thereby saving him from Gehinnom (*Rashi*).

Taharas HaKodesh explains that when a person offers good advice to his fellow, he expects him to recognize its value. He feels no obligation to *entice* the other person to act in in a manner consistent with his own best interests. God, however, actually entices people to do things that are in their own best interests.

בְּתוֹכָהּ – **within it.**[1] וְשֶׁמָּא תֹּאמַר כְּשֵׁם שֶׁפִּיהָ צַר כָּךְ כּוּלָּהּ צָרָה – **And lest you say** that **just as its entrance is narrow, so too is all of it narrow,**[2] תַּלְמוּד לוֹמַר – **[Scripture] states:** ,,הֶעֱמִיק הִרְחִב״ – ***[God] has deepened and widened it.***[3] וְשֶׁמָּא תֹּאמַר לַמֶּלֶךְ לֹא הוּכְנָה – **And lest you say** that **it was not prepared for the king,** i.e. for a Torah scholar who has abandoned Torah, תַּלְמוּד לוֹמַר – **[the verse] continues:** ,,גַּם־הִיא לַמֶּלֶךְ הוּכָן״ – ***it was readied even for the king.***[4] וְשֶׁמָּא תֹּאמַר אֵין בָּהּ עֵצִים – **And lest you say** that **there is no wood in it,**[5] תַּלְמוּד לוֹמַר – **[the verse] continues:** ,,מְדֻרָתָהּ אֵשׁ וְעֵצִים הַרְבֵּה״ – ***its inferno has much fire and wood.*** וְשֶׁמָּא תֹּאמַר זֶה הוּא שְׂכָרָהּ – **And lest you say** that **this** alone **is the reward for [Torah study],**[6] תַּלְמוּד לוֹמַר – **[Scripture] states:**[7] ,,וְנַחַת שֻׁלְחָנְךָ מָלֵא דָשֶׁן״ – ***and your table will be laid with rich foods,*** i.e. in the World to Come.

The Mishnah stated:

חָל יוֹם הַכִּיפּוּרִים לִהְיוֹת בְּשַׁבָּת [וכו׳] – If YOM KIPPUR FALLS ON THE SABBATH [etc.].

The Mishnah follows this by stating that if Yom Kippur would fall on a Friday, the Babylonians would eat the he-goat of Yom Kippur raw on Friday night. The Gemara now reveals the true identity of these "Babylonians":

אָמַר רַבָּה בַּר בַּר חָנָה אָמַר רַבִּי יוֹחָנָן – **Rabbah bar bar Chanah said in the name of R' Yochanan:** לֹא בַּבְלִיִּים הֵם אֶלָּא אֲלֶכְּסַנְדְּרִיִּים הֵם – **They were not Babylonians but Alexandrians.**[8] וּמִתּוֹךְ שֶׁשּׂוֹנְאִין אֶת בַּבְלִיִּים – **However, because [the Rabbis] dislike the Babylonians,**[9] קוֹרִין אוֹתָם עַל שֵׁם בַּבְלִיִּים – **they call [the Alexandrians]** who eat in this ravenous manner **Babylonians.**

The Gemara cites a Baraisa in support of this contention:

תַּנְיָא נַמִּי הָכִי – **This has also been taught in a Baraisa:** רַבִּי יוֹסֵי אוֹמֵר – R' YOSE SAID: לֹא בַּבְלִיִּים הֵם אֶלָּא אֲלֶכְּסַנְדְּרִיִּים הֵם – THEY WERE NOT BABYLONIANS BUT ALEXANDRIANS. וּמִתּוֹךְ שֶׁשּׂוֹנְאִין אֶת בַּבְלִיִּים – HOWEVER, BECAUSE [THE RABBIS] DISLIKE THE BABYLONIANS, קוֹרְאִין אוֹתָן עַל שֵׁם בַּבְלִיִּים – THEY CALL [THESE UNCOUTH ALEXANDRIANS] BABYLONIANS. אָמַר לוֹ רַבִּי יְהוּדָה – Upon hearing this, R' YEHUDAH, who was from a Babylonian family, SAID TO [R' YOSE]: תָּנוּחַ דַּעְתְּךָ – MAY YOUR MIND BE AT EASE, שֶׁהֵנַחְתָּ דַּעְתִּי – FOR YOU HAVE PLACED MY MIND AT EASE![10]

Mishnah

This Mishnah discusses various cases in which the *panim* bread or frankincense was placed upon or removed from the Table on the wrong day. The first case:

סִידֵּר אֶת הַלֶּחֶם בְּשַׁבָּת – If **one arranged the** *panim* **bread** upon the Table **on the Sabbath,** וְאֶת הַבָּזִיכִין לְאַחַר הַשַּׁבָּת – **and the spoons** of frankincense **after the Sabbath** (i.e. on Sunday), וְהִקְטִיר אֶת הַבָּזִיכִין בְּשַׁבָּת – **and** then **burned the spoons** of frankincense **on the** next **Sabbath,** פָּסוּל – **[the bread] is invalid.**[11] אֵין חַיָּיבִין עֲלֵיהֶן מִשּׁוּם

NOTES

1. Its opening is narrow to prevent the smoke of the fires from escaping, so that the wicked will be punished with smoke as well as fire (*Rashi* to 99b).

2. [In which case its smoke is *not* contained within it.]

3. *Isaiah* 30:33. This verse speaks of Gehinnom, as is evident from its first clause: כִּי־עָרוּךְ מֵאֶתְמוּל תָּפְתֶּה, *For Hell is prepared from yesterday* (*Rashi* ibid.). The verse tells us that once the pit of Gehinnom has reached some depth, it widens immediately (*Rashi* ibid.).

[This could also have been derived from the second part of the verse in *Job,* which describes the base of Gehinnom as *a broad place without constriction.* The reason the Gemara chooses the verse in *Isaiah* is that it wishes to expound its other segments as well (*Yashar V'Tov*).]

4. One might assume that a scholar's abandonment of Torah study will not result in punishment in Gehinnom. The verse teaches otherwise (*Rashi;* cf. *Maharsha; Maharal; Keren Orah*).

Torah scholars are sometimes referred to in Scripture as "kings." See, for example, *Proverbs* 8:15, which states: בִּי מְלָכִים יִמְלֹכוּ, *through me* [i.e. the Torah] *kings will reign* (*Rashi,* from *Yoma* 72b and *Gittin* 62a; see *Rashi* to *Proverbs* 8:1,15).

5. [I.e. there is not *much* wood, so that the punishment will not be prolonged (*Maharsha*).]

6. I.e. that the scholar will be saved from the judgment of Gehinnom. However, he will receive no other reward (*Rashi*).

7. *Job* 36:16.

See *Maharal, Chidushei Aggados,* for elucidation of the Gemara's comments concerning Gehinnom.

8. I.e. they were from the Egyptian city of Alexandria (*Rashi*).

9. The Gemara in *Yoma* (9b) relates that Reish Lakish once said to Rabbah bar bar Chanah that he despises the Babylonian Jews because their refusal to return to Eretz Yisrael with Ezra the Scribe caused the Divine Presence to be withheld from the Second Temple. This was the source of the Rabbis' distaste for Babylonian Jews (*Tosafos;* see *Rashi* to *Yoma* ibid. for a different interpretation of Reish Lakish's comment).

The Rabbis spoke ill of the Alexandrians even though they were performing a mitzvah by eating the meat raw – namely, the mitzvah of preventing the sacrificial meat from being invalidated as *nossar. Tosafos* explain that the Alexandrians made it their custom to *always* eat this offering raw, even in years that Yom Kippur did *not* fall on Erev Shabbos. The Rabbis felt that this exhibited an unseemly ravenousness. However, *Rashi* (to the Mishnah) states that they would eat the offering raw *only* when Yom Kippur would fall on a Friday. See *Yad David* here for discussion.

10. R' Yehudah was relieved to hear that it was not his compatriots who ate in this ravenous manner (see *Rashi*).

11. The bread is invalid because its frankincense (*levonah*) was burned prematurely (מְחוּסַּר זְמַן). It should have been left on the Table from Sabbath to Sabbath (for a total of seven days). Instead, it was burned after only six days on the Table (*Rashi; Rabbeinu Gershom; Piskei Rid*). [The *panim* bread and the *levonah* are two parts of a single offering, for it is the *levonah* that permits the bread to be eaten (it is the "permitter," or מַתִּיר, of the bread). Therefore, once the *levonah* is invalidated, its counterpart – the *panim* bread – is invalidated as well. See *Mikdash David* (22:1 ד״ה וזה שכתב), cited on 100b, note 3; cf. *Aruch HaShulchan HeAsid* (*Kodashim* 111:5).]

The Mishnah will soon cite a case in which both bread and *levonah* are placed on the Table on Sunday. In that case, the Mishnah advises that they be left on the Table until the second Sabbath, at which point the *levonah* is burned and the bread eaten. *Rashi* wonders why the Mishnah did not proffer similar advice in our case – to wit, that if the bread is arranged on the Sabbath and the *levonah* on Sunday, they should both be left on the Table until the second Sabbath. *Rashi* differentiates as follows: In that case, since the bread was placed upon the Table on a weekday, it did not become consecrated on the day it was arranged. Rather, its consecration was delayed until the following Sabbath; therefore, it is not subject to the *linah* invalidation until yet another Sabbath passes (for the *linah* count does not begin until the bread undergoes physical consecration on the Table – see below, note 16). In our case, however, the bread was properly placed upon the Table on the Sabbath. Therefore, the Table consecrates it immediately; hence, the passing of its seven-day term on the following Sabbath causes it to be invalidated by *linah.* Therefore, the Mishnah cannot advise that it be left until the second Sabbath (*Rashi,* as emended by *Shitah Mekubetzes* §11; see *Rashash* and *Yashar V'Tov,* who keep *Rashi's* original reading; see also *Mikdash David* 22:1 ד״ה מצות השלחן). The Gemara in *Zevachim* (87a) seems to contradict *Rashi's* answer; see below (note 16) for discussion.

[When we state that the bread must remain upon the Table for "seven days," or that frankincense placed on Sunday was on the Table for "six days" before being burned on the Sabbath, we are not counting the day it was placed upon the Table, but are reckoning only the cycles of night and day that follow its placement. If the day on which the bread is arranged *is* counted, the full term of *panim* bread on the Table is eight

פִּיגּוּל נוֹתָר וְטָמֵא – Therefore, **we are not liable on account of these [loaves] for *piggul, nossar* or *tamei.*** [12]

Another case:

סִידֵּר אֶת הַלֶּחֶם וְאֶת הַבָּזִיכִין בְּשַׁבָּת – If **one arranged the** *panim* **bread and the spoons** of frankincense **on the Sabbath,** **וְהִקְטִיר אֶת הַבָּזִיכִין לְאַחַר הַשַּׁבָּת** – **and** then **burned the spoons** of frankincense **after the Sabbath** (i.e. the following day, on Sunday), while leaving the bread on the Table until the following Sabbath, **פְּסוּלָה** – **[the bread] is invalid.** **וְאֵין חַיָּיבִין עֲלֵיהֶן מִשּׁוּם פִּיגּוּל נוֹתָר וְטָמֵא** – Therefore, **we are not liable on account of these [loaves] for *piggul, nossar* or *tamei.*** [13]

A final case:

סִידֵּר אֶת הַלֶּחֶם וְאֶת הַבָּזִיכִין לְאַחַר הַשַּׁבָּת – If **one arranged the** *panim* **bread and the spoons** of frankincense **after the Sabbath** (i.e. on Sunday), **וְהִקְטִיר אֶת הַבָּזִיכִין בְּשַׁבָּת** – **and** then **burned the spoons** of frankincense **on the** following **Sabbath,** **פְּסוּלָה** – **[the bread] is invalid.**[14] **כֵּיצַד יַעֲשֶׂה** – **What should one do** to ensure the validity of bread and frankincense that were placed onto the Table on Sunday?[15] **יַנִּיחֶנָּה לַשַּׁבָּת הַבָּאָה** – **He should leave [the bread and frankincense]** on the Table **for the coming Sabbath** (i.e. the second one). **שֶׁאֲפִילוּ הִיא עַל הַשּׁוּלְחָן יָמִים רַבִּים** – **For even if [the bread] remains upon the Table for many days,** **אֵין בְּכָךְ כְּלוּם** – **it is of no consequence.**[16]

NOTES

days – from Sabbath to Sabbath. The Rishonim employ *both* methods of reckoning – see, for example, *Rashi* here, *Rashi* below ד״ה ליקדוש, *Rashi ms.* to 90a ד״ה פסולה; *Rashi, Yoma* 29b ד״ה פסולה; *Rabbeinu Gershom* here. We have followed their lead in the notes that follow.]

12. *Piggul* is created when an offering is brought with the intent to eat it beyond its time. One who deliberately eats *piggul* is liable to the penalty of *kares,* excision.

Ordinarily, burning the spoons of *levonah* with intent to consume the *panim* bread after its time causes the *panim* bread to become *piggul.* The Mishnah rules that in our case [where the burning was performed incorrectly], even if the *levonah* was burned with a *piggul* intent – i.e. to consume the bread on Sunday – it does not render the bread *piggul.* Therefore, one who subsequently eats the *panim* bread is not liable to *kares* for eating *piggul* (*Rashi*). [This is not to say that the bread may be eaten. In fact, it is forbidden for consumption, since that which permits it to be eaten (its מַתִּיר) – the *levonah* – was offered prematurely. However, it is not *piggul.*]

The invalidation of *nossar* affects sacrificial foods that were left beyond the permitted time of their consumption. One who deliberately consumes *nossar* is liable to the penalty of *kares.* Ordinarily, *panim* bread that was removed from the Table on the Sabbath and is left uneaten until Sunday is forbidden as *nossar.* The Mishnah rules that in our case, this would not cause the bread to become *nossar.* For only permitted sacrificial food can become *nossar;* since our bread was never permitted for consumption in the first place (on account of the premature burning of the *levonah*), it cannot become *nossar* (*Rashi*).

"Tamei" refers to the prohibition against eating sacrificial food while in a state of *tumah* contamination. One who deliberately violates this prohibition is liable to the penalty of *kares.* The Mishnah rules that where the *levonah* was offered prematurely, one who consumes the *panim* bread while *tamei* is not liable to *kares.* This is because of a Tannaic teaching (cited above, 25b) that states that one who eats an offering in a state of *tumah* is liable *only* if the offering was permitted to those who are *tahor.* If, however, a given offering never became permitted, it cannot render a person liable for eating it in a state of *tumah.* In our case, since the *levonah* was offered prematurely, the *panim* bread never became permitted to those who are *tahor;* therefore, one who eats it in a state of *tumah* is not liable to *kares* (*Rashi*).

13. Here too, the *levonah* was offered prematurely; for it was burned after spending only a single day on the Table (*Piskei Rid*). Therefore, the bread is invalid, and cannot render one liable to the penalties of *piggul, nossar* and *tamei.* [As we explained above (note 11), the *panim* bread and the *levonah* are two parts of a single offering. Therefore, the invalidation of the *levonah* carries with it a parallel invalidation of the bread (see *Aruch HaShulchan HeAsid, Kodashim* 111:6). The same holds true in the Mishnah's final case as well (see ibid. §4).]

14. The *panim* bread and *levonah* must remain on the Table for at least seven days [before the *levonah* is burned], i.e. from Sabbath to Sabbath. In this case, they were on the Table for only six days, from Sunday to Sabbath. Therefore, the burning of the *levonah* is premature; hence, the bread is invalid (*Rashi comm.* to 90a ד״ה פסולה; *Rashi ms.* there ד״ה פסולה; *Rashi, Yoma* 29b ד״ה פסולה; *Rashi, Zevachim* 87a ד״ה דתנן; *Rabbeinu Gershom* here).

[Some versions of the Mishnah omit the word פְּסוּלָה, *it is invalid,* partly because the Mishnah proceeds to say, "What should one do?" which implies that there is a remedy (see *Rashi, Yoma* ibid.). See following note and note 3 to 100b; see *Tos. Yom Tov.*]

15. *Rashi comm.* to 90a ד״ה כיצד יעשה; *Rabbeinu Gershom* here; *Tosafos* to 90a ד״ה כיצד יעשה, first explanation.

The Mishnah is troubled by the following difficulty: The *levonah* on the Table must be burned on the Sabbath. Since it was arranged on Sunday, it cannot be burned on the first Sabbath, for that would be premature. Perforce, we must wait until the second Sabbath and burn the *levonah* then. But this requires the bread and *levonah* to remain on the Table for more than eight days, which would presumably cause them to be invalidated with *linah*! The Mishnah therefore asks: What should one do to ensure that the *levonah* can be burned without the bread becoming invalidated? (see following note).

[According to the texts that omit the word פְּסוּלָה (see previous note), the bread remains valid even after the *levonah* was burned. Accordingly, the Mishnah's question is: What should one do with the bread after the spoons of *levonah* were burned? (*Tosafos* to 90a ד״ה כיצד יעשה, second explanation, as interpreted by *Tos. Yom Tov* and *Sfas Emes;* cf. *Yashar V'Tov's* understanding of *Tosafos;* see *Tos. Yeshanim* to *Yoma* 29b ד״ה והקטיר; see also *Ritva* to *Yoma* ibid.).]

16. The Mishnah answers its own question by saying that in fact, leaving the bread and frankincense on the Table until the second Sabbath will *not* cause them to be invalidated with *linah,* notwithstanding that they will remain upon the Table for a total of *two weeks,* from the Sunday on which they were arranged until the Sabbath of the following week.

Although bread and *levonah* left on the Table longer than eight days (Sabbath to Sabbath) *do* ordinarily become invalidated with *linah,* this case is different. For the *linah* count of any given sacrificial item does not begin until that item has undergone physical consecration in a *kli shareis* (service vessel). This means that *panim* bread and *levonah* cannot become invalidated with *linah* until the eighth day following their consecration on the Table. This consecration can take place *only* on the Sabbath. Thus, when these items are arranged on a Sunday, they do not become consecrated until the arrival of the Sabbath six days later, and hence are not invalidated with *linah* until after the *following* Sabbath. The six days they spend on the Table between the first Sunday and the first Sabbath are of no consequence (*Rashi,* with *Shitah Mekubetzes* §12,13).

[*Rashi* (here and *Rashi comm.* to 90a; see also *Rashi ms.* there) and *Shitah Mekubetzes* make it clear that when the Mishnah states that extra time spent on the Table does not invalidate the *panim* bread, it refers *only* to the period *before* the bread is consecrated. Once, however, the bread has been consecrated, it is invalidated with *linah* after eight days *even* if it is still upon the Table. (This understanding is also borne out in the Gemara below – see below, note 41.) However, this view is seemingly at odds with a Gemara in *Zevachim* (87a). The Gemara there gives our Mishnah as the source of a general rule that states that as long as *panim* bread remains upon the Table, it is not subject to *linah.* This implies that even bread that has already been consecrated cannot become invalidated with *linah* while it is still upon the Table! (see also *Rambam, Temidin U'Mussafin* 5:13 with *Lechem Mishneh*). *Tosafos* (*Zevachim* ibid. ד״ה לשלחן) take note of this difficulty, and explain that the Gemara in *Zevachim* is simply saying that if the bread is arranged *properly* upon the Table, in accordance with all requirements, *then* the Table protects it from *linah* even after it is consecrated. In our case,

Gemara The Gemara commences a discussion that it will eventually connect to our Mishnah:

תְּנַן הָתָם – We have learned in a Mishnah there:[17] אָמַר לָהֶם הַמְּמוּנֶּה – Every day, **THE ADMINISTRATOR**[18] **WOULD SAY** to **THEM** [i.e. to the assembled Kohanim], צְאוּ וּרְאוּ אִם הִגִּיעַ זְמַן שְׁחִיטָה – **"GO OUT AND SEE IF THE TIME FOR SLAUGHTERING** the morning *tamid* offering **HAS ARRIVED."**[19] אִם הִגִּיעַ – **IF IT HAD ARRIVED,** הָרוֹאֶה אוֹמֵר בַּרְקַאי – **THE OBSERVER WOULD SAY, "DAWN!"**[20] מַתִּתְיָא בֶּן שְׁמוּאֵל אוֹמֵר – **MATISYA BEN SHMUEL WOULD SAY:**[21] הֵאִיר פְּנֵי כָּל הַמִּזְרָח עַד שֶׁבְּחֶבְרוֹן – **"HAS THE ENTIRE EAST LIT UP AS FAR AS HEBRON?"** וְהוּא אוֹמֵר הֵן – **AND [THE OBSERVER] WOULD SAY, "YES!"**[22] וְלָמָּה הוּצְרְכוּ לְכָךְ – **AND WHY WAS THIS NECESSARY?**[23] שֶׁפַּעַם אַחַת עָלָה מְאוֹר הַלְּבָנָה – **BECAUSE ON ONE OCCASION THE LIGHT OF THE MOON ROSE** over the horizon close to morning[24] וְדִימּוּ שֶׁהֵאִיר מִזְרָח – **AND THEY THOUGHT THAT THE EAST HAD LIT UP** from the sun, שָׁחֲטוּ אֶת הַתָּמִיד – and so **THEY SLAUGHTERED THE *TAMID*** offering at night, thereby invalidating it.[25] וְהוֹצִיאוּהוּ לְבֵית הַשְּׂרֵיפָה – **THEY THEN HAD TO TAKE [THE INVALIDATED OFFERING] OUT TO THE PLACE OF BURNING.**[26]

This Mishnah is found in Tractate *Yoma,* whose primary subject is the Kohen Gadol's service in the Temple on Yom Kippur. The Mishnah then describes a part of his service:[27]

וְהוֹרִידוּ כֹּהֵן גָּדוֹל לְבֵית הַטְּבִילָה – On Yom Kippur, once the time for slaughtering the *tamid* arrived, **THEY TOOK THE KOHEN GADOL DOWN TO THE *MIKVEH.***[28]

The Mishnah states a rule:

זֶה הַכְּלָל הָיָה בַּמִּקְדָּשׁ – **THIS GENERAL RULE WAS** operative **IN THE TEMPLE:** כָּל הַמֵּסִיךְ אֶת רַגְלָיו טָעוּן טְבִילָה – **ANYONE WHO MOVES HIS BOWELS REQUIRES IMMERSION** in a *mikveh,*[29] וְכָל הַמֵּטִיל מַיִם טָעוּן קִדּוּשׁ יָדַיִם וְרַגְלַיִם – **AND ANYONE WHO URINATES REQUIRES "SANCTIFICATION" OF** his **HANDS AND FEET.**[30]

The Mishnah stated that when they inadvertently slaughtered the *tamid* offering at night, it was invalidated, and had to be taken to the place of burning. The Gemara elaborates on this:

תָּנֵי אֲבוּהַ דְּרַבִּי אָבִין – **The father of R' Avin taught** a Baraisa: לֹא זוֹ בִּלְבַד – **NOT ONLY THIS,**[31] אֶלָּא אֲפִילוּ עוֹלַת הָעוֹף שֶׁנִּמְלְקָה בַּלַּיְלָה – **BUT EVEN** if **A BIRD *OLAH* HAD *MELIKAH*** performed **AT NIGHT,** וּמִנְחָה שֶׁנִּקְמְצָה בַּלַּיְלָה – **OR A *MINCHAH* HAD *KEMITZAH***

NOTES

however, the initial arrangement of the bread was lacking (for it was placed upon the Table on a Sunday); therefore, the Table does not protect the consecrated bread from becoming invalidated with *linah.*

Zevach Todah (ד״ה יניחנו) extends this explanation to the Mishnah's first case as well, where the bread was arranged on the Sabbath and the *levonah* on Sunday: Although the bread was arranged on the proper day, the *levonah* was not; therefore, the bread too is not considered to have been properly arranged, and is therefore subject to *linah* even while on the Table (see above, note 11).]

[One might wonder how the Gemara in *Zevachim* extracts this rule from the statement of our Mishnah (which concerns bread that has *not* yet been consecrated). *Tosafos* (ibid.) explain that the Mishnah's final phrase (*for even if the bread remains on the Table . . .*) is superfluous, for the Mishnah could have simply stated its ruling without this bit of elaboration. The Gemara in *Zevachim* expounds the superfluity as teaching a general rule: namely, that where the bread is properly arranged, being on the Table protects it from the *linah* invalidation (see *Tosafos* above, 90a ד״ה שאפילו for a somewhat different explanation). See further, *Chazon Ish, Zevachim* 19:35; *Mikdash David* 22:1 ד״ה מצות השלחן.]

[*Rambam* (*Temidin U'Mussafin* 5:12-14) has a very different understanding of some of the Mishnah's rulings. For extensive discussion of his view, see *Kesef Mishneh* and *Lechem Mishneh* ad loc.; *Tos. Yom Tov* and *Keren Orah* here; *Mikdash David* 22:1; *Aruch HaShulchan HeAsid, Kodashim* 111:7-13.]

17. *Yoma* 28a.

18. This refers to the *s'gan,* the Deputy Kohen Gadol (*Rashi, Yoma* ibid.). Alternatively, "the administrator" was not the *s'gan,* but was a Kohen specially appointed to manage the drawing of the lots that decided who would perform the various services of the daily *tamid* offering [e.g. *shechitah, zerikah*] (*Tosafos*).

19. I.e. see if dawn has arrived (*Rashi*).

Sacrificial slaughter performed at night is invalid (see note 25). Day is reckoned from dawn – i.e. from when the first glimmering of light is observed on the eastern horizon. The administrator therefore sent the Kohanim to the roof or the top of a wall to see if dawn had broken (*Rashi, Yoma* ibid.).

20. Literally: It is shining (see *Ezekiel* 21:15 and *Psalms* 77:19). The one who climbed to the roof would answer that the first light of the sun could already be seen (*Rashi* ibid.).

21. Matisya ben Shmuel was administrator of the lots (see note 18), as is mentioned in *Shekalim* 13a; see also *Yoma* 28b (*Rashi; Tosafos*).

22. On Yom Kippur, Matisya ben Shmuel would not simply ask the Kohen on the roof whether it was light, but would ask whether the *entire* eastern sky was lit up as far as Hebron. The observer would answer, "Yes." *Yerushalmi* (*Yoma* 3:1) explains that he used this wording on Yom Kippur to invoke the merit of the Patriarchs and Matriarchs who are laid to rest in Hebron (*Rashi,* with *Shitah Mekubetzes* §14,15; *Tosafos;* see, however, *Rashash*). [*Rashi's* interpretation of the dialogue follows one of two views offered in *Yoma* 28b. According to the other view, the observer reported that the entire eastern sky was lit up, Matisya asked him if was lit up until Hebron, and the observer answered, "Yes." *Rabbeinu Gershom* here follows this other view.]

Other Rishonim maintain that these were not the words of Matisya himself. Rather, the Mishnah is citing Matisya ben Shmuel as a Tanna of the Mishnah, who is recording the words of the observer in the Temple (see *Rabbeinu Gershom; Rambam, Commentary to the Mishnah* in *Yoma;* see *Be'er Sheva* to *Tamid* 30a).

Some authorities maintain that the exchange regarding Hebron occurred every day, not only on Yom Kippur. See *Meiri* to *Yoma* ibid., *Sfas Emes* here and there and *Rashash* here.

23. Why did they have to send an observer up to the roof to see whether the day had begun? (*Rashi*). Surely the beginning of daylight was obvious to everyone on the ground.

24. *Rashi, Yoma* ibid., as emended by *Rashash* there.

The Gemara in *Yoma* (29a) explains that this incident did not occur on Yom Kippur, for the astronomical phenomenon described herein could not have taken place at that time of month.

25. An offering slaughtered at night is invalid. This is derived from the verse that states (*Leviticus* 19:6): בְּיוֹם זִבְחֲכֶם, *on the day of your slaughtering. On the day* implies: but not at night (*Rashi,* from *Megillah* 20b). Cf. *Rabbeinu Chananel* (*Yoma* ibid.).

26. When they realized that they had invalidated the offering by slaughtering it at night, they took it to the place of burning [an area set aside for the burning of invalidated offerings – see *Zevachim* 104b] (*Rashi* here and to *Yoma* ibid.). To prevent future incidents, the Kohanim instituted a system of visual observation from the roof.

27. See *Yoma* 29a with *Rashi* ד״ה ה״ק וביום הכיפורים.

28. Once the time for slaughtering the morning *tamid* had indeed arrived, the Kohen Gadol was taken to the *mikveh* to immerse himself before the service.

[See *Sfas Emes* (*Yoma* 28a) for a discussion of why the Kohen Gadol could not immerse himself in the *mikveh* at night. See *Rabbeinu Gershom* here.]

29. To wash away any excrement that may have clung to the skin (*Meiri, Yoma* ibid.).

הַמֵּסִיךְ אֶת רַגְלָיו translates literally as: one who covers his feet. Because a person crouches and modestly covers his body and feet with his clothing while engaged in this act, the act is euphemistically called "covering one's feet." This euphemism appears in Scripture as well [see *I Samuel* 24:3] (*Rashi, Yoma* ibid.).

30. This "sanctification," or washing, of the hands and feet was done from the *Kiyor* (Laver), which stood between the Altar and the Temple entrance (*Rashi* ibid.). It was from the *Kiyor* that the Kohanim washed their hands and feet every day before serving in the Temple.

The Gemara in *Yoma* (30a) explains why this procedure was required after urinating.

31. I.e. not only is a *tamid* offering slaughtered at night taken to the place of burning (*Rashi*).

performed **AT NIGHT,** תֵּצֵא לְבֵית הַשְּׂרֵיפָה – **[THE OFFERINGS] GO OUT TO THE PLACE OF BURNING.**[32] Because their *avodah* was performed at night, the offerings are invalid.

The Gemara questions this teaching:

בִּשְׁלָמָא עוֹלַת הָעוֹף – **It is understandable** that **a bird *olah*** that underwent *melikah* at night must be burned, מִשּׁוּם דְּלֹא אֶפְשָׁר לַאֲהֲדוּרָהּ – **for** once the bird is slaughtered, **it is impossible to return it** to its former state.[33] אֶלָּא מִנְחָה – **But** in the case of **a *minchah*** that underwent *kemitzah* at night, אֶפְשָׁר דְּמַהְדַר קוֹמֶץ לְדוּכְתֵּיהּ – **it is possible to return the *kometz* to its place** in the *minchah* pan, וְקָמֵיץ בִּימָמָא – **and to** then again **perform *kemitzah* by day!**[34] Why is the *minchah* invalid?

The Gemara answers:

הוּא תָּנֵי לָהּ וְהוּא אָמַר לָהּ – **[R' Avin's father] taught [the Baraisa] and he** himself **stated [its explanation]:** כְּלֵי שָׁרֵת מְקַדְּשִׁין שֶׁלֹּא בִּזְמַנָּן – **Service vessels sanctify** the offerings they contain even **when** it is **not [the offerings'] proper time.** Therefore, once the *kometz* of flour is placed in a service vessel, even at night, it is sanctified as a *kometz,* and so cannot be returned to the rest of the *minchah.*[35]

The Gemara challenges this explanation:

מֵיתִיבֵי – **They challenged it on the basis of a Baraisa:** כָּל הַקָּרֵב בַּיּוֹם קָדוֹשׁ בַּיּוֹם – **ANYTHING** (i.e. any sacrificial offering) **THAT IS OFFERED BY DAY IS SANCTIFIED** in the service vessel **BY DAY.**[36] בַּלַּיְלָה קָדוֹשׁ בַּלַּיְלָה – Anything that is offered **AT NIGHT IS SANCTIFIED** in the service vessel **AT NIGHT.**[37] בֵּין בַּיּוֹם וּבֵין בַּלַּיְלָה קָדוֹשׁ בֵּין בַּיּוֹם וּבֵין בַּלַּיְלָה – Anything that is offered **EITHER BY DAY OR AT NIGHT IS SANCTIFIED** in the service vessel **EITHER BY DAY OR AT NIGHT.**[38]

The Gemara amplifies the challenge:

כָּל הַקָּרֵב בַּיּוֹם קָדוֹשׁ בַּיּוֹם – The Baraisa states that **ANYTHING THAT IS OFFERED BY DAY IS SANCTIFIED** in the service vessel **BY DAY.** בַּיּוֹם אִין – This implies that **by day – yes,** these offerings do become sanctified in the vessel, בַּלַּיְלָה לֹא – but **at night – no,** they do not become sanctified in the vessel. Now, the *kometz* is offered upon the Altar by day.[39] It follows that it cannot be consecrated in a service vessel at night. Accordingly, the *minchah* discussed in the Baraisa of R' Avin's father should *not* be invalid. Rather, the *kometz* should be returned to the *minchah* pan, and a new *kemitzah* should be performed in the morning! – ? –

The Gemara answers by qualifying the rule that states that a daytime offering cannot become sanctified at night:

אֵינוֹ קָדוֹשׁ לִיקָּרֵב – **It is not sanctified with regard to being offered;** אֲבָל קָדוֹשׁ לִיפָּסֵל – **however, it is sanctified with regard to becoming invalid.**[40] Once the *kometz* is placed into the service vessel at night, it does acquire a degree of sanctity. Therefore, it cannot be returned to the *minchah* pan.

The Gemara asserted that with regard to becoming invalid, a service vessel can sanctify an offering even when it is not its time (e.g. at night). The Gemara now challenges this assertion:

מוֹתִיב רַבִּי זֵירָא – **R' Zeira challenged it on the basis of our Mishnah:** סִידֵּר אֶת הַלֶּחֶם וְאֶת הַבָּזִיכִין אַחַר שַׁבָּת – If **ONE ARRANGED THE *panim* BREAD AND THE SPOONS** of frankincense **AFTER THE SABBATH** (i.e. on Sunday), וְהִקְטִיר אֶת הַבָּזִיכִין בְּשַׁבָּת – **AND** then **BURNED THE SPOONS** of frankincense **ON THE** following **SABBATH,** פְּסוּלָה – **[THE BREAD] IS INVALID.** כֵּיצַד יַעֲשֶׂה – **WHAT SHOULD ONE DO** to ensure the validity of the bread and frankincense that were placed onto the Table on Sunday?

NOTES

32. The Baraisa is saying that nighttime *avodah* invalidates not only important communal offerings like the *tamid,* but even less significant offerings that are *never* brought communally, such as bird *olos* and *menachos* that require *kemitzah.* Just as the *tamid* is invalidated with slaughter performed at night, so too are these offerings invalidated with *melikah* or *kemitzah* performed at night (*Rashi;* cf. *Rashi, Yoma* 29a ד״ה אלא אף; see *Gevuras Ari* there). See *Tosafos* for another approach.

[The slaughter of sacrificial birds is accomplished by a Kohen piercing through the back of their necks with his right thumbnail. This is known as מְלִיקָה, *melikah.*]

33. Once the bird is dead, it is dead, and nothing can be done.

34. Ordinarily, once a *kometz* (the portion scooped from the *minchah* and burned upon the Altar) is removed from a *minchah,* it cannot be returned (see following note). However, the Gemara now assumes that a *kemitzah* performed at night is meaningless. Accordingly, it should be possible to return the *kometz* to the *minchah.* [See *Tos. Yeshanim, Yoma* 29b ד״ה ניהדריה; *Chazon Ish* (*Menachos* 24:2).]

35. The Kohen performs *kemitzah,* takes the portion of flour thus removed from the rest of the *minchah* and places it into a service vessel (a *kli shareis*). Once this is accomplished, this portion of the flour becomes consecrated as the *kometz,* while the rest of the flour becomes the "leftovers" (שִׁירַיִים) of the *minchah.* Flour that has attained *kometz* status can never revert to its previous status (of *minchah* before *kemitzah*); hence, returning the fistful to the rest of the flour would accomplish nothing more than mixing two separate items – the *kometz* and its leftovers. The Gemara now explains that although night is not the proper time for this *avodah,* the vessel consecrates and establishes the *kometz* even at night (*Rashi* here and to *Yoma* 29b ד״ה כלי שרת; cf. *Tosafos*). It follows that the nighttime *kemitzah* cannot be rectified; therefore, it invalidates the offering.

36. This refers to most offerings, such as the various *minchahs,* the blood of the animal sacrifices, the incense and frankincense. These offerings acquire a new level of physical sanctity by being placed into a *kli shareis.* This can be effected only by day (*Rashi* here and to *Yoma* ibid.).

37. This refers to a *minchas nesachim*, which under certain circumstances may be brought even at night (see above, 44b with *Rashi* ד״ה מנחתם ונסכיהם; see also 26b with *Rashi* ד״ה עם בא השמש). The Baraisa tells us that this *minchah* attains physical sanctity when placed in a *kli shareis* at night (*Rashi*).

Others maintain that this refers to the oil of the Menorah, which was kindled at night (*Rabbeinu Gershom; Shitah Mekubetzes* §17). However, *Tosafos* (here ד״ה בלילה and to *Temurah* 14a ד״ה וכל) dismiss this explanation. See following note.

38. *Shitah Mekubetzes* here (§7) and *Hagahos HaBach* to *Yoma* (29b §1) emend the Baraisa so that it presents only two cases: (a) An offering that is brought by day becomes sanctified only by day; (b) an offering that is brought at night can become sanctified by day *or* by night. See also *Hagahos R' Betzalel Ronsburg* to *Yoma* (ibid. §1). However, *Meiri* (*Yoma* 29a) lists all three rulings: (a) Something offered by day (i.e. most offerings) becomes sanctified only by day; (b) something offered at night (i.e. the oil of the Menorah) becomes sanctified only at night; (c) something offered by day or at night (i.e. a *minchas nesachim*) can become sanctified by day or at night. See previous note.

39. This is known from the verse of בְּיוֹם צַוֹּתוֹ, *on the day He commanded* (*Leviticus* 7:38) (*Rashi* and *Rabbeinu Gershom,* from *Megillah* 20b; see above, *Rashi* to 20b ד״ה דם נפסל; see Schottenstein ed. note 2 there; cf. *Rashi, Yoma* 29a ד״ה אלא אף מליקת העוף).

40. The Gemara answers that a daytime offering is not entirely excluded from nighttime sanctification – it does acquire a degree of sanctity when placed in a service vessel at night. However, this is not the full consecration that would allow it to be brought upon the Altar, but only a *partial* consecration, whereby the contents of the vessel are rendered susceptible to the various invalidations that affect offerings consecrated with physical sanctity (קְדוּשַּׁת הַגּוּף) – e.g. the invalidation of *linah,* or the invalidation created when an offering comes into contact with a *tevul yom* or with a person who has not brought the correct offerings following his *tumah.*

Because the placement of the *kometz* into the vessel does consecrate it to a degree, it is established as a *kometz.* Therefore, it cannot be returned to the *minchah* pan. And because it cannot be returned, its removal from the *minchah* at night makes the *minchah* become invalidated (*Rashi* here and to *Yoma* 29b ד״ה ליקרב; cf. *Tosafos* here).

יַנִּיחֶנָּה לַשַּׁבָּת הַבָּאָה – HE SHOULD LEAVE [THE BREAD AND FRANKINCENSE] on the Table FOR THE COMING SABBATH (i.e. the second one). שֶׁאֲפִילוּ הִיא עַל הַשֻּׁלְחָן יָמִים רַבִּים – FOR EVEN IF [THE BREAD] REMAINS UPON THE TABLE FOR MANY DAYS, אֵין בְּכָךְ כְּלוּם – IT IS OF NO CONSEQUENCE. וְאִי סָלְקָא דַעְתָּךְ כְּלֵי שָׁרֵת מְקַדְּשִׁין שֶׁלֹּא בִּזְמַנָּן (ליפסל) – Now, if it will enter your mind that **service vessels sanctify** offerings **(to become invalid)** even **not at their proper time,** לִיקַדּוֹשׁ וְלִיפְסוֹל – then **let [the bread] become sanctified** by the Table on Sunday **and** let it then **become invalidated** with *linah* at nightfall of the following Sunday![41] – ? –

The Gemara concedes the difficulty:

אָמַר רַבָּה – **Rava said:** מַאן דְּקָא מוֹתִיב שַׁפִּיר קָא מוֹתִיב – The one **who challenged** the Gemara's explanation of the Baraisa (i.e. R' Zeira) **challenged** it **well.** אֲבוּהַ דְּרַבִּי אָבִין נַמִּי מַתְנִיתָא קָאָמַר – **However, R' Avin's father** was not simply stating his own ruling; he **also stated a Tannaic teaching** in support of his ruling. We must therefore attempt a resolution of the difficulty posed by R' Zeira,[42] as follows: קָסָבַר לַיְלָה אֵין מְחוּסַּר זְמַן – **[The Tanna]** cited by R' Avin's father **holds that** an offering brought at **night** instead of the next day **is not premature,** הָא יָמִים מְחוּסָּרִין זְמַן – **but** an offering brought on the wrong **day is premature.** Therefore, although the service vessel does sanctify the *kometz* at night, the Table does not sanctify the bread on Sunday.[43]

The Gemara challenges Rava's solution:

סוֹף סוֹף – **In the end,** though,

NOTES

41. R' Zeira argues that if, as the Gemara now asserts, a *kli shareis* can confer upon an offering placed there at the wrong time a degree of sanctity sufficient to render it susceptible to invalidation, then the Table (a *kli shareis*) should be able to confer this degree of sanctity upon *panim* bread that is placed there on Sunday. This would mean that when nightfall arrives on the following Sunday, the bread will be invalidated with *linah,* for it will have spent more than eight days on the Table after having been consecrated (*Rashi;* see *Keren Orah*). The Mishnah, however, states that the bread is *not* invalidated with *linah* on the following Sunday. Clearly, the Mishnah holds that a *kli shareis* does not confer even this limited degree of sanctity upon an offering when it is not its time. This refutes the Gemara's defense of R' Avin's father.

[R' Zeira's question demonstrates that once bread is consecrated, it is subject to *linah* while still upon the Table. In note 16 we pointed out that this seems to contradict the Gemara in *Zevachim* (87a); we offered a solution to the difficulty there. However, some explain the Gemara's question in a manner that poses no contradiction to the Gemara in *Zevachim:* The Gemara is not suggesting that the bread should be invalidated with *linah* on the following Sunday, but that it should be *immediately* invalidated on the Sunday it was arranged, because it was consecrated at an inappropriate time – Sunday instead of the Sabbath (*Rashi, Yoma* 29b ד״ה תיקדש ותיפסל). According to this understanding, the Gemara does not discuss *linah* on the Table; therefore, it is not at odds with the Gemara in *Zevachim.* For further discussion, see *Zevach Todah* here.]

42. If R' Avin's father had merely been stating his own opinion, we would simply accept that it is refuted by our Mishnah, as R' Zeira argued. The difficulty is that his opinion was actually rooted in the Baraisa he cited. Therefore, notwithstanding the strength of R' Zeira's challenge, some way must be found to reconcile his Baraisa with our Mishnah (*Rashi*).

43. Rava differentiates between the case of a *kometz* placed in a service vessel at night and the *panim* bread placed on the Table on Sunday.

In the case of the *kometz,* its placement is not regarded as premature. For by Torah law, the twenty-four-hour cycle of day and night begins with night, which means that every nighttime is a *part* of the day that follows. Since it would be perfectly legitimate to consecrate the *kometz* on the following morning, it is clear that the objection to consecrating it at night is not that it is the wrong day (i.e. "premature"), but that night is not a proper time for *avodah.* Rava argues that since the *kometz* is being placed in the service vessel on the correct "day," the vessel can confer upon it a degree of sanctity sufficient to render it susceptible to invalidation.

In the case of *panim* bread placed on the Table on Sunday, however, the placement *is* premature, for it is performed on entirely the wrong day. Therefore, the Table confers no sanctity at all upon the bread (*Rashi*).

[In most *sacrificial* matters, the night follows the previous day (see *Chullin* 83a). In this matter, however (of whether an offering brought at night is premature), the night is the beginning of the next day, as is derived in *Zevachim* 12a and *Chullin* 81a from a Scriptural verse (*Leviticus* 22:27).]

כִּי מָטֵי לֵילְיָא דְּבֵי שִׁימְשֵׁי – when the first Friday **evening arrives, לִיקְדּוֹשׁ וְלִיפְּסוֹל – [the bread] should become sanctified** by the Table **and** should then **become invalidated** with *linah* on the next Friday evening. On that first Friday evening, the obstacle to sanctification is *not* that it is the wrong day, but that it is night. According to Rava's reasoning, the Table should be capable of sanctifying the bread at night with regard to it being susceptible to invalidation.[1] – ? –

The Gemara answers:

אָמַר רָבָא – Rava said: בְּשֶׁקָּדַם וְסִילֵּק – The Mishnah's case is **where [the Kohen] went ahead and removed [the bread]** from the Table before nightfall on Friday, so that the Table could not render it susceptible to invalidation.[2]

An alternative answer:

מַר זוּטְרָא וְאִיתֵימָא רַב אַשִׁי אָמַר – Mar Zutra – and some say it was **Rav Ashi – said: אֲפִילוּ תֵּימָא בְּשֶׁלֹּא קָדַם וְסִילֵּק – You can even say that [the Kohen] did not go ahead and remove [the bread]** from the Table on Friday. **כֵּיוָן דְּסִידְּרוֹ שֶׁלֹּא כְּמִצְוָתוֹ –** Nevertheless, **since he arranged it not according to its requirement** [i.e. on the wrong day], **נַעֲשָׂה כְּמִי שֶׁסְּדָרוֹ הַקּוֹף – it is as if a monkey arranged it.** Therefore, the Table cannot sanctify it, even insofar as to render it susceptible to invalidation.[3]

Mishnah

This Mishnah sets forth several rules concerning the baking and consumption of the *shtei halechem* and *panim* bread. It begins with the *shtei halechem,* which are offered on Shavuos:

שְׁתֵּי הַלֶּחֶם נֶאֱכָלוֹת אֵין פָּחוֹת מִשְּׁנַיִם – The *shtei halechem* are eaten not less than two days **וְלֹא יוֹתֵר עַל שְׁלֹשָׁה – and not more than three** days from when they are baked.[4] **כֵּיצַד – How so? נֶאֱפוֹת מֵעֶרֶב יוֹם טוֹב –** Generally, **they are baked on the day before the festival** of Shavuos; **נֶאֱכָלוֹת בְּיוֹם טוֹב לִשְׁנַיִם –** hence, **they are eaten on the**

NOTES

1. The Gemara argues that if (as Rava maintains) nighttime consecration is not deemed premature because the night is part of the following day, then bread that is on the Table on Friday night should become sanctified with regard to being susceptible to invalidation, since the proper time for its consecration is the following day (the Sabbath). In our case this would mean that bread arranged on the Table on Sunday would be consecrated on the first Friday night, and would then become invalidated with *linah* on the second Friday night (see *Tzon Kodashim*), when its time on the Table will have exceeded eight days (*Rashi;* cf. *Rashi, Yoma* 29b ד״ה כי מטי). [Here too, *Rashi* to *Yoma* 29b explains the Gemara differently; to wit, it is not suggesting that the bread should become invalidated with *linah* on the *second* Friday night, but that it should become immediately invalid on the *first* Friday night, since it was inappropriately consecrated at night (see 100a note 41).]

2. I.e. he removed the bread from the Table before nightfall on the first Friday night [so that it would not be consecrated then]. He then returned it there the next day [so that it would be properly consecrated on the Sabbath] (*Rashi*).

3. Mar Zutra explains that since the *panim* bread was arranged on the Table prematurely, its placement there is regarded as an act performed by a monkey; i.e. as a meaningless act, performed without positive intent to fulfill the requirement (*Rashi, Yoma* 29b ד״ה נעשה כמו; cf. *Tosafos* here; see *Mikdash David* 3:4). Therefore, the Table cannot confer any sanctity upon it at all, *even* when the proper time for its consecration has arrived. By contrast, the placement of a *kometz* into a service vessel at night is not premature, since the night is part of the following day. Therefore, this *avodah* is not considered to have been performed "not according to its requirement"; hence, the vessel does confer a limited sanctity upon the *kometz* (*Rashi* here and to *Yoma* ibid.; cf. *Tosafos* there ד״ה כמו; see *Or Same'ach* to *Pesulei HaMukdashin* 3:21).

Our Mishnah stated that if the *levonah* was arranged along with the bread on Sunday and was then burned on the Sabbath, the bread is invalid. *Rashi* (*Yoma* 29b ד״ה פסולה) argues that based on Mar Zutra's statement here, this ruling should be omitted from the Mishnah. For if premature arrangement of the bread is meaningless [tantamount to the action of a monkey], we should view the bread that was arranged on Sunday as if it were still in a box and not on the Table, in which case it would not be affected by the burning of the *levonah.* Hence, argues *Rashi,* the word פְּסוּלָה, *it is invalid,* should be deleted from this segment of the Mishnah. According to this reading, the Mishnah's question of כֵּיצַד יַעֲשֶׂה, *"What should one do?"* concerns the bread that remains after the *levonah* is burned. The Mishnah wonders what is to be done with the bread at this juncture, to which it responds that the bread should be left on the Table until the following Sabbath. That is to say, since it was never consecrated, it is not invalid, and may be re-used; therefore, it should be removed from and replaced on the Table on that first Sabbath, along with new spoons of *levonah.* On the following Sabbath, the *levonah* is burned and the bread eaten (see *Rashi* ibid.; *Tosafos* above, 90a ד״ה כיצד יעשה, second explanation; see *Tos. Yom Tov* to the Mishnah; see above, 100a note 15). Elsewhere, however, *Rashi's* reading of the Mishnah does include פְּסוּלָה; see *Rashi comm.* and *Rashi ms.* to 90a; *Rashi, Zevachim* 87a; see also *Tosefta* 11:10, which includes this phrase. [The phrase "it is invalid" must be omitted only according to Mar Zutra, who holds that *panim* bread and *levonah* that are arranged on a weekday do not become consecrated on Friday night. According to Rava, however, who holds that these items do become consecrated on Friday night, the burning of the *levonah* on the Sabbath does indeed render the bread invalid. Hence, there is no need to emend the Mishnah.]

It must be noted that according to Mar Zutra, when the Mishnah states that "he should leave it on the Table for the coming Sabbath," it does not mean that he should leave it there without interruption. If that would be done, the bread would *never* become sanctified, since its original placement on the Table was meaningless. Rather, he must remove the bread from the Table on the first Sabbath, and then replace it there immediately; its new placement sanctifies it. When Mar Zutra states "the [Kohen] did not go ahead and remove the bread," he does not mean that it was not removed at all. He simply means that it need not be removed on Friday (*Rashi, Yoma* ibid.; *Zevach Todah* here ד״ה דסידרו; see *Keren Orah* to 100a). [However, *Rambam* (*Temidin U'Mussafin* 5:13) seems to hold that the bread need not be removed at all; see *Zevach Todah* ibid. for elucidation.]

[The Gemara has taught that the arrangement of the *panim* bread and *levonah* on Sunday is deemed to be premature (מְחוּסַר זְמַן); therefore, if they are arranged at this time, the Table does not consecrate them. Several commentators point out a consequent difficulty with our Mishnah's *first* clause, which rules that when the bread is arranged on the Sabbath and the *levonah* on Sunday, the burning of the *levonah* on the following Sabbath is regarded as premature, and therefore invalidates the bread (see 100a note 11). According to the Gemara's present reasoning, the problem with the *levonah* is not that it was burned prematurely, but that it was never consecrated at all, since its initial *placement* on the Table on Sunday was premature! (see *Taharas HaKodesh* to 100a; *Mikdash David* 22:1 ד״ה וזה שכתב). *Mikdash David* answers that arrangement of the Table on Sunday is regarded as premature *only* when it includes *both* the bread and the *levonah,* but not when the bread was arranged on the Sabbath and the *levonah* on Sunday. He explains: The *panim*-bread obligation requires that these items be arranged on the Sabbath. If the Sabbath passes without their having been placed upon the Table, the obligation of that week has been lost, so that when they are then arranged upon the Table on Sunday, the arrangement is in no way connected to the previous week's obligation. Rather, the arrangement on Sunday is seen as being connected to the obligation of the *coming* week. Since that obligation has not yet arrived, the arrangement is deemed to be premature. Where, however, the *panim* bread was arranged on the Sabbath, the arrangement of the *levonah* on Sunday is a belated part of the Sabbath arrangement; since it is intended not for the coming week's obligation, but for that of the *previous* week, it is not premature. See *Aruch HaShulchan HeAsid* (*Kodashim* 111:5) for a different approach.]

4. [The Mishnah is counting the day of the baking as the first day. Thus, when it refers to "two days," it means the day after the loaves are baked; when it refers to "three days," it means two days after they are baked.]

festival, on the second day from the baking. **חָל יוֹם טוֹב לִהְיוֹת אַחַר הַשַּׁבָּת** – However, if **the festival falls** on the day **after the Sabbath** (i.e. on Sunday), they are baked on Friday; **נֶאֱכָלוֹת לִשְׁלֹשָׁה** – hence, **they are eaten on the third day** from the baking. They are not baked on the Sabbath before the festival, or on the festival itself, because the baking of the *shtei halechem* overrides neither the prohibitions of the Sabbath nor those of the festival.[5]

The Mishnah turns to the law of the *panim* bread:

לֶחֶם הַפָּנִים נֶאֱכָל אֵין פָּחוֹת מִתִּשְׁעָה – **The *panim* bread is eaten not less than nine** days **וְלֹא יוֹתֵר עַל אַחַד עָשָׂר** – **and not more than eleven** days from when it is baked.[6] **כֵּיצַד** – **How so?** **נֶאֱפֶה מֵעֶרֶב שַׁבָּת** – Generally, **it is baked on the day before the Sabbath** (Erev Shabbos); **וְנֶאֱכָל בְּשַׁבָּת לְתִשְׁעָה** – **hence, it is eaten on the Sabbath** of the following week, **on the ninth** day from the baking.[7] **חָל יוֹם טוֹב לִהְיוֹת עֶרֶב שַׁבָּת** – If **a festival falls on the day before the Sabbath,** it is baked on the previous day, Thursday; **נֶאֱכָל לַעֲשָׂרָה** – hence, **it is eaten on the tenth** day from the baking.[8] **שְׁנֵי יָמִים [טוֹבִים] שֶׁל רֹאשׁ הַשָּׁנָה** – If **the two festival days of Rosh Hashanah**[9] fall on Thursday and Friday, the bread is baked on Wednesday; **נֶאֱכָל לְאַחַד עָשָׂר** – hence, **it is eaten on the eleventh** day from the baking.[10] It is not permitted to bake the loaves on the festival before the Sabbath, nor on the Sabbath itself. **וְאֵינוֹ דוֹחֶה לֹא אֶת הַשַּׁבָּת וְלֹא אֶת יוֹם טוֹב** – **For [the baking of the *panim* bread] overrides neither** the prohibitions of **the Sabbath nor** the prohibitions of **the festival.**[11]

NOTES

5. The act of baking is one of the forbidden labors (*melachos*) of Sabbaths and festivals (see *Shabbos* 73a). It is clear that the *shtei halechem* may not be baked on the Sabbath that precedes the festival, for the needs of the festival cannot override the prohibitions of the Sabbath. It is *not* clear, however, why these loaves cannot be baked on the festival itself. After all, it is a well-known rule that one may perform *melachah* on a festival day for the purpose of preparing food for that day (אֹכֶל נֶפֶשׁ). Since the *shtei halechem* are needed for the festival of Shavuos, it should be permitted to bake them on Shavuos (to be eaten)!

This question is raised in the Gemara in *Pesachim* (47a); the Gemara answers that the permit to prepare food on a festival applies *only* where the food is intended for personal use; it does *not* apply where the food is intended for Temple needs (*Tos. Yom Tov*). This is known from the very verse that teaches the permit to perform *melachah* for the purpose of preparing food for the festival. The verse states regarding the festivals (*Exodus* 12:16): כָּל־מְלָאכָה לֹא־יֵעָשֶׂה בָהֶם אַךְ אֲשֶׁר יֵאָכֵל לְכָל־נֶפֶשׁ הוּא לְבַדּוֹ יֵעָשֶׂה לָכֶם, *All labors may not be performed during them; however, that which is eaten by any person, that alone may be performed for you.* The verse first states that one may perform the forbidden labors in order to provide "that which is eaten by any person." The verse then concludes with the phrase לָכֶם, *for you,* which implies that this is permitted for your own needs, but not לַגָּבוֹהַּ, *for the Most High,* i.e. not for Temple needs (see *Pesachim* ibid.).

6. I.e. including the day it was baked.

7. The *panim* bread is usually baked on Friday, the day before it is put on the Table. It is removed from the Table and eaten on the following Sabbath. Thus, if one reckons the day it was baked as the first day, it is eaten on the ninth day.

8. They were not permitted to bake the bread on the festival, as will be explained below. Therefore, it was baked on Thursday, placed on the Table on the Sabbath, and removed from the Table and eaten on the following Sabbath, ten days after it was baked, counting the day of baking.

9. The Mishnah specifies Rosh Hashanah, because, of all the festivals, Rosh Hashanah is the only one with a duration of two days even during the Temple era, when *panim* bread existed (see *Rashi, Pesachim* 47a סד״ה שני ימים; see *Tzlach* there and *Teshuvos Chasam Sofer, Yoreh Deah* §252).

By Biblical law, there is only one day of Rosh Hashanah; the two days that were sometimes observed in Temple times were a product of Rabbinic decree. To explain: During the Temple era, the beginning of each new month (Rosh Chodesh) was not governed by a fixed calendar, but was declared by the Great Sanhedrin in Jerusalem, on the testimony of witnesses who would report their actual sightings of the new moon. In the lunar cycle, a month lasts either twenty-nine or thirty days. If the witnesses would arrive at the Sanhedrin on the thirtieth of the previous month, the court would proclaim that day as Rosh Chodesh (in which case the previous month is evidenced to have ended on the twenty-ninth day); if their arrival was delayed until the thirty-first day of the previous month, the court would proclaim *that* day as Rosh Chodesh (in which case the previous month ended on the thirtieth day). Hence, at the start of the thirtieth day of any given month, it would not be known (until witnesses testified) whether that day was the last day of the outgoing month or the first day of the incoming month.

In the month of Elul, this uncertainty had special ramifications. For the first day of Tishrei is also Rosh Hashanah; thus, throughout the thirtieth of Elul, until the arrival of the witnesses, there was no way to know whether or not the day would be designated as Rosh Hashanah, with all its attendant observances and prohibitions. Because of this possibility, the thirtieth of Elul was observed as Rosh Hashanah; people would refrain from forbidden work and would fulfill the festival obligations out of doubt. If the witnesses would arrive before the bringing of the afternoon *tamid* of that day (the last moment at which the court would accept witnesses), the Sanhedrin would declare that day Rosh Chodesh and Rosh Hashanah, in which case the next day would be an ordinary weekday. If, however, the witnesses would not arrive before the afternoon *tamid* of the thirtieth, it would be evident that this day was not Rosh Hashanah, in which case Rosh Hashanah would be declared the next day. However, even after it had been determined that the thirtieth was in fact *not* Rosh Hashanah, the people were still required to keep the *remainder* of that day as if it *were* Rosh Hashanah. The Rabbis feared that removing the festival designation in middle of the day would diminish people's reverence for Rosh Hashanah, and would cause them to be lax in their observance of the holy day (see *Rosh Hashanah* 30b with *Rashi* ד״ה בראשונה). In practical terms, this meant that if witnesses did not come before the Minchah period of the first day, Rosh Hashanah would effectively last two days (*Rashi, Pesachim* ibid. ד״ה שני ימים).

10. When the twenty-ninth of Elul fell on a Wednesday, there was a possibility that Rosh Hashanah would fall on both Thursday and Friday (see previous note), in which case they would be unable to bake the bread on either of those days. It was therefore necessary to bake the *panim* bread on Wednesday. If we count the day it is baked as day one, the day it is eaten (i.e. the Sabbath of the following week) is the eleventh day after it was baked (*Rashi*).

Rashi points out that [if in this instance, Rosh Hashanah actually turns out to be on Thursday only (i.e. the witnesses came before the afternoon *tamid*),] the Sabbath on which the *panim* bread is removed from the Table is the tenth of Tishrei, which is Yom Kippur. In that case, the bread is not eaten until after the Sabbath, when the fast has ended (see Mishnah 99b). This, of course, is the twelfth day from the baking – it emerges that the *panim* bread is sometimes eaten as much as *twelve* days after the baking, contrary to the assertion of our Mishnah! *Rashi* answers that with regard to sacrificial matters, the night is regarded as a continuation of the preceding day [in contrast to other areas of law, where the night is the beginning of the next day] (see *Chullin* 83a); hence, the consumption of the *panim* bread on the night following the eleventh day is regarded as taking place on the eleventh day. See *Rashi* to *Pesachim* (ibid.) for another approach.

Tosafos argue that when it turns out that Rosh Hashanah was actually on Thursday only, a new set of *panim* bread is baked on Friday, which is now shown to be an ordinary weekday. The only time the Wednesday bread is used is where both Thursday *and* Friday are Rosh Hashanah, and in that case Yom Kippur falls not on the Sabbath but on Sunday. Hence, there is never an instance of *panim* bread being eaten on the twelfth day. See *Yad David.*

11. Because the *panim* bread can be baked before the Sabbath, it may not be baked on the Sabbath itself. For it is a Talmudic rule that labor (*melachah*) that can be performed before the Sabbath does not override

The Mishnah records a dissent:

רַבָּן שִׁמְעוֹן בֶּן גַּמְלִיאֵל אוֹמֵר מִשּׁוּם רַבִּי שִׁמְעוֹן בֶּן הַסְּגָן – Rabban Shimon ben Gamliel says in the name of R' Shimon, son of the Deputy Kohen Gadol:[12] **דּוֹחֶה אֶת יוֹם טוֹב – [The baking]** of the *shtei halechem* and *panim* bread **does override the festival** prohibitions.[13] **וְאֵינוֹ דּוֹחֶה אֶת יוֹם צוֹם – However, [the baking]** of the *panim* bread **does not override** the prohibitions of **the fast day,** i.e. Yom Kippur; therefore, if Yom Kippur falls on Friday, the *panim* bread is baked on Thursday.[14]

Gemara

The Gemara states a ruling, and proves it from our Mishnah:

אָמַר רָבִינָא – Ravina said: לְדִבְרֵי הָאוֹמֵר נְדָרִים וּנְדָבוֹת אֵין קְרֵיבִין בְּיוֹם טוֹב – According to the one who says that vowed or donated offerings may not be brought on a festival, לֹא תֵּימָא מִדְּאוֹרַיְיתָא מִיחְזָא חֲזוּ – do not say that they are fit by Biblical law to be brought on the festival, **וְרַבָּנָן הוּא דִּגְזָרוּ שֶׁלֹּא יַשְׁהֵא – and it is the Sages who banned** them, to ensure **that one will not delay** his offerings until the festival so that he should have a plentiful supply of meat then. **אֶלָּא מִדְּאוֹרַיְיתָא נַמִּי לֹא חֲזוּ – Rather, even according to Biblical law, these** offerings **are not fit** to be brought on the festival.[15]

The proof from the Mishnah:

דְּהָא שְׁתֵּי הַלֶּחֶם דְּחוֹבַת הַיּוֹם הוּא – For the *shtei halechem* are obligations of that day of Shavuos; **וְלֵיכָּא לְמֵימַר שֶׁמָּא יַשְׁהֵא – therefore, one cannot say** that the Rabbis feared that **one might delay** bringing the *shtei halechem* until the festival.[16] **וְקָתָנֵי – Yet, [the Mishnah] teaches אֵינוֹ דּוֹחֶה לֹא אֶת הַשַּׁבָּת וְלֹא אֶת יוֹם טוֹב – that [their baking] overrides neither the Sabbath** prohibitions **nor the festival** prohibitions. Perforce, the prohibition against baking the *shtei halechem* on the festival is of Biblical origin. The same is true of the prohibition against bringing vowed or donated offerings on a festival.[17]

הדרן עלך שתי הלחם

WE WILL RETURN TO YOU, *SHTEI HALECHEM*

NOTES

Sabbath law (see above, 95b-96a; see following paragraph).

As for baking the *panim* bread on a festival that precedes the Sabbath, it is forbidden. Although one is permitted to perform *melachah* on a festival for the purpose of preparing food for the festival, this applies only where the food is needed for personal use, not where it is needed for Temple use, as is derived from the verse of לָכֶם, *for you,* which implies: וְלֹא לַגָּבוֹהַּ, *but not for the Most High* (see *Pesachim* 47a; see above, note 5).

[Our Mishnah takes the view that the Temple oven does not consecrate the *shtei halechem* and *panim* bread. It is for this reason that these loaves can be baked before the Sabbath. Others, however, maintain that the Temple oven does consecrate the loaves. They hold that these loaves must be baked on the day they are to be used; otherwise, they will become invalidated with *linah.* According to this view, the baking of the *shtei halechem* and *panim* bread overrides the Sabbath and festival prohibitions. For further discussion, see Mishnah and Gemara above, 95b; see also 72b.]

12. *Rambam* states (in his introduction to *Seder Zeraim,* cited in *Toldos Tannaim V'Amoraim* p. 1172) that the father of this R' Shimon was R' Chanina S'gan HaKohanim.

A *s'gan* is a prince or noble (see *Isaiah* 41:25; *Sanhedrin,* bottom of 106a, with *Rashi* ד״ה מסגני). The second-in-command to the Kohen Gadol was given this title as a mark of honor (see *Radak, Shorashim* סָגָן).

13. Therefore, the *shtei halechem* are baked on Shavuos, and, in the event a festival falls on Friday, the *panim* loaves are baked on the festival day (see *Rashi* here; *Pesachim* 47a).

Rabban Shimon ben Gamliel holds that the exclusion implicit in the verse of לָכֶם, *for you,* is directed *not* at Temple needs, but at the needs of a non-Jew. Thus, the verse teaches that one may prepare food on the festival only לָכֶם, *for you,* but not לְנָכְרִים, *for non-Jews.* One is permitted, however, to prepare food on a festival for Temple needs (see *Pesachim* ibid.; *Piskei Rid* here).

14. This segment of Rabban Shimon ben Gamliel's ruling concerns the *panim* bread only, for the *shtei halechem,* which are brought on Shavuos, need never be baked on Yom Kippur (see *Tosafos* ד״ה ואינו דוחה; *Rashi, Pesachim* 47a ד״ה רבן שמעון). Rabban Shimon ben Gamliel is saying that although one is permitted to prepare the *panim* bread on a festival day, this applies only to festivals on which food preparation is generally permitted. On Yom Kippur, however, there is no such permit; therefore, the *panim* bread cannot be baked on that day.

15. The bringing of offerings entails *melachah* that is ordinarily forbidden on Sabbaths and festivals (e.g. slaughtering, burning). Nevertheless, certain obligatory communal offerings (e.g. the *tamid*) may be brought on festival days. The question of whether one is permitted to bring vowed and donated offerings on a festival is a matter of dispute in Tractate *Beitzah* (19a,20b). The dispute concerns *shelamim* offerings brought voluntarily (i.e. "vowed or donated"). Some Tannaim maintain that since the meat of these offerings (unlike the meat of *olah* offerings) is eaten by their owners, they may be brought on the festival, under the same permit that allows a person to perform *melachah* on the festival for the purpose of preparing food for the festival. However, others hold that the Torah excludes vowed or donated offerings from this permit. For the verse (*Exodus* 12:16) states: לָכֶם, *for you,* which implies: וְלֹא לַגָּבוֹהַּ, *but not for the Most High,* i.e. not for Temple purposes (see *Beitzah* 20b with *Tosafos* ד״ה לכם; *Tosafos, Beitzah* 12a ד״ה השוחט; *Tosafos, Pesachim* ibid. ד״ה לכם; see above, note 5).

The Gemara now entertains the notion that the reason voluntary offerings may not be brought on the festival is not because of this Biblical exposition, but because of a Rabbinic decree, enacted for fear that people would delay fulfilling their pledges until the festival. This would be detrimental for two reasons: (a) because even *melachah* that is permitted on a festival may not be deliberately scheduled for the festival, and (b) because if one who delays finds himself for some reason *unable* to bring the offering on the festival, he could end up violating the Biblical prohibition against delaying one's pledged sacrifices (*Rashi;* see *Rabbeinu Gershom* for yet another reason). The Gemara asserts that, in fact, the prohibition against bringing vowed or donated offerings on a festival is of Biblical derivation (i.e. the verse לָכֶם, *for you*). It proves its assertion from the ruling of our Mishnah.

16. The prohibition against baking the *shtei halechem* on Shavuos *cannot* be a Rabbinic enactment intended to prevent delaying the offering until Shavuos, for the *shtei halechem* can be offered *only* on Shavuos (*Rashi*).

17. The Mishnah ruled that the *shtei halechem* may not be baked on the festival itself. This is because the verse that permits food preparation on the festival (לָכֶם, *for you*) *excludes* food prepared for Temple needs (וְלֹא לַגָּבוֹהַּ, *but not for the Most High*). We see that the prohibition against baking these loaves on the festival is of Biblical origin. Likewise with regard to bringing vowed and donated offerings on the festival: The prohibition derives from this same Biblical source — לָכֶם, *for you,* וְלֹא לַגָּבוֹהַּ, *but not for the Most High* (see above, notes 5 and 15).

Chapter Twelve

Mishnah Animal offerings that become blemished may be redeemed.[1] The first Mishnah of this chapter delineates which other offerings may be redeemed and under what conditions:

הַמְּנָחוֹת וְהַנְּסָכִים שֶׁנִּטְמְאוּ – ***Menachos* and *nesachim* that became *tamei*,** **עַד שֶׁלֹּא קִדְּשׁוּ בִּכְלִי** – if **before being sanctified in a** service **vessel,** **יֵשׁ לָהֶם פִּדְיוֹן** – **they are subject to redemption;**[2] **מִשֶּׁקִּידְּשׁוּ בִּכְלִי** – if they became *tamei* **after being sanctified in a** service **vessel,** **אֵין לָהֶם פִּדְיוֹן** – **they are not subject to redemption.**[3] **הָעוֹפוֹת** – **Bird [offerings],** **וְהָעֵצִים** – the **wood** used to fuel the Altar's fire,[4] **וְהַלְּבוֹנָה** – ***levonah*,** **וּכְלֵי שָׁרֵת** – **and service vessels,** **מִשֶּׁנִּטְמְאוּ** – **once they become *tamei***[5] **אֵין לָהֶן פִּדְיוֹן** – **they are not subject to redemption,** **שֶׁלֹּא נֶאֱמַר פִּדְיוֹן אֶלָּא בִּבְהֵמָה** – **for redemption was said** by the Torah for things possessing physical sanctity **only in** regard to **animal** offerings.[6]

Gemara The Mishnah stated that *menachos* and *nesachim* that become *tamei* can be redeemed (if they have not yet been sanctified in a service vessel). The Gemara will now discuss whether *tumah* is a necessary condition for their redemption:

אָמַר שְׁמוּאֵל – **Shmuel said:** **וַאֲפִילוּ הֵן טְהוֹרִין נִפְדִּין** – **They can be redeemed even if they are *tahor*.** **מַאי טַעְמָא** – **What is the reason?** **כַּמָּה דְּלָא קָדְשֵׁי בִּכְלִי** – **As long as they have not been sanctified in a** service **vessel** **קְדוּשַּׁת דָּמִים נִינְהוּ** – **they are** possessed only of **monetary sanctity,** **וּקְדוּשַּׁת דָּמִים נִפְדִּין** – **and monetary sanctity can be redeemed,** even in things fit for the Altar.

The Gemara asks the obvious question from our Mishnah:

וְהָא נִטְמְאוּ תְּנַן – **But the Mishnah has taught** that *menachos* and *nesachim* that **HAVE BECOME *TAMEI*** may be redeemed, implying that those that are *tahor* and still fit for the Altar cannot be redeemed! – ? –

The Gemara answers:

הוּא הַדִּין דַּאֲפִילוּ עַל גַּב דְּלָא נִטְמְאוּ – **The same law applies even if they did not become *tamei*,** **וְאַיְּידֵי דְּקָא בָּעֵי מִיתְנָא סֵיפָא** – **but since [the Tanna] wished to teach in the latter part** of his ruling that **מִשֶּׁקִּידְּשׁוּ בִּכְלִי אֵין לָהֶן פִּדְיוֹן** – if they became *tamei* **AFTER BEING SANCTIFIED IN A** service **VESSEL THEY ARE NOT SUBJECT TO REDEMPTION,** **דַּאֲפִילוּ נִטְמְאוּ נַמִּי לֹא** – **where** the law is that **even if they became *tamei*** they are **also not** subject to redemption, **תָּנָא נַמִּי רֵישָׁא שֶׁנִּטְמְאוּ** – **he taught** in **the first part** of his ruling **as well THAT THEY BECAME *TAMEI*.**[7]

The previous explanation assumes that the novelty of the Mishnah's ruling is in regard to the nonredeemability of *menachos* and *nesachim* that have been sanctified in a service vessel. The Gemara now questions the need for this ruling:

(עד שלא קדשו בכלי) [מִשֶּׁקִּידְּשׁוּ בִּכְלִי אֵין לָהֶם פִּדְיוֹן][8] **פְּשִׁיטָא** – But the ruling that if they became *tamei* **AFTER BEING SANCTIFIED IN A** service **VESSEL, THEY ARE NOT SUBJECT TO REDEMPTION is obvious,** **קְדוּשַּׁת הַגּוּף נִינְהוּ** – since **they are** then possessed of **physical sanctity!** Thus, they can surely not be redeemed.[9] – ? –

NOTES

1. As stated in *Leviticus* 27:11; see Baraisa on 101a.

2. Before being sanctified in a *kli shareis* (service vessel), flour designated for a *minchah* and wine designated for *nesachim* have only קְדֻשַּׁת דָּמִים, *monetary sanctity* [which they obtain from having been verbally designated for these offerings]. This means that [to be rendered *chullin*] they must be redeemed, with the redemption money becoming consecrated in their stead (*Rashi; Rabbeinu Gershom*). [The money is then used to purchase other flour or wine to be used as a *minchah* or *nesachim* offering.] However, once the flour and wine have been placed in a *kli shareis* [in preparation for their offering on the Altar], they become further sanctified to the level of קְדֻשַּׁת הַגּוּף, *physical sanctity.* Physical sanctity cannot be redeemed, except in the case of an animal offering, as the Mishnah will say below.

3. Since they possess physical sanctity, they cannot be redeemed.

4. See *Tosafos* 101a ד״ה אע״ג.

5. That is, even if they become *tamei* (*Rabbeinu Gershom*).

In Mishnayos the word מִשֶּׁנִּטְמְאוּ is omitted and *Shitah Mekubetzes* removes it from our text as well (see also *Rambam Comm.*, Kafich ed. and *Dikdukei Soferim*). However, *Rashi, Rabbeinu Gershom* and *Rav* do have this reading. This reading is problematic since it cannot apply to bird offerings, which are living creatures and cannot become *tamei. Tos. Yom Tov* suggests that it may refer to the meat of bird offerings that have been slaughtered. However, this too is difficult since such meat could not be redeemed for reasons quite apart from the one the Mishnah will now give (*Rashash, Olas Shlomo, Yashar V'Tov*).

Those who omit the word מִשֶּׁנִּטְמְאוּ explain the Mishnah to mean that a bird may not be redeemed on account of a blemish (see *Tosafos*). Although bird offerings do not become invalidated by the types of blemishes that invalidate animal offerings (Gemara above, 6a and 25a), the loss of a limb constitutes a blemish even for a bird offering. Some suggest that this is the Mishnah's meaning even if we do follow the reading of מִשֶּׁנִּטְמְאוּ. For as the Gemara will state below, the blemishing of a consecrated animal is referred to by the Torah as *tumah* (*Olas Shlomo, Yashar V'Tov*).

6. I.e. animal offerings that become blemished, as the Gemara will explain (*Rashi*). The verse (*Leviticus* 27:11) states in regard to redemption: וְאִם כָּל־בְּהֵמָה טְמֵאָה אֲשֶׁר לֹא־יַקְרִיבוּ מִמֶּנָּה קָרְבָּן לַה׳ וְהֶעֱמִיד אֶת־הַבְּהֵמָה לִפְנֵי הַכֹּהֵן – *And if [it is] any tamei animal* [i.e. blemished animal, as explained on 101a] *from which they do not bring an offering, he shall stand the animal before the Kohen.* Now it was not necessary for the Torah to repeat the word *animal* in the latter part of the verse; it would have sufficed to say *it* [אוֹתָהּ]. The repetition teaches that only a blemished *animal* is stood before the Kohen for appraisal and redemption, not other objects possessing physical sanctity (*Toras Kohanim* to this verse as explained by *Korban Aharon,* cited in *Sfas Emes; Malbim*). [Things possessing only monetary sanctity, however, can be redeemed no matter what they are, as seen in the Mishnah's opening ruling (*Taharas HaKodesh*). Since they do not possess physical sanctity, their redemption does not depend on first becoming blemished; they are thus not the subject of this verse and its exclusion (*Raavad* to *Toras Kohanim* ibid.).]

Accordingly, bird offerings [which, like animal offerings, attain physical sanctity as soon as they are verbally designated] cannot be redeemed (*Rashi*). The other items listed here, which do not have physical sanctity, cannot be redeemed for the reasons the Gemara will give below [on 101a] (*Taharas HaKodesh* in explanation of *Rashi*). [*Rav* and *Tos. Yom Tov,* however, understand *Rashi* to be saying that all the items listed here possess physical sanctity, and for this reason they cannot be redeemed (see also *Tosafos* ד״ה וכלי שרת in their first explanation). This explanation, however, runs contrary to the Gemara on 101a, as noted by *Tos. Yom Tov* and *Meleches Shlomo.* For yet another explanation of *Rashi,* see *Rashash* and *Yad Binyamin.*]

7. [According to Shmuel, the main point the Tanna wishes to teach is that once *menachos* and *nesachim* have become sanctified in a *kli shareis,* they can no longer be redeemed – even if they become *tamei* and unfit for the Altar! He therefore presents his teaching in the case of *menachos* and *nesachim* that became *tamei,* even though the rule for unsanctified *menachos* and *nesachim* is the same whether they are *tamei* or not.]

8. Emendation follows *Shitah Mekubetzes.*

9. [For as the Mishnah says in its conclusion, the Torah permits

The Gemara answers:

אִיצְטְרִיךְ – No! **It is necessary** to teach this latter ruling. סַלְקָא דַעְתָּךְ אֲמִינָא – For **you might have thought to say** הוֹאִיל וּבַעַל מוּם אִיקְרֵי טָמֵא – that **since a blemished [animal] is called *"tamei"*** by the Torah,[10] טָמֵא נַמִּי כְּבַעַל מוּם דָּמֵי – **a *tamei* [offering] should also be** treated **like a blemished [offering],** [דְּ]אַף עַל גַּב דְּקָדוֹשׁ קְדוּשַּׁת הַגּוּף – whose law is **that even though it has become sanctified with physical sanctity,** כִּי נָפִיל בֵּיהּ מוּם מִיפְּרִיק – **when a blemish occurs to it, it is redeemed;** הָנֵי נַמִּי לִיפָּרוּק – hence, **these too** [the *menachos* and *nesachim* that became *tamei*] **should be redeemed.**[11] קָמַשְׁמַע לָן – **[The Mishnah]** therefore **informs us** דְּלַאו כִּי הַאי טָמֵא קָרְיֵיהּ רַחֲמָנָא לְבַעַל מוּם – **that it was not with regard to this** [an offering sanctified in a service vessel] **that the Merciful One called [the blemished animal] a *tamei*,**[12]

NOTES

redeeming physical sanctity only in the case of an animal offering (that becomes blemished).]

10. *Leviticus* 27:11. The verse that teaches that a blemished animal may be redeemed refers to it as "*tamei,*" as a Baraisa will state on 101a.

11. *Keren Orah* asks how we could think to say this when the Mishnah itself said (based on the exposition cited in note 6) that the Torah allows redemption of physical sanctity only for animal offerings! *Yad Binyamin* answers that we would think that the reason the Torah refers to a blemished animal as a "*tamei*" is to teach that things that become *tamei* – e.g. *menachos* and *nesachim* – are an exception to the rule derived by the Mishnah, and they can be redeemed (by reason of *tumah*) even though they are not animal offerings.

12. That is, the Torah's reference to a blemished offering as a "*tamei*" was not meant to teach that a *tamei* offering that had been sanctified in a *kli shareis* should be treated like a blemished offering (*Yad Binyamin*).

דְּמִכְּלֵי שָׁרֵת לֹא אַשְׁכְּחָן דְּמִיפָּרִיק – **for we never find** in the Torah an instance of **something** being **redeemed from a service vessel.** Hence, we cannot derive from the verse's reference to a blemished offering as "*tamei*" that *menachos* and *nesachim* can be redeemed after being sanctified in a service vessel and becoming *tamei.*[1]

The Gemara now gives the source for Shmuel's statement that a blemished offering is called a "*tamei*":

וּבַעַל מוּם הֵיכָא אִיקְּרֵי טָמֵא – **Where** in the Torah **is a blemished [animal] called "*tamei*"?** דְּתַנְיָא – **For we learned in a Baraisa:** "וְאִם כָּל־בְּהֵמָה טְמֵאָה אֲשֶׁר לֹא־יַקְרִיבוּ מִמֶּנָּה קָרְבָּן לַה׳" – *AND IF [IT IS] ANY "TAMEI" ANIMAL FROM WHICH THEY WILL NOT BRING AN OFFERING TO HASHEM.*[2] בְּבַעֲלֵי מוּמִין שֶׁנִּפְדִּין הַכָּתוּב מְדַבֵּר – THE VERSE SPEAKS OF BLEMISHED ANIMALS, and teaches THAT they ARE REDEEMED.[3] אַתָּה אוֹמֵר בְּבַעֲלֵי מוּמִין (שנפדו) [שֶׁנִּפְדִּין][4] – YOU SAY that it speaks OF BLEMISHED ANIMALS and teaches THAT they ARE REDEEMED, אוֹ אֵינוֹ אֶלָּא בִּבְהֵמָה טְמֵאָה מַמָּשׁ – OR perhaps IT speaks ONLY OF AN ACTUAL *TAMEI* ANIMAL?[5] כְּשֶׁהוּא אוֹמֵר – WHEN [THE TORAH] subsequently SAYS: "וְאִם בַּבְּהֵמָה הַטְּמֵאָה וּפָדָה בְעֶרְכֶּךָ" – *IF AMONG THE "TAMEI" ANIMALS, HE SHALL REDEEM IT ACCORDING TO THE ASSESSMENT,*[6] הֲרֵי בְּהֵמָה טְמֵאָה אֲמוּרָה – WE FIND *TAMEI* ANIMALS MENTIONED. הָא מָה אֲנִי מְקַיֵּים "וְאִם כָּל־בְּהֵמָה טְמֵאָה" – WHAT THEN DO I MAKE OF the verse: *AND IF [IT IS] ANY "TAMEI" ANIMAL?* בְּבַעֲלֵי מוּמִין (שנפדו) [שֶׁנִּפְדִּין] הַכָּתוּב מְדַבֵּר – THE VERSE SPEAKS OF BLEMISHED ANIMALS and teaches THAT they ARE REDEEMED. We see here that the Torah calls a blemished animal "*tamei.*"

The Baraisa continues:

יָכוֹל יִפָּדוּ עַל מוּם עוֹבֵר – IT MIGHT BE thought that THEY MAY BE REDEEMED even FOR A PASSING BLEMISH?[7] תַּלְמוּד לוֹמַר – THE TORAH therefore SAYS: "אֲשֶׁר לֹא־יַקְרִיבוּ מִמֶּנָּה קָרְבָּן לַה׳" – *FROM WHICH THEY WILL NOT BRING AN OFFERING TO HASHEM,* מִי שֶׁאֵינָהּ קְרֵיבָה לַה׳ כָּל עִיקָּר – which implies [A BLEMISHED ANIMAL] THAT CANNOT BE BROUGHT TO HASHEM AT ALL. יָצְתָה זוֹ שֶׁאֵינָהּ קְרֵיבָה הַיּוֹם וּקְרֵיבָה לְמָחָר – THIS EXCLUDES from redemption THIS ONE [the passing blemish], WHICH MAY NOT BE OFFERED TODAY BUT MAY BE OFFERED TOMORROW when its blemish passes.[8]

Shmuel maintained above that although the Mishnah spoke of redeeming *menachos* and *nesachim* that become *tamei* before being sanctified in a service vessel, in fact they may be redeemed even if they are not *tamei.* This position is now challenged:

מוֹתִיב רַב הוּנָא בַּר מָנוֹחַ – **Rav Huna bar Manoach challenged** Shmuel **from the** latter part of our **Mishnah,** which says: הָעוֹפוֹת וְהָעֵצִים וְהַלְּבוֹנָה וּכְלֵי שָׁרֵת שֶׁנִּטְמְאוּ – BIRD [OFFERINGS], WOOD, *LEVONAH* AND SERVICE VESSELS THAT BECAME *TAMEI* אֵין לָהֶן פִּדְיוֹן – ARE NOT SUBJECT TO REDEMPTION, שֶׁלֹּא נֶאֱמַר פִּדְיוֹן אֶלָּא בִּבְהֵמָה – FOR REDEMPTION WAS SAID by the Torah for things possessing physical sanctity ONLY IN regard to ANIMAL offerings. בִּשְׁלָמָא עוֹפוֹת קְדוּשַּׁת הַגּוּף נִינְהוּ – **Now** the Mishnah's ruling regarding **bird [offerings] is understandable, for they are** possessed of **physical sanctity,**[9] וְלֹא נֶאֱמַר אֶלָּא בִּבְהֵמָה – **and** redemption **was said** by the Torah for things possessing physical sanctity **only in** regard to **animal** offerings, not bird offerings, as the Mishnah said. אֶלָּא עֵצִים וּלְבוֹנָה וּכְלֵי שָׁרֵת – **But** as for the **wood, *levonah* and service vessels** listed by the Mishnah, לִיפָּרְקוּ – **let them be redeemed,** since they do not possess physical sanctity![10] אֶלָּא לָאו – **Rather, is it not** evident מִשּׁוּם דִּטְהוֹרִין בְּעָלְמָא אֵין נִפְדִּין – that it is **because those that are simply *tahor***[11] **cannot be redeemed,** even though they do not possess physical sanctity? וְהָנֵי נַמִּי – **Therefore, these too** (wood, *levonah,* and service vessels) cannot be redeemed, אַף עַל גַּב דְּנִטְמְאוּ – because **even though they have been contaminated with *tumah,*** כִּטְהוֹרִים דָּמוּ – **they are treated as *tahor.***

Rav Huna bar Manoach now explains why wood and *levonah* are treated as *tahor* even when they have been contaminated with *tumah:*

דְּעֵצִים וּלְבוֹנָה לָאו בְּנֵי (אשויי) אוּכְלָא נִינְהוּ – **For wood and *levonah* are not edible,**[12] אֶלָּא חִיבַּת הַקּוֹדֶשׁ מְשַׁוֶּה לְהוּ אוּכְלָא – **and it is only the "esteem for holy things" that renders them a "food"**

NOTES

1. [Since there is no precedent for redeeming something after it has been sanctified in a *kli shareis,* we cannot expound the reference to a blemished animal as "*tamei*" to teach redemption at this elevated level of sanctity (see *Rabbeinu Gershom*).] Even in the case of an animal offering, where the Torah explicitly permits redeeming its physical sanctity when it develops a blemish, we do not find the Torah permitting it to be redeemed once it has been sanctified by a *kli shareis* – i.e. by the knife with which it is slaughtered (*Rashi*). [Once an animal offering is slaughtered it can surely not be redeemed because it can no longer undergo the preredemption procedure required for animal offerings of הַעֲמָדָה וְהַעֲרָכָה, being "*stood* before a Kohen and appraised" (see *Leviticus* 27:11 and *Temurah* 32b). Thus, there is never an instance in which an animal offering sanctified by a *kli shareis* (the *shechitah* knife) can be redeemed (cf. *Keren Orah*).]

[*Rashi's* source for saying that an animal offering is sanctified by the knife with which it is slaughtered is the Gemara in *Sotah* 14b (see *Rashi* there; see also Gemara above, 78b). There is, however, considerable discussion whether the knife used to slaughter an offering must be a *kli shareis* – see *Tosafos* to *Chullin* 3a ד״ה כגון, and to *Zevachim* 47a ד״ה איזהו מקומן; *Tos. HaRosh* to *Chullin* 3a and to *Sotah* 14b; and *Ramban, Rashba* and *Ritva* to *Chullin*).]

[*Keren Orah* asks how, if the animal was blemished, slaughtering it with a *kli shareis* knife would sanctify it further, when it was no longer fit for offering! *Rashash* (to the Mishnah above; see also *Taharas HaKodesh*) suggests that *Rashi* speaks of a case where the offering became invalidated by a blemish after its slaughter but before the reception of its blood (see *Zevachim* 25b). Thus, it became sanctified by the knife before it was invalidated by the blemish. It should be noted, however, that *Shitah Mekubetzes* §8 deletes the words בַּעֲלַת מוּם, *blemished,* from the text of *Rashi.* Accordingly, *Rashi* may perhaps refer to an animal that became *tamei* after its slaughter, rather than blemished.]

2. *Leviticus* 27:11.

3. For the next verse then says: *And the Kohen shall appraise it, whether good or bad, and according to the appraisal of the Kohen, so shall it be,* making it clear that it is redeemed (*Rashi*).

4. Emendation follows *Rashash,* who also suggests that the correct reading both here and in the previous line is שֶׁיִּפָּדוּ, *that they should be redeemed.* This is the reading found in many manuscripts (see *Dikdukei Soferim*).

5. [I.e. a non-kosher animal,] such as a horse, camel or donkey (*Rashi*).

6. *Leviticus* 27:27.

7. A passing blemish is one that will heal. See Mishnah *Bechoros* 41a for examples.

8. [Accordingly, it may not be redeemed even while it is blemished.]

9. Since they are themselves offered on the Altar and do not need to first be sanctified in a *kli shareis* [it is evident that they attain their physical sanctity as soon as they are verbally consecrated] (*Rashi*).

10. Wood and *levonah* that have not been sanctified in a *kli shareis* do not possess physical sanctity, only monetary sanctity. Similarly, a *kli shareis* does not possess physical sanctity (cf. *Tosafos* 100b ד״ה וכלי שרת). Since these items are not themselves offerings, merely facilitators of offerings [מַכְשִׁירֵי קָרְבָּן], they do not acquire physical sanctity [through verbal designation]. Thus, they should be redeemable (*Rashi*).

11. That is, the *menachos* and *nesachim* mentioned by our Mishnah (*Rashi*).

12. Our emendation of the text follows *Tzon Kodashim* and *Birkas HaZevach.*

[Objects can become *tamei* only if they are classified as utensils or foods. As we will see below, the wood used on the Altar and *levonah* are susceptible to *tumah* because they are classified as "foods." However, since they are not edible, they should really not be susceptible to *tumah* at all.]

susceptible to *tumah.*[13] דְּעֵצִים כַּמָּה דְּלָא מְשַׁפֵּי לְהוּ לְגְזִירִין – **Therefore,**[14] pieces of **wood, as long as they do not trim them into** proper **blocks,**[15] לֹא מִיתַכְשְׁרֵי – **they do not become susceptible** to *tumah.*[16] לְבוֹנָה נַמִּי כַּמָּה דְּלָא קִידְשָׁה בִּכְלִי שָׁרֵת – ***Levonah*, too, as long as one does not sanctify it in a service vessel,** לֹא מִיתַכְשְׁרָה – **it does not become susceptible** to *tumah.*[17] כְּלֵי שָׁרֵת נַמִּי – And **service vessels too** are deemed *tahor* הוֹאִיל וְאִית לְהוּ טָהֳרָה בְּמִקְוֶה – **since they can be made *tahor*** through immersion **in a *mikveh.***[18]

Thus, the reason wood, *levonah* and *klei shareis* cannot be redeemed is because they are treated as *tahor* and *tahor* items cannot be redeemed even when they do not have physical sanctity. Our Mishnah thus contradicts Shmuel who says that *tahor* items lacking physical sanctity may be redeemed. – ? –

The Gemara answers the challenge to Shmuel's opinion:

לֹא – **No!** It is not necessary to explain the Mishnah this way. לְעוֹלָם אֵימָא לָךְ טְהוֹרִין בְּעָלְמָא נִפְדִּין – **In fact, I will say to you** that **those that are simply *tahor*** can **be redeemed** (as long as they do not possess physical sanctity); וְהָנֵי מִשּׁוּם דְּלָא שְׁכִיחֵי הוּא – **and** the reason **these** (wood, *levonah* and service vessels) cannot be redeemed **is because they are not common** and are therefore not always easy to replace.[19]

The Gemara challenges this answer:

בִּשְׁלָמָא לְבוֹנָה וּכְלֵי שָׁרֵת לֹא שְׁכִיחֵי – **This** explanation **is understandable for *levonah* and service vessels,** which **are** indeed **not common.** אֶלָּא עֵצִים מִישְׁכַּח שְׁכִיחֵי – **However, wood is** surely **common!** – ? –

The Gemara answers:

עֵצִים נַמִּי – In the case of **wood as well,** כֵּיוָן דְּאָמַר מַר – **since the master has taught:**[20] כָּל עֵץ שֶׁנִּמְצָא בּוֹ תּוֹלַעַת פָּסוּל לְגַבֵּי מִזְבֵּחַ – ANY WOOD IN WHICH A WORM IS FOUND IS INVALID WITH REGARD TO THE ALTAR, הִילְכָּךְ לֹא שְׁכִיחֵי – **therefore, it too is** considered **uncommon.**[21]

Rav Pappa challenges Shmuel's ruling:

אָמַר רַב פָּפָּא – **Rav Pappa said:** אִי שְׁמִיעָא לֵיהּ לִשְׁמוּאֵל הָא דְּתַנְיָא – **If Shmuel had heard that which was taught in the** following **Baraisa:** הַמַּתְפִּיס תְּמִימִים לְבֶדֶק הַבַּיִת – When ONE ATTACHES (i.e. consecrates) UNBLEMISHED ANIMALS TO the fund for THE UPKEEP OF THE TEMPLE,[22] אֵין פּוֹדִין אוֹתָן אֶלָּא לַמִּזְבֵּחַ – THOSE animals MAY BE REDEEMED ONLY FOR use on THE ALTAR,[23] שֶׁכָּל הָרָאוּי לַמִּזְבֵּחַ – FOR WHATEVER consecrated thing IS FIT FOR THE ALTAR אֵינוֹ יוֹצֵא מִידֵי מִזְבֵּחַ לְעוֹלָם – DOES NOT LEAVE THE PROVINCE OF THE ALTAR, EVER. We see from this[24] וְאַף עַל גַּב דִּקְדוּשַּׁת דָּמִים נִינְהוּ – **that even though they are** possessed only of **monetary sanctity,** אֵין נִפְדִּין הוֹאִיל וּטְהוֹרִים הֵם – **they cannot be redeemed because they are *tahor*** and fit for the Altar. Therefore, had Shmuel heard this, הֲוָה הָדַר בֵּיהּ – **he** [Shmuel] **would have retracted** his position that *menachos* and *nesachim* that have not yet been sanctified in a service vessel may be redeemed even when they are *tahor* and fit for the Altar.[25]

NOTES

13. The Gemara (*Pesachim* 24b) derives from the verse (*Leviticus* 7:19): וְהַבָּשָׂר, *But the meat,* that the wood used on the Altar, as well as *levonah,* are also treated as a "food" due to their sanctity and are thus susceptible to *tumah* (*Rashi;* see *Rashi* there ד״ה והבשר for an explanation of the derivation; cf. *Rashi* there 35a ד״ה והבשר and *Zevachim* 34a ד״ה דאמר מר).

14. [The reading here דְּעֵצִים, literally: For wood, is problematic. *Rabbeinu Gershom* would seem to have had the reading וְעֵצִים, which fits the flow of the Gemara better. Our translation follows this reading.] The reading דְּעֵצִים seems to be based on *Shitah Mekubetzes* §4, who deletes the previous two lines of Gemara (starting from דְּעֵצִים וּלְבוֹנָה), making this the beginning of Rav Huna's explanation of why these items are treated as *tahor.* See *Dikdukei Soferim.*]

15. [The wood used for the Altar pyre was cut into blocks an *amah* long by an *amah* wide and as thick as the leveler used to level off a *se'ah* container (*Zevachim* 62b).] Thus, a log must be sawed and trimmed properly to be made fit for Altar use (*Rashi*).

16. Since untrimmed logs are not yet fit for Altar use, they are not subject to the "esteem for holy things." Hence, they are not yet classified as "food" and cannot be *tamei* (*Rashi* as understood by *Tosafos;* see *Sfas Emes*). [Accordingly, when the Gemara says that "even though they have been contaminated with *tumah* they are treated as *tahor,*" the Gemara means that though they touched a source of *tumah,* they did not in fact become *tamei* (*Tosafos,* in explanation of *Rashi*).]

[It seems from *Rashi's* wording here that once they have been properly trimmed, they become susceptible to *tumah* because they have been rendered fit for the Altar, not because they have been sanctified by a *kli shareis.* Indeed, it is evident from *Rashi* to *Zevachim* 34a ד״ה שקדשו בכלי that the hatchet used to cut and dress the wood is not a *kli shareis.* Since the Gemara concludes there that wood becomes Biblically susceptible to *tumah* only when it has been sanctified by a *kli shareis,* it is evident that trimming the wood makes it only Rabbinically susceptible to *tumah* according to *Rashi* (*Tosafos*).

Tosafos themselves (here and in *Zevachim* 34a ד״ה שקידש) dispute this and say that the hatchet used to trim the wood for the Altar is a *kli shareis,* which sanctifies the wood and renders it susceptible to *tumah* even Biblically. However, even *before* being trimmed, the wood is susceptible to *tumah* Rabbinically, due to the "esteem for holy things." Accordingly, *Tosafos* explain that when our Gemara says that "though the wood has been contaminated with *tumah* it is treated as *tahor,*" it means that though the untrimmed wood becomes *tamei* Rabbinically, it is treated in regard to redemption as if it were *tahor* – because it is indeed not *tamei* on the Biblical level and hence not subject to redemption. As is our practice, the remainder of this Gemara will be explained only according to *Rashi.*]

17. [Since before being sanctified in a *kli shareis* the *levonah* is not fit for the Altar, it is not subject to "the esteem for holy things" and is thus not susceptible to *tumah* (according to *Rashi* – see previous note).]

18. [Since *klei shareis* are utensils, they are susceptible to *tumah* without resort to "esteem for holy things." Hence, they surely become *tamei.* Nevertheless, they are treated as *tahor* in regard to redemption because their *tumah* can be removed by immersing them in a *mikveh.*]

19. If the Temple treasurers were to allow these items to be redeemed even when they were *tahor* and fit for the Altar [there might be times when] they could not find replacements to use in the Temple service (*Rashi*).

Thus, according to Shmuel, even wood, *levonah* and *klei shareis* are redeemable when *tahor* under Biblical law (as long as they have not been sanctified in a *kli shareis*). It is only a Rabbinic precaution not to allow their redemption (see *Tosafos* above, 100b ד״ה וכלי שרת; see note 27).

20. Mishnah, *Middos* 2:5.

21. [Since worm-free wood is not always available, the Rabbis decreed that wood also not be redeemed.]

22. Items consecrated to this fund (known as *bedek habayis*) acquire monetary sanctity and are either used for the repair of the Temple or are sold by the Temple treasurer. The money obtained from the sale is then used to pay for the repair and upkeep of the Temple. The money and goods in this fund have no connection to the communal offerings brought on the Altar, which come from a separate fund known as the *terumas halishkah* (*Rambam, Hil. Shekalim* 4:1; see ibid. §10 and *Hil. Arachin* 2:13).

23. They must be sold to someone needing such an animal for an offering. The money goes to the fund for the upkeep of the Temple (*Rambam, Hil. Arachin* 5:5).

24. [The following statement elaborates the point of the Baraisa that poses a contradiction to Shmuel's position. It is an apparently unnecessary interruption of Rav Pappa's proof, since the Baraisa's ruling that they cannot be redeemed for general use explicitly contradicts Shmuel's ruling that items still fit for the Altar may be redeemed. *Shitah Mekubetzes* §5 deletes this interjection and it is missing from several manuscript editions as well. It seems to have been a marginal explanation of Rav Pappa's point that was erroneously inserted into the text of the Gemara by a later copyist (*Dikdukei Soferim*).]

25. [Although the Baraisa itself permits the redemption of the animals from their *bedek habayis* sanctity, Rav Pappa's point is that we see from the Baraisa that anything possessing monetary sanctity that is fit for the

The Gemara rejects Rav Pappa's claim:

וְלֹא הִיא – This is not so! **שְׁמִיעָא לֵיהּ – [Shmuel] heard** this Baraisa **וְלֹא הֲדַר בֵּיהּ – and he did not retract.** **לָאו אָמַרְתְּ הָתָם – Did you not say there** (above) in regard to Shmuel's explanation of the Mishnah's ruling about wood and *levonah* that **כֵּיוָן דְּלָא שְׁכִיחֵי לֹא מִיפַּרְקֵי – since they are not common, they cannot be redeemed?** **הָכָא נַמִּי – Here too,** in the case of unblemished animals, **כֵּיוָן דִּשְׁכִיחֵי מוּמִין דְּפָסְלֵי בִּבְהֵמָה – since blemishes that disqualify an animal** from being used as a sacrifice **are common,** **דַּאֲפִילּוּ בְּדוּקִין שֶׁבָּעַיִן נַמִּי פָּסְלֵי – since even cataracts of the eye also disqualify** an animal, **הִילְכָּךְ לֹא שְׁכִיחֵי – therefore, [unblemished animals]** that are fit for the Altar **are** also treated as **uncommon** items and cannot be redeemed.[26]

Having completed its elucidation of Shmuel's understanding of the Mishnah and related rulings, the Gemara now cites a number of Amoraim who dispute Shmuel and explain the Mishnah differently:

רַב כַּהֲנָא אָמַר – Rav Kahana said: **טְמֵאִין נִפְדִּין – Those** *menachos* and *nesachim* **that are *tamei* may be redeemed;** **טְהוֹרִין אֵין נִפְדִּין – those that are *tahor* may not be redeemed.** **וְכֵן אָמַר רַבִּי אוֹשַׁעְיָא – And so said R' Oshaya:** **טְמֵאִין נִפְדִּין – Those that are *tamei* may be redeemed;** **טְהוֹרִין אֵין נִפְדִּין – those that are *tahor* may not be redeemed.**[27]

A different version of R' Oshaya's view:

אִיכָּא דְּאָמְרֵי – Some say **אָמַר רַבִּי אוֹשַׁעְיָא אֲפִילּוּ טְהוֹרִין נִפְדִּין – R' Oshaya said: Even those that are *tahor* may be redeemed.**

The Gemara cites yet a third opinion:

רַבִּי אֶלְעָזָר אוֹמֵר – R' Elazar says: **כּוּלָּן טְמֵאִין נִפְדִּין טְהוֹרִין אֵין נִפְדִּין – With all [*minchah* offerings], those that are *tamei* may be redeemed,** whereas **those that are *tahor* may not be redeemed,** **חוּץ מֵעֲשִׂירִית הָאֵיפָה שֶׁל מִנְחַת חוֹטֵא – except for the tenth of an *ephah* of the sinner's *minchah*,**[28] which may be redeemed even when it is *tahor.* **שֶׁהֲרֵי אָמְרָה תּוֹרָה – For the Torah said** concerning this type of offering: "מֵחַטָּאתוֹ" **– *"from his sin"*** "עַל-חַטָּאתוֹ" **– and "*on his sin*,"** making the tenth of an *ephah* an exception to the general rule that *menachos* cannot be redeemed *tahor.*[29]

NOTES

Altar may not be redeemed for general use. Therefore, the flour of *menachos* and the wine of *nesachim,* though they possess only monetary sanctity, should also be subject to this law as long as they are still *tahor.* (See *Chidushei HaRashba* for a novel explanation of this point; but see the end of note 26.)]

26. [I.e. even this level of uncommonness was included by the Rabbis in their decree.]

It emerges from this that the law barring the redemption for general use of unblemished animals consecrated to *bedek habayis* is a Rabbinic restriction meant to insure a sufficient supply of animals meeting the stringent requirements for Temple sacrifices. On the Biblical level, however, since these animals do not have the physical sanctity of an offering (only the monetary sanctity of *bedek habayis*), they can be redeemed.

Tosafos (*Zevachim* 59a,b ד״ה עד) take this to be the Gemara's conclusion. However, *Rambam* (*Hil. Arachin* 5:7) cites a verse to support the law of the Baraisa, implying that it is a Biblical restriction (*Mishneh LaMelech* ibid. §5). Many Acharonim therefore explain that the Gemara's conclusion that it is a Rabbinic restriction is true only according to Shmuel. For according to Shmuel, even items consecrated for the Altar and still fit for it (such as *menachos* and *nesachim* that are *tahor*) may be redeemed before they acquire physical sanctity, unless they are uncommon items (such as worm-free wood, *levonah* and *klei shareis*). However, according to those who dispute Shmuel and rule that *menachos* and *nesachim* may not be redeemed when they are *tahor* and fit for the Altar (Rav Pappa, who posed the challenge from this Baraisa, and several Amoraim about to be cited by the Gemara), the restriction is in fact a Biblical one (*Keren Orah* below ד״ה הניחא להאי לישנא; *Taharas HaKodesh; Shaar HaMelech, Hil Arachin* 5:5; *Zevach Todah; Even HaAzel* to *Isurei Mizbe'ach* 6:4-5 §3; this is also the view of *Tos. Rabbeinu Elchanan* to *Avodah Zarah* 13b, cited here in *Knesses Rishonim*). This point will be further elaborated in notes 32 and 38.

[Note: Our Gemara implies that *menachos* and *nesachim* may be redeemed even for general use, whereas the Mishnah in *Shekalim* 4:8 seems to say that even those merely consecrated to *bedek habayis* must be sold to someone needing them for an offering (*Shaar HaMelech, Hil. Arachin* 5:5). See *Olas Shlomo* and *Yashar V'Tov* for answers to these problems; see, however, *Chidushei HaRashba* here.]

27. [Whereas Shmuel maintained that anything possessing only monetary sanctity can be redeemed (unless, due to its relative scarcity, it was prohibited by the Rabbis), these Amoraim take the Mishnah literally and maintain that even monetary sanctity cannot be redeemed in items fit for the Altar. Thus, the *menachos* and *nesachim* of the Mishnah can be redeemed only if they have become *tamei* and unfit for the Altar.]

Chazon Ish (*Parah* 3:1) is of the opinion that this is only a Rabbinic stringency. Even these Amoraim agree that redemption would be permitted on the Biblical level. Many Acharonim, however, understand these Amoraim to be saying that there is a Biblical law preventing the redemption of consecrated items fit for the Altar. In their view, both this law and the law requiring unblemished animals consecrated to *bedek habayis* to be redeemed for use as sacrifices rather than general use are Biblical laws (see the sources cited in note 26). Indeed, they are simply two facets of the same law (*Rabbeinu Elchanan* cited ibid.; see *Even HaAzel* to *Isurei Mizbe'ach* 6:4-5 at length).

28. There are three sins for which a sinner is subject to a קָרְבָּן עוֹלֶה וְיוֹרֵד, *variable [sin] offering.* [These are: falsely swearing a שְׁבוּעַת הָעֵדוּת, *oath of testimony;* violating a שְׁבוּעַת בִּטּוּי, *oath of utterance;* and טוּמְאַת מִקְדָּשׁ וְקָדָשָׁיו, *entering the Temple or eating sacrificial food while tamei.*] A variable sin offering is a *chatas* in which the type of offering brought varies according to how much the sinner can afford. If he is a man of means, he brings an animal (lamb or kid); if he is poor, he brings two birds (turtledoves or pigeons), while if he is destitute he brings a *minchah* consisting of a tenth-*ephah* of fine flour (*Leviticus* 5:1-13). Thus, the "tenth of an *ephah* of a sinner's *minchah*" is the *minchah* of fine flour brought by a destitute person liable to a קָרְבָּן עוֹלֶה וְיוֹרֵד, *variable sin offering.*

29. *Leviticus* 5:6 states with respect to the animal offering brought by a person of means: וְכִפֶּר עָלָיו הַכֹּהֵן מֵחַטָּאתוֹ, *and the Kohen shall provide him atonement* ***from his sin.*** It uses a similar expression in regard to the poor person who brings a pair of birds instead: וְכִפֶּר עָלָיו הַכֹּהֵן מֵחַטָּאתוֹ, *and the Kohen shall provide him atonement* ***from his sin.*** The implication of the phrase *from his sin* is that the atonement is provided from *part* of his sin but not from all of it. Since the offering surely provides atonement for his entire sin, the Sages (*Kereisos* 27b) understand the word מֵחַטָּאתוֹ to refer to his *chatas* (sin) *offering,* rather than to the sin itself. Thus, the verse teaches that the Kohen can sometimes provide atonement for the sinner from just *part* of his offering. How so? If a well-to-do person entered the Temple in *tumah,* for example, and set aside money to buy a lamb or kid for his *chatas* offering, and he then became poor, he may purchase the bird or *minchah* offering that is now appropriate to his reduced circumstances with part of that money, and the rest reverts to *chullin.* [Similarly, if he was poor when he sinned and set aside the money for a bird offering, and he then became destitute, he may purchase flour for a *minchah* with part of that money and the rest becomes *chullin* (Gemara ibid.).]

However, with respect to the *minchah* component of the variable sin offering, the Torah does not use the word מֵחַטָּאתוֹ but עַל-חַטָּאתוֹ, *on his sin.* For the verse states (ibid. v. 13): וְכִפֶּר עָלָיו הַכֹּהֵן עַל-חַטָּאתוֹ, *and the Kohen shall provide him atonement* ***on his sin.*** From this change in wording the Sages derived that if he was destitute when he sinned, and he set aside flour for a sinner's *minchah,* and he then became well to do, his atonement requires that he add *on* to his previous sin offering [עַל-חַטָּאתוֹ] and bring the lamb or kid that befits his more affluent circumstances. The verse thus teaches that he may redeem the flour he previously set aside for his sinner's *minchah* and *add on* to that money enough to purchase an animal offering (*Rashi*). [The verse cannot be teaching that he adds to *money* set aside for a flour offering because that would be obvious. If one who becomes poor may take the money he set

The Gemara cited two versions of R' Oshaya's view. The Gemara now endeavors to ascertain which of these versions is the correct one. To this end, the Gemara quotes and analyzes at length a statement of R' Oshaya on another matter:[30]

אָמַר רַבִּי אוֹשַׁעְיָא – **R' Oshaya said:** שָׁמַעְתִּי – **I have heard** that פִּיגֵּל בְּמִנְחָה – **if one intended *piggul* in a *minchah* offering,** לְרַבִּי שִׁמְעוֹן אֵינוֹ מְטַמֵּא טוּמְאַת אוֹכָלִין – then **according to R' Shimon, it does not convey food *tumah*.**[31]

R' Oshaya cites the statement of R' Shimon to which he refers:

דִּתְנַן – **For we have learned in a Mishnah:**[32] הָעָרְלָה – *ORLAH* וְכִלְאֵי הַכֶּרֶם – AND *KILEI HAKEREM,*[33]

NOTES

aside for an animal or bird offering and spend it on a flour offering, with the remainder becoming *chullin,* he may surely spend the money he set aside for a flour offering toward a more expensive bird or animal offering when he becomes rich. Thus, the verse must be teaching that he can "add on" to the flour offering itself – by redeeming it and using the money toward the purchase of an animal offering (*Moshav Zekeinim* to *Leviticus* ibid., cited by *Knesses Rishonim*).]

[The fact that R' Elazar cites a verse to teach that the flour of a sinner's offering is an exception to the general rule and may be redeemed indicates that he considers the ban on redeeming flour set aside for other *menachos* to be Biblical rather than Rabbinic [see note 26 above] (*Keren Orah* ד״ה הניחא; *Shaar HaMelech, Hil. Arachin* 5:5; see also *Tos. Rabbeinu Elchanan* to *Avodah Zarah* 13b, cited in *Knesses Rishonim*).]

30. The proof comes only after a lengthy discussion. See 101b note 32.

31. [Food, like utensils, can become *tamei* and convey *tumah.* Since *minchah* offerings are food, they become *tamei* when contaminated by a source of *tumah.*] R' Shimon, however, is of the opinion that any food that cannot be given even to a non-Jew to eat because it is forbidden for benefit is not legally classified a "food." Since a *minchah* that has become *piggul* is forbidden for benefit, it cannot legally be considered a food and it therefore cannot become *tamei* or "convey food *tumah*" (*Rashi* from Gemara below, 101b). [Why R' Oshaya makes this point in regard to a *minchah* rather than an animal sacrifice will be explained on 102a note 3.]

[Our vowelization and translation of the word מְטַמֵּא throughout the following *sugya* follows *Rashi's* treatment of this expression in *Chullin* 81b ד״ה פרה מטמאה and 82a ד״ה אמר ריש לקיש, as pointed out by *Tosafos* there, 81b ד״ה פרה. This is even more explicit in *Rashi* to *Shevuos* 11b ד״ה מטמאה טומאת אוכלין. Others vowelize it as מִטַּמֵּא, which means *contracts tumah.* See *Tosafos, Bava Kamma* 77a [ד״ה פרה[ב for a discussion of the different readings.]

32. This is not actually a Mishnah but a *Tosefta* in *Uktzin* Ch. 3. In *Bechoros* 9b this is cited as a דְּתַנְיָא, *for it was taught in a Baraisa.*

The Baraisa deals with the issue of טוּמְאַת אוֹכָלִין, *food tumah,* the ability of foods to contract and convey *tumah.* Inedible substances cannot contract and convey *tumah* (unless they have been made into a utensil). Thus, for a substance to be subject to these laws of *tumah,* it must be classified as a food. The Baraisa will record a dispute between the Rabbis and R' Shimon whether edible substances forbidden for benefit can contract and convey *tumah.*

33. The Baraisa will list seven food items that are forbidden for both consumption and benefit. [The Scriptural sources teaching that they are forbidden for benefit are given by the Gemara in *Kiddushin* 56b-57b.] *Orlah* is the produce of a tree in the first three years after its planting, which the Torah forbids (*Leviticus* 19:23). *Kilei hakerem* is the produce of grapevines planted together with grains or vegetables (*Deuteronomy* 22:9).

וְשׁוֹר הַנִּסְקָל – AN OX CONDEMNED TO BE STONED,[1] **וְעֶגְלָה עֲרוּפָה – AN *EGLAH ARUFAH*,**[2] **וְצִפּוֹרֵי מְצוֹרָע – THE BIRDS OF A *METZORA*,**[3] **וּפֶטֶר חֲמוֹר – A FIRSTBORN DONKEY,**[4] **וּבָשָׂר בְּחָלָב – AND MEAT** cooked **WITH MILK, כּוּלָּם מְטַמְּאִין טוּמְאַת אוֹכָלִין – ALL OF THESE CONVEY FOOD *TUMAH*.**[5] **רַבִּי שִׁמְעוֹן אוֹמֵר – R' SHIMON SAYS: כּוּלָּן אֵין מְטַמְּאִין טוּמְאַת אוֹכָלִין – ALL OF THESE DO NOT CONVEY FOOD *TUMAH*.**[6] **וּמוֹדֶה רַבִּי שִׁמְעוֹן בְּבָשָׂר בְּחָלָב – R' SHIMON AGREES, HOWEVER, IN** the case of **MEAT** cooked **WITH MILK, שֶׁמְּטַמֵּא טוּמְאַת אוֹכָלִין – THAT IT DOES CONVEY FOOD *TUMAH*,**[7] **הוֹאִיל וְהָיְתָה לוֹ שְׁעַת הַכּוֹשֶׁר – BECAUSE IT HAD A MOMENT OF FITNESS.**[8]

To explain R' Oshaya's proof, the Gemara cites R' Yochanan's explanation of the source for R' Shimon's ruling:

וְאָמַר (רב) [רַבִּי][9] **אַסִּי אָמַר רַבִּי יוֹחָנָן – And R' Assi said in the name of R' Yochanan: מַאי טַעְמָא דְּרַבִּי שִׁמְעוֹן – What is R' Shimon's reason** for saying this? **"מִכָּל־הָאֹכֶל אֲשֶׁר יֵאָכֵל" –** For the Torah states concerning food *tumah*: ***FROM ANY FOOD THAT CAN BE EATEN***,[10] from which we learn that **אוֹכֶל שֶׁאַתָּה יָכוֹל לְהַאֲכִילוֹ לַאֲחֵרִים קָרוּי אוֹכֶל – food that you can feed to others,** i.e. to non-Jews, **is called "food"** and is subject to food *tumah*; **אוֹכֶל שֶׁאִי אַתָּה יָכוֹל לְהַאֲכִילוֹ לַאֲחֵרִים אֵינוֹ קָרוּי אוֹכֶל – food that you cannot feed to others,** because it is forbidden for you to derive benefit from it, **is not called "food"** and is not subject to food *tumah*.[11]

The Gemara now explains the basis for R' Oshaya's statement that a *minchah* that became *piggul* cannot contract food *tumah*:

וְהָא פִּיגֵּל בְּמִנְחָה נַמִּי – Now where one had *piggul* intentions in a *minchah*, it is **also** a case of **אוֹכֶל שֶׁאִי אַתָּה יָכוֹל לְהַאֲכִילוֹ לַאֲחֵרִים הוּא – food that you cannot feed to others,** since no benefit may be derived from it.[12] It is therefore not subject to food *tumah*.

NOTES

1. An ox that kills a person, or that is involved in an act of bestiality with a person [רוֹבֵעַ וְנִרְבָּע], is put to death by the courts through stoning (*Exodus* 21:28, Mishnah *Bava Kamma* 41a; *Leviticus* 20:15-16, *Sanhedrin* 2a – see *Rashi* there). It is forbidden for all benefit (see *Kiddushin* 56b).

As long as the ox is alive it certainly cannot become *tamei* since it is not yet a food. Once it has been stoned it becomes subject to the more stringent *tumah* of *neveilah* (the *tumah* that applies to all animals that die without *shechitah*) [and the lesser level of *tumah* acquired by the food (food *tumah*) would be irrelevant]. Thus, the issue of food *tumah* discussed by this Baraisa must refer to a case where the condemned ox was slaughtered through *shechitah* before the sentence of stoning could be carried out, leaving it forbidden for benefit but not a *neveilah* (*Rashi;* see note 4 for another explanation).

2. When the victim of a murder is found and it is not known who killed him, the elders of the town nearest the body must take a calf down to an untilled valley [נַחַל אֵיתָן], decapitate the calf with a cleaver, and declare their innocence from any responsibility for the loss of the victim's life (*Deuteronomy* 21:1-9). This calf is known as an *eglah arufah* (decapitated calf). It is forbidden for both consumption and benefit.

From the Mishnah in *Sotah* 47a it is evident that the *eglah arufah* does not become forbidden for benefit until it is decapitated. At that point, though, the calf becomes a *neveilah,* rendering the issue of food *tumah* moot (see previous note). *Rashi* and *Tosafos* (ד״ה ועגלה ערופה) therefore explain that this Baraisa must follow the view of the Tanna of a Baraisa in *Kereisos* 25a who holds that the *eglah arufah* becomes forbidden for benefit as soon as it is led down to the untilled valley. (Indeed, this is the accepted view – *Shitah Mekubetzes* §4; see *Kiddushin* 57a, *Zevachim* 70b, and Schottenstein edition of *Sotah* 47a note 38.) Thus, if it is slaughtered by *shechitah* before it is decapitated, its meat would be forbidden for benefit without being a *neveilah.*

Alternatively, performance of the mitzvah of decapitating the calf releases it from the *tumah* of *neveilah* that would otherwise take effect. The carcass, however, is forbidden for benefit (*Tosafos,* based on *Zevachim* 70b).

3. To begin his purification procedure, a *metzora* must bring two birds, one of which is slaughtered over a cup of spring water and the other of which is then dipped in its blood and used to sprinkle the *metzora,* after which it is set free (*Leviticus* 14:4-7; *Negaim* 14:1). The slaughtered bird is forbidden for benefit (according to *Rashi's* interpretation of R' Yochanan's view in *Kiddushin* 57a ד״ה משעת שחיטה; cf. *Tosafos* there). It is not, however, a *neveilah.* [According to Reish Lakish (ibid.), both birds are forbidden for benefit from the moment they are taken for this ritual. Thus, if he slaughtered both of them, both would be forbidden for benefit without being *neveilah* (see *Yashar V'Tov*).]

4. A firstborn male donkey is treated by the Torah as a *bechor,* and it must either be redeemed with a lamb [which is given to a Kohen like a *bechor*] or it must be decapitated (*Exodus* 13:13). As long as it has not been redeemed, it is forbidden for benefit on account of its *bechor* sanctity. The Baraisa speaks of a case where instead of being decapitated, it was slaughtered for a non-Jew to use as food. Now once it actually dies, it is a *neveilah,* making the issue of food *tumah* irrelevant. The Baraisa must therefore be referring to the brief time after its slaughter when the animal is undergoing its death throes. The Mishnah in *Chullin* 117b teaches that during that interval, a non-kosher animal slaughtered by a Jew on behalf of a non-Jew is subject to food *tumah*. It is not considered a *neveilah* [since it is not yet completely dead] but it is nevertheless considered a food [since its meat would have been permitted through the act of *shechitah* had it been a kosher animal] (*Rashi*).

Alternatively, the Baraisa may refer even to a case where the firstborn donkey [was decapitated and] became a *neveilah.* The issue of whether it is also subject to the laws of food *tumah* is relevant in a case where one took less than a *kezayis* (the minimum amount needed to convey *tumas neveilah*) of the meat and joined it to enough other food to make up the volume of an egg (the minimum needed to convey food *tumah*). The mixture can thus not convey *tumas neveilah* (because it contains less than a *kezayis* of *neveilah*), but it may be able to convey food *tumah* [if it is touched by some other source of *tumah*]. This alternative approach would work for the ox condemned to stoning and the *eglah arufah* as well (*Rashi*).

5. [Although all these cases involve foods that are forbidden for benefit and can therefore not be given even to a non-Jew to eat, they are nevertheless classified as "foods" since they are still edible. Hence, if they come in contact with a source of *tumah,* they contract food *tumah* and can convey it.]

6. [Since they are forbidden for benefit they are not considered food, as the Gemara will explain below.]

7. Milk and meat cooked together are forbidden for benefit, as stated by the Mishnah in *Chullin* 113a. [*Rashi* states that this is the opinion of a Tanna in *Chullin,* because there is a Tanna that disputes it, as the Gemara will cite below.]

8. Once something becomes classified as a "food," it retains that designation even when it becomes forbidden (*Rashi, Bava Kamma* 76b ד״ה יש נותר). Now milk and meat that become mixed together do not become (Biblically) forbidden until they are cooked together (*Rashi*). Thus, they have a "moment of fitness" when they are still permitted – even after they become mixed. Therefore, they remain classified as food even when they are cooked together and become forbidden for benefit.

[The reason that *Rashi* explains the "moment of fitness" as occurring after they mix and not before they mix will be explained in note 27.]

9. See *Dikdukei Soferim.*

10. *Leviticus* 11:34.

11. [The word יֵאָכֵל, *that can be eaten,* seems to be redundant, since a food is by definition something that can be eaten. R' Shimon therefore understands the word to mean something that can be "given (to others) to be eaten." The verse thus states that any food that may be given to others to eat – either Jew or non-Jew (*Rashi, Bava Kamma* 76b) – is susceptible to food *tumah.* However, food that a Jew may neither eat himself nor feed to non-Jews – because he is forbidden to derive benefit from it – is not considered "food" in regard to the law of food *tumah.*]

12. For it must be burned [like all *piggul* offerings]. Although R' Shimon agrees that something that had a "moment of fitness" before becoming forbidden for benefit is considered a food, R' Oshaya spoke of a *minchah* that never had such a moment, as the Gemara will explain below (*Rashi*).

The Gemara questions R' Yochanan's explanation of R' Shimon's reason:

אִי הָכִי – If so, that R' Shimon's criterion for conveying food *tumah* is that the food be permissible to feed to others, **בָּשָׂר בְּחָלָב נַמִּי** – then in the case of **meat** mixed **with milk as well,** why did the Baraisa need to say that R' Shimon agrees that it can convey food *tumah* because it had a "moment of fitness"? **תֵּיפּוּק לֵיהּ דְּאוֹכֶל שֶׁאַתָּה יָכוֹל לְהַאֲכִילוֹ לַאֲחֵרִים הוּא – Let its** susceptibility to food *tumah* **be derived** from the fact **that it is a food that you may feed to others,** according to R' Shimon.[13] **דְּתַנְיָא – For we learned in a Baraisa:** **רַבִּי שִׁמְעוֹן בֶּן יְהוּדָה אוֹמֵר מִשּׁוּם רַבִּי שִׁמְעוֹן – R' SHIMON BEN YEHUDAH SAYS IN THE NAME OF R' SHIMON:** **בָּשָׂר בְּחָלָב אָסוּר בַּאֲכִילָה וּמוּתָּר בַּהֲנָאָה – MEAT** cooked **WITH MILK IS PROHIBITED FOR CONSUMPTION BUT PERMITTED FOR BENEFIT.** **שֶׁנֶּאֱמַר ,,כִּי עַם קָדוֹשׁ אַתָּה לַה׳ אֱלֹהֶיךָ לֹא־תְבַשֵּׁל גְּדִי בַּחֲלֵב אִמּוֹ" – FOR IT SAYS: *FOR YOU ARE A HOLY PEOPLE TO HASHEM, YOUR GOD; YOU SHALL NOT COOK A KID IN ITS MOTHER'S MILK;*[14]** **וּלְהַלָּן הוּא אוֹמֵר ,,וְאַנְשֵׁי־קֹדֶשׁ תִּהְיוּן לִי וּבָשָׂר בַּשָּׂדֶה טְרֵפָה לֹא תֹאכֵלוּ" – AND ELSEWHERE IT SAYS: *PEOPLE OF HOLINESS SHALL YOU BE TO ME; YOU SHALL NOT EAT THE FLESH OF AN ANIMAL TORN IN THE FIELD.*[15]** Since both verses make reference to "holiness" in defining their prohibitions, we may derive the parameters of one from the other, as follows: **מַה לְהַלָּן אָסוּר בַּאֲכִילָה וּמוּתָּר בַּהֲנָאָה – JUST AS THERE,** in the case of the animal torn in the field, **IT IS PROHIBITED FOR CONSUMPTION BUT PERMITTED FOR BENEFIT,**[16] **אַף כָּאן אָסוּר בַּאֲכִילָה וּמוּתָּר בַּהֲנָאָה – SO TOO HERE,** in the case of meat cooked with milk, **IT IS PROHIBITED FOR CONSUMPTION BUT PERMITTED FOR BENEFIT.** Since R' Shimon rules that meat cooked with milk is permitted for benefit, it qualifies as "a food that may be fed to others." Now according to R' Yochanan this alone should suffice to render it subject to food *tumah*. Why then does the Baraisa give the reason that it had "a moment of fitness"?

The Gemara answers:

חֲדָא וְעוֹד קָאָמַר – [The Baraisa] is actually **saying "one and furthermore."** **חֲדָא דְּאוֹכֶל שֶׁאַתָּה יָכוֹל לְהַאֲכִילוֹ לַאֲחֵרִים הוּא – One** reason that meat cooked with milk can convey food *tumah* is that **it is a food that you may feed to others** (non-Jews), since it is permitted for benefit. **וְעוֹד – And furthermore,** **לְדִידֵיהּ נַמִּי הָיְתָה לוֹ שְׁעַת הַכּוֹשֶׁר – even to** the Jew **himself it had a moment of fitness.**[17]

The Gemara challenges R' Oshaya's statement that a *minchah* that becomes *piggul* is not subject to food *tumah* according to R' Shimon:

מֵיתִיבֵי – They challenged this **from the** following **Baraisa:** **רַבִּי שִׁמְעוֹן אוֹמֵר – R' SHIMON SAYS:** **יֵשׁ נוֹתָר שֶׁהוּא מְטַמֵּא טוּמְאַת אוֹכָלִין – THERE IS *NOSSAR*[18] THAT CONVEYS FOOD *TUMAH*,** **וְיֵשׁ נוֹתָר שֶׁאֵינוֹ מְטַמֵּא טוּמְאַת אוֹכָלִין – AND THERE IS *NOSSAR* THAT DOES NOT CONVEY FOOD *TUMAH*.** **כֵּיצַד – HOW SO?** **לָן לִפְנֵי זְרִיקָה – IF [THE OFFERING] REMAINED OVERNIGHT[19] BEFORE** its blood was **THROWN** on the Altar,[20] **אֵינוֹ מְטַמֵּא טוּמְאַת אוֹכָלִין – IT DOES NOT CONVEY FOOD *TUMAH*.[21]** **לְאַחַר זְרִיקָה – However,** if it remained overnight **AFTER** its blood was **THROWN** on the Altar, **מְטַמֵּא טוּמְאַת אוֹכָלִין – IT DOES CONVEY FOOD *TUMAH*.[22]** **(והא) וּפִיגּוּל – AS FOR *PIGGUL*,[23]** **בֵּין בְּקָדְשֵׁי קָדָשִׁים – WHETHER IN** the case of ***KODSHEI KODASHIM*** **בֵּין בְּקָדָשִׁים קַלִּים – OR IN** the case of ***KODASHAM KALIM*,[24]** **אֵינוֹ מְטַמֵּא טוּמְאַת אוֹכָלִין – IT DOES NOT CONVEY FOOD *TUMAH*.[25]** **פִּיגֵּל בְּמִנְחָה – IF ONE INTENDED *PIGGUL* IN A *MINCHAH* OFFERING,** **מְטַמֵּא טוּמְאַת אוֹכָלִין – IT DOES CONVEY FOOD *TUMAH*.[26]** This contradicts R' Oshaya's statement above that a *minchah* offering that became *piggul* does *not* convey

NOTES

13. [For R' Shimon rules that meat cooked with milk is permitted for benefit, as the Gemara will now demonstrate. Thus, it was unnecessary for the Baraisa to invoke a new reason ("because it had a moment of fitness") to explain why R' Shimon agrees in the case of meat and milk, when the very premise of R' Shimon's ruling ("a food that you may feed to others") explains why meat and milk are subject to food *tumah*.]

14. *Deuteronomy* 14:21.

15. *Exodus* 22:30. This verse prohibits the consumption of a *tereifah*, a kosher animal that possesses one of the mortal defects listed by the Mishnah in the third chapter of *Chullin* (see Gemara there 42a). Since these commonly occur as a result of an attack by a predator in the field, the verse speaks of "an animal torn in the field" (*Rashi* to the verse; see also *Rambam, Maachalos Asuros* 4:6).

16. For the end of that verse explicitly states לַכֶּלֶב תַּשְׁלִכוּן אֹתוֹ, *you shall throw it to the dog,* implying even a dog that you need to feed (*Rashi*, as emended by *Shitah Mekubetzes* and *Tzon Kodashim*).

17. [When the Baraisa says that meat cooked with milk is subject to food *tumah* because it had a moment of fitness, it does not mean that this is the *only* reason. It means that this *too* is a reason.] We need not classify meat cooked with milk as a food according to R' Shimon just on the basis of its being fit to give to non-Jews; rather, it may be classified as a food because it was once fit for us as well. The other items listed by the Baraisa, however, never had a moment of fitness that could have rendered them subject to food *tumah* on either basis. For even the animal condemned to be stoned [which was still in the owner's possession before it gored, and was fit for him to use as food] was forbidden for consumption at that time, like all living animals. [That is, it could not have been fed even to non-Jews, since they are prohibited by Noahide law to eat אֵבֶר מִן הַחַי, *limbs severed from a live animal* (*Olas Shlomo, Yashar V'Tov*). And even if it could have been fed to non-Jews,] it was not fit to become *tamei* at that time, since live animals cannot become *tamei* (*Rashi*). [Thus, it never had a moment when it could have become *tamei* with food *tumah*. Since the entire point of having a moment of fitness is to render a forbidden food fit for food *tumah*, to be relevant the moment of fitness must occur at a time when the food could become *tamei* (*Yashar V'Tov* in explanation of *Rashi*).]

18. *Nossar* (literally: leftover) is sacrificial meat that was not consumed within the time allotted for its consumption. *Nossar* is forbidden for consumption under penalty of *kares* and must be burned (see *Exodus* 12:10, 29:34, *Leviticus* 7:17).

19. The reference here is to offerings whose allotted time for eating is a single day and night, such as the *todah* and *kodshei kodashim* offerings. Hence, they become *nossar* when they remain overnight without being eaten (*Rashi, Bava Kamma* 76b ד״ה לן; see *Rashash* there).

20. That is, its blood was not thrown on the Altar on the day of its slaughter and its meat therefore never became permitted for eating [since a sacrifice's meat may not be eaten until its blood is thrown on the Altar] (*Rashi* ibid.).

21. Since it never had a "moment of fitness" when it could be classified a "food" before becoming *nossar* in the morning (*Rashi*).

22. [In this case the meat was fit to be eaten following the throwing of its blood until the next morning. Therefore, even though it was left overnight without being eaten and thus became forbidden as *nossar*, it remains classified as "food" because of its earlier "moment of fitness."]

23. Translation follows the emendation of the text by *Shitah Mekubetzes* and *Tzon Kodashim*, who delete the word והא.

24. *Kodshei kodashim* are the *olah, chatas, asham* and communal *shelamim* offerings, which must be slaughtered in the northern part of the Courtyard, and whose meat, if it is eaten, must be eaten by Kohanim inside the Temple Courtyard. *Kodashim kalim* are the *todah, nazir's* ram, *shelamim, bechor, maaser,* and *pesach* offerings, which may be slaughtered anywhere in the Courtyard, and whose meat is mainly eaten by the owners of the offering anywhere in Jerusalem.

25. [Since an offering made with *piggul* intent never becomes permitted, it remains forbidden for benefit. Hence, it is a food that cannot be given to others to eat. And since the *piggul* invalidation takes effect during the sacrifice's offering, the meat never had a moment of fitness.]

26. [Unlike an animal sacrifice, whose meat never has a moment of fitness before being consecrated and slaughtered (since while it is still alive it is not a food), a *minchah* offering has a moment of fitness before being consecrated, as soon as it is harvested and made into grain. R' Shimon therefore agrees that it gains "food" status at that time and

food *tumah* according to R' Shimon.[27]

The Gemara reconciles R' Oshaya's statement with the Baraisa:

לֹא קַשְׁיָא – This is not a difficulty. **כָּאן שֶׁהָיְתָה לָהּ שְׁעַת הַכּוֹשֶׁר – Here** in the Baraisa we speak of a case **where [the *minchah* offering] had a moment of fitness** before being consecrated,[28] **כָּאן שֶׁלֹּא הָיְתָה לָהּ שְׁעַת הַכּוֹשֶׁר** – whereas **here** in R' Oshaya's statement we speak of a case **where [the *minchah* offering] did not have a moment of fitness** before being consecrated.[29]

The Gemara analyzes this answer and challenges it. In so doing, the Gemara will attempt to prove which of the versions of R' Oshaya's statement on 101a concerning the redeemability of *menachos* and *nesachim* is correct:[30]

הֵיכִי דָּמֵי דְּלֹא הָיְתָה לָהּ שְׁעַת הַכּוֹשֶׁר – What is the case of [a *minchah* offering] that did not have a moment of fitness before being consecrated? **דְּאַקְדְּשִׁינְהוּ בִּמְחוּבָּר – Where [the grain]** used for the *minchah* **was consecrated while** it was still **attached** to the ground.[31] **וְלִיפְרְקִינְהוּ – But** even so, **let them** [the grain or flour] **be redeemed!** And since they could have been redeemed and been permitted, they should be considered to have had a "moment of fitness."[32] – ? –

The Gemara will now explain that this challenge is problematic only according to one version of R' Oshaya's explanation of our Mishnah, indicating that the other version is the correct one:

הָנִיחָא לְהָךְ לִישָּׁנָא דְּאָמַר רַבִּי אוֹשַׁעְיָא טְמֵאִין נִפְדִּין טְהוֹרִין אֵין נִפְדִּין – This question **does not pose a problem according to the version in which R' Oshaya said** that **"those that are *tamei* may be redeemed,** but **those that are *tahor* may not be redeemed."** **שַׁפִּיר – All is** indeed **well** according to this version.[33] **אֶלָּא לְהָךְ לִישָּׁנָא דְּאָמַר אֲפִילּוּ טְהוֹרִין נִפְדִּין – But according to the version in which [R' Oshaya] said** that **"even those that are *tahor* may be redeemed,"** **לִפְרְקִינְהוּ – let them be redeemed,** since even flour that is *tahor* may be redeemed. Consequently, the flour used in the *minchah* should be considered to have had a moment of fitness.[34] – ? –

The Gemara answers:

הַשְׁתָּא מִיהָא לֹא פָּרִיק – Indeed, they could have been redeemed. **Now, however, he did not redeem** the flour, so it was never actually permitted for consumption. The mere fact that he could have redeemed it and permitted it does not render it a "food."[35]

Accordingly, R' Oshaya's statement which implies that there can be a *minchah* that never had a moment of fitness is consistent even with the version that says that R' Oshaya permits redeeming *menachos* that are *tahor.*

The Gemara challenges this answer on the basis of another concept held by R' Shimon:

וְכֵיוָן דְּאִי בָּעֵי פָּרִיק לֵיהּ – Nevertheless, since if he wanted to, he could have **redeemed it,** **[הָא][36] שְׁמַעִינַן לֵיהּ לְרַבִּי שִׁמְעוֹן דְּאָמַר – then we have heard R' Shimon say** **כָּל הָעוֹמֵד לִפָּדוֹת כְּפָדוּי דָּמֵי** – that **whatever stands to be redeemed is** legally **considered as if it were redeemed.**[37] **דְּתַנְיָא – For we have learned in a Baraisa:** **רַבִּי שִׁמְעוֹן אוֹמֵר – R' SHIMON SAYS:** **פָּרָה מְטַמְּאָה**

NOTES

does not lose that status when it is later consecrated and rendered *piggul.*]

27. The Gemara at this point assumes that R' Oshaya referred to [the ordinary case of] a *minchah* offering, where the grain from which it was made had a moment in which it was permitted for consumption before it was consecrated (*Tosafos*).

Tosafos ask why, according to the Gemara's current understanding, the Gemara needed to bring this Baraisa to challenge R' Oshaya's statement. It could just as well have challenged it from the *previous* Baraisa, which says that R' Shimon agrees that meat cooked with milk is subject to food *tumah* because it had a moment of fitness. Since this logic applies to a *minchah* rendered *piggul* as well, we can prove from that Baraisa that the *minchah* rendered *piggul* is subject to food *tumah*!? *Tosafos* answer that the previous Baraisa does not necessarily contradict R' Oshaya because its "moment of fitness" might refer to the time after the meat and milk became mixed together, when they were still Biblically permitted for consumption because they had not yet been cooked (see note 8 above). Thus, they had a moment of fitness even after becoming "meat and milk." Grain, however, never becomes permitted for consumption once it is consecrated, until it is properly offered. [I.e. it has no moment of fitness after attaining the characteristic that causes its prohibition.] It is therefore possible that R' Shimon would agree that its preconsecration fitness does not give it food-*tumah* status when it later becomes prohibited by being consecrated. The Gemara therefore challenges R' Oshaya from this latter Baraisa in which R' Shimon says explicitly that a *piggul*-invalidated *minchah* is subject to food *tumah* (*Tosafos,* as emended by *Tzon Kodashim;* cf. *Birkas HaZevach*).

It is for this reason that *Rashi* explained above (in ד״ה הואיל) that the moment of fitness of meat and milk is where they were soaked together before being cooked (see note 8). However, according to the answer the Gemara will now give, the moment of fitness of meat and milk is simply that they were each permitted before being mixed together (*Taharas HaKodesh; Olas Shlomo;* see also *Keren Orah*). This is how *Rashi* explains it in *Pesachim* 25a (see ד״ה זאת אומרת).

28. I.e. where the grain was permitted before being consecrated.

29. The Gemara will explain the case.

30. The Mishnah on 100b stated that *menachos* and *nesachim* that become *tamei* may be redeemed as long as they have not yet been sanctified in a *kli shareis.* Shmuel (on 100b) explained the Mishnah to mean that *tumah* is not necessary and they may be redeemed even if they are *tahor.* Rav Kahana (on 101a) maintained that *tumah* is a prerequisite for redeeming them, and they may not be redeemed while they are *tahor.* The Gemara on 101a then cited two versions of R' Oshaya's opinion on this matter. According to the first he agreed with Rav Kahana, while according to the second he agreed with Shmuel. The Gemara will now attempt to show that R' Oshaya's statement concerning a *minchah* that became *piggul* can be defended only if we assume that R' Oshaya actually agreed with Rav Kahana that *menachos* cannot be redeemed while they are *tahor.* [It is to demonstrate this point that the Gemara digressed from its discussion of our Mishnah to discuss R' Oshaya's statement regarding food *tumah.* See 101a note 30.]

31. As long as grain is still attached to the ground, [it is not considered a food] and cannot be subject to food *tumah* (*Uktzin* 3:8; *Rambam, Hil. Tumas Ochalin* 2:1). [Thus, if someone vows to bring a *minchah* offering and then consecrates wheat that is still attached to the ground to be used in the fulfillment of his vow, the flour made from that wheat never experiences a moment of being a food before becoming consecrated. Nor does it experience such a moment after being consecrated, since it became *piggul* and never became permitted to eat.]

32. Consecrated flour [and grain] can be redeemed and eaten at any time before it is placed in a *kli shareis,* as we learned in our Mishnah. Therefore, even though it was not redeemed, it should be considered to have had a "moment of fitness" – i.e. a moment in which it could have been used as a food – because it *could* have been redeemed and used (*Rashi*).

33. Since the flour used in this *minchah* never became *tamei,* it was never eligible for redemption. Consequently, it never had a moment of fitness. [As noted on 101a (end of note 29), this view maintains that it is even Biblically forbidden to redeem those that are *tahor* (cf. *Taharas HaKodesh* ד״ה עי״ל).]

34. [See note 31.] Apparently, then, the correct version of R' Oshaya's explanation of the Mishnah is that *menachos* can be redeemed only if they have become *tamei.*

35. [Thus, the Gemara rejects the basic premise of the previous question.]

36. Emendation follows *Shitah Mekubetzes* §1; cf. *Bach.*

37. That is, we will see from the Baraisa that follows that R' Shimon himself does consider something that was not redeemed to be subject to food *tumah* because there was a moment when it could have been redeemed (*Rashi* below ד״ה אומר היה; see also *Rashi* on 102a ד״ה מאי לאו, and *Shaarei Yosher* 3:11, end of ד״ה וביסוד המקור). [The Gemara at this point assumes that the phrase "stands to be redeemed" refers to anything that a person could redeem.]

טוּמְאַת אוֹכָלִין – The meat of **A** slaughtered ***PARAH** adumah*[38] **CONVEYS FOOD *TUMAH,*** **הוֹאִיל וְהָיְתָה לָהּ שְׁעַת הַכּוֹשֶׁר** – **SINCE IT HAD A MOMENT OF FITNESS.**[39] **וְאָמַר רֵישׁ לָקִישׁ** – **And Reish Lakish said** in explanation of this: **אוֹמֵר הָיָה רַבִּי שִׁמְעוֹן** – **R' Shimon was wont to say** that **פָּרָה נִפְדֵּית עַל גַּב מַעֲרַכְתָּהּ** – **a *parah* adumah may be redeemed even upon its pyre,** after it has been slaughtered and is waiting to be burned.[40] This is its moment of fitness.[41] We see from this that R' Shimon himself treats something that could be redeemed and permitted (a slaughtered *parah adumah*) the same as if it had been redeemed and permitted – i.e. he treats the possibility of having redeemed it as a moment of fitness.[42] By the same token he should treat a *minchah* rendered *piggul* as having had a moment of fitness, since it could have been redeemed before it was placed in a service vessel. – ? –

The Gemara answers:

הָכִי הַשְׁתָּא – **Now what comparison is there** between the two cases? **בִּשְׁלָמָא פָּרָה** – **It is understandable** that a ***parah** adumah* should be considered as if it has been redeemed even when it was not, **עוֹמֶדֶת לִפְדּוֹת הִיא** – because **it** indeed **stands to be redeemed; שֶׁאִם מָצָא אַחֶרֶת נָאָה הֵימֶנָּה** – **for if one found another** *parah adumah* **that is nicer than this one, מִצְוָה לִפְדּוֹתָהּ** – **there is a mitzvah to redeem it** and use the nicer one in its place. Therefore, we treat it as equivalent to having been redeemed and view it as having had a moment of fitness. **אֶלָּא הָנֵי מְנָחוֹת** – **But** as for **these *minchah* offerings, מִצְוָה לִפְדּוֹתָן – is there any mitzvah to redeem them** while they are *tahor*? Definitely not![43] Therefore, they are not treated as equivalent to having been redeemed.[44]

This last answer posits that anything that one had the option of permitting for consumption by performing some procedure to it is considered to have had a moment of fitness, provided there was a mitzvah to perform that procedure. The Gemara will now pose a series of challenges to this rule from R' Shimon's own rulings regarding food *tumah* in *nossar* and *piggul* in the Baraisa quoted above:

וְהָא לָן לִפְנֵי זְרִיקָה – **But** in the case of the Baraisa above, **where [the offering] remained overnight before** its blood was **thrown** on the Altar,[45] **דְּמִצְוָה לְמִיזְרְקֵיהּ** – **where there was a mitzvah to throw its** blood on the Altar on the day of its slaughter, **וְאִי בָּעֵי זָרַק** – **and if he wished, he could have thrown it,** **וְקָתָנֵי דְּאֵין מְטַמֵּא טוּמְאַת אוֹכָלִין** – **and** yet **[the Baraisa] taught that** according to R' Shimon **[THE OFFERING] DOES NOT CONVEY FOOD *TUMAH.***[46] – ? –

The Gemara answers:

הָכָא בְּמַאי עַסְקִינַן – **What** case **are we dealing with here** in the Baraisa of *nossar*? **שֶׁלֹּא הָיְתָה שְׁהוּת בַּיּוֹם לְמִיזְרְקֵיהּ** – With a case **where there was not enough time** left **in the day** after the animal was slaughtered **to throw its** blood on the Altar.[47]

The Gemara challenges this answer

אֲבָל הָיְתָה לוֹ שְׁהוּת בַּיּוֹם – **But had there been enough time** left **in the day** to throw the blood, **מַאי** – **what** would be the law? **מְטַמֵּא טוּמְאַת אוֹכָלִין** – That **it conveys food *tumah*?** **אַדְּתָנֵי לָן לְאַחַר זְרִיקָה מְטַמֵּא טוּמְאַת אוֹכָלִין** – If so, **rather than teach** that **IF [THE OFFERING] REMAINED OVERNIGHT *AFTER*** its blood was **THROWN** on the Altar, **IT CONVEYS FOOD *TUMAH,*** **לִיפְלוֹג בְּדִידָהּ** – **let [the Baraisa] make a distinction in that** very case **itself,** as follows: **בַּמֶּה דְּבָרִים אֲמוּרִים** – **When is this statement said** [that an offering left overnight *before* its blood is thrown does not convey food *tumah*]? **שֶׁלֹּא הָיְתָה לוֹ שְׁהוּת בַּיּוֹם** – **When there was not enough time** left **in the day** to throw its blood. **אֲבָל הָיְתָה לוֹ שְׁהוּת בַּיּוֹם** – **But if there was enough time** left **in the**

NOTES

38. The *parah adumah* is the "red cow" whose ashes are mixed with spring water and sprinkled upon people or things that have contracted *tumah* from a human corpse to purify them. See *Numbers* Ch. 19.

The *parah adumah* is forbidden for benefit (*Rashi*). Although it is not a Temple offering [it is slaughtered outside the Temple], and thus does not have קְדֻשַּׁת הַגּוּף, *physical sanctity,* it does have קְדֻשַּׁת דָּמִים, *monetary sanctity,* since it is purchased from the funds consecrated for the purchase of communal offerings [תְּרוּמַת הַלִּשְׁכָּה] (see *Shekalim* 4:2; *Rambam, Hil. Shekalim* 4:1; see also *Rashi, Shevuos* 11b ד״ה דקדושת בדק הבית and *Tosafos, Bava Kamma* 77b ד״ה אומר). Hence, it is forbidden to derive benefit from the *parah adumah* unless it is redeemed.

39. [See *Rashi* to *Chullin* 82a and note 1 of our commentary there.]

40. [The *parah adumah* is slaughtered in a designated place on the Mount of Olives, facing the portals of the Temple (see *Numbers* 19:4 with *Rashi*). A wide pit is dug in that place and a wood pyre arranged in it. The cow is slaughtered and burned on it, after which the ashes are gathered and used to make the *mei chatas* that were sprinkled for the purification from corpse *tumah* (see *Parah* 3:8-11 and *Zevachim* 113a).] R' Shimon maintains that even after the *parah adumah* is properly slaughtered on its pyre [and is fit to be burned], it may still be redeemed if a nicer *parah* is found to replace it (*Rashi;* see *Shevuos* 11b).

[The statement that it conveys food *tumah* "since it *had* a moment of fitness" indicates that the moment has passed and it is no longer redeemable. *Tosafos* (*Bava Kamma* 77a ד״ה פרה [א]) conclude from this that even according to R' Shimon the *parah adumah* can be redeemed after its slaughter only until its blood is sprinkled toward the Temple (see *Numbers* 19:4). However, even after sprinkling, it is subject to food *tumah* because "it *had* a moment of fitness" when it could have been redeemed.

41. *Rashi* ד״ה ואמר ריש לקיש. [The fact that it could have been slaughtered for food before it was consecrated is not considered a moment of fitness because a live animal cannot be subject to *tumah,* as explained in note 17.]

42. *Rashi.*

43. One who donates an offering is supposed to bring a choice offering in the first place [see *Yoma* 34b for the source] (*Rabbeinu Gershom*). Thus, there should be no reason to replace the first ingredients (cf. *Sfas Emes*). [The *parah adumah,* however, is a rare phenomenon and the Temple must take whatever red cow is available, even if it is not a choice one. Thus, if a better one is found, there is a mitzvah to replace the first one.]

44. That is, they are not considered to have had a moment of fitness merely because they could have been redeemed.

[*Kovetz Shiurim* (*Bava Kamma* §71) asks why even a *parah adumah* should be considered *standing* to be redeemed where no nicer *parah* has yet been found, since there is no mitzvah to redeem it in the absence of a nicer one.]

45. R' Shimon said that *nossar* does not convey food *tumah* where it remained overnight before its blood was thrown on the Altar.

46. Here too R' Shimon should apply the same rationale and say that since the *nossar* meat *stood* to become permitted when its blood could have been thrown on the Altar and there was a mitzvah to throw it, it is viewed as if its blood had been thrown and it had a moment of fitness! (see *Rabbeinu Gershom*).

[This question highlights a basic contradiction in R' Shimon's rulings and does not depend on the Gemara's last answer. The same question could have been asked even if a mitzvah is not a factor. Why in the case of *parah adumah* does R' Shimon consider the possibility of redeeming the *parah* a moment of fitness, whereas in the case of *nossar* he does not consider the possibility of permitting the meat by throwing its blood sufficient to qualify as a moment of fitness! (*Chok Nasan*). Nevertheless, since the Gemara has now concluded that R' Shimon considers the possibility of permitting something a moment of fitness only when there is a mitzvah to permit it, the Gemara incorporates that factor into its question as well. See, however, *Yad Binyamin* who suggests a way of explaining the Gemara as a challenge to the previous answer.]

47. The blood of an offering can be thrown on the Altar only until sundown of the day of its slaughter, after which the blood becomes invalid (*Zevachim* 56a). Thus, an offering slaughtered a moment before sunset never "stood to become permitted," since it was never possible to throw its blood in time to permit it. It therefore is not considered to have had a moment of fitness.

day to throw its blood, **מְטַמֵּא טוּמְאַת אוֹכָלִין – it does convey food *tumah,*** even though its blood was never actually thrown and it became forbidden as *nossar.*[48]

The Gemara answers:

הָכִי נַמִּי קָאָמַר – This indeed is what [the Baraisa] is saying: לָן קוֹדֶם שֶׁיִּרָאֶה לִזְרִיקָה – If [the offering] was left overnight before it became possible to throw its blood on the Altar, **אֵינוֹ מְטַמֵּא טוּמְאַת אוֹכָלִין – it does not convey food *tumah;* לְאַחַר שֶׁיִּרָאֶה לִזְרִיקָה** – however, if the offering was left overnight **after it became possible to throw** its blood, **מְטַמֵּא טוּמְאַת אוֹכָלִין – it does convey food *tumah.***

The Gemara points out another contradiction to the rule derived from *parah adumah* from the second case of the Baraisa quoted above:[49]

וְהָא פִּיגֵּל בֵּין בְּקָדְשֵׁי קָדָשִׁים בֵּין בְּקָדָשִׁים קַלִּים – But where one intended *piggul,* whether with *kodshei kodashim* or with *kodashim kalim,* [דְּ]מִצְוָה לְמִיזְרְקֵיהּ – where there was a mitzvah to throw its blood on the Altar without improper intent,[50]

NOTES

48. [This case is a bigger novelty than the one the Baraisa actually teaches, inasmuch as it allows for food *tumah* in *nossar* even where its blood was *not* thrown on the Altar.] It would then be understood without saying that if the meat of the offering had been left overnight *after* its blood had been thrown, it surely conveys food *tumah* (*Rashi*).

49. R' Shimon ruled in the Baraisa above that *piggul* does not convey food *tumah.*

50. It is forbidden to offer a sacrifice with improper intent (*Rashi*). [Although once *piggul* has been intended there is no longer a mitzvah to throw the blood, the Gemara's question assumes that R' Shimon refers to a case where the *piggul* intent occurred during the act of *zerikah* (as the Gemara will state below). Thus, before he threw the blood, the offering had not yet become *piggul* and there was a mitzvah to throw its blood with proper intent.]

וְאִי בָּעֵי זָרִיק – **and if he wished, he could have thrown** the blood in a manner that would have permitted the offering.[1] Thus, the offering at one point "stood to become permitted," and it should therefore be subject to food *tumah,* וְקָתָנֵי דְּאֵינוֹ מְטַמֵּא טוּמְאַת אוֹכָלִין – **and yet [the Baraisa] teaches that it does not convey food *tumah*** according to R' Shimon!

This question is based on a certain assumption, which the Gemara now articulates:

מַאי לָאו דְּפִיגֵּל בִּזְרִיקָה – **Is it not** the case of the Baraisa that he intended ***piggul* during** the act of **throwing** the blood?[2] If so, the offering was still valid after its slaughter and it stood to become permitted for eating. Why then does it not convey food *tumah* according to R' Shimon?

The Gemara rejects the question:

לֹא – **No!** דְּפִיגֵּל בִּשְׁחִיטָה – The Baraisa refers to a case **where he intended *piggul* during** its **slaughtering,** thereby invalidating the offering before it was ever in a position to become permitted for eating.

The Gemara challenges this explanation:

אֲבָל פִּיגֵּל בִּזְרִיקָה מַאי – **But if he intended *piggul* during** the act of **throwing** the blood, **what** would be the law? הָכִי נַמִּי דִּמְטַמֵּא טוּמְאַת אוֹכָלִין – **Would it indeed convey food *tumah*?** אַדְּתָנֵי פִּיגֵּל בְּמִנְחָה מְטַמֵּא טוּמְאַת אוֹכָלִין – If so, then **rather than teach** that IF HE INTENDED *PIGGUL* IN A *MINCHAH* OFFERING, IT DOES CONVEY FOOD *TUMAH,*[3] לִיפְלוֹג בְּדִידָהּ – **let [the Baraisa] make a distinction in that** very case of *piggul* in an animal offering **itself,** as follows: בַּמֶּה דְּבָרִים אֲמוּרִים – **When is this statement said** [that an offering invalidated through *piggul* does not convey food *tumah*]? דְּפִיגֵּל בִּשְׁחִיטָה – **When he intended *piggul* during** the act of **slaughtering.** אֲבָל פִּיגֵּל בִּזְרִיקָה מְטַמֵּא טוּמְאַת אוֹכָלִין – **But if he intended *piggul* during** the act of **throwing** the blood, **it does convey food *tumah.***[4] – ? –

The Gemara rejects this proof:

פִּיגֵּל בְּמִנְחָה אִיצְטְרִיכָא לֵיהּ – **[R' Shimon] needed** the case of **one who intended *piggul* in a *minchah* offering** to make his point. דְּאַף עַל גַּב דְּפִיגֵּל בִּקְמִיצָה – **For even though he intended *piggul* during** the act of ***kemitzah,***[5] דְּקוֹמֶץ בְּמִנְחָה כִּשְׁחִיטָה דָּמֵי – **and *kemitzah* in a *minchah* offering corresponds to slaughtering** in an animal offering,[6] אֲפִילוּ הָכִי מְטַמֵּא טוּמְאַת אוֹכָלִין – **nevertheless, [the *minchah*] conveys food *tumah,*** הוֹאִיל וְהָיְתָה לוֹ שְׁעַת הַכּוֹשֶׁר מֵעִיקָּרוֹ – **since** unlike the animal offering, **it had a moment of fitness from its onset,** before becoming a *minchah.*[7]

The Gemara above concluded from R' Shimon's ruling regarding *parah adumah* that he holds that "whatever stands to be redeemed may be considered as if it were redeemed." For this reason, a consecrated item that could have been permitted through redemption is considered to have had a moment of fitness. The Gemara understood this principle to be extendable to offerings that could have been permitted by having their blood properly thrown on the Altar. Here too we say that "whatever stands to have its blood thrown on the Altar may be considered as if its blood was thrown." Because of this, the Gemara was forced to explain R' Shimon's rulings regarding the lack of food *tumah* in *nossar* and *piggul* as pertaining only to those cases where their blood could never have been thrown.[8] The Gemara will now cite an alternative view which avoids limiting those rulings to these cases:

אָמַר רַב אָשֵׁי – **Rav Ashi said:** אֲמַרִיתָהּ לִשְׁמַעְתָּא קַמֵּיהּ דְּרַב נַחְמָן – **I related the** preceding **discourse to Rav Nachman,** and I said to him:[9] אֲפִילוּ תֵּימָא לָךְ מַמָּשׁ – **You may even say** that the Baraisa's teaching about an animal offering that **remained overnight** before its blood was thrown is to be understood **literally;**[10] וַאֲפִילוּ תֵּימָא דְּפִיגֵּל בִּזְרִיקָה – **and you may even say** that the Baraisa's teaching regarding *piggul* refers even to a case **where he intended *piggul* during the** act of **throwing of the blood.** Neither of these rulings of R' Shimon contradict his principle that "whatever stands to be redeemed may be considered as if it were redeemed." דְּאִי בָּעֵי פָּרִיק אָמַר – **For** in regard to redemption **[R' Shimon] says** that **"since if he wished, he could have redeemed it,"** it may be considered as it it had been

NOTES

1. That is, without *piggul* intent (*Rashi*). Hence, it was both possible and a mitzvah to permit the offering for consumption.

2. [Since the Baraisa does not specify, the Gemara assumes that it refers to all cases of *piggul,* even where the *piggul* was intended during *zerikah.*]

3. The Baraisa differentiated in regard to food *tumah* in *piggul* between animal offerings, where the meat does not become subject to food *tumah,* and in *minchah* offerings, where the *minchah* does become subject.

4. [Since even in animal offerings there are cases of *piggul* being subject to food *tumah,* it would make more sense for R' Shimon to teach us the difference between *piggul* in the different *avodos* of an animal offering, rather than a distinction between animal offerings and *minchah* offerings.]

5. [If the first part of this ruling ("*piggul* in *kodshei kodashim* or *kodashim kalim*") refers to *piggul* during *shechitah,* then the corresponding second part of the ruling ("*piggul* in a *minchah*") refers to *piggul* during the first *avodah* of that set, namely, *kemitzah.*]

6. The Gemara above (13b) explained that the four *avodos* of a *minchah's* sacrificial service are counterparts of the four *avodos* in an animal offering. Thus, *kemitzah* corresponds to slaughtering (*Rashi*). [It might therefore be thought that since an animal offering does not become subject to food *tumah* when rendered *piggul* during its slaughter, a *minchah* offering does not become subject to food *tumah* when rendered *piggul* during its *kemitzah.*]

7. Since the flour of a *minchah* was a food prior to being consecrated, its moment of fitness then rendered it subject to food *tumah,* even though it was invalidated by *piggul* during its *kemitzah.* [Thus, the Tanna chose to highlight the difference between two initial acts of offering (*shechitah* and *kemitzah*) rather than the difference between two acts of an animal offering's *avodah* (*shechitah* and *zerikah*).]

Tosafos ד״ה דקומץ wonder why the Baraisa should need to highlight the distinction between *shechitah* and *kemitzah* when it seems so obvious (see *Yashar V'Tov*). They do not offer an answer. See *Taharas HaKodesh* for an answer.

[It will be recalled that, unlike the Baraisa, which speaks of a case where the *minchah* did have a moment of fitness before being consecrated, R' Oshaya (on 101a) spoke of a case where the *minchah* did *not* have a moment of fitness before being offered (because the grain from which it was made was consecrated before it was cut – Gemara 101b). He therefore stated that if a *minchah* was intended for *piggul,* it does not convey food *tumah.* The point R' Oshaya wished to teach is that even though *minchah* offerings rendered *piggul* even at the very beginning of their offering are generally subject to food *tumah* (as taught by the Baraisa), there are cases in which they are not subject to food *tumah,* namely, where the flour never had a moment of fitness before being consecrated. It is for this reason that R' Oshaya spoke specifically of *piggul* in a *minchah* offering rather than an animal offering. For animal offerings rendered *piggul* during their initial *avodah* (slaughtering) are never subject to food *tumah* according to R' Shimon, as taught by the Baraisa.]

8. In the case of *nossar,* when the offering was slaughtered so late in the day that there was no time to throw its blood before sunset; and in the case of *piggul* in an animal offering where the *piggul* intent occurred during *shechitah,* not *zerikah.*

9. See *Rabbeinu Gershom.* See, however, *Dikdukei Soferim* who cites a manuscript reading which states: וְאָמַר לִי, *and he* [Rav Nachman] *said to me.* From *Rashi* below ד״ה מאי לאו it seems that both Rav Ashi and Rav Nachman accepted this revision.

[*Tosafos* note that there must be an error in the name "Rav Nachman," because Rav Ashi was born after Rav Nachman died. *Tosafos* suggest that the name should be changed either to Rav Kahana or to Rav Nachman bar Yitzchak, both of whom were living in Rav Ashi's time.]

10. I.e. it refers to a case where there was time to throw the blood and permit the offering, but the Kohanim neglected to do so.

redeemed. אִי בָּעֵי הֲוָה זָרִיק לֹא אַמְרִינַן – In regard to throwing, however, **we do not say** that **"since if he wished, he could have thrown** the blood," the offering is considered as if its blood had been thrown.[11]

The Gemara challenges the assertion that we do not say, "whatever stands to be thrown is considered as if it had been thrown": מֵיתִיבֵי – **They challenged** this **from the** following **Mishnah:**[12] כְּלָל אָמַר רַבִּי יְהוֹשֻׁעַ – A GENERAL RULE WAS SAID BY R' YEHOSHUA: כֹּל שֶׁהָיְתָה (לוֹ) [לָהּ][13] שְׁעַת הֵיתֵּר לַכֹּהֲנִים – ANY offering THAT HAD A MOMENT OF PERMISSIBILITY TO THE KOHANIM before being invalidated, i.e. it was at one point permitted to the Kohanim to eat and it then became forbidden, אֵין מוֹעֲלִין בָּהּ – ONE DOES NOT COMMIT *ME'ILAH* by deriving personal benefit FROM IT;[14] וְכֹל שֶׁלֹּא הָיְתָה (לוֹ) [לָהּ] שְׁעַת הֵיתֵּר לַכֹּהֲנִים – AND ANY offering THAT DID NOT HAVE A MOMENT OF PERMISSIBILITY TO THE KOHANIM before being invalidated,[15] מוֹעֲלִין בָּהּ – ONE COMMITS *ME'ILAH* by deriving personal benefit FROM IT. (ואיזהו) [וְאֵיזוֹ הִיא שֶׁהָיְתָה לָהּ] שְׁעַת הֵיתֵּר לַכֹּהֲנִים – WHICH IS THE [OFFERING] THAT HAD A MOMENT OF PERMISSIBILITY TO THE *KOHANIM* before being invalidated? שֶׁלָּנָה – [AN OFFERING] THAT REMAINED OVERNIGHT, וְשֶׁנִּטְמֵאת – OR BECAME *TAMEI,* וְשֶׁיָּצְאָה – OR WENT OUT of its prescribed area.[16] וְאֵיזוֹ הִיא שֶׁלֹּא הָיְתָה לוֹ שְׁעַת הֵיתֵּר לַכֹּהֲנִים – WHICH IS THE [THE OFFERING] THAT DID NOT HAVE A MOMENT OF PERMISSIBILITY TO THE *KOHANIM* before being invalidated? שֶׁנִּשְׁחֲטָה חוּץ לִזְמַנָּהּ וְחוּץ לִמְקוֹמָהּ – ONE THAT WAS SLAUGHTERED with the intention of consuming it BEYOND ITS TIME OR OUTSIDE ITS PLACE, וְשֶׁקִּבְּלוּ פְּסוּלִין וְזָרְקוּ אֶת דָּמָהּ – OR ONE WHICH DISQUALIFIED PERSONS RECEIVED its blood in the service vessel AND THREW ITS BLOOD on the Altar.[17]

The Gemara now explains its question:

קָתָנֵי מִיהָא רֵישָׁא – **In any case, the first part of the Mishnah teaches** that שֶׁלָּנָה וְשֶׁנִּטְמֵאת וְשֶׁיָּצְאָה – [AN OFFERING] THAT REMAINED OVERNIGHT, OR BECAME *TAMEI,* OR WENT OUT of its prescribed area is considered to have had a "moment of permissibility." מַאי לָאו לָנָה מַמָּשׁ – **Is it not** that the Baraisa speaks of a case where **[the offering] remained overnight absolutely** – i.e. in its entirety, both meat and blood? Accordingly, its blood was never thrown. (וְהָא) [הָכָא][18] דְּאִי בָּעֵי הֲוָה זָרִיק הוּא – **Thus, here it is** merely a case of **where if he wished, he** ***could*** **have thrown** the blood, וְקָתָנֵי דְּאֵין מוֹעֲלִין – **and** yet **the Mishnah teaches that** ONE DOES NOT COMMIT *ME'ILAH* by deriving personal benefit from it, because we treat the offering as if its blood had been thrown – contrary to the assertion of Rav Nachman and Rav Ashi![19] – **?** –

The Gemara rejects the proof:

לֹא – **No!** The Mishnah is not speaking of a case where the entire offering, including its blood, remained overnight, but of a case where רְאוּיָה לָצֵאת וּרְאוּיָה לִטָּמֵא (וראויה ללין)[20] – it remained overnight while **it was still fit to** be invalidated by **going out and still fit to** be invalidated by **becoming** ***tamei*** – i.e. it remained overnight *after* its blood had been thrown.[21] Accordingly, it experienced a true moment of permissibility to the Kohanim all through the night, when it was permitted to them to eat.

The Gemara challenges this answer:

אֲבָל לִינָה מַמָּשׁ מַאי – **But** in a case where the offering **remained overnight absolutely** – both its meat and its blood – **what** would be the law? הָכִי נַמִּי דְּמוֹעֲלִין – **Would one indeed commit** *me'ilah* by deriving benefit from it?[22] הַאי כֹּל שֶׁהָיְ[תָ]ה [לָהּ] (לוֹ) שְׁעַת הֵיתֵּר לַכֹּהֲנִים וְכֹל שֶׁלֹּא הָיְתָה [לָהּ] (לוֹ) שְׁעַת הֵיתֵּר לַכֹּהֲנִים – If so, **is this** distinction properly expressed with the words: ANY offering THAT *HAD* A MOMENT OF PERMISSIBILITY TO THE KOHANIM . . . AND ANY offering THAT *DID* NOT HAVE A MOMENT OF PERMISSIBILITY TO THE KOHANIM, employing the past tense? כֹּל שֶׁיֵּשׁ [לָהּ] (לוֹ) שְׁעַת הֵיתֵּר לַכֹּהֲנִים אֵין מוֹעֲלִין בָּהּ – **"Any offering that** ***has*** **a moment of permissibility to the Kohanim, one does not commit** ***me'ilah***

NOTES

11. The concept that "whatever stands to happen may be considered as if it had happened" does not apply where an *act* needs to be performed to make it happen. Since throwing an offering's blood involves performing an act, we do not treat an offering whose blood has not yet been thrown as if it had been thrown. Redeeming an offering, however, does not require performing an act, merely words. [A person may simply *declare* that an object be redeemed against money he has elsewhere.] Since no physical action is necessary to achieve redemption, we may say that "whatever stands to be redeemed is treated as if it were redeemed" (*Rashi;* cf. *Sfas Emes*).

[*Tosafos* ד״ה דאי בעי demonstrate that in cases where the blood was eventually thrown on the Altar while still valid, even Rav Ashi would agree that we could retroactively treat it as if it had been thrown before the event actually took place.]

12. *Me'ilah* 2a. The law of *me'ilah* (unlawful personal use of consecrated property) applies only to things classified as קָדְשֵׁי ה׳, *consecrated items [reserved] for Hashem.* Accordingly, *kodshei kodashim* offerings are subject to the law of *me'ilah* only until their offering is complete, after which their meat is no longer subject since it is given to the Kohanim to eat and is no longer *kodshei Hashem* [reserved for Hashem] (see *Leviticus* 5:15 with *Rashi,* and *Rashi* to the Mishnah in *Me'ilah*). The section of the Mishnah cited here teaches that offerings that become invalidated are sometimes subject to *me'ilah* and sometimes not.

13. This and the next several emendations follow *Shitah Mekubetzes* §3-5.

14. Once it became permitted to the Kohanim it ceased to be *kodshei Hashem.* It is therefore no longer subject to *me'ilah* – even though it has now become forbidden to the Kohanim (*Rashi*).

15. That is, it became invalidated before its offering was properly completed, as the Mishnah will now explain.

16. *Kodshei kodashim* must be eaten within the Temple Courtyard (Mishnah *Zevachim* 52b-53a) and *kodashim kalim* within the walls of Jerusalem (ibid. 55a). Whatever is removed from these areas becomes invalid and forbidden for consumption.

With all three of these invalidations it is possible for the invalidation to occur before or after the offering's blood was thrown on the Altar. The Gemara will discuss when the invalidation occurred and what the moment of permissibility was.

17. The Gemara in *Me'ilah* (5a) discusses whether this means that the disqualified person both received the blood and threw it on the Altar, or whether these are two distinct cases.

18. Emendation follows *Shitah Mekubetzes* §6.

19. Since its blood was not thrown, the meat of the offering never in fact became permitted to the Kohanim. How then can R' Yehoshua say that this is a case of an offering that had a "moment of permissibility"? Evidently, it is because R' Yehoshua considers the possibility of permitting it to be a moment of permissibility itself. In other words, since its blood could have been thrown before it became invalid, we treat it as if its blood had been thrown [and it is no longer considered *kodshei Hashem*] (*Rashi;* see emendation of *Shitah Mekubetzes* §19).

20. *Rashi* deletes the words וראויה ללין; see also *Shitah Mekubetzes* §7; cf. *Tosafos* and *Rashi's* second version, below ד״ה כל שיש.

21. When R' Yehoshua speaks of an offering that became invalid through "remaining overnight, becoming *tamei,* or going out," he refers to an offering that is fit to become invalid in any of these three ways up to the point it is actually invalidated through one of them. Now an offering whose blood was not thrown by sunset becomes invalid at that time because its blood can no longer be used to permit the offering (see *Zevachim* 56a). It is therefore no longer "fit" to become invalid solely on account of *tumah* or going out. Hence, in those cases it is clear that R' Yehoshua is speaking of where the blood *had* been thrown before sunset, so that the offering was completely fit up until the time it became *tamei* or went out. Consequently, the case of the offering that remained overnight must also be speaking of where the blood had been thrown before sunset – and not of a case of "remaining overnight absolutely" [where both the meat and the blood remained overnight] (*Rashi;* see *Yad Binyamin;* cf. *Yashar V'Tov*).

22. [According to the answer just given, the possibility of becoming permitted does not count as a moment of permissibility. Therefore, an offering whose blood remained overnight is subject to *me'ilah,* since it never actually became permitted to the Kohanim.]

with it, וְכָל שֶׁאֵין לָהּ שְׁעַת הֵיתֵּר לַכֹּהֲנִים מוֹעֲלִין בָּהּ מִיבָּעֵי לֵיהּ – **and any** offering **that** ***does*** **not have a moment of permissibility to the Kohanim, one does commit** ***me'ilah*** **with it,"** employing the present tense, **is what [the Tanna] should have** said.[23] Thus, the wording of the Mishnah indicates that it is speaking of a case where the offering never truly became permitted to the Kohanim, it merely became fit to become permitted to them. Hence, the Mishnah teaches that even an offering whose blood was not actually thrown is exempt from *me'ilah* if its blood *could* have been thrown. For we say that "whatever stands to have its blood thrown is considered as if its blood had been thrown." This refutes Rav Ashi's assertion to the contrary.[24] – ? –

Rav Ashi concedes this point in regard to *me'ilah* – but not in regard to food *tumah.*[25] He therefore suggests a distinction between these two categories of law:

אֶלָּא אָמַר רַב אַשִׁי – **Rather, Rav Ashi answers:** מְעִילָה אַטּוּמְאָה קָא רָמֵית – **Are you using** the law of ***me'ilah*** **to contradict** what was said in regard to the law of food ***tumah?*** The two laws are very different. מְעִילָה מִשּׁוּם קְדוּשָּׁה וְלָאו קְדוּשָּׁה הִיא – ***Me'ilah*** **depends upon sanctity or lack of sanctity,** and once an offering is ready to have its blood thrown and be permitted to the Kohanim, its sanctity departs it.[26] לְבָתַר דְּפָקְעָה לָהּ קְדוּשָּׁתֵיהּ – **And after its sanctity departs it,** בְּמַאי הֲדָרָא רָכְבָא לָהּ – **through what** mechanism **can it take hold of it again?**[27] טוּמְאָה מִשּׁוּם אוּכְלָא וְלָאו (מִשּׁוּם) אוּכְלָא הִיא – ***Tumah,*** however, **depends on** being **a food or not** being **a food.**[28] (כל) הֵיכָא דְּאִי (דאי בעי מצי) זָרֵיק (ליה) מְשַׁוֵּי לֵיהּ אוּכְלָא וּמְטַמֵּא טוּמְאַת אוֹכָלִין – Therefore, **where he** actually **throws** the blood, **he renders it a food and it** therefore **conveys food** ***tumah.*** הֵיכָא דְּאִי (בעי מצי זריק לא מצי זריק) [לֹא זָרֵיק] לֹא מְשַׁוֵּי לֵיהּ אוכלא (ולא) [וְאֵינוֹ] מְטַמֵּא טוּמְאַת אוֹכָלִין – **Where he does not** actually **throw** the blood, **he does not render it a food, and it does not convey food** ***tumah.***[29]

This distinction is challenged:

מֵיתִיבֵי – **They challenged** this answer **from the** following **Mishnah.**[30] הַמֵּבִיא אָשָׁם תָּלוּי – ONE WHO BRINGS AN *ASHAM TALUI* for a possible sin,[31] וְנוֹדַע שֶׁלֹּא חָטָא – AND IT BECAME KNOWN to him THAT HE DID NOT SIN, אִם עַד שֶׁלֹּא נִשְׁחַט נוֹדַע לוֹ – IF IT BECAME KNOWN TO HIM BEFORE [THE OFFERING] WAS SLAUGHTERED, יֵצֵא וְיִרְעֶה בָּעֵדֶר – [THE *ASHAM* ANIMAL] GOES OUT TO GRAZE AMONG THE FLOCK, i.e. it reverts to being ordinary *chullin.*[32] דִּבְרֵי רַבִּי מֵאִיר – THESE ARE THE WORDS OF R' MEIR. וַחֲכָמִים אוֹמְרִים – THE SAGES, HOWEVER, SAY:

NOTES

23. When an offering truly becomes permitted to Kohanim by having its blood thrown properly on the Altar, it becomes permitted through a specific action at a specific moment in time. The straightforward way of expressing this is therefore to speak of that moment in the present tense and focus on what transpires at that moment. "Any offering that experiences a moment of permissibility to the Kohanim (by having its blood properly thrown on the Altar), one no longer commits *me'ilah* by benefiting from it." It is only when an offering does not actually become permitted to the Kohanim, merely potentially permitted, that the use of the past tense is more appropriate. The past tense then more aptly expresses what *could* have happened, but in fact did not (*Rashi;* cf. *Tosafos*).

24. *Rashi* cites an alternative version of the previous exchange in which the Gemara's answer reads: רְאוּיָה לָצֵאת וּרְאוּיָה לְטַמֵּא וּרְאוּיָה לָלוּן. According to this version, the Mishnah is not discussing an offering that *became* invalidated in one of these ways, but an offering that is *fit* to become invalidated in one of these ways. For an offering to be fit to be invalidated, it must be currently valid. Thus, the Mishnah is saying that any *valid* offering that is fit to be invalidated by remaining overnight, becoming *tamei,* or going out of its area – i.e. an offering whose blood was thrown properly on the Altar before sunset – is an offering for which there is no *me'ilah.* The Gemara then challenges this explanation on the grounds that if the Mishnah is discussing an offering that is currently valid, it should not speak of its being permitted to the Kohanim in the past tense. *Tosafos* follow this version and explanation (cf. *Yashar V'Tov*).

25. See *Rashi* ד״ה מעילה; see *Keren Orah* at length, who notes that *Tosafos* differ; see *Birkas HaZevach* and *Chok Nasan.*

26. That is, it is no longer considered *kodshei Hashem.* For in general R' Shimon holds that whatever is fit to have its blood thrown is considered as if its blood had been thrown (*Rashi*). Therefore, it is viewed as already permitted to the Kohanim (see note 29).

[The source added to *Rashi* refers us to the Gemara in *Bava Kamma* 76b. However, that Gemara does not follow Rav Ashi's understanding of R' Shimon's view, since it states that R' Shimon follows this principle even in regard to food *tumah.* Rather, *Rashi* is simply saying that even Rav Ashi agrees that in general R' Shimon follows this principle.]

27. Literally: ride on it again. [That is, even though the blood is never thrown, so that the meat never actually becomes permitted to the Kohanim, there can be no *me'ilah.* For *me'ilah* is contingent on the offering having the sanctity level of *kodshei Hashem,* and once that sanctity has departed the meat, there is nothing to resanctify the slaughtered offering to that level of sanctity. See note 29.]

28. Emendation of this and the corresponding phrase below follows *Shitah Mekubetzes* (§10 and 11) and reflects *Rashi's* explanation of the point. See *Bach,* who emends the passage in a similar fashion based on *Rashi's* commentary.

29. [Rav Ashi's answer may be explained as follows. The comparison of *me'ilah* to food *tumah* is only compelling if we assume that the reason *me'ilah* status departs from meat when the blood is thrown is because the meat becomes classified as a food permitted to the Kohanim (see *Rashi* 102b ד״ה כזורק דמי and note 8 there). For this reason, it remains exempt from *me'ilah* even if it later becomes invalidated and forbidden to the Kohanim, since food status once attained remains in place even when the food becomes forbidden, as we learned above. Accordingly, if we see that the potential for *zerikah* suffices to remove *me'ilah* status, it is evident that the principle of "whatever stands to be thrown, etc." suffices to classify something as a "food." Rav Ashi argues that this understanding of *me'ilah* is incorrect, for wherever legal status depends on being classified a "food," a thing must *actually be* permitted to be considered a food. "Standing to become a food" does not suffice. Rather, the reason *me'ilah* status departs the meat after *zerikah* is due simply to the loss of its status as *kodshei Hashem.* For this, even the potential for becoming permitted suffices, since the meat is no longer in a condition of being reserved for Hashem. Although the meat later becomes forbidden to the Kohanim, it remains exempt from *me'ilah* because holiness, once lost, cannot return without something to reinstate it. Since the invalidation of the meat is not a force for reinstating holiness, the meat remains exempt from *me'ilah* – even though it never became classified a Kohanic food.]

[It should be noted that even according to Rav Ashi, standing to become a food is insufficient only when an action needs to be performed to render it a food. Where all that is lacking to be considered a food is redemption, which does not involve an action (see note 12 above), readiness to become a food is sufficient to render it a food. Thus, in the case of a *parah adumah,* R' Shimon applies the concept of "whatever stands to be redeemed may be considered as if it were redeemed" to render it subject to food *tumah.*]

30. *Kereisos* 23b.

31. An *asham talui* is the offering one brings when he is in doubt whether he must bring a *chatas* offering. [The doubt must be of the kind where there were two similar objects before him, one of which is forbidden under penalty of *kares* while the other is permitted. He partook of one of them (without realizing that it might be forbidden) and he now does not know which one he ate.] For example, he had before him a piece of *cheilev* (forbidden fat) and a piece of permitted fat, and he ate one of them but does not know which (*Rashi;* see *Kereisos* 17b). Had he eaten the *cheilev,* he would bring a *chatas.* Since he is uncertain, he brings an *asham talui,* which affords him protection from the consequences of his possible sin until such time as he determines what actually happened.

32. Since it turns out that he did not sin, the offering he set aside does not [in retrospect] have any sanctity (*Rashi*). For R' Meir holds that one who consecrates an *asham talui* knowing that he may not have sinned, does not mean for his consecration to be effective if it should be discovered before the offering that he in fact did not sin (see *Kereisos* 23b).

יִרְעֶה עַד שֶׁיִּסְתָּאֵב — THE [*ASHAM* ANIMAL] SHOULD be left to **GRAZE UNTIL IT BECOMES BLEMISHED,**[1] **וְיִמָּכֵר וְיִפְּלוּ דָמָיו לִנְדָבָה — AND IT SHOULD** then **BE SOLD, AND ITS MONEY SHOULD GO FOR A DONATED OFFERING.**[2] **רַבִּי אֱלִיעֶזֶר אוֹמֵר יַקְרִיב — R' ELIEZER SAYS: HE SHOULD OFFER** it on the Altar, **שֶׁאִם אֵינוֹ בָא עַל חֵטְא זֶה — FOR IF IT DOES NOT COME** to atone **FOR THIS SIN, הֲרֵי הוּא בָא עַל חֵטְא אַחֵר — IT MAY** nonetheless **COME** and atone **FOR ANOTHER SIN.**[3]

The Mishnah continues

מִשֶּׁנִּשְׁחַט נוֹדַע לוֹ — IF IT BECAME KNOWN TO HIM only **AFTER THE [*ASHAM*] WAS SLAUGHTERED,** but before its blood was thrown on the Altar, **הַדָּם יִשָּׁפֵךְ וְהַבָּשָׂר יִשָּׂרֵף — THE BLOOD SHOULD BE POURED OUT,**[4] **AND THE MEAT SHOULD BE BURNED.**[5] **נִזְרַק הַדָּם — IF THE BLOOD HAD** already **BEEN THROWN** when it became known that he had not sinned, **הַבָּשָׂר יֵאָכֵל — THE MEAT SHOULD BE EATEN** by the Kohanim.[6] **וְרַבִּי יוֹסֵי אוֹמֵר — R' YOSE, HOWEVER, SAYS: אֲפִילּוּ הַדָּם בַּכּוֹס — EVEN IF THE BLOOD IS** still **IN THE CUP** in which it was received, **יִזָּרֵק וְהַבָּשָׂר יֵאָכֵל — IT SHOULD BE THROWN** on the Altar **AND THE MEAT SHOULD BE EATEN.**[7]

R' Yose's view is explained:

וְאָמַר רָבָא — And Rava said to explain why R' Yose says that the blood should be thrown even after it became known that there was no sin: **רַבִּי יוֹסֵי בְּשִׁיטַת רַבִּי שִׁמְעוֹן אָמַר — R' Yose said this in accordance with the view of R' Shimon, דְּאָמַר כָּל הָעוֹמֵד לִזְרוֹק כְּזָרוּק דָּמֵי — who said** that **"whatever** blood **stands to be thrown** upon the Altar **may be considered as if it had been thrown."** Since the blood in the cup was ready to be thrown *before* it became known that he had not sinned, the meat of the offering became established as a "food" fit for consumption.[8] R' Yose therefore says that the offering should be completed by throwing the blood and the meat should be eaten.[9] We see from this that the concept that "whatever blood stands to be thrown may be considered as if it had been thrown" works even to render something a "food"[10] — contrary to Rav Ashi's answer above! — ? —

The Gemara defends Rav Ashi's view:

מִידֵי הוּא טַעְמָא — Is this really the reason R' Yose said that the blood should be thrown and the meat be eaten?[11] **אָמְרֵי בְּמַעֲרָבָא מִשְּׁמֵיהּ דְּרַבִּי יוֹסֵי בַּר חֲנִינָא — In the West** [i.e. Eretz Israel] **they say in the name of R' Yose bar Chanina** that **הַיְינוּ טַעְמָא דְּרַבִּי יוֹסֵי — this is R' Yose's reason: דְּקָסָבַר כְּלֵי שָׁרֵת מְקַדְּשִׁין אֶת הַפְּסוּלִין לְכַתְּחִילָּה לִיקָּרֵב —** It is because **he holds that service vessels sanctify invalid [sacrificial items]** to render them fit **to be offered in the first place.**[12] Therefore, although the blood

NOTES

1. [That is, it is treated like all unusable offerings, which are left to graze until they develop a blemish, at which time they may be redeemed. Until then it remains consecrated, even though it cannot be offered once it is known that he did not sin.]

The Gemara in *Kereisos* 23b explains that the Sages hold that when a person consecrates an *asham talui* out of concern that he sinned, his concern is so great that he intends to give the offering even if it should turn out that he did not sin (*Rashi*). Therefore, the consecration took *definite* effect (see *Rashi, Kereisos* 24b ד״ה אשם ודאי). However, since it is now known that there was no sin, the *asham* cannot be offered but must be left to become blemished and then redeemed.

2. That is, for a communal *olah,* to be sacrificed when the Altar is otherwise idle [קַיִץ הַמִּזְבֵּחַ] (*Tosafos, Kereisos* 23b ד״ה המביא אשם). This is what is generally done with unusable *asham* offerings (see Mishnah, *Temurah* 20b).

3. R' Eliezer's statement here is consistent with his view that "one may donate an *asham talui* every day" (*Rashi*); i.e. a person may give an *asham talui* as a voluntary offering to atone for any sins he may have committed, even those that do not necessitate an *asham talui* (see Mishnah, *Kereisos* 25a). Accordingly, R' Eliezer maintains that whenever a person consecrates an *asham talui,* it is his intention that if the offering should prove unnecessary for the sin for which he is consecrating it, it should be offered for other sins that he may have committed (see *Sfas Emes*).

4. On the ground (*Rashi*), into the אַמָּה, *canal,* that runs through the Temple Courtyard (*Rashi, Kereisos* 23b ד״ה ישפך). See next note.

5. I.e. destroyed by fire (not on the Altar). Neither the blood nor the rest of the offering is considered valid for the Altar because [the *asham's* consecration is retroactively nullified, and] it is considered to have been a *chullin* animal that was slaughtered in the Temple Courtyard (*Rashi*). [Actually, there is a Tannaic dispute whether *chullin* slaughtered in the Temple Courtyard is burned or buried (Mishnah, *Temurah* 33b). See the Gemara in *Kereisos* 24b for a discussion of this issue.]

[This ruling is said anonymously, indicating that it is not subject to the dispute found in the previous case of the Mishnah. However, *Shitah Mekubetzes* (to *Kereisos* 23b, §8) considers the possibility that R' Eliezer (who maintained in the previous case that an *asham talui* not needed for one sin is meant by the owner to atone for his other sins) would hold that the *asham* remains a valid offering. Thus, its blood is thrown and its meat is eaten (see also *Sfas Emes*).

Moreover, *Rashi's* explanation that it is burned because it is considered *chullin* slaughtered in the Temple Courtyard would seem to work only for R' Meir, who considers the original consecration to have been contingent. According to the Sages, who consider the original consecration to be definite (even if it should be discovered that he did not sin), the reason the meat would be burned is because the knowledge that there was no sin renders it impossible to continue the sacrificial service by throwing the blood. Hence, the *asham talui* is in effect an invalidated offering (*Tosafos, Kereisos* 24b ד״ה אלמא; for further discussion of *Rashi's* view, see *Tos. Yom Tov* to *Kereisos* 6:1 ד״ה והבשר and *Sfas Emes* there).]

6. Although it is now revealed that there was no need for this sacrifice, nevertheless at the time the offering achieves its purpose — which is when the blood is thrown — there was still a doubt about his having sinned. Thus, the offering accomplished its purpose of atoning for the doubt [making its meat permissible for consumption] (*Rashi*).

[See *Sfas Emes* to *Kereisos* 24b and *Avi Ezri, Pesulei HaMukdashin* 4:19 regarding whether its *emurin* (sacrificial parts) should be burned on the Altar.]

7. [R' Yose disputes the implication of the last ruling. It implies that if the blood was not yet thrown, the offering must always be destroyed. R' Yose disagrees and maintains that if the blood has been received in a cup and is ready to be thrown, the offering is not destroyed. Rather, its blood should be thrown and the Kohanim should eat its meat.]

8. [I.e. a food for consumption by the Kohanim. Thus, although the Kohanim may not actually eat it until the blood is thrown, the meat would, for example, not be subject to *me'ilah.*]

9. *Rashi.* [Since the fitness of the blood for throwing has in itself succeeded in rendering the meat a food "permissible" to the Kohanim, we view the offering of the *asham talui* as having been partially accomplished. Hence, we no longer suspend its offering but instead go forward to complete it. Although throwing the blood at this point no longer atones for any sin, it serves the purpose of enabling the Kohanim to actually eat the meat. This purpose alone suffices to warrant *completing* the offering — once it has already been partially accomplished.]

10. Rava's explanation of R' Yose is based on the assumption that R' Shimon's concept of "whatever is fit for throwing, etc." works to render the meat of the *asham talui* a "food"; see previous note.

11. *Rashi; Rabbeinu Gershom.* [That is, Rav Ashi is not compelled to accept the reason put forward by Rava.]

12. The Gemara above (7a) records that Reish Lakish asked R' Yochanan whether invalidated sacrificial items, such as a *kometz* taken by a disqualified person and placed in a *kli shareis* (*Rashi* ibid.), is rendered fit through its sanctification in the *kli shareis* to be offered on the Altar despite its invalidation. [This would be akin to invalidated sacrificial parts placed on the Altar being rendered fit to remain on it (see *Zevachim* 83a).] R' Yochanan concluded that it does not, whereas in the version of that inquiry recorded in *Zevachim* 87a (as explained by *Rashi*) he concludes that it does (see *Tosafos* above and in *Zevachim* who challenge *Rashi's* explanation of that passage for this reason). R' Yose bar Chanina suggests that R' Yose of the Mishnah accepts that *klei shareis* do sanctify them in this way, at least in the case of the *asham talui* (see next note).

was disqualified by the discovery that there was no sin, it is made fit for throwing by the sanctification it receives from the service vessel in which it is held.[13] It is therefore thrown on the Altar and permits the meat to be eaten.

The Gemara now returns to question the view that R' Shimon's principle that "whatever stands to be thrown etc." applies even to determining the food status of an item:[14]

אָמַר לֵיהּ רַב אַשִׁי לְרַב כַּהֲנָא – **Rav Ashi said to Rav Kahana:** מִדְּאָמַר רַבִּי שִׁמְעוֹן כָּל הָעוֹמֵד לִזְרוֹק כִּזְרוּק דָּמֵי – **Since R' Shimon says that "whatever stands to be thrown** upon the Altar **may be considered as if it had been thrown,"** כָּל הָעוֹמֵד לִשְׂרוֹף נָמֵי כְּשָׂרוּף דָּמֵי – it follows that he should **also** say, **"whatever stands to be burned may be considered as if it has been burned."** נוֹתָר וּפָרָה אַמַּאי מְטַמְּאִין טוּמְאַת אוֹכָלִין – If so, **why do** ***nossar*** **and** ***parah*** *adumah* **convey food** ***tumah*****?**[15] עַפְרָא בְּעָלְמָא נִינְהוּ – Since they both stand to be burned,[16] **they are** legally considered **mere dust** (i.e. ash), and they should therefore *not* be considered a food![17] – ? –

Rav Kahana answers:

אָמַר לֵיהּ – **He said to him:** חִיבַּת הַקּוֹדֶשׁ מַכְשַׁרְתָּן – Although they should be considered as ash, **the esteem for holy things renders them susceptible** to *tumah.*[18]

Rav Kahana's answer is challenged:

אָמַר לֵיהּ רָבִינָא לְרַב אַשִׁי – **Ravina said to Rav Ashi:** נְהִי דְּמַהַנְיָא לְהוּ חִיבַּת הַקּוֹדֶשׁ לְאִיפְּסוּלֵי דְּגוּפֵיהּ – **Granted that the esteem for holy things is effective in** bringing about **the invalidation of a thing itself,** לִיקְרוּיֵי טָמֵא נָמֵי – but **to call** it **a** ***tamei*** **as well,** לְמִימְנֵי בֵּיהּ רִאשׁוֹן וְשֵׁנִי – so as **to count in it** ***rishon*** **and** ***sheni*** degrees of *tumah,* [מִי מַהַנְיָא לֵיהּ – **is it** also **effective?**][19] תִּפְשׁוֹט דְּבָעֵי רֵישׁ לָקִישׁ – If so, you should **resolve that which Reish Lakish inquired.** For Reish Lakish inquired: צָרִיד שֶׁל מְנָחוֹת – If **a dry** lump **in a** ***minchah*** offering comes in contact with a source of *tumah,*[20] מוֹנִין בּוֹ רִאשׁוֹן וְשֵׁנִי – **do we count** ***rishon*** **and** ***sheni*** degrees of *tumah* **in it,** אוֹ אֵין מוֹנִין בּוֹ רִאשׁוֹן וְשֵׁנִי – **or do we not count** ***rishon*** **and** ***sheni*** degrees of *tumah* **in it?**[21]

Rav Ashi defends Rav Kahana's answer and explains why it is not relevant to Reish Lakish's inquiry:

כִּי מִיבַּעְיָא לֵיהּ לְרֵישׁ לָקִישׁ – **When Reish Lakish inquired** whether the esteem for holy things is effective with regard to counting *rishon* and *sheni* degrees of *tumah,* דְּאוֹרָיְיתָא – he inquired with regard to **Biblical law.**[22] כִּי קָאָמְרִינַן דְּרַבָּנָן – **When we said** that *nossar* and *parah adumah* convey *tumah,* we said so **on the Rabbinical level.**[23]

NOTES

13. Since the blood is not completely invalidated [but merely lacks a reason to be thrown], R' Yose maintains that the *kli shareis* may sanctify it to render it fit for throwing (*Rashi*). However, he would not [necessarily] hold this to be true for other invalidations. [Thus, this dispute between R' Yose and the Tanna Kamma is not proof to the issue discussed by R' Yochanan and Reish Lakish above (*Tosafos, Kereisos* 24b ד״ה קסבר ר׳ יוסי; see there for elaboration of this point).]

[It is evident from *Rashi* that R' Yose follows the view of the Sages that the offering is not considered *chullin* after it becomes known that there was no sin, for *chullin* would be the greatest invalidation of all and a *kli shareis* could surely not sanctify it. This emerges from *Tosafos* to *Kereisos* ibid. as well (cf. *Sfas Emes*).]

14. See *Rashi.* [*Rashi* states that Rav Ashi, who will ask the question, did so according to his original assumption that R' Yose of the Mishnah in *Me'ilah* follows the view of R' Shimon. (This was Rava's explanation.) *Rashi* would seem to be trying to explain why Rav Ashi should ask this question when he himself follows the view of Rav Nachman that R' Shimon never said his principle of "whatever stands to be thrown etc." in regard to establishing food status (see 102a). *Rashi* therefore explains that Rav Ashi asked this question according to his initial understanding, in which he accepted Rava's interpretation of R' Yose's ruling. Since Rava's explanation demonstrated that the principle of "whatever stands to be thrown etc." applies even to determining food status, he accepted that view and asked the question that follows. Later, when he heard another explanation of R' Yose's ruling, he accepted Rav Nachman's view that R' Shimon indeed never said his principle in regard to determining food status.]

15. R' Shimon said above that both *nossar* and *parah adumah* convey food *tumah* (Baraisa 101b).

16. Both *nossar* and *parah adumah* must be burned. The *parah adumah* is burned on its pyre (*Numbers* 19:5) while *nossar* must be destroyed by burning (*Leviticus* 7:17).

17. [Although the Gemara said above that a *parah adumah* is rendered a food by the fact that it stands to be redeemed, the fact that it stands [primarily] to be burned and reduced to ash should undo that food status (see *Pnei Yehoshua* to *Bava Kamma* 77a ד״ה בא״ד וי״ל דכל and *Chidushei R' Shlomo* (*Heiman*) there §11 for further discussion of this point).]

18. We learned on 101a that even wood and *levonah,* which are not edible at all, are legally rendered "foods" by the "esteem for holy things," and thus susceptible to *tumah* (see note 13 there). Consequently, even if *nossar* and *parah adumah* are considered ash because they are destined to be burned, they are still susceptible to *tumah.*

[Seemingly, this answer should render it unnecessary to say that *nossar* and *parah adumah* become classified as foods because they had a moment of fitness (see Gemara 101b). Even if they did not, they would become susceptible to *tumah* due to the "esteem for the holy"!? *Tosafos* to *Bava Kamma* 77a [ד״ה פרה [א answer that while "esteem for the holy" can cause a non-food to be classified as a food in regard to *tumah,* it cannot do the same for something that really is a food whose prohibition for benefit causes it to be classified as a non-food. [For "esteem for the holy" does not undo a prohibition.] Therefore, *nossar* and *parah adumah* must first become classified as "permitted" foods by their moment of fitness. Only then, when they become classified as ash by their standing to be burned, can we invoke the "esteem for the holy" to reclassify them as foods susceptible to *tumah.*]

[Although we learned on 101a that "esteem for the holy" works only for items fit for the Altar (see note 16 there) and *parah adumah* is not offered on the Altar, since it is called a *chatas* by the Torah (*Numbers* 19:9), it is treated in many respects as if it were an Altar offering (*Tosafos* ibid.).

See further *Mikdash David, Kodashim* 37:1 (end of ד״ה והנה מזה דאמרינן במנחות).]

19. [The addition of this phrase follows *Shitah Mekubetzes* §5.]

The Baraisos quoted above said that *nossar* and *parah adumah* מְטַמְּאִין טוּמְאַת אוֹכָלִין, *convey food tumah,* which means that not only do they themselves become invalidated through their *tumah,* but they convey *tumah* to others (see *Rashi* below ד״ה כי קאמרינן). This is referred as "counting for them a *rishon* and *sheni*" – i.e. they are capable of becoming *tamei* on the level of a *rishon l'tumah* (if touched by a *sheretz* or other source of *tumah*) and can then render what they touch [if it is a food or beverage] a *sheni l'tumah* (*Rashi* ד״ה צריד).

20. [A *minchah* offering is generally mixed with olive oil, a liquid that renders food susceptible [מַכְשִׁיר] to *tumah* (see *Machshirin* 6:4).] Reish Lakish inquires about a *minchah* that was not thoroughly mixed, leaving a dry lump of flour untouched by oil (*Rashi*). This lump was not rendered susceptible to *tumah* in the ordinary way (through contact with a liquid), but only by virtue of the "esteem for holy things."

21. The "esteem for holy things" surely renders the lump susceptible to becoming invalidated by *tumah.* The question is whether it renders a food fully susceptible to *tumah,* the way a liquid would, or whether it renders it susceptible only to the extent of invalidating the food itself, prohibiting it to be eaten (*Rashi, Chullin* 36a ד״ה לאפסולי גופיה), but not to the extent of being able to convey its *tumah* to anything else.

22. The Gemara in *Zevachim* 34a derives from the verse (*Leviticus* 7:19) וְהַבָּשָׂר, *and the meat,* that wood and *levonah* can contract *tumah* (even though they are not edible) due to the "esteem for holy things" (see above, 101a note 13). We see from this that the law that "esteem for holy things" can render non-*tumah* substances susceptible to *tumah* is a Biblical one (*Rashi*).

23. [Whether they convey *tumah* on the Biblical level as well is uncertain, since Reish Lakish's inquiry was not resolved.]

The practical consequence of this question is whether something

Mishnah This Mishnah discusses the law where a person brought his voluntary *minchah* differently from the way he vowed:

הָאוֹמֵר הֲרֵי עָלַי בְּמַחֲבַת – **If one says, "It is hereby** incumbent **upon me** to bring a *minchah* **in a *machavas*** vessel," וְהֵבִיא בְּמַרְחֶשֶׁת – **and he** then **brought** a *minchah* **in a *marcheshes*** vessel;[24] בְּמַרְחֶשֶׁת – or he says, "It is hereby incumbent upon me to bring a *minchah* **in a *marcheshes*** vessel," וְהֵבִיא בְּמַחֲבַת – **and he** then **brought** a *minchah* **in a *machavas*** vessel; מַה שֶּׁהֵבִיא הֵבִיא – in either case, **what he brought he brought,** וִידֵי חוֹבָתוֹ לֹא יָצָא – **but he has not fulfilled his** vow **obligation.**[25]

זוּ לְהָבִיא בְּמַחֲבַת – If, however, he said in his vow, **"This** flour is hereby designated **to be brought in a *machavas*,"**[26] וְהֵבִיא בְּמַרְחֶשֶׁת – **and he** then **brought** it **in a *marcheshes;*** בְּמַרְחֶשֶׁת – or if he designated flour to be offered **in a *marcheshes*** וְהֵבִיא בְּמַחֲבַת – **and he** then **brought** it **in a *machavas;*** הֲרֵי זוּ פְּסוּלָה – in either case, **this *minchah* is invalid.**[27]

הָאוֹמֵר הֲרֵי עָלַי שְׁנֵי עֶשְׂרוֹנוֹת לְהָבִיא בִּכְלִי אֶחָד – **If one says, "It is hereby** incumbent **upon me** the obligation of **two *issarons* to be brought in one** service **vessel,"** וְהֵבִיא בִּשְׁנֵי כֵלִים – **and he brought** two *issarons* **in two** service **vessels;**[28] בִּשְׁנֵי כֵלִים – or if he vowed to bring them **in two** service **vessels** וְהֵבִיא בִּכְלִי אֶחָד – **and he brought** them **in one** service **vessel;**[29] מַה שֶּׁהֵבִיא הֵבִיא – in either case, **what he brought he brought** וִידֵי חוֹבָתוֹ לֹא יָצָא – **but he has not fulfilled his** vow **obligation.**[30] אֵלּוּ בִּכְלִי אֶחָד – If, however, he said in his vow, **"These** two *issarons* of flour are hereby designated to be brought **in one** service **vessel,"** וְהֵבִיא בִּשְׁנֵי כֵלִים – **and he** then **brought** them **in two** service **vessels;** בִּשְׁנֵי כֵלִים – or if he designated the two *issarons* of flour to be brought **in two** service **vessels** וְהֵבִיא בִּכְלִי אֶחָד – **and he** then **brought** them **in one** service **vessel;** הֲרֵי אֵלּוּ פְּסוּלִין – in either case, **these** *issarons* that he has brought **are invalid.**[31]

NOTES

contaminated by a *parah adumah* or *nossar* is burned, or merely left unused [תולין]. If it became a *sheni* on the Biblical level, it is burned. However, if it became a *sheni* only Rabbinically, it is not burned, for we do not burn holy things that are only Rabbinically *tamei* (*Rashi*).

[*Tosafos* ד״ה כי קאמרינן note that our Gemara's conclusion that Reish Lakish was inquiring about the Biblical status of items rendered fit through the "esteem for holy things" is not universally accepted.]

24. A *minchas machavas* and a *minchas marcheshes* are two of the five types of voluntary *menachos* that a person can vow (see *Leviticus* 2:1-9). Though the ingredients for the two are the same, the *machavas* offering is fried on a flat griddle (*machavas*) with only a slight lip around it; the oil thus spreads and burns off, resulting in hard loaves. The *marcheshes* offering is fried in a deep pan (*marcheshes*), in which the oil is contained by the walls of the utensil; consequently, the fire does not burn off the oil, and the loaves are soft and spongy (the view of R' Chanina ben Gamliel in the Mishnah above, 63a, as explained by *Rashi* there and elsewhere).

[When the Mishnah here speaks of "he brought," it refers to the placement of the *minchah* in a vessel that effects consecration; see below, note 27.]

25. The declaration of an obligation to offer one type of *minchah* obligates the vower to bring specifically that type of *minchah*. He cannot fulfill his vow using the other type. Nevertheless, the offering itself is valid, because we interpret his actions to mean that he is donating an *additional* offering, *besides* the *minchah* that he previously vowed to bring (see *Rashi*).

Rashi implies that where the vower *did* intend to bring the wrong type in fulfillment of his vow (say, he intended to bring the *minchas marcheshes* as a fulfillment of his vow of a *minchas machavas*), the *minchah* would be altogether invalid (see also *Rashi* below ד״ה אמרו לו בכלי אחד נדרת). But why should this be so? *Yashar V'Tov* explains that as soon as the vower sets aside the flour for purposes of his *minchah* vow (even without specifying the particulars of that vow when setting aside the flour), the flour automatically becomes invested with the sanctity of the type of *minchah* that he vowed, e.g. a *minchas machavas*. When he then brings the *minchah* as a *minchas marcheshes,* it is invalid. (This case, then, would be essentially identical to where the vower initially vowed, *"This* flour is designated to be brought in a *machavas,"* mentioned next in the Mishnah. See below, end of note 27, for further elaboration.)

26. In this second group of cases, rather than vow a personal obligation to bring a particular type of *minchah,* the person initially designated an *issaron* of flour lying in front of him as a particular type of *minchah* (see *Rashi*).

27. Since the person designated specific flour to be offered as a *minchah* in a particular type of vessel, his declaration is binding and he may not change his mind and bring the flour in another type of vessel. [His designation actually invests the flour not only with the sanctity of a *minchah* but with the specific sanctity of a *minchas marcheshes* or *minchas machavas,* as the case may be.] If he does bring it in the other type of vessel, the *minchah* is invalid [and may not be offered] (see *Rashi*).

As evident from the Gemara, the Mishnah means that the *minchah* is disqualified as soon as it is *brought* in the wrong vessel, even before the *minchah* is actually offered. [*Zevach Todah* explains that the disqualification of the *minchah* takes place as soon as the *minchah* is placed in the wrong pan; for example, the flour designated for a *minchas machavas* is placed in a *marcheshes* (and this is what the Mishnah means by "and he brought it in a *marcheshes* . . ."). *Chazon Ish* (*Menachos* 29:18), however, explains that the disqualification takes place even *earlier* — when the flour designated for a *minchas machavas* is placed in a *kli shareis* with the intent to sanctify it as a *minchas marcheshes;* and by "he brought it in a *marcheshes,"* the Mishnah means that he placed it in a *kli shareis* for the purposes of a *minchas marcheshes* (see also *Yad Binyamin* here). In the course of the *sugya,* however, we will (for the sake of simplicity) speak only of placing the *minchah* in a *marcheshes* or in a *machavas* (rather than of placing it in a *kli shareis* for the purpose of a *marcheshes* or a *machavas*).]

28. A *minchah* must consist of an *issaron* of flour or any multiple thereof, up to sixty *issarons* (see Mishnah below, 104b). In this case, the person vowed to bring two *issarons* in one vessel (i.e. a single *minchah* of two *issarons*), but brought instead two *issarons* in two vessels (i.e. two *menachos,* each consisting of one *issaron*).

29. That is, he vowed to bring two separate *menachos* of one *issaron* each, and brought instead one large *minchah* of two *issarons.*

30. One cannot fulfill a vow obligation of a two-*issaron minchah* with two one-*issaron menachos,* nor the obligation of two one-*issaron menachos* with a single two-*issaron minchah* (for reasons that will be explained in the Mishnah's next case). Nevertheless, the offering itself is valid. [The offering is valid because we interpret his actions to mean that he is donating an *additional* offering, *besides* the *minchah* that he previously vowed to bring. But if he *did* intend the *minchah* he brought to be the fulfillment of his vow, then the situation would be analogous to the case where he initially vowed to bring "these two *issarons* . . .," discussed next by the Mishnah (see above, note 25).]

[According to the accepted view below, 104b, a larger *minchah* fulfills the vow for a smaller one. Thus, the Mishnah here could mean that he has not fulfilled his vow to bring *two* one-*issaron menachos;* he has, however, fulfilled his vow to bring one of them, and he now must bring another one-*issaron minchah* to complete the fulfillment of his vow (see *Sfas Emes*).]

31. *Rashi* explains that where the vow was to bring the flour in one vessel and he brought it in two [the *minchah* is invalid because] he has offered two *kometz*-measures instead of the one *kometz* that the two-*issaron minchah* required. [Why does this invalidate the *minchah*? Perhaps *Rashi* means that it is invalidated because he offered a separate *kometz* for each vessel, whereas his vow was to offer one *kometz* for the entire *minchah* — something he has not fulfilled, since a *kometz* from

The Mishnah now elaborates on the previous set of cases:[32]

הֲרֵי עָלַי שְׁנֵי עֶשְׂרוֹנוֹת לְהָבִיא בִּכְלִי אֶחָד – One said, **"It is hereby** incumbent **upon me** the obligation of **two *issarons* to be brought in one vessel," וְהֵבִיא בִּשְׁנֵי כֵלִים – and he brought** two *issarons* **in two vessels, אָמְרוּ לוֹ בִּכְלִי אֶחָד נָדַרְתָּ** – and there were onlookers who saw him do so and **they said to him,** "It was **in one vessel** that **you vowed** to offer two *issarons!"* **הִקְרִיבָן בִּשְׁנֵי כֵלִים – If he** ignored their reminder and **offered them in two vessels** nonetheless,[33] **פְּסוּלִין – they are invalid.**[34] **בִּכְלִי אֶחָד כְּשֵׁרִין – If,** however, he heeded their warning and brought them instead **in one vessel, they are valid.**[35]

The reverse case:

הֲרֵי עָלַי שְׁנֵי עֶשְׂרוֹנוֹת לְהָבִיא בִּשְׁנֵי כֵלִים – If he said, **"It is hereby** incumbent **upon me** the obligation of **two *issarons* to be brought in two vessels," וְהֵבִיא בִּכְלִי אֶחָד – and he brought** two *issarons* **in one vessel, אָמְרוּ לוֹ בִּשְׁנֵי כֵלִים נָדַרְתָּ** – and there were onlookers who saw him do so and **they said to him,** "It was **in two vessels** that **you vowed** to offer two *issarons!"* **הִקְרִיבָן בִּשְׁנֵי כֵלִים – If he** heeded their reminder and thereafter **offered them in two vessels, כְּשֵׁרִין – they are valid.**[36] **נְתָנוֹ לִכְלִי אֶחָד – If he put them into one vessel,**[37] **כִּשְׁתֵּי מְנָחוֹת שֶׁנִּתְעָרְבוּ – it is like** the case of **two** separate ***menachos* that were combined** in one service vessel.[38]

Gemara The Mishnah presented two examples of where the vow is unfulfilled because one offered the *minchah* differently from the manner in which he vowed it – where he switched the type of *minchah* from a *minchas machavas* to a *minchas marcheshes* or vice versa, or where he switched the *minchah* from two small ones to one large one or vice versa. The Gemara addresses the need for the Mishnah to present both examples:

וּצְרִיכָא – And each example **is necessary. דְּאִי אַשְׁמְעִינַן הָךְ קַמַּיְיתָא – For if [the Tanna] had taught us** only **this first case** (where one switched the *minchah* from *machavas* to a *marcheshes* or vice versa), I might have thought that only in this case is the vow unfulfilled, **מִשּׁוּם דְּאָמַר בְּמַחֲבַת וְקָא מַיְיתֵי בְּמַרְחֶשֶׁת – because he declared** a vow to bring a *minchah* **in a *machavas* and he is bringing** one instead **in a *marcheshes,*** which is an

NOTES

flour in one vessel is not effective for flour that is in another vessel; see above, 24a.] Moreover, each vessel has a deficient *minchah* [since each contained less than the two *issarons* of the *minchah* for which the flour was designated, and a deficient *minchah* is invalid (see above, 27a and 76b)].

Where the vow was to bring the flour in two vessels and he brought it in one [the *minchah* is invalid because] it is excessive, and he has minimized the requisite *kemitzah,* for he separated only one *kometz* instead of the two that he vowed (*Rashi*). [Actually, the law is that one can fulfill his vow obligation of a small *minchah* with a larger *minchah* (see end of preceding note). Nevertheless, it might be that a larger *minchah* is inherently a different sort of *minchah.* Hence, flour *consecrated* as a one-*issaron minchah* cannot be brought as part of a two-*issaron minchah.* See also the explanation of *Yashar V'Tov.*]

[*Rashi* explains this part of the Mishnah from the perspective of why the *minchah* is invalid after it is offered, rather than from the perspective of why its "being brought" in a *kli shareis* disqualifies it from being offered to begin with. For the Mishnah indeed means both things: If "brought" it becomes disqualified, and if offered it is invalid (*Chazon Ish* ibid.; see also *Zevach Todah* and *Yad Binyamin;* see below, note 38).]

32. Although the Mishnah presents these elaborations only with regard to the one-vessel/two-vessel reversal, the same would apply in the analogous case of a *machavas/marcheshes* reversal (*Tos. Yom Tov;* see also *Zevach Todah*).

33. I.e. he continued and offered them – performing *kemitzah* and *haktarah* – as two separate *menachos* (see *Chazon Ish* ibid. §19).

34. Since he ignored their reminder, it is evident that he *did* intend to offer the flour in fulfillment of his original vow. Otherwise, he should have responded to the reminder by explaining that he was bringing another voluntary *minchah,* independently of his vow. And since he intends this offering of two one-*issaron menachos* to fulfill his vow of one two-*issaron minchah,* the two *menachos* are altogether invalid [even though he did not initially designate the flour when declaring his vow] (*Rashi*).

35. If upon notification of his mistake, he returns both *issarons* to a single vessel, he may continue his offering as if nothing has happened. Although the Gemara below teaches that once the *minchah* was put into the wrong vessel it becomes irreversibly unfit, that applies only where the *minchah* was put into the wrong vessel with full intent. Here, however, it emerges that he had put the *minchah* into the wrong vessel in error, and immediately upon notification of his mistake he combined them in a single vessel. Thus, the erroneous "consecration in a vessel" did not invalidate the *minchah,* because such erroneous consecration is not valid (see *Zevach Todah*).

36. For it is evident that his original "consecration in a vessel" for the wrong *minchah* had been done in error, and was therefore not effective, as explained in the preceding note.

37. I.e. he ignored their reminder and put them in one vessel (this is how *Rashi* seems to explain). [The Mishnah's language here seems strange, for they already are in one vessel. Perhaps the meaning is that he continued offering them in one vessel. Alternatively (see *Yashar V'Tov*) it might mean that the two *issarons* were originally separate and distinct in the one vessel, and now he combined them in that vessel. See *Tosafos,* who explain differently from *Rashi,* and whose explanation accounts nicely for this language of the Mishnah (see end of next note).]

38. [Since he does not respond and explain that he intends another voluntary *minchah* having nothing to do with his vow, it is evident that he does indeed mean this *minchah* to be the fulfillment of his vow to bring two one-*issaron menachos.* Accordingly,] the law is the same as the case in which two separate *menachos* were combined, where the Mishnah states (above, 23a) that if they are sufficiently distinguishable from one another to allow for *kemitzah* to be performed to each one separately, it is valid; otherwise, it is invalid (see *Rashi*).

In the Mishnah's earlier – essentially identical – case of one who initially sets aside two *issarons* of flour to be brought as separate *menachos,* which he then offers as one *minchah,* the Mishnah does not state that "it is like two *menachos* that were combined," but rules simply that the *minchah* is invalid. That case must be referring to where it is impossible to perform *kemitzah* with each *minchah* separately (*Rashi*).

[*Rashi* seems to hold that the initial, deliberate placement of the two-*issarons* (designated as two separate *menachos*) in a vessel for the purposes of being offered in a single vessel does *not* immediately invalidate the offering (see above, end of note 31; see *Likkutei Halachos, Toras HaKodashim* here and *Minchas Avraham* p. 494). Perhaps, *Rashi* holds that such disqualification applies only where the "wrong" vessel is one that necessarily disqualifies this *minchah.* But in this present case of two-*issarons* originally designated for two vessels, they are not automatically disqualified by being placed in a vessel for purposes of being offered in one vessel, since it is indeed possible to offer them *validly* in one vessel – namely, where he can separate a *kometz* from each one. *Tosafos,* though, suggest a different explanation of this last part of the Mishnah, according to which it emerges that placement of the two-*issarons* in one vessel *does* immediately invalidate the *minchah.*]

[*Chazon Ish* ibid. §24, however, explains that *Rashi* refers specifically to where the two *issarons* were placed in separate parts of the vessel without any particular intent, in which case the *kli shareis* consecrates them as separate *menachos,* in accordance with their original designation. But *Rashi* would agree that deliberate placement in the one vessel for purposes of one *minchah* would immediately invalidate the *minchah* that was originally designated as two *menachos* (see there at length). Accordingly, *Rashi* and *Tosafos* do not dispute a fundamental point of law.]

entirely different service vessel.[39] (And for this same reason, his vow is unfulfilled in the reverse case, where he vowed to bring in a *marcheshes* and brought instead in a *machavas.*) אֲבָל הָכָא – **But here,** in the example of the second case (where he merely switched the *minchah* from a large to two small or vice versa), דְאִידִי וְאִידִי בְּמַחֲבַת – **where both** what he vowed to bring and what he actually brought were **in a** ***machavas,*** וְאִידִי וְאִידִי בְּמַרְחֶשֶׁת – **or both** were **in a** ***marcheshes,***[40] אֵימָא יְדֵי נִדְרוֹ נַמִּי יָצָא – **I might have said** that not only is the *minchah* valid but **he also fulfills his** vow **obligation,** despite having changed the *number* of vessels. Therefore, the Mishnah had to teach us the second case as well, to inform us that the vow is unfulfilled even in that case.

וְאִי אַשְׁמְעִינַן הַךְ – **And if [the Tanna] had taught us** only **this** second case (where the vower switched the *minchah* from a large to two small or vice versa), I might have thought that only in this case is the vow unfulfilled, מִשּׁוּם דְקָא פָּלִיג לְהוּ – **because he divided [the two** ***issarons*** **]** (or combined them) and thus brought a *minchah* of the wrong size. אֲבָל הָתָם – **But there,** in the example of the first case, דְלֹא פָּלִיג בֵּיהּ – **where he has not divided it,** but rather maintained the size that he vowed (although he has changed the type), אֵימָא לֹא – **I might have said** that the law is **not** the same. צְרִיכָא – Therefore, **each** example **is necessary.**[41]

The Mishnah taught that where the *minchah* brought was different from the one vowed, the vow is not fulfilled. The Gemara cites a Baraisa that records a dissenting opinion:

תָּנוּ רַבָּנָן – **The Rabbis taught in a Baraisa:**[42] מַה שֶּׁהֵבִיא הֵבִיא – Where the *minchah* brought was different from the one vowed, WHAT HE BROUGHT HE BROUGHT, וִידֵי נִדְרוֹ לֹא יָצָא – BUT HE HAS NOT FULFILLED HIS VOW obligation. רַבִּי שִׁמְעוֹן אוֹמֵר – R' SHIMON SAYS: אַף יְדֵי נִדְרוֹ נַמִּי יָצָא – HE HAS EVEN FULFILLED HIS VOW obligation.[43]

The Mishnah stated:

זוֹ לְהָבִיא בְּמַחֲבַת – If the person said in his vow, "THIS flour is hereby designated TO BE BROUGHT IN A *MACHAVAS,*" and he then brought it in a *marcheshes* (or vice versa), this *minchah* is invalid. The Mishnah thus states that simply bringing the *minchah* in the wrong vessel[44] invalidates the *minchah* irreversibly. The Gemara therefore asks:

וְהָא תַּנְיָא – **But it was taught in a Baraisa** that where ingredients consecrated for one type of *minchah* are placed in a service vessel of another type, לֹא קִידְּשׁוּם כְּלֵי שָׁרֵת – **the** wrong **service vessel has not consecrated them,** since these ingredients were not fit for it. Why, then, does our Mishnah rule that bringing the ingredients in the wrong vessel invalidates them? Let one simply transfer them into the proper service vessel and continue the procedure![45] – ? –

The Gemara answers:

אָמַר אַבַּיֵי – **Abaye said:** לֹא קִידְּשׁוּם לִיקָּרֵב – The Baraisa means that **it did not consecrate them to** render them something that can **be offered** as a *minchah,* אֲבָל קִידְּשׁוּם לִיפָּסֵל – **but it did** indeed **consecrate them to be disqualified** irreversibly, as stated in our Mishnah.[46]

Another teaching of Abaye concerning our Mishnah:

וְאָמַר אַבַּיֵי – **And Abaye also said:** לֹא שָׁנוּ – **They did not teach** in our Mishnah that flour that one designated for a *minchas machavas* but placed in a *marcheshes* becomes invalidated[47]

NOTES

39. [I.e. he has brought an entirely different *type* of *minchah.*]

40. [I.e. both *menachos* were of the same type.]

41. The Mishnah teaches us that whether the change is one of type or size, he has not fulfilled his vow obligation.

42. The Baraisa refers to the cases of our Mishnah.

43. R' Shimon argues in all cases of the Mishnah [whether the change was in the *type* or the *size* of the *minchah,* whether the vow was a personal obligation ("It is incumbent upon me") or the designation of specific flour]. In all cases, R' Shimon holds that the particular type and size of the *minchah* specified is not significant (see *Rashi,* and Gemara above, 3a). One can fulfill his vow by bringing a *minchah* of a type different than the one he specified. And he fulfills his vow as long as he brings the specified amount of flour, regardless of whether he combines it into one large *minchah* or brings it as several, smaller *menachos.*

[R' Shimon considers *verbal* specification to be insignificant. As evident from the Gemara above (2b), however, he agrees that, say *minchas machavas* and *minchas marcheshes* are different *menachos,* and that once the flour is placed in a *machavas* or *marcheshes,* it becomes established as that particular *minchah,* which cannot then be offered as the other one (see *Even HaAzel* to *Hil. Maaseh HaKorbanos* 17:2-3).]

[The halachah does not follow R' Shimon, whose view is not even mentioned by our Mishnah. The Gemara's preceding and ensuing discussions involve the view of our Mishnah and of the Tanna Kamma of the Baraisa, who dispute R' Shimon and maintain that the verbal specification of type and size *is* significant.]

44. See above, note 27, for the meaning of "bringing in the vessel."

45. *Rashi.*

46. For example, the vower consecrated flour to be brought in a *machavas* but put it in a *marcheshes.* The Baraisa means only that the *marcheshes* cannot consecrate the flour to be brought as a valid *minchah,* since the flour has been previously consecrated for a *machavas.* But the *marcheshes* has invested it with the sanctity of a *marcheshes* to the extent that it can no longer be offered in a *machavas,* either.

47. This follows *Rashi,* who explains that Abaye is referring to the first part of our Mishnah (where the *type* of vessel was switched). [Though *Rashi* specifies only this case of the Mishnah, he would apparently agree that Abaye also refers to the second part of our Mishnah (where the *number* of vessels was switched) (*Chazon Ish* ibid. §20).] Cf. *Rambam, Hil. Maaseh HaKorbanos* 17:2-3 with *Even HaAzel,* but see *Zevach Todah* and *Chazon Ish* (ibid §24).

אֶלָּא שֶׁקְּבָעָן בִּשְׁעַת נֶדֶר – **except where he established them** [i.e. the type of *minchah*] **at the time of the vow.**[1] אֲבָל בִּשְׁעַת הַפְרָשָׁה – **But** if he established the type of *minchah* only **at the time of setting aside** the flour for the fulfillment of his vow, and then brought the flour as a different type of *minchah,*[2] לֹא – the *minchah* is **not** disqualified.[3] "כַּאֲשֶׁר נָדַרְתָּ" – For the Torah states that you shall bring the offering ***just as you vowed,***[4] וְלֹא כַּאֲשֶׁר הִפְרַשְׁתָּ – **and not "just as you set aside."**[5]

The Gemara corroborates this teaching of Abaye:

אִיתְּמַר נַמִּי – **This was also stated** by other authorities: אָמַר רַבִּי אַחָא בַּר חֲנִינָא אָמַר רַבִּי אַסִּי אָמַר רַבִּי יוֹחָנָן – **R' Acha bar Chanina said in the name of R' Assi, who said in the name of R' Yochanan:** לֹא שָׁנוּ – **They did not teach** in our Mishnah that flour that one designated for a *minchas machavas* but placed in a *marcheshes* becomes invalidated אֶלָּא שֶׁקְּבָעָן בִּשְׁעַת נֶדֶר – **except where he established them at the time of the vow.** אֲבָל בִּשְׁעַת הַפְרָשָׁה לֹא – **But** if he established them only **at the time of setting aside,** the *minchah* is **not** disqualified. "כַּאֲשֶׁר נָדַרְתָּ" – For the Torah states ***just as you vowed,*** וְלֹא כַּאֲשֶׁר הִפְרַשְׁתָּ – **and not "just as you set aside."**

Mishnah This Mishnah discusses the law where one vows to offer a voluntary *minchah* but stipulates invalid criteria:

הָאוֹמֵר הֲרֵי עָלַי מִנְחָה מִן הַשְּׂעוֹרִים – **If one says, "It is hereby** incumbent **upon me** to bring **a *minchah* from barley,"**[6] יָבִיא מִן הַחִטִּים – **he must bring** a *minchah* **from wheat.**[7] קֶמַח – If he said, "From ordinary **flour,"**[8] יָבִיא סוֹלֶת – **he must bring** a *minchah* from **fine flour.**[9] בְּלֹא שֶׁמֶן וּבְלֹא לְבוֹנָה – If he said, **"Without oil and without *levonah,*"**[10] יָבִיא שֶׁמֶן וּלְבוֹנָה – **he must bring** it with **oil and *levonah.*** חֲצִי עִשָּׂרוֹן – If he said, **"Half an *issaron,*"** יָבִיא עִשָּׂרוֹן שָׁלֵם – **he must bring a complete *issaron.***[11] עִשָּׂרוֹן וּמֶחֱצָה – If he said, **"An *issaron* and a half,"**[12] יָבִיא שְׁנַיִם – **he must bring two** *issarons.*[13] רַבִּי שִׁמְעוֹן פּוֹטֵר – In all these cases, however, **R' Shimon frees** the vower from bringing anything on the basis of his declaration, שֶׁלֹּא הִתְנַדֵּב כְּדֶרֶךְ הַמִּתְנַדְּבִין – **because he did not donate in the manner of those who donate.**[14]

Gemara The Gemara questions the opinion of the Tanna Kamma, who rules that one must bring a valid *minchah* despite his stipulation of invalid criteria:

אַמַּאי – **Why** is the vower obligated in this case to bring a *minchah* altogether? נֶדֶר וּפִתְחוֹ עִמּוֹ הוּא – **It** should be considered **a vow** that is **accompanied by its "opening"** for release, and should therefore not take effect at all![15] – ? –

The Gemara answers:

אָמַר חִזְקִיָּה – **Chizkiyah said:** הָא מַנִּי – **Whose** authorship **is** reflected by **this** ruling of the Mishnah? בֵּית שַׁמַּאי הִיא – **It is** a ruling authored by **Beis Shammai,** דְּאָמְרֵי תְּפוֹס לָשׁוֹן רִאשׁוֹן – **who say** with regard to a declaration that contains contradictory

NOTES

1. That is, when he initially made his vow, he said, "This flour shall be for a *minchas machavas.*" In that case, the setting aside of the flour invests it with the sanctity of a *minchas machavas,* and it cannot be brought as a *minchas marcheshes* (*Rashi*). [Similarly, the initial vow, "It is hereby incumbent upon me to bring a *minchas machavas,*" establishes one's obligation to bring that particular type of *minchah* (see *Rashi* cited in next note).]

2. That is, his initial vow was only a general obligation "to bring a *minchah.*" He specified the type of *minchah* only when setting aside the flour for the fulfillment of his vow, when he said, "This flour I will bring for my vow in a *machavas*" (*Rashi*).

3. *Rashi* [and the vow is, in fact, fulfilled]. Since the original vow can be fulfilled either with a *minchas machavas* or a *minchas marcheshes,* he cannot later specify that the flour set aside to fulfill his vow be brought in a particular vessel. Specifications take effect only if determined at the time of vowing.

[The Gemara here means only that *verbal* designation is ineffective if done after the time of vowing. But consecration in a *kli shareis* is effective at any time. Thus, if one took the flour set aside for his unspecified vow and consecrated it in a *kli shareis* for the sake of a *minchas machavas* or a *minchas marcheshes,* that consecration is effective, and the *minchah* must then be offered in the manner specified (*Chazon Ish* 29:20, who notes that *Zevach Todah* understands *Rambam's* view to be different; see also *Sfas Emes*).]

4. *Deuteronomy* 23:24 states: *You shall observe and carry out what emerges from your lips, "just as you vowed" a voluntary gift to Hashem, your God, whatever you spoke with your lips.*

5. Specification at the time of setting aside does not establish an obligation.

6. The declaration, as is, cannot possibly be fulfilled. The Torah does not provide for a voluntary *minchah* from barley flour. The only barley *menachos* are the *Omer* offering brought on the second day of Pesach and the *minchah* of jealousies brought by a *sotah's* husband – neither of which is a voluntary offering. Thus, a personal *minchah* vow can take effect only with regard to wheat flour, not barley flour.

7. His initial words "It is hereby incumbent upon me to bring a *minchah*" establish his obligation to bring a valid *minchah.* His subsequent, contradictory words are disregarded, and he therefore remains obligated to bring a valid *minchah.* The Gemara will explain what allows us to disregard the subsequent, contradictory words.

8. The Torah stipulates that the highly refined type of flour known as *soless* be used for a voluntary *minchah* (*Leviticus* 2:1). [The same applies to all other wheat *menachos.*].

9. As in the Mishnah's first case, the initial words "It is hereby incumbent upon me to bring a *minchah*" establish his obligation to bring a valid *minchah,* and his subsequent, contradictory words are disregarded.

10. All voluntary *menachos* require oil and *levonah* (see Mishnah above, 59a).

11. A *minchah* must contain a minimum of one *issaron* of flour (see Gemara above, 89a).

12. The amount of flour in a *minchah* must be a multiple of an *issaron* (up to sixty *issarons*). Thus, it is impossible to bring a *minchah* that has an *issaron* and a half of flour.

13. As in the Mishnah's first case, the initial words "It is hereby incumbent upon me to bring a *minchah*" establish his obligation to bring a valid *minchah,* and his subsequent, contradictory words are disregarded. The Gemara will explain why – and the circumstances in which – the obligation is to bring two *issarons.*

14. R' Shimon maintains that the vow declaration must be taken in its entirety. Since the vow, as declared, is an impossibility, it does not take effect (see Gemara 103b).

15. [A פֶּתַח, *opening,* is a circumstance that – had it been known to the vower at the time of his vow – would have dissuaded him from pronouncing the vow; the "opening" then serves as the basis for a sage to annul the vow. The term "opening" is used here in a borrowed sense to refer to that which serves to nullify the vow automatically at the time of its inception.] Since a person knows that a voluntary *minchah* cannot be brought from barley, we should say that he added the stipulation "from barley" as a way of *retracting* his vow. That is, he made the vow to bring a *minchah,* and then immediately regretted the vow and retracted it. [Saying "from barley" is tantamount to saying "I will *not* bring a *minchah.*"] One has the power to retract a vow within a כְּדֵי דִבּוּר, *time of utterance,* of declaring it [i.e. within the time it takes to say שָׁלוֹם עָלֶיךָ רַבִּי וּמוֹרִי, *Peace unto you, my teacher and master;* see *Bava Kamma* 73b]. Thus, one who says, "It is hereby incumbent upon me to bring a *minchah* from barley," should be free of any obligation (see *Rashi* here and to Gemara above, 81b, and note 12 there).

expressions, **"Take hold of** (i.e. recognize the primacy of) **the first expression."**[16] **דְּתְנַן – For we learned in a Mishnah:**[17] הֲרֵינִי נָזִיר מִן הַגְּרוֹגָרוֹת וּמִן הַדְּבֵילָה – If someone says, "I AM HEREBY A *NAZIR* FROM DRIED FIGS," OR, "FROM PRESSED FIGS,"[18] בֵּית שַׁמַּאי אוֹמְרִים נָזִיר – BEIS SHAMMAI SAY: He thereby becomes A *NAZIR* from wine, like any other *nazir*. וּבֵית הִלֵּל אוֹמְרִים אֵינוֹ נָזִיר – BUT BEIS HILLEL SAY: He is NOT A *NAZIR* at all.[19] Thus, Beis Shammai hold that when one declares a consecration vow and immediately undermines it, we take hold of his initial declaration of the vow, and do not allow his subsequent expression of retraction to void the vow. Our Mishnah, then, which rules precisely this way with regard to one who vows a *minchah* and then undermines it by stating "from barley," is authored by Beis Shammai.[20]

An alternative answer:

רַבִּי יוֹחָנָן אָמַר – R' Yochanan says: אֲפִילּוּ תֵּימָא בֵּית הִלֵּל – **You can even say** that our Mishnah is authored by **Beis Hillel,** by explaining that it refers to בְּאוֹמֵר אִילּוּ הָיִיתִי יוֹדֵעַ שֶׁאֵין נוֹדְרִין כָּךְ – **where [the vower] says: Had I known that one cannot vow in this manner** (i.e. to bring a voluntary *minchah* from barley), לֹא הָיִיתִי נוֹדֵר כָּךְ אֶלָּא כָּךְ – **I would not have vowed in this manner, rather** I would have vowed **in that manner** (i.e. to bring the *minchah* from wheat).[21]

Chizkiyah qualifies the Tanna Kamma's ruling:

אָמַר חִזְקִיָּה – Chizkiyah said: לֹא שָׁנוּ – **They did not teach in the Mishnah** that a *minchah* vow specifying the wrong ingredients is nonetheless valid אֶלָּא דְּאָמַר מִנְחָה מִן הַשְּׂעוֹרִים – **except**

NOTES

16. Beis Shammai hold that when a person makes a statement in which a latter expression is incompatible with the first, we do not consider the entire statement as one incoherent jumble, but rather as disparate, contradictory expressions, of which the *first* is primary. The second, contradictory expression then is viewed as an attempted retraction of the first. This view of Beis Shammai is evident in their ruling that the Gemara will now cite. [Actually, the Gemara here refers to an aspect of Beis Shammai's view that goes beyond their simply holding "take hold of the first expression." See below, notes 19 and 20.]

17. *Nazir* 9a.

18. The *nezirus* prohibitions apply only to grapes and their derivatives (*Numbers* 6:3 ff.), not to figs (*Rashi*). Hence, the second part of the declaration is incompatible with the first: One cannot be "a *nazir*" from "figs." The Mishnah records a dispute as to how to treat this contradictory declaration.

19. The Gemara in *Nazir* (9a, cited here by *Tosafos*) explains this dispute between Beis Shammai and Beis Hillel as follows: Beis Shammai hold that a person does not make meaningless declarations. Accordingly, we cannot construe what he said to be a single, unified declaration "I am a *nazir* from figs" (which is meaningless). Rather, we are forced to interpret his declaration as expressing two separate intentions, each of which is meaningful. That is, when he said, "I am hereby a *nazir,*" he did indeed mean to become a *nazir* from wine. But he immediately regretted this and tried to retract by saying "from figs." He speaks of figs, which have nothing to do with *nezirus,* in the hope that adding this to his declaration will void the *nezirus* vow that he has just declared. Now, ordinarily a person can retract that which he has just declared, if he retracts "within the span of an utterance" (see above, note 15). Beis Shammai, however, consider consecration to be an exception to this rule, since in their view (see Mishnah, *Nazir* 30b) erroneous consecration is valid. [Just as erroneous consecration is valid, so too retracted consecration is valid (*Rosh* to *Nazir* 9a; see also *Ketzos HaChoshen* 255:2).] Hence, the person's initial consecration as a *nazir* takes effect, and his subsequent retraction of that consecration (by saying "from figs") has no legal effect.

Beis Hillel, however, hold the view later articulated by R' Shimon in our Mishnah, that there is no vow because "he did not donate in the manner of those who donate." As the Gemara below (103b) explains, this view is predicated on the view articulated by R' Yose that "a person is bound even by the conclusion of his words" [in contrast to "take hold of the first expression"]. That is, a person's declaration, though it may contain incompatible elements, must be treated as an indivisible unit expressing one intention (albeit a meaningless one). We assume that the person meant to declare himself "a *nazir* from figs," which, being an impossibility, has no legal effect at all. [Seemingly, the Gemara in *Nazir* could have explained quite simply that Beis Hillel are in basic agreement with Beis Shammai regarding how to treat contradictory elements of a declaration. It is only that Beis Hillel follow their own view (see Mishnah, *Nazir* 31a) that erroneous consecration is *not* valid; hence, a declaration of *nezirus* ("I am hereby a *nazir*") followed by an immediate retraction ("from figs") would result in a nullification of the *nezirus*. See *Tosafos* here and to *Nazir* ad loc., who discuss this point.]

20. In short, our Mishnah seems to exactly parallel the Mishnah in *Nazir.* In both cases, one declares a consecration vow together with an incompatible element (a *minchah* from barley; a *nazir* from figs). In the Mishnah in *Nazir,* Beis Shammai validate the vow and disregard the subsequent incompatible element, whereas Beis Hillel void the vow altogether. In our Mishnah, the Tanna Kamma validates the vow and disregards the incompatible element, whereas R' Shimon voids the vow altogether. Just as the Gemara in *Nazir* identifies Beis Hillel there with the view of R' Shimon here, so too Chizkiyah identifies Beis Shammai there with the view of the Tanna Kamma here.

[The Gemara here characterizes the principle underlying Beis Shammai's ruling as "take hold of the first expression." As explained above (see note 16), however, there is more to Beis Shammai's view than just this. We take hold of the first expression, *and* the consecration vow effected by that first expression cannot be retracted. We must explain, then, that the Gemara here uses "take hold of the first expression" as shorthand for what is in fact Beis Shammai's broader rationale. See *Yashar V'Tov* ד״ה בגמ׳ אמאי נדר ופתחו עמו הוא, *Chikrei Lev, Yoreh Deah* 2:32 (to *Yoreh Deah* 204 ד״ה כי ע״ב), and Schottenstein edition of *Nazir,* 9b note 28.]

[*R' Akiva Eiger* in *Gilyon HaShas* to *Nazir* 9b questions the Gemara's comparison of our Mishnah here to Beis Shammai's ruling in the Mishnah in *Nazir.* As explained, Beis Shammai's underlying rationale for ruling the "*nazir* from dried figs" a bona fide *nazir* is that they hold that one cannot retract an act of consecration. In our Mishnah, however, the vower does not *consecrate* the *minchah* improperly, but simply *vows* to consecrate a *minchah* from barley. Since no actual consecration takes effect at the time of his declaration, this should not be an instance of "erroneous consecration" (where Beis Shammai would rule that it takes effect and cannot be retracted), but rather an ordinary instance of a vow (where even Beis Shammai would agree that it does not take effect in error, and that it can be retracted within the span of an utterance). The Gemara, however, apparently equates a vow *to* consecrate with a vow *of* consecration (with regard to the law for erroneous consecration). See *Minchas Avraham* here on this point.]

21. In this case, the expression "from barley" is not a retraction. [Moreover, the vow is not nullified on the basis of his error, because he declares that knowing the truth would not have deterred him from vowing.] Therefore, even Beis Hillel would agree that on the basis of his opening expression, "It is hereby incumbent upon me to bring a *minchah,*" he stands liable to bring a *minchah* from wheat (see *Rashi ms.* to 81b).

[R' Yochanan explains that the case of our Mishnah does *not* exactly parallel the Mishnah in *Nazir.* There ("I am hereby a *nazir* from dried figs") the vower surely knows that there is no such thing as *nezirus* from figs. Beis Hillel therefore rule that the vow is null, since the person's vow declaration is nonsensical. Here ("It is hereby upon me a *minchah* from barley") the vower might have mistakenly thought that he could vow to bring a *minchah* from barley, since there are indeed certain *menachos* from barley (though they are not voluntary); hence, he might not have meant a nonsensical vow, but rather a valid vow with an improper proviso. Accordingly, where he states that this was indeed his intent, and that had he known that one cannot vow a *minchah* from barley he would have vowed it from wheat, Beis Hillel agree that we accept this plausible explanation of his declaration. The essential vow is valid, and the mistaken proviso is disregarded (see *Tosafos* and *Rosh* to *Nazir* 9b).]

[See *Chidushei R' Akiva Eiger* to *Nazir* 9b, who asks that even so, the vow should be void because of the rule that דְּבָרִים שֶׁבַּלֵּב אֵינָן דְּבָרִים, *unexpressed intentions have no legal validity.* See *Imrei Binah, Dinei Nedarim* §2 ד״ה ברם לענ״ד, and *Minchas Avraham* here on this point.]

in that specific case, **where he said,** "It is hereby incumbent upon me to bring **a** ***minchah*** **from barley."** אֲבָל אָמַר מִנְחָה מִן הָעֲדָשִׁים **– But if he said,** "It is hereby incumbent upon me to bring **a** ***minchah*** **from lentils,"** לֹא – he is **not** obligated at all.[22]

The Gemara points out the contradiction between this statement of Chizkiyah and his previous one:

מִכְּדִי – **Now,** let us see. חִזְקִיָּה כְּמַאן אָמַר לִשְׁמַעְתֵּיהּ – **In accordance with whom does Chizkiyah say his teaching?**[23] כְּבֵית שַׁמַּאי – It is **in accordance with Beis Shammai,** as Chizkiyah stated in the Gemara above. וּבֵית שַׁמַּאי מִשּׁוּם תְּפוֹס לָשׁוֹן רִאשׁוֹן הוּא – **But** according to **Beis Shammai, it is because of** the principle **"take hold of the first expression"** that the vow detailing the wrong ingredients is valid.[24] מַה לִּי מִן הַשְּׂעוֹרִין מַה לִּי מִן הָעֲדָשִׁים – Thus, **what** difference does it make **to me** whether he specified improperly **"from barley" or whether** he specified improperly **"from lentils"?** In either case, we take hold of the first expression; the vow is in force, and the subsequent, invalidating criteria that he stipulated should be disregarded![24] – ? –

The Gemara responds:

הֲדַר בֵּיהּ – Indeed, **[Chizkiyah] retracted** his earlier explanation of the Mishnah (that it reflects the view "take hold of the first expression"). He now agrees that it refers to where the vower reasonably can – and does – explain that he genuinely thought his vow was valid, and that he would have reworded the vow accordingly had he known the law.[25] This is possible only where he vowed a *minchah* from barley, not where he vowed one from lentils. וּמַאי טַעְמָא הֲדַר בֵּיהּ – **And for what reason did he retract?** אָמַר רָבָא – **Rava said:** מַתְנִיתִין קַשִׁיתֵיהּ – The language of the **Mishnah was problematic to him** according to his original explanation, for the following reason: מַאי אִירְיָא דְּתָנֵי מִנְחָה מִן הַשְּׂעוֹרִים – **Why** is the Mishnah **specific** in **that it teaches** the case of one who vows to bring **a** ***minchah*** **from barley?** לִיתְנֵי מִן הָעֲדָשִׁים – **Let it** rather **teach** the more novel case of one who vows to bring a *minchah* **from lentils!**[26] אֶלָּא שְׁמַע מִינָּהּ מִשּׁוּם דְּטָעֵי הוּא – **Rather,** you must **learn from this** (i.e. from that which the Mishnah did not teach the case of one who vows to bring a *minchah* from lentils) that when the Tanna Kamma validates the vow, **it is because one can make a mistake** and think his vow is valid.[27] This, then, explains the Mishnah's specification of a vow from barley rather than of a vow from lentils: בִּשְׂעוֹרִים טָעֵי – **In** the case of **barley** (which is brought as an individual's *minchah* in the case of *sotah*), **one can make a mistake** and think that it is acceptable for a voluntary *minchah;* therefore, the vower's assertion that he intended a valid *minchah* is accepted as a plausible explanation of his declaration.[28] בַּעֲדָשִׁים לֹא טָעֵי – But **in** the case of **lentils** (which are never brought as a *minchah*), **one cannot make a mistake** and think that it is acceptable for a *minchah;* therefore, the vow is inexplicable and would not take effect at all. That is why Chizkiyah retracted and now explains the Tanna Kamma as referring specifically to where the vower explains that he intended a valid *minchah.*

Chizkiyah qualified the Tanna Kamma's ruling as referring specifically to where the person vowed a *minchah* "from barley," not where he vowed a *minchah* "from lentils." The Gemara cites a dissenting opinion:

וְרַבִּי יוֹחָנָן אָמַר – **But R' Yochanan says:** אֲפִילּוּ מִן הָעֲדָשִׁים – The Mishnah means that the *minchah* vow specifying the wrong ingredients is valid even where he said, "It is hereby incumbent upon me to bring a *minchah* **from lentils."** Even in that case, the Tanna Kamma would obligate the vower to bring a valid *minchah* from wheat.

The Gemara points out the contradiction between this statement of R' Yochanan and his previous one:

מִכְּדִי – **Now,** let us see. רַבִּי יוֹחָנָן כְּמַאן אַמְרָהּ לִשְׁמַעְתֵּיהּ – **In accordance with whom does R' Yochanan say his teaching?**[29] כְּבֵית הִלֵּל – It is **in accordance with Beis Hillel,** as R' Yochanan stated in the Gemara above. וּבֵית הִלֵּל מִשּׁוּם דְּטָעֵי הוּא – **But** according to **Beis Hillel, it is because of** the fact **that one can make a mistake** and think that his vow is valid that the Tanna Kamma validates the vow detailing the wrong ingredients.[30] בִּשְׂעוֹרִין טָעֵי – And it is only **in** the case of **barley** that **one can make a mistake** and think that it is valid for a voluntary *minchah;* בַּעֲדָשִׁים לֹא טָעֵי – **in** the case of **lentils,** however, **one cannot make a mistake** and think that it is valid for a *minchah.* How, then, can R' Yochanan now say that the Tanna Kamma means to validate the vow even where the person specified "from lentils"?

The Gemara answers:

לְדִבְרָיו דְּחִזְקִיָּה קָאָמַר לֵיהּ – When R' Yochanan says (in this second statement) that the Tanna Kamma validates the vow even where one specified "from lentils," **he is** not stating his personal understanding of the Mishnah[31] but is rather **saying** what could be said **according to the** original **opinion of Chizkiyah.** He is, in effect, saying to Chizkiyah: אַתְּ מַאי טַעְמָא הֲדַרְתְּ בָּךְ – **You,**

NOTES

22. Where he vowed to bring "a *minchah* from barley," it is possible that he did not intend a meaningless vow, but genuinely thought that an individual can vow a voluntary *minchah* from barley, just as we find an individual bringing a barley *minchah* in the case of a *sotah.* Hence, if he says that had he known that one cannot vow a *minchah* from barley, he would have stipulated that it be from wheat, we accept his explanation and validate his vow. But a person surely knows that one cannot bring a *minchah* from lentils. Hence, a vow to bring a *minchah* from lentils is "a vow together with its opening for release." It does not take effect at all, since by uttering this meaningless declaration the person did not intend to obligate himself in anything at all (*Rashi*). [Chizkiyah, then, now accepts R' Yochanan's interpretation of the Tanna Kamma's ruling, that it refers to where the vower states this explanation of his intent. [See below, note 25.] The Gemara will now address this change in Chizkiyah's position.]

23. I.e. with which Tanna does he identify the Tanna Kamma's ruling that he now qualifies? (see *Rashi* below ד״ה כמאן אמרה לשמעתיה).

24. As explained above in notes 19 and 20.

25. That is, he now agrees with R' Yochanan that the Tanna Kamma follows the view of Beis Hillel and not that of Beis Shammai (*Rabbeinu Gershom;* see also *Tosafos* to *Nazir* 9b ד״ה התם משום טעותא; see, however, *Rosh* there, with Schottenstein edition note 18).

26. The Mishnah generally teaches the most novel case, leaving us to infer from it the more obvious one. If the Mishnah follows Beis Shammai's view, then it should have taught the obligation of a *minchah* in the case of someone who vowed to bring "from lentils" (which are never brought as a *minchah*), rather than one who vowed to bring "from barley," to teach that even in the case of lentils, where the vow seems more absurd, it is effective and the vower must bring a valid *minchah* from wheat (see *Tosafos* to *Nazir* 9b ד״ה מתניתין קשיתיה).

27. Only in that case does the Tanna Kamma validate the vow – and specifically where the vower explains that he indeed erred and would have vowed properly had he known the law.

28. As explained above in note 21.

29. I.e. with which Tanna does he identify the Tanna Kamma's ruling that he now explains as referring even to where the vower specified "from lentils"? (see *Rashi*).

30. As explained above in note 21.

31. Which is indeed that the Tanna Kamma validates the vow only where the vower plausibly explains that he intended a valid vow, and the ruling thus applies only to the case of "a *minchah* from barley" stated in the Mishnah, not to the case of "a *minchah* from lentils" (see *Rashi*).

Chizkiyah, for **what reason did you retract** your original explanation that the Tanna Kamma accords with Beis Shammai? **מִשּׁוּם דְּלֹא קָתָנֵי מִן הָעֲדָשִׁים** – You did so **because the Mishnah does not state "from lentils."**[32] But your reason is not compelling. **דִּלְמָא לֹא מִיבַּעְיָא קָאָמַר** – **Perhaps,** the Tanna Kamma accords with Beis Shammai, and **he states** only the case of barley in the sense of **"there is no need** to state the more obvious case" – and he considers "from *lentils*" to be the more obvious case. The Tanna Kamma reasoned as follows: **לֹא מִיבַּעְיָא מִן הָעֲדָשִׁים** – **There is no need** to teach that the vower must bring a valid *minchah* where he stipulated **"from lentils,"** **דְּאִיכָּא לְמֵימַר מְהַדַּר הוּא דְּהָדַר בֵּיהּ** – **where** (since everyone knows that there is no *minchah* from lentils) **it is** certainly **possible to say he is retracting** his vow, **וְתָפוּס לָשׁוֹן רִאשׁוֹן** – **and** we therefore **"take hold of the first expression"** and validate the vow for a proper *minchah,* and ignore the retraction "from lentils."[33] **אֶלָּא אֲפִילוּ מִן הַשְּׂעוֹרִין נַמִּי** – **But even** where he stipulates **"from barley,"** **דְּאִיכָּא לְמֵימַר מִיטְעָא הוּא דְּקָא טָעֵי** – **where it is possible to say that he is making a** genuine **mistake,**[34] **אֲפִילוּ הָכִי תָּפוּס לָשׁוֹן רִאשׁוֹן** – **even so,** the Tanna teaches us, we **take hold of the first expression** and obligate him in a valid wheat *minchah.*[35]

NOTES

32. Which, you assumed, would have been the more novel ruling if the Mishnah were indeed following Beis Shammai that "we take hold of the first expression" (see above, note 26).

33. Since Beis Shammai hold that one cannot, in fact, retract a consecration vow (*Rashi*).

34. Since there are indeed certain barley *menachos* – namely, the *Omer* and the *minchas sotah.* We should therefore say that he did not state a vow and its retraction, but rather intended a single (albeit meaningless) vow – to bring a voluntary *minchah* from barley. In this case, he should not be obligated to bring a *minchah* altogether, since he can certainly say that had he known that the only *minchah* he could vow was one from wheat, he would not have vowed a *minchah* altogether (*Rashi;* see *Nazir* 9b).

35. For we construe his remarks as two meaningful (though contradictory) statements [i.e. a valid vow followed by a retraction] rather than as a cohesive, meaningless declaration [i.e. a *minchah* from barley]. Hence, the first expression ("It is hereby incumbent upon me to bring a *minchah*") effects an obligation to bring a valid *minchah* from wheat, and the second expression – the retraction "from barley" – is disregarded (see *Tosafos* to *Nazir* 9b ד״ה אלא).

Thus, R' Yochanan argues that Chizkiyah did not have to retract on the basis of the Tanna Kamma's choice of cases. Whereas Chizkiyah thought that according to Beis Shammai "from lentils" would have been the more novel case (see note 26), R' Yochanan argues that even according to Beis Shammai "from barley" could be considered the more novel case.

The Gemara cites a different qualification of the Tanna Kamma's ruling:

אָמַר זְעִירִי – Ze'iri said: לֹא שָׁנוּ – They did not teach in the Mishnah that a *minchah* vow specifying the wrong ingredients is nonetheless valid **אֶלָּא דְּאָמַר מִנְחָה – except where he** first **said** the expression **"a *minchah*,"** as stated in our Mishnah. **אֲבָל לֹא אָמַר מִנְחָה – But** where **he did not say** the expression **"a *minchah*,"** but rather, "a *minchah* of,"[1] **לֹא – he is not** obligated to bring any *minchah* at all.[2]

The Gemara records a challenge made to Ze'iri's qualification of the Mishnah:

יָתִיב רַב נַחְמָן וְקָאָמַר לָהּ לְהָא שְׁמַעְתָּא – Rav Nachman was sitting and quoting this teaching of Ze'iri, **אֵיתִיבֵיהּ רָבָא לְרַב נַחְמָן – whereupon Rava posed a challenge to Rav Nachman** from our Mishnah, which seems to contradict Ze'iri on this point. One of the cases stated by the Mishnah is: **קֶמַח** – If he said, "From ordinary **FLOUR,"** **יָבִיא סוֹלֶת – HE MUST BRING** a *minchah* from **FINE FLOUR.** **לָאו דְּלֹא אָמַר מִנְחָה – Is** the Mishnah **not** quoting the entirety of his declaration and thus referring to **where he did not state *"minchah"*** altogether?[3] And still the Mishnah rules that he becomes obligated to bring a valid *minchah* of *soless!*[4] – ? –

Rav Nachman responds:

לֹא דְּאָמַר מִנְחָה – No! The Mishnah might be quoting only the end of his declaration, and refer to **where he did state *"minchah."***[5]

The Gemara[6] continues this line of questioning and moves to the Mishnah's next case. The Mishnah stated:

בְּלֹא שֶׁמֶן וּלְבוֹנָה – If he said, **"WITHOUT OIL AND** without ***LEVONAH,"*** **יָבִיא שֶׁמֶן וּלְבוֹנָה – HE MUST BRING** it with **OIL AND *LEVONAH.*** **מַאי לָאו דְּלֹא אָמַר מִנְחָה – Is** the Mishnah **not** quoting the entirety of his declaration and thus referring to **where he did not state *"minchah"*** altogether?[7] And still the Mishnah rules that he becomes obligated to bring a *minchah* complete with oil and *levonah!*[8] – ? –

Again, the Gemara answers:

לֹא דְּאָמַר מִנְחָה – No! The Mishnah might be quoting only the end of his declaration, and refer to **where he did state *"minchah."***[9]

The Gemara asks further, moving to the Mishnah's next case:

חֲצִי עִשָּׂרוֹן – If he said, **"HALF AN *ISSARON,"*** **יָבִיא עִשָּׂרוֹן שָׁלֵם – HE MUST BRING A COMPLETE *ISSARON.*** **מַאי לָאו דְּלֹא אָמַר מִנְחָה – Is** the Mishnah **not** quoting the entirety of his declaration and thus referring to **where he did not state *"minchah"*** altogether?[10] And still the Mishnah rules that he becomes obligated to bring a complete *issaron* as a *minchah!*[11] – ? –

Again, the Gemara answers:

לֹא דְּאָמַר מִנְחָה – No! The Mishnah might be quoting only the end of his declaration, and refer to **where he did state *"minchah."***[12]

The Gemara objects:

אִי הָכִי – If so, that Ze'iri's qualification is correct, and that all the Mishnah's cases refer to where the vower first said, "It is hereby incumbent upon me to bring a *minchah* . . .," **אֵימָא סֵיפָא – consider the end** of the Mishnah, which states the final case: **עִשָּׂרוֹן וּמֶחֱצָה יָבִיא שְׁנַיִם** – If he said, **"AN *ISSARON* AND A HALF," HE MUST BRING TWO** *issarons.* Here, too, you will say that the

NOTES

1. In the case described by the Mishnah, the vower obligated himself to bring מִנְחָה מִן הַשְּׂעוֹרִים, *a minchah from barley.* Ze'iri teaches that the Tanna Kamma's ruling would not apply if the vower used the construct form and said מִנְחַת שְׂעוֹרִים, *"a minchah of" barley,* where (in Hebrew) the possessive "of" is inseparable from "a *minchah*" (*Rashi,* first explanation; see also *Tosafos*). [Alternatively, *Rashi* explains that Ze'iri refers to where the vower omitted the expression "a *minchah*" altogether, and said merely, "It is hereby incumbent upon me from barley."]

2. In the Mishnah's case (מִנְחָה מִן הַשְּׂעוֹרִים), the declaration can be separated into two distinct parts – "a *minchah*" and "from barley." In that case, the Tanna Kamma rules that we "take hold of the first expression." The expression "a *minchah*" obligates the vower in a valid *minchah* from wheat; the next expression "from barley" is construed as an attempted retraction of the *minchah* vow, and the retraction is disregarded. [Apparently, Ze'iri is following Chizkiyah's initial understanding of the Mishnah as reflecting the view of Beis Shammai; see next paragraph.] If, however, the vower declared his obligation to bring מִנְחַת שְׂעוֹרִים, *"a minchah of" barley,* his first expression (a *minchah* of) cannot stand alone, but must be seen as an inseparable part of the entire expression "a *minchah* of barley." In that case, we cannot take hold of the expression "a *minchah*" and disregard "from barley." Rather, we must construe what he said as an indivisible expression of intent to bring an absurdity – a voluntary barley *minchah.* Such a vow has no effect at all, and the vower is not obligated to bring anything (see *Rashi*).

[*Rashi* seems to explain that Ze'iri is following Chizkiyah's original understanding of the Mishnah as reflecting the view of Beis Shammai. Also, Ze'iri's qualification is inapplicable according to R' Yochanan's (and Chizkiyah's second) understanding of the Tanna Kamma's ruling as reflecting the view of Beis Hillel, and referring to where the vower explains that he intended a valid *minchah* but mistakenly thought that it could be brought from barley. For if that is what the Mishnah refers to, then it would make no difference whether the vower used the expression מִנְחָה מִן הַשְּׂעוֹרִים or מִנְחַת שְׂעוֹרִים. In either case, he could equally explain his declaration as intended to obligate him in a valid *minchah* (see *Tzon Kodashim* and *Zevach Todah;* cf. *Birkas HaZevach, Chidushim*). This is also the view of *Hasagos HaRaavad* to *Rambam, Hil. Maaseh HaKorbanos* 17:9. *Rambam* there, however, quotes R' Yochanan's explanation of the Mishnah as well as this qualification of Ze'iri, indicating that he understands Ze'iri's qualification as relevant even according to R' Yochanan. See *Kesef Mishneh, Lechem Mishneh* and *Even HaAzel* ad loc.]

3. That is, he declared simply, "It is hereby incumbent upon me to bring ordinary flour" (*Rashi*).

4. Because we say that a person does not utter meaningless declarations (*Rashi*). [Hence, we construe his words as intended to obligate him in a valid *minchah*] provided that he explains that he meant to do so, and that had he known the law, he would have formulated his vow correctly (*Tosafos*).

Now, if he becomes obligated in a valid *minchah* despite not having mentioned the word *minchah* altogether, then this is certainly so where he did mention the word *minchah* but did so in the construct form of מִנְחַת שְׂעוֹרִים (this according to *Rashi's* first explanation above, note 1).

5. [That is, the Mishnah's opening case states the complete declaration ("It is hereby incumbent upon me to bring a *minchah* from barley") and the next case merely records the changed part of that initial declaration. That is, instead of saying "barley," he said "ordinary flour."]

6. [Actually, the questioner would seem to be Rava and the respondent Rav Nachman, and so throughout the course of the *sugya.* For, in fact, it is the second-to-last question below that is the most compelling, and would seem to be the one that caused Rava to interpret the Mishnah as he did to begin with. However, it is Rava himself who answers the final question below, and he could not have been offering an answer to his own question! We have therefore attributed each of the subsequent questions and responses simply to "the Gemara."]

7. [That is, he declared simply, "It is hereby incumbent upon me to bring without oil and without *levonah.*"]

8. Since a person does not utter meaningless declarations (see above, note 4). By the same token, then, one who vowed to bring מִנְחַת שְׂעוֹרִים, *"a minchah of" barley,* would be obligated to bring a valid *minchah* despite our inability to separate his expression into two parts.

9. I.e. he stated, "It is hereby incumbent upon me to bring a *minchah* without oil and *levonah.*" (See above, note 5.)

10. [That is, he declared simply, "It is hereby incumbent upon me to bring half an *issaron.*"]

11. See above, note 8.

12. I.e. he stated, "It is hereby incumbent upon me to bring a *minchah,* half an *issaron.*" [See above, note 5.]

Mishnah quotes only the conclusion of his declaration, which actually began, "It is hereby incumbent upon me to bring a *minchah* . . ." But in that case, כֵּיוָן דְּאָמַר מִנְחָה – **as soon as he says,** "It is hereby incumbent upon me to bring **a *minchah* . . .,"** אִיחַיַּיב לֵיהּ בְּעִשָּׂרוֹן – **he** immediately **becomes obligated to** bring a valid *minchah* consisting of **an *issaron*.** כִּי אָמַר חֲצִי עִשָּׂרוֹן – **When he** then continues and **says, "half an *issaron*,"** לֹא כְּלוּם (הוּא) קָאָמַר – it is as if **he is saying nothing** at all![13] He should therefore be required to bring a *minchah* of only one *issaron*. Why does the Mishnah rule that he must bring two *issarons*?[14]

The Gemara concedes this point, but answers:

לֹא צְרִיכָא – To answer your objection, **it is only necessary** to explain that last case of the Mishnah as referring to דְּאָמַר הֲרֵי עָלַי מִנְחָה חֲצִי עִשָּׂרוֹן וְעִשָּׂרוֹן – **where he said, "It is hereby** incumbent **upon me** to bring **a *minchah* of half an *issaron* and an *issaron*."**[15] דְּכֵיוָן דְּאָמַר מִנְחָה – **For as soon as he says,** "It is hereby incumbent upon me to bring **a *minchah*,"** אִיחַיַּיב לֵיהּ בְּעִשָּׂרוֹן – **he** immediately **becomes obligated to** bring a valid *minchah* consisting of **an *issaron*.**[16] כִּי אָמַר חֲצִי עִשָּׂרוֹן – **When he** then continues and **says, "half an *issaron*,"** וְלֹא כְּלוּם קָאָמַר – it is as if **he is saying nothing** at all. כִּי הֲדַר אָמַר עִשָּׂרוֹן – **When he then says, "an *issaron*,"** מַיְיתֵי עִשָּׂרוֹן אַחֲרִינָא – **he must bring another *issaron*.** Thus the Mishnah rules that he must bring two *issarons*.[17]

The Gemara continues to object:

אִי הָכִי – **If so,** that the Mishnah refers to where the vower prefaced his declaration with "It is incumbent upon me to bring a *minchah* . . .," as you have explained,[18] then how will you account for that which the Mishnah concludes: רַבִּי שִׁמְעוֹן פּוֹטֵר שֶׁלֹּא הִתְנַדֵּב כְּדֶרֶךְ הַמִּתְנַדְּבִין – **R' SHIMON ABSOLVES** the vower entirely from any *minchah* obligation **BECAUSE HE DID NOT DONATE IN THE MANNER OF THOSE WHO DONATE?** אַמַּאי – **Why** has he not donated in the manner of those who donate? Since the Tanna Kamma follows Beis Shammai, who take hold of the first expression, the vower, by first stating, "It is hereby incumbent upon me *to bring a minchah*," has with those words obligated himself "in the manner of those who donate"![19] – ? –

The Gemara answers:

אָמַר רָבָא – **Rava said:** This is not an objection. רַבִּי שִׁמְעוֹן בְּשִׁיטַת רַבִּי יוֹסֵי אֲמָרָהּ – **R' Shimon stated [his dissent] in accordance with the opinion of R' Yose,** דְּאָמַר [אַף] בִּגְמַר דְּבָרָיו אָדָם מִתְפִּיס – **who says** that **a person is bound [also] by the conclusion of his words,** which are assumed to be an integral and deliberate part of a unified declaration.[20]

NOTES

13. [Translation follows *Shitah Mekubetzes* §2, who deletes the word הוא.] According to Ze'iri, the Mishnah's operating principle is that the initial expression "a *minchah*" creates the obligation to bring a valid *minchah* despite the subsequent stipulation of invalid criteria. But where the vow was not begun with "a *minchah*" [or where it was begun with the construct form *minchas*, which cannot be separated from the subsequent part of the vow], there is no obligation at all. Accordingly, it should emerge that where the vower declared his obligation to bring "a *minchah* [of] an *issaron* and a half," the expression "a *minchah* [of] an *issaron*" should create the obligation of a valid *minchah* (which consists of an *issaron*), and the subsequent expression "and a half" (which is not preceded by its own expression "a *minchah*" that would have created the obligation of a second *issaron*) should be disregarded as meaningless (see *Tosafos*).

14. If, however, Ze'iri is wrong, and the Mishnah's operative principle is that a person does not make meaningless declarations (and it refers to where he explains that he indeed meant a valid *minchah* and would have so stipulated had he known the law – see above, note 4), then this last ruling of the Tanna Kamma is understandable. The reference is to where the vower says that had he known that a *minchah* must consist of an *issaron* or a multiple thereof, he would have stipulated two *issarons* instead of one and a half. That is why the Mishnah obligates him to bring [a *minchah* consisting of] two *issarons* (see *Tosafos; Rambam, Hil. Maaseh HaKorbanos* 17:10).

15. [I.e. the Gemara modifies the Mishnah's case as referring not to where he said "an *issaron* and a half," but rather "half an *issaron* and an *issaron*."]

16. Because we "take hold of the first expression."

17. Had he declared an obligation to bring "a *minchah* of an *issaron* and a half," the implication would have been "a single *minchah* of an *issaron* and a half." That would be an absurdity. We would therefore take hold of the first expression (a *minchah*) and establish an obligation of a valid *minchah* (an *issaron*), while the subsequent, invalid criterion (an *issaron* and a half) would be disregarded. But where he declares an obligation to bring "a *minchah* of half an *issaron* and an *issaron*" (as the Gemara has modified the Mishnah's case to read), the meaning of his declaration is that he will bring two *menachos* – a *minchah* of half an *issaron* as well as another *minchah* of an *issaron*. (For had he meant a single *minchah* of an *issaron* and a half, he would have inverted the order and said "an *issaron* and a half.") We therefore take hold of the first expression of his "first" vow, and establish a *minchah* obligation of an *issaron*, while disregarding the subsequent, invalid criterion of "half an *issaron*." And his "second" vow – to bring [a *minchah* of] an *issaron* – is also valid. Hence, he must bring two *menachos*, each consisting of one *issaron* [which, according to this explanation, is what the Mishnah means by "he brings two *issarons*"] (see *Yashar V'Tov*).

18. *Rashi;* cf. *Tosafos*.

19. R' Shimon should agree that we take hold of the first expression ["It is hereby incumbent upon me to bring a *minchah*"] to establish a valid *minchah* obligation (donated in the manner of those who donate) and disregard the subsequent, invalid criterion [in the last case: "half an *issaron* and an *issaron*"] (see *Rashi*). He should rule, then, that the vower must bring a valid *minchah* of one *issaron*. [Below (ד"ה אף בגמר דבריו) *Rashi* indicates that the Gemara's question here is with regard to the Mishnah's last case ("half an *issaron* and an *issaron*"). Indeed, whereas R' Shimon possibly means to dispute *all* the Tanna Kamma's rulings, he certainly means to dispute the last one; hence, that is the only ruling on which this objection can be based.]

[If, however, the Mishnah's last case refers to where the vower did *not* preface his vow with the words "It is incumbent upon me to bring a *minchah*," then R' Shimon's objection is understandable: The vow declaration used by the vower is not in the usual manner of those who donate, and should therefore not effect any obligation at all. Moreover, the Tanna Kamma's ruling would then be interpreted as referring to where the vower explains his puzzling remarks (see above, note 4), which R' Shimon might not allow the vower to do.]

20. The Mishnah (*Temurah* 25b) discusses the case of a person who declares, "This animal is an exchange for an *olah* offering, an exchange for a *shelamim* offering." [An animal exchanged for an offering assumes the offering's sanctity (without releasing the original offering from that sanctity).] R' Yose rules that the concluding words, "an exchange for a *shelamim*," is not a retraction of the initial designation, but is an expression of the initial intention. That is, the person initially intended to invest the animal with both of these states, but his declaration mentioned *olah* before *shelamim* simply because it is impossible to utter two words simultaneously. Accordingly, both states of sanctity take effect in this animal, and so it must be set out to pasture until it develops a blemish, which disqualifies it for sacrifice and permits its redemption. The animal is then sold, and the proceeds are divided evenly to purchase animals for the two types of offerings. From here we see that in R' Yose's view the concluding words of an utterance, even if they seem to contradict the opening words, must be taken fully into account. In judging the declaration, one must assume that both halves express the declarer's single, undivided intention (see *Rashi* here and to *Pesachim* 53b).

Rava explains that R' Shimon in our Mishnah adopts this view. Hence, where a vower declared an obligation to bring "a *minchah* of half an *issaron* and an *issaron*," we must understand his vow as intending a *minchah* of one and a half *issarons*, which is not a normal vow ("in the manner of those who donate") and which is therefore completely ineffective, in R' Shimon's view (see *Rashi*). [Although it was explained above that "a *minchah* of half an *issaron* and an *issaron*" seems to indicate two distinct *menachos* (see note 17), that is only

Mishnah מִתְנַדֵּב אָדָם מִנְחָה שֶׁל שִׁשִּׁים עִשָּׂרוֹן – **A person may donate a *minchah* of** up to **sixty *issaron*** וּמֵבִיא בִּכְלִי אֶחָד – **and bring** it all **in one vessel.**[21] (אם אמר הרי עלי ששים עשרון מביא בכלי אחד) אִם אָמַר הֲרֵי עָלַי שִׁשִּׁים וְאֶחָד – But **if he said, "It is hereby** incumbent **on me** to bring **sixty-one** *issaron,"* מֵבִיא שִׁשִּׁים בִּכְלִי אֶחָד וְאֶחָד בִּכְלִי אֶחָד – **he brings sixty *issaron* in one vessel and one** *issaron* **in another vessel.**[22] שֶׁכֵּן הַצִּיבּוּר מֵבִיא בְּיוֹם טוֹב הָרִאשׁוֹן שֶׁל חַג שֶׁחָל לִהְיוֹת בְּשַׁבָּת – **For so** we find that **the congregation brings** on the first day of **Succos which falls on the Sabbath** שִׁשִּׁים וְאֶחָד – **sixty-one** *issaron.*[23] דַּיּוֹ לְיָחִיד שֶׁהוּא פָּחוֹת מִן הַצִּיבּוּר אֶחָד – **It is sufficient for the individual that he be one less than the congregation.**[24]

This explanation is challenged:

אָמַר רַבִּי שִׁמְעוֹן – **R' Shimon said:** Can your reason really be correct? וַהֲלֹא אֵלּוּ לַפָּרִים וְאֵלּוּ לַכְּבָשִׂים – **Why, some** of the *esronim* offered on Succos **are** brought **for the bulls** and rams **and some are** brought **for the lambs,** וְאֵינָם נִבְלָלִים זֶה עִם זֶה – **so that they may not be mixed with one another!**[25] אֶלָּא עַד שִׁשִּׁים יְכוֹלִין לִיבָּלֵל – **Rather,** the reason that more than sixty *issaron* may not be brought in a single vessel is a different one, namely, that in **up to sixty** *issaron* **[the oil and flour] are capable of being mixed,** whereas in more than sixty *issaron* the oil and flour are not capable of being mixed.[26]

NOTES

according to the view that we "take hold of the first expression" and seek to divide a problematic declaration into meaningful segments. But according to R' Yose and R' Shimon, who hold that we view such declarations as indivisible, the declaration when taken as a whole indicates a single *minchah* of an *issaron* and a half (see *Tosafos,* end of ד"ה אי הכי רבי שמעון).]

[Accordingly, R' Shimon invalidates the vow in all the Tanna Kamma's cases, since in each case, the declaration – when taken in its entirety – contains impossible elements, and is thus "not in the manner of those who donate."]

21. As long as the offering does not amount to more than sixty *issaron,* one may bring the entire quantity of flour and oil in a single vessel and offer it as a single *minchah.*

22. If the quantity of flour amounts to more than sixty *issaron,* it may not be brought in a single vessel, but must be divided among two vessels (and offered as two *menachos*). The Mishnah proceeds to give the reason for this.

[The words enclosed in parentheses in the *Vilna Shas* are superfluous and are deleted by *Shitah Mekubetzes.*]

23. [Among all the holidays, Succos has the distinction of having the largest number of animals brought for its *mussaf* offering. Additionally, Succos is unique in that the number of bulls offered as part of its *mussaf* decreases as the holiday progresses. Thus, of all the days of the year, the largest number of animals offered on any single day is offered on the first day of Succos. In a year in which the first day of Succos falls on the Sabbath, this number is augmented by the number of Sabbath *mussaf* offerings.

Since each animal is accompanied by a *minchas nesachim,* the number of *esronim* of flour offered by the community when the first day of Succos falls on a Sabbath is also the largest of any single day. That number is sixty-one, the calculation of which runs as follows:] Thirteen bulls are offered on the first day of Succos as part of the *mussaf* offering. Since the rule of *nesachim* is that every bull is accompanied by a *minchas nesachim* of three *esronim,* it emerges that the total number of *esronim* for all the bulls together is thirty-nine. There are also fourteen lambs brought each day as part of the Succos *mussaf,* each requiring one *issaron,* which yields another fourteen *issaron.* In addition, the Succos *mussaf* also contains two rams, each of which requires two *esronim,* which adds another four *esronim* to the count. When the first day of Succos occurs on a Sabbath, there is a further requirement of two lambs for the Sabbath *mussaf,* each of which is accompanied by one *issaron,* thereby adding to the count another two *esronim.* Finally, the two lambs of the daily *tamid* require an *issaron* each. The number of *issaron* brought by the community on the first day of Succos which falls on the Sabbath is thus 39+14+4+2+2, or sixty-one (*Rashi*).

24. It is fitting that the individual not be allowed to rival the largest offering brought by the congregation. Accordingly, if the congregation is found to sometimes bring a total of sixty-one *issaron,* the largest *minchah* that an individual can bring is one less, or sixty *issaron.*

[From the discussion that follows – and even more so from an exchange recorded in a Baraisa that will be cited by the Gemara immediately below – it is evident that the existence of an upper limit of sixty for the number of *issaron* that may be offered in a single vessel was known to the sages by tradition, and was not subject to dispute. The question was only what the *reason* for that limit is. The Tanna Kamma suggests the reason as being that it is appropriate that an individual's offering never be equal to the largest possible offering brought by the community.]

25. R' Shimon opposes the Tanna Kamma's reasoning that uses the sixty-one *issaron* brought by the congregation as a basis for the maximum of sixty *issaron* brought by the individual. For he points out correctly that the congregation did not bring all the sixty-one *issaron* as one undivided offering. This is because the consistencies of the various *menachos* brought on the first day of Succos differ, the *menachos* accompanying the lamb offerings being more liquid than those accompanying the bull [or ram] offerings. For as the Torah prescribes in *Numbers* 15:1-9, every *olah* or *shelamim* sacrifice must be accompanied by a *minchah* of a specific flour-to-oil ratio, depending on the type of animal offered. A lamb requires a *minchah* consisting of one *issaron* of flour and three *lugin* (a quarter *hin*) of oil, a ratio of three *lugin* per *issaron*; a ram calls for a *minchah* of two *esronim* of flour and four *lugin* (a third of a *hin*) of oil, a ratio of two *lugin* per *issaron*; and a bull requires a *minchah* consisting of three *esronim* of flour and six *lugin* (a half of a *hin*) of oil, again a ratio of two *lugin* per *issaron.* Accordingly, were the various *menachos* to be mixed together, some oil from the more liquid lamb *menachos* would percolate into the drier mixtures of the ram and bull *menachos.* All the *menachos* would thereby be rendered invalid, the lamb *menachos* for having too little oil and those of the ram and bull for having too much. (See the Mishnah on 22a for a similar concept.) Obviously, therefore, all sixty-one *issaron* offered on Succos were not offered in one vessel (*Rashi*). How, then, can the Succos total be the basis for the maximum number of *issaron* allowable in a single vessel in a *minchah* brought by the individual?

[Actually, the Gemara on 89b derives from a verse that even the *menachos* of a bull and a ram, whose flour-to-oil ratios are identical (or, for that matter, even the *menachos* of two different offerings of the same type of animal, such as two lambs), may also not be mixed together. Thus, it was really unnecessary for R' Shimon to cite the fact that the *menachos* on Succos require different ratios of flour to oil in order to prove his point that the *menachos* were not brought in the same vessel (*Rashash* to 89b). Nevertheless, this fact does *strengthen* R' Shimon's argument, because in the case of *menachos* with equal ratios, if they were incorrectly mixed together they would be valid after the fact (*bedi'avad*), whereas if *menachos* of different ratios were mixed together they would be disqualified even ex post facto (*Sfas Emes*). At any rate, having refuted the Tanna Kamma's reason, R' Shimon offers his own.]

26. Because the single *log* of oil that the Torah mandates be added to a *minchah* is capable of blending with sixty *issaron* of flour at the most. Once the amount of flour exceeds sixty *issaron,* it will not blend homogeneously with such a small amount of oil (*Rashi*). Therefore, it is necessary to bring the flour in two vessels, as two separate *menachos,* so that each will receive its own *log* of oil.

The above explanation – that one *log* of oil is too little to be able to blend properly with sixty-one *issaron* of flour – accords with the opinion of R' Eliezer ben Yaakov in the Mishnah on 88a that the amount of oil added to a *minchah* is always only a single *log,* regardless of how many *issaron* of flour the *minchah* contains (*Rashi*). The Sages in that Mishnah, however, maintain that the number of *lugin* of oil corresponds to the number of *issaron* of flour, so that, for example, a *minchah* of sixty *issaron* is mixed with sixty *log* of oil. According to their view R' Shimon's explanation is not feasible, because the ratio of

The Rabbis are skeptical of R' Shimon's explanation, but R' Shimon defends it:

אָמְרוּ לוֹ – **They said to him:** שִׁשִּׁים נִבְלָלִין – Is it really possible to say that **sixty** *issaron* **are capable of being mixed** וְשִׁשִּׁים וְאֶחָד אֵין נִבְלָלִים – **while sixty-one are not capable of being mixed?** Can it be that the one extra *issaron* makes the difference? אָמַר לָהֶם – **He said to them:** Why are you surprised? כָּל מִדּוֹת חֲכָמִים כֵּן – **All the measurements of the Sages are so,** i.e. are given in precise terms![27] בְּאַרְבָּעִים סְאָה הוּא טוֹבֵל – **In forty** ***se'ah*** **[a person] can immerse himself,** וּבְאַרְבָּעִים סְאָה חָסֵר קֻרְטוֹב אֵינוֹ יָכוֹל לִטְבּוֹל בָּהֶן – **whereas in forty** ***se'ah*** **less a** ***kortov*** **he cannot immerse himself.**[28]

Gemara The Gemara cites a Baraisa which gives a more detailed account of the debate recorded in our Mishnah:[29]

שְׁאִיל שְׁאֵילָה לְמַעְלָה מֵרַבִּי יְהוּדָה בַּר אִילְעַאי – A QUESTION WAS POSED BEFORE R' YEHUDAH BAR IL'AI: מִנַּיִן לְאוֹמֵר הֲרֵי עָלַי שִׁשִּׁים וְאֶחָד – FROM WHERE do we know THAT IF ONE SAYS, "IT IS HEREBY incumbent UPON ME to bring SIXTY-ONE *issaron,*" מֵבִיא שִׁשִּׁים בִּכְלִי אֶחָד – that HE BRINGS SIXTY *issaron* IN ONE VESSEL וְאֶחָד בִּכְלִי אֶחָד – AND ONE *issaron* IN ANOTHER VESSEL? פָּתַח רַבִּי יְהוּדָה בַּר אִילְעַאי רֹאשׁ הַמְדַבְּרִים בְּכָל מָקוֹם וְאָמַר – R' YEHUDAH BAR IL'AI, OPENING SPEAKER AT ALL OCCASIONS, OPENED the discussion AND SAID:[30] שֶׁכֵּן מָצִינוּ צִבּוּר מְבִיאִין בְּיוֹם טוֹב הָרִאשׁוֹן שֶׁל חַג שֶׁחָל לִהְיוֹת בְּשַׁבָּת – "FOR SO WE FIND THAT THE CONGREGATION BRINGS ON THE FIRST DAY OF SUCCOS WHICH FALLS ON THE SABBATH שִׁשִּׁים וְאֶחָד – a total of SIXTY-ONE *issaron.* דַּיּוֹ לְיָחִיד שֶׁיִּפְחוֹת מִן הַצִּיבּוּר אֶחָד – IT IS SUFFICIENT FOR THE INDIVIDUAL THAT HE BE ONE LESS THAN THE CONGREGATION." אָמַר לוֹ רַבִּי שִׁמְעוֹן – R' SHIMON SAID TO HIM: וַהֲלֹא אֵלּוּ פָּרִים וְאֵלִים וְאֵלּוּ כְּבָשִׂים – "WHY, SOME of the offerings brought on that day ARE BULLS AND RAMS, whose *menachos* have an oil-to-flour ratio of two *lugin* per *issaron,* AND SOME of them ARE LAMBS, whose oil-to-flour ratio is three *lugin* per *issaron.* אֵלּוּ בְּלִילָתָם עָבָה – Thus, THE CONSISTENCIES OF THESE IS THICK וְאֵלּוּ בְּלִילָתָן רַכָּה – WHILE THE CONSISTENCIES OF THOSE IS THIN.[31] אֵלּוּ בְּלִילָתָן שַׁחֲרִית – Furthermore, THE MIXING OF SOME of those *menachos* IS performed IN THE MORNING וְאֵלּוּ בְּלִילָתָן בֵּין הָעַרְבַּיִם – WHILE THE MIXING OF SOME of them IS performed IN THE AFTERNOON.[32] וְאֵין נִבְלָלִין מִזֶּה עַל זֶה – THUS, THEY [all of the sixty-one *issaron* brought on the first day of Succos] ARE NOT MIXED WITH ONE ANOTHER in the same vessel!" – ? –

R' Yehudah accepts R' Shimon's rebuttal:

אָמְרוּ לוֹ אֱמוֹר אַתָּה – HE SAID TO [R' SHIMON]:[33] "YOU TELL us, then, what the reason for the sixty *issaron* limit is." אָמַר לָהֶם – HE SAID TO HIM:[34] הֲרֵי הוּא אוֹמֵר ,,וְכָל־מִנְחָה בְלוּלָה־בַשֶּׁמֶן וַחֲרֵבָה'' – "SURELY IT STATES: *ANY MINCHAH THAT IS MIXED WITH OIL OR THAT IS DRY.*[35] כְּבָר אָמְרָה תּוֹרָה – THE TORAH HAS ALREADY STATED: הָבֵא מִנְחָה שֶׁיְּכוֹלָה לְהִיבָּלֵל – BRING A *MINCHAH* THAT IS CAPABLE OF BEING MIXED. Hence, since sixty-one *issaron* is incapable of being mixed, it cannot all be brought in the same vessel." אָמַר לוֹ בְּשִׁשִּׁים נִבְלָלִין – [R' YEHUDAH] SAID TO HIM, "Is it possible that IN SIXTY *issaron* [THE OIL] IS CAPABLE OF BEING MIXED בְּשִׁשִּׁים וְאֶחָד אֵין נִבְלָלִין – while IN SIXTY-ONE IT IS NOT CAPABLE OF BEING MIXED?" אָמַר לוֹ כָּל מִדּ֫ת חֲכָמִים כֵּן הוּא – [R' SHIMON] REPLIED, "ALL MEASUREMENTS OF THE SAGES ARE SO,"

NOTES

oil to flour is always the same, no matter how large the *minchah* is.

Rashi above on 18b, however, after offering the above explanation of R' Shimon's words, expresses a preference for another explanation according to which R' Shimon's reason can accord even with the halachacally accepted opinion of the Sages. R' Shimon, *Rashi* says, means that a *minchah* of sixty-one *issaron* is *physically* incapable of being mixed, because once the amount of flour exceeds sixty *issaron,* the mixture becomes too unwieldy to work with. Thus, the mixture must be divided into two vessels.

27. The standards of measurements of the Sages are always established as absolute. The Sages do not claim that these measures are perfectly accurate (e.g. sixty *issaron* can be mixed but sixty-one cannot), for it is obvious that a fraction added or subtracted will not have a noticeable effect. However, since perfect accuracy in these matters cannot be achieved, a quest for perfection would render it impossible to set standards. The Sages therefore established absolute measures, allowing for no deviation whatsoever (*Ritva* to *Rosh Hashanah* 13a).

[Note: The expression "the measurements of the Sages" should not be understood to imply that the requirement that a *minchah* be capable of being mixed is Rabbinic in nature. In fact, the requirement is Biblical. However the Torah itself did not fix any particular number as the upper limit for mixability. This determination was made by the Sages.]

R' Shimon now cites support for his position that all measurements of the Sages were stated as absolutes.

28. The Sages determined that forty *se'ah* is the minimum amount of water in which a person can immerse his entire body at one time. This is the amount of water that can be contained in a pit measuring one *amah* by one *amah* by the height of three *amos,* which is the size of an average person. If the amount of water in the *mikveh* is short by even just a single *kortov* (a *kortov* is $^1/_{64}$ of a *log* or $^1/_{24}$ of a *se'ah;* thus, one *kortov* is $^1/_{61,440}$ of the forty *se'ah* needed for a kosher *mikveh*), the immersion would be invalid, even though it is surely impossible to claim that such a minuscule deviation makes the difference between whether the average-size person is or is not able to immerse himself.

[Here too, the actual requirement that all of the person's body be immersed in the *mikveh* at one time is Biblical. Nevertheless, it was the Rabbis who said that forty *se'ah* are necessary to accomplish this.]

[The Mishnah does not record any response on the part of the Tanna Kamma to R' Shimon's argument that the sixty-one *issaron* on Succos were not offered together in one vessel. Since the factual truth of R' Shimon's argument is indisputable (i.e. the sixty-one *issaron* were indeed *not* offered together), what did the Tanna Kamma have in mind with his explanation? Perhaps his explanation is based on the fact that there are circumstances under which all sixty-one *issaron* can be brought in one vessel. For the Mishnah on 89b states that if *menachos* of various consistencies were mixed together in one vessel after having been mixed with their respective amounts of oil, they are valid. Although it is not permitted to mix them in the first place, the fact remains that if they did become mixed, they are still valid and are offered in one vessel. Since a communal offering of this size is at least theoretically possible, the Tanna Kamma is of the opinion that it can be used as a guideline to establish the upper limit of an individual's *minchah* offering (*Sfas Emes*).]

29. [A similar (though not identical) Baraisa appears in *Tosefta* 12:3.]

30. R' Yehudah bar Il'ai was known as "the opening speaker at all occasions" as a result of an incident related in *Shabbos* 33b (*Rashi*). Once, in an ostensibly private conversation, the topic of the Roman regime had come up. R' Yehudah praised the government, while the other rabbis present either spoke unfavorably or remained silent. Word of the discussion became known to the authorities, who, as a means of control, reacted by elevating R' Yehudah to the position of being the first to speak at all public gatherings, and by ruthlessly persecuting the others. Thus, R' Yehudah bar Il'ai was the first to propose an answer to the question posed.

31. See note 25.

32. The sixty-one *issaron* of flour are brought with the various sacrifices of the day. While most of them can be brought throughout the day, two of them, namely the *tamid* of the morning and the *tamid* of the afternoon, must be brought in the morning and the afternoon respectively.

33. Translation follows *Shitah Mekubetzes,* who emends אָמְרוּ to אָמַר.

34. Translation follows *Shitah Mekubetzes,* who emends לָהֶם to לוֹ.

35. *Leviticus* 7:10.

i.e. given in precise terms.

R' Shimon continues, illustrating his point with a number of examples:

בְּאַרְבָּעִים סְאָה הוּא טוֹבֵל – "IN FORTY *SE'AH* ONE CAN IMMERSE HIMSELF, בְּאַרְבָּעִים סְאָה חָסֵר קָרְטוֹב אֵינוֹ יָכוֹל לִטְבּוֹל – whereas IN FORTY *SE'AH* LESS A *KORTOV* HE CANNOT IMMERSE HIMSELF.[36] כְּבֵיצָה מְטַמֵּא טוּמְאַת אוֹכָלִין – Similarly, an amount of food THE SIZE OF AN EGG TRANSMITS FOOD *TUMAH*, כְּבֵיצָה חָסֵר שׁוּמְשׁוֹם אֵין מְטַמֵּא טוּמְאַת אוֹכָלִין – while an amount of food THE SIZE OF AN EGG LESS the volume of A SESAME SEED DOES NOT TRANSMIT FOOD *TUMAH*.[37] שְׁלֹשָׁה עַל שְׁלֹשָׁה מְטַמֵּא מִדְרָס – A piece of cloth with the dimension of THREE BY THREE *tefachim* CONTRACTS *MIDRAS TUMAH*, שְׁלֹשָׁה עַל שְׁלֹשָׁה חָסֵר נִימָא אַחַת אֵינוֹ מְטַמֵּא מִדְרָס – while a piece THREE BY THREE *tefachim* LESS A SINGLE THREAD DOES NOT CONTRACT *MIDRAS TUMAH*."[38]

The Gemara challenges R' Shimon's explanation:

וְכִי אֵין נִבְלָלִין מַאי הָוֵי – **And** even **if [the oil and flour] do not mix, what of it?** וְהָא תְּנַן – **Why, we learned in a Mishnah:**[39] אִם לֹא בָּלַל כָּשֵׁר – IF HE DID NOT MIX the oil and the flour, [THE *MINCHAH*] IS VALID![40] – ? –

The Gemara answers:

אָמַר רַבִּי זֵירָא – **R' Zeira said:** כָּל הָרָאוּי לְבִילָּה – **Any** *minchah* **that is fit for mixing,**[41] אֵין בִּילָּה מְעַכֶּבֶת בּוֹ – **mixing is not essential to it,** i.e. the offering is valid even without mixing, וְכָל שֶׁאֵינוֹ רָאוּי לְבִילָּה – **while any** *minchah* **that is not fit for mixing,** בִּילָּה מְעַכֶּבֶת בּוֹ – **mixing is essential to it.** Thus, that Mishnah, which validates an unmixed *minchah*, speaks of a *minchah* that is *fit* to be mixed. A *minchah* of sixty-one *issaron*, however, which is *unfit* to be mixed, is invalid.[42]

Having mentioned the principle of "all the measurements of the Sages are so," the Gemara digresses to discuss other measurements of the Sages:[43]

אָמַר רַבִּי בִּיבִי אָמַר רַבִּי יְהוֹשֻׁעַ בֶּן לֵוִי – **R' Bivi said in the name of R' Yehoshua ben Levi:** מַעֲשֶׂה בְּפִרְדָּה אַחַת שֶׁל בֵּית רַבִּי שֶׁמֵּתָה – **It happened that a certain mule of Rebbi's household died,** וְשִׁיעֲרוּ חֲכָמִים אֶת דָּמָהּ בִּרְבִיעִית – **and the Sages measured its blood,** i.e. the blood that had oozed out of the mule, to check if it amounted **to a** ***reviis,*** in which case it would convey *tumah*.[44]

This account is questioned:

מָתִיב רַבִּי יִצְחָק בַּר בִּיסְנָא – **R' Yitzchak bar Bisna challenged** this story from a Baraisa:[45] הֵעִיד רַבִּי יְהוֹשֻׁעַ וְרַבִּי יְהוֹשֻׁעַ בֶּן בְּתֵירָא – R' YEHOSHUA AND R' YEHOSHUA BEN BESEIRA TESTIFIED עַל דַּם נְבֵילוֹת שֶׁהוּא טָהוֹר – CONCERNING THE BLOOD OF *NEVEILOS* THAT IT IS *TAHOR*.[46] וְאָמַר רַבִּי יְהוֹשֻׁעַ בֶּן בְּתֵירָא – AND R' YEHOSHUA BEN BESEIRA SAID in support of his testimony: מַעֲשֶׂה וְהָיוּ נוֹחֲרִין עֲרוֹדִיאוֹת לַאֲרָיוֹת בְּאִיסְטַרְיָא שֶׁל מֶלֶךְ – IT ONCE HAPPENED THAT THEY WERE SPEARING WILD ASSES TO feed THE LIONS IN THE KING'S MILITARY, וְהָיוּ עוֹלֵי רְגָלִים שׁוֹקְעִין עַד

NOTES

36. See note 28.

37. If food becomes *tamei* it can convey *tumah* to other foods only if it has at least the volume of an egg. [The Rishonim dispute whether a smaller volume of food is precluded only from conveying *tumah* to other foods or if it cannot contract *tumah* itself; see *Rashi* to *Shabbos* 91a and to *Zevachim* 31a; *Tosafos* to *Shabbos* ibid. ד״ה אי לענין טומאה; *Rambam, Hil. Tumas Ochalin* 4:1.] The reason for this is that the verse which teaches the laws of food contamination states (*Leviticus* 11:34): *of any food that is eaten. Toras Kohanim* expounds the phrase *that is eaten* to teach that the smallest amount of food that can transmit *tumah* contamination is equivalent to the largest amount that a person can swallow at once. And the Sages reckoned that the throat cannot hold more than the volume of a hen's egg at a time (*Rashi* to *Rosh Hashanah* 13a, from *Yoma* 80a).

38. [*Midras* (literally: treading) *tumah* is the *tumah* acquired by an object when certain people who are *tamei* as a result of a bodily emission (e.g. a *zav,* or *niddah*) rest their weight upon it, whether by sitting, lying, standing or leaning. Not every object can become *tamei* in this manner; rather, it must be an object whose intended use is to support the weight of a human being.] The Sages determined that a piece of cloth which is three *tefachim* by three *tefachim* is fit for sitting upon and, therefore, can contract *midras tumah* (*Rashi* ibid.).

[In these last two examples as well, the requirements that the food be capable of being swallowed at one time and that the piece of cloth be fit to rest one's weight on are Biblical. The Rabbis, however, fixed the limits for these at the size of an egg and the dimensions of three by three *tefachim* respectively. See *Chazon Yechezkel* to *Tosefta* 12:3.]

39. Above, 18a.

40. The Gemara challenges R' Shimon's position, that one who vows to bring sixty-one *issaron* may not bring them in a single vessel since it does not mix properly, from a Mishnah which states that the mixing may be omitted altogether.

Tosafos to 18b ask: Granted that if a *minchah* is left unmixed it is not invalidated, still, there *is* an obligation (*lechatchilah*) to mix the *minchah.* It therefore remains necessary to divide the sixty-one *issaron* between two vessels in order to fulfill this obligation! *Tosafos* answer on the basis of the Mishnah on 102b that if a particular *minchah* was consecrated with the intention that it be brought in a single vessel, it may not be divided into two vessels; if it is divided, it is invalid. In our case, the person who designated a *minchah* of sixty-one *issaron* intended it to be brought as a single *minchah* in a single vessel; hence if there is any possibility to bring it as a single *minchah* it may not be divided into two separate *menachos.* The Gemara therefore asks that since a *minchah* is valid even when left unmixed, one should be obligated to bring the entire sixty-one *issaron* in a single vessel. (See *Tosafos* to *Kiddushin* 25a ד״ה כל הראוי לבילה for another answer to this question.)

41. For example, sixty *issaron,* which is capable of being mixed with a single *log* of oil (*Rashi,* in accordance with the opinion of R' Eliezer ben Yaakov, see note 26).

42. R' Zeira resolves the discrepancy between our Mishnah and the Mishnah on 18a by differentiating between a *minchah* that is capable of being mixed and one that is not. The latter is invalid, while the former, which is capable of being mixed, is valid even if it is left unmixed.

[Generally, we have a rule in regard to *kodashim* that if the Torah states a command only once, then its fulfillment is merely a mitzvah, but is not essential (אֵינוֹ מְעַכֵּב), whereas if the Torah states a command twice, its fulfillment is essential (מְעַכֵּב). The question therefore arises: How many times is the law of mixing the *minchah* stated? If it is stated only once, then even merely the potential of being mixed should not be essential. And if the law of mixing is stated twice, then not mixing the *minchah* should render it invalid! *Tosafos* to *Kiddushin* 25a ד״ה כל הראוי answer that the Torah indeed mentions mixing numerous times. However, it never mentions it as a *command,* i.e. וּבָלַלְתָּ, *you shall mix,* but rather only as a *description* of the *minchah* – מִנְחָה בְּלוּלָה בַשֶּׁמֶן, *a minchah mixed with oil.* Thus, the Sages concluded that mixing per se is not essential, but the potential to *be* mixed is. Cf. *Tosafos* above, 18b ד״ה ואמר.]

43. *Rashi;* cf. *Tosafos.*

44. [The flesh of a *neveilah,* the carcass of a non-kosher animal or of a kosher animal that died without *shechitah* transmits *tumah* when it is the size of an olive. As for its blood, which is a liquid,] the Sages estimated that if it amounts to a *reviis* of a *log* it also conveys *tumah,* since a *reviis* of blood when congealed equals the volume of an olive (see Gemara further). Thus, they measured the amount of blood that had oozed out of the dead mule to ascertain whether there was enough to convey *tumas neveilah,* so that people would refrain from touching it (*Rashi*).

45. *Tosefta, Eduyos* 3:2. [The first part of this Baraisa is also recorded in the Mishnah in *Eduyos* 8:1.]

46. The Baraisa contends that blood of a dead animal is not accorded the status of its flesh. The blood of a *neveilah* has the same law as other non-flesh parts of the carcass (hide, bones, sinews, horns and hooves), to which laws of *tumas neveilah* do not apply (see *Chullin* 77b).

וְרכוּבוֹתֵיהֶן בַּדָּם – AND THE FESTIVAL PILGRIMS, who were passing through at the time on their way up to Jerusalem, **WADED UP TO THEIR KNEES IN THE BLOOD,** וְלֹא אָמְרוּ לָהֶם דָּבָר – **AND THE SAGES SAID NOTHING TO THEM,** i.e. they did not tell the pilgrims to refrain from appearing in the Temple until they immersed themselves, due to the *tumah* they had contracted from that blood. Evidently, blood of a *neveilah* does not convey *tumah*! – ? –

R' Bivi's reaction:

אִישְׁתִּיק – **He remained silent,** not responding to the challenge. אָמַר לֵיהּ רַבִּי זְרִיקָא – **R' Zerika said to him,** מַאי טַעְמָא לֹא קָא מְהַדַּר מַר – **"Why does the master not respond?"** אָמַר לֵיהּ – **He replied, "How can I respond,** הֵיכִי אַהְדַּר לֵיהּ – **being that R' Chanin has said:** דְּאָמַר רַבִּי חָנִין ,,וְהָיוּ חַיֶּיךָ תְּלֻאִים לְךָ מִנֶּגֶד" – ***Your life will hang in the balance***[47] – זֶה הַלּוֹקֵחַ תְּבוּאָה מִשָּׁנָה לְשָׁנָה – **this refers to one who buys grain from year to year;**[48] ,,וּפָחַדְתָּ לַיְלָה וְיוֹמָם" – ***and you will be frightened night and day*** – זֶה הַלּוֹקֵחַ תְּבוּאָה מֵעֶרֶב שַׁבָּת לְעֶרֶב שַׁבָּת – **this refers to one who buys grain from Friday to Friday;**[49] ,,(ואל) [וְלֹא] תַאֲמִין בְּחַיֶּיךָ" – ***and you will not be sure of your life*** – זֶה הַסּוֹמֵךְ עַל הַפַּלְטֵר – **this refers to one who relies on the baker** for his bread.[50]

NOTES

47. *Deuteronomy* 28:66. This verse, which is part of the Torah's prediction of the punishments that will befall the Jewish people if they forsake the Torah after entering the Land, reads in its entirety: וְהָיוּ חַיֶּיךָ תְּלֻאִים לְךָ מִנֶּגֶד וּפָחַדְתָּ לַיְלָה וְיוֹמָם וְלֹא תַאֲמִין בְּחַיֶּיךָ, *Your life will hang in the balance, and you will be frightened night and day, and you will not be sure of your life.* R' Chanin expounds the verse phrase by phrase, beginning with the first one, *Your life will hang in the balance.*

48. He does not own land on which to grow his own produce, so he is forced to purchase the year's supply of grain anew each year. His "life hangs in the balance," because he worries constantly that he may not have enough money to make his purchase next year (*Rashi*).

49. His situation is even worse than the previous person's, because he has only enough money to purchase grain for a week at a time. He purchases the grain on Friday in order to have food for the Sabbath, and uses the rest up during the following week. All week long he worries that he will not have enough money the next week, and he and his family will starve.

50. He does not even have enough to purchase a few days' supply of grain, but lives a hand-to-mouth existence, earning money and using it to buy bread from the baker the next morning, then earning more money later that day and buying more bread the next. With no stockpile of grain whatsoever, his situation is the most tenuous of all, for starvation stares him in the face.

וְהַהוּא גַּבְרָא – **And that man** [i.e. myself] עַל פַּלְטֵר סָמִיךְ – **relies on the baker** for his bread. I therefore lack the presence of mind to think of a defense to this challenge.[1]

The Gemara continues:

מַאי הָוֵי עֲלָהּ – **What was** the final outcome **regarding this;** i.e. was the question ever resolved? אָמַר רַב יוֹסֵף – **Rav Yosef said:** There is no question. רַבִּי יְהוּדָה מוֹרְיָינָא דְּבֵי נְשִׂיאָה הֲוָה – **R' Yehudah was the halachic authority for the *Nasi's* household,** וְאוֹרֵי לֵיהּ כִּשְׁמַעְתֵּיהּ – **so he ruled for it in accordance with his** own **teaching.**[2] (דתנן) [דְּתַנְיָא] – **For we learned in a Baraisa:**[3] רַבִּי יְהוּדָה אוֹמֵר – **R' YEHUDAH SAYS:** שִׁשָּׁה דְּבָרִים מִקּוּלֵּי בֵּית שַׁמַּאי וּמֵחוּמְרֵי בֵּית הִלֵּל – **SIX MATTERS ARE** counted **AMONG THE LENIENT DECISIONS OF BEIS SHAMMAI AND THE STRINGENT DECISIONS OF BEIS HILLEL.**[4] דַּם נְבֵילוֹת – Regarding the **BLOOD OF *NEVEILOS,*** בֵּית שַׁמַּאי מְטַהֲרִין – **BEIS SHAMMAI RULE IT *TAHOR,*** i.e. its blood is not accorded the status of its flesh and does not transmit *tumas neveilah,* וּבֵית הִלֵּל מְטַמְּאִין – **WHILE BEIS HILLEL RULE IT *TAMEI.*** אָמַר רַבִּי יוֹסֵי בְּרַבִּי יְהוּדָה – **R' YOSE THE SON OF R' YEHUDAH SAID:** אַף כְּשֶׁטִּמְּאוּ בֵּית הִלֵּל – **EVEN WHEN BEIS HILLEL RULED** the blood of a *neveilah* ***TAMEI,*** לֹא טִמְּאוּ אֶלָּא בִּרְבִיעִית – **THEY RULED** it ***TAMEI* ONLY IF IT IS** in the amount of **A *REVIIS,*** הוֹאִיל וְיָכוֹל לִקְרוֹשׁ וְלַעֲמוֹד עַל כְּזַיִת – **SINCE IT IS CAPABLE OF CONGEALING AND FORMING AN OLIVE-SIZED** solid piece.[5]

Mishnah

In various places in this tractate we have encountered the law that a wine libation, or *nesech,* must accompany the bringing of an *olah* or *shelamim* sacrifice. We have seen that this libation varies in size depending upon the type of animal it accompanies — for a lamb, the amount is three *lugin,* for a ram four *lugin,* and for a bull six *lugin* (see *Numbers* 15:5-10).

Now, from a superfluous verse in the section of the Torah which discusses these *nesachim,* the Sages derive that one may also donate a self-standing wine offering, i.e. one that does not accompany an animal sacrifice. Thus, if a person says, "I take upon myself to bring such and such an amount of *lugin,*" he brings the stated amount of wine, which is then poured at the southwest corner of the Altar in the same manner as *nesachim* that accompany an animal offering. Our Mishnah discusses this law, teaching that since the existence of such self-standing *nesachim* are derived from the section regarding ordinary *nesachim,* the amount of wine that may be donated is limited to one of the amounts that can be offered together with an animal offering:

אֵין מִתְנַדְּבִין לוֹג שְׁנַיִם וַחֲמִשָּׁה – **One may not donate** as independent *nesachim* **one *log,* two** *lugin,* **or five** *lugin,* since these amounts are never brought together with an animal offering. אֲבָל מִתְנַדְּבִין שְׁלֹשָׁה וְאַרְבָּעָה וְשִׁשָּׁה – **But one may donate three, four or six** *lugin,* וּמִשִּׁשָּׁה וּלְמַעְלָה – **and** any amount **from six and higher.**[6]

Gemara

A question regarding independent *nesachim* is raised:

אִיבַּעְיָא לְהוּ – **They inquired:** יֵשׁ קֶבַע לִנְסָכִים – **Is there a fixed amount for *nesachim,*** אוֹ אֵין קֶבַע לִנְסָכִים – **or is there not a fixed amount for *nesachim*?** I.e. if someone vows, "I take upon myself to bring such and such an amount of *lugin,*" is that amount fixed, meaning that he must bring the entire amount as a single offering at one time, or is that amount not fixed, and he may bring whatever part thereof is fit to be brought? הֵיכִי דָמֵי – **What is the case?** כְּגוֹן דְּאַיְיתֵי חֲמִשָּׁה – **Where one brought** [i.e. vowed to bring] **five** *lugin.* אִי אָמְרַתְּ אֵין קֶבַע לִנְסָכִים – **If you say** that **there is not a fixed amount for *nesachim,*** מָשִׁיךְ וּמַקְרִיב אַרְבָּעָה מִינַּיְיהוּ – then **he separates and offers four of them,** דַּחֲזֵי לְאַיִל – **since that** amount **is fit for** the libation offering of **a ram,** וְאִידָךְ הָוֵי נְדָבָה – **and the other,** remaining *log* **is** brought as **a** communal **donation.**[7] וְאִי אָמְרַתְּ

NOTES

1. R' Bivi, who found himself in the difficult predicament of relying on a baker, did not have the peace of mind to seek an answer to the question.

2. R' Bivi's report, that the Sages had measured the blood that had oozed from the mule which had died in Rebbi's house to see if it contained a *reviis,* was challenged from a Baraisa which states that the blood of a *neveilah* is *tahor.* Rav Yosef answers that the Sages in the household of Rebbi were acting on the instruction of R' Yehudah, who was the *posek* (halachic decisor) for the household of Rebbi (the *Nasi*). Accordingly, the contradiction evaporates, because R' Yehudah was simply acting in conformance with his own opinion (*Rashi*).

3. *Tosefta, Eduyos* 2:6. [Translation follows emendation of *Mesores HaShas* from דְּתְנַן to דְּתַנְיָא. Although the first part of what follows does appear in a Mishnah in *Eduyos* 5:1, the latter part does not.]

4. In the vast majority of disputes between Beis Shammai and Beis Hillel, Beis Shammai take the stringent position and Beis Hillel the lenient. This Baraisa enumerates six disputes in which the reverse is true — Beis Shammai are lenient and Beis Hillel are stringent. (Only the first of these six disputes, however, which is the one that is relevant here, will be quoted by our Gemara.)

5. Thus, the problem is solved, because R' Yehudah, who was the one who issued the instruction to measure the blood of the mule, holds that Beis Hillel (whom the halachah follows) maintain that the blood of a *neveilah* does impart *tumah,* in opposition to the Baraisa cited on 103b in the name of R' Yehoshua and R' Yehoshua ben Beseira that the blood does not contaminate (even according to Beis Hillel).

6. Three, four and six are the amounts of *lugin* the Torah decrees must accompany an animal offering — three for a lamb, four for a ram and six for a bull. One may therefore donate these amounts as self-standing *nesachim.* One may also donate any number of *lugin* from six and greater, because any such amount can be offered through some combination of the numbers three, four and six. Thus, seven *lugin* may be donated, because this is the amount of *lugin* one would bring if he were offering a ram and a lamb (4+3); eight may be donated, because such an amount would be brought with two rams (4+4); nine, because this amount would be brought with a bull and a lamb (6+3); ten, because this number would accompany a bull and a ram (6+4); eleven, because such an amount would be brought with two rams and a lamb (4+4+3), and so on for any higher number (*Rashi*).

7. Since five *lugin* may not be offered for a libation, as taught in the Mishnah, four of the *lugin* are taken and offered by themselves. The remaining *log* is then used as a communal offering. This is accomplished in one of two ways. Either the *log* is sold and its proceeds are deposited in one of the *shofaros* located in the Temple marked "donation." (Several collection chests, known as *shofaros* on account of their *shofar*-like shape, were maintained in the Temple for people to deposit surplus money from certain types of sacrifices [see note 12 for elaboration]. This money would subsequently be removed and used to purchase animals which would be held in reserve for the קֵיץ הַמִּזְבֵּחַ, *dessert of the Altar.* Whenever there would be a lull in the sacrificial activity on the Altar, these animals would be offered as a "dessert" after the Altar's "main fare" of public and private sacrifices. This ensured that the Altar would never be vacant of offerings.) Alternatively, the remaining *log* is put to use as a communal offering by combining it with two other *lugin* and using it for the daily *tamid* offering, which, being a lamb, requires a libation of three *lugin* (*Rashi*).

[The fact that the superfluous *log* is used — according to this side of the question that the amount of the person's vow is not fixed — specifically for a *communal* offering is a fulfillment of a Mishnah in *Shekalim* 4:4 which states that "the excess of *nesachim* goes for the

יֵשׁ קֶבַע לִנְסָכִים – While if you say that there is a fixed amount for *nesachim*, עַד דִּמְמַלֵּי לְהוּ לֹא קָרְבִי – then **until he adds to them** one more *log*, **[none of the *lugin*] would be offered.**[8] מַאי – **What** is the law?[9]

The Gemara suggests a resolution:

אָמַר אַבַּיֵי תָּא שְׁמַע – Abaye said: Come, learn the answer from a Mishnah:[10] שִׁשָּׁה לִנְדָבָה – SIX were FOR DONATIVE OFFERINGS.[11] וְאָמְרִינַן כְּנֶגֶד מִי – **And we said** in analysis of that Mishnah: **For what** were these six chests **designated?** And it was explained that they corresponded to the number of ways that money for communal voluntary offerings could possibly result.[12] כְּנֶגֶד מוֹתַר חַטָּאת – There was one chest **designated for the excess** funds **of *chatas*** offerings, וּמוֹתַר אֲשָׁמוֹת – one for **the excess** funds **of** general ***ashamos***, וּמוֹתַר אָשָׁם נָזִיר – one for **the excess of** the ***nazir's asham***, וּמוֹתַר אָשָׁם מְצוֹרָע – one for **the excess of** the ***metzora's asham***, וּמוֹתַר קִינִּין – one for **the excess of bird offerings**, וּמוֹתַר מִנְחַת חוֹטֵא – **and** one for **the excess of the sinner's *minchah*.**[13]

NOTES

dessert of the Altar.'' The essential requirement of that Mishnah is that the excess of *nesachim* be used for *communal* offerings; the use of the excess for the dessert of the Altar is just *one way* of fulfilling that requirement. Thus, *Rashi* states (the reason he makes this point will become apparent in the Gemara below) that this requirement can also be fulfilled by combining the remaining *log* with two other *lugin* and using them for the *nesech* of the communal *tamid* sacrifice (*Yad Binyamin;* see also *Mikdash David* 3:2 ד״ה והנה לשיטת התוס׳ and marginal comment of *R' Isser Zalman Meltzer* to *Mikdash David* 10:2 ד״ה ומה שכתב רש״י printed in the edition of *Mikdash David* published by R' Michael Yechiel Elias; cf. *Olas Shlomo; Yashar V'Tov*).]

According to this side of the question, the Mishnah's statement that "one may not offer ... five *lugin*" means that in the *first place* (*lechatchilah*) one should not vow to bring five *lugin*, because the law is that one may not initially separate an amount that will result in a surplus (אֵין מַפְרִישִׁין תְּחִלָּה לְמוֹתָרוֹת, see top of 81a above). However, if one *did* separate five *lugin*, the fifth *log* would be dealt with in the manner described above (see *Rashi* below ד״ה הא כדאיתא).

8. The person must first donate an additional *log*, thereby bringing the total donation to six, so that the total amount matches that of a bull offering. But he may not make a libation of only four *lugin* out the five that he has donated, as the entire vowed amount must be offered at one time (*Rashi; Rambam, Maaseh HaKorbanos* 17:14; cf. *Rabbeinu Gershom*).

9. May four of the *lugin* be offered as a personal libation and the fifth left for later use as a communal offering, or must an additional *log* be donated so that all the *lugin* can be offered together?

The Gemara has explained its question as being relevant in a case in which the person vowed to bring five *lugin*. But seemingly, the Gemara could have inquired in regard to a donation of six or more *lugin* as well. The question would be whether all the *lugin* need to be offered as one large offering, or whether they may be broken up into two smaller offerings. For example, if a person vowed to bring six *lugin*, may he fulfill his vow by bringing two offerings of three *lugin* each, or must he bring all six *lugin* as one large offering? *Yashar V'Tov* and *Sfas Emes* answer that it is only in the case of a vow of five *lugin* that the question is relevant, since five is not an offerable number of *lugin*. If the person specified six or more *lugin*, however, an amount which *is* offerable, then there is no question that he would have to bring all the *lugin* as one offering.

Taharas HaKodesh takes the exact opposite approach. He asserts that in case of a vow of six or more *lugin* the Gemara takes as elementary that one would be *permitted* to separate them into two offerings, since all the *lugin* would thereby still be offered as a private *nesech* offering, as the vower intended. It is only in the case of a vow of five *lugin*, where one of the *lugin* will have to be diverted for use as a communal offering, which is a *deviation* from the vower's intent, that the Gemara has a question.

At any rate, the Gemara's question is in regard to a vow of five *lugin*.

10. *Shekalim* 6:5.

11. In the preceding section of this Mishnah (not cited here) the Tanna had stated that there were thirteen collection chests set up in the Temple Courtyard. Seven were for specific needs (the details of these are not relevant here), while the remaining six were for people to deposit money that was to be used for voluntary communal offerings (see *Rashi*).

12. The question of why there were six collection chests is raised by the Gemara on 107b. The Gemara presents a variety of answers (107b-108a), put forth by various Amoraim. The answer the Gemara quotes here is the last of those answers, given by R' Oshaya (on 108a). He asserts that the six chests corresponded to the six possible situations in which a person could find himself in possession of funds for voluntary communal offerings. Each of these situations is the result of a case in which a person had designated money for the purpose of purchasing a sacrifice, but, in the end, was left with excess money. This can occur if a person consecrates money for buying an animal for a sacrifice, but the price of that animal decreases before he gets a chance to buy the animal, so that he is left, after his purchase, with excess sacred funds. What is to be done with that money? In six specific cases the law is that the money is used to purchase voluntary *olos* for the community (for "the dessert of the Altar," see note 7). The flesh of those *olos* is burned on the Altar and the hides are given to the Kohanim. (That this is the law for such excess money was deduced from Scripture by the Kohen Gadol Yehoyada, who served in the First Temple during the reign of King Yehoash, see *Shekalim* 6:6.) One collection chest was set up in the Courtyard to receive the money resulting from each situation. [Although ultimately the money resulting from all six cases was used for the same purpose, they still set up six separate chests, each one inscribed with its specific purpose, in order to serve as a reminder to people that the surplus money from these six specific cases was to be used for communal sacrifices and was not to be left to corrode, as indeed is the law for certain other cases involving surplus funds (*Shekel HaKodesh* [by *R' Chaim Kanievsky*] 2:§24).]

The Gemara proceeds to list the purpose of each of the six chests.

13. *Rashi* explains these "excesses" as follows:

[1] Excess of the *chatas:* A sinner set aside money to purchase a sheep or goat for a *chatas* offering to which he had become liable, but he was left with excess money after the price of animals dropped.

[2] Excess of the *asham:* A sinner set aside money to buy a ram for an *asham* necessary for his atonement, for example an *asham gezeilos* (brought by one who swore falsely in denial of a monetary claim and then admitted his guilt), or an *asham me'ilos* (brought by one who inadvertently misappropriated or used consecrated money for his personal benefit), and was left with excess money.

[3] Excess of the *asham nazir:* A *nazir* who becomes *tamei* must bring, among other offerings, a lamb for an *asham*. A *nazir* who designated money for his animal was, after buying his animal, left with excess funds. The money of this *asham* was not placed in the same chest as the *ashamos* of the previous category, because those *ashamos* are brought to gain atonement for their owners, while this one's purpose is [to allow the *nazir* to begin his *nezirus* count anew] so that he can [eventually] be permitted to drink wine (*Rashi* with *Yashar V'Tov;* cf. *Gilyon HaShas* and *Rashash*).

[4] Excess of the *asham metzora:* A *metzora* who becomes healed must bring, among other offerings, a lamb for an *asham*. A *metzora* was left with excess money after purchasing his lamb. [This *asham* too had its own chest, because this *asham's* purpose is to allow its owner to re-enter the camp, whereas the *ashamos* come either for atonement or in order to permit their owners to drink wine (*Rashi;* see, however, *Rashash's* question and our note 2 to 4b above).]

[5] Excess of the bird offerings: A woman who has given birth, a *zav* or a *zavah* separated money for the birds they were obligated to bring and then were left with excess funds.

[6] Excess of the sinner's *minchah:* For certain sins, the Torah decrees that the atonement offering be based on the sinner's financial means. A wealthy sinner brings a sheep or a goat, a poorer one two birds and a totally destitute one a *minchah* (see *Leviticus* 5:13). This last offering is, fittingly, known as "the sinner's *minchah*." In the present case a destitute sinner set aside funds for his *minchah* and was left with excess money.

[Although our Gemara has listed the purposes of all six communal voluntary collection chests, it is evident from *Rashi* ד״ה ואחד – who comments that "the purposes of the last two collection chests are given in the last chapter" (on 108a) – that his text of the Gemara had the reasons for only the first four chests (see also *Shitah Mekubetzes* §1).]

Abaye now articulates his proof:

וְאִם אִיתָא – And if it is so that the amount for *nesachim* is not fixed, meaning that one who vows to offer five *lugin* brings four for his *nesachim* and the fifth he sells and uses its proceeds for donative communal offerings, **לִיתַקֵּין שׁוֹפָר אַחֲרִינָא – then an additional chest should have been instituted** in the Temple **כְּנֶגֶד מוֹתַר נְסָכִים – corresponding to the excess of *nesachim*.**[14]

The Gemara rejects the proof:

הָנֵךְ לִנְדְבַת צִבּוּר אָזְלֵי – Those monies stored in the six chests **go** only **for donative communal offerings,** which are not very common. The money therefore had to be stored for future use, which necessitated the creation of chests. **הָנֵי שְׁכִיחֵי – These** extra *lugin,* however, **are common,** since most offerings require *nesachim.*[15] **אֶפְשָׁר דְּמִצְטָרְפֵי דְּמַר וּדְמַר בַּהֲדֵי הֲדָדֵי וְקָרְבֵי – Thus, it is possible to combine one person's** extra *log* **with another person's** extra *log,* **and,** when they amount to three *lugin,* **offer them.**[16] Therefore, there was no need to designate a collection chest to contain them.

Another proof is advanced:

אָמַר רָבָא – Rava said: תָּא שְׁמַע – Come, learn the answer from a Baraisa: After enumerating the *nesachim* that must accompany *olah* and *shelamim* offerings of various types of animals, the Torah concludes (*Numbers* 15:13-15): *Every native should do so . . . an eternal decree for your generations, like you, so the convert it shall be.* Now, these verses are superfluous, since all the laws of *nesachim* have already been stated earlier in the chapter. The verses are therefore expounded as follows: "אֶזְרָח" – *Every* NATIVE *shall do so* etc. – **מְלַמֵּד שֶׁמִּתְנַדְּבִין נְסָכִים – THIS TEACHES THAT ONE MAY DONATE LIBATIONS** as self-standing offerings, not only to accompany animal offerings. **וְכַמָּה – AND HOW MUCH** wine may one donate? **שְׁלֹשֶׁת לוּגִּין – THREE *LUGIN*.**[17] **וּמִנַּיִן שֶׁאִם רָצָה לְהוֹסִיף יוֹסִיף – AND FROM WHERE** is it known **THAT IF ONE WISHES TO ADD** to this number **HE MAY ADD? תַּלְמוּד לוֹמַר "יִהְיֶה" – To teach this [THE TORAH] STATES: *IT SHALL BE*.**[18] **יָכוֹל יִפְחוֹת – IT MIGHT BE** thought **THAT HE MAY** also **LESSEN** his donation and offer fewer than three *lugin.*[19] **תַּלְמוּד לוֹמַר "כָּכָה" – [THE TORAH]** therefore **STATES: *SO*.**[20]

Rava analyzes the Baraisa and states his proof:

מַאי יוֹסִיף – Now, what does the Baraisa mean by **"he may add"?** To what amount of *lugin* does it refer? **אִילֵימָא אַרְבָּעָה וְשִׁשָּׁה – If you say** it refers to **four or six** *lugin,* why, it is self-evident that such amounts may be donated, and no extra verse is needed to teach this! **מַאי שְׁנָא שְׁלֹשָׁה דַּחֲזוּ לְכֶבֶשׂ – For what is unique about three** *lugin* that the Torah allows them to be offered? **Because they are fit** to be brought along **with a lamb. אַרְבָּעָה וְשִׁשָּׁה נַמִּי חֲזוּ לְאַיִל וּפַר – Then by the same token four or six** *lugin* are **also** capable of being donated, since they **are fit** to be brought **along with a ram and a bull! אֶלָּא לָאו חֲמִשָּׁה – Rather,** must we **not** explain the Baraisa to mean that even **five** *lugin,* which are never brought as an accompaniment to any animal offering, may also be offered? That is, four of the *lugin* are offered by themselves, and the fifth is used for a donative communal offering. **וּשְׁמַע מִינָּהּ אֵין קֶבַע לִנְסָכִים – Derive, then, from [this Baraisa] that there is no fixed amount for *nesachim*.**

The Gemara concedes:

שְׁמַע מִינָּהּ – Derive it **from this.**

Another Amora challenges this conclusion:

אָמַר רַב אַשִׁי – Rav Ashi said: וְהָא אֲנַן לֹא תְּנַן הָכִי – But we have not learned so in a Mishnah. For our Mishnah states: **אֵין מִתְנַדְּבִין לוֹג שְׁנַיִם וַחֲמִשָּׁה – ONE MAY NOT DONATE ONE, TWO OR FIVE** *lugin.* **קָתָנֵי חֲמִשָּׁה דּוּמְיָא דִּשְׁנַיִם – Now, the Mishnah teaches** the case of **five** *lugin* **similar to** the case of **two.**[21] **מַה שְּׁנַיִם דְּלֹא חֲזוּ כְּלָל – Thus, just as** when **two** *lugin* are donated they **are not fit at all,**[22] **אַף חֲמִשָּׁה נַמִּי דְּלֹא חֲזוּ כְּלָל – so too** when **five** *lugin* are donated they **are also not fit at all.**[23] This proves that the amount of *lugin* donated is fixed. – ? –

The Gemara rejects this analogy:

מִידֵי אִירְיָא – Is this any proof? הָא כִּדְאִיתָא וְהָא כִּדְאִיתָא – Perhaps this case of two *lugin* **is as it is, and that** case of five *lugin* **is as it is,** i.e. whereas in the case in which he donated two *lugin* none of them are offered, when he donates five *lugin* part of the vow may be fulfilled. He brings four *lugin* as his *nesachim,* and the fifth is used for a communal donative offering.[24]

More on this topic:

אָמַר אַבַּיֵי – Abaye said: אִם תִּמְצָא לוֹמַר אֵין קֶבַע לִנְסָכִים – If you conclude and say that there is not a fixed amount for *nesachim*, הָא אֵין קֶבַע לִנְסָכִים – then there is not a fixed amount for *nesachim*, and I have nothing to ask.[25] אִם תִּמְצָא

NOTES

14. There should have been a seventh chest set up in the Courtyard to receive the money of the surplus fifth *log,* which, according to this side of the question that the amount for *nesachim* is not fixed, is also used to purchase communal *olos.* Obviously, the amount for *nesachim is* fixed. The money of the fifth *log* is therefore *not* used for communal *olos,* and no additional chest was needed.

15. *Olah* and *shelamim* offerings – which were constantly being brought throughout the day by numerous individuals for a variety of reasons – were accompanied by *nesachim.* It was not uncommon for people to mistakenly consecrate too many *lugin* for their sacrifice (e.g. a person who was bringing a lamb consecrated four *lugin* instead of three) (*Rashi,* as explained by *Yad Binyamin;* cf. *Yashar V'Tov's* explanation of *Rashi;* cf. *Rabbeinu Gershom*).

16. As the *nesech* for the communal *tamid* offering (*Yad Binyamin,* from *Rashi* above ד״ה ואידך, cited in note 7; cf. *Olas Shlomo*).

17. The Baraisa presumes that this is the smallest donation allowed, since less than this number of *lugin* is not fit to accompany any sacrifice (*Rashi*).

18. *Numbers* 28:14: וְנִסְכֵּיהֶם חֲצִי הַהִין יִהְיֶה לַפָּר, *And their nesachim, a half-hin shall be for each bull.* Since the term *shall be* is superfluous, it is expounded to add the existence ("being") of *nesachim* of more than three *lugin.* Alternatively, the Gemara refers to the term יִהְיֶה found in v. 15 at the conclusion of the chapter of *nesachim*: כָּכֶם כַּגֵּר יִהְיֶה, *like you, so the convert it shall be,* where again the term *it shall be* is superfluous (*Rashi*).

19. [Now that we have learned from the term יִהְיֶה of the existence of additional donative *nesachim,* perhaps the Torah means to include even donations *smaller* than three *lugin.*]

20. The word *so* connotes exactitude (*Rashi*).

21. The fact that the Mishnah puts the cases of two *lugin* and five *lugin* together in the same statement implies that the law for both of them is the same.

22. I.e. none of the *lugin* are offered, for we cannot say that the person removes one *log* and offers it [since one *log* is just as unofferable as two] (*Rashi*).

23. None of the five are offered.

24. The fact that the Mishnah puts the cases of two *lugin* and five *lugin* in the same statement means only that one is not permitted *in the first place* (*lechatchilah*) to donate either of these amounts, because of the principle of אֵין מַפְרִישִׁין תְּחִלָּה לְמוֹתָרוֹת, *one may not [initially] separate an amount that will result in a surplus,* see note 7. However, there is still a difference between the two cases. Whereas in the case of two *lugin* one who does donate this amount does not bring any of them, in the case of five *lugin* he offers four of them, and the fifth he sets aside for a voluntary communal offering (*Rashi*).

25. Because for any amount from three *lugin* and up, the person simply offers as many of the *lugin* as he can. If he vowed to bring five *lugin,* he offers four, and the fifth becomes a voluntary communal offering (see *Rashi;* see *Yad Binyamin*). There is thus no room for any inquiry.

לוֹמַר יֵשׁ קֶבַע לִנְסָכִים – But **if you conclude and say that there is a fixed amount for *nesachim*,**[26] **עַד עֲשָׂרָה** – then if the amount of *lugin* donated is any number **up to** and including **ten,** **פְּשִׁיטָא לִי** – **it is clear to me** what the law would be.[27] **אַחַר עֲשַׂר** – But if the amount of *lugin* donated is **eleven,**

NOTES

26. [Although Rava above adduced a Baraisa to prove that the amount for *nesachim* is not fixed, and the Gemara seemingly accepted his proof, Rav Ashi did point out that our Mishnah implies otherwise (*Tosafos*). And although the Gemara deflected that proof, the Gemara's intent was merely to say that the implication from the Mishnah is not *compelling*. The fact remains, however, that the simple implication of the Mishnah's words is that the amount for *nesachim is* fixed, so that the question as to whether the amount for *nesachim* is fixed remains, after all is said and done, an open one. Thus, Abaye says, that assuming that there is a fixed amount for *nesachim* . . .]

27. For vows of one, two or five *lugin,* the person would not offer anything until he donates an additional one or two *lugin* to bring the total number of *lugin* vowed to three. For a vow of three, four or six *lugin* the person would offer the stated amount as is, because these are the amounts offered together with a lamb, ram and bull respectively. For any number of *lugin* from seven through ten, the person would also offer the amount as is, because such amounts could be brought through a combination of the *nesachim* of *two* animals, as follows: Seven *lugin* could be offered, as this is the amount of *lugin* that would be brought together with a ram and lamb, eight could be offered, because this would be brought with two rams, nine would be offered because this amount is brought with a bull and a lamb, and ten could be offered because this number is brought with a bull and a ram (*Rashi*).

[There is a noteworthy observation to be made regarding *Rashi's* comment here. *Rashi* states that one, two or five *lugin* would be offered by vowing an additional amount of *lugin*. In other words, just as in the case of a vow of five *lugin* the person is required, according to the side of the question that the amount of *nesachim* is fixed, to donate an additional *log* to bring the total number of *lugin* to six, so too in the case of a vow of one or two *lugin* the person would be required to donate an additional one or two *lugin* to bring the total number of *lugin* to three. According to this, we must say that the Gemara above could have asked its question also in regard to a vow for one or two *lugin.* That is, if the amount for *nesachim* is fixed, the vower would have to pledge an additional *log* or two to bring the total amount of *lugin* to three, whereas if the amount for *nesachim* is not fixed, the one or two *lugin* would be used for communal offerings. *Rambam,* however (*Maaseh HaKorbanos* 17:14), maintains that according to the side of the question that the amount for *nesachim* is fixed, a vow for one or two *lugin* would be totally meaningless, since no portion of this amount of *lugin* is fit to be brought as an offering (*Zevach Todah* ד״ה אין מתנדבין).]

מִיבַּעְיָא לִי – then I am in doubt. מַאי – **What** is the law? גַּבְרָא לִשְׁנֵי פָּרִים קָא מִכַּוֵּין – Do we assume that **the man intends** to offer the amount of wine that accompanies **two bulls,** i.e. twelve *lugin,*[1] וְעַד דִּמְמַלֵּי לְהוּ לֹא קָרְבִי – **and** thus **until he adds to [the amount vowed]** one more *log,* **they may not be offered?**[2] אוֹ דִּלְמָא לִשְׁנֵי אֵילִים וְכֶבֶשׂ אֶחָד קָמִכַּוֵּין – **Or perhaps** we say that **he intends** to offer the number of *lugin* that accompanies **two rams and one lamb,** and therefore he can offer those eleven *lugin* without adding anything. תְּרֵי מֵחַד מִינָא וְחַד מֵחַד מִינָא אָמְרִינַן – **Do we say** that the vow-maker had in mind to offer *nesachim* corresponding to **two** animals **of one kind and one of another,** אוֹ לֹא – **or not?** מַאי – **What** is the law?[3]

The Gemara responds:

תֵּיקוּ – **Let [the question] stand.**

Mishnah Thus far the Mishnah has discussed a free-standing *wine* offering. The Mishnah now discusses the feasibility of bringing *oil* as a free-standing offering:

מִתְנַדְּבִין יַיִן – **One may donate wine** alone, וְאֵין מִתְנַדְּבִין שֶׁמֶן – **but one may not donate oil** alone; דִּבְרֵי רַבִּי עֲקִיבָא – these are **the words of R' Akiva.**[4] רַבִּי טַרְפוֹן אוֹמֵר – **R' Tarfon says:** מִתְנַדְּבִין שֶׁמֶן – **One may** likewise **donate oil** on its own.[5]

R' Tarfon supports his ruling:

אָמַר רַבִּי טַרְפוֹן – **Said R' Tarfon:** מַה מָּצִינוּ בְּיַיִן – **Just as we find concerning wine** שֶׁהוּא בָּא חוֹבָה וּבָא נְדָבָה – **that it comes as an obligation** (when accompanying an animal offering) **and** also **comes as a donation** by itself,[6] אַף שֶׁמֶן – **so too oil,** שֶׁהוּא בָּא חוֹבָה – **which comes as an obligation** when accompanying an animal offering, בָּא נְדָבָה – **can** also **come as a donation** by itself.[7] אָמַר לוֹ רַבִּי עֲקִיבָא – **R' Akiva said to him:** לֹא – **No,** your logic is faulty. אִם אָמַרְתָּ בְּיַיִן – **If you say** this **of wine** (that it can be donated and brought by itself), שֶׁכֵּן קָרֵב עִם חוֹבָתוֹ בִּפְנֵי עַצְמוֹ – **that is because** when **it is brought** together **with** an offering as **an obligation,** it is offered **by itself.**[8] תֹּאמַר בְּשֶׁמֶן – **Will you say** the same **for oil,** שֶׁאֵינוֹ קָרֵב עִם חוֹבָתוֹ בִּפְנֵי עַצְמוֹ – **which is not,** when **brought together with** an offering as **an obligation,** brought **by itself?**[9]

The Mishnah concludes with a different topic:

אֵין שְׁנַיִם מִתְנַדְּבִין עִשָּׂרוֹן אֶחָד – **Two** people **may not donate one *issaron*** in partnership,[10] אֲבָל מִתְנַדְּבִין עוֹלָה

NOTES

1. Only he made a mistake and thought that for two bulls eleven *lugin* suffice (*Yashar V'Tov*).

2. Since he intended to donate the amount corresponding to two bulls, which is really twelve *lugin,* and not eleven, he would not fulfill his vow by offering eleven *lugin,* despite the fact that this amount corresponds to the *nesachim* of two rams and one lamb (*Rashi*).

3. Is it common for someone to donate an amount of wine which corresponds to such a combination of animals [two rams and a lamb], or not? (*Rashi*).

[As Abaye himself stated in his preface to his question, the inquiry is applicable only assuming that the amount for *nesachim* is fixed. However, if the amount for *nesachim* is not fixed, then even if we assume that the person really intended to donate the amount corresponding to two bulls, he could still offer eleven *lugin,* since this amount is fit for two rams and one lamb (*Yashar V'Tov*).]

One could ask: What is Abaye's question? Our Mishnah states that "one may donate three, four or six *lugin, and any amount from six and up.*" Since eleven is included in "any amount from six and up," it is obvious that a vow for eleven *lugin* is valid! The answer, however, is that the Mishnah may be referring to where the vow-maker stated explicitly that his intent was to donate the amount of *lugin* corresponding to the *nesachim* of two rams and one lamb. In that case he surely fulfills his vow by bringing eleven *lugin.* Abaye's question, though, is where the person made his vow without elaboration. Accordingly, if we assume that he really meant to donate the amount corresponding to the *nesachim* of two bulls, then if the amount for *nesachim* is fixed, he could not discharge his vow by bringing just eleven *lugin* (*Taharas HaKodesh, Yashar V'Tov*).

4. One may donate an offering which consists solely of wine, even if it is not accompanied by a *minchah* of flour and oil. This wine [like the wine accompanying an offering] is poured into the bowls atop the southwestern corner of the Altar, from where it drains to the cavity (*shissin*) below the Altar. However one may not, according to R' Akiva, donate oil by itself, without flour and wine (*Rashi*).

[*Rashi's* wording seems to suggest that according to R' Akiva oil cannot be donated even together with flour, as long as wine is not also donated. *Rashash,* however, inclines toward deleting the word "wine" from *Rashi,* since it is clear from the reasoning that R' Akiva proceeds to give immediately below that flour and oil together can be donated even without wine. (See also *Yashar V'Tov* and *Sfas Emes.*)]

5. According to R' Tarfon one may donate an offering which consists solely of oil. The person brings the entire quantity donated in a sacred vessel, scoops up a *kometz* and burns it atop the Altar. The remaining oil is then distributed to the Kohanim for consumption (*Rashi*).

[*Rashi ms.* to 74b כת"י ד"ה ושיריו and *Tosafos* there ד"ה קומצו imply that though oil is a liquid, it is capable of being taken in a *kemitzah* due to its thick consistency. *Tos. Yom Tov* here, however (who apparently did not see *Rashi* and *Tosafos*), asserts that it is impossible to scoop up oil with one's fist. Rather, the Kohen pours off a volume of oil equivalent to a *kometz* into a vessel and burns the oil upon the Altar.]

6. Wine comes as an obligation when it is brought along with an *olah* or *shelamim* offering. [In that case it is brought along with a *minchas nesachim* of flour and oil.] Nevertheless even you, R' Akiva, agree that wine also can be brought as a voluntary offering by itself, as derived above on 104a from the term *native* (see *Rashi*). It follows by analogy, then, that . . .

7. Since wine and oil share the characteristic that they are both brought as an obligation together with an animal offering, then if we find that wine can also be brought as a voluntary offering by itself (i.e. even without flour and oil), it should follow by logic that oil too should be able to be brought as a voluntary offering by itself (without flour and wine).

[Actually, the Gemara in *Zevachim* 91b states that R' Tarfon derives his opinion that oil can be brought by itself from a Scriptural verse. *Tosafos* (ibid. ד"ה אמר ליה) therefore wonder why R' Tarfon in our Mishnah needs to prove his point through a logical argument. It is possible, though, that R' Tarfon's intent here is to present his argument *according to the view of R' Akiva.* He tells R' Akiva as follows: Personally, I derive my position from Scripture. You, however, who do not accept my Scriptural derivation, should at least agree to me on the basis of logic (*Taharas HaKodesh, Sfas Emes;* cf. *Yashar V'Tov*).]

8. Even when wine comes to accompany an animal offering along with the flour and oil, it is not offered together with those other ingredients. [Rather it is poured by itself into the bowls on top of the Altar (*Rabbeinu Gershom*).] This is why it can also be donated and offered by itself (*Rashi;* cf. *Rav MiBartenura*).

9. When oil is brought as an obligation to accompany an offering it is not offered in a vessel by itself, but is rather mixed together with the flour. Therefore, it cannot be offered voluntarily by itself either (*Rashi*).

[See *Sfas Emes* who discusses whether one may donate *flour* by itself without *oil.*]

10. That is, they may not offer a *minchah* – whose minimum amount is one *issaron* – in partnership.

[The plain implication of the Mishnah's words would seem to be that only a *minchah* consisting of one *issaron* may not be offered in partnership, but a *minchah* consisting of two or more *issarons* may (*Sfas Emes, Mikdash David* 11:4; see there for further discussion). Nevertheless, *Rambam* (*Maaseh HaKorbanos* 14:2) rules that any

וּשְׁלָמִים – **but they may donate** in partnership **an *olah* and a *shelamim*,** וְעוֹף אֲפִילּוּ פְּרֵידָה אַחַת – **and** as far as **fowl,** they may offer **even a single fledgling.**[11]

Gemara אָמַר רָבָא – **Rava said:** מִדִּבְרֵי שְׁנֵיהֶם נִלְמוֹד – **From the words of both of them** [R' Tarfon and R' Akiva] **we may learn** מִתְנַדֵּב אָדָם מִנְחַת נְסָכִים בְּכָל יוֹם – that **one may donate a *minchas nesachim* every day,** even if it does not come as an accompaniment to an animal offering.[12]

The Gemara asks:

פְּשִׁיטָא – This is **obvious!** Why would one think otherwise?

The Gemara answers:

מַהוּ דְּתֵימָא – **You might have said** מִנְחַת נְדָבָה גַּלֵּי בָהּ רַחֲמָנָא – that when **the Torah revealed** the concept of **a voluntary *minchah* offering,** it mentioned only five types of *menachos.*[13] הָנֵי חֲמִשָּׁה מְנָחוֹת אִין – Accordingly, we should say that **those five** types of ***menachos*** may **indeed** be donated, טְפֵי לֹא – but any **additional** type, such as the *minchas nesachim,* may **not** be donated.[14] קָא מַשְׁמַע לָן – **[Rava] therefore informs us** הָנֵי מִילֵּי בִּסְתָמָא – that **this applies** only when the person who vowed to bring a *minchah* did so **without specifying** a particular type. In that case he indeed must offer one of the five types listed in the Torah.[15] אֲבָל הֵיכָא דְּפָרֵישׁ – **However where he specified** his desire to offer a *minchas nesachim,* פָּרֵישׁ – **he has specified,** and he does indeed bring that type of *minchah.*

The Mishnah states:

אֵין שְׁנַיִם מִתְנַדְּבִין – TWO people MAY NOT DONATE a *minchah* in partnership, but they may donate in partnership an animal or a bird sacrifice.

The Gemara seeks the source for this ruling:

מַאי טַעְמָא – **What is the reason** that a *minchah* may not be donated in partnership? אִילֵימָא מִשּׁוּם דִּכְתִיב ,,תַקְרִיב'' – **If you say** it is **because it is written** regarding a *minchah* the word ***offers,*** in the singular,[16] עוֹלָה נַמִּי הָא כְּתִיב ,,יַקְרִיב'' – but regarding **an *olah* also,** which *can* be brought in partnership, **it is** also **written *he shall offer,*** in the singular![17] אֶלָּא עוֹלָה מַאי טַעְמָא – **Rather, what is the reason an *olah*** may be offered in partnership? דִּכְתִיב ,,לְעֹלֹתֵיכֶם'' – **Because it is written: *for your*** (plural) ***olos,***[18] which suggests that several people may offer an *olah* in partnership. מִנְחָה נַמִּי הָא כְּתִיב ,,לְמִנְחֹתֵיכֶם'' – But then regarding **a *minchah* too it is written *for your*** (plural) ***menachos,***[19] which should suggest the same thing!

Those verses having proved inconclusive, the Gemara offers a different source:

אֶלָּא מִשּׁוּם דִּכְתִיב בָּהּ ,,נֶפֶשׁ'' – **Rather,** we know that a *minchah* cannot be offered in partnership **because it is written regarding it: *nefesh,***[20] indicating that only a single person may bring a *minchah.*

This answer is corroborated:

תַּנְיָא נַמִּי הָכִי – **It was also taught so in a Baraisa:** רַבִּי אוֹמֵר – REBBI SAYS: ,,אֲשֶׁר יַקְרִיב קָרְבָּנוֹ לְכָל־נִדְרֵיהֶם וּלְכָל־נִדְבוֹתָם אֲשֶׁר־יַקְרִיבוּ לַה' '' – Scripture writes regarding offerings: *Any man from of the House of Israel and of the converts among Israel* WHO WILL BRING HIS OFFERING FOR ANY OF THEIR VOWS OR ANY OF THEIR FREE-WILL OFFERINGS THAT THEY WILL BRING TO HASHEM.[21] הַכֹּל בָּאִין בְּשׁוּתָּפוּת – This teaches that ALL voluntary offerings MAY BE BROUGHT IN PARTNERSHIP.[22] לֹא סִילֵּק הַכָּתוּב אֶלָּא מִנְחָה – SCRIPTURE EXCLUDED from the rule of partnership ONLY THE *MINCHAH,* שֶׁנֶּאֱמַר ,,נֶפֶשׁ'' – AS IT SAYS: *NEFESH.*

An additional teaching derived from the same verse:

אָמַר רַבִּי יִצְחָק – **R' Yitzchak said:** מִפְּנֵי מָה נִשְׁתַּנֵּית מִנְחָה שֶׁנֶּאֱמַר בָּהּ ,,נֶפֶשׁ'' – **Why is the *minchah* unique in that it says about it** the word ***"soul,"*** whereas regarding other voluntary offerings Scripture does not employ this term?[23] אָמַר הַקָּדוֹשׁ בָּרוּךְ הוּא – **Said the Holy One, Blessed is He:** מִי דַּרְכּוֹ לְהָבִיא מִנְחָה – **Whose way is it to bring a *minchah*?** עָנִי – **A poor man.**[24] מַעֲלֶה אֲנִי עָלָיו כְּאִילּוּ הִקְרִיב נַפְשׁוֹ לְפָנַי – **I consider it for him as if he had offered his** very **soul before Me.**[25]

NOTES

minchah, no matter how big, may not be brought in partnership, and this is the implication of the Gemara below as well. See *Taharas HaKodesh* who explains why, if so, the Mishnah mentions *one issaron.*]

11. [Even when offered by one person a lone bird is a meager offering, and certainly if it is offered jointly by two people. Nevertheless, the Mishnah teaches that it may be offered in this manner. Cf. *Chidushei HaGriz, Hil. Maaseh Korbanos* 14:2.]

12. R' Akiva and R' Tarfon argue whether oil can be brought as a voluntary offering by itself. Implied by this is that one may, according to all opinions – even R' Akiva – donate and bring an offering consisting of flour, oil and wine, even without attaching this donation to an animal offering (*Rashi*).

[The significance of the words *every day* is not clear. Some manuscripts omit them (see *Dikdukei Soferim* and *Rabbeinu Gershom*), although *Rashi* does appear to have had them.]

13. In *Leviticus* 2:1-7 the Torah lists five types of *minchah* that may be brought voluntarily. These are (1) the *minchas soless* (*minchah* of fine flour), (2) the *minchas machavas* (*minchah* of a griddle), (3) the *minchas marcheshes* (*minchah* of a pan), (4) the oven-baked *minchah* of *challos* (loaves) and (5) the oven-baked *minchah* of *rekikin* (wafers) (*Rashi*).

[There exists a sixth type of loaf – the רְבוּכָה – made of scalded fine flour, but that is not included here, since it comes only as an accompaniment to a *todah* offering, and is in fact not really a type of *minchah* at all (see Gemara above, 46b) (*Rashi*).]

14. [Since the Torah does not mention the *minchas nesachim* in its list of voluntarily-donated *menachos,* I might have said that it cannot be donated.]

15. One who vows, "I am hereby obligated to bring a *minchah,*" must bring one of the five types listed in note 13 (Mishnah, below [beginning of thirteenth chapter]); see *Rashash*).

16. *Leviticus* 2:1: *When a person offers a minchah to Hashem.* The verb "offers" [תַקְרִיב] is in the singular, which would suggest that a *minchah* can be brought only by a single person and not in partnership.

17. Ibid. 1:3. [יַקְרִיב is singular.]

18. *Numbers* 29:39. [לְעֹלֹתֵיכֶם is plural.]

19. Ibid. [לְמִנְחֹתֵיכֶם is plural.]

20. *Leviticus* 2:1. *When a **nefesh*** [literally: *soul*] *offers a minchah offering to Hashem.*

21. Ibid. 22:18.

22. The plural word יַקְרִיבוּ, *"they" will bring,* implies this.

23. In *Leviticus* 2:1 Scripture states: *When a nefesh* (i.e. person) *offers a minchah offering to Hashem* . . . Although this verse is expounded in the Gemara above to exclude partners, the Gemara's exposition here is based on the fact that the term used by Scripture for "person" is not the usual *ish* or *adam* (as, for example, in *Leviticus* 1:2) but rather *nefesh,* which also means "soul." It is this choice of wording that R' Yitzchak comes to explain (*Tosafos*).

24. Since he does not possess livestock (*Rashi*).

25. Because the poor man expends, so to speak, his very soul to scrape together the few coins necessary to purchase the ingredients contained in a *minchah,* God considers it as if he had offered his soul (*Baal HaTurim* to *Leviticus* 2:1).

[An alternative explanation: Actually, a *minchah,* which is composed of an *issaron* of flour and a *log* of oil, costs more than a small bird. But the poor man, who barely has enough money to survive, cannot even spare the small amount necessary to purchase a bird. What does he do?

Another lesson by the same Sage on the uniqueness of the *minchah* offering:

אָמַר רַבִּי יִצְחָק – **R' Yitzchak said:** מַה נִּשְׁתַּנֵּית מִנְחָה שֶׁנֶּאֱמַר בָּהּ חֲמִשָּׁה מִינֵי טִיגּוּן הַלָּלוּ – **Why is the *minchah* unique in that it is stated about it these five** different **types of oil-prepared dishes?**[26] מָשָׁל לְמֶלֶךְ בָּשָׂר וָדָם – **[The matter] is analogous to a king of flesh and blood** שֶׁעָשָׂה לוֹ אוֹהֲבוֹ סְעוּדָּה – **whose friend prepared for him a festive meal.** וְיוֹדֵעַ בּוֹ שֶׁהוּא עָנִי – **But [the king] knows that [his friend] is poor** and cannot afford to serve him anything sumptuous. אָמַר לוֹ – So **he tells him:** עֲשֵׂה לִי מִן חֲמִשָּׁה מִינֵי טִיגּוּן – **Prepare** flour **for me in five** different **types of oil-prepared dishes,** כְּדֵי שֶׁאֵהָנֶה מִמְּךָ – **in order that I should derive pleasure from you.**[27]

הדרן עלך המנחות והנסכים

WE SHALL RETURN TO YOU, HAMENACHOS VEHANESACHIM

NOTES

From every one of his meager meals, which he needs literally to stay alive, he takes off some of the flour and oil, saving them until he amasses enough to compose a *minchah*. Since he diminishes his own flesh and blood (his "soul") in the process, God considers it as if he had offered Him his soul (*Chasam Sofer* to this verse).]

26. I.e. why did the Torah provide for so many different ways to bring the same type of offering (flour)?

[Literally, the word *tigun* means a fried dish. Although most of the *menachos* are not actually fried (only the griddle and pan-*minchah* are), they all contain oil, and this is what is meant here by the term *tigun* (*Rashi, Tosafos*).]

27. I.e. so that you should find favor in my eyes (*Rashi*).

Chapter Thirteen

Mishnah This chapter deals with various sacrificial vows where the person did not specify the particulars of his vow, or where he did mention the particulars but cannot recall afterwards what they were:

הֲרֵי עָלַי עִשָּׂרוֹן – If one vowed, **"It is hereby** incumbent **upon me** to bring **an *issaron*** (singular) of flour,"[1] יָבִיא אֶחָד – **he brings** a *minchah* consisting of **one** *issaron.*[2] עֶשְׂרוֹנוֹת – If he said, "It is incumbent upon me to bring *esronos* (plural)," יָבִיא שְׁנַיִם – **he brings two** *esronos.*[3]

A second ruling:

פֵּירַשְׁתִּי – If a person says, "I vowed to bring a *minchah* and **I specified** a definite number of *esronos,* וְאֵינִי יוֹדֵעַ מַה פֵּירַשְׁתִּי – **but I do not recall what** number **I specified,"** יָבִיא שִׁשִּׁים עִשָּׂרוֹן – **he brings** a *minchah* consisting of **sixty *issaron.***[4]

A third ruling:

הֲרֵי עָלַי מִנְחָה – If a person vows, **"It is hereby** incumbent **upon me** to bring **a *minchah,*"** but he does not specify any particular type, יָבִיא אֵיזוֹ שֶׁיִּרְצֶה – **he brings whichever** type **he chooses.**[5] רַבִּי יְהוּדָה אוֹמֵר – **R' Yehudah says:** יָבִיא מִנְחַת הַסּוֹלֶת – **He brings a *minchah* of fine flour,** שֶׁהִיא מְיוּחֶדֶת שֶׁבַּמְּנָחוֹת – **for it is the distinctive one among the *menachos.***[6]

A fourth ruling:

מִנְחָה אוֹ מִין הַמִּנְחָה – If one vows, "It is incumbent upon me to bring **a *minchah,*" or** ". . . to bring **a type of *minchah,*"** and he does not specify any particular type, יָבִיא אַחַת – **he brings one** *minchah* offering.[7] מְנָחוֹת אוֹ מִין מְנָחוֹת – If he vowed, "It is incumbent upon me to bring ***menachos,*" or** ". . . to bring **a type of *menachos,*"** יָבִיא שְׁתַּיִם – **he brings two** *menachos.*[8]

A fifth ruling:

פֵּירַשְׁתִּי – If one says, "When I vowed to bring a *minchah* **I specified** one of the *menachos* mentioned in the Torah, וְאֵינִי יוֹדֵעַ אֵיזֶה מֵהֶן פֵּירַשְׁתִּי – **but I do not recall which one I specified,"** יָבִיא חֲמִשְׁתָּן – **he brings all five of them.**[9]

A sixth ruling:

פֵּירַשְׁתִּי מִנְחָה שֶׁל עֶשְׂרוֹנִים – If one says, **"I specified** to bring **a *minchah*** of a definite number **of *esronim,*** וְאֵינִי יוֹדֵעַ כַּמָּה פֵּירַשְׁתִּי – **but I do not recall how many** *esronim* **I specified,"**[10] יָבִיא שִׁשִּׁים עִשָּׂרוֹן – **he brings** a *minchah* consisting of **sixty *issaron.***[11] רַבִּי אוֹמֵר – **Rebbi says:** יָבִיא מְנָחוֹת שֶׁל עֶשְׂרוֹנוֹת מֵאֶחָד וְעַד שִׁשִּׁים – **He brings** sixty separate ***menachos* consisting of *esronos*** ranging **from one to sixty.**[12]

NOTES

1. [An *issaron* (pl. *esronim* or *esronos*) is one-tenth of an *ephah,* or 43.2 egg volumes.] A *minchah* consists of a minimum of one *issaron* of flour, or a multiple of that measure. In this case the person vowed to bring a *minchah* consisting of an *issaron* of flour, but he did not specify explicitly whether he meant a single *issaron* or some multiple thereof.

2. Since he did not specify a number or employ the plural (*esronim* or *esronos*), his language implies a *minchah* consisting of a single *issaron.* The Gemara will ask that this ruling is self-evident.

3. For the plural term *esronos* is understood as implying two such measures, in that two is the minimum plural number.

4. This is the maximum amount of *esronos* that his vow could have entailed, because a single *minchah* can never contain more than sixty *issaron* (see Mishnah above, 103b). And we are not concerned that he may have vowed to bring *fewer* than sixty *issaron* – so that if he brings sixty *issaron,* the number of *issaron* that exceeds the amount he mentioned will be unconsecrated – because upon bringing these sixty measures of flour he stipulates as follows: "The quantity of flour equal to the number of *esronos* I mentioned in my vow is hereby offered in satisfaction of that vow, and the balance I am bringing as a [separate] voluntary offering" (*Rashi*). [This comment of *Rashi* that he must stipulate regarding the extra *esronos* is actually subject to an Amoraic debate below, 106b (*Zevach Todah; cf. Rashash; Sfas Emes*).]

5. There are five types of *minchah* offerings that the Torah (*Leviticus* Ch. 2) states can be brought voluntarily: *soless* (fine flour), *machavas* (griddle), *marcheshes* (deep pan), *challos* (loaves) and *rekikin* (wafers). [The last two are subdivisions of *maafei tanur* (oven-baked *minchah*).] The Tanna Kamma asserts that one who pledged "a *minchah,*" without specifying a particular type, is free to bring whichever type he chooses.

6. The Gemara will explain R' Yehudah's view (*Rashi*).

7. [According to the Tanna Kamma cited above he may choose any type of *minchah* he wants; according to R' Yehudah he must bring a *minchah* of fine flour.]

This case is essentially the same as the previous one. The previous ruling, however, discussed which *type* of *minchah* he must bring, whereas the present ruling discusses the *number* of *menachos.*

8. Since he said "*menachos,*" in the plural [even if he said "a *type* (singular) of *menachos*"], he is understood to mean two *menachos* of a single type (*Rashi*).

[*Kesef Mishneh* (*Maaseh HaKorbanos* 17:5) writes that only in the latter case of "a type of *menachos*" is he required to bring two *menachos* of the same type. However in the former case in which he vowed to bring "*menachos,*" he may bring two *menachos* of two different types. It is possible that this is *Rashi's* intent as well (*Zevach Todah*).]

9. In order to be certain that he has fulfilled his vow he must bring all five types of voluntary *menachos* mentioned in note 5. [Here, too, he must stipulate that whichever type of *minchah* he specified in his vow is being offered in satisfaction of that vow and the others are voluntary offerings.]

10. In this case he used the term *minchah* in his vow ("a ***minchah*** of *esronim*"), which implies that he wished to bring all the *esronim* in a single vessel (see *Rashi*). [Such a vow cannot be fulfilled by bringing the *minchah* in two vessels, in accordance with the halachically accepted opinion of the Rabbis cited in a Baraisa on 102b (as opposed to R' Shimon there) that any specifications mentioned by the vower in regard to the vessel in which the *minchah* is to be brought are binding (see *Yashar V'Tov* to *Rashi* ד״ה רבי אומר).]

11. For there is no concern that he may have specified more than sixty *issaron* [since sixty *issaron* is the largest amount of flour that can be brought in a single vessel]. Nor is there any worry that he may have pledged to bring fewer than sixty *issaron,* because he stipulates that whatever exceeds his original vow is being brought as a voluntary offering (*Rashi*). See next note.

12. In pledging to bring "a *minchah*" (singular) of a given number of *issaron,* the person indicated that he would bring the entire *minchah* in a single vessel, and such a vow cannot be fulfilled by bringing the *minchah* in two vessels, as explained in note 10. The Tanna Kamma agrees with Rebbi on this point. However, Rebbi holds that a vessel that contains the flour of a vowed *minchah* may not contain more than the specified amount. (His reasoning will be elaborated on below 106a-b.) It is on this point that the Tanna Kamma and Rebbi disagree (*Yashar

Gemara The Gemara focuses on the Mishnah's initial ruling that "If one vowed, 'It is incumbent upon me to bring an *issaron,*' he brings one *issaron.*" The Gemara asks:

פְּשִׁיטָא – **It is obvious** that he brings only one *issaron*! Why was it necessary to state this?

The Gemara answers:

עֶשְׂרוֹנוֹת יָבִיא שְׁתַּיִם אִיצְטְרִיכָא לֵיהּ – It is the next Mishnah's ruling – if one vowed to bring ***"ESRONOS"* HE BRINGS TWO** – that **the Tanna needed** to mention. The initial ruling was stated as a preface to that one.

The Gemara objects:

הָא נַמִּי פְּשִׁיטָא – But **that** second ruling **too is obvious!** – ? –

The Gemara replies that the second ruling is necessary:

מִיעוּט עֶשְׂרוֹנוֹת שְׁתַּיִם אִיצְטְרִיכָא לֵיהּ – **[The Tanna] needed** to teach that **the minimum** implication of the word ***esronos* is two.**[13]

The Gemara proceeds to the second ruling of the Mishnah:

פֵּירַשְׁתִּי וְאֵינִי יוֹדֵעַ מַה פֵּירַשְׁתִּי – If one says, **"I SPECIFIED** a definite number of *esronos,* **BUT I DO NOT RECALL WHAT** number **I SPECIFIED," יָבִיא שִׁשִּׁים עִשָּׂרוֹן** – **HE BRINGS** a *minchah* consisting of **SIXTY *ISSARON.***

The Gemara asks:

מַאן תְּנָא – **Who** is the Tanna that **taught** this ruling?[14]

The Gemara answers:

אָמַר חִזְקִיָּה – **Chizkiyah said: דְּלָא כְּרַבִּי** – It is **not in accordance with** the opinion of **Rebbi. דְּאִי רַבִּי** – **For if** it accords with **Rebbi, הָאָמַר יָבִיא מְנָחוֹת שֶׁל עֶשְׂרוֹנוֹת מֵאֶחָד וְעַד שִׁשִּׁים** – **why, [Rebbi] states** in the concluding case of the Mishnah: **HE BRINGS** sixty separate ***MENACHOS* CONSISTING OF *ESRONOS*** ranging **FROM ONE TO SIXTY.** Since there is no substantive difference between the two cases, we can presume that Rebbi's ruling in the concluding case holds true for this second case as well.[15]

A differing view:

וְרַבִּי יוֹחָנָן אָמַר – **But R' Yochanan says: אֲפִילּוּ תֵּימָא רַבִּי** – **You can even say** that the Mishnah's earlier ruling accords with **Rebbi. בְּאוֹמֵר פֵּירַשְׁתִּי עֶשְׂרוֹנוֹת** – For it is dealing **with where [the person] said, "I specified** a definite number of ***esronos,* אֲבָל לֹא קְבַעְתִּים בִּכְלִי** – **but I did not establish** for **them** that they must be brought **in a** single **vessel."**[16] **דְּמַיְיתֵי שִׁיתִּין עֶשְׂרוֹנוֹת בְּשִׁיתִּין מָאנֵי** – Hence, it suffices **that he brings** a total of **sixty *esronos* in sixty vessels** – one *issaron* per vessel – to account for every possible vow.[17] In the latter case, however, he *did* imply that he would bring all the *esronos* of this *minchah* in a single vessel, and he thus must bring sixty different *minchah* offerings ranging from one to sixty.[18]

NOTES

V'Tov, Olas Shlomo in explanation of *Rashi; Taharas HaKodesh;* see also *Rashi* to 106a ד״ה ורבי). The person can therefore not fulfill his vow by bringing all sixty *issaron* in a single vessel, since he may have mentioned a lesser amount. Instead, he must bring sixty separate vessels, each one containing one of the measures ranging from one *issaron* to sixty – i.e. one vessel should contain one *issaron;* a second vessel two *esronos;* a third three *esronos,* and so on. [He will thus bring a total of 1830 *esronos* in order to fulfill his vow (see 106a, with *Tosafos* ibid. ד״ה שהן).] He then stipulates that the vessel which contains the amount mentioned in his vow is being offered in fulfillment of that vow, and the rest are voluntary offerings. In this manner he certainly will have achieved a fulfillment of his vow (*Rashi*).

This final segment of the Mishnah – *"I specified a minchah of esronim but I do not recall how many I specified"* – appears to be essentially the same as the Mishnah's second case – *"I specified [esronim] but I do not recall what I specified."* Yet there the Mishnah ruled that he brings a *minchah* consisting of sixty *issaron* of flour – which is consistent with the Tanna Kamma's ruling in the present case – and no mention is made of a dissenting opinion of Rebbi. The Gemara will discuss whether in fact Rebbi agrees or disagrees with the Mishnah's ruling in that earlier case.

13. Without the Mishnah's ruling one might have thought that since the word *esronos* is nonspecific, one must bring sixty *esronos* and stipulate that whatever is required for the vow is being brought in fulfillment of that vow and the remainder is a voluntary offering. The Mishnah teaches otherwise. The term *esronos* when not modified by a specific number definitively means only two *esronos* and not more (see *Boaz* to this Mishnah §1; see also *Taharas HaKodesh*).

[We have explained this Gemara according to the standard edition. It should be noted, however, that many versions insert the word הָא, *this,* prior to the word אִיצְטְרִיכָא (see *Dikdukei Soferim*). According to this version, the Gemara's question reads: הָא נַמִּי פְּשִׁיטָא מִיעוּט עֶשְׂרוֹנוֹת שְׁתַּיִם, *This too is obvious, that the minimum of esronos is two!* The Gemara answers: הָא אִיצְטְרִיכָא לֵיהּ פֵּירַשְׁתִּי וְאֵינִי יוֹדֵעַ מַה פֵּירַשְׁתִּי, *The following [case] is necessary, [where one said,] "I specified, but I do not recall how many I specified."* According to this version the Gemara's next phrase (פֵּירַשְׁתִּי וְאֵינִי יוֹדֵעַ מַה פֵּירַשְׁתִּי) is a continuation of this answer, and the Gemara is answering that the first *two* cases of the Mishnah are stated merely as an introduction to the *third* case. See also *Piskei Riaz, Tzon Kodashim, Chok Nasan, Minchah Tehorah, Tos. Yom Tov.*]

14. This second case of the Mishnah appears to be essentially the same as the Mishnah's last case in which one said, "I specified a *minchah* of *esronim* but I do not recall how many *esronim* I specified." In that case, however, the Mishnah records that Rebbi disagrees with the Tanna Kamma, and holds that one must bring sixty *menachos* ranging from one *issaron* to sixty, whereas the Tanna Kamma maintains that one brings a single *minchah* composed of sixty *issaron.* The Gemara thus inquires according to which of the Tannaim mentioned in regard to the Mishnah's last case, this earlier, seemingly parallel case was taught.

15. And the Mishnah's ruling in this second case reflects only the view of the Tanna Kamma. [It is unclear why, if so, the Mishnah needed to mention the last case altogether. It should have just taught the dispute in regard to the second case! See *Chidushim U'Veurim* regarding this problem.]

16. I.e. the vower did not state that he would bring "a ***minchah*** of *esronim,*" as he did in the latter case, where his language implied that he would bring all the *esronim* in a single vessel (see note 10). Rather, he remembers employing language which provided a choice to bring the vowed *minchah* either in a single vessel or in multiple vessels (*Ben Aryeh; Rashash; Yashar V'Tov* to *Rashi* ד״ה ואיני יודע). See next note.

17. Since the vow allowed for the *minchah* to be brought in numerous vessels, any possible vow regarding any *minchah* size ranging from one *issaron* to sixty can be accounted for – without the intermingling of two *menachos* – by reckoning together the *esronos* contained within different vessels. For if the person had vowed to bring one *issaron,* one of the vessels will be offered to satisfy the vow, and the remaining fifty-nine will be voluntary *menachos;* if he vowed to bring two *esronos,* two of the vessels will be used to satisfy the vow and the remaining fifty-eight will be voluntary *menachos,* and so on. According to this explanation, Rebbi concurs with the Mishnah's ruling in its second case that one can discharge his obligation by bringing a total of sixty *issaron.* According to the Tanna Kamma, however, all sixty *esronos* may be brought in a single vessel, since the Tanna Kamma does not object to the intermingling of two *menachos* [see note 12] (*Rashi* with *Minchah Tehorah; Chok Nasan,* second explanation).

We are not concerned that the vow-maker may have specified to bring *more* than sixty *issaron* (although his vow allowed for the *minchah* to be brought in numerous vessels), since he remembers employing phraseology that also afforded him the option of bringing the entire *minchah* in a *single* vessel [see previous note], and a single vessel may contain no more than sixty *esronos* (see commentaries listed in previous note; cf. *Tiferes Yisrael* §3 [in brackets]; *Sfas Emes* ד״ה גם מש״כ).

18. For in this case his language ("a *minchah*") implied that all sixty *esronos* would be brought in a single vessel. Since – according to Rebbi – the flour of various *menachos* offerings may not mingle, one must bring sixty separate *minchah* offerings ranging from one *issaron* to sixty, as stated in the Mishnah (*Rashi* with *Minchah Tehorah; Chok Nasan,* second explanation).

The Gemara proceeds to the Mishnah's next clause:

הֲרֵי עָלַי מִנְחָה יָבִיא אֵיזֶהוּ שֶׁיִּרְצֶה [וכו׳] – If one vowed, "IT IS HEREBY incumbent UPON ME to bring A *MINCHAH*," but he did not specify any particular type, HE BRINGS WHICHEVER type HE CHOOSES **[etc.].** R' Yehudah, however, says: He brings a *minchah* of fine flour, for it is the distinctive one among the *menachos.*

The Gemara explains why, according to R' Yehudah, a vow to bring "a *minchah*" refers to a fine-flour *minchah:*

תָּנָא – **A Baraisa taught:** הוֹאִיל וּפָתַח בּוֹ הַכָּתוּב תְּחִלָּה – He brings a fine-flour *minchah* SINCE SCRIPTURE OPENED the passage of *menachos* WITH a description of ITS [LAWS] FIRST.[19]

The Gemara asks:

אֶלָּא מֵעַתָּה – **But if** it is **so** – that R' Yehudah's reason for saying that a vow for "a *minchah*" refers to a fine-flour *minchah* is that Scripture opened its discussion of *menachos* with this type of *minchah,* הָאוֹמֵר הֲרֵי עָלַי עוֹלָה – then **if one declared, "It is hereby** incumbent **upon me** to bring **an *olah*,"** without specifying any particular type, יָבִיא בֶּן בָּקָר – **he should** be obligated to **bring a young bull,** הוֹאִיל וּפָתַח בּוֹ הַכָּתוּב – **since Scripture opened** the passage of *olah* offerings **with** a discussion of **[its laws]**

NOTES

19. *Leviticus* Ch. 2, which teaches the laws of the *menachos,* begins (in verse 1) with the laws of a fine-flour *minchah.* We assume that one who vowed to bring a *minchah* without mentioning any particular kind intended to bring the first *minchah* described in the passage.

תְּחִלָּה – **first.**[1] מִן הַצֹּאן יָבִיא כֶּבֶשׂ – In the same vein, if one vowed to bring an *olah* **from the flock** (i.e. small livestock), **he should bring a sheep,** הוֹאִיל וּפָתַח בּוֹ הַכָּתוּב תְּחִלָּה – **since Scripture opened** the passage of flock *olos* **with this** type of flock *olah* **first.**[2] מִן הָעוֹף יָבִיא תּוֹרִים – Similarly, if one vowed to bring an *olah* **from the fowl, he should bring turtledoves,** הוֹאִיל וּפָתַח בּוֹ הַכָּתוּב תְּחִלָּה – **since Scripture opened** the passage of fowl *olos* **with this** type of fowl *olah* **first.**[3] אַלְמָה תְּנַן – **Why, then, have we learned in a Mishnah:**[4] הֲרֵי עָלַי עוֹלָה – If one said, "IT IS HEREBY incumbent UPON ME to bring AN *OLAH*," יָבִיא כֶּבֶשׂ – HE BRINGS A SHEEP. רַבִּי אֶלְעָזָר בֶּן עֲזַרְיָה אוֹמֵר – R' ELAZAR BEN AZARYAH SAYS: תּוֹר אוֹ בֶן יוֹנָה – HE BRINGS EITHER A TURTLEDOVE OR A YOUNG DOVE, וְלֹא פְּלִיג רַבִּי יְהוּדָה – **and R' Yehudah does not dispute** those Tannaim, even though neither of them holds that the vower is required to bring a young bull?[5] Evidently, R' Yehudah's rationale that a nonspecific *minchah* refers to a fine-flour *minchah* is *not* based on the fact that it appears first in the passage![6] – ? –

The Gemara concedes the point, and instead offers a different understanding of R' Yehudah's statement:

אֶלָּא מַאי מְיוּחֶדֶת שֶׁבִּמְנָחוֹת – **Rather, what is** the meaning of R' Yehudah statement, "He brings a *minchah* of fine flour, since it is **distinctive among the *menachos*"?** דְּלֵית לֵיהּ שֵׁם לְוַוי – It means **that it** is the only one among the *menachos* which **does not possess an accompanying** (i.e. modifying) **name.**[7]

The Gemara challenges this interpretation:

וְהָא תַּנָּא הוֹאִיל וּפָתַח בּוֹ הַכָּתוּב תְּחִלָּה קָאָמַר – **But the Tanna** of the aforementioned Baraisa **stated** R' Yehudah's reason as being **"because Scripture opened** the passage of *menachos* **with** the laws of **[a *minchah* of fine-flour] first."** Yet you explain him as mandating a fine-flour *minchah* for a different reason! – ? –

The Gemara interprets the Baraisa to conform with its explanation:

הָכִי קָאָמַר – **This is what [the Baraisa] is saying:** אֵיזֶהוּ מִנְחָה מְיוּחֶדֶת שֶׁבִּמְנָחוֹת – **Which *minchah* is** referred to by R' Yehudah as **"the distinctive one among the *menachos*,"** דְּלֵית לֵיהּ שֵׁם לְוַוי – **which** is distinctive because it **does not have an accompanying title?** זוֹ שֶׁפָּתַח בּוֹ הַכָּתוּב תְּחִלָּה – **The one with which Scripture opened** the passage of *menachos* **first.**[8]

The Gemara challenges this answer:

פְּשִׁיטָא מִנְחַת הַסּוֹלֶת קָאָמַר – Why would the Baraisa have to inform us of this? **It is obvious** that R' Yehudah refers to a fine-flour *minchah*, for **he said** explicitly in our Mishnah, "He must bring **a *minchah* of fine flour"!** – ? –

The Gemara responds:

סִימָנָא בְּעָלְמָא – The Baraisa **merely** means to give us **a mnemonic.**[9]

NOTES

1. *Leviticus* Ch. 1 describes three types of voluntary *olah* sacrifices: one from large livestock (בָּקָר), for which a young bull is brought; another from small livestock (צֹאן), for which one brings either a sheep or goat; and a third from fowl (עוֹף), for which one brings either a turtledove or a young dove. The passage begins (verses 3-9) by teaching the laws of the *olah* of a young bull. If, according to R' Yehudah, a nonspecific *minchah* vow refers to a fine-flour *minchah* because it is the first among the *menachos*, then he should likewise say that a nonspecific *olah* vow refers to a young bull.

2. For the verse in *Leviticus* 1:10 reads: וְאִם־מִן־הַצֹּאן קָרְבָּנוֹ מִן־הַכְּשָׂבִים אוֹ מִן־הָעִזִּים לְעֹלָה זָכָר תָּמִים יַקְרִיבֶנּוּ, *And if from the flock is his offering – whether from the sheep or from the goats – for an olah, he shall offer an unblemished male.* Since the Torah mentions sheep before goats, if one vowed to bring a nonspecific "flock" *olah* he should be obligated to bring a sheep as his sacrifice (*Rashi;* see, however, *Tzon Kodashim; Taharas HaKodesh; Mayim Kedoshim; Yashar V'Tov*).

3. The verse in *Leviticus* 1:14 reads: וְאִם מִן־הָעוֹף עֹלָה קָרְבָּנוֹ לַה׳ וְהִקְרִיב מִן־הַתֹּרִים אוֹ מִן־בְּנֵי הַיּוֹנָה אֶת־קָרְבָּנוֹ, *And if one's offering to Hashem is an olah of fowl, then he shall bring his offering from the turtledoves or from the young doves.* If one vowed to bring an *olah* from fowl he should be required to bring a turtledove, since this species is mentioned first in the verse.

4. Below, 107a.

5. The reasoning of those Tannaim is not relevant to our discussion and will be explained in the Gemara below, 107b. What is important is that R' Yehudah is not quoted in that Mishnah as disputing those Tannaim.

6. If R' Yehudah maintains that a nonspecific *minchah* vow refers to a *minchas soless* because it is the first *minchah* appearing in the *minchah* passage, then he should likewise hold that a nonspecific *olah* vow refers to a young bull. Yet he does not dispute the Tannaim in the Mishnah on 107a. Apparently he agrees that a young bull is *not* called for. We must therefore reexamine R' Yehudah's rationale for requiring a *minchas soless.*

[It is somewhat problematic that in introducing its question the Gemara speaks of three cases – a vow to bring an unspecified *olah*, a vow to bring an unspecified flock-*olah*, and a vow to bring an unspecified bird-*olah* – and yet concludes its question with a Mishnah which deals only with the first of three cases. *Yashar V'Tov* suggests that the Gemara in fact means to ask from all three cases, as follows: If, according to R' Yehudah, a nonspecific *olah* vow demands a young bull and a nonspecific flock-*olah* vow demands a sheep and a nonspecific bird-*olah* vow demands a turtledove, then he should have (a) disputed the Tannaim in the Mishnah on 107a in regard to a nonspecific *olah* vow and stated his opinion that a young bull must be brought, and (b) he should also have appended to that Mishnah, which deals with the law of nonspecific *olah* vows, his rulings regarding a nonspecific flock-*olah* vow and a nonspecific bird-*olah* vow. His failure to do so demonstrates that he in fact does not have a unique position in regard to *any* of those three cases.]

7. Scripture refers to all other voluntary *menachos* – *machavas, marchesshess* and *maafei tanur* – with a modifying name. [For the verse states regarding the *machavas* (*Leviticus* 2:5): וְאִם־מִנְחָה עַל־הַמַּחֲבַת קָרְבָּנֶךָ, *If **a minchah upon a flat griddle** is your offering . . .*, and regarding the *marchesshess* it states: (ibid. 2:7): וְאִם־מִנְחַת מַרְחֶשֶׁת קָרְבָּנֶךָ, *If **a deep-fried minchah** is your offering . . .*, and regarding the *maafei tanur* (ibid. 2:4) it states: וְכִי תַקְרִב קָרְבַּן מִנְחָה מַאֲפֵה תַנּוּר, *When you offer **an oven-baked minchah** offering . . .* The *minchah* of fine flour, however, has no modifying name, for the verse calls it simply "a *minchah*" (*Leviticus* 2:1), as it is written: וְנֶפֶשׁ כִּי־תַקְרִיב קָרְבַּן מִנְחָה לַה׳ סֹלֶת יִהְיֶה קָרְבָּנוֹ, *When a person offers **a minchah** offering to Hashem, of fine flour shall be his minchah*] (see *Rashi*).

8. Hence, the Baraisa is not informing us *why* the term "*minchah*" when mentioned in a vow refers to a fine-flour *minchah*. [The reason is in fact as the Gemara said above, because a fine-flour *minchah* is the only *minchah* without an accompanying name.] Rather, the Baraisa merely means to identify the *minchah* to which R' Yehudah refers as "distinctive among the *menachos*" – i.e. it is the one which appears first in the passage of *menachos*.

9. The Baraisa did not mean to *identify* the "distinctive" *minchah* – R' Yehudah himself did that. Rather, it meant merely to provide us with a means of *remembering* which *minchah* R' Yehudah prescribes: It is the one mentioned first in the passage of *menachos* (*Rashi;* cf. *Gur Aryeh* to *Leviticus* 2:1).

[*Rashash* observes that R' Yehudah was wont to provide mnemonics for things, as, for example, in the Mishnah above on 96a, and in his famous mnemonic for the ten plagues recited in the Haggadah on the Seder night: דצ״ך עד״ש באח״ב.]

[As a sidelight, it is interesting to note that *Rashi* to Chumash makes the following comment on the verse (*Leviticus* 2:1): וְנֶפֶשׁ כִּי־תַקְרִיב קָרְבַּן מִנְחָה לַה׳ סֹלֶת יִהְיֶה קָרְבָּנוֹ: "One who states, 'I hereby take upon myself to bring a *minchah*,' brings a *minchah* of fine flour." The commentaries to *Rashi* are puzzled by this comment, because why would *Rashi* cite the minority opinion of R' Yehudah when the Rabbis disagree and maintain that the vow-taker may offer whichever type of *minchah* he pleases? Apparently, however, *Rashi* is in keeping with his policy in his commentary to *Chumash* to always present the explanation that fits best with the verse's plain meaning, regardless of whether that opinion is the one accepted by the halachah. In this case *Rashi* felt that the simple reading

The Gemara examines the Mishnah's next clause:

מִנְחָה מִין הַמִּנְחָה [וכו׳] – If one vowed, "It is hereby incumbent upon me to bring **A *MINCHAH,*"** or "... to bring **A TYPE OF *MINCHAH*" [etc.],** he brings one *minchah.* If he vowed, "It is hereby incumbent upon me to bring *menachos,*" or "... to bring a type of *menachos,*" he brings two *menachos.*

The Gemara discusses a vow with a slightly different wording:

בָּעֵי רַב פַּפָּא – **Rav Pappa inquired:** מִינֵי מִנְחָה מַהוּ – If a person vowed, "It is hereby incumbent upon me to bring **types of *minchah*"** – employing both the plural ("types") and the singular ("*minchah*") in a single phrase – **what is [the law]?** כֵּיוָן דְּאָמַר מִינֵי – Do we say that **since he said "types"** (plural), תַּרְתֵּי קָאָמַר – **he meant to say** that he will bring **two *menachos*?** וּמַאי מִנְחָה – **And what** then would be the explanation of the singular word ***"minchah"*?** דְּכוּלָּהּ מְנָחוֹת נַמִּי מִנְחָה מִיקַּרְיָין – **For *menachos* collectively can also be referred to with** the singular term ***"minchah,"*** דִּכְתִיב "וְזֹאת תּוֹרַת הַמִּנְחָה" – **for it is written: *And this is the law of the minchah.*** [10] Perhaps the person who vowed to bring "types of *minchah*" was using the term *minchah* in this sense.[11] אוֹ דִּלְמָא כֵּיוָן דְּאָמַר מִנְחָה – **Or perhaps** we say that **since he said *"minchah,"*** in the singular form, חֲדָא מִנְחָה קָאָמַר – **he meant to say** that he will bring **one *minchah.*** [12] וּמַאי מִינֵי מִנְחָה – **And what** then would be the meaning of his expression **"types"** (plural) **of *minchah*?** הָכִי קָאָמַר – **This is what he is saying:** מִמִּינֵי מִנְחָה חֲדָא מִנְחָה עָלַי – **From** among **the** various **types of *minchah*** offerings, **it is** incumbent **upon me** to offer **one *minchah.*** [13] – ? –

The Gemara seeks to resolve this issue:

תָּא שְׁמַע – **Come, learn** a proof from our Mishnah: מִנְחָה מִין מִנְחָה – If a person vows, "It is hereby incumbent upon me to bring **A *MINCHAH,*"** or "... to bring **A TYPE OF *MINCHAH,*"** יָבִיא אַחַת – **HE BRINGS ONE** *minchah* offering. Since the Mishnah rules thus only for a case in which both terms of the vow – "type" and "*minchah*" – were stated in the singular, הָא מִינֵי מִנְחָה – it is **implied that** if he vowed, **"types** (plural) **of *minchah,*"** שְׁתַּיִם – he would bring **two** *menachos.*[14]

The Gemara counters that the latter part of the Mishnah carries the opposite implication:

אֵימָא סֵיפָא – But **consider the latter clause** of that ruling: מְנָחוֹת מִין מְנָחוֹת – But if he vowed, "It is incumbent upon me to bring ***MENACHOS,*"** or, "... **A TYPE OF *MENACHOS,*"** יָבִיא שְׁתַּיִם – **HE MUST BRING TWO** *menachos.* Since the Mishnah requires two *menachos* only where he employed the term "*menachos*" in the plural,[15] הָא מִינֵי מִנְחָה – it is **implied** that if he vowed to bring **"types of *minchah*** (singular)," חֲדָא – he would bring only **one** *minchah.*

The Gemara accepts this rebuttal and concludes:

אֶלָּא מֵהָא לֵיכָּא לְמִשְׁמַע מִינָּהּ – **Rather, from this** Mishnah **nothing can be derived.**[16]

The Gemara attempts to resolve its question from a different source:

תָּא שְׁמַע – **Come, learn** a proof from a Baraisa: מִין מְנָחוֹת עָלַי – If one vowed, **"IT IS** incumbent **UPON ME** to bring **A TYPE OF *MENACHOS,*"** יָבִיא שְׁתֵּי מְנָחוֹת מִמִּין אֶחָד – **HE BRINGS TWO *MENACHOS* OF ONE TYPE.**[17] Since two *menachos* are required only where "*menachos*" is used in the plural, הָא מִמִּינֵי מִנְחָה – it is **implied that** if he said **"types of *minchah*** (singular),"[18] חֲדָא – he would bring only a **single** *minchah.*

The Gemara rejects this proof:

דִּלְמָא הָא מִינֵי מִנְחָה – **Perhaps** we should instead draw the

NOTES

of the verse fairly states R' Yehudah's opinion. The verse states: *When a person offers a minchah offering to Hashem, fine flour shall be his minchah.* The verse seems to be saying that a vow for a *minchah* – without additional qualification – obligates the person to a fine-flour *minchah.* Had the Torah not meant this, it should have said: *When a person offers a minchah offering to Hashem, "if" fine flour is his minchah ...,* just as it uses the conditional term "if" or "when" in regard to the other types of *minchah,* to wit: *"When" you offer an oven-baked minchah offering ...,* and *"If" a deep-fried minchah is your offering ...,* and *"If" a minchah upon a flat griddle is your offering ...* (*Mizrachi* ad loc.).]

10. *Leviticus* 6:7. This verse introduces the laws that apply uniformly to *all* types of *menachos.* Yet it employs the term *minchah* in the singular form (*Rashi*). Evidently, *menachos* collectively can legitimately be referred to as "*minchah.*"

11. [According to this interpretation he would have to bring two *menachos* of two different types, as is implied by the term "types" (see Gemara below).]

12. [For although the term "*minchah*" can be interpreted as referring to *menachos* collectively, it certainly is more commonly used as a reference to a single *minchah.*]

13. Since the vower has used contradictory terms, we have to select one of them as indicating his true intent, and interpret the other – even if this requires employing a somewhat forced interpretation – so as to conform to that intent. Accordingly, the question is this: Do we view the plural word "types" as being indicative of the vower's true intent, and interpret the singular word "*minchah*" to conform to that meaning (by saying that it is being used in the sense of the verse cited above)? Or do we take the singular word "*minchah*" as being the indicator of the vower's true intent, and interpret the plural word "types" to conform to *that* meaning (by saying that he means "one from among the various types")?

[If we were asked this question today, we would almost certainly say that the first side of Rav Pappa's question is the correct one. But that is because nowadays it is perfectly correct to say "two types of *minchah*" when referring to two *menachos* of two different types. In Talmudic times, however, it seems that this was incorrect usage. The proper way to speak of two *menachos* of two different types was to say "two types of *menachos.*"]

[In the Mishnah on 104b the exact reverse case is mentioned – i.e. where the vower said, "a type (singular) of *menachos* (plural)," and the Mishnah rules in that case that the vower brings two *minchah* offerings. In that situation, however, there is not necessarily a contradiction in the vower's words, for we can say that he meant two *menachos* of a single type (see *Rashi* below ד״ה ממין אחד). In the present case of "types of *minchah,*" however, we do have a contradiction, because if he meant to say that he would bring two *menachos* of two different types, then he should have used the plural word "*menachos*" rather than the singular word "*minchah.*"]

14. The Mishnah presents its law only for where the entire vow was stated in the singular. This implies that if even one of its terms was stated in the plural – as where the vower said, "types of *minchah*" – he would be liable to two *menachos* (see *Rashi*).

15. [The singular "type" in his vow ("a type of *menachos*") means only that the two *menachos* must be of a single type; it does *not* limit the number of *menachos* implied by the plural "*menachos.*" See note 13.]

16. Clearly, both parts of this Mishnah cannot be taken precisely, since they contradict one another. Rather, one of the statements and its implication is intended, and the other statement is phrased as it is for stylistic symmetry. Since we do not know which is the precise statement, we are unable to draw any conclusion (*Rashi* to *Shabbos* 121a ד״ה אלא מהכא).

[In the Vilna edition of the Gemara there appears at this point a colon ("two dots"), which generally indicates the end of the *sugya.* This appears to be an error here, however, because what follows is *not* a new *sugya,* but rather a continuation of the attempt to resolve Rav Pappa's inquiry.]

17. [Because the term "type" (singular) requires that only a single type of *minchah* be brought, and the term "*menachos*" (plural) requires that two *menachos* be brought.] By offering two *menachos* of a single type the person satisfies the connotations of both terms (*Rashi*).

18. [Translation follows manuscripts cited by *Dikdukei Soferim,* which have מִינֵי in place of מִמִּינֵי.]

following inference from the Baraisa: He brings two *menachos* of a single type only where he said "a type of *menachos,*" **but** if he said "from among the **types of *minchah,*"** מֵבִיא שְׁתֵּי מְנָחוֹת מִשְּׁנֵי מִינִין – **he brings two *menachos* of two** different **types.**[19]

The Gemara asks:

וְהָא לֹא תָּנֵי הָכִי – **But it was not taught so** in a different Baraisa:[20] מִין מְנָחוֹת עָלַי – If one vowed, "It is incumbent UPON ME to bring A TYPE OF *MENACHOS,*" מֵבִיא שְׁתֵּי מְנָחוֹת מִמִּין אֶחָד – HE BRINGS TWO *MENACHOS* OF ONE TYPE. מִינֵי מְנָחוֹת עָלַי – But if he vowed, "It is incumbent UPON ME to bring TYPES OF *MENACHOS,*" מֵבִיא שְׁתֵּי מְנָחוֹת מִשְּׁנֵי מִינִין – HE BRINGS TWO *MENACHOS* OF TWO different TYPES. הָא מִינֵי מִנְחָה חֲדָא – **Implied** by the latter half of this Baraisa is that if he said **"types of *minchah,*"** he brings only **one** *minchah*![21]

The Gemara concedes that this Baraisa in fact maintains that one who vows to bring "types of *minchah*" brings only one *minchah,* but argues that the Baraisa may reflect only a minority view:

דִּלְמָא הָא מַנִּי – **Perhaps who is** the author of **this** Baraisa? רַבִּי שִׁמְעוֹן הִיא – **It is R' Shimon,** דְּאָמַר מֶחֱצָה חַלּוֹת וּמֶחֱצָה רְקִיקִין יָבִיא – **who says** that **one** who vows to bring an oven-baked *minchah* **may bring half** the loaves as ***challos* and half** the loaves as ***rekikin.***[22] וּמַאי מִינֵי מִנְחָה – **And** accordingly, **what is** the meaning of **"types of *minchah*"?** מִנְחָה דְּאִית בָּהּ תְּרֵי מִינֵי – It means **a *minchah* which includes two types** of loaves.[23] אֲבָל רַבָּנָן דְּאָמְרֵי – **But** according to **the Rabbis who say** that מֶחֱצָה חַלּוֹת וּמֶחֱצָה רְקִיקִין לֹא יָבִיא – **one** who vowed to bring an oven-baked *minchah* **may *not* bring half** the loaves as ***challos* and half** as ***rekikin,*** in which case the plural "types" cannot be accommodated if only a single *minchah* is brought, מֵבִיא שְׁתֵּי מְנָחוֹת מִשְּׁנֵי מִינִין – **he would bring two *menachos* from two** different **types.**[24]

The Gemara examines the next clause of the Mishnah:

פֵּירַשְׁתִּי וְאֵינִי יוֹדֵעַ מַה פֵּירַשְׁתִּי – If one says, "When I vowed to bring a *minchah,* I SPECIFIED the type, BUT I DO NOT RECALL WHAT type I SPECIFIED," יָבִיא חֲמִשְׁתָּן – HE BRINGS ALL FIVE OF THEM.

The Gemara comments:

מַאן תְּנָא – **Who taught** this Mishnah? I.e. which Tanna maintains that by bringing the five voluntary *menachos* one addresses every possible vow? אָמַר רַבִּי יִרְמְיָה – **R' Yirmiyah said:** דְּלֹא כְּרַבִּי שִׁמְעוֹן – **It is not in accordance with R' Shimon.** דְּאִי רַבִּי שִׁמְעוֹן – **For if** you should think that the Tanna of our Mishnah is **R' Shimon,** you would be presented with the following problem: כֵּיוָן דְּאָמַר מֶחֱצָה חַלּוֹת וּמֶחֱצָה רְקִיקִין יָבִיא – **Since [R' Shimon] says that one** who vowed to bring an oven-baked *minchah* **may bring half** the loaves as ***challos* and half** as ***rekikin,***[25] אִי נַמִּי סָבַר לָהּ כְּרַבִּי יְהוּדָה דְּאָמַר – then **even if [our Tanna] holds like R' Yehudah who says:**[26] כָּל הַמְּנָחוֹת בָּאוֹת עֶשֶׂר – "ALL *MENACHOS* ARE BROUGHT in groups of TEN loaves per *issaron* of flour,"[27] אִיכָּא לְסַפּוּקָהּ בְּאַרְבַּע עֶשְׂרֵה מְנָחוֹת – **there are** grounds **to consider** that **[the vow]** was **for** any one of **fourteen** different ***menachos,*** and therefore fourteen separate *menachos,* rather than five, would have to be brought.[28]

NOTES

19. For the term "types" itself implies two types of *minchah* offerings. The term "*minchah*" does not necessarily conflict with that interpretation, since *menachos* collectively are sometimes referred to as "*minchah,*" as we find in the verse cited above (*Rashi* with *Yashar V'Tov*).

20. *Tosefta* 12:5 (see *Chasdei David* there).

21. For the Baraisa prescribes two *menachos* of two different types only where the person vowed "types of *menachos*" – expressing both terms in the plural form. The implication is that if he said "types of *minchah*" – with only the former term in the plural – only one *minchah* would be called for.

22. One who vows to offer an oven-baked *minchah* must bring either *challos* (*matzah* loaves) or *rekikin* (wafers). According to the Tanna Kamma of the Mishnah on 63a, one may not bring an oven-baked *minchah* partly of *challos* and partly of *rekikin,* as this is akin to combining two separate *menachos* in one offering. R' Shimon, however, argues that *challos* and *rekikin* are merely two varieties of the same type of *minchah;* thus, one who makes such a vow has the option of bringing a single offering that consists either entirely of *challos,* entirely of *rekikin,* or any combination thereof. [When R' Shimon mentions "half," he does not mean it as an exact percentage; rather, any proportion is acceptable.]

23. If the Baraisa follows R' Shimon, then the Baraisa correctly implies that the only time the vower would bring two *menachos* would be if he said "types of *menachos,*" with both terms in the plural. For since according to R' Shimon an oven-baked *minchah* may consist of two different types of loaves, we have the option of interpreting the vow in a manner which easily accommodates – without any forced interpretation – both the plural and the singular terms used by the vower. The singular term "*minchah*" obligates the vower to bring one *minchah,* while the plural word "types" requires that that *minchah* consist of two different types of loaves – viz. *challos* and *rekikin* (*Rashi*).

24. *Rashi* ד״ה דילמא with *Tzon Kodashim.*

[This response of the Gemara – that the Baraisa follows R' Shimon – is stated merely as a means of deflecting the proof, i.e. you cannot *prove* from the Baraisa that in a case in which the vower said "types of *minchah*" he is obligated to bring one *minchah,* because *perhaps* the Baraisa is following the minority opinion of R' Shimon, whereas according to the Rabbis, whose opinion the halachah follows, the person would bring two *menachos.* On the other hand, it is possible that the Baraisa is following even the Rabbis, in which case the Baraisa *does* indicate that in the case of "types of *minchah*" the vower brings only one offering. Since either possibility may be true, Rav Pappa's inquiry remains unresolved (see *Likkutei Halachos*).]

25. See above, note 22.

26. In a Mishnah above, 76a.

27. Each *issaron* donated is brought as ten loaves. R' Meir there disagrees and maintains that each *issaron* is brought as *twelve* loaves. [In his opinion the Gemara's question is even more pronounced, as will be explained in the following note.]

28. I.e. if the Tanna of our Mishnah agrees with R' Shimon, then one who forgot what he had specified in his vow should have to bring a total of fourteen *menachos* to cover for all possible vows [even if he holds like R' Yehudah who says that each *issaron* is divided into merely ten, and not twelve, loaves – see further]. The calculation of fourteen *menachos* is arrived at thus: The person may have vowed to bring a *minchah* of *soless, machavas* or *marcheshes.* To address these three possibilities he must bring three offerings. He may have also vowed to bring oven-baked *menachos* – viz. *challos* and *rekikin.* To account for this possibility he must bring an additional eleven *menachos.* For he might have vowed to bring this *minchah* exclusively from *challos,* and he might have vowed to bring it exclusively from *rekikin.* To cover for these two possibilities he must bring two more *menachos,* bringing the total to five. He also might have vowed to bring a combination of *challos* and *rekikin,* and may have specified the amount of each. There are a total of nine combinations of *challos* and *rekikin* that he may have pledged, as follows: one *rakik* and nine *challos;* two *rekikin* and eight *challos;* three *rekikin* and seven *challos;* and so on, until nine *rekikin* and one *challah.* These nine *menachos* plus the aforementioned five equal fourteen *menachos.* The vower would therefore have to bring fourteen different *menachos* in order to be certain that he satisfied his vow. R' Yirmiyah therefore states that the Mishnah, which requires only five *menachos,* must hold that an oven-baked *minchah* may be brought exclusively from *challos* or exclusively from *rekikin,* but not from a combination of the two – in accordance with the Tanna Kamma who disagrees with R' Shimon (*Rashi*).

[According to R' Meir, who maintains that each *issaron* of flour is made into twelve loaves, the Gemara's question is even stronger. For one would have to bring a total of eleven combinations in order to cover for all the possibilities of a mixed oven-baked *minchah.* These eleven plus the basic five total sixteen different *menachos* (*Rabbeinu Gershom*).]

The Gemara counters that this reasoning is not compelling: אַבַּיֵי אָמַר – **Abaye said:** אֲפִילוּ תֵּימָא רַבִּי שִׁמְעוֹן – **You can even say** that the Tanna of our Mishnah agrees with **R' Shimon.** שְׁמְעִינַן לֵיהּ לְרַבִּי שִׁמְעוֹן דְּאָמַר – For **R' Shimon has been heard to say** regarding one who has a doubt as to the type of offering he is liable to, that מַיְיתֵי וּמַתְנֵי – **he may bring** an offering **and stipulate** that it should be offered conditionally, in a manner that effectively satisfies his obligation.[29] דְּתַנְיָא – **For it was taught in a Baraisa:**[30] רַבִּי שִׁמְעוֹן אוֹמֵר – **R' SHIMON SAYS:** לְמָחֳרָת מֵבִיא אֲשָׁמוֹ וְלוּגּוֹ – **THE FOLLOWING DAY**[31] **HE BRINGS HIS *ASHAM*** sacrifice **AND HIS *LOG*** of oil

NOTES

29. Hence, in our Mishnah as well, it is not necessary for the vower to bring eleven *menachos* in order to satisfy all the possible oven-baked *minchah* vows. Rather, it is sufficient for him to bring two *menachos* – one exclusively of *challos* and the other exclusively of *rekikin* – and to stipulate as follows: If I vowed to bring a *minchah* composed entirely of *rekikin* or entirely of *challos,* then that which I vowed is hereby offered to satisfy the vow and the other *minchah* is being brought as a voluntary offering. And if I vowed to bring some combination of *rekikin* and *challos,* the *challos* and *rekikin* should combine to correspond to the requirements of my vow, and the rest are being offered as a voluntary offering (*Rashi*).

[It is unclear what the novelty of being able to bring an offering conditionally is, that the Gemara should need to prove that R' Shimon sanctions this. Perhaps the Gemara feels that doing so could be considered disrepect to *kodashim.*] See *Yad Binyamin* and *Minchas Kohen.*

30. The Baraisa deals with the laws of a *nazir* and a *metzora.* A *nazir* is one who takes the vow of *nezirus,* which prohibits him to consume wine and grapes, cut his hair and contaminate himself with the *tumah* of a corpse. Should he become contaminated, he must begin anew his term of *nezirus.* A *metzora* is one who has contracted *tzaraas,* an affliction mentioned in *Leviticus* (Chs. 13,14). Once his *tzaraas* has healed he must undergo a two-stage process of purification, which involves the bringing of various offerings and the shaving of his head.

Our Baraisa considers the law for a *nazir* who is in doubt whether or not he had become a confirmed *metzora,* and also whether or not he had contracted corpse *tumah* (*Rashi*). The procedure that such a person must follow is extremely complicated – see *Nazir* 56a, 59b, 60a and *Tosafos* here (we will not concern ourselves with the details here). For our *sugya* it is sufficient to highlight the following points: (a) A *metzora* is prohibited to consume sacrificial meat until he has finished his purification process. (b) A *metzora's* purification process culminates with the offering of an *asham* lamb together with a *log* of oil. [The latter is sprinkled in the Temple and applied to the *metzora's* right ear, right thumb and right big toe; the rest of the oil is then consumed by a Kohen.] (c) Due to the many doubts surrounding the person's status in the case of the Baraisa, he may first bring these sacrifices after sixty days have elapsed from the time his *tzaraas* symptoms have healed.

31. The morning after the sixtieth day from the time his *tzaraas* symptoms have healed (*Rashi;* see *Tosafos* who explain why this is the first time that these offerings can be brought).

עִמּוֹ – WITH IT,[1] וְאוֹמֵר – AND HE SAYS thus: אִם מְצוֹרָע הוּא – "IF HE is indeed A *METZORA*,[2] זֶהוּ אֲשָׁמוֹ וְזֶה לוּגּוֹ – then THIS IS HIS *ASHAM* AND THIS IS HIS *LOG*;[3] וְאִם לָאו – AND IF he is NOT a *metzora*, אָשָׁם זֶה יְהֵא שַׁלְמֵי נְדָבָה – then THIS potential *ASHAM* SHOULD actually BE A DONATED *SHELAMIM*."[4] וְאוֹתוֹ אָשָׁם טָעוּן שְׁחִיטָה בְּצָפוֹן וּמַתַּן בְּהוֹנוֹת – AND THAT potential *ASHAM* REQUIRES SLAUGHTERING IN THE NORTH AND APPLICATION OF its blood to THE THUMBS, in case it is actually an *asham*;[5] וּסְמִיכָה וּנְסָכִים וּתְנוּפַת חָזֶה וָשׁוֹק – AND also *SEMICHAH*, *NESACHIM* AND WAVING OF THE BREAST AND THIGH, in case it is actually a *shelamim*.[6] וְנֶאֱכָל לְזִכְרֵי כְהוּנָּה לְיוֹם וָלַיְלָה – AND IT MUST BE EATEN BY MALE KOHANIM WITHIN A DAY AND A NIGHT, like the stringency of an *asham*.[7] Thus, we see that R' Shimon permits the bringing of an offering conditionally.[8]

The Gemara anticipates a possible objection to this proof:[9]

וְאַף עַל גַּב דְּקָא מְפָרֵיק מַר בִּשְׁחִיטַת קָדָשִׁים – **And although the master has qualified** R' Shimon's ruling **in** Tractate ***Shechitas Kodashim*** [more commonly known as *Zevachim*[10]] as follows: אֵימַר דְּאָמַר רַבִּי שִׁמְעוֹן מַיְיתֵי וּמַתְנֵי לְכַתְּחִילָּה – **Say** that under which conditions did **R' Shimon state that one may** – even **in the first place** – **bring** an offering **and stipulate** that it should be offered conditionally? לְתַקּוּנֵי גַּבְרָא – Only where the offering comes **to remedy a person.**[11] אֲבָל בְּעָלְמָא דִּיעֲבַד אִין לְכַתְּחִילָּה לֹא – **But in general,** R' Shimon maintains that **after the fact, yes,** one may bring an offering conditionally, but **initially** he may **not** bring an offering in this manner.[12] Hence, in the case at hand, R' Shimon would *not* permit one to bring two *menachos* conditionally![13] However, this is not an objection. הָנֵי מִילֵּי גַּבֵּי שְׁלָמִים – For **this qualification** restricting R' Shimon's permit of bringing an offering conditionally **was** stated only **in regard to** one who wishes to consecrate **a *shelamim*** with a stipulation that it should be regarded conditionally as an *asham*, דְּקָא מְמַעֵט בַּאֲכִילָתָן – **for he** thereby **shortens** the period available for **[the offering's] consumption,**[14] דְּהָווּ לְהוּ קָדָשִׁים לְבֵית הַפְּסוּל – and **which** thus **constitutes** exposing **offerings to a situation of invalidation.**[15] Due to this concern, it is forbidden to consecrate a *shelamim* conditionally.[16] אֲבָל מְנָחוֹת אֲפִילּוּ לְכַתְּחִילָּה – **However,** in our case of bringing two ***menachos*** conditionally, where the stipulation does not limit the length of time available for the *menachos'* consumption, R' Shimon permits the conditional bringing **even in the first place.**[17]

NOTES

1. Since he might be a confirmed *metzora* who has become healed, he must bring the offerings incumbent upon such a person to regain the right to eat sacrificial foods.

2. [Referring to himself in the third person, he states that] if he was actually a confined *metzora* who had since been healed and thereby became obligated in sacrifices . . .

3. That is, the animal is hereby consecrated as an *asham,* and the oil is hereby consecrated as the *log* required to be brought with that *asham.*

4. I.e. the animal sacrifice should be a *shelamim* and not a *metzora's asham.* [Since the *avodah* that is performed on the Altar for these two offerings is identical in all aspects, the animal can be offered conditionally.]

[The Gemara in *Zevachim* 76b explains that the same must be done for the *log.* The person stipulates that if he was a *metzora,* the oil should be consecrated to be offered with the *asham,* and if he was not a *metzora,* the oil should be consecrated as a donated offering (inasmuch as the halachah follows R' Tarfon in the Mishnah on 104b that one may donate an offering consisting solely of oil).]

5. A *metzora's asham* must be slaughtered on the north side of the Temple Courtyard (whereas a *shelamim* may be slaughtered anywhere within the Temple Courtyard) and some of its blood must be applied to the *metzora's* right ear, right thumb and big toe (the "thumb" of the foot). [This is in addition to the normal blood applications of an *asham* that are made to the Altar – see *Zevachim* 47b.] Since this sacrifice is possibly such an *asham,* the *asham's* service must be performed.

6. A *shelamim* requires *semichah* (leaning upon the sacrifice) prior to its slaughter, is accompanied by wine for *nesachim* and has its breast and thigh waved (*tenufah*). Since this sacrifice might be a *shelamim* [if the person was not actually a confirmed *metzora*], those procedures must be performed to the animal (*Rashi;* see *Yashar V'Tov*).

7. The *asham's* consumption is subject to stringencies that do not apply to the *shelamim.* The *asham* may be eaten only by male Kohanim, and for only one day and one night [and only within the confines of the Temple Courtyard]. By comparison, the *shelamim's* requirements are more lenient, as it may be eaten by anyone, for two days and a night [and anywhere within Jerusalem]. To avoid violating the restrictions of time, place and type of person who may eat, the meat of this offering must be given to a Kohen to eat in accordance with the more stringent rules of the *asham.*

8. Hence, in the case of our Mishnah as well, R' Shimon would permit one to stipulate that the *rekikin* and *challos* are being offered in accordance with the specifications of his vow, as explained on 105a note 29.

9. [*Shitah Mekubetzes* (§1) writes that the next few lines until אָמַר לֵיהּ רַב פָּפָּא are not part of the original Talmudic text but are a later explanatory comment authored by the *Rabbanan Savorai* (the Torah scholars who lived just after the sealing of the Talmud and whose statements occasionally appear within the text of the Talmud itself).

10. [*Rashi* to *Bava Metzia* 109b ד"ה כי מטית.] This qualification of R' Shimon's ruling can be found in *Zevachim* 76b (*Rashi*).

11. R' Shimon allows the conditional bringing of an animal in order that the *metzora* can become fully *tahor* and be permitted to partake of sacrificial meat (*Rashi*). See next note.

12. R' Shimon rules in a Mishnah in *Zevachim* (75b) that if *asham* and *shelamim* offerings became intermingled, one should offer them conditionally, adopting the stringencies of both. I.e. the animals must all be eaten within a day and night, only by male Kohanim in the Temple Courtyard, as the laws of an *asham* dictate, and they all require *semichah, tenufah* and *nesachim,* as per the law for a *shelamim.* The Gemara ibid. (specifically Rava, on 75b and 76b) asserts that R' Shimon permits bringing an offering in this manner only *bedi'avad,* after the fact, where the animals were already consecrated and then become intermingled. One may not, however, *lechatchilah,* initially, consecrate animals with the intention of bringing them conditionally. The one exception to this is in the case of *metzora.* For him one *is* permitted to initially consecrate an animal in order to bring it conditionally – as either an *asham* or a *shelamim* – because this is being done in order to "remedy a person," i.e. for the sake of permitting a man to partake of sacrificial food (*Rashi*).

13. Since the bringing of a *minchah* does not "remedy a person," one who forgot the specifications of his *minchah* vow should be forbidden to consecrate two *minchah* offerings conditionally.

14. For the animal may in fact be a *shelamim,* for which the Torah provides two days and a night for its consumption. Due to the stipulation, however, the animal will have to be consumed within a day and a night, for fear that it may be an *asham* (*Rashi*).

15. [Literally: to a place of invalidation.] It is forbidden to put offerings in jeopardy of becoming unnecessarily invalidated. See next note.

16. Because sacrificial meat that was not consumed within its prescribed period is invalid for consumption [as *nossar,* leftovers] and must be burned. By consecrating an animal to be either a *shelamim* or an *asham,* one is placing the animal in a situation where it may become unnecessarily invalidated, since the possibility that it is an *asham* will reduce the amount of time for the *shelamim* to be eaten. I.e. if it is left over after a day and a night we would be forced to burn it, when in truth it may be a *shelamim,* for which there is still available time (*Rashi*).

17. In our case where one brings the *challos* and *rekikin* conditionally – i.e. he stipulates that they should be offered either as a fulfillment of his vow or as a voluntary offering (see 105a, note 29) – he in no way shortens the time available for either *minchah's* consumption, since the time for the consumption of a *minchah* is *always* a day and a night. One may therefore consecrate these offerings conditionally even *lechatchilah* (and even where this is not done for the sake of "remedying a person").

The Gemara has thus concluded that our Mishnah, which requires just five *menachos* for one who forgot the specification of his vow, can reflect even R' Shimon's view. The Gemara, however, is still not satisfied:

אָמַר לֵיהּ רַב פָּפָּא לְאַבַּיֵי – Rav Pappa said to Abaye: רַבִּי שִׁמְעוֹן דְּאָמַר מֶחֱצָה חַלּוֹת וּמֶחֱצָה רְקִיקִין יָבִיא – **But according to R' Shimon who says that one may bring** an oven-baked *minchah* composed **partly of *challos* and partly of *rekikin*,** the following question arises: How can we say that the Mishnah accords with R' Shimon by suggesting that the person stipulates that the *challos* of one *issaron* should combine with the *rekikin* of another *issaron* to meet the requirements of the vow? הָא קָא מַיְיתֵי עִשָּׂרוֹן אֶחָד מִשְּׁנֵי עֶשְׂרוֹן – **Why, he would** then **be bringing a single *issaron*** of flour drawn **from two *esronos*** וְלוֹג אֶחָד מִשְּׁנֵי לוּגִין – **and a single *log*** of oil drawn **from two *lugin*!**[18] – ? –

Abaye answers that this is no difficulty:

שְׁמַעִינַן לֵיהּ לְרַבִּי שִׁמְעוֹן דְּאָמַר – **R' Shimon has been heard to say** אִם הֵבִיא עִשָּׂרוֹן אֶחָד מִשְּׁנֵי עֶשְׂרוֹנוֹת – that **if one brought one *issaron*** deriving **from two** different ***esronos*** וְלוֹג אֶחָד מִשְּׁנֵי לוּגִין – **and one log** deriving **from two** different ***lugin*,** יָצָא – **he has discharged** his obligation.[19]

The Gemara now clarifies how the Temple service on this conditional *minchah* is accomplished:

וּמִיקְמַץ הֵיכִי קָמֵץ – **And how does [the Kohen] perform the *kemitzah*?**[20] מַתְנֵי וְאָמַר – Presumably, **he stipulates and states** as follows: אִי חַלּוֹת לְחוּדַיְיהוּ וּרְקִיקִין לְחוּדַיְיהוּ – **"If** the vow requires that I bring a *minchah* of ***challos* separately and** a *minchah* of ***rekikin* separately,**[21] אָמְרִי – then I hereby **declare** דְּקָא קָמִיצְנָא מֵחַלּוֹת לֶיהֱוֵי אַחַלּוֹת – **that what I am separating from the *challos*** is being offered **on behalf of the** *minchah* of ***challos*,** דְּקָא קָמִיצְנָא מֵרְקִיקִין לֶיהֱוֵי אַרְקִיקִין – **and what I am separating from the *rekikin*** is being offered **on behalf of the** *minchah* of ***rekikin*.** אִי מֶחֱצָה רְקִיקִין וּמֶחֱצָה חַלּוֹת – And **if** the vow requires that I bring a *minchah* of **part *rekikin* and part *challos*,**[22] אָמְרִי – then I hereby **declare** דְּקָא קָמִיצְנָא מֵחַלּוֹת – **that what I am separating from the *challos*** לֶיהֱוֵי אַמֶּחֱצָה חַלּוֹת וּמֶחֱצָה רְקִיקִין – **is** being offered **on behalf of the** *minchah* of **part *challos* and part *rekikin*,** וּדְקָא קָמִיצְנָא מֵרְקִיקִין – **and that which I am separating from the *rekikin*** לֶיהֱווּ אַמֶּחֱצָה רְקִיקִין וּמֶחֱצָה חַלּוֹת – **is** being offered **on behalf of the** *minchah* of **part *rekikin* and part *challos*."**[23] But how can this stipulation be effective? וְהָא בָּעֵי מִיקְמַץ חַד קוֹמֶץ מֵחַלּוֹת – **Why,** to meet the specifications of a mixed vow **he needs to remove a single *kometz* from** a mixture of both ***challos***

NOTES

18. Since the person suspects that he may have vowed to bring an oven-baked *minchah* entirely of *rekikin* or entirely of *challos*, he must bring the two *esronos* of flour separately – i.e. in two Temple vessels (see *Tosafos* ד״ה ושמעינן) – and make from one *issaron rekikin* loaves and from the other *challah* loaves. [He would likewise bring each of the accompanying *lugin* of oil, with which these *esronos* of flour are mixed, in separate vessels.] But since he may have vowed to bring a *mixed* oven-baked *minchah* (i.e. one that consists partly of *challos* and partly of *rekikin*), he must stipulate that the *rekikin* and the *challos* of the two *menachos* should combine, if necessary, to form a single, mixed-loaf *minchah*. The Gemara wonders whether one can fulfill a vow to bring a mixed-loaf *minchah* by combining two separate and distinct *menachos* – i.e *menachos* that were sanctified in two separate Temple vessels (*Rashi*, with *Yad Binyamin*).

19. R' Shimon states elsewhere (the Gemara does not inform us where this "elsewhere" is) that if one vowed to bring a *minchah* consisting of one *issaron* and one *log*, he may bring (even *lechatchilah* – see *Yashar V'Tov*) two *esronos* sanctified in two vessels and two *lugin* sanctified in two vessels and stipulate that part of each is being brought to satisfy his vow and the remainder is a voluntary offering (*Rashi*, with *Shitah Mekubetzes* §3).

[As noted, *Rashi* comments that the Gemara does not tell us where this statement of R' Shimon is recorded. *Tosafos* suggest that since R' Shimon maintains (above, 95b) that the utensils designated for solids were not sanctified (מִדַּת יָבֵשׁ לֹא נִתְקַדְּשָׁה), there is no significance in the fact that one *issaron* was brought in one vessel and the other was brought in a second vessel. Consequently, there is no objection to combining them. *Tosafos* concede, however, that this does not suffice to explain how we can combine the two *lugin* of oil, which were also brought in distinct vessels, since all agree that vessels designated for liquids *were* sanctified (מִדַּת לַח נִתְקַדְּשָׁה).]

20. As mentioned above (note 18), since the person may have vowed to bring a *minchah* either entirely of *challos* or entirely of *rekikin*, he must bring two separate *menachos* corresponding to these two possible vows. For the same reason he must also perform two separate *kemitzos* – one exclusively from the *challos* and the other exclusively from the *rekikin*. [He offers these conditionally by stating that one is being brought to satisfy his vow and the other as a voluntary offering.] But it is also possible that his vow was to bring a *mixed* oven-baked *minchah*. How does one address the possible obligation to bring a mixed *minchah* with these two *kematzim*, which contain only *challos* and only *rekikin* respectively?

21. For the vow may have been to bring a *minchah* entirely of *challos* – in which case the *rekikin* are a separate, voluntary offering – or it may have been a vow to bring a *minchah* entirely of *rekikin* – in which case the *challos* are a separate, voluntary offering.

22. In which case the *challos* and *rekikin* in the proportion mentioned in the vow are being offered in fulfillment of that vow, and the remaining *challos* and *rekikin* are a separate, voluntary *minchah*.

23. Although each *kometz* contains either exclusively *challos* or exclusively *rekikin*, he stipulates that each should represent a mixed, oven-baked *minchah* if that, in fact, was the nature of the vow. [He makes this stipulation both for the *kometz* he takes from the *challos* and for the *kometz* he takes from the *rekikin*. One *kometz* represents the mixed *minchah* being brought in fulfillment of the vow and the other represents the voluntary mixed *minchah*.]

וּמְרַקִּיקִין – and *rekikin.*[1] **וְקָא קָמֵיץ מֵחַלּוֹת אַרְקִיקִין וּמֵרְקִיקִין אַחַלּוֹת – But here he is separating** a *kometz* **from the *challos* on behalf of the *rekikin,* and** a *kometz* **from the *rekikin* on behalf of the *challos*!**[2] **– ? –**

The Gemara answers that there is no difficulty:

שְׁמְעִינַן לֵיהּ לְרַבִּי שִׁמְעוֹן דְּאָמַר – R' Shimon has been heard to say[3] **אִם קָמַץ –** that **if one performed *kemitzah*** on a *minchah* which was half *rekikin* and half *challos,* **וְעָלָה בְּיָדוֹ מֵאֶחָד עַל שְׁנֵיהֶם – and there came up in his hand from one** type **for both,** i.e. the *kometz* contained only pieces of the *challos* or only pieces of the *rekikin,* **יָצָא – he has** nevertheless **fulfilled** his obligation.[4]

Having clarified how the *kemitzah* is performed according to R' Shimon, the Gemara discusses how the oil is processed:[5]

וְהָא אִיכָּא מוֹתַר שֶׁמֶן – But there is also **the remainder of the oil** to contend with. **דְּאִי מֶחֱצָה חַלּוֹת וּמֶחֱצָה רְקִיקִין אָמַר – For if he said** (i.e. vowed) he would bring an oven-baked *minchah* that is **part *challos* and part *rekikin,*** **מוֹתַר הַשֶּׁמֶן מַחֲזִירוֹ לְחַלּוֹת – the remainder of the oil is returned to the *challos.***[6] **אִי כּוּלְהוּ רְקִיקִין אָמַר – But if he said** he would bring an oven-baked *minchah* **entirely of *rekikin,*** **מוֹתַר הַשֶּׁמֶן נֶאֱכָל לַכֹּהֲנִים – then the remainder of the oil is consumed by the Kohanim.**[7] What, then, should we do with the oil that was brought together with the *rekikin* after it is smeared on the *rekikin* loaves?[8]

The Gemara answers that there is another opinion according to which there is no difference between what is done with the remaining oil of a mixed *minchah* and what is done with the remaining oil of a *minchah* that is entirely *rekikin*:

כְּרַבִּי שִׁמְעוֹן בֶּן יְהוּדָה – We can say that our Mishnah is **in accordance with R' Shimon ben Yehudah.**[9] **דְּתַנְיָא – For it was taught in a Baraisa: רַבִּי שִׁמְעוֹן בֶּן יְהוּדָה אוֹמֵר מִשּׁוּם רַבִּי שִׁמְעוֹן – R' SHIMON BEN YEHUDAH SAYS IN THE NAME OF R' SHIMON: מוֹשְׁחָן כְּמִין כִּי –** Regarding an oven-baked *minchah* that is part *challos* and part *rekikin,* **ONE SMEARS** the oil on **[THE *REKIKIN*] IN THE SHAPE OF A *CHI,***[10] **וּמוֹתַר הַשֶּׁמֶן נֶאֱכָל לַכֹּהֲנִים – AND THE REMAINING OIL IS CONSUMED BY THE KOHANIM.**[11] We can therefore say that our Mishnah reflects R' Shimon's position since, as reported by R' Shimon ben Yehudah, R Shimon maintains that the law of the remaining *rekikin* oil is the same for a mixed *minchah* as for one that is entirely *rekikin.*

This concludes the Gemara's explanation of how the Mishnah can accord with R' Shimon. The Gemara now asks a general question regarding the Mishnah's ruling that one who forgot the specifications of his vow brings five voluntary *menachos*:

אָמַר לֵיהּ רַב כָּהֲנָא לְרַב אַשִׁי – Rav Kahana said to Rav Ashi: Why

NOTES

1. For where one knows that he had vowed to bring a single *minchah* consisting of both *challos* and *rekikin,* he is required to bring these two types of loaves, crumble them into a single vessel and remove a single *kometz* from both together – see above, 63b (*Rashi* to 105b).

2. I.e. he is bringing a *kometz* that is exclusively *challos* or *rekikin* on behalf of a *minchah* that is a mixture of the two. How can a *kometz* containing only *challos* be effective for the *rekikin* portion, and a *kometz* containing only *rekikin* be effective for the *challos* portion? [The Gemara just above had explained that one stipulates that the *kometz* should be brought for the sake of a mixed *minchah.* The Gemara now asks that even with such a stipulation the *kemitzah* should be ineffective, since a mixed *minchah* presumably requires an actual representation of both types of loaves in the *kometz.*]

[The Gemara does not answer that the Kohen removes a *third kometz* containing a mixture of both *challos* and *rekikin,* for perhaps the person vowed to bring a *minchah* of only *challos* or only *rekikin,* in which case the third *kometz* would be superfluous (*Yad Binyamin*).]

3. In a Baraisa cited on 63b (*Rashi*).

4. Since the *rekikin* and *challos* after all are one offering according to R' Shimon, it is not critical that the *kometz* contain both types of loaves (*Commentary* of *Chafetz Chaim* to *Toras Kohanim, Vayikra, Dibura DiNedavah, Parshasa* 10:2). Hence, the *kemitzah* is effective, provided that he stipulates that the *kemitzah* should be effective for a mixed *minchah* vow.

5. Generally, a *minchah's* oil is added in three installments: First, a small amount of oil is placed in a vessel (מַתַּן שֶׁמֶן בִּכְלִי). The flour is then added, and more oil is poured on the flour, and the ingredients are mixed (בְּלִילָה). Finally, the remaining oil is poured over the product (יְצִיקָה) (Mishnah, 74b). In the case of oven-baked *menachos* (i.e. *challos* and *rekikin*), however, the oil is processed differently. The third application of oil is not performed at all (Gemara above, 75a). The second application, which *is* performed, differs for *challos* and for *rekikin.* For *challos,* the oil is mixed into the flour (בְּלִילָה), just as for general *menachos.* For *rekikin,* though, the oil is smeared (מְשִׁיחָה) upon the surface of the *rekikin.* See further. [Whether or not the first application of oil (מַתַּן שֶׁמֶן בִּכְלִי) is performed is the subject of a dispute between Rishonim, with *Rashi* (to 74b ד״ה יציקה) holding that it is and *Rambam* (*Maaseh HaKorbanos* 13:8) maintaining that it is not.]

In the case at hand, the Gemara wonders how, according to R' Shimon, a person who is unsure of the specifications of his vow will process the oil of his *menachos,* given the fact that he may have vowed to bring an oven-baked *minchah* entirely of *rekikin* or entirely of *challos,* or he may have vowed to bring a *mixed* oven-baked *minchah* consisting partly of *challos* and partly of *rekikin.*

6. A Tanna cited in a Baraisa above (75a) teaches how the oil applications are performed for a *minchah* that is part *challos* and part *rekikin.* [That Baraisa assumes the position of R' Shimon who permits the bringing of such a *minchah* (*Rashi ms.* ibid.; *Tosafos* here ד״ה כרבי שמעון בן יהודה).] One brings a *log* of oil and divides it in two. One part is smeared over the entire surface of the *rekikin,* and the other part is mixed into the *challos.* The residual oil of the *rekikin* is then also mixed into the *challos* (*Rashi*).

7. A second Baraisa cited on 75a teaches that in the case of a *minchah* which consists entirely of *rekikin,* the oil is smeared upon the loaves and the leftover oil is consumed by the Kohanim (*Rashi*). [The Gemara there records a dissenting opinion as to what is done with the residual oil where the *minchah* is entirely *rekikin;* however, that Tanna does not follow R' Shimon, so his opinion is irrelevant to the discussion here, which centers around the opinion of R' Shimon (see *Chazon Ish* 25:2).]

8. For if the person had vowed to bring a *minchah* that is entirely *rekikin* [or entirely *challos,* in which case the *rekikin* are a separate, voluntary offering], the remaining *rekikin* oil would have to be eaten by the Kohanim. But if he had vowed to bring a *minchah* that is part *rekikin* and part *challos,* the remaining *rekikin* oil would be mixed into the *challos.* What, therefore, should be done with the remaining *rekikin* oil?

[There is no question as to what to do with the oil that was brought with the *challos,* for in any case – whether he vowed to bring a mixed *minchah* or one entirely of *challos* or *rekikin* – all that oil would be mixed into the *challos.* The dilemma is only with the oil brought with the *rekikin.*]

9. R' Shimon ben Yehudah is cited on 75a – in the name of R' Shimon – as disagreeing with the Tanna cited above (note 6) who holds that the residual *rekikin* oil of a mixed oven-baked *minchah* is mixed into the *challos.*

10. [A *chi,* according to *Rashi ms.* to 75a, is a letter in the Greek alphabet resembling the Hebrew letter *tes.* See there note 18 for elaboration and other opinions.]

11. R' Shimon ben Yehudah argues with the Tanna Kamma on two counts. First, whereas the Tanna Kamma maintains that the oil of *rekikin* is smeared over the *entire* surface of the *rekikin* loaves, R' Shimon ben Yehudah rules that the oil is smeared in the shape of a *chi.* [This disagreement applies to *all* cases involving *rekikin* loaves, and not only to where the *minchah* consists partly of *rekikin* and partly of *challos* (see *Rashi comm.* to 75a ד״ה מושחן).] Second – and it is this point that is relevant to our discussion here – he disagrees in regard to the law for the excess *rekikin* oil in a case in which the *minchah* consists partly of *rekikin* and partly of *challos.* According to the Tanna Kamma, the remaining oil is mixed into the *challos,* as mentioned above; according to R' Shimon ben Yehudah, it is consumed by the Kohanim, just as is done in a case of a *minchah* consisting entirely of *rekikin.*

is it sufficient to bring five *menachos*? וְהָא אִיכָּא לְסָפוּקָה בְּמִנְחַת נְסָכִים – **But there is** also reason **to consider** that the person may have vowed to bring **a *minchas nesachim.*** דְּאָמַר רָבָא – **For Rava said:** מִתְנַדֵּב אָדָם מִנְחַת נְסָכִים בְּכָל יוֹם – **A person may donate a *minchas nesachim* every day,** even not as an accompaniment to an animal sacrifice.[12] – ? –

The Gemara answers:

כִּי קָא מִסְתַּפְּקָא לֵיהּ – **About which** type of *minchah* **is [the vowerl in doubt?**

Before continuing its thought, the Gemara interjects a memory aid for remembering the five ways it is about to answer its question:[13]

(סִימָן יָחִי״ד בִּגְלָ״ל לְבוֹנָ״ה בְּלוֹ״ג מִקָּמְצָ״ה – **A mnemonic: An individual, on account of, *levonah,* in a *log,* from its *kometz.*)**

The Gemara explains:

בָּאָה בִּגְלַל יָחִיד – His doubts encompass only *menachos* which **come** exclusively **for an individual,** בָּאָה בִּגְלַל צִיבּוּר לֹא מִסְתַּפְּקָא לֵיהּ – but as for *menachos* which can also **come for a community, he has no doubt.**[14]

A second answer:

כִּי קָא מִסְתַּפְּקָא לֵיהּ – **About which** type of *minchah* **is [the vower] in doubt?** בָּאָה בִּגְלַל עַצְמָהּ – Only about **one which comes independently,** בָּאָה בִּגְלַל זֶבַח לֹא מִסְתַּפְּקָא לֵיהּ – but as regards a *minchah* which also **comes on account of an animal sacrifice, he is not in doubt.**[15]

A third answer:

כִּי קָא מִסְתַּפְּקָא לֵיהּ – **About which** type of *minchah* **is [the vower] in doubt?** טְעוּנָה לְבוֹנָה – Only about **one which requires *levonah,*** שֶׁאֵינָהּ טְעוּנָה לְבוֹנָה לֹא מִסְתַּפְּקָא לֵיהּ – but as regards **one which does not require *levonah,* he is not in doubt.**[16]

A fourth answer:

כִּי קָא מִסְתַּפְּקָא לֵיהּ – **About which** type of *minchah* **is [the vower] in doubt?** בָּאָה בְּלוֹג – Only about **one which comes with a *single log*** of oil per *issaron* of flour, בָּאָה בִּשְׁלֹשָׁה לוּגִּין לֹא מִסְתַּפְּקָא לֵיהּ – but as regards **one which comes with** up to **three *lugin*** of oil per *issaron,* **he is not in doubt.**[17]

A fifth answer:

כִּי קָא מִסְתַּפְּקָא לֵיהּ – **About which** type of *minchah* **is [the vower] in doubt?** טְעוּנָה קְמִיצָה – Only about **one which requires *kemitzah,*** שֶׁאֵינָהּ טְעוּנָה קְמִיצָה לֹא קָא מִסְתַּפְּקָא לֵיהּ – but regarding **one which does not require *kemitzah,* he is not in doubt.**[18]

The Gemara examines the Mishnah's next ruling:

פֵּירַשְׁתִּי מִנְחָה שֶׁל עֶשְׂרוֹנִים – If one says, "I SPECIFIED to bring A *MINCHAH* consisting OF *ESRONIM,* but I do not recall how many *esronim* I specified," he brings a *minchah* consisting of sixty *issaron.* Rebbi says: He brings all possible *menachos* consisting of *esronim* ranging from one to sixty.

The Gemara elaborates the dispute:

תָּנוּ רַבָּנָן – **The Rabbis taught in a Baraisa:** פֵּירַשְׁתִּי מִנְחָה וְקָבַעְתִּי בִּכְלִי אֶחָד שֶׁל עֶשְׂרוֹנִים – If one says, "I SPECIFIED to bring A *MINCHAH* – AND I ESTABLISHED that it should be brought IN A SINGLE UTENSIL – OF *ESRONIM,*[19] וְאֵינִי יוֹדֵעַ מַה פֵּרַשְׁתִּי – BUT I DO NOT RECALL HOW MANY *esronim* I SPECIFIED," יָבִיא מִנְחָה שֶׁל שִׁשִּׁים עֶשְׂרוֹנִים – HE BRINGS A *MINCHAH* CONSISTING OF SIXTY *ESRONIM;* דִּבְרֵי חֲכָמִים – these are THE WORDS OF THE SAGES. רַבִּי אוֹמֵר – REBBI SAYS: יָבִיא מְנָחוֹת שֶׁל עֶשְׂרוֹנִים מֵאֶחָד וְעַד שִׁשִּׁים – HE BRINGS all possible *MENACHOS* consisting OF *ESRONIM* RANGING FROM ONE TO SIXTY, שֶׁהֵן אֶלֶף וּשְׁמוֹנֶה מֵאוֹת וּשְׁלֹשִׁים – WHICH ARE in total ONE THOUSAND EIGHT HUNDRED AND THIRTY *esronim.*[20]

NOTES

12. The Torah (*Numbers* 15:1 ff.) ordains that as an accompaniment to any animal *olah* or *shelamim* offering, whether voluntary or obligatory, personal or communal, a *minchas nesachim* (libation *minchah*) be brought. The size of the *minchah* varies according to the animal of the offering – three *esronim* of flour mixed with six *lugin* of oil are brought for a bull, two *esronim* mixed with four *lugin* are brought for a ram and one *issaron* mixed with three *lugin* are brought for a lamb. The *minchah* is also accompanied by a libation [*nesech*] of wine, the amount of wine equaling the amount of oil. The *minchas nesachim* is burned on the Altar in its entirety (rather than just a *kometz* of it), and the accompanying wine is poured on the Altar.

Now the Torah presents the law of the *minchas nesachim* only as an adjunct to an animal sacrifice. Nevertheless, Rava (above, 104b) teaches that if a person wishes, he may donate a *minchas nesachim* independent of an animal sacrifice. The *minchah* is offered in the same manner as it would had it been brought together with an animal. Our Gemara therefore wonders why, in our Mishnah, we are not concerned for the possibility that the person had vowed to bring a *minchas nesachim.* To cover for this possibility a person who had forgotten the specifications of his vow should also have to bring a sixth form of *minchah*!

13. The five answers that the Gemara is about to present are not mutually exclusive. Rather, the Gemara will suggest that although the vower does not remember the *specifics* of his vow, he does recall some *general* information which precludes the possibility that he is obligated in a *minchas nesachim.* The Gemara will identify five such general details that he may remember (*Zevach Todah* and *Yashar V'Tov* in explanation of *Rashi* ד״ה כי קא מספקא ליה; cf. *Zevach Todah's* understanding of *Rambam, Maaseh HaKorbanos* 17:5).

14. He knows for sure that the *minchah* offering he had mentioned in his vow was one which only an individual can bring. This includes the five referred to in the Mishnah (i.e. *soless, marcheshes, machavas, rekikin* and *challos*), since a Mishnah above (104b) derives from the term נֶפֶשׁ stated in regard to these offerings that only individuals, and not partners, may bring them. [Certainly, then, the community as a whole may not bring them.] Since a *minchas nesachim* is also brought as a communal offering, it is not among the *menachos* about which he is in doubt (*Rashi*).

15. He remembers that the *minchah* offering of his vow was one which is brought exclusively as an independent offering, unattached to an animal sacrifice. This includes the five *menachos* referred to in the Mishnah. It excludes, however, a *minchas nesachim,* which is normally brought as an accompaniment to an animal sacrifice.

16. He remembers that the *minchah* offering of his vow was one which is brought together with *levonah.* This necessarily excludes the *minchas nesachim* which, as taught in a Mishnah above (59a), is unique among the voluntary *menachos* in that it does not call for *levonah.*

17. A *minchah* generally contains one *log* of oil per *issaron* of flour, whereas a *minchas nesachim* contains either two or three *lugin* per *issaron,* depending on the type of offering (for a bull or ram it is two *lugin* per *issaron;* for a lamb it is three *lugin* per *issaron,* see note 12). The vower remembers that his vow was to bring a *minchah* which contains a single *log* per *issaron.*

18. A *minchas nesachim* is one of three *menachos* that is burned in its entirety on the Altar (Mishnah, 74b). All the other five voluntary offerings require *kemitzah.*

19. [*Hagahos HaBach* emends the awkward order of the Baraisa's words to form a more lucid sentence: פֵּירַשְׁתִּי מִנְחָה שֶׁל עֶשְׂרוֹנִים וְקָבַעְתִּי בִּכְלִי אֶחָד, *I specified [to bring] a minchah of esronim and I established [that it should be brought] in a single vessel.*]

20. He brings sixty separate vessels, each containing one of the measures ranging from one *issaron* to sixty, as follows: one vessel contains a single *issaron,* the second vessel two *esronim,* the third three *esronim,* the fourth four *esronim* and so on until sixty (*Rashi*). Tallied together, this amounts to 1830 *issaron.* [This total can be calculated simply by adding the smallest and largest number in the series [60+1] and multiplying that sum by one-half of the amount of numbers in the series, which in this case is thirty [61x30=1830] (*Tosafos*). This is a tried and true method for calculating the sum of an arithmetic series.]

The Gemara below will explain the dispute between Rebbi and the Sages.

The Baraisa continues with a second case:

פֵּירַשְׁתִּי וְאֵינִי יוֹדֵעַ (מַה פֵּירַשְׁתִּי וְאִי זוֹ[21]**) [מֵאֵיזוֹ] מֵהֶן פֵּירַשְׁתִּי** – If one said, "I SPECIFIED to bring a given *minchah* with a particular number of *esronim* in a single utensil, BUT I DO NOT RECALL WHICH OF [THE FIVE *MENACHOS*] I SPECIFIED, **וְאֵינִי יוֹדֵעַ כַּמָּה פֵּירַשְׁתִּי** – NOR DO I RECALL HOW MANY *esronim* I SPECIFIED," the law is that **יָבִיא חָמֵשׁ מְנָחוֹת שֶׁל שִׁשִּׁים שִׁשִּׁים עֶשְׂרוֹנִים** – HE BRINGS FIVE *MENACHOS* CONSISTING OF SIXTY *ESRONIM* EACH, **שֶׁהֵן שְׁלֹשׁ מֵאוֹת** – WHICH ARE THREE HUNDRED *issaron* in total;[22] **דִּבְרֵי חֲכָמִים** – these are THE WORDS OF THE SAGES. **רַבִּי אוֹמֵר** – REBBI SAYS: **יָבִיא חָמֵשׁ מְנָחוֹת שֶׁל שִׁשִּׁים עֶשְׂרוֹנִים מֵאֶחָד וְעַד שִׁשִּׁים** – HE BRINGS all possible *MENACHOS* consisting OF *ESRONIM* RANGING FROM ONE TO SIXTY,[23] **שֶׁהֵן תִּשְׁעָה אֲלָפִים וּמֵאָה וַחֲמִשִּׁים** – WHICH ARE NINE THOUSAND ONE HUNDRED AND FIFTY *esronim* in total.[24]

The Gemara asks:

בְּמַאי קָא מִיפַּלְגִי – **On what** point **do [Rebbi and the Sages] disagree?**

The Gemara offers two views:

אָמַר רַב חִסְדָּא – **Rav Chisda says:** **בְּמוּתָּר לְהַכְנִיס חוּלִּין לָעֲזָרָה קָא מִיפַּלְגִי** – **They disagree as to whether it is permissible to bring unconsecrated substances into the** Temple **Courtyard.**[25] **רַבִּי סָבַר אָסוּר לְהַכְנִיס חוּלִּין לָעֲזָרָה** – **Rebbi maintains** that **it is forbidden to bring unconsecrated substances into the Courtyard,** **וְרַבָּנָן סָבְרֵי מוּתָּר לְהַכְנִיס חוּלִּין לָעֲזָרָה** – **whereas the Rabbis maintain** that **it is permitted to bring unconsecrated substances into the Courtyard.**[26]

An alternative explanation of their dispute:

(רבא) רַבָּה אָמַר – **Rabbah says:**[27] **דְּכוּלֵּי עָלְמָא אָסוּר לְהַכְנִיס חוּלִּין לָעֲזָרָה** – It may be **that all agree** that **it is forbidden to bring unconsecrated substances into the Courtyard.** **וְהָכָא בְּמוּתָּר לְעָרֵב חוֹבָה בִּנְדָבָה קָא מִיפַּלְגִי** – **And here they differ as to whether it is permissible to mix** a **mandatory** offering **with** a **voluntary** one. **רַבָּנָן סָבְרֵי מוּתָּר לְעָרֵב חוֹבָה בִּנְדָבָה** – **The Rabbis maintain that it is permissible to mix** a **mandatory** offering **with** a **voluntary** one,[28] **וְרַבִּי סָבַר אָסוּר לְעָרֵב חוֹבָה בִּנְדָבָה** – **whereas Rebbi maintains that it is prohibited to mix** a **mandatory** offering **with** a **voluntary** one.[29]

The Gemara challenges the latter interpretation of the dispute:

אָמַר לֵיהּ אַבַּיֵּי לְרָבָא – **Abaye said to Rava:** **לְרַבָּנָן דְּאָמְרֵי מוּתָּר לְעָרֵב חוֹבָה בִּנְדָבָה** – **According to the Rabbis who say that one is permitted to mix mandatory** offerings **with voluntary** ones, and that the vower therefore stipulates that if he had vowed less than sixty *issaron* the extra flour is being brought as a voluntary *minchah,* **הָא בְּעֵינַן שְׁנֵי קְמָצִים** – **why, we** should **need two** ***kematzim*****!**[30] – ? –

NOTES

21. [*Dikdukei Soferim* (§100) and *Tzon Kodashim* delete the portion in parentheses and insert the bracketed portion, since the standard Vilna text is plainly corrupt. We have adopted their emendation in our translation.]

22. In addition to his doubt as to the number of *esronim* he pledged, he is also unsure as to the *type* of *minchah* he had mentioned. He must therefore bring sixty *issaron* from each of the five types of *menachos* – for a total of 300 *issaron* (*Rashi*).

23. [Translation follows *Rashash,* who deletes the first term שִׁשִּׁים.]

24. 1830 *esronim* for each of the five types of *menachos* [1830x5=9150].

25. That it is forbidden to *slaughter* a *chullin* animal in the Temple Courtyard is agreed to by all. These Tannaim disagree, however, whether there is also a prohibition to merely *bring* an item of *chullin* into the Courtyard. (*Rashbam* to *Bava Basra* 81b ד״ה דלמא suggests that if there is such a prohibition, it is only Rabbinic in nature.)

[It is surely permissible to bring a non-sacred substance into the Courtyard if that substance will not be used in any aspect of the Temple service. Were this not the case, an Israelite who entered the Courtyard wearing his clothes, which are non-sacred, would be guilty of bringing *chullin* into the Courtyard (an obvious absurdity). Rather, the dispute pertains only to where some form of sacrificial service (other than slaughtering) is performed with the item [such as here, where the sacrificial act of הַגָּשָׁה, bringing the *minchah* close to the southwest corner of the Altar, will be performed with the flour] (*Tosafos* above, 80b ד״ה וכי).]

26. Both Tannaim agree that the flour of mandatory and voluntary *menachos* may not be mixed in a single vessel. One therefore may not place sixty *issaron* of flour in a vessel and stipulate that the amount required for the vow is being offered to satisfy that vow and the rest is being offered as a separate, voluntary offering, for he would then be mixing voluntary and mandatory *menachos.* One may, however, mix the flour of a mandatory *minchah* together with *chullin* flour. The Rabbis therefore rule that the person should bring sixty *issaron* in a single vessel and stipulate that if he had vowed to bring sixty *issaron,* the entire contents is being offered to satisfy the vow, and if he had vowed to bring a lesser amount, that amount is being offered for the vow and the rest is *chullin* (*Rashi*). Rebbi, however, rejects this arrangement, since in his opinion it is forbidden to bring *chullin* into the Temple Courtyard. Instead, Rebbi rules that the person must bring sixty separate vessels, each containing one of the measures ranging from one *issaron* to sixty. He then stipulates that the vessel which contains the amount of *esronim* mentioned in his vow is in fact being brought for that purpose, and the others are voluntary offerings. In this way he is not bringing *chullin* into the Courtyard, nor is he mixing voluntary and mandatory *menachos* (*Rashi*).

Rav Chisda has explained that according to the Rabbis the person stipulates that if his vow was for less than sixty *issaron,* the excess flour is *chullin.* But inasmuch as it is also possible that the vow was for a full sixty *issaron,* the entire mixture needs the performance of *kemitzah* in order to become permissible for consumption. If so, on the possibility that the vow was for less than sixty *issaron,* it should emerge that part of the *kometz* is *chullin,* since because of the doubt, the *kometz* relates to the entire sixty *issaron.* How, then, may the remnants of the *minchah* be eaten, since the *kometz* would then be deficient? Moreover, how may the *kometz* be burned on the Altar, since it is forbidden to burn *chullin* on the Altar? The answer, however, is as the Gemara explains on 24b, that the *kometz* depends on the intention of the Kohen, and the Kohen intends the *kometz* to be only for the portion of the mixture that is *kodesh* and not for the portion that is *chullin* (*Rashi* with *Yashar V'Tov,* who explains that the two questions asked by *Rashi* are the very same two questions asked by the Gemara on 24b; see also *Pri Avraham Eliezer,* p. 365; see below, notes 32 and 33).

An apparent difficulty: Why does Rebbi require the bringing of so many *esronim* in order to be sure that the vow is fulfilled? Seemingly, sixty vessels each containing a single *issaron* of flour should suffice. For the person could then stipulate that as many *esronim* as are needed to satisfy the vow are being offered toward that end, and the rest are being offered as voluntary offerings. In this manner he will have definitely satisfied the vow without mixing the flour of various *menachos* together – and with a mere 60, rather than 1830, *esronim*! *Rashi* answers that since the person specified that he would bring all the *esronim* in a single vessel, that declaration is binding, and he may not satisfy the vow by combining *esronim* brought in different vessels. See 104b note 12.

27. [We have followed *Tosafos,* who assert that the correct version is "Rabbah" rather than "Rava," since a different explanation of the dispute is offered by Rava on 106b.]

28. The person therefore brings sixty *issaron* in a single vessel and states that the amount required for the vow is being offered as such, and the rest is being offered as a voluntary offering (*Rashi*).

29. Thus he cannot bring sixty *issaron* in a single vessel and stipulate that the extra flour is a voluntary offering. Neither can he stipulate that the extra flour remain *chullin,* since he would then be bringing a non-sacred substance into the Courtyard. Instead he must bring sixty separate vessels, each one containing one of the measures ranging from one *issaron* to sixty.

30. For there are possibly two offerings in this vessel – one mandatory *minchah* and the other voluntary. The Kohen should therefore be required to perform two *kemitzos* to represent each of these *menachos*! [This question cannot be posed according to Rav Chisda's explanation, for in his opinion the extra flour remains *chullin* and does not require *kemitzah.*]

Rava answers:

דְּקָמֵיץ וַהֲדַר קָמֵיץ – **He** indeed **performs** one ***kemitzah*** **and then performs** a second ***kemitzah.***[31]

Abaye persists:

וְהָא קָא קָמֵיץ מֵחוֹבָה אַנְּדָבָה וּמִנְּדָבָה אַחוֹבָה – **But he is taking a** ***kometz*** **from** a **mandatory** *minchah* **for the sake of** a **voluntary** one, **and from** a **voluntary** *minchah* **for the sake of** a **mandatory** one![32] – ? –

Rava explains:

דְּתָלֵי לֵיהּ בְּדַעַת כֹּהֵן – That is not a problem, **because [the vower] makes [the *kometz*] dependent on the intent of the Kohen,** דְּאָמַר כָּל הֵיכָא דְּמַטְיָא יְדָא דְכֹהֵן הַשְׁתָּא חוֹבָה – **by saying, "Wherever the hand of the Kohen reaches now,** when he is removing the first *kometz,* should be for the sake of the **mandatory** *minchah,* וּלְבְסוֹף נְדָבָה – **and** wherever his hand reaches **at the end,** when he is removing the second *kometz,* should be for the sake of the **voluntary** *minchah.*"[33]

The Gemara shifts to a different line of questioning:

וְאַקְטוּרֵי הֵיכִי מַקְטַר – **But** after removing the two *kematzim,* **how shall [the Kohen]** proceed to **burn** them? לִיקְטַר נְדָבָה בְּרֵישָׁא – **Shall he burn the voluntary** *kometz* **first,** דְּחוֹבָה הֵיכִי מַקְטַר לָהּ – but then **how could he** subsequently **burn the mandatory** *kometz*? דִּלְמָא כּוּלָּהּ חוֹבָה הִיא – **Perhaps the entire [*minchah*] is mandatory,** וְחָסְרוּ לְהוּ שִׁירַיִם – **and the remnants will** thus **be found to be lacking.**[34] וְאָמַר מַר – And the master **has said:** שִׁירַיִם שֶׁחָסְרוּ בֵּין קְמִיצָה לְהַקְטָרָה – **If** *minchah* **remnants became deficient between** the ***kemitzah*** **and** the **burning** of the *kometz,* אֵין מַקְטִיר קוֹמֶץ עֲלֵיהֶן – **we do not burn the *kometz* for them.**[35] לִיקְטַר חוֹבָה בְּרֵישָׁא – **Should he** then **burn the mandatory** *kometz* **first?** But then we are faced with the reverse problem – דִּנְדָבָה הֵיכִי מַקְטַר לָהּ – **how could he** subsequently **burn the voluntary** *kometz*?

NOTES

31. Rava replies that Abaye is indeed correct – we *do* require two *kematzim.* One of them represents the mandatory *minchah,* while the other represents the voluntary *minchah.*

32. Since the vessel contains the flour of both the mandatory and the voluntary *menachos,* the *kometz* too presumably consists of both types of flour (*Rabbeinu Gershom*). But the foreign portion in each *kometz* – i.e. the flour which this particular *kometz* does *not* represent – should diminish its volume. This should render both *kematzim* invalid.

This same question can certainly be posed according to Rav Chisda's explanation of the dispute. For in his opinion, the flour not needed to satisfy the vow remains *chullin* according to the Rabbis. How, then, can the *kemitzah* be performed? The *kometz* will consist of both *chullin* and consecrated flour, and the *chullin* flour diminishes the *kometz's* volume (*Yashar V'Tov*).

33. [The vower consecrates the flour only at the time of the *kemitzah* and not before.] He says at the time of the first *kemitzah*: Wherever the Kohen's hand reaches now is part of the vowed *minchah,* and wherever it will reach when he takes the second *kometz* should be part of the voluntary *minchah* (*Rashi*).

34. It is possible that the person had vowed to bring a *minchah* containing sixty *issaron,* in which case the entire *minchah* is mandatory. In that case as soon as the Kohen takes the first *kometz,* whatever remains is considered "remnants." When he then takes the "voluntary" *kometz* (that is, the *kometz* which he intends should represent the voluntary offering) and burns it, the remnants will be lacking that one *kometz*-full of flour (*Rashi* printed on top of 106b). [Note: The emendations inserted into the *Rashi* in the Vilna Shas are in error – see *Rashash, Meleches Yom Tov, Dikdukei Soferim* §300.]

35. Hence, this method of bringing the *kometz* is unviable.

[Actually, whether the *kometz* may be offered if the remnants became deficient between the *kemitzah* and the burning is the subject of a dispute on 9b – Reish Lakish indeed maintains that the *kometz* may not be offered, but R' Yochanan – whom the halachah follows – maintains that it may. Nevertheless, even R' Yochanan agrees that after the *kometz* is burned the remnants may not be eaten, see above, 9b. Thus, when the Gemara states that if the remnants became deficient between the *kemitzah* and the burning אֵין מַקְטִיר קוֹמֶץ עֲלֵיהֶן, it really means that the *kometz* may not be burned *in order to permit the remnants for consumption* (*Yashar V'Tov;* see *Tosafos* to *Yoma* 47b ד״ה ואמר מר).

[If the *minchah* became deficient *before* the *kemitzah,* all agree that the *minchah* is totally invalid (see above, 8a). Hence, the Gemara does not even bother offering the option of removing one *kometz* for the voluntary *minchah,* burning it and then returning to remove the second *kometz.*]

וְדִלְמָא כּוּלָּהּ חוֹבָה הִיא – **Perhaps the entire [*minchah*] is mandatory,** and once the initial *kometz* is removed, that which remains in the vessel would be regarded as "remnants." Should he then remove and burn the second *kometz* for the sake of the voluntary offering, he will be burning "remnants" on the Altar, וְכֹל שֶׁהוּא מִמֶּנּוּ לָאִישִּׁים הֲרֵי הוּא בְּבַל תַּקְטִירוּ – **and** that is prohibited under the law of, **"Anything of which a part is** placed **on the** Altar **fires is subject to** the prohibition **not to burn** the remaining part on the Altar."[1] – ? –

The Gemara answers:

אָמַר רַבִּי יְהוּדָה בְּרֵיהּ דְּרַבִּי שִׁמְעוֹן בֶּן פָּזִי – **R' Yehudah the son of R' Shimon ben Pazi said:** Really, the Kohen offers the "mandatory" *kometz* first. As to the question that the second *kometz* might in fact be "remnants," which may not be offered upon the Altar, דְּמַסִּיק לְהוּ לְשׁוּם עֵצִים – the answer is **that [the Kohen] burns [the "voluntary" *kometz*] for the sake of firewood.**[2] וּכְרַבִּי אֱלִיעֶזֶר – **And it is in accordance with** the ruling of **R' Eliezer.** דְּתַנְיָא – **For it was taught in a Baraisa:** רַבִּי אֱלִיעֶזֶר אוֹמֵר – **R' ELIEZER SAYS:** ,,לְרֵיחַ נִיחֹחַ" אִי אַתָּה מַעֲלֶה – The verse following the one that prohibits the burning of remnants states: *but to the Altar they may not go up for a satisfying aroma.*[3] This implies that ***FOR A SATISFYING AROMA*** [i.e. with sacrificial intent] **YOU MAY NOT OFFER UP** remnants on the Altar, אֲבָל אַתָּה מַעֲלֶה לְשׁוּם עֵצִים – **BUT YOU MAY OFFER** them **UP FOR THE SAKE OF FIREWOOD.**[4]

It emerges that the Rabbis' position that all sixty *issaron* are brought in a single vessel can be explained (according to Rabbah) by adopting R' Eliezer's ruling. This raises the possibility of yet another explanation of the dispute between Rebbi and the Rabbis:[5] אָמַר לֵיהּ רַב אַחָא בְּרֵיהּ דְּרָבָא לְרַב אַשִׁי – **Rav Acha the son of Rava said to Rav Ashi:** וְדִלְמָא דְּכוּלֵּי עָלְמָא מוּתָּר לְעָרֵב חוֹבָה בִּנְדָבָה – **But perhaps all** (i.e. both Rebbi and the Rabbis) **agree that it is permitted to mix mandatory** *menachos* **with voluntary** ones.[6] וְהָכָא בִּדְרַבִּי אֱלִיעֶזֶר קָא מִיפַּלְגֵי – **And here they disagree concerning R' Eliezer's** law of whether it is permitted to place remnants on the Altar as "fuel." דְּרַבָּנָן אִית לְהוּ דְּרַבִּי אֱלִיעֶזֶר – **That** is, **the Rabbis agree with R' Eliezer,**[7] וְרַבִּי לֵית לֵיהּ דְּרַבִּי אֱלִיעֶזֶר – **whereas Rebbi does not agree with R' Eliezer.**[8]

Rav Ashi responds:

אָמַר לֵיהּ – **He said to [Rav Acha the son of Rava]:** אִי סַלְקָא דַּעְתָּךְ לְרַבִּי מוּתָּר לְעָרֵב חוֹבָה בִּנְדָבָה – **If it should enter your mind that according to Rebbi it is permitted to mix** a **mandatory** *minchah* **with** a **voluntary** one, וּדְרַבִּי אֱלִיעֶזֶר לֵית לֵיהּ – **and** that **he does not agree with R' Eliezer's** ruling, then why would Rebbi require so many *esronos* (1830)? אֶפְשָׁר דְּמַיְיתֵי שִׁיתִּין בְּחַד מָנָא – **It is possible to bring** the second *kometz* by bringing **sixty** *issaron* **in one vessel** וְחַד בְּחַד מָנָא – **and one** more *issaron* **in another vessel,** וּמַגַּע לְהוּ וְקָמֵיץ – **and** to then **touch** the contents of **them** one to the other **and perform** the ***kemitzah*** from both![9] Since Rebbi does not suggest this, but instead

NOTES

1. The verse states (*Leviticus* 2:11): כִּי כָל־שְׂאֹר וְכָל־דְּבַשׁ לֹא־תַקְטִירוּ מִמֶּנּוּ אִשֶּׁה לַה׳, *for any leavening or any honey, you shall not burn from it a fire offering to Hashem.* Because the term מִמֶּנּוּ, *from it,* is superfluous in this verse, the verse is expounded as two statements, with the prohibition *you shall not burn* being applied to both. Thus, the verse is understood to mean: (a) כִּי כָל־שְׂאֹר וְכָל־דְּבַשׁ לֹא־תַקְטִירוּ, *for any leavening or any honey, you shall not burn [upon the Altar],* and (b) לֹא־תַקְטִירוּ מִמֶּנּוּ אִשֶּׁה לַה׳, *you shall not burn anything of which a part is a fire offering to Hashem.* I.e. once the Altar part of any offering was properly burned upon the Altar, the remainder of that offering [the non-Altar part] is forbidden for burning on the Altar (see *Rashi* to *Zevachim* 76b ד״ה ואי קודם). In our case, therefore, once the "mandatory" *kometz* is burned, we should no longer be allowed to burn the "voluntary" *kometz,* since it might have the status of "remnants," which are prohibited to be placed on the Altar.

Here the Gemara does not say that there would be a problem of remnants that became deficient between the *kemitzah* and the burning, for since the mandatory *kometz* is burned while the voluntary *kometz* is still in existence, the fact that the voluntary *kometz* was scooped out of the vessel beforehand would not render the remnants of the mandatory *minchah* "deficient" (see *Rabbeinu Gershom*). Likewise, the Gemara does not reject the previous suggestion – that the voluntary *kometz* be burned before the mandatory *kometz* – on the grounds that it would violate the prohibition of "anything of which a part is placed on the Altar fires is subject to the prohibition not to burn the remaining part on the Altar" (since the "voluntary" *kometz* might really be the remnants of the mandatory *kometz*), because that prohibition goes into effect only *after* the part which is destined for the Altar is placed there (see *Rashi* above, 57b ד״ה כל שממנו and to *Zevachim* 77a ד״ה ויצאו). Thus, if the voluntary *kometz* is offered before the mandatory one, the prohibition would not apply.

To recapitulate, the Gemara is asking that the various possibilities as to the composition of the sixty *esronos* seem to obviate any means of offering the two *kematzim:* If he offers the "voluntary" one first, the remnants might be found to be deficient; if he offers the "mandatory" one first, he might be offering remnants when the second *kometz* is placed on the Altar.

2. I.e. when the Kohen burns the second *kometz* on the Altar he stipulates as follows: If this *kometz* is required, because a voluntary offering is also contained in this vessel, I am burning this *kometz* to fulfill that requirement. And if this *kometz* is not required, because the entire *minchah* is mandatory, then the first *kometz* was for the sake of that *minchah,* and this second *kometz* I am placing on the Altar [not as an offering, but] merely to serve as additional fuel for the fire (see *Rashi* below ד״ה אית להו).

3. *Leviticus* 2:12. The full verse reads: קָרְבַּן רֵאשִׁית תַּקְרִיבוּ אֹתָם לַה׳ וְאֶל־הַמִּזְבֵּחַ לֹא־יַעֲלוּ לְרֵיחַ נִיחֹחַ, *As a first-fruit offering you shall offer them to Hashem, but to the Altar they may not go up for a satisfying aroma.*

4. R' Eliezer stated his ruling (in *Zevachim* 77a) in regard to a case in which limbs of a *chatas* offering, which are meant to be eaten, became intermingled with limbs of an *olah* offering, which are meant to be burned on the Altar. R' Eliezer teaches that all the limbs are burned on the Altar, and we view the *chatas* limbs as fuel for the Altar's fire. In his opinion, the prohibition against placing "remnants" upon the Altar applies only if they are placed there with sacrificial intent [*for a satisfying aroma*].

5. Thus far, two explanations of the dispute have been presented. Rav Chisda suggested that both Rebbi and the Rabbis agree that one may not mix mandatory and voluntary *menachos,* but they disagree whether one is permitted to bring *chullin* into the Courtyard. According to that explanation, the Rabbis require only one *kometz* to be offered. Rabbah, on the other hand, suggested that both Rebbi and the Rabbis agree that it is prohibited to bring *chullin* into the Courtyard, but they argue as to whether one may mix mandatory and voluntary *menachos.* According to that explanation the Rabbis require two *kematzim,* the first being offered for the mandatory *minchah* and the second with a stipulation that it should be burned conditionally as wood – in accordance with R' Eliezer's ruling. The Gemara now proposes a third explanation.

6. [And likewise they agree that one may not bring *chullin* into the Courtyard.]

7. They thus hold that all sixty *issaron* can be brought in one vessel, with the two *kematzim* brought conditionally, as described in note 2.

8. One therefore cannot bring all sixty *issaron* in a single vessel, since he could then not offer the second *kometz.* For if the entire contents of the vessel are required for the vow, the second *kometz* is regarded as "remnants," and by burning it he would be transgressing the prohibition against burning "remnants" on the Altar. [He could not stipulate that the second *kemitzah* should serve as firewood, for Rebbi does not agree with R' Eliezer] (*Rashi* with *Tzon Kodashim*).

9. If Rebbi permits one to mix mandatory and voluntary *menachos,* he could seemingly satisfy his vow – even though he rejects R' Eliezer's opinion – with just two vessels, one containing sixty *issaron* and the other containing one *issaron.* He would remove the first ("mandatory") *kometz* from the large vessel, and the second ("voluntary") *kometz* from the smaller one. When he removes the first *kometz* he would stipulate

requires sixty vessels containing 1830 *issaron,* it is apparent that in his view voluntary and mandatory *menachos* may not be mixed.

The Gemara now offers another explanation of the debate between Rebbi and the Rabbis:[10]

רָבָא אָמַר – **Rava says:** דְּכוּלֵּי עָלְמָא מוּתָּר לְעָרֵב חוֹבָה בִּנְדָבָה – Really, **according to all** opinions **it is permitted to mix mandatory** *menachos* **with voluntary** ones, וּדְכוּלֵּי עָלְמָא אִית לְהוּ דְּרַבִּי אֱלִיעֶזֶר – **and they all agree with R' Eliezer's** ruling.[11] וְהָכָא בִּפְלוּגְתָּא דְּרַבִּי אֱלִיעֶזֶר בֶּן יַעֲקֹב וְרַבָּנָן קָא מִיפַּלְגִי – **And here they disagree about** a matter that is **a dispute between R' Eliezer ben Yaakov and the Rabbis.** דִּתְנַן – **For we learned in a Mishnah:**[12] אֲפִילּוּ מִנְחָה שֶׁל שִׁשִּׁים עִשָּׂרוֹן – EVEN A *MINCHAH* OF SIXTY *ISSARON* of flour, נוֹתֵן לָהּ שִׁשִּׁים לוֹג – ONE SUPPLIES FOR IT SIXTY *LOG* of oil.[13] רַבִּי אֱלִיעֶזֶר בֶּן יַעֲקֹב אוֹמֵר – R' ELIEZER BEN YAAKOV SAYS: אֲפִילּוּ מִנְחָה שֶׁל שִׁשִּׁים עִשָּׂרוֹן אֵין לָהּ אֶלָּא לוֻגָּהּ – EVEN A *MINCHAH* OF SIXTY *ISSARON* of flour HAS NO MORE THAN ITS one *LOG* of oil,[14] שֶׁנֶּאֱמַר ,,לְמִנְחָה וְלֹג שָׁמֶן" – FOR IT IS STATED: *FOR A MINCHAH, AND A LOG OF OIL.*[15] רַבָּנָן סָבְרֵי [כְּרַבָּנָן] דְּאָמְרֵי שִׁשִּׁים לוֹג – **The Rabbis** who disagree with Rebbi in our Mishnah **hold like the Rabbis** of that Mishnah **who say** that **sixty** *log* are brought with sixty *issaron* of flour, וְכָל חַד וְחַד עִשָּׂרוֹן לוֻגָּהּ קָא שָׁקִיל – **and** thus **each** *issaron* of flour **takes its own** *log* of oil,[16] וְרַבִּי סָבַר כְּרַבִּי אֱלִיעֶזֶר בֶּן יַעֲקֹב דְּאָמַר – **whereas Rebbi agrees with R' Eliezer ben Yaakov who says** that אֵין לָהּ אֶלָּא לוֻגָּהּ – even **[a** *minchah* **of sixty** *issaron* **] has no more than its** one *log* of oil. וְלֹא יָדְעִינַן אִי חֲדָא מִנְחָה הִיא – **And** thus where the person forgot the specifications of his vow, **we do not know whether they** [the sixty *issaron* contained in the vessel] **are** in fact **a single** *minchah,* דְּסַגֵּי לָהּ בְּחַד לוֹג – **for which a single** *log* **suffices,** אִי שְׁתֵּי מְנָחוֹת נִינְהוּ – **or whether they are two** intermingled *menachos,* דִּבְעִינַן שְׁנֵי לוּגִּין – **for which we require two** *lugin.*[17]

Another explanation of the dispute between Rebbi and the Rabbis:

רַב אַשִׁי אָמַר – **Rav Ashi says:** בְּקָטָן וְהֵבִיא גָּדוֹל קָמִיפַּלְגִי – **They disagree regarding** one who vowed to bring **a small** *minchah* offering **but** instead **brought a large** one.[18] רַבָּנָן סָבְרֵי קָטָן וְהֵבִיא גָּדוֹל יָצָא – **The Rabbis hold** that one who vowed to bring **a small** offering **but** instead **brought a large** one **has fulfilled** his obligation, וְרַבִּי סָבַר לֹא יָצָא – **while Rebbi holds** that **he has not fulfilled** his obligation.[19]

The Gemara asks:

וְהָא אִיפְּלְגוּ בָּהּ חֲדָא זִמְנָא – **But they have already disagreed**

NOTES

thus: "If the entire contents of the large vessel are required for the mandatory *minchah* (i.e. to satisfy the vow), then this *kometz* should be on behalf of the contents of the large vessel [and the second *kometz,* which I will remove from the smaller vessel, should be offered on behalf of the contents of that vessel, which is an independent, voluntary *minchah*]. But if the entire contents of the large vessel are *not* required to satisfy the vow – in which case the extra flour in the large vessel is being offered as a voluntary offering – then the first *kometz* should represent the mandatory portion of the large vessel, and the second *kometz,* which I am about to remove from the small vessel, is being offered on behalf of the small vessel *and also* on behalf of the voluntary portion in the large vessel." He then tilts the two vessels together so that the two batches of flour touch each other, and removes a *kometz* from the small vessel (see *Meleches Yom Tov*). This attachment allows the *kometz* removed from the small vessel to be effective for the voluntary portion of the large one. (Creating this attachment is necessary because when describing the procedure of *kemitzah* in *Leviticus* 6:8, the Torah states: וְהֵרִים מִמֶּנּוּ, *and he shall separate "from it,"* which implies that the *kometz* is to be taken only when all the flour of the *minchah* is together, and not when it is in two separate parts – *Tosafos,* from Gemara above, 24a.) He then proceeds to burn the voluntary *kometz,* and follows with the burning of the mandatory one. When the second *kometz* is burned there is no problem of burning a *kometz* after the remnants have become deficient [even if the entire contents of the large vessel are in fact required for the mandatory offering] since the second, voluntary *kometz* was removed from the small vessel, leaving the contents of the large vessel completely intact (*Rashi,* with emendation of *Mesores HaShas*).

[In stating that the Kohen offers the voluntary *kometz* first, *Rashi* is merely selecting one of two alternatives; it is equally acceptable for the Kohen to offer the mandatory *kometz* first. For even if all the flour in the large vessel is the mandatory *minchah,* the Kohen would not, when offering the second *kometz,* be in violation of the prohibition against offering remnants on the Altar, since the voluntary *kometz* is clearly not the remnants of the larger offering, but is rather a separate and distinct offering (*Chemdas Daniel; Yad Binyamin;* see also *Beis Meir;* cf. *Yashar V'Tov*).]

10. Having rejected the previous explanation of the dispute, we are left with the two explanations of Rav Chisda and Rabbah. The Gemara now offers a third explanation.

11. That one may burn an offering on the Altar as fuel. [Similarly, they both agree that one may not bring *chullin* into the Courtyard.]

12. Above, 88a.

13. [Sixty *issaron* is the maximum a person can donate in one vessel as a single *minchah.*] According to this Tanna, one *log* of oil is required for each *issaron* donated, so that a sixty-*issaron minchah* requires sixty *log* of oil.

14. Since all sixty *issaron* contained in this vessel form part of a single *minchah,* they all require just a single *log* of oil.

15. *Leviticus* 14:21. The verse implies that only a single *log* is used no matter how much flour the *minchah* contains. [The Gemara on 89a elaborates this dispute.]

16. Hence, according to the Rabbis, one simply stipulates that as many *esronim* as required for the vow are being offered for the vow, and the rest are being offered as a separate, voluntary *minchah.* There is no problem that the two *menachos* are mixed together in the vessel, because [all agree that] one may mix mandatory and voluntary *menachos* (*Rashi*). [The phrase וְכָל חַד וְחַד עִשָּׂרוֹן לוֻגָּהּ קָא שָׁקִיל, *and each issaron takes its own log,* means that since there are as many *lugin* of oil as there are *esronim* of flour, each *issaron* automatically "takes" its *log.* We therefore can safely subdivide the sixty *issaron* into any combination of mandatory and voluntary *menachos* without concern that the *issaron* will be lacking the required amount of oil (see *Rashi*).]

17. I.e. if the person had vowed to bring a *minchah* consisting of thirty *issaron,* then thirty *issaron* of the vessel would be for the mandatory *minchah* and the remaining thirty would be a voluntary *minchah.* Since these two *menachos* are mixed in the vessel, two *lugin* of oil must be added. If, however, the person vowed to bring a *minchah* consisting of sixty *issaron,* then the entire vessel contains only that one *minchah.* In that case only one *log* of oil is called for (*Rashi*). This dilemma as to what to do with the oil can only be resolved by bringing sixty vessels containing *esronim* ranging from one to sixty. Each vessel is then a separate *minchah,* for which a separate *log* is required. The person then stipulates that the vessel which corresponds to the amount stated in the vow is being offered to satisfy the vow, and the rest are being brought as voluntary offerings.

18. For instance, he vowed to bring a *minchah* consisting of three *esronim* and instead brought five (*Rashi*).

19. According to this explanation, Rebbi and the Rabbis disagree as to whether one can satisfy his vow by bringing sixty *issaron* in a single vessel *without making any stipulation* – so that all sixty *issaron* constitute a single *minchah.* The Rabbis hold that he can fulfill his vow in this manner, since they maintain that one who vowed to bring a small offering can satisfy his vow by bringing a larger one. Hence, even if he had vowed to bring less than sixty *issaron,* the entire contents of this vessel can nevertheless be used to satisfy the vow. Rebbi, however, holds that one who vowed to bring a small offering may *not* bring a larger one. Since all sixty *issaron* of this vessel are a single *minchah,* they cannot be offered to satisfy the vow, which possibly calls for a lesser amount (*Rashi*).

about [this matter] one time! דִּתְנַן – **For we learned in a Mishnah:**[20] קָטָן וְהֵבִיא גָּדוֹל יָצָא – One who vowed to bring an animal sacrifice consisting of **A SMALL** ox, **BUT INSTEAD BROUGHT A LARGE** one, **HAS FULFILLED** his obligation. רַבִּי אוֹמֵר לֹא יָצָא – **REBBI SAYS: HE HAS NOT FULFILLED** his obligation. Why would this same dispute need to be taught by the Mishnah twice?

The Gemara answers:

צְרִיכָא – **It was necessary** to teach the dispute in regard to a *minchah* and also in regard to an animal sacrifice. דְּאִי אִיתְּמַר בְּהָא – **For had [the dispute] been stated only in this** context of *menachos,* בְּהָא קָא אָמְרֵי רַבָּנָן – I would have said that it is only **in this** context that **the Rabbis say** he has fulfilled his obligation with a larger offering, מִשּׁוּם דְּאִידִי וְאִידִי קוֹמֶץ הוּא – **since in either case** – whether he brings a small *minchah* or a large *minchah* – **it is** only **a *kometz*** that is offered on the Altar.[21] אֲבָל הָתָם דְּקָא נְפִישֵׁי אֵימוּרִין – **But there,** in the context of animal sacrifices, **where the sacrificial parts** that are brought on the Altar of a larger animal **are** correspondingly **larger** than those of a smaller animal, אֵימָא מוֹדוּ לֵיהּ לְרַבִּי – **I might have said that the Rabbis concede to Rebbi** that one may not bring a large animal to satisfy a vow which specified a small animal.[22] וְאִי אִיתְּמַר בְּהַהִיא – **And if [the dispute] had been mentioned** only **there** in the context of animal sacrifices, בְּהַהִיא קָאָמַר רַבִּי – I would have said that it is only **there,** where the size of the sacrificial portion varies according to the size of the animal, that **Rebbi says** that one cannot satisfy his vow with a larger offering, אֲבָל בְּהָא אֵימָא מוֹדֵי לְהוּ לְרַבָּנָן – **but in this** context of *menachos,* where the size of the sacrificial portion is not contingent on the size of the *minchah,* **I might have said that he concedes to the Rabbis.** צְרִיכָא – **It was** therefore **necessary** to record the dispute in the both contexts.

The Gemara provides a memory aid for the laws taught in the next few Mishnayos:

(סִימָן עֵצִי״ם זָהָ״ב יַיִ״ן עוֹלָ״ה תּוֹדָ״ה שׁוֹ״ר) – **A mnemonic: "Wood" "gold" "wine" "*olah*" "*todah*" "ox.")**[23]

Mishnah The Mishnah continues with further guidelines for one who makes a nonspecific vow:

הֲרֵי עָלַי עֵצִים – If someone vowed, **"It is hereby** incumbent **upon me** to bring **wood** for the Altar," לֹא יִפְחוֹת מִשְּׁנֵי גְּזִירִין – **he may not bring less than two logs.**[24] לְבוֹנָה – If he vowed to bring *levonah,* לֹא יִפְחוֹת מִקּוֹמֶץ – **he may not bring less than a *kometz.***[25]

Having mentioned the measure of a *kometz* as regards one who vows to bring *levonah,* the Mishnah proceeds to enumerate other cases in which this measure is applied:

חֲמִשָּׁה קְמָצִים הֵם – **There are five** cases involving ***kematzim.*** הָאוֹמֵר עָלַי לְבוֹנָה – (1) **One who says,** "It is hereby incumbent **upon me** to bring *levonah,*" לֹא יִפְחוֹת מִקּוֹמֶץ – **may not bring less than a *kometz,*** as stated above. הַמִּתְנַדֵּב מִנְחָה – (2) **One who donates a *minchah*** יָבִיא עִמָּהּ קוֹמֶץ לְבוֹנָה – **must bring with it a *kometz* of *levonah.***[26] הַמַּעֲלֶה אֶת הַקּוֹמֶץ בַּחוּץ חַיָּיב – (3) **One who offers up the *kometz* outside** the Temple **is liable.**[27] שְׁנֵי בְּזִיכִין טְעוּנִין שְׁנֵי קְמָצִים – (4) and (5) **The two spoonfuls of *levonah* require two *kematzim.***[28]

The Mishnah returns to its discussion of nonspecific vows:

הֲרֵי עָלַי זָהָב – If someone said, **"It is hereby** incumbent **upon me** to bring **gold** to the Temple treasury," לֹא יִפְחוֹת מִדִּינַר זָהָב – **he may not bring less than a gold *dinar.*** כֶּסֶף – If he vowed to donate **silver,** לֹא יִפְחוֹת מִדִּינַר כֶּסֶף – **he may not bring less than a silver *dinar.*** נְחֹשֶׁת – If he vowed **copper,** לֹא יִפְחוֹת מִמָּעָה כֶּסֶף – **he may not bring less** copper **than** the equivalent of **a silver *ma'ah.***[29] פֵּירַשְׁתִּי – If one says, **"I specified** a measure (i.e. a

NOTES

20. Below, 107b.

21. It is therefore logical that one is permitted to bring a large *minchah* in order to satisfy a vow to bring a smaller *minchah,* since in any case only a single *kometz* is offered on the Altar.

22. For the argument can be made that since the sacrificial parts of this animal are larger than those specified in his vow, this larger animal was not included in his vow and cannot be used to satisfy it (*Rashi*).

23. [Actually, the coming Mishnayos contain more than the six cases alluded to in this mnemonic. Evidently] the mnemonic includes only those cases that the Tanna introduces with the words הֲרֵי עָלַי, *it is hereby incumbent upon me . . .* (*Yashar V'Tov*).

24. [The Gemara will discuss whether he intends to bring an *offering* of wood or whether he means to consecrate wood as fuel for the Altar's pyre.]

גְּזִירִין are large pieces of wood (*Rashi*). The Mishnah teaches that one who donates wood using the plural term עֵצִים must bring at least two logs, for the minimum plural amount is two. [If one used the singular form עֵץ, he need not bring more than a single log] (*Tosafos* from *Yerushalmi, Shekalim* 18b; cf. *Rambam, Commentary* (based on *Yoma* 26b, 33a); see also *Rashi* above, 20b ד״ה וכן הוא אומר with *Shitah Mekubetzes* §7; *Chidushei HaGriz* here; *Sfas Emes*).

As to the *size* of the logs, see *Zevachim* 62b; *Rambam, Isurei Mizbe'ach* 7:3; *Maaseh HaKorbanos* 16:13 and *Chidushei HaGriz.* See also above, 20b note 5.

25. [The Gemara below will derive that one can donate *levonah* as a voluntary offering.] The *kometz* is taken to the Altar where it is burned. [See above, 11a-b, for further elaboration of the Mishnah's law.] *Yerushalmi, Shekalim* (ibid.) records a dispute regarding whose hand is used to measure the *kometz* (fistful) – that of the owner, or that of the Kohen (*Tosafos*).

[The implication is that if one chooses to bring *more* than a *kometz* he may do so. See *Chidushei HaGriz* and *Mikdash David* 11:4 for discussion of this law.]

26. Nearly all *menachos* are accompanied by *levonah* (Mishnah, 59a). Our Mishnah teaches that a *kometz* of *levonah* is required. See above, 11a-11b, for further elaboration of this law.

27. The Torah decrees a penalty of *kares* for one who takes a Temple offering and willfully slaughters it or offers it up outside the Temple. See Mishnah to *Zevachim* 106a; *Kereisos* 2a. ["Offering it up" in this context means burning it (see *Sefer HaChinuch* 439, and *Rambam, Sefer HaMitzvos, Mitzvas Lo Saaseh* 90; see further, *Mikdash David* 27:9).] The Mishnah teaches that in the case of *menachos* one is liable for offering a *kometz*-worth of the *minchah* outside the Temple.

Seemingly, the Mishnah omits the most basic case of *kometz,* namely, that a *kometz* must be taken from a *minchah* when it is offered *within* the Temple. The Tanna did not enumerate this case, however, because it is implicit in the present ruling regarding one who offers a *kometz* outside the Temple [inasmuch as liability for burning *outside* the Temple applies only for a substance which would have been valid as an offering had it been offered *inside* the Temple] (*Rashi;* cf. *Sfas Emes*).

28. Each of the two spoonfuls of *levonah,* which are placed alongside the *lechem hapanim* on the *Shulchan,* must contain a *kometz* of *levonah* (see *Rashi*). [The Mishnah counts the two spoonfuls as two separate cases of a *kometz.*]

29. [A *ma'ah* [pl. *maos*] is the smallest silver unit in Talmudic coinage. Thirty-two copper *perutos* equal one *ma'ah,* and six *ma'ahs* equal a silver *dinar.*] The Mishnah teaches that one who vows to donate copper must bring an amount of copper equivalent in value to a silver *ma'ah* (*Rashi*).

[We would have expected the Mishnah to rule that the person can bring a copper *perutah.* Evidently, however, a *perutah* is not considered

specific amount of one of the above types of metal), וְאֵינִי יוֹדֵעַ מַה פֵּירַשְׁתִּי – **but I do not recall what** measure **I specified,"** יָבִיא עַד שֶׁיֹּאמַר לֹא לְכָךְ נִתְכַּוַּונְתִּי – **he must bring** enough of that metal **until he can say** confidently, **"This much I did not intend."**[30]

Gemara The Gemara elaborates the Mishnah's first law that if one vowed to bring wood he must bring at least two logs:

תָּנוּ רַבָּנַן – **The Rabbis taught in a Baraisa:** ,,קָרְבָּן'' – The verse states: *If a person offers a minchah* **OFFERING** *to Hashem.*[31] מְלַמֵּד שֶׁמִּתְנַדְּבִין עֵצִים – **THIS** (i.e. the word *offering*) **TEACHES THAT ONE MAY DONATE WOOD** as a sacrificial offering.[32] וְכַמָּה – **AND HOW MUCH** is the minimum amount of wood for a nonspecific wood donation? שְׁנֵי גְּזִירִין – **TWO LOGS.** וְכֵן הוּא אוֹמֵר – **AND SO IT STATES** in another verse (i.e. that wood is called "an offering"): ,,וְהַגּוֹרָלוֹת הִפַּלְנוּ עַל־קָרְבַּן הָעֵצִים'' – ***AND WE CAST LOTS FOR THE WOOD OFFERING.***[33] רַבִּי אוֹמֵר – **REBBI SAYS:** עֵצִים קָרְבָּן הֵם – An offering of **WOOD IS** considered to be **AN** actual *minchah* **OFFERING;** טְעוּנִין מֶלַח – therefore, **[THE PIECES OF WOOD] REQUIRE SALT** (i.e. salt must be applied to them before burning), וּטְעוּנִין הַגָּשָׁה – **AND THEY REQUIRE BRINGING NEAR** to the southwest corner of the Altar.[34]

The Gemara expands Rebbi's comparison of the wood to a *minchah* offering:

אָמַר רָבָא – **Rava said:** וּלְדִבְרֵי רַבִּי – **And according to the words of Rebbi** who compares the wood offering to a *minchah,* עֵצִים טְעוּנִין קְמִיצָה – the **wood requires** ***kemitzah.***[35]

Another comment in the same vein:

אָמַר רַב פָּפָּא – **Rav Pappa said:** לְדִבְרֵי רַבִּי – **According to the words of Rebbi,** עֵצִים צְרִיכִין עֵצִים – the **wood** brought as an offering **requires** other pieces of **wood** on which to be burned.[36]

The Mishnah's next ruling reads:

לְבוֹנָה לֹא יִפְחוֹת מִן הַקּוֹמֶץ – If one vowed to bring ***LEVONAH,* HE MAY NOT BRING LESS THAN A *KOMETZ.***

The Gemara supplies the source for this law:

מְנָלַן – **From where do we derive** this?[37] דִּכְתִיב – **For it is written:**[38] ,,וְהֵרִים מִמֶּנּוּ בְּקֻמְצוֹ מִסֹּלֶת הַמִּנְחָה וּמִשַּׁמְנָהּ וְאֵת כָּל־הַלְּבֹנָה'' – ***He shall separate from it in his kometz some of the fine flour of the minchah and some of its oil, and all the levonah*** *that is on the minchah.* מַקִּישׁ לְבוֹנָה לַהֲרָמָה דְּמִנְחָה – **[The verse] compares** the ***levonah*** **to the separation of the** flour from the ***minchah.***[39] מָה הֲרָמָה דְּמִנְחָה קוֹמֶץ – **Just as the separation of the** flour from the ***minchah*** is performed with **a** ***kometz***-full of the substance, אַף לְבוֹנָה נַמִּי קוֹמֶץ – **so too** the amount required of ***levonah*** is **also a** ***kometz***-full.[40]

The Gemara cites a related teaching:

תָּנוּ רַבָּנַן – **The Rabbis taught in a Baraisa:** הֲרֵי עָלַי לַמִּזְבֵּחַ – If one said, **"IT IS HEREBY** incumbent **UPON ME** to bring something

NOTES

a significant amount, and we assume that the person intended to pledge a significant amount of copper (*Ritva,* MHK ed., to *Shabbos* 90a; *Sfas Emes* to 106b; cf. *Tosafos* to *Shabbos* ibid. ד״ה לא).]

30. He must bring metal until he reaches a point that he can say that he could not conceivably have vowed to bring that much (*Rashi*) [for example, he was not wealthy enough at the time he made the vow to have reasonably donated so large an amount (*Rabbeinu Gershom*)].

31. *Leviticus* 2:1. וְנֶפֶשׁ כִּי־תַקְרִיב קָרְבַּן מִנְחָה לַה׳.

32. The verse could have stated simply: וְנֶפֶשׁ כִּי־תַקְרִיב מִנְחָה, *If a person offers a minchah,* and omitted the word קָרְבָּן, *offering.* The word *offering* is therefore expounded to include various items that fall into the category of "offering." The verse teaches that any of these items — one of which is wood — may be brought as independent offerings upon the Altar (see *Rashi* to *Zevachim* 91b ד״ה קרבן מנחה).

33. *Nehemiah* 10:35. The verse is found in a passage that discusses the arrangements made to supply the needs of the Second Temple at the time of its rebuilding. The Baraisa cites this verse to demonstrate that wood is called an offering in Scripture (see *Rashi* to above, 20a ד״ה עצים). This allows us to expound the verse "a *minchah* offering" as referring to an offering of wood (*Korban HaEdah* to *Shekalim* 18b ד״ה ה״ג קרבן לרבות).

34. Just as *menachos* are brought to the southwest corner of the Altar and are salted, so this wood offering is treated similarly.

The dispute between the Rabbis and Rebbi concerns only a case in which a person vows to donate specific logs of wood to be burned upon the Altar, and not where he declared a general vow to donate wood (*Tosefta, Shekalim* 3:3). According to Rebbi, the wood is an actual *minchah* offering; therefore, it must be brought to the southwest corner of the Altar and must be salted. According to the Rabbis the wood is not a full-fledged offering, and therefore it requires none of these things (see *Tosafos* to 20b ד״ה מלמד). See *Raavad* to *Toras Kohanim* to this verse for an elucidation of the reasoning underlying the dispute.

Why does Rebbi compare the wood specifically to a *minchah* offering? He reasons that since the existence of the wood offering is derived from a verse that speaks of the *minchah* offering, it is analogous to a *minchah.* It must therefore be treated like a *minchah* with regard to the *avodos* of salting and bringing near (*Tosafos* above, 20b ד״ה לדברי).

[There is some question as to the status of the wood offering according to the Rabbis. Some maintain that they hold the wood offering to be in the category of עֲצֵי הַמַּעֲרָכָה, *wood used for the Altar pyre.* Accordingly, the wood is used to form a pyre upon which other offerings are burned (see *Rabbeinu Gershom,* printed on 107a; *Mishneh LaMelech, Klei HaMikdash* 6:9,10). Others, however, argue that the Rabbis differentiate between the wood offering and the wood used for the pyre, i.e. they hold that the wood offering, unlike the pyre wood, is a privately owned offering, albeit of less than full status. See *Chazon Ish* (*Menachos* 23:5) at length; see also *Mikdash David* 11:3.]

35. I.e. the Kohen chops up a part of the offering into splinters, takes a *kometz,* burns it upon the Altar, and then burns the rest of the wood (*Rashi* here and to *Me'ilah* 19b ד״ה וצריכין קמיצה). [From *Shitah Mekubetzes* (§9) to 20b above in the name of *Rashi,* as well as from *Rashi* to *Me'ilah* and *Tosafos* there ד״ה לדברי and below ד״ה והא, it is clear that the wood that remains after the *kometz* is taken is burned as well. *Rabbeinu Gershom* (printed on 107a), however, writes that the remainder is divided among the Kohanim. See *Mikdash David* (11:3) for discussion.]

Rava is saying that since according to Rebbi a wood offering is considered to be a full-fledged *minchah,* it must undergo the *avodah* of *kemitzah* just like other *menachos.* The novelty of Rava's ruling is that although *kemitzah* cannot be performed on wood in its natural state (i.e. wood that has not first been chopped into splinters), the comparison to *minchah* still demands that it be performed (see *Tosafos* to 20b ד״ה לדברי and ד״ה עצים; see also *Chidushei HaRashba* there).

36. The wood offering [is not simply set alight], but is burned on [a pyre] of other wood, just like any other offering (*Rashi* to *Me'ilah* ibid. ד״ה אמר רבא; see *Rashi* here).

37. That is, from where is it known that an ordinary burning of *levonah* (i.e. when the *levonah* accompanies a *minchah* offering) requires a *kometz* (*Rashi* with *Shitah Mekubetzes;* cf. *Chidushei HaGriz*).

38. *Leviticus* 6:8.

39. The verse speaks of burning two portions on the Altar, the *kometz,* which is separated from the *minchah's* flour, and the *levonah,* which is scooped off the top of the *minchah* prior to the *kemitzah* and which is subsequently burned upon the Altar. The Gemara asserts that this juxtaposition teaches that the two are compared.

40. The verse speaks of *levonah* that accompanies a *minchah,* and teaches that a *kometz*-full is required. Since *levonah* that is brought as an independent offering is presumably analogous to *levonah* which is brought together with a *minchah,* we extend the *kometz* measure to it as well (*Raavad* to *Toras Kohanim, Vayikra, Nedavah, Parshasa* 8:4). (See also *Perek* 10:9 in *Toras Kohanim* there for a similar exposition.)

TO THE ALTAR," יָבִיא לְבוֹנָה – HE MUST BRING *LEVONAH,* שֶׁאֵין לְךָ דָּבָר שֶׁקָּרֵב לְגַבֵּי מִזְבֵּחַ אֶלָּא לְבוֹנָה – FOR YOU HAVE NOTHING THAT IS completely OFFERED UPON THE ALTAR SAVE FOR *LEVONAH.*[41] פֵּירַשְׁתִּי וְאֵינִי יוֹדֵעַ מַה פֵּירַשְׁתִּי – If one says, "I pledged to bring an offering from among those that are brought to the Altar, and I SPECIFIED a particular offering, BUT I DO NOT RECALL WHAT offering I SPECIFIED," יָבִיא מִכָּל דָּבָר שֶׁקָּרֵב לַמִּזְבֵּחַ – HE MUST BRING one offering FROM EACH OF THE THINGS THAT ARE primarily OFFERED ON THE ALTAR.[42]

The Gemara questions the Baraisa's initial ruling, that one who pledged to bring "to the Altar" must bring *levonah:*

וְתוּ לֵיכָּא – **But are there no other** offerings that are brought exclusively to the Altar? וְהָא אִיכָּא עוֹלָה – **Why, there is the *olah*** offering! – ? –

The Gemara answers:

אִיכָּא עוֹרָהּ לַכֹּהֲנִים – The *olah* is not entirely brought to the Altar, because **there is its hide,** which is given **to the Kohanim.**

The Gemara persists:

וְהָא אִיכָּא עוֹלַת הָעוֹף – **But there is** also **a bird *olah*!** – ? –

The Gemara answers:

אִיכָּא – The bird *olah* too is not entirely brought to the Altar, because **there are**

NOTES

41. *Levonah* is the only offering that is burned in its entirety on the Altar. All other offerings have parts that are not burned but are either eaten, given to the Kohanim, or disposed of in some manner other than burning on the Altar [as will be elaborated in the Gemara below]. The phrase "to the Altar," therefore, is most aptly applied to the *levonah,* since it is the only sacrificial item that is brought entirely upon the Altar.

42. In this case, too, the vower pledged to bring an offering "to the Altar" – which implies an offering of which no portion is eaten by the Kohanim – but whereas in the first case that is *all* he said, in this case he specified a particular offering "from among those that are brought to the Altar" (only now he cannot recall which offering he specified). Now, the phrase "to the Altar" refers specifically to *levonah,* as explained in the previous note (and as will be demonstrated in the Gemara below). There are, however, other offerings, such as the bird *olah* and *minchas nesachim,* whose remnants are also not eaten by the Kohanim, but which cannot be categorized simply as "to the Altar," either because they contain some minor parts that are not brought to the Altar or because of some other reason that the Gemara will explain. Accordingly, when one vows simply to "bring *something* to the Altar" and does not specify a particular offering, we can safely exclude those other offerings. In the present case in which the vower did specify a particular kind of offering, however, we must consider the possibility that that offering was not *levonah,* since a vow for *levonah* would not have required any specification. Perhaps, then, he mentioned an offering that can be referred to as going "to the Altar" in a *broader* sense, since it contains no parts that are eaten by the Kohanim. He must therefore bring not only *levonah* but also one each of every kind of offering that is not eaten by the Kohanim – e.g. the *bird olah* and *minchas nesachim* (see *Rashi*).

מוּרְאָה וְנוֹצָה – its **crop and feathers,** which are not brought to the Altar.[1] A bird *olah* therefore is not categorized as something that is brought entirely "to the Altar."

The Gemara persists:

וְהָאִיכָּא נְסָכִים – **But there are *nesachim,*** which are brought in their entirety upon the Altar![2] – ? –

The Gemara answers:

לְשִׁיתִין אָזְלֵי – **They** are not burned on the pyre, but instead **are brought to the *shissin.*** Hence they are not categorized as being brought "to the Altar."[3]

The Gemara asks:

וְהָאִיכָּא מִנְחַת נְסָכִים – **But there are the *minchas nesachim,*** which are burned in their entirety upon the Altar![4] – ? –

The Gemara answers:

כֵּיוָן דְּאִיכָּא מִנְחָה דְּאָכְלֵי כֹּהֲנִים מִינָּהּ – **Since there is a** parallel ***minchah* from which Kohanim *do* eat,** לֹא פְּסִיקָא לֵיהּ – **[the vower] would not have referred to [the *minchas nesachim*] simply** as something brought "to the Altar," without further elaboration.[5]

The Mishnah states:

הֲרֵי עָלַי זָהָב לֹא יִפְחוֹת מִדִּינַר זָהָב – If one says, "**IT IS HEREBY** incumbent **UPON ME** to bring **GOLD," HE MAY NOT BRING LESS THAN A GOLD *DINAR.***

The Gemara asks:

וְדִלְמָא נַסְכָּא – **But** why is he liable to bring a gold coin (viz. a *dinar*)? **Perhaps** he meant to donate **a** mere **ingot** of gold![6] – ? –

The Gemara answers:

אָמַר רַבִּי אֶלְעָזָר – **R' Elazar says:** דְּאָמַר מַטְבֵּעַ – The Mishnah is dealing with **where he** explicitly **mentioned a coin.**

The Gemara persists:

וְדִלְמָא פְּרִיטֵי – **But** even so, why is he liable to a gold *dinar*? **Perhaps** he meant to donate a mere ***perutah*** of gold.[7] – ? –

The Gemara answers:

אָמַר רַב פָּפָּא – **Rav Pappa said:** פְּרִיטֵי דְּדַהֲבָא לֹא עָבְדֵי אִינְשֵׁי – **People do not** normally **make gold *perutos.***[8]

The Gemara proceeds to the Mishnah's next ruling:

כֶּסֶף לֹא יִפְחוֹת מִדִּינָר – If one vowed to bring **SILVER, HE MAY NOT BRING LESS THAN A** silver ***DINAR.***

The Gemara asks:

וְדִלְמָא נַסְכָּא – **But** why is he liable to bring a silver coin (viz. a *dinar*)? **Perhaps** he meant to donate **an ingot** of silver. – ? –

The Gemara answers:

אָמַר רַבִּי אֶלְעָזָר – **R' Elazar says:** דְּאָמַר מַטְבֵּעַ – The Mishnah refers to **where he** explicitly **mentioned a coin.**

The Gemara persists:

וְדִלְמָא פְּרִיטֵי – **But** even so, why is he liable to a silver *dinar*? **Perhaps** he meant to donate **a *perutah*** of silver.[9] – ? –

The Gemara answers:

אָמַר רַב שֵׁשֶׁת – **Rav Sheisess said:** בְּאַתְרָא דְּלֹא סָגוּ פְּרִיטֵי דְּכַסְפָּא – The Mishnah is dealing **with a place where silver *perutos* are not used** in currency.[10]

The Gemara proceeds to the Mishnah's next ruling:

נְחוֹשֶׁת לֹא יִפְחוֹת מִמָּעָה כֶּסֶף – If one vowed to bring **COPPER, HE MAY NOT BRING LESS** copper **THAN** the equivalent of **A SILVER *MA'AH.***[11]

NOTES

1. Rather, they are thrown to a designated place adjacent to the Altar (known as the מְקוֹם הַדֶּשֶׁן, *place of the ash(es),* see *Leviticus* 1:16), where they are (miraculously) absorbed into the ground, as taught in *Yoma* 21a (*Rashi*).

2. The *nesachim* are the wine libations that are brought together with most personal and communal sacrifices. They may also be offered independent of any offering (see Mishnah below on this *amud*). They are of various sizes (see *Numbers* 15:1-16 and Mishnah above, 90b), and are poured into receptacles built into the southwest corner of the Altar. From there they drain into perforations leading to the שִׁיתִין, *shissin,* a very deep cavity beneath the Altar (see *Succah* 48a and *Zevachim* 63a with *Rashi* ד״ה ניסוך המים והיין). Perhaps the vower meant to donate *nesachim,* since these are offered in their entirety upon the Altar.

3. See previous note. Since they are not brought to the Altar proper – i.e. the pyre – they do not qualify as being brought "to the Altar" (*Rabbeinu Gershom*).

4. The *minchas nesachim* – as distinct from *nesachim* without the modifying word *"minchas"* – refers to the flour *minchah* that accompanies most animal offerings. It too can be donated as an independent offering, as taught by Rava above, 106a. No *kometz* is separated from this *minchah,* and it is entirely burned on the Altar – see Mishnah above, 74b. Perhaps the vower meant to donate this offering, which is completely burned upon the pyre.

5. Since the normal donated *minchah* offering *is* eaten by the Kohanim, the vower would not refer to the *minchas nesachim* simply as something that is brought "to the Altar" [without clarifying his intention] (*Rashi;* cf. *Rabbeinu Gershom*). Instead, he must have meant *levonah* which, in *all* cases, is burned in its entirety upon the Altar.

The Gemara has thus suggested four possible candidates to be categorized as being brought "to the Altar" – viz. the animal *olah,* the bird *olah, nesachim* and *minchas nesachim* – but has demonstrated that none qualify as such. Instead, the vower must bring *levonah,* since this is the only offering that can be referred to as something that is brought "to the Altar." The Baraisa above, however, ruled that if the vower had *specified* a particular offering that is brought "to the Altar" – however, he is now uncertain as to what he specified – we assume an expanded interpretation of the phrase "to the Altar," and he must bring not only *levonah* but also other offerings that are not eaten by Kohanim. [See above, 106b note 42 for explanation.] He thus must bring, aside from *levonah,* all four of the candidates mentioned in our Gemara (*Rambam, Hil. Maaseh HaKorbanos* 16:11). [*Mishneh LaMelech* (ibid.) notes that *Rashi* above (106b ד״ה פרשתי) mentions only that he must bring the bird *olah* and a *minchas nesachim,* but makes no mention of the animal *olah* and the *nesachim.* See there for a possible explanation of *Rashi.* Cf. *Minchah Tehorah* to 106b.]

6. An ingot [or bar] of gold is worth less than a gold *dinar.* Since the rule regarding vows is that the person is only obligated to bring the smallest amount that the language of his vow allows, the person should be obligated to donate a mere golden ingot and not a gold *dinar* (*Tosafos*). [*Tosafos* cite *Yerushalmi* to *Shekalim* (6:4) which asserts that the ingot would have to be large enough to make a golden hook (presumably because this is the smallest amount of gold that can be used in the Temple). Cf. *Rambam, Hil. Arachin* 2:10; see also *Sfas Emes.*]

7. That is, a coin smaller than a golden *dinar.* [Although the term *perutah* usually refers to a copper coin, here it refers to any coinage smaller than a golden *dinar* (*Rabbeinu Gershom;* see *Tosafos* here ד״ה ודילמא and to *Bava Basra* 165b ד״ה אימא נסכא, end; see, however, *Rashi* to *Kesubos* 110b ד״ה ואימא פריטי with *Tzon Kodashim* and *Birkas HaZevach* here).]

8. [We therefore can assume that he did not mean to donate these lesser coins, but meant to donate a gold *dinar,* which is the *standard* gold coin.]

9. That is, he may have meant a silver coin worth less than a silver *dinar* – namely, a *ma'ah* (which is worth one-sixth of a *dinar*), a *pundyon* (which is one-twelfth of a *dinar*) or an *issar* (which is one-twenty-fourth of a *dinar*).

10. When the person pledged to bring a silver coin, he presumably referred to a coin that was being used in the area he is speaking – and we are dealing with where *perutos* [and all other silver denominations worth less than a *dinar* (*Sfas Emes*)] were not used. Perforce, therefore, he referred to a *dinar.*

[The Gemara cannot answer as it did above regarding gold, that people do not normally make silver *perutos,* because that simply is not the case; in fact, silver coins worth less than a silver *dinar* were common, e.g. a *ma'ah,* a *pundyon* and an *issar.*]

11. See 106b note 29.

The Gemara cites a dissenting opinion:

תַּנְיָא – It was taught in a Baraisa: רַבִּי אֱלִיעֶזֶר בֶּן יַעֲקֹב אוֹמֵר – **R' ELIEZER BEN YAAKOV SAYS:** לֹא יִפְחוֹת מִצִּינוֹרָא קְטַנָּה שֶׁל נְחֹשֶׁת – **HE MAY NOT BRING LESS THAN A SMALL COPPER FORK.**

The Gemara explains:

לְמַאי חַזְיָא – **Of what use is it?**[12] אָמַר אַבַּיֵי – **Abaye said:** שֶׁמְּחַטְּטִין בָּהּ פְּתִילוֹת וּמְקַנְּחִין בָּהּ נֵרוֹת – **They trim** the **wicks and clean out** the **lamps with it.**[13]

The Gemara proceeds to a similar case:

בַּרְזֶל – Regarding one who pledges to bring **iron** to the Temple treasury, תַּנְיָא – **it was was taught in a Baraisa:**[14] אֲחֵרִים אוֹמְרִים – **OTHERS SAY:** לֹא יִפְחוֹת מִכַּלְיָה עוֹרֵב – **HE MAY NOT GIVE LESS THAN** a piece of iron large enough to fashion **A "CROW-CHASER."** Anything less than this has no significant value for the Temple.[15]

The Gemara explains:

וְכַמָּה – **And how much** iron is this? אָמַר רַב יוֹסֵף – **Rav Yosef said:** אַמָּה עַל אַמָּה – A piece **one *amah* by one *amah*.**[16]

The Gemara quotes another version of this Baraisa and Rav Yosef's comment on it:

אִיכָּא דְּאָמְרֵי – **And there are those who say** it thus: לֹא יִפְחוֹת מֵאַמָּה עַל אַמָּה – **HE MAY NOT GIVE LESS THAN** a piece of iron **ONE *AMAH* BY ONE *AMAH*.** לְמַאי חַזְיָא – **Of what use is it** [a piece of iron this size]? אָמַר רַב יוֹסֵף – **Rav Yosef said:** לְכַלְיָה עוֹרֵב – **For** fashioning into **a "crow-chaser."**

Mishnah

In the final Mishnah of the previous chapter (above, 104b) we learned that one may offer a voluntary *nesech* (libation) offering of wine even when it is unaccompanied by any other offering. As to whether oil too may be donated on its own as a voluntary offering is the subject of a dispute there. The following Mishnah follows the view of R' Tarfon that oil may be donated on its own as a voluntary offering. Along the lines of the previous Mishnayos of this chapter, this Mishnah discusses the law regarding a vow to bring an unspecified amount of oil or wine and the law concerning one who is uncertain as to what he vowed.

הֲרֵי עָלַי יַיִן – One who said, **"It is hereby** incumbent **upon me** to bring an offering of **wine,"** לֹא יִפְחוֹת מִשְּׁלֹשָׁה לוּגִּין – **may not bring less than three *lugin*.**[17] שֶׁמֶן לֹא יִפְחוֹת מִלּוֹג – If he said, "It is hereby incumbent upon me to bring **oil," he may not bring less than a *log*.**[18] רַבִּי אוֹמֵר שְׁלֹשָׁה לוּגִּין – Rebbi says: He must bring at least **three *lugin*.**[19] פֵּירַשְׁתִּי וְאֵינִי יוֹדֵעַ מַה פֵּירַשְׁתִּי – If one says, **"I specified** to bring a certain amount of wine or oil, **but I do not recall what I specified,"** יָבִיא כְּיוֹם מְרוּבֶּה – **he must bring the equivalent of** the amount brought on **the day with the greatest** requirement.[20]

Gemara

The Gemara cites a Baraisa relating to the first ruling of the Mishnah – the minimum amount of wine to be brought by one who pledges an unspecified amount of wine:

תָּנוּ רַבָּנָן – **The Rabbis taught in a Baraisa:** "אֶזְרָח" – The word ***NATIVE***[21] appearing in the passage of the obligatory *nesachim* מְלַמֵּד שֶׁמִּתְנַדְּבִין יַיִן – **TEACHES THAT WE MAY DONATE**

NOTES

12. [Presumably, the vower meant to pledge enough copper to serve a useful purpose in the Temple. How would a copper fork be used there?]

13. The Kohen would snip off the tip of the wick [of the Menorah] which had become burnt. In addition, he would clean out the Menorah's lamps with this fork by removing the ashes that have accumulated within it (*Rashi*).

In saying that the Kohen would use the fork to trim the wicks, *Rashi* is necessarily dealing with where the wick is still burning, for once the Menorah's lamps have burned out, they are completely cleaned together with their wicks, and totally new wicks are placed therein (see *Chidushei HaGriz;* see also *Rabbeinu Gershom; Chidushei HaGriz* to *Hil. Temidin U'Mussafin* p. 82, top of second column). [*Tosafos,* however, argue that the Gemara cannot be speaking of using this copper fork for the Menorah, since there were golden tongs made specifically for this task (see *Exodus* 25:38). Rather, the Gemara refers to lamps other than the Menorah, which were used to illuminate the Temple.]

[From the fact that the Gemara here does not establish that we are dealing with where the vower specified a copper *coin,* it would seem that this case is dealing with where he in fact did not specify a coin. If so, R' Eliezer ben Yaakov of the Baraisa, who says that he must give enough copper to make a fork and who clearly is also dealing with where the vower did not mention a coin, is in disagreement with the Mishnah's ruling that he must bring a *ma'ah's* worth of copper. This is how we have presented the Gemara in the text. *Rambam* (*Hil. Arachin* 2:9), however, understands the Mishnah to be dealing with where the vower *did* mention a coin – just as in the previous cases of one who pledges gold or silver. It emerges, then, that R' Eliezer ben Yaakov who rules that he must give enough copper to make a fork is not disagreeing with the Mishnah, but rather is dealing with a different case, namely, with where he did not mention a coin (*Chidushei HaGriz;* cf. *Kesef Mishneh;* see also *Tzon Kodashim* and *Chok Nasan.* It remains to be explained, however, how, according to *Rambam,* bringing a *ma'ah* of silver can satisfy a vow to bring a copper *coin.* See *Shoshanim LeDavid* to the Mishnah.]

14. [In a parallel *sugya* in *Shabbos* 90a, the Gemara reads thus: תָּנוּ רַבָּנָן הָאוֹמֵר הֲרֵי עָלַי בַּרְזֶל, *The Rabbis taught in a Baraisa: If one says, "It is hereby incumbent upon me [to bring] iron . . ."* This should be the reading here as well (*Yashar V'Tov*).]

15. The roof of the Temple was covered with square iron plates, known as crow-chasers, which were studded with nails and whose edges [which apparently were bent upwards] were razor sharp. Their purpose was to keep crows from alighting on the Temple's roof (*Rashi* here with *Rashi* to *Shabbos* 90a, see *Middos* 4:6), thereby preventing the crows from soiling the roof with their droppings (*Rabbeinu Gershom*) or depositing *tamei* items there (*Aruch* [ע' כל ב']). Alternatively, the "crow-chaser" was a scarecrow (*Aruch* ibid., cited in *Tosafos*).

[*Aruch* states that crow-chasers were required only for the Second Temple. The Divine Presence was so palpable during the First Temple that crows instinctively refrained from alighting there. See *Tosafos.*]

16. Each of the tiles was a square *amah.*

17. One who vowed to bring a voluntary *nesech* of wine and did not specify the amount of wine involved must bring a minimum of three *lugin.* This is the smallest measure of wine sanctioned as *nesachim* by the Torah (*Rashi*), as the offering of a lamb requires an accompanying wine *nesech* of one-fourth of a *hin,* which equals three *lugin* (*Rav*).

18. If he vowed to bring an offering of oil, he must bring at least one *log,* for that is the amount of oil required for a donated *minchah* (*Rashi*) of the smallest eligible measure of flour – one *issaron* (*Rav*). Although, in essence, a vow of oil is similar to wine of *nesachim* in that it is offered by itself on the Altar [in contrast to the oil of the *minchah* which is mixed with the flour], nevertheless, this Tanna is of the opinion that the laws of a donation of oil are to be derived from the oil of a *minchah,* rather than from wine of *nesachim* (see Gemara). Thus, its minimum requirement is dependent on the minimum requirement of the oil of the *minchah,* which is one *log* (*Rashi*).

19. The minimum amount for *nesachim.* The basis for the dispute between the Tanna Kamma and Rebbi will be explained by the Gemara.

20. [Since he is unsure as to the amount that he pledged, he must bring the maximum amount which can be brought on a single day (see below, end of note 32).] The Gemara will disclose to which day the Mishnah is referring.

21. In *Numbers* 15:13, after specifying the *nesachim* that must accompany the *olah* and *shelamim* offerings, the Torah states: כָּל־הָאֶזְרָח יַעֲשֶׂה־כָּכָה אֶת־אֵלֶּה, *Every native shall do so with them.* This verse appears

WINE. וְכַמָּה – **AND HOW MUCH** is the minimum that may be donated? שְׁלֹשָׁה לוּגִּין – **THREE** ***LUGIN.***[22] וּמִנַּיִן שֶׁאִם רָצָה לְהוֹסִיף יוֹסִיף – **AND FROM WHERE** is it known **THAT IF HE WISHES TO ADD** and donate a larger amount, that **HE MAY ADD?** תַּלְמוּד לוֹמַר ,,יִהְיֶה" – **FOR [THE TORAH] STATES:**[23] ***IT SHALL BE.*** יָכוֹל יִפְחוֹת – **IT MIGHT BE** thought **THAT HE MAY** bring **LESS** than three *lugin,* תַּלְמוּד לוֹמַר ,,כָּכָה" – **[THE TORAH] THEREFORE STATES:**[24] ***SO.***

The Gemara elucidates the next portion of the Mishnah:

שֶׁמֶן לֹא יִפְחוֹת מִן הַלּוֹג רַבִּי אוֹמֵר שְׁלֹשָׁה לוּגִּין – If he said, "It is hereby incumbent upon me to bring **OIL," HE MAY NOT BRING LESS THAN A** ***LOG.*** **REBBI SAYS: THREE** ***LUGIN.***

The Gemara analyzes the dispute:

בְּמַאי קָא מִיפַּלְגֵי – **Regarding what** issue **do they disagree?** אָמְרוּהָ רַבָּנָן קַמֵּיהּ דְּרַב פָּפָּא – **The rabbinic students stated [the following explanation] before Rav Pappa:** בְּדוּן מִינָּהּ וּמִינָּהּ – Whether we follow the principle of **"derive from it and** continue to derive **from it"** or the opposing principle of בְּדוּן מִינָּהּ וְאוֹקִים בְּאַתְרָהּ – **"derive from it but place** the derivative **in its** own **context,"** קָא מִיפַּלְגֵי – **is** the issue of **their dispute.**[25] רַבָּנָן סָבְרֵי דּוּן מִינָּהּ וּמִינָּהּ – **The Rabbis hold "derive from it and** continue to derive **from it."** Thus, they maintain that the derivation is made as follows: מַה מִּנְחָה מִתְנַדְּבִין אַף שֶׁמֶן נַמִּי מִתְנַדְּבִין – Derive from it (the *minchah* offering) that **just as a** ***minchah*** **offering is donated, so too may** an offering of **oil be donated.**[26] וּמִינָּהּ – **And** continue to derive **from it,** מַה מִּנְחָה בְּלוֹג – that **just as the** ***minchah*** **offering** must **contain** a minimum of **a** ***log*** of oil, אַף שֶׁמֶן בְּלוֹג – **so too** the donated **oil** offering must **contain** at least **a** ***log***. וְרַבִּי סָבַר דּוּן מִינָּהּ וְאוֹקִי בְּאַתְרָהּ – **But Rebbi holds "derive from it but place** the derivative **in its** own **context."** Thus he maintains that the derivation runs as follows: מַה מִּנְחָה מִתְנַדְּבִין אַף שֶׁמֶן נַמִּי מִתְנַדְּבִין – Derive from it (the *minchah* offering) that **just as a** ***minchah*** **is donated, so too may** an offering of **oil be donated.** וְאוֹקִי בְּאַתְרָהּ – **But place** the derivative **in its** own **context,** with regard to deriving further details. Therefore, the donated oil offering is כִּנְסָכִים – **similar to** ***nesachim.***[27] מַה נְּסָכִים שְׁלֹשֶׁת לוּגִּין – **Just as** ***nesachim*** must contain a minimum of **three** ***lugin,*** אַף שֶׁמֶן נַמִּי שְׁלֹשֶׁת לוּגִּין – **so too,** a donated **oil** offering must **also** contain a minimum of **three** ***lugin.***

The Gemara questions the assertion that Rebbi disputes the principle of "derive from it and continue to derive from it":

אָמַר לְהוּ רַב פָּפָּא – **Rav Pappa said to [the rabbinic students]:** אִי מִמִּנְחָה גָּמַר לָהּ רַבִּי – **If Rebbi** in fact **derived** the validity of **[the donated oil offering] from the** ***minchah*** **offering,** as those who offered the previous interpretation maintain, דְּכוּלֵּי עָלְמָא לֹא פְּלִיגֵי – **then all** – even Rebbi – would **agree** that דּוּן מִינָּהּ וּמִינָּהּ – we **derive** the oil offering **from it [the** ***minchah*** **offering] and** continue to derive **from it.**[28] אֶלָּא רַבִּי מֵ,,אֶזְרָח" גָּמִיר לָהּ – **Rather, Rebbi derives** the validity of **[the donated oil offering] from** the word ***native***[29] appearing in the passage of *nesachim.*

The Gemara challenges Rav Pappa's interpretation of Rebbi's view:

אָמַר לֵיהּ רַב הוּנָא בְּרֵיהּ דְּרַב נָתָן לְרַב פָּפָּא – **Rav Huna the son of Rav Nassan said to Rav Pappa:** וּמִי מָצִית אָמְרַתְּ הָכִי – **Can you possibly say so,** i.e. that Rebbi derives the validity of the donated oil offering from the word *native?* וְהָתַנְיָא – **But we have learned in a Baraisa:** ,,קָרְבַּן" – The verse states: *a minchah* **OFFERING.**[30] מְלַמֵּד שֶׁמִּתְנַדְּבִין שֶׁמֶן – **THIS TEACHES THAT WE MAY DONATE OIL.** וְכַמָּה – **AND HOW MUCH** is its minimum volume? שְׁלֹשֶׁת לוּגִּין – **THREE** ***LUGIN.*** מַאן שָׁמְעַתְּ לֵיהּ דְּאָמַר שְׁלֹשֶׁת לוּגִּין – Now, **whom have you heard saying** that the minimum volume is **three** ***lugin?*** רַבִּי – It is **Rebbi!** Thus, it is Rebbi's view that is reflected in this Baraisa. וְקָא מַיְיתֵי לָהּ מִ,,קָרְבַּן" – **Yet** we see that in this same Baraisa **he** also **derives** the validity of **[the donated oil offering] from** the word ***offering*** stated in regard to a *minchah.* – ? –

Rav Pappa concedes:

אָמַר לֵיהּ – **He said to [Rav Huna the son of Rav Nassan]:** אִי

NOTES

superfluous [from which it is derived that one may offer wine on its own as a voluntary *nesachim* offering] (*Rashi*).

22. For in no case do we find that less than three *lugin* is fit for a *nesachim* offering (*Rashi*).

23. *Numbers* 15:15. The concluding verse of the *nesachim* passage reads: חֻקַּת עוֹלָם לְדֹרֹתֵיכֶם כָּכֶם כַּגֵּר יִהְיֶה לִפְנֵי ה׳, *an eternal decree for your generations, like you like the proselyte it shall be before Hashem.* The term יִהְיֶה, *it shall be,* implies that other *nesachim,* besides those enumerated, may be offered, denoting that one may bring *nesachim* of a larger amount (*Rashi*).

24. Ibid. v. 13. [The word כָּכָה (*thus* or *so*) indicates that one may not deviate from the prescribed manner, teaching that one may not offer less than this amount.]

25. There is a general question concerning a law derived through a *gezeirah shavah* or a *hekeish.* Does the derived law assume the characteristics of the source context from which it is derived (דּוּן מִינָּהּ וּמִינָּהּ, *derive from it and [continue to derive] from it*) or does the derived law assume the characteristics of the target context (דּוּן מִינָּהּ וְאוֹקִי בְּאַתְרָהּ, *derive from it but place [the derivative] in its [own] context*)?

To illustrate, using the present case: As we will see, the donated oil offering is derived from the donated *minchah* offering (see next note). Thus, the *minchah* offering is *the source context* from which the donated oil offering is derived. Having established that one may donate an offering of oil, the question arises regarding the minimum quantity of oil required: Should the donated oil offering be compared to the *minchah* offering (*the source context*), that is, דּוּן מִינָּהּ וּמִינָּהּ, *derive from it and [continue to derive] from it.* Or, should the donated oil offering be compared to *the target context,* and [being that the donated oil offering is a *nesachim*-like offering] we would compare it to the *nesachim* offering, and derive its particulars from those relating to *nesachim.*

26. As explained further in the Gemara, the validity of a donated oil offering is derived from the word קָרְבַּן, *[a minchah] offering* appearing in the passage of the donated *minchah* offering (*Leviticus* 2:1), which begins: וְנֶפֶשׁ כִּי־תַקְרִיב קָרְבַּן מִנְחָה לַה׳, *When a person offers a minchah offering to Hashem* (*Rashi*).

27. For oil that is brought on its own [rather than as part of a mixture] is similar to wine of *nesachim* [which is also poured alone] (*Rashi;* see Mishnah above, 104b; *Rashi* to *Zevachim* 91b ד״ה כנסכים).

28. [Rav Pappa maintains that even Rebbi is in agreement with the principle of "derive from it and continue to derive from it." It would then emerge that if Rebbi, in fact, derived the validity of a donated oil offering from the *minchah* offering, as was proposed by the rabbinic students, the minimum volume of a donated oil offering should actually be a single *log,* as that is the volume of oil contained in the smallest *minchah* offering. Being that Rebbi requires a minimum of three *lugin,* evidently Rebbi did not derive the validity of a donated oil offering from the *minchah* offering. Rav Pappa now introduces his view as to the source of the validity of an offering of oil according to Rebbi.]

29. *Numbers* 15:13. Just as the word אֶזְרָח, *native,* written in the passage of *nesachim,* teaches that one may donate wine on its own, it similarly teaches that one may donate oil on its own. Therefore, since according to Rebbi, the validity of a donation of oil is derived from the passage of the *nesachim,* even if Rebbi utilizes the principle of דּוּן מִינָּהּ וּמִינָּהּ (*derive from it and [continue to derive] from it*), he would nonetheless conclude that the oil offering requires a minimum of three *lugin,* for this is the minimum volume of the obligatory wine *nesachim* (*Rashi*). The Rabbis, on the other hand, maintain that the oil offering is derived from the *minchah* offering, as was previously stated.

30. *Leviticus* 2:1.

תַּנְיָא תַּנְיָא – **If** indeed **it has been taught in a Baraisa, it has been taught,** and I retract my explanation in deference to the Baraisa.[31]

The Gemara cites the final clause of the Mishnah:

פֵּירַשְׁתִּי וְאֵינִי יוֹדֵעַ מַה פֵּירַשְׁתִּי יָבִיא כְּיוֹם מְרוּבֶּה – If one says, "I SPECIFIED, BUT I DO NOT RECALL WHAT I SPECIFIED," HE MUST BRING THE EQUIVALENT OF the amount brought on THE DAY WITH THE GREATEST requirement.

The Gemara discloses to which day the Mishnah is referring:

תָּנָא – **A Baraisa taught:** כְּיוֹם טוֹב הָרִאשׁוֹן שֶׁל חַג שֶׁחָל לִהְיוֹת בְּשַׁבָּת – LIKE the total of wine or oil brought on the FIRST FESTIVAL DAY OF the Succos HOLIDAY THAT FALLS ON SHABBOS.[32]

Mishnah As in the previous Mishnayos, the discussion of this Mishnah pertains to one who makes an unspecific vow and to one who is uncertain as to what he vowed. The Mishnah begins with a discussion regarding the *olah:*

הֲרֵי עָלַי עוֹלָה – One who said, **"It is hereby** incumbent **upon me** to bring **an *olah,*"** יָבִיא כֶּבֶשׂ – **brings a lamb.**[33] רַבִּי אֶלְעָזָר בֶּן עֲזַרְיָה אוֹמֵר – **R' Elazar ben Azaryah says:** אוֹ תוֹר אוֹ בֶן יוֹנָה – **Either a turtledove or a pigeon.**[34] פֵּירַשְׁתִּי מִן הַבָּקָר וְאֵינִי יוֹדֵעַ מַה פֵּירַשְׁתִּי – One who said, **"I specified from cattle but I do not recall what** type **I specified** (a bull or calf)," יָבִיא פַּר וְעֵגֶל – **must bring a bull and a male calf.**[35] מִן הַבְּהֵמָה וְאֵינִי יוֹדֵעַ מַה פֵּירַשְׁתִּי – One who said, "I specified **from animals, but I do not recall what I specified,"** יָבִיא פַּר וְעֵגֶל אַיִל שָׂעִיר גְּדִי וְטָלֶה – **must bring a bull and a male calf, a ram, a he-goat, a kid and a male lamb.**[36] פֵּירַשְׁתִּי וְאֵינִי יוֹדֵעַ מַה פֵּירַשְׁתִּי – If one says, **"I specified but I do not recall** at all **what I specified,"**[37]

NOTES

31. *Rashi* to *Chagigah* 19b ד״ה אמר להו אי תניא (cf. *Ran* to *Nedarim* 19b ד״ה אי תניא תניא).

Since Rav Pappa's approach was rejected, the Gemara's original explanation of the dispute – that the Tannaim disagree over the principles of דון מינה ואוקי באתרה and דון מינה ומינה – is restored (*Tosafos*).

32. The offerings on that day include thirteen bulls, fourteen lambs and two rams for the festival *mussaf* offerings, two lambs for the Shabbos *mussaf* and two lambs for the daily *tamid* (emendation of *Shitah Mekubetzes* to *Rashi*). These all require the accompaniment of *nesachim.* The thirteen bulls require six *lugin* of wine and oil each, totaling seventy-eight *lugin* of oil and seventy-eight of wine. The lambs require three *lugin* apiece, totaling another fifty-four *lugin* each. The two rams each require four *lugin* of oil and wine, adding another eight *lugin* of oil and eight of wine. In all, then, the total quantity of wine brought on that day is one hundred and forty *lugin,* and the same for oil (*Tosafos Yom Tov*). Thus, this person, too, must bring one hundred and forty *lugin* of either oil or wine to discharge his uncertain obligation. [See *Sfas Emes,* who discusses why this amount should serve as the gauge.]

33. Of the types of animals eligible to be brought as an *olah* [bull, calf, ram, lamb, goat and kid], the least expensive *olah* is a male lamb [an *olah* may only be brought from males] (see *Leviticus* 1:3,10; *Rashi*). As we have seen in the previous Mishnayos of this chapter, one who made an unspecific vow may fulfill his obligation with the minimum requirement. Thus, he may fulfill his requirement by bringing a lamb.

34. Besides the animals enumerated in the previous note, one may also donate a bird – either a turtledove or pigeon – as an *olah.* R' Elazar ben Azaryah asserts that one who vowed an unspecific vow brings one of them, being that they are the least expensive; see Gemara.

35. [One who vowed to bring an *olah* from a specific animal category, but does not recall which animal in that category he specified, must bring one of each animal which may possibly have been pledged, for a vow to offer an animal of one type may not be fulfilled by bringing an animal of a different type.] Since an *olah* may be brought only from male animals, when one specified that he will bring from בָּקָר, *cattle,* the possibilities are limited to an adult bull and a male calf (*Rav*).

An עֵגֶל, *calf,* is a male of the cattle species in its first year (*Tiferes Yisrael*). A פַּר, *bull,* is a male of the cattle species in its second and third years (*Rambam, Maaseh HaKorbanos* 1:11, 14). See table in note that follows.

36. If he remembers only that he specified an animal [and not a bird], he must bring all of the animals cited, since any one of them may have been the one specified. In this case, too, since the vow concerned an *olah,* only male animals are included (*Rav*).

A male sheep in its second year (beginning with the fourteenth month from birth) is referred to as a ram; in its first year, it is called a lamb. The same distinction applies to a goat and a kid (*Tiferes Yisrael*). [It should be noted, though, that in other places the term שָׂעִיר is used in reference to a goat in its *first* year (see *Rashi* to *Yoma* 65b ד״ה אלא; *Rav* to *Parah* 1:4; *Rishon LeTziyon* to Mishnah here; *Taharas HaKodesh;* see *Rambam, Hil. Maaseh HaKorbanos* 1:14 with commentaries).]

HEBREW TERMS AND ENGLISH EQUIVALENTS FOR SACRIFICIAL ANIMALS

	בָּקָר – CATTLE		צֹאן – SHEEP		עִזִּים – GOATS	
	MALE	FEMALE	MALE	FEMALE	MALE	FEMALE
ADULT	פַּר BULL	פָּרָה COW	אַיִל RAM	רְחֵלָה EWE	שָׂעִיר HE-GOAT	שְׂעִירָה SHE-GOAT
YOUNG	עֵגֶל CALF	עֶגְלָה CALF	כֶּבֶשׂ/טָלֶה LAMB	כִּבְשָׂה/טַלְיָה LAMB	גְּדִי KID	גְּדִיָּה KID

37. I.e. he does not even remember whether it was a bird or a different type of animal (*Rashi*).

מוֹסִיף עֲלֵיהֶן תּוֹר וּבֶן יוֹנָה – **he adds to them** (i.e. the sacrifices enumerated previously) **a turtledove and a pigeon.**[1]

The Mishnah addresses *todah* and *shelamim* offerings (which may be offered from both male and female animals): הֲרֵי עָלַי תּוֹדָה וּשְׁלָמִים – One who said, **"It is hereby** incumbent **upon me** to bring **a *todah* offering" or "a *shelamim* offering,"** יָבִיא כֶּבֶשׂ – **brings a lamb.**[2] פֵּירַשְׁתִּי מִן בָּקָר – If he says, **"I specified** (a *todah* or *shelamim*) **from cattle,** וְאֵינִי יוֹדֵעַ מַה פֵּירַשְׁתִּי – **but I do not recall what** type **I specified,"** יָבִיא פַּר וּפָרָה – **he must bring a bull and a cow,** עֵגֶל וְעֶגְלָה – and **a male calf and a female calf.**[3] מִן הַבְּהֵמָה – One who says, "I specified to bring (a *todah* or *shelamim*) **from animals,** וְאֵינִי יוֹדֵעַ מַה פֵּירַשְׁתִּי – **but I do not recall what** animal **I specified,"** יָבִיא פַּר וּפָרָה – **must bring a bull and a cow,** עֵגֶל וְעֶגְלָה – **a male calf and a female calf,** אַיִל וּרְחֵלָה – **a ram and a ewe,** שָׂעִיר וּשְׂעִירָה – **a he-goat and a she-goat,** גְּדִי וּגְדִיָּיה – **a male kid and a female kid,** טָלֶה וְטַלְיָיה – and **a male lamb and a female lamb.**[4]

הֲרֵי עָלַי שׁוֹר – One who said, **"It is hereby** incumbent **upon me** to bring **an ox,"** יָבִיא הוּא וּנְסָכָיו בְּמָנֶה – **must bring [an ox] and its *nesachim,*** which are together **worth a *maneh*** (one hundred *dinars*).[5] עֵגֶל יָבִיא הוּא וּנְסָכָיו בְּחָמֵשׁ – One who said, "It is hereby incumbent upon me to bring **a calf," must bring [a calf] and its *nesachim,*** which are together **worth five** *selaim* (twenty *dinars*). אַיִל יָבִיא הוּא וּנְסָכָיו בִּשְׁתַּיִם – If he said, "... to bring **a ram," he must bring [a ram] and its *nesachim,*** which are together **worth two** *selaim;* כֶּבֶשׂ יָבִיא הוּא וּנְסָכָיו בְּסֶלַע – **"... a lamb," he must bring [a lamb] and its *nesachim,*** which are together **worth a *sela.***

שׁוֹר בְּמָנֶה – One who said, "It is hereby incumbent upon me to bring **an ox worth a *maneh,*"** יָבִיא בְּמָנֶה חוּץ מִנְּסָכָיו – **must bring** an ox **worth a *maneh* aside from** the value of **its *nesachim.***[6] עֵגֶל בְּחָמֵשׁ – If he said, "... to bring **a calf worth five** *selaim,"* יָבִיא בְּחָמֵשׁ חוּץ מִנְּסָכָיו – **he must bring** a calf **worth five** *selaim* **besides its *nesachim*;** אַיִל בִּשְׁתַּיִם – **"... a ram worth two** *selaim,"* יָבִיא בִּשְׁתַּיִם חוּץ מִנְּסָכָיו – **he must bring** a ram **worth two** *selaim* **besides its *nesachim*;** כֶּבֶשׂ בְּסֶלַע – **"... a lamb worth a *sela,*"** יָבִיא בְּסֶלַע חוּץ מִנְּסָכָיו – **he must bring** a lamb **worth a *sela* besides its *nesachim.*** שׁוֹר בְּמָנֶה וְהֵבִיא שְׁנַיִם בְּמָנֶה – If he said, "It is hereby incumbent upon me to bring **an ox worth a *maneh,*"** and he brought **two** oxen, together **worth a *maneh,*** לֹא יָצָא – **he has not fulfilled** his obligation,[7] וַאֲפִילוּ זֶה בְּמָנֶה חָסֵר דִּינָר וְזֶה בְּמָנֶה חָסֵר דִּינָר – **even if each one is worth a *maneh* less a *dinar*** (i.e. ninety-nine *dinars*). שָׁחוֹר וְהֵבִיא לָבָן – If he said, "It is hereby incumbent upon me to bring a **black** ox," **and he brought a white one,** or לָבָן וְהֵבִיא שָׁחוֹר – **"white" – and he brought a black one,** or גָּדוֹל וְהֵבִיא קָטָן – **"large" – and he brought a small one,** לֹא יָצָא – **he has not fulfilled** his obligation.[8] קָטָן וְהֵבִיא גָּדוֹל יָצָא – However, if he specified **"small," and he brought a large one, he has fulfilled** his obligation.[9] רַבִּי אוֹמֵר לֹא יָצָא – **Rebbi says: He has not fulfilled** his obligation.[10]

Gemara The Gemara addresses the first clause of the Mishnah – the apparent dispute between the Tanna Kamma and R' Elazar ben Azaryah as to whether the minimum requirement for one who did not specify the type of *olah* is to bring a lamb or either a turtledove or pigeon:

וְלֹא פְּלִיגֵי – **But they** actually **do not argue.** מַר כִּי אַתְרֵיהּ – The statement of **one master** reflects the situation **of his place,** וּמַר כִּי אַתְרֵיהּ – **and** the statement of **the other master** reflects the situation **of his place.**[11]

The Gemara cites a Baraisa relating to our Mishnah:

תָּנוּ רַבָּנָן – **The Rabbis taught in a Baraisa:** הֲרֵי עָלַי עוֹלָה בְּסֶלַע לַמִּזְבֵּחַ – One who said, IT IS HEREBY incumbent UPON ME to bring

NOTES

1. Since he has no recollection whatsoever as to the animal specified, he must bring all of the possibilities listed above – as well as both a turtledove and pigeon, the two varieties of birds which may also be brought as an *olah.*

[Although in the earlier case of the Mishnah, where he made an unspecific vow, his vow can be fulfilled by bringing *either* a turtledove or pigeon, in a case where he pledged a specific one and does not recall which, he cannot fulfill his obligation by merely bringing one of them, for turtledoves and pigeons are two distinct species, and a pledge to bring one cannot be fulfilled by bringing the other (*Zevach Todah* based on *Rambam*).]

2. If someone vowed to bring a *todah* or a *shelamim,* without specifying the nature of that offering, he need only bring a lamb in its first year. This is the smallest possible offering for these sacrifices (*Rashi*).

[Although the Mishnah mentions that he bring a כֶּבֶשׂ, which is a male lamb (the term for a female lamb is כִּבְשָׂה), this is not meant to exclude females. He may discharge this vow with either a male or a female (*Meleches Shlomo*).]

3. [If he remembers having specified cattle, he must offer all of these possibilities, which include both male and female, since] for these offerings both male and female animals are valid (*Rashi*).

4. [If he recalls having specified an animal but does not remember which, he must bring every one of the animals which are valid for these offerings, for any one of these may be the animal that he specified.] The distinction between adult and young in all of these categories is between an animal in its second year and one in its first (*Rav* with *Tosafos Yom Tov*).

5. The value of the ox, together with that of its *nesachim* – i.e. the *minchas nesachim* and the wine libation which accompany the sacrifice (*Tos. Yom Tov*) – must equal a *maneh* (see *Sfas Emes*). [A *maneh* is worth twenty-five *selaim;* a *sela* is worth four *dinars.*]

According to *Rashi,* this law [as well as that of the cases that follow] is in accordance with the dictates of the Oral Law transmitted down through the generations. Others, however, contend that the amounts cited in this Mishnah are the median value of these animals together with the required *nesachim* [and thus the assumed value intended unless otherwise specified] (*Rambam, Commentary to Mishnah*).

6. Since he specified here to bring an *ox* worth a *maneh,* that value can no longer include the *nesachim* as well (*Rashi*). [The same applies to any of the other animals cited.]

7. Since he pledged to bring *one* ox valued at a *maneh* (*Rashi*).

8. For he has not complied with the requirements of his vow. [His specification of color is essential to the vow,] because the color of the ox may affect its function, for the black ox has the most valuable hide [the red ox has the tastiest meat], and the white ox is the best variety for plowing (*Tosafos* ד״ה שחור, based on *Nazir* 31b).

9. [For by going beyond his requirement he certainly has fulfilled his vow.]

10. [For he has not fulfilled his vow in the manner in which it was made (see above, 106b note 22; see also *Chidushim U'Veurim* 11:14 ד״ה קטן והביא גדול).]

11. Where the Tanna Kamma lived, lambs were less expensive than birds, and in that place that was the minimal fulfillment of his vow. Where R' Elazar ben Azaryah lived, however, birds were less expensive. Thus, in actuality there exists no disagreement between them at all, for each Tanna was merely relating the law as it applied in his town (*Rashi; Rabbeinu Gershom*).

Rambam (*Commentary to Mishnah*), however, explains that the

UPON THE ALTAR AN *OLAH* WORTH A *SELA*, יָבִיא כֶּבֶשׂ – MUST BRING A LAMB.[12] שֶׁאֵין לְךָ דָּבָר שֶׁקָּרֵב בְּסֶלַע לְגַבֵּי מִזְבֵּחַ אֶלָּא כֶּבֶשׂ (שקרב בסלע)[13] – FOR THERE IS NOTHING WORTH A *SELA* OFFERED ON THE ALTAR OTHER THAN A LAMB. פֵּירַשְׁתִּי וְאֵינִי יוֹדֵעַ מַה פֵּירַשְׁתִּי – If he said, "I SPECIFIED to bring a certain offering valued at one *sela,* BUT I DO NOT RECALL WHAT type of offering I SPECIFIED," יָבִיא מִכָּל דָּבָר שֶׁקָּרֵב בְּסֶלַע לְגַבֵּי מִזְבֵּחַ – HE MUST BRING FROM ALL THINGS WORTH A *SELA* THAT ARE OFFERED ON THE ALTAR.[14]

The Gemara resumes the elucidation of the Mishnah:

פֵּירַשְׁתִּי מִן הַבָּקָר וְאֵינִי יוֹדֵעַ מַה פֵּירַשְׁתִּי יָבִיא פַּר וְעֵגֶל – One who said, "I SPECIFIED FROM CATTLE BUT I DO NOT RECALL WHAT I SPECIFIED," MUST BRING A BULL AND A MALE CALF.

אַמַּאי – **Why** must he bring both a bull and a calf? וְלַיְתֵי פַּר מִמָּה נַפְשָׁךְ – **Let him bring a bull in either event** (whether his vow actually was to bring a bull or whether it was to bring a calf)![15] – ? –

The Gemara answers:

הָא מַנִּי – **Whose** opinion **is** reflected in **this** Mishnah? רַבִּי הִיא – **It is Rebbi,** דְּאָמַר קָטָן וְהֵבִיא גָּדוֹל לֹא יָצָא – **who says** regarding one who vowed to bring **a small** animal **and brought a large** one, that **he has not fulfilled** his obligation. Thus, since a vow to bring a small one cannot be fulfilled by bringing a large one, he must bring both.

The Gemara counters:

אִי רַבִּי – **If** the Mishnah is indeed reflecting the opinion of **Rebbi,** אֵימָא סֵיפָא – **consider the last clause** of the Mishnah: שׁוֹר בְּמָנֶה וְהֵבִיא שְׁנַיִם בְּמָנֶה לֹא יָצָא – If he said, "It is hereby incumbent upon me to bring AN OX WORTH A *MANEH,*" AND HE BROUGHT TWO oxen, together WORTH A *MANEH*, HE HAS NOT FULFILLED his obligation, וַאֲפִילּוּ זֶה בְּמָנֶה חָסֵר דִּינָר וְזֶה בְּמָנֶה חָסֵר דִּינָר – EVEN IF EACH ONE IS WORTH A *MANEH* LESS A *DINAR.* שָׁחוֹר וְהֵבִיא לָבָן – If he said, "It is hereby incumbent upon me to bring a BLACK ox," AND HE BROUGHT A WHITE ONE, or לָבָן וְהֵבִיא שָׁחוֹר – "WHITE" – AND HE BROUGHT A BLACK ONE, or גָּדוֹל וְהֵבִיא קָטָן לֹא יָצָא – "LARGE" – AND HE BROUGHT A SMALL ONE, HE HAS NOT FULFILLED his obligation. קָטָן וְהֵבִיא גָּדוֹל יָצָא – "SMALL" – AND HE BROUGHT A LARGE one, HE HAS FULFILLED his obligation. רַבִּי אוֹמֵר לֹא יָצָא – REBBI SAYS: HE HAS NOT FULFILLED his obligation. רֵישָׁא וְסֵיפָא רַבִּי וּמְצִיעֲתָא רַבָּנָן – Now, could it be that **the first and final clauses** of the Mishnah accord with **Rebbi, and the middle clause** with **the Rabbis?**[16]

The Gemara responds:

אִין – **Indeed!** רֵישָׁא וְסֵיפָא רַבִּי מְצִיעֲתָא רַבָּנָן – **The first and final clauses** of the Mishnah accord with **Rebbi,** and **the middle clause** with **the Rabbis.** וְהָכִי קָאָמַר – **And this is what [the Mishnah] is saying:** דָּבָר זֶה מַחֲלוֹקֶת רַבִּי וְרַבָּנָן – **This issue** (i.e whether in a situation of doubt one is required to bring both a bull and a calf) **is** dependent on **a dispute between Rebbi and the Rabbis** whether one can fulfill his obligation by bringing a larger animal than the one that he vowed to bring.[17]

A Mishnah is cited:

תְּנַן הָתָם – **We learned in a Mishnah there:**[18] שִׁשָּׁה לִנְדָבָה – SIX collection boxes FOR DONATIVE OFFERINGS. כְּנֶגֶד מִי – **For what were they designated?** (סִימָן קמ״ף ש״ע) – **A mnemonic:** ***KaMaF ShA.***)[19]

The Gemara offers an explanation:

אָמַר חִזְקִיָּה – **Chizkiyah said:** כְּנֶגֶד שִׁשָּׁה בָּתֵּי אָבוֹת הַכֹּהֲנִים – They were **designated for the six paternal houses of the Kohanim,**[20]

NOTES

Tanna Kamma lived in a place where people referred only to the animal *olah* offering as an (unmodified) *olah* offering. When a bird *olah* was meant, they specified a "bird *olah.*" Therefore, one who vows to bring an *olah,* without giving any explanation of his intent, is understood to be referring to that of an animal [as opposed to a bird], of which the smallest possible example is a lamb. R' Elazar ben Azaryah, on the other hand, lived in an area where the *olah* of a bird was also referred to simply as an *olah.* Since the vow can be plausibly construed to refer to a bird, such an offering also constitutes a fulfillment of his vow (see *Zevach Todah*).

12. For the lamb is the standard *olah* offering valued at a *sela* (see *Rabbeinu Gershom;* see also *Chidushim U'Veurim,* end of 11:14).

[Conceivably, the value of the accompanying *nesachim* may also be included in this *sela* (see *Sfas Emes* ד״ה שור במנה וד״ה הרי עלי עולה; see also *Yad Binyamin*).]

13. These final words, which appear superfluous, are deleted by *Shitah Mekubetzes,* and do not appear in manuscript editions cited by *Dikdukei Soferim.*

14. [Although the standard *olah* offering valued at a *sela* is a lamb,] since he knows that he specified a certain type, anything of which an entire offering can be purchased for a *sela* [such as flour or *levonah* (*Rabbeinu Gershom*)] is included in this doubt, and *all* of them must be offered (*Rashi;* see also *Chidushim U'Veurim,* end of 11:14).

15. Since even if his vow was to offer a small animal, he has certainly fulfilled it when he has gone beyond his requirement by bringing a larger animal (*Rashi*).

16. [The "middle clause" here actually refers to the first view presented in the dispute in the final clause of the Mishnah.] If the first clause of the Mishnah indeed reflects Rebbi's opinion, the Mishnah seems inconsistent. For it begins by following Rebbi's view and subsequently states that this is subject to dispute (see also *Rabbeinu Gershom*).

17. That is, the purpose of the final clause of the Mishnah is to explain that the first clause of the Mishnah is not unanimous, but rather subject to a dispute between Rebbi and the Rabbis (*Rashi*).

18. *Shekalim* 6:5. The Mishnah relates: There were thirteen collection boxes [called *shofaros,* because their shape somewhat resembled a *shofar*] in the Temple, and upon them it was written: new *shekalim;* old *shekalim*; bird-pairs; young *olah* birds; wood; *levonah;* gold for utensils. And [the remaining] six were for donative offerings.

The funds in the *shofaros* designated for donative offerings were the remainder of funds set aside for certain offerings that turned out to be in excess of the funds actually needed. Since the excess monies remain consecrated, they may not be used for non-sacred purposes. They were therefore used for the purpose of special *olah* offerings offered on the Altar at times when there were no vowed offerings to be brought, in order that the Altar not remain idle. [As with other *olos,*] the flesh of these sacrifices are offered on the Altar and the hides are given to the Kohanim (*Rashi*). [This discussion is cited here because the Gemara will relate it to the view of Rebbi just cited.]

19. The mnemonic should read קנ״ז פש״ע, *KeNaZ PaShA* ("Kenaz was negligent"); [an acronymic reference to the six Amoraim whose views are cited in the *sugya* that follows – Chiz**k**iyah, R' Yocha**n**an, **Z**e'iri, Bar **P**adda, **Sh**muel, R' Osh**a**ya] (*Shitah Mekubetzes;* see also *Yad David; Dikdukei Soferim*).

20. The Kohanim were divided into twenty-four groups or מִשְׁמָרוֹת, *mishmaros* [literally: watches], each of which served in the Temple for a week at a time on a rotating basis (*Rambam, Hil. Klei HaMikdash* 4:3; see *I Chronicles* Ch. 24 and *Taanis* 27a-b). Each *mishmar,* in turn, was divided into six *batei avos* [sing. *beis av*], *paternal houses,* one for each day of the week, besides the Sabbath, when all would serve together (*Rashi; Rabbeinu Gershom;* see also *Rishon LeTziyon* and *Tiferes Yisrael* [*Boaz* §2] to *Tamid* 1:1; *Teshuvos Chasam Sofer, Orach Chaim* §200; *Ohel Moshe; Mikdash David* 35:2 ד״ה אמרינן בשקלים).

Now, the Kohanim only had a claim to their portion of the sacrificial meat, as well as to the hides of the *olah,* on the day assigned to their *beis av* (*Rambam, Hil. Maaseh HaKorbanos* 10:14; see *Rashi* to *Pesachim* 57a ד״ה ולערב). Regarding the communal donative offerings which were discussed above (note 18), however, this arrangement could prove problematic. Since these offerings are only offered in the absence of other offerings, it is quite possible that on a day when many privately donated *korbanos* were offered, the Kohanim of the *beis av* performing the *avodah* might have no opportunity to bring offerings from the *shofaros* at all, while the Kohanim of a different *beis av,* serving on a

שֶׁתִּקְּנוּ לָהֶם חֲכָמִים שֶׁיְּהֵא שָׁלוֹם זֶה עִם זֶה – **which** (i.e. these collection boxes) **were instituted by the Sages, in order that they should be at peace with one another.**

Another explanation:

רַבִּי יוֹחָנָן אָמַר – **R' Yochanan said:** מִתּוֹךְ שֶׁהַנְּדָבָה מְרוּבָּה – **Since there was a large** quantity of **donations,** תִּיקְּנוּ לָהֶם שׁוֹפָרוֹת מְרוּבִּין – **[the Sages] enacted that there should be many collection boxes,** כְּדֵי שֶׁלֹּא יִתְעַפְּשׁוּ הַמָּעוֹת – **in order that the money should not corrode.**[21]

Another approach:

וּזְעִירִי אָמַר – **And Ze'iri said:** כְּנֶגֶד פַּר וְעֵגֶל אַיִל וְכֶבֶשׂ גְּדִי וְשָׂעִיר – They were **designated for the bull and calf, ram and lamb, kid and goat.**[22] וְרַבִּי הִיא – **And it accords with Rebbi,** דְּאָמַר קָטָן וְהֵבִיא גָּדוֹל לֹא יָצָא – **who says** that one who vowed to bring **a small** animal **and brought a large** one, **has not fulfilled** his obligation.[23]

Yet another explanation:

וּבַר פַּדָּא אָמַר – **And Bar Padda said:** כְּנֶגֶד הַפָּרִים וְהָאֵילִים – They were **designated for** the proceeds of the sale of **the bulls** of a communal *chatas*[24] that were lost, of **the rams** of the *me'ilah asham* or a robbery *asham* that were lost,[25]

NOTES

day when few private sacrifices were offered, will bring sacrifices using the money of the *shofaros.* This may lead to discord between the different *batei avos,* with the ones who had no opportunity to bring donated offerings and receive a portion of the hides feeling that they have grounds for grievance against their fellow Kohanim who received all of the hides. Although they did receive the hides from the privately donated offerings, which could conceivably be considered ample compensation for the loss of the hides of the communal offerings, they view their receiving those hides to be a result of their own good fortune [as opposed to the hides of the communal offering, to which – in their view – all of the *batei avos* have equal claim] (*Rashi*). Alternatively, the cause for concern of discord is in a situation where the privately donated offerings were *shelamim,* regarding which the hides are returned to the owner, rather than being given to the Kohen (*Shitah Mekubetzes,* citing marginal gloss to *Rashi*). For this reason it was necessary to implement that the money be divided equally and put into six different *shofaros,* each one assigned to one *beis av* exclusively (*Rashi,* with *Shitah Mekubetzes*).

21. [If too many coins are placed into one receptacle, it could lead to their corrosion.]

22. [According to Ze'iri, these *shofaros* served a different purpose.] One who vowed to bring a bull for an *olah* would deposit one *maneh* (the value of a bull; see Mishnah) in the *shofar* entitled "bull." Similarly, one who vowed to bring a calf brings five *selaim* and deposits them in the *shofar* entitled "calf," and so on for all of the other offerings listed. Subsequently, the Kohanim take out money from the *shofar* entitled "bull," and offer *olos* of bulls until the money is depleted. The same is done for each one of the other *shofaros* (*Rashi*). [See *Yashar V'Tov* and *Taharas HaKodesh,* who assert that even according to Ze'iri, the *shofaros* also served as a receptacle for the excess funds designated for sacrificial offerings. See also *Tosafos* to *Zevachim* 75a ד״ה והא (begins on previous page) who maintain that these *shofaros* served exclusively for donations given for the specific purpose of *communal* offerings. Offerings of an individual were not be placed in the *shofaros,* since they are subject to the requirement of *semichah,* leaning, which must be performed by the owner himself (for further discussion, see also *Mikdash David* end of §19 and *Chidushim U'Veurim* 11:18 ד״ה וזעירי אמר who reached the same conclusion on their own, as noted by gloss of *R' I. Z. Meltzer* in Rabbi M. Elias ed. of *Mikdash David*).]

23. [For according to the Rabbis, who maintain that one may fulfill a vow to bring a smaller animal by bringing a larger one, only three *shofaros* would be required: those of bull, ram, and he-goat. The donations of calf, lamb, and kid may be placed in the box of the respective adult of each species, for even if the money was ultimately used to bring an adult, his obligation would be fulfilled (see *Yad Binyamin*; cf. *Tosafos*, as understood by *Rashash*; see, however, *Yashar V'Tov*).]

The requirement is limited to *six shofaros*, for these six animals are the only ones brought as a [communal] *olah* (*Rashi*; see end of previous note).

24. This *chatas* is brought when the Great Sanhedrin errs in a halachic ruling, permitting something that is actually forbidden under penalty of *kares.* Consequently, the majority of Israel transgresses as a result of its ruling. In such a case, the Torah decrees that the community as a whole – as embodied by the Sanhedrin – must bring a bull as a *chatas* (*Leviticus* 4:13-21).

Now, if a sacrificial animal is lost before it could be offered, a replacement is brought. If subsequently the original offering is found, it can no longer be offered, for its purpose has already been accomplished by its replacement. Thus, if the bull of a communal *chatas* was lost, and subsequently recovered, it is sent to graze until it develops a blemish, at which point it is sold, and the proceeds from its sale are put into the first collection box for the purpose of voluntary communal offerings (*Rashi;* see *Yoma* 50a). The first four *shofaros* were designated for this purpose for the different offerings enumerated here.

25. If one unintentionally benefited from *hekdesh* or removed *hekdesh* from the Temple's ownership, he has committed the sin of *me'ilah* (misappropriation). As a penalty, he must pay to the Temple treasury the value of the misappropriated item plus an additional one-fifth of the new total value, and bring an *asham* offering (see *Leviticus* 5:14-16).

If one unjustly denies a certain monetary claim made against him, and swears to that effect, he is required, upon admitting his guilt, to pay what he owes plus a fine of one-fifth, and to bring an *asham* offering (*Leviticus* 5:21), referred to as a "robbery *asham.*"

As in the previous case, if these were lost and later recovered, they are sold after acquiring a blemish. These proceeds were put into the second box.

וְהַכְּבָשִׂים – of **the lambs** of the *asham* of the *nazir* who became *tamei*,[1] and of the *metzora*[2] that were lost,[3] **וְהַשְּׂעִירִים** – **and** of **the** communal *chatas* **goats** of the festival that were lost,[4] **וְהַמּוֹתָרוֹת** – **and** for **the excess** funds designated for the purchase of a sacrifice,[5] **וְהַמָּעָה** – **and the *ma'ah*** given with the half-*shekel*.[6]

The Gemara analyzes:

כּוּלְּהוּ כְּחִזְקִיָּה לֹא אָמְרֵי – **All** of the other **[Amoraim] do not say like Chizkiyah** (that the collection boxes were established to avoid discord between the Kohanim), for they maintain that **לְאִנְצוּיֵי לֹא חָיְישִׁינָן** – **we are not concerned for discord,** **דְּכָל חַד וְחַד יוֹמֵיהּ קָא עָבִיד** – **since each one** (i.e. each paternal house) **serves** for **its day.**[7] **כְּרַבִּי יוֹחָנָן לֹא אָמְרֵי** – **They do not say like R' Yochanan** (that the concern was for corrosion of the coins), for they maintain that **לְאִיעַפּוּשֵׁי לֹא חָיְישִׁינָן** – **we are not concerned for corrosion.** **כִּזְעִירִי לֹא אָמְרֵי** – **They do not say like Ze'iri** (that the boxes were designated for the bull and calf, ram and lamb, kid and goat), **כִּיחִידָאָה לֹא מוֹקְמֵי** – since **they do not** wish to **interpret** the Mishnah **in accordance with** the view of **an individual** (i.e. Rebbi, who requires separate receptacles for large animals and small animals).[8]

כְּבַר פַּדָּא נַמִּי לֹא אָמְרֵי – **They also do not say like Bar Padda** (that the collection boxes were established for various sacrifices that were lost, for excess funds designated for an offering, and the *ma'ah* surcharge to the half-*shekel*), since they counter: **מוֹתָרוֹת** – Is it possible that a separate collection box was designated for the **excess** funds? **כּוּלְּהוּ נַמִּי מוֹתָרוֹת** – Why, **all of the** other **[collection boxes]** designated for offerings that were lost **are also** for the purpose of the **excess** funds![9] – ? –

Another objection to Bar Padda:

מָעָה נַמִּי לִשְׁקָלִים אָזְלָא – **The *ma'ah* also goes to** the ***shekalim*** fund. **דְּתַנְיָא** – **For it was taught in a Baraisa:** **לְהֵיכָן קָלְבּוֹן זֶה הוֹלֵךְ** – TO WHERE DOES THIS *KOLBON* GO? **לִשְׁקָלִים** – TO THE *SHEKALIM* fund; **דִּבְרֵי רַבִּי מֵאִיר** – these are THE WORDS OF R' MEIR.[10] **רַבִּי (אליעזר) [אֶלְעָזָר][11] אוֹמֵר** – R' ELAZAR SAYS: **לִנְדָבָה** – TO the collection box of VOLUNTARY OFFERINGS.[12]

NOTES

1. During his term of abstinence, a *nazir* must not come in contact with human remains. If he did become *tamei* through contact with a corpse, he forfeits the days already counted and must begin his term anew. He cannot begin the new count, however, until he purifies himself of the *tumah* and brings three offerings, one of which is an *asham* (see *Numbers* 6:1-12).

2. As part of the purification of the *metzora,* he must undergo a ritual purification process lasting seven days, as described in *Leviticus* 14:2-9. On the eighth day he brings a group of offerings, the first of which is an *asham.*

3. And – as in the previous two cases – they were subsequently found, developed a blemish and were sold. The proceeds from their sale were placed into the third box.

These funds were not placed together with the proceeds from the sale of the animal that was designated as a *me'ilah asham* and the one designated as an *asham* for robbery, for, unlike the *nazir's asham* and *metzora's asham* which are brought from one-year-old sheep (lambs), the *me'ilah asham* and robbery *asham* are brought from two-year-old sheep (rams). Furthermore, the *me'ilah asham* and robbery *asham* serve as an atonement for sin, while the *nazir's asham* and *metzora's asham* serve as a qualifying rite rather than an atonement. [The *asham* offering of a *nazir tamei* is brought to qualify him to begin his term of *nezirus* anew. Similarly, the *metzora's asham* offering allows him to eat *kodashim.* Neither offering serves as an atonement. In fact, each is accompanied by a *chatas* for atonement.] Therefore, each one is deposited in a separate *shofar,* so that each is replaced by a separate offering.

4. This *chatas* offering atones for an inadvertent *tumah* violation that does not involve the person's awareness of his *tumah* at all.

The offerings enumerated here are the only ones left to graze until they develop a blemish. Other private *chataos* that were lost and were subsequently found after their replacements were offered, are subject to being deprived of food and left to die (*Rashi,* from *Temurah* 17b-18a).

5. That is, if money was designated to be used for an offering (such as one of those mentioned), and the animals subsequently went down in price, so that not all of the money was used, the leftover money would be deposited in the fifth *shofar* [and used for communal *olah* offerings; see note 13 below] (*Rashi;* see *Taharas HaKodesh*).

6. The half-*shekel* was donated annually in the month of Adar, to fund the purchase of the various communal offerings, e.g. the daily *tamid* and the holiday *mussaf* (see *Exodus* 30:12-16 and *Sefer HaChinuch* 105).

The *ma'ah* referred to by the Gemara here is a surcharge, known as *kolbon,* given when two people give one *shekel* jointly, for the following reason: When giving the half-*shekel* donation, one must be certain that the coin given contains the minimum weight of one-half *shekel* of silver. Therefore, in order to be certain that one is not underpaying, a small amount – the maximum of a *ma'ah* [see *Shekel HaKodesh* 3:7, *Beur HaHalachah* ד״ה בזמן], which is one-sixth of a *dinar* – is added to the half-*shekel* payment. Normally, this *ma'ah* would be deposited together with the half-*shekel* into the receptacle designated for the *shekel* fund. [Although no other payments may be introduced into the *shekel* fund other than the half-*shekel* payments, the necessity of adding the *ma'ah* causes it to be considered an integral part of the half-*shekel* donation.] Now, when two people give a full *shekel* together, they will only find it necessary to add this amount once in order to be certain that they are not shortchanging the *shekel* fund. This causes the *shekel* fund to incur a loss of one *ma'ah,* as compared to when the half-*shekel* is brought in its usual manner – with each person bringing his own half-*shekel,* and adding one *ma'ah* each. Therefore, it was instituted that when two people join together to give one *shekel,* they add an additional *ma'ah* [besides the one that they are giving to be certain that their payment does not come short]. This *additional ma'ah* (or *kolbon*), however, is not considered part of the half-*shekel* donation [as it was only instituted to compensate for the "missing" *ma'ah*]. Thus, since extraneous donations may not be introduced into the *shekel* fund, the *kolbon* is not given with the *shekalim,* but is instead deposited into a special *shofar* designated for the *kolbon* (*Rashi,* as explained by *Sfas Emes;* cf. *Tosafos*).

[Many other explanations are offered as to the purpose of the *kolbon* surcharge (see *Rashi* to *Bechoros* 56b ד״ה האחין and to *Beitzah* 39b ד״ה כשחייבין). For further discussion, see *Yad Avraham* commentary (ArtScroll) to Mishnah *Shekalim* (1:6).]

7. [That is, the Kohanim understand that their rights are limited to the sacrifices offered on that day.] And if many private offerings were offered on their day, they have no right to the sacrifices purchased with the money remaining in the *shofar* (*Rashi*). Hence, only one *shofar* would be needed for all of the *batei avos* (*Meleches Shlomo* to *Shekalim* 6:6; see also *Rabbeinu Gershom*).

8. For we need not be concerned for Rebbi's view, that one who pledged to bring a small animal and brought a large one did not fulfill his requirement. Thus, one who pledged a calf may deposit the money into the *shofar* designated for bulls, and the Kohanim will proceed to sacrifice bulls until the funds are depleted (*Rashi*). Similarly, one who pledged a lamb or kid may deposit the funds for the offering in the *shofar* designated for the ram or goat offering, respectively.

9. For once a replacement offering has been brought, the proceeds of the sale of the original offering are the equivalent of excess funds (*Rashi*). [Why then is it necessary to have a separate collection box for excess funds?]

10. [R' Meir maintains that the *ma'ah* is deemed part of the actual *shekalim* donation. Hence, even when two people donate one *shekel,* the extra *ma'ah* given is also deposited in the receptacle for *shekalim* (see *Sfas Emes* cited in note 6).]

11. Emended as per *Shitah Mekubetzes* and *Mesoras HaShas.*

12. [Since the Mishnah in Tractate *Shekalim* would be expected to be consistent with the view of R' Meir (for normally an anonymous Mishnah is attributed to R' Meir), how can we say that the *ma'ah* goes to the collection box? See also *Yashar V'Tov.*]

Another explanation of the purpose of these six collection boxes:[13]

וּשְׁמוּאֵל אָמַר – **And Shmuel said:** כְּנֶגֶד מוֹתַר חַטָּאת – They were **designated for the excess** funds **of a** ***chatas,*** וּמוֹתַר אָשָׁם – **the excess** funds **of an** ***asham*** of robbery or *me'ilah,* וּמוֹתַר אָשָׁם נָזִיר – **the excess** funds **of a** ***nazir's asham,*** וּמוֹתַר מְצוֹרָע – **the excess** funds **of a** ***metzora's asham,***[14] וּמוֹתַר מִנְחַת חוֹטֵא – **the excess** funds **of a sinner's** ***minchah,***[15] וּמוֹתַר עֲשִׂירִית הָאֵיפָה שֶׁל כֹּהֵן גָּדוֹל – **and the excess** funds **of the Kohen Gadol's** *chavitin* offering of **one-tenth of the** ***ephah*** of fine flour.[16]

Yet another explanation:

וְרַבִּי אוֹשַׁעְיָא אָמַר – **And R' Oshaya said:** כְּנֶגֶד מוֹתַר חַטָּאת – They were **designated for the excess** funds **of a** ***chatas,*** וּמוֹתַר אָשָׁם – **the excess** funds **of an** ***asham,*** וּמוֹתַר אָשָׁם נָזִיר – **the excess** funds **of a** ***nazir's asham,*** וּמוֹתַר אָשָׁם מְצוֹרָע – **the excess** funds **of a** ***metzora's asham,*** וּמוֹתַר קִינִּין – **the excess** funds **of bird-pairs,**[17] וּמוֹתַר מִנְחַת חוֹטֵא – **and the excess** funds **of a sinner's** ***minchah.*** R' Oshaya is thus in agreement with Shmuel that the collection boxes served as a receptacle for leftover money designated for an offering. However, he replaces the *chavitin* offering of the Kohen Gadol with bird-pairs.

The Gemara analyzes these views as well:

וּשְׁמוּאֵל מַאי טַעְמָא לֹא אָמַר כְּרַבִּי אוֹשַׁעְיָא – **And Shmuel, what is the reason** why **he did not say** bird-pairs **like R' Oshaya?** קִינִּין תָּנָא לֵיהּ רֵישָׁא – Since **bird-pairs were** already **taught in the first clause** of the Mishnah.[18]

This presents a difficulty to R' Oshaya:

וְרַבִּי אוֹשַׁעְיָא – **Now, R' Oshaya,** תָּנֵי וְלָא תָּנֵי קִינִּין – did **he teach** the thirteen collection boxes of the Mishnah **without teaching "bird-pairs"** amongst the first boxes? וְהָתָנֵי רַבִּי אוֹשַׁעְיָא – **Why, R' Oshaya taught** the cases of the Mishnah **in a Baraisa,** וְתָנֵי קִינִּין – **and he did teach "bird-pairs"!** – ? –

The Gemara resolves the difficulty:

חַד לְקִינִּין וְחַד לְמוֹתַר קִינִּין – **One** collection box was **for** funds designated for the offering of **bird-pairs,**[19] **while the other** was **for the excess** funds **of bird-pair** offerings.

The Gemara continues its analysis:

וְרַבִּי אוֹשַׁעְיָא – **As for R' Oshaya,** מַאי טַעְמָא לֹא אָמַר כִּשְׁמוּאֵל – **why did he not say** the tenth-*ephah* of the Kohen Gadol, **like Shmuel?**

The Gemara responds:

סָבַר לָהּ כְּמַאן דְּאָמַר – **He holds like the one who says** מוֹתַר שֶׁל עֲשִׂירִית הָאֵיפָה שֶׁל כֹּהֵן גָּדוֹל יִרְקַב – **the excess of the tenth-*ephah* of the Kohen Gadol is** left **to rot.**[20]

The Gemara cites the source of this view:

דְּתַנְיָא – **For it was taught in a Baraisa:** מוֹתַר מִנְחַת נְדָבָה – THE EXCESS OF A *"MINCHAH* OF" IS rendered A DONATED OFFERING, and the funds are deposited in the collection box; מוֹתַר מִנְחָה יִרְקַב – THE EXCESS OF A *MINCHAH* IS left TO ROT.

The Gemara continues its proof with an examination of the Baraisa:

מַאי קָאָמַר – **What is it saying?**[21] אָמַר רַב חִסְדָּא – **Rav Chisda said:** הָכִי קָאָמַר – **This is what it is saying:** מוֹתַר מִנְחַת חוֹטֵא נְדָבָה – **The excess of a sinner's** ***minchah*** **is** rendered **a** communal **donated offering;** מוֹתַר עֲשִׂירִית הָאֵיפָה שֶׁל כֹּהֵן גָּדוֹל יִרְקַב – **the excess of the tenth-*ephah* of the Kohen Gadol is** left **to rot.** Thus, R' Oshaya is following Rav Chisda's explanation of this Baraisa.

NOTES

13. Before studying the approaches of Shmuel and R' Oshaya and the *sugya* that follows, the following brief note is in order. As we have seen at the beginning of this *sugya* (above, 107b note 18), the excess funds of certain offerings were used for the purpose of communal *olos.* The basis for this is an exposition appearing in the Mishnah (*Shekalim* 6:6) which relates that Yehoyada, a Kohen Gadol who served in the First Temple, derived from Scripture that the surplus of the money designated for the purchase of a *chatas* or an *asham* is to be used to purchase communal *olah* offerings. Since this derivation was made specifically in reference to a *chatas* or an *asham,* only offerings referred to as *chatas* or *asham* are subject to this law.

14. A separate *shofar* was required for each of these offerings, for the differences between them preclude the placement of their funds into the same *shofar.* The *chatas* is obviously different than the *asham.* The *asham* of the *nazir* or *metzora* serves a different purpose than the sinner's *asham,* since, as was mentioned previously (above, note 3), the *me'ilah asham* and robbery *asham* are brought from two-year-old sheep, as opposed to the *nazir's asham* and *metzora's asham* which are brought from one-year-old sheep. The funds from the *metzora's asham* cannot be mixed with those of the *nazir's asham,* for, unlike the *metzora's asham,* which serves to permit him to enter the Temple Courtyard, the *nazir's asham* serves to facilitate the initiation of a new term of *nezirus.* Furthermore, the blood of the *nazir's asham* is not applied to his thumbs and the *asham* does not require *nesachim,* while the *metzora's asham* is subject to those requirements (*Rashi*).

15. The sinner's *minchah* is included in Yehoyada's derivation, being that it is referred to as a *chatas* (*Rashi;* see *Leviticus* 5:11).

16. The excess funds cannot be held and used for the offering of the following day (*Rashi;* see *Chidushei HaGriz*). Thus, since the Kohen Gadol's *chavitin* offering is also regarded as a *chatas* (see *Moed Katan* 16a), its excess funds are to be used for the purpose of the communal *olah* offering (*Rashi*).

17. Literally: nests. [A pair of sacrificial birds is commonly referred to as a "nest."] The persons obligated to sacrifice pairs of birds are: the woman who has given birth (*Leviticus* 12:6-8), the *metzora* (ibid. 14:22), the *zav* (ibid. 15:14), and the *zavah* (ibid. v. 29). All of these bring either two turtledoves or two young pigeons, one as a *chatas* and the other as an *olah.* The woman who has given birth and the *metzora* bring a pair of birds only if they are poor. Until they bring this offering, even if they have already performed *tevilah,* they are known as *mechusrei kapparah,* and retain certain vestiges of *tumah,* which prevents them from partaking of *kodashim.*

18. One of the first seven collection boxes cited earlier in the Mishnah in *Shekalim* (cited above, 107b note 18) is designated for bird-pairs. We cannot then say that one of these six collection boxes was designated for bird-pairs (*Rabbeinu Gershom*).

19. One of the *mechusrei kapparah* (enumerated in note 17 above), who is required to bring a pair of birds, deposits the required funds in the designated *shofar,* and [following immersion in the *mikveh*] may partake of *kodashim* that very evening. This is allowed because he may rely that the Kohanim sacrificed his offering before evening, since the court of Kohanim who supervised the activities of the Temple did not depart at the end of the day until offerings were brought with all of the money in the collection box (*Rashi,* from *Eruvin* 32a). [The *shofar* enumerated in the first clause of the Mishnah served as a receptacle for these funds.]

20. For according to this opinion, although the Torah refers to the Kohen Gadol's *chavitin* offering as a *chatas,* nevertheless, since it is not brought as an atonement for sin, it is not deemed an actual *chatas* to subject its excess funds to be brought as a communal *olah.* There is also no option to use the excess funds to bring a private voluntary *minchah,* since they were originally designated for an obligatory *minchah* (*Rashi,* as emended by *Shitah Mekubetzes*).

[The term יִרְקַב, *it is [to be left] to rot,* appears incongruous, for our discussion has not been dealing with leftover ingredients that were consecrated for the *minchah,* but rather to *funds* set aside for purpose of the *minchah,* which obviously do not rot. Presumably, the law of the funds of the *minchah* is being compared to the ingredients of the *minchah,* with the coins being subject to being cast into the Dead Sea (see *Yerushalmi, Shekalim* 2:4).]

21. The phrase מוֹתַר מִנְחַת, *the excess of a "minchah of"* is obviously incomplete. The latter phrase, *the excess funds of the minchah,* is equally obscure, for it does not denote which *minchah* it refers to.

The Gemara cites a different explanation of the Baraisa:

רַבָּה אָמַר – **Rabbah said:** אֲפִילּוּ מוֹתַר עֲשִׂירִית הָאֵיפָה שֶׁל כֹּהֵן גָּדוֹל נַמִּי נְדָבָה – **Even the excess of the tenth-*ephah* of the Kohen Gadol is** brought as **a** communal **donated offering.** אֶלָּא מוֹתַר לַחְמֵי תוֹדָה יֵרָקֵב – **Rather,** the Baraisa means to say: **The excess of *todah* bread is left to rot.**[22] Accordingly, the Baraisa does not present a proof to R' Oshaya.

Other Amoraim are cited who also engage in a dispute regarding this matter:

בִּפְלוּגְתָּא – Their dispute is the same **as the** following **dispute:** מוֹתַר עֲשִׂירִית הָאֵיפָה שֶׁל כֹּהֵן גָּדוֹל – Regarding **the excess of the tenth-*ephah* of the Kohen Gadol:** רַבִּי יוֹחָנָן אָמַר נְדָבָה – **R' Yochanan said:** It is rendered **a donated offering.** רַבִּי אֶלְעָזָר אָמַר יֵרָקֵב – **R' Elazar said: It is** left **to rot.**

The Gemara challenges the position that the excess of the tenth of the *ephah* is left to rot:

מֵיתִיבֵי – **They challenged** this **from a Mishnah:**[23] מוֹתַר שְׁקָלִים חוּלִּין – THE EXCESS OF *SHEKALIM* ARE NON-SACRED;[24] וּמוֹתַר עֲשִׂירִית הָאֵיפָה – WHILE THE EXCESS OF THE TENTH-*EPHAH*, וּמוֹתַר קִינֵּי זָבִין וְקִינֵּי זָבוֹת וְקִינֵּי יוֹלְדוֹת – AND THE EXCESS OF THE BIRD-PAIRS OF *ZAVIM*, OF *ZAVOS*, AND OF WOMEN WHO HAVE GIVEN BIRTH, וְחַטָּאוֹת וַאֲשָׁמוֹת – AND OF *CHATAOS* AND *ASHAMOS*, מוֹתְרֵיהֶן נְדָבָה – THEIR EXCESS IS RENDERED A DONATED OFFERING. מַאי לָאו – **Is this** (the excess of the tenth-*ephah*) **not** referring to מוֹתַר עֲשִׂירִית הָאֵיפָה שֶׁל כֹּהֵן גָּדוֹל – **the excess of the tenth-*ephah* of the Kohen Gadol?** We may thus conclude that the excess of the tenth-*ephah* offering is brought as a donated offering.

The Gemara refutes the challenge:

לֹא – **No!** This proof is not conclusive; for we can say that the Baraisa that states that it is rendered a donated offering is actually referring to מוֹתַר מִנְחַת חוֹטֵא – **the excess of a sinner's *minchah*,**[25] but the excess of the Kohen Gadol's offering is left to rot.

The Gemara supports this view:

אָמַר רַב נַחְמָן בַּר רַב יִצְחָק – **Rav Nachman bar Rav Yitzchak said:** מִסְתַּבְּרָא כְּמַאן דְּאָמַר מוֹתַר עֲשִׂירִית הָאֵיפָה שֶׁל כֹּהֵן גָּדוֹל יֵרָקֵב – **It is logical** to say **like the one who said that the excess of the tenth-*ephah* of the Kohen Gadol is left to rot,** דְּתַנְיָא – **for it was taught in a Baraisa:** "לֹא־יָשִׂים עָלֶיהָ שֶׁמֶן וְלֹא־יִתֵּן עָלֶיהָ לְבֹנָה כִּי חַטָּאת הִוא" – The Torah states regarding the sinner's *minchah*:[26] ***HE SHALL NOT PLACE OIL ON IT NOR SHALL HE PUT LEVONAH ON IT, FOR IT IS A CHATAS OFFERING.*** אָמַר רַבִּי יְהוּדָה – R' YEHUDAH SAID: הִיא קְרוּיָה חַטָּאת וְאֵין אַחֶרֶת קְרוּיָה חַטָּאת – This teaches: "IT" (i.e. the sinner's *minchah*) IS CALLED A *CHATAS*, BUT NO OTHER [*MINCHAH*] IS CALLED A *CHATAS*.[27] לִימֵּד עַל עֲשִׂירִית הָאֵיפָה שֶׁל כֹּהֵן גָּדוֹל – THIS TEACHES REGARDING THE TENTH-*EPHAH* OF THE KOHEN GADOL, שֶׁאֵינָהּ קְרוּיָה חַטָּאת – THAT IT IS NOT CALLED A *CHATAS*, וּטְעוּנָה לְבוֹנָה – AND IT THUS REQUIRES *LEVONAH*.

Rav Nachman bar Yitzchak concludes:

וּמִדְּאֵינָהּ קְרוּיָה חַטָּאת מוֹתְרָהּ יֵרָקֵב – Therefore, **being that it [the tenth-*ephah* of the Kohen Gadol] is not called a *chatas*** regarding the requirement for *levonah*, **its excess is** left **to rot,** for regarding the excess we also do not regard it as a *chatas*.[28]

Mishnah

As we have seen at the beginning of the previous chapter, if an animal which was consecrated to be brought as a sacrifice subsequently becomes invalidated by virtue of a blemish, it must be redeemed and a replacement is brought with the money. This Mishnah discusses the legitimacy of using that money for a different type of animal or a different number of animals.

שׁוֹר זֶה עוֹלָה – If one said, **"This ox** shall be **an *olah*,"** וְנִסְתָּאֵב – **and it became blemished,**[29] אִם רָצָה – **if he wishes,** יָבִיא בְדָמָיו שְׁנַיִם – **he may bring two for its money.**[30] שְׁנֵי שְׁוָרִים אֵלּוּ עוֹלָה – If one said, **"These two oxen** shall be **an *olah*,"** וְנִסְתָּאֲבוּ – **and they became blemished,** רָצָה יָבִיא בִּדְמֵיהֶן אֶחָד – **if he wishes, he may bring one for their money.**[31] וְרַבִּי אוֹסֵר – **But Rebbi prohibits**

NOTES

22. *Todah* breads are not referred to as a *chatas*. Thus, their excess funds are not subject to being brought as a communal *olah*. They may not be brought with another *todah* offering, for one who vows to bring a *todah* must bring it with *its* bread [that is, the bread designated to be brought with *that todah*] (*Rashi*, from *Yerushalmi, Shekalim* 2:4; see *Chidushim U'Veurim* 11:19).

23. *Shekalim* 2:5.

24. One who set aside money to be used for the half-*shekel* donation, and it turned out that there was extra money, beyond the half-*shekel* required.

25. A sinner's *minchah* contains a tenth of an *ephah* of flour (*Leviticus* 5:11), and the Baraisa is referring to that *minchah*.

26. *Leviticus* 5:11.

27. [The Gemara is expounding the seemingly superfluous word הוּא, *it*, to teach that specifically *it* – the sinner's *minchah* – is referred to as a *chatas;* no other *minchah* is referred to as a *chatas*.] Thus, even though another *minchah* may be similar to the sinner's *minchah* being that it is an obligatory *minchah*, only the sinner's *minchah* [which is referred to as a *chatas*] is subject to the exemption from the *levonah* requirement (*Rashi*).

28. Even though we find that it is referred to as a *chatas* (see note 16, above), *this* verse reveals that it is nonetheless not subject to the law of a *chatas* (*Rashi*).

29. The term וְנִסְתָּאֵב – which is literally rendered *it became unclean* – is used in this context in reference to a blemish, because the Torah (*Leviticus* 27:11) refers to a blemished animal as having become unclean (*Rav;* see above, top of 101a).

30. Although individually, each of the replacement animals is ostensibly worth less than the original one, nevertheless, once the animal became blemished and unfit for offering, there is no requirement to replace it with an animal of comparable value (*Toras HaKodashim* §70).

The reasoning behind this is as follows: As will be noted by the Gemara, the Mishnah is addressing a case in which his vow referred to a specific animal ["*This* ox shall be an *olah*"], not to a general personal obligation ["I take upon myself to bring an *olah*"]. Since this type of vow [known as נְדָבָה (*nedavah*), *donated offering,*] is formulated in terms of the consecration of a specific animal, the vower's liability is limited to offering this particular animal; if it is lost or stolen, he has no further obligation whatsoever (see *Kinim* 1:2). Similarly, if it becomes blemished and unfit for offering, he has no personal obligation to replace it with a similar animal. The only obligation which remains is to use the redemption money – which has now assumed the animal's sanctity (in our Mishnah's case, *olah* sanctity) – to purchase other animals which will in turn assume the sanctity present in the money (i.e. *olah* sanctity). But there is nothing here which would require that the money be spent on the same number of animals or the same sized ones. Consequently, he may use the money to purchase even a greater number of smaller animals.

31. [By bringing one offering instead of two it would seem that he is actually failing to fulfill his original obligation, for bringing two offerings is considered superior to bringing one.] Thus, this would appear to be the equivalent of vowing to bring a large animal and substituting it with a smaller animal, which is invalid, as was stated in the previous Mishnah (above, 107b). Nevertheless, as mentioned in the previous note, when one pledges to bring "*this*," referring to a specific animal, his responsibility is limited to bringing that animal. Hence,

this.[32] אַיִל זֶה עוֹלָה – If one said, **"This ram** shall be **an** ***olah*****,"** וְנִסְתָּאֵב – **and it became blemished,** אִם רָצָה יָבִיא בְדָמָיו כֶּבֶשׂ – **if he wishes he may bring a lamb for its money.**[33] כֶּבֶשׂ זֶה עוֹלָה – If one said, **"This lamb** shall be **an** ***olah*****,"** וְנִסְתָּאֵב – **and it became blemished,** אִם רָצָה יָבִיא בְדָמָיו אַיִל – **if he wishes he may bring a ram for its money.** וְרַבִּי אוֹסֵר – **But Rebbi prohibits** this.[34]

NOTES

once the animal becomes blemished and unfit for offering, he is absolved of his responsibility, and there is no requirement to replace it with a similar animal; his only obligation is to transfer the sanctification to a different animal. Thus, even one who brings one ox as a replacement for two oxen that became blemished has fulfilled his obligation, and the restriction of the previous Mishnah does not apply here, as the Gemara will explain.

32. Rebbi does not allow one to initially fulfill his obligation in this manner (*Rashi*).

[Nevertheless, Rebbi agrees that since he said *"this,"* referring to a specific animal, even one who brings one ox as a replacement for two oxen that became blemished has fulfilled his obligation (*Rashi*). Rebbi's view will be explained further, below 108b (see note 6, there).]

33. The same reasoning explained above in regard to replacing a single animal with two smaller ones, or vice versa, applies to the exchange of one type of animal for another, as long as they are of equal value. [The same would apply to an ox exchanged for another animal; the Mishnah specifies ram and lamb because it would be unlikely to find another animal to equal an ox in value (*Tiferes Yisrael*).]

34. See note 32.

Gemara The Mishnah states that an animal designated as an *olah* that developed a blemish may be replaced with two animals. The Gemara cites a contradiction from an earlier ruling in this chapter:

וְהָא אָמַרְתְּ רֵישָׁא – But you said in the first clause:[1] שׁוֹר בְּמָנֶה וְהֵבִיא שְׁנַיִם בְּמָנֶה לֹא יָצָא – If one said, "It is hereby incumbent upon me to bring **AN OX WORTH A *MANEH*," AND HE BROUGHT TWO** oxen, together **WORTH A *MANEH*, HE HAS NOT FULFILLED** his obligation. We thus see that one animal may not be replaced with two others![2] – ? –

The Gemara resolves the contradiction:

שׁוֹר זֶה וְנִסְתָּאֵב שָׁאנִי – When one said, ***"This* ox** shall be an *olah*," **and it became blemished,** it **is different,** for he is absolved from his requirement of fulfilling the vow as soon as the animal developed a blemish. In the previous Mishnah, however, where he said, "It is hereby incumbent *upon me* to bring an ox," he remains responsible to fulfill his vow until he brings it.[3]

The Gemara cites the next clause of the Mishnah:

שְׁנֵי שְׁוָורִין אֵלּוּ עוֹלָה וְנִסְתָּאֲבוּ רָצָה יָבִיא בִּדְמֵיהֶן אֶחָד וְרַבִּי אוֹסֵר – If one said, **"THESE TWO OXEN** shall be **AN *OLAH*," AND THEY BECAME BLEMISHED,** if **HE WISHES, HE MAY BRING ONE FOR THEIR MONEY. BUT REBBI PROHIBITS.**

The Gemara analyzes the Mishnah:

מַאי טַעְמָא – **What is** Rebbi's **reason?** מִשּׁוּם דַּהֲוָה לֵיהּ גָּדוֹל וְהֵבִיא קָטָן – **For it is** the equivalent of one who vowed to bring **a large one, and brought a small one,** which is invalid.[4] וְאַף עַל גַּב דְּנִסְתָּאֵב – **And although it became blemished,**[5] לְכַתְּחִילָּה לֹא שָׁרֵי רַבִּי – **Rebbi did not initially permit** this.[6]

The Gemara counters:

וְלִפְלוֹג נַמִּי בְּרֵישָׁא – **Let [Rebbi]** then **also dispute the initial clause of the Mishnah,** which states that if one pledged to bring one ox, and it became blemished, he may replace it with two.[7] – ? –

The Gemara answers:

רַבִּי אַכּוּלָּהּ מִילְּתָא פָּלִיג – **Rebbi does** indeed **dispute the entire matter.** וְנָטַר לְהוּ לְרַבָּנָן עַד דְּמַסְקִי מִילְּתַיְיהוּ – **However, he waited for the Rabbis to complete their statement,** וַהֲדַר מִיפְּלִיג עֲלַיְיהוּ – **and** only **then did he dispute them.**

The Gemara supports this contention:

תֵּדַע – **Know** that this is so, דְּקָתָנֵי – **for the Mishnah teaches:** אַיִל זֶה עוֹלָה וְנִסְתָּאֵב רָצָה יָבִיא בִּדְמָיו כֶּבֶשׂ – If one said, **"THIS RAM** shall be **AN OLAH," AND IT BECAME BLEMISHED,** if **HE WISHES HE MAY BRING A LAMB FOR ITS MONEY.** כֶּבֶשׂ זֶה לְעוֹלָה וְנִסְתָּאֵב רָצָה יָבִיא בִּדְמָיו אַיִל וְרַבִּי אוֹסֵר – If one said, **"THIS LAMB** shall be **FOR AN *OLAH*," AND IT BECAME BLEMISHED,** if **HE WISHES HE MAY BRING A RAM FOR ITS MONEY. BUT REBBI PROHIBITS.** We thus see that Rebbi even disputes a case where he is bringing a superior quality offering (a ram) as a replacement for a lesser quality one (a lamb).

The Gemara concludes:

שְׁמַע מִינָּהּ – Indeed, **learn from this.**

A related inquiry is cited:

אִיבַּעְיָא לְהוּ – **They inquired:** מִמִּינָא לְמִינָא מַאי – **What** is the law regarding replacing a blemished offering **of one type with** one of **another type?**[8]

The Gemara cites a proof from a Baraisa:

תָּא שְׁמַע – **Come, learn** a proof: שׁוֹר זֶה עוֹלָה – If one said, **"THIS OX** shall be **AN *OLAH*,"** וְנִסְתָּאֵב – **AND IT BECAME BLEMISHED.** לֹא יָבִיא בִּדְמָיו אַיִל – **HE MAY NOT BRING A RAM FOR ITS MONEY.**[9] אֲבָל מֵבִיא בִּדְמָיו שְׁנֵי אֵילִים – **BUT HE MAY BRING TWO RAMS FOR ITS MONEY.**[10] וְרַבִּי אוֹסֵר לְפִי שֶׁאֵין בִּילָּה – **BUT REBBI PROHIBITS, FOR THERE IS NO MIXING** of their *menachos*.[11]

NOTES

1. End of previous Mishnah (above, 107b).

2. Even the Rabbis [who maintain that one who pledged a small animal may substitute it with a large one] agree to this, as is evident in the previous Mishnah (*Rashi;* as to the reasoning behind this, see *Taharas HaKodesh* above, 107b ד"ה ואע"פ; cf. *Rashash; Olas Shlomo*). [Thus, this difficulty cannot be resolved by explaining that the previous Mishnah is following Rebbi's view, that one may not replace a smaller animal with a larger one, or replace one animal with two.]

3. As opposed to our Mishnah, which discusses a case in which his vow referred to a specific animal – a נְדָבָה (*nedavah;* see above, 108a note 30), the previous Mishnah deals with cases in which the vow was made in terms of a personal obligation to bring a certain type of offering. [This is known as a נֶדֶר (*neder*), *personal vow.*] Since the vow referred to his personal obligation and not to any specific animal, as long as he does not bring exactly what he vowed to bring, he has not fulfilled his vow (*Rashi*). For this reason, the previous Mishnah ruled that if he vowed to bring one ox for a *maneh,* he may not divide the value among two, for by offering two oxen together worth a *maneh,* he does not fulfill the terms of the original vow to bring a single ox worth that amount.

4. Even if the value of the single offering equals that of the other two combined, nevertheless, two offerings are invariably superior to one [thus rendering it comparable to pledging to bring a large one and bringing a small one; see Mishnah above, 107b] (*Rashi*).

5. Thus absolving him from fulfilling his original vow, and – since he specified *"these"* – he has no responsibility to replace the blemished animals. Therefore, there are grounds to say that he should even be initially permitted to bring one animal as a replacement (*Rashi*).

6. Although Rebbi agrees with the Rabbis that one who pledged two specific animals and they became blemished has fulfilled his obligation even if he replaced them with just one animal, nevertheless, he maintains that initially such a replacement is not to be done.

[From the Gemara, it appears that this is a Rabbinic prohibition based, presumably, on the resemblance of this case to the case of a personal obligation (*neder*) to offer two oxen. As explained above (note 3), in that type of vow the substitution does not discharge the vow. As a safeguard, therefore, Rebbi maintains that there is a Rabbinic decree that a declaration stated in the form of a *nedavah* – "This . . . shall be . . ." – should be treated, at least initially, as the equivalent of a *neder* vow – one formulated as "I take upon myself . . ." (see also *Rambam, Commentary to Mishnah*).

7. In the previous Mishnah, Rebbi maintains that even replacing a small ox with a large one is not acceptable. It thus follows that according to Rebbi, just like one may not initially bring one ox as a replacement for two which became blemished, for it is treated as bringing a small one as the fulfillment of a vow to bring a large one, so too, one should not be initially allowed to bring two oxen as a replacement for one that developed a blemish, for it is treated as bringing a large one as the fulfillment of a vow to bring a small one.

8. For example, one who declared, "This ox shall be an *olah.*" Do [the Rabbis] allow him to replace it with two rams? (*Rashi*).

9. For one ram is too small to be considered a replacement for an ox (*Rashi*). [The Gemara will address whether this is consistent with the Rabbis' view in the Mishnah.]

10. It can thus be established that a blemished animal of one type may be replaced with another type (*Rashi*).

11. Since the replacement offerings call for two separate *menachos,* each to be brought in a separate utensil, they do not appear to be the same offering that he vowed. For he vowed to bring an offering requiring one *minchah* which is to be brought in one utensil, and he is replacing it with two *menachos* that are brought in two utensils. Thus, it appears to be a new offering rather than a replacement. If not for this difficulty, however, the fact that he is bringing two offerings (the rams) to replace one (the ox) would not cause the rams to be viewed as a different offering, since the two rams are clearly being substituted for his original offering. Thus, the second offerings are seen as an outcome of his original requirement regardless of the number of offerings brought. Regarding the *menachos,* on the other hand, there is no existing *minchah* which the *menachos* are being brought to replace. Rather, the *menachos* are being initially brought to the *Beis HaMikdash* at this point, and do not appear to be a replacement for any offering. Thus, if

The Gemara concludes:

שְׁמַע מִינָּהּ – Indeed, **learn from here** that a replacement may be brought even from a different type.

The Gemara counters:

אִי הָכִי – **If it is so** that he may replace it even with a different type, **מַאי אִירְיָא תְּרֵי** – **why** did the Rabbis **discuss** bringing **two** rams? **אֲפִילּוּ חַד נַמִּי** – By **even** bringing **one ram,** his obligation can **also** be fulfilled. **דְּהָא בְּנִסְתָּאֵב** – **For** in a case **where it became blemished, לְרַבָּנָן לֹא שָׁנֵי לְהוּ בֵּין גָּדוֹל לְקָטָן** – **the Rabbis do not differentiate between a large one and a small one.**[12] – ? –

The Gemara answers:

תְּרֵי תַּנָּאֵי וְאַלִּיבָּא דְּרַבָּנָן – The Mishnah and Baraisa reflect the views of **two** different **Tannaim** who disagree **according to the Rabbis.** The Tanna of the Mishnah does not differentiate between a large animal and a small animal in a case where the animal became blemished, while the Tanna of the Baraisa does. Thus, in his view, one who vowed to bring two animals and they became blemished, may not initially bring one animal as a replacement.

The Gemara addresses Rebbi's view in the Baraisa:

רַבִּי אוֹסֵר לְפִי שֶׁאֵין בִּילָּה – REBBI PROHIBITS, FOR THERE IS NO MIXING.

The Gemara infers:

טַעְמָא דְּאֵין בִּילָּה – **The reason** for the prohibition **is due to** the fact **that there is no mixing. הָא יֵשׁ בִּילָּה שָׁרֵי** – This implies: **Had mixing** of the *menachos* **been** allowed, **it would be permitted** to bring an offering of one type as a replacement for another type even according to Rebbi.

The Gemara cites a contradiction from our Mishnah:

וְהָתְנַן – **But we learned in the Mishnah: אַיִל זֶה עוֹלָה וְנִסְתָּאֵב רָצָה יָבִיא בְּדָמָיו כֶּבֶשׂ** – If one said, "THIS RAM shall be AN *OLAH*," AND IT BECAME BLEMISHED, IF HE WISHES HE MAY BRING A LAMB FOR ITS MONEY. **כֶּבֶשׂ זֶה עוֹלָה וְנִסְתָּאֵב יָבִיא בְּדָמָיו אַיִל וְרַבִּי אוֹסֵר** – If one said, "THIS LAMB SHALL BE AN *OLAH*," AND IT BECAME BLEMISHED, if he wishes HE MAY BRING A RAM FOR ITS MONEY. BUT REBBI PROHIBITS. Now, the *minchah* of the lamb *is* similar to that of the ram in that both are brought in one utensil. We thus see that even in a case where the *minchah* is brought in one utensil Rebbi prohibits bringing a different type than that which he vowed. – ? –

The Gemara answers:

תְּרֵי תַּנָּאֵי וְאַלִּיבָּא דְּרַבִּי – The Mishnah and Baraisa reflect the views of **two** different **Tannaim according to Rebbi.**[13]

The Gemara continues citing the Baraisa:

וּבִטְהוֹרִים – AND REGARDING UNBLEMISHED[14] [ANIMALS]: **עֵגֶל וְהֵבִיא פַּר** – If one pledged to bring A CALF, AND HE BROUGHT A BULL, or **כֶּבֶשׂ וְהֵבִיא אַיִל** – if one pledged to bring a LAMB, AND BROUGHT A RAM, **יָצָא** – HE HAS FULFILLED his obligation.

The Gemara comments:

סְתָמָא כְּרַבָּנָן – We have here **an anonymous [Baraisa] in accordance with** the view of **the Rabbis,** that one who pledged a small animal may bring a large animal.[15]

The Gemara cites the words of the Mishnah:

[רָצָה יָבִיא בְּדָמָיו שְׁנַיִם [כו׳ – If one said, "This ox shall be an *olah*," and it became blemished, if HE WISHES HE MAY BRING TWO FOR ITS MONEY **[etc.].**

The Gemara comments:

אָמַר רַב מְנַשְׁיָא בַּר זְבִיד אָמַר רַב – **Rav Menashya bar Zevid said in the name of Rav: לֹא שָׁנוּ אֶלָּא דְּאָמַר שׁוֹר זֶה עוֹלָה** – **They taught** this law (i.e. that he may bring two oxen as a replacement) **only regarding one who said, "This ox** shall be **an *olah*."** For then he has no responsibility to replace it if it becomes blemished.[16] **אֲבָל אָמַר שׁוֹר זֶה עָלַי עוֹלָה** – **But** if **he said, "This ox** shall be ***upon me*** **as an *olah*," הוּקְבַּע** – his responsibility **has been established** to bring an offering in that manner (i.e. by bringing *one* ox).[17]

The Gemara counters:

וְדִלְמָא עָלַי לַהֲבִיאוֹ קָאָמַר – **But perhaps he** merely means to **say** "It shall be **upon me to bring it,**"[18] rather than to establish responsibility if it gets lost.

The Gemara accepts the rebuttal and revises Rav Menashya's statement:

אֶלָּא אִי אִיתְּמַר הָכִי אִיתְּמַר – **Rather, if** [**Rav Menashya's statement**] **was** at all **stated, this is how it was stated: אָמַר רַב מְנַשְׁיָא בַּר זְבִיד אָמַר רַב** – **Rav Menashya bar Zevid said in the name of Rav: לֹא שָׁנוּ אֶלָּא דְּאָמַר שׁוֹר זֶה עוֹלָה** – **They taught** this law **only regarding one who said, "This ox** shall be **an *olah*," אִי נַמִּי אָמַר שׁוֹר זֶה עָלַי עוֹלָה** – **or, alternatively,** regarding **one** who **said, "This ox** shall be **upon me as an *olah*."** For in neither situation was his intention to establish responsibility if it is lost. **אֲבָל אָמַר שׁוֹר זֶה וְדָמָיו עָלַי עוֹלָה הוּקְבַּע** – **But** if **he said, "This ox and its value** shall be **upon me as an *olah*,"** his responsibility **is established.**[19]

NOTES

the *minchah* being brought is not similar to his original *minchah* requirement, it will appear to be a different offering and is not valid as a replacement offering (*Rashi*).

12. Although bringing one animal as a replacement for two is equivalent to bringing a small one as a replacement for a large one, as we have seen above, nevertheless, according to the Rabbis, even if one pledged a large animal, and it became blemished, he may bring a small animal, as we have seen in our Mishnah. Hence, since it has been established from the Baraisa that the Rabbis allow a replacement to be brought from even a different type of animal, it should be permitted to replace the blemished ox with even one ram.

13. According to the Tanna of the Baraisa, Rebbi only prohibits when the replacement is brought with two separate *menachos,* while the Tanna of the Mishnah maintains that Rebbi holds that he may never replace it with a different type (*Rashi*).

14. *Rashi* (literally: pure; see above, 108a note 29).

15. To summarize the views regarding whether one may replace an animal of one type with one of another type (using as an example the case of the Baraisa – the law of one who pledged an ox as an *olah,* and it became blemished):

Rabbis (Mishnah): He may replace it with one ram [or perhaps even two rams (see, however, *Taharas HaKodesh* above, 107b ד״ה ואע״פ)].

Rabbis (Baraisa): He may replace it with two rams (but not one).

Rebbi (Mishnah): He must replace it with an ox.

Rebbi (Baraisa): He may replace it with a single animal even of a different type.

16. His only responsibility is to bring another offering with its money, which can be fulfilled by bringing two oxen, as was explained above, 108a (note 30).

17. [By saying it is "upon me," he is accepting responsibility to make good on his vow in the event that the animal was lost. Thus, he accepts responsibility to bring it in the manner that it was made, by bringing *one* ox.]

18. That is, he accepts upon himself to expend the effort to make certain that it is offered (see *Rashi* to *Arachin* 20a ד״ה עלי להביאו).

19. [By saying וְדָמָיו עָלַי, "Its value (literally: its money) shall be upon me," he is indicating that he is accepting responsibility to bring a replacement in the same manner and not merely obligating himself to bring it.]

[This is only true if he said עָלַי, *upon me.*] If, however, he did not say עָלַי, he is not assuming responsibility if it gets lost. Thus, he may even bring two animals as a replacement (*Rashi*).

Mishnah The Mishnah returns to the subject of the earlier Mishnayos of this chapter – the law regarding one who was unspecific with his vow or is not certain which one he vowed.

הָאוֹמֵר אֶחָד מִכְּבָשַׂי הֶקְדֵּשׁ – **If one said, "One of my lambs shall be consecrated,"**[20] וְאֶחָד מִשְּׁוָרַי הֶקְדֵּשׁ – or, **"One of my oxen shall be consecrated,"** וְהָיוּ לוֹ שְׁנַיִם – **if he had two,** הַגָּדוֹל שֶׁבָּהֶן הֶקְדֵּשׁ – **the larger of them is consecrated.**[21] שְׁלֹשָׁה – If he had **three,** בֵּינוֹנִי שֶׁבָּהֶם הֶקְדֵּשׁ – **the middle one of them is consecrated.**[22] פֵּירַשְׁתִּי וְאֵינִי יוֹדֵעַ מַה שֶּׁפֵּירַשְׁתִּי – If he said, **"I specified** one of them, **but I do not know which I specified,"** אוֹ שֶׁאָמַר לִי אַבָּא וְאֵינִי יוֹדֵעַ מָה – or he said, **"My father** (on his deathbed) **told me** that he consecrated one of them, **but I do not know which,"** הַגָּדוֹל שֶׁבָּהֶן הֶקְדֵּשׁ – **the largest of them is consecrated.**[23]

Gemara The Gemara comments on the first ruling of the Mishnah, that when one consecrates one of two animals without specifying which, the larger of the two is consecrated:

אַלְמָא מַקְדִּישׁ בְּעַיִן יָפָה מַקְדִּישׁ – **We see** that **one who consecrates does so in a generous manner.**

The Gemara asks:

אֵימָא סֵיפָא – But **consider the last clause:** בֵּינוֹנִי שֶׁבָּהֶן הֶקְדֵּשׁ – If he had three, THE MIDDLE ONE OF THEM IS CONSECRATED. Since the middle one is consecrated rather than the largest one, אַלְמָא מַקְדִּישׁ בְּעַיִן רָעָה מַקְדִּישׁ – **we see** that **one who consecrates does so in a stingy manner.**[24] This contradicts the first clause of the Mishnah which assumes that one who consecrates does so in a generous manner.

The Gemara resolves the contradiction:

אָמַר שְׁמוּאֵל – **Shmuel said:** חוֹשְׁשִׁין אַף לְבֵינוֹנִי – The last clause of the Mishnah means: **We must also entertain the possibility** of consecration **concerning the middle one.** דִּלְגַבֵּי קָטָן עַיִן יָפָה הוּא – **For compared to the small one [the middle one] is a generous** donation. Thus, both the large one and middle one are cast into doubt.[25]

The Gemara addresses what can be done to resolve this predicament:

הֵיכִי עָבִיד – **What should he do** in order to permit the use of one of the animals? אָמַר רַבִּי חִיָּיא בַּר רַב – **R' Chiya bar Rav said:** מַמְתִּין לוֹ עַד שֶׁיּוּמָם – **He waits for [the middle one] to acquire a blemish,** וּמַחִיל לֵיהּ לִקְדוּשָּׁתֵיהּ בְּגָדוֹל – **and he transfers**[26] **its sanctity onto the large one.** Thus, even if the middle one was the consecrated one, it is rendered permissible, for it has been redeemed with the large one.[27]

The Gemara comments on the ruling that we entertain the possibility of consecration also regarding the middle one:

אָמַר רַב נַחְמָן אָמַר רַבָּה בַּר אֲבוּהָ – **Rav Nachman said in the name of Rabbah bar Avuha:** לֹא שָׁנוּ אֶלָּא דְּאָמַר אֶחָד מִשְּׁוָרַי הֶקְדֵּשׁ – **This ruling was only taught when he said, "One of my oxen** shall be **consecrated."** אֲבָל אָמַר שׁוֹר בִּשְׁוָרַי הֶקְדֵּשׁ – **But if he said, "An ox amongst my oxen** shall be **consecrated,"** הַגָּדוֹל שֶׁבָּהֶן הֶקְדֵּשׁ – only **the largest of them is consecrated,** תּוֹרָא בְּתוֹרַאי קָאָמַר – for **he is saying: A** most prominent **ox amongst my oxen** shall be consecrated.

The Gemara counters:

אֵינִי – **Is this so,** that when one says "an ox amongst my oxen," he is referring to his finest? וְהָאָמַר רַב הוּנָא (א״ר) [בַּר][28] חִיָּיא מִשְּׁמֵיהּ דְּעוּלָּא – **But Rav Huna bar Chiya said in the name of Ulla:** הָאוֹמֵר לַחֲבֵירוֹ בַּיִת בְּבֵיתִי אֲנִי מוֹכֵר לָךְ – If **one says to his fellow, "I am selling you a house in my estate,"**[29] מַרְאֵהוּ עֲלִיָּיה – **he may show [the purchaser] the top story** (*aliyah*) of his house.[30]

The Gemara continues:

לָאו מִשּׁוּם דְּגָרִיעַ – Is it **not because [the top story] is inferior?**[31] We thus see that when one says "a house in my estate" [and similarly, "an ox amongst my oxen"] he is not limiting himself to the best! – ? –

The Gemara answers:

לֹא מְעוּלֶּה שֶׁבַּבָּתִּים – **No!** The word *aliyah* is not referring to the top story of his house but rather to the house which is **the top quality of** his **houses.** Indeed, then, when one refers to a house in his estate or an ox amongst his oxen, he does mean the best.

A question on Rabbah bar Avuha's ruling:

מֵיתִיבֵי – **They challenged** this **from a Baraisa:** שׁוֹר בִּשְׁוָרַי הֶקְדֵּשׁ – If one said, "AN OX AMONGST MY OXEN shall be CONSECRATED as an *olah*," וְכֵן שׁוֹר שֶׁל הֶקְדֵּשׁ שֶׁנִּתְעָרֵב בַּאֲחֵרִים – AND LIKEWISE, if AN OX OF *HEKDESH* BECAME INTERMINGLED WITH OTHER oxen, הַגָּדוֹל שֶׁבָּהֶן הֶקְדֵּשׁ – THE LARGEST ONE OF THEM IS *HEKDESH* to be offered as an *olah*, וְכוּלָּם יִמָּכְרוּ לְצָרְכֵי עוֹלוֹת – AND ALL OF the rest of THEM ARE TO BE SOLD FOR THE PURPOSE OF *OLOS*,[32] וּדְמֵיהֶן חוּלִּין – AND THEIR FUNDS ARE

NOTES

20. To be brought as a sacrifice (*Rashi*).

21. The assumption is that when one donates an offering, he does so generously (this principle is known as מַקְדִּישׁ בְּעַיִן יָפָה מַקְדִּישׁ, *one who consecrates does so in a generous manner*). Therefore, if his vow does not specify which of two animals should be consecrated, it is assumed that he intended to consecrate the larger one.

22. The Gemara will explain the reason for this.

23. If he remembers having specified one of the animals, or his father made the vow and specified one of them, and he does not know which was specified, it is assumed that he specified the largest – since the Torah states in regard to the voluntary offering (*Deuteronomy* 12:11): וְכֹל מִבְחַר נִדְרֵיכֶם, *all your choice vow offerings,* [from which the Gemara (*Yoma* 34b) derives that when one vows an offering, he is to give the choicest of his animals] (*Rashi*).

24. For as compared to the largest one, he has consecrated a "bad" one.

25. For indeed one who consecrates does so in a generous manner. Nevertheless, it is possible that even the middle one can be deemed a generous donation, for it is a more generous donation than the smallest. Thus, since a doubt exists as to which animal is consecrated, *both* the largest and the middle animals must be treated as sanctified. However, only one of them will be brought as an offering.

Now, only in this case, where the consecration was unspecified, the resulting effect as to whether it is the largest one or the middle one that is consecrated remains undetermined. Where he did specify, however, and it is not known which one he specified, we can assume that the largest one was singled out for explicit mention (*Rashi;* see *Sfas Emes; Chidushim U'Veurim* 11:13).

26. Literally: he deconsecrates (see *Chidushim U'Veurim* 11:23 ד״ה לשון הגמ׳).

27. And in the event that it was the large one that was originally sanctified, the middle one is permitted, for it was never sanctified (*Rashi*).

28. Emended as per marginal note (consistent with *Nedarim* 56a); see *Dikdukei Soferim.*

29. Literally: a house in my house.

30. With the claim that that is what he sold him. The Gemara at this point is assuming that עֲלִיָּיה, *top* or *upper,* is referring to the upper level of the house, which is inferior to the lower level.

31. [And the burden of proof that any better house was sold is upon the buyer (see below, 109a note 2; see *Rashi* here; cf. *Rabbeinu Gershom*).]

32. For there remains a doubt as to which one he consecrated (*Rashi*). [The Gemara is addressing two issues. First, *hekdesh* has a monetary claim here, for one of these animals belongs to *hekdesh.* This is resolved by offering the largest one as an *olah.* The second issue is that it is not

NONSACRED.[33] Now, since the other oxen are sold for *olos,* evidently there is a doubt as to whether they are *hekdesh.* This ruling is thus at odds with Rabbah bar Avuha's contention that only the largest one is *hekdesh!* – ? –

The Gemara answers:

תַּרְגּוּמָא אַשּׁוֹר שֶׁל הֶקְדֵּשׁ שֶׁנִּתְעָרֵב בַּאֲחֵרִים – **Interpret** the requirement that they are all to be sold for *olos* **as referring to** the case of **an ox of *hekdesh* that became intermingled with other** oxen, and not to the case of the one who said "an ox amongst my oxen shall be consecrated."

The Gemara counters:

וְהָא וְכֵן קָאָמַר – **But [the Baraisa] states:** AND LIKEWISE, which implies that the ruling applies to both cases! – **?** –

The Gemara answers:

תַּרְגּוּמָא אַגָּדוֹל – **Interpret** that the term "and likewise" is **referring to** "the **largest** one of them is *hekdesh,"* (the first part of the ruling), which is appropriate to both cases of the Baraisa, and not to "and they all are to be sold for the purpose of *olos"* (the second part of the ruling), which applies only when an ox of *hekdesh* becomes intermingled with other oxen.[34]

The Gemara asks from another Baraisa:

מֵיתִיבֵי – **They challenged** this **from a Baraisa:** **בַּיִת בְּבֵיתִי אֲנִי מוֹכֵר לָךְ** – If one said, "I AM SELLING TO YOU A HOUSE IN MY ESTATE," **וְנָפַל** – AND, subsequently, [ONE OF HIS HOUSES] COLLAPSED. **מַרְאֵהוּ נָפוּל** – HE MAY SHOW HIM THE COLLAPSED [HOUSE].[35] **עֶבֶד בַּעֲבָדַיי אֲנִי מוֹכֵר לָךְ** – Similarly, if one said, "I AM SELLING TO YOU A SLAVE AMONGST MY SLAVES," **וּמֵת** – AND [ONE SLAVE] DIED **מַרְאֵהוּ מֵת** – HE MAY SHOW HIM THE DEAD ONE.

NOTES

known which animal was consecrated to be brought as a sacrifice. This issue was not resolved by bringing the largest one, for the sanctity of an animal designated as an offering cannot be transferred to another animal. He therefore must sell the other animals for the sole purpose of being brought for *olos.*]

[Now, although an animal designated as an *olah* for one person may not be sold to be offered by another person (see *Pesachim* 89b), that is only true when one specifically designated the animal to serve as his own *olah.* This animal, on the other hand, was merely consecrated to be used as an *olah* without specifying its purpose. Thus, it may also be used to fill another person's obligation (see *Mikdash David,* beginning of §18; cf. *Rashash*).]

33. For *hekdesh* does not carry over to its [redemption] payments, unless the animal being redeemed becomes nonsacred (as is the case regarding a blemished animal). This case, however, does not involve redemption, for the animal does not become nonsacred. To the contrary, it must be sold for the purpose of *olos.* Nor can there be a claim that by allowing the monies to be used for nonsacred purposes, *hekdesh* is incurring a loss, for the largest ox is brought as an *olah* (*Rashi*).

34. Thus, although the ruling that "all of them are to be sold for the purpose of *olos"* only applies to the case of an ox of *hekdesh* that became intermingled with other oxen, and not to the case of the one who said "an ox amongst my oxen shall be consecrated," the term וְכֵן, *and likewise,* is used, referring to the ruling that "the largest one of them is *hekdesh,"* which *does* apply to both cases (*Rashi*).

35. With the assertion that he sold him that house (*Rashi*).

וְאַמַּאי – **But** if one who says "an ox amongst my oxen" is referring to the best, as Rabbah bar Avuha claims, **why,** in this case, may he present him with the house that collapsed or the slave that died? לֵיחֱזֵי הֵיידָן נְפַל הֵיידָן מֵת – **Let us see which** house **it was that collapsed and which** slave **it was that died!** And if it was the largest one, the purchaser incurs the loss. Otherwise, the seller must present him with the largest one. – ? –

The Gemara answers:

לוֹקֵחַ קָא אָמְרַתְּ – **Are you speaking of a purchaser?**[1] שָׁאנֵי לוֹקֵחַ – **A purchaser is different** than one who consecrates, דְּיַד בַּעַל הַשְּׁטָר עַל הַתַּחְתּוֹנָה – **for the holder of the document** (i.e. the purchaser) **has the lower hand.**[2]

The Gemara comments further:

הַשְׁתָּא דְּאָתֵית לְהָכִי – **Now that you have come to this** conclusion, אֲפִילּוּ תֵּימָא עֲלִיָּיה דְּגְרִיעָה – **you can even say** (as was originally assumed) that in referring to *aliyah,* Rav Huna bar Chiya meant that the seller may show him the **top story** (*aliyah*) of his house, **which is inferior.** Nevertheless, this does not present a contradiction to the rule that one who consecrates does so generously, for a purchaser is different than one who consecrates, since יַד בַּעַל הַשְּׁטָר עַל הַתַּחְתּוֹנָה – **the holder of the document has the lower hand.**

Mishnah Chonyo (Onias), the son of the great Kohen Gadol, Shimon HaTzaddik, was chosen by his father to succeed him as Kohen Gadol. However, because of an incident (related below, 109b), Chonyo fled to Alexandria, Egypt, where he erected a temple and offered sacrifices. This became known as the Temple of Chonyo.

The Gemara (below, 109b) records a Tannaic dispute whether the Temple of Chonyo was dedicated to the service of Hashem or to idolatry. Nevertheless, all agree that it was forbidden to offer a sacrifice there, since once the Temple was built in Jerusalem, it became permanently forbidden to offer sacrifices elsewhere. If a consecrated animal is offered outside the Sanctuary, the sacrifice is invalid and the one who offers it is subject to *kares* liability (*Leviticus* 17:3-4).

הֲרֵי עָלַי עוֹלָה – If one said, **"It is hereby** incumbent **upon me** to bring **an *olah*,"** יַקְרִיבֶנָּה בַּמִּקְדָּשׁ – **he must offer it in the Holy Temple,** וְאִם הִקְרִיבָהּ בְּבֵית חוֹנְיוֹ לֹא יָצָא – **and if he offered it in the Temple of Chonyo he has not fulfilled** his obligation, since a sacrifice offered outside the Holy Temple is invalid. הֲרֵי עָלַי עוֹלָה שֶׁאַקְרִיבֶנָּה בְּבֵית חוֹנְיוֹ – If one said, **"It is hereby** incumbent **upon me** to bring **an *olah* – to offer it in the Temple of Chonyo,"** יַקְרִיבֶנָּה בַּמִּקְדָּשׁ – **he must offer it in the Holy Temple,**[3] וְאִם הִקְרִיבָהּ בְּבֵית חוֹנְיוֹ יָצָא – **and if he offered it in the Temple of Chonyo he has fulfilled** his obligation.[4] רַבִּי שִׁמְעוֹן אוֹמֵר – **R' Shimon says:** אֵין זוֹ עוֹלָה – **This is not an *olah*!**[5]

הֲרֵינִי נָזִיר יְגַלַּח בַּמִּקְדָּשׁ – If one said, **"I am hereby a *nazir*," he must shave in the Holy Temple,**[6] וְאִם גִּלַּח בְּבֵית חוֹנְיוֹ לֹא יָצָא – **and if he shaved in the Temple of Chonyo he has not fulfilled** his obligation.[7] הֲרֵינִי נָזִיר שֶׁאֲגַלַּח בְּבֵית חוֹנְיוֹ – If one said, **"I am hereby a *nazir* – to shave in the Temple of Chonyo,"** יְגַלַּח בַּמִּקְדָּשׁ – **he must shave in the Holy Temple,** וְאִם גִּלַּח בְּבֵית חוֹנְיוֹ יָצָא – **and if he shaved in the Temple of Chonyo he has fulfilled** his obligation. רַבִּי שִׁמְעוֹן אוֹמֵר אֵין זֶה נָזִיר – **R' Shimon says: This is not a *nazir*!**

Gemara The Gemara addresses the ruling of the Mishnah that one who says, "It is hereby incumbent upon me to bring an *olah* – to offer it in the Temple of Chonyo," and offered it in the Temple of Chonyo, has fulfilled his obligation:

יָצָא – How can the Tanna say: **HE HAS FULFILLED** his obligation? הָא מִקְטַל קַטְלָהּ – Why, since the animal was slaughtered outside of the Temple Sanctuary, it is deemed as though **he** merely **killed [the animal]** by a means other than a proper *shechitah!*[8] – ? –

The Gemara answers:

אָמַר רַב הַמְנוּנָא – **Rav Hamnuna said:** נַעֲשָׂה כְּאוֹמֵר – **It is treated as if he said:** הֲרֵי עָלַי עוֹלָה עַל מְנָת שֶׁלֹּא אֶתְחַיֵּיב בְּאַחֲרָיוּתָהּ – **It is hereby** incumbent **upon me** to bring **an *olah*, on condition that I will not be responsible for** replacing **it.**[9]

The Gemara challenges this:

אָמַר לֵיהּ רָבָא – **Rava said to him:** אֶלָּא מֵעַתָּה – **But now,** if this were so, סֵיפָא דְּקָתָנֵי הֲרֵינִי נָזִיר שֶׁאֲגַלַּח בְּבֵית חוֹנְיוֹ יְגַלַּח בַּמִּקְדָּשׁ וְאִם גִּילַּח בְּבֵית חוֹנְיוֹ יָצָא – **the final clause** of the Mishnah **that teaches:** If one said, **"I AM HEREBY A *NAZIR* – TO SHAVE IN THE**

NOTES

1. I.e. do you mean to compare the law pertaining to a purchaser to the ruling of Rabbah bar Avuha regarding one who consecrates?

2. That is, since the houses are in the seller's possession and the purchaser is attempting to extract a house from him with the document of sale, we apply the principle of הַמּוֹצִיא מֵחֲבֵירוֹ עָלָיו הָרְאָיָה, *the [burden of] proof rests on the one who seeks to exact [payment] from his fellow.* Thus, the burden of proof that any house [other than the one that fell] was sold, falls on the purchaser. Regarding *hekdesh,* on the other hand, [this rule does not apply, and] we follow the implication of his words that he is referring to the largest one (*Rashi*).

3. Since upon saying, "It is incumbent upon me to bring a *olah,*" he is required to bring an *olah* (*Rashi*). This is not negated by his statement that he would offer it in the Temple of Chonyo, as will be explained by the Gemara (see *Tosafos*).

4. This will be explained by the Gemara.

5. A vow "to offer it in the Temple of Chonyo" does not sanctify it at all, and it is permissible to sell it and eat it (*Rambam, Commentary to Mishnah*), for this is regarded as a deviation from the manner of those who donate, which, according to R' Shimon, is not regarded as a valid vow [see Mishnah above, 103a] (*Tosafos* above, 103a, end of ד״ה הא [begins on 102b]; *Tosafos* to *Chullin* 41b ד״ה ור״ש; *Tiferes Yisrael*).

6. [At the conclusion of his term of *nezirus,* a *nazir* is required to bring a set of offerings (an *olah, chatas* and *shelamim*), and to perform a rite in which he shaves his head and burns the hair in the fire over which the meat of the *shelamim* is cooked (*Numbers* 6:13-20).] The term "shaving" here is actually a reference to the bringing of his offerings (*Rashi;* see next note).

7. That is, he offered his sacrifices in the Temple of Chonyo (see previous note), which is invalid as is any sacrifice offered outside the *Beis HaMikdash.* [If, however, the shaving alone was performed outside of the *Beis HaMikdash* it is valid (*Rambam, Hil. Nezirus* 8:3).]

8. Since he is required to bring it as an *olah* (see above, note 3), by slaughtering it outside the Sanctuary it is disqualified (*Rashi;* see *Leviticus* 17:3). The *shechitah* is thus rendered invalid, and it is as though he killed the animal by some other means, such as by piercing its trachea and esophagus (*Rabbeinu Gershom*) or strangulation.

9. Saying that it is to be offered in the Temple of Chonyo is the equivalent of saying that he is dedicating an offering in order to kill it [through piercing or strangulation, rather than through *shechitah* (*Rambam, Commentary to Mishnah*)], and not be responsible for replacing it. Nevertheless, he is subject to *kares* for slaughtering it outside of the Temple, since it has been declared an *olah* [and as long as

TEMPLE OF CHONYO," HE MUST SHAVE IN THE HOLY TEMPLE, AND IF HE SHAVED IN THE TEMPLE OF CHONYO HE HAS FULFILLED his obligation. הָכִי נַמִי דְּנַעֲשָׂה כְּאוֹמֵר הֲרֵינִי נָזִיר עַל מְנָת שֶׁלֹּא אֶתְחַיֵּיב בְּאַחֲרָיוּת קָרְבְּנוֹתָיו – In that case too, would you say that it is treated as if he said: I am hereby a *nazir* on condition that I will not be responsible for its offerings? נָזִיר כַּמָּה דְּלֹא מַיְיתֵי קָרְבְּנוֹתָיו לֹא מִתְכַּשַּׁר – Why, regarding a *nazir,* as long as he does not bring his offerings, he does not become fit![10] – ? – אֶלָּא אָמַר רָבָא – Rather, Rava said: אָדָם זֶה לְדוֹרוֹן נִתְכַּוֵּין – This person, who pledged an *olah,* actually only intended to offer a gift, rather than an actual *olah* offering.[11] אָמַר אִי סַגְיָא בְּבֵית חוֹנְיוֹ טָרַחְנָא – For he is saying: If it suffices to offer it in the Temple of Chonyo, I will trouble myself to bring it, טְפֵי לֹא מְצִינָא לְאִיצְטַעוּרֵי – but more than that I cannot bother.[12] נָזִיר נַמִי – The same also applies regarding the one who vowed to become a *nazir.* הַאי גַּבְרָא לְצַעוּרֵי נַפְשֵׁיהּ קָא מִיכַּוֵּין – This man merely intends to afflict himself,[13] rather than to accept a vow of *nezirus.* אָמַר אִי סַגְיָא בְּבֵית חוֹנְיוֹ טָרַחְנָא – For he is saying: If it suffices to bring my offerings in the Temple of Chonyo, I will trouble myself to do so, טְפֵי לֹא מְצִינָא לְאִיצְטַעוּרֵי – but more than that I cannot bother.[14]

Rav Hamnuna's rebuttal:

נָזִיר וְרַב הַמְנוּנָא אָמַר לָךְ – And Rav Hamnuna will say to you: כִּדְקָאָמְרַתְּ – The case of the *nazir* is indeed as you have said, that he intends only to afflict himself. עוֹלָה עַל מְנָת שֶׁלֹּא אֶתְחַיֵּיב בְּאַחֲרָיוּתָהּ קָאָמַר – However, regarding the *olah,* he means "It is hereby incumbent upon me to bring an *olah,* on condition that I will not be responsible for replacing it."[15]

The Gemara continues:

וְאַף רַבִּי יוֹחָנָן סָבַר לָהּ לְהָא דְּרַב הַמְנוּנָא – And R' Yochanan, too, holds like Rav Hamnuna. דְּאָמַר רַבָּה בַּר בַּר חָנָה אָמַר רַבִּי יוֹחָנָן – For Rabbah bar bar Chanah said in the name of R' Yochanan: הֲרֵי עָלַי עוֹלָה שֶׁאַקְרִיבֶנָּה בְּבֵית חוֹנְיוֹ If one said, "It is hereby incumbent upon me to bring an *olah* – to offer it in the Temple of Chonyo," וְהִקְרִיבָהּ בְּאֶרֶץ יִשְׂרָאֵל – and he offered it in Eretz Yisrael,[16] יָצָא וְעָנוּשׁ כָּרֵת – he has discharged his obligation,[17] but he is subject to *kares*.[18]

The Gemara cites support for this position:

תַּנְיָא נַמִי הָכִי – It was also taught like this in a Baraisa: הֲרֵי עָלַי עוֹלָה שֶׁאַקְרִיבֶנָּה בַּמִּדְבָּר – If one said, "IT IS HEREBY incumbent UPON ME to bring AN *OLAH* – TO OFFER IT IN THE Sinai DESERT,"[19] וְהִקְרִיבָהּ בְּעֵבֶר הַיַּרְדֵּן – AND HE OFFERED IT ON THE east BANK OF THE JORDAN,[20] יָצָא וְעָנוּשׁ כָּרֵת – HE HAS DISCHARGED his obligation, BUT HE IS SUBJECT TO *KARES*.[21]

Mishnah Having mentioned the Temple of Chonyo in the previous Mishnah, the following Mishnah discusses the status of the Kohanim who served there:

הַכֹּהֲנִים שֶׁשִּׁמְּשׁוּ בְּבֵית חוֹנְיוֹ – The Kohanim who served in the Temple of Chonyo לֹא יְשַׁמְּשׁוּ בַּמִּקְדָּשׁ שֶׁבִּירוּשָׁלַיִם – may not serve in the Holy Temple in Jerusalem,[22] וְאֵין צָרִיךְ לוֹמַר לְדָבָר אַחֵר – and, needless to say, the same

---

NOTES

it was *not* killed, it remains a valid offering] (*Rashi*).

10. To drink wine and become *tamei* through contact with human remains (*Rabbeinu Gershom*). Thus, even if a *nazir* stipulates that he accepts no responsibility for the offerings, it is meaningless, for he is not absolved of his *nezirus* requirements until he brings his offerings (*Rashi*).

11. [That is, he is not consecrating it as an offering, for he is not interested in exerting the effort to bring an *olah* to the *Beis HaMikdash,* as the Gemara proceeds to explain.]

12. This person is far from Eretz Yisrael and near the Temple of Chonyo. His objective is to offer the animal as a gift, which he is willing to take upon himself, as long as it involves no more than bringing it to the Temple of Chonyo. Thus, when the Mishnah states that he has fulfilled his obligation, it is not referring to an obligation of bringing an *olah,* for no such obligation exists. His vow was only to trouble himself minimally by bringing it to the Temple of Chonyo (see *Tosafos* to *Nazir* 11a ד״ה על; cf. *Tosafos* to *Kesubos* 56a ד״ה הרי זו). Since the animal was never consecrated as an offering, he does not transgress the prohibition of slaughtering an offering outside of the Temple (*Rashi*).

[Nevertheless, if he *did* offer it in the Holy Temple, it is considered a valid *olah,* for it indicates that he actually did mean that it should be an *olah* (*Zevach Todah,* from *Tosafos* to *Nazir* 11a ד״ה על).]

13. By taking a vow to abstain from wine (*Rambam, Commentary to Mishnah; Rav*).

14. [Since his intention is merely to afflict himself, rather than to become an actual *nazir,* his obligation does not require him to bring his offerings in the *Beis HaMikdash,* and thus,] according to Rava, he is not subject to *kares* if he offers them outside of the Sanctuary (*Rashi*), for the prohibition of offering outside of the Sanctuary is limited to consecrated animals.

[Here too, if he did actually bring the offerings in the *Beis HaMikdash,* he reveals that his original intention was to be an actual *nazir* (see above, end of note 12).]

15. For Rava's argument is only of issue regarding *nazir,* where it is impossible for him to accept to become a *nazir* on condition that he will not be responsible for its offerings. Regarding one who pledged an *olah* to offer it in the Temple of Chonyo, however, where it is not necessary to explain like Rava, Rav Hamnuna maintains his original stand that he means to say, "It is hereby incumbent upon me to bring an *olah,* on condition that I will not be responsible for replacing it."

[There is thus a basic disagreement between Rav Hamnuna and Rava regarding the status of this offering. According to Rava, it does not have the status of an offering – it is only a gift – and he is permitted to offer it outside of the Sanctuary, while] according to Rav Hamnuna it has the status of an offering, and one who slaughters it outside of the Sanctuary is subject to *kares* (*Rashi*).

16. That is, outside of [the *Beis HaMikdash* in] Jerusalem (*Rashi*).

17. Although he did not fulfill his vow, he has no further obligation, for when saying that he will offer it in the Temple of Chonyo, he does not mean to specify that he will only offer it there. Rather, he is indicating that he is not accepting responsibility to replace it, even if he kills it, for slaughtering it in the Temple of Chonyo is equivalent to killing it elsewhere, since neither act is a fulfillment of his requirement to bring a valid offering (*Rashi*).

18. For slaughtering a consecrated animal outside the Sanctuary. It can thus be concluded that it is a valid offering as Rav Hamnuna contends (*Rashi*), for according to Rava, who maintains that it is not a valid offering, one would not be subject to *kares* for slaughtering it outside of the Sanctuary.

19. With the mistaken belief that since the Mishkan originally stood there, the sanctity remains to this day (*Rashi*).

20. In Eretz Yisrael outside of [the Holy Temple in] Jerusalem. He is discharged of any obligation to replace the offering, since he stipulated that he is not accepting responsibility (*Rashi*).

21. See note 18.

22. This is a penalty based on the verse cited further in the Mishnah. If a Kohen who served in the Temple of Chonyo performed an *avodah* in the *Beis HaMikdash* despite the penalty, *Rambam* is inclined to say that he does not invalidate the *avodah* (*Hil. Bi'as HaMikdash* 9:14). The *Chafetz Chaim* in *Toras HaKodashim* suggests that if this Kohen repented, then he would be permitted even initially to serve in the *Beis HaMikdash.*

The Gemara in *Avodah Zarah* (52b) indicates that it is not only the Kohanim who are penalized; even the vessels used in the Temple of Chonyo may not be used in the *Beis HaMikdash.*

The Mishnah specifies that these Kohanim may not serve in the Holy Temple in Jerusalem. Why does it add "in Jerusalem"? *Rashi* explains (in a responsum cited here by *Tosafos*) that "in Jerusalem" teaches us the following: It is only in the *Beis HaMikdash* that these Kohanim are banned from serving; however, these Kohanim would have been allowed

goes for Kohanim who served in a temple **of "something else"** [i.e. an idol].[23] שֶׁנֶּאֱמַר ,,אַךְ לֹא יַעֲלוּ כֹּהֲנֵי הַבָּמוֹת אֶל-מִזְבַּח ה׳ בִּירוּשָׁלַםִ – The Kohanim who served in the Temple of Chonyo are not permitted to serve in the Holy Temple, **for it says:** ***But, the Kohanim of the bamos were not permitted to ascend the Altar of Hashem in Jerusalem;***[24] כִּי אִם-אָכְלוּ מַצּוֹת (בקרב) [בְּתוֹךְ] אֲחֵיהֶם'' – ***rather they would only eat matzos among their brethren.***[25] הֲרֵי אֵלּוּ כְּבַעֲלֵי מוּמִין – **These Kohanim are** treated **as** if they were **blemished Kohanim:** חוֹלְקִין וְאוֹכְלִין – **They may claim a share** of the offerings **and eat** it[26] וְלֹא מַקְרִיבִין – **but they may not offer** anything on the Altar themselves.

Gemara

The Mishnah taught that any Kohen who served in a pagan temple is permanently disqualified to serve in the Holy Temple. The Gemara presents a statement that excludes a case from this rule:

אָמַר רַב יְהוּדָה – **Rav Yehudah said:** כֹּהֵן שֶׁשָּׁחַט לַעֲבוֹדַת כּוֹכָבִים – Regarding **a Kohen who slaughtered** a sacrifice **before an idol,** and then repented and performed an *avodah* in the Holy Temple, the law is as follows: קָרְבָּנוֹ רֵיחַ נִיחוֹחַ – **His offering is a pleasing aroma.** i.e. the offering is perfectly valid.[27]

The Gemara provides the source:

אָמַר רַב יִצְחָק בַּר אַבְדִּימִי – **Rav Yitzchak bar Avdimi said:** מַאי קְרָאָה – **What is [this statement's] verse?** From where in Scripture do we know that slaughtering a pagan sacrifice does not disqualify a Kohen from serving in the Holy Temple? For it says:[28] ,,יַעַן אֲשֶׁר יְשָׁרְתוּ אוֹתָם לִפְנֵי גִלּוּלֵיהֶם וְהָיוּ לְבֵית-יִשְׂרָאֵל לְמִכְשׁוֹל עָוֹן עַל-כֵּן נָשָׂאתִי יָדִי עֲלֵיהֶם נְאֻם ה׳ אֱלֹהִים וְנָשְׂאוּ עֲוֹנָם'' – ***Because they [the Kohanim] served for [the people] before their idols, and they were a stumbling, an iniquity for the House of Israel, therefore I have raised My hand against them – the word of the Lord Hashem/Elohim – and they shall bear their iniquity.*** וּכְתִיב בַּתְרֵיהּ ,,וְלֹא-יִגְּשׁוּ אֵלַי לְכַהֵן לִי'' – **And it is written in the very next verse:** ***They shall not approach Me to serve Me.*** Because the verse specifies that the Kohanim *served* before the idols, this teaches us that אִי עָבַד שֵׁירוּת אִין – **if they performed** what is defined as **a service,** then **yes,** they are disqualified from serving in the Holy Temple; however, שְׁחִיטָה לָאו שֵׁירוּת הוּא – **slaughtering is not** defined as **a service,** since even a non-Kohen may slaughter an offering in the Holy Temple.[29] Thus, if a Kohen slaughtered an offering in a pagan temple and then repents and serves in the Holy Temple, his offering is valid.[30]

NOTES

to serve in the Tabernacles of Nov and Giveon. [The difference between the Temple in Jerusalem and these Tabernacles is this: During the time that the Altar was in Nov and Giveon, it was permitted to bring offerings on private altars, or *bamos* (*Zevachim* 112b; see below, note 24). When, however, the Temple stood in Jerusalem, *bamos* were prohibited. Thus, a Kohen who had once served on a *bamah* when it was prohibited to do so, would have been treated more leniently in Nov and Giveon than in Jerusalem.]

23. A Kohen who committed the much graver offense of officiating for idolatry is certainly forbidden to serve in the Temple. If he did not repent his idolatrous deeds, he is considered to be עֲרֵל לֵב, *uncircumcised in heart,* and he desecrates whatever *avodah* he performs (*Zevachim* 22b cited in *Zevach Todah* here). He is also forbidden to eat any *kodashim* (*Zevach Todah* citing *Pesachim* 96a). If this Kohen does repent, then he is still penalized not to serve in the *Beis HaMikdash* (see Gemara for the Scriptural source) but he may claim a share of the *kodashim,* as the Mishnah mentions below. [See note 27 regarding whether after the fact he also desecrates the *avodah* he performs.]

24. *Bamos* (literally: high places; sing. *bamah*) is the common Scriptural term for any altar other than the Altar of the Mishkan (Tabernacle) or Temple. During most of Israel's history, it was not permissible to offer sacrifices upon *bamos.* However, this ban was not applicable during the short periods in which the home for communal sacrifice was in Nov or Giveon (as well as in Gilgal, near Jericho, where the Mishkan was erected when the Jews crossed the Jordan and first entered Eretz Yisrael).

Technically, there are two types of *bamos:* (a) *Bamah gedolah* (major *bamah*), also known as *communal bamah.* As indicated by its name, this type of *bamah* was the public's altar, and communal offerings were brought upon it. The Altar that stood in Nov and Giveon was this type of *bamah.* (b) *Bamah ketanah* (minor *bamah*), also known as *private bamah.* During the periods when use of a *bamah* was permissible, one could erect such a *bamah* wherever he chose to offer his private sacrifices. In these times the *most holy sacrifices* (קָדְשֵׁי קָדָשִׁים) had to be eaten within the curtains surrounding the Sanctuaries of Nov and Giveon, and the *sacrifices of lesser holiness* (קָדָשִׁים קַלִּים) could be eaten in all the cities of Israel.

Our Mishnah's verse is describing events that took place in the lifetime of King Yoshiyahu, and thus the ban on *bamos* had already been in effect for centuries. The Kohanim who defied this ban were penalized by having some of their privileges in the Holy Temple restricted. [Although these restrictions are derived from the verse cited here, they have the force of a Rabbinic penalty (*Avodah Zarah* 52b). As mentioned above, if a Kohen who served on a forbidden *bamah* performs a service in the *Beis HaMikdash* despite these restrictions, his offering is not invalidated (*Rambam, Hil. Bi'as HaMikdash* 9:14). If he served on an idolatrous altar, the law may be stricter, as the Gemara discusses below.]

25. *II Kings* 23:9. That is, these Kohanim were permitted to have a portion in the *minchah* offerings, which are prepared as matzos. The same right applied to all other offerings (*Rashi* ad loc.).

[The Mishnah understands this verse to be speaking about *bamos* dedicated to Hashem, not altars dedicated to idolatry (see *Tosefta* 13:3; cf. *Rashi* and *Ralbag* to *II Kings* 23:9 and *Rabbeinu Gershom* here). Nevertheless, Kohanim who served on pagan altars and then repented have the same right to claim a portion of the offerings: There is no source that would preclude them from this right.]

26. The Gemara above (73a) derives that a blemished Kohen is entitled to a share of the offerings (*Rashi*).

27. The act of slaughter is less significant than other acts a Kohen could perform with a pagan sacrifice [such as sprinkling the blood and burning the fats upon an altar]. The reason is that, in the *Beis HaMikdash,* even a non-Kohen may slaughter an offering [whereas only Kohanim are allowed to sprinkle the blood and burn the fats. Although slaughter is a blood *avodah,*] it is not considered a שֵׁירוּת, a "service." Therefore, if a Kohen did nothing but slaughter a pagan sacrifice and he then repents, he is not forbidden to perform a service in the *Beis HaMikdash,* and the offering he participates in there is considered a pleasing aroma before Hashem (*Rashi*).

The expression, קָרְבָּנוֹ רֵיחַ נִיחוֹחַ, *his offering is a pleasing aroma,* is an unusual way for the Gemara to describe the status of an offering; one would have expected the Gemara to say simply that the offering is כָּשֵׁר, *valid.* Similarly, when the Gemara says below in a different case, אֵין קָרְבָּנוֹ רֵיחַ נִיחוֹחַ, *his offering is not a pleasing aroma,* one would have expected the Gemara to say it is פָּסוּל, *invalid.* Based on *Rashi* here (ד״ה אי עביד שירות and ד״ה בחטאה בשגגה) and on 109b (ד״ה נעשה משרת), it appears that when the Gemara says, "his offering is a pleasing aroma," this means that the penitent Kohen is permitted to perform the service without any restraint whatsoever (cf. *Rambam, Hil. Bi'as HaMikdash* 9:13; see *Kesef Mishneh* ad loc.). When the Gemara says "his offering is not a pleasing aroma," this means that the offering is invalid (cf. *Zevach Todah*).

28. *Ezekiel* 44:12,13.

29. [A ritual in a pagan temple is considered a "service" not because the pagan priests say it is, but rather because the halachah considers it a service in the context of the *Beis HaMikdash.*]

30. [The converse also appears to be true: If a Kohen was disqualified permanently for serving in a pagan temple, and he then repented, he is still permitted to *slaughter* offerings in the *Beis HaMikdash* – see *Ezekiel* 44:11.]

The Gemara cites a related dispute between Rav Nachman and Rav Sheishess:

אִיתְּמַר – It was stated: שָׁגַג בִּזְרִיקָה – If a Kohen acted inadvertently in regard to the blood *avodah* of **throwing,** i.e. he served in a pagan Temple by throwing or applying the blood of an idolatrous offering in the mistaken belief that this was permitted, the Kohen's future status is under dispute:[31] **רַב נַחְמָן אָמַר – Rav Nachman says: קָרְבָּנוֹ רֵיחַ נִיחוֹחַ – His offering is a pleasing aroma;** he is welcome to perform the service in the Holy Temple once he repents, and his offering will be entirely acceptable to Hashem. **רַב שֵׁשֶׁת אָמַר – Rav Sheishess says: אֵין קָרְבָּנוֹ רֵיחַ נִיחוֹחַ – His offering is not a pleasing aroma:** The offering is disqualified because of him.

Rav Sheishess presents his source:

אָמַר רַב שֵׁשֶׁת – Rav Sheishess said: מְנָא אֲמִינָא לָהּ – On the basis of what do I say this? דִּכְתִיב ,,וְהָיוּ לְבֵית־יִשְׂרָאֵל לְמִכְשׁוֹל עָוֹן" – For it is written: ***And they*** *[the Kohanim who served in the pagan temples]* ***were a stumbling, an iniquity for the House of Israel.*** **[מַאי] לָאו אוֹ מִכְשׁוֹל אוֹ עָוֹן – [What]** does the phrase, *a stumbling, an iniquity* mean if **not** that these Kohanim were guilty of **either a stumbling or an iniquity; וּמִכְשׁוֹל שׁוֹגֵג וְעָוֹן מֵזִיד – and "stumbling"** implies **an inadvertent sin while "iniquity"** implies **a deliberate sin.**[32] Thus, the verse is telling us that whether the Kohanim acted intentionally or unintentionally, *They shall not approach Me to serve Me.*

Rav Nachman counters:

וְרַב נַחְמָן – But Rav Nachman says the phrase means: **מִכְשׁוֹל דְּעָוֹן** – The Kohanim were ***a stumbling-block of iniquity*** for the Jewish people.[33]

Rav Nachman presents his source:

אָמַר רַב נַחְמָן – Rav Nachman says: מְנָא אֲמִינָא לָהּ – On the basis of what do I say this? דְּתַנְיָא – For it was taught in a Baraisa: ,,וְכִפֶּר הַכֹּהֵן עַל־הַנֶּפֶשׁ הַשֹּׁגֶגֶת בְּחֶטְאָה בִשְׁגָגָה" – The Torah states in regard to the *chatas* for one who performs an act of idolatry: ***THE KOHEN SHALL ATONE FOR THE ERRING SOUL, FOR ITS SIN OF ERROR.***[34] **מְלַמֵּד שֶׁכֹּהֵן מִתְכַּפֵּר עַל יְדֵי עַצְמוֹ – THIS TEACHES US THAT A KOHEN MAY ATONE FOR HIMSELF.**[35] **בְּמַאי – With what** case are we dealing here? How did he serve the idol in the past that the verse would need to tell us that he may now serve in the Holy Temple because he acted unintentionally? **אִילֵימָא בִּשְׁחִיטָה – If you will say** that we are dealing **with the slaughter** of an offering before an idol, **מַאי אִירְיָא שׁוֹגֵג – why specify** that he acted **unintentionally? אֲפִילוּ מֵזִיד נַמִּי – Even if** he slaughtered the pagan offering **deliberately,** he may **also** atone for himself later in the Holy Temple! We learned above that the slaughter of a pagan sacrifice does not disqualify a Kohen from performing any service in the Holy Temple. **אֶלָּא לָאו בִּזְרִיקָה – Rather,** is it **not** clear that we are dealing **with** an idolatrous service such as **throwing** the blood of the offering? Since throwing the blood deliberately would disqualify a Kohen from serving in the Holy Temple, the Torah must inform us that he is not disqualified when he threw the blood unintentionally.

Rav Sheishess' response:

וְרַב שֵׁשֶׁת אָמַר לָךְ – But Rav Sheishess will tell you: לְעוֹלָם בִּשְׁחִיטָה – Really, we are dealing **with the slaughter** of a pagan sacrifice, and it is a novel point that unintentional slaughter does not disqualify a Kohen because deliberate slaughter certainly does. Although you, Rav Nachman, claim that this does not disqualify him, **וּבְמֵזִיד לֹא נַעֲשָׂה מְשָׁרֵת לַעֲבוֹדַת כּוֹכָבִים – but if he** slaughters **deliberately, is it not** clear **that he becomes an attendant,** i.e. a pagan priest, **of an idol?!**[36] Thus, he is certainly disqualified from ever serving in the Holy Temple.[37]

The Gemara notes:

וְאָזְדוּ לְטַעְמַיְיהוּ – And in this dispute, **[Rav Nachman and Rav Sheishess] follow their** respective **views** recorded elsewhere, **דְּאִתְּמַר – for it has been stated: הֵזִיד בִּשְׁחִיטָה – If [a Kohen] acted deliberately in regard to** the **slaughter** of a pagan sacrifice and then repented and performed a service in the Holy Temple, **רַב נַחְמָן אָמַר – Rav Nachman says: קָרְבָּנוֹ רֵיחַ נִיחוֹחַ – His offering is a pleasing aroma; וְרַב שֵׁשֶׁת אָמַר – but Rav Sheishess says: אֵין קָרְבָּנוֹ רֵיחַ נִיחוֹחַ – His offering is not a pleasing aroma. רַב נַחְמָן אָמַר – Rav Nachman says: קָרְבָּנוֹ רֵיחַ נִיחוֹחַ – His offering is a pleasing aroma דְּלֹא עָבַד שֵׁירוּת – because he did not perform a "service"** in the pagan temple by slaughtering the animal. **רַב שֵׁשֶׁת אָמַר – Rav Sheishess says: אֵין קָרְבָּנוֹ רֵיחַ נִיחוֹחַ – His offering is not a pleasing aroma**

NOTES

31. In this case, the Kohen certainly performed a "service" in the pagan Temple [and therefore, it seems, he should be barred from ever serving in the *Beis HaMikdash*]. However, his status is in dispute because he performed the service mistakenly (*Rashi*). [That is, he did not believe in the idol but he thought he was allowed to assist those who did by offering sacrifices on their behalf.]

32. The Gemara in *Yoma* (36b) teaches that when the Torah uses the word עֲוֹנוֹת, *avonos,* this refers to deliberate sins. We see this in the following verse that discusses one who willfully commits idolatry (*Numbers* 15:31): הִכָּרֵת תִּכָּרֵת הַנֶּפֶשׁ הַהִוא עֲוֹנָה בָהּ, *This person will surely be cut off; his avon is upon him* (*Rashi*).

33. They caused the Jewish people to stumble into iniquity (see *Targum Yonasan* to *Ezekiel* 44:12; cf. *Rabbeinu Gershom* here).

34. *Numbers* 15:28.

35. The superfluous phrase, *for its sin of error,* teaches us that even if it is the Kohen's own soul that has erred [i.e. acted inadvertently], he may perform the service of an offering and he may even perform the service of the very *chatas* he must bring for his error of idolatry (see *Rashi*).

We know that this passage in *Numbers* is speaking about the sin of idolatry because it begins (15:22), *If you err and do not perform all of these commandments that Hashem has spoken to Moses.* This verse is referring to a single transgression that is considered to be a violation of "all of these commandments." The Gemara in *Horayos* (8a) identifies this transgression as idolatry, which is a commandment that is equal to all the commandments of the Torah combined (*Rashi*).

36. See *Dikdukei Soferim* אות ט׳.

37. [Rav Sheishess concedes that the slaughter of a sacrifice is not considered a form of service itself. However, he maintains that a Kohen who acts in the role of a pagan priest is inherently disqualified and that the deliberate slaughter of a pagan sacrifice establishes a Kohen as a pagan priest (See *Sfas Emes,* who elaborates on the reasoning of Rav Sheishess.)]

נַעֲשָׂה מְשָׁרֵת לַעֲבוֹדַת כּוֹכָבִים – because by slaughtering the pagan sacrifice deliberately, **he becomes an attendant,** i.e. a pagan priest, **of an idol,** and a pagan priest is definitely disqualified from serving in the Holy Temple.[1]

The Gemara cites Rav Nachman's proof:

אָמַר רַב נַחְמָן – **Rav Nachman said:** מְנָא אֲמִינָא לָהּ – **On the basis of what do I say this,** that the deliberate slaughter of a pagan sacrifice does not disqualify a Kohen? דְּתַנְיָא – **For it was taught in a Baraisa:** כֹּהֵן שֶׁעָבַד עֲבוֹדַת כּוֹכָבִים וְשָׁב – A KOHEN WHO PERFORMED AN *AVODAH* before AN IDOL, AND then REPENTED and performed a service in the Holy Temple, קָרְבָּנוֹ רֵיחַ נִיחוֹחַ – HIS OFFERING IS A PLEASING AROMA. בְּמַאי – Now, **with what** case are we dealing in this Baraisa? אִילֵימָא בְּשׁוֹגֵג – **If you will say** that we are dealing with a Kohen who ministered **unintentionally,** מַאי וְשָׁב – **what** does the Baraisa mean when it says AND HE REPENTED? שָׁב וְעוֹמֵד הוּא – If he acted unintentionally **he has,** in effect, **been in a state of repentance from the outset.** אֶלָּא פְּשִׁיטָא בְּמֵזִיד – **Rather, it is obvious** that he performed an *avodah* **deliberately.** וְאִי בִּזְרִיקָה כִּי שָׁב מַאי הָוֵי – **But, if** the Baraisa is speaking **of** an *avodah* that is a service such as **throwing** the blood and the like, then even **if he repents, what does it matter?** הָא עָבַד לָהּ שֵׁירוּת – **He has performed a service for** [the idol] and thereby disqualified himself! אֶלָּא לָאו בִּשְׁחִיטָה – **Is it not, rather,** that the Baraisa is speaking **about** the deliberate **slaughter** of a pagan sacrifice, which is not a service? The Baraisa is therefore telling us that if this Kohen slaughters a pagan sacrifice deliberately, repents and performs a service in the Holy Temple, his offering is a pleasing aroma.

The Gemara cites Rav Sheishess' proof:

וְרַב שֵׁשֶׁת אָמַר לָךְ – **But Rav Sheishess will tell you:** לְעוֹלָם בְּשׁוֹגֵג וְהָכִי קָאָמַר – **Really,** the Baraisa is speaking of a Kohen who slaughtered **unintentionally, and this is what [the Baraisa] means to say:** אִם שָׁב מֵעִיקָּרוֹ – **If [this Kohen] repented from the beginning,** meaning דְּכִי עָבַד בְּשׁוֹגֵג עָבַד – **that when he performed an** *avodah* for the idol, **he performed an** *avodah* **unintentionally,** then קָרְבָּנוֹ רֵיחַ נִיחוֹחַ – **his offering is a pleasing aroma.** וְאִם לָאו אֵין קָרְבָּנוֹ רֵיחַ נִיחוֹחַ – **But if not, then his offering is not a pleasing aroma.**

The Gemara presents a third dispute between these two Amoraim:

הִשְׁתַּחֲוָה לַעֲבוֹדַת כּוֹכָבִים – **If a [Kohen] bowed down to an idol,** and then repented and performed a service in the Holy Temple, רַב נַחְמָן אָמַר – **Rav Nachman says:** קָרְבָּנוֹ רֵיחַ נִיחוֹחַ – **His offering is a pleasing aroma;** וְרַב שֵׁשֶׁת אָמַר – **but Rav Sheishess says:** אֵין קָרְבָּנוֹ רֵיחַ נִיחוֹחַ – **His offering is not a pleasing aroma.**[2]

A fourth and final dispute:

הוֹדָה לַעֲבוֹדַת כּוֹכָבִים – **If a [Kohen] accepted** the authority of **an idol** upon himself,[3] and then repented and performed a service in the Holy Temple, רַב נַחְמָן אָמַר – **Rav Nachman says:** קָרְבָּנוֹ רֵיחַ נִיחוֹחַ – **His offering is a pleasing aroma;** וְרַב שֵׁשֶׁת אָמַר – **but Rav Sheishess says:** אֵין קָרְבָּנוֹ רֵיחַ נִיחוֹחַ – **His offering is not a pleasing aroma.**[4]

The Gemara explains why it needed to record all four of the disputes between Rav Nachman and Rav Sheishess:

וּצְרִיכָא – **And it was necessary** to teach each of these separately, דְּאִי אַשְׁמְעִינַן הָךְ קַמַּיְיתָא – **for had the first** dispute **been taught** alone, regarding a Kohen who threw the pagan blood unintentionally, I would say בְּהַהִיא קָאָמַר רַב שֵׁשֶׁת – that it is only **in that case** that **Rav Sheishess would say** the Kohen is disqualified מִשּׁוּם דְּעָבַד לֵיהּ שֵׁירוּת – **because he performed a service for [the idol].** אֲבָל שְׁחִיטָה דְּלָא עָבַד לֵיהּ שֵׁירוּת – **But** in regard to the deliberate **slaughter** of a pagan sacrifice, **where he did not perform a service for [the idol],** אֵימָא מוֹדֶה לֵיהּ לְרַב נַחְמָן – **I would say that he would agree with Rav Nachman** that the Kohen is not disqualified. Thus, both of these disputes had to be noted. וְאִי אַשְׁמְעִינַן שְׁחִיטָה – **And had** the dispute regarding deliberate **slaughter been taught** alone, I would say that it is only in that case that Rav Sheishess disqualifies the Kohen מִשּׁוּם דְּעָבַד לֵיהּ עֲבוֹדָה – **because he did perform an** *avodah* **for [the idol].**[5] אֲבָל הִשְׁתַּחֲוָה דְּלָא עָבַד לֵיהּ עֲבוֹדָה – **But** in regard to **bowing down, where he did not perform an** *avodah,* אֵימָא לֹא – **I would say** that Rav Sheishess would **not** disqualify the Kohen. צְרִיכָא – Therefore, the dispute in regard to **bowing down** is also **necessary.** וְאִי אַשְׁמְעִינַן הִשְׁתַּחֲוָאָה – **And if** the dispute in regard to **bowing down had been taught,** I would have said that Rav Sheishess disqualified him מִשּׁוּם דְּעָבִיד לֵיהּ מַעֲשֶׂה – **because he** at least **performed an action for [the idol]:** He bowed down. אֲבָל הוֹדָה דְּדִיבּוּרָא בְּעָלְמָא אֵימָא לֹא – **But if [the Kohen] accepted** the idol's authority, **which is mere speech, I would say** that Rav Sheishess would **not** disqualify him. צְרִיכָא – Therefore, this final dispute is also **necessary.**[6]

NOTES

1. Rav Yehudah ruled above that a Kohen who slaughtered an animal before an idol is not disqualified from serving in the *Beis HaMikdash.* Rav Sheishess agrees with this ruling; however, he maintains that Rav Yehudah was speaking of a Kohen who acted unintentionally (*Rashi*). [In that case there is no reason to disqualify the Kohen: He did not perform a "service" in the pagan temple, since slaughter is not considered a "service" (only an "*avodah*") and he did not become a pagan priest, since he acted unintentionally.]

By contrast, Rav Nachman contends that Rav Yehudah would never disqualify a Kohen for slaughtering a pagan sacrifice, even if he acted deliberately.

2. [It seems puzzling that Rav Sheishess would disqualify a Kohen who had merely bowed down to or accepted an idol; after all, he did not do something that could be deemed a "service" or that would make him a pagan priest. On the other hand, bowing down and accepting an idol are graver offenses in one sense: A Kohen who does these demonstrates that he believes in the idol himself. A Kohen who slaughters a sacrifice or throws its blood on behalf of others does not necessarily believe in idols; he may just intend to perform the tasks of his job. Indeed, *Rambam* rules (*Hil. Bi'as HaMikdash* 9:13) that bowing down or accepting an idol is treated more stringently than slaughtering a pagan sacrifice. The first two disqualify a Kohen even if he acted inadvertently, whereas slaughter disqualifies him only if he acted deliberately (see *Zevach Todah* and *Even HaAzel* to *Rambam* loc. cit.). Possibly, according to Rav Sheishess, a Kohen who expressed his belief in an idol is disqualified not because he is considered to be one of those mentioned in *Ezekiel* 44:12 who *served for [the people] before their idols,* but because he is one of those mentioned in v. 10 who *distanced themselves from Me during Israel's straying, when they strayed from Me after their idols.* To both the Kohanim who used to serve for the people and the Kohanim who used to stray after idols themselves, the penalty in v. 13 applies: *They shall not approach Me to serve Me.*]

3. He told the idol, "You are my god" (*Rashi;* see *Rashi* to *Sanhedrin* 60b ד״ה והמקבלו).

4. In regard to a Kohen who held heretical beliefs, see *Zevach Todah* (ד״ה והלכתא), *Chazon Ish, Yoreh Deah* 2:18 and *Igros Moshe, Orach Chaim* I §33.

5. Slaughter is one of the four blood *avodos,* even though it may be performed by a non-Kohen. [The four blood *avodos* are: *shechitah* – slaughtering the animal, *kabbalah* – receiving its blood in a *kli shareis, holachah* – conveying the blood to the Altar, and *zerikah* – throwing the blood upon the Altar in the prescribed manner.]

6. [Furthermore, had the Gemara recorded only the dispute regarding the acceptance of the idol's authority, one would have said that it is only

The Mishnah stated:

[וְאֵין צָרִיךְ לוֹמַר דָּבָר אַחֵר [וכו׳ – **AND, NEEDLESS TO SAY,** the same goes for Kohanim who served in a temple **OF "SOMETHING ELSE"** [i.e. an idol].

The Gemara analyzes the Mishnah's wording:

מִדְּקָאָמַר אֵין צָרִיךְ לוֹמַר דָּבָר אַחֵר – **Since [the Mishnah] said:** The Kohanim who served in the Temple of Chonyo may not serve . . . and, **needless to say,** the same goes for Kohanim who served in a temple **of "something else"** [i.e. an idol], מִכְּלָל דְּבֵית חוּנְיוֹ לָאו עֲבוֹדַת כּוֹכָבִים הוּא – **it is evident that the Temple of Chonyo was not a pagan temple.** תַּנְיָא[7] כְּמַאן דְּאָמַר – **We have** thus **learned here a Mishnah that follows** the view **of he who says:** בֵּית חוּנְיוֹ לָאו עֲבוֹדַת כּוֹכָבִים הוּא – **The Temple of Chonyo was not a pagan temple.** דְּתַנְיָא – **For it was taught in a Baraisa:** אוֹתָהּ שָׁנָה שֶׁמֵּת שִׁמְעוֹן הַצַּדִּיק – **THAT YEAR IN WHICH SHIMON HATZADDIK DIED,** אָמַר לָהֶן שָׁנָה זוֹ הוּא מֵת – **HE SAID TO THEM** [to those in attendance] on Yom Kippur: **IN THIS YEAR HE WILL DIE.**[8] אָמְרוּ לוֹ – **THEY SAID TO HIM:** מִנַּיִן אַתָּה יוֹדֵעַ – **HOW DO YOU KNOW** this? אָמַר לָהֶן – **HE SAID TO THEM:** כָּל יוֹם הַכִּפּוּרִים – **EVERY** other **YOM KIPPUR,** when I entered the Holy of Holies, נִזְדַּמֵּן לִי זָקֵן אֶחָד לָבוּשׁ לְבָנִים וְנִתְעַטֵּף לְבָנִים – **I WAS MET BY** the likeness of **AN OLD MAN DRESSED IN WHITE AND WRAPPED IN WHITE** headgear,[9] וְנִכְנַס עִמִּי וְיוֹצֵא עִמִּי – **AND HE WOULD ENTER** the Holy of Holies **WITH ME AND EXIT WITH ME.** שָׁנָה זוֹ נִזְדַּמֵּן לִי זָקֵן אֶחָד לָבוּשׁ שְׁחוֹרִים וְנִתְעַטֵּף שְׁחוֹרִים – **THIS YEAR, I WAS MET BY** the likeness of **AN OLD MAN DRESSED IN BLACK AND WRAPPED IN BLACK** headgear, וְנִכְנַס עִמִּי וְלֹא יָצָא עִמִּי – **AND HE ENTERED WITH ME BUT DID NOT EXIT WITH ME.**[10] לְאַחַר הָרֶגֶל – **AFTER THE PILGRIMAGE FESTIVAL** (i.e. Succos),[11] חָלָה שִׁבְעַת יָמִים וּמֵת – **[SHIMON HATZADDIK] TOOK ILL FOR SEVEN DAYS AND DIED.** וְנִמְנְעוּ אֶחָיו הַכֹּהֲנִים מִלְּבָרֵךְ בַּשֵּׁם – **AND** thereafter, **HIS BRETHREN THE KOHANIM REFRAINED FROM BLESSING WITH THE NAME.**[12]

NOTES

in that case that Rav Nachman said his offering is a pleasing aroma because it is mere speech, but if he bowed down to the idol, which is an action, then perhaps Rav Nachman would agree with Rav Sheishess that the Kohen is disqualified. Thus, both these cases had to be recorded. The same reasoning that was applied to these four cases to explain why they were necessary according to Rav Sheishess can be applied in reverse for Rav Nachman.]

◆§ The Status of Formerly Idolatrous Kohanim After the Temple Era

The *Halachos Gedolos* (cited in *Tosafos* to *Eruvin* 32a ד״ה רב ששת) rules that when there is a dispute between Rav Nachman and Rav Sheishess on matters of a prohibitory nature [as opposed to monetary law], the halachah follows Rav Sheishess (see also *Seder Tannaim V'Amoraim* §35 and *Rosh, Succah* 4:1). Indeed, *Rambam* rules in regard to all the four disputes of our Gemara in accordance with Rav Sheishess (*Hil. Bi'as HaMikdash* 9:13; see also *Likkutei Halachos*) and thus, even if a Kohen merely utters the acceptance of an idol as his god, he is forever disqualified from serving in the *Beis HaMikdash.* [However, he may slaughter offerings there – see *Ezekiel* 44:11.]

The Rishonim discuss his status in regard to the other privileges of Kehunah: May a Kohen who joined an idolatrous cult and then repented be the first called up to the Torah, as Kohanim usually are? May he bless the congregation during the Kohanim's Blessing? *Tosafos* (on 109a ד״ה לא) cite *Sefer VeHizhir* [not to be confused with *Sefer HaZohar*] that such a Kohen is excluded from both of these. *Rambam* (*Hil. Tefillah* 15:3) rules that a Kohen may not participate in the Kohanim's Blessing, since that rite is halachically parallel to performing the service in the *Beis HaMikdash,* which he is not allowed to do (see *Sifri, Devarim* §208). However, *Tosafos* cite *Rashi* in a responsum that a penitent Kohen may be the first called up to the Torah, and he may also bless the congregation. *Rashi* infers from the wording of our Mishnah that if the communal *bamah* of Nov or of Giveon were in operation, this penitent Kohen would be permitted to perform the service there [i.e. he would not be penalized at all]. All the more so [is he entitled to his Kohanic privileges] in our time, when there is no longer a service in a Temple. *Rashi* notes that our Mishnah says that these Kohanim are like Kohanim with blemishes, and nowhere do we find that Kohanim with blemishes are excluded from the Kohanim's Blessing. [In regard to the parallel to Temple service mentioned by *Rambam, Rashi* cites an exposition that specifically limits this parallel.]

Rabbeinu Gershom [who was the teacher of *Rashi's* teachers] writes in the same vein (*Responsa* §4) that if the Mishnah meant that the holiness of former pagan Kohanim is entirely profaned, then it should have said that they are *disqualified* from the Kehunah [as the Mishnah says elsewhere – see *Yevamos* 87b and *Gittin* 79b], not that they are treated like blemished Kohanim. This language indicates that there is a certain holiness that remains within them. *Rabbeinu Gershom* writes further: Perhaps you will ask, how could these Kohanim bless the congregation – it is God Who must endorse their blessings, and since these Kohanim have fulfilled the verse (*Deuteronomy* 31:16): *And [the people] will abandon Me,* God will fulfill the verse (v. 17): *And I will abandon them,* and decline to stand behind their blessings! *Rabbeinu Gershom* answers: It is also written (*Zechariah* 1:3): *Return to Me . . . and I will return to you.* Once they repent, He accepts them and endorses their blessings. *Rabbeinu Gershom* makes the further points that we are forbidden to discourage an evildoer from repenting or to aggrieve the feelings of a penitent by bringing up his past (*Sanhedrin* 103a and *Bava Metzia* 58b). If we do not allow a penitent Kohen to take part in the Kohanim's Blessing or to be the first called up to the Torah, there is no greater discouragement than that.

Rama rules that a formerly idolatrous Kohen who repents may bless the congregation (*Orach Chaim* 128:38; see also *Beur Halachah* ad loc.; for more on this topic, see the Geonic *Responsa, Shaarei Teshuvah* §207; *Tosafos* to *Sotah* 39a ד״ה כי; *Hagahos Maimoniyos* and *Migdal Oz* to *Rambam* loc. cit.; *Beis Yosef* to *Orach Chaim* §128; *Lechem Rav* §3 and *Chacham Tzvi* §13).

7. [It appears from the context that this word should be תְּנַן or תָּנֵינָא; we have translated accordingly.]

8. This was a euphemistic way of saying that he himself would die.

9. The "old man" was perhaps the Divine Presence [i.e. a created image signifying the Divine Presence] (*Tosafos* citing *Yerushalmi Yoma* 5:2). This was a prophetic vision, in which Shimon HaTzaddik saw a man entering and leaving with him, in the same way that the prophets in their visions saw God represented in human form (*Toras HaOlah,* cited by *Rif* in *Ein Yaakov* to *Yoma* 39b).

10. The old man dressed in white signified the celebration of life. The one dressed in black signified the mourning of death (see *Ramban, Toras HaAdam,* Chavel ed. p. 85). [He dressed in black to demonstrate mourning for Shimon HaTzaddik, who would die shortly (see *Rabbeinu Elyakim* to *Yoma* 39b).]

11. Though the term רֶגֶל, *pilgrimage,* can refer to any of the three festivals (see, for example, *Deuteronomy* 16:16), it refers here specifically to the Succos and Shemini Atzeres festival, which follows Yom Kippur.

12. Until the death of Shimon HaTzaddik, the Kohanim in the Temple would, when uttering the Kohanim's Blessing, pronounce God's Ineffable Name. [Enunciation of this Name was forbidden outside the Temple.] After his death, the Kohanim did not know how to say it with the requisite holiness and purity (*Rashi ms.* cited in *Shitah Mekubetzes* here) and they were not worthy enough to continue this practice (*Rashi* to *Yoma* 39b ד״ה מלברך).

Tosafos to (*Sotah* 38a ד״ה הרי) explain why this affects the halachic practice: Generally, one may not pronounce the Four-Letter Name of God as it is written [*yud, kei, vav, kei*] (see *Pesachim* 50a); however, the Gemara (*Sotah* 38a) expounds *Exodus* 20:21 to teach us a specific dispensation: *Everywhere that I [God] will come to you and bless you, there I will permit mention of My Name [as the Name is written]. Tosafos* explain that "*Everywhere that I will come to you*" means "everywhere that My Presence will be revealed." Thus, the verse permits mention of the Four-Letter Name only where the *Shechinah* is revealed; when Shimon HaTzaddik passed away the *Shechinah* ceased to be revealed even in the Temple (see *Rashash* ad loc.; for an alternative explanation, see *Rambam, Hil. Nesias Kapayim* 14:10; see also *Kiddushin* 71a; for further discussion of this topic, see *Chidushei HaGriz, Hil. Avodah Zarah* 2:7).

[According to some views, the Kohen Gadol uttered a different Divine Name at some points in the Yom Kippur service: He would pronounce not the Four-Letter Name but rather the esoteric Forty-Two-Letter Name (*Rav Hai Gaon* cited in *Peirush HaRosh* to *Yoma* 87b, *Rabbeinu*

The Baraisa continues:

בִּשְׁעַת פְּטִירָתוֹ אָמַר לָהֶם — AT THE MOMENT OF HIS PASSING, [SHIMON HATZADDIK] SAID TO THEM, חוֹנְיוֹ בְּנִי יְשַׁמֵּשׁ תַּחְתַּי — "MY SON CHONYO SHOULD SERVE as Kohen Gadol IN MY PLACE." נִתְקַנֵּא בּוֹ שִׁמְעִי אָחִיו — SHIMI, HIS BROTHER, BECAME JEALOUS OF HIM, שֶׁהָיָה גָּדוֹל מִמֶּנּוּ שְׁתֵּי שָׁנִים וּמֶחֱצָה — BECAUSE [SHIMI] WAS TWO-AND-A-HALF YEARS OLDER THAN [CHONYO].[13] Shimi then schemed to have Chonyo killed so that he could assume the post of Kohen Gadol.[14] אָמַר לוֹ — [SHIMI] SAID TO [CHONYO], בֹּא וַאֲלַמֶּדְךָ סֵדֶר עֲבוֹדָה — "COME AND I WILL TEACH YOU THE ORDER OF THE Temple SERVICE."[15] הִלְבִּישׁוֹ בְּאוּנְקְלִי וַחֲגָרוֹ בְּצִילְצוּל — HE DRESSED HIM IN A LEATHER BLOUSE AND BELTED HIM WITH AN ATTRACTIVE SASH; both of these were feminine articles of clothing.[16] הֶעֱמִידוֹ אֵצֶל הַמִּזְבֵּחַ — [SHIMI] STOOD HIM NEXT TO THE ALTAR. Shimi then left him there and went to speak to a group of Kohanim who were in the Temple at that time.[17] אָמַר לָהֶם לְאֶחָיו הַכֹּהֲנִים — [SHIMI] SAID TO HIS BROTHERS THE KOHANIM, רְאוּ מַה נָּדַר זֶה וְקִיֵּים לַאֲהוּבָתוֹ — "LOOK AT WHAT THIS [BROTHER OF MINE] VOWED AND CARRIED OUT FOR HIS BELOVED wife! He swore to her, אוֹתוֹ הַיּוֹם שֶׁאֶשְׁתַּמֵּשׁ בִּכְהוּנָּה גְּדוֹלָה — 'ON THE DAY THAT I first SERVE AS KOHEN GADOL, אֶלְבּוֹשׁ בְּאוּנְקְלִי שֶׁלִּיכִי וְאֶחְגּוֹר בְּצִילְצוּל שֶׁלִּיכִי — I WILL WEAR YOUR BLOUSE AND BELT MYSELF WITH YOUR SASH to demonstrate the depth of my love for you.' "[18] בִּקְשׁוּ אֶחָיו הַכֹּהֲנִים לְהָרְגוֹ — HIS BROTHERS THE KOHANIM believed this story and WISHED TO KILL [CHONYO]. רָץ מִפְּנֵיהֶם — [CHONYO] RAN AWAY FROM THEM וְרָצוּ אַחֲרָיו — BUT THEY RAN AFTER HIM. הָלַךְ לַאֲלֶכְּסַנְדְּרִיָּא שֶׁל מִצְרַיִם — HE WENT TO ALEXANDRIA IN EGYPT, וּבָנָה שָׁם מִזְבֵּחַ — BUILT AN ALTAR THERE וְהֶעֱלָה עָלָיו לְשׁוּם עֲבוֹדַת כּוֹכָבִים — AND BROUGHT sacrifices UPON IT FOR THE SAKE OF IDOLATRY. וּכְשֶׁשָּׁמְעוּ חֲכָמִים בַּדָּבָר אָמְרוּ — AND WHEN THE SAGES HEARD OF THIS MATTER, THEY SAID: מַה זֶּה שֶׁלֹּא יָרַד לָהּ כָּךְ — IF THIS PERSON, Shimi, WHO HAD NOT ASSUMED [A POSITION OF PROMINENCE], nevertheless became SO envious of his brother that he plotted to kill him and take his place, הַיּוֹרֵד לָהּ עַל אַחַת כַּמָּה וְכַמָּה — then A PERSON WHO HAS already ASSUMED [A POSITION OF PROMINENCE], ALL THE MORE SO will he be hostile to any threats to his position. Therefore, we should take care never to remove him.[19] דִּבְרֵי רַבִּי מֵאִיר — This version of the story reflects THE WORDS OF R' MEIR. אָמַר לוֹ רַבִּי יְהוּדָה — R' YEHUDAH SAID TO HIM: לֹא כָּךְ הָיָה מַעֲשֶׂה — THAT IS NOT HOW THE STORY WENT; אֶלָּא לֹא קִיבֵּל עָלָיו חוֹנְיוֹ — RATHER, after Shimon HaTzaddik named Chonyo as his successor, CHONYO DID NOT ACCEPT THIS UPON HIMSELF, שֶׁהָיָה שִׁמְעִי אָחִיו גָּדוֹל מִמֶּנּוּ שְׁתֵּי שָׁנִים וּמֶחֱצָה — BECAUSE HIS BROTHER SHIMI WAS TWO-AND-A-HALF YEARS OLDER THAN HIM. וְאַף עַל פִּי כֵן נִתְקַנֵּא בּוֹ חוֹנְיוֹ בְּשִׁמְעִי אָחִיו — NEVERTHELESS, CHONYO regretted his decision and plotted to have Shimi killed so he could become the Kohen Gadol.[20] אָמַר לוֹ — [CHONYO] SAID TO [SHIMI], בֹּא וַאֲלַמֶּדְךָ סֵדֶר עֲבוֹדָה — "COME AND I WILL TEACH YOU THE Temple SERVICE."[21] וְהִלְבִּישׁוֹ בְּאוּנְקְלִי וַחֲגָרוֹ בְּצִילְצוּל — HE DRESSED HIM IN A woman's LEATHER BLOUSE AND BELTED HIM WITH A woman's ATTRACTIVE SASH; וְהֶעֱמִידוֹ אֵצֶל הַמִּזְבֵּחַ — [CHONYO] STOOD [SHIMI] NEXT TO THE ALTAR and left him there. אָמַר לָהֶם לְאֶחָיו הַכֹּהֲנִים — [CHONYO] SAID TO HIS BROTHERS THE KOHANIM, רְאוּ מַה נָּדַר זֶה וְקִיֵּים לַאֲהוּבָתוֹ — "LOOK AT WHAT THIS [BROTHER OF MINE] VOWED AND CARRIED OUT FOR HIS BELOVED wife! He swore to her, אוֹתוֹ הַיּוֹם שֶׁיִּשְׁתַּמֵּשׁ בִּכְהוּנָּה גְּדוֹלָה — 'ON THE DAY THAT I first SERVE AS KOHEN GADOL, אֶלְבּוֹשׁ בְּאוּנְקְלִי שֶׁלִּיכִי וְאֶחְגּוֹר בְּצִילְצוּל שֶׁלִּיכִי — I WILL WEAR YOUR BLOUSE AND BELT MYSELF WITH YOUR SASH to show you the depth of my love.' " בִּקְשׁוּ אֶחָיו הַכֹּהֲנִים לְהָרְגוֹ — HIS BROTHERS THE KOHANIM believed this story and WISHED TO KILL [SHIMI]. He asked them to wait until he spoke and then they could do whatever they wished.[22] סָח לָהֶם כָּל הַמְּאוֹרָע — [SHIMI] TOLD THEM THE ENTIRE INCIDENT. The Kohanim investigated the matter with the greatest scrutiny until they clarified that Shimi was innocent and it was Chonyo who had dared to make the Kohen Gadol, the *avodah* and the Altar into a joke.[23] בִּקְשׁוּ לַהֲרוֹג אֶת חוֹנְיוֹ — [THE MASSES] then WISHED TO KILL CHONYO. רָץ מִפְּנֵיהֶם וְרָצוּ אַחֲרָיו — [CHONYO] RAN AWAY FROM THEM BUT THEY RAN AFTER HIM. רָץ לְבֵית הַמֶּלֶךְ וְרָצוּ אַחֲרָיו — HE RAN TOWARD THE KING'S PALACE BUT THEY RAN AFTER HIM. כָּל הָרוֹאֶה אוֹתוֹ אוֹמֵר זֶה הוּא זֶה הוּא — WHOEVER SAW HIM as he ran would point at him and TELL his pursuers, "THAT IS HIM! THAT IS HIM!" When he reached the palace, the king could not protect him because he was sought by the entire Jewish people.[24] הָלַךְ לַאֲלֶכְּסַנְדְּרִיָּא שֶׁל מִצְרַיִם — [CHONYO] WENT TO ALEXANDRIA IN EGYPT, וּבָנָה שָׁם מִזְבֵּחַ — BUILT AN ALTAR THERE וְהֶעֱלָה עָלָיו לְשֵׁם שָׁמַיִם — AND BROUGHT offerings UPON IT FOR THE SAKE OF HEAVEN. He thereby fulfilled a prophetic promise to Isaiah many years earlier, שֶׁנֶּאֱמַר ,,(והיה) בַּיּוֹם הַהוּא יִהְיֶה מִזְבֵּחַ לַה׳ בְּתוֹךְ אֶרֶץ מִצְרָיִם וּמַצֵּבָה אֵצֶל־גְּבוּלָהּ לַה׳ ״ — FOR IT SAYS: *ON THAT DAY, THERE WILL BE AN ALTAR [DEDICATED] TO HASHEM IN THE MIDST OF THE LAND OF EGYPT, AND A PILLAR [DEDICATED] TO HASHEM NEAR ITS BORDER.*[25]

The Baraisa concludes:

וּכְשֶׁשָּׁמְעוּ חֲכָמִים בַּדָּבָר אָמְרוּ — AND WHEN THE SAGES HEARD OF THIS MATTER, THEY SAID: וּמַה זֶּה שֶׁבָּרַח מִמֶּנָּה כָּךְ — IF THIS PERSON, Chonyo, WHO initially RAN AWAY FROM [THE HONOR OF THE KOHEN GADOL'S OFFICE], nevertheless behaved THIS way, הַמְבַקֵּשׁ לֵירֵד לָהּ עַל אַחַת כַּמָּה וְכַמָּה — A PERSON WHO STRIVES TO LAY CLAIM [TO THIS HONOR] is liable to behave this way ALL THE MORE SO.[26]

NOTES

Bachya, Leviticus 16:30; see *Radbaz* §1407). For yet another opinion, see *Teshuvos HaGeonim* §194.]

13. [So if there had been no other difference between them, Shimi should have been first in line to become Kohen Gadol. However,] Shimon HaTzaddik preferred Chonyo [for the position] (*Rabbeinu Gershom*) because his fear of Heaven made him a suitable successor (see *Tosafos*).

14. [See *Rambam, Commentary to the Mishnah,* who makes this point in explanation of the other version of this story, where it is Chonyo scheming against Shimi.]

15. Specifically, the special inauguration ceremony for a new Kohen Gadol. Chonyo was familiar with the Temple service in general as well as the way a Kohen Gadol must be dressed, but he was unfamiliar with how a Kohen is inducted into the Kehunah Gedolah (see *Tosafos* with *Tzon Kodashim*). Thus, Shimi was able to trick him.

16. See *Rambam;* see *Sotah* 9a with *Rashi* to 8b ד״ה היא חגרה לו.

17. *Rambam.*

18. See *Rambam.*

19. So that he should not be moved to act self-destructively (*Rashi*), as Shimi did.

20. *Rambam.*

21. See above, note 15. [In this version of the story,] Chonyo was more knowledgeable than Shimi (*Rashi*).

22. *Rambam.*

23. *Rabbeinu Gershom.*

24. *Rambam.* [Presumably, this king was an agent of the Greek or Syrian-Greek Empire that controlled Eretz Yisrael at the time.]

25. *Isaiah* 19:19.

26. *Rambam* states that Chonyo built a temple that was structurally similar to the *Beis HaMikdash.* Josephus Flavius reports that it was a smaller and poorer version. Josephus writes further that Chonyo [whom he calls "Onias" and describes as a descendant of Shimon HaTzaddik] appealed to Ptolemy Philometor and his queen Cleopatra, who ruled Egypt from Alexandria, to allow him to develop a certain stretch of land for a Jewish Temple. Josephus states that this land was in an area

The Gemara cites another Baraisa that speaks of the deepening of the desire for honor once one has grown accustomed to it:

תַּנְיָא – It was taught in a Baraisa: אָמַר רַבִּי יְהוֹשֻׁעַ בֶּן פְּרַחְיָה – **R' YEHOSHUA BEN PERACHYAH SAID:** בַּתְּחִלָּה כָּל הָאוֹמֵר עֲלֵה לָהּ – **IN THE BEGINNING,** before I became the *Nasi*,[27] **IF ANYONE WOULD HAVE TOLD ME, "ASCEND TO [THE POSITION OF *NASI*],"** אֲנִי כּוֹפְתוֹ וְנוֹתְנוֹ לִפְנֵי הָאֲרִי – **I WOULD HAVE TIED HIM UP AND PLACED HIM BEFORE A LION;** עַתָּה כָּל הָאוֹמֵר לִי לֵירֵד מִמֶּנָּה – **NOW,** however, **IF ANYONE WOULD TELL ME TO STEP DOWN FROM [THE POSITION OF *NASI*]** אֲנִי מֵטִיל עָלָיו קוּמְקוּם שֶׁל חַמִּין – **I WOULD DUMP A KETTLE OF HOT WATER ON HIM!**[28] שֶׁהֲרֵי שָׁאוּל בָּרַח מִמֶּנָּה – We see in Scripture as well the effect that high office has on one's attitude, **BECAUSE** when Samuel came to anoint Saul as king, **SAUL RAN AWAY FROM [THE KINGSHIP],** וּכְשֶׁעָלָה בִּקֵּשׁ לַהֲרוֹג אֶת דָּוִד – **BUT ONCE HE HAD ASCENDED [THE THRONE]** and Samuel told him to step down from it in favor of David, **[SAUL] TRIED TO KILL DAVID.**

The Gemara returns to the dispute regarding the Temple of Chonyo. In the Baraisa cited above, R' Yehudah stated that the Temple of Chonyo was dedicated to Hashem and quoted a verse in support of this view. The Gemara asks:

אָמַר לֵיהּ מַר קַשִׁישָׁא בְּרֵיהּ דְּרַב חִסְדָּא לְאַבַּיֵי – **Mar Kashisha the son of Rav Chisda said to Abaye:** רַבִּי מֵאִיר הַאי קְרָא דְּרַבִּי יְהוּדָה מַאי עָבִיד לֵיהּ – **What does R' Meir,** who says that the Temple of Chonyo was idolatrous, **do with this verse that R' Yehudah** cites?

The Gemara answers:

לִכְדְתַנְיָא – R' Meir understands that verse **in accordance with what was taught in** the following **Baraisa:** לְאַחַר מַפַּלְתּוֹ שֶׁל סַנְחֵרִיב – **AFTER THE COLLAPSE OF SANCHEIRIV** and his army, יָצָא חִזְקִיָּה וּמָצָא בְּנֵי מְלָכִים – **CHIZKIYAH WENT OUT** of Jerusalem which had been under siege until then, **AND FOUND PRINCES** שֶׁהָיוּ יוֹשְׁבִין בִּקְרוֹנוֹת שֶׁל זָהָב – **WHO WERE SEATED IN CARRIAGES OF GOLD.**[29] הִדִּירָן שֶׁלֹּא לַעֲבוֹד עֲבוֹדַת כּוֹכָבִים – **HE MADE THEM VOW NOT TO WORSHIP IDOLS** and let them live, שֶׁנֶּאֱמַר ,,בַּיּוֹם הַהוּא יִהְיוּ חָמֵשׁ עָרִים בְּאֶרֶץ מִצְרַיִם מְדַבְּרוֹת שְׂפַת כְּנַעַן – **AS IT SAYS:** ***ON THAT DAY, THERE WILL BE FIVE CITIES IN EGYPT THAT SPEAK THE LANGUAGE OF CANAAN*** [i.e. Hebrew]

NOTES

known as "the Nomus of Heliopolis." [This conflicts with our Gemara as well, since ancient Heliopolis is on the outskirts of Cairo, whereas our Gemara indicates that the temple was in Alexandria.] Josephus quotes the text of the epistle that Chonyo sent to Ptolemy and Cleopatra and the text of their response. In his request, Chonyo actually mentions the verse in *Isaiah* as a reason for them to endorse the building of the temple. In their response, Ptolemy and Cleopatra express their reservations whether God would find it pleasing to erect a temple in such an unclean location, but they add, "Since you say that Isaiah the prophet foretold this long ago, we give you leave to do so, if it may be done according to your law, and so that we may not appear to have at all offended God thereby" (*Antiquities* XIII 3:1-3). *Rambam* writes (following the view of R' Yehudah) that the Temple of Chonyo was not a pagan temple, but Chonyo did transgress the negative commandment against offering sacrifices outside the *Beis HaMikdash* (see *Deuteronomy* 12:13-14; cf. *Tosafos* ד״ה והעלה; see *Yaaros Devash* 1:2 and *Zivchei Ephraim, Pesichah Ketanah,* note §10). *Rambam* adds that the Copts [a people in Ancient Egypt] and their associates were attracted to Chonyo. Chonyo encouraged them to serve Hashem and they listened to him. His statements were much esteemed by them and they made him their priest and honored his temple. They served Hashem there and brought offerings according to what Chonyo had instructed them. The temple stood for hundreds of years (see Kafich ed.; cf. the classic translation of *R' Yehudah Ibn Tibbon*). Josephus says it stood for 343 years until it was shut down by Paulinus, a governor of Alexandria (*Wars of the Jews* VII 10:4).

27. See *Chagigah* 16a.

28. Before I gained office, I hated positions of power and would have wanted to cause the death of anyone who suggested that I should become *Nasi.* Now that I have already assumed the *Nesius,* I want to keep it so much that if someone would tell me that I should step down, I would not be content merely to *cause* his death; I would want to kill him with my own hands (*Maharsha;* see also *Rabbeinu Gershom*).

[*Rashi* and *Tosafos* cite another version of R' Yehoshua ben Perachyah's statement that has nothing to with his attitude toward being *Nasi. Tosafos* report that *Rabbeinu Klonimos,* the father of *R' Meshulam,* emended our text to eliminate that version (see a proof for his view in *Avos DeRabbi Nassan* 10:3). *Tosafos* note further that this was one of three emendations *Rabbeinu Klonimos* made in the hour of his death "as if through prophecy."]

29. There were forty-five thousand princes, accompanied by princesses and courtesans (*Sanhedrin* 95b).

״וְנִשְׁבָּעוֹת לַה׳ צְבָאוֹת״ – ***AND THAT SWEAR BY [THE NAME OF] HASHEM, MASTER OF LEGIONS;*** *one of them will be called "the City of the He'res."*[1] הָלְכוּ לַאֲלֶכְסַנְדְּרִיָּא שֶׁל מִצְרַיִם – **THEY WENT TO ALEXANDRIA IN EGYPT,** וּבָנוּ מִזְבֵּחַ וְהֶעֱלוּ עָלָיו לְשֵׁם שָׁמַיִם – **BUILT AN ALTAR AND BROUGHT UPON IT OFFERINGS TO HASHEM,** שֶׁנֶּאֱמַר ,,בַּיּוֹם הַהוּא יִהְיֶה מִזְבֵּחַ לַה׳ בְּתוֹךְ אֶרֶץ מִצְרַיִם״ – **AS IT SAYS** in the following verse: ***ON THAT DAY THERE WILL BE AN ALTAR [DEDICATED] TO HASHEM IN THE MIDST OF THE LAND OF EGYPT.***

The Gemara examines the end of a verse cited above:

,,עִיר הַהֶרֶס יֵאָמֵר לְאֶחָת״ – ***one of them*** *[of the five cities]* ***will be called "the City of the He'res."*** מַאי ,,עִיר הַהֶרֶס יֵאָמֵר לְאֶחָת״ – **What is the meaning of** this clause, ***one of them will be called "the City of the He'res"?***

The Gemara clarifies:

כְּדִמְתַרְגֵּם רַב יוֹסֵף – The meaning is **as Rav Yosef rendered** this verse in his *Targum:* קַרְתָּא דְּבֵית שֶׁמֶשׁ דַּעֲתִיד לְמֵיחֲרַב אִיתְאֲמַר דְּהִיא חֲדָא מִנְּהוֹן – ***The City that is called the Region of the Sun, that is destined to be destroyed, is one of [the five cities].***[2]

The Gemara asks:

וּמִמַּאי דְּ,,עִיר הַהֶרֶס״ לִישָּׁנָא דְּשִׁימְשָׁא הִיא – **But how** do you know **that** the word "He'res" in ***"the City of He'res"*** **denotes "the sun"?**

The Gemara answers:

דִּכְתִיב ,,הָאֹמֵר לַחֶרֶס וְלֹא יִזְרָח״ – **Because it is written:** *[It is He]* ***Who gives the command to the sun*** *[che'res]* ***and it does not shine.***[3]

A Baraisa above taught that King Chizkiyah influenced the princes of foreign lands to reject idolatry and serve Hashem. The Gemara will soon speak of the positive spiritual influence that the Jewish people had upon the gentile populations among whom they were exiled. First, however, the Gemara notes that not all exiles are equal as habitats for spirituality:

,,הָבִיאִי בָנַי מֵרָחוֹק וּבְנוֹתַי מִקְצֵה הָאָרֶץ״ – The verse states: ***Bring My sons from afar and My daughters from the ends of the earth.***[4] ,,הָבִיאִי בָנַי מֵרָחוֹק״ – ***Bring My sons from afar;*** אָמַר רַב הוּנָא – **Rav Huna said:** אֵלּוּ גָּלִיּוֹת שֶׁל בָּבֶל – **This refers to the** Jewish **exiles** living **in Babylonia,** שֶׁדַּעְתָּן מְיוּשֶּׁבֶת עֲלֵיהֶן כְּבָנִים – **whose temperaments are** calm and **composed, similar to sons.** ,,וּבְנוֹתַי מִקְצֵה הָאָרֶץ״ – ***and My daughters from the ends of the earth;*** אֵלּוּ גָּלִיּוֹת שֶׁל שְׁאָר אֲרָצוֹת – **this refers** to the Jewish **exiles** living **in other lands,** שֶׁאֵין דַּעְתָּן מְיוּשֶּׁבֶת עֲלֵיהֶן כְּבָנוֹת – **whose temperaments are not** calm and **composed, similar to daughters.**[5]

The Gemara proceeds to describe how the Jewish people influence their surroundings:

אָמַר רַבִּי אַבָּא בַּר רַב יִצְחָק אָמַר רַב חִסְדָּא – **R' Abba bar Rav Yitzchak said in the name of Rav Chisda,** וְאָמְרֵי לָהּ אָמַר רַב יְהוּדָה אָמַר רַב – **and some say it was Rav Yehudah** who **said** this **in the name of Rav:** מִצּוֹר וְעַד קַרְטִיגְנֵי – In the lands that stretch **from Tzor until Cartiginy**[6] מַכִּירִין אֶת יִשְׂרָאֵל וְאֶת אֲבִיהֶם שֶׁבַּשָּׁמַיִם – **[the gentiles] are familiar with the Jews**[7] **and with their Father in Heaven;**[8] וּמִצּוֹר כְּלַפֵּי מַעֲרָב – **however, from Tzor to the west** וּמִקַּרְטִיגְנֵי כְּלַפֵּי מִזְרָח – **and from Cartiginy to the east,** אֵין מַכִּירִין אֶת יִשְׂרָאֵל וְלֹא אֶת אֲבִיהֶן שֶׁבַּשָּׁמַיִם – **[the gentiles] are familiar with neither the Jews nor their Father in Heaven.**[9]

The Gemara questions this statement:

אֵיתִיבֵיהּ רַב שִׁימִי בַּר חִיָּיא לְרַב – **Rav Shimi bar Chiya challenged Rav from** the following **[verse]:**[10] ,,מִמִּזְרַח־שֶׁמֶשׁ וְעַד־מְבוֹאוֹ גָּדוֹל שְׁמִי בַּגּוֹיִם – ***For from the rising of the sun to its setting, My Name is great among the nations,*** וּבְכָל־מָקוֹם

NOTES

1. *Isaiah* 19:18. The "language of Canaan" refers to the language of the Jews who lived in the Land of Canaan (*Rashi*). [Although the Jews of Chizkiyah's time probably regarded themselves as living in "the Land of Israel," it is possible that the foreign princes would have persisted in calling this area "the Land of Canaan," and the verse is written from their perspective.]

For the identification of "the City of the He'res," see below, note 3.

2. The word הַהֶרֶס is translated in two ways: (a) Relating to the root הרס, *to destroy;* (b) relating to the word חֶרֶס, *sun,* as the Gemara proceeds to explain (*Rashi* ad loc.; *Rabbeinu Gershom*). The letters ה and ח are used interchangeably in several Talmudic expositions (see, for example, *Moed Katan* 2a with *Rashi* ד״ה נישלהי). [The word אִיתְאֲמַר is rendered according to *Rabbeinu Gershom.*]

3. *Job* 9:7. *Malbim* to *Isaiah* 19:18 identifies some of these cities based on *Pesikta DeRav Kahana* (7:5): Noh Amon, or Alexandria; Memphis; Heliopolis [near Cairo]. This last is identified with עִיר הַהֶרֶס, City of the Sun. "Heliopolis" means "city of the sun" in Greek.

4. *Isaiah* 43:6.

5. The temperament of a male is typically more settled than that of a female (see *Rashi*). *Ben Yehoyada* explains that we are speaking of *young* males and *young* females; the Gemara describes them as "sons" and "daughters." A young woman has many worries that disturb her peace of mind: Perhaps her father will not find the means he needs to marry her off; perhaps she will be an unattractive match for potential suitors; perhaps she will fall into the hands of an amoral husband, etc. In regard to a young man, however, the societal reality is such that these are generally not great concerns for him. Thus, the sons' temperaments are more composed that those of the daughters.

The Jews living in the Babylonian Exile did not suffer the same kind of governmental oppression that the Jews in other parts of the Diaspora suffered (*Rashi*). *Or HaYashar* comments that this was true close to the era of Rav Huna, this statement's author, and of Shmuel when the Babylonian yoke eased somewhat (see *Moed Katan* 26a); however, the yoke was not that light in all periods of the Babylonian Exile (see *Gittin* 17a).

Maharsha explains that the Jewish community in Babylonia was more settled because its founders, the people exiled there first, were the greatest sages of that era (see *Sanhedrin* 38a). Alternatively, Babylonia is considered somewhat of a second home for the Jewish people since its forefather, Abraham, came from there. By contrast, the Torah says in regard to other lands of exile (*Deuteronomy* 28:65): *And among those nations you will not be tranquil, there will be no rest for the sole of your foot* (see *Maharal;* see *Pesachim* 87b).

6. צור is usually translated as Tyre, the great coastal city of Phoenicia [in modern-day southern Lebanon]; קַרְטִיגְנֵי would perhaps be translated as Carthage [near modern-day Tunis in Tunisia] or Cartagena [in southeast Spain]. However, the Gemara makes clear below that צור is in the west and קַרְטִיגְנֵי is in the east, the opposite placement of the cities identified. Possibly, צור is Tyre and קַרְטִיגְנֵי is some city that was east of the Babylonian Jewish community. In any case, the correct translation of these place names remains unclear.

7. They are aware of the Jewish nation's earlier glory and they do not impose their authority upon them oppressively (*Rashi*).

8. The gentiles in this region believe in God and not in idols (*Rashi* in *Ein Yaakov;* see also *Hagahos HaBach*). They have a certain reverence for Heaven (*Rabbeinu Gershom*).

9. They have no fear of Heaven (*Rabbeinu Gershom*).

Maharsha explains that the two phenomena are connected: Because these nations are familiar with the Jewish people, they therefore are familiar with their Father in Heaven. Through the vehicle of the Jewish people, the gentiles recognize that there is a God, that He can do whatever He wishes and that He is directly involved in this world.

10. *Malachi* 1:11.

"מֻקְטָר מֻגָּשׁ לִשְׁמִי וּמִנְחָה טְהוֹרָה" – ***and in every place** [you will find an offering]* ***burned [and] presented for My sake, and also a pure minchah.*** Thus we see that there are gentiles who recognize Hashem throughout the world. – ? –

The Gemara is surprised at this challenge:

אָמַר לֵיהּ שִׁימִי אַתְּ – [Rav] replied to him: Shimi, you?! A great Torah scholar like you should be asking me such a question?[11] I never meant that the gentiles who are beyond the Jewish settlement do not recognize Hashem at all. **דְּקָרוּ לֵיהּ אֱלָהָא דֶּאֱלָהָא** – Rather, I meant **that** they recognize Hashem but **call Him "the God of gods."**[12]

The Gemara raises a question regarding the verse just cited:

"בְּכָל־מָקוֹם מֻקְטָר מֻגָּשׁ לִשְׁמִי" – ***In every place** [you will find an offering]* ***burned [and] presented for My sake.*** **בְּכָל מָקוֹם סָלְקָא דַּעְתָּךְ – Do you really think** that you will find offerings **burned in every** single **place** for Hashem?[13] – ? –

The Gemara answers by reinterpreting the verse:

אָמַר רַבִּי שְׁמוּאֵל בַּר נַחְמָנִי אָמַר רַבִּי יוֹנָתָן – R' Shmuel bar Nachmani said in the name of R' Yonasan: אֵלּוּ תַּלְמִידֵי חֲכָמִים הָעוֹסְקִים בַּתּוֹרָה בְּכָל מָקוֹם – **This** verse **refers to Torah scholars who engage in the study of the Torah in every place.** God says of them: **מַעֲלֶה אֲנִי עֲלֵיהֶן כְּאִילּוּ מַקְטִירִין וּמַגִּישִׁין לִשְׁמִי – I regard them as if they were burning and presenting** sacrifices **for My sake.**

The Gemara continues its interpretation of the verse in this vein:

"וּמִנְחָה טְהוֹרָה" – ***and also a pure minchah.*** **זֶה הַלּוֹמֵד תּוֹרָה בְּטָהֳרָה – This refers to one who studies Torah amidst** a spirit of **purity.** That is, **נוֹשֵׂא אִשָּׁה וְאַחַר כָּךְ לוֹמֵד תּוֹרָה – he** first **takes a wife and afterwards** devotes himself to **study Torah.**[14]

The Gemara presents the second of several expositions that discuss the relationship between Torah study and the Temple service:

"שִׁיר הַמַּעֲלוֹת" – The verse states: ***A song of ascents.*** "הִנֵּה בָּרְכוּ אֶת־ה׳ כָּל־עַבְדֵי ה׳ הָעֹמְדִים בְּבֵית־ה׳ בַּלֵּילוֹת" – ***Behold, bless Hashem, all you servants of Hashem, who stand in the Temple of Hashem in the nights.***[15] "מַאי "בַּלֵּילוֹת – **What does** the term ***"in the nights"*** **mean?** The main Temple service is conducted only during the day! Rather, **אָמַר רַבִּי יוֹחָנָן – R' Yochanan said: אֵלּוּ תַּלְמִידֵי חֲכָמִים הָעוֹסְקִים בַּתּוֹרָה בַּלַּיְלָה – This refers to Torah scholars who engage in the study of the Torah at night; מַעֲלֶה עֲלֵיהֶן הַכָּתוּב כְּאִילּוּ עֲסוּקִים בָּעֲבוֹדָה – Scripture regards them as if they were engaged in the** Temple **service.**

A third such exposition:

"לְעוֹלָם זֹאת עַל־יִשְׂרָאֵל" – The verse states: *Solomon sent word to Hiram, king of Tyre, saying . . ., "Behold, I am building a Temple for the sake of Hashem, my God, in which to sanctify Him, to burn incense of spices before Him, to [set] a permanent stack [of lechem hapanim] and [to bring] olos each morning and evening, and on Sabbaths and on New Moons and on the festivals of Hashem, our God –* ***this will** [continue]* ***for the Jewish people forever.***[16] How can the verse say that these offerings will continue forever? This implies that they will continue even when there is no Temple Altar. **אָמַר רַב גִּידֵּל אָמַר רַב – Rav Gidel said in the name of Rav: זֶה מִזְבֵּחַ בָּנוּי – This refers to the Altar that is built** in Heaven, **וּמִיכָאֵל שַׂר הַגָּדוֹל עוֹמֵד וּמַקְרִיב עָלָיו קָרְבָּן – and Michael the Great Angel stands and offers a sacrifice upon it.** His offerings continue forever, even when there is no Temple Altar on earth.[17] **וְרַבִּי יוֹחָנָן אָמַר – But R' Yochanan said: אֵלּוּ תַּלְמִידֵי חֲכָמִים הָעֲסוּקִין בְּהִלְכוֹת עֲבוֹדָה – This refers to Torah scholars who engage in** the study of **the laws of the** Temple **service,** **מַעֲלֶה עֲלֵיהֶם הַכָּתוּב כְּאִילּוּ נִבְנָה מִקְדָּשׁ בִּימֵיהֶם** – for **Scripture regards them as if the Temple were built in their days.**[18]

A fourth such exposition:

אָמַר רֵישׁ לָקִישׁ – Reish Lakish said: מַאי דִּכְתִיב – What is the meaning of that which is written: "זֹאת הַתּוֹרָה לָעֹלָה לַמִּנְחָה וְלַחַטָּאת וְלָאָשָׁם" – ***This is the law** (torah)* ***of the olah, of the minchah, of the chatas and of the asham?***[19] It means as follows: **כָּל הָעוֹסֵק בַּתּוֹרָה – Whoever engages in** the study **of the Torah** **כְּאִילּוּ הִקְרִיב עוֹלָה מִנְחָה חַטָּאת וְאָשָׁם – is con-**

NOTES

11. See *Rashi* here and to 29a. *Rashi* to *Niddah* 24a notes that we find several times in the Talmud that Rav responds this way to Rav Shimi bar Chiya. The reason is that Rav Shimi was Rav's grandson and he showed him an extra measure of affection. [There in *Niddah, Rashi* explains that the question was a good one and Rav praised him for it; elsewhere it seems that Rav's affection expressed itself by demanding more of his grandson.]

Rashi here cites another explanation of שִׁימִי אַתְּ that would render it as, "Shimi, is that you?" Rav was self-effacing to an extreme and was constantly looking down: Thus he was not looking at Rav Shimi when they spoke, could not confirm his identity visually and had to ask him if it were really him (see also *Rabbeinu Gershom*). In *Rashi's Sefer HaPardes,* he discusses this and nine other saintly practices of Rav, and his disciples' attempts to follow them (see excerpt in *Chidushei Geonim* in *Ein Yaakov*).

12. That is, they believe that He gave authority to the heavenly powers beneath Him to run the world, but He does not intervene Himself, since He is too exalted to have any involvement with this world (*Derashos HaRan* §9; see *Maharsha*). However, those gentiles who know the Jews know that He does involve Himself in this world.

13. We see that it is for idols that offerings are burned all over the world! (*Minchah Tehorah*).

14. A married man is spared from impure thoughts (*Rashi* to *Yoma* 72b ד״ה נושא אשה; see *Kiddushin* 29b). Upon such a student of Torah does the verse say [that he acts] *for My sake and* [offers] *a pure minchah* (*Rashi;* it is not clear why *Rashi* adds the word לִשְׁמִי here).

15. *Psalms* 134:1.

16. *II Chronicles* 2:2-3.

17. Thus, Solomon was telling the king of Tyre as follows: There will never cease to be a built Altar – either below or Above (*Rabbeinu Gershom*). The Gemara in *Chagigah* 12b (*Ein Yaakov* version) comments: *And what [sacrifice] does [the Great Angel Michael] offer? Does it enter your mind that there are bulls or sheep there?! Rather, what does he offer? The souls of the righteous* (cf. Midrash cited in *Tosafos*). *Anaf Yosef* ad loc. explains (citing *Chacham HaRazim*) that he presents these souls before God as a pleasing and satisfying aroma. He cites the *Arizal* that there is no higher pleasure in the World to Come than when Michael takes a righteous soul and offers it before God. He cites *Midrash HaNe'elam* that this act of offering is not like that of sacrifices in general but rather like someone who presents a gift to a king.

Finally, a lesser-known Midrash says: Michael is the angel of the Jewish people and the Kohen Gadol in Heaven. From the day the [earthly] Temple was destroyed and the Kohanim were gone, Michael offers this sacrifice each and every day. He will do so until the Temple is rebuilt. At that time, God will lower the [Heavenly] Temple from the Heaven of Residence to the city of Jerusalem below (*Midrash Aseres HaDibros* §6 in *Otzar HaMidrashim*).

18. Normally, we say that if a generation did not merit to see the *Beis HaMikdash* rebuilt, it is as if it were destroyed in their days (*Yerushalmi Yoma* 1:1). However, R' Yochanan teaches us here that those Torah scholars who study the laws of the Temple service are excluded from blame. To the contrary, it is as if it was built in their days (*Chemdas Daniel*).

19. *Leviticus* 7:37. The verse could have used the word חֻקָּה, *statute,* instead saying: This is the statute of the *olah, of the minchah,* etc. (*Rashi;* see however above, 19a, cited in *Gilyon HaShas*).

sidered as if he offered an *olah*, a *minchah*, a *chatas* and an *asham.*

A different approach to the same verse: **אָמַר רָבָא – Rava said:** According to your exposition הַאי ,,לָעֹלָה לַמִּנְחָה" – **This phrase, *"of the olah, of the minchah,* etc.,"** עוֹלָה וּמִנְחָה מִיבָּעֵי לֵיהּ – **should be** simply, ***"olah, minchah,* etc."** If the verse is telling us that studying Torah is merely *as if* one brought these offerings, then the ל prefix is unnecessary and the verse could have written: *This is the Torah: olah, minchah, chatas and asham.* אֶלָּא אָמַר רָבָא – **Rather, Rava said,** the ל prefix should be read as *"instead of"* and the exposition should be as follows: כָּל הָעוֹסֵק בַּתּוֹרָה – **Whoever engages in the** study of **Torah** אֵינוֹ צָרִיךְ לֹא עוֹלָה (ולא חטאת) וְלֹא מִנְחָה [וְלֹא חַטָּאת] וְלֹא אָשָׁם – **needs neither an *olah* nor a *minchah* [nor a *chatas*] nor an *asham.***[20]

A final exposition regarding Torah study and Temple service: אָמַר רַבִּי יִצְחָק – **R' Yitzchak said:** מַאי דִּכְתִיב – **What is** the meaning of **that which is written:** ,,זֹאת תּוֹרַת הַחַטָּאת", ,,וְזֹאת תּוֹרַת הָאָשָׁם" – ***This is the law (torah) of the chatas; this is the law (torah) of the asham?***[21] כָּל הָעוֹסֵק בְּתוֹרַת חַטָּאת כְּאִילּוּ הִקְרִיב חַטָּאת – **Whoever engages in the** study of the **Torah of a *chatas* is regarded as if he offered a *chatas;*** וְכָל הָעוֹסֵק בְּתוֹרַת אָשָׁם כְּאִילּוּ הִקְרִיב אָשָׁם – **whoever engages in the** study of **the Torah of an *asham* is regarded as if he offered an *asham.***[22]

Mishnah The last Mishnah in our tractate discusses what is most important in bringing an offering: נֶאֱמַר בְּעוֹלַת בְּהֵמָה ,,אִשֵּׁה רֵיחַ-נִיחֹחַ" – **It is said in reference to the animal *olah*: *a fire-offering, a satisfying aroma;***[23] וּבְעוֹלַת עוֹף ,,אִשֵּׁה רֵיחַ-נִיחֹחַ" – **and in reference to the bird *olah*: *a fire-offering, a satisfying aroma;***[24] וּבְמִנְחָה ,,אִשֵּׁה רֵיחַ נִיחֹחַ" – **and in reference to the *minchah* offering: *a fire-offering, a satisfying aroma.***[25] לוֹמַר לָךְ – The Torah uses this phrase in all three passages **to tell you** that אֶחָד הַמַּרְבֶּה וְאֶחָד הַמַּמְעִיט – **whether one gives a lot or one gives a little,** his offering is equally pleasing to God, וּבִלְבַד שֶׁיְּכַוֵּין לִבּוֹ לַשָּׁמַיִם – **provided he directs his heart toward his Father in Heaven.**[26]

Gemara The Gemara finds sources for the Mishnah's principle:

אָמַר רַבִּי זֵירָא – **R' Zeira said:** מַאי קְרָאָה – **What is its verse?** ,,מְתוּקָה שְׁנַת הָעֹבֵד אִם-מְעַט וְאִם-הַרְבֵּה יֹאכֵל" – ***Sweet is the sleep of the server** [in the Temple]; **whether** [his offering is] **a little or a lot, he will enjoy** [his reward].*[27] רַב אַדָּא בַּר אַהֲבָה אָמַר מֵהָכָא – **Rav Adda bar Ahavah said** the source is **from here:** ,,בִּרְבוֹת הַטּוֹבָה רַבּוּ אוֹכְלֶיהָ – ***As goods*** (i.e. offerings) ***increase, so do those who consume them*** (the Kohanim); וּמַה-כִּשְׁרוֹן (לבעליו) [לִבְעָלֶיהָ]" – ***what advantage, then, has the Master*** (the Holy One, Blessed is He) *except what His eyes see* (that the person bringing the offering has the right intentions).[28]

NOTES

20. We find elsewhere that the ל prefix is used in this way. For example, Moses tells the Jewish people as they stood at the Red Sea (*Exodus* 14:14): ה׳ יִלָּחֵם לָכֶם. This does not mean *Hashem will battle you,* but rather *Hashem will battle in place of you,* i.e. on your behalf (see *Rashi* ad loc.). Similarly, Rava expounds the verse to mean: This, the [study of] the Torah, is in place of the *olah* and in place of the *minchah,* etc. That is to say, the study of Torah atones for our sins (*Rashi*). Alternatively, the Gemara expounds the ל prefix to mean לֹא, *no* (as in the Mishnah in *Nedarim* 10b). Thus, לָעֹלָה לַמִּנְחָה means לֹא עֹלָה לֹא מִנְחָה, *neither an olah nor a minchah* (see *Yalkut Shimoni, Malachi* §587; see also *Olas Shlomo*).

The *Chafetz Chaim* in *Zevach Todah* explains the difference between Reish Lakish's and Rava's expositions of this verse: Whenever the Sages compare one thing to another (e.g. whoever becomes angry is as if he worships idols) the item they are comparing (becoming angry) is still only an approximation of the real thing (worshiping idols). Thus, Reish Lakish is saying here that the spiritual rectification that can be achieved by studying Torah is merely an approximation of that of offering an *olah,* but of course the actual offering of an *olah* is superior. However, Rava teaches that this is not so: The advantages of studying the Torah passage of an *olah* exceed the advantages of offering an *olah.* Indeed the *Midrash HaNe'elam* states (*Vayeira* 100a): *The offerings have ceased but the Torah has not ceased. This person who cannot engage in offerings should engage in Torah, and it will help him further.*

The Chafetz Chaim notes in conclusion that when the Temple stood or when it will be rebuilt, the study of Torah cannot exempt a person from an offering that he is obligated to bring, because it is the decree of the King to fulfill His mitzvos specifically through actions. However, in our time when one cannot bring an offering in practice, the rectification achieved through Torah study is superior.

21. *Leviticus* 6:18, 7:1.

22. The Gemara means the study of *Seder Kodashim* [and related passages] that deal with the laws of the Temple service (*Rashi*). The Chafetz Chaim comments that this is also the kind of Torah study that Rava meant above (*Zevach Todah* based on *Yalkut Shimoni, Yirmiyah* §321). The Chafetz Chaim himself wrote at length in encouraging the study of *Seder Kodashim* (see his *Maamar Torah Or*) and, as is well-known, headed a *kollel* devoted to this purpose.

23. *Leviticus* 1:9.

24. Ibid. v. 17.

25. Ibid. 2:2.

26. I.e. as long as his intentions are pure, his offering is equally satisfying to God whatever form it takes, whether he is a rich man bringing an animal *olah,* a poor man bringing a bird *olah,* or a very poor man bringing a *minchah* (*Maharsha*). God does not consider an animal offering inherently more pleasing to Him than a bird or flour offering. By the same token, He does not consider a large bull more pleasing than a small one.

Now it is true that when one brings an offering, he should bring the finest animal he can, as the Torah states in regard to the *tamid* offering (*Numbers* 28:7): לַכֶּבֶשׂ הָאֶחָד, *for the one lamb,* from which the Gemara in *Yoma* (34b) derives that it should be the unique lamb (i.e. the finest) in the flock. Similarly, the Torah states in regard to the voluntary offering (*Deuteronomy* 12:11): וְכֹל מִבְחַר נִדְרֵיכֶם, *all your choice vow offerings,* from which the Gemara (ibid.) derives that when one vows to bring an offering, he should give the choicest of his animals for it. Likewise, the Gemara in *Shevuos* (11b) states that if a *parah adumah* (red cow) has been consecrated and then a finer red cow is found, the first one should be redeemed and the finer one should be consecrated and used (see also *Genesis* 4:3-5 with *Rashi*). These requirements, however, are only so that one should not treat the mitzvah disdainfully, by bringing anything less than his best for it. But there is no indication at all that God is inherently more pleased by a large offering than by a small one. On the contrary, the Torah's use of the identical language ("a satisfying aroma") for animal, bird and even flour offerings demonstrates that God values all of them equally – provided the intentions of the giver are sincere (see *Rashba* and *Ritva* to *Shevuos* 15a; cf. *Tosafos* loc. cit.; see *Chasam Sofer* loc. cit.; see *Magen Avraham* 1:6).

For an alternative explanation, see *Taz, Orach Chaim* 1:3 and *Sfas Emes al HaTorah, Vayikra* 5636.

27. *Ecclesiastes* 5:11. He can sleep without fear, for whether he has brought a large or a small offering, he will reap his reward [from Heaven] (*Rashi*).

28. Ibid. v. 10. The increase in the size of the offerings is significant only to the Kohanim who eat them. To the Holy One, Blessed is He, it is not the size that is significant, but rather the intentions of the offerer.

The Gemara cites an Aggadic Baraisa that contains our Mishnah's teaching among other teachings:

תַּנְיָא – It was taught in a Baraisa: אָמַר רַבִּי שִׁמְעוֹן בֶּן עַזַּאי – **R' SHIMON BEN AZZAI SAID:** בּוֹא וּרְאֵה מַה כְּתִיב בְּפָרָשַׁת קָרְבָּנוֹת – **COME, OBSERVE WHAT IS WRITTEN IN THE PASSAGE** of the Torah dealing with **OFFERINGS,** שֶׁלֹּא נֶאֱמַר בָּהֶן לֹא אֵל וְלֹא אֱלֹהִים – **FOR IN REGARD TO [THESE OFFERINGS] THERE IS NO MENTION OF** the Divine Name ***EL*****, NOR OF** the Name ***ELOHIM;*** אֶלָּא ה׳ – **RATHER,** it is only the Name **HASHEM** that is mentioned there. שֶׁלֹּא לִיתֵּן פִּתְחוֹן פֶּה לְבַעַל דִּין לַחֲלוֹק – The Torah writes it this way **SO AS NOT TO GIVE THE DISPUTANT PRETEXT TO ARGUE** that there are different Divine powers to which different offerings correspond.[29]

The Baraisa continues:

וְנֶאֱמַר בְּשׁוֹר הַגַּס – **FURTHERMORE,** R' Shimon ben Azzai says, we find that **[THE TORAH] SAYS REGARDING A BULKY OX** brought as an offering that it is ,,אִשֵּׁה רֵיחַ־נִיחוֹחַ'' – ***A FIRE-OFFERING, A SATISFYING AROMA;*** וּבְעוֹף הַדַּק – **AND IN REGARD TO A SLENDER BIRD** offering, ,,אִשֵּׁה רֵיחַ־נִיחֹחַ'' – ***A FIRE-OFFERING, A SATISFYING AROMA;*** וּבְמִנְחָה – **AND IN REGARD TO A *MINCHAH,*** ,,אִשֵּׁה רֵיחַ נִיחֹחַ'' – ***A FIRE-OFFERING, A SATISFYING AROMA.*** The same expression is used each time לוֹמַר לְךָ – **TO TELL YOU,** אֶחָד הַמַּרְבֶּה וְאֶחָד הַמַּמְעִיט וּבִלְבַד שֶׁיְּכַוֵּין אֶת לִבּוֹ לַשָּׁמַיִם – **WHETHER ONE GIVES A LOT OR ONE GIVES A LITTLE,** his offering is equally pleasing to God, **PROVIDED HE DIRECTS HIS HEART TOWARD HIS FATHER IN HEAVEN.**[30] וְשֶׁמָּא תֹּאמַר לַאֲכִילָה הוּא צָרִיךְ – **AND PERHAPS YOU WILL SUGGEST THAT [HASHEM] NEEDS** the offerings, Heaven forbid, **FOR EATING;** תַּלְמוּד לוֹמַר – **SCRIPTURE THEREFORE STATES:** ,,אִם אֶרְעַב לֹא אֹמַר לָךְ כִּי לִי תֵבֵל וּמְלֹאָהּ'' – ***EVEN WERE I HUNGRY, I WOULD NOT [HAVE CAUSE TO] TELL YOU, FOR MINE IS THE EARTH AND ITS FULLNESS!***[31] וְנֶאֱמַר – **AND IT SAYS** in the same passage: ,,כִּי־לִי כָל־חַיְתוֹ־יָעַר בְּהֵמוֹת בְּהַרְרֵי־אָלֶף – ***FOR MINE IS EVERY BEAST OF THE FOREST, THE CATTLE OF A THOUSAND MOUNTAINS.*** . . . יָדַעְתִּי כָּל עוֹף הָרִים וְזִיז שָׂדַי עִמָּדִי . . . הַאוֹכַל בְּשַׂר אַבִּירִים וְדַם עַתּוּדִים אֶשְׁתֶּה'' – ***I KNOW EVERY BIRD OF THE MOUNTAINS, AND WHAT MOVES UPON MY FIELDS IS WITH ME . . . DO I EAT THE FLESH OF BULLS OR DRINK THE BLOOD OF GOATS?***[32] לֹא אָמַרְתִּי אֲלֵיכֶם זִבְחוּ כְּדֵי שֶׁתֹּאמַר אֶעֱשֶׂה רְצוֹנוֹ וְיַעֲשֶׂה רְצוֹנִי – Hashem says: **I DID NOT TELL YOU, "SLAUGHTER** offerings,**" SO THAT YOU SHOULD SAY, "LET ME GRATIFY HIM AND HE WILL GRATIFY ME."**[33] לֹא לִרְצוֹנִי אַתֶּם זוֹבְחִים אֶלָּא לִרְצוֹנְכֶם אַתֶּם זוֹבְחִים – **IT IS NOT FOR MY GRATIFICATION** that **YOU ARE SLAUGHTERING;** rather, it is for ***YOUR*** **GRATIFICATION** that **YOU ARE SLAUGHTERING,**[34] שֶׁנֶּאֱמַר ,,לִרְצֹנְכֶם תִּזְבָּחֻהוּ'' – **AS IT SAYS: *YOU SHALL SLAUGHTER IT TO [FULFILL] YOUR WILL.***[35]

The Baraisa continues:

דָּבָר אַחֵר – **ANOTHER EXPLANATION:** ,,לִרְצֹנְכֶם תִּזְבָּחֻהוּ'' – ***YOU SHALL SLAUGHTER IT TO YOUR WILL*** means לִרְצֹנְכֶם זְבֹחוּ – **YOU SHALL SLAUGHTER ACCORDING TO YOUR WILL,** i.e. לְדַעְתְּכֶם זְבֹחוּ – **YOU SHALL SLAUGHTER WITH AWARENESS.**[36]

The Gemara finds a mention of the last interpretation in an exchange between Shmuel and Rav Huna:

כִּדְבָעָא מִינֵּיהּ שְׁמוּאֵל מֵרַב הוּנָא – **This recalls** the final response of Rav Huna to Shmuel's inquiry, **for Shmuel inquired of Rav Huna:**[37] מִנַּיִן לְמִתְעַסֵּק בְּקָדָשִׁים שֶׁהוּא פָּסוּל – **From where** in Scripture is it known **that the unwitting [slaughter] of sacrificial animals is invalid?**[38]

Rav Huna's response:

שֶׁנֶּאֱמַר ,,וְשָׁחַט אֶת־בֶּן הַבָּקָר'' – It is known **from that which is stated: *And he shall slaughter the young bull before Hashem.***[39] שֶׁתְּהֵא שְׁחִיטָה לְשֵׁם בֶּן בָּקָר – This teaches **that the slaughter** of the offering **must be** performed **for the sake of the young bull.**[40]

Shmuel's rejoinder:

אָמַר לוֹ – **[Shmuel] told [Rav Huna]:** זוֹ בְּיָדֵינוּ הוּא – **That** derivation **was** already **in our hands.** לְעַכֵּב מִנַּיִן – But **from where** do we learn **that [the intent requirement] is essential,** and without its fulfillment the offering is invalid?

NOTES

29. A heretical disputant might argue that the divine power who has this name commanded a *minchah* to be brought before him, and the divine power with that name commanded bulls, and the third commanded rams, etc. Therefore to eliminate any hint of pantheism, the Torah writes for each type that it is a רֵיחַ נִיחֹחַ לַה׳, *a satisfying aroma for Hashem* (*Rashi*). *Maharsha* adds that one would have expected the Torah to use the Name *Elohim* in connection with certain offerings since this Name is associated with the attribute of strict justice, and those offerings are brought as an appeasement of God's strict justice. Despite this, only the Name Hashem is used, so as not to allow the impression that God granted power and authority to lesser divine beings whom He wants us to serve. The Torah's message is that there are no other divine beings and we are to serve only the One God.

[At a deeper level, *Ramban* explains that this also teaches us how we are to pray to Hashem and bring offerings to Him – see *Ramban's* commentary to *Leviticus* 1:9 at length.]

30. Whether one brings many offerings or few [a large offering or small one], his deed is equally pleasing to Hashem (see *Rashi*).

31. *Psalms* 50:12.

32. *Psalms* 50:10-11,13. Much of this psalm bears out the Baraisa's point that God desires purity of spirit more than physical sacrifices: *Pay heed, My people, and I shall speak . . . I shall not rebuke you for [a want of bringing] your sacrifices nor is [the lack of] constancy in your olos [a concern] before Me . . . For Mine is every beast of the forest, the cattle of a thousand mountains . . . Even were I hungry I would not tell you, for Mine is the world and its fullness. Do I eat the flesh of bulls or drink the blood of goats? [Rather,] offer God confession, then redeem your vows [of offerings] to the Most High. And call upon Me in the day of distress – I will release you and you will honor Me* (vs. 7,8,10,12-15).

33. As if God needs this offering and I will be able to bribe Him to do what I want by giving it to Him (*Rashi*).

34. It is not for My benefit that you are bringing this offering; I am not inconveniencing you to do something you would not want! Rather, it is for your benefit, in order that you should fulfill My mitzvos and thereby gain atonement for yourself (*Rashi* with emendation of *Tzon Kodashim*).

35. *Leviticus* 19:5, 22:29. This exact wording appears in *Leviticus* 19:5, as indicated by the *Torah Or;* however, all other editions and manuscripts of our text have instead: לִרְצֹנְכֶם תִּזְבָּחוּ [without a ה], which appears in *Leviticus* 22:29 (see *Dikdukei Soferim* אות מ׳). *Rashi* in his commentary on the Torah cites our Baraisa's upcoming exposition of these words in both places.

36. Literally: with your awareness. I.e. you must have intent to perform the act of *shechitah* or else you cannot bring an offering.

37. The well-known Amora Rav Huna was a disciple of Shmuel, as we find in *Arachin* 16b. However, *Tosafos* to *Gittin* 11b (ד״ה יתיב רב הונא) states that Shmuel was in need of Rav Huna's views, as we see in this inquiry. *Tosafos* to *Chullin* 13a (ד״ה בעא מיניה) states that there was another Rav Huna besides the well-known one [who was senior to Shmuel] (see also *Sefer HaKerisus, Doros HaAmoraim* §1). [Possibly, this was the Reish Galusa Rav Huna who passed away in the lifetime of R' Yehudah HaNasi (*Toldos Tannaim V'Amoraim* ערך שמואל).] In this inquiry, Shmuel addresses the Rav Huna who was senior to him. Finally, *Minchas Yehudah* to *Chullin* 13a suggests that if we are speaking of the Rav Huna who was a student of Shmuel, then Shmuel asked him this question in order to test him.

38. For example, someone was lifting a knife or threw it at a target and an offering was slaughtered along the way. Since the fellow had no intention at all to slaughter, the slaughter is not a [proper] *shechitah* and is invalid (see *Rashi* here and to *Chullin* 13a; see below, note 41).

39. *Leviticus* 1:5.

40. You must be aware that the animal is an offering and have the intention to slaughter it.

Rav Huna's final response:
תַּלְמוּד לוֹמַר – It is known from that which **the Torah states:** "לִרְצֹנְכֶם תִּזְבָּחֻהוּ" – ***You shall slaughter it according to your will,*** which is understood as meaning that **לְדַעְתְּכֶם זְבַחוּ – you shall slaughter with awareness.**[41]

הדרן עלך הרי עלי עשרון

WE SHALL RETURN TO YOU, HAREI ALAI ISSARON

וסליקא לה מסכת מנחות

AND TRACTATE MENACHOS IS CONCLUDED

NOTES

41. Since the Torah already indicated in *Leviticus* 1:5 that intent is required and the Torah now repeats this requirement, it follows that the unwitting slaughter of an offering results in its invalidation. This stems from the rule pertaining to *kodashim* that wherever the Torah repeats a law, this indicates that its fulfillment is essential (*Rashi* to *Chullin* ibid.).

We have explained Shmuel's inquiry according to *Rashi's* view here and to *Chullin* 13a. However, *Tosafos* to *Chullin* 13a (and to *Zevachim* 47a) note that this is problematic, for if unwitting slaughter means that a knife was thrown at a target and an animal was slaughtered incidentally, then there are Tannaim who hold that this would invalidate the slaughter of even an unconsecrated *chullin* animal! *Tosafos* cite the Rabbis' opinion (in *Chullin* 31a) that for any *shechitah* one must intend at the very least to cut the *simanim* (pipes). If one does not intend to cut these at all, then the *shechitah* of *any* animal is invalid, not only the *shechitah* of an offering, which is clearly Shmuel's inquiry. *Tosafos* therefore explain that Shmuel is asking about a more stringent requirement unique to *kodashim,* that the person slaughtering the offering must intend also to effect "*zevichah.*" It appears that *Tosafos* mean the slaughterer must intend to release the animal from the prohibition of *eiver min hachai,* the limb of a living animal.

However, *Chazon Ish* (*Zevachim* 20[b]:13) finds this odd: Why would the Torah make a distinction between *kodashim* and *chullin* that depends upon the slaughterer's intention to make the meat permissible to eat? [Even *chullin* must be made permissible to eat. Furthermore,] the exposition the Gemara presents above (*for the sake of the young bull*) implies that the intention of the slaughterer is related to the animal's nature as an offering. *Chazon Ish* therefore explains that the invalidation of unwitting slaughter that is unique to *kodashim* is that if the slaughterer does not intend to make the offering suitable for atonement, he does not intend to permit it to be used as a properly slaughtered offering is used; instead, he merely intends to render this animal a non-*neveilah.* That is the definition of an unwitting slaughter in relation to *kodashim* (see *Chazon Ish* at length). In support of *Chazon Ish's* definition, we find that *Rashi* in *Zevachim* 46b (ד״ה משום חולין) says that unwitting slaughter in regard to *kodashim* means that the slaughterer is unaware that the animal is an offering but rather thinks he is slaughtering an ordinary *chullin* animal. *Chazon Ish* points out further (ibid. at end) that, clearly, *Tosafos* agree that this too is called unwitting slaughter in regard to *kodashim,* as *Tosafos* themselves write. However *Tosafos* maintain that this cannot be the rule under discussion in our Gemara, since the Gemara says initially that there is a "mitzvah" to have the right intention in slaughtering *kodashim* and if one thinks he is dealing with *chullin,* he cannot be expected to intend to slaughter *kodashim.*

Finally, the Acharonim discuss which *avodos* are invalidated by a lack of awareness: *Achiezer* (vol. II 4:4) states that it applies only to *shechitah* and not the other blood *avodos; Chazon Ish* (*Zevachim* 20[b]:10) cites proofs that it applies to all the blood *avodos; Achiezer* responds to his proofs in vol. IV §52. For further discussion, see *Knesses HaRishonim* with notes 38-42.

Hadran – הַדְרָן

Hadran – הַדְרָן

Upon the סִיּוּם, *completion*, of the study of an entire tractate, a festive meal (which has the status of a *seudas mitzvah*) should be eaten – preferably with a *minyan* in attendance. The following prayers of thanksgiving are recited by those who have completed the learning. [The words in brackets are inserted according to some customs.]

The first paragraph is recited three times.

הַדְרָן עֲלָךְ מַסֶּכֶת מְנָחוֹת וְהַדְרָךְ עֲלָן. דַּעְתָּן עֲלָךְ מַסֶּכֶת מְנָחוֹת וְדַעְתָּךְ עֲלָן. לָא נִתְנְשֵׁי מִנָּךְ מַסֶּכֶת מְנָחוֹת וְלָא תִתְנְשֵׁי מִנָּן – לָא בְּעָלְמָא הָדֵין וְלָא בְּעָלְמָא דְּאָתֵי.

הַדְרָן *We shall return*[1] *to you, Tractate Menachos, and you shall return to us. Our thoughts are on you, Tractate Menachos, and your thoughts are on us. We will not forget you, Tractate Menachos, and you will not forget us – neither in This World, nor in the World to Come.*

יְהִי רָצוֹן מִלְּפָנֶיךָ יי אֱלֹהֵינוּ וֵאלֹהֵי אֲבוֹתֵינוּ, שֶׁתְּהֵא תוֹרָתְךָ אֻמָּנוּתֵנוּ בָּעוֹלָם הַזֶּה וּתְהֵא עִמָּנוּ לָעוֹלָם הַבָּא. חֲנִינָא בַּר פָּפָּא, רָמִי בַּר פָּפָּא, נַחְמָן בַּר פָּפָּא, אַחָאי בַּר פָּפָּא, אַבָּא מָרִי בַּר פָּפָּא, רַפְרָם בַּר פָּפָּא, רָכִישׁ בַּר פָּפָּא, סוּרְחָב בַּר פָּפָּא, אַדָּא בַּר פָּפָּא, דָּרוּ בַּר פָּפָּא.

יְהִי רָצוֹן *May it be Your will,* Hashem, *our God, and the God of our forefathers, that Your Torah be our preoccupation in This World, and may it remain with us in the World to Come. Chanina bar Pappa,*[2] *Rami bar Pappa, Nachman bar Pappa, Achai bar Pappa, Abba Mari bar Pappa, Rafram bar Pappa, Rachish bar Pappa, Surchav bar Pappa, Adda bar Pappa, Daru bar Pappa.*

הַעֲרֶב נָא יי אֱלֹהֵינוּ אֶת דִּבְרֵי תוֹרָתְךָ בְּפִינוּ וּבְפִיפִיּוֹת עַמְּךָ בֵּית יִשְׂרָאֵל. וְנִהְיֶה [כֻּלָּנוּ,] אֲנַחְנוּ וְצֶאֱצָאֵינוּ [וְצֶאֱצָאֵי צֶאֱצָאֵינוּ] וְצֶאֱצָאֵי עַמְּךָ בֵּית יִשְׂרָאֵל, כֻּלָּנוּ יוֹדְעֵי שְׁמֶךָ וְלוֹמְדֵי תוֹרָתֶךָ [לִשְׁמָהּ]. מֵאֹיְבַי תְּחַכְּמֵנִי מִצְוֹתֶךָ, כִּי לְעוֹלָם הִיא לִי. יְהִי לִבִּי תָמִים בְּחֻקֶּיךָ, לְמַעַן לֹא אֵבוֹשׁ. לְעוֹלָם לֹא אֶשְׁכַּח פִּקּוּדֶיךָ, כִּי בָם חִיִּיתָנִי. בָּרוּךְ אַתָּה יי, לַמְּדֵנִי חֻקֶּיךָ. אָמֵן אָמֵן אָמֵן, סֶלָה וָעֶד.

הַעֲרֶב נָא *Please,* Hashem, *our God, sweeten the words of Your Torah in our mouth and in the mouths of Your people, the House of Israel, and may [we all –] we, our offspring, [the offspring of our offspring,] and the offspring of Your people, the House of Israel, all of us – know Your Name and study Your Torah. Your commandment makes me wiser than my enemies, for it is forever with me.*[3] *May my heart be perfect in Your statutes, so that I not be shamed.*[4] *I will never forget Your precepts, for through them You have preserved me.*[5] *Blessed are You,* Hashem, *teach me Your statutes.*[6] *Amen. Amen. Amen. Selah! Forever!*

מוֹדִים אֲנַחְנוּ לְפָנֶיךָ יי אֱלֹהֵינוּ וֵאלֹהֵי אֲבוֹתֵינוּ, שֶׁשַּׂמְתָּ חֶלְקֵנוּ מִיּוֹשְׁבֵי בֵית הַמִּדְרָשׁ, וְלֹא שַׂמְתָּ חֶלְקֵנוּ מִיּוֹשְׁבֵי קְרָנוֹת. שֶׁאָנוּ מַשְׁכִּימִים וְהֵם מַשְׁכִּימִים, אָנוּ מַשְׁכִּימִים לְדִבְרֵי תוֹרָה, וְהֵם מַשְׁכִּימִים לִדְבָרִים בְּטֵלִים. אָנוּ עֲמֵלִים וְהֵם עֲמֵלִים, אָנוּ עֲמֵלִים וּמְקַבְּלִים שָׂכָר, וְהֵם עֲמֵלִים וְאֵינָם מְקַבְּלִים שָׂכָר. אָנוּ רָצִים וְהֵם רָצִים, אָנוּ רָצִים לְחַיֵּי הָעוֹלָם הַבָּא, וְהֵם רָצִים לִבְאֵר שַׁחַת, שֶׁנֶּאֱמַר: וְאַתָּה אֱלֹהִים, תּוֹרִדֵם לִבְאֵר שַׁחַת, אַנְשֵׁי דָמִים וּמִרְמָה לֹא יֶחֱצוּ יְמֵיהֶם, וַאֲנִי אֶבְטַח בָּךְ.

מוֹדִים *We express gratitude before You,* Hashem, *our God, and the God of our forefathers, that You have established our portion with those who dwell in the study hall, and have not established our portion with idlers. For we arise early and they arise early; we arise early for the words of Torah, while they arise early for idle words. We toil and they toil; we toil and receive reward, while they toil and do not receive reward. We run and they run; we run to the life of the World to Come, while they run to the well of destruction, as it is said: But You, O God, You will lower them into the well of destruction, men of bloodshed and deceit shall not live out half their days; and I will trust in You.*[7]

---

1. הַדְרָן עֲלָךְ – *We shall return to you . . .* We express the hope that we will review constantly what we have learned and that, in the merit of our desire to learn, the Torah itself will long to return to us, as it were. Thus, the word is derived from הָדַר, *to return.* This is in the spirit of the Talmudic dictum that תּוֹרָה מְחַזֶּרֶת עַל אַכְסַנְיָא שֶׁלָּהּ, *the Torah returns to its inn*, i.e., the place or people where it was made welcome (*Bava Metzia* 88a).

According to *Sefer HaChaim*, the term is derived from the word הָדָר, *glory*. Thus, whatever glory we have attained is due to the Torah, and we pray that the Torah shed its glory upon us.

2. חֲנִינָא בַּר פָּפָּא – *Chanina bar Pappa . . .* In the simple sense, Rav Pappa was a very wealthy man who, whenever he completed a tractate, used to make great celebrations to which he invited his ten sons, as well as many others. As a result, he brought glory to the Torah, which was reflected in the scholarly attainments of his sons. The nation, therefore, honors Rav Pappa and his family by mentioning them at every *siyum*. Furthermore, esoterically, Rav Pappa symbolizes Moses and the names of his sons symbolize the Ten Commandments (*Teshuvos HaRema; Yam Shel Shelomo, Bava Kamma,* end of ch. 7).

3. *Psalms* 119:98. 4. 119:80. 5. 119:93. 6. 119:12. 7. 55:24.

יְהִי רָצוֹן לְפָנֶיךָ יי אֱלֹהַי, כְּשֵׁם שֶׁעֲזַרְתַּנִי לְסַיֵּים מַסֶּכֶת מְנָחוֹת כֵּן תְּעַזְרֵנִי לְהַתְחִיל מַסֶּכְתּוֹת וּסְפָרִים אֲחֵרִים וּלְסַיְּמָם, לִלְמוֹד וּלְלַמֵּד לִשְׁמוֹר וְלַעֲשׂוֹת וּלְקַיֵּם אֶת כָּל דִּבְרֵי תַלְמוּד תּוֹרָתֶךָ בְּאַהֲבָה. וּזְכוּת כָּל הַתַּנָּאִים וַאֲמוֹרָאִים וְתַלְמִידֵי חֲכָמִים יַעֲמוֹד לִי וּלְזַרְעִי, שֶׁלֹּא תָמוּשׁ הַתּוֹרָה מִפִּי וּמִפִּי זַרְעִי וְזֶרַע זַרְעִי עַד עוֹלָם. וְתִתְקַיֵּם בִּי: בְּהִתְהַלֶּכְךָ תַּנְחֶה אֹתָךְ, בְּשָׁכְבְּךָ תִּשְׁמֹר עָלֶיךָ, וַהֲקִיצוֹתָ הִיא תְשִׂיחֶךָ. כִּי בִי יִרְבּוּ יָמֶיךָ, וְיוֹסִיפוּ לְךָ שְׁנוֹת חַיִּים. אֹרֶךְ יָמִים בִּימִינָהּ, בִּשְׂמֹאלָהּ עֹשֶׁר וְכָבוֹד. יי עֹז לְעַמּוֹ יִתֵּן, יי יְבָרֵךְ אֶת עַמּוֹ בַשָּׁלוֹם.

יְהִי רָצוֹן *May it be Your will, Hashem, my God, that just as You have helped me complete Tractate Menachos, so may You help me to begin other tractates and books, and to complete them; to learn and to teach, to safeguard and to perform, and to fulfill all the words of Your Torah's teachings with love. May the merit of all the Tannaim, Amoraim, and Torah scholars stand by me and my children, that the Torah shall not depart from my mouth and from the mouth of my children and my children's children forever. May there be fulfilled for me the verse: When you walk, it (i.e., the Torah) will guide you; when you lie down, it will watch over you; and when you wake up, it will converse with you.[8] For because of me (i.e., the Torah), your days will increase, and years of life will be added to you.[9] Long days are in its right hand, and in its left hand are wealth and honor.[10] Hashem will give might to His people, Hashem will bless His people with peace.[11]*

If a *minyan* is present, the following version of the Rabbis' *Kaddish* is recited by one or more of those present. It may be recited even by one whose parents are still living.

יִתְגַּדַּל וְיִתְקַדַּשׁ שְׁמֵהּ רַבָּא. (Cong. – אָמֵן.) בְּעָלְמָא דִּי הוּא עָתִיד לְאִתְחַדָּתָא, וּלְאַחֲיָאָה מֵתַיָּא, וּלְאַסָּקָא יָתְהוֹן לְחַיֵּי עָלְמָא, וּלְמִבְנֵא קַרְתָּא דִירוּשְׁלֵם, וּלְשַׁכְלָלָא הֵיכְלֵהּ בְּגַוַּהּ, וּלְמֶעְקַר פָּלְחָנָא נֻכְרָאָה מִן אַרְעָא, וְלַאֲתָבָא פָּלְחָנָא דִּי שְׁמַיָּא לְאַתְרֵהּ, וְיַמְלִיךְ קֻדְשָׁא בְּרִיךְ הוּא בְּמַלְכוּתֵהּ וִיקָרֵהּ, [וְיַצְמַח פֻּרְקָנֵהּ וִיקָרֵב מְשִׁיחֵהּ (Cong. – אָמֵן)] בְּחַיֵּיכוֹן וּבְיוֹמֵיכוֹן וּבְחַיֵּי דְכָל בֵּית יִשְׂרָאֵל, בַּעֲגָלָא וּבִזְמַן קָרִיב. וְאִמְרוּ: אָמֵן.

(Cong. – אָמֵן. יְהֵא שְׁמֵהּ רַבָּא מְבָרַךְ לְעָלַם וּלְעָלְמֵי עָלְמַיָּא.)

יְהֵא שְׁמֵהּ רַבָּא מְבָרַךְ לְעָלַם וּלְעָלְמֵי עָלְמַיָּא.

יִתְבָּרַךְ וְיִשְׁתַּבַּח וְיִתְפָּאַר וְיִתְרוֹמַם וְיִתְנַשֵּׂא וְיִתְהַדָּר וְיִתְעַלֶּה וְיִתְהַלָּל שְׁמֵהּ דְּקֻדְשָׁא בְּרִיךְ הוּא (Cong. – בְּרִיךְ הוּא) °לְעֵלָּא מִן כָּל (From Rosh Hashanah to Yom Kippur substitute – °לְעֵלָּא וּלְעֵלָּא מִכָּל) בִּרְכָתָא וְשִׁירָתָא תֻּשְׁבְּחָתָא וְנֶחֱמָתָא, דַּאֲמִירָן בְּעָלְמָא. וְאִמְרוּ: אָמֵן. (Cong. – אָמֵן.)

עַל יִשְׂרָאֵל וְעַל רַבָּנָן, וְעַל תַּלְמִידֵיהוֹן וְעַל כָּל תַּלְמִידֵי תַלְמִידֵיהוֹן, וְעַל כָּל מָאן דְּעָסְקִין בְּאוֹרַיְתָא, דִּי בְאַתְרָא הָדֵין וְדִי בְכָל אֲתַר וַאֲתַר. יְהֵא לְהוֹן וּלְכוֹן שְׁלָמָא רַבָּא, חִנָּא וְחִסְדָּא וְרַחֲמִין, וְחַיִּין אֲרִיכִין, וּמְזוֹנֵי רְוִיחֵי, וּפֻרְקָנָא מִן קֳדָם אֲבוּהוֹן דִּי בִשְׁמַיָּא [וְאַרְעָא]. וְאִמְרוּ: אָמֵן. (Cong. – אָמֵן.)

יְהֵא שְׁלָמָא רַבָּא מִן שְׁמַיָּא, וְחַיִּים [טוֹבִים] עָלֵינוּ וְעַל כָּל יִשְׂרָאֵל. וְאִמְרוּ: אָמֵן. (Cong. – אָמֵן.)

Take three steps back. Bow left and say . . . עֹשֶׂה; bow right and say . . . הוּא; bow forward and say . . . וְעַל כָּל . . . אָמֵן. Remain standing in place for a few moments, then take three steps forward.

עֹשֶׂה שָׁלוֹם בִּמְרוֹמָיו, הוּא בְּרַחֲמָיו יַעֲשֶׂה שָׁלוֹם עָלֵינוּ, וְעַל כָּל יִשְׂרָאֵל. וְאִמְרוּ: אָמֵן. (Cong. – אָמֵן.)

יִתְגַּדַּל *May His great Name grow exalted and sanctified* (Cong. – *Amen*) *in the world that will be renewed and where He will resuscitate the dead and raise them up to eternal life, and rebuild the city of Jerusalem and complete His Temple within it, and uproot alien worship from the earth, and return the service of Heaven to its place, and may the Holy One, Blessed is He, reign in His sovereignty and splendor [and cause salvation to sprout and bring near His Messiah* (Cong. – *Amen*)*] in your lifetimes and in your days, and in the lifetimes of the entire House of Israel, swiftly and soon. Now respond: Amen.*

(Cong. – *Amen. May His great Name be blessed forever and ever.*)

May His great Name be blessed forever and ever.

Blessed, praised, glorified, exalted, extolled, mighty, upraised, and lauded be the Name of the Holy One, Blessed is He (Cong. – *Blessed is He*), (From Rosh Hashanah to Yom Kippur add: *exceedingly*) *beyond any blessing and song, praise, and consolation that are uttered in the world. Now respond: Amen.* (Cong. – *Amen.*)

Upon Israel, upon the teachers, upon their disciples and upon all of their disciples' disciples and upon all those who engage in the study of Torah, who are here or anywhere else; may they and you have abundant peace, grace, kindness, and mercy, long life, ample nourishment, and salvation, from before their Father Who is in Heaven [and on earth]. Now respond: Amen. (Cong. – *Amen.*)

May there be abundant peace from Heaven, and [good] life upon us and upon all Israel. Now respond: Amen. (Cong. – *Amen.*)

Take three steps back. Bow left and say, *'He Who makes peace . . .'*; bow right and say, *'may He . . .'*; bow forward and say, *'and upon all Israel . . . Amen.'* Remain standing in place for a few moments, then take three steps forward.

He Who makes peace in His heights, may He, in His compassion, make peace upon us, and upon all Israel. Now respond: Amen. (Cong. – *Amen.*)

8. *Proverbs* 6:22. 9. 9:11. 10. 3:16. 11. *Psalms* 29:11.

Appendix

A. Minchah Offerings

Minchah offerings come in many forms, but they all consist primarily of flour. The majority have at least a part offered on the Altar, while some are burned in their entirety on the Altar.[1] [Of those not entirely burned, the part removed from the *minchah* and burned is known as the *kometz*; the remainder of the *minchah* is eaten by the Kohanim.] Most also require oil, and have added to them a measure of a substance called *levonah* (frankincense) which is also burned on the Altar. Some *minchah* offerings are fried or baked before being offered; the resulting loaves are then crumbled [פְּתִיתָה] and the *kometz* is taken from the pieces. A *minchah* may be either a communal or personal offering [C/P], voluntary or obligatory.

	TYPE OF MINCHAH	TYPE OF FLOUR	QUANTITY OF FLOUR	QUANTITY OF OIL	LEVONAH	PREPARATION	OFFERING	C/P
VOLUNTARY	סֹלֶת / *SOLESS* FINE FLOUR	WHEAT	1-60 *ISSARON*[2]	1 *LOG* PER *ISSARON*[3]	YES	MIXED WITH OIL[4]	*KOMETZ* TO ALTAR, REMAINDER TO KOHEN	P
	מַחֲבַת / *MACHAVAS* SHALLOW PAN	WHEAT	1-60 *ISSARON*[2]	1 *LOG* PER *ISSARON*[3]	YES	MIXED WITH OIL, FRIED ON A GRIDDLE	*KOMETZ* TO ALTAR REMAINDER TO KOHEN	P
	מַרְחֶשֶׁת / *MARCHESHES* DEEP PAN	WHEAT	1-60 *ISSARON*[2]	1 *LOG* PER *ISSARON*[3]	YES	MIXED WITH OIL, FRIED IN PAN	*KOMETZ* TO ALTAR REMAINDER TO KOHEN	P
	חַלּוֹת / *CHALLOS* UNLEAVENED LOAVES	WHEAT	1-60 *ISSARON*[2]	1 *LOG* PER *ISSARON*[3]	YES	MIXED WITH OIL, BAKED IN OVEN	*KOMETZ* TO ALTAR REMAINDER TO KOHEN	P
	רְקִיקִים / *REKIKIM* UNLEAVENED WAFERS	WHEAT	1-60 *ISSARON*[2]	1 *LOG* PER *ISSARON*[3]	YES	BAKED IN OVEN, OIL SMEARED ON, BAKED ON WAFERS	*KOMETZ* TO ALTAR REMAINDER TO KOHEN	P
	מִנְחַת כֹּהֵן, *KOHEN'S MINCHAH*	WHEAT	1-60 *ISSARON*[2]	1 *LOG* PER *ISSARON*[3]	YES	ANY OF THE ABOVE	BURNED ENTIRELY ON ALTAR	P
OBLIGATORY	חֲבִיתֵּי כֹּהֵן גָּדוֹל (מִנְחַת כֹּהֵן מָשִׁיחַ) *CHAVITIN* OF THE KOHEN GADOL	WHEAT	1 *ISSARON*	3 *LOG*	YES	MIXED WITH OIL, SCALDED IN HOT WATER, BAKED AND FRIED	BURNED ENTIRELY ON ALTAR, 1/2 IN MORNING, 1/2 IN AFTERNOON	P
	מִנְחַת חִנּוּךְ INDUCTION *MINCHAH* OF A KOHEN	WHEAT	1 *ISSARON*	3 *LOG*	YES	MIXED WITH OIL, SCALDED IN HOT WATER, BAKED AND FRIED	BURNED ENTIRELY ON ALTAR	P
	מִנְחַת חוֹטֵא SINNER'S *MINCHAH*	WHEAT	1 *ISSARON*	NONE	NO	RAW FLOUR	*KOMETZ* TO ALTAR REMAINDER TO KOHEN	P
	מִנְחַת קְנָאוֹת JEALOUSY *MINCHAH / SOTAH*	BARLEY	1 *ISSARON*	NONE	NO	RAW FLOUR	*KOMETZ* TO ALTAR REMAINDER TO KOHEN	P
	מִנְחַת הָעֹמֶר *OMER MINCHAH*	BARLEY	1 *ISSARON*	1 *LOG*	YES	MIXED WITH OIL[4]	*KOMETZ* TO ALTAR REMAINDER TO KOHEN	C
	מִנְחַת נְסָכִים *MINCHAS NESACHIM* LIBATION *MINCHAH*	WHEAT	3 *ISSARON* / BULL 2 *ISSARON* / RAM 1 *ISSARON* / LAMB	6 *LOG* / BULL 4 *LOG* / RAM 3 *LOG* / LAMB	NO	MIXED WITH OIL[4]	BURNED ENTIRELY ON ALTAR	C/P
	מִנְחַת נְסָכִים שֶׁל כֶּבֶשׂ הַבָּא עִם הָעוֹמֶר *MINCHAS NESACHIM* OF LAMB ACCOMPANYING THE *OMER*	WHEAT	2 *ISSARON*	3 *LOG*	NO	MIXED WITH OIL[4]	BURNED ENTIRELY ON ALTAR	C

NOTES

1. The לֶחֶם הַפָּנִים (*Panim* Bread) and שְׁתֵּי הַלֶּחֶם (Two-Loaves Offering), however, do not have any part offered on the Altar. These *menachos* are described in Chart B, *Non-Altar Baked Offerings*.

2. A person donates as much flour for a voluntary *minchah* as he wants, but the quantity must always be in multiples of an *issaron*. A maximum of 60 *issaron* may be offered in one vessel as a single *minchah* offering.

3. This is subject to a dispute of Tannaim: According to the Tanna Kamma, one *log* is required for each *issaron*; according to R' Eliezer ben Yaakov, up to 60 *issaron* receive only one *log* of oil.

4. The flour, however, was neither fried nor baked.

B. Non-Altar Baked Offerings

Of the regular *minchah* offerings delineated in the previous chart, at least a part of them are burned on the Altar. There are also four kinds of baked products which figure in the sacrificial service of which *no* part is burned on the Altar. These are all joined to some other substance or offering, whose *avodah* serves for them as well, and permits them for consumption. All of these are made of wheat flour, but only one (לֶחֶם הַפָּנִים) has *levonah,* though this is kept separately from the breads. All are baked in an oven.

TYPE OF OFFERING	TYPE OF LOAVES	TOTAL QUANTITY OF FLOUR – OIL	NUMBER OF LOAVES	AMOUNT OF FLOUR IN EACH LOAF	ASSOCIATED OFFERING	DISPOSITION OF BREAD
לֶחֶם הַפָּנִים *LECHEM HAPANIM* PANIM BREAD	UNLEAVENED, SPECIALLY SHAPED	24 *ISSARON* – NO OIL	12	2 *ISSARON*	שְׁנֵי בְּזִיכֵי לְבוֹנָה TWO SPOONFULS OF *LEVONAH*	EATEN BY KOHANIM
שְׁתֵּי הַלֶּחֶם *SHTEI HALECHEM* TWO LOAVES [OF SHAVUOS]	LEAVENED, SPECIALLY SHAPED	2 *ISSARON* – NO OIL	2	1 *ISSARON*	כִּבְשֵׂי עֲצֶרֶת TWO *SHELAMIM* LAMBS OF SHAVUOS	EATEN BY KOHANIM
לַחְמֵי תוֹדָה *TODAH* BREADS	חָמֵץ / *CHAMETZ,* LEAVENED BREAD חַלּוֹת / *CHALLOS,* UNLEAVENED LOAVES רְקִיקִים / *REKIKIM,* UNLEAVENED WAFERS רְבוּכָה / *REVUCHAH,* SCALDED LOAVES	10 *ISSARON* – NO OIL 3⅓ *ISSARON* – ⅛ *LOG* 3⅓ *ISSARON* – ⅛ *LOG* 3⅓ *ISSARON* – ¼ *LOG*	10 10 10 10	1 *ISSARON* ⅓ *ISSARON* ⅓ *ISSARON* ⅓ *ISSARON*	תּוֹדָה *TODAH*	4 BREADS (ONE OF EACH KIND) GIVEN TO KOHANIM, REMAINDER EATEN BY OWNER AND GUESTS
לַחְמֵי אֵיל נָזִיר BREAD ACCOMPANYING *NAZIR'S* RAM	חַלּוֹת / *CHALLOS,* UNLEAVENED LOAVES רְקִיקִים / *REKIKIM,* UNLEAVENED WAFERS	3⅓ *ISSARON* – ⅛ *LOG* 3⅓ *ISSARON* – ⅛ *LOG*	10 10	⅓ *ISSARON* ⅓ *ISSARON*	אֵיל נָזִיר *NAZIR'S* RAM	2 BREADS (ONE OF EACH KIND) GIVEN TO KOHANIM, REMAINDER EATEN BY *NAZIR* AND GUESTS

C. Amounts of *Minchas Nesachim*

The *minchas nesachim* is the *minchah* and *nesachim* (wine libation) brought to accompany all of the *olah* and *shelamim* offerings as well as the *chatas* and *asham* of the *metzora.* The Torah (*Numbers* 15:1-16) requires different amounts of flour and oil for the *minchah,* and wine for the *nesachim,* for different types of animals.

The *minchas nesachim* of the bull is the same for all cattle, whether male or female, adult or young. Only in the case of sheep does the Torah differentiate, requiring a special *minchas nesachim* for the adult male sheep (ram). Female sheep are treated the same as lambs, as are all goats, even the adult male (*Rambam, Maaseh HaKorbanos* 2:4).

TYPE OF ANIMAL	AMOUNT OF FLOUR	AMOUNT OF OIL	AMOUNT OF WINE
BULL – פַּר	3 *ISSARON*	6 *LOG* (½ *HIN*)	6 *LOG* (½ *HIN*)
RAM – אַיִל	2 *ISSARON*	4 *LOG* (⅓ *HIN*)	4 *LOG* (⅓ *HIN*)
LAMB – כֶּבֶשׂ	1 *ISSARON**	3 *LOG* (¼ *HIN*)	3 *LOG* (¼ *HIN*)

***EXCEPTION:** THE *MINCHAS NESACHIM* OF THE *OLAH* LAMB THAT ACCOMPANIES THE *OMER* OFFERING REQUIRES **TWO** *ISSARONS* OF FLOUR.

This volume is part of
THE ARTSCROLL SERIES®
an ongoing project of
translations, commentaries and expositions on
Scripture, Mishnah, Talmud, Midrash, Halachah,
liturgy, history, the classic Rabbinic writings,
biographies and thought.

For a brochure of current publications
visit your local Hebrew bookseller
or contact the publisher:

Mesorah Publications, ltd

4401 Second Avenue
Brooklyn, New York 11232
(718) 921-9000
www.artscroll.com